《中国广播电视视听年鉴（2022）》
编写委员会

主　编　丁　迈

副主编　郑维东　肖建兵　周欣欣

编写人员（排名不分先后）

梁　帆　龙长缨　肖　珊　吴　东　于松涛　张天莉　王建平
王　昀　解永利　杨金姝　张琼子　吴　凡　李红玲　刘洁婷
王　蕾　田　园　张　嫕　冯莹斐　陈　滢　卢文钊　彭辰豪
娜布琪　王　平　蔡　啸　张晶晶　秦　政　王　钦　封　翔
韦　唯　胡旻琦　侯　龙　吴明超　任诗娴　彭　平　唐　蕾
谭敏健　郑剑龙　李忠毅　王　娟

中国广播电视视听年鉴（2022）

China TV & Radio Rating Yearbook (2022)

丁　迈　主编

出版说明

为更好地服务于业界，作为中国最专业、最权威的视听率调查公司，CSM 媒介研究自 2003 年起每年编写出版一部《中国电视收视年鉴》，自 2005 年起每年编写出版一部《中国广播收听年鉴》。2021 年，CSM 媒介研究汇总电视广播领域的研究成果及权威数据每年编写出版《中国广播电视视听年鉴（2021）》。

《中国广播电视视听年鉴（2022）》包括以下四部分内容：第一部分：综述。本部分主要从电视和广播两个维度，在收视/收听环境、观众/听众视听行为及特征、频道/频率竞争、节目竞争、广告投放与竞争等方面对 2021 年中国电视收视市场和广播收听市场进行了全景式的描述与分析。第二部分：专题。本部分除了对 2021 年全国电视剧、新闻、综艺、体育几个主要电视节目类型以及新闻综合、交通、音乐、文艺、都市生活几个主要频率类型的收听状况进行分析外，还对融媒体背景下业界关注的热点问题，如 IPTV 和 OTT 家庭观众收视特征、省级台新闻及剧综融合传播指数、城市广电新闻融合传播指数、电视媒体短视频用户价值等进行多维度深入研究。第三部分：电视收视数据。本部分是关于全国电视收视市场以及重点市场的收视统计数据，主要指标涉及基本收视条件、人均收视时间、全年和全天收视率走势、各类频道的市场份额、各类节目的播出份额与收视份额以及主要节目类型的收视排行等。第四部分：广播收听数据。本部分是 CSM 媒介研究 2021 年收听率调查各城市网及各省网的收听统计数据，主要内容涉及人均收听时间、全天收听走势、听众构成和频率竞争状况等。

《中国广播电视视听年鉴（2022）》既可为广大媒介从业人员提供有关 2021 年中国电视收视市场和广播收听市场的全面分析，又可为他们提供 2021 年全国以及各重点市场翔实的视听率数据，是媒介从业人员必备的一本工具书。

目录
CONTENTS

第一部分 综 述

第二部分 专 题

第三部分　电视收视数据

第四部分　广播收听数据

第一部分
综　述

2021年是中国共产党建党100周年，也是国家实现“十四五”规划目标和2035远景目标的开局之年。我国广播电视系统高举习近平新时代中国特色社会主义思想伟大旗帜，坚持党的全面领导，在党中央、国务院和中宣部正确领导下，认真贯彻落实中央部署和总局要求，围绕中心、服务大局、坚定信心、扎实工作，事业产业建设发展实现新突破，各方面工作取得了新的显著成绩。

2021年，我国广电行业坚持以习近平新时代中国特色社会主义思想为指导，全面贯彻落实党的十九大和十九届历次全会精神，深入贯彻落实习近平总书记关于宣传思想工作的重要思想和关于广电工作的重要指示批示精神，坚持正确的政治方向、宣传导向和价值取向，围绕立足新发展阶段、贯彻新发展理念、构建新发展格局，突出重点、攻坚克难、开拓进取，各方面工作都取得重要进展和显著成效，行业发展动能强劲。2021年，我国广电行业聚焦学习宣传贯彻习近平新时代中国特色社会主义思想这一首要政治任务，弘扬伟大建党精神，圆满地完成了庆祝中国共产党成立100周年的全方位宣传报道任务，深化主题主线宣传，强化价值引领，传播正能量，广受社会各界好评。2021年，我国广电行业牢记初心使命、始终坚持以人民为中心的工作导向，坚持正确方向，加强创作生产，内容创造生产持续繁荣、成果丰硕，主题宣传氛围浓厚，新时代精品源源不断推出，主题作品亮点纷呈。公共服务扎实高效，公共服务体系和长效机制更加完善，更好地满足了人民群众精神文化生活新期待。2021年，我国广电行业始终坚持科技引领，坚持改革创新，着力“智慧广电”建设，做优做强广播电视产业生态，加快行业优化升级，媒体融合创新成效更加凸显，事业产业不断发展壮大。2021年，我国电视业管理体制机制持续优化，管理效能进一步改善，治理体系和治理能力进一步完善与提高，产业转型步伐更加稳健。安全播出保障能力进一步提高，行业监测监管水平不断提高，科技管理体系进一步完善，安全保障坚实有力。2021年，我国广电行业继续加强国际传播能力建设，深耕内容建设，精心策划品牌活动，大力弘扬当代中国价值观和中华优秀传统文化，更有力地讲好中国故事、传播好中国声音。“走出去”取得新进展，依托重点项目和活动，巩固拓展“走出去”平台，加强构建国际传播体系，国际传播卓有成效，国际传播能力显著提升，全方位“走出去”格局进一步完善，事业产业高质量发展迈出新步伐。

一　电视收视环境

1. 全国共有电视台32座，广播电视台2449座，教育电视台35座

根据《中国广播电视年鉴（2022）》的最新统计，截至2021年底，全国共批准设

立电视台32座[①]，广播电视台2449座，教育电视台35座。其中国家级电视台有中央电视台和中国教育电视台，每个省、自治区、直辖市，每个地级及以上城市至少有一座电视台或广播电视台。全国微波线路7.6万公里，有线广播电视网络传输干线达220.6万公里，全国电视人口综合覆盖率为99.7%。全国有线广播电视用户数为20423.2万户，有线数字电视用户数为19634.5万户，增值业务用户数为6058.6万户。2021年，全年制作的电视节目时间为306.0万小时，全年公共电视节目播出时间为2014.0万小时。

2. 家庭电视机拥有率达95.2%，拥有二台及以上电视机家庭的比例为21.3%

2021年CSM媒介研究全国收视调查网基础研究数据显示，我国居民家庭电视机拥有率达95.2%，比2019年下降0.5个百分点，拥有二台及以上电视机家庭的比例为21.3%，比上一年下降3.0个百分点，平均每百户居民家庭的电视机拥有量达121.7台，比上一年减少4.5台（表1.1.1）。其中，城市居民家庭的电视机拥有率为94.2%，农村居民家庭的电视机拥有率为96.2%；拥有二台及以上电视机的家庭比例在城市为19.6%，在农村为23.1%；平均百户电视机拥有量在城市为119.5台，在农村为124.0台。

从各大行政区来看，电视机拥有情况在全国存在显著的地域差异。拥有二台及以上电视机的居民家庭比例，华东地区最高，达32.0%；西北最低，仅为8.5%。百户电视机拥有量也是华东地区最高，达137.8台；而东北地区最低，只有105.7台；西南地区和华中地区均为120.9台，华北地区为112.8台，华南地区为110.6台，西北地区为105.9台（表1.1.2）。

表1.1.1　2021年全国城乡居民家庭电视机拥有情况

单位：台，%

电视机拥有情况	全国	城市	农村
一台户比例	73.9	74.6	73.1
二台及以上户比例	21.3	19.6	23.1
没有电视机户比例	4.8	5.8	3.8
百户电视机拥有量	121.7	119.5	124.0

数据来源：CSM媒介研究2021年全国收视调查网基础研究。

① 随着广播电台和电视台合并进程的推进，全国电视台数量较前些年明显减少，广播电视台数量相应增加。

表 1.1.2　2021 年全国各大行政区居民家庭电视机拥有情况

单位：台，%

电视机拥有情况	东北	华北	华东	华南	华中	西北	西南
一台户比例	82.0	77.3	63.2	86.3	70.9	87.9	74.9
二台及以上户比例	11.5	16.3	32.0	10.7	23.3	8.5	21.1
没有电视机户比例	6.5	6.4	4.8	3.0	5.8	3.6	4.0
百户电视机拥有量	105.7	112.8	137.8	110.6	120.9	105.9	120.9

数据来源：CSM 媒介研究 2021 年全国收视调查网基础研究。

2021 年，我国城乡居民家庭电视机更新换代速度进一步加快，液晶电视机已经成为绝大多数居民家庭的主流机型，液晶电视机的拥有率在 2021 年全国居民家庭户中已经达到 91.2%，比 2019 年的 83.3% 提高了 7.9 个百分点；而非液晶电视机的拥有率则从 2019 年的 23.7% 下降到 2021 年的 12.7%（图 1.1.1）。分城乡来看，2021 年城市居民家庭拥有液晶电视机的比例已达 93.9%，农村居民家庭拥有液晶电视机的比例也达到 88.3%（表 1.1.3）。分地区来看，各地区液晶电视机的拥有率都在 87% 以上，华南地区更是高达 95.1%，华东、东北、华中地区分别为 92.0%、91.6% 和 90.9%，西南地区也达到 89.5%；拥有率相对较低的地区是华北和西北，液晶电视机的拥有率也分别达到 88.7% 和 87.9%（表 1.1.4）。

智能电视机自从 2012 年走进大众视野，几年内在城乡之间迅速渗透，居民家庭拥有率逐年攀升。2021 年全国居民家庭智能电视机拥有率达 53.4%，比 2019 年的 43.7% 增长了 9.7 个百分点（图 1.1.1）；其中城市为 55.8%，农村为 50.7%（表 1.1.3），都比 2019 年有较大幅度增加。分地区来看，华南地区家庭智能电视机拥有率最高，达 62.6%，华中地区为 61.9%；华东和华北地区比例均为 52.6%，而家庭拥有智能电视机的比例在西北、东北和西南地区较低，在 44.6% ~ 47.7%。随着数字电视的发展，高清信号源的增多，以及高品质电视机价格的不断下降，液晶电视机、智能电视机的拥有率必将进一步提高。

表 1.1.3　2021 年全国及城乡居民家庭拥有不同类型电视机的比例

单位：%

电视机类型	全国	城市	农村
液晶电视机	91.2	93.9	88.3
非液晶电视机	12.7	8.6	17.1
智能电视机	53.4	55.8	50.7

数据来源：CSM 媒介研究 2021 年全国收视调查网基础研究。

表 1.1.4　2021 年全国各大行政区拥有不同类型电视机的家庭比例

单位：%

电视机类型	东北	华北	华东	华南	华中	西北	西南
液晶电视机	91.6	88.7	92.0	95.1	90.9	87.9	89.5
非液晶电视机	11.0	15.7	12.3	6.4	14.7	15.2	14.8
智能电视机	47.6	52.6	52.6	62.6	61.9	47.7	44.6

数据来源：CSM 媒介研究 2021 年全国收视调查网基础研究。

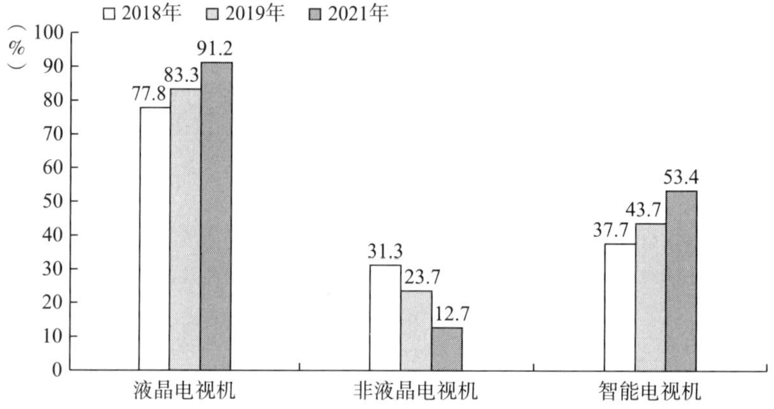

图 1.1.1　2018 年、2019 年、2021 年全国居民家庭拥有电视机的比例

数据来源：CSM 媒介研究 2018～2021 年全国收视调查网基础研究。

3. 城乡居民家庭平均每户可以收看到 89.3 个频道

随着有线电视数字化建设全面展开，越来越多的有线电视网整体平移，城乡居民家庭能够收看到的电视频道数量增加。根据 CSM 媒介研究历年全国收视调查网基础研究数据，全国城乡居民家庭可以接收到的电视频道数量逐年增加，2021 年全国平均每户可以接收到 89.3 个电视频道，其中，城市居民家庭平均每户可以接收到 97.6 个电视频道，农村居民家庭平均可以接收到 80.5 个电视频道（表 1.1.5）。从分地区的情况来看，2021 年平均每户可接收到的电视频道数量最多的是西南地区，达 105.0 个电视频道，华北地区也达到 104.4 个电视频道，而接收电视频道较少的有华中和华东地区，平均每户可接收到的电视频道数量都在 76 个以下，分别为 75.8 个和 74.3 个（图 1.1.2）。

表 1.1.5　2007～2019 年、2021 年全国及城乡居民家庭可以接收到的电视频道数量

单位：个

年份	全国	城市	农村
2007	25.6	35.1	21.4
2008	30.4	40.5	26.0
2009	39.1	50.1	33.2

续表

年份	全国	城市	农村
2010	41.4	53.0	34.7
2011	47.6	58.5	40.4
2012	54.3	63.8	47.7
2013	59.4	68.7	52.9
2014	64.8	73.1	59.1
2015	67.7	77.2	61.1
2016	75.2	83.7	69.2
2017	83.3	91.8	77.4
2018	82.9	92.7	75.8
2019	86.3	93.5	81.1
2021	89.3	97.6	80.5

数据来源：CSM 媒介研究历年全国收视调查网基础研究。

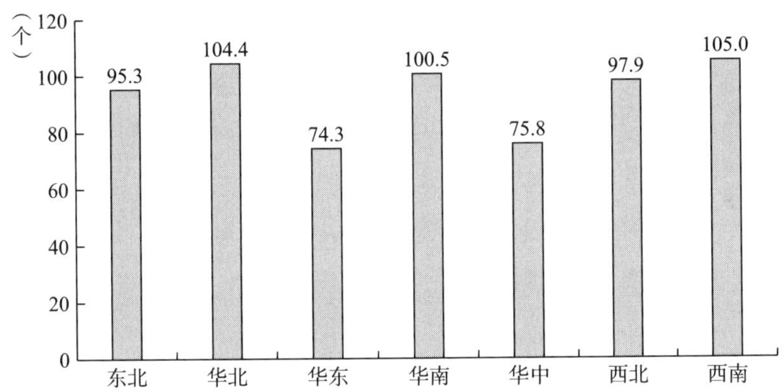

图 1.1.2　2021 年全国各大行政区居民家庭可以接收到的电视频道数量

数据来源：CSM 媒介研究 2021 年全国收视调查网基础研究。

4. 有线接收已成为城乡居民家庭接收电视信号的主要方式，可接收数字电视、IPTV、OTT 的家庭比例继续增长

随着电视信号数字化、网络化进程的不断推进，有线电视网络频道增多，信号清晰度增加，有线接收已是全国城乡居民家庭接收电视信号的主要方式。根据 2021 年 CSM 媒介研究全国收视调查网基础研究数据，全国电视家庭户中，有线电视用户普及率为 95.6%，比 2019 年增长 1.7 个百分点；其中城市为 96.3%，比 2019 年增长 0.8 个百分点，农村为 94.9%，与 2019 年相比增长了 2.2 个百分点，有线接收方式也已经成为绝大多数城市居民家庭和农村居民家庭接收电视信号的主要方式。在有线接收方式中，通过省、市（县）有线网接收电视信号的家庭户比例全国为 28.2%；在城市，有 35.4% 的家庭户接入了省、市（县）有线网；在农村，通过省、市（县）有线网收

看电视节目家庭户的比例为20.6%（图1.1.3）。

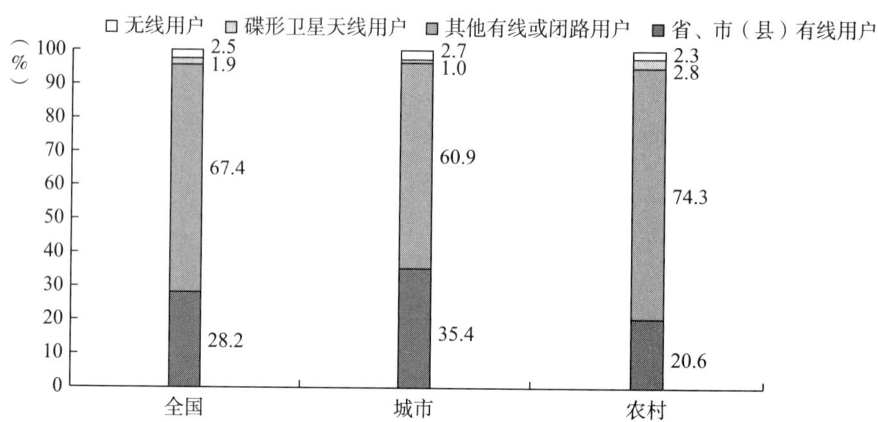

图1.1.3　2021年全国城乡居民家庭不同电视信号接收方式的比例

数据来源：CSM媒介研究2021年全国收视调查网基础研究。

从各大行政区的情况来看，有线电视普及率最高的是华东、西北和华南地区，分别达到96.8%、96.4%和95.8%，其他地区有线电视普及率也均在93%以上，其中西南为95.7%，东北为95.6%，华北为94.3%，华中地区最低，为93.7%（图1.1.4）。华中地区通过非有线方式收看卫视频道的比例较大，达3.1%，该比例在华南和华北地区也较高，分别为2.4%和2.2%，东北地区通过非有线方式收看卫视频道的比例较小，仅为0.4%。无线用户的比例在东北、华北和华中地区相对较高，分别为4.0%、3.5%和3.2%，而在华东和华南地区则较低，分别为1.9%和1.8%。

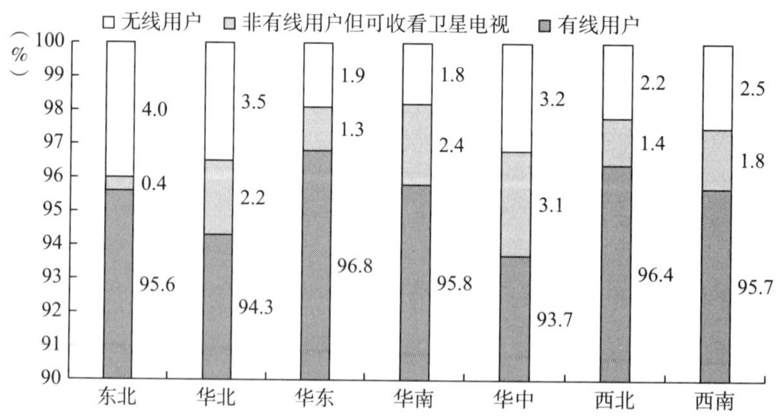

图1.1.4　2021年全国各大行政区居民家庭不同电视信号接收方式的比例

数据来源：CSM媒介研究2021年全国收视调查网基础研究。

CSM媒介研究全国收视调查网基础研究数据表明，近年来，我国电视家庭户中可接收数字电视或IPTV的比例稳步增长，2021年该比例已达80.1%，比2019年增长4.9个百分点；其中在城市为84.2%，比2019年增长3.0个百分点；在农村为75.8%，比 2019 年增长 4. 8 个百分点（图 1. 1. 5），农村增幅大过城市。从不同地区来看，全国七大行政区中可接收数字电视或 IPTV 的电视家庭比例有一定差异，华东地区最高，达 84. 2%，在华南、西南和西北地区，其比例也都在 80% 以上，华南和西南地区均达 83. 5%；东北和华北地区，该比例在 75% 到 78% 之间；而在华中地区则最低，仅有 69. 5% 的电视家庭可接收数字电视或 IPTV（图 1. 1. 6）。

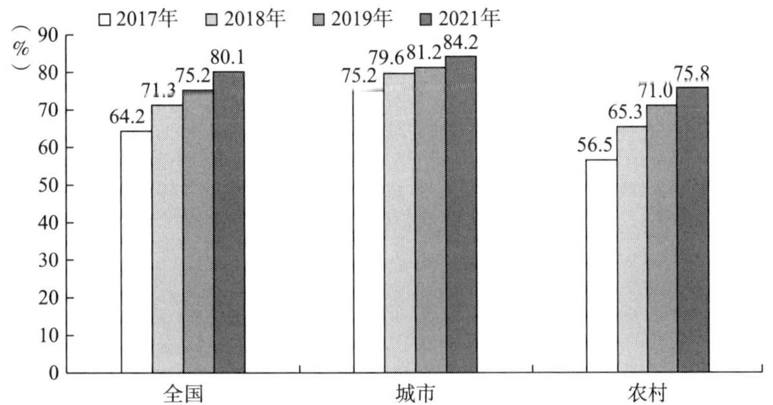

图 1. 1. 5　2017～2019 年、2021 年全国城乡居民家庭可接收数字电视或 IPTV 的比例

数据来源：CSM 媒介研究历年全国收视调查网基础研究。

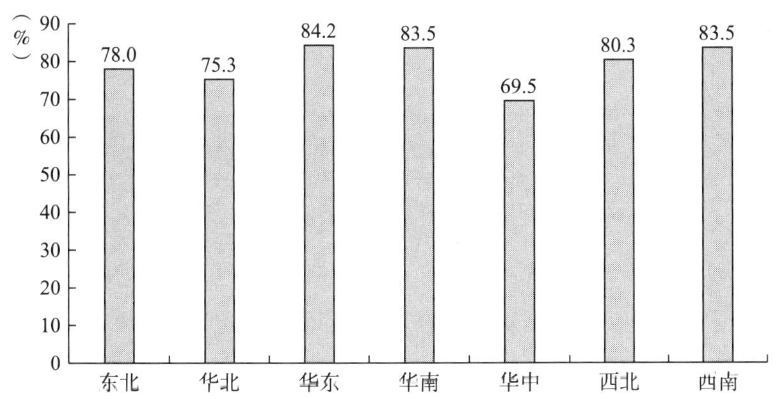

图 1. 1. 6　2021 年全国各大行政区居民家庭可接收数字电视或 IPTV 的比例

数据来源：CSM 媒介研究 2021 年全国收视调查网基础研究。

我国电视家庭中 OTT 用户的比例也显著增长。根据 2021 年 CSM 媒介研究全国收视调查网基础研究数据，2021 年 OTT 用户比例已达 36. 7%，比 2019 年增长 8. 9 个百分点；其中在城市为 38. 0%，比 2019 年增长 7. 5 个百分点；在农村为 35. 3%，比 2019 年增长 9. 4 个百分点（图 1. 1. 7）。从不同地区来看，全国七大行政区中 OTT 家庭比例有一定差异，华南地区最高，达 45. 4%，华中地区为 45. 3%，在华北、华东和东北地区，其比例也都在 32% 以上，其中华北地区为 37. 3%；西北和西南地区该比例在 30% 以下，其中西南地区最低，仅有 26. 4% 的电视家庭有 OTT（图 1. 1. 8）。

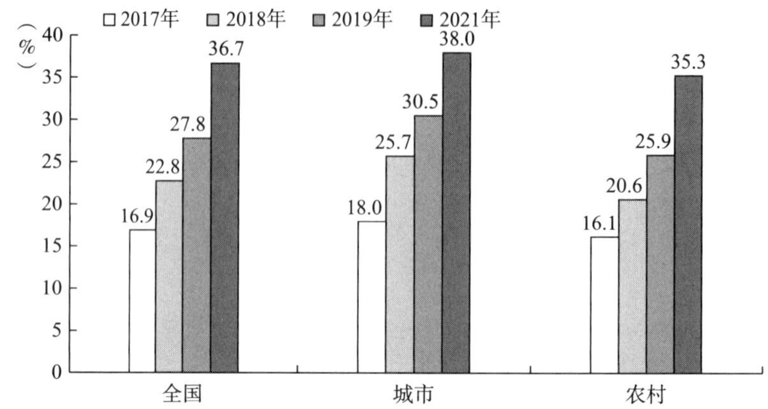

图 1.1.7 2017～2019 年、2021 年全国城乡居民家庭中 OTT 用户的比例

数据来源：CSM 媒介研究历年全国收视调查网基础研究。

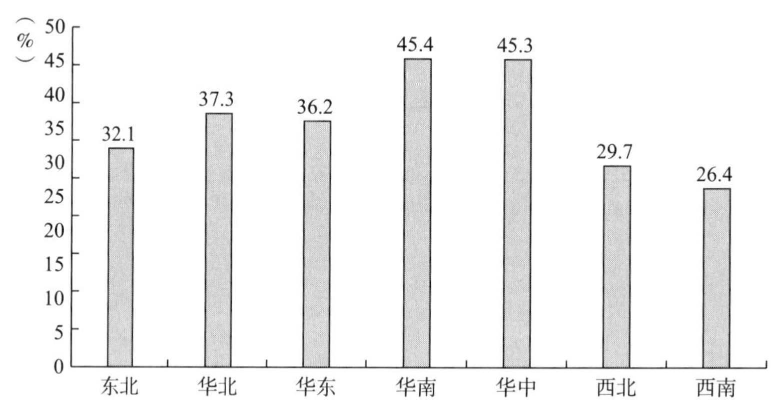

图 1.1.8 2021 年全国各大行政区居民家庭中 OTT 用户的比例

数据来源：CSM 媒介研究 2021 年全国收视调查网基础研究。

5. 89.2%的城市家庭和86.6%的农村家庭可收看到卫视节目

2021 年全国收视调查网基础研究数据表明，2021 年全国可接收卫视频道的家庭比例达 87.9%；其中在城市，89.2%的电视家庭可以收看到卫星电视节目；在农村，电视家庭中能够收看到卫视节目的比例达到了 86.6%。从不同地区来看，在全国七大行政区中能收看到卫星电视节目的电视家庭比例有一定的差异，最高的华北和华南地区，分别高达95.9%和94.7%，最低的华东地区为 82.2%，其他地区该比例在 86%到 90%之间不等（图 1.1.9）。

6. 中央广播电视总台继续保持其全国覆盖优势，省级卫视在本地区的覆盖优势较大①

中央广播电视总台依靠其强大的资源优势和作为国家级频道的特殊地位，在全国

① 本小节中频道覆盖率为标清频道和高清频道合并的直播电视频道覆盖率。

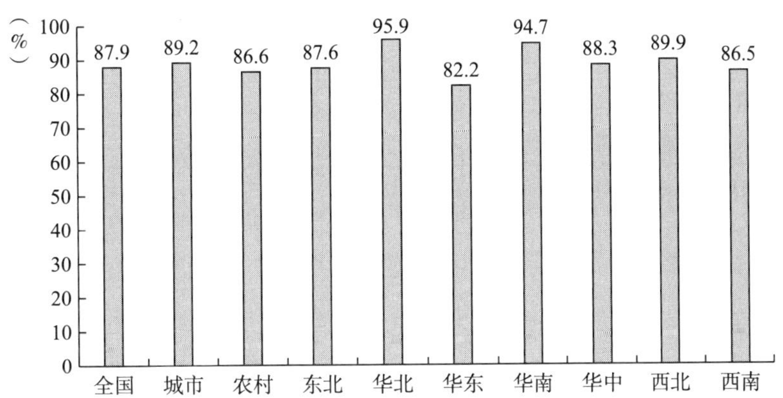

图 1.1.9　2021 年全国及分城乡、分地区居民家庭可接收卫视频道的比例

数据来源：CSM 媒介研究 2021 年全国收视调查网基础研究。

的覆盖率仍然保持了很大优势（表 1.1.6）。CSM 媒介研究 2021 年全国收视调查网基础研究数据显示，在全国覆盖率排名前十位的频道中，中央广播电视总台频道有八个，而进入覆盖率排名前二十位的频道中，中央广播电视总台频道有十个。2021 年中央台二套排名第一位，覆盖率达 75.8%，中央台十二套排名第二位，覆盖率为 75.7%；中央电视台综合频道、中央台十套、中央电视台少儿频道、中央电视台新闻频道、中央台四套、中央台十一套、中央电视台音乐频道和中央台七套的覆盖率也都在 74% 以上。在省级卫视频道中，江苏卫视、浙江卫视和北京卫视的覆盖率较高，都在 75% 以上，排名分别居于第七、第八（并列）位。除了排名前十位的三个省级卫视频道外，进入覆盖率排名前二十位的省级卫视频道还包括湖南、东方、广东、江西、深圳（新闻综合频道）、四川和安徽这七个卫视频道。2021 年频道覆盖排名前二十位的覆盖率都在 74% 及以上。

表 1.1.6　2021 年全国卫视频道覆盖率排名前 20

单位：%

排名	频道	覆盖率	排名	频道	覆盖率
1	中央台二套	75.8	8	北京卫视	75.2
2	中央台十二套	75.7	8	中央台四套	75.2
3	中央电视台综合频道	75.6	8	中央台十一套	75.2
3	中央台十套	75.6	12	中央电视台音乐频道	75.1
5	中央电视台少儿频道	75.5	12	湖南卫视	75.1
5	中央电视台新闻频道	75.5	14	东方卫视	74.9
7	江苏卫视	75.4	15	广东卫视	74.6
8	浙江卫视	75.2	16	江西卫视	74.5

续表

排名	频道	覆盖率	排名	频道	覆盖率
16	中央台七套	74.5	18	四川卫视	74.2
18	深圳卫视（新闻综合频道）	74.2	20	安徽卫视	74.0

数据来源：CSM 媒介研究 2021 年全国收视调查网基础研究。

在城市地区，覆盖率排名前十位的频道中，中央广播电视总台频道有八个，包括中央电视台综合频道、中央台二套、中央台十二套、中央电视台新闻频道、中央台十套、中央台四套、中央台十一套和中央电视台少儿频道，其中中央电视台综合频道排第一位，覆盖率达 78.9%；另外中央电视台音乐频道和中央台七套也进入覆盖率排名前二十位（表 1.1.7）。在城市地区，2021 年有十个省级或地方卫视频道进入覆盖率排名前二十位，其中江苏和北京这两个省级卫视频道在城市地区排名靠前，位居覆盖率排名表的第四（并列）和第九（并列）。另外，浙江卫视、湖南卫视、东方卫视、广东卫视、天津卫视、江西卫视、深圳卫视（新闻综合频道）和辽宁卫视也进入了覆盖排名前二十位。

表 1.1.7　2021 年城市地区卫视频道覆盖率排名前 20

单位：%

排名	频道	覆盖率	排名	频道	覆盖率
1	中央电视台综合频道	78.9	11	浙江卫视	78.0
2	中央台二套	78.6	11	中央电视台音乐频道	78.0
3	中央台十二套	78.4	13	湖南卫视	77.9
4	中央电视台新闻频道	78.3	14	东方卫视	77.8
4	中央台十套	78.3	15	中央台七套	77.7
4	中央台四套	78.3	16	广东卫视	77.4
4	江苏卫视	78.3	17	天津卫视	77.3
4	中央台十一套	78.3	18	江西卫视	77.2
9	中央电视台少儿频道	78.2	18	深圳卫视（新闻综合频道）	77.2
9	北京卫视	78.2	20	辽宁卫视	76.9

数据来源：CSM 媒介研究 2021 年全国收视调查网基础研究。

2021 年，卫视频道在农村地区的覆盖率整体上要比在城市地区稍低。从排名前二十位的频道来看，在农村地区，2021 年排名最后一位的频道覆盖率是 71.0%，低于城市地区的 76.9%。中央广播电视总台频道的覆盖在农村地区同样有着绝对的强势地位，在覆盖率排名前二十位的频道中，中央广播电视总台频道有十个；中央台二套、中央台十二套、中央台十套、中央电视台少儿频道和中央电视台新闻频道排名在前五位，中央电视台音乐频道也进入覆盖率排名的前十位。农村地区进入覆盖率排名前二十位的省级和地方卫视频道也有十个，其中江苏卫视、浙江卫视、湖南卫视和北京卫视在农村地区的覆盖率排在前十位，东方卫视、江西卫视、广东卫视、四川卫视、安徽卫视和深圳卫视（新闻综合频道）也进入了排名的前二十位（表 1.1.8）。

表 1.1.8 2021 年农村地区卫视频道覆盖率排名前 20

单位：%

排名	频道	覆盖率	排名	频道	覆盖率
1	中央台一套	72.8	11	中央电视台综合频道	72.0
2	中央台十二套	72.7	12	中央台十一套	71.9
3	中央台十套	72.6	12	中央台四套	71.9
3	中央电视台少儿频道	72.6	12	东方卫视	71.9
5	中央电视台新闻频道	72.5	15	江西卫视	71.7
6	江苏卫视	72.4	16	广东卫视	71.6
7	浙江卫视	72.3	17	四川卫视	71.5
8	湖南卫视	72.2	17	安徽卫视	71.5
8	中央电视台音乐频道	72.2	19	中央台七套	71.1
10	北京卫视	72.1	20	深圳卫视（新闻综合频道）	71.0

数据来源：CSM 媒介研究 2021 年全国收视调查网基础研究。

随着有线网络的普及以及数字电视的不断推广，频道竞争日益加剧，各卫视频道在不同地区的覆盖率明显不同。中央广播电视总台频道在各个地区都呈现明显优势地位，但在不同地区，其优势还是呈现不同程度的差异。CSM 媒介研究 2021 年全国收视调查网基础研究数据表明，在各大行政区覆盖率排名前二十位的频道中，中央广播电视总台频道在华南地区有十一个，在华东地区有十个，在华中和西北地区各有九个，在东北和华北地区各有八个，在西南地区有七个。各省级卫视的覆盖率排名在不同地区差异很大，一般来说各省级卫视在本地区的覆盖排名较具优势。如在东北地区，吉林卫视排在第五位（并列），辽宁卫视排在第七位（并列），黑龙江卫视排在第十位（并列）；北京卫视和天津卫视覆盖率在华北地区排名高居前二位，河北广播电视台卫视频道排名在第十六位（并列）；江苏卫视、浙江卫视、江西卫视、东方卫视和山东卫视在华东地区都进入了前二十位，江苏卫视更是排名第二位（并列）；广东卫视在华南地区覆盖率排名则位列第一，深圳卫视（新闻综合频道）也进入了前二十位；河南广播电视台卫星频道（一套）和湖南卫视在华中地区覆盖率排名进入前十位（并列），湖北卫视排名在第十九位（并列）；甘肃卫视在西北地区进入了前二十位；四川卫视、重庆卫视、贵州卫视和新疆卫视在西南地区的覆盖率排名也进入了前二十位。

表 1.1.9　2021 年东北地区卫视频道覆盖率排名前 20

单位：%

排名	频道	覆盖率	排名	频道	覆盖率
1	中央电视台综合频道	77.0	10	中央台九套纪录频道	76.6
1	中央台二套	77.0	10	江苏卫视	76.6
1	中央台十套	77.0	10	东方卫视	76.6
4	中央台十二套	76.9	10	浙江卫视	76.6
5	中央台十一套	76.8	10	安徽卫视	76.6
5	吉林卫视	76.8	10	黑龙江卫视	76.6
7	辽宁卫视	76.7	17	山东卫视	76.5
7	中央电视台新闻频道	76.7	17	北京卫视	76.5
7	湖南卫视	76.7	19	贵州卫视	76.4
10	中央台四套	76.6	19	天津卫视	76.4

数据来源：CSM 媒介研究 2021 年全国收视调查网基础研究。

表 1.1.10　2021 年华北地区卫视频道覆盖率排名前 20

单位：%

排名	频道	覆盖率	排名	频道	覆盖率
1	北京卫视	88.6	7	中央台十一套	88.2
2	天津卫视	88.5	7	中央台十套	88.2
2	中央台二套	88.5	13	中央电视台少儿频道	88.1
4	江苏卫视	88.4	14	河南广播电视台卫星频道（一套）	88.0
5	中央台四套	88.3	14	江西卫视	88.0
5	中央电视台新闻频道	88.3	16	湖南卫视	87.9
7	中央台十二套	88.2	16	河北广播电视台卫视频道	87.9
7	安徽卫视	88.2	16	四川卫视	87.9
7	重庆卫视	88.2	16	山东卫视	87.9
7	浙江卫视	88.2	16	中央电视台音乐频道	87.9

数据来源：CSM 媒介研究 2021 年全国收视调查网基础研究。

表 1.1.11　2021 年华东地区卫视频道覆盖率排名前 20

单位：%

排名	频道	覆盖率	排名	频道	覆盖率
1	中央台二套	67.2	5	中央台十二套	67.0
2	江苏卫视	67.1	7	中央台四套	66.9
2	中央电视台综合频道	67.1	7	中央电视台少儿频道	66.9
2	中央台十套	67.1	7	中央电视台音乐频道	66.8
5	中央台十一套	67.0	10	中央电视台新闻频道	66.7

续表

排名	频道	覆盖率	排名	频道	覆盖率
11	北京卫视	66.5	15	湖南卫视	66.1
11	浙江卫视	66.5	17	山东卫视	65.3
13	江西卫视	66.4	18	中国教育台一套	65.1
14	东方卫视	66.3	18	深圳卫视（新闻综合频道）	65.1
15	中央台七套	66.1	20	辽宁卫视	65.0

数据来源：CSM 媒介研究 2021 年全国收视调查网基础研究。

表 1.1.12　2021 年华南地区卫视频道覆盖率排名前 20

单位：%

排名	频道	覆盖率	排名	频道	覆盖率
1	广东卫视	84.9	11	中央电视台少儿频道	83.5
2	中央电视台综合频道	84.6	12	中央台十套	83.4
3	中央电视台新闻频道	84.0	12	中央台四套	83.4
4	湖南卫视	83.9	12	中央台十一套	83.4
4	浙江卫视	83.9	12	中央电视台音乐频道	83.4
4	中央台十二套	83.9	16	四川卫视	83.2
4	北京卫视	83.9	16	中央台九套纪录频道	83.2
4	中央台二套	83.9	16	江苏卫视	83.2
9	东方卫视	83.7	16	深圳卫视（新闻综合频道）	83.2
10	中央台七套	83.6	20	安徽卫视	83.1

数据来源：CSM 媒介研究 2021 年全国收视调查网基础研究。

表 1.1.13　2021 年华中地区卫视频道覆盖率排名前 20

单位：%

排名	频道	覆盖率	排名	频道	覆盖率
1	中央台二套	70.9	10	河南广播电视台卫星频道（一套）	70.0
2	中央台十二套	70.8	10	江苏卫视	70.0
2	中央台十套	70.8	10	湖南卫视	70.0
4	中央电视台音乐频道	70.7	14	重庆卫视	69.9
4	中央电视台新闻频道	70.7	15	江西卫视	69.8
6	中央电视台少儿频道	70.6	15	浙江卫视	69.8
7	四川卫视	70.3	15	中央电视台综合频道	69.8
7	安徽卫视	70.3	15	中央台十一套	69.8
9	中央台四套	70.1	19	天津卫视	69.7
10	贵州卫视	70.0	19	湖北卫视	69.7

数据来源：CSM 媒介研究 2021 年全国收视调查网基础研究。

表 1.1.14　2021 年西北地区卫视频道覆盖率排名前 20

单位：%

排名	频道	覆盖率	排名	频道	覆盖率
1	中央台十二套	80.8	11	中央电视台综合频道	80.5
1	中央台十套	80.8	11	广东卫视	80.5
1	中央台二套	80.8	13	浙江卫视	80.4
1	江西卫视	80.8	13	湖北卫视	80.4
1	中央电视台新闻频道	80.8	13	江苏卫视	80.4
6	中央电视台少儿频道	80.7	13	黑龙江卫视	80.4
6	中央台十一套	80.7	13	甘肃卫视	80.4
6	四川卫视	80.7	18	中央电视台音乐频道	80.3
9	中央台四套	80.6	18	重庆卫视	80.3
9	安徽卫视	80.6	18	山西卫视	80.3

数据来源：CSM 媒介研究 2021 年全国收视调查网基础研究。

表 1.1.15　2021 年西南地区卫视频道覆盖率排名前 20

单位：%

排名	频道	覆盖率	排名	频道	覆盖率
1	中央电视台综合频道	78.7	11	湖南卫视	78.0
2	中央台七套	78.5	11	河南广播电视台卫星频道（一套）	78.0
3	中央台二套	78.4	11	中央台十套	78.0
3	中央电视台少儿频道	78.4	11	安徽卫视	78.0
5	四川卫视	78.3	11	北京卫视	78.0
5	重庆卫视	78.3	16	浙江卫视	77.9
7	中央台十二套	78.2	16	中央电视台新闻频道	77.9
7	贵州卫视	78.2	18	深圳卫视（新闻综合频道）	77.8
9	江苏卫视	78.1	18	黑龙江卫视	77.8
9	天津卫视	78.1	20	新疆卫视	77.7

数据来源：CSM 媒介研究 2021 年全国收视调查网基础研究。

二　电视观众特征

2021 年，全国电视观众规模为 12.89 亿人，与 2019 年相比小幅增长；电视观众性别构成持续稳定，与实际人口结构趋同；4 ~ 14 岁和 25 ~ 34 岁观众的城乡占比差异较大；全国大学及以上教育程度电视观众占比增长，城市观众受教育程度高于农村观众；城乡观众职业构成存在明显地域差异；城乡观众个人月收入水平差异较大。

1. 全国电视观众规模为12.89亿人，较2019年小幅增长

继2008年国家提前实现中央广播电视节目“十一五”农村无线覆盖目标后，国家又推出“家电下乡、以旧换新”等政策，并大力推进数字电视转换，在多项政策的共同推动下，全国电视观众规模多年呈现增长态势，在2013年首次出现小幅下滑后，2014年至2017年又呈现上涨态势。但由于受到新媒体的冲击及媒介终端日新月异带来的受众媒介消费习惯的变化，电视观众规模在2018年再次出现下滑，到2019年这种跌势止缓。

CSM媒介研究最新的全国收视调查网2021年基础研究数据显示，2021年，中国大陆年龄在4岁及以上的电视观众规模为12.89亿人，占全国4岁及以上人口的95.5%。与2019年的12.81亿电视观众规模相比，2021年小幅增长。

2. 电视观众性别构成与人口性别构成趋同，结构依然保持稳定

CSM媒介研究2021年全国测量仪收视调查网电视观众数据显示，男性观众比例为51.0%，女性观众比例为49.0%，与2019年相同，说明目前我国电视观众的性别结构基本保持稳定。同时，这一性别构成也与中国内地人口的性别构成差异较小。国家统计局发布的《2021年国民经济和社会发展统计公报》显示，2021年末全国男性人口占比为51.2%，女性人口占比为48.8%。城乡电视观众的性别构成与全国整体观众的性别构成也基本保持一致，在城市观众中，男性群体所占比例为51.1%，女性群体所占比例为48.9%；在农村，男女观众所占比例分别为50.9%和49.1%（图1.2.1）。

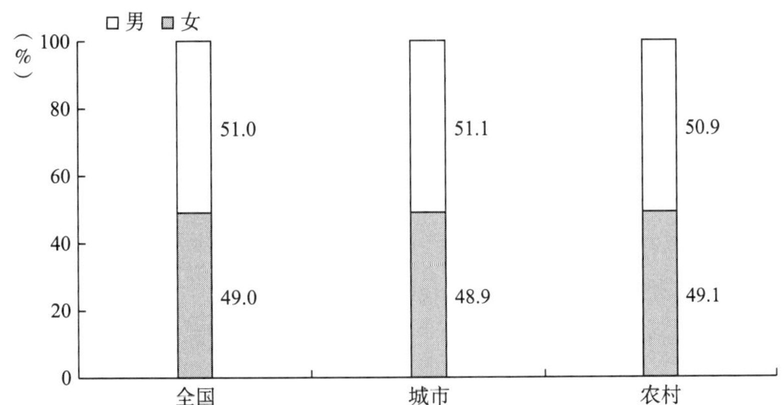

图1.2.1 2021年全国测量仪收视调查网及分城乡电视观众的性别构成

数据来源：CSM媒介研究。

3. 4~14岁和25~34岁观众城乡占比差异较大

2021年全国电视观众年龄构成数据显示，35~44岁群体在所有电视观众中占比最高，为19.0%；其次是15~24岁和25~34岁观众，占比分别为17.3%和15.9%；这三者占比之和超过五成；65岁及以上的观众群体所占比例相对最小，为

9.6%。与2019年各年龄段观众相比，这两年的比例十分接近，电视观众的年龄结构保持稳定。

对比城乡观众的年龄构成我们看到，有两类人群的城乡差异较大：一类是4~14岁观众，他们在城市电视观众中所占比例为10.3%，而在农村占比达14.4%，远高于城市比例；另一类是25~34岁观众，他们在城市和农村的占比分别为17.5%和14.5%，相差3个百分点（图1.2.2）。这一数据结果也与现在农村青年进城务工以及农村留守儿童的实际社会情况相吻合。

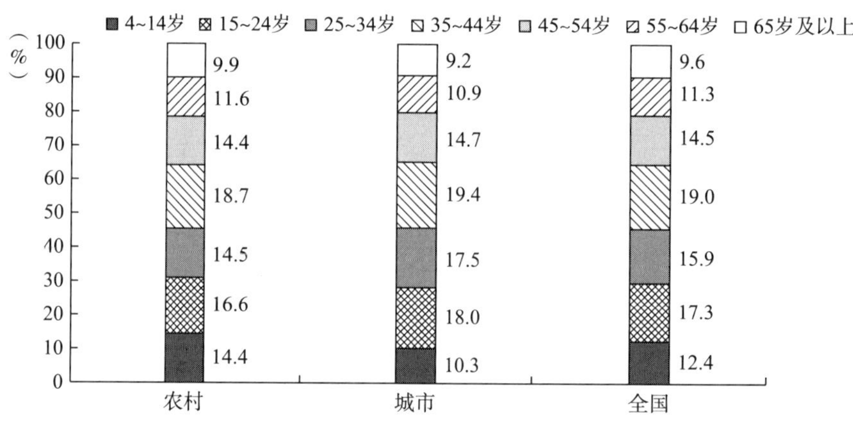

图1.2.2　2021年全国测量仪收视调查网及分城乡电视观众的年龄构成

数据来源：CSM媒介研究。

4. 大学及以上受教育程度电视观众占比增长

全国电视观众的文化程度构成数据显示，中低学历观众所占比例占据绝对优势。占比居前三位的分别是初中、小学和高中文化程度观众，所占比例依次分别为33.5%、22.4%和21.0%；排在第四位的是大学及以上受教育程度的观众，所占比例为16.1%；未受过正规教育的观众占比为7.0%。对比2019年数据可以发现，初中和小学文化程度的观众的比例在缩小，分别减少了1.7和1.6个百分点；而高中和大学及以上受教育程度的观众的比例在增加，分别增长了1.5和2.8个百分点。

城乡观众的文化程度构成也呈现各自鲜明的特征，即城市观众的文化程度明显高于农村观众。从具体数值来看，在城市中，高中及以上文化程度观众所占比例高达48.1%，接近一半，而农村中该类观众所占比例仅为26.7%，只有城市观众中同类型人群所占比例的一半左右；城市观众中小学及以下文化程度观众所占比例为22.4%，在农村观众中该类观众所占比例则高达36.0%（图1.2.3）。

5. 城乡观众职业构成地域差异明显

2021年全国观众职业构成显示，学生和无业群体（包括离退休人员）在电视观众中占比最大，均为19.3%；位列第三位的是其他从业人员，所占比例为18.5%；随后

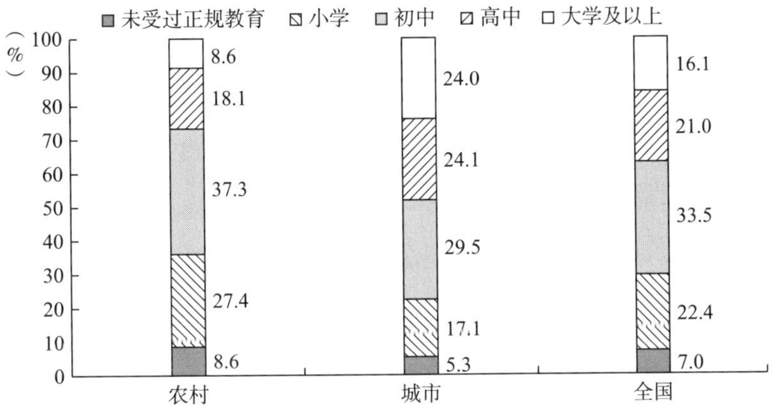

图 1.2.3 2021 年全国测量仪收视调查网及分城乡电视观众的文化程度构成

数据来源：CSM 媒介研究。

依次为个体/私营企业人员、初级公务员/雇员和工人，所占比例分别为 15.6%、13.5% 和 12.7%；干部/管理人员占比很低，仅为 1.1%。需要说明的是，全国测量仪收视调查网的职业分类中，农民/渔民/牧民等都包含在其他类中，因此该群体在全国电视观众中的占比较高。

城乡观众职业构成最大的差别在于农村拥有较高比例的农民群体，因此职业类别为“其他”的观众所占比例高达 28.1%，居于首位，高出城市中该类观众占比的近 20 个百分点；城市观众中的初级公务员/雇员所占的比例则远高于农村中同类别观众的占比，两者分别为 19.0% 和 8.3%（图 1.2.4）。

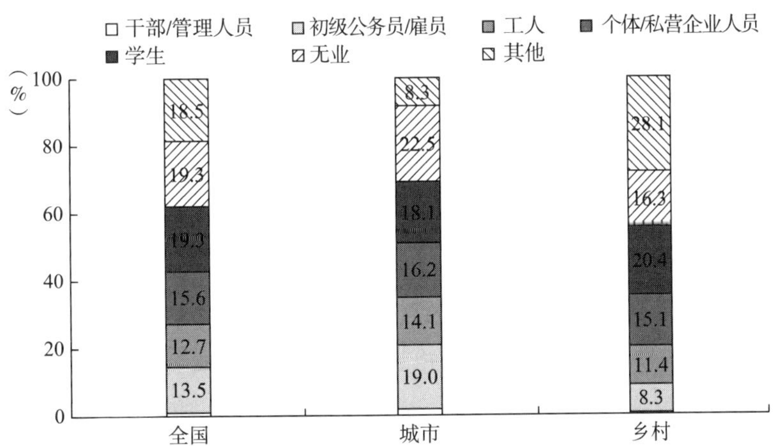

图 1.2.4 2021 年全国测量仪收视调查网及分城乡电视观众的职业构成

数据来源：CSM 媒介研究。

6. 城乡观众个人月收入差异显著

从 2021 年全国观众个人月收入构成整体来看，我们可以大致划分为以下几档：无收入人群、1～3000元的中低收入人群、3001～6000元的中高收入人群和6000元以上的高收入人群。前三者各自占比三成左右，相对均衡，高收入人群占比略低，不足一成。城乡观众收入差异较大，其中，个人月收入在1～2000元的观众在城市占比仅为10.2%，而在农村占比为25.5%；而个人月收入在4000元以上的中高收入人群在城市中占比合计34.1%，而在农村仅为17.3%（图1.2.5）。

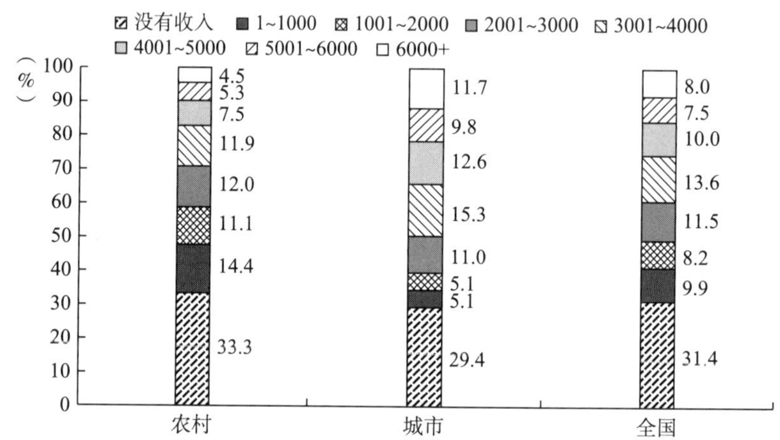

图1.2.5　2021年全国测量仪收视调查网及分城乡电视观众的个人月收入构成

数据来源：CSM媒介研究。

三　观众收视行为

2021年全国电视观众人均每日收视时长低于新冠肺炎疫情影响之下的2020年，各类目标人群的人均每日收视时长均有不同程度的下降。从全年整体来看，2021年除在春节和7～8月东京奥运会期间收视有较明显增长之外，其他各周收视走势十分平稳，后疫情时代的收视市场也回归常态。

（一）人均收视时间

1.2021年全国电视观众人均每日收视时长118分钟，呈下滑态势

2021年，在全国所有调查城市电视市场中，人均每天收看电视118分钟，较2020年减少14分钟，降幅达10.6%。然而，抛开2020年受新冠肺炎疫情影响的电视市场收视回暖这一特殊因素，将2021年与新冠肺炎疫情发生前的2019年相比，人均收视时长仅减少了6分钟，降幅缩小至4.8%，较2017年和2018年的下降程度有所放缓（图1.3.1）。

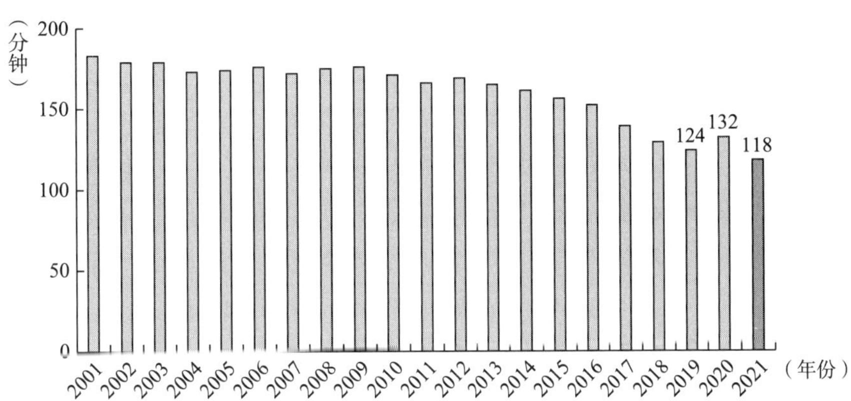

图 1.3.1 2001～2021 年全国样本市（县）① 电视观众人均每日收视时长

数据来源：CSM 媒介研究。

2. 七大行政区收视量均有所下降，华北最多、华东最少

2021 年，七大行政区人均每日收视时长均较 2020 年有不同程度的下降，其中，华北地区下降最多，减少了 20 分钟，降幅达 14.5%；东北和华南地区均减少 17 分钟，降幅分别为 11.6% 和 13.5%；华东地区的下降最少，仅为 6 分钟，降幅 5.0%。如果同样避开特殊的 2020 年，将 2021 年七大行政区的收视量与 2019 年相比，可以发现下降最多的仍然为华北地区，分钟数减少了 24 分钟，降幅达 16.9%；西南和华东两地未降反升，分别有 3 分钟和 4 分钟的小幅提升，增幅为 2.1% 和 3.7%（表 1.3.1）。

表 1.3.1 2011～2021 年全国七大行政区电视观众人均每日收视时长

单位：分钟

地区	2011 年	2012 年	2013 年	2014 年	2015 年	2016 年	2017 年	2018 年	2019 年	2020 年	2021 年
东北	185	190	184	181	179	173	155	147	140	147	130
华北	196	198	193	188	176	170	160	147	142	138	118
西北	168	172	169	165	157	154	142	133	124	131	117
西南	166	174	170	173	174	179	163	153	144	159	147
华东	162	162	157	151	145	139	128	116	109	119	113
华南	148	149	146	138	136	133	122	118	117	126	109
华中	164	166	164	163	161	153	132	116	112	123	111

数据来源：CSM 媒介研究。

从各大行政区人均每日收视时长较全国平均水平的差异来看，西南和东北两地是电视收视水平较高的区域，分别高于平均水平 24.6% 和 10.2%；华北和西北两地与全

① 注：2009 年以前的数据包含样本城市和样本县，从 2009 年起的数据全部为样本城市。

国平均水平基本持平；华东、华中和华南地区的人均每日收视时长相对较短，低于全国平均水平4.0%～8.0%。

3. 男性和女性观众人均每日收视时长差距有所缩小

2021年观众人均每日收视时长显示，女性观众人均每日收视时长为120分钟，男性观众为117分钟，比女性观众少3分钟，两者之间的差距较往年有所缩小。2021年，男性观众和女性观众的人均每日收视时长较2020年分别有12分钟和14分钟的减少，降幅均在10%左右；相比2019年虽同样有所减少，但减少幅度仅为3.3%和4.8%（表1.3.2）。

表1.3.2　2011～2021年全国样本城市男女观众平均每日收视时长

单位：分钟

性别	2011年	2012年	2013年	2014年	2015年	2016年	2017年	2018年	2019年	2020年	2021年
男	162	164	161	157	153	149	136	127	121	129	117
女	171	173	170	165	160	156	142	132	126	134	120

数据来源：CSM媒介研究。

4. 15～24岁观众人均每日收视时长较新冠肺炎疫情前小幅增长

2021年，在各个年龄段观众群体中，收视的主力人群依然是55岁及以上的老年观众，占据收视总量的一半以上。相比2020年同期，除65岁及以上观众收视量降幅相对较小之外（仅有6.3%），其他各年龄段观众的降幅略大，均在6%～14%。然而，我们同样将2021年的收视量与2019年相比，可以发现45～54岁和55～64岁观众的收视降幅最大，分别为11.5%和10.0%，15～24岁观众有3.6%的涨幅，其他各年龄段观众的收视量下降并不多，均在2.0%～5.0%（图1.3.2）。

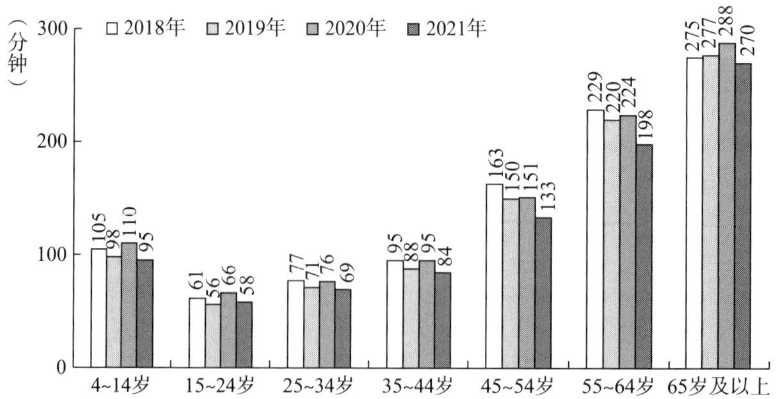

图1.3.2　2018～2021年全国样本城市不同年龄段观众人均每日收视时长

数据来源：CSM媒介研究。

5. 各类受教育程度观众人均每日收视时长较上一年降幅相当

整体而言，不同受教育程度观众的人均每日收视时长较 2020 年同期降幅相近，均在 7.0% ~11.0%。然而，与新冠肺炎疫情之前的 2019 年相比，小学和初中受教育程度的观众收视时长下降较多，分别减少了 9 分钟和 13 分钟，降幅分别为 5.7% 和 8.7%；未受过正规教育和高中受教育程度的观众保持稳定；大学及以上受教育程度观众的人均收视时长有 1 分钟的增长（图 1.3.3）。

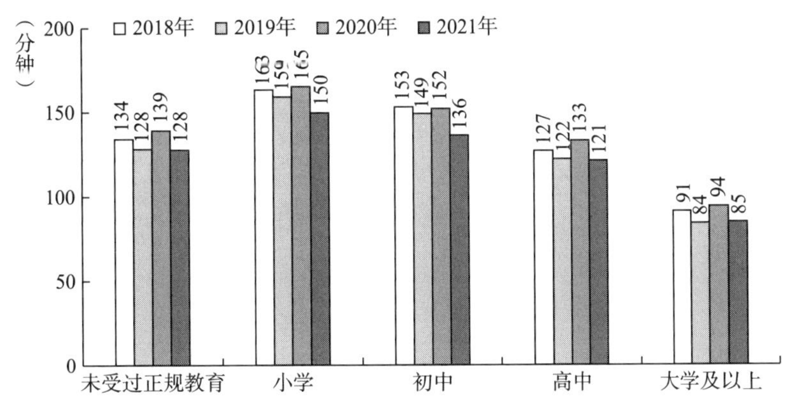

图 1.3.3　2018 ~2021 年全国样本城市不同受教育程度观众人均每日收视时长

数据来源：CSM 媒介研究。

（二）全年收视走势

1. 2021 年全年各周收视率走势稳定，东京奥运会期间收视提升明显

2021 年分周收视率整体保持稳定，春节所在的第 6 周达到全年各周收视率峰值 10.5%。2021 年 7 ~8 月的暑期恰逢东京奥运会召开，收视增长明显。相比 2020 年同期，1 月底至 4 月底的收视差异最为明显，这与 2020 年上半年全民居家抗疫不无关系，其余各周收视率水平相近（图 1.3.4）。

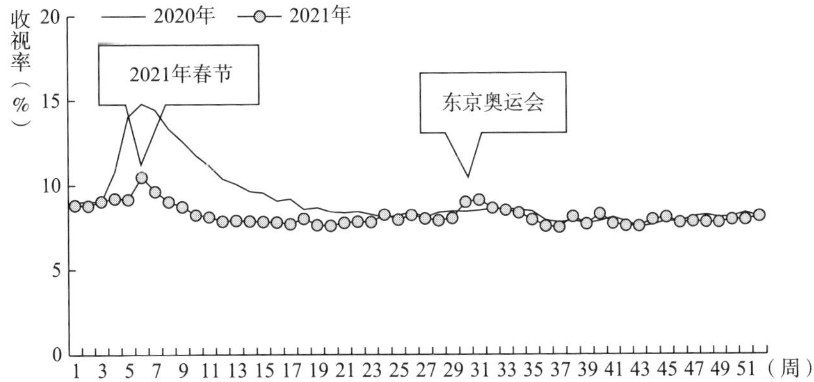

图 1.3.4　2020 年和 2021 年全国样本城市观众全年分周收视走势

数据来源：CSM 媒介研究。

2. 北方收视水平明显高于南方，西南地区收视表现突出

从不同行政区全年各周的收视率来看，西南地区的收视水平明显领先，且在下半年较其他各行政区的领先优势更为突出；东北地区在上半年与西南地区收视水平相当，下半年有所回落，近年底时出现回升；西北和华北地区收视波动略大，呈现年初和年底收视水平较高的态势；华东、华南和华中地区的收视水平相对较低，且十分接近（图 1.3.5）。

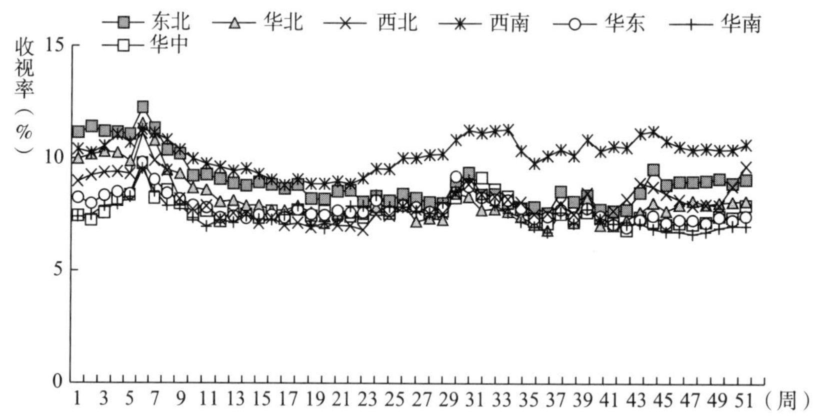

图 1.3.5　2021 年全国七大行政区观众全年分周收视走势

数据来源：CSM 媒介研究。

3. 全年不同时期女性观众收视水平普遍略高于男性观众

2021 年，男性和女性观众全年收视走势基本趋同。相比男性，女性观众对电视的关注度更高，在全年不同时期收视水平普遍略高于男性观众（图 1.3.6）。

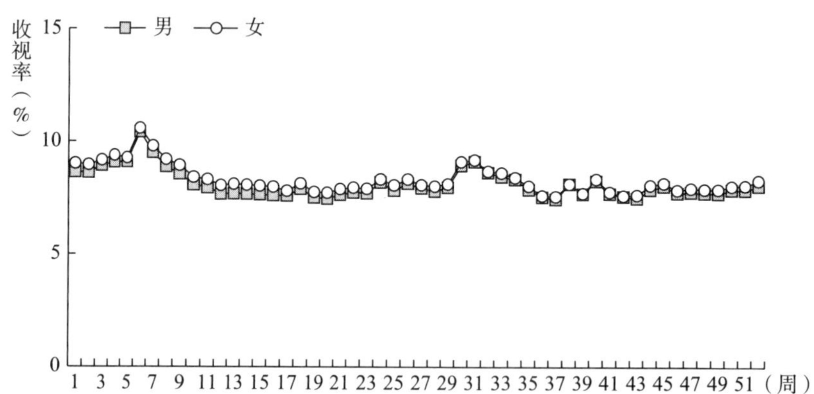

图 1.3.6　2021 年全国样本城市男、女观众全年分周收视走势

数据来源：CSM 媒介研究。

4. 4～14 岁观众假期收视明显上扬，中老年观众收视居高

整体而言，除 4～14 岁观众在寒假和暑假收视率水平增长显著之外，其他各年龄

段观众全年仅在春节期间收视率上浮，其他时期收视率波动较小，走势十分平稳。其中，45 岁及以上中老年人群在全年各个时期收视率水平明显高于 44 岁及以下的观众（图 1.3.7）。

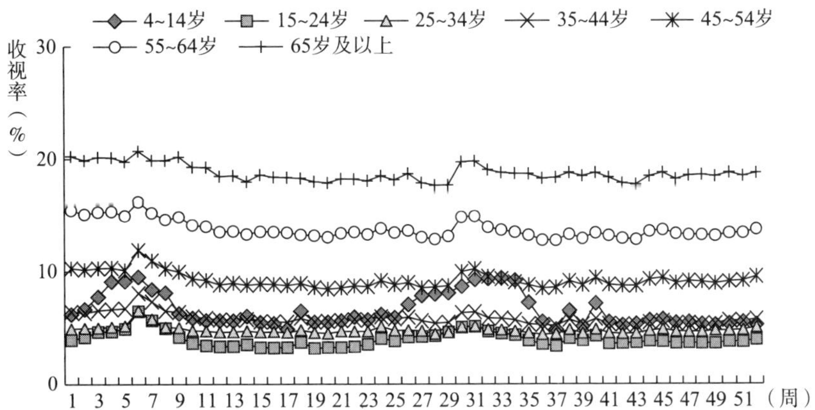

图 1.3.7 2021 年全国样本城市不同年龄段观众全年分周收视走势

数据来源：CSM 媒介研究。

5. 小学文化程度观众全年收视水平较高

未受过正规教育、小学和初中文化程度的观众全年收视率水平较高，由于这三类受教育程度的人群中包含了大量学生和学龄前观众，所以他们的收视呈现一定时期特征，在假期收视率提升较多；大学及以上文化程度的观众收视率水平相对偏低（图 1.3.8）。

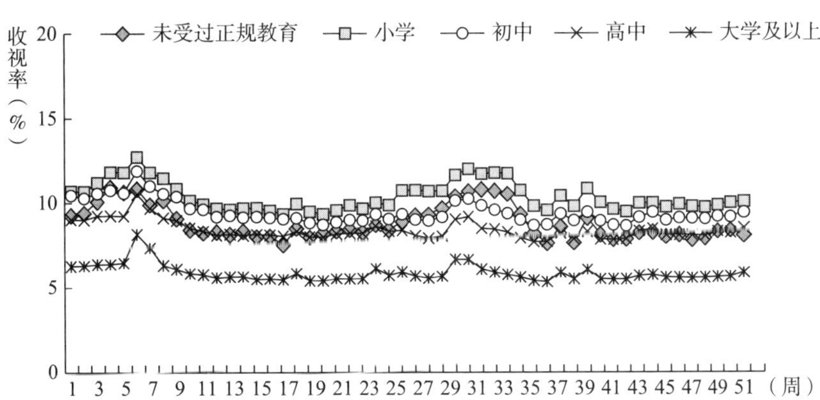

图 1.3.8 2021 年全国样本城市不同受教育程度观众全年分周收视走势

数据来源：CSM 媒介研究。

（三）全天收视走势

1. 全天各时段收视较 2020 年普遍小幅下降

2021 年全天各时段收视走势与 2020 年相比保持一致，但收视水平普遍略降，其中，白天大部分时段和晚间收视高峰时段的下降最多。2021 年的午间收视高峰出现在 11∶45～13∶15，收视率均在 8% 以上，在 12∶30 左右收视率最高，为 9.7%，较 2020 年午间峰值 11.6% 减少了 1.9 个百分点；晚间收视高峰出现在 19∶00～21∶45，收视率均在 20% 以上，其中，在 20∶15 前后达到全天的收视峰值 28.8%，较 2020 年的 29.9% 下降了 1.1 个百分点（图 1.3.9）。

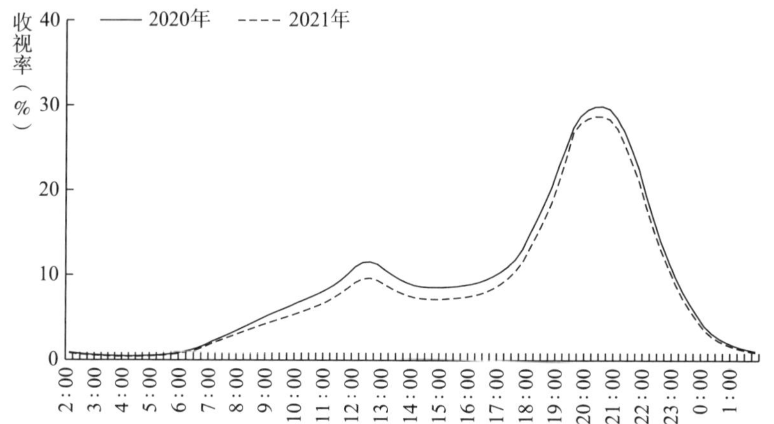

图 1.3.9　2020 年和 2021 年全国样本城市观众全天收视走势

数据来源：CSM 媒介研究。

2. 不同地域观众全天收视走势具有明显区域特征

不同行政区域的观众在全天各时段的收视分布也不尽相同。东北地区的观众在 6∶00～10∶30 和 16∶30～18∶30 的收视水平遥遥领先；西南地区在晚间19∶30～22∶00 的收视水平明显高于其他各地同时段；西北地区在晚间 21∶00 之后的收视水平也相对较高（图 1.3.10）。

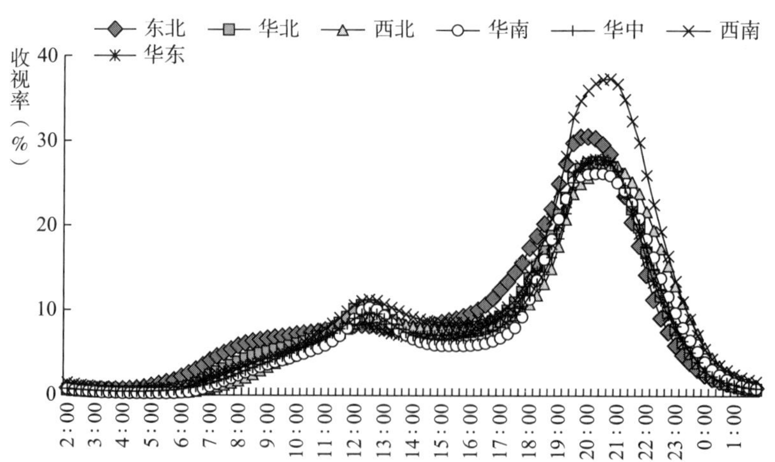

图 1.3.10　2021 年全国七大行政区观众全天收视走势

数据来源：CSM 媒介研究。

3. 女性观众在午后和晚间黄金档时段收视水平略高于男性

整体而言，男、女观众全天收视走势趋同。女性观众在午后和晚间 19∶30～22∶00 的收视水平都高于男性观众较多，上午和深夜时段男性观众收视略占优势（图 1.3.11）。

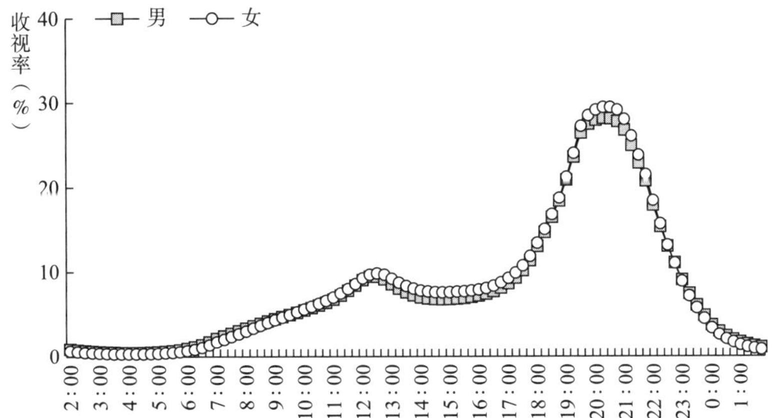

图 1.3.11　2021 年全国样本城市不同性别观众全天收视走势

数据来源：CSM 媒介研究。

4. 不同年龄段观众表现出与其年龄相契合的收视表现

各年龄段观众在全天收视率走势基本趋同的情况下，在收视水平上表现出较大差异。45 岁及以上观众是收视的主力人群，收视率水平随年龄段的增长递增；44 岁及以下的观众整体收视水平相对偏低，尤其体现在晚间高峰收视时段；4～14 岁的学龄前及学龄观众在白天时段收视较高；15～24 岁的青少年观众在全天各时段的收视水平相对最低（图 1.3.12）。

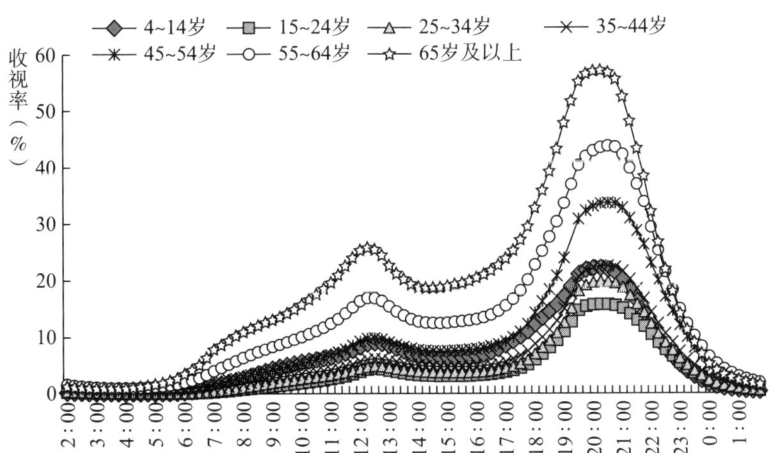

图 1.3.12　2021 年全国样本城市不同年龄段观众全天收视走势

数据来源：CSM 媒介研究。

5. 不同文化程度观众全天收视走势细分特征明显

在不同受教育程度的观众中，小学受教育程度观众在全天大部分时段的收视率水平均处于较高位置；未受过正规教育的观众傍晚时段收视优势较明显，晚间收视高峰结束最早，从21:00左右开始明显滑落；初、高中学历观众收视率水平十分接近；大学及以上学历观众的收视水平整体偏低，晚高峰收视跨度最大，呈扁平化特征（图1.3.13）。

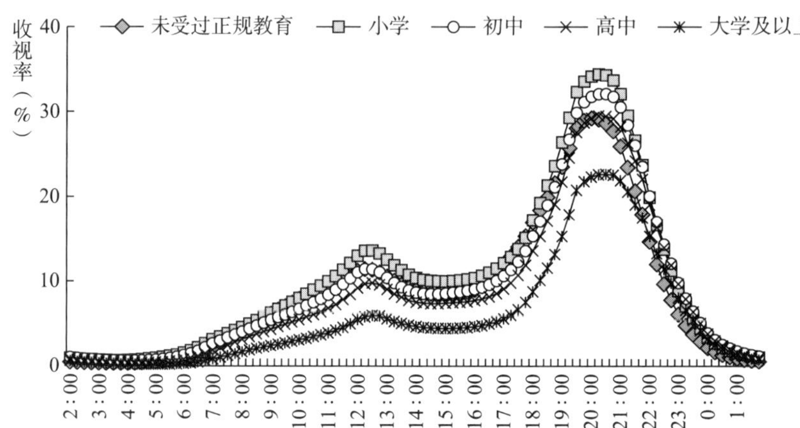

图1.3.13　2021年全国样本城市不同受教育程度观众全天收视走势

数据来源：CSM媒介研究。

6. 周末大部分时段收视水平明显高于工作日

与往年相似，2021年观众在周末和工作日的收视趋势保持一致，在周末白天的收视水平明显高于工作日，集中体现在9:00~18:00时段（图1.3.14）。

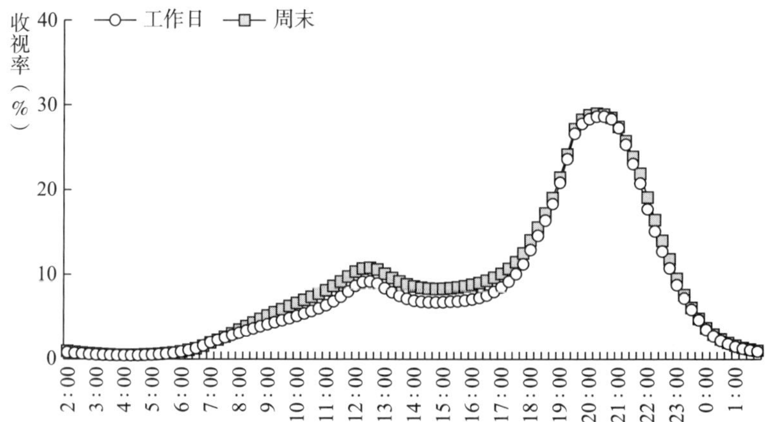

图1.3.14　2021年全国样本城市周末和工作日全天收视走势

数据来源：CSM媒介研究

（四）人均时移收视[①]时长

尽管现在观众的人均每天时移收视时间并不长，在人均总收视时长（直播＋时移）中的占比也不大，但时移收视逐年走高的趋势不容忽视，时移收视已经越来越成为直播收视的一个有益补充，不同目标观众、不同地域的时移收视也各具特色。

1. 人均每天时移收视时长及占比均不高

2021 年全国 63 个城市人均时移收视数据显示，各城市人均每天时移收视的时间并不长，平均为 6.7 分钟，较 2020 年增加了 0.5 分钟。其中，超过 10 分钟的城市有 6 个，较 2020 年多 3 个，分别为济南、青岛、上海、银川、西安和天津；人均每天时移收视时长在平均值以上的城市共有 20 个。从人均每天时移收视时长占总收视时长（直播＋时移）的比例来看，63 个城市平均占比为 5.5%，其中济南占比最高，达 10.3%；青岛、银川、烟台等 25 个城市所占比例在 5.0%（含）～10.0%，其他 38 个城市占比不足 5.0%。整体而言，时移收视仍未成为观众的主流收视行为，但增长趋势不可小觑（表 1.3.3）。

表 1.3.3 2021 年 63 个城市人均每天时移收视时长及其在总收视时长（直播＋时移）中的占比

单位：%，分钟

城市	人均每天时移收视时长	占比	城市	人均每天时移收视时长	占比
蚌埠	5.1	5.5	秦皇岛	9.6	9.1
北京	6.3	5.0	青岛	12.5	9.9
常德	2.6	2.3	泉州	4.1	5.7
成都	4.3	2.8	三亚	3.9	4.9
大连	3.7	2.9	厦门	4.6	4.5
丹东	7.7	7.3	上海	12.1	8.4
福州	3.3	3.3	韶关	4.7	4.2
赣州	2.6	2.8	深圳	4.2	3.8
广州	5.9	4.7	沈阳	4.9	3.4
贵阳	9.9	6.2	石家庄	8.2	7.7
哈尔滨	3.2	2.0	太原	6	6.4
海口	4.2	4.0	唐山	8.8	8.2
杭州	3.7	3.8	天津	10.1	7.9

① 时移收视指观众通过有线双向互动机顶盒、IPTV，或者通过互联网电视机顶盒、智能电视，在节目固定播出时间之外回看、点播已经播出电视节目的收视行为。本文所提及的时移收视指观众点播、回看电视频道 7 天内播出节目所发生的收视行为。

续表

城市	人均每天时移收视时长	占比	城市	人均每天时移收视时长	占比
合肥	8	7.3	温州	3	3.9
呼和浩特	4.2	4.2	乌鲁木齐	7.9	6.4
惠州	3.2	3.6	无锡	1.9	2.1
济南	14.9	10.3	武汉	3.7	3.0
济宁	8.7	8.4	西安	10.2	8.7
金华	2.1	2.1	西宁	7	6.8
锦州	3.5	2.7	襄阳	4.7	4.6
九江	3.5	3.5	徐州	5.4	5.1
昆明	3.3	2.6	烟台	8.9	9.2
拉萨	1.3	1.5	扬州	3.5	4.1
兰州	9.6	7.8	宜昌	4.7	4.1
泸州	2.4	2.0	银川	10.7	9.8
洛阳	7.7	6.4	岳阳	6	4.2
南昌	4.1	4.1	湛江	3.7	4.2
南充	1.5	1.3	长春	3.3	2.9
南京	8.2	7.7	长沙	5.6	4.7
南宁	5.4	5.1	郑州	4.5	4.1
宁波	2.3	2.7	重庆	7.1	4.5
平顶山	2.1	2.2			
63个城市平均时长	6.7				

数据来源：CSM 媒介研究。

2. 男性和女性人均每天时移收视量相等

2021 年，男性观众和女性观众人均每天时移收视时长相等，均为 6.7 分钟，分别占男性和女性观众人均收视总时长的 5.5% 和 5.4%（图 1.3.15）。两者的时移收视时长和时移收视占比均较 2020 年有所增加，其中，男性观众增长幅度较大。

3. 老年观众人均每天时移收视时长较长，时移收视占比较低

从各年龄段观众人均每天时移收视时长来看，55～64 岁和 65 岁及以上观众人均每天时移收视时长较长，分别为 11.1 分钟和 12.1 分钟；15～24 岁和 25～34 岁观众时移收视时长相对较短，不足 5 分钟。从时移收视在总收视时长中的占比来看，4～14 岁、35～44 岁和 45～54 岁观众的时移收视占比较高，分别为 6.1%、6.2% 和 6.5%；65 岁及以上老年观众占比最低，为 4.4%（图 1.3.16）。

4. 大学及以上受教育程度观众时移收视时长最短，但时移收视占比最高

不同受教育程度观众每天时移收视时长显示，高中学历观众的人均时移收视时长

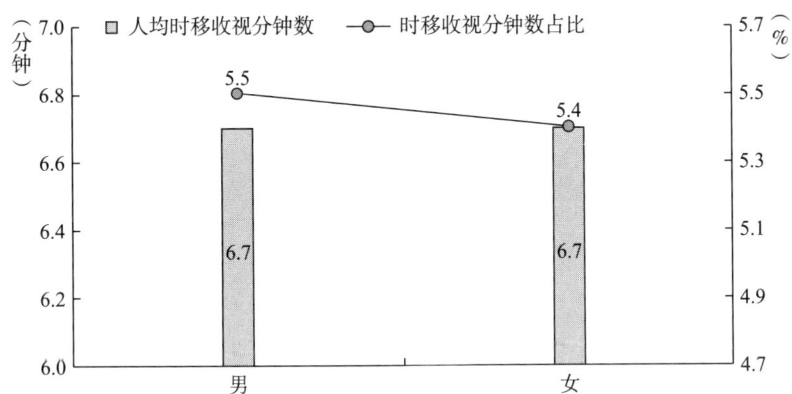

图 1. 3. 15　2021 年 63 个城市不同性别观众人均每天时移收视分钟数及占比

数据来源：CSM 媒介研究。

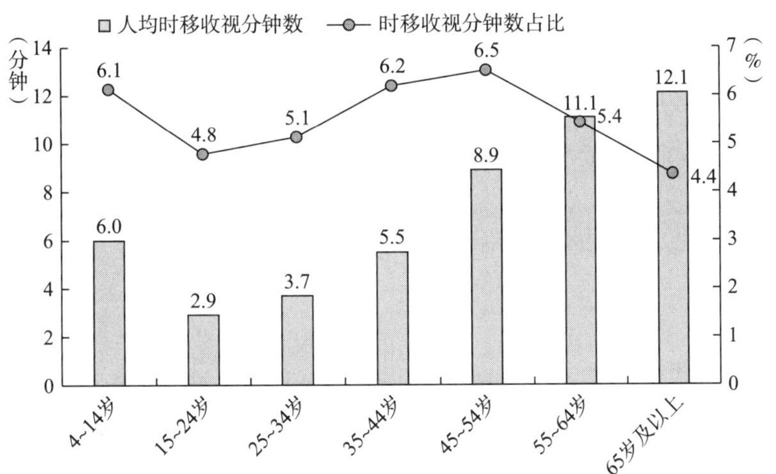

图 1. 3. 16　2021 年 63 个城市不同年龄段观众人均每天时移收视分钟数及占比

数据来源：CSM 媒介研究。

最长，为 8. 1 分钟；大学及以上受教育程度观众的时移收视时长最短，为 5. 6 分钟，其他各类受教育程度观众的时移收视时长水平接近，均为 6 ~ 7 分钟。从不同学历观众人均每天时移收视时长占各自总收视时长的比例来看，高中和大学及以上受教育程度的观众时移收视占比较高，均在 6. 0% 以上（图 1. 3. 17）。

5. 多数城市人均时移收视时长增长明显

我们观察首批开展时移收视调查的 15 个城市近四年的收视数据变化可以看到，济南地区的时移收视时长增长十分明显，从 2018 年的 3. 4 分钟迅速增至 2021 年 14. 9 分钟，涨幅超过 300%，仅 2020 年至 2021 年的一年时间就增长了 8. 7 分钟，涨幅 140%；其次是合肥地区，也由 2020 年的 4. 4 分钟增至 8 分钟，涨幅达 81. 8%。受新冠肺炎疫情影响，2020 年各地收视普遍升高，因此这 15 个城市在 2021 年的人均直播收视时长

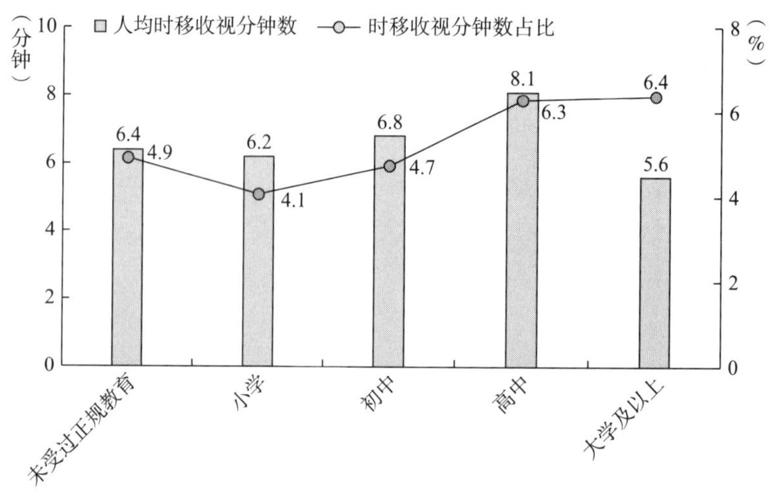

图 1.3.17　2021 年 63 个城市不同受教育程度观众人均每天时移收视分钟数及占比

数据来源：CSM 媒介研究。

均同比有不同程度的下降，但在济南、合肥、上海、西安和天津这 5 个城市的人均时移收视量仍然呈正增长态势（图 1.3.18）。

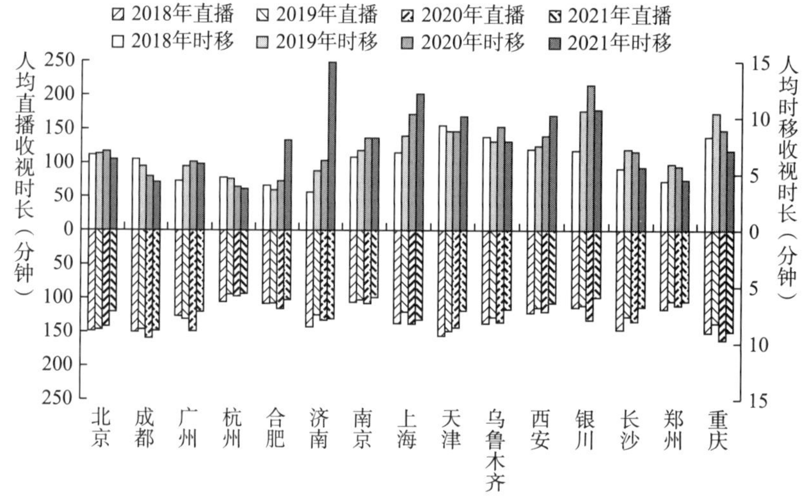

图 1.3.18　2018～2021 年 15 个城市人均每天直播和时移收视时长

数据来源：CSM 媒介研究。

四　频道竞争格局

本部分以 2021 年 CSM 媒介研究在全国 102 个调查城市以及在黑龙江省、北京市、上海市、广州市等重点省市的收视调查数据为基础，探析不同层级电视收视市场中频道竞争格局的发展与变化。

（一）全国电视收视市场的频道竞争格局

1. 省级卫视市场份额保持增长，省市地面频道市场份额持续下降

2021 年，在全国 102 个城市电视市场的收视竞争中，中央广播电视总台和省级上星频道保持着领先的优势，其中省级上星频道市场份额由 2020 年的 29.4% 增长 2.2 个百分点达到 31.6%，而中央广播电视总台的市场份额则略降。除上星频道之外，数量庞大的地面频道近年来依然难抑收视的下滑，省级非上星频道和市级频道市场份额分别较 2020 年下滑了 1.4 和 1.1 个百分点。在多级频道市场份额的一片降声之中，包含了数字频道、境外卫视等直播频道以及 IPTV、外接智能电视及 OTT 设备回看点播等非直播收视行为的其他频道组的市场份额飞速上涨，由 2019 年的 22.0% 增至 2021 年的 26.9%。

2. 中央广播电视总台早午时段优势明显，省级卫视下午及晚间时段领先，地面频道傍晚时段竞争力强

2021 年，在全天不同时段的收视竞争中，各级频道凭借自身的节目资源优势与受众的收视习惯差异，形成了区隔化的竞争格局。中央广播电视总台早间 05:00 就开启了全天高峰，在 05:00 ~ 09:00 的整个早间时段，保持了绝对的领先优势，尤其在早间 06:00 ~ 07:15 时段的竞争力更强，市场份额最高超过了 45%；随着午间新闻的陆续开播，中央广播电视总台在 12:00 ~ 12:30 处于竞争领头羊地位；晚间 19:00 ~ 19:30 时段，中央广播电视总台也获得了较高的市场份额，主导市场竞争。省级卫视在下午 13:45 ~ 17:15、晚间 19:30 ~ 23:00 两大时段竞争力均反超中央广播电视总台，阶段性领跑收视市场。省市两级地面频道，在整体上无法与上星频道相抗衡，但在17:30 ~ 19:30 的民生新闻时段竞争力明显提升，尤其是省级非上星频道在 18:30 ~ 19:00时段的市场份额甚至赶超中央广播电视总台，最高份额逾 26%（图 1.4.1）。

3. 中央广播电视总台更受男性、中老年观众青睐，省级卫视在年轻人群及学生中竞争力强

2021 年，在全国市场各细分受众的收视竞争中，各级频道凭借多年来的频道经营理念以及在受众中积累的人气，其核心收视群体与往年相比基本保持稳定，不同频道之间存在着一定的差异和互补。中央广播电视总台继续在男性、中老年、中等学历、中等收入人群中保持着相对竞争优势，省级上星频道则对女性、年轻观众、高学历观众和学生更具吸引力，省市两级地面频道在中高年龄层、中低学历和收入观众中的市场份额更高（表 1.4.1）。

在以性别为细分标准的收视市场上，男性观众对中央广播电视总台的收视份额较所有观众平均水平高出 1.6 个百分点，女性观众对省级上星频道的收视份额则较所有

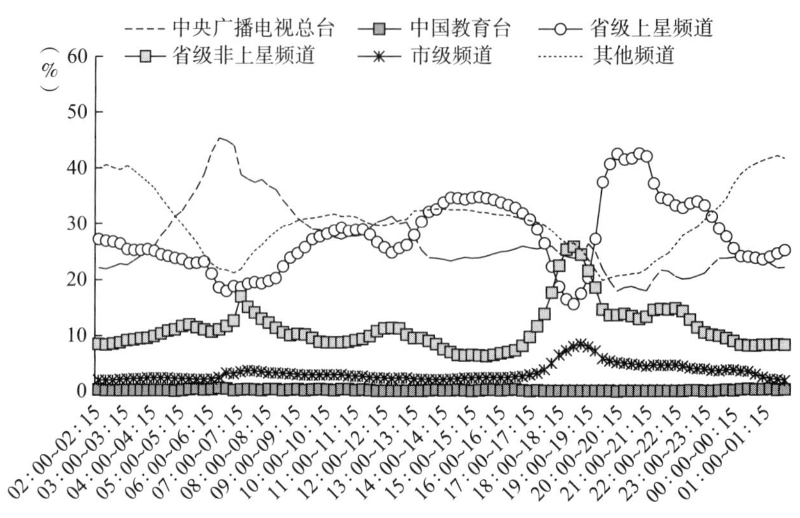

图 1.4.1　2021 年全国电视收视市场各类频道市场份额全天走势

数据来源：CSM 媒介研究。

观众的平均水平高出 1.1 个百分点；省市两级地面频道在男女观众中市场份额差异不大，省级非上星频道在男性中略高，市级频道在女性中略高。在以年龄为细分标准的收视市场上，中央广播电视总台对 55 岁及以上的中老年观众，尤其是 65 岁及以上的老年观众的吸引力更强，该类观众对中央广播电视总台的收视份额远高于 4 岁及以上所有人的平均水平，其中，65 岁及以上观众的收视份额较平均水平高出 8.8 个百分点；省级上星频道在 15 ~ 34 岁观众群体中的收视份额较所有观众平均水平更高，收视份额逾 36%；省市级地面频道对 55 岁及以上的中老年收视群体较具影响力。在以学历为细分标准的收视市场上，初中、高中学历收视群体对中央广播电视总台的收视份额高于 4 岁及以上所有人的平均水平；大学及以上的观众则对省级卫视的收视份额相对更高；省级非上星频道和市级频道在小学学历观众中收视份额高于所有观众平均水平。在以职业为细分标准的收视市场上，以离退休人员为主体的无业观众和其他职业类别的观众对中央广播电视总台频道的收视份额较高；而工人、学生及初级公务员/雇员群体对省级卫视表现出更高的收视份额；无业和其他职业类别观众对省级非上星频道收视份额更高。在以收入为细分标准的收视市场上，个人月收入在 601 ~ 5000 元的观众对中央广播电视总台收视份额明显高于所有观众平均水平；而个人月收入在 0 ~ 600 元的低收入观众和个人月收入在 5001 元及以上的高收入观众则对省级卫视的收视份额明显高于所有观众的平均水平；个人月收入在 601 ~ 2600 元的观众对省级非上星频道表现出较高的收视份额；个人月收入在 601 ~ 1700 元的观众对市级频道的收视份额高于 4 岁及以上所有人的平均水平（表 1.4.1）。

表 1.4.1 2021 年全国市场各类频道在不同目标观众中的市场份额

单位：%

目标观众	中央广播电视总台	中国教育台	省级上星频道	省级非上星频道	市级频道	其他频道
4 岁及以上所有人	23.8	0.1	31.6	13.2	4.4	26.9
男	25.4	0.1	30.4	13.3	4.3	26.5
女	22.1	0.1	32.7	13.2	4.4	27.5
4～14 岁	12.6	0.1	31.8	8.3	2.1	45.1
15～24 岁	19.3	0.1	36.0	9.7	4.4	30.5
25～34 岁	15.5	0.1	37.7	9.3	4.0	33.4
35～44 岁	19.0	0.1	34.7	9.3	2.9	34.0
45～54 岁	24.4	0.1	31.0	12.3	4.5	27.7
55～64 岁	27.0	0.2	29.0	16.8	5.1	21.9
65 岁及以上	32.6	0.2	27.6	18.0	5.3	16.3
未受过正规教育	17.1	0.1	32.3	11.4	4.9	34.2
小学	22.9	0.2	30.3	16.1	5.7	24.8
初中	25.2	0.2	31.1	14.9	5.0	23.6
高中	25.0	0.1	31.2	12.9	3.6	27.2
大学及以上	22.1	0.1	33.6	9.3	3.3	31.6
干部/管理人员	23.6	0.1	30.4	8.7	3.0	34.2
个体/私营企业人员	22.9	0.1	32.1	10.1	4.5	30.3
初级公务员/雇员	20.1	0.1	33.3	10.3	4.1	32.1
工人	21.3	0.1	34.4	13.9	5.0	25.3
学生	15.4	0.1	32.9	8.0	2.3	41.3
无业	27.2	0.2	29.7	15.6	4.7	22.6
其他	27.4	0.2	31.8	17.9	3.7	19.0
0～600 元	18.3	0.1	33.2	11.4	3.5	33.5
601～1200 元	27.9	0.2	29.6	18.6	5.6	18.1
1201～1700 元	27.9	0.2	30.1	17.7	5.2	18.9
1701～2600 元	28.4	0.1	30.7	15.7	5.0	20.1
2601～3500 元	27.4	0.1	30.3	14.0	5.1	23.1
3501～5000 元	24.8	0.1	30.8	13.6	4.5	26.2
5001 元及以上	21.0	0.1	32.9	10.8	3.7	31.5

数据来源：CSM 媒介研究。

4. 中央广播电视总台频道和省级卫视份额竞争呈胶着之势，中央台新闻频道竞争力显著提高

2021 年，在全国收视市场份额排名前 15 的频道中，中央广播电视总台频道和省级卫视在频道数量上不分伯仲，中央广播电视总台有 7 个频道入围，省级卫视有 8 个频道上榜。湖南、江苏和浙江卫视均以 3.5% 及以上的份额位居前三甲，中央电视台综合频道和东方卫视均以 0.1 个百分点之差位居并列第四。从市场份额年度变化来看，与 2020 年相比份额提升最为明显的是江苏卫视、浙江卫视和中央台五套，份额提升均在 0.7 个百分点及以上（表 1.4.2）。

表 1.4.2　2021 年全国电视收视市场份额排名前 15 的频道

单位：%

排名	频道	2021 年	2020 年
1	湖南卫视	3.7	3.6
2	江苏卫视	3.5	2.6
2	浙江卫视	3.5	2.7
4	中央电视台综合频道	3.4	3.9
4	东方卫视	3.4	2.8
6	中央台四套	3.3	3.8
7	中央台六套	2.9	2.9
8	中央台八套	2.8	3.2
9	北京卫视	2.6	2.3
10	中央电视台新闻频道	2.4	3.3
11	中央台五套	1.8	1.1
12	中央台三套	1.7	1.9
13	广东卫视	1.6	1.1
14	深圳卫视（新闻综合频道）	1.5	1.1
15	安徽卫视	1.4	1.1

注：2020 年为 109 城市，2021 年为 102 城市。
数据来源：CSM 媒介研究。

（二）黑龙江省电视收视市场的频道竞争格局

1. 中央广播电视总台份额领先，黑龙江省级频道竞争力同比上涨

2021 年，在黑龙江省电视收视市场，中央广播电视总台领跑收视市场，占据 38.6% 的市场份额。黑龙江省级频道紧随其后，以 26.3% 的份额位居市场第二，且这一数值较 2020 年增长了 2.3 个百分点，增幅达到 9.6%。外省卫视 2021 年收视份额较 2020 年下降了 1.3 个百分点，为 19.8%。伴随着智能收视终端崛起而不断增长的其他

频道市场份额在黑龙江省电视市场也较高，达到15.2%，较2020年增加了0.4个百分点（图1.4.2）。

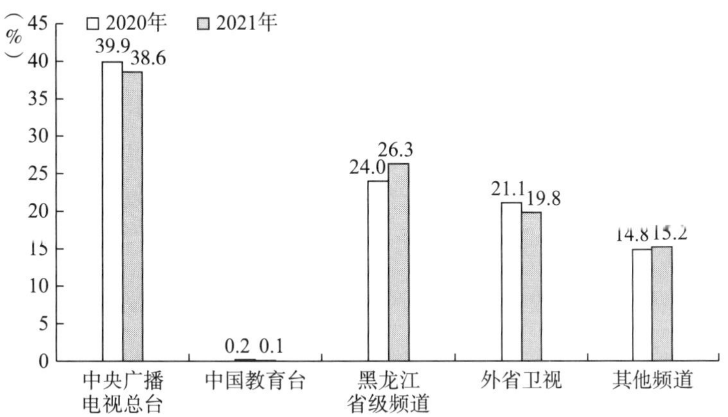

图1.4.2　2020年和2021年黑龙江省电视收视市场上各类频道的市场份额对比

数据来源：CSM媒介研究。

2. 中央广播电视总台领跑上下午及晚间时段，黑龙江省级频道傍晚及清晨优势明显，外省卫视午间收视突出

在黑龙江省电视收视市场全天时段的竞争中，中央广播电视总台在5∶30～13∶30和14∶00～17∶30上下午时段，以及19∶00～0∶00的晚间时段领先优势明显，黑龙江省级频道在17∶30～19∶00的傍晚时段和2∶30～5∶30的清晨时段份额也保持领先。外省卫视的收视高峰主要集中在午间时段，13∶30～14∶00市场份额一度超过中央广播电视总台和黑龙江省台，形成突围之势（图1.4.3）。

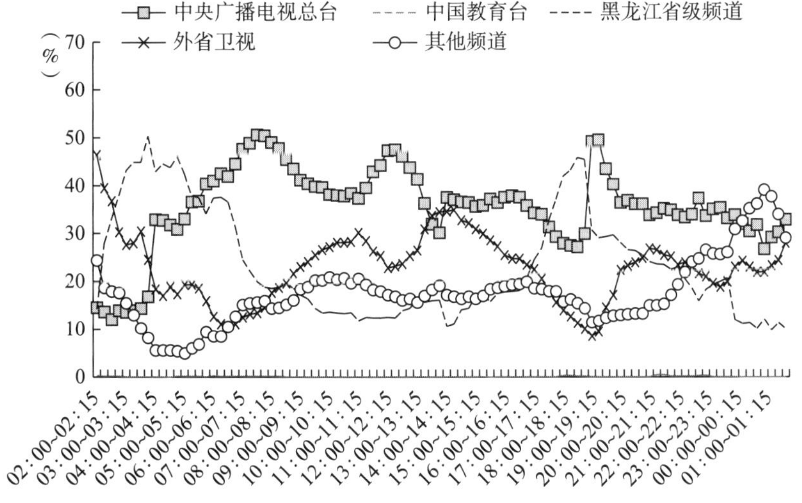

图1.4.3　2021年黑龙江省电视收视市场各类频道市场份额全天走势

数据来源：CSM媒介研究。

3. 黑龙江省级频道在广谱大众中竞争力强，中央广播电视总台和外省卫视优势受众各具特色

2021 年，在黑龙江省电视收视市场各级频道对细分目标观众的竞争中，黑龙江省级频道更加吸引男性、中老年及低学历、中低收入和其他职业群体，重度受众分布较为广泛；中央广播电视总台和外省卫视竞争力更强的受众群体之间则各具特色：中央广播电视总台更吸引男性、中老年及中高学历、高收入群体、初级公务员/雇员及无业人员进行收看，外省卫视重度受众呈现年轻化特点，女性、年轻群体、高学历群体、学生和干部/管理人员对其收视份额更高（表 1.4.3）。

在以性别为细分标准的收视市场上，中央广播电视总台和黑龙江省级频道在男性观众中的收视份额明显更高；外省卫视则在女性观众收视中获得更多的关注。在以年龄为细分标准的收视市场上，中央广播电视总台和黑龙江省级频道在 45 ~ 54 岁和 65 岁及以上的中老年观众中的收视份额高于其在 4 岁及以上所有人中的平均水平；而外省卫视则在年轻观众中更受青睐，其在 15 ~ 24 岁和 35 ~ 44 岁观众中的市场份额均在 23% 及以上，较 4 岁及以上所有人的平均水平高出 3 个百分点以上。在以学历为细分标准的收视市场上，小学及以下学历的收视群体对黑龙江省级频道的收视份额相对较高；高中及以上的中高学历的收视群体对中央广播电视总台和外省卫视的收视份额明显更高。在以职业为细分标准的收视市场上，黑龙江省级频道在其他职业群体中的收视份额显著高于平均水平；中央广播电视总台在初级公务员/雇员及无业群体中份额更高；外省卫视则对干部/管理人员和学生的收视影响力更强。在以收入为细分标准的收视市场上，黑龙江省级频道在个人月收入 301 ~ 1700 元的较低收入群体中具有一定优势；中央广播电视总台对个人月收入在 3501 元及以上的中高收入观众吸引力较强；而外省卫视则在个人月收入 0 ~ 300 元的低收入群体中影响力更大。

表 1.4.3　2021 年黑龙江省电视收视市场各类频道在不同目标观众中的市场份额

单位：%

目标观众	中央广播电视总台	中国教育台	黑龙江省级频道	外省卫视	其他频道
4 岁及以上所有人	38.6	0.1	26.3	19.8	15.2
男	41.6	0.2	26.6	17.5	14.1
女	35.6	0.1	26.0	22.1	16.2
4 ~ 14 岁	29.6	0.0	18.0	21.9	30.5
15 ~ 24 岁	40.4	0.5	22.6	24.9	11.6
25 ~ 34 岁	32.5	0.2	22.4	20.8	24.1
35 ~ 44 岁	34.1	0.1	20.9	23.0	21.9

续表

目标观众	中央广播电视总台	中国教育台	黑龙江省级频道	外省卫视	其他频道
45～54岁	41.2	0.2	31.2	18.5	8.9
55～64岁	39.0	0.1	26.5	18.3	16.1
65岁及以上	44.3	0.1	31.3	17.0	7.3
未受过正规教育	29.8	0.1	36.2	16.1	17.8
小学	36.5	0.1	34.5	16.5	12.4
初中	36.1	0.2	26.8	19.7	17.2
高中	42.7	0.1	21.0	22.0	14.2
大学及以上	45.5	0.1	19.5	22.0	12.9
干部/管理人员	35.8	0.2	10.8	23.6	29.6
个体/私营企业人员	39.6	0.2	22.9	20.6	16.7
初级公务员/雇员	42.2	0.1	19.8	18.8	19.1
工人	40.1	0.1	24.8	18.2	16.8
学生	36.1	0.3	18.5	23.5	21.6
无业	42.3	0.1	25.6	20.0	12.0
其他	31.1	0.2	37.3	17.7	13.7
0～300元	33.1	0.2	24.5	22.4	19.8
301～900元	35.2	0.3	40.7	14.3	9.5
901～1700元	32.5	0.1	36.2	18.4	12.8
1701～2600元	38.3	0.2	25.7	19.6	16.2
2601～3500元	40.1	0.1	26.5	20.9	12.4
3501元及以上	45.1	0.1	21.2	18.6	15.0

数据来源：CSM媒介研究。

4. 中央广播电视总台占据市场份额前十五位中的七个席位，黑龙江2个省级频道挺进份额竞争前3位

2021年，在黑龙江省电视市场单个频道的收视竞争中，中央广播电视总台频道在竞争中占据数量优势，前15位中有7个是中央广播电视总台频道，其中，中央电视台综合频道以9.7%的市场份额领跑收视市场。黑龙江省级频道共有5个频道入围收视排名前15，且竞争优势明显，黑龙江电视台影视频道和黑龙江卫视挺进份额竞争前3，其中，黑龙江电视台影视频道竞争力较2020年提升了0.8个百分点。外省卫视中，湖南卫视、江苏卫视和浙江卫视分别位居第十一、第十四和第十五（表1.4.4）。

表 1.4.4　2021 年黑龙江省电视收视市场份额排名前 15 的频道

单位：%

排名	频道	2021 年	2020 年
1	中央电视台综合频道	9.7	10.0
2	黑龙江电视台影视频道	8.2	7.4
3	黑龙江卫视	6.1	6.0
4	中央台八套	5.0	4.9
5	中央台六套	4.4	4.3
5	中央电视台新闻频道	3.7	5.3
5	中央台四套	3.7	3.9
8	中央台三套	3.5	3.3
9	黑龙江电视台文体频道	3.5	3.2
10	黑龙江电视台新闻法治频道	3.5	2.9
11	黑龙江电视台都市频道	3.4	3.0
11	湖南卫视	3.1	3.7
13	中央台五套	2.5	1.5
14	江苏卫视	1.9	1.7
15	浙江卫视	1.7	2.1

数据来源：CSM 媒介研究。

（三）北京市电视收视市场的频道竞争格局

1. 中央广播电视总台在北京市场份额基本稳定，北京电视台和外省卫视份额下降

2021 年，在北京市电视收视市场，中央广播电视总台的市场份额基本维持稳定，为 27.1%。处于领先地位的北京电视台市场份额有所下滑，较 2020 年下降 1.9 个百分点，至 27.6%。外省卫视在北京市场的竞争力持续下滑，2021 年市场份额较 2020 年下降了 1.4 个百分点，为 18.4%。北京市场其他频道组的市场份额近年来保持着快速的增长，2021 年较上年激增了 3.6 个百分点，达到 26.5%，连续两年超过外省卫视的份额水平（图 1.4.4）。

2. 北京电视台早、午、晚时段保持领先，中央广播电视总台清晨和上午时段实现突围，外省卫视下午时段竞争力强

北京市电视收视市场各级频道在全天各时段的收视竞争中，以微弱优势领先的北京电视台，在早、午、晚三大时段的竞争优势明显，早间 06:45～08:30、午间 12:15～13:00、晚间 17:45～22:15 引领整个市场的收视，且早间、晚间领先优势较大，尤其晚间 18:45～19:00 的最高市场份额达到 52.1%。中央广播电视总台的竞争力在全天分布较

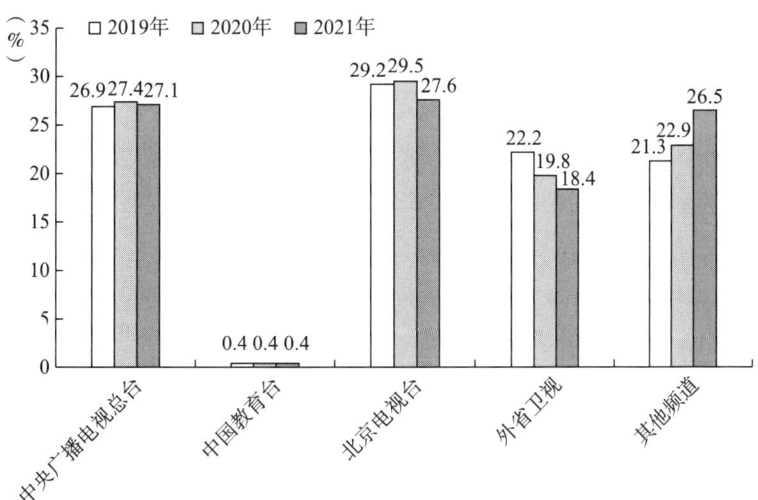

图 1.4.4 2019～2021 年北京市电视收视市场上各类频道的市场份额对比

数据来源：CSM 媒介研究。

为均衡，波动相对不大，在晨间 05：30～07：00、上午 08：15～12：00、傍晚 16：45～17：45 竞争力超过其他各级频道，居首位。外省卫视主要集中在午后和后晚间发力，其在下午 13：30～16：00 竞争力超过中央广播电视总台和北京电视台（图 1.4.5）。

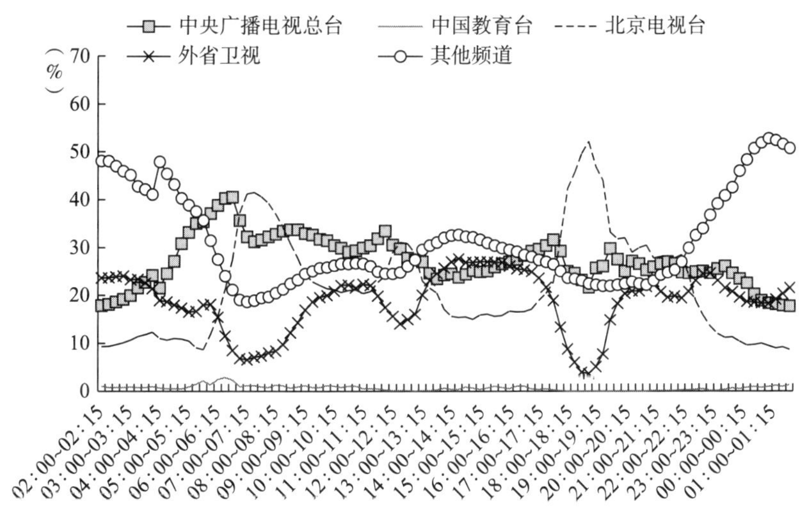

图 1.4.5 2021 年北京市电视收视市场各类频道市场份额全天走势

数据来源：CSM 媒介研究。

3. 北京电视台更吸引中老年、中等学历及中等收入群体，中央广播电视总台和外省卫视优势受众互补

2021 年，在北京电视收视市场各级频道对细分观众群体的收视竞争中，北京电视台继续保持对女性、中老年、中等学历和中等收入观众的较强吸引力，中央广播电视

总台和外省卫视的优势受众形成互补：中央广播电视总台则更吸引男性、老年、中等学历和中等收入群体，外省卫视相对更受女性、年轻观众和学生的青睐（表 1.4.5）。

在以性别为细分标准的收视市场上，男性观众对中央广播电视总台的收视份额高于所有观众平均水平；而女性观众则对北京电视台和外省卫视更加青睐，其收视份额较 4 岁及以上所有人的平均水平更高。在以年龄为细分标准的收视市场上，北京电视台对 55 岁及以上观众保持了较强的吸引力，该类观众对北京电视台的收视份额超过 31%，高出平均水平 3 个百分点以上；中央广播电视总台对 55 岁及以上的老年观众继续发挥强大影响力，其中 65 岁及以上收视份额达到 33.9%，较 4 岁及以上所有人平均的 27.1% 高出 6.8 个百分点；外省卫视对 4 ~ 14 岁和 35 ~ 44 岁年龄段观众的吸引力明显更强，收视份额超过 20%。在以学历为细分标准的收视市场上，北京电视台和中央广播电视总台更吸引初中学历观众收视，外省卫视对小学学历的观众的吸引力更大。在以职业为细分标准的收视市场上，北京电视台和中央广播电视总台对以离退休人员为主的无业观众的吸引力更强，北京电视台同时更吸引其他职业类别的观众；外省卫视对工人、学生和其他职业类别观众群体有较强吸引力。在以收入为细分标准的收视市场上，北京电视台吸纳的收入阶层十分广泛，人均月收入在 1201 ~ 5000 元的低、中、高收入人群份额均高于平均水平；中央广播电视总台对个人月收入在 1701 ~ 2600 元的群体更具号召力；外省卫视对于个人月收入在 1200 元及以下的中低收入收视人群的凝聚力相对更强。

表 1.4.5　2021 年北京市电视收视市场各类频道在不同目标观众中的市场份额

单位：%

目标观众	中央广播电视总台	中国教育台	北京电视台	外省卫视	其他频道
4 岁及以上所有人	27.1	0.4	27.6	18.4	26.5
男	29.4	0.4	27.1	17.2	25.9
女	25.0	0.3	28.0	19.6	27.1
4 ~ 14 岁	17.8	0.2	17.4	21.8	42.8
15 ~ 24 岁	22.2	0.3	16.3	17.1	44.1
25 ~ 34 岁	18.0	0.2	19.3	19.5	43.0
35 ~ 44 岁	19.9	0.2	18.2	20.5	41.2
45 ~ 54 岁	25.6	0.4	25.4	19.2	29.4
55 ~ 64 岁	28.9	0.4	31.5	17.6	21.6
65 岁及以上	33.9	0.5	34.3	17.2	14.1
未受过正规教育	24.6	0.4	20.1	19.0	35.9

续表

目标观众	中央广播电视总台	中国教育台	北京电视台	外省卫视	其他频道
小学	28.3	0.5	27.6	21.4	22.2
初中	29.0	0.5	34.5	18.0	18.0
高中	27.4	0.4	28.1	18.9	25.2
大学及以上	25.4	0.3	22.3	17.7	34.3
干部/管理人员	23.5	0.3	22.1	19.8	34.3
个体/私营企业人员	25.6	0.4	19.8	16.3	37.9
初级公务员/雇员	22.5	0.3	21.0	18.7	37.5
工人	23.1	0.6	26.2	20.1	30.0
学生	18.4	0.3	16.5	21.4	43.4
无业	30.1	0.4	32.0	18.2	19.3
其他	22.3	0.7	30.2	23.9	22.9
0～600 元	19.5	0.3	20.3	22.6	37.3
601～1200 元	28.6	0.4	31.3	27.2	12.5
1201～1700 元	26.4	0.3	42.6	14.3	16.4
1701～2600 元	31.5	0.6	32.9	19.8	15.2
2601～3500 元	26.6	0.6	32.1	19.6	21.1
3501～5000 元	28.4	0.4	32.2	17.5	21.5
5001 元及以上	27.9	0.3	23.1	16.6	32.1

数据来源：CSM 媒介研究。

4. 北京卫视继续以绝对优势领跑，中央广播电视总台有七个频道入围前十五位

2021 年，在北京市电视收视市场单个频道的竞争中，北京卫视以绝对的优势对收视市场形成引领之势，但市场份额较 2020 年下降了 2.2 个百分点。北京广播电视台影视频道以 5.9% 的市场份额位居第二，市场份额较上年略有上涨。此外，北京广播电视台生活频道、北京广播电视台文艺频道和北京广播电视台科教频道市场份额均挺入前 15 位。中央广播电视总台在市场份额排名前 15 中占据明显数量优势，共有 7 个频道入围，其中中央台四套、八套、综合频道和新闻频道分别位居第三至第六，市场份额均在 2.8% 及以上。在北京电视台和中央广播电视总台的双重重压下，外省卫视在北京市场不具有数量优势（仅有 3 家卫视入围），但头部省级卫视的竞争力仍不可小觑，湖南卫视和浙江卫视均获得了不低于 2.0% 的市场份额，分列第八位（并列）和第十一位（表 1.4.6）。

表 1.4.6　2021 年北京市电视收视市场份额排名前 15 的频道

单位：%

排名	频道	2021 年	2020 年
1	北京卫视	11.2	13.4
2	北京广播电视台影视频道	5.9	5.4
3	中央台四套	4.6	5.0
4	中央台八套	3.4	3.8
5	中央电视台综合频道	2.9	2.7
6	中央电视台新闻频道	2.8	3.7
7	北京广播电视台生活频道	2.7	2.6
8	中央台五套	2.4	1.5
8	湖南卫视	2.4	2.1
10	中央台六套	2.3	2.2
11	浙江卫视	2.1	2.0
12	北京广播电视台文艺频道	2.0	2.0
12	中央台三套	2.0	1.6
14	江苏卫视	1.9	1.7
15	北京广播电视台科教频道	1.8	1.7

数据来源：CSM 媒介研究。

（四）上海市电视收视市场的频道竞争格局

1. 上海本地频道占据三分之一以上份额，外省卫视份额增势迅猛

2021 年，在上海市电视收视市场，上海本地频道依旧以绝对的优势领跑收视市场，所占据的市场份额超过三分之一，达到 35.3%，但因频道关停并转等原因，与前两年相比较这一数值呈现不断下滑之势。外省卫视 2021 年共获得 21.4% 的市场份额，较上年进一步大幅增长。中央广播电视总台的竞争力次之，2021 年共获得 15.4% 的市场份额，竞争力较 2020 年略有滑落。上海也属于时移收视较为发达的地区，包括时移收视在内的其他频道收视份额近年来呈现不断增长之势，2021 年继续微增 0.7 个百分点，达到 27.8%，成为上海市场一股不可忽视的竞争力量（图 1.4.6）。

2. 上海本地频道在多数时段保持领先优势，中央广播电视总台在清晨时段略有胜出

2021 年，在上海市电视收视市场全天各时段的收视竞争中，上海本地频道以绝对的优势在 06:45 ~ 12:30 和 17:30 ~ 22:00 的时段保持领先，尤其在 07:00 ~ 07:15 以及 18:30 ~ 19:00 这两个时段的竞争力凸显，最高市场份额达到 61.3%。在如此强有力的竞争之下，中央广播电视总台仅在清晨 05:00 ~ 07:00 这一时段形成突围之势，市

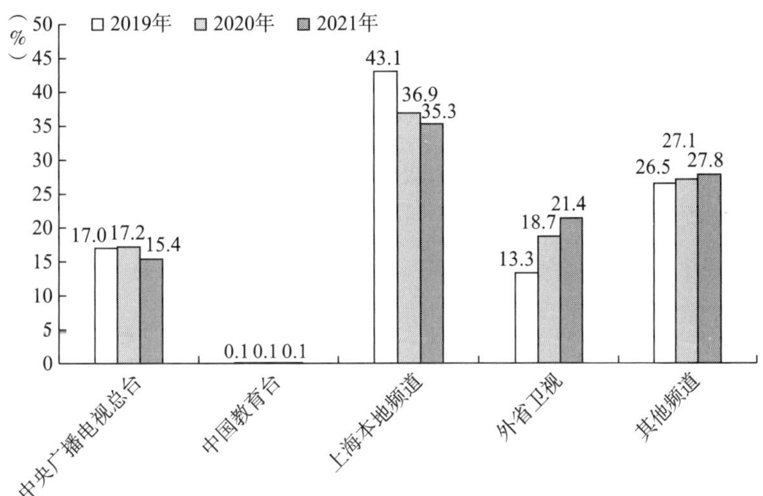

图 1.4.6 2019～2021 年上海市电视收视市场上各类频道的市场份额对比

数据来源：CSM 媒介研究。

场份额超越上海本地频道，最高份额超过 45%。外省卫视在上海市场的竞争优势不明显，全天难以形成突破，但相对自身而言，在清晨、下午和后晚间时段的竞争力稍强，彰显出其自身的竞争优势（图 1.4.7）。

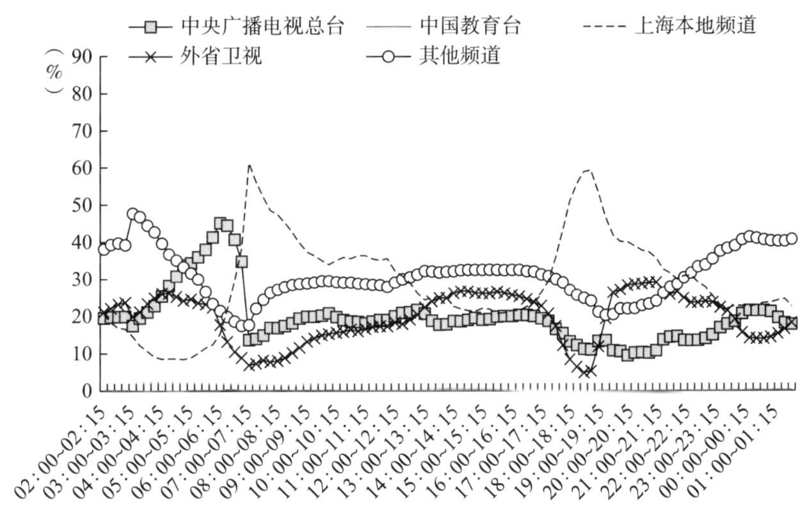

图 1.4.7 2021 年上海市电视收视市场各类频道市场份额全天走势

数据来源：CSM 媒介研究。

3. 上海本地频道在中老年、中等学历及中等收入观众中优势更为明显，中央广播电视总台和外省卫视优势受众差异互补

2021 年，在上海市电视收视市场细分受众的收视竞争中，上海本地频道保持着在各类目标观众中的绝对竞争优势；相较于其在所有观众中的平均水平而言，更受到女性、中老年及中等学历、中等收入、无业和其他职业观众的喜爱。中央广播电视总台和外省

卫视的优势受众差异互补，中央广播电视总台在男性、老年、中低学历和中高收入观众中具有相对竞争优势，外省卫视则更受女性、年轻和中低收入观众的青睐（表1.4.7）。

在以性别为细分标准的收视市场上，中央广播电视总台更吸引男性观众的收视；外省卫视和上海本地频道则对女性观众更具吸引力。在以年龄为细分标准的收视市场上，上海本地频道更受55岁及以上的中老年观众的青睐；中央广播电视总台对65岁及以上的老年人吸引力相对更强；外省卫视对4~34岁观众更具吸引力，其在25~34岁观众中的市场份额高达28.8%。在以学历为细分标准的收视市场上，上海本地频道和中央广播电视总台对初中学历观众更具吸引力，外省卫视在小学及以下和大学及以上学历观众中影响力更强。在以职业为细分标准的收视市场上，上海本地频道和中央广播电视总台对以离退休人员为主体的无业观众以及其他职业类别的受众吸引力较强；外省卫视对个体/私营企业人员和学生群体有较强吸引力。在以收入为细分标准的收视市场上，上海本地频道更吸引个人月收入在601~3500元的中等收入群体；中央广播电视总台对个人月收入在2601~5000元的中高收入群体号召力更强；外省卫视在个人月收入在0~600元和1201~2600元的观众中市场份额更高。

表1.4.7　2021年上海市电视收视市场各类频道在不同目标观众中的市场份额

单位：%

目标观众	中央广播电视总台	中国教育台	上海本地频道	外省卫视	其他频道
4岁及以上所有人	15.4	0.1	35.3	21.4	27.8
男	17.0	0.1	35.1	20.6	27.2
女	13.8	0.1	35.5	22.2	28.4
4~14岁	8.5	0.1	21.6	25.9	43.9
15~24岁	12.4	0.1	31.2	27.0	29.3
25~34岁	10.8	0.1	24.8	28.8	35.5
35~44岁	12.9	0.1	26.3	21.9	38.8
45~54岁	15.2	0.1	33.1	22.5	29.1
55~64岁	15.6	0.1	39.2	18.5	26.6
65岁及以上	19.1	0.1	43.3	18.1	19.4
未受过正规教育	11.3	0.0	29.5	23.1	36.1
小学	14.9	0.1	37.4	23.4	24.2
初中	18.4	0.1	41.2	20.8	19.5
高中	15.7	0.1	38.4	18.8	27.0
大学及以上	13.4	0.1	27.2	24.4	34.9
干部/管理人员	18.2	0.1	31.3	15.5	34.9

续表

目标观众	中央广播电视总台	中国教育台	上海本地频道	外省卫视	其他频道
个体/私营企业人员	10.4	0.2	22.7	31.1	35.6
初级公务员/雇员	13.2	0.1	28.7	24.3	33.7
工人	17.1	0.1	35.8	21.2	25.8
学生	11.8	0.1	25.1	26.2	36.8
无业	17.1	0.1	40.6	18.9	23.3
其他	17.3	0.1	54.3	18.3	10.0
0～600元	11.5	0.1	27.6	24.9	35.9
601～1200元	8.3	0.0	63.8	20.7	7.2
1201～1700元	16.0	0.1	40.3	25.8	17.8
1701～2600元	14.9	0.1	46.7	24.6	13.7
2601～3500元	22.0	0.1	43.3	18.3	16.3
3501～5000元	17.4	0.1	39.1	20.0	23.4
5001元及以上	13.5	0.1	31.3	22.2	32.9

数据来源：CSM媒介研究。

4. 上海本地频道占据市场份额排名前三位，中央广播电视总台五个频道入围前十五位

2021年，在上海电视收视市场单个频道的竞争中，上海电视台单频道竞争优势明显，市场份额排名前3均为上海本地频道：其中，东方卫视以11.6%的份额高居榜首，份额较2020年提升了1.5个百分点；上海电视台新闻综合频道和上海电视台东方影视频道分别以9.0%和5.3%的份额位居第二和第三，3个频道合计已经占据整体市场超过四分之一的空间。中央广播电视总台共有5个频道入围前15，中央台四套竞争力较强，2021年获得2.9%的市场份额。外省卫视的上榜数保持稳定，5个频道排名进入前15，湖南卫视竞争力相对较强，以3.7%的市场份额位居第四位，较2020年提升了0.2个百分点，江苏卫视获得了3.0%的市场份额，较上年增长了0.7个百分点，位居并列第六（表1.4.8）。

表1.4.8　2021年上海市电视收视市场份额排名前15的频道

单位：%

排名	频道	2021年	2020年
1	东方卫视	11.6	10.1
2	上海电视台新闻综合频道	9.0	10.9
3	上海电视台东方影视频道	5.3	5.6

续表

排名	频道	2021 年	2020 年
4	湖南卫视	3.7	3.5
5	上海电视台都市频道	3.1	3.7
6	上海电视台五星体育频道	3.0	2.4
6	江苏卫视	3.0	2.3
8	中央台四套	2.9	3.5
8	浙江卫视	2.9	2.2
10	中央台六套	2.1	2.1
11	北京卫视	1.9	1.2
12	中央电视台新闻频道	1.5	2.5
12	中央台五套	1.5	0.9
12	安徽卫视	1.5	0.8
15	中央台八套	1.3	1.5

数据来源：CSM 媒介研究。

（五）广州市电视收视市场的频道竞争格局

1. 中央广播电视总台和外省卫视份额均有下滑，广东广播电视台份额增长

2021 年，在广州电视收视市场，中央广播电视总台、广州市广播电视台、外省卫视和境外频道均面临着市场份额下跌的处境。中央广播电视总台共获得 12.2% 的市场份额，较 2020 年下降了 1.2 个百分点；广州广播电视台的市场份额为 9.3%，也较上年下降了 0.6 个百分点；外省卫视 16.4% 的份额较 2020 年减少了 1.3 个百分点；境外频道在广州市场的份额由 9.0% 降至 6.5%，降幅明显。广东广播电视台在广州市电视收视市场竞争力逆势上涨，获得了 27.3% 的市场份额，较上年增长 0.8 个百分点。此外，在广州市场其他频道的市场份额飞速上涨，达到 28.1%（图 1.4.8）。

2. 广东广播电视台早晚保持领先优势，其他各级频道凭借实力轮番登场

2021 年，在广州市电视收视市场全天不同时段的频道竞争中，广东广播电视台在早间和晚间时段保持着领先的优势，尤其在晚间 19:00~19:30 的市场份额最高，近 40%。中央广播电视总台、广州广播电视台、外省卫视和境外频道则凭借着各自的实力在不同时段形成自己的相对竞争优势。中央广播电视总台在上午 06:30~10:30 时段竞争力相对突出，市场份额相对较高；广州广播电视台在晚间 18:00~20:00 市场份额相对较高，其中，晚间 18:00~19:00 市场份额超过 17%；外省卫视则在清晨、上下午以及晚间时段拥有相对竞争优势，市场份额最高超过 23%；境外频道虽然全天时段难以与其他各级别频道组相抗衡，但在早间 7:00~9:00 竞争力相对较强，最高份额超过 20%（图 1.4.9）。

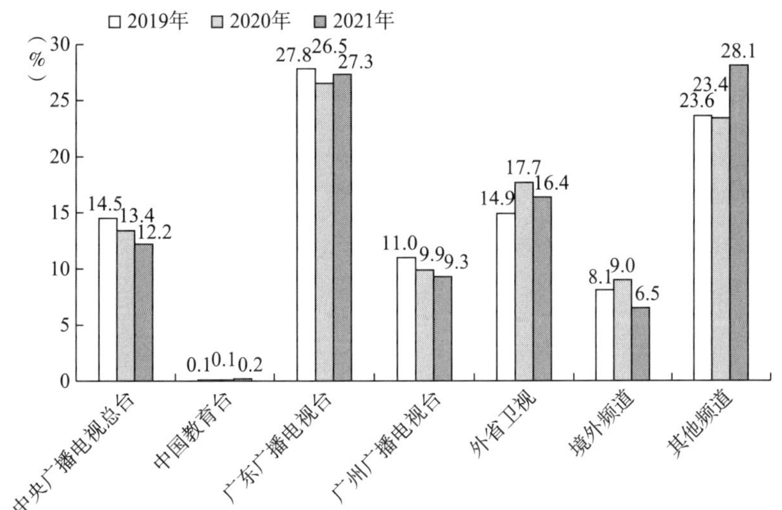

图 1.4.8　2019～2021 年广州市电视收视市场上各类频道的市场份额对比

数据来源：CSM 媒介研究。

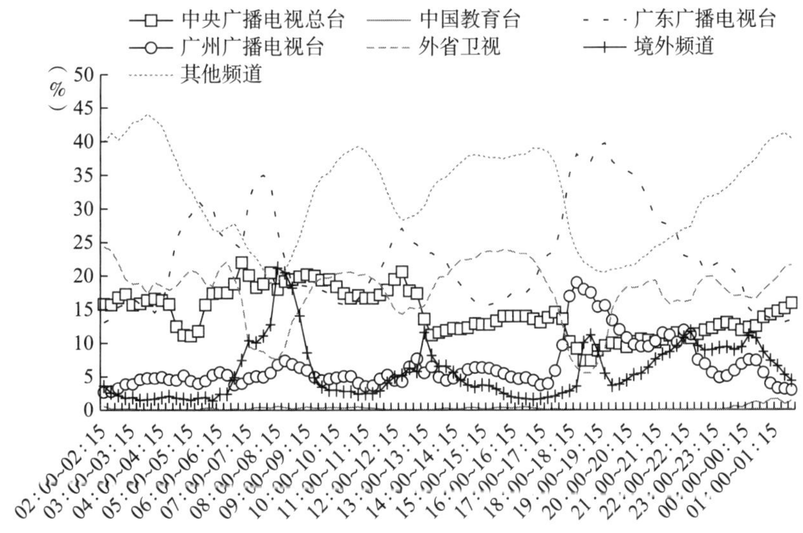

图 1.4.9　2021 年广州市电视收视市场各类频道市场份额全天走势

数据来源：CSM 媒介研究。

3. 广东广播电视台吸引大众收视，中央广播电视总台和境外频道更吸引高端群体，广州广播电视台和外省卫视差异互补

2021 年，在广州市电视收视市场细分观众群体的收视竞争中，广东广播电视台更吸引女性、年轻人及中老年及中低学历、工人、无业及其他职业类别的观众，中央广播电视总台在干部/管理人员和 65 岁及以上收视群体中相对更具竞争优势，境外频道在高学历收视群体中优势相对明显。广州广播电视台和外省卫视则凭借各自的优势，

在不同类别观众中差异互补（表 1.4.9）。

在以性别为细分标准的收视市场上，中央广播电视总台和境外频道对男性观众保持了较强的吸引力；广东广播电视台、广州广播电视台和外省卫视都更受女性观众的青睐。在以年龄为细分标准的收视市场上，中央广播电视总台对 65 岁及以上的老年观众吸引力更强；广东广播电视台对 15 ~24 岁、55 岁及以上观众更具影响力；境外频道更吸引 25 ~34 岁、55 ~64 岁的观众；广州广播电视台对 25 ~34 岁、55 ~64 岁的观众吸引力更强；外省卫视更吸引 25 ~44 岁和 65 岁及以上的观众。在以学历为细分标准的收视市场上，广东广播电视台对小学及以下学历观众更具吸引力；中央广播电视总台在初、高中学历观众中其收视份额高于 4 岁及以上所有人的平均水平；广州广播电视台和境外频道明显更受大学及以上高学历观众的喜爱；外省卫视更吸引初中和大学及以上学历的观众。在以职业为细分标准的收视市场上，广东广播电视台对工人、无业和其他职业类别观众影响力更强；中央广播电视总台对干部/管理人员和无业人员更具吸引力；广州广播电视台较受工人和初级公务员/雇员青睐；外省卫视对干部/管理人员和初级公务员/雇员具有较强吸引力；境外频道更吸引初级公务员/雇员和无业群体。在以收入为细分标准的收视市场上，广东广播电视台在个人月收入 0 ~1200 元、1701 ~3500 元的中低收入群体中市场份额更高；中央广播电视总台在个人月收入 1701 ~2600 元、3501 ~5000 元的收入群体中影响力更强；境外频道受到个人月收入 2601 ~5000 元的群体青睐；广州广播电视台较受个人月收入 1701 ~3500 元的观众喜爱；外省卫视在个人月收入 1701 ~2600 元和 3501 ~5000 元的中高收入群体中保持着较强的收视影响力。

表 1.4.9　2021 年广州市电视收视市场各类频道在不同目标观众中的市场份额

单位：%

目标观众	中央广播电视总台	中国教育台	广东广播电视台	广州广播电视台	外省卫视	境外频道	其他频道
4 岁及以上所有人	12.2	0.2	27.3	9.3	16.4	6.5	28.1
男	13.4	0.2	26.4	8.8	16.3	6.6	28.3
女	11.0	0.1	28.2	9.9	16.4	6.4	28.0
4 ~14 岁	5.8	0.1	25.1	2.9	13.8	2.4	49.9
15 ~24 岁	9.9	0.1	33.2	7.3	15.5	5.8	28.2
25 ~34 岁	7.6	0.1	22.8	11.2	18.1	8.7	31.5
35 ~44 岁	14.3	0.1	20.0	7.0	17.3	4.1	37.2
45 ~54 岁	12.6	0.1	24.7	10.2	16.5	6.5	29.4
55 ~64 岁	13.1	0.2	33.6	12.3	14.0	8.9	17.9

续表

目标观众	中央广播电视总台	中国教育台	广东广播电视台	广州广播电视台	外省卫视	境外频道	其他频道
65 岁及以上	18.1	0.3	32.1	8.8	17.6	5.7	17.4
未受过正规教育	5.7	0.1	35.9	7.4	12.1	3.2	35.6
小学	8.7	0.2	37.1	8.8	13.7	2.7	28.8
初中	13.7	0.2	30.3	9.0	18.1	5.5	23.2
高中	14.0	0.1	24.5	8.6	15.8	7.4	29.6
大学及以上	11.6	0.1	19.5	11.5	17.6	9.6	30.1
干部/管理人员	16.1	0.1	15.9	5.9	20.2	4.1	37.7
个体/私营企业人员	13.3	0.3	23.8	6.4	15.3	7.1	33.8
初级公务员/雇员	10.0	0.0	21.1	11.3	18.0	7.7	31.9
工人	10.7	0.1	30.5	11.2	14.5	5.5	27.5
学生	6.6	0.1	23.3	4.9	15.1	3.6	46.4
无业	14.7	0.2	29.6	9.3	17.2	7.4	21.6
其他	3.5	0.8	52.6	9.4	6.6	1.6	25.5
0 ~ 600 元	7.4	0.2	30.7	5.5	15.0	4.1	37.1
601 ~ 1200 元	8.9	0.2	48.8	6.8	14.1	2.9	18.3
1201 ~ 1700 元	12.4	0.7	28.2	7.3	13.9	3.4	34.1
1701 ~ 2600 元	15.1	0.2	34.9	12.3	18.1	7.3	12.1
2601 ~ 3500 元	12.2	0.1	30.7	13.5	15.2	8.1	20.2
3501 ~ 5000 元	15.3	0.1	19.9	10.1	18.3	8.7	27.6
5001 元及以上	12.6	0.2	20.3	7.1	16.3	5.2	38.3

数据来源：CSM 媒介研究。

4. 本地频道占据收视竞争前七位，中央广播电视总台和外省卫视共有四个频道上榜

2021 年，在广州市电视收视市场单个频道的收视竞争中，广东、广州本地频道的竞争优势依旧十分明显，占据市场份额排行的前七位，对整个市场形成强有力的影响。本地频道中，广东广播电视台珠江频道仍然以较大的优势拔得头筹，2021 年获得 8.9% 的市场份额，较 2020 年上升了 0.5 个百分点。翡翠台（中文）（有线网转播）以 5.1% 的份额排在第二位，市场份额较 2020 年下降了 1.5 个百分点。广州市广播电视台综合频道以 4.4% 的份额居第三位，市场份额较上年略增长了 0.3 个百分点。广州广播电视台影视频道和广东广播电视台南方卫视分列第四、第五位。中央广播电视总台和外省卫视共有 4 个频道入围前 15，湖南卫视以 2.4% 的份额排在第八位，份额较 2020 年下降了 0.7 个百分点（表 1.4.10）。

表 1.4.10　2021 年广州市电视收视市场份额排名前 15 的频道

单位：%

排名	频道	2021 年	2020 年
1	广东广播电视台珠江频道	8.9	8.4
2	翡翠台（中文）（有线网转播）	5.1	6.6
3	广州市广播电视台综合频道	4.4	4.1
4	广东广播电视台影视频道	3.9	3.7
5	广东广播电视台南方卫视	3.5	3.7
6	广东广播电视台公共频道	2.7	2.8
7	广州市广播电视台影视频道	2.6	3.4
8	湖南卫视	2.4	3.1
9	广东卫视	2.2	2.2
10	江苏卫视	2.1	2.5
10	浙江卫视	2.0	2.2
12	广东广播电视台体育频道	1.9	1.2
13	广州市广播电视台新闻频道	1.8	1.6
13	中央电视台综合频道	1.8	1.9
15	广东广播电视台嘉佳卡通频道	1.5	1.4

注：翡翠台（中文）（有线网转播）2020 年收视份额为市网翡翠台（中文）、省网翡翠台（中文）、翡翠台（中文）（广州其他有线网转播）和翡翠台（中文）（有线网转播）的收视份额的总和。

数据来源：CSM 媒介研究。

五　电视节目竞争格局

（一）全国电视收视市场节目竞争格局

1. 全国节目收视市场头部格局稳固，腰部市场体育节目收视比重涨幅最大

2021 年，全国节目收视市场，电视剧、新闻/时事和综艺节目收视比重稳居前 3，收视比重合计达 61.4%，较上一年减少 0.3 个百分点。其中，电视剧和综艺类节目收视比重分别较 2020 年上升 1.1 个百分点和 0.9 个百分点，新闻/时事类节目收视比重减少 2.3 个百分点。生活服务、专题、电影、青少和体育类节目收视比重都在 3% ~7%。2021 年时逢体育大年，体育类节目收视比重较上一年增加 1.4 个百分点，在各类节目中涨幅最大（图 1.5.1）。

2021 年，时移收视市场节目收看主要集中于电视剧、综艺、新闻/时事、电影和青少类，这五类节目收视比重合计超过 75%。其中，电视剧类节目以超 40% 时移收视比重摘冠，综艺和新闻/时事类节目分别以 10% 左右时移收视比重位居市场第二、第三，

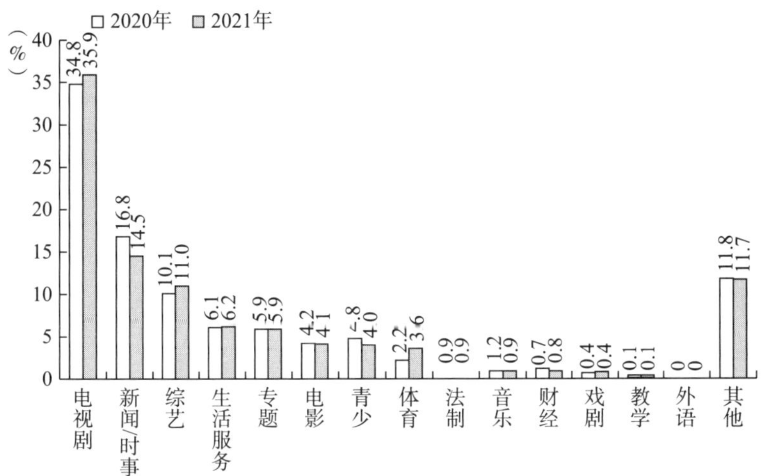

图 1.5.1 2020～2021 年全国市场各类节目的收视份额

数据来源：CSM 媒介研究。

电影和青少类节目时移收视比重都超过 6%。相比 2020 年时移市场，体育、生活服务和电视剧类节目收视比重变化明显，其中体育和生活服务类节目收视比重都增加了 0.8 个百分点，电视剧类节目收视比重减少了 3.4 个百分点（图 1.5.2）。

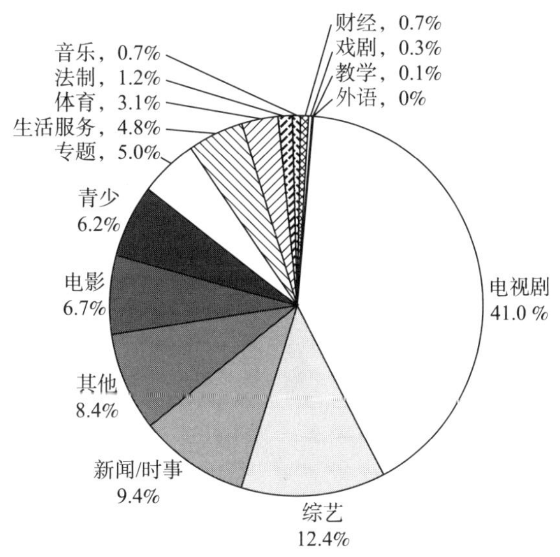

图 1.5.2 2021 年 63 个城市时移收视市场各类节目的收视比重

数据来源：CSM 媒介研究。

2. 中央广播电视总台在 10 个节目市场占优，省级上星频道保持在青少等节目市场领先

2021 年，中央广播电视总台在全国 10 个节目市场居首位，在电影、音乐、财经、体育、法制、专题、戏剧、新闻/时事、外语和教学类节目市场收视份额都超 40%。中

央广播电视总台在综艺节目市场居亚军位置，收视份额低于省级上星频道。在电视剧、生活服务和青少类节目市场中，中央广播电视总台收视份额都不超过20%，弱于省级台（图1.5.3）。

2021年，在全国节目市场频道竞争中，省级上星频道在青少、综艺、电视剧和生活服务类节目市场保持领先优势，收视份额都超过40%。在教学、新闻/时事、专题、外语、音乐、戏剧和电影类节目市场，省级上星频道收视份额都在10%～40%。省级上星频道在其余各类节目市场收视份额都不超过8%（图1.5.3）。

省级非上星频道在2021年全国市场各类节目频道收视竞争中，表现出一定的竞争力，在法制、生活服务、体育和戏剧类节目市场的收视份额超过20%，居亚军位置。在电视剧、新闻/时事、青少、财经、综艺、教学和专题类节目市场，省级非上星频道处中上游位置，收视份额在10%～20%（图1.5.3）。

2021年市级频道在戏剧类节目市场保持破10%收视份额，节目市场竞争力有限（图1.5.3）。

2021年其他频道整体竞争力变化不大，在外语类节目市场收视份额超20%，在其余各类节目市场都不超过9%（图1.5.3）。

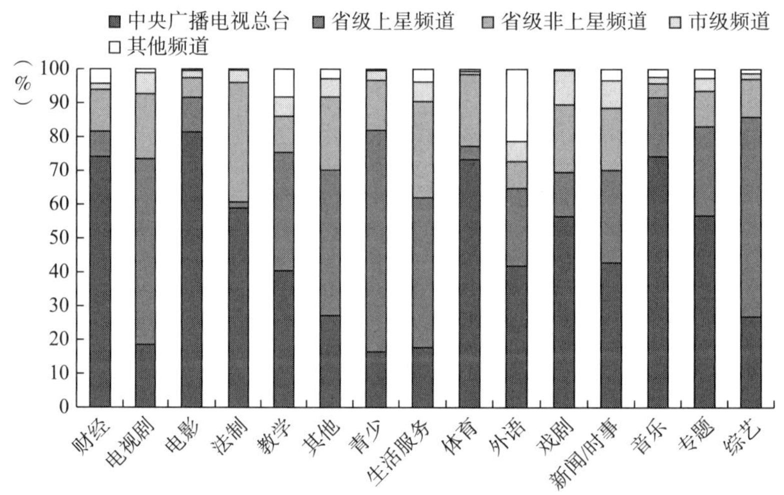

图1.5.3　2021年各类频道在全国不同节目市场中的收视份额

数据来源：CSM媒介研究。

3. 观众群体节目收视兴趣各异，收视结构差异明显

2021年全国市场，男性观众更倾向收看电影、体育、新闻/时事、财经和专题类节目，女性观众明显偏爱电视剧、青少、生活服务和综艺类节目。男性和女性观众在其余各类节目上的收视差异较小（表1.5.1）。

相比其他年龄段观众，4～14岁观众在青少类节目收视中分配的时间比重更高，达到 21.9%；15～24 岁观众在综艺节目收视中分配的时间比重相对高于其他年龄段观众；25～34 岁观众收看青少、音乐和综艺类节目的时间比重高于 4 岁及以上所有人平均水平，35～44 岁观众收看电影、青少和综艺类节目的行为突出，45～54 岁观众用于电视剧、电影和专题类节目收视的时间比重明显高于 4 岁及以上所有人平均水平，55 岁及以上观众更偏爱收看财经、体育、专题和新闻/时事类节目，其中 55～64 岁观众更偏爱电视剧、法制、生活服务类节目，65 岁及以上观众更偏爱电影类节目（表 1.5.1）。

表 1.5.1　2021 年全国市场不同性别和年龄段观众对各类节目的收视比重

单位：%

节目类型	4 岁及以上所有人	性别		年龄						
		男	女	4～14 岁	15～24 岁	25～34 岁	35～44 岁	45～54 岁	55～64 岁	65 岁及以上
财经	0.8	0.9	0.7	0.4	0.6	0.6	0.8	0.9	1.0	0.9
电视剧	35.9	34.8	37.0	27.6	36.9	36.5	34.2	36.3	36.6	34.8
电影	4.1	4.6	3.6	4.1	4.1	3.6	4.9	5.8	3.9	4.6
法制	0.9	0.9	0.9	0.5	0.7	0.6	0.7	0.8	1.1	0.9
教学	0.1	0.1	0.1	0.1	0.1	0.1	0.1	0.1	0.1	0.1
青少	4.0	3.7	4.3	21.9	2.8	5.5	6.0	2.1	2.6	3.7
生活服务	6.2	5.9	6.5	5.7	6.1	6.2	6.2	6.0	6.3	5.9
体育	3.6	4.2	3.0	2.4	3.6	3.2	3.5	3.7	4.0	4.2
外语	0.0	0.0	0.0	0.0	0.0	0.0	0.0	0.0	0.0	0.0
戏剧	0.4	0.3	0.4	0.2	0.3	0.2	0.2	0.3	0.2	0.3
新闻/时事	14.5	15.3	13.6	9.0	13.1	12.3	12.6	13.9	15.4	15.3
音乐	0.9	0.9	1.0	0.8	1.0	1.0	1.0	0.9	0.9	0.9
专题	5.9	6.2	5.6	4.4	5.6	5.2	5.6	6.4	6.2	6.2
综艺	11.0	10.6	11.4	10.5	13.3	13.1	12.3	11.1	10.2	10.6
其他	11.7	11.6	11.9	12.4	11.8	11.9	11.9	11.7	11.5	11.6

数据来源：CSM 媒介研究。

2021 年全国节目市场，较高学历的观众用于收看体育、新闻/时事和综艺类节目的时间比重更高。在不同受教育程度的观众中，未受过正规教育的观众相对其他观众更喜爱收看青少类节目，小学学历观众更偏爱收看电视剧、电影和青少类节目，初中学历的观众对电视剧和电影类节目的收视兴致较高，高中及以上学历的观众用于收看财经、生活服务、体育、新闻/时事、专题和综艺类节目的时间比重突出（表 1.5.2）。

对于不同个人月收入的观众，收入水平较高的观众更偏爱收看财经、体育、新闻/时事和综艺类节目。相比其他收入水平的观众，收入 0～600 元的观众分配在青少类节目上的时间比重最高，收入601～1200元的观众倾向收看电视剧、电影和法制类节目，收入1201～1700元的观众用于收看电视剧和电影类节目的时间比重相对较高，收入1701～3500元的观众更偏爱收看电视剧和新闻/时事类节目，月收入3501元及以上的观众用于观看财经、生活服务、体育、新闻/时事、专题和综艺类节目的时间比重高于其他收入段观众（表1.5.2）。

表1.5.2　2021年全国市场不同受教育程度和个人月收入观众对各类节目的收视比重

单位：%

节目类型	4岁及以上所有人	受教育程度					个人月收入						
		未受过正规教育	小学	初中	高中	大学及以上	0～600元	601～1200元	1201～1700元	1701～2600元	2601～3500元	3501～5000元	5001元及以上
财经	0.8	0.5	0.5	0.7	1.0	1.0	0.5	0.6	0.5	0.7	0.9	1.0	1.0
电视剧	35.9	31.6	38.6	37.0	35.2	33.5	35.2	39.7	39.7	37.8	36.3	34.6	34.8
电影	4.1	4.0	4.5	4.5	3.9	3.6	4.4	4.7	4.8	4.3	3.9	4.0	3.9
法制	0.9	0.6	0.7	1.0	1.0	0.8	0.7	1.1	1.0	1.0	1.0	0.9	0.9
教学	0.1	0.1	0.0	0.1	0.1	0.1	0.1	0.0	0.0	0.1	0.1	0.1	0.1
青少	4.0	17.9	5.4	3.1	2.6	3.6	9.4	2.7	2.8	2.9	2.5	2.7	2.8
生活服务	6.2	5.7	5.9	6.2	6.3	6.4	5.9	6.0	5.8	6.0	6.2	6.5	6.4
体育	3.6	1.9	2.5	3.4	4.2	4.5	2.5	3.0	3.0	3.2	3.7	4.3	4.6
外语	0.0	0.0	0.0	0.0	0.0	0.0	0.0	0.0	0.0	0.0	0.0	0.0	0.0
戏剧	0.4	0.5	0.6	0.4	0.3	0.3	0.4	0.4	0.4	0.4	0.4	0.4	0.3
新闻/时事	14.5	10.4	12.8	14.4	15.5	15.3	11.5	12.7	13.5	14.7	15.6	15.7	15.4
音乐	0.9	0.9	0.9	0.9	1.0	0.9	1.0	0.8	0.9	1.0	1.0	0.9	0.8
专题	5.9	4.6	5.3	5.9	6.2	6.4	5.1	5.9	5.6	5.8	6.3	6.3	6.3
综艺	11.0	8.6	9.9	10.8	11.2	12.5	11.1	10.3	10.3	10.6	10.7	11.2	11.6
其他	11.7	12.7	12.4	11.6	11.5	11.1	12.2	12.1	11.7	11.5	11.4	11.4	11.1

数据来源：CSM媒介研究。

2021年全国各类型职业的观众中，干部/管理人员用于收看财经、体育、新闻/时事、综艺和专题类节目的时间比重较高，个体/私营企业人员更偏爱收看电视剧和电影类节目，初级公务员/雇员收看体育、专题和综艺类节目的时间比重高于观众平均水平，工人相对其他观众收看电视剧和电影类节目的行为最突出，学生收看青少和综艺类节目的时间比重明显高于其他职业观众，无业人群分配于电视剧、财经、生活服务、戏剧、新闻/时事、专题类节目的时间比重高于观众平均水平（表1.5.3）。

表 1.5.3 2021 年全国市场不同职业观众对各类节目的收视比重

单位：%

节目类型	4 岁及以上所有人	职业						
		干部/管理人员	个体/私营企业人员	初级公务员/雇员	工人	学生	无业	其他
财经	0.8	1.0	0.8	0.9	0.6	0.5	0.9	0.5
电视剧	35.9	32.9	36.2	34.6	36.9	32.2	36.1	41.0
电影	4.1	4.2	5.3	4.3	5.2	4.4	3.4	5.2
法制	0.9	0.7	0.8	0.7	0.7	0.6	1.0	1.1
教学	0.1	0.1	0.1	0.1	0.0	0.1	0.1	0.0
青少	4.0	2.2	3.6	3.3	3.7	10.7	3.8	3.4
生活服务	6.2	6.3	6.0	6.2	6.0	5.9	6.4	5.9
体育	3.6	5.5	3.5	4.3	3.3	3.1	3.6	2.3
外语	0.0	0.0	0.0	0.0	0.0	0.0	0.0	0.0
戏剧	0.4	0.3	0.2	0.2	0.2	0.3	0.5	0.5
新闻/时事	14.5	15.7	13.4	14.3	13.0	11.1	15.8	12.0
音乐	0.9	0.9	0.9	0.9	0.9	0.9	0.9	0.8
专题	5.9	7.3	6.3	6.2	5.5	5.3	6.0	5.2
综艺	11.0	12.1	11.0	12.6	11.8	13.2	10.0	10.4
其他	11.7	10.8	11.9	11.4	12.2	11.7	11.5	11.7

数据来源：CSM 媒介研究。

（二）黑龙江省电视收视市场节目竞争格局

1. 黑龙江省节目收视格局总体稳定，体育类节目收视比重增幅突出

2021 年黑龙江省节目收视市场整体稳定、各类节目收视比重小幅波动。电视剧和新闻/时事类节目收视比重明显高于其他类型节目，但相比 2020 年收视比重分别减少 0.2 个和 1.2 个百分点。综艺类节目收视比重位居黑龙江市场第三，相比上一年没有变化。生活服务、专题、电影、青少、体育和法制类节目收视比重都在 2% ~7%，其中青少和体育类节目收视比重变化较大，分别同比减少 1 个百分点、增加 1.2 个百分点。其余类型节目收视比重都不超 2%，较上一年变化不大（图 1.5.4）。

2. 中央广播电视总台在黑龙江过半节目市场表现强势，本省台在法制、生活服务和电视剧市场占优

2021 年黑龙江电视节目收视市场中，中央广播电视总台在电影、体育、财经、戏剧、音乐、外语、专题、新闻/时事、综艺和青少类节目市场占主体地位，收视份额都在 40% ~98%。在生活服务、法制和教学类节目市场，中央广播电视总台均以超 18%

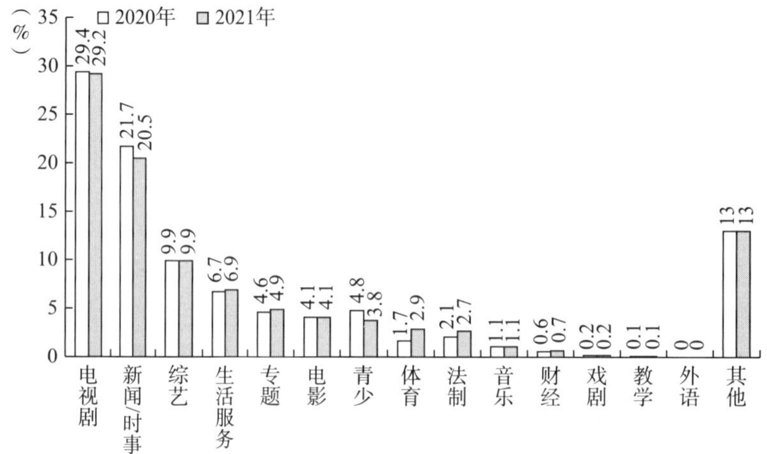

图 1.5.4　2020～2021 年黑龙江省市场各类节目的收视比重

数据来源：CSM 媒介研究。

收视份额位居亚军，具有一定的竞争力（图 1.5.5）。

2021 年，外省卫视在黑龙江教学类节目市场收视竞争中领先，收视份额达到 78%。在青少、电视剧、综艺、专题、戏剧、财经和电影类节目市场中，外省卫视居亚军位置。在其余类型节目市场，外省卫视竞争力不强（图 1.5.5）。

2021 年，黑龙江广播电视台在本省法制、生活服务和电视剧类节目市场竞争占优，收视份额均在 40%～80%。在新闻/时事、外语、音乐和体育类节目市场，黑龙江广播电视台居亚军位置。在其余类型节目市场，外省卫视竞争力较弱（图 1.5.5）。

在黑龙江各类节目市场频道竞争中，其他频道整体偏弱。2021 年其他频道仅在教学类节目市场获得 3.2% 收视份额，在其余各类节目市场的收视份额都低于 1%（图 1.5.5）。

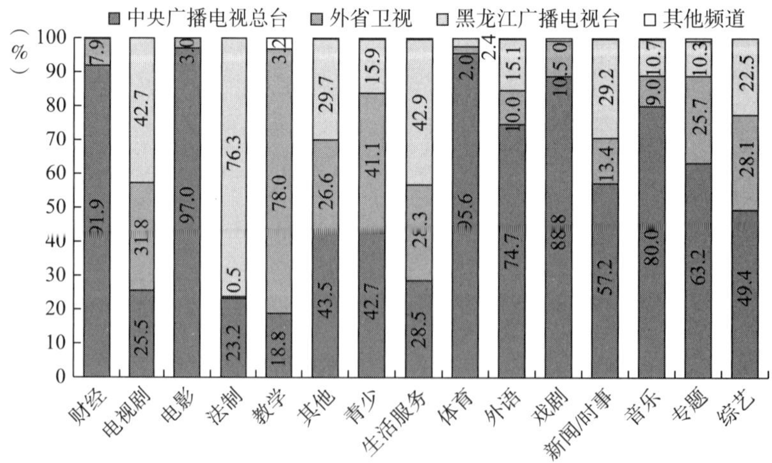

图 1.5.5　2021 年黑龙江省市场各类频道在不同类别节目中的收视份额

数据来源：CSM 媒介研究。

3. 收视比重显示收视差异，类型节目满足观众个性化需求

2021 年黑龙江省节目市场，男性观众用于观看电影、体育和新闻/时事类节目的时间比重明显高于女性，女性观众更倾向观看电视剧、生活服务和综艺类节目。在其余类型节目上，黑龙江省男性和女性观众的收视差异不明显（表 1.5.4）。

黑龙江省不同年龄观众中，4～14 岁观众收看青少类节目的时间比重远超过其他年龄段观众，达到 31.3%。15～24 岁观众相对偏爱收看电影、青少、体育和新闻/时事类节目，25～34 岁观众收看体育和专题类节目的收视比重高于其他年龄段观众，35～54 岁观众用于收看电视剧和电影类节目的时间比重较突出，55 岁及以上观众都较为偏爱收看财经、法制、新闻/时事和综艺类节目（表 1.5.4）。

表 1.5.4　2021 年黑龙江省市场不同性别和年龄段观众对各类节目的收视比重

单位：%

节目类型	4 岁及以上所有人	性别		年龄						
		男	女	4～14 岁	15～24 岁	25～34 岁	35～44 岁	45～54 岁	55～64 岁	65 岁及以上
财经	0.7	0.7	0.7	0.3	0.7	0.5	0.6	0.6	1.0	0.7
电视剧	29.2	27.6	30.9	20.0	26.7	29.0	29.8	32.3	28.7	28.9
电影	4.1	4.4	3.7	4.3	4.5	4.8	5.1	6.2	2.7	1.9
法制	2.7	2.5	2.9	1.5	1.8	2.0	2.1	2.9	3.5	3.0
教学	0.1	0.1	0.1	0.1	0.1	0.3	0.1	0.1	0.1	0.0
青少	3.8	3.5	4.0	31.3	4.5	4.5	4.8	1.4	2.2	0.9
生活服务	6.9	6.7	7.2	5.8	7.1	7.0	6.8	7.0	6.4	7.7
体育	2.9	4.0	1.7	1.1	4.6	4.8	2.4	2.0	2.8	3.1
外语	0.0	0.0	0.0	0.0	0.0	0.0	0.0	0.0	0.0	0.0
戏剧	0.2	0.2	0.2	0.0	0.2	0.1	0.1	0.1	0.2	0.4
新闻/时事	20.5	21.8	19.1	12.0	20.9	18.7	19.4	20.0	21.5	22.9
音乐	1.1	1.0	1.1	0.6	1.3	0.9	1.3	0.8	1.3	1.0
专题	4.9	4.9	4.9	2.7	5.1	5.5	4.7	4.8	4.8	5.3
综艺	9.9	9.5	10.2	5.4	10.0	9.4	9.8	8.9	10.9	11.0
其他	13.0	13.1	13.3	14.9	12.5	12.5	13.0	12.9	13.9	13.2

数据来源：CSM 媒介研究。

2021 年黑龙江省节目市场，未受过正规教育的观众将收视时间高度集中于电视剧、青少和生活服务类节目。小学学历观众用于收看电影、青少和生活服务类节目的时间比重高于观众平均水平。初高中学历观众相对偏爱收看法制、新闻/时事和专题类节目，高中学历观众收看综艺类节目比重在各学历观众中最高。大学及以上学历观众收

看财经和体育类节目的时间比重高于其他学历观众（表 1.5.5）。

在个人月收入方面，收入 0～300 元的观众投入青少类节目的收视时间高于其他收入段观众。相比黑龙江省观众平均水平，收入 301～1700 元的观众投入电视剧、电影和生活服务类节目的时间比重突出，收入 1701～2600 元的观众更多收看新闻/时事、专题和综艺类节目，收入 2601～3500 元的观众较青睐体育类节目。相比其他收入水平观众，收入 3501 元及以上的观众最爱收看财经、电影、体育和新闻/时事类节目（表 1.5.5）。

表 1.5.5　2021 年黑龙江省市场不同受教育程度和个人月收入观众对各类节目的收视比重

单位：%

节目类型	4 岁及以上所有人	受教育程度					个人月收入（元）					
		未受过正规教育	小学	初中	高中	大学及以上	0～300 元	301～900 元	901～1700 元	1701～2600 元	2601～3500 元	3501 元及以上
财经	0.7	0.7	0.4	0.6	0.9	1.0	0.3	0.8	0.7	0.8	0.6	0.9
电视剧	29.2	30.7	30.0	30.3	26.2	29.4	28.3	31.6	36.1	29.0	29.6	26.6
电影	4.1	1.7	4.8	4.2	3.3	4.2	3.8	4.3	4.3	4.2	3.5	4.4
法制	2.7	2.7	2.4	2.9	3.4	1.2	2.2	5.4	1.9	2.5	3.2	2.5
教学	0.1	0.0	0.1	0.1	0.1	0.1	0.1	0.0	0.0	0.1	0.1	0.1
青少	3.8	12.8	6.1	2.9	3.3	2.2	12.3	1.2	1.7	1.9	3.0	2.3
生活服务	6.9	8.2	7.8	6.6	6.7	6.8	6.8	8.6	7.4	7.0	6.8	6.5
体育	2.9	1.7	1.9	2.3	3.1	6.2	2.2	2.1	1.6	2.2	3.3	4.8
外语	0.0	0.0	0.0	0.0	0.0	0.0	0.0	0.0	0.0	0.0	0.0	0.0
戏剧	0.2	0.2	0.2	0.2	0.2	0.2	0.1	0.1	0.4	0.2	0.2	0.2
新闻/时事	20.5	15.0	18.8	21.0	21.2	20.9	17.6	19.7	18.5	21.0	20.7	22.6
音乐	1.1	0.6	0.8	1.1	1.3	1.1	1.2	1.0	0.6	1.1	1.1	1.0
专题	4.9	3.4	4.4	5.1	5.4	4.5	3.7	3.9	4.4	5.9	4.9	4.8
综艺	9.9	8.7	8.7	9.4	12.0	9.7	7.8	8.3	9.1	10.9	10.2	10.3
其他	13.0	13.6	13.6	13.3	12.9	12.5	13.6	13.0	13.3	13.2	12.8	13.0

数据来源：CSM 媒介研究。

2021 年，在黑龙江省各职业的观众中，干部/管理人员投入在新闻/时事和综艺类节目上的收视比重最高，个体/私营企业人员更偏爱收看教学和专题类节目，初级公务员在财经、电影、生活服务、体育和音乐类节目的收视比重较高，工人在电视剧、电影、法制、新闻/时事和音乐类节目上的收视比重高于观众平均水平，学生收看青少类节目的行为最突出，无业观众尤为偏爱电视剧和生活服务类节目（表 1.5.6）。

表 1.5.6　2021 年黑龙江省市场不同职业观众对各类节目的收视比重

单位：%

节目类型	4 岁及以上所有人	职业						
		干部/管理人员	个体/私营企业人员	初级公务员/雇员	工人	学生	无业	其他
财经	0.7	0.6	0.5	1.5	0.6	0.3	0.9	0.5
电视剧	29.2	25.9	28.3	27.1	29.3	21.3	29.8	32.7
电影	4.1	3.9	4.8	4.9	5.4	4.3	2.7	4.9
法制	2.7	0.9	3.1	3.4	3.3	1.6	2.5	2.7
教学	0.1	0.1	0.2	0.1	0.0	0.1	0.0	0.0
青少	3.8	2.8	3.7	1.3	3.8	17.3	2.7	1.5
生活服务	6.9	6.7	6.9	7.1	5.7	6.2	7.1	7.3
体育	2.9	4.9	3.2	5.9	3.3	2.7	3.1	1.2
外语	0.0	0.0	0.0	0.0	0.0	0.0	0.0	0.0
戏剧	0.2	0.1	0.1	0.2	0.1	0.1	0.3	0.2
新闻/时事	20.5	23.2	20.8	20.7	20.9	19.3	20.9	19.4
音乐	1.1	0.9	0.9	1.2	2.0	1.1	1.1	0.8
专题	4.9	5.1	5.8	4.7	4.4	3.9	4.9	4.5
综艺	9.9	12.3	9.0	8.6	8.3	8.0	10.7	10.5
其他	13.0	12.6	12.7	13.3	12.9	13.8	13.3	13.8

数据来源：CSM 媒介研究。

（三）北京市电视收视市场节目竞争格局

1. 北京节目收视格局小范围你进我退，体育类节目收视比重涨幅最大、新闻/时事类节目收视下降明显

2021 年，北京新闻/时事类节目收视比重减少 1.9 个百分点，体育类节目增长 1.6 个百分点，其他各类型节目收视比重变化都不超过 1 个百分点。收视格局上，电视剧类节目持续稳居龙头地位；新闻/时事和综艺类节目分别以超 10% 的收视比重稳居市场第二梯队；专题和生活服务类节目收视比重都超过 7%，其余各类节目收视比重均低于 5%。除体育和新闻/时事类节目外，北京其他各类节目收视比重同比 2020 年变化都不超过 0.7 个百分点（图 1.5.6）。

2. 中央广播电视总台在北京众多类型节目市场称雄，外省卫视节目竞争状态回升

2021 年北京节目市场，中央广播电视总台在财经、戏剧、体育、电影、音乐、教学、外语、专题和新闻/时事类共 9 个市场最受观众欢迎，收视份额都在 40% ~90%。在法制、综艺、电视剧和青少类节目市场，中央广播电视总台收视份额都在 20% ~30%，

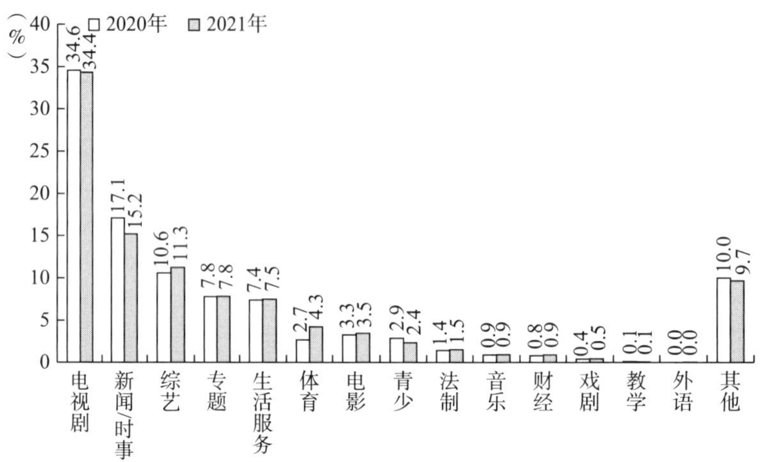

图 1.5.6　2020～2021 年北京市场各类节目的收视比重

数据来源：CSM 媒介研究。

收视竞争力较为均衡（图 1.5.7）。

北京电视台在本地的综艺节目市场高居龙头位置，收视份额超过 35%。同时，北京电视台在电视剧、青少、外语、生活服务、教学和专题型节目市场位居亚军或季军，收视份额在 13%～38%。其他各类节目市场中，北京电视台收视份额都不超过 10%（图 1.5.7）。

2021 年外省卫视在北京节目市场状态提升，以 39%～70% 的收视份额领跑法制、生活服务、青少和电视剧类节目市场。在新闻/时事、综艺、专题、音乐、电影、体育和财经类节目市场，外省卫视不敌中央广播电视总台或北京广播电视台，分别以 6%～42% 的收视份额位居市场第二位置（图 1.5.7）。

其他频道 2021 年北京节目市场竞争格局改观不大，外语和教学类节目市场收视份额保持在 15%～20%（图 1.5.7）。

3. 各种类型节目收视各有侧重，收视结构体现观众偏好

2021 年北京市场，男性观众比较偏向收看电影、体育、新闻/时事和专题类节目，女性观众更偏爱电视剧、青少、生活服务和综艺类节目。不同性别的观众对其余类型节日收视差异不明显（表 1.5.7）。

2021 年北京各年龄段观众中，4～14 岁的观众把 18.7% 的收视时间集中于青少类节目，收视比重明显高于其他年龄段观众；15～24 岁观众用于收看体育类节目的收视比重较高；25～34 岁观众的收看综艺类节目的收视比重最高；35～44 岁观众投入在电影类节目的时间比重居各年龄段观众之首；45～54 岁观众比其他年龄段观众更偏爱收看专题类节目；55～64 岁观众收看财经、法制和生活服务类节目的时间比重高于其他年龄段观众；65 岁及以上观众收看电视剧、戏剧和新闻/时事类节目的行为较突出（表 1.5.7）。

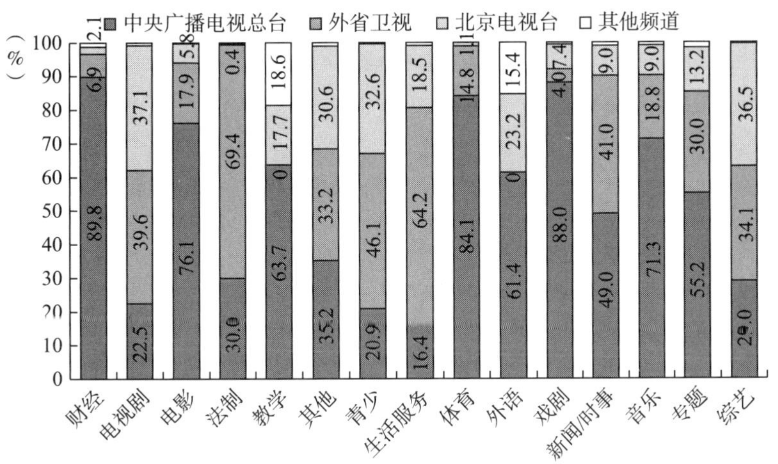

图 1.5.7　2021 年北京市场各类频道在不同节目类别中的收视份额

数据来源：CSM 媒介研究。

表 1.5.7　2021 年北京市场不同性别和年龄观众对各类节目的收视比重

单位：%

节目类型	4 岁及以上所有人	性别		年龄						
		男	女	4 ~ 14 岁	15 ~ 24 岁	25 ~ 34 岁	35 ~ 44 岁	45 ~ 54 岁	55 ~ 64 岁	65 岁及以上
财经	0.9	1.0	0.8	0.5	0.5	0.7	0.9	1.0	1.1	0.9
电视剧	34.4	32.8	35.9	24.9	33.3	33.6	31.4	33.3	35.5	35.9
电影	3.5	4.0	3.1	4.1	3.9	3.3	5.4	4.3	3.4	2.6
法制	1.5	1.5	1.5	0.9	0.9	1.5	1.1	1.5	1.7	1.6
教学	0.1	0.1	0.1	0.1	0.1	0.1	0.1	0.2	0.1	0.1
青少	2.4	2.1	2.6	18.7	1.6	3.4	6.9	1.4	1.4	1.0
生活服务	7.5	7.1	7.9	6.2	6.1	7.3	6.7	7.4	8.0	7.6
体育	4.3	5.0	3.5	3.2	7.0	3.9	5.2	4.5	4.3	3.8
外语	0.0	0.0	0.0	0.0	0.0	0.0	0.0	0.0	0.0	0.0
戏剧	0.5	0.4	0.5	0.3	0.2	0.5	0.3	0.4	0.2	0.7
新闻/时事	15.2	15.9	14.5	11.8	14.4	12.6	10.9	13.9	14.9	18.0
音乐	0.9	1.0	0.9	0.7	1.4	1.0	0.8	1.0	1.2	0.7
专题	7.8	8.3	7.4	5.7	8.1	7.0	6.8	8.6	8.0	7.9
综艺	11.3	11.1	11.4	12.4	12.2	14.9	13.3	12.6	10.3	9.7
其他	9.7	9.7	9.9	10.5	10.3	10.2	10.2	9.9	9.9	9.5

数据来源：CSM 媒介研究。

相比其他学历观众，2021 年北京未受过正规教育的观众收看青少、戏剧和新闻/时事类节目的行为突出，小学学历的观众对电视剧和电影类节目兴趣突出，初中学历观众收看法制类节目的时间比重高于其他学历观众，高中学历观众对生活服务和音乐类节目的兴趣更浓厚，大学及以上学历观众收视兴趣最丰富，对财经、体育、专题和综艺类节目的收视比重基本都高于其他各学历观众（表 1.5.8）。

从个人月收入来看，收入 0～600 元的观众突出偏爱青少和综艺类节目，收入 601～1200 元的观众较为喜爱电视剧和戏剧类节目，收入 1201～1700 元的观众收看电视剧和体育类节目的收视比重高于北京观众平均水平，收入 1701～2600 元的观众最关注电影和音乐类节目，收入 2601～3500 元的观众在法制类节目上投入的时间高于其他收入段观众，收入 3501～5000 元的观众更青睐生活服务和新闻/时事类节目，收入 5001 元及以上观众分配在财经、体育和专题类节目上的时间高于其他个人月收入观众（表 1.5.8）。

表 1.5.8　2021 年北京市场不同受教育程度和收入观众对各类节目的收视比重

单位：%

节目类型	4 岁及以上所有人	受教育程度					个人月收入						
		未受过正规教育	小学	初中	高中	大学及以上	0～600 元	601～1200 元	1201～1700 元	1701～2600 元	2601～3500 元	3501～5000 元	5001 元及以上
财经	0.9	0.5	0.5	0.8	0.9	1.1	0.7	0.4	0.7	0.5	0.6	0.9	1.2
电视剧	34.4	24.5	40.9	35.7	35.3	31.2	31.5	42.3	35.8	41.7	36.6	34.7	31.2
电影	3.5	2.4	4.4	3.3	3.6	3.5	3.5	3.5	3.5	4.1	3.1	3.2	3.7
法制	1.5	1.0	1.1	1.8	1.6	1.4	1.6	1.2	1.1	1.4	1.9	1.5	1.5
教学	0.1	0.1	0.1	0.0	0.1	0.1	0.1	0.0	0.0	0.3	0.1	0.1	0.1
青少	2.4	15.8	4.2	1.4	1.9	2.6	7.5	2.3	3.5	1.3	2.0	1.7	1.8
生活服务	7.5	6.8	6.8	7.7	7.8	7.2	7.5	6.3	7.3	6.9	7.7	8.2	7.2
体育	4.3	3.5	2.0	3.5	3.8	6.0	3.3	2.6	5.5	2.9	3.2	3.3	6.3
外语	0.0	0.0	0.0	0.0	0.0	0.0	0.0	0.0	0.0	0.0	0.0	0.0	0.0
戏剧	0.5	0.9	0.6	0.5	0.4	0.3	0.5	0.7	0.1	0.5	0.5	0.6	0.3
新闻/时事	15.2	18.1	12.8	15.3	14.9	15.9	11.9	11.1	13.9	11.5	15.8	16.5	16.4
音乐	0.9	0.7	0.9	1.0	1.1	0.8	1.1	0.8	0.6	1.3	0.8	0.9	0.8
专题	7.8	6.4	5.8	7.6	8.1	8.4	7.3	8.3	7.2	6.4	7.3	7.8	8.7
综艺	11.3	8.6	9.8	11.8	10.7	11.8	13.2	10.1	11.1	10.9	10.8	11.0	11.2
其他	9.7	10.7	10.1	9.6	9.8	9.7	10.3	10.4	9.7	10.3	9.6	9.6	9.6

数据来源：CSM 媒介研究。

2021 年北京不同职业观众中，干部/管理人员喜爱收看体育、新闻/时事、音乐和专题类节目，个体/私营企业人员在电影类节目上的收视比重在不同职业观众中最高，初级公务员/雇员对财经、法制、体育、专题和综艺类节目的收视比重高于北京 4 岁及以上所有人平均水平，工人群体收看电视剧类节目的行为突出，学生最关注青少和体育类节目，无业观众较偏爱法制和生活服务类节目（表 1.5.9）。

表 1.5.9 2021 年北京市场不同职业观众对各类节目的收视比重

单位：%

节目类型	4 岁及以上所有人	职业						
		干部/管理人员	个体/私营企业人员	初级公务员/雇员	工人	学生	无业	其他
财经	0.9	0.8	0.8	1.0	0.7	0.5	0.9	0.5
电视剧	34.4	31.2	31.1	32.1	37.1	29.2	35.5	42.3
电影	3.5	2.8	6.7	4.2	4.5	4.7	2.9	4.2
法制	1.5	0.6	1.3	1.4	0.9	0.7	1.7	1.0
教学	0.1	0.1	0.4	0.1	0.1	0.1	0.1	0.0
青少	2.4	1.1	2.5	3.0	2.9	9.7	1.8	6.4
生活服务	7.5	6.5	6.4	7.2	6.9	6.0	7.9	5.9
体育	4.3	6.4	5.1	4.9	4.3	6.4	3.9	1.5
外语	0.0	0.0	0.0	0.0	0.0	0.0	0.0	0.0
戏剧	0.5	0.3	0.3	0.4	0.2	0.2	0.5	0.9
新闻/时事	15.2	17.7	13.6	14.2	10.4	11.1	16.0	11.5
音乐	0.9	1.4	1.3	0.9	0.8	1.0	0.9	0.7
专题	7.8	8.8	8.3	8.0	6.8	6.4	7.9	4.7
综艺	11.3	12.3	12.1	12.8	14.6	13.8	10.4	9.1
其他	9.7	10.0	10.1	9.8	9.8	10.2	9.6	11.3

数据来源：CSM 媒介研究。

（四）上海市电视收视市场节目竞争格局

1. 上海头部节目市场有所起伏，电视剧和体育类节目增幅较大

2021 年上海电视剧、新闻/时事和体育类节目收视比重变化明显，其他各类节目市场格局稳定。电视剧类节目以超 35% 收视比重位居市场之首，同比增长 1.5 个百分点；新闻/时事和综艺类节目以超 10% 收视比重位居市场第二和第三，收视比重分别减少 2.3 个百分点和 0.1 个百分点。生活服务、体育和专题类节目紧随其后，收视比重都在 5% ~8%，生活服务和体育类节目分别较上一年增长 0.1 个百分点和 1.4 个百分点，专题类节目减少 0.4 个百分点。其余类型节目收视比重都不超过 4%，变化不大（图 1.5.8）。

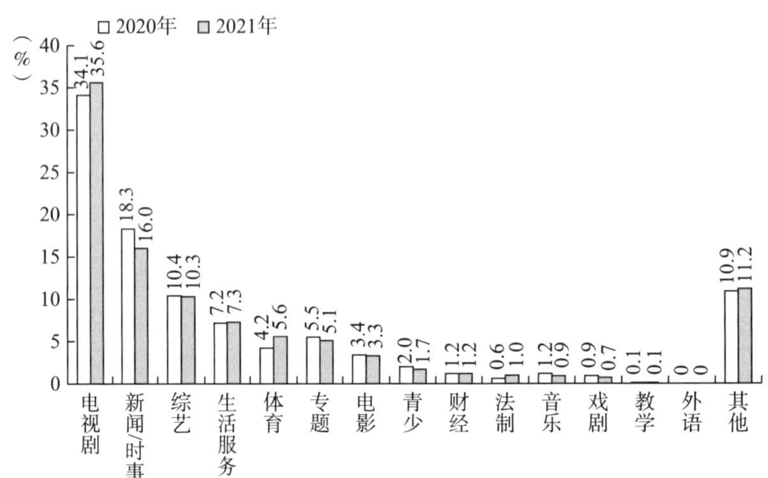

图 1.5.8　2020～2021 年上海市场各类节目的收视比重

数据来源：CSM 媒介研究。

2. 上海市级频道固守本地节目市场，中央广播电视总台领跑戏剧、电影和教学类市场

2021 年上海节目市场，上海市级频道在财经、法制、专题、生活服务、综艺、新闻/时事、体育、青少和外语类共 9 个类型节目市场占主导优势，分别以 35%～80% 收视份额位居市场之首。在音乐、电视剧、教学和戏剧类节目市场，上海市级频道也都以超 17% 的收视份额位居亚军（图 1.5.9）。

2021 年中央广播电视总台在上海戏剧、电影和教学类细分节目市场登顶，收视份额均超过 50%。在专题、生活服务、青少、综艺和财经类节目市场，中央广播电视总台的收视份额都在 19%～40%，居亚军位置；在其余类型节目市场，中央广播电视总台收视竞争力弱于地方频道（图 1.5.9）。

相比本地频道和中央广播电视总台，2021 年外省卫视在上海的节目市场竞争优势一般，仅在音乐和电视剧类节目市场表现强势，收视份额都在 45%～51%。外省卫视在体育、外语、新闻/时事和法制类节目市场位居亚军，收视份额都在 20%～42%。在其余类型节目市场，外省卫视的收视份额都不超过 18%（图 1.5.9）。

2021 年，其他频道在上海节目市场竞争地位改观不大，仅在青少和外语类节目市场收获 7.0% 和 3.6% 收视份额，在其余各类节目市场的份额都不超 2%（图 1.5.9）。

3. 观众节目收视各取所需，类型节目契合观众个性需求

2021 年，上海男性观众收看电影、体育、新闻/时事和专题类节目行为突出，女性观众偏爱电视剧、青少、生活服务和综艺类节目。不同性别的观众在其他各类节目上的差异不大（表 1.5.10）。

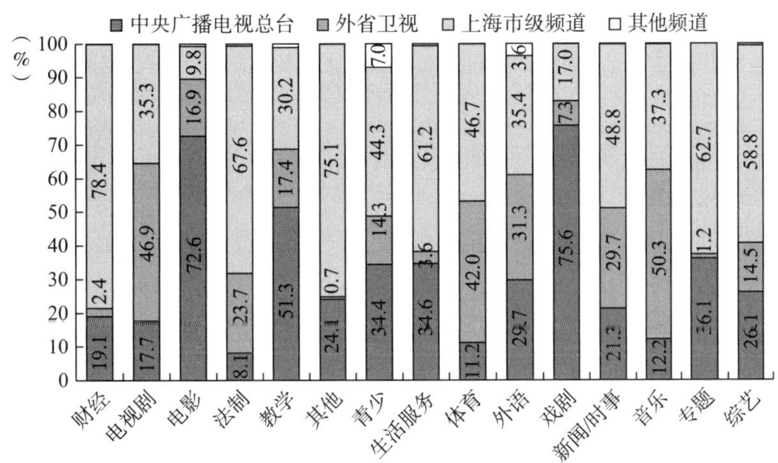

图 1.5.9　2021 年上海市场各类频道在不同类型节目中的收视份额

数据来源：CSM 媒介研究。

2021 年，上海 4～14 岁观众是青少和综艺类节目最忠实观众，收视比重在各年龄段观众中最高；相比其他年龄段观众，15～24 岁观众用于电影和体育类节目的时间比重较高，25～34 岁观众收看电视剧和音乐类节目行为最突出，35～44 岁的观众更喜爱收看专题类节目，45～54 岁的观众在电影、体育、专题和综艺类节目上的收看比重超过上海 4 岁及以上所有人的平均水平，55～64 岁观众分配在财经、法制和生活服务类节目的时间比重更高，65 岁及以上的观众用于戏剧和新闻/时事类节目的时间比重明显偏高（表 1.5.10）。

表 1.5.10　2021 年上海市场不同性别和年龄观众对各类节目的收视比重

单位：%

节目类型	4 岁及以上所有人	性别		年龄						
		男	女	4～14 岁	15～24 岁	25～34 岁	35～44 岁	45～54 岁	55～64 岁	65 岁及以上
财经	1.2	1.3	1.1	0.4	0.5	0.6	1.1	0.9	1.7	1.4
电视剧	35.6	34.5	36.8	30.0	36.7	38.0	34.7	35.4	34.0	36.2
电影	3.3	3.6	3.0	3.0	5.7	3.5	4.8	4.2	3.0	2.5
法制	1.0	1.0	1.0	0.5	0.8	0.7	0.9	0.8	1.2	1.1
教学	0.1	0.1	0.1	0.1	0.1	0.1	0.1	0.1	0.1	0.0
青少	1.7	1.3	2.0	12.8	1.2	3.7	1.7	0.9	1.0	0.7
生活服务	7.3	7.0	7.7	6.7	7.1	7.2	7.6	6.5	7.7	7.4
体育	5.6	6.7	4.4	4.6	7.7	4.0	4.4	6.8	6.6	5.5
外语	0.0	0.0	0.0	0.0	0.0	0.0	0.0	0.0	0.0	0.0
戏剧	0.7	0.6	0.8	0.3	0.2	0.2	0.3	0.6	0.3	1.2

续表

节目类型	4岁及以上所有人	性别		年龄						
		男	女	4～14岁	15～24岁	25～34岁	35～44岁	45～54岁	55～64岁	65岁及以上
新闻/时事	16.0	17.0	15.1	12.0	11.6	12.4	14.3	16.0	17.5	17.8
音乐	0.9	0.8	1.0	0.8	0.5	1.2	0.8	0.8	1.0	0.9
专题	5.1	5.3	4.8	4.2	4.6	4.6	5.8	5.3	5.1	5.1
综艺	10.3	9.7	11.0	13.2	12.5	12.6	12.7	10.7	9.3	8.9
其他	11.2	11.1	11.2	11.4	10.8	11.2	10.8	11.0	11.3	11.3

数据来源：CSM媒介研究。

在不同受教育程度观众中，2021年上海未受过正规教育的观众收看青少类节目的时间比重最高，接近14%；小学学历观众对电视剧、电影和戏剧类节目的兴趣浓厚，收视比重高于其他学历观众；相比其他受教育程度观众，初中学历观众倾向收看法制和生活服务类节目，高中学历的观众对财经、体育和新闻/时事类节目最感兴趣，大学及以上学历观众用于专题和综艺类节目的收视比重在各学历观众中最高（表1.5.11）。

2021年上海不同收入观众中，收入0～600元的观众收看青少和综艺类节目的时间比重超过其他收入段观众。相比其他个人月收入段的观众，收入601～1200元的观众对法制和生活服务类节目更感兴趣，收入1201～1700元的观众更倾向收看电影和戏剧类节目，收入1701～2600元的观众更关注电视剧类节目，收入2601～3500元观众收看财经、体育和新闻/时事类节目的时间比重高于其他收入段观众；收入3501～5000元的观众在音乐和专题类节目上的时间比重在各收入观众中最高；5001元及以上个人月收入的观众用于综艺类节目的收视行为较为突出，收视比重高于上海4岁及以上所有人的平均水平（表1.5.11）。

表1.5.11　2021年上海市场不同受教育程度和个人月收入观众对各类节目的收视比重

单位：%

节目类型	4岁及以上所有人	受教育程度					个人月收入						
		未受过正规教育	小学	初中	高中	大学及以上	0～600元	601～1200元	1201～1700元	1701～2600元	2601～3500元	3501～5000元	5001元及以上
财经	1.2	0.4	0.5	0.8	1.8	0.9	0.5	0.4	0.3	0.5	1.8	1.4	1.1
电视剧	35.6	32.3	40.2	37.2	34.4	34.9	36.3	39.5	42.4	44.1	34.5	35.5	35.2
电影	3.3	2.0	3.7	3.6	2.9	3.6	4.4	2.7	4.8	3.8	3.1	3.0	3.4
法制	1.0	0.8	0.9	1.2	1.1	0.8	0.9	2.9	1.1	1.0	1.0	1.1	0.9
教学	0.1	0.0	0.0	0.1	0.0	0.1	0.1	0.1	0.1	0.0	0.0	0.1	0.1

续表

节目类型	4岁及以上所有人	受教育程度					个人月收入						
		未受过正规教育	小学	初中	高中	大学及以上	0～600元	601～1200元	1201～1700元	1701～2600元	2601～3500元	3501～5000元	5001元及以上
青少	1.7	13.9	1.7	1.3	0.9	2.0	7.1	3.9	0.8	0.9	0.9	1.0	1.6
生活服务	7.3	6.2	6.4	7.5	7.4	7.4	6.7	8.4	7.9	6.3	6.7	7.6	7.3
体育	5.6	2.1	5.6	5.6	6.5	4.7	4.3	2.4	3.9	4.9	6.9	5.4	5.9
外语	0.0	0.0	0.0	0.0	0.0	0.0	0.0	0.0	0.0	0.0	0.0	0.0	0.0
戏剧	0.7	1.4	1.8	0.9	0.6	0.3	0.3	0.1	3.9	1.0	0.9	0.9	0.5
新闻/时事	16.0	14.0	13.7	15.6	17.7	15.0	12.1	16.2	12.2	12.2	18.9	16.6	16.0
音乐	0.9	0.8	1.0	0.9	0.9	0.9	0.8	0.7	0.5	0.9	0.7	1.1	0.8
专题	5.1	4.0	4.3	4.7	5.1	5.7	4.3	2.9	3.7	3.6	5.2	5.3	5.2
综艺	10.3	10.2	9.2	9.4	9.6	12.5	11.1	7.9	9.3	9.2	8.5	9.9	11.0
其他	11.2	11.9	11.0	11.2	11.1	11.2	11.1	11.9	9.1	11.6	10.9	11.1	11.0

数据来源：CSM媒介研究。

2021年，上海干部/管理人员用于收看财经、生活服务和专题类节目的时间比重位于各职业观众前列，个体/私营企业人员倾注在青少类节目上的时间比例高于其他各职业观众，初级公务员/雇员收看电视剧和音乐类节目的时间比重高于上海4岁及以上所有人的平均水平，工人收看电影和体育类节目行为较为突出，学生更喜爱收看综艺类节目，无业观众对新闻/时事类节目的收视比重在各职业人群中处最高水平（表1.5.12）。

表1.5.12　2021年上海市场不同职业观众对各类节目的收视比重

单位：%

节目类型	4岁及以上所有人	职业						
		干部/管理人员	个体/私营企业人员	初级公务员/雇员	工人	学生	无业	其他
财经	1.2	1.6	0.6	0.9	0.4	0.5	1.5	0.6
电视剧	35.6	31.5	33.9	36.0	33.1	35.0	35.7	49.3
电影	3.3	5.2	3.9	3.8	6.7	5.1	2.6	1.8
法制	1.0	0.9	0.7	0.8	1.1	0.8	1.1	1.7
教学	0.1	0.1	0.0	0.1	0.1	0.1	0.0	0.1
青少	1.7	1.5	9.4	1.1	1.4	2.6	1.5	2.3
生活服务	7.3	9.2	5.7	7.0	7.0	7.2	7.5	6.5
体育	5.6	6.9	7.7	5.3	8.9	6.2	5.4	1.9

续表

节目类型	4岁及以上所有人	职业						
		干部/管理人员	个体/私营企业人员	初级公务员/雇员	工人	学生	无业	其他
外语	0.0	0.0	0.0	0.0	0.0	0.0	0.0	0.0
戏剧	0.7	0.2	0.3	0.3	0.2	0.3	1.0	3.0
新闻/时事	16.0	16.3	11.0	14.8	14.3	11.9	17.4	10.5
音乐	0.9	0.7	0.6	1.1	0.6	0.7	0.9	1.0
专题	5.1	6.3	4.2	5.5	4.5	5.1	5.0	3.3
综艺	10.3	9.3	11.0	12.4	10.5	13.7	9.1	8.4
其他	11.2	10.3	11.0	10.9	11.2	10.8	11.4	9.6

数据来源：CSM媒介研究。

（五）广州市电视收视市场节目竞争格局

1. 广州市场各类型节目收视市场整体稳定，体育类节目收视比重涨幅最大

2021年广州市场类电视剧和新闻/时事类节目稳居前两位，收视比重合计接近50%，收视比重同比2020年分别减少0.9个百分点和增长0.1个百分点。综艺、生活服务、专题、青少和体育类节目收视量位居其后，收视比重都在5%～8%，其中体育类节目变化较大，收视比重同比增长2.2个百分点，其他四类节目收视比重变化均都不超过0.5个百分点。其余类型节目的收视比重较小、变化不大（图1.5.10）。

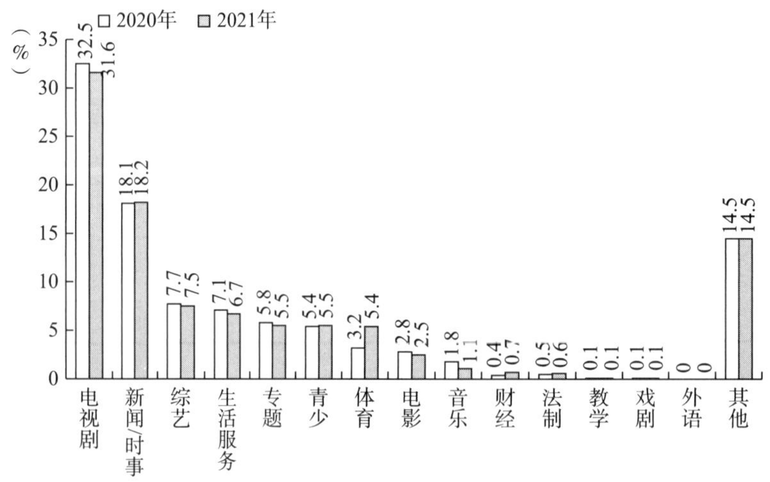

图1.5.10 2020～2021年广州市场各类节目的收视比重

数据来源：CSM媒介研究。

2. 中央广播电视总台和广东广播电视台角逐广州节目市场，外省卫视依靠综艺类节目破局

在 2021 年广州收视市场中，中央广播电视总台领跑音乐、教学、电影、戏剧、财经、法制、体育和专题类合计 8 个细分节目市场，收视份额都在 35% ~75%，高于其他各级频道；中央广播电视总台在外语和综艺类节目市场位居第二，收视份额在 15% ~35%，具有一定收视竞争力；在其余类型节目市场，中央广播电视总台竞争力一般（图 1.5.11）。

外省卫视保持在广州综艺类节目市场主导地位，收视份额为 61.4%；在青少、电视剧、戏剧、生活服务和教学类节目市场，外省卫视位居市场第二，收视份额都在 17% ~36%；在其余类型节目市场中，外省卫视收视竞争力位处中下游，收视份额都不超过 17%（图 1.5.11）。

2021 年广东广播电视台在青少、生活服务、体育、电视剧和新闻/时事类节目市场居首位，收视份额都在 35% ~60%。在专题和财经类节目市场，广东广播电视台位居亚军位置，收视份额都超过 20%。在其余各类型节目市场广东广播电视台收视份额都不超过 18%，收视竞争力不强（图 1.5.11）。

广州市广播电视台 2021 年本地节目市场竞争格局变化不大，仍保持在法制和新闻/时事类节目市场亚军位置，收视份额分别为 31.3% 和 23.3%。在电视剧、专题、生活服务和外语类节目市场，广州市广播电视台收视份额都在 10% ~20%，在其余类型节目市场收视份额都不超过 10%（图 1.5.11）。

2021 年境外频道称雄广州外语类节目市场格局不变，收视份额 37.5%。在财经、生活服务和新闻/时事类节目市场，境外频道收视份额都在 10% ~20%，收视竞争力较为有限（图 1.5.11）。

广州市其他频道 2021 年收视格局改观不大，各类节目市场的收视份额都不超过 3%（图 1.5.11）。

3. 观众类型节目收看分化明显，类型节目各有专长

2021 年，广州男性观众对电影、体育、新闻/时事和专题类节目的收看较女性观众更突出，女性观众用于青少、电视剧和综艺类节目的时间比重更高，不同性别的观众收看其余类型节目差异不明显（表 1.5.13）。

不同年龄段观众中，2021 年广州 4 ~14 岁观众将超 21% 的收视时间用于青少类节目，比重远超其他年龄段观众；15 ~24 岁观众用于收看体育类节目的时间比重最高，25 ~34 岁观众收看教学类节目时间比重高于其他年龄段观众，35 ~44 岁观众侧重看财经、法制、音乐和综艺类节目，45 ~54 岁观众对电影类节目更感兴趣，55 岁及以上观众最喜爱收看生活服务、新闻/时事和专题类节目，时间比重高于其他年龄观众（表 1.5.13）。

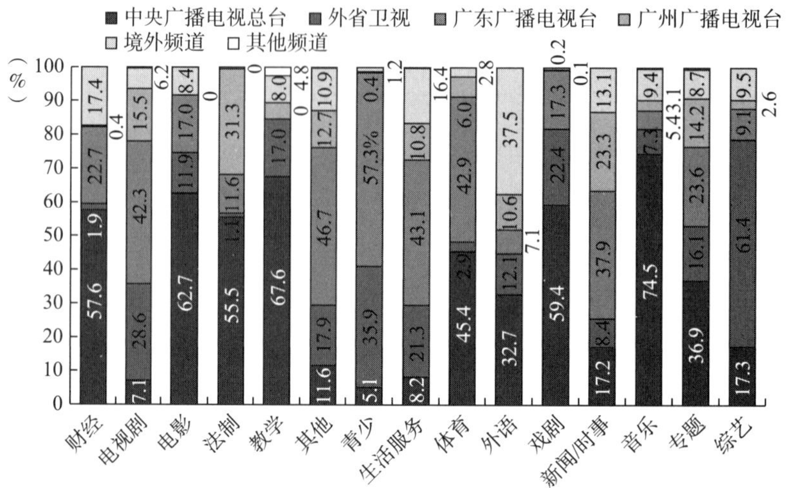

图 1.5.11　2021 年广州市场各类频道在不同节目类别中的收视份额

数据来源：CSM 媒介研究。

表 1.5.13　2021 年广州市场不同性别和年龄观众对各类节目的收视比重

单位：%

节目类型	4 岁及以上所有人	性别		年龄						
		男	女	4～14 岁	15～24 岁	25～34 岁	35～44 岁	45～54 岁	55～64 岁	65 岁及以上
财经	0.7	0.8	0.6	0.3	0.8	0.5	1.8	0.6	0.6	0.5
电视剧	31.6	31.0	32.3	27.1	33.4	32.8	24.4	33.7	32.2	32.4
电影	2.5	2.9	2.0	3.0	2.2	1.8	2.7	3.9	1.9	2.0
法制	0.6	0.6	0.5	0.3	0.2	0.4	1.2	0.5	0.5	0.7
教学	0.1	0.1	0.0	0.0	0.0	0.2	0.1	0.0	0.1	0.0
青少	5.5	4.7	6.3	21.7	2.4	7.2	7.0	3.2	3.4	3.5
生活服务	6.7	6.5	6.8	6.1	7.0	6.6	6.1	6.4	6.9	7.1
体育	5.4	6.0	4.9	4.0	7.0	3.4	5.8	6.9	5.9	5.2
外语	0.0	0.0	0.0	0.0	0.0	0.0	0.0	0.0	0.0	0.0
戏剧	0.1	0.1	0.1	0.1	0.1	0.1	0.1	0.1	0.0	0.1
新闻/时事	18.2	18.7	17.6	12.2	16.1	18.1	18.3	15.6	20.7	20.4
音乐	1.1	1.2	1.0	0.8	0.8	1.1	2.4	0.8	0.8	1.2
专题	5.5	5.8	5.2	4.0	5.7	5.2	5.7	5.7	5.7	5.8
综艺	7.5	7.2	7.7	5.4	9.1	8.0	11.1	8.2	6.3	6.0
其他	14.5	14.4	15.0	15.0	15.2	14.6	13.3	14.4	15.0	15.1

数据来源：CSM 媒介研究。

2021 年，在广州不同受教育程度观众中，未受过正规教育的观众收看青少类节目的时间比重最高，小学学历的观众尤其喜爱收看电视剧和生活服务类节目，初中学历的观众收看电影和体育类节目的行为突出，高中学历的观众偏爱收看法制和音乐类节目，大学及以上学历观众对财经、教学、新闻/时事和综艺类节目最感兴趣（表1.5.14）。

广州个人月收入0～600元的观众收看青少和音乐类节目的时间比重最高；相比其他个人月收入段的观众，收入在601～1200元的观众收看电视剧和生活服务类节目更突出，收入为1201～1700元的观众收看体育类节目的兴致最高，收入1701～2600元的观众对法制类节目更感兴趣，收入2601～3500元的观众用于收看电视剧和新闻/时事类节目的时间比重高于广州4岁及以上所有人的平均水平，收入3501～5000元的观众更倾向收看财经、新闻/时事和综艺类节目，收入5001元及以上的观众分配在电影类节目的时间比重高于其他收入水平观众（表1.5.14）。

表1.5.14　2021年广州市场不同受教育程度和个人月收入观众对各类节目的收视比重

单位：%

节目类型	4岁及以上所有人	受教育程度					个人月收入						
		未受过正规教育	小学	初中	高中	大学及以上	0～600元	601～1200元	1201～1700元	1701～2600元	2601～3500元	3501～5000元	5001元及以上
财经	0.7	0.4	0.4	0.5	0.8	0.9	0.5	0.3	0.3	0.3	0.7	0.9	0.8
电视剧	31.6	34.1	36.4	32.8	31.0	27.3	32.4	36.7	31.5	35.7	34.6	26.9	29.6
电影	2.5	2.1	2.6	3.1	2.4	1.7	2.4	1.5	2.5	3.0	1.9	2.1	3.9
法制	0.6	0.3	0.3	0.6	0.7	0.5	0.4	0.2	0.2	0.8	0.5	0.7	0.6
教学	0.1	0.0	0.0	0.1	0.1	0.2	0.0	0.0	0.1	0.0	0.0	0.2	0.1
青少	5.5	19.6	7.8	4.0	4.5	4.8	11.9	6.0	4.0	3.9	3.8	3.8	4.7
生活服务	6.7	6.1	7.1	6.5	6.5	6.7	6.5	8.6	5.1	6.7	6.6	6.8	5.9
体育	5.4	3.0	4.4	6.5	5.1	5.7	3.7	5.1	20.1	4.1	4.3	6.2	8.0
外语	0.0	0.0	0.0	0.0	0.0	0.0	0.0	0.0	0.0	0.0	0.0	0.0	0.0
戏剧	0.1	0.1	0.1	0.1	0.1	0.1	0.1	0.1	0.0	0.0	0.0	0.1	0.1
新闻/时事	18.2	10.9	13.2	17.8	19.9	20.9	14.0	12.5	14.9	18.2	18.9	22.4	16.9
音乐	1.1	0.5	1.1	0.7	1.5	1.1	1.7	0.9	0.8	1.2	1.0	1.0	0.8
专题	5.5	3.5	5.0	5.5	5.5	6.2	4.5	5.2	2.9	5.2	5.6	5.7	6.7
综艺	7.5	3.3	4.7	7.6	7.7	9.7	6.5	4.3	4.7	6.1	7.2	9.1	8.6
其他	14.5	16.1	16.9	14.2	14.2	14.2	15.4	18.6	12.9	14.8	14.9	14.1	13.3

数据来源：CSM媒介研究。

2021 年广州不同职业观众中，干部/管理人员最倾向收看体育和专题类节目，个体/私营企业人员在财经、电影和综艺类节目上的收视比重最高，初级公务员/雇员收看教学和新闻/时事类节目的时间比重高于其他职业观众，工人投入在电视剧上的时间比重高于广州 4 岁及以上所有人的平均水平，学生收看青少类节目的行为最突出，无业观众用于观看生活服务和音乐类节目的时间比重最高（表 1. 5. 15）。

表 1. 5. 15　2021 年广州市场不同职业观众对各类节目的收视比重

单位：%

节目类型	4 岁及以上所有人	职业						
		干部/管理人员	个体/私营企业人员	初级公务员/雇员	工人	学生	无业	其他
财经	0. 7	0. 5	1. 3	0. 8	0. 8	0. 3	0. 5	0. 1
电视剧	31. 6	28. 0	28. 2	28. 8	34. 4	28. 7	32. 0	49. 8
电影	2. 5	3. 7	4. 1	2. 3	2. 5	2. 9	2. 1	1. 1
法制	0. 6	0. 6	0. 7	0. 4	0. 6	0. 3	0. 6	0. 3
教学	0. 1	0. 1	0. 0	0. 2	0. 0	0. 0	0. 1	0. 0
青少	5. 5	3. 7	4. 2	6. 6	3. 6	12. 1	5. 5	7. 2
生活服务	6. 7	5. 5	6. 7	6. 3	6. 7	6. 2	6. 9	6. 5
体育	5. 4	9. 8	7. 7	4. 7	6. 3	4. 9	4. 7	1. 1
外语	0. 0	0. 0	0. 0	0. 0	0. 0	0. 0	0. 0	0. 0
戏剧	0. 1	0. 1	0. 1	0. 1	0. 1	0. 2	0. 1	0. 1
新闻/时事	18. 2	17. 6	16. 2	20. 1	15. 9	14. 7	19. 8	8. 8
音乐	1. 1	0. 8	1. 0	1. 1	0. 8	0. 9	1. 3	0. 5
专题	5. 5	8. 6	5. 8	5. 2	5. 8	5. 1	5. 4	3. 8
综艺	7. 5	8. 6	9. 8	9. 5	7. 4	8. 8	6. 2	2. 7
其他	14. 5	12. 4	14. 2	13. 9	15. 1	14. 9	14. 8	18. 0

数据来源：CSM 媒介研究。

六　电视广告投放与竞争格局

根据央视市场研究（CTR）发布的广告监测数据①，以媒体公开的广告投放刊例价为统计标准，2021 年，中国广告市场整体上升 11. 2%，传统媒体广告上升 0. 5%。其

① 2021 年广告投放刊例额以 CTR2021 年监测范围为基准进行统计，2021 年广告投放增长情况以 CTR2020 年监测范围为基准进行比较；广告投放刊例额以媒体公开报价为统计标准，不含折扣；电视广告监测时间为 17：00 ~ 24：00。

中，电视广告投放刊例额上升 1.3%；广播广告投放刊例额上升 3.4%；报纸广告投放刊例额下降 22.0%；杂志广告投放刊例额下降 7.8%。

（一）中国电视广告投放基本情况

1. 2021 年，中国电视广告投放刊例额同比 2020 年上升 1.3%

2021 年中国电视广告投放刊例额为 4371 亿元人民币，同比 2020 年略有上升，从分月数据来看，各月投放额比较平均，相差不大。全年广告投放刊例额最高的月份是 5 月份，单月广告投放刊例额 387 亿元人民币；广告投放刊例额最低的月份是 7 月份，单月广告投放刊例额 345 亿元人民币（图 1.6.1）。

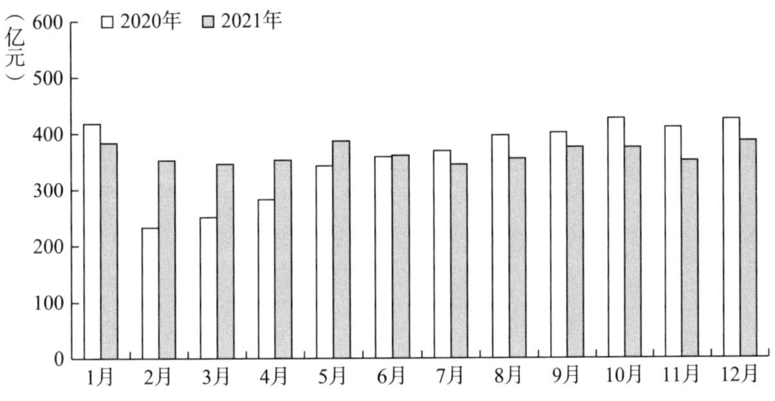

图 1.6.1　2020 年、2021 年各月中国电视广告投放刊例额

数据来源：CTR 媒介智讯。

2. 电视广告投放刊例额前三位的行业是药品、食品和饮料

2021 年，中国电视广告投放刊例额排名头部行业是药品、食品、饮料、酒精类饮品和化妆品/浴室用品等行业。广告投放刊例额 TOP 10 行业中药品、化妆品/浴室用品、个人用品和家居用品等行业增幅较大，饮料行业广告投放刊例额出现较大下滑（表 1.6.1）。

表 1.6.1　2021 年中国电视广告投放刊例额排名前 10 的品类

单位：亿元，%

品类	2021 年	2020 年	投放刊例额变化
药品	859.1	658.6	30.4
食品	739.9	754.8	-2.0
饮料	562.1	694.5	-19.1
酒精类饮品	286.5	309.9	-7.6
化妆品/浴室用品	257.3	206.2	24.7
活动类	251.8	265.3	-5.4

续表

品类	2021 年	2020 年	投放刊例额变化
娱乐及休闲	193.3	182.1	6.1
个人用品	186.5	123.1	51.5
商业及服务性行业	183.3	173.0	5.9
家居用品	135.6	120.1	12.9

数据来源：CTR 媒介智讯。

3. 电视广告投放刊例额前三位的品牌是陈李济、舒肤佳和同溢堂

2021 年电视广告投放刊例额 TOP 10 的品牌中有一半来自药品行业，其中陈李济、舒肤佳和同溢堂排名前三，2020 年排名第一的养无极品牌屈居第四位（表 1.6.2）。

表 1.6.2　2021 年中国电视广告投放刊例额排名前 10 的品牌

单位：亿元，%

品牌	所属品类	2021 年	2020 年	投放刊例额变化
陈李济	药品、活动类	101.4	77.3	31.3
舒肤佳	化妆品/浴室用品、活动类	86.0	35.7	140.9
同溢堂	药品	81.4	43.6	86.5
养无极	药品、活动类	77.6	82.7	-6.2
伊利	饮料、食品、活动类	62.2	62.9	-1.1
鸿茅	酒精类饮品、活动类	54.2	36.2	49.5
天草	药品、活动类	45.8	30.4	51.0
君乐宝	饮料、活动类	44.3	39.5	12.0
葛洪	药品、酒精类饮品	42.1	9.2	355.7
超视立	个人用品、活动类	41.2	25.2	63.5

数据来源：CTR 媒介智讯。

4. 省级卫视广告投放刊例额有所下降

从各级电视频道广告投放刊例额来看，2021 年中央级频道广告同比 2020 年上升 3.6%；省级卫视广告同比下降 4.2%；省级地面频道广告同比上升 8.0%；省会城市台广告基本持平；其他频道广告同比下滑 12.0%（图 1.6.2）。

2021 年中央广播电视总台广告投放刊例额 TOP 5 的行业是食品、饮料、药品、酒精类饮品和家用电器，其中饮料、药品、酒精类饮品和家用电器广告均呈现正增长（表 1.6.3）。

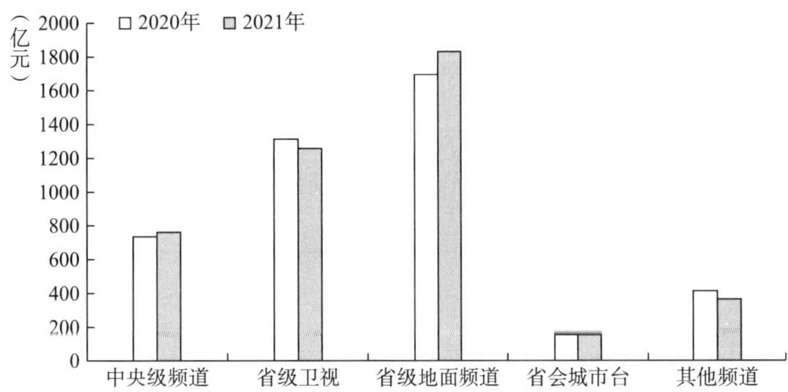

图 1.6.2　2020 年、2021 年全国各级频道的广告投放刊例额

数据来源：CTR 媒介智讯。

表 1.6.3　2021 年中央广播电视总台广告投放刊例额排名前 5 的品类

单位：亿元，%

品类	2021 年	2020 年	增长率
食品	127.9	137.4	-6.9
饮料	109.0	105.2	3.5
药品	98.6	75.3	30.9
酒精类饮品	77.5	73.6	5.3
家用电器	59.2	58.6	1.0

数据来源：CTR 媒介智讯。

2021 年中央广播电视总台广告投放刊例额排名 TOP 5 的品牌是飞鹤、同溢堂、足力健、君乐宝和易开得，其中，同溢堂广告增长超过一倍，君乐宝和易开得增长率超过了 50%（表 1.6.4）。

表 1.6.4　2021 年中央广播电视总台广告投放刊例额排名前 5 的品牌

单位：亿元，%

品牌	所属品类	2021 年	2020 年	增长率
飞鹤	饮料、食品	23.6	25.5	-7.3
同溢堂	药品	20.0	9.5	109.0
足力健	衣着、个人用品	18.9	22.3	-15.1
君乐宝	饮料、活动类	17.9	10.4	71.8
易开得	家用电器	16.8	10.7	57.2

数据来源：CTR 媒介智讯。

2021 年省级卫视广告投放中，排名 TOP 5 的行业是食品、饮料、药品、化妆品/浴室用品和酒精类饮品，其中药品和化妆品/浴室用品行业广告投放刊例额分别上升14.7%和28.1%，相反，饮料和酒精类饮品行业广告投放刊例额下滑超过20%（表1.6.5）。

表 1.6.5　2021 年省级卫视广告投放刊例额排名前 5 的品类

单位：亿元，%

品类	2021 年	2020 年	增长率
食品	315.7	312.2	1.1
饮料	253.7	327.0	-22.4
药品	214.9	187.4	14.7
化妆品/浴室用品	121.0	94.5	28.1
酒精类饮品	65.9	84.4	-21.9

数据来源：CTR 媒介智讯。

2021 年省级卫视广告投放刊例额排名 TOP 5 的品牌是舒肤佳、同溢堂、谷比利、伊利和康师傅，其中谷比利广告投放刊例额增长了近 6 倍，舒肤佳和同溢堂广告投放刊例额增长超过了 1 倍（表 1.6.6）。

表 1.6.6　2021 年省级卫视广告投放刊例额排名前 5 的品牌

单位：亿元，%

品牌	所属品类	2021 年	2020 年	增长率
舒肤佳	化妆品/浴室用品	42.9	16.3	163.2
同溢堂	药品	38.4	15.8	143.5
谷比利	食品	28.4	4.1	589.8
伊利	饮料、食品	27.4	23.2	17.9
康师傅	饮料、食品	22.9	62.8	-63.5

数据来源：CTR 媒介智讯。

（二）中国电视广告市场竞争格局

1. 频道间竞争：省级卫视广告份额下滑明显

2021 年，在各级电视频道广告投放的竞争中，中央级频道广告份额同比上升 0.4 个百分点；省级卫视频道广告份额下降 1.7 个百分点；省级地面频道广告份额增加 2.6 个百分点；省会城市台广告份额与上年基本持平；其他频道份额同比下降 1.2 个百分点（表 1.6.7）。

表 1.6.7 2020 年、2021 年各类电视频道广告投放刊例额所占份额及其变化

单位：%

频道类别	2020 年	2021 年	份额变化
中央级频道	17.0	17.4	0.4
省级卫视	30.5	28.8	-1.7
省级地面频道	39.3	41.9	2.6
省会城市台	3.6	3.5	0.0
其他	9.6	8.3	-1.2

数据来源：CTR 媒介智讯。

2021 年，在省级卫视广告投放刊例额排名 TOP 10 的频道中，湖北卫视、河南 1 套和天津卫视排在前 3。因为数据统计口径只统计硬广告刊例价，以媒体公开报价为统计标准，不含折扣，所以像湖南卫视、东方卫视等比较强势的省级卫视没能进入 TOP 10（表 1.6.8）。

表 1.6.8 2020 年、2021 年广告投放刊例额排名前 10 的省级卫视

单位：亿元

排名	2020 年		2021 年	
	频道	投放刊例额	频道	投放刊例额
1	东南电视台	99.9	湖北卫视	91.5
2	湖北卫视	92.9	河南 1 套	88.2
3	黑龙江电视台卫星频道	80.2	天津卫视	79.6
4	江苏卫视	79.0	安徽卫视	77.3
5	天津卫视	77.4	重庆卫视	73.6
6	重庆卫视	75.0	江苏卫视	73.1
7	山东卫视	72.0	贵州卫视	64.7
8	河南 1 套	68.8	浙江卫视	63.0
9	安徽卫视	67.6	宁夏卫视	56.0
10	浙江卫视	61.8	山东卫视	54.1

数据来源：CTR 媒介智讯。

2021 年，在省会城市台广告投放刊例额排名 TOP 10 中，排名前 3 的是昆明电视台、广州电视台和南京电视台。按媒体公开报价为统计标准，不含折扣，昆明电视台广告投放刊例额连续四年居省会城市电视台榜首（表 1.6.9）。

表 1.6.9　2020 年、2021 年广告投放刊例额排名前 10 的省会城市电视台

单位：亿元

排名	2020 年		2021 年	
	频道	投放刊例额	频道	投放刊例额
1	昆明电视台	28.5	昆明电视台	36.3
2	广州电视台	14.6	广州电视台	15.3
3	南京电视台	13.4	南京电视台	12.2
4	济南电视台	13.3	济南电视台	11.7
5	成都电视台	10.4	成都电视台	9.8
6	长沙电视台	10.1	长沙电视台	8.8
7	武汉电视台	7.9	郑州电视台	8.3
8	杭州电视台	7.3	武汉电视台	7.4
9	郑州电视台	6.7	南宁电视台	6.7
10	南宁电视台	6.3	西安电视台	6.5

数据来源：CTR 媒介智讯。

2. 行业投放竞争：药品、个人用品和化妆品/浴室用品对电视广告投放有较大正贡献，饮料和家电等行业呈现较大负贡献

在 21 个行业中有 9 个行业广告正增长、12 个行业下跌。各行业对电视广告投放的贡献率①有所不同，其中药品、个人用品和化妆品/浴室用品对电视广告投放有较大正贡献，饮料和家电等行业呈现较大负贡献（图 1.6.3）。

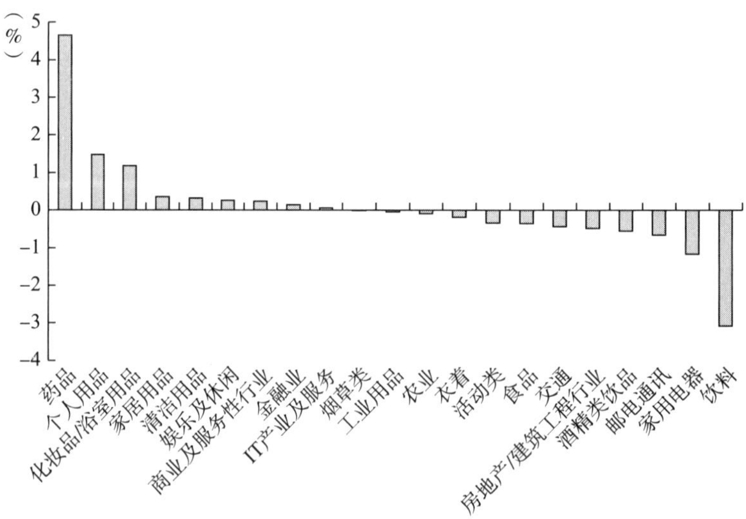

图 1.6.3　2021 年不同行业对中国电视广告投放刊例额增长的贡献率

数据来源：CTR 媒介智讯。

① 某行业对电视广告增长贡献率 = 某行业电视广告增长额/电视广告总增长额 × 电视广告总增长率。

七 广播收听环境

1. 全国共有广播电台26座，广播电视台2449座

根据《中国广播电视年鉴（2022）》的最新统计，截至2021年底，全国共有广播电台26座①，广播电视台2449座。国家级广播电台有中央人民广播电台和中国国际广播电台，每个省、自治区或直辖市，每个地级或以上城市都至少有一座广播电台或广播电视台。全国现有中、短波广播发射台811座。全国广播节目在国内的人口综合覆盖率达到99.5%。2021年全年公共广播节目播出时间为1589.5万小时，其中，播出新闻资讯类节目313.3万小时、专题服务类节目336.5万小时、综艺益智类节目354.3万小时、广播剧类节目97.8万小时、广告类节目143.4万小时、其他类节目344.1万小时。2021年全年全国广电系统制作广播节目812.7万小时，其中，新闻资讯类节目145.7万小时、专题服务类节目222.6万小时、综艺类节目193.9万小时、广播剧类节目22.4万小时、广告类节目71.2万小时、其他类节目156.9万小时。

2. 在全国17个重点城市中，音乐类、综合类和交通类频率数量最多

根据CSM媒介研究收集的2021年全国17个重点城市可接收的广播频率数量分布资料，在不包括境外频率的305个广播频率中，音乐类（59个）、综合类（50个）和交通类（41个）频率的数量最多（表1.7.1）。“跨领域”频率的现象比较普遍，在名称定位于“新闻”的38个频率中，有20个频率同时在名称中涉及了其他领域；在名称定位于“综合”的50个频率中，有18个频率同时在名称中涉及了其他领域；在名称定位于“音乐”的59个频率中，有14个频率同时在名称中涉及了其他领域；在名称定位于“交通”（41个）、“城市”（15个）和“教育”（6个）的频率中，分别有5个频率同时在名称中涉及了其他领域；在名称定位于“生活”（17个）和“资讯”（11个）的频率中，涉及了其他领域的频率分别达到4个；在名称定位于“文艺”（37个）和“经济”（30个）的频率中，涉及了其他领域的频率分别有3个。在各类频率中，以“综合、新闻”进行双重定位的频率数量最多，达到了18个，以“音乐、城市”进行双重定位的频率有2个，以“新闻、资讯”进行双重定位的频率有2个，以“经济、交通”双重定位的频率也有2个，以“音乐、交通”进行双重定位的频率也有1个。城市中专门给有车族人群开办的频率发展态势良好，在17个调查城市中有8个针对有车族广播的休闲娱乐频率。与2019年情形类似，目标受众的细化仍然是广播频率发展的重要特征之一。

① 随着广播电台和电视台合并进程的推进，全国广播电台数量较前些年明显减少，广播电视台数量相应增加。

表 1.7.1　2021 年 17 个重点城市各类频率的数量分布

单位：个

序号	频率类别	频率数量	涉及其他类别的频率数量
1	综合	50	18
2	音乐	59	14
3	新闻	38	20
4	交通	41	5
5	经济	30	3
6	文艺	37	3
7	城市	15	5
8	生活	17	4
9	资讯	11	4
10	体育	5	1
11	外语	4	2
12	健康	2	2
13	教育	6	5
14	旅游	4	2
15	农村	11	0
16	其他	5	0
不重复合计		305	43

数据来源：CSM 媒介研究。

3. 全国拥有正在使用的收听设备的家庭比例达到 47.6%

根据 CSM 媒介研究全国网 2021 年基础调查数据，在全国范围内，有 47.6% 的家庭拥有正在使用的收听设备，与 2019 年相比增长了 5.5 个百分点；收听设备的百户拥有量为 55 台，与 2019 年相比增加了 6 台。2021 年，在全国城市拥有正在使用的收听设备的家庭比例为 50.9%，比 2019 年上升了 2.7 个百分点，在农村这个比例是 43.9%，比 2019 年增加了 6.3 个百分点。在收听设备的百户拥有量方面，2021 年城市为 61 台，比 2019 年增加了 3 台；农村为 49 台，比 2019 年相比增加了 8 台。在拥有收听设备的家庭中，绝大多数家庭只拥有 1 台收听设备，拥有 2 台及以上收听设备的家庭比例还是比较小，全国只有 5.8%，且与 2019 年相比，增长了 1.0 个百分点（表 1.7.2）。

表 1.7.2　2010～2021 年全国正在使用收听设备的拥有状况

单位：%，台

年份	区域	1 台	2 台	3 台及以上	无收听设备	百户拥有量
2010	全国	22.6	4.2	1.9	71.3	38
	城市	30.2	7.3	3.1	59.4	56
	农村	18.3	2.4	1.2	78.1	27
2011	全国	25.0	4.2	1.6	69.2	39
	城市	32.7	6.6	2.8	57.9	56
	农村	19.8	2.6	0.9	76.7	28
2012	全国	26.8	4.5	1.9	66.8	43
	城市	33.5	7.0	3.5	56.0	60
	农村	22.1	2.8	0.8	74.2	31
2013	全国	28.3	5.8	3.3	62.7	51
	城市	33.9	7.6	4.3	54.2	64
	农村	24.3	4.5	2.6	68.6	42
2014	全国	28.4	5.2	2.3	64.1	47
	城市	33.0	7.1	3.0	56.9	58
	农村	25.2	3.8	1.8	69.2	39
2015	全国	29.9	5.9	2.7	61.5	51
	城市	34.6	7.5	3.3	54.6	61
	农村	26.5	4.8	2.3	66.4	44
2016	全国	31.5	4.8	1.7	62.0	47
	城市	35.8	5.8	2.0	56.4	54
	农村	28.5	4.0	1.5	66.0	42
2017	全国	34.3	4.5	1.0	60.2	47
	城市	38.0	6.3	1.5	54.3	56
	农村	31.6	3.2	0.7	64.5	41
2018	全国	35.0	3.8	0.8	60.4	46
	城市	39.2	5.6	1.4	53.8	55
	农村	31.9	2.5	0.4	65.2	38
2019	全国	37.3	3.9	0.9	57.9	49
	城市	40.7	6.0	1.6	51.8	58
	农村	34.8	2.4	0.5	62.4	41
2021	全国	41.8	4.6	1.2	52.4	55
	城市	43.5	5.7	1.7	49.1	61
	农村	40.0	3.4	0.5	56.1	49

数据来源：CSM 媒介研究。

根据 CSM 媒介研究全国网 2021 年基础调查数据，在全国七大行政区中，华北、西北和华东地区的收听设备拥有率较高，均达到 50% 以上。其中华北地区收听设备拥有率最高，达到 56.8%，收听设备的百户拥有量为 72 台；西北地区收听设备拥有率达到了 54.6%，收听设备的百户拥有量为 70 台；华东地区收听设备拥有率也达到了 52.0%，收听设备的百户拥有量为 58 台。东北地区收听设备拥有率为 47.6%，收听设备的百户拥有量为 55 台；华中地区收听设备拥有率为 45.2%，收听设备的百户拥有量为 50 台；华南地区收听设备拥有率为 38.1%，收听设备的百户拥有量为 43 台；而西南地区是七大行政区中收听设备拥有率最低的地区，仅为 37.8%，收听设备的百户拥有量也为 43 台（表 1.7.3）。

表 1.7.3　2021 年全国各大行政区正在使用收听设备的拥有状况

单位：%，台

大行政区	1 台	2 台	3 台及以上	无收听设备	百户拥有量
东北	41.6	5.1	0.9	52.4	55
华北	47.2	6.1	3.5	43.2	72
华东	46.5	4.9	0.7	48.0	58
华南	34.7	2.6	0.8	61.9	43
华中	41.4	3.2	0.6	54.8	50
西北	42.3	10.2	2.1	45.4	70
西南	33.9	3.2	0.7	62.2	43

数据来源：CSM 媒介研究。

4. 全国广播听众中使用车载广播作为经常收听途径的比例高达 74.5%

根据 CSM 媒介研究全国网 2021 年基础调查数据，在全国范围内，广播听众中使用车载广播作为经常收听途径的比例高达 74.5%，收音机的比例为 13.3%，手机内置收音机和手机 APP 的比例为 26.6%。在城市广播听众中，78.2% 的听众经常使用车载广播收听节目，14.0% 的听众经常使用收音机收听节目，27.4% 的听众经常使用手机内置收音机和手机 APP 收听节目。在农村广播听众中，使用车载广播作为经常收听途径的比例为 67.7%，低于城市听众，使用收音机的比例为 12.0%，也比城市听众的这一比例低，使用手机内置收音机和手机 APP 的比例为 25.1%，该比例也落后于城市地区（表 1.7.4）。

表 1.7.4　2021 年全国及分城乡广播听众经常使用的收听设备或途径

单位：%

收听设备或途径	全国	城市	农村
车载广播	74.5	78.2	67.7

续表

收听设备或途径	全国	城市	农村
收音机	13.3	14.0	12.0
手机内置收音机	4.5	4.4	4.6
手机 APP	22.1	23.0	20.5
音响	0.8	0.9	0.7
智能音箱	2.3	2.4	2.1
有线（数字）电视	0.3	0.2	0.4
平板电脑/PC	0.4	0.5	0.2
MP3/MP4	0.4	0.4	0.4
收录机/随身听	0.2	0.2	0.2
其他	9.2	4.2	18.5

数据来源：CSM 媒介研究。

从各大行政区来看，根据 CSM 媒介研究全国网 2021 年基础调查数据，在全国七大行政区中，广播听众中使用车载广播作为经常收听途径的比例最高的是华南地区，高达 81.9%，其次为华东（80.1%）和华北（77.0%），车载广播作为经常收听途径比例最低的是西南地区，为 57.7%。与此相对应，在全国七大行政区中，广播听众中使用收音机作为经常收听途径比例最高的是东北地区，高达 26.7%，其次为华北（16.0%）和西北（15.6%），收音机作为经常收听途径比例最低的是西南地区，只有 8.3%。另外，在东北和华北地区，分别有高达 31.5% 和 30.9% 的广播听众经常使用手机内置收音机和手机 APP 收听广播，该比例在华中地区也达到 30.0%，而使用手机内置收音机和手机 APP 收听广播比例较低的西南地区，仅为 19.0%（表 1.7.5）。

表 1.7.5 2021 年全国各大行政区广播听众经常使用的收听设备或途径

单位：%

收听设备或途径	东北	华北	华东	华南	华中	西北	西南
车载广播	68.5	77.0	80.1	81.9	72.4	73.1	57.7
收音机	26.7	16.0	10.2	12.5	12.4	15.6	8.3
手机内置收音机	7.4	3.7	3.6	5.3	4.4	4.5	5.2
手机 APP	24.1	27.2	22.0	19.6	25.6	21.5	13.8
音响	0.0	0.3	0.4	0.2	0.1	0.3	4.9
智能音箱	1.8	1.2	2.5	2.9	3.5	2.5	1.4
有线（数字）电视	0.1	0.1	0.3	0.3	0.0	0.5	0.5
平板电脑/PC	0.4	0.4	0.4	0.4	0.3	0.4	0.4
MP3/MP4	1.2	0.1	0.2	0.9	0.1	0.8	0.3

续表

收听设备或途径	东北	华北	华东	华南	华中	西北	西南
收录机/随身听	0.6	0.2	0.0	0.0	0.4	0.0	0.2
其他	0.2	0.7	7.0	0.2	9.3	22.3	28.1

数据来源：CSM 媒介研究。

八　广播听众特征

1. 全国 10 岁及以上听众规模达 696291000 人

根据《中国广播电视年鉴（2020）》的数据，截至 2019 年底，全国广播节目人口覆盖率达到 99.13%。但是，在广播实际收听方面，因为部分家庭不购置收听设备，或者一些家庭的收听设备已经闲置，所以实际的广播听众规模要明显小于广播覆盖的人口规模。我们所说的广播听众是指拥有正在使用的广播收听设备或家庭成员中有人在近三个月内收听过广播的家庭中 10 岁及以上人口。

根据 CSM 媒介研究 2021 年全国网基础调查数据，2021 年全国广播听众规模为 696291000 人，占全国 10 岁及以上人口总数的 55.6%；其中城市的广播听众规模为 371415000 人，占全国城市 10 岁及以上人口总数的 60.0%；农村的广播听众规模为 324876000 人，占全国农村 10 岁及以上人口总数的 51.2%。

2. 广播听众结构与全国人口结构基本一致，男性所占比例略高于女性

CSM 媒介研究 2021 年全国网基础研究调查数据显示，在全国广播听众中，男性比例略高于女性，男性占 51.1%，女性占 48.9%，这个构成与全国 10 岁及以上人口的性别构成基本一致。城市广播听众中男性占 51.1%，女性占 48.9%，男性所占比例略高于女性，并且与全国城市 10 岁及以上人口性别构成也基本一致；在农村听众中，男性占 51.2%，女性占 48.8%，男性所占比例同样高于女性，与全国农村 10 岁及以上人口性别构成基本一致（图 1.8.1、图 1.8.2）。

3. 35～44 岁人群所占比例最高，城乡听众年龄结构同中有异

CSM 媒介研究 2021 年全国网基础研究调查数据显示，35～44 岁、25～34 岁和 15～24 岁年龄段的听众是广播听众中所占比例相对较大的群体，其中 35～44 岁听众群体在全国、城市和农村中所占比例均超过 22%，占比居首；25～34 岁听众群体在全国、城市和农村所占比例也均超过 19.5%，位居其次；15～24 岁听众群体在全国、城市和农村所占比例分别为 18.5%、19.0% 和 18.0%，位列第三；各年龄段听众构成与各自的人口构成比例基本保持一致。从城乡各年龄段广播听众所占比例比较来看，城市广播听众中 15～24 岁、25～34 岁和 45～54 岁人群所占比例高于农村同年龄段人群，而农村广播听众中则

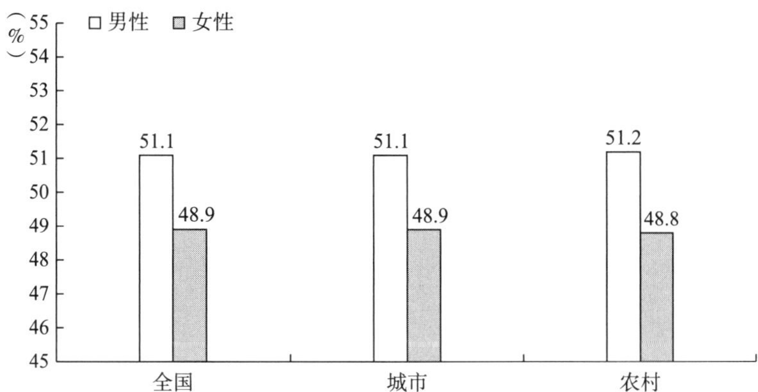

图 1.8.1　2021 年全国广播听众性别构成

数据来源：CSM 媒介研究。

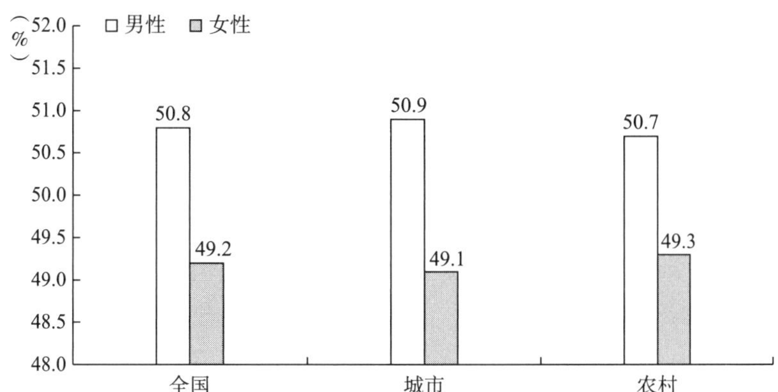

图 1.8.2　2021 年全国 10 岁及以上人口性别构成

数据来源：CSM 媒介研究。

是 10～14 岁、55～64 岁和 65 岁及以上的群体所占比例高过城市（图 1.8.3、图 1.8.4）。

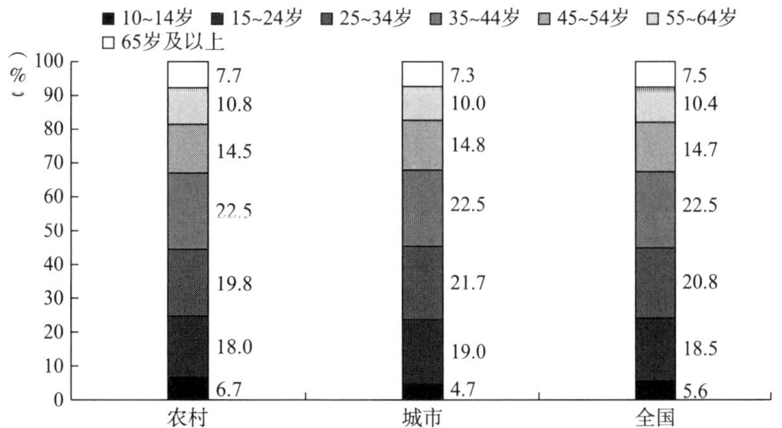

图 1.8.3　2021 年全国广播听众年龄构成

数据来源：CSM 媒介研究。

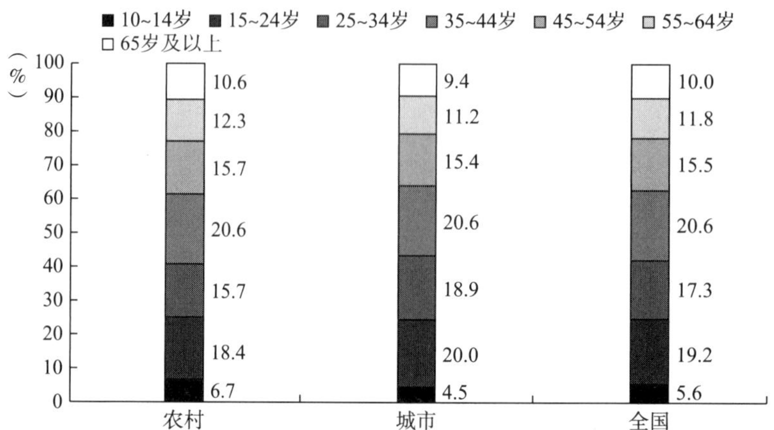

图 1.8.4　2021 年全国 10 岁及以上人口年龄构成

数据来源：CSM 媒介研究。

4. 城乡听众受教育程度差异明显，城市听众学历水平相对更高

2021 年 CSM 媒介研究全国网基本研究调查数据显示，城乡广播听众的受教育程度差异明显，这与全国城乡人口受教育程度差异较大的特征也基本相符（图 1.8.5、图 1.8.6）。在城市听众中，具有大学及以上学历听众所占比例居首位，为 30.8%，远高于农村同等学历群体的 13.4%。而未受过正规教育和小学文化程度听众所占比例在城市分别为 1.8% 和 12.4%，远低于农村同类人群的 3.6% 和 19.6%。在全国和农村，具有初中文化程度的听众是占比最高的一类人群，所占比例分别为 34.7% 和 41.1%，在城市，则是大学及以上学历人群所占比例最高，高达 30.8%。

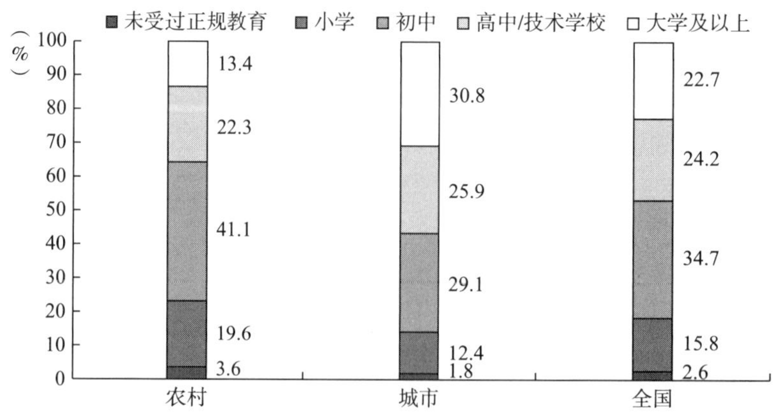

图 1.8.5　2021 年全国广播听众受教育程度构成

数据来源：CSM 媒介研究。

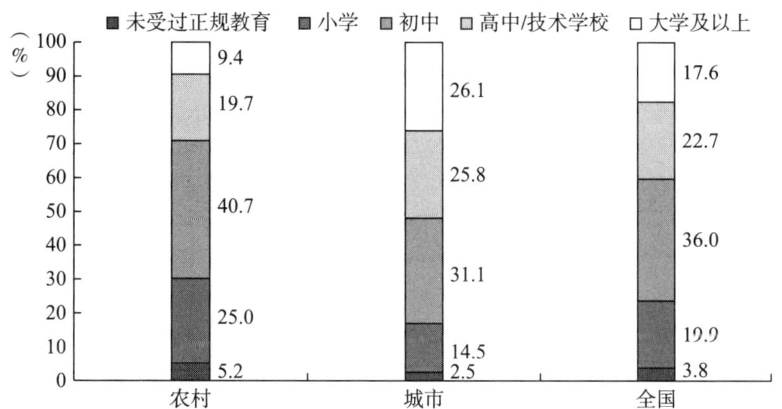

图 1.8.6　2021 年全国 10 岁及以上人口受教育程度构成

数据来源：CSM 媒介研究。

5. 城乡听众职业构成存在差异，初级公务员/雇员和其他职业人员分别在城市和农村占比最高

2021 年 CSM 媒介研究全国网基础研究调查数据显示，城乡听众职业构成存在差异，这主要是由城乡居民职业构成的差异所决定的。在城市听众中，初级公务员/雇员群体占比最大，所占比例为 23.9%，接近四分之一；个体/私营企业人员和包含退休人员在内的无业人群所占比例也分别达到了 19.7% 和 18.0%，接近五分之一。农村听众职业构成则自有特色，以农、林、牧、渔业为主的其他职业类别听众以 23.3% 的比例位居首位，接近四分之一，个体/私营企业人员以 20.4% 的比例位列其后，所占比例也超过了五分之一（图 1.8.7、图 1.8.8）。

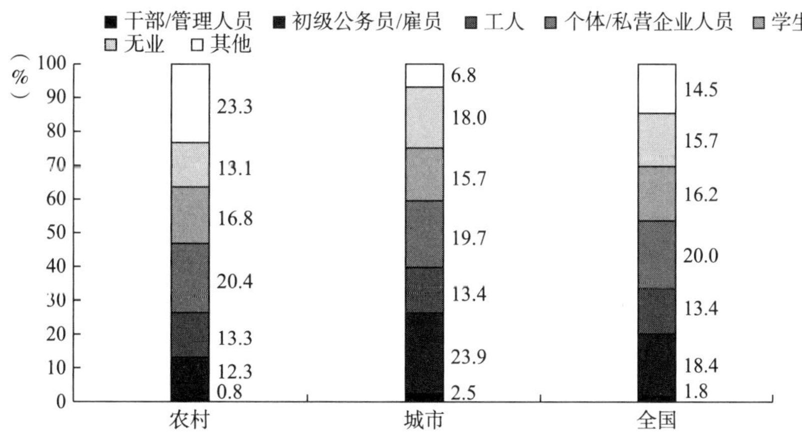

图 1.8.7　2021 年全国广播听众的职业构成

数据来源：CSM 媒介研究。

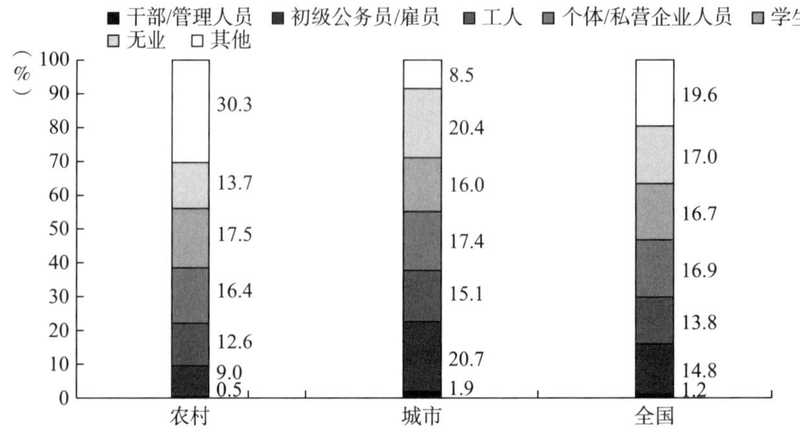

图 1.8.8　2021 年全国 10 岁及以上人口的职业构成

数据来源：CSM 媒介研究。

6. 城市和农村差异明显，城市个人月收入水平明显高于农村

2021 年 CSM 媒介研究全国网基础研究调查数据显示，城乡广播听众的个人月收入构成存在明显差异，我国目前城乡之间经济发展不均衡，城乡居民收入水平差异较大，这也是造成该差异的主要原因（图 1.8.9、图 1.8.10）。从全国广播听众的个人月收入构成来看，月收入在 6001 元及以上的高收入听众共占比 11.8%，高于相同收入全国 10 岁及以上人口的构成比例（8.6%）；从城市的情况来看，个人月收入在 6001 元及以上的高收入听众所占比例为 15.5%，高于全国 10 岁及以上人口的构成比例（12.5%）；农村也表现出相同的特点，个人月收入在 6001 元及以上的人群所占比例为 7.6%，同样也高于全国 10 岁及以上人口构成比例（4.9%）。城市广播听众个人月收入水平明显高于农村。

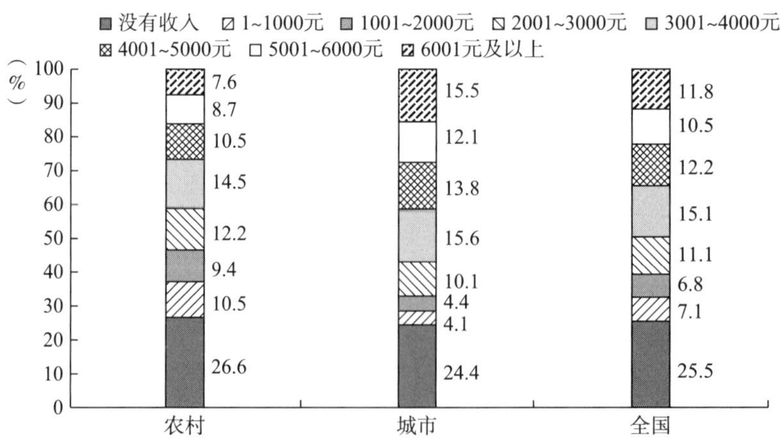

图 1.8.9　2021 年全国广播听众的个人月收入构成

数据来源：CSM 媒介研究。

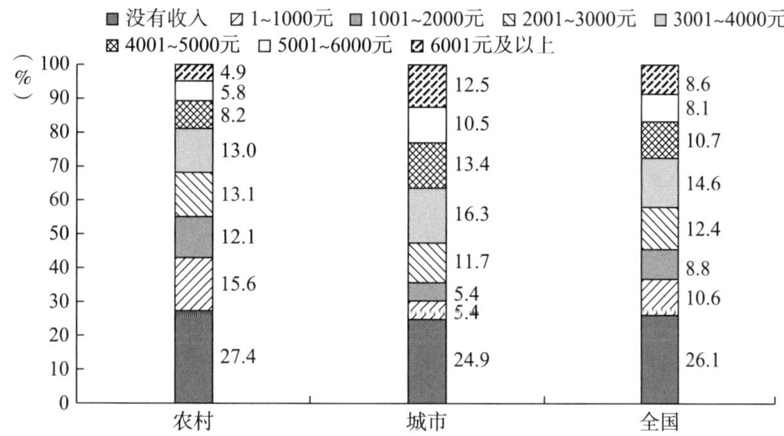

图 1.8.10　2021 年全国 10 岁及以上人口的个人月收入构成

数据来源：CSM 媒介研究。

九　听众收听行为

（一）人均收听时间①

1. 2021 年全国 17 个城市②人均收听时间与 2020 年基本持平，各城市人均收听时间参差不齐

在全国 17 个城市中，2021 年人均每日收听广播的时长为 54.6 分钟，基本与 2020 年持平。2021 年各城市人均日收听分钟数差异较大，参差不齐。乌鲁木齐、广州、哈尔滨、石家庄、北京、太原、上海和济南 8 个城市人均日收听时长均高于 17 个城市的平均水平：乌鲁木齐最高达 75.4 分钟，其次是广州为 73.1 分钟，然后是哈尔滨为 71.9 分钟，人均日收听时长均超过了 70 分钟。相反武汉、无锡、合肥、郑州、深圳、杭州、重庆和长沙 8 个城市的人均收听时长较低，人均收听时长不足 50 分钟，特别是长沙，人均收听时长仅为 32.5 分钟，约为排名第一的乌鲁木齐的五分之二（表 1.9.1）。

① 目前 CSM 媒介研究在不同城市分别采用日记卡法和虚拟测量仪法进行广播收听率调查，这两种调查方法的目标人群有所差异，日记卡法为 10 岁及以上所有人，虚拟测量仪法为 15 岁及以上所有人。本年鉴综述部分对 2021 年广播收听状况的分析是针对 15 岁及以上人群展开的，主要原因有以下两点：一是 10 ~ 14 岁人群在广播听众中所占比例很低，对广播收听的贡献很小。2021 年 CSM 媒介研究进行广播收听率连续调查的 17 个城市中，10 ~ 14 岁的听众构成比例仅为 0.5%；10 ~ 14 岁人群平均到达率为 184000 人，仅占 10 岁及以上人群的 0.5%；人均日收听时长为 15 分钟，远低于其他年龄段人群。二是为了便于 17 个城市整体相关指标的计算以及同一指标在不同城市之间的比较。

② 本年鉴在有关收听状况的分析中，主要采用 2021 年全年 CSM 媒介研究进行收听率调查的 17 个连续调查城市的数据，17 个城市包括：北京、长沙、重庆、广州、杭州、哈尔滨、合肥、济南、南京、上海、石家庄、太原、深圳、乌鲁木齐、武汉、无锡和郑州。

表 1.9.1　2021 年各城市听众人均每日收听广播时长

单位：分钟

城市	人均收听时长	城市	人均收听时长
乌鲁木齐	75.4	武汉	47.6
广州	73.1	无锡	47.6
哈尔滨	71.9	合肥	46.1
石家庄	67.4	郑州	45.7
北京	65.8	深圳	36.7
太原	65.7	杭州	35.4
上海	64.5	重庆	32.7
济南	59.3	长沙	32.5
南京	53.2		
17 个城市平均值		54.6	

注：表中为全年连续调查数据。

数据来源：CSM 媒介研究。

2. 第二季度人均收听时间相对略长，广州在第一、二季度优势明显，乌鲁木齐在第三、四季度表现突出

CSM 媒介研究对 2021 年 17 个连续调查城市在各个季度的收听情况进行分析发现，2021 年全国 17 个城市整体第二季度人均每日收听时长略高于其他季度，第一季度位列第二，第四和第三季度略低（表 1.9.2）。

具体到各个城市，各季度之间差异也不尽相同。广州在第一和第二个季度的人均每日收听时长在 17 个城市中均排名首位，其中尤以第二季度表现更为突出，人均每日收听时长高达 79.1 分钟。广州的气候属于海洋性亚热带季风气候，全年中，4～6 月为雨季①，人们的户外活动相对减少，听众在此时间段内对广播的收听时长在各季度中也最高。乌鲁木齐在第四季度的人均每日收听时长在 17 个城市中排名第一，为 76.6 分钟。乌鲁木齐属中温带大陆性干旱气候，冬天时间较长，每年从 11 月 13 日到次年 4 月 8 日约 150 天②。天气寒冷，人们的户外活动减少，听众在此时间段对收听广播的时长在各季度中最高。9 月下旬以后，冷空气频频袭来，气温下降迅速，10 月份昼夜温差增大，气温变化较大，听众居家时间变长，所以他们在第三季度对广播的收听时长在各季度中也相对颇高。由此可见，气候条件和听众生活作息习惯在一定程度上会影响他们对广播的季节性收听行为（表 1.9.2）。

① https://baike.baidu.com/item/%E5%B9%BF%E5%B7%9E/72101?from=kg_qa.

② https://baike.baidu.com/item/%E4%B9%8C%E9%B2%81%E6%9C%A8%E9%BD%90/121593.

表 1.9.2　2021 年各城市听众在四个季度人均每日收听广播时间

单位：分钟

城市	第 1 季度	第 2 季度	第 3 季度	第 4 季度
北京	68.2	68.2	63.0	63.7
长沙	34.2	33.4	31.9	30.6
重庆	35.1	31.3	32.3	32.1
广州	76.3	79.1	71.8	65.4
杭州	34.8	35.4	35.9	35.4
哈尔滨	68.6	72.4	71.6	75.1
合肥	45.3	45.9	45.6	47.4
济南	61.4	62.9	58.0	55.0
南京	52.9	57.5	49.9	52.6
上海	64.3	66.4	63.9	63.5
石家庄	70.5	70.1	67.8	61.2
太原	66.7	68.5	64.5	63.0
深圳	38.3	37.5	35.0	36.0
乌鲁木齐	74.3	76.1	74.6	76.6
武汉	43.9	49.6	48.1	48.8
无锡	51.5	47.1	45.4	46.4
郑州	46.4	44.9	44.6	46.8
17 个城市	54.9	56.1	53.6	53.7

数据来源：CSM 媒介研究。

3. 分目标人群收听各具特色，男性、老年、中低学历和中低收入人群人均收听量相对较高

2021 年不同目标人群的人均每天收听时长各具特色。男性听众人均收听时长为 58.1 分钟，较女性听众人均收听时长多 7.5 分钟。各年龄段听众，呈现年龄越大，人均收听时间越长的正向变化关系。15～24 岁青少年听众每日花费在收听广播上的时长仅为 37.8 分钟，不足 55 岁及以上人群人均收听时长的一半，传统广播听众老龄化趋势凸显。

从不同学历听众收听水平来看，高中学历人群人均收听广播的时间最长，达到 59.5 分钟，小学学历听众次之，人均收听广播时长为 58.8 分钟，二者水平接近，均为传统广播的忠实拥趸。分职业类别来看，无业（包括退休）人员人均每天收听广播的时间最长，高达 75.6 分钟，其次为其他，人均每天收听广播的时长超过 1 小时，工人、干部/管理人员和个体/私营企业人员每天收听广播的时长均在 50 分钟以上；学生受学

习和生活习惯影响，每天收听广播的时间最短，仅为38.8分钟。

从不同收入的听众收听水平来看，个人月收入2001～3000元的听众人均每天收听广播时间最长，为66.7分钟，紧随其后的是个人月收入1～2000元和3001～4000元的群体，人均每天收听广播时长分别为63.3分钟和61.0分钟，而个人月收入4001元及以上收入群体的人均每天收听时长则相对较少，均不足60分钟（表1.9.3）。

表1.9.3　2021年17个城市不同目标听众人均每日收听广播时长

单位：分钟

目标听众	人均收听时长	目标听众	人均收听时长
男	58.1	干部/管理人员	56.2
女	50.6	初级公务员/雇员	49.6
15～24岁	37.8	个体/私营企业人员	54.2
25～34岁	45.1	工人	55.1
35～44岁	51.7	学生	38.8
45～54岁	63.1	无业（包括退休）	75.6
55～64岁	76.8	其他	65.5
65岁及以上	91.7	没有收入	41.2
未受过正规教育	24.9	1～2000元	63.3
小学	58.8	2001～3000元	66.7
初中	57.3	3001～4000元	61.0
高中/技校	59.5	4001～5000元	57.8
大学及以上	49.8	5001～6000元	53.3
		6001元及以上	51.4

数据来源：CSM媒介研究。

（二）全天收听走势

1. 全天收听峰值出现在早高峰时段，早晚高峰时段工作日收听水平明显高于周末

与电视观众全天收视趋势不同，广播听众全天收听的最高峰值出现在早高峰时段，早晚收听高峰时段工作日收听水平明显优于周末。2021年，全国17个城市工作日早间7:00～9:00正值上班高峰，开机率高，收听率均在9%以上，全天收听峰值出现在8:00～8:15，高达11.51%。上午9:00以后，收听率开始逐渐走低，直至傍晚17:15～19:00下班晚高峰来临，收听率回升至5%以上，随后再次持续下跌，虽然在20:00～21:00有短时小幅回升，收听水平重回4.5%以上，形成一个收听小高峰，但峰值已远不及早晚高峰（图1.9.1）。

受听众工作生活习惯影响，工作日与周末的收听率在早晚高峰时段也表现出明显

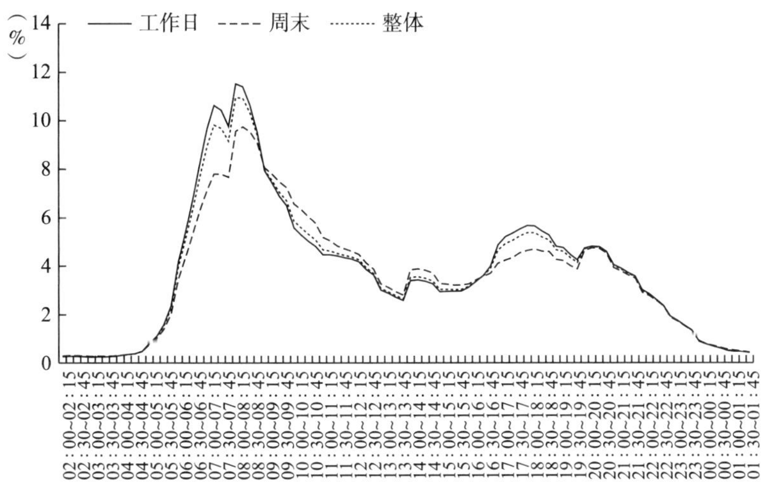

图 1.9.1　2021 年 17 个城市全天收听率走势

数据来源：CSM 媒介研究。

差异。在早间 6:15～8:45 和傍晚 17:00～19:30 的收听高峰时段，工作日的收听水平明显高于周末同时段，其中在 07:00～08:00，两者之间的收听率差值超过了 2 个百分点。而周末则在 09:00～16:30 的收听水平高于工作日。由此可以看出，收听数据在一定程度上反映了听众的日常工作生活作息习惯，即他们通常会在工作日早间准备上班过程中和上下班途中收听广播，白天则处于工作或学习状态，周末往往会把起床和出行时间推后，再加上可能会外出游玩，因此在大部分白天时段的收听水平要高于工作日。

2. 四个季度全天收听走势基本趋同，不同季度收听水平存在差异

2021 年，全国 17 个城市听众四个季度的全天收听走势基本趋同，均表现出早间时段的收听最高峰和傍晚及晚间的两个收听次高峰。相对而言，第一季度白天 08:30～17:00 的收听水平更具优势，高于其他三个季度同时段的收听水平（图 1.9.2）。

3. 北京和上海与全国全天收听走势趋同，广州全天收听高峰别具一格

北京地区听众全天收听走势与全国 17 个城市收听率走势基本一致，工作日早间 07:45～08:00 创下全天收听最高峰，峰值达 15.7%，远高于周末同时段收听水平。在傍晚 18:45～19:00 下班时段形成了全天收听次高峰，峰值为 5.25%，收听走势相对较为平缓，没有形成明显起伏。随着听众夜间生活的展开，广播的收听也出现了一定的延展，直至深夜仍有收听（图 1.9.3）。

上海地区与北京地区类似，全天收听走势与全国 17 个城市整体情况大体趋同，早间 06:45～09:00 出现了收听率超过 10% 的收听高峰带，其中全天峰值出现在 07:30～07:45，峰值超过 13.0%，之后收听持续下滑，直至傍晚 18:15～18:45 出现了全天收

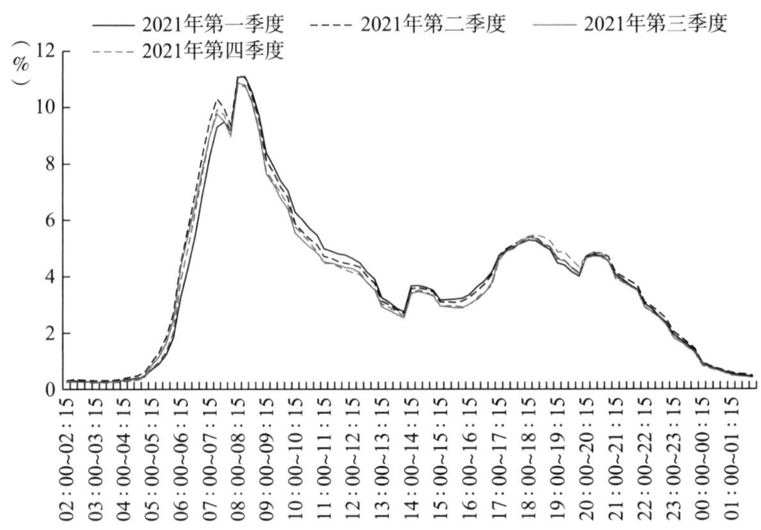

图 1.9.2　2021 年 17 个城市四个季度全天收听率走势

数据来源：CSM 媒介研究。

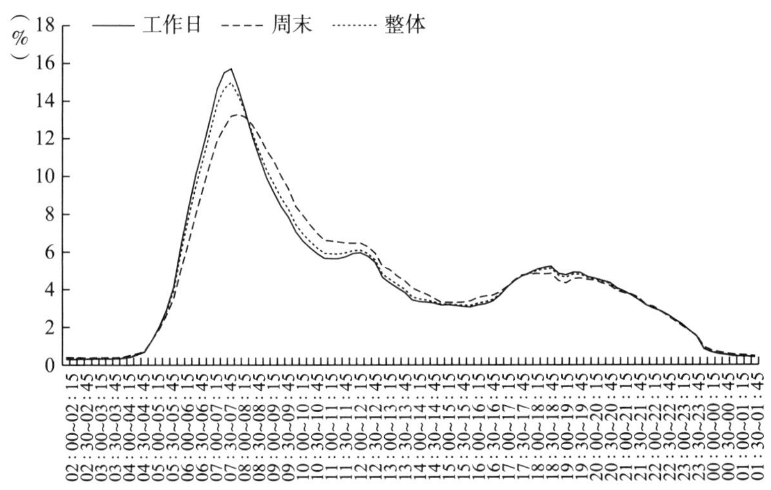

图 1.9.3　2021 年北京全天收听率走势

数据来源：CSM 媒介研究。

听的次高峰，峰值约5.0%。伴随部分听众“夜听”生活的开始，听众在晚间对广播的收听也出现了一定程度的延伸，直至深夜。工作日 05:30～08:30 和 16:30～23:00 时段的收听水平明显优于周末，周末则在 08:30～16:15 收听水平优于工作日（图 1.9.4）。

与北京、上海乃至全国 17 个城市全天收听走势相比，广州地区听众的全天收听走势可谓别具一格，自成体系。最大的特点在于早高峰之后，收听水平一直高位运行，直至午间，这与广州人独有的饮早茶习俗有极大关联。07:00～09:00 的早高峰时段，

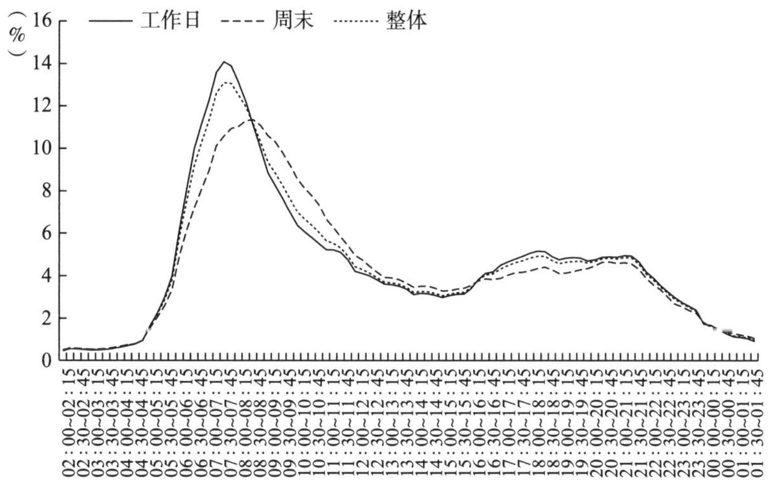

图 1.9.4　2021 年上海全天收听率走势

数据来源：CSM 媒介研究。

峰值出现在 08：10～8：45，收听率约 11.0%，然后延续至 09：00～14：00，收听水平一直高位运行，收听率均维持在 6.0% 以上，傍晚 18：00～19：30 也出现了一个明显的下班收听晚高峰。全天大部分时段工作日收听水平均高于周末，只在上午 10：00～11：00、午间 12：00～12：45、下午 16：15～17：30 和晚间 21：30 之后的后晚间时段周末的收听水平高于工作日同时段收听水平（图 1.9.5）。

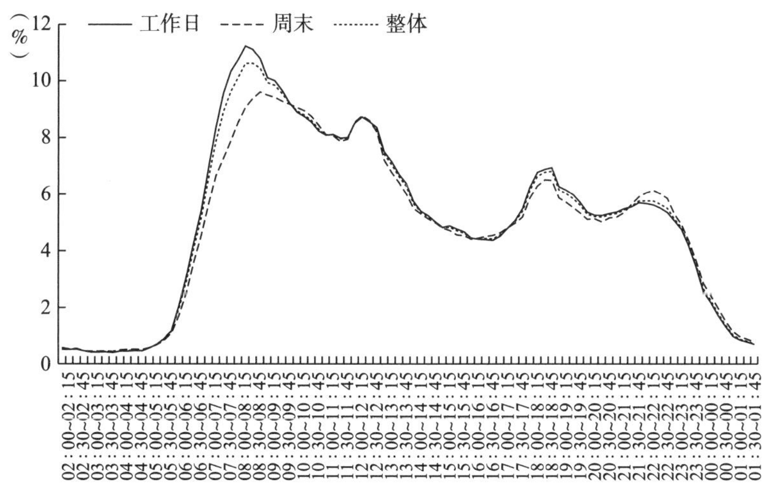

图 1.9.5　2021 年广州全天收听率走势

数据来源：CSM 媒介研究。

4. 不同目标人群在全天不同时段的收听表现各具特色

2021 年，全国 17 个城市收听率数据显示，男性在全天时段的收听水平均高于女性，尤其是在早高峰 06：00～09：00 和晚高峰 17：00～20：00 表现尤为突出（图

1.9.6）。这充分说明男性听众是移动收听的主力军，在早晚上下班的高峰时段，较女性听众具有更为明显的收听优势。

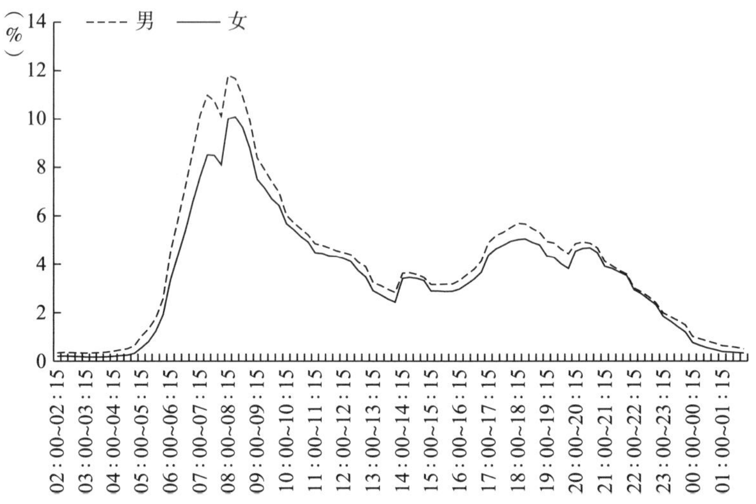

图 1.9.6　2021 年 17 个城市不同性别听众全天收听率走势

数据来源：CSM 媒介研究。

中老年群体依然是传统广播收听的主力军。2021 年 17 个城市数据显示，55 岁及以上中老年听众的收听水平在全天大部分时段都以明显优势领先于年轻听众，尤其是 65 岁及以上的听众，他们几乎在全天时段的收听水平都位居各年龄层之首（图 1.9.7）。

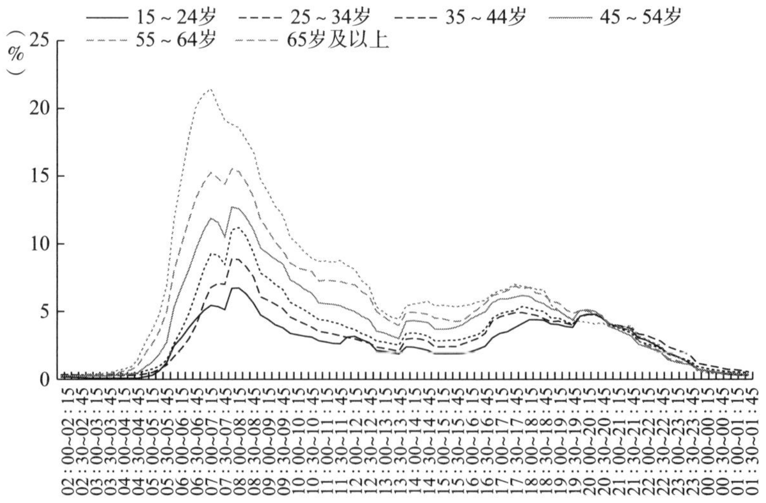

图 1.9.7　2021 年 17 个城市不同年龄听众全天收听率走势

数据来源：CSM 媒介研究。

从受教育程度来看，听众受教育程度与对广播的收听率基本呈现反向相关关系，即学历越高，收听广播的时间越短。其中小学学历人群在全天大部分时段的收听率均优于其他受教育程度人群。这或许与受众的生活和工作作息习惯有很大关系。如何做到有的放矢，具体问题具体分析，在不同时段针对不同目标受众安排能满足他们兴趣爱好的节目和广告是广播电台在做节目编排时需要考虑的问题（图 1.9.8）。

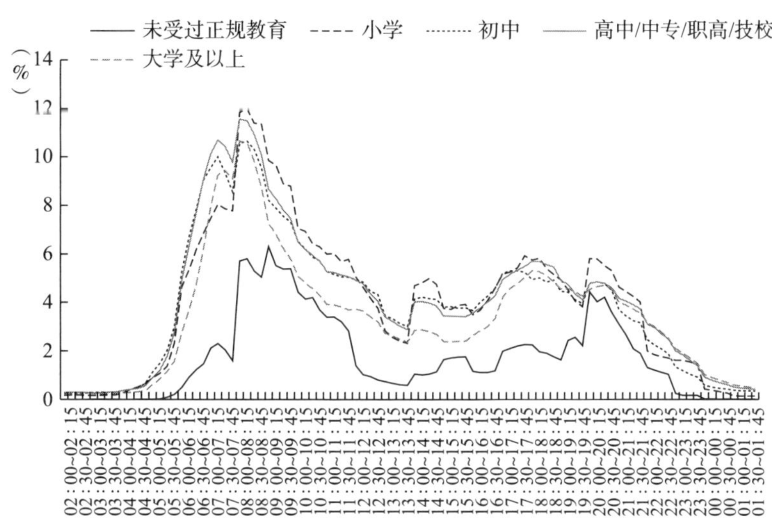

图 1.9.8 2021 年 17 个城市不同受教育程度听众全天收听率走势

数据来源：CSM 媒介研究。

不同职业人群的全天收听走势显示，无业（包括退休）人员的全天收听表现突出，在全天大部分时段的收听水平均以明显优势领先于其他职业人群，尤其在早间 05：00～07：00 和日间 09：00～17：00 表现尤为突出。其他职业人群分别在 07：00～09：00 和 17：00～18：15 的收听水平高于各职业类别人群，表现也相当出色。干部/管理人员在 07：00～08：30 有明显收听凸起。初级公务员/雇员、个体/私营企业人员和工人在上下午部分时段也有较好收听表现，学生群体受生活和学习习惯影响，全天收听表现偏低（图 1.9.9）。

不同个人月收入水平听众全天收听走势显示，中等收入人群的全天收听水平一路领先于其他收入水平人群。个人月收入 2001～3000 元的群体几乎全天时段的收听水平均高于其他收入水平人群。个人月收入在 3001～4000 元的群体在早间 07：15～8：45 收听水平明显冲高，优于个人月收入 1～2000 元和 2001～3000 元人群的收听水平（图 1.9.10）。相比而言，高收入群体收听表现平平，基本呈现收入水平越高，收听水平相对越低的特点。基于不同收入群体所表现出的各异的收听特点，广播媒体可以有目的地安排合适的节目和广告投入。

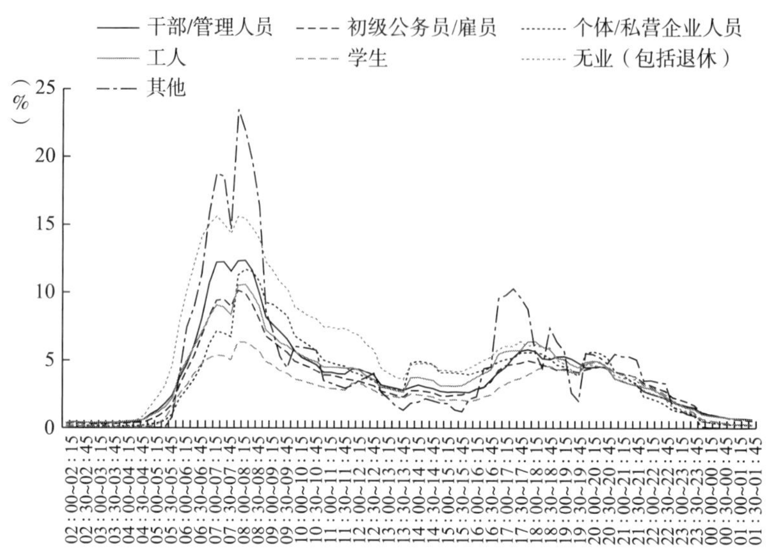

图 1.9.9　2021 年 17 个城市不同职业听众全天收听率走势

数据来源：CSM 媒介研究。

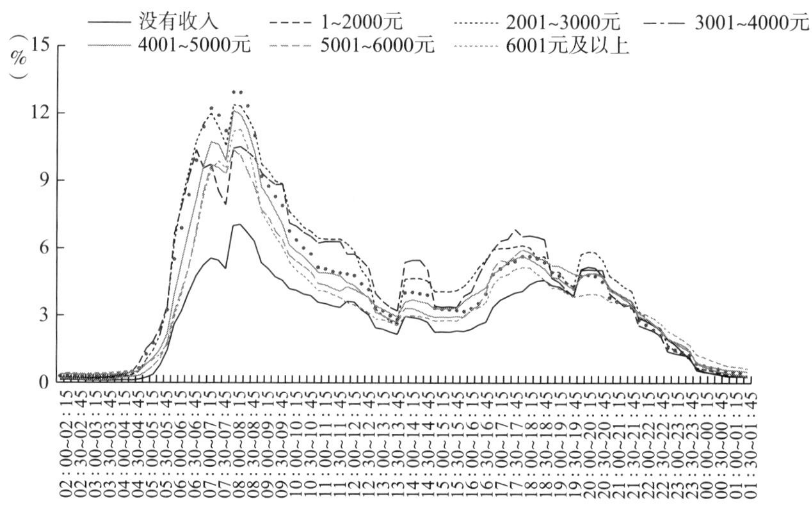

图 1.9.10　2021 年 17 个城市不同收入水平听众全天收听率走势

数据来源：CSM 媒介研究。

十　频率竞争格局

2021 年，广播收听市场以融合和发展为主要导向继续前行，全国性广播频率和地区性广播频率在不同的广播生态中，寻找适合自身的发展道路。本小节基于 CSM 媒介研究 2021 年 17 个城市市场以及在北京、上海、广州市场的全年连续调查数据，对广播收听市场的频率竞争格局①进行分析。

（一）全国 17 个重点城市市场整体的频率竞争格局

1. 省级频率以绝对优势保持领跑之势，市级频率市场份额下降

2021 年，在全国 17 个城市市场，各级广播频率延续着往年的竞争态势，总体竞争格局与前两年基本保持稳定。省级频率以 60.7% 的份额继续领跑广播收听市场，且这一数值较 2020 年继续大幅提升 2.4 个百分点；市级频率紧随其后，共获得 28.8% 的市场份额，较 2020 年下降了 2.2 个百分点；中央级频率数量较少，但也获得了 9.5% 的收听份额，与 2020 年相比基本维稳（图 1.10.1）。

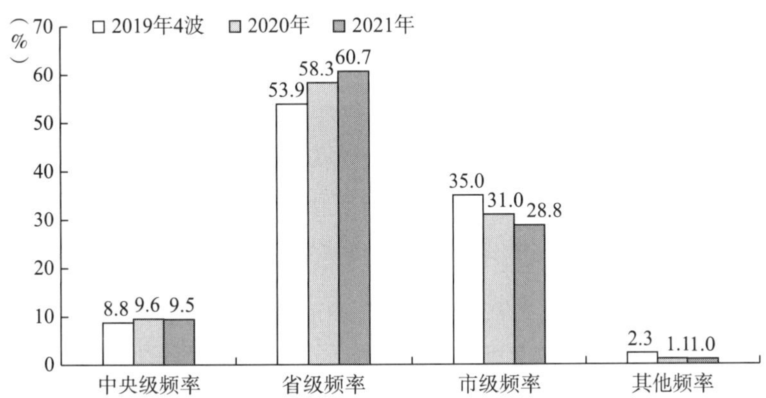

图 1.10.1　2019 ~ 2021 年 17 个城市市场各类频率的市场份额

数据来源：CSM 媒介研究。

2. 省级频率在全天各时段保持领跑之势，市级频率清晨时段竞争力上扬

在全天不同时段的竞争中，在整体市场雄踞首位的省级频率，继续在全天多数时段保持领先态势，市场份额高峰迭起，竞争优势明显，尤其在早晨 5∶00 ~ 6∶30 和上午 08∶45 ~ 10∶15 的竞争力最强，市场份额超过 62%。与之形成对应的是，市级频率的竞争力与省级频率呈现互为消长之势，在省级频率竞争力稍弱的清晨 02∶00 ~ 05∶00 形成自身的竞争力高峰；中央级频率尽管在全天各时段的竞争中表现低调，但仍凭借自身的实力在清晨时段和深夜 23∶00 之后的时段获得份额的提升，形成自身的优势时段（图 1.10.2）。

3. 省级频率更吸引中青年、高收入听众，中央级和市级频率核心受众差异互补

2021 年，在细分受众的收听竞争中，各级频率在延续整体市场竞争格局的同时，也凭借自身特色和传统，在各类受众中形成了差异化竞争特点。省级频率更吸引中青年、高收入听众，中央级和市级频率的核心受众则形成差异互补（表 1.10.1）。具体来

① 鉴于部分城市已经采用测量仪方式采集数据，故本部分所用数据范围为 15 岁及以上所有人。

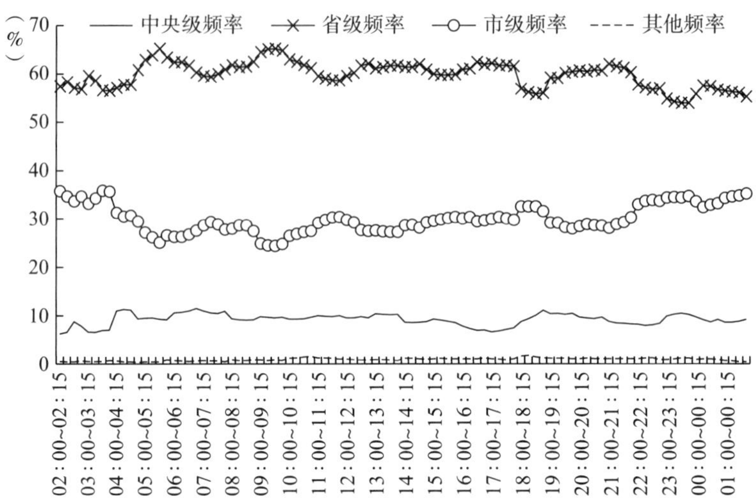

图 1.10.2　2021 年 17 个城市市场各类频率全天不同时段的市场份额

数据来源：CSM 媒介研究。

看，省级频率对女性、25～34 岁、45～54 岁、未受过正规教育、大学本科及以上学历、干部/管理人员、学生和个人月收入 5001 元及以上的听众具有更强的吸引力；中央级频率在男性、65 岁及以上、小学及以下学历、无业和个人月收入 3001～5000 元的听众中市场份额高于 15 岁及以上所有人的平均水平；市级频率在男性、15～24 岁、中低学历、个体/私营企业人员、工人和中等及低收入听众中的市场份额相对高于 15 岁及以上所有人的平均水平。

表 1.10.1　2021 年 17 个城市市场各级频率在不同目标听众中的市场份额

单位：%

目标听众	中央级频率	省级频率	市级频率	其他频率
15 岁及以上所有人	9.5	60.7	28.8	1.0
男	10.1	59.8	29.1	1.0
女	8.7	61.9	28.5	0.9
15～24 岁	8.8	58.7	31.7	0.8
25～34 岁	7.9	62.2	28.7	1.2
35～44 岁	9.1	59.9	29.8	1.2
45～54 岁	7.9	63.5	27.5	1.1
55～64 岁	9.9	61.1	28.5	0.5
65 岁及以上	14.8	58.0	26.5	0.7
未受过正规教育	12.4	66.2	13.5	7.9
小学	12.1	56.7	29.1	2.1

续表

目标听众	中央级频率	省级频率	市级频率	其他频率
初中	8.3	57.5	33.3	0.9
高中/中专/职高/技校	9.5	58.4	31.2	0.9
大学本科及以上	9.9	64.5	24.7	0.9
干部/管理人员	8.4	68.9	21.7	1.0
初级公务员/雇员	9.4	62.6	27.0	1.0
个体/私营企业人员	7.7	58.4	32.3	1.6
工人	7.9	58.3	32.6	1.2
学生	9.0	63.8	26.5	0.7
无业（包括退休人员）	12.0	57.4	30.0	0.6
其他	7.2	63.2	28.5	1.1
没有收入	8.7	61.9	28.6	0.8
1～2000 元	9.2	54.9	35.1	0.8
2001～3000 元	8.7	55.4	35.0	0.9
3001～4000 元	10.0	58.9	30.4	0.7
4001～5000 元	9.9	59.9	29.4	0.8
5001～6000 元	9.4	63.3	25.5	1.8
6001 元及以上	9.6	64.2	25.0	1.2

数据来源：CSM 媒介研究。

（二）北京广播收听市场的频率竞争格局

1. 北京人民广播电台占据四分之三收听市场，中央级频率市场份额略有下降

2021 年，北京广播收听市场的频率竞争格局继续保持稳定，北京人民广播电台共占据接近四分之三的市场空间，市场份额高达 74.5%，较上年提升了 1.6 个百分点。包括中央人民广播电台和中国国际广播电台在内的中央广播电视总台共获得 25.5% 的市场份额，较上年略有下降（图 1.10.3）。

2. 北京人民广播电台全面领跑全天收听，中央广播电视总台上午及下午时段竞争力提升

2021 年，在北京广播收听市场全天各时段的收听竞争中，在整体市场居首位的北京人民广播电台继续在全天各时段领跑收听市场，且在清晨和晚间时段竞争力更强，尤其清晨 02:00～04:00，市场份额达到 80% 以上。中央广播电视总台频率在北京市场也获得了相对充分的发展，在上午 10:30～12:00 和下午 13:15～16:00 获得了竞争力的提升，市场份额超过 30%（图 1.10.4）。

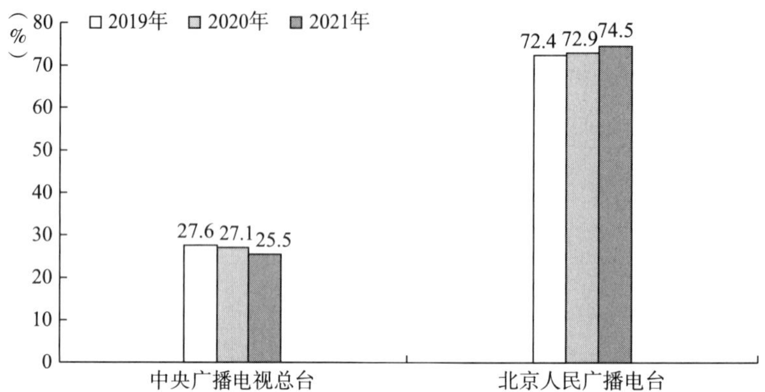

图 1.10.3　2019～2021 年北京市场各类频率的市场份额[①]

数据来源：CSM 媒介研究。

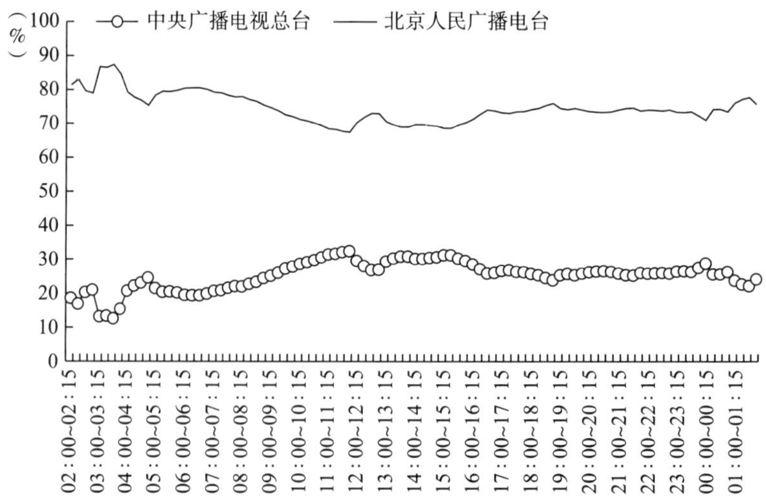

图 1.10.4　2021 年北京市场各类频率全天不同时段的市场份额

数据来源：CSM 媒介研究。

3. 中央广播电视总台在高端收听群体中竞争力相对较强，北京人民广播电台吸引大众收听群体

2021 年，在北京广播市场细分收听群体的竞争中，包括中央人民广播电台和中国国际广播电台在内的中央广播电视总台频率，在男性、高学历和高收入等高端收听群体中的市场份额，较其在 15 岁及以上所有人中的平均份额明显更高；在整体市场中占据主导地位的北京人民广播电台更吸引女性、中低学历以及中低收入群体收听，受众范围更加大众化（表 1.10.2）。具体来看，中央广播电视总台频率在男性、35～44 岁、65 岁及以上、大学本科及以上、无业人员和个人月收入 6001 元及以上群体中的市场份

① 北京、上海、广州采用测量仪进行收听率调查，所以不存在“其他频率组”。

额明显高于其在15岁及以上所有人中的平均水平；北京人民广播电台则对女性、15～24岁、45～54岁、小学及初中学历、个体/私营企业人员及学生和低收入的听众具有更强的影响力。

表1.10.2　2021年北京市场各类频率在不同目标听众中的市场份额

单位：%

目标听众	中央广播电视总台	北京人民广播电台
15岁及以上所有人	25.5	74.5
男	27.3	72.7
女	22.9	77.1
15～24岁	21.4	78.6
25～34岁	26.4	73.6
35～44岁	27.8	72.2
45～54岁	22.2	77.8
55～64岁	23.2	76.8
65岁及以上	32.7	67.3
未受过正规教育	*	*
小学	0.6	99.4
初中	18.8	81.2
高中/中专/职高/技校	24.4	75.6
大学本科及以上	28.0	72.0
干部/管理人员	23.8	76.2
初级公务员/雇员	26.1	73.9
个体/私营企业人员	23.6	76.4
工人	26.5	73.5
学生	18.5	81.5
无业（包括退休人员）	28.6	71.4
其他	*	*
没有收入	20.9	79.1
1～2000元	17.1	82.9
2001～3000元	26.8	73.2
3001～4000元	21.0	79.0
4001～5000元	25.5	74.5
5001～6000元	26.9	73.1
6001元及以上	33.5	66.5

注："*"表示该目标听众样本量不足，无法进行统计推断。

数据来源：CSM媒介研究。

4. 北京人民广播电台频率垄断收听竞争前三位，中央人民广播电台中国之声位列第四

2021 年，在北京广播收听市场的频率竞争中，北京人民广播电台频率垄断了份额排名前 3 个席位，其中北京交通广播（FM103. 9/CFM95. 6）更是以 40. 6% 的市场份额高居榜首，竞争力不容小觑。北京新闻广播（FM94. 5/AM828/CFM90. 4）、北京文艺广播（FM87. 6/CFM93. 8）分别以 14. 7% 和 10% 的市场份额位列第二、第三，具有较强的竞争优势。在中央级频率中，中央人民广播电台第一套节目中国之声以 8. 7% 的市场份额排在第四位（表 1. 10. 3）。

表 1. 10. 3　2021 年北京市场收听份额排名前 5 位的频率

单位：%

排名	频率	市场份额	收听率
1	北京交通广播（FM103. 9/CFM95. 6）	40. 6	1. 9
2	北京新闻广播（FM94. 5/AM828/CFM90. 4）	14. 7	0. 7
3	北京文艺广播（FM87. 6/CFM93. 8）	10. 0	0. 5
4	中央人民广播电台第一套节目中国之声	8. 7	0. 4
5	北京音乐广播（FM97. 4/CFM94. 6）	6. 0	0. 3

数据来源：CSM 媒介研究。

（三）上海广播收听市场的频率竞争格局

1. SMG 集团频率垄断九成以上收听市场，中央广播电视总台份额下降

2021 年，在上海广播收听市场中，本土广播频率表现极其强劲，中央广播电视总台发展受限。具体来看，2021 年 SMG 集团频率共占据 93. 4% 的市场份额，对整个市场形成绝对的垄断之势，且这一数值较 2020 年进一步增长；中央广播电视总台仅占据 6. 6% 的收听份额，较 2020 年有所下降（图 1. 10. 5）。

2. SMG 集团垄断全天收听，中央人民广播电台在夜间及清晨相对优势上扬

在上海广播收听市场全天各时段的收听竞争中，SMG 集团所属频率的垄断优势遍布全天，尤其在 05 : 45 ~ 24 : 00 市场份额稳居高位，多数时段都在 90% 以上。中央广播电视总台整体竞争力难与其匹敌，但在深夜 1 : 00 之后至清晨 05 : 00 前的时段，竞争力有所提升（图 1. 10. 6）。

3. 中央广播电视总台频率重度收听群体更趋成熟，SMG 频率更吸引年轻有活力的收听群体

在上海广播收听市场中，鉴于 SMG 集团所属频率强劲的竞争优势，各级频率在细分收听群体中所能获取的份额上升空间相对有限，但广播细分收听市场的魅力，也正

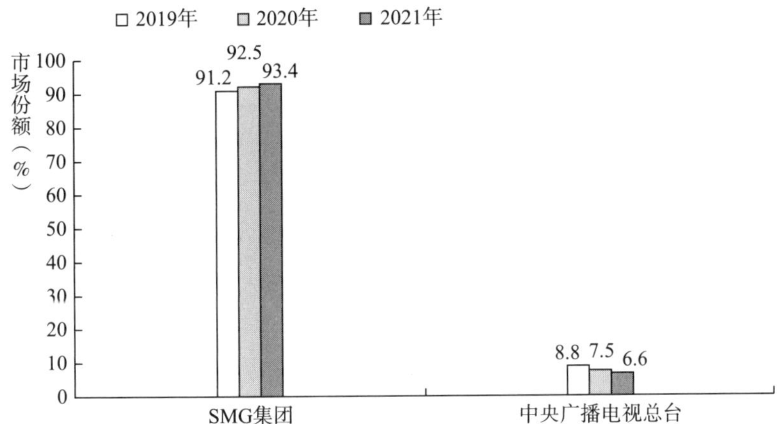

图 1.10.5　2019～2021 年上海市场各类频率的市场份额

数据来源：CSM 媒介研究。

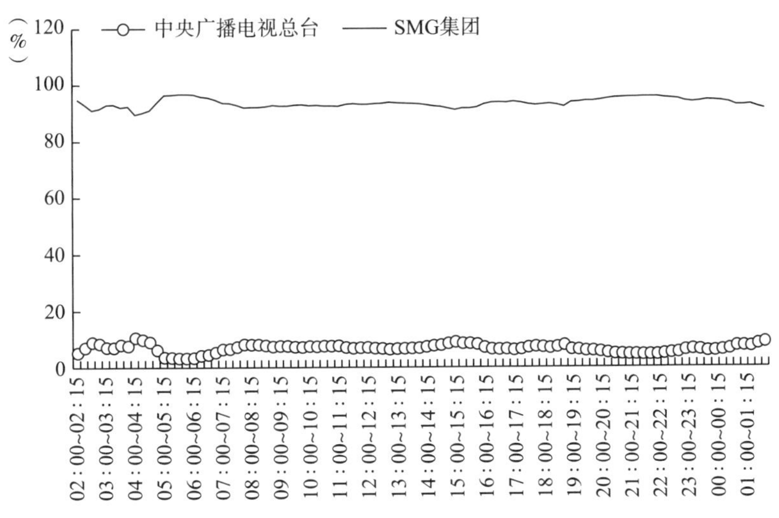

图 1.10.6　2021 年上海市场各类频率全天不同时段的市场份额

数据来源：CSM 媒介研究。

是其融入受众日常生活点滴的贴近性和多样性，造就了其丰富多样的收听时空。在对细分受众的竞争中，中央广播电视总台频率在成熟群体中具有相对竞争优势，而 SMG 频率则在年轻有活力的收听群体中优势更为明显（表 1.10.4）。中央广播电视总台频率更吸引男性、65 岁及以上、高中学历、包含离退休人员在内的无业听众以及个人月收入 3001～5000 元的听众收听；SMG 集团频率则对女性、25～34 岁、55～64 岁、初中学历、大学本科及以上学历、个体/私营企业人员、初级公务员/雇员以及低收入群体具有相对更强的影响力，表现出相对更高的收听份额。

表 1. 10. 4　2021 年上海市场各类频率在不同目标听众中的市场份额

单位：%

目标听众	中央广播电视总台	SMG 集团
15 岁及以上所有人	6. 6	93. 4
男	7. 1	92. 9
女	5. 9	94. 1
15 ~24 岁	5. 1	94. 9
25 ~34 岁	4. 6	95. 4
35 ~44 岁	6. 9	93. 1
45 ~54 岁	5. 1	94. 9
55 ~64 岁	4. 6	95. 4
65 岁及以上	14. 0	86. 0
未受过正规教育	*	*
小学	*	*
初中	5. 4	94. 6
高中/中专/职高/技校	8. 6	91. 4
大学本科及以上	5. 5	94. 5
干部/管理人员	6. 7	93. 3
初级公务员/雇员	4. 6	95. 4
个体/私营企业人员	5. 3	94. 7
工人	6. 5	93. 5
学生	5. 5	94. 5
无业（包括退休人员）	11. 9	88. 1
其他	*	*
没有收入	4. 9	95. 1
1 ~2000 元	*	*
2001 ~3000 元	3. 6	96. 4
3001 ~4000 元	8. 1	91. 9
4001 ~5000 元	8. 9	91. 1
5001 ~6000 元	5. 0	95. 0
6001 元及以上	6. 1	93. 9

注：“＊”表示目标听众样本量不足，无法进行统计推断。
数据来源：CSM 媒介研究。

4. 上海本土频率垄断收听份额排名前五位，上海流行音乐广播稳居榜首

2021 年，在上海广播收听市场单个频率的竞争中，上海本土频率毫无悬念地垄断

了收听份额排名的前5，其中上海流行音乐广播动感101（FM101.7）以绝对的优势领跑收听市场，获得了整体市场四分之一以上的收听量，优势明显。上海人民广播电台上海新闻广播（FM93.4/AM990）和上海经典金曲广播 LoveRadio 最爱调频（FM103.7）分别以26.7%和12.8%的份额排名第二、第三位，前3个频率合计获得了超过六成的收听份额，较上年明显增长，集中趋势进一步凸显（表1.10.5）。

表1.10.5　2021年上海市场收听份额排名前5的频率

单位：%

排名	频率	市场份额	收听率
1	上海流行音乐广播动感101（FM101.7）	27.0	1.2
2	上海人民广播电台上海新闻广播（FM93.4/AM990）	26.7	1.2
3	上海经典金曲广播 LoveRadio 最爱调频（FM103.7）	12.8	0.6
4	第一财经广播（FM90.9）	10.2	0.5
5	上海人民广播电台长三角之声（FM89.9/AM792）	7.0	0.3

数据来源：CSM媒介研究。

（四）广州广播收听市场的频率竞争格局

1. 本土频率占据九成以上收听市场，中央台和广州台市场份额同比上涨

2021年，在广州广播收听市场中，各级频率的竞争格局在稳定的大趋势下又存在一定的变化，本土频率继续保持在市场中几近垄断的竞争优势，占据超过九成的收听空间，中央广播电视总台频率和广州广播电视台份额获得提升。具体来看，广东广播电视台共获得58.1%的收听份额，领跑收听市场，但这一数值较2020年略有下降；广州广播电视台以33.9%的份额位居其后，竞争力较上年提升；佛山人民广播电台收听份额基本维持稳定。中央广播电视总台频率在广州市场共获得7.1%的收听份额，较2020年增长了1.3个百分点（图1.10.7）。

2. 广东广播电视台清晨及上午市场份额较高，广州广播电视台下午至傍晚竞争力上扬，中央广播电视总台优势在午夜及清晨

2021年，在广州广播收听市场全天各时段的竞争中，广东广播电视台继续保持领跑之势，并在清晨和上午时段市场份额较高，最高收听份额达到70%以上，形成全天竞争力的高峰。广州广播电视台在全天各时段的收听竞争中稳居第二位，并在15:30～19:00的下午至傍晚时段竞争力明显提升，超过40%。中央广播电视总台整体竞争力不敌本土频率，但也在午夜23:00～01:00及清晨4:00～5:00形成了自己的竞争优势（图1.10.8）。

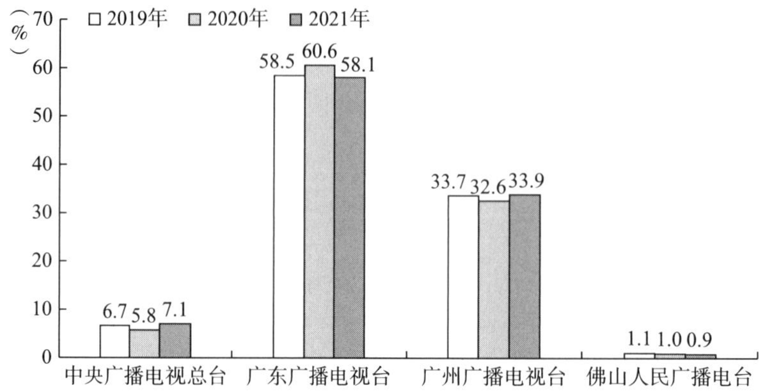

图 1.10.7　2019～2021 年广州市场各类频率的市场份额

数据来源：CSM 媒介研究。

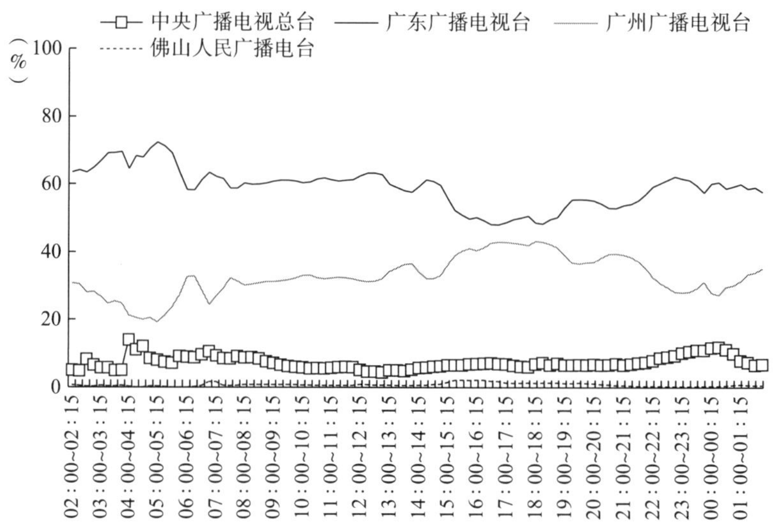

图 1.10.8　2021 年广州市场各类频率全天不同时段的市场份额

数据来源：CSM 媒介研究。

3. 细分广播收听市场竞争格局丰富多样，各级频率细分受众各有所长

整体市场层级较为丰富的广州市场，在细分受众收听的竞争中仍然保持了多样而丰富的格局，各级频率依托长久以来在本土地域文化中的精耕细作，收获了各自的忠实拥趸，在收听竞争中各有所长（表 1.10.6）。具体来看，中央广播电视总台在男性、45～54 岁、65 岁及以上、高中学历、学生、无业人员、没有收入和中等及高收入受众中的收听份额，高于其在 15 岁及以上所有人中的平均水平；广东广播电视台在女性、25～34 岁、低学历、干部/管理人员、个体/私营企业人员、无业人员以及低收入群体中具有相对更强的影响力；广州广播电视台在男性、15～24 岁、初中学历、工人、学生和没有收入听众中的收听份额高于其在 15 岁及以上所有人中的平均水平；佛山人民

广播电台明显更吸引女性、25～44岁、65岁及以上、中低学历、工人、无业人员和中低收入群体。

表1.10.6 2021年广州市场各类频率在不同目标听众中的市场份额

单位：%

目标听众	中央广播电视总台	广东广播电视台	广州广播电视台	佛山人民广播电台
15岁及以上所有人	7.1	58.1	33.9	0.9
男	8.1	56.1	35.0	0.8
女	5.6	61.1	32.3	1.0
15～24岁	7.7	46.1	45.9	0.3
25～34岁	6.6	62.2	30.2	1.0
35～44岁	5.6	58.2	35.0	1.2
45～54岁	9.6	58.5	31.3	0.6
55～64岁	2.4	59.7	37.5	0.4
65岁及以上	11.2	58.8	28.6	1.4
未受过正规教育	*	*	*	*
小学	7.2	83.2	8.4	1.2
初中	2.0	56.5	39.9	1.6
高中/中专/职高/技校	9.2	54.9	35.4	0.5
大学本科及以上	6.7	59.6	32.8	0.9
干部/管理人员	3.2	68.9	27.2	0.7
初级公务员/雇员	7.1	59.4	33.2	0.3
个体/私营企业人员	4.9	64.1	30.6	0.4
工人	6.1	54.8	38.1	1.0
学生	10.0	34.0	55.5	0.5
无业（包括退休人员）	8.0	60.9	29.6	1.5
其他	*	*	*	*
没有收入	8.2	38.1	51.6	2.1
1～2000元	4.2	68.1	27.6	0.1
2001～3000元	1.9	67.9	28.4	1.8
3001～4000元	5.9	60.5	32.2	1.4
4001～5000元	9.3	55.9	34.0	0.8
5001～6000元	6.9	61.1	31.8	0.2
6001元及以上	8.3	57.3	34.0	0.4

注：“*”表示该目标听众样本量不足，无法进行统计推断。

数据来源：CSM媒介研究。

4. 广东广播电视台垄断收听竞争前两位，广东广播电视台羊城交通广播台稳居榜首

2021 年，在广州广播收听市场单个频率的竞争中，广东广播电台垄断了收听竞争的前 2，广东广播电视台羊城交通广播台（FM105.2）以 21.4% 的收听份额高居榜首，广东广播电视台珠江经济广播电台（E · FM——财富 974）以 16.1% 的份额位列第二位。广州广播电视台有三个频率入围前 5，其中，广州市广播电视台经济交通广播（FM106.1/AM1098）和广州市广播电视台新闻资讯广播（FM96.2）份额均在 10% 以上，排在第三和第四位（表 1.10.7）。

表 1.10.7　2021 年广州市场直播收听份额排名前 5 的频率

单位：%

排名	频率	市场份额	收听率
1	广东广播电视台羊城交通广播台（FM105.2）	21.4	1.1
2	广东广播电视台珠江经济广播电台（E · FM——财富 974）	16.1	0.8
3	广州市广播电视台经济交通广播（FM106.1/AM1098）	11.8	0.6
4	广州市广播电视台新闻资讯广播（FM96.2）	10.5	0.5
5	广州市广播电视台青少年广播（FM88.0/AM1170）	7.6	0.4

数据来源：CSM 媒介研究。

十一　广播节目竞争格局[①]

（一）北京广播收听市场的节目竞争格局

1. 北京广播收听市场节目竞争格局保持稳定，新闻/时事类和生活服务类节目收听比重合计超五成

2021 年北京广播收听市场，新闻/时事和生活服务两类节目的收听比重均以超过 20% 的成绩继续占据第一梯队，分别是 26.8% 和 23.9%。位于第二梯队的文艺类和音乐类节目的收听比重分别为 13.1% 和 11.6%（图 1.11.1）。而社教类、财经类、体育类、法制类和外语类节目收听比重合计为 10.2%，市场竞争力无明显变化。2021 年北京广播节目竞争格局与 2020 年相比总体无明显变化，各类别节目的收听比重排序均未发生变化；同比 2020 年，新闻/时事类、文艺类和财经类节目的收听比重分别增长了 0.4 个百分点、0.5 个百分点和 0.2 个百分点，生活服务类、音乐类和社教类节目的收

① 本部分对节目竞争格局的分析，主要针对央视市场研究（CTR）所提供的具有节目监播数据的频率进行，听众群为 15 岁及以上所有人。

听比重分别减少了0.3个百分点、0.4个百分点和0.4个百分点。

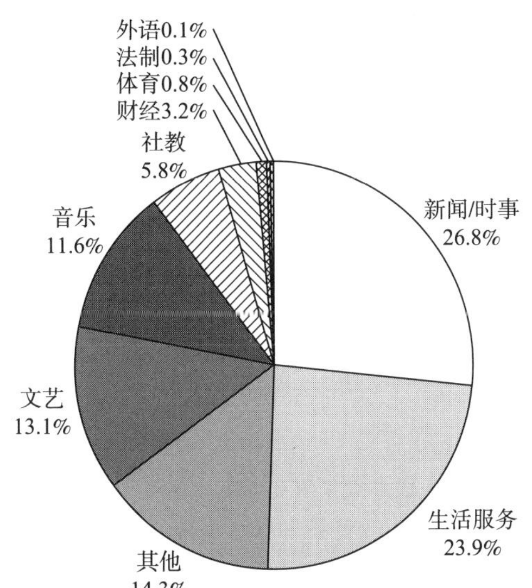

图1.11.1 2021年北京市场各类节目的收听比重

数据来源：CSM媒介研究。

2. 北京人民广播电台在八成节目市场份额领先，中央级频率在财经类和外语类节目市场继续领跑

2021年，北京人民广播电台除外语类和财经类外，其余各类节目在北京收听市场继续保持领先位置，收听份额均超过50%（图1.11.2）。北京人民广播电台在法制类节目市场独领风骚，收听份额达100%；在生活服务类、社教类和文艺类节目市场，北京人民广播电台收听份额也较具优势，都超过80%；在新闻/时事类、体育类和音乐类节目市场北京人民广播电台的收听份额都在50%以上，其在新闻/时事类和音乐类节目的收听份额较2020年分别增长了1.3个百分点和3.9个百分点，在体育类节目收听中所占份额减少了3.2个百分点。

2021年，中央广播电视总台在北京外语类节目收听中继续独霸市场，收听份额达100%。其在财经类节目收听市场的优势突出，收听份额为85.3%。在北京音乐类、体育类、新闻/时事类、文艺类、社教类和生活服务类节目市场，中央广播电视总台的收听份额位居次席，其在音乐类、体育类和新闻/时事类节目中的收听份额均超过30%，分别为41.4%、41.4%和34.7%，在文艺类和社教类节目市场的收听份额都超过15%，分别为17.7%和16.6%，而在生活服务类节目市场的收听份额仅为5.3%。

3. 北京听众类型节目选择各有侧重，男性、老年、高中学历、中等收入、工人和无业听众收听兴趣更广泛

2021年北京市场15岁及以上所有人中，男性听众对除财经类、文艺类和音乐类外

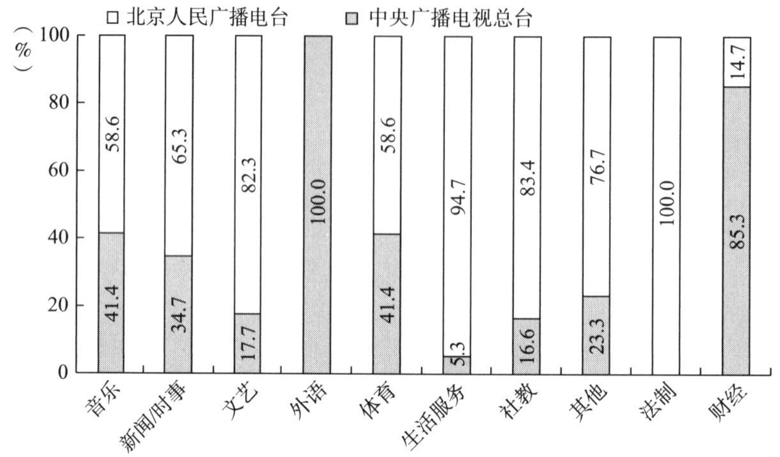

图 1.11.2　2021 年各级广播频率在北京市各类节目市场上的收听份额

数据来源：CSM 媒介研究。

的各类节目都有一定的收听兴趣，收听集中度都超过 100%；女性听众则对财经类、文艺类和音乐类节目的收听意向更加突出，收听集中度均在 100% 以上（表 1.11.1）。

2021 年北京市场 15～24 岁听众的收听意愿并不突出，除对音乐类节目的收听集中度达到 102.2% 外，其余各类节目的收听集中度都未超过 100%；25～34 岁听众在体育类和音乐类节目上有一定收听积极性，收听集中度分别为 126.9% 和 134.5%；35～44 岁听众的收听兴趣更多集中在文艺类和音乐类节目，收听集中度均超过 100%；45～54 岁听众收听兴趣相对更为广泛，除了法制类、体育类、外语类和音乐类节目，其余各类节目的收听集中度均超过 110%；55 岁及以上听众对除音乐类节目外其他类节目的收听意向较为突出，其中 55～64 岁的听众在外语类节目收听集中度高达 239.5%，而 65 岁及以上听众对法制类、体育类、外语类和新闻/时事类节目表现出明显的收听偏好，收听集中度都超过 200%，尤其是法制类和外语类节目的收听集中度，更是都超过 300%（表 1.11.1）。

表 1.11.1　2021 年北京市场不同性别和年龄听众收听各类节目的集中度

单位：%

节目类别	性别		年龄					
	男	女	15～24 岁	25～34 岁	35～44 岁	45～54 岁	55～64 岁	65 岁及以上
财经	99.9	100.1	40.6	34.6	85.4	200.8	200.7	162.5
法制	100.5	99.4	61.6	77.5	74.8	97.2	135.6	310.8
社教	107.3	90.4	76.4	79.9	86.4	118.6	150.3	158.7
生活服务	101.8	97.7	83.5	66.7	84.5	137.5	163.4	129
体育	109.3	87.7	1.0	126.9	87.4	63.9	195.1	255.5

续表

节目类别	性别		年龄					
	男	女	15~24岁	25~34岁	35~44岁	45~54岁	55~64岁	65岁及以上
外语	132.1	57.7	24	49.4	77.6	67.1	239.5	389.4
文艺	99.6	100.6	46.5	76.4	107.3	121.3	137.5	195.9
新闻/时事	110.1	86.6	59.8	66.7	80.1	110.8	183.7	229.8
音乐	93.3	108.9	102.2	134.5	103.1	94.9	56.7	54.1
其他	105.4	92.9	76.4	73.3	90.6	121.9	158.8	145.3

数据来源：CSM媒介研究。

2021年，北京市场小学和初中受教育程度听众对法制类、社教类和生活服务类节目表现出明显的收听意向，收听集中度均超过100%；其次，具有初中教育背景的听众还对文艺类、新闻/时事类和音乐类节目有一定收听意愿，收听集中度也均超过100%。具有高中受教育程度的听众节目收听兴趣相对广泛，对除音乐类之外的各类节目都表现出明显喜好。大学及以上学历听众仅对财经类和音乐类节目显示出相对浓厚的收听兴趣，集中度超过100%（表1.11.2）。

表1.11.2 2021年北京市场不同受教育程度听众收听各类节目的集中度

单位：%

节目类别	受教育程度				
	未受过正规教育	小学	初中	高中	大学及以上
财经	*	0.0	30.8	124.3	100.6
法制	*	130.3	142.3	117.2	83.0
社教	*	140.4	140.6	122.1	80.9
生活服务	*	133.8	142.4	134.8	74.0
休育	*	86.5	70.7	166.9	70.1
外语	*	0.0	35.0	146.4	88.0
文艺	*	54.4	124.7	113.9	88.7
新闻/时事	*	90.8	120.9	130.2	80.5
音乐	*	14.5	113.7	74.9	111.3
其他	*	112.0	126.1	121.0	84.3

注：“*”表示该目标听众样本量不足，无法进行统计推断。

数据来源：CSM媒介研究。

2021年，北京市场没有收入的听众更偏爱收听法制类、生活服务类和音乐类节目，收听集中度均超过100%；个人月收入1~2000元的听众对社教类、生活服务类和文艺类节目有较强的收听意愿，集中度均超过 100%；个人月收入 2001～3000 元的听众除法制类和音乐类节目外，对其他各类节目的收听集中度都超过 100%；个人月收入 3001～4000 元的听众收听兴趣相对较为广泛，除了财经类和音乐类节目，其余各类节目的收听集中度均超过 100%；个人月收入 4001～5000 元的听众对各类广播节目都表现出积极的收听态度，对各类节目的收听集中度均超过 100%；个人月收入 5001～6000 元的听众更喜爱收听法制类和外语类节目，收听集中度均超过 100%；个人月收入 6001 元及以上的听众仅对财经类节目收听兴趣浓厚，收听集中度超过 100%（表 1. 11. 3）。

表 1. 11. 3　2021 年北京市场不同个人月收入听众收听各类节目的集中度

单位：%

节目类别	个人月收入						
	没有收入	1～2000 元	2001～3000 元	3001～4000 元	4001～5000 元	5001～6000 元	6001 元及以上
财经	63. 7	22. 7	223. 0	48. 9	113. 4	60. 5	163. 1
法制	109. 4	60. 1	96. 6	101. 2	112. 8	128. 1	72. 2
社教	97. 4	108. 6	121. 4	137. 3	103. 6	92. 9	69. 4
生活服务	110. 1	107. 1	109. 6	126. 9	109. 6	94. 1	68. 3
体育	1. 4	25. 6	259. 3	170. 6	114. 1	60. 2	81. 4
外语	22. 3	66. 1	212. 1	137. 3	116. 5	113. 3	62. 0
文艺	55. 2	168. 8	150. 2	134. 1	113. 3	88. 3	75. 2
新闻/时事	80. 5	82. 6	134. 8	143. 9	101. 5	84. 3	80. 2
音乐	139. 9	95. 4	90. 1	84. 8	116. 6	86. 8	92. 7
其他	104. 8	103. 0	110. 6	116. 7	114. 8	93. 6	77. 4

数据来源：CSM 媒介研究。

2021 年，北京市场干部/管理人员对财经类、法制类、生活服务类和外语类节目的收听意向明显，集中度都超过 100%；初级公务员/雇员的广播节目收听偏好比较单一，仅在体育类和音乐类节目上的集中度超过 100%；工人听众收听兴趣相对广泛，对财经类、社交类、生活服务类、体育类、文艺类、新闻/时事类和音乐类节目的收听集中度都超过 100%；个体/私营企业人员的收听更偏爱财经类和文艺类节目，集中度均在 100% 以上；学生听众收听兴趣主要集中在法制类、社教类、生活服务类和音乐类节目，收听集中度均超过 100%；无业听众（包括退休人员）收听兴趣最丰富，对除音乐类节目以外的各类节目的收听集中度都超过 100%，收听倾向突出（表 1. 11. 4）。

表 1.11.4　2021 年北京市场不同职业听众收听各类节目的集中度

单位：%

节目类别	职业					
	干部/管理人员	初级公务员/雇员	工人	个体/私营企业人员	学生	无业（包括退休人员）
财经	163.9	69.9	100.2	255.6	68.8	159.6
法制	100.9	76.1	89.3	77.5	108.6	212.9
社教	94.3	86.9	120.4	86.0	103.2	143.0
生活服务	108.2	85.4	120.0	93.0	116.7	129.1
体育	68.4	103.0	146.4	26.3	1.3	145.0
外语	106.2	72.9	97.9	57.7	24.9	291.4
文艺	85.7	81.6	144.7	159.6	51.3	178.1
新闻/时事	77.4	87.5	116.9	72.1	82.3	178.2
音乐	75.9	104.4	105.5	78.2	135.7	67.8
其他	108.2	85.4	121.2	85.8	109.1	139.1

数据来源：CSM 媒介研究。

（二）上海广播收听市场的节目竞争格局

1. 上海节目收听市场竞争格局稳定，六成收听时间集中于音乐类和新闻类节目

2021 年，上海广播收听市场竞争格局无明显变化，各类节目收听比重波动不超过 3 个百分点。音乐类和新闻/时事类节目分别以 35.4% 和 24.6% 的收听比重稳居收听的第一梯队，其中音乐类节目收听比重较 2020 年增长了 2.5 个百分点。生活服务类和财经类节目收听比重在 5% ~10%，与 2020 年相比，两个节目类别收听比重均减少了 0.2 个百分点。文艺类、社教类、体育类、法制类和外语类节目的收听比重合计为 9.0%（图 1.11.3），其中社教类和体育类节目的收听比重分别较 2020 年减少了 1.6 个和 0.4 个百分点。

2. 上海广播电视台在本地节目市场呈压倒性优势，各类型节目市场收听份额均超 85%

2021 年，上海广播电视台频率在上海各类节目市场中依然保持绝对领先优势：在音乐类、文艺类、外语类、生活服务类、社教类和法制类节目市场的收听份额均超过了 95%；而余下的新闻/时事类、体育类和财经类节目的收听份额均高于 85%（图 1.11.4）。

2021 年，中央广播电视总台在上海财经类节目市场占据一席之地，收听份额为 14.8%，较 2020 年上升了 2.4 个百分点；此外，中央广播电视总台在音乐类、新闻/时事类、文艺类、外语类、体育类、生活服务类和社教类节目市场的收听份额均未超过 10%。

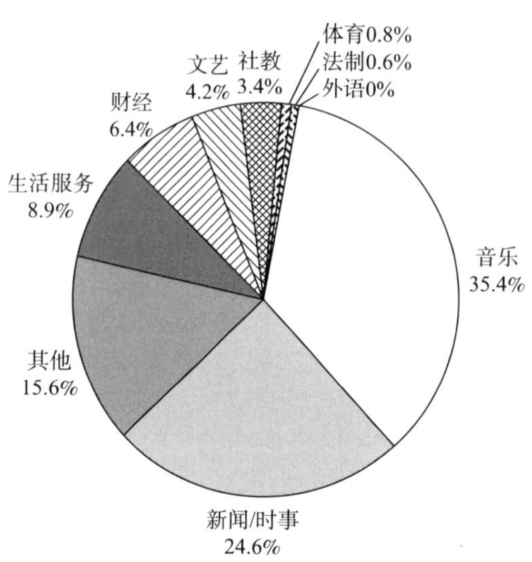

图 1.11.3　2021 年上海市场各类节目的收听比重

数据来源：CSM 媒介研究。

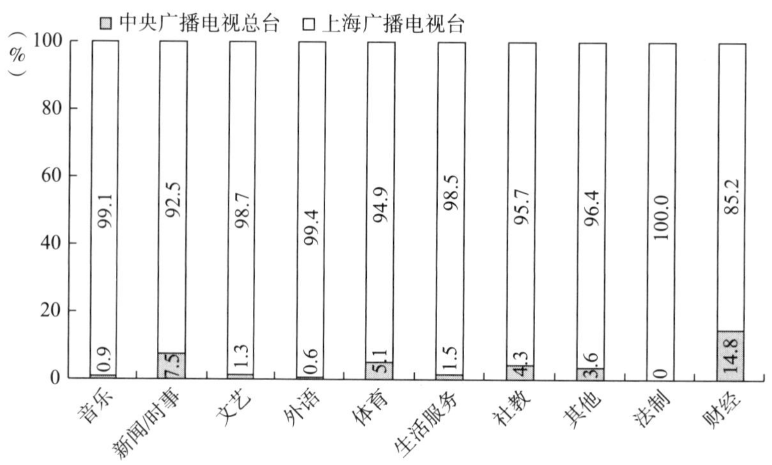

图 1.11.4　2021 年各级广播频率在上海各类节目市场上的收听份额

数据来源：CSM 媒介研究。

3. 节目收听行为体现内容偏好，中老年、中等学历、中等收入、工人听众收听兴趣广泛

2021 年，上海男、女性听众广播节目收听兴趣均较为广泛，男性听众对除财经类、法制类、文艺类和音乐类以外各类节目的收听集中度均超过 100%；女性听众则对财经类、法制类、文艺类和音乐类节目青睐有加，集中度均超过为 100%（表 1.11.5）。

2021 年，上海 15 ~ 34 岁听众仅对体育类、文艺类和音乐类节目的收听意向突出，集中度均超过 100%。35 ~ 44 岁听众对各类节目的收听集中度均未超过 100%。45 岁及以上的上海听众收听爱好广泛，其中 45 ~ 54 岁的听众在除社教类、体育类、外语类和新闻/时事类以外的各类节目上的集中度都超过 100%；55 ~ 64 岁的上海听众对除音乐类以外的各类节目都有浓厚兴趣；65 岁及以上的上海听众收听兴趣广泛且重点突出，在除文艺类和音乐类以外的各类节目上的收听集中度都超过 100%，尤其在外语类和新闻/时事类的收听集中度均超过了 200%（表 1.11.5）。

表 1.11.5 2021 年上海市场不同性别和年龄听众收听各类节目的集中度

单位：%

节日类别	性别		年龄					
	男	女	15 ~ 24 岁	25 ~ 34 岁	35 ~ 44 岁	45 ~ 54 岁	55 ~ 64 岁	65 岁及以上
财经	97.0	103.3	73.3	88.9	75.8	112.1	129.4	169.1
法制	97.6	102.7	59.9	66.1	57.5	111.4	224.7	194.3
社教	125.0	72.5	86.8	76.5	51.1	79.1	306.8	113.1
生活服务	129.6	67.4	77.5	78.0	83.9	136.8	173.9	102.9
体育	109.7	89.3	100.2	110.5	76.5	71.4	141.0	119.7
外语	134.5	62.0	0.0	26.3	3.5	0.0	628.0	227.6
文艺	96.1	104.3	142.4	110.6	82.8	102.3	104.1	61.8
新闻/时事	120.8	77.1	54.4	59.1	71.1	93.8	183.4	248.7
音乐	90.5	110.4	139.6	122.6	97.3	114.2	70.1	17.5
其他	98.6	101.6	117.2	99.7	85.5	102.1	116.1	98.7

数据来源：CSM 媒介研究。

2021 年，在上海广播收听市场中，初中和高中学历听众收听兴趣相对广泛，其中初中学历听众对除外语类和音乐类节目外其他的节目类型的收听集中度都超过 100%；高中学历听众对除音乐类节目外的各类节目都抱有浓厚的收听兴趣，在社教类、生活服务类、体育类、外语类和文艺类节目上的收听集中度均高于其他学历听众。大学及以上学历听众收听兴趣较为单一，仅对音乐类节目表现出明显的收听倾向（表 1.11.6）

表 1.11.6 2021 年上海市场不同受教育程度听众收听各类节目的集中度

单位：%

节目类别	受教育程度				
	未受过正规教育	小学	初中	高中	大学及以上
财经	*	*	115.9	111.4	94.5
法制	*	*	187.5	152.9	71.1
社教	*	*	104.4	179.6	73.2
生活服务	*	*	141.5	151.5	77.8

续表

节目类别	受教育程度				
	未受过正规教育	小学	初中	高中	大学及以上
体育	*	*	110.4	111.6	95.1
外语	*	*	0.0	362.1	25.6
文艺	*	*	108.8	123.0	91.4
新闻/时事	*	*	153.5	150.9	76.3
音乐	*	*	97.8	88.7	104.1
其他	*	*	121.1	113.0	93.0

注：“*”表示该目标听众样本量不足，无法进行统计推断。

数据来源：CSM 媒介研究。

2021 年，在上海广播收听市场中，没有收入的听众对文艺类和音乐类节目有明显的收听倾向，集中度都高于 100%；个人月收入 2001～3000 元的上海听众对法制类和新闻/时事类节目偏爱明显，收听集中度均超过 100%；个人月收入 3001～4000 元的上海听众收听兴趣广泛，对除文艺类和音乐类以外的各类节目都表现出明显的收听倾向，其在财经类、社教类和体育类节目上的集中度都高于其他各收入段听众；个人月收入 4001～5000 元的上海听众对法制类、社教类、生活服务类、外语类和新闻/时事类节目的收听兴趣明显，收听集中度均大于 100%；个人月收入 5001～6000 元的上海听众仅对文艺类和音乐类节目有较明显的收听偏好，集中度均高于 100%；个人月收入 6001 元以上的上海听众收听喜好主要集中在财经类、生活服务类、体育类和音乐类节目中上，收听集中度均大于 100%（表 1.11.7）。

表 1.11.7　2021 年上海市场不同个人月收入听众收听各类节目的集中度

单位：%

节目类别	个人月收入						
	没有收入	1～2000 元	2001～3000 元	3001～4000 元	4001～5000 元	5001～6000 元	6001 元及以上
财经	79.3	*	85.7	190.7	74.7	74.1	101.2
法制	20.9	*	131.2	117.8	209.0	93.1	76.1
社教	26.9	*	23.7	209.1	125.5	75.8	93.9
生活服务	69.0	*	94.6	108.4	114.1	88.9	103.2
体育	52.9	*	26.0	186.6	66.2	67.6	114.7
外语	0.0	*	0.0	226.8	419.1	5.5	17.5
文艺	152.7	*	86.7	81.3	92.7	104.9	97.2
新闻/时事	42.5	*	170.6	144.7	144.3	76.9	88.9
音乐	141.3	*	68.8	70.8	91.3	101.0	101.7

续表

节目类别	个人月收入						
	没有收入	1～2000元	2001～3000元	3001～4000元	4001～5000元	5001～6000元	6001元及以上
其他	118.5	*	91.0	98.9	109.5	86.8	97.6

注："*"表示目标听众样本量不足，无法进行统计推断。
数据来源：CSM媒介研究。

2021年，上海的干部/管理人员对社教类、生活服务类、体育类、文艺类和新闻/时事类节目有明显偏爱，收听集中度均高于100%；初级公务员/雇员的节目收听兴趣相对单一，仅在音乐类节目的收听集中度高于100%。上海的工人听众喜爱收听的广播节目类型广泛，对除财经类以外其他各类节目的收听倾向都比较突出，集中度均超过100%。上海个体/私营企业人员对除外语和音乐类以外其他各类节目的收听倾向也都比较突出，收听集中度均高于100%；上海学生听众则仅对文艺类和音乐类节目有比较明显的收听偏爱，收听集中度都高于100%；无业人员则对除生活服务类、文艺类和音乐类以外的各类节目具有更明显的收听倾向，集中度都超过100%（表1.11.8）。

表1.11.8　2021年上海市场不同职业听众收听各类节目的集中度

单位：%

节目类别	职业					
	干部/管理人员	初级公务员/雇员	工人	个体/私营企业人员	学生	无业（包括退休人员）
财经	46.9	96.9	76.4	167.1	75.4	161.2
法制	89.4	73.7	108.2	388.9	19.9	171.1
社教	146.3	67.9	220.3	124.6	25.6	161.2
生活服务	150.1	88.3	153.5	131.9	65.7	92.1
体育	127.1	92.0	113.7	135.1	50.4	125.3
外语	8.3	14.4	516.3	0.0	0.0	364.0
文艺	125.6	91.6	114.3	136.1	153.1	65.6
新闻/时事	119.5	66.3	130.5	157.0	40.4	209.1
音乐	95.7	106.1	119.7	78.9	144.4	46.2
其他	103.8	91.5	116.9	118.9	117.3	101.8

数据来源：CSM媒介研究。

（三）广州广播收听市场的节目竞争格局

1. 生活服务和音乐类节目占近4成收听时长，音乐和文艺类节目收听比重降幅较大

2021年，在广州广播节目收听市场中，生活服务类节目以21.3%收听比重位居首

位，收听比重较2020年增长了0.5个百分点；音乐类节目的收听比重较2020年减少了3.6个百分点，以16.1%收听比重位列第三；文艺类节目的收听比重排序保持不变，但收听比重同比2020年降低了1.8个百分点；位居第五的新闻/时事类节目收听比重较2020年上升了0.6个百分点；社教、财经和体育类节目的收听比重在3%～8%，其中社教类节目收听比重同比增长了0.1个百分点，财经类节目收听比重同步2020年增长了1.7个百分点，排序上升一位，体育类节目收听比重则保持不变；法制类和外语类节目收听比重较小，合计不超过1%（图1.11.5）。

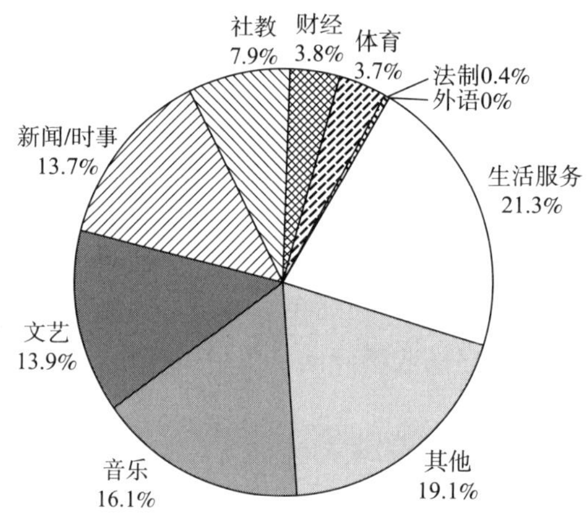

图1.11.5　2021年广州市场各类节目的收听比重

数据来源：CSM媒介研究。

2. 广州市场省市地方台竞争优势突出，在广州多数节目市场保持其主导地位

2021年，广东广播电视台除外语类节目外，在广州其他各节目类型市场均保持领先地位（图1.11.6）。其在文艺类、体育类、生活服务类和法制类节目市场的收听份额都高于60%，其中，法制类节目的收听份额较2020年上升了29.4个百分点；在音乐类、新闻/时事类、社教类和财经类节目市场的收听份额都在50%～60%。

2021年，广州广播电视台在除外语之外的各类节目市场都保持了一定的竞争优势。广州广播电视台在音乐类、文艺类和社教类节目市场的收听份额都超过30%；在新闻/时事类、体育类、生活服务类节目市场的收听份额都在20%～30%；财经类和法制类节目的收听份额均低于20%，两类节目的收听份额较2020年分别减少了8.5个和29.4个百分点。

面对地方台的竞争，2021年中央广播电视总台在广州外语类节目市场依然“独占鳌头”，收听份额100%。其次，中央广播电视总台在财经类和新闻/时事类节目市场具有一定竞争力，收听份额分别为29.4%和21.4%，分别较2020年上升了4.4个和5个百分点。除此上述之外，中央广播电视总台广州其他各节目市场的收听份额均未超过7%。

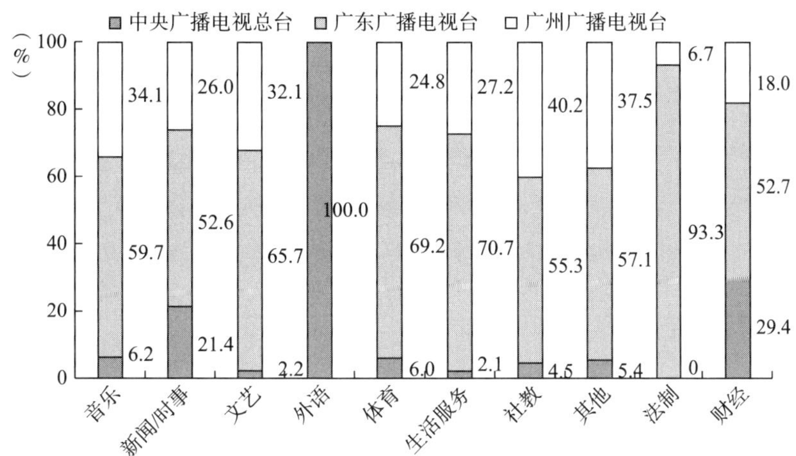

图 1.11.6　2021 年各级广播频率在广州各类节目市场上的收听份额

数据来源：CSM 媒介研究。

3. 类型节目满足听众节目收听偏好，男性、中老年、中等学历和收入、无业听众收听兴趣更广泛

2021 年，广州男性听众对除财经类、文艺类和音乐类以外的各类广播节目都有明显的收听倾向，收听集中度均超过 100%；女性听众仅对财经类、文艺类和音乐类节目表现出较大兴趣，收听集中度分别为 133.2%、112.6% 和 103.8%（表 1.11.9）。

2021 年，广州 15～34 岁青年听众对收听广播节目的兴趣有限，所有类别广播节目的收听集中度都低于 100%；广州 35～44 岁听众仅对法制类节目有一定兴趣，收听集中度为 103.2%；45～54 岁听众对除外语类和音乐类节目以外的各类节目都有明显的收听倾向，集中度都超过 100%；55～64 岁听众对除外语类节目外的各类广播节目都表现出青睐，集中度都超过 100%；65 岁以上听众对所有广播节目都有明显的收听倾向，各类节目的收听集中度均超过 100%。

表 1.11.9　2021 年广州市场不同性别和年龄听众收听各类节目的集中度

单位：%

节目类别	性别		年龄					
	男	女	15～24 岁	25～34 岁	35～44 岁	45～54 岁	55～64 岁	65 岁及以上
财经	75.5	133.2	16.7	47.9	58.0	171.8	151.1	304.0
法制	111.3	84.7	7.1	81.6	103.2	108.1	207.3	146.5
社教	105.9	92.0	51.3	58.9	89.0	114.1	179.5	196.2
生活服务	103.9	94.7	43.5	57.5	95.2	129.7	184.4	176.8

续表

节目类别	性别		年龄					
	男	女	15～24岁	25～34岁	35～44岁	45～54岁	55～64岁	65岁及以上
体育	103.8	94.9	52.3	51.6	81.5	114.6	149.4	253.2
外语	127.1	63.3	0.0	24.4	67.1	97.7	20.5	530.5
文艺	90.7	112.6	48.3	65.8	77.6	103.5	195.0	206.1
新闻/时事	101.5	98.0	51.4	48.1	82.9	123.9	141.0	257.9
音乐	97.2	103.8	79.8	74.2	95.5	93.3	161.9	146.7
其他	100.1	99.8	50.9	60.9	84.3	111.0	189.7	197.1

数据来源：CSM媒介研究。

2021年小学、初中和高中学历听众的收听兴趣相对更加多元。小学和初中学历听众对除外语类以外的各类节目表现出明显的收听兴趣，其中小学学历听众对财经类、法制类节目的收听集中度都高于其他不同教育背景听众的水平；初中学历听众对社教类、生活服务类、体育类、文艺类、新闻/时事类和音乐类节目的收听集中度均高于其他不同受教育程度听众。高中学历听众对各类广播节目都表现出青睐，收听集中度均超过100%；广州大学及以上学历听众则对各类广播节目都缺乏明显的收听兴趣，收听集中度均未超过100%（表1.11.10）。

表1.11.10　2021年广州市场不同受教育程度听众收听各类节目的集中度

单位：%

节目类别	受教育程度				
	未受过正规教育	小学	初中	高中	大学及以上
财经	*	299.7	201.8	153.2	50.2
法制	*	287.5	125.4	129.5	73.7
社教	*	167.0	191.8	136.7	65.3
生活服务	*	162.1	163.7	132.1	71.9
体育	*	140.0	237.1	115.8	70.8
外语	*	0.0	67.3	160.4	76.5
文艺	*	177.5	226.2	130.0	63.6
新闻/时事	*	136.9	172.3	131.3	72.0
音乐	*	112.0	218.2	115.2	75.0
其他	*	157.6	197.5	132.8	66.9

注：“*”表示目标听众样本量不足，无法进行统计推断。

数据来源：CSM媒介研究。

2021 年，广州没有收入听众仅对文艺类、新闻/时事类和音乐类节目表现出收听兴趣，收听集中度都高于 100%；个人月收入 1～2000 元广州听众对财经类、生活服务类、体育类和文艺类节目的收听倾向明显，收听集中度都高于 100%；个人月收入 2001～3000 元广州听众仅对财经类、体育类、文艺类和音乐类节目表现出浓厚的收听兴趣，集中度均高于 100%；个人月收入 3001～4000 元的听众对财经类、社教类、体育类、外语类和文艺类节目都表现出积极的态度，收听集中度都超过 100%；个人月收入 4001～5000 元的听众对除体育类和外语类以外的各类广播节目都表示出明显偏爱，集中度都超过 100%；个人月收入 5001～6000 元的听众收听节目类型范围较丰富，对除财经类节目以外各类型节目均青睐有加，集中度都高于 100%；个人月收入 6001 元及以上的听众仅对生活服务类和外语类节目有较强的收听兴趣，收听集中度超过 100%（表 1.11.11）。

表 1.11.11　2021 年广州市场不同个人月收入听众收听各类节目的集中度

单位：%

节目类别	个人月收入						
	没有收入	1～2000 元	2001～3000 元	3001～4000 元	4001～5000 元	5001～6000 元	6001 元及以上
财经	77.1	244.8	116.9	136.9	184.9	79.5	50.4
法制	6.4	11.4	89.3	98.1	104.9	153.3	97.8
社教	92.0	57.3	88.8	101.5	123.8	122.5	82.8
生活服务	85.7	125.8	74.5	85.1	110.9	119.8	101.3
体育	49.8	135.7	151.3	124.4	89.2	115.9	82.0
外语	0.0	0.0	4.1	115.9	51.5	222.6	100.2
文艺	111.5	182.6	101.4	109.3	145.3	111.4	62.9
新闻/时事	110.1	60.6	66.1	89.3	122.8	114.5	95.1
音乐	119.8	75.2	116.1	89.9	111.0	109.9	87.0
其他	97.3	105.4	95.2	94.9	130.0	111.0	84.9

数据来源：CSM 媒介研究。

2021 年，广州初级公务员/雇员和学生听众收听偏好不突出，其中初级公务员/雇员对各类广播节目收听集中度均未达到 100%，学生听众也仅对音乐类节目的收听集中度高于 100%；干部管理人员对法制类、生活服务类和音乐类节目表现出一定收听偏爱，收听集中度均高于 100%；工人听众对法制类、社教类、生活服务类和音乐类节目表现出明显的收听积极性，集中度均超过 100%；个体/私营企业人员在法制类、体育类和外语类节目的收听偏好明显，收听集中度都高于 100%；无业（包括退休人员）对各类节目都表现出浓厚的收听兴趣，各类节目收听集中度都高于100%，尤其在财经类、外语类、文艺类和新闻/时事类节目的收听集中度都高于200%（表1.11.12）。

表1.11.12　2021年广州市场不同职业听众收听各类节目的集中度

单位：%

节目类别	职业					
	干部/管理人员	初级公务员/雇员	工人	个体/私营企业人员	学生	无业（包括退休人员）
财经	15.1	60.6	82.3	36.9	20.5	270.8
法制	147.6	62.0	157.2	113.6	0.0	141.2
社教	92.6	70.6	103.8	66.9	70.1	180.6
生活服务	120.6	61.1	125.4	81.2	59.3	169.1
体育	45.7	75.6	73.1	166.8	70.3	184.8
外语	25.2	55.6	16.7	156.5	0.0	321.6
文艺	69.9	66.4	89.2	90.3	68.1	201.6
新闻/时事	69.3	64.6	92.7	70.7	76.4	205.2
音乐	108.9	81.9	105.7	76.7	105.2	133.2
其他	92.2	64.7	105.0	81.5	72.1	185.0

数据来源：CSM媒介研究。

十二　广播广告投放与竞争格局

1. 京、沪、穗三地广播广告投放刊例额同比2020年增长23.4%

2021年京沪穗三地广播广告投放刊例额合计为95.6亿元，同比2020年增长23.9%，3个一线城市广播广告投放情况截然不同，其中北京广播广告投放刊例额增长7.5%，上海广播广告投放刊例额减少1.3%，广州广播广告投放刊例额大幅增长41.3%。三地广播广告投放刊例额前五位的行业是药品、家居用品、金融业、商业及服务性行业和交通，合计占比超过50%（图1.12.1）。在所有行业中，广告投放刊例额增长最快的行业是药品和邮电通讯行业，分别增长了79.3%和80%。

2021年，北京地区广播广告投放刊例额排名前10的行业中增长最快的是酒精类饮品行业，广告增长150.8%。上海地区广播广告投放刊例额整体波动较小，其中饮料行业广告增长49.2%。广州地区广播广告投放刊例额整体增幅较大，在排名前10的行业中酒精类饮品广告增长226.9%，邮电通讯广告增长142.2%（表1.12.1）。

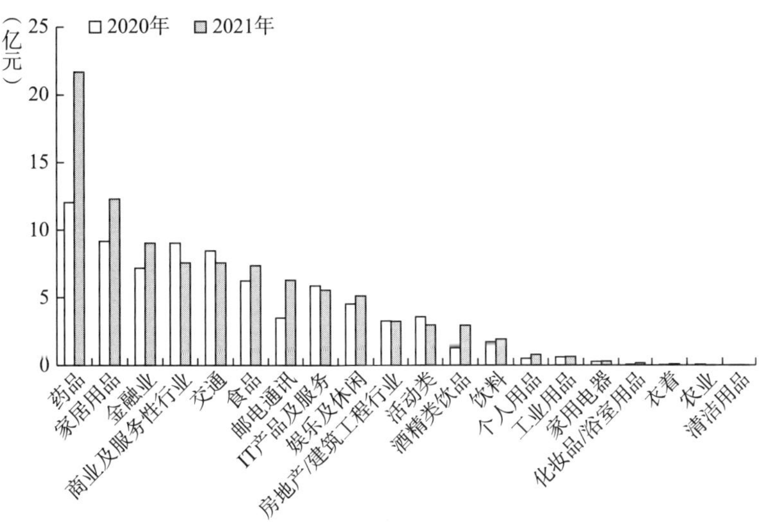

图 1.12.1 2020 年、2021 年京、沪、穗三地分行业广播广告投放刊例额

数据来源：CTR 媒介智讯。

表 1.12.1 2020 年、2021 年京、沪、穗三地广播广告投放刊例额排名前 10 的行业

排名	北京		上海		广州	
	2020 年	2021 年	2020 年	2021 年	2020 年	2021 年
1	家居用品	家居用品	家居用品	家居用品	药品	药品
2	交通	商业及服务性行业	商业及服务性行业	商业及服务性行业	食品	食品
3	金融业	金融业	交通	金融业	交通	金融业
4	商业及服务性行业	交通	金融业	交通	商业及服务性行业	邮电通讯
5	活动类	活动类	活动类	娱乐及休闲	金融业	交通
6	邮电通讯	酒精类饮品	娱乐及休闲	IT 产品及服务	IT 产品及服务	商业及服务性行业
7	IT 产品及服务	IT 产品及服务	IT 产品及服务	活动类	房地产/建筑工程行业	IT 产品及服务
8	娱乐及休闲	娱乐及休闲	食品	食品	娱乐及休闲	娱乐及休闲
9	药品	食品	邮电通讯	邮电通讯	邮电通讯	房地产/建筑工程行业
10	饮料	邮电通讯	房地产/建筑工程行业	饮料	饮料	酒精类饮品

数据来源：CTR 媒介智讯。

2. 京、沪、穗三地广播广告投放中药品行业呈现大幅增长

2021 年，京、沪、穗三地广播广告投放刊例额同比呈现正增长的行业有 13 个，负增长的行业有 7 个（图 1. 12. 2），广告增长较明显的行业是药品（增长 80. 0%）、家居用品（增长 34. 5%）邮电通讯（增长 79. 9%），金融业（增长 25. 7%），酒精类饮品（增长 124. 7%）。

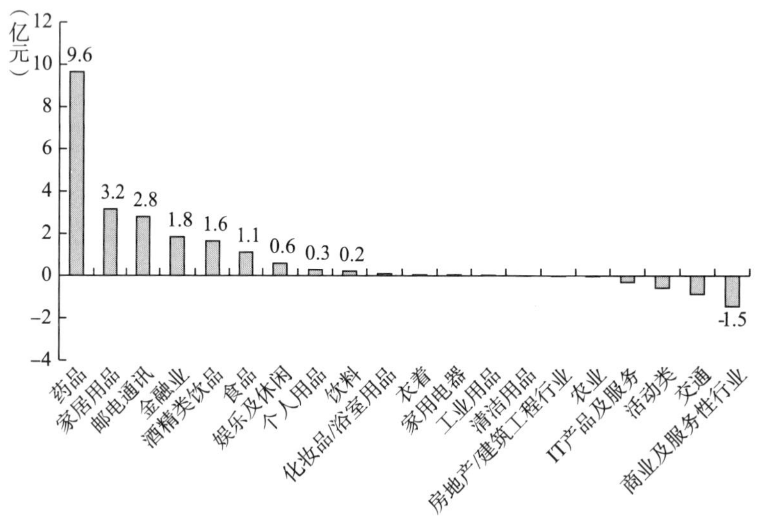

图 1. 12. 2　2021 年京、沪、穗三地各行业广播广告投放刊例额同比变化情况

数据来源：CTR 媒介智讯。

3. 京、沪、穗三地广播广告投放刊例额排名前 10 的品牌分别来自家居用品、药品等 9 个不同行业

2021 年，北京广播广告投放刊例额排名前 10 的品牌主要来自于家居用品、商业及服务性行业等行业，排名前 3 的品牌是全包圆、业之峰诺华和居然之家。上海广播广告投放刊例额排名前 10 的品牌分别来自家居用品、金融等行业，排名前 3 的品牌是尚海、极家精装和汇正。广州广播广告投放刊例额排名前 10 的品牌来自药品、食品等行业，排名前 3 的品牌是天草、好视力和陈李济（表 1. 12. 2）。

表 1. 12. 2　2021 年京、沪、穗三地广播广告投放刊例额排名前 10 位的品牌①

排名	北京		上海		广州	
	品牌名称	所属品类	品牌名称	所属品类	品牌名称	所属品类
1	全包圆	家居用品	尚海	家居用品	天草	药品

① 由于同一品牌有不同的产品线，根据央视市场研究（CTR）的分类标准，用广告当中的产品判定品牌所属行业类别；此处统计的是某一品牌整体的广告投放刊例额，所以可能出现某一品牌同时属于不同品类的情况。

续表

排名	北京		上海		广州	
	品牌名称	所属品类	品牌名称	所属品类	品牌名称	所属品类
2	业之峰诺华	家居用品	极家精装	家居用品	好视力	药品
3	居然之家	商业及服务性行业	汇正	金融业	陈李济	药品
4	居然	家居用品	沪尚茗居	商业及服务性行业、活动类	中国移动通信	邮电通讯
5	华医	商业及服务性行业	光明	饮料、IT 产品及服务、食品、邮电通讯	汇正	金融业
6	业之峰	家居用品	九方	IT 产品及服务	燕之屋	食品
7	中国人民保险	金融业	上汽通用别克	交通	同溢堂	药品
8	听听	IT 产品及服务、活动类	小仙炖	食品	小仙炖	食品
9	永丰	酒精类饮品	格乐利雅	商业及服务性行业、娱乐及休闲、活动类	钧明	娱乐及休闲、房地产/建筑工程行业
10	一汽大众奥迪	交通	沪佳	商业及服务性行业	吉盛伟邦	商业及服务性行业

数据来源：CTR 媒介智讯。

4. 京、沪、穗三地广播广告投放刊例额排名前 5 的频率位次略有变化

2021 年，北京地区广播广告投放刊例额排名前 5 的频率依次是北京人民广播电台交通广播（FM103.9）、北京人民广播电台文艺广播（FM87.6）、北京人民广播电台音乐广播（FM97.4）、北京新闻广播（FM94.5）、北京人民广播电台体育广播（FM102.5）；上海地区广播广告投放刊例额排名前 5 的频率依次是上海人民广播电台动感流行音乐广播（FM101.7）、上海人民广播电台五星体育广播（FM94.0）、上海人民广播电台魅力流行音乐广播（FM103.7）、上海长三角之声（FM89.9）和上海人民广播电台新闻广播（FM93.4），其中，上海人民广播电台长三角之声（FM89.9）和上海人民广播电台新闻广播（FM93.4）为新上榜；广州地区广播广告投放刊例额排名前 5 的频率依次是广东广播电视台珠江经济广播（FM97.4）、广东广播电视台羊城交通广播（FM105.2）、广州交通电台（FM106.1）、广东广播电视台音乐之声（FM99.3）和广东广播电视台新闻广播（FM91.4）。

表 1.12.3　2021 年京、沪、穗三地广播广告投放刊例额排名前 5 的频率

排名	北京	上海	广州
1	北京人民广播电台交通广播（FM103.9）	上海人民广播电台动感流行音乐广播（FM101.7）	广东广播电视台珠江经济广播（FM97.4）
2	北京人民广播电台文艺广播（FM87.6）	上海人民广播电台五星体育广播（FM94.0）	广东广播电视台羊城交通广播（FM105.2）
3	北京人民广播电台音乐广播（FM97.4）	上海人民广播电台魅力流行音乐广播（FM103.7）	广州交通电台（FM106.1）
4	北京新闻广播（FM94.5）（原新闻广播（FM100.6））	上海长三角之声（FM89.9）（原东方都市驾车调频）	广东广播电视台音乐之声（FM99.3）
5	北京人民广播电台体育广播（FM102.5）	上海人民广播电台新闻广播（FM93.4）	广东广播电视台新闻广播（FM91.4）

数据来源：CTR 媒介智讯。

2021 年，北京地区广播广告投放刊例额最高的频率是北京人民广播电台交通广播（FM103.9），其广告投放刊例额排名前 3 的行业是家居用品、商业及服务性行业和交通；上海地区广播广告投放刊例额最高的频率是上海人民广播电台动感流行音乐广播（FM101.7），其广告投放刊例额排名前 3 的行业是交通、商业及服务性行业和食品；广州地区广播广告投放刊例额最高的频率是广东广播电视台珠江经济广播（FM97.4），其广告投放刊例额排名前 3 的行业是药品、金融业和交通（表 1.12.4）。

表 1.12.4　2021 年京、沪、穗三地广播广告投放刊例额最高的频率中投放额排名前 10 的行业

排名	北京	上海	广州
	北京人民广播电台交通广播（FM103.9）	上海人民广播电台动感流行音乐广播（FM101.7）	广东广播电视台珠江经济广播（FM97.4）
1	家居用品	交通	药品
2	商业及服务性行业	商业及服务性行业	金融业
3	交通	食品	交通
4	金融业	邮电通讯	食品
5	酒精类饮品	金融业	酒精类饮品
6	活动类	IT 产品及服务	IT 产品及服务
7	食品	饮料	个人用品
8	IT 产品及服务	娱乐及休闲	活动类
9	娱乐及休闲	活动类	工业用品
10	邮电通讯	家居用品	房地产/建筑工程行业

数据来源：CTR 媒介智讯。

2021 年，北京人民广播电台交通广播（FM103.9）广告投放刊例额最高的 3 个品牌是全包圆、居然之家和业之峰诺华，分别来自家居用品和商业及服务性行业；上海人民广播电台动感流行音乐广播（FM101.7）广告投放刊例额最高的3个品牌是格乐利雅、上汽通用别克和小仙炖，分别来自商业及服务性行业、交通和食品行业；广东广播电视台珠江经济广播（FM97.4）广告投放刊例额最高的3个品牌是好视力、天草和陈李济，全部来自药品行业（表1.12.5）。

表1.12.5 2021年京、沪、穗三地广播广告投放刊例额最大的频率中投放额排名前10的品牌

排名	北京人民广播电台交通广播（FM103.9）		上海人民广播电台动感流行音乐广播（FM101.7）		广东广播电视台珠江经济广播（FM97.4）	
	品牌名称	所属品类	品牌名称	所属品类	品牌名称	所属品类
1	全包圆	家居用品	格乐利雅	商业及服务性行业、娱乐及休闲、活动类	好视力	药品
2	居然之家	商业及服务性行业	上汽通用别克	交通	天草	药品
3	业之峰诺华	家居用品	小仙炖	食品	陈李济	药品
4	居然	家居用品	光明	饮料、IT产品及服务、邮电通讯、食品	汇正	金融业
5	华医	商业及服务性行业	上海广播电台动感101	IT产品及服务	明兴	药品
6	业之峰	家居用品	上汽通用雪佛兰	交通	同溢堂	药品
7	永丰	酒精类饮品	燕之屋	食品	中国农业银行	金融业
8	今朝	家居用品	椰树	饮料	白云山	药品
9	牛栏山	酒精类饮品	中国光大银行	金融业	同仁堂	药品
10	雨虹	家居用品	途虎养车	邮电通讯、IT产品及服务	上汽大众	交通

数据来源：CTR媒介智讯。

第二部分
专　题

2021年中国电视收视市场大事件扫描

2021年，我国迎来了中国共产党建党100周年，也开启了“十四五”的新征程。围绕建党百年的主题，一批反映中国共产党带领中国人民站起来、富起来、强起来的影视作品、文艺作品闪耀荧屏，《伟大征程》（庆祝中国共产党成立100周年文艺演出）更是将观众的饱满情绪推向高潮。受新冠肺炎疫情的影响，第32届夏季奥林匹克运动会推迟至2021年夏天在东京举办，中国代表队收获了38枚金牌，追平参加境外奥运会的最佳战绩，男子百米赛场上，苏炳添创造的9秒83的瞬间也让所有电视观众激动不已。除此之外，2021年还有哪些优质电视内容获得了观众更多的关注？本文以“月历”的形式对2021年中国电视收视市场的大事件进行扫描与梳理，以为业界呈现2021年电视收视①市场的关注热点。

1月

1月10日：《欢乐喜剧人》第七季开播

喜剧养成学习类节目《欢乐喜剧人》第七季于1月10日至3月28日每周日晚间21点在东方卫视首播。《欢乐喜剧人》第七季12期节目平均收视率为2.1%，同时段市场份额为9.9%。该节目在63个城市的7天时移收视率为0.34%，相当于63个城市首播收视率的13.6%。

1月11日：两家卫视联播当代都市剧《大江大河2》收官

39集当代都市剧《大江大河2》以宋运辉、雷东宝、杨巡等的际遇和奋斗历程，展现中国20世纪80年代末到90年代初政治领域的变革、经济领域的改革和社会生活的嬗变，刻画改革实践者们的挣扎、觉醒和变化。该剧由东阳正午阳光影视有限公司等出品，李雪、黄伟执导，王凯、杨烁等主演，于2020年12月20日登陆东方卫视、浙江卫视首播，2021年1月11日收官。两家联播总收视率为3.6%，市场份额为

① 本文中收视率数据为CSM媒介研究2021年102个城市组合，7天时移数据为63个城市组合。

12.4%（表1）。该剧在63个城市7天时移收视率为0.43%，相当于63个城市首播收视率的10.0%。

表1　《大江大河二》首播在两家联播卫视收视概况（所有调查城市）

单位：%

节目名称	播出频道	平均收视率	平均市场份额
《大江大河二》	东方卫视	1.8	6.2
《大江大河二》	浙江卫视	1.8	6.2

数据来源：CSM媒介研究。

1月12日：五家卫视联播脱贫攻坚剧《山海情》

23集脱贫攻坚剧《山海情》讲述了二十世纪九十年代以来，西海固的人民和干部们响应国家扶贫政策的号召，完成易地搬迁，在福建的对口帮扶下，通过辛勤劳动和不懈探索，将风沙走石的“干沙滩”建设成寸土寸金的“金沙滩”的故事。该剧由东阳正午阳光影视有限公司出品，孔笙、孙墨龙执导，张嘉益、闫妮等主演，于2021年1月12日登陆北京卫视、东南卫视、宁夏卫视、东方卫视、浙江卫视首播。五家联播总收视率为4.0%，市场份额为13.3%（表2）。该剧在63个城市7天时移收视率为0.59%，相当于63个城市首播收视率的12.7%。

表2　《山海情》首播在主要三家联播卫视收视概况（所有调查城市）

单位：%

节目名称	播出频道	平均收视率	平均市场份额
《山海情》	北京卫视	1.3	4.2
《山海情》	东方卫视	1.3	4.3
《山海情》	浙江卫视	1.3	4.4

数据来源：CSM媒介研究。

1月24日：抗美援朝战争剧《跨过鸭绿江》收官

40集抗美援朝战争剧《跨过鸭绿江》讲述了以毛泽东、刘少奇、周恩来、朱德、邓小平、彭德怀以及邓华、洪学智、韩先楚等为代表的无产阶级革命家，和以派往朝鲜作战的黄继光、邱少云、杨根思为代表的志愿军指战员不畏强敌、英勇斗争的战斗故事。该剧由中央广播电视总台出品，董亚春执导，唐国强、丁勇岱等主演，于2020年12月27日在中央台综合频道黄金档剧场首播，2021年1月24日收官。该剧首播平均收视率为1.5%，市场份额为5.4%。该剧在63个城市7天时移收视率为0.31%，相当于63个城市首播收视率的20.5%。

1月24日：两家卫视联播都市职场剧《正青春》

47集都市职场剧《正青春》讲述了初入社会的“90后”职场新人章小鱼，因为极高的销售天赋获得了国际知名化妆品公司销售总监林睿的赏识，并获得了工作机会；在工作中一路拼搏奋斗，最终实现职业理想与自我价值的故事。该剧由世纪东耀等出品，牟晓杰执导，吴谨言、殷桃等主演，于2021年1月24日登陆东方卫视、浙江卫视首播。两家联播总收视率为3.6%，市场份额为12.1%（表3）。该剧在63个城市7天时移收视率为0.36%，相当于63个城市首播收视率的8.6%。

表3　《正青春》首播在两家联播卫视收视概况（所有调查城市）

单位：%

节目名称	播出频道	平均收视率	平均市场份额
《正青春》	东方卫视	1.8	6.1
《正青春》	浙江卫视	1.8	6.0

数据来源：CSM媒介研究。

1月27日：古装爱情励志剧《风起霓裳》开播

45集古装爱情励志剧《风起霓裳》讲述了唐高宗永徽年间，极具制衣天赋的胡女库狄琉璃与少年登科却多年蹉跎不遇的裴行俭之间的爱情故事。该剧由陕文投艺达影视等出品，陈家霖执导，古力娜扎、许魏洲等主演，于2021年1月27日在湖南卫视金鹰独播剧场播出。该剧首播平均收视率为2.2%，市场份额为7.6%。该剧在63个城市7天时移收视率为0.24%，相当于63个城市首播收视率的9.9%。

1月29日：《王牌对王牌》第六季开播

室内竞技真人秀节日《王牌对王牌》第六季于1月29日至4月16日每周五晚20点在浙江卫视首播。《王牌对王牌》第六季共13期节目平均收视率为2.4%，同时段市场份额为9.0%。该节目在63个城市7天时移收视率为1.65%，相当于63个城首播收视率的59.9%。

2月

2月4日：省级上星频道春节联欢晚会继续播出

从小年夜到正月期间，多家省级上星频道陆续播出了各具特色的春节联欢晚会，其中部分春晚收视表现较为突出。湖南卫视小年夜春晚收视率为2.5%，同时段份额为9.7%。浙江卫视喜剧春晚在除夕前一天播出，收视率为1.7%，同时段份额为7.9%；同天辽宁卫视和天津卫视播出的春晚收视率也都达到1.0%。正月初一东方卫视、北京卫视和江苏卫视都播出了春节晚会，收视率分别为2.3%、1.9%和1.3%（表4）。

表4　2021年部分其他春节联欢晚会收视表现（所有调查城市）

单位：%

节目名称	播出频道	播出日期	收视率	市场份额
《2021年湖南卫视春节联欢晚会》	湖南卫视	2021/2/4	2.5	9.7
《"笑赢这一年"2021（优酷&浙江卫视）喜剧春晚》	浙江卫视	2021/2/10	1.7	7.9
《2021年辽宁卫视春节联欢晚会》	辽宁卫视	2021/2/10	1.0	4.3
天津卫视德云社相声春晚《开开心心年年好》	天津卫视	2021/2/10	1.0	4.0
《2021年东方卫视春节晚会》	东方卫视	2021/2/12	2.3	8.7
《2021年北京广播电视台春节联欢晚会》	北京卫视	2021/2/12	1.9	6.9
《2021年江苏卫视春节联欢晚会》	江苏卫视	2021/2/12	1.3	4.6

数据来源：CSM媒介研究。

2月11日：《2021年中央广播电视总台春节联欢晚会》播出

2021年2月11日，包括中央台综合频道及各省级上星频道在内的40多个上星频道直播了《2021中央广播电视总台春节联欢晚会》。其中，在上星频道播出的总收视率为23.0%，同时段份额为70.3%；包含地面频道在内的总收视率为25.0%，同时段份额为76.4%。其中中央电视台综合频道播出的收视率为6.2%，同时段份额为19.1%；中央台四套播出的收视率为2.3%，同时段份额为7.0%；中央台三套播出的收视率为1.4%，同时段份额为4.3%。省级上星频道中，北京卫视、浙江卫视、湖南卫视和东方卫视的收视率分别为1.5%、1.4%、1.0%和1.0%。

2月12日：《新春喜剧之夜》推出

中央台三套于2月12日大年初一推出喜剧晚会《新春喜剧之夜》，节目首播收视率为2.0%，同时段市场份额为6.5%。

2月19日：东方玄幻仙侠剧《琉璃》开播

59集东方玄幻仙侠剧《琉璃》讲述了天生"六识"残缺的少女褚璇玑和离泽宫弟子禹司凤在面临爱情与前世阴谋的双重压力下，携手共对百般腥风血雨，缔造了一段极具仙侠传奇色彩的故事。该剧由欢瑞世纪等出品，尹涛、麦贯之执导，成毅、袁冰妍等主演，于 2021 年 2 月 19 日在江苏卫视幸福剧场播出。该剧首播平均收视率为 2.1%，市场份额为 7.2%。该剧在 63 个城市 7 天时移收视率为 0.11%，相当于 63 个城市首播收视率的 4.5%。

2 月 23 日：两家卫视联播当代国安都市反谍剧《暴风眼》

40 集当代国安都市反谍剧《暴风眼》讲述了以安静和马尚为代表的国安人员，不畏险阻始终坚持心中正义，努力侦破技术窃取案件，保护国家稀有资源不被境外势力走私交易的故事。该剧由嘉行传媒等出品，于波执导，杨幂、张彬彬等主演，于 2021 年 2 月 23 日登陆东方卫视、浙江卫视首播。两家联播总收视率为 3.8%，市场份额为 12.9%（表 5）。该剧在 63 个城市 7 天时移收视率 0.46%，相当于 63 个城市首播收视率的 10.3%。

表 5　《暴风眼》首播在两家联播卫视收视概况（所有调查城市）

单位：%

节目名称	播出频道	平均收视率	平均市场份额
《暴风眼》	东方卫视	1.8	6.2
《暴风眼》	浙江卫视	2.0	6.7

数据来源：CSM 媒介研究。

2 月 26 日：元宵特别节目直播

2021 年元宵节，中央广播电视总台的《花好月圆元宵夜》在中央台综合频道、中央台三套和中央台四套播出的总收视率达到 6.2%，同时段市场份额为 20.1%。在省级上星频道方面，湖南卫视、江苏卫视也都举办了元宵晚会，其中湖南卫视的《元宵喜乐会 2021》的平均收视率为 1.2%，同时段份额为 4.0%；江苏卫视《荔枝灯会・江苏卫视元宵晚会 2021》的平均收视率为 1.0%，同时段份额为 3.9%（表 6）。

表 6　2021 年央视及省级卫视元宵节特别节目收视概况（所有调查城市）

单位：%

晚会名称	播出频道	收视率	市场份额
《花好月圆元宵夜》	中央电视台综合频道	3.3	10.8
	中央台三套	1.8	5.7
	中央台四套	1.1	3.6
《元宵喜乐会 2021》	湖南卫视	1.2	4.0
《荔枝灯会・江苏卫视元宵晚会 2021》	江苏卫视	1.0	3.9

数据来源：CSM 媒介研究。

3 月

3 月 1 日：都市情感剧《爱的理想生活》开播

46 集都市情感剧《爱的理想生活》讲述了五位性格鲜明、经历迥异的都市女性，在经历形形色色的生活困境之后，最终找到自我的故事。该剧由腾讯影业等出品，李江明执导，殷桃、宋轶等主演，于 2021 年 3 月 1 日在湖南卫视金鹰独播剧场播出。该剧首播平均收视率为 2.3%，市场份额为 8.7%，单集最高收视率为 3.8%。

3 月 6 日：《微博之夜》晚会播出

由东方卫视和微博联合主办的《微博之夜》于 2021 年 3 月 6 日在东方卫视播出，晚会首播收视率为 2.0%，同时段市场份额为 7.7%。

3 月 13 日：《2021 电视剧品质盛典》晚会播出

一年一度的电视剧行业活动《2021 电视剧品质盛典》于 2021 年 3 月 13 日在东方卫视播出，晚会首播收视率为 2.0%，同时段市场份额为 8.1%。

3 月 17 日：现代都市剧《爱在星空下》开播

45 集现代都市剧《爱在星空下》讲述了身处娱乐圈不同位置的人们，如何在困境中突破自我，回归初心努力成长的故事。该剧由青春你好传媒等出品，陈畅执导，贾乃亮、陈意涵等主演，于 2021 年 3 月 17 日在浙江卫视中国蓝剧场播出。该剧首播平均收视率为 2.1%，市场份额为 7.6%。

3 月 23 日：职场生活剧《海洋之城》开播

43 集职场生活剧《海洋之城》以世界首位华人邮轮船长的诞生为线索，讲述了丁凯、天悦、陈安妮、王子洋等一批年轻人实现梦想的故事。该剧由北京博集天卷影业有限公司等出品，陈昆晖执导，张翰、王丽坤等主演，于 2021 年 3 月 23 日在江苏卫视幸福剧场首播。该剧首播平均收视率为 2.2%，市场份额为 7.9%。

3 月 28 日：都市家庭剧《陪你一起长大》开播

44 集都市家庭剧《陪你一起长大》讲述了 4 个“家有萌娃”的家庭在“幼升小”时期经历种种挑战与成长的故事。该剧由芒果 TV 出品，陈昆晖执导，刘涛、李光洁等主演，于 2021 年 3 月 28 日在湖南卫视金鹰独播剧场播出。该剧首播平均收视率为 2.4%，市场份额为 9.0%，单集最高收视率为 3.9%。

4 月

4 月 4 日:《极限挑战》第七季开播

励志体验真人秀节目《极限挑战》第七季于 4 月 4 日至 6 月 20 日每周日晚间 21 点在东方卫视首播。《极限挑战》第七季共 12 期节目平均收视率为 2.2%,同时段市场份额 11.6%。该节目在 63 个城市的 7 天时移收视率为 0.54%,相当于 63 个城市首播收视率的 20.3%。7 月 4 日至 9 月 12 日播出的《极限挑战宝藏行·绿水青山公益季》共 10 期特别节目平均收视率为 1.8%,同时段市场份额为 8.8%。该节目在 63 个城市的 7 天时移收视率为 0.31%,相当于 63 个城市首播收视率的 14.8%。

4 月 11 日:家庭教育剧《小舍得》开播

42 集家庭教育剧《小舍得》讲述南俪、夏君山和女儿夏欢欢、儿子夏超超,田雨岚、颜鹏和儿子颜子悠等"小升初"阶段中国家庭的故事。该剧由上海柠萌影视传媒有限公司等出品,张晓波执导,宋佳、佟大为等主演,于 2021 年 4 月 11 日在中央台八套与东方卫视首播。该剧在东方卫视播出平均收视率为 2.3%,市场份额为 8.1%。该剧在 63 个城市 7 天时移收视率为 0.38%,相当于 63 个城市两频道首播收视率的 11.6%。

4 月 23 日:《奔跑吧》第五季开播

户外室内竞技真人秀节目《奔跑吧》第五季于 4 月 23 日至 7 月 16 日每周五晚 21 点左右在浙江卫视首播。《奔跑吧》第五季共 13 期节目平均收视率为 2.5%,同时段市场份额为 10.2%。该节目在 63 个城市 7 天时移收视率为 1.35%,相当于 63 个城首播收视率的 46.8%。10 月 22 日开播的《奔跑吧·黄河篇》播出的 5 期节目平均收视率 2.3%,同时段市场份额为 9.6%。该节目在 63 个城市 7 天时移收视率为 0.66%,相当于 63 个城首播收视率的 28.6%。

4 月 23 日:《向往的生活》桃花源篇开播

生活服务纪实节目《向往的生活》第五季桃花源篇,于 4 月 23 日至 7 月 23 日每周五晚间 22 点在湖南卫视首播。《向往的生活》桃花源篇共 14 期节目平均收视率为 2.2%,同时段市场份额为 17.5%。该节目在 63 个城市 7 天时移收视率为 0.86%,相当于 63 个城首播收视率的 33.1%。

5 月

5 月 4 日：三家卫视联播近代革命剧《啊摇篮》

40 集近代革命剧《啊摇篮》讲述了二十世纪四十年代抗日战争时期，党中央在延安成立托儿所，众多革命工作者为保护红色后代出生入死浴血奋战的革命经历。该剧由陕文投艺达影视出品，林柯执导，海清、李泽锋等主演，于 2021 年 5 月 4 日登陆北京卫视、广东卫视、东方卫视首播。三家联播总收视率为 3.8%，市场份额为 14.0%（表 7）。该剧在 63 个城市 7 天时移收视率为 0.24%，相当于 63 个城市首播收视率的 5.4%。

表 7　《啊摇篮》首播在三家联播卫视收视概况（所有调查城市）

单位：%

节目名称	播出频道	平均收视率	平均市场份额
《啊摇篮》	北京卫视	1.4	5.0
《啊摇篮》	广东卫视	0.6	2.3
《啊摇篮》	东方卫视	1.8	6.7

数据来源：CSM 媒介研究。

5 月 17 日：当代农村剧《温暖的味道》开播

41 集当代农村剧《温暖的味道》讲述了第一书记孙光明下乡后通过加强基层党组织建设、推动精准扶贫、开展产业升级，最终带领全村走向小康生活的故事。该剧由山东影视制作股份有限公司等出品，李云亮执导，靳东、李乃文等主演，于 2021 年 5 月 17 日在湖南卫视金鹰独播剧场播出。该剧首播平均收视率为 2.1%，市场份额为 8.1%。

6 月

6 月 12 日：《百度潮盛典》晚会播出

国潮骄傲主题晚会《百度潮盛典》由浙江卫视和百度在 2021 年 6 月 12 日联合推出。晚会首播收视率为 2.5%，同时段市场份额为 11.3%。

6 月 13 日：近代革命历史剧《百炼成钢》开播

45 集近代革命历史剧《百炼成钢》以音乐为媒，围绕《国际歌》《万里长征》《黄河在咆哮》《没有共产党就没有新中国》《最可爱的人》《歌唱祖国》《为希望祝酒》《年轻的朋友来相会》八个版块，以八首时代经典歌曲完整串联起党的故事。该剧由中共湖南省委宣传部、湖南广播影视集团出品，毛卫宁执导，王雷、赵樱子等主演，于 2021 年 6 月 13 日在湖南卫视金鹰独播剧场开播。该剧首播平均收视率为 2.1%，市场份额为 8.3%。

6 月 16 日：《天猫开心夜》晚会播出

由湖南卫视携手天猫打造的《天猫开心夜》于 2021 年 6 月 16 日在湖南卫视播出，晚会首播收视率为 2.4%，同时段市场份额为 13.8%。

7 月

7 月 1 日：《伟大征程》（庆祝中国共产党成立 100 周年大型情景史诗）播出

为庆祝中国共产党建党百年，包括中央台综合频道及各省级上星频道在内的 46 个上星频道于 2021 年 7 月 1 日晚间并机直播了《伟大征程》（庆祝中国共产党成立 100 周年大型情景史诗）。其中，在上星频道播出的总收视率分别为 10.0%，同时段市场份额为 42.9%；包含地面频道在内的总收视率为 10.8%，同时段份额为 47.1%。其中中央电视台综合频道播出的收视率为 2.3%，同时段份额为 10.1%。

7 月 23 日：第 32 届夏季奥林匹克运动会开幕

第 32 届夏季奥林匹克运动会于 2021 年 7 月 23 日至 8 月 8 日在日本东京举行，中国队位居金牌榜和奖牌榜第二位。其中开幕式在中央台五套进行了全程直播，中央台综合频道和中央台新闻频道进行了部分直播。其中，在中央台五套播出的收视率为 2.1%，同时段市场份额为 8.8%，中央台综合频道播出的收视率为 1.2%，同时段市场份额为 5.0%。

东京奥运会各场体育赛事直播中，8 月 1 日苏炳添参加的男子 100 米决赛一场比赛直播收视率为 4.9%，同时段份额为 16.6%，位居各项赛事榜首。乒乓球男团决赛与乒乓球女团决赛的直播收视率均达到 4.5%，分列第二位和第三位。田径女子和男子 4×100 米接力决赛也跻身前五（表 8）。

表 8 第 32 届夏季奥林匹克运动会赛事中央台五套播出前 5 的收视概况（所有调查城市）

单位：%

名称	日期	收视率	市场份额
《32 届奥运会男子 100 米决赛》	2021/8/1	4.9	16.6
《32 届奥运会乒乓球男团决赛》	2021/8/6	4.5	18.0
《32 届奥运会乒乓球女团决赛》	2021/8/5	4.5	17.7

续表

名称	日期	收视率	市场份额
《32 届奥运会田径女子 4×100 米接力决赛》	2021/8/6	4.4	16.0
《32 届奥运会田径男子 4×100 米接力决赛》	2021/8/6	4.2	16.6

数据来源：CSM 媒介研究。

7 月 30 日：《中国好声音》第十季开播

励志专业音乐评论节目《中国好声音》第十季于 7 月 30 日至 10 月 15 日每周五晚 21 点在浙江卫视首播。《中国好声音》第十季共 13 期节目的平均收视率为 2.0%，同时段市场份额为 8.8%。该节目在 63 个城市的 7 天时移收视率为 0.36%，相当于 63 个城市首播收视率的 16.8%。

8 月

8 月 12 日：都市职场剧《理想之城》开播

40 集都市职场剧《理想之城》反映了中国建筑行业现状，讲述了造价师苏筱成长的故事。该剧由爱奇艺等出品，刘进执导，孙俪、赵又廷等主演，于 2021 年 8 月 12 日在中央台八套与东方卫视首播。该剧在东方卫视播出平均收视率为 2.1%，市场份额为 7.8%。该剧在 63 个城市 7 天时移收视率为 0.44%，相当于 63 个城市首播收视率的 14.7%。

8 月 17 日：两家卫视联播家庭情感剧《乔家的儿女》

36 集家庭情感剧《乔家的儿女》以二十世纪三十年代社会发展变迁为背景，讲述了乔家的五个孩子，一成、二强、三丽、四美、七七，在艰苦的岁月里彼此扶持、相依为命的故事。该剧由东阳正午阳光影视有限公司等出品，张开宙执导，白宇、宋祖儿等主演，于 2021 年 8 月 17 日登陆江苏卫视、浙江卫视首播。两家联播总收视率为 3.6%，市场份额为 13.1%（表 9）。该剧在 63 个城市 7 天时移收视率为 0.32%，相当于 63 个城市首播收视率的 7.8%。

表 9　《乔家的儿女》首播在两家联播卫视收视概况（所有调查城市）

单位：%

节目名称	播出频道	平均收视率	平均市场份额
《乔家的儿女》	江苏卫视	1.8	6.7
《乔家的儿女》	浙江卫视	1.8	6.4

数据来源：CSM 媒介研究。

8月18日："8.18"汽车主题晚会播出

8月18日逐渐形成了汽车主题晚会日。2021年湖南卫视联合汽车之家、浙江卫视联合易车APP分别推出了两场晚会，其中湖南卫视的《818全球汽车夜》收视率为2.3%，同时段市场份额为8.8%；浙江卫视的《超级818汽车狂欢夜》收视率为2.1%，同时段市场份额为8.1%（表10）。

表10　2021年省级上星频道"818"晚会收视概况（所有调查城市）

单位：%

晚会名称	播出频道	收视率	市场份额
《818全球汽车夜》	湖南卫视	2.3	8.8
《超级818汽车狂欢夜》	浙江卫视	2.1	8.1

数据来源：CSM媒介研究。

9月

9月1日：《开学第一课》播出

2021年的《开学第一课》以"理想照亮未来"为主题，聚焦庆祝建党百年、全面建成小康社会，邀请"七一勋章"获得者、脱贫攻坚模范、抗疫先进人物、时代楷模、英雄航天员、空中梯队代表、"00后"奥运健儿、中青年艺术工作者和青少年代表走上讲台，通过"云课堂"方式和各地中小学生共上一堂课，生动讲好中国共产党为人民谋幸福、为民族谋复兴、为世界谋大同的故事。中央电视台综合频道2021年9月1日晚间20：00首播获得2.9%的收视率，同时段市场份额达到10.4%。

9月19日：《中国梦之声·我们的歌》第三季开播

代际潮音竞演综艺节目《中国梦之声·我们的歌》第三季于9月19日至12月5日每周日晚间21点在东方卫视首播。《中国梦之声·我们的歌》第三季共12期节目平均收视率为2.1%，同时段市场份额为11.0%。

9月21日：中秋晚会直播

《2021年中央广播电视总台中秋晚会》于9月21日晚间在中央电视台综合频道、中央台三套、中央台四套并机直播，三个频道收视率分别为2.4%、1.8%和1.0%，总收视率达到5.2%，同时段市场份额为19.5%。东方卫视播出的《朤月东方——中秋梦幻夜》进行了创新性的视觉呈现，获得了较好的效果，其首播收视率为1.8%，同时段份额为

6.7%（表11）。

表11 部分频道播出的2021年中秋节晚会收视表现（所有调查城市）

单位：%

晚会名称	播出频道	收视率	市场份额
《2021年中央广播电视总台中秋晚会》	中央电视台综合频道	2.4	9.2
	中央台三套	1.8	6.7
	中央台四套	1.0	3.6
《朤月东方——中秋梦幻夜》	东方卫视	1.8	6.7

数据来源：CSM媒介研究。

9月26日：四家卫视联播重大现实题材剧《功勋》

48集重大现实题材剧《功勋》分为八个单元《能文能武李延年》《无名英雄于敏》《默默无闻张富清》《黄旭华的深潜》《申纪兰的提案》《孙家栋的天路》《屠呦呦的礼物》《袁隆平的梦》，讲述八位功勋人物故事。该剧由上海广播电视台等出品，郑晓龙担任总导演，雷佳音、佟大为等主演，于2021年9月26日登陆北京卫视、江苏卫视、东方卫视和浙江卫视首播。四家联播总收视率为7.1%，市场份额为26.1%（表12）。该剧在63个城市7天时移收视率为0.35%，相当于63个城市首播收视率的4.2%。

表12 《功勋》首播在四家联播卫视收视概况（所有调查城市）

单位：%

节目名称	播出频道	平均收视率	平均市场份额
《功勋》	北京卫视	1.6	5.9
《功勋》	江苏卫视	1.9	6.9
《功勋》	东方卫视	1.8	6.8
《功勋》	浙江卫视	1.8	6.5

数据来源：CSM媒介研究。

10月

10月21日：古装历史剧《大宋宫词》开播

61集古装历史剧《大宋宫词》以刘娥和赵恒的爱情故事为主线，以“咸平之治”与“仁宗盛治”为历史背景，讲述了从公元985年到公元1033年，北宋真宗时代，名臣、宗族及周边国家之间邦交，相互依存、相互牵制的故事。该剧由荣信达影视等出品，李少红执导，刘涛、周渝民等主演，于2021年10月21日在江苏卫视幸福剧场播出。该剧首播平均收视率为2.2%，市场份额为7.8%。

10月21日：两家卫视联播现实题材剧《突围》

45集现实题材剧《突围》讲述了国企干部齐本安临危受命，空降京州市担任京州中福“一把手”，团结广大干部群众，加强党风廉政建设，挽回流失的国有资产，带领企业在经营困境中成功突围的故事。该剧由上海耀客传媒股份有限公司出品，沈严、刘海波执导，靳东、闫妮等主演，于2021年10月21日登陆东方卫视、浙江卫视首播。两家联播总收视率为4.5%，市场份额为15.9%（表13）。该剧在63个城市7天时移收视率为0.67%，相当于63个城市首播收视率的14.5%。

表13 《突围》首播在两家联播卫视收视概况（所有调查城市）

单位：%

节目名称	播出频道	平均收视率	平均市场份额
《突围》	东方卫视	2.3	8.0
《突围》	浙江卫视	2.2	7.9

数据来源：CSM媒介研究。

11月

11月6日：《青春环游记》第三季开播

文化旅游探索类节目《青春环游记》第三季于11月6日开始在浙江卫视首播。《青春环游记》第三季在2021年播出的8期节目平均收视率为2.0%，同时段市场份额为8.3%。

11月10日：“双11”晚会播出

2021年的“双11”晚会竞争有多家卫视参与，其中表现相对突出的是湖南卫视的《11.11超拼夜》，晚会收视率为1.8%，同时段市场份额为7.8%。浙江卫视和东方卫视联合直播的天猫晚会，两频道合计的总收视率为2.3%，同时段市场份额为9.9%（表14）。10月31日北京卫视播出了与京东合作的《京东11.11沸腾之夜》晚会，收视率为1.8%，同时段市场份额为6.9%。

表 14　2021 年省级卫视“双 11”晚会收视概况（所有调查城市）

单位：%

晚会名称	播出频道	收视率	市场份额
《11.11 超拼夜》	湖南卫视	1.8	7.8
《2021 天猫双 11 狂欢夜》	浙江卫视	1.3	5.5
	东方卫视	1.0	4.4

数据来源：CSM 媒介研究。

12 月

12 月 11 日：家庭伦理剧《小敏家》开播

45 集家庭伦理剧《小敏家》讲述了王素敏独自抚养两个女儿刘小敏、刘小捷长大，没想到女儿们却先后离婚的故事。该剧由柠萌影视等出品，汪俊执导，周迅、黄磊等主演，于 2021 年 12 月 11 日在湖南卫视金鹰独播剧场首播。该剧首播平均收视率为 2.2%①，市场份额为 8.3%。该剧在 63 个城市 7 天时移收视率为 0.24%，相当于 63 个城市首播收视率的 10.2%。

12 月 31 日：跨年晚会播出

2021 年观众收看跨年晚会的热情持续高涨。其中，江苏卫视跨年晚会收视率为 4.0%，同时段市场份额为 16.4%；湖南卫视跨年晚会收视率为 3.3%，同时段市场份额为 14.3%；中央台综合频道和中央台三套并机播出的《启航 2022》两频道总收视率为 1.6%；东方卫视和浙江卫视的跨年晚会收视率均为 1.5%（表 15）。

表 15　2021 年部分跨年晚会收视表现（所有调查城市）

单位：%

节目名称	播出频道	收视率	市场份额
《2022 跨年演唱会用奋斗点亮幸福》	江苏卫视	4.0	16.4
《青春中国 2021 ~ 2022 跨年晚会》	湖南卫视	3.3	14.3
《启航 2022》	中央电视台综合频道	1.1	4.3
	中央台三套	0.5	2.1
《想把我唱给你听——2022 浙江卫视跨年晚会》	浙江卫视	1.5	7.0
《梦圆东方·2022 东方卫视跨年盛典》	东方卫视	1.5	6.3

数据来源：CSM 媒介研究。

① 由于该剧于 2022 年 1 月收官，使用 2021 年与 2022 年可打通的 98 个城市组计算。

结　语

2021 年的电视大屏收视两级分化现象更为明显，头部的内容与平台收视依然突出。《功勋》《山海情》《啊摇篮》《跨过鸭绿江》等一批新式主旋律题材电视剧获得观众认可，其他收视表现突出电视剧也聚焦在家庭教育、职业成长等现实题材，和普通百姓的生活同频共振。电视综艺节目方面，《奔跑吧》《极限挑战》等多档综 N 代节目收视长青，节目内容也与主题内容宣传更加契合，更具思想内涵。综艺节目也在持续创新，多档新综艺取得了突出的收视表现。省级上星频道还积极与互联网头部企业携手推出了多场综艺晚会，形成了贯穿全年的晚会系列，实现了收视与收益的双丰收。2021 年的夏季奥运会也留下了许多精彩瞬间，2022 年的北京冬奥会、杭州亚运会等重大体育盛会即将拉开帷幕，后疫情时代的体育内容传播令人憧憬。

在 2021 年底，中宣部、国家广电总局在深入开展文娱领域综合治理工作时，强调坚持政治家办台，坚持社会效益优先，大力弘扬社会主义核心价值观，更加聚焦新时代火热生活，聚焦新时代奋斗者、劳动者。这些导向正确、更具精神内涵的精神文化产品将给全社会带来更多的正能量。这也为新一年里的电视剧、综艺节目以及更多类型的节目内容生产和传播指明了方向。只要沿着正确的方向不断前进，广电主流媒体在融合转型发展中一定能有更大的作为，为“十四五”开启全面建设社会主义现代化国家新征程做出更大的贡献。

（作者：吴凡）

2021年中国内地电视剧市场收播特征盘点

2021年的中国电视剧市场在静水深流中迎来了尘埃落定般的格局变幻，创作方向上守正创新成主流，叙事方式上“小正大”成常见切口，一定程度上实现了“有高原亦有高峰”的宝贵局面。一是在政策的红利和引导下，主题性创作牢牢发挥“定海神针”般的引领作用，从市场实际表现来看，主题性创作的作品表现可圈可点，从而形成新的“高原”地带。二是在多方因素加持下，涌现了一批思想精深、艺术精湛、制作精良的好作品，成为一座座引发观众共情共鸣的收视“高峰”。从CSM100城市数据来看，我国电视剧市场又出现了以下几个收播特征。

一　收播总量：供给侧坚持“减法”，收视端持续“加法”

从电视剧供给端看，依然秉持“减减减”的三减策略。经过前几年政府持之以恒的减量提质举措，电视剧制作市场俨然已去虚火、去泡沫，大大缓解了产能过剩的局面。“一减”：政府严控审批总量。2021年全年，全国电视剧拍摄制作备案公示的剧目共498部、16485集，分别比2020年度下降了26%和30%；全年全国生产完成并获得《国产电视剧发行许可证》的剧目194部6722集，分别比2020年度减少8部、728集；其中现实题材剧目共计144部、4777集，分别占总部数、总集数的74.2%和71.1%。“二减”：针对内容瘦身，实现“排水挤油”。从单部剧的容量上看，出现了杜绝“注水”的紧缩态势，2021年申报公示的每部平均集数是33.1集，比2020年减少2集，通过审批发行的剧目每部平均集数是34.6集，同比缩减2.2集。“三减”：播出端新剧上市数量减少。自2013年以来上星频道的晚黄金档首轮剧供应量保持着下滑之势，2021年仅107部，年度削减6部（图1）。

从全国所有调查城市各类节目的播出和收视比重看，2021年电视剧播出比重是28.8%，同比下降1个百分点，呈现稳中有降的局面。收视比重自2017年以来一直在上升，2021年更是创近年来的新高，达到35.9%（图2）。这充分表明电视剧处于“供不应求”的状态，观众对于电视剧的需求更加旺盛，电视剧仍是他们最喜欢收看的节目类型，尤其在近两年的疫情防控期间，电视剧更是发挥了舒缓焦虑、情感抚慰、启

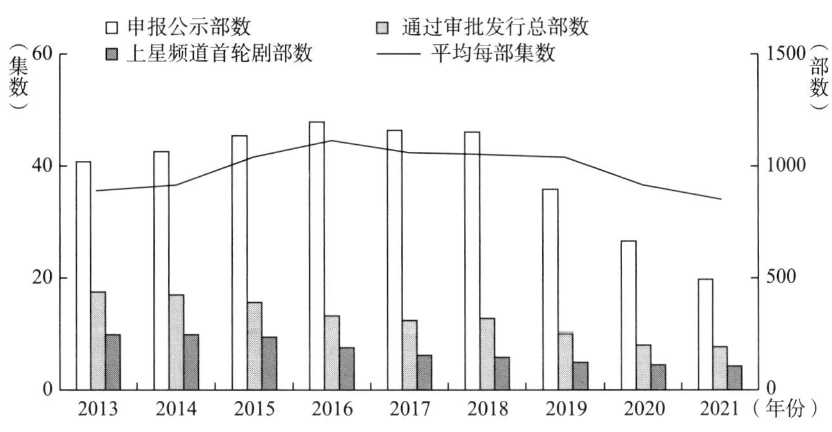

图 1　2013～2021 年我国电视剧部数及集数变化趋势

数据来源：国家广播电视总局、CSM 媒介研究。

智润心的巨大作用。

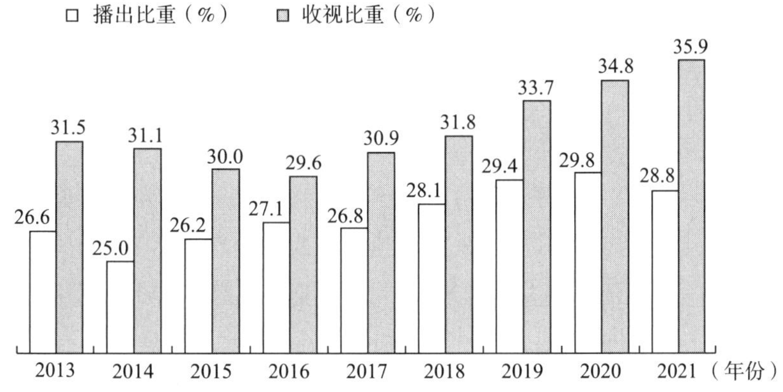

图 2　2013～2021 年电视剧播出与收视比重（历年所有调查城市）

数据来源：CSM 媒介研究。

二　竞争格局：省卫视成最大赢家，头部阵营“扁平化”

近年来，各级频道对电视剧市场这块蛋糕的争夺渐渐出现了“一面赢”的态势。2021 年上星频道共瓜分近 74% 的收视份额，地面频道整体微超 25%（省级非上星频道占 19.2%，市级频道占 6.2%）。其中，省级上星频道无疑是电视剧市场的最大赢家，显示出整体的超强实力，收视份额连年攀升，2021 年更是一举突破 55%，同比上升超过 6 个百分点；中央级频道共分得 18.7% 的收视份额，同比下滑近 2 个百分点；地面频道呈现节节败退的颓势，无论是省级非上星频道还是市级频道，均连续三年收视份额出现下滑（图 3）。

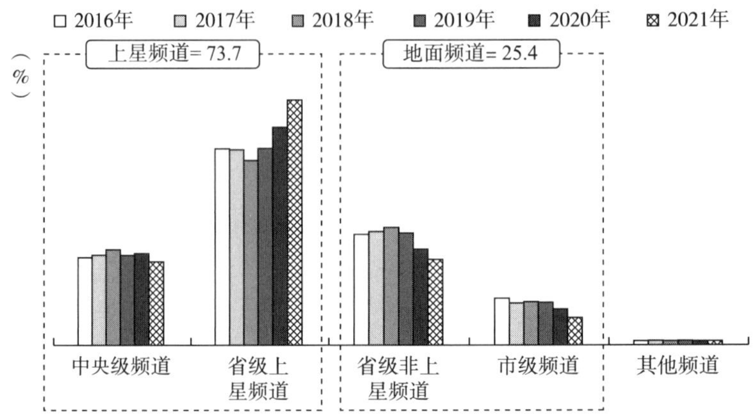

图 3　近年来不同频道组的电视剧收视份额变化（历年所有调查城市）

数据来源：CSM 媒介研究。

首轮剧在强弱上星频道的数量占比呈现“二八格局”，强势上星频道牢牢掌控着最新鲜、最优质的电视剧资源。2021 年，中央电视台综合频道、中央台八套、东方、北京、浙江、江苏、湖南这 7 家卫视每家至少播出 12 部首轮剧，共计播出 117 部次，占据总首播量的 80%，其中，中央台八套播出量最大，达 23 部，东方、北京、浙江、江苏、湖南这 5 家卫视年播出量在 15～18 部。

2021 年，上星频道竞合关系出现了两个鲜明特征。一是强势卫视更加重视资源的稀缺性与独占性，越来越多的首轮剧采用了独播模式，占比高达 79%，年度同比增长 7 个百分点，“一剧一星”的格局基本实现。二是出现了多部多家上星联播的剧目，有 4 部（《光荣与梦想》《百炼成钢》《突围》《扫黑风暴》）是 3 家联播，有 3 部（《功勋》《我们的新时代》《理想照耀中国》）是 4 家联播，《啊摇篮》在北京、东方、广东、深圳、河南这 5 家卫视联播（含跟播），《山海情》登陆东方、北京、浙江、宁夏、东南、深圳这 6 家卫视（含跟播）。这种突破“一剧两星”的播出模式，在特殊节点响应了政府号召，达到了对外收视共振、集体放大声量的传播效果（图 4）。

在全国市场，上星频道晚黄档电视剧竞争一向此起彼伏，头部平台之间的竞争相当激烈，2021 年“扁平化”趋势异常明显。湖南、浙江、江苏、东方、北京这 5 家省级卫视晚黄档电视剧平均收视率均超过了 1.35%，构成了强大的一线阵营。较之 2020 年，除了湖南卫视，主要卫视电视剧平均收视率普遍出现增长，浙江卫视达到 1.86%、上升了 0.4 个百分点，江苏卫视达到 1.85%、上升了 0.48 个百分点，东方卫视 1.84%、上升了 0.32 个百分点，湖南卫视 1.77%、下降了 0.21 个百分点，至此，这些卫视的收视率水平彼此更为接近，竞争味道浓烈。在二线卫视中，广东、深圳卫视进步巨大，晚黄档电视剧平均收视率分别达到 0.63% 和 0.6%，跻身“新贵”（图 5）。

2021 年，各大上星频道全年晚黄档电视剧收视率走势也十分胶着、迂回震荡。各

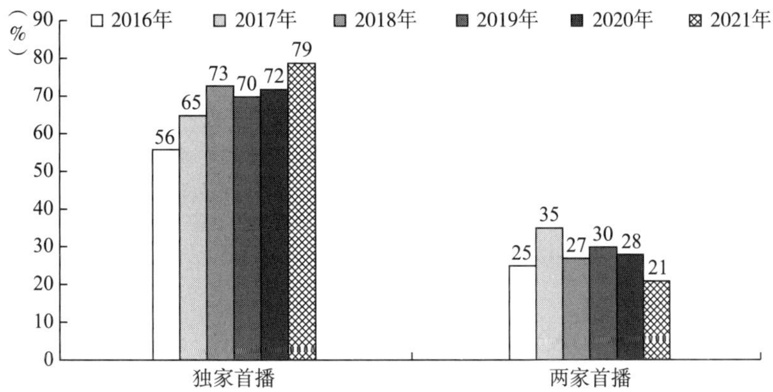

图 4 2016～2021 年上星频道晚黄档首轮剧播出模式（19：30～22：00）

数据来源：CSM 媒介研究。

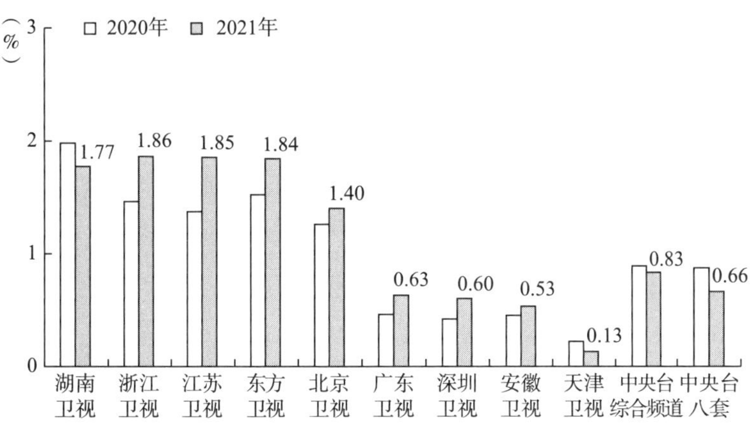

图 5 2020～2021 年主要上星频道晚黄档电视剧平均收视率（100 个城市，19：30～22：00）

数据来源：CSM 媒介研究。

家卫视不时抛出“撒手锏”，有节奏地凭借好剧保持收视在高位冲浪。2021 年初，在延续 2020 年播出的剧目中，东方卫视和浙江卫视联播的《大江大河 2》、湖南卫视独播的《巡回检查组》收视较好；1 月全新开播的剧目中，以多家卫视联播的《山海情》最为亮眼，口碑收视齐丰收；2 月，湖南卫视的古装剧《风起霓裳》竞争力强悍；3 月，江苏卫视凭借《琉璃》《海洋之城》与湖南卫视的《爱的理想生活》交替领先；4 月，湖南卫视《陪你一起长大》、中央台八套和东方卫视《小舍得》、浙江和江苏卫视《号手就位》霸屏；5～6 月，《理想照耀中国》《温暖的味道》《啊摇篮》《光荣与梦想》《百炼成钢》《我们的新时代》等主旋律大剧热播；7～8 月的暑期，湖南卫视《对你的爱很美》和中央台综合频道的《大决战》各自取得不错的收视成绩，中央八套、东方卫视和北京卫视联播的《扫黑风暴》不仅口碑收视双丰收，而且在 63 个城市的 7 天时移增量高达 38%，浙江和江苏卫视联播的《乔家的儿女》《心跳源计划》也表现喜人；9 月底，各大卫视喜迎国庆，四家卫视联播重磅剧目《功勋》，掀起追“功勋之星”的热潮；10 月，江苏卫视古装巨制《大宋宫词》、北京卫视谍战剧《前行者》、三星联播的《突围》选择同步“正面刚”；11 月，北京卫视古偶剧《斛珠夫人》、浙江卫视《不惑之旅》、东方卫视的《两个人的世界》先后开播；12 月下旬，一线卫视再次依托头部剧冲高，江苏卫视亮出军旅剧《王牌部队》，东方卫视播出轻喜风格的《三生有幸遇上你》，江苏卫视则推出《一起深呼吸》。

三　题材类型：顺应节点灵活调整，重大革命出现井喷

2021 年是中国共产党成立 100 周年，脱贫攻坚收官之年，各类主题性创作作品批量入市，各级频道的电视剧题材相互搭配，既凸显出“应时而变”的特征，同时又各具特色。

中央台综合频道和中央台八套晚黄档题材配比差异较大，频道定位走向互补。中央台综合频道成为播映主题性作品的“领头羊”，正能量“爆棚”，题材相对较为集中单一，重大革命题材剧播出占比达到 43%，奋斗励志类题材的电视剧占比超过 20%，当代主旋律类题材的电视剧占比达到 15%。中央台八套开始华丽蜕变，播出剧目颇具网感，以都市生活类最多（占比 20%），一向有优势的反特/谍战剧占比为 18%，社会伦理剧占比为 16%，重大革命题材的电视剧占比为 13%，还包括武侠、言情、军事斗争、涉案、近代传奇、悬疑等题材。

省级上星频道的电视剧题材打破了往年格局，频频播出主旋律题材，满屏涌动着红色浪潮：反特/谍战剧占比为 14%，重大革命剧占比为 13%，当代主旋律与都市生活剧平分秋色各占比为 10%，时代变迁剧占比为 9%，军事斗争剧占比为 8%，往年大类题材言情剧大幅萎缩到 7%。

地面频道面对深刻变化的电视剧市场，播出剧目题材显得十分稳定，仍然以军事斗争（20%）、反特/谍战（19%）、近代传奇（12%）这三大类为主，总播出比重突破 50%。地面频道之所以“以不变应万变”，一方面是坚持囊中羞涩下紧抓高性价比题材，另一方面则是因为这些主播题材天然契合党庆氛围，无须改弦易辙（图 6）。

在庆祝建党百年华诞的浪潮中，重大革命题材出现了井喷现象，无疑是最为耀眼和代表性的存在，是政府大力扶持的重点项目。2020 年全年，全国生产完成并获得《国产电视剧发行许可证》的重大题材剧共计 6 部 276 集，2021 年共计 11 部 437 集，增幅明显。重大革命题材也正成为上星频道的“香饽饽”。2021 年上星频道晚黄档共计播出 8 部，中央台综合频道播出 4 部：《香山叶正红》《大决战》《中流击水》《觉醒年代》，中央台八套播出《向警予》，浙江和江苏卫视联播《大浪淘沙》，北京、东方、

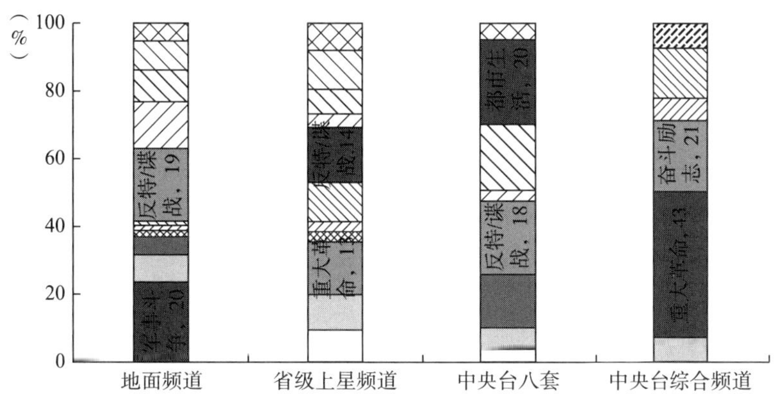

图 6 2021 年各级频道晚黄档各类电视剧题材播出比重（100 个城市，上星频道 19:30~22:00，地面频道 18:00~24:00）

数据范围：CSM 媒介研究。

广东卫视联播《光荣与梦想》，湖南、安徽、广东卫视联播《百炼成钢》（表 1）。

近年来，大型主旋律电视剧的创作有了更精彩的艺术讲述方式，以艺术影像全景式展现史海钩沉，致敬可爱而伟大的共产党人，具有雄浑大气的史诗风，有情怀有看点，刷新了人们对于此类题材的固有模式，有的甚至破圈成为网红剧目。有的剧在人物塑造上有重大突破，例如中央台综合频道播出的《觉醒年代》荣获白玉兰奖最佳导演、最佳男演员、最佳编剧等奖项，豆瓣评分超过 9.0；有的剧结构精巧，如《百炼成钢》围绕同一主题、巧用“串珠结构”，以建党百年历程为主轴，纳入音乐元素，通过八首经典歌曲串联起八大版块，结构精巧、无缝衔接；有的剧打破常规创作模式，例如《理想照耀中国》集合了 40 组人物的故事，从选题到创意实行“全民共创”，40 个优质选题脱胎于 300 多个投稿，为后来主题性创作提供了更多思路。

表 1 2021 年重大革命剧在上星频道晚黄档首播表现（100 个城市，19:30~22:00）

单位：%

首播剧	首播卫视	总收视率	总市场份额
《觉醒年代》	中央电视台综合频道	0.60	2.13
《大浪淘沙》	浙江、江苏	3.09	11.42
《中流击水》	中央电视台综合频道	0.67	2.58
《向警予》	中央台八套	0.39	1.54
《光荣与梦想》	北京、东方、广东	3.96	14.62
《百炼成钢》	湖南、安徽、广东	3.13	12.29
《大决战》	中央电视台综合频道	1.31	5.11
《香山叶正红》	中央电视台综合频道	0.92	3.59

数据来源：CSM 媒介研究。

四　市场热点：主旋律剧渐成气候，现实题材精彩纷呈

2021 年，现实题材电视剧是上星频道晚黄档的主流类型，以 73% 的高占比继续霸屏，其次是近代题材电视剧占比为 20%，古装剧占比为 7%。随着一流制作公司的加入，现实题材剧在创作的道路上，做到了“找准选题、讲好故事、拍出精品”，让观众在不同层面见证“中华历史之美、山河之美、文化之美”。

热播剧的题材热点相对分散，呈现丰富多元、打破常规的特征。总收视率破 1% 的好剧中既有传统大类也有传统小类，其中，言情剧占比为 16%，都市生活剧占比为 12%，社会伦理剧占比为 9%。当代主旋律和重大革命题材表现突出，各占 5 部和 4 部；历史故事剧占 4 部，厚重的时代变迁剧魅力犹存（占 3 部）；涉案剧、反特/谍战、农村剧（脱贫剧）各占 3 部；近代传奇、悬疑、军旅生活、商战剧各占 2 部；此外还包括军事斗争、公案、神怪玄幻、奋斗励志剧各 1 部。

主旋律电视剧方兴未艾，水平飞速提升，将思想性、艺术性和可视性有机结合起来，在结构、题材、戏剧模式、人物组合等各方面积极探索，大胆推出新剧种、新样态，有收视、有热度、有口碑，更是锤炼出了现象级的爆款。2021 年总收视率突破 3% 的主旋律矩阵中，既包括《功勋》《理想照耀中国》《突围》《我们的新时代》《阿坝一家人》等当代主旋律故事，也包括《光荣与梦想》《百炼成钢》《大浪淘沙》这 3 部重大革命剧，以及时代变迁剧《乔家的儿女》《美好的日子》、军事斗争剧《啊摇篮》、军旅生活剧《号手就位》、涉案剧《扫黑风暴》、社会伦理剧《埃博拉前线》、脱贫攻坚剧《山海情》等。这些剧目秉承“现实主义”的创作方法，情怀感人、视角开阔、颇具创意，成为新时代剧作精品。

有几部高收视作品尤为值得关注。第一部是由东阳正午阳光影视制作的《山海情》，从 2021 年 1 月 12 日起以“5 +1”模式在东方、浙江、北京、宁夏、东南五家卫视首播，深圳卫视跟播，以西部电影大片的质感和精湛表演引爆各大热榜，在年轻人云集的哔哩哔哩网站成功出圈，100 个城市总收视率达到 4.56%，豆瓣评分高达 9.4，还获得第 27 届上海电视节白玉兰奖最佳电视剧、最佳男女配角、最佳摄影等奖项，将脱贫剧做成了行业标杆。第二部是《功勋》，2021 年 9 月 26 日同步登陆北京、东方、浙江、江苏四大头部卫视，用 8 个单元讲述 8 位功勋人物故事，丰富细腻的情节设计、伟大质朴的人物情怀，让昔日神坛上的英雄化身为有血有肉有泪的凡人，让观众“破防”，引发全民共情共鸣，在 100 个城市获得了 6.16% 的超高总收视率，成为当之无愧的年度“剧王”。第三部是重大革命题材剧《大决战》，由高希希导演执导，2021 年 6 月 25 日登陆中央电视台综合频道，以恢弘震撼的气势、高度逼真的战争场景、创新性

的人物塑造，惊艳了观众，收视率节节攀升，最终以 100 个城市 1.31% 的战绩收官，在 63 个城市的 7 天时移增量突破 25%，成为“大剧看总台”的有力注脚，也成为近年来战争剧的翘楚之作。

以都市生活和言情类为主的都市情感题材是卫视晚黄档的中流砥柱，不仅在总收视率破 1% 的阵营中占近三分之一，《春天里的人们》《八零九零》《海洋之城》《甜蜜》《陪你逐风飞翔》《暖阳之下》等剧还成功跻身献礼剧。其中，言情剧《爱的理想生活》《爱在星空下》《三生有幸遇上你》《半暖时光》《我的砍价女王》《这个世界不看脸》《舍我其谁》《若你安好便是晴天》《陪你逐风飞翔》收视表现较好。例如，黄景瑜和王丽坤领衔主演的《三生有幸遇上你》凭借反差萌的人设、幽默风趣的风格脱颖而出，让人“上头”。都市生活剧《陪你一起长大》《海洋之城》《不惑之旅》《八零九零》《两个人的世界》《对你的爱很美》《假日暖洋洋》，也获得了较好成绩。

2021 年电视剧市场还出现了几股小热流、小清流。一是教育类电视剧再次发力，“教育内卷”进一步下沉到“幼教”领域。湖南卫视上映《陪你一起长大》（2021 年 3 月 28 日），聚焦“幼升小”阶段的亲子关系和育儿理念，100 个城市收视率超过 2%；中央台八套和东方卫视联播《小舍得》（2021 年 4 月 11 日），直击“小升初”阶段的教育焦虑，豆瓣评分超过 7.0，100 个城市总收视率突破 2.9%。二是大国救援剧有井喷势头，尤其是医疗对外援助题材，非常契合当下全球疫情防控的情况，从不同侧面展示了中国“大国医疗”实力和国际人道主义精神，具体包括援非医疗剧《埃博拉前线》（北京、浙江卫视，2021 年 12 月 8 日），援外海岛医疗剧《一起深呼吸》（江苏卫视，2021 年 12 月 19 日），跨国打击海外犯罪剧《刑警之海外行动》（北京卫视，2021 年 2 月 13 日），中国海军医院船援外剧《和平之舟》（中央电视台综合频道，2021 年 11 月 4 日），正面塑造了中国的国际形象。三是关注中年人内心的“中年剧”有崛起迹象，已播出的有《不惑之旅》《小敏家》《星辰大海》。其中，前两者直面中年女性职业和婚姻困境，尤其《小敏家》引发了广泛关注，在 63 个城市的 7 天时移增量超过 10%。

此外，有些垂类剧已采用年轻化表达方式，融入更多鲜活的时代元素，做出了可贵的探索。例如，反特/谍战剧推陈出新，再塑荧屏经典。其一是侧重新中国成立前谍战的《叛逆者》，情怀满满，人物内心戏十足，豆瓣评分超过 8.0，热度较高，在 63 个城市的 7 天时移增量达 26.7%。其二是聚焦当代谍战的《对手》，一反常态以台湾驻大陆的夫妻间谍视角切入，颇具市井烟火气，让观众对于近在咫尺的间谍斗争悚然心惊，具有良好的思想教育意义（表 2、表 3）。

表 2　2021 年上星频道晚黄档总收视率在 2%～3%的剧目（19：30～22：00 时段，100 个城市）

首播剧	时代背景	题材	首播卫视（含跟播）	开播日期
《两个人的世界》	当代剧	都市生活	东方	2021/11/16
《江山如此多娇》	当代剧	农村	湖南	2021/1/10
《八零九零》	当代剧	都市生活	湖南	2021/4/21
《温暖的味道》	当代剧	农村	湖南	2021/5/17
《不惑之旅》	当代剧	都市生活	浙江	2021/11/16
《琉璃》	古装剧	神怪玄幻	江苏	2021/2/19
《小敏家》	当代剧	社会伦理	湖南	2021/12/11
《爱在星空下》	当代剧	言情	浙江	2021/3/17
《风起霓裳》	古装剧	历史故事	湖南	2021/1/27
《海洋之城》	当代剧	都市生活	江苏	2021/3/23
《王牌部队》	当代剧	军旅生活	江苏	2021/12/26
《大宋宫词》	古装剧	历史故事	江苏	2021/10/21
《爱的理想生活》	当代剧	言情	湖南	2021/3/1
《陪你一起长大》	当代剧	都市生活	湖南	2021/3/28
《理想之城》	当代剧	奋斗励志	中央台八套、东方	2021/8/12
《我是真的爱你》	当代剧	社会伦理	北京、东方	2021/7/19
《小舍得》	当代剧	社会伦理	中央台八套、东方	2021/4/11

数据来源：CSM 媒介研究。

表 3　2021 年上星频道晚黄档总收视率超过 3%的剧目（19：30～22：00 时段，100 个城市）

首播剧	时代背景	题材	首播卫视（含跟播）	开播日期
《大浪淘沙》	近代剧	重大革命	浙江、江苏	2021/5/11
《百炼成钢》	跨越剧	重大革命	湖南、安徽、广东	2021/6/13
《阿坝一家人》	当代剧	当代主旋律	浙江、江苏	2021/7/3
《埃博拉前线》	当代剧	社会伦理	北京、浙江	2021/12/8
《心跳源计划》	当代剧	悬疑	浙江、江苏	2021/7/22
《美好的日子》	现当代剧	时代变迁	浙江、江苏	2021/6/3
《乔家的儿女》	现当代剧	时代变迁	浙江、江苏	2021/8/17
《扫黑风暴》	当代剧	警匪	北京、东方、中央台八套	2021/8/9
《正青春》	当代剧	商战	浙江、东方	2021/1/24
《号手就位》	当代剧	军旅生活	浙江、江苏	2021/4/13
《输赢》	当代剧	商战	北京、浙江	2021/12/21
《暴风眼》	当代剧	反特/谍战	浙江、东方	2021/2/23
《理想照耀中国》	现当代剧	当代主旋律	湖南、北京、东方、河北	2021/5/4
《光荣与梦想》	近代剧	重大革命	北京、东方、广东	2021/5/25

续表

首播剧	时代背景	题材	首播卫视（含跟播）	开播日期
《我们的新时代》	当代剧	当代主旋律	北京、东方、深圳、黑龙江	2021/6/16
《啊摇篮》	近代剧	军事斗争	北京、东方、广东、深圳、河南	2021/5/4
《山海情》	当代剧	农村	东方、北京、浙江、宁夏、东南、深圳	2021/1/12
《突围》	当代剧	当代主旋律	浙江、东方、山东	2021/10/21
《功勋》	现当代剧	当代主旋律	北京、东方、浙江、江苏	2021/9/26

注：播出频道中红色为跟播频道。

数据来源：CSM 媒介研究。

五 地面频道：硬朗题材表现较好，老剧复播市场犹存

在生存空间日渐被挤压的不利环境下，加上资金有限，地面频道的电视剧市场整体呈现萎缩状态，主播题材多年来保持着高性价比、高集中度、高稳定性的“三高特征”。2021 年在 100 个城市晚间 18：00～24：00、进入当地收视排名前 20 的电视剧题材中，大体格局几乎和 2020 年一样，均以军事斗争、反特/谍战和近代传奇这老三样为主，部次占比分别在 30.2%、23.4% 和 13.4%，总占比为 67%。社会伦理题材保持在 8% 以上，都市生活剧提升了 1.5 个百分点，时代变迁、言情、农村、涉案剧总体占 11%（图 7）。

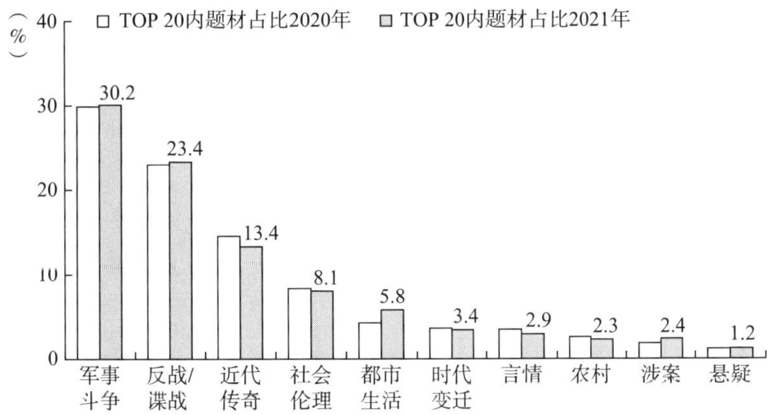

图 7 2020～2021 年地面频道热播题材分布（100 个城市，18：00～24：00）

数据来源：CSM 媒介研究。

从 2021 年地面频道所播剧目进入各地电视剧 TOP 20 的名单分布情况看，有三个明显特点。一是以军事斗争、反特/谍战、近代传奇等传统大类为主，还包括部分社会伦理、言情剧。其中，军事斗争剧《地道女英雄》属于地面播出王，在 16 个城市、32 个

地面频道播出，22 次进入所播城市的 TOP 20；社会伦理剧《妈妈在等你》在 29 个城市、53 个地面频道播出，18 次进入各地 TOP 20；反特/谍战剧《杀狼》在 20 个城市、39 个地面频道播出，16 次进入各地 TOP 20；近代传奇剧《烈火战马》在 20 个城市、31 个地面频道播出，15 次进入各地 TOP 20。此外，军事斗争剧《野山鹰》《三道塬》《铁血武工队传奇》，反特/谍战剧《冷风暴》《枪花》《秋蝉》，社会伦理剧《梅花儿香》《以家人之名》，言情剧《爱的阶梯》《幸福爱人》，均至少 10 次进入各地电视剧 TOP 20 之列（表 4）。

二是老剧在地面频道热播，以独特魅力经久不衰，以可观的剩余价值继续发光发热。在至少 10 次进入各地 TOP 20 的 15 部剧单中，仅有 4 部电视剧是 2020 年以来的新剧。《冷风暴》是 10 年前的老剧，《枪花》《妻子的秘密》《幸福爱人》《铁血武工队传奇》等剧在 2013～2014 年间获批发行，剧龄也有 7、8 岁，《地道女英雄》《野山鹰》《爱的阶梯》《杀狼》《梅花儿香》《秋蝉》在 2015～2017 年入市，剧龄有 4～6 岁。造成这种局面的一个重要原因是地面频道实力不足，本身就难以获得新剧，加上上星频道热播剧多属独播模式，二轮发行权短期内难得，因此地面频道无米下锅只好不停地炒冷饭，在电视剧资源争夺中处境更加艰难。

三是央视播过的剧目在地面频道重播效果相对较好，例如，曾在中央台热播的《大侠霍元甲》《小娘惹》《叛逆者》《有你才有家》《远方的山楂树》等，均不下 7 次进入各地前 20 名之列。

表 4　2021 年地面频道热播剧（100 个城市，18:00～24:00）

TOP 20 剧目	题材	进入 TOP 20 频次（次）	总频道数（个）	总城市数（个）	制作年代（年）
《地道女英雄》	军事斗争	22	32	16	2015
《妈妈在等你》	社会伦理	18	53	29	2020
《杀狼》	反特/谍战	16	39	20	2016
《烈火战马》	近代传奇	15	31	20	2020
《野山鹰》	军事斗争	14	59	16	2015
《梅花儿香》	社会伦理	12	28	8	2017
《冷风暴》	反特/谍战	12	27	9	2011
《枪花》	反特/谍战	12	25	9	2013
《秋蝉》	反特/谍战	11	42	14	2017
《三道塬》	军事斗争	10	13	8	2021
《爱的阶梯》	言情	10	20	4	2015
《妻子的秘密》	当代传奇	10	22	3	2014
《幸福爱人》	言情	10	16	2	2014

续表

TOP 20 剧目	题材	进入 TOP 20 频次（次）	总频道数（个）	总城市数（个）	制作年代（年）
《铁血武工队传奇》	军事斗争	10	33	9	2014
《以家人之名》	社会伦理	10	47	29	2020

数据来源：CSM 媒介研究。

结　语

综上所述，2021 年我国的电视剧市场已经完成了一场内容和形式的“蜕变”——自主性创作与主题性创作并存。随着电视台不断被要求提升站位，主题性创作快速华丽变身，不仅成为制作公司的必修功课，也是头部播出平台的重点考虑内容。主旋律电视剧正成为弘扬光大我党思想意识形态领域的重要抓手。2021 年 12 月第十届文代会召开，要求弘扬以爱国主义为核心的民族精神和以改革创新为核心的时代精神，定下了未来电视剧创作的基调和方向。2022 年 2 月 10 日，国家广电总局印发《“十四五”中国电视剧发展规划》的通知，提出“十四五”时期中国电视剧发展目标为：主题创作引导激励机制更加完善、精品供给能力显著增强。由此可见，如何在主题性创作领域做大做好做强，用新的思维、新的语态讲好新的故事，已经成为决胜未来市场的关键所在。

（作者：李红玲）

2021年全国新闻节目收视分析

2021年3月，十三届全国人大四次会议表决通过《全国人民代表大会关于完善香港特别行政区选举制度的决定》，这是继制定实施香港国安法后，中央依法治港的又一重大举措；4月，空间站“天和”核心舱进入预定轨道，中国空间站建造进入全面实施阶段，6月和10月，两批次中国航天员入驻，开启中国航天的“空间站时代”；7月1日，庆祝中国共产党成立100周年大会在北京天安门广场隆重举行，各界代表7万余人以盛大仪式欢庆中国共产党百年华诞，习近平总书记发表重要讲话；7~8月，东京奥运会举办，中国体育代表团共获得38金32银18铜，完美收官；11~12月，国家主席习近平先后同美国总统拜登和俄罗斯总统普京举行视频会晤。这些重大事件无疑都成了2021年度的新闻热点。本文根据CSM媒介研究2021年在全国102个城市的收视调查数据，对新闻节目的收视状况进行分析和梳理，与业界共享。

一　新闻节目整体收播状况

1. 新闻节目收视比重和资源利用效率均较疫情之前有所提升

近十年来，新闻节目的播出比重始终稳定在10%~11%，收视比重在2020年新冠肺炎疫情发生之前也稳定在13%~14%。在特殊的2020年，新闻节目的收视比重蹿升至16.8%，资源利用效率高达68%。而在疫情常态化的2021年，播出比重仍稳定在10.4%，收视比重虽较2020年有所回落降至14.5%，较疫情前的2019年却有1.2个百分点的增长，资源利用效率也由2019年的26.7%提升到39%，涨幅达46%，足见人们在这一年对新闻节目的关注度仍维持在较高水平（图1）。

2. 各地新闻节目人均收视总时长水平差异较大

在不同城市，人们对于不同类型节目的收视喜好往往存在一定差异。观察35个中心城市（包括直辖市、省会、计划单列市）2021年晚间17:00~24:00的新闻节目收视我们发现，广州、成都、昆明、哈尔滨和上海全年的新闻节目人均收视总时长均在70小时以上，高出其他城市较多。尽管较2020年各地的人均新闻收视总时长均有所下滑，但程度不同。其中，南昌地区降幅最大，达45.1%，拉萨、沈阳、银川、天津、

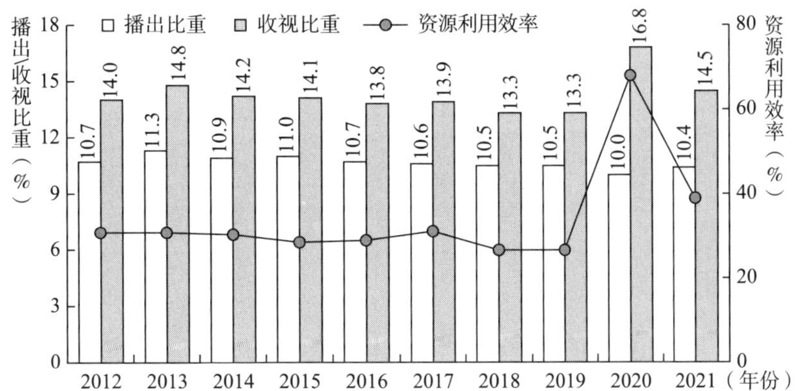

图 1　2012～2021 年新闻节目收播比重及资源利用效率（历年所有调查城市）

数据来源：CSM 媒介研究。

贵阳、南宁和西宁的降幅也在 30% 以上；而济南和深圳两地的降幅仅为 5.1% 和 9.3%，厦门、郑州、福州、上海、合肥、海口和重庆的降幅均不到 20%（图 2）。

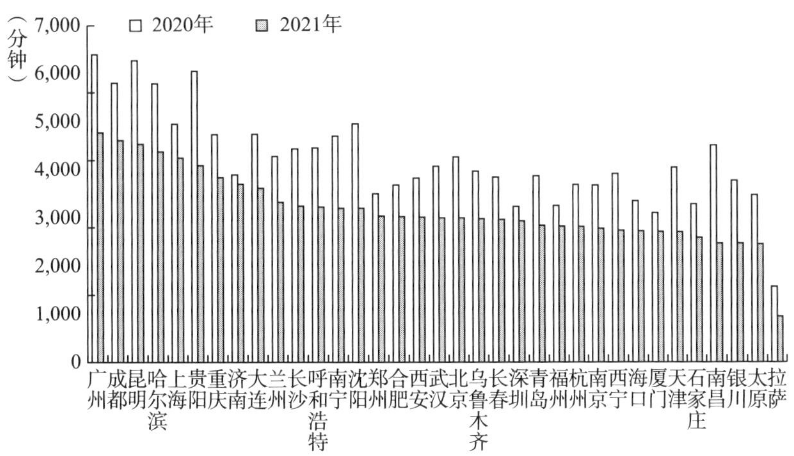

图 2　2020～2021 年晚间新闻节目的人均收视总时长（17∶00～24∶00，35 城市）

数据来源：CSM 媒介研究。

3. 新闻节目全天收视走势趋同，多个时段同比上一年小幅下降

2021 年新闻节目在全天各时段的人均收视时长分布与前两年整体趋势保持一致。相比 2020 年，全大在多个时段有小幅收视下降，主要表现在 12∶00、18∶00 和 19∶00 前后；而相比新冠肺炎疫情前的 2019 年，全天各时段收视水平十分接近，在晚间 19∶00 的全天人均收视时长峰值还由 2.8 分钟增长到了 3.2 分钟（图 3）。

4. 全年新闻热点不断，收视小高峰频现

2021 年的电视新闻节目市场，不同于 2020 年集中于疫情防控主题，而是回归了新闻节目的常态，更加多元、丰富，从国内如台海局势到国际如美国国会骚乱、从自然

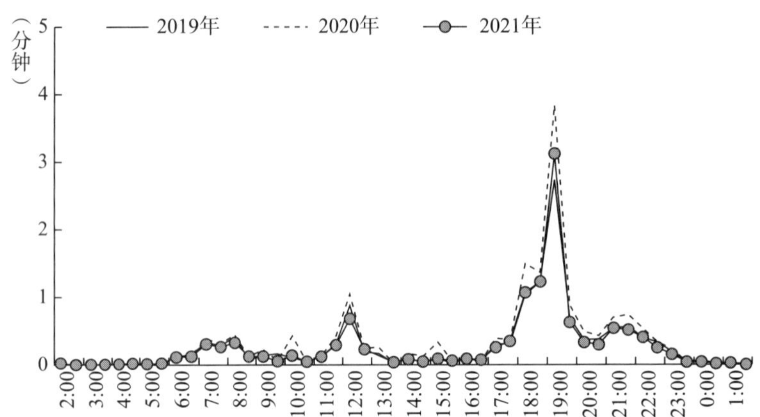

图 3　2019～2021 年新闻节目全天各时段人均收视时长（历年所有调查城市）

数据来源：CSM 媒介研究。

如云南象群北上到人文如三星堆遗址重大发现、从民生如河南暴雨灾害到主旋律如建党百年报道，都牵动着广大观众的注意力，形成一个又一个的收视高峰（图 4）。

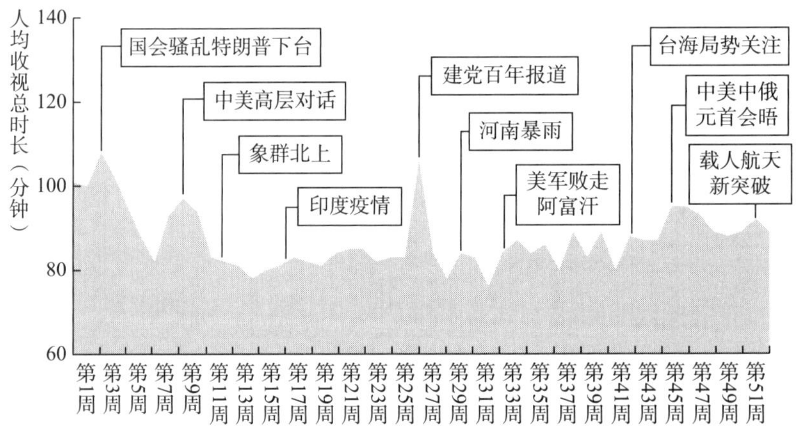

图 4　2021 年新闻节目全年收视总量分周走势（所有调查城市）

数据来源：CSM 媒介研究。

5. 25～34 岁、小学及以下新闻节目观众构成小幅提升

对比近三年的电视新闻节目观众构成可以看到，各类目标观众对新闻节目的整体收视表现十分稳定，男性、45 岁及以上、中等受教育程度观众始终是电视新闻节目的主要受众。其中，45 岁及以上新闻节目观众累计占比近七成，但 25～34 岁的中青年观众在 2021 年较前两年有 12% 的涨幅，55～64 岁观众小幅减少；小学及以下受教育程度观众在 2021 年的构成中有较明显增长，高中和大学及以上观众构成同比 2020 年略降，与 2019 年相比保持稳定（图 5）。

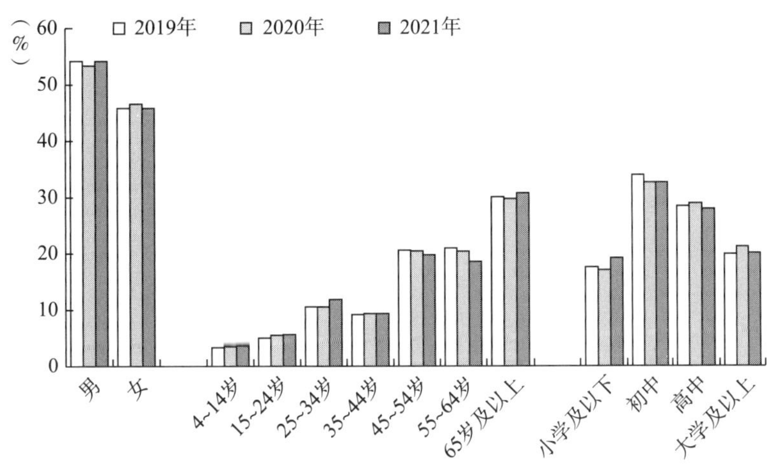

图5 2019～2021年新闻节目观众构成对比（历年所有调查城市）

数据来源：CSM媒介研究。

二 新闻节目收视竞争格局

1. 省级上星频道新闻节目收视份额提升明显

2021年，在全国电视大屏新闻节目收视市场各级频道竞争表现中，所有上星频道收视占比逾七成，其中，中央级频道继续以43%的收视份额领跑，大事要事看主流媒体已然成为人们的收视习惯，尽管较2020年下降了5个百分点，但仍位居榜首，与2019年相比基本持平，仅减少了0.8个百分点；省级上星频道新闻节目收视份额近5年连年递增，并在2021年提升显著，增长了近5个百分点，涨幅超过20%。相比上星频道，地面频道在新闻节目中的竞争力有限，占比不足三成，其中，省级非上星频道占比为18.5%，同比2020年小幅增长近1个百分点；市级频道占比为8.1%，同比略降；其他频道新闻节目占比较低，仅为3.2%（图6）。

2. 中央级频道的新闻评述类节目优势突出，地面频道以民生新闻为代表的其他新闻节目更受关注

在不同新闻节目类型中，评述类节目通常是指具有一定权威性和专业性的新闻评论员或电视媒体对当前具有较高新闻价值的事件、问题或社会现象所表达的意见和态度，并进行解释分析，具有一定的时效性和指导性，也是近几年资源利用率最高的新闻节目类型。中央级频道在此类新闻节目中具有先天的优势，因而在2021年新闻评述类节目中，中央级频道占比高达64.4%；在综合性新闻节目中，中央级频道和省级上星频道平分秋色，各自占比均接近四成；新闻/时事其他类节目中包含了大量的各地民生新闻，此类节目取材贴近当地群众生活，成为地面频道的主阵地，省级和市级地面频道在

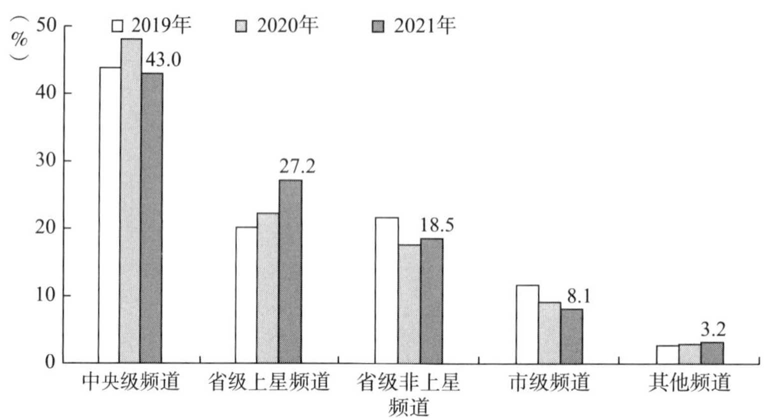

图 6　2019～2021 年新闻节目各级频道收视份额（历年所有调查城市）

数据来源：CSM 媒介研究。

该类新闻节目中累计获得了 49.6% 的收视份额，较上一年增长了 8.2 个百分点（图 7）。

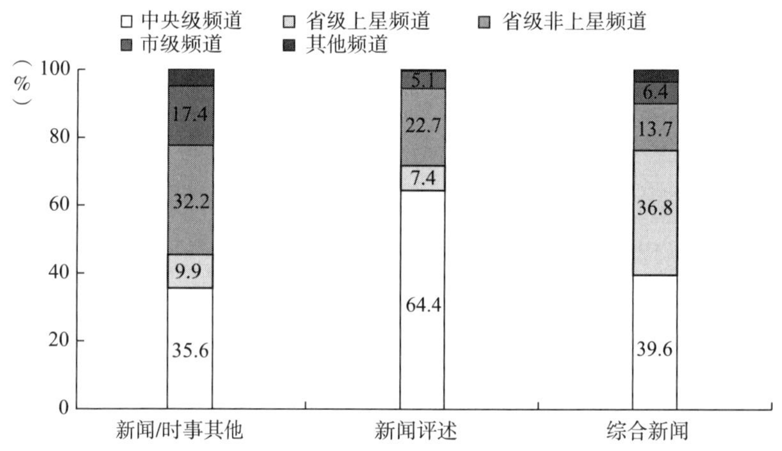

图 7　2021 年各级频道不同类型新闻节目收视份额（历年所有调查城市）

数据来源：CSM 媒介研究。

3. 部分省级上星频道新闻节目收视增长明显

上面我们提到省级上星频道在 2021 年新闻节目的收视份额提升不容小觑，由 2020 年的 22.3% 增至 2021 年的 27.2%，涨幅超过 20%。从具体频道来看，东方卫视的新闻节目收视份额占比最高，为 5.1%，较 2020 年同期增长了 1.2 个百分点；北京卫视紧随其后，以 4.4% 的新闻收视份额位居第二，同比提升了 0.7 个百分点；江苏卫视、浙江卫视和广东卫视的新闻收视份额涨幅十分突出，均超过 45%（图 8）。

4. 各级频道新闻节目亮点纷呈

2021 年，在上星频道的新闻节目中，专题新闻及时报道时政盛事，常态栏目深度解读新闻热点。全国两会期间，21 个上星频道播出两会相关节目，累计观众达到 2.07 亿；

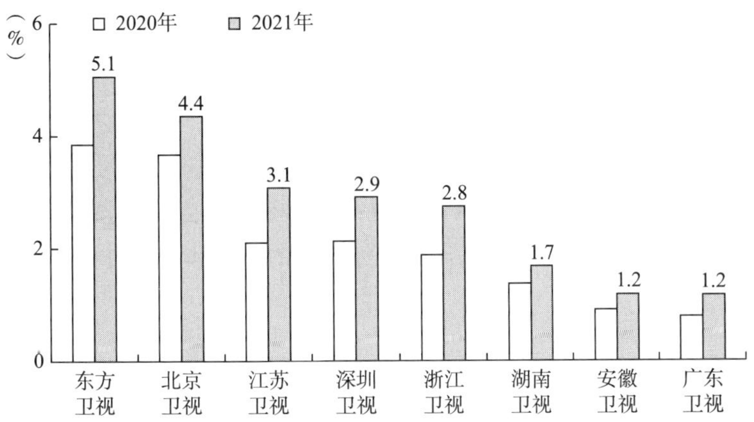

图 8　2020～2021 年部分省级上星频道新闻节目收视份额对比（历年所有调查城市）

数据来源：CSM 媒介研究。

建党百年报道屡掀收视热潮，46 个上星频道播出《庆祝中国共产党成立 100 周年大会特别报道》，累计观众达到 1.02 亿；乡村振兴硕果累累，中央台新闻频道等 31 个上星频道共同播出《走进乡村看小康》，累计观众达到 1.73 亿；中国空间站的里程碑之年，中央电视台综合频道等 7 个频道播出《筑梦空间站》系列报道，累计观众达到 1.61 亿；中央台四套周播栏目《中国舆论场》《深度国际》，累计观众分别为 1.61 亿和 1.44 亿。

地面频道坚持贴近性和服务性宗旨，民生新闻更受观众欢迎。晚间时段代表性民生新闻栏目在本地表现引人注目，收视率最高超过 5%、市场份额最高超过 45%。扬州电视台二套《今日生活》以敏锐的触角、开阔的视野和活泼的方式为观众提供更细致入微的新闻资讯服务；贵州广播电视台公共频道民生新闻直播栏目《百姓关注》设置讨论互动、本土民生新闻、读报文摘、生活资讯和国际新闻等版块，为观众提供广泛和深度的新闻资讯服务；广州市广播电视台综合频道方言新闻《广视新闻》新闻报道涉及广州、珠三角、国内时政、民生新闻、国际新闻和体育新闻等；无锡广播电视台都市资讯频道新闻节目《阿福聊斋》以方言说新闻、演新闻、唱新闻，以亦庄亦谐的风格和别具一格的方式讲述本地新闻、民风民俗和奇闻趣事；内蒙古电视台新闻综合频道的民生新闻栏目《新闻天天看》设有天天头条、天天现场、天天好事和天天帮忙议等节目板块，与观众形成良好互动；金华电视台教育科技频道的调查性报道栏目《百姓零距离》以问题为导向，聚焦公众关注热点、遵循新闻传播和媒体发展规律，致力于形成舆论引导新格局。

结　语

在 2020 年突如其来的新冠肺炎疫情中，各级广电新闻媒体都发挥了重要和积极的引领和服务作用，使得电视大屏的主流媒体公信力迅速提升，并一直延续至2021年。在这一年，虽然新闻节目收视总量有所回落却仍处高位；在这一年，大屏新闻内容不再集中于疫情防控主题，而是更加全面多元；这一年时值建党百年之际，电视新闻媒体践行主流媒体担当，充分提升文化自信心与民族自豪感。同时，传统电视新闻节目借助诸多新媒体平台等不断扩大声量，进而反哺电视大屏，形成越发成熟和良性的传播体系。未来，我们期待电视新闻媒体有更加稳健的发展和更加自信的表达。

（作者：王昀）

2021 年上新综艺节目观察

综艺节目作为电视大屏引领收视的“三驾马车”之一，仍是近两年供不应求的主要节目类型。随着观众的收看需求愈趋多元化和垂直化，综艺节目的创作在坚持着价值导向的同时，也力争创新创优。本文就以此为出发点，梳理 2021 年主要上星频道和网络视频平台上新综艺的特点。①

一　主要上星频道：电视综艺市场热度不减，观众收视需求旺盛

在 2021 年主要上星频道播出的 119 档综艺节目中，全新综艺节目有 57 档，占比约为 48%。从节目播出与收视的对比来看，在 2021 年电视端各类型节目的收播对比度②中，综艺节目的收播对比度仅次于电影，并超过了新闻/时事类、电视剧、青少类节目，体现出电视观众对综艺节目的强需求（图 1）。

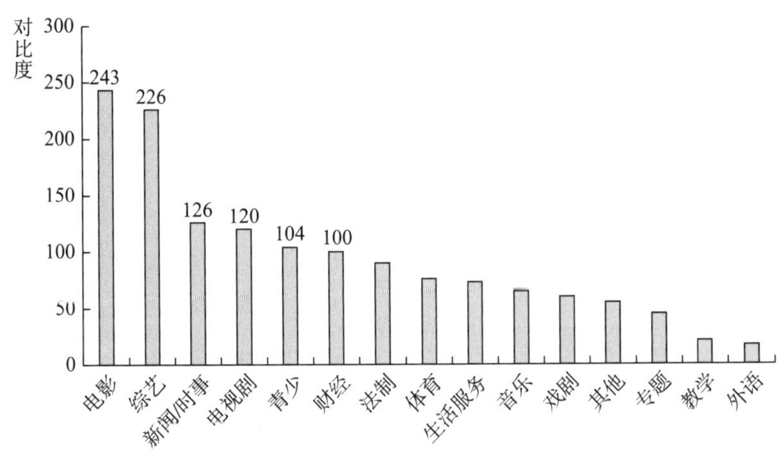

图 1　2021 年上星频道各类节目收播对比度（全国网）

数据来源：CSM 媒介研究。

① 收视数据来源：CSM 全国测量仪；网络综艺 TOP 20 数据来源于云合数据。台综统计范围为在 2021 年播出期数超过 5 期的全新综艺；频道为 CCTV－1、CCTV－3、湖南卫视、浙江卫视、东方卫视、江苏卫视、北京卫视，不含晚会类节目和特别节目；网综统计范围为在 2021 年播出过的全新综艺；平台包括爱奇艺、优酷、腾讯视频、芒果 TV，不含晚会、衍生节目、微综艺。

② 节目收播对比度＝某类节目的收视比重/该类节目播出比重×100%

1. 新综艺整体竞争力稍显不足，喜剧综艺《金牌喜剧班》收视亮眼

从收视效果来看，新综艺节目的市场竞争力稍显不足。2021 年电视综艺节目收视 TOP 20 中，综 N 代节目占据了大多数席位，仅有 4 档为全新的节目，分别为 CCTV - 3《金牌喜剧班》，浙江卫视《为歌而赞》《嗨放派》，江苏卫视《点赞！达人秀》，其中 CCTV - 3《金牌喜剧班》排在年度收视第 5 位，是近三年来第一次出现在全年综艺收视排行 TOP 5 中的喜剧类综艺（表 1）。

表 1　2021 年电视综艺节目首播收视率 TOP 20（全国网）

单位：%

排名	节目名称	频道	收视率
1	《王牌对王牌》（第六季）	浙江卫视	1.11
2	《奔跑吧》（第五季）	浙江卫视	1.08
3	《奔跑吧黄河篇》（第二季）	浙江卫视	0.83
4	《开门大吉》	中央台三套	0.80
5	《金牌喜剧班》	中央台三套	0.79
6	《向往的生活桃花源》	湖南卫视	0.74
7	《新相亲大会》（第五季）	江苏卫视	0.73
8	《中国好声音 2021》	浙江卫视	0.72
9	《中国梦之声我们的歌》（第三季）	东方卫视	0.71
10	《欢乐喜剧人 7》	东方卫视	0.70
11	《青春环游记》（第三季）	浙江卫视	0.70
12	《我就是演员》	浙江卫视	0.68
13	《极限挑战》（第七季）	东方卫视	0.67
14	《越战越勇》	中央台三套	0.67
15	《为歌而赞》	浙江卫视	0.66
16	《乘风破浪的姐姐》（第二季）	湖南卫视	0.66
17	《新相亲大会》（第六季）	江苏卫视	0.65
18	《非诚勿扰》	江苏卫视	0.64
19	《嗨放派》	浙江卫视	0.62
20	《点赞！达人秀》	江苏卫视	0.62

数据来源：CSM 媒介研究。

2. 创作主题全面开花，以文化、美食和音乐为主题的节目数量最多

主题方面，2021 年电视台播出的新综艺节目中，涵盖了喜剧、音乐、文化、美食、旅行、脑力、才艺、体育等多种类型。其中，文化、美食和音乐是播出档数最多的三

大主题（图 2）。

图 2　2021 年电视台播出的新综艺节目主题

主要上星频道 2021 年共推出 10 档全新的文化类综艺节目，其中 CCTV－1 以中华优秀文化典籍为切入点的《典籍里的中国》收视率最高，为 0.47%。从数量上看，2021 年北京卫视有多档文化类综艺亮相，如《最美中轴线》《京城十二时辰》《书画里的中国》《最美中国戏》等，深度挖掘中华传统文化中各个元素的魅力。呈现形式上，文化类综艺的节目形式主要以室内的表演/展演和户外的走访体验为主。

2021 年浙江卫视在美食类综艺领域持续进行多元内容创新，在主要上星频道全年上新的 8 档美食类新综艺中，浙江卫视占 5 席。收视前三名的美食类新综艺均为浙江卫视推出，分别是美食＋交友类《请吃饭的姐姐》，收视率为 0.57%；美食＋旅行类《超燃美食记》，收视率为 0.56%；美食制作类《听说很好吃》，收视率为 0.51%。浙江卫视还推出了年味美食类《一桌年夜饭》和美食＋餐车经营类《美味夜行侠》。此外，东方卫视推出了《打卡吧！吃货团》，江苏卫视推出了《百姓的味道》，湖南卫视推出了《大湾仔的夜》。

音乐类新综艺中，湖南卫视是推新数量最多的频道，推出了《谁是宝藏歌手》《时光音乐会》《欢唱大篷车》。在全年音乐类新综艺的收视效果上，浙江卫视《为歌而赞》拔得头筹，收视率为 0.66%；《谁是宝藏歌手》排在第二位，收视率为 0.58%。

二　网络视频平台：主要视频平台推陈出新速度快，四大主流视频平台整体上新率达64%

四大主流视频平台（优酷、爱奇艺、腾讯视频、芒果TV）2021年共播出全新综艺节目93档，上新率为64%，高于主要电视频道的上新率。芒果TV是上新率最高的平台，全年播出41档新综艺；其次是腾讯视频，播出了19档新综艺；爱奇艺和优酷分别播出了18档和15档新综艺（图3）。

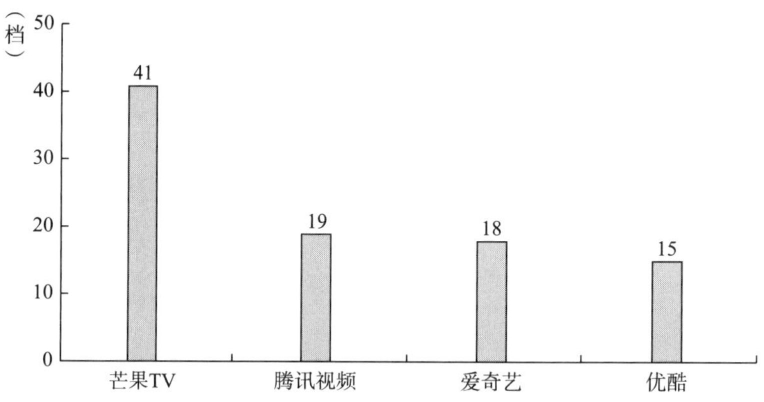

图3　2021年四大视频平台新综艺节目上新数量

1.《萌探探探案》登顶第一，爱奇艺多档新综艺节目跻身全年头部排行

全新综艺节目在2021年网络综艺TOP 20中占据6席，沉浸式推理真人秀《萌探探探案》的正片有效播放时长占有率排在第一位。6档新综艺中，爱奇艺占据4席，分别是《萌探探探案》《一年一度喜剧大赛》《奇异剧本鲨》《最后的赢家》，芒果TV的《披荆斩棘的哥哥》和腾讯视频的《五十公里桃花坞》也进入前20中（表2）。

表2　2021年网络综艺节目正片有效播放时长占有率TOP 20

排名	节目名称	视频网站
1	《萌探探探案》	爱奇艺
2	《青春有你》（第三季）	爱奇艺
3	《创造营2021》	腾讯视频
4	《披荆斩棘的哥哥》	芒果TV
5	《德云斗笑社》（第二季）	腾讯视频
6	《哈哈哈哈哈》（第二季）	爱奇艺、腾讯视频
7	《心动的信号》（第四季）	腾讯视频
8	《一年一度喜剧大赛》	爱奇艺

续表

排名	节目名称	视频网站
9	《这！就是街舞》（第四季）	优酷
10	《脱口秀大会》（第四季）	腾讯视频
11	《密室大逃脱》（第三季）	芒果 TV
12	《乘风破浪的姐姐》（第二季）	芒果 TV
13	《做家务的男人》（第三季）	爱奇艺
14	《五十公里桃花坞》	腾讯视频
15	《拜托了冰箱第八季》	腾讯视频
16	《吐槽大会》（第五季）	腾讯视频
17	《令人心动的 offer》（第三季）	腾讯视频
18	《我的小尾巴》（第二季）	爱奇艺
19	《奇异剧本鲨》	爱奇艺
20	《最后的赢家》	爱奇艺

注：网络综艺 TOP 20 来自云合数据，为正片有效播放时长占有率排名，此排名不含电视端首播的综艺节目。

2. 音乐、旅行、婚恋为三大热门主题，内容更加细分

2021 年推出的 93 档网络新综艺共涵盖了超过 20 类主题的内容，音乐类、旅行类、婚恋类是上新节目中数量最多的节目类型（图 4），播出档数都在 10 档及以上。其中，芒果 TV 在这三类领域的出新数量都位居第一，推出了 4 档音乐类节目、4 档旅行类节目和 5 档婚恋类节目。此外，网络视频平台的生活方式类、人物类、职场类、文化类综艺出新数量也在 5 ~ 10 档。

图 4 网络新综艺涵盖的主题

电视音乐综艺的参演主体大多以有一定知名度的成熟音乐人为主，而网络音综则

更加聚焦细分领域，开始挖掘更多小众领域的年轻音乐人，如新综艺中《少年说唱企划》还原打造说唱厂牌的全过程，《黑怕女孩》《爆裂舞台》聚焦年轻女性音乐人，《草莓星球来的人》抢夺顶级户外音乐节舞台。但是，更加细分化的同时也大大降低了“出圈”能力。与此同时，同质化的节目模式、音乐人高频出现在不同节目、破次元的嘉宾人选、音乐性让位于话题性等问题也让多档新音综广受质疑。从出新数量上看，芒果 TV 依托湖南卫视，上新了 4 档音乐新综艺：《谁是宝藏歌手》《时光音乐会》《欢唱大篷车》《向你致敬》；优酷和爱奇艺各推出 3 档，腾讯视频推出 2 档。

网络视频平台的旅行类综艺所采用的“旅行 + 少年”的模式愈发明显，尽显青春活力，节目参与主体也多以明星嘉宾为主，以此吸引圈层受众的关注。例如，腾讯视频的《音途万里》《夏天来了盟人不在家》《我们，破晓之前》等都是专为年轻偶像团体打造的旅行团综，《恰好是少年》聚焦“青年原生友情”，呈现年轻明星艺人的旅行生活。2021 年，芒果 TV 和腾讯视频分别上新了 4 档旅行综艺，优酷上新 2 档，爱奇艺上新 1 档。

婚恋综艺也呈现进一步细分的特点，在台综还在以“相亲”形式为主时，网综已经拓展到熟龄女性恋爱、离婚等不同人生阶段的情感问题，芒果 TV 更是在一年推出了 5 档新恋综，在婚恋综艺领域经营出 IP 矩阵。

结　语

观看综艺节目是人们日常消遣娱乐的主要方式之一，作为创作方的头部电视频道和网络视频平台也始终在坚持着综艺节目的创新，推陈出新活力满满。但从台网综艺的头部节目来看，能够进入头部阵营的大多为综 N 代，新综艺的竞争力略显不足。

音乐类节目是台综和网综创作中备受青睐的节目类型，文化类、美食类、旅行类、婚恋类综艺也成为 2021 年综艺市场的类型焦点。整体来看，综艺节目的创新主题更加丰富多样，涵盖了文化、美食、音乐、旅行、游戏、体育、婚恋、教育、职场等多个社会化场景。

综 N 代的强势地位和现有综艺节目对各领域更加细分的挖掘，也为创作者带来了较大的创新压力：一方面是综 N 代的创作如何保持创新活力，稳固市场地位；另一方面是针对当下观众的需求，如何打造出具有吸引力、引领力和话题度的全新综艺。

（作者：李齐乐　王娟）

2021 年全国体育节目收视分析

2021 年，迟到的欧洲杯、奥运会纷纷上演，国内体坛也迎来了四年一度的全运会，众多大型赛事的到来，使得体育迷们大呼过瘾。在疫情防控常态化的当下，看台上的声音虽然没有以往那么热烈，但体育赛事的水准和背后的故事并未有丝毫折扣，疫情常态化下的体育大年依然给观众呈现了足足一年的精彩。

一 2021 年体育大事件盘点

2021 年 6 月 12 日，欧洲杯第一次在全欧范围内举办。延期举办的欧洲杯依然贡献了很多难忘的经典瞬间：克亚尔和队友排起的生命之墙；C 罗与可乐的名场面；潘德夫的老而弥坚；平民意大利在温布利最终捧杯；希克 45.4 米的神来之笔创造了欧洲杯进球距离之最；单届 11 粒乌龙球超过之前 15 届乌龙球总和也令人忍俊不禁。后欧洲杯时代，告别和回归成为足球市场的主旋律：梅西离开效力 20 载的巴塞罗那空降巴黎王子公园球场；C 罗时隔 12 年重返曼联；足坛曾经的王者渐渐老去，哈兰德、姆巴佩等新生代力量的强势发挥已经开始带领新的潮流。伴随欧洲杯的结束，足球新时代的大幕已经开启。

8 月，延迟一年的东京奥运会接踵而来。虽然缺少了观众的身影，各国运动健儿依然用更高、更快、更强的奥林匹克精神为我们奉献了一幕幕精彩瞬间。从里约到东京，历经五年的厚积薄发，中国奥运健儿克服了疫情、延期等不利因素，在东京奥运会上以一种热血、从容、自信、率真的面貌闪耀东京。在本届奥运会上，中国代表团以 38 枚金牌、32 枚银牌、18 枚铜牌总共 88 枚奖牌追平了境外参赛的最好成绩。除了出色的赛场成绩，更多人记住了杨倩领奖台上的手动比心、巩立姣终成正果的坚守、刘诗颖的金牌一掷、李发彬的“金鸡独立”、张雨霏的“化茧成蝶”、全红婵心心念念的游乐园以及苏炳添百米创造亚洲纪录的激情时刻等。来自 Z 世代的年轻奥运健儿们一改以往人们印象中不食人间烟火的符号化形象，变得更加真实、个性而富有活力。

告别东京奥运会，全运会的圣火在 2021 年 9 月于西安点燃。作为奥运健儿们归国之后国内体坛的又一场大戏，与其说是激烈角逐的竞技场，倒不如说是纵情展示自我的一场大派对，新人老将各领风骚，为观众们奉献了无数的精彩对决。13 天，1.2 万名运动员参赛，创造超 12 项世界纪录、1 项亚洲纪录、打破 22 项全国纪录。运动健儿在全运会赛场上展现出了极高的竞技运动水平，更重要的是大家享受了比赛、表达了自我、传递了体育的无限快乐。

2021 年的体坛除上述三大赛事之外，还有很多事情值得关注。国际体坛方面，波谲云诡的 F1 赛场，车手总冠军之争保持到了最后一场的最后一圈，维斯塔潘最终以微弱优势胜出，成为 F1 第 34 位世界冠军。除去冠军之争，莱科宁的退役也让无数车迷告别自己的青春。从资格赛打起一举斩获美网桂冠的拉杜卡努成为国际网坛的最大惊喜，男子网坛上费、纳、德三大巨头共享 20 座大满贯冠军的纪录，而梅德韦杰夫等新生代力量已经对传统格局发起了冲击。2021 年的国内体坛也多点开花，电竞赛场上 EDG 逆袭夺取 S11 冠军；周冠宇牵手阿尔法罗密欧成为中国 F1 第一人；颜丙涛和赵心童成为斯诺克新科三大赛冠军；篮球方面易建联和丁彦雨航终于复出，林书豪回到了北京首钢，周琦加盟了澳洲 NBL，广东在 CBA 联赛中的霸主地位依旧；山东泰山成为中国足球双冠王，预示中超联赛一个新时代的开启。

回首 2021 年的全国体育市场，太多太多的故事值得让人铭记，我们在赞叹运动员们高水平发挥给我们带来的享受的同时，也看到了里面有汗水编织的故事，有功成名就的欣喜，有失败之后的落寞，也有闪耀人性的光辉。

二　体育节目整体播出及收视状况

随着新冠肺炎疫情防控逐渐常态化，原本应该在 2020 年举行的欧洲杯、美洲杯、东京奥运会等备受瞩目的世界赛事相继在 2021 年顺利举办，观众对于体育赛事的收视热情也随之回温。2021 年我国体育电视节目的播出时长和人均收视时长均较 2020 年有所回升，体育节目在所有类型节目中的播出和收视比重也基本回归到疫情前的水平。

1. 体育节目人均收视总时长涨幅明显，但在近十年中仍处于低位

受益于 2020 年欧洲杯和东京奥运会的延期举行，2021 年我国电视观众全年体育节目人均收视总时长为 1175 分钟，比 2020 年增加了 343 分钟，涨幅为 41.2%，但对比近十年体育节目人均收视总时长，2021 年仍处低位（图 1）。

2021 年，我国体育节目人均收视总时长在各目标观众群体中都有不同程度的增长。男性观众对体育节目的人均收视分钟数依旧高于女性观众，但女性观众的增长幅度要高于男性观众，涨幅为 49.1%；各职业人群的体育节目人均收视总时长也均有所提高，其中干部/管理人员和学生群体较 2020 年涨幅均超过了 45%；初/高中学历观众对体育节目的人均收视总时长涨幅高于低学历观众，大学及以上学历观众的涨幅高达 48.6%；

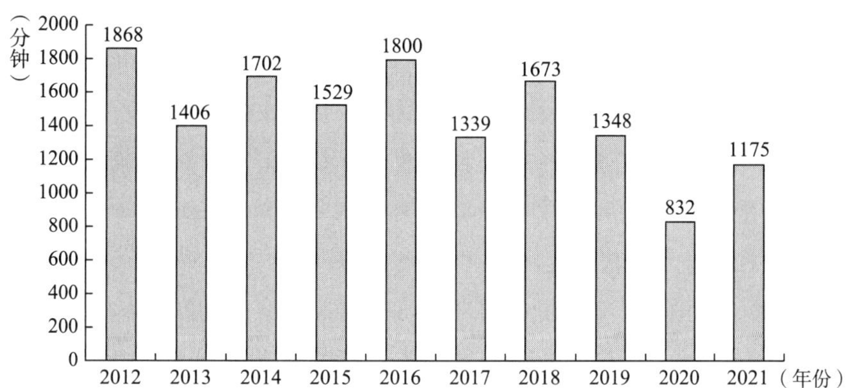

图 1　2012～2021 年体育节目人均收视总分钟数（历年所有调查城市）

数据来源：CSM 媒介研究。

在各年龄层群体中，15～24 岁观众的体育节目人均收视分钟数达 550 分钟，较 2020 年增长了 61.3%，在各年龄层观众中涨幅最高；在个人平均月收入方面，从个人月收入 601～1200 元的群体开始，呈现人均体育节目收视总时长随月收入增加而逐渐递减的分布，其中，个人月收入在 5001 元及以上的群体较上一年同期涨幅高达 48.4%（表 1）。

表 1　2021 年各类目标观众体育节目人均收视总时长（所有调查城市）

单位：分钟

目标观众		人均收视总分钟数	目标观众		人均收视总分钟数
性别	男	1353	年龄	4～14 岁	465
	女	990		15～24 岁	550
职业类型	干部/管理人员	1118		25～34 岁	564
	个体/私营企业人员	919		35～44 岁	735
	初级公务员/雇员	876		45～54 岁	1351
	工人	898		55～64 岁	2299
	学生	475		65 岁及以上	3217
	无业	2142	个人平均月收入	0～600 元	1083
	其他	1103		601～1200 元	1756
受教育程度	未受过正规教育	598		1201～1700 元	1547
	小学	1036		1701～2600 元	1444
	初中	1318		2601～3500 元	1439
	高中	1397		3501～5000 元	1404
	大学及以上	987		5001 元及以上	1156

数据来源：CSM 媒介研究。

2. 体育节目播出时长较2020年有所提升，各月人均收视总时长涨跌幅不一

2021年，全国体育节目各月播出时长分布较为均匀，相比2020年有所提升，平均涨幅为5.5%。除1月、2月外，其余各月的体育节目播出时长均高于2020年同期，特别是4月和9月，涨幅均超过11%。在收视时长方面，呈现“两头减、中间增”的态势，除1月、2月和11月、12月外，其余各月人均收视总时长均高于上年同期，其中7月和8月两个月受益于东京奥运会的举办，涨幅破百。

2021年伊始，我国体育节目的播出和人均收视时长均较2020年同期有所减少，但从4月开始，CBA联赛季后赛总决赛打响、中超联赛新赛季开赛、中韩女足东京奥运会资格赛等受关注较高的比赛相继进行，使体育节目播出时长和人均收视总时长开始双增长，涨幅分别为11%和42%。5月开始的足球世界杯亚洲区预选赛、世界女排联赛和乒乓球直通系列赛等，稳定住了前一月的增长态势。6月、7月是足球迷的“盛宴”，原定于2020年举办的欧洲杯和美洲杯均因疫情影响推迟到了2021年，两大足球赛事几乎同时开赛，即使有时差影响，仍然抵挡不住足球迷们的热情，6月体育节目的人均收视时长超过了100分钟。激情的足球盛宴刚刚落幕，备受瞩目的东京奥运会又在7月23日开幕，中国奥运健儿豪取38金、32银、18铜，以金牌数追平境外参赛的最好战绩在东京赛场发光发热，7月、8月的人均收视总时长分别高达241分钟和217分钟，较2020年同期翻番，达到2021年顶峰。9月，第十四届全国运动会在陕西开幕，许多刚刚在东京赛场取得佳绩的奥运健儿继续着他们的神勇表现，为自己所在的代表队增光添彩。同时，女篮亚洲杯、东京残奥会等赛事，也吸引着观众的持续关注，虽然人均收视时长较7月、8月逐渐减少，但仍高于6月前的水平。喧嚣过去回归平淡，从10月开始，体育节目播出时长较去年同期依旧平稳增长，但收视时长有所回落，11月、12月的人均收视总时长较2020年同期分别下降了18%和15%（图2）。

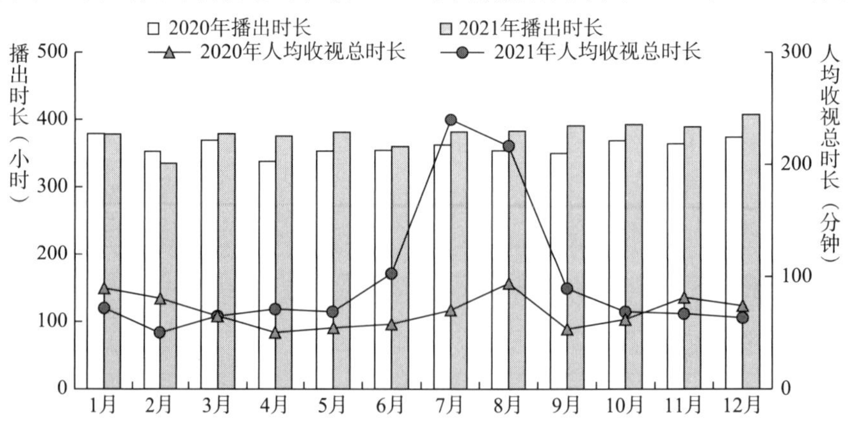

图2　2020年、2021年各月体育节目播出时长及人均收视总时长（历年所有调查城市）

数据来源：CSM媒介研究。

3. 体育节目播出比重近十年最高，收视比重重回疫情前水平

2021 年体育市场的逐渐回暖，使得体育节目在所有节目中的播出和收视比重均有所提高。从体育节目播出比重来看，2021 年在所有电视节目中占比为 2.7%，为 2011 ~ 2021 年来最高；2021 年体育节目的收视比重为 3.6%，较 2020 年 2.2% 的占比有明显增长，收视比重基本回到了疫情前的水平（图 3）。

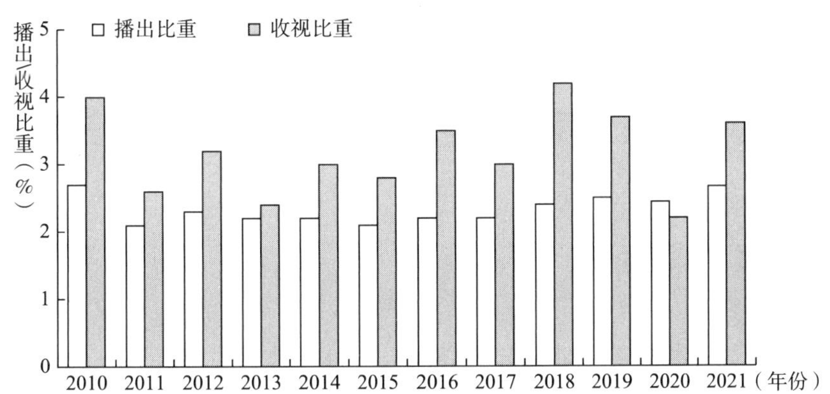

图 3　2010 ~ 2021 年体育节目播出比重与收视比重（历年所有调查城市）

数据来源：CSM 媒介研究。

三　体育节目收视市场竞争概况

2021 年是名副其实的体育大年，全国体育电视市场各级频道的竞争格局也与传统意义上的体育大年十分相似。较为不同的是，得益于 10 月底开播的中央广播电视总台奥林匹克频道，中央级频道的体育节目播出量及播出份额在 2021 年相较往年有了明显的提升；省级上星频道中，河南卫视大幅减少了《武林笼中对》的重播次数，因此省级上星频道播出份额均有明显下滑；省级地面频道播出份额小幅下降；市级频道的播出份额相比 2020 年有不同程度的提升（表 2）。

从收视份额来看，同 2020 年相比，2021 年，中央级频道凭借覆盖范围广和拥有顶级体育赛事资源的双重优势，继续保持着体育电视收视市场的主导地位，在欧洲杯、奥运会等一系列大赛的助推下，中央级频道的收视份额提升至 73.4%；省级上星频道由于播出份额大幅减少，收视份额明显下滑；省级地面频道、市级频道由于赛事资源相对有限，同样出现了大赛年常见的收视份额减少的情况；其他频道覆盖范围较小，收视份额较低。

表 2　2018～2021 年各级频道在体育节目中的播出份额及收视份额（历年所有调查城市）

单位：%

年份	中央级频道		省级上星频道		省级地面频道		市级频道		其他频道	
	播出份额	收视份额	播出份额	收视份额	播出份额	收视份额	播出份额	收视份额	播出份额	收视份额
2018	15.0	73.0	3.5	3.4	55.5	22.1	25.1	1.4	0.9	0.0
2019	15.5	72.2	6.4	4.4	53.2	22.0	24.3	1.4	0.6	0.1
2020	16.9	66.0	7.9	6.2	51.1	26.4	23.7	1.3	0.4	0.1
2021	17.4	73.4	7.0	3.9	48.9	21.2	26.1	0.9	0.5	0.7

数据来源：CSM 媒介研究。

四　体育节目观众特征

与严重缺乏体育赛事资源的2020 年相比，2021 年中国体育节目的观众特征与疫情前的体育观众特征更为接近。男性、45 岁及以上、初中及以上学历、中高收入人群构成了 2021 年中国体育电视观众的主体（图 4）。

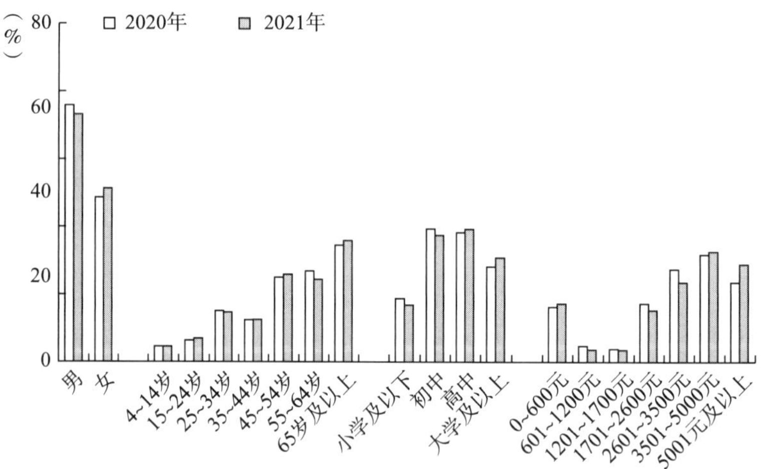

图 4　2020 年、2021 年体育节目观众构成对比（历年所有调查城市）

数据来源：CSM 媒介研究。

将体育节目观众构成与所有节目观众构成相比，可以看到较大差异。从性别来看，尽管奥运会等大赛吸引到了更多的女性观众，但男性仍然是体育节目的收视主体；此外，高学历和中高收入人群在体育节目观众中的比例明显高于所有节目，可见这些人群对体育节目的偏好更明显，体育节目男性化和精英化的特征继续保持（图 5）。

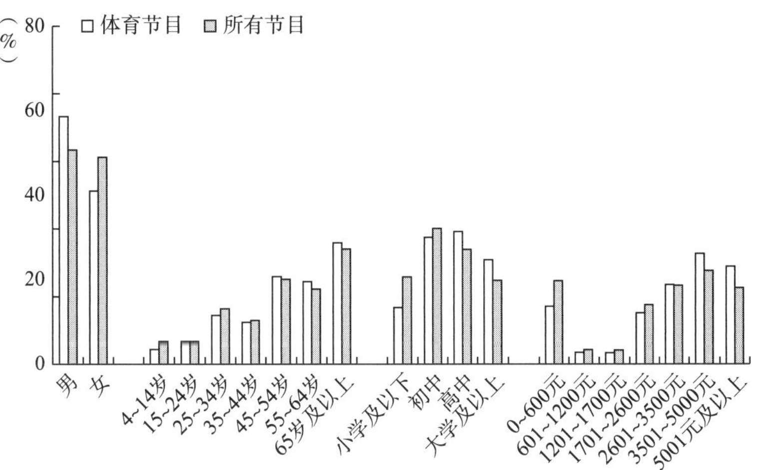

图 5 2021 年体育节目与所有节目观众构成对比（所有调查城市）

数据来源：CSM 媒介研究。

五 中央级频道体育节目收视概况

1. 央视五套整体收视概况

在体育世界中，2021 年充满了各种戏剧化的场面和值得铭记的时刻。美洲杯、欧洲杯、奥运会、NBA、五大联赛等盛大赛事接踵而至，这也为体育观众提供了不少难忘的瞬间。央视五套作为专业体育电视媒体，在 2021 年受国内和国际赛事拉动，收视率明显提升。具体来看，2021 年上半年，央视五套收视曲线较为稳定，6 月中旬至 7 月上旬（第 25 周至第 27 周）欧洲杯的举办为频道开启了全年第一个收视小高潮；7 月 23 日拉开大幕的东京奥运会则是本年度收视的最高峰，收视率在第 31 周达到了 1.14%，迟来的奥运盛宴凝聚了全球受众的更多热情；9 月中旬（第 39 周）的西安全运会和 11 月底（第 49 周）的乒乓球世界杯也极大地丰富了体育受众的业余生活，带来收视小高潮（图 6）。

在全天各时段收视走势方面，央视五套在 2021 年的收视曲线几乎在各时段均高于上年。全天共出现三个收视高峰，分别在中午 12∶00、傍晚 18∶00 和晚间 20∶00 ~ 22∶00。这三个时间节点的收视率同比 2020 年涨幅也最为明显，其中，欧洲杯和东京奥运会的直播带动晚间 20∶00 ~ 22∶00 时段收视率增长近四成（图 7）。

2. 重点赛事收视表现

紧张刺激的足球盛宴 2020 年欧洲杯于 2021 年 7 月 12 日落幕，在最后的终决舞台上，意大利人笑到了最后，第二次捧起了德劳内杯。由于欧洲杯对于中国观众来说受时差影响较为明显，排名收视率的前三席全部来自晚间黄金时段进行的比赛而非冠军

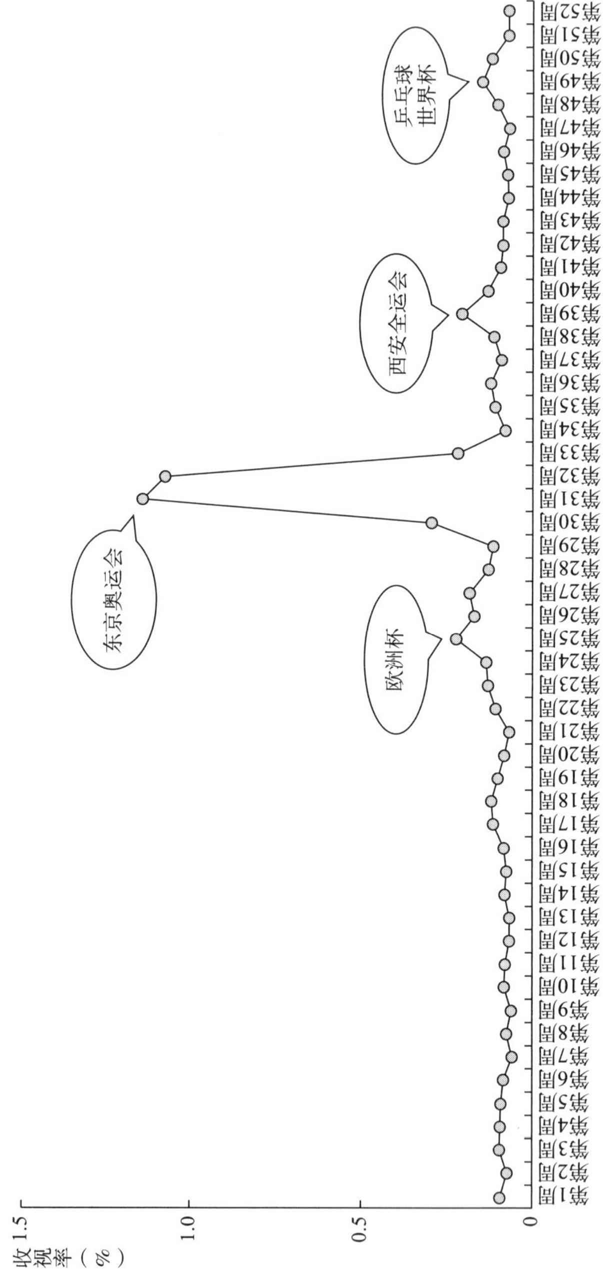

图 6　2021年央视五套周平均收视率走势（所有调查城市）

数据来源：CSM媒介研究。

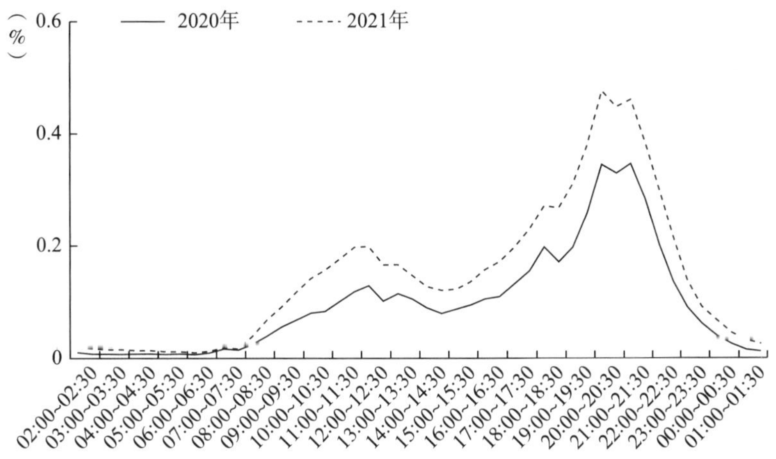

图 7　2020 年、2021 年央视五套全天收视率走势（历年所有调查城市）

数据来源：CSM 媒介研究。

之战。夺得收视率冠军的一场比赛是来自 6 月 17 日进行的乌克兰 VS 北马其顿，收视率为 0.8%，市场份额为 3.9%。6 月 16 日播出的芬兰 VS 俄罗斯获得收视率亚军，收视率为 0.8%，市场份额为 3.8%（表 3）。

表 3　央视五套“2020 年欧洲杯足球赛”收视率较高的赛事（所有调查城市）

单位：%

比赛名称	播出日期	开始时间	收视率	市场份额
星耀金杯：2020 年欧洲杯足球赛小组赛 C 组第二轮/乌克兰 VS 北马其顿	2021/6/17	20:53:36	0.8	3.9
星耀金杯：2020 年欧洲杯足球赛小组赛 B 组第二轮/芬兰 VS 俄罗斯	2021/6/16	20:52:19	0.8	3.8
星耀金杯：2020 年欧洲杯足球赛小组赛 A 组第一轮/威尔士 VS 瑞士	2021/6/12	20:52:48	0.7	3.2
星耀金杯：2020 年欧洲杯足球赛 1/8 决赛/英格兰 VS 德国	2021/6/29	23:52:05	0.5	19.7
星耀金杯：2020 年欧洲杯足球赛决赛/意大利 VS 英格兰	2021/7/12	2:54:27	0.4	39.1
星耀金杯：2020 年欧洲杯足球赛 1/4 决赛/瑞士 VS 西班牙	2021/7/2	23:52:48	0.4	16.3
星耀金杯：2020 年欧洲杯足球赛 1/4 决赛/捷克 VS 丹麦	2021/7/3	23:53:23	0.4	14.5
星耀金杯：2020 年欧洲杯足球赛小组赛 F 组第二轮/葡萄牙 VS 德国	2021/6/19	23:56:45	0.4	11.4
实况录像：2020 年欧洲杯小组赛 F 组第二轮/匈牙利 VS 法国	2021/6/20	22:00:01	0.4	2.8

续表

比赛名称	播出日期	开始时间	收视率	市场份额
实况录像：2020 年欧洲杯决赛意大利 VS 英格兰	2021/7/12	21:30:02	0.4	2.4

注：该排名不包括颁奖仪式及集锦。

数据来源：CSM 媒介研究。

中国代表团在 2020 年东京奥运会上一共获得 38 金、32 银、18 铜，共 88 枚奖牌，在奖牌榜上位列第二。在经历了一个奥运周期的调整之后，我国不少项目的代表队完成了新老交接，都逐渐找回了制霸比赛的感觉。中国在田径、游泳等项目上实现了突破，在乒乓球、举重、跳水等传统项目上表现依然非常稳定。在东京奥运会男子 100 米半决赛中，中国飞人苏炳添带来超级惊喜，在半决赛第三组跑出个人历史上 9 秒 83 的最好成绩并打破亚洲纪录，在所有半决赛选手中排名第一，晋级决赛。晚间进行的男子 100 米决赛，收视率为 4.9%，市场份额为 16.6%，获得 2020 年东京奥运会收视率冠军（表 4）。

表 4　央视五套“2020 年东京奥运会”收视率较高的赛事（所有调查城市）

单位：%

比赛名称	播出日期	开始时间	收视率	市场份额
32 届奥运会男子 100 米决赛	2021/8/1	20:42:16	4.9	16.6
32 届奥运会乒乓球男团决赛	2021/8/6	18:28:40	4.5	18
32 届奥运会乒乓球女团决赛	2021/8/5	18:28:57	4.5	17.7
32 届奥运会田径女子 4×100 米接力决赛	2021/8/6	21:26:12	4.4	16
32 届奥运会田径男子 4×100 米接力决赛	2021/8/6	21:44:38	4.2	16.6
32 届奥运会田径女子 1500 米决赛	2021/8/6	21:11:31	3.9	13.6
32 届奥运会男子跳高决赛	2021/8/1	19:40:53	3.7	13
32 届奥运会乒乓球男单决赛	2021/7/30	20:20:43	3.7	13
32 届奥运会乒乓球女单决赛	2021/7/29	20:02:58	3.7	12.8
32 届奥运会田径女子标枪决赛	2021/8/6	21:05:36	3.6	12.3

注：该排名不包括颁奖仪式及集锦。

数据来源：CSM 媒介研究。

中华人民共和国全国第十四届运动会于 2021 年 9 月 15 日至 9 月 27 日在陕西省举行。作为国内水平最高、规模最大的综合性运动会，全运会首次来到广袤的中西部地区。虽然赛事的精彩程度无法与此前进行的东京奥运会相媲美，但中国的传统优势项目如乒乓球、田径等仍吸引了不少观众观看。乒乓球女单铜牌赛/陈梦 VS 刘诗雯，收视率为 1.0%，市场份额为 3.5%，成为第十四届全运会的收视率冠军。其次，乒乓球男单决赛和男双决赛分列收视率亚军和季军（表5）。

表5　央视五套“2021年第十四届全运会”收视率较高的赛事（所有调查城市）

单位：%

比赛名称	播出日期	开始时间	收视率	市场份额
第十四届全运会乒乓球女单铜牌赛	2021/9/25	20：11：28	1.0	3.5
第十四届全运会乒乓球男单决赛	2021/9/26	20：55：37	0.9	3.7
第十四届全运会乒乓球男双决赛	2021/9/25	20：43：42	0.9	3.5
第十四届全运会女子三级跳远决赛	2021/9/21	20：46：21	0.9	3.1
第十四届全运会乒乓球女单决赛	2021/9/25	21：34：06	0.8	4.6
第十四届全运会田径女子4×100米接力决赛	2021/9/24	19：54：03	0.8	3.1
第十四届全运会田径男子4×100米接力决赛	2021/9/24	20：13：38	0.8	3.0
第十四届全运会男女4×100米混合泳接力决赛	2021/9/25	20：00：10	0.8	3.0
第十四届全运会乒乓球女子双打决赛	2021/9/26	20：06：28	0.8	2.8
第十四届全国运动会男子200米决赛	2021/9/22	20：18：20	0.8	2.8

注：该排名不包括颁奖仪式及集锦。

数据来源：CSM媒介研究。

3. 主要运动项目播出与收视概况

2021年，欧洲杯、东京奥运会以及全运会的完美举办，给疫情防控常态下的全球体育市场注入一针“强心剂”，也同样影响着央视五套体育节目的播出和收视格局。足球项目在2021年央视五套播出的各类体育项目中的播出占比最高，达到18.84%，收视比重为9.10%，较2020年涨幅达9.7个百分点。虽然欧洲杯的成功举办，带动了人们对足球的热情，但是国内联赛的支离破碎以及中国男足再次冲击世界杯的失败，也使得体育电视观众对足球项目的热情下降，收视习惯也有所改变，使得2021年的足球项目资源使用率出现明显下滑。

2021年，奥运会和全运会两个重量级综合赛事的举办，中国女篮奥运会闯入八强，辽宁队在全运会上夺冠，CBA联赛的有序进行，使得篮球项目在各类主要体育运动项目中收视比重位居首位，达12.59%。

2021年的乒坛上演群雄逐鹿，在东京奥运会上日本混双拿到了第一枚乒乓球金牌，爆出冷门。随后进行的世乒赛、WTT年终总决赛以及全运会上，中国乒乓球队都表现出色，孙颖莎、王曼昱、陈梦、樊振东等新生代的队员正在开启属于他们的时代。乒乓球项目在2021年的收视比重达到10.93%，位列各类体育项目收视比重第二（表6）。

伴随着2022年北京冬奥会的临近，中国正式进入冬奥时间，冰雪运动的热情也逐渐高涨。冰上/水上运动项目在2021年播出比重和收视比重均有明显提升，分别较

2020 年提升 4.03 个百分点和 2.99 个百分点。

表 6　2021 年央视五套各主要运动项目频道内播出与收视比重（所有调查城市）

单位：%

运动项目	播出比重	收视比重
足球	18.84	9.10
篮球	12.39	12.59
冰上/水上运动	11.23	7.99
台球	5.66	2.94
乒乓球	5.23	10.93
网球	3.74	1.40
羽毛球	3.32	2.79
排球	2.83	7.37
搏击	2.69	1.43

数据来源：CSM 媒介研究。

结　语

2021 年，疫情防控常态下的体育市场已经逐渐找到防疫的有效措施，“泡泡”“闭环”等措施保证了综合运动赛事的举办和完成。同时，新媒体和互联网等直播互动，让体育受众更好地融入体育赛事直播，短视频等平台对体育赛事内容的再创造和传播具有推动作用。疫情防控常态下，现场观赛的行为目前来看还不能恢复，常规联赛时间的改变，也需要体育受众逐渐习惯，但是短视频、互动直播等方式会让体育受众感受到不一样的体育世界。

2021 年，欧洲杯、东京奥运会和全运会三个重点赛事让体育迷们一饱眼福，6 月狂热的欧洲之路见证了意大利的复兴；8 月的东京，让我们看到全世界的运动健儿突破自我，苏炳添让人们看到了亚洲速度；9 月的全运会，让我们近距离欣赏国内顶尖运动员的风采。此外，CBA、中超联赛及其他单项运动等赛事构建了央视五套的节目主体。作为拥有体育赛事优质资源的中央级频道，市场地位依旧无可撼动。2021 年已然过去，2022 年既有北京作为“双奥”之城为全世界展示冰雪运动员的风采，又有年底在卡塔尔即将举办的第一届冬季足球世界杯，2022 年必将点燃体育迷乃至广大观众的激情，让我们共同期待。

（作者：于松涛）

2021年电视大屏数字化收视设备观察

——IPTV、OTT收视及观众分析

2021年，伴随新冠肺炎疫情防控进入常态化，我国居民生活逐步恢复正常。因疫情影响而推迟的2020欧洲杯足球赛和2020东京奥运会相继举办，电视大屏也迎来了“后疫情时代”。疫情之下，DVB（有线数字电视，后文简写为DVB）、IPTV和OTT（智能电视和互联网盒子，后文简写为OTT）等收视设备[①]的数字化发展并未停滞。它们给观众带来更多样、更灵活的收视选择的同时，由于设备自身特性的不同，在直播和点播等互动服务方面的收视表现与趋势也有差异。本文将从电视大屏数字化收视设备用户覆盖的变化、IPTV互动平台与OTT互动平台的发展比较、智能电视开屏行为及观众特征等角度，梳理2021年电视大屏IPTV和OTT的收视情况。

一　数字化收视设备覆盖情况

DVB、IPTV和OTT是目前我国电视家庭中最主要的三种数字化收视设备。本节以CSM基础研究数据及相关行业公开数据为基础，分析电视大屏数字化收视设备的用户覆盖及发展情况。

1. OTT和IPTV设备家庭覆盖过半

CSM基础研究数据显示，2021年全国电视观众家庭OTT及IPTV设备覆盖均已过半，家庭户占比数值相近。其中OTT设备覆盖全国54.4%的电视家庭，较2019年增加9.5个百分点；IPTV设备覆盖全国54.3%的电视家庭，较2019年增加8.2个百分点。DVB设备覆盖占比继续收缩，为28.5%，较2019年减少4.5个百分点，降幅有所放缓。回顾历史数据可以发现，2018年是设备覆盖发展的分水岭。这一年，三种数字化收视设备的家庭覆盖一度呈现三足鼎立的局面，此后IPTV设备和OTT设备持续发力，而DVB设备则一路下滑，并将趋势延续至今（图1）。

---

① DVB设备（有线数字电视）：含普通数字有线和双向数字有线机顶盒设备。OTT设备（智能电视和互联网盒子）：含联网设备和非联网设备。

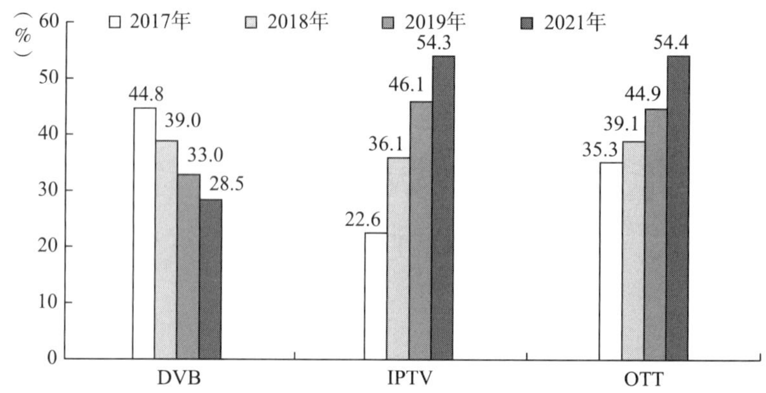

图 1　2017 ~ 2021 年中国家庭电视收视设备覆盖情况

数据来源：CSM 2017 ~ 2021 年全国基础研究。

从数据上看，我国电视家庭的收视设备日渐“热闹”，而非萎缩。三种主流数字化收视设备的覆盖占比进一步提高，由 2017 年的 103% 提升至 2021 年的 137%。电视观众家庭收视设备的复合度进一步提升，直播点播并用、多设备混用的收视情况愈加普遍。

2. IPTV 和 OTT 设备的发展带动点播服务扩展至更多观众

三种主流收视设备在提供直播频道收视和点播收视的能力方面有所不同。在直播频道方面，DVB 设备和 IPTV 设备是提供直播频道收视的设备；在点播服务方面，三种设备均具有提供点播收视的条件。其中，IPTV 设备天然具有点播服务条件，其设备覆盖率提升直观体现了点播服务的覆盖水平。

· DVB 双向网改缓慢，点播服务贡献乏力

原单向传输的 DVB 设备只有经过双向网改才能够提供点播服务，即需要该设备和所在区域网络本身具有双向传输能力，用户才可开通互动服务。从北京格兰瑞智咨询有限公司与中国广播电视网络有限公司联合发布的《中国有线电视行业季度发展报告》数据来看，从 2018 年第三季度到 2020 年第一季度，有线双向网改造渗透用户逐季小幅增长。由于 DVB 设备覆盖总体处于下行态势，双向设备用户在有线数字电视用户中的比例从 47.7% 提升到了 54.5%。然而，整体覆盖缩减，双向增势乏力，DVB 设备对点播服务发展贡献仍相对较小（图 2）。

· OTT 设备联网率稳定提升，点播服务贡献扩大

OTT 设备需要将设备连接至互联网才能够使用点播服务。对于智能电视来说，部分电视家庭观众仅将其作为普通电视使用，通过连接 DVB 设备和 IPTV 设备使用其直播服务而不直接联网观看点播。CSM 基础研究数据显示，2017 年到 2021 年 OTT 设备联网率呈现逐渐增长的态势。2021 年，全国使用 OTT 设备进行联网收看的家庭占所有电视

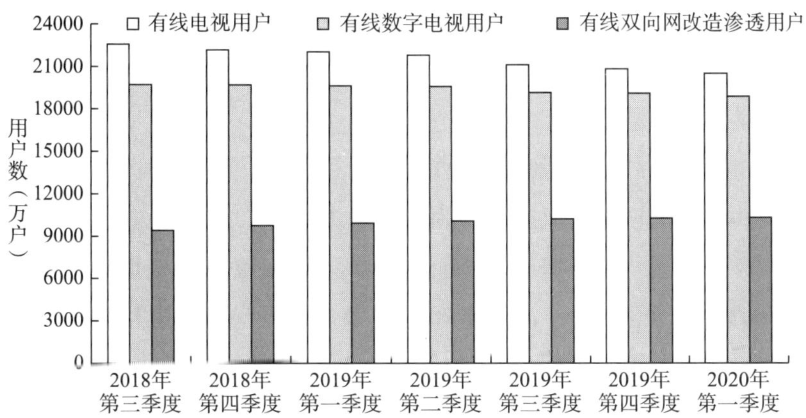

图 2　2018 年第三季度至 2020 年第一季度全国有线电视双向覆盖规模及渗透规模

数据来源：格兰研究，中国广播电视网络有限公司《中国有线电视行业季度发展报告》。

家庭的 36.7%，占所有拥有 OTT 设备的家庭的 67.5%，联网率进一步提升（图 3）。

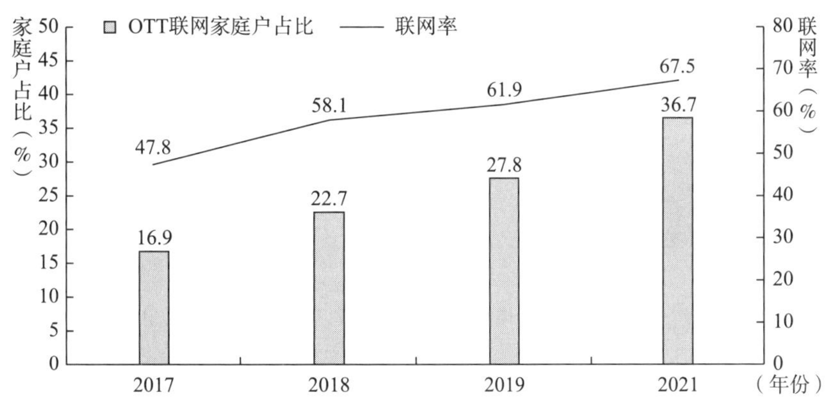

图 3　2017～2021 年 OTT 联网家庭户占比及联网率

数据来源：CSM 2017～2021 年全国基础研究。

OTT 设备的联网状态是观众互联网点播收视行为的基础，但联网的 OTT 设备除点播服务外，也允许用户通过 OTT 设备内置的服务模块或自行安装 APP 使用更多互动服务。如以斗鱼、虎牙为代表的网络直播服务，以识字、儿歌、在线课堂为代表的教育服务，以及更多的 K 歌、健身、游戏、投屏服务等。OTT 设备互动服务的多元性让电视大屏进一步从“看”向“用”转变，对于电视频道和视频网站来说，电视大屏端的竞争日趋激烈。

二　直播频道与互动平台收视表现

自 2018 年起，CSM 升级了信号来源测量技术，实现了同屏辨识精确到人的各设备、平台收视行为测量，并推出“TV + 同源收视测量”系列研究，将收视数据覆盖到传统直播频道、智能电视开机、OTT、IPTV 等多个互动平台。本部分将根据 2021 年 CSM 重点测量仪城市组同源跨平台收视数据，分析电视大屏观众在直播频道和互动平台上的收视情况。

1. 直播频道市场份额逐年缩减，OTT 及 IPTV 互动收视份额提升

CSM 重点测量仪城市组同源跨平台收视数据显示，2021 年电视大屏直播频道组市场份额为 72.7%，较上一年下降 2.7 个百分点，下降幅度较上一周期有所增加（2020 年较 2019 年下降 1.6 个百分点），但较 2019 年及之前下降幅度则相对趋缓（2019 年较 2018 年下降 3.6 个百分点，2018 年较 2017 年下降 3.6 个百分点）。与之相对应，以数字化收视设备的互动收视及数字频道收视等为主的其他频道市场份额逐年提升（图 4）。

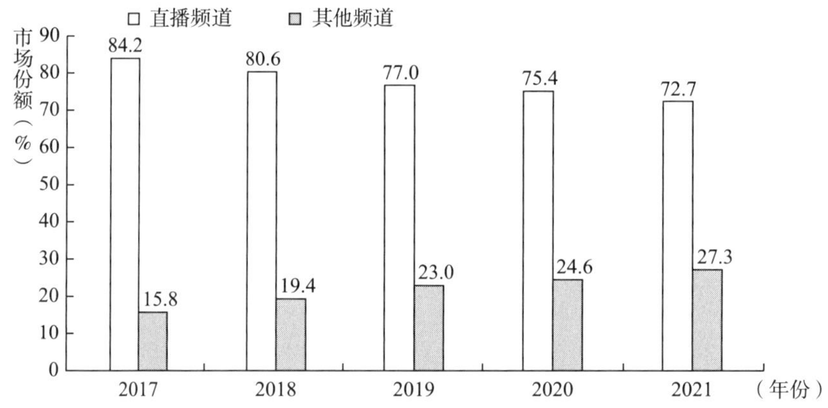

图 4　2017～2021 年电视大屏直播频道与其他频道市场份额

数据来源：CSM 2017～2021 年重点测量仪城市组。

CSM 升级信号来源测量技术后，自 2019 年开始便可将其他频道数据中的 OTT 及 IPTV 互动收视拆分出来。CSM 重点测量仪城市组同源跨平台收视数据显示，OTT 和 IPTV 互动收视是原其他频道收视最主要的贡献因素。2021 年，电视大屏 OTT 和 IPTV 互动平台合计市场份额达 20.6%，较上一年提升 3.2 个百分点。余下的“新其他频道”市场份额为 6.7%（图 5），这一部分包括 DVB 双向互动设备、数字频道及其他外接设备的非直播频道收视。OTT 和 IPTV 互动平台占其他频道市场份额的 75.6%，居于主体地位。这一比例在 2019 年为 66.5%，呈逐年提高的态势。

2. 互动收视与直播频道的观众构成在高龄和低龄方面差异最大

CSM 同源跨平台收视数据与常规收视数据都是到“人”的收视数据，可以明确计算互动平台的观众属性。2021 年重点测量仪城市组同源跨平台观众构成数据显示，互动平台性别分布较直播频道更为均衡。直播频道男性观众收视占比较高，为 50.8%。互动平台女性观众收视占比较高，为 50.2%。

年龄方面，互动平台观众相对更为年轻。直播频道 65 岁及以上观众收视占比最

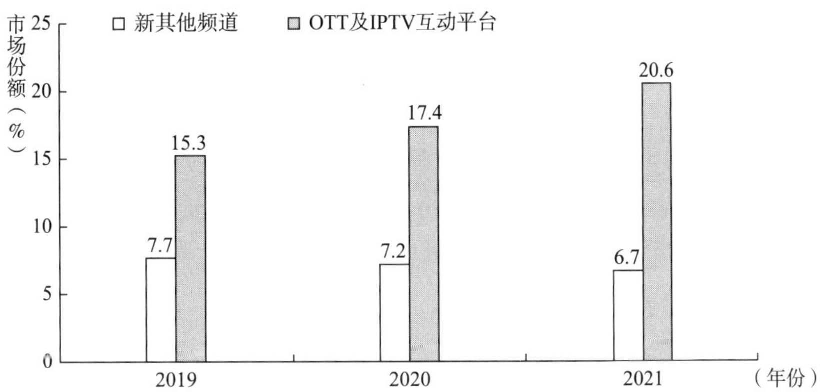

图 5　2017～2021 年电视大屏其他频道拆分互动平台市场份额

数据来源：CSM 2017～2021 年重点测量仪城市组。

高，为 27.9%，45～54 岁观众收视占比次之，为 19.9%。互动平台 45～54 岁观众收视占比最高，为 21.4%，25～34 岁观众收视占比次之，为 20.0%。就二者的差异来看，65 岁及以上观众收视占比差异最大，直播频道比互动平台高 17.4 个百分点；4～14 岁观众收视占比差异次之，互动平台比直播频道高 8.0 个百分点。15～24 岁和 45～54 岁观众收视占比则最为相近。

受教育程度方面，互动平台观众受教育程度相对较高。互动平台高中学历观众收视占比最高，为 28.7%；大学及以上学历观众收视占比次之，为 25.7%。直播频道初中学历观众收视占比最高，为 32.1%；高中学历观众收视占比次之，为 27.7%（图 6）。

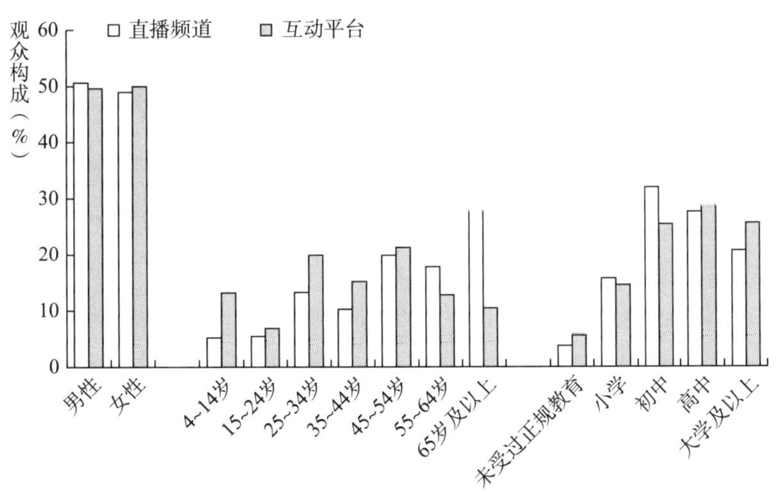

图 6　2021 年直播频道与互动平台（OTT 及 IPTV）观众构成

数据来源：CSM 2019～2021 年重点测量仪城市组。

三　IPTV 和 OTT 互动平台的差异化发展

“TV + 同源收视测量”升级的信号来源测量技术，可通过硬件信号区分观众在不同设备上进行互动收视的具体表现。本部分基于 CSM 重点测量仪城市组同源跨平台收视数据，根据观众 2019 年至 2021 年在 IPTV 互动平台和 OTT 互动平台上的收视表现，比较、观察两个互动平台的特点和趋势。

1. OTT 互动收视份额和增势较 IPTV 更强

CSM 重点测量仪城市组同源跨平台收视数据显示，2021 年 OTT 互动平台市场份额为 11.5%，较上一年度增加 2.1 个百分点；IPTV 互动平台市场份额为 9.1%，较上一年度增加 1.1 个百分点。OTT 在数值和增量上都更有优势。回顾 2019 年的数据可以发现，OTT 互动平台、IPTV 互动平台及“新其他频道”收视份额一度非常相近，在其后两年中 OTT 互动平台和 IPTV 互动平台加速扩张（图 7）。这一变化，与各设备家庭覆盖占比的变化相一致。

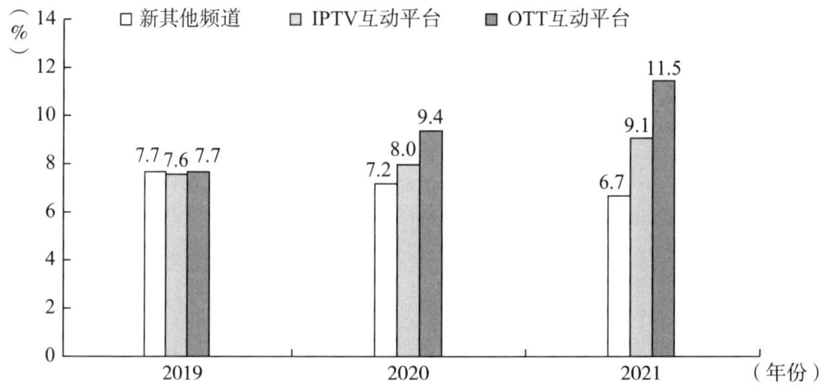

图 7　2019 ~ 2021 年电视大屏新其他频道拆分 OTT 和 IPTV 互动平台市场份额

数据来源：CSM 2019 ~ 2021 年重点测量仪城市组。

2. OTT 互动平台在到达和时长方面优势均在扩大

互动平台在收视份额上的领先可以具体拆分为观众规模和观看时长两个维度来进一步观察。2021 年重点测量仪城市组观众构成数据显示，在观众规模方面，OTT 互动平台日平均到达率自 2019 年开始持续保持至少 1.5 个百分点以上的年增长幅度，并在 2021 年反超 IPTV 互动平台，日平均到达率达到 10.0%。IPTV 互动平台日平均到达率增长稳定，2020 ~ 2021 年每年较上一年提升 0.8 个百分点，增速稍逊于 OTT 互动平台，优势地位失守。比较来看，OTT 互动平台的“日活”比 IPTV 互动平台更高、增长更快（图 8）。

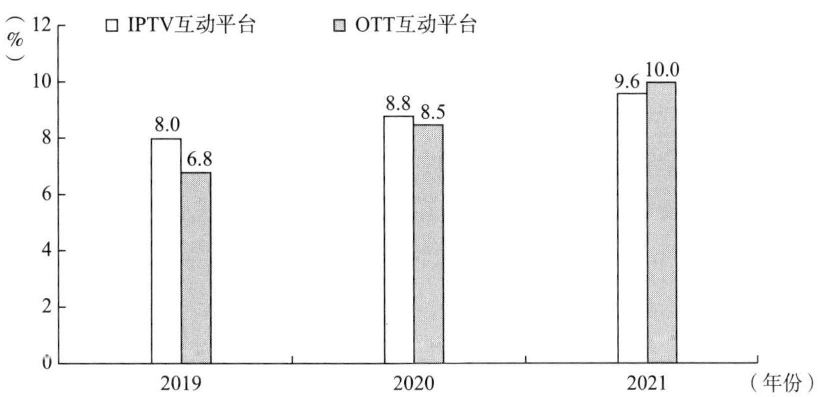

图 8　2019～2021 年 IPTV、OTT 互动平台日平均到达率

数据来源：CSM 2019～2021 年重点测量仪城市组。

收视时长方面，自 2019 年开始，OTT 互动平台较 IPTV 互动平台持续保持领先。受疫情影响，两平台观众人均收视分钟数均在 2020 年获得了提升，OTT 互动平台增势稍强，增幅为 4.9%，IPTV 互动平台增幅为 1.6%。2021 年，随着疫情防控进入常态化，观众居家时间减少，两互动平台观众收视时长均有所回落。OTT 互动平台平均每位观众每天观看 141 分钟，较 2020 年减少 10 分钟，降幅为 6.6%；IPTV 互动平台平均每位观众每天观看 116 分钟，较 2020 年减少 8 分钟，降幅为 6.5%（图 9）。

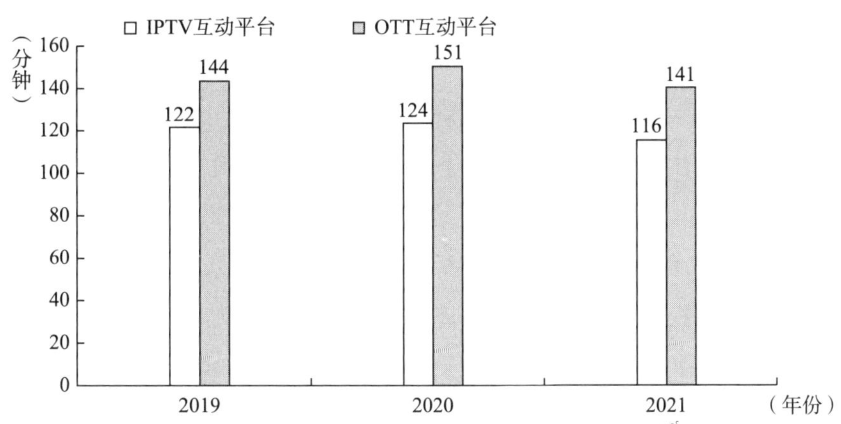

图 9　2019～2021 年 IPTV、OTT 互动平台人均收视分钟数（观众）

数据来源：CSM 2019～2021 年重点测量仪城市组。

总体来看，OTT 互动平台在收视份额上的领先来自观众规模和收视时长双方面的优势，即活跃观众规模持续提升和观众收视时长持续保持高位。虽然 OTT 设备和 IPTV 设备在家庭覆盖规模上已经基本持平，但在实际使用方面，观众在 OTT 设备上使用点播等互动服务的整体表现均较 IPTV 设备更为亮眼。

3. IPTV 互动平台男性及45岁以上观众收视贡献日益明显，OTT互动平台波动调整

前文提到，互动平台观众构成整体较直播频道性别更为均衡、年轻观众更具优势。具体来看，使用IPTV和OTT进行点播回看的观众有什么差异呢？2021年重点测量仪城市组同源跨平台观众构成数据显示，IPTV互动平台观众更多集中于男性、45岁及以上、小学至高中学历观众。OTT互动平台在女性、4～44岁、大学及以上学历观众占比方面更有优势。IPTV互动平台观众中，以45～54岁观众收视占比最高，为23.5%；OTT互动平台观众中，以25～34岁观众收视占比最高，为23.3%（图10）。

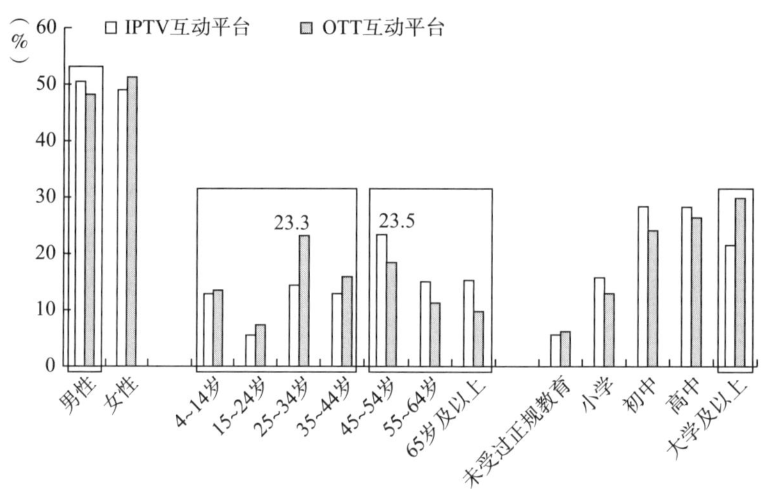

图10 2021年IPTV互动平台和OTT互动平台观众构成

数据来源：CSM 2021年重点测量仪城市组。

从近几年变化来看，IPTV互动平台自2019年起，男性观众收视贡献持续增加。由原先的女性观众收视占比较高，逆转为男性观众收视占比更高。年龄方面，IPTV互动平台上较具优势的45岁及以上观众收视占比持续保持增长态势，增长最为显著的是65岁及以上群体；而收视贡献降幅最为显著的是15～24岁观众。在受教育程度方面，IPTV互动平台相对优势的小学至高中学历观众的收视贡献总量持续降低，相对地，大学及以上学历观众收视贡献占比持续提升（图11）。

与IPTV互动平台不同的是，在2019年至2021年这三年间，OTT互动平台不同观众收视占比鲜少表现出连续同向的变化。在性别方面，OTT互动平台更具优势的女性群体，2020年收视占比明显下降，但在2021年有所回升。在年龄方面，OTT互动平台25～34岁观众收视占比降幅最大，2021年较2019年降幅达9.7%。而4～14岁观众收视占比则显著提升，2021年较2019年增幅达19.3%。此外，65岁及以上观众收视占比变化最为显著，2021年较2019年增长2.9个百分点，增幅达42.6%。受教育程度方面，OTT互动平台较占优势的大学及以上观众收视占比同样出现了小幅下滑，2021年

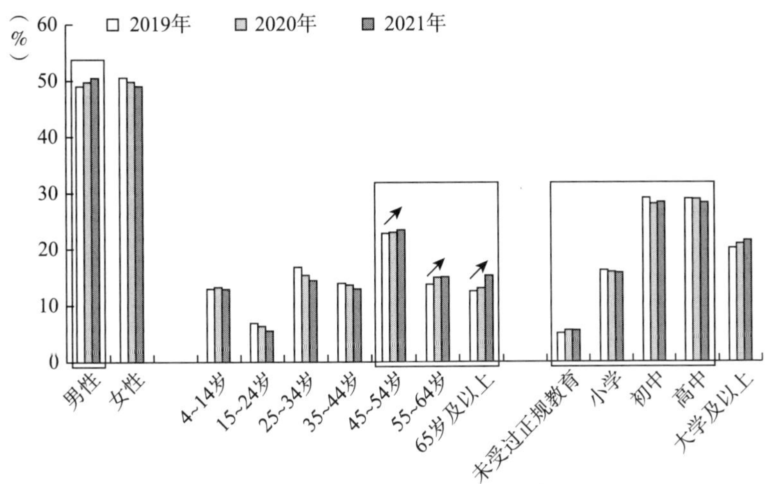

图 11　2019～2021 年 IPTV 互动平台观众构成

数据来源：CSM 2019～2021 年重点测量仪城市组。

较 2019 年下降 0.3 个百分点，变化不大。未受过正规教育观众增幅较为显著，2021 年较 2019 年提升 1.5 个百分点，增幅为 32.5%（图 12）。

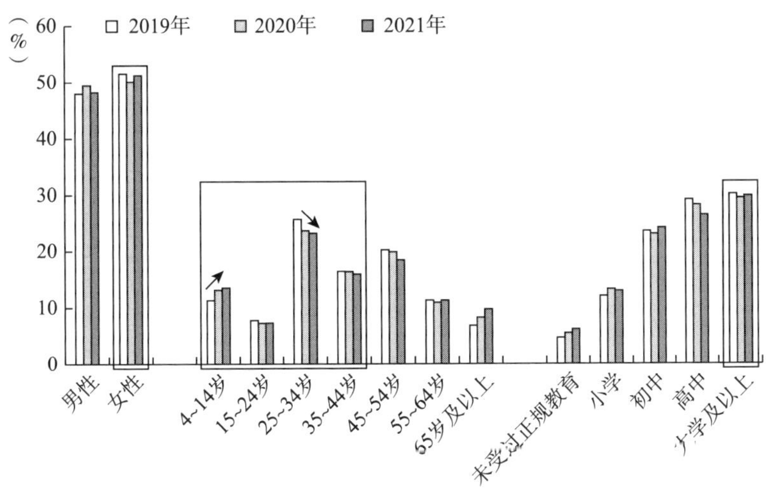

图 12　2019～2021 年 OTT 互动平台观众构成

数据来源：CSM 2019～2021 年重点测量仪城市组。

总体而言，IPTV 互动平台的优势观众群收视变化相对稳定，OTT 互动平台则仍处在波动调整状态。随着电视大屏的数字化趋势逐渐普及以及观众对新技术和新服务更加适应，新兴设备观众群也将进入传统电视观众的深水区。

4. IPTV 互动平台收视份额地域差异大，OTT 互动平台相对均衡

在各地域收视表现上，IPTV 互动平台与 OTT 互动平台有着较大的差异。2021 年重点测量仪城市组同源跨平台收视数据显示，IPTV 互动平台在西北地区市场份额最高，

达 17.6%；在东北地区较低，仅为 4.2%，两地区间相差 13.4 个百分点。OTT 互动平台在华南地区市场份额最高，为 14.9%；在西南地区较低，为 9.0%，两地区间相差 5.9 个百分点。从地区间差异来看，IPTV 互动平台在各地区间的收视水平差异较 OTT 互动平台更大（图 13）。

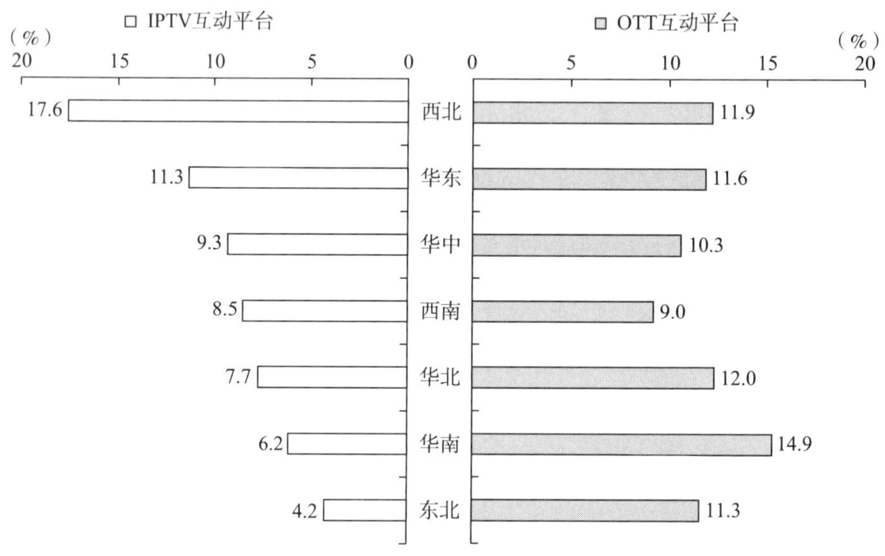

图 13　2021 年 IPTV、OTT 互动平台分区域市场份额

数据来源：CSM 2019～2021 年重点测量仪城市组。

在市场化形式上，IPTV 互动平台与 OTT 互动平台有着天然的差异。一方面，IPTV 设备一般由当地网络运营商负责推广安装，常伴随宽带接通一同入户。OTT 设备则多为用户自行购入，最常见的形式是电视换新。因此，IPTV 设备的覆盖与当地网络运营商的发展情况直接相关，而 OTT 设备则不受限于地域服务商。另一方面，IPTV 设备较 DVB 设备更晚进入市场，其功能与 DVB 设备存在一定的替代关系，因此，不同区域 IPTV 设备的发展情况也与当地 DVB 设备发展情况相关。DVB 设备发展强势的地区，IPTV 设备的推广相对受阻；DVB 设备发展较弱的地区，IPTV 设备相对更有机会。

CSM 重点测量仪城市组同源跨平台收视数据显示，2019 年至 2021 年，IPTV 互动平台在包括陕西、甘肃、青海、宁夏、新疆等地在内的西北地区一直表现强势，且稳定而快速地扩大着优势。与其他地区相反的是，包括四川、贵州、云南、重庆、西藏等地在内的西南地区，IPTV 互动平台则连续两年出现了市场份额下滑的态势。较为特别的是东北地区，IPTV 互动平台在当地的市场份额一直较小，且在 2020 年出现了下滑，而在 2021 年又出现了大幅反弹（图 14）。

OTT 互动平台在各区域的变化则表现一致。CSM 重点测量仪城市组同源跨平台收视数据显示，2019 年至 2021 年，IPTV 互动平台在各区域中，以广东、广西、海南为

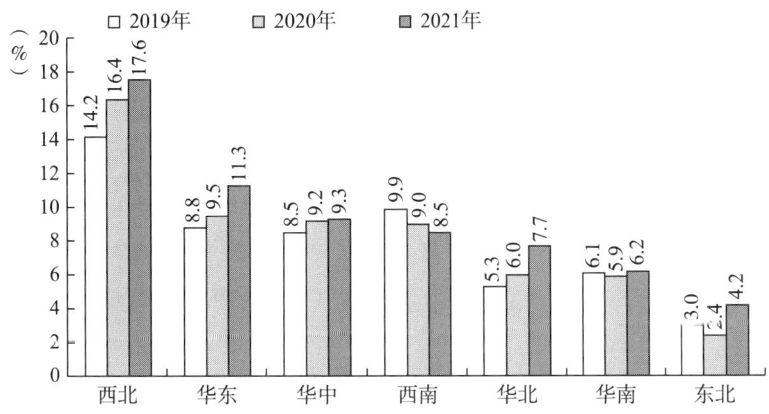

图 14　2019～2021 年 IPTV 互动平台分区域市场份额

数据来源：CSM 2020～2021 年重点测量仪城市组。

代表的华南地区①持续领跑，且在 2021 年增幅较大，市场份额较 2020 年提升 3.8 个百分点，增幅达 34.2%。同样处于快速增长态势的还有包括北京、天津、山西、河北、内蒙古在内的华北地区，2021 年华北地区 OTT 互动平台市场份额较上一年度提升 3.2 个百分点，增幅达 36.4%，跃居各地区次席。各区域相比，华中地区的 OTT 互动平台收视提升相对较为缓慢（图 15）。

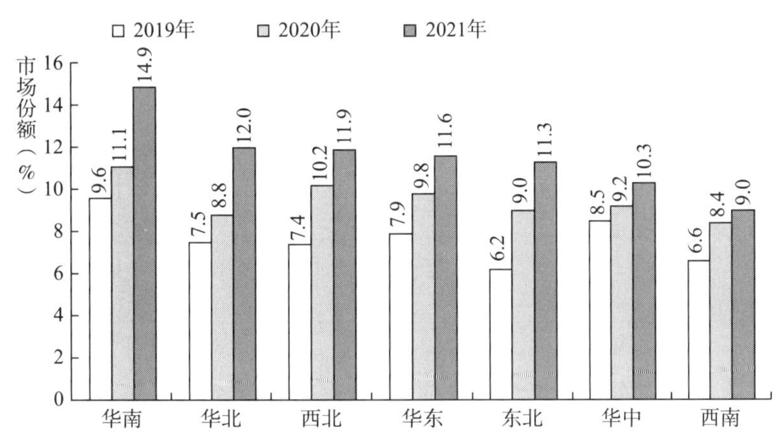

图 15　2019～2021 年 OTT 互动平台分区域市场份额

数据来源：CSM 2019～2021 年重点测量仪城市组。

互动平台在与电视大屏直播频道的竞争中正处在上升赛道，且以 OTT 互动平台的增长更为强劲。从具象收视数据来看，OTT 互动平台在观众规模和收视时长双引擎的均衡增长为其健康发展奠定了稳定基础。比较之下，两互动平台在地域和观众群属性方面的优势则各有所长，表现出了一定互补的态势。

① 重点测量仪城市组仅覆盖中国大陆地区，不包含香港特别行政区、澳门特别行政区、台湾地区。

四　智能电视开屏行为表现

OTT 设备中，智能电视是更为广泛进入观众家庭的收视设备。伴随着对电视机本身的数字化、智能化升级，电视大屏成为更为复合、独立的视听载体。通过联网的智能电视，可以向打开电视的观众投放广告，这是电视相关设备中的“第一站曝光”。响应市场对智能电视开屏广告的评估需要，CSM“TV + 同源收视测量”研究提供了智能电视开屏行为的测量并将数据精确到人。

1. 联网智能电视开屏到达突破三成，其中 1/3 的观众每天开机

CSM 智能电视开屏数据测量的是联网智能电视屏幕亮起时坐在屏幕前的观众数量及属性，能够帮助了解智能电视开屏广告触达的最大观众规模及人群覆盖。CSM 重点测量仪城市组同源跨平台收视数据显示，2019 年至 2021 年，联网智能电视开屏到达率稳步提升。2021 年联网智能电视开屏到达率为 31.0%，全年累计触达重点城市观众占比突破三成。这一数字较 2020 年提升 3.9 个百分点，涨幅较上一周期略有放缓，为 14.4%（2020 年较 2019 年涨幅为 20.4%）（图 16）。

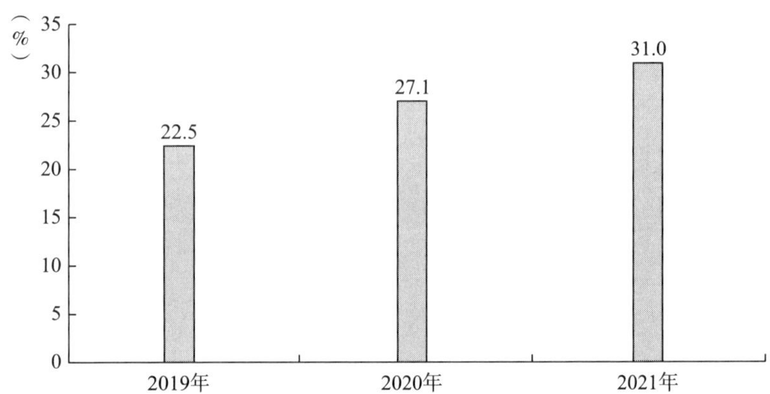

图 16　2019～2021 年联网智能电视开屏到达率

数据来源：CSM 2019～2021 年重点测量仪城市组。

在整体触达规模提升的同时，联网智能电视开屏观众的“日活”也在稳步增长。2021 年联网智能电视开屏日平均到达率为 10.3%，较 2020 年增长 1.3 个百分点（图 17）。可以看出，在所有智能电视开屏所触达的观众中（2021 年全年到达率为 31.0%），1/3 的观众每天都会有开机行为（日平均到达率为 10.3%）。

2. 男性观众占比较高，但增长更主要来自女性观众

作为家庭收视的入口，智能电视开屏观众并不等同于智能电视端的互动收视观众。从观众的行为路径上看，打开智能电视的观众下一步可能会进入 DVB 收看直播频道的

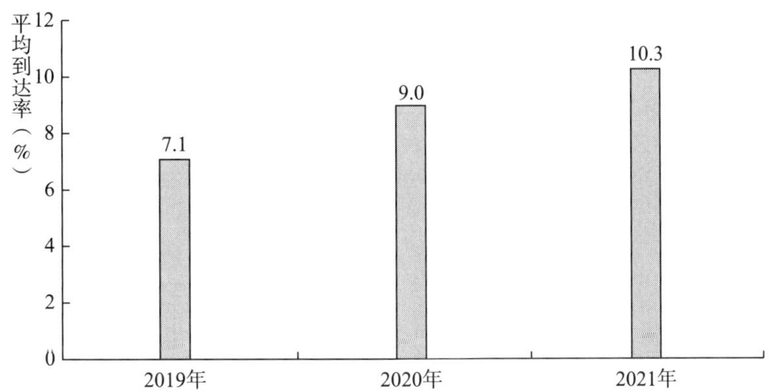

图 17　2019～2021 年智能电视开屏日平均到达率

数据来源：CSM 2019～2021 年重点测量仪城市组。

内容，也可能会进入 IPTV 收看点播内容。反过来说，在联网智能电视上进行互动收视的观众，可能并非打开智能电视的那位家庭成员。

CSM 重点测量仪城市组同源跨平台收视数据显示，2021 年，联网智能电视开屏观众中男性占比略高于女性，男性为 50.3%，女性为 49.7%。性别分布自 2019 年至 2021 年逐渐趋于均衡，差异从 2.0 个百分点压缩至 0.6 个百分点。年龄方面，智能电视开屏观众中 25～34 岁观众占比最高，为 29.3%，虽较前两年略有下滑但仍远高于其他年龄组。45～54 岁和 35～44 岁观众占比次之，分别为 17.1% 和 16.9%。65 岁及以上观众占比最低，仅为 6.8%。受教育程度方面，大学及以上学历观众占比最高，为 35.8%（图 18）。

结　语

2021 年，OTT 设备家庭覆盖率以微弱优势反超 IPTV 设备，两设备双双覆盖过半中国电视家庭，点播等互动服务得以进入更多观众家庭中。OTT 设备联网率的提升，也从侧面体现了更多观众对电视的定义不再仅仅是一块屏幕，而是装载着复合使用体验的大屏数字化设备。

与设备覆盖同步提升的，是观众对互动服务的使用行为。互动收视逐渐强势，持续挤压直播频道市场份额。其中，互动平台观众以中青年居多，直播频道观众则更多聚集了中老年观众，二者在 65 岁及以上观众和 4～14 岁观众中的收视占比差异最大。

2018 年之后，随着 DVB 覆盖占比的持续降低，数字化收视设备逐渐从三足鼎立走向两强相争的局面。“两强”数字化设备中，OTT 互动平台和 IPTV 互动平台的发展具有一定差异。除了二者在商业模式方面的不同，从数据上看，OTT 互动平台均较 IPTV

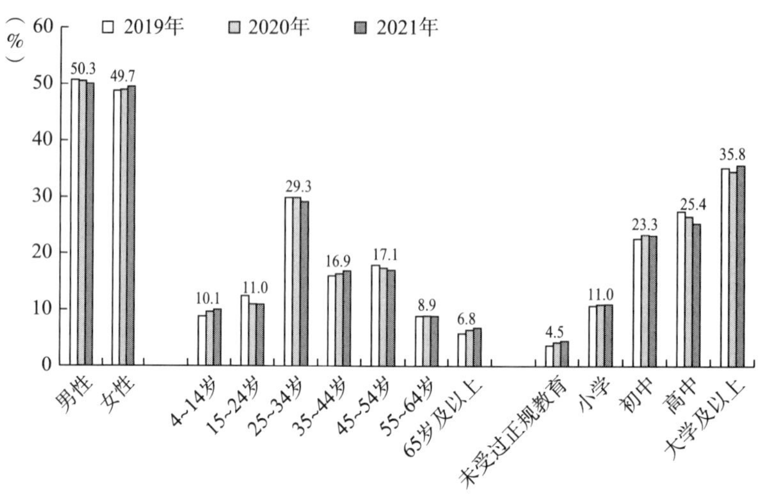

图 18　2019～2021 年联网智能电视开屏分属性观众到达率

说明：柱状图上标注的为 2021 年数据。

数据来源：CSM 2019～2021 年重点测量仪城市组。

互动平台在观众规模和收视时长上更为强势，地域分布更为均衡，但二者在观众年龄群上各有优势。未来，OTT 与 IPTV 设备、直播与点播互动的竞争将有怎样的进一步发展？我们也将通过“TV＋同源收视测量”系列研究数据持续观察。

（作者：刘洁婷）

2021年省级台新闻融合传播指数数据盘点

2021年是中国共产党成立100周年，也是“十四五”规划开局之年。广电媒体融合转型沿着国家顶层设计的指引，进入创新性、系统性融合实践的新阶段。按照“主力军全面挺进主战场”的要求，广电媒体深度融合发展呈现积极探索、多点开花的特点，组织架构、战略布局、盈利模式、技术格局都逐渐步入高质量发展阶段。根据CSM媒介研究监测数据①，2021年省级台新闻融合传播量创新高，以“三微”② 传播为例，省级台新闻类账号传播量③较2020年上涨近两成，且视频号带来流量增长新空间。

CSM省级台新闻融合传播指数是对31家省级电视台的500余档电视新闻栏目，近2000个以新闻内容为主的微信、微博、短视频账号，以及近50个自有新闻客户端进行的综合性评估。与往年不同，2021年CSM省级台新闻融合年度指数在综合反映传播效果的基础上，将中国新闻奖、中国广播电视节目奖、全国广播电视媒体融合先导单位和典型案例等评选结果纳入指数评价体系。结果显示，省级台新闻媒体融合传播呈现短视频全面领跑网络端传播、网络直播成为内容生产新常态、自有客户端建设聚焦用户个性化需求等特点。

一　河南台占据新闻融合年度指数首位，上海台、广东台保持领先地位

从2021年CSM省级台新闻融合年度指数TOP 10看，头部阵营趋于稳定，部分省级台在优势传播渠道的助力下排名快速上升。与2020年相比，河南台、上海台、广东台稳居前三位，黑龙江台、湖北台排名快速上升并跃居前五位，四川台、福建台挺进

① CSM监测新闻类短视频平台：抖音、快手、今日头条、腾讯视频、腾讯新闻、秒拍、好看视频、土豆视频、网易新闻。

② “三微”指短视频、微博、微信。

③ 传播量为播放量或阅读量与互动量的总和，互动量为转发量、评论量、点赞量的总和。根据页面显示规则，抖音平台不包含播放量；快手、腾讯新闻及好看视频平台不包含转发量；腾讯视频平台不包含点赞量、转发量及评论量；微信平台阅读量超过10万次的文章均显示为10万+，本报告中阅读量均采用10万次进行计算。

前十位，山东台、北京台、江苏台保持前十位（表1）。

表1　2021年省级台新闻融合年度指数 TOP 10

序号	机构名称	序号	机构名称
1	河南台	6	山东台
2	上海台	7	北京台
3	广东台	8	四川台
4	湖北台	9	福建台
5	黑龙江台	10	江苏台

数据来源：CSM 媒介研究。

河南台占据首位主要是由于网络传播的强势拉动，其新闻短视频、自有客户端、微博传播指数均居前三位。上海台坚持全媒体核心战略，以用户为中心营造覆盖移动端和电视大屏的内容生态，在各新闻传播渠道均衡发展，电视大屏和“三微一端”传播指数均居前五位。广东台保持了电视大屏的传播优势，新闻短视频传播效果明显提升。

湖北台和黑龙江台2021年聚焦优势渠道“精准发力”，黑龙江台保持了微信传播渠道的领先地位，自有新闻客户端建设成效显著；湖北台在电视、短视频渠道的传播效果显著提升，带动指数排名快速提升。四川台和福建台首次跻身新闻融合年度指数 TOP 10，四川台的短视频、微博和自有客户端传播指数均居前十位，在网络端传播优势突出；福建台则是在电视大屏和短视频传播效果提升的驱动下，指数排名上升。山东台、北京台、江苏台新闻融合年度指数稳居 TOP 10。其中，北京台、江苏台均在新闻类微博渠道占据传播优势，并分别在自有客户端、短视频传播指数排名上有明显提升。

随着主力军全面挺进主战场，省级台新闻融合网络传播指数①均值较2020年明显提升。同时，网络传播效果对新闻融合指数变化的影响持续增强，9家省级台同时跻身新闻融合年度指数和网络传播指数 TOP 10，湖北台、黑龙江台、四川台、福建台“弯道超车”均是由于其新闻融合网络传播指数的强势带动。

二　短视频赛道竞争白热化，河南台跃居新闻融合短视频传播指数首位

视频化浪潮的演进，助推了短视频的持续深度渗透和迭代增长。省级台新闻融合

① 新闻融合网络传播指数：综合评估省级电视台短视频、微博、微信、自有新闻客户端“三微一端”传播效果。

短视频传播指数平均值增长明显，TOP 10 机构短视频传播指数值均超过 100，且传播指数值超过 100 的比 2020 年增加 4 家。河南台、广东台、湖北台、上海台、四川台、山东台、福建台、浙江台、江苏台、陕西台跻身新闻融合短视频传播指数 TOP 10，短视频传播效果突出。同时，全年传播量①破 10 亿次的短视频账号共 43 个，较 2020 年增加 8 个。

河南台位居省级台新闻融合短视频传播指数年度首位，台内账号多点发力，全年短视频传播出现 9 个 10 亿级账号。河南台短视频账号发布内容多为民生新闻，其中@河南都市频道、@河南民生频道仍是台内的流量担当，@大象新闻快速崛起，与@小莉帮忙、@大参考、@大象直播间、@百姓 315、@晓辉在路上、@打鱼晒网等品牌栏目账号，共筑民生内容传播力。

广东台栏目账号、地面频道账号和融媒品牌账号均衡发力，@今日关注、@今日一线、@广东新闻频道、@触电新闻、@DV 现场、@珠江新闻眼等均跻身传播量 10 亿级账号阵营。湖北台时政新闻硬核输出、民生新闻崛起，全年 5 个账号传播量破 10 亿次，分别是@长江新闻号、@垄上行、@湖北新闻、@湖北经视频道、@长江号外。其中，@垄上行表现突出，发布内容多为与社会民生相关的主题，传播量突破 60 亿次，是 2020 年的 23 倍；台内传统主力账号@长江新闻号、@湖北新闻发布内容则以时政硬新闻为主。

上海台融媒品牌账号@看看新闻 Knews 全年发布短视频超 61 万条、居省级台账号发布量首位，收获传播量破百亿次。同时，上海台在财经和国际时事领域的短视频传播优势突出，@究竟视频、@第一财经、@环球交叉点、@全球眼 News 等账号贡献多条与财经、国际新闻相关的高流量短视频。四川台的流量担当仍是融媒品牌账号@四川观察，全年发布量 6.3 万条，播放量、互动量均列省级台短视频账号之首。

山东台@山东齐鲁频道强势领跑，与融媒账号@闪电新闻、栏目账号@生活帮合力贡献全台约八成流量。福建台依托地缘优势，领衔台海/军情短视频传播。@海峡新干线、@东南军情依托大屏节目资源，在台海/军情新闻短视频的生产及传播方面独树一帜；同时，@新闻启示录、@福建新闻联播全年传播量较 2020 年显著提升。

浙江台在老牌电视新闻栏目账号@小强热线、@1818 黄金眼，以及融媒品牌@钱江视频等的共同助力下，新闻融合短视频传播指数稳居前十位。江苏台则是在融媒系列账号的带动下，@荔枝新闻、@荔直播贡献台内超九成新闻短视频传播量。陕西台新闻融合短视频传播指数首次进入前十位，旗下账号@陕视新闻强势崛起，聚焦本地

① CSM 监测新闻类短视频平台：抖音、快手、今日头条、腾讯视频、腾讯新闻、秒拍、好看视频、土豆视频、网易新闻。

新闻短视频/资讯，全年传播量24.5亿次，贡献全台74.7%的流量（表2、表3）。

表2　2021年省级台新闻短视频高播放量账号

单位：亿次

序号	账号名称	播放量	序号	账号名称	播放量
1	@四川观察	152.6	6	@垄上行	57.7
2	@看看新闻	106.2	7	@山东齐鲁频道	54.3
3	@河南民生频道	99.6	8	@海峡新干线	53.4
4	@长江新闻号	68.4	9	@荔枝新闻	50.8
5	@河南都市频道	63.9	10	@龙视频	46.1

数据来源：CSM媒介研究。

表3　2021年省级台新闻短视频高互动量账号

单位：亿次

序号	账号名称	互动量	序号	账号名称	互动量
1	@四川观察	16.6	6	@新闻启示录	3.9
2	@大象新闻	11.4	7	@河南民生频道	3.4
3	@湖北新闻	5.0	8	@河南都市频道	3.3
4	@今日关注	4.7	9	@DV现场	3.2
5	@触电新闻	4.1	10	@垄上行	3.0

数据来源：CSM媒介研究。

三　聚焦用户个性化需求，自有客户端建设提速

省级广电机构持续强化自有平台建设，汇聚各方资源、形成数据资产、实现垂直开发，探索建立“新闻+政务+服务+商务”的运营模式，增强自我造血功能。2021年以来，省级台自有新闻客户端聚焦用户个性化需求，探索与用户建立有效连接，如北京台“北京时间”客户端开拓类内容矩阵、上海台“看看新闻客户端”打造网络直播高地、黑龙江台“极光新闻客户端”新增党史频道。

上海台“看看新闻客户端”打造具有开阔视野的直播新高地。上海台“看看新闻客户端”影响力稳居全国省级广电媒体客户端头部阵营，2021年推出各类网络直播2000余场，不仅有《德国大选进行时》《直击“龙”飞船发射》《战火下的加沙》等具有开阔视野的国际直播，也有《“建筑可阅读”十二时辰全媒体大直播》《伟大的开端——中共一大纪念馆开馆特别报道》等展现时代精神的策划类直播，还有“圆梦空间站”航天系列、中国国际进口博览会等重大/热点事件活动直播，在链接大小屏内容

资源的同时，以多元化网络直播增强客户端用户黏性。

黑龙江台“极光新闻”加码党史学习，释放“红色吸引力”。为庆祝中国共产党百年华诞，“极光新闻”APP新开设“党史学习”频道，设置学史动态、党史听悟、党史课堂等八大专栏，其中“党史听悟”聚集了黑龙江台百名优秀主播的党史经典诵读，打造党史学习新阵地。“极光新闻”APP以全媒体视角回溯百年辉煌，通过丰富内容和创新呈现，吸引用户亲近党史、接触时代的脉搏。

北京台“北京时间”深耕垂类内容新矩阵，扩充内容池。2021年9月，“北京时间”APP上线快讯、法治、影视、金融、球迷、味道、军情七大垂类，微剧场、微档案、文化大家说三大垂类专区，聚合形成“北京时间”垂类内容新矩阵，实现传统节目与新媒体内容的大小屏一体策划，定向生产内容，多元聚合服务。垂类频道陆续上线后，“北京时间”各内容专区更具特色，提升了内容的广度与深度，满足了用户细分需求。

四 黑龙江台、北京台连续三年分别蝉联新闻融合微信、微博传播指数首位

从微信传播情况看，2021年省级台新闻融合微信传播指数平均值低于2020年平均水平，或受部分省级台加速布局微信视频号影响。其中，指数值高于100的省级台有6个，分别是黑龙江台、上海台、辽宁台、广东台、陕西台、浙江台。黑龙江台连续三年蝉联省级台新闻融合微信传播指数首位；安徽台指数排名上升明显，跻身前十位（表4）。

表4 2021年省级台新闻融合微信传播指数 TOP 10

序号	机构名称	序号	机构名称
1	黑龙江台	6	浙江台
2	上海台	7	贵州台
3	辽宁台	8	山西台
4	广东台	9	安徽台
5	陕西台	10	湖北台

数据来源：CSM媒介研究。

省级台地面频道新闻栏目微信账号，以更具贴近性、服务性的内容，释放出更大的传播价值。比如，黑龙江台@新闻夜航、上海台@新闻坊、辽宁台@新北方、陕西台@都市快报稳居微信公众号传播量头部阵营，全年传播量均破亿次。

值得关注的是，微信视频号开通后，广电媒体抢滩入局。从 CSM 监测数据来看，2021 年下半年，省级台新闻类微信视频号揽获 2.2 亿次的互动量。河南台、四川台、福建台、湖北台、广东台、上海台等加速布局微信视频号，2021 年下半年 33 个省级台新闻类微信视频号互动量跻身百万级阵营；其中，河南台@大象新闻、四川台@四川观察微信视频号揽获破千万次的互动量。凭借流量池基础和强社交关系链，微信视频号或为媒体融合传播打开另一通路。

从微博传播情况来看，2021 年省级台新闻融合微博传播指数略高于 2020 年。其中，居前 8 位的省级台的指数值均高于 100，较 2020 年增加了 3 家。北京台连续三年蝉联省级台新闻融合微博传播指数第一位，河南台跃居第三位，四川台、广东台跻身前十位（表 5）。

表 5　2021 年省级台新闻融合微博传播指数 TOP 10

序号	机构名称	序号	机构名称
1	北京台	6	陕西台
2	江苏台	7	四川台
3	河南台	8	山东台
4	浙江台	9	湖北台
5	上海台	10	广东台

数据来源：CSM 媒介研究。

在省级台微博互动量头部账号中，融媒品牌账号传播优势明显、共占据五席，分别是江苏台@荔枝新闻、四川台@四川观察、北京台@时间视频、河南台@大象新闻、上海台@看看新闻，其中，@荔枝新闻、@四川观察全年互动量破千万次。

五　新闻融合年度传播热词：在省级台新闻叙事中回望 2021 年

2021 年，是党和国家历史上具有里程碑意义的一年。观察省级台新闻融合内容传播，百年、抗疫、致敬、航天、奥运、雨袭等一系列关键词，不仅清晰勾勒出这一年的重要回忆，更呈现省级广电机构在新闻叙事中传递的主流价值和正能量（表 6）。

表 6　2021 年省级台新闻融合传播高频词发布量/传播量

序号	高频词	发布量（万条）	传播量（万次）
1	百年	5.0	18.1
2	抗疫	44.9	158.3

续表

序号	高频词	发布量（万条）	传播量（万次）
3	致敬	4.2	43.1
4	航天	2.3	14.8
5	奥运	5.6	37.0
6	雨袭	5.0	23.8

数据来源：CSM 媒介研究。

“百年”成为年度热词，承载民众对国家叙事的强烈关注。中国共产党迎来百年华诞，“百年”成为2021年度高频词语，“百年未有之大变局”“觉醒年代”“强国有我”“百年奋斗正青春”“初心百年”……“百年”承载着民众对国家叙事的强烈关注，也成为2021年的“红色印记”。省级台新闻类短视频账号发布“百年”相关内容达5.0万条，如陕西台@都市快报发布《#百年奋斗正青春#传递真相！南京大屠杀唯一动态影像》在微博（视频号）平台揽获3271.0万次的传播量。

“抗疫”仍是公众关注的重点，疫情防控彰显中国智慧。2021年，新冠肺炎疫情进入常态化防控阶段，但形势依然严峻。同时，为构筑群体免疫屏障，我国开启大规模新冠疫苗接种。“疫情”“防控”“疫苗接种”等相关词语成为年度热词。比如，四川台@四川观察发布的《中疾控：报告新冠疫苗接种不良反应31434例，共接种2.65亿剂次，最多的不良反应为过敏性皮疹》在快手平台获得5448.1万次的传播量。

“致敬”时代榜样，给予每个普通人前行的动力。2021年，包括“杂交水稻之父”袁隆平、“中国肝胆外科之父”吴孟超等在内的28位院士逝世；“00后”戍边烈士陈祥榕未过的20岁生日；志愿军烈士遗骸终于回家；消防员抗洪抢险……这一年，时代榜样给予每个普通人前行的动力。省级台新闻类短视频账号发布内容中，告别院士、缅怀革命先烈、致敬戍边战士、缉毒警和消防员等相关内容发布量达4.2万条、传播量达43.1亿次。如湖北台@湖北新闻发布的《他们还是一群大孩子，却担起了抗洪的重任泡在水中冷得打颤，心疼!》在抖音平台揽获969.0万次的互动量；山东台@山东齐鲁频道发布的《致敬山东105岁抗战老兵：虽有伤痛，但永不后悔！#致敬》在快手获得1647.1万次的传播量。

“航天”科技进步，引发民族自豪感“同屏共振”。2021年是中国航天事业发展大年。“天问一号”探测器成功着陆火星，“祝融号”火星车开启巡视任务，中国空间站建设伴随着“天和”核心舱顺利入轨正式拉开序幕，“天舟系列”货运飞船、“神十二”“神十三”载人飞船顺利与空间站完成交会对接，“航天”引发了网民民族自豪感的“同屏共振”。比如，湖北台@湖北新闻发布的《3名航天员在太空中并排敬礼是怎么实现的？原来脚下有玄机！网友：这也太机智了吧！#神舟十二号》在今日头条揽获

1969.1 万次的传播量。

“奥运”拼搏精神凝聚中国力量。2021 年 7 月，东京奥运会开幕，中国拿下 88 块奖牌，其中 38 枚金牌。射击运动员杨倩淡定拿下中国首金，管晨辰顶住压力获得平衡木冠军，14 岁的全红婵以三跳满分横空出世，苏炳添成为首个跑进奥运百米决赛的黄种人……奥运健儿在赛场的拼搏精神，展现了强大奋进的中国力量。比如，山东台@一切为了群众发布的《#夺冠 2021 山东姑娘孙一文，为中国队夺下第三金，也是山东历史首枚奥运击剑金牌，家乡为她沸腾欢呼》在抖音获得 483.9 万次的互动量；上海台@五星体育发布《奥运村挂起“中国红”，中国代表队 777 人史上最多》在好看平台获得 2956.4 万次的传播量。

“雨袭”灾难来临，见证更多温暖和感动。河南暴雨、台风“烟花”、北京暴雨，省级台新闻类短视频账号发布内容中“雨袭”相关内容发布量达 5.0 万条、传播量达 23.8 亿次。特别是河南暴雨引发严重汛情，各方驰援河南，消防队员、武警官兵全力奋战在灾害一线，社会各界以多种方式贡献力量，转发救灾信息、传播自救指南、捐赠救灾物资。比如，河南台@大象新闻发布的《7 月 20 日河南郑州，陇海路水流湍急，一行人被冲倒一旁大哥及时拉起#暴雨中的河南力量》在抖音揽获 993.7 万次的互动量。

结　语

2022 年，媒体融合将步入第 9 个年头，在政策推动和积极探索下，媒体深度融合有望从“零星破局”迈向“整体跃进”，并通过工作流程优化、组织架构焕新、机制改革加快，积聚起更大的前行力量。媒体融合也将快速步入智能融合、生态融合的新阶段，跨界、协同、联动、共享成为发展常态，拥有强大传播力、公信力、影响力的新型主流媒体矩阵将在时代变革中“破茧而出”。

（作者：王蕾）

2021年省级台剧综融合传播指数观察

2021年，省级台聚焦庆祝中国共产党百年华诞、新时代发展、文化传承等重大主题、热点事件，创新输出样态丰富的电视剧、综艺内容产品。剧综节目策划不断发掘地域文化特色，兼顾经典传承和创新表达，实现文化和教育价值的双赢。同时，主旋律电视剧逐渐占据流量高地，在数量和质量上有所提升，口碑与热度双丰收。CSM省级台剧综融合传播指数①是基于电视、“三微”（短视频、微信、微博）和长视频传播数据的综合性评估，反映的是省级广电机构剧综融合传播效果。

CSM媒介研究数据显示，2021年省级台剧综媒体融合“三微”传播量②625.5亿次，其中短视频传播量为619.6亿次，微博互动量为5.9亿次，微信传播量超过2229.2万次。整体来看，省级台剧综融合传播呈现大屏优质内容赋能网端传播、短视频和微博传播优势突出、传统文化内容频频“破圈”、垂类内容聚集圈层用户、技术创新激活内容传播力等特征。

一　大屏优质内容赋能网端传播，五大台剧综融合传播保持领先地位

从剧综融合传播指数来看，省级台马太效应依然凸显，竞争力进一步向头部集中，五大台地位稳固、保持领先地位，指数排名前十名的为：湖南台、浙江台、上海台、江苏台、北京台、天津台、广东台、山东台、安徽台、湖北台（表1）。其中，湖南台、浙江台和上海台指数值超过100。

---

① 剧综类短视频监测平台：好看视频、快手、土豆、今日头条、抖音、腾讯视频、腾讯新闻；剧综长视频监测平台：爱奇艺、优酷、腾讯视频、芒果TV。

② 传播量为播放量或阅读量与互动量的总和，互动量为转发量、评论量、点赞量的总和。因页面显示规则，抖音平台不包含播放量；快手、腾讯新闻及好看视频平台不包含转发量；腾讯视频平台不包含点赞量、转发量及评论量；微信平台阅读量超过10万次的文章均显示为10万+，本报告中阅读量均采用10万次进行计算。

表 1　2021 年省级台剧综融合传播指数 TOP 10

序号	机构名称	序号	机构名称
1	湖南台	6	天津台
2	浙江台	7	广东台
3	上海台	8	山东台
4	江苏台	9	安徽台
5	北京台	10	湖北台

数据来源：CSM 媒介研究。

湖南台占据省级台剧综融合传播指数首位，集纳众多优质综艺与剧集资源，既有头部爆款又涵盖圈层精品，以更加多元的全品类内容收割人气，在电视和网端传播全面发力，指数值高达 149.5，断层领跑省级台剧综融合传播。

浙江台、上海台、江苏台、北京台依托优质的电视剧和综艺内容，在各传播渠道均衡发力，传播效果持续提升。其中，浙江台在网络端表现突出，其高质量的节目矩阵不断拉升用户关注度，短视频传播指数居首、长视频传播指数位居第二；上海台剧综“三微”传播指数均居第二，大小屏打通成效显著；江苏台保持大屏传播优势，剧综“三微”和长视频传播指数均居第五位；北京台微博、微信渠道占据传播优势，“两微”传播指数均居前列。

天津台在短视频传播的助力下，占据剧综融合传播指数第六位。广东台、山东台、湖北台剧综网络传播效果不断提升，安徽台则是在短视频和微信的共同带动下，跻身剧综融合传播指数前十。

综合来看，多台网络传播水平优于大屏，8 家省级台同时跻身剧综融合传播指数和网络传播指数[①] TOP 10。吉林台、福建台依靠短视频和微博的强势带动，跻身剧综网络传播指数 TOP 10。剧综网络传播指数排名前十的省级台分别为：湖南台、浙江台、上海台、天津台、江苏台、北京台、安徽台、山东台、吉林台、福建台（表 2）。

表 2　2021 年省级台剧综网络传播指数 TOP 10

序号	机构名称	序号	机构名称
1	湖南台	6	北京台
2	浙江台	7	安徽台
3	上海台	8	山东台
4	天津台	9	吉林台
5	江苏台	10	福建台

数据来源：CSM 媒介研究。

① 剧综网络传播指数是基于电视台剧综内容在短视频、微博、微信和长视频平台的传播效果进行的综合评估。

二　短视频领跑网端传播，浙江台、上海台共筑短视频传播百亿阵营

短视频碎片化、传播快、社交性强等特点，使其在剧综内容融合传播中的地位日渐提升。各省级台共有 9 个账号传播量超 10 亿次，卫视账号数量占据近七成，传播量 10 亿级账号阵营中，浙江台占据 3 席，上海台占据 2 席；互动量超 1 亿次的账号共 9 个，其中有 4 个为节目账号。整体来看，各省级台卫视账号集纳台内剧集和综艺资源，以自身积累的庞大粉丝基础，占据剧综内容宣传的流量高地。

从省级台剧综短视频传播指数来看，浙江台、上海台、湖南台保持领先优势，剧综短视频传播指数值超过 100。部分省级台加速短视频赛道布局、实现快速提升，如福建台、吉林台跃进省级台剧综短视频传播指数前十。2021 年省级台剧综短视频传播指数 TOP 10 为：浙江台、上海台、湖南台、天津台、江苏台、安徽台、北京台、吉林台、福建台、广东台（表 3）。

表 3　2021 年省级台剧综短视频传播指数 TOP 10

序号	机构名称	序号	机构名称
1	浙江台	6	安徽台
2	上海台	7	北京台
3	湖南台	8	吉林台
4	天津台	9	福建台
5	江苏台	10	广东台

数据来源：CSM 媒介研究。

浙江台占据剧综短视频传播指数首位，全年短视频传播量破 200 亿次，共有 9 个传播量过亿的剧综短视频账号。其中，主力账号@浙江卫视短视频传播量达 155.6 亿次，贡献台内超七成传播量。@王牌对王牌、@奔跑吧等老牌综 N 代节目账号持续发挥影响力，短视频传播量皆超 20 亿次。同时，@为歌而赞、@我就是演员、@听说很好吃、@嗨放派、@天赐的声音、@浙江卫视综艺 6 个账号的短视频传播量破亿次，彰显出强大的综艺内容融合传播力。

上海台全年短视频传播量超 150 亿次，与浙江台共同跻身短视频传播量百亿机构阵营。主力账号@东方卫视、@剧耀东方分别贡献 91.9 亿次、38.1 亿次的传播量，共计占台内超八成流量。台内品牌综艺节目@欢乐喜剧人、@极限挑战合计贡献约 10 亿次的传播量；男艺人竞演真人秀@追光吧、实境真人博弈节目@决胜 21 天等新节目账

号表现亮眼，共揽获超 6 亿次的传播量。

湖南台剧综类短视频账号累积粉丝量超过 1.4 亿人，居省级台之首。同时，湖南台剧综短视频传播量破亿的账号共有 12 个，除@湖南卫视以 48.2 亿次的传播量领跑外，@芒果 TV、@快乐大本营、@湖南娱乐频道、@向往的生活等节目和频道账号共同拉动网络传播的流量增长。另外，湖南台聚焦细分人群的新节目，如关注女性银发族节目@妈妈你真好看在短视频平台有超 2 亿次的传播量。

天津台所有剧综类短视频账号全年发布量达 14.8 万条，居省级广电机构年度剧综类短视频发布量之首。其中，@天津卫视及品牌综艺@非你莫属、@爱情保卫战 3 个账号占台内近九成的传播量。天津作为曲艺之乡，语言类综艺内容深受青睐，账号@天津卫视集纳台内语言类内容资源，依托大屏《今夜有戏》《相声群英会》《相声春晚》等节目，在语言类综艺短视频传播方面独树一帜。

江苏台领衔恋爱类、科学竞技和答题闯关类剧综短视频传播，1 个传播量 10 亿 + 短视频账号@江苏卫视，与台内@我们恋爱吧、@一站到底、@点赞达人秀等亿级传播账号共筑头部流量。北京台@北京卫视、@北京卫视季播带、@跨界喜剧王 3 个账号贡献台内近六成短视频流量。同时，新综艺节目@最美中轴线、@京城十二时辰等也贡献多条高流量短视频。

安徽台账号@安徽卫视是台内主要的流量账号，2021 年发布量达 6.6 万条，位居省级台剧综类账号年度发布量之首，揽获近 20 亿次的传播量。@安徽卫视发布内容多为影视剧剪辑和“国剧盛典”相关短视频，多条短视频传播量破千万次。吉林台品牌综艺@全城热恋热度延续至小屏，全年短视频传播量位居台内第一，与卫视账号@吉林卫视贡献台内超八成流量。

福建台主要流量贡献来自老牌探险纪实类真人秀@地球之极 · 侣行，与@你的生活好好看、@东南卫视贡献台内超九成短视频传播量。广东台音乐综艺节目短视频受青睐，@流淌的歌声位居台内短视频传播量之首。

三　热点话题内容放大剧综“两微”的传播优势

2021 年省级台剧综微博传播指数 TOP 10 分别为湖南台、上海台、浙江台、北京台、江苏台、福建台、湖北台、广东台、天津台、山东台（表 4）。省级台剧综类微博账号中，17 个账号互动量破千万次，以品牌栏目账号和卫视账号为主。其中，湖南台占据 6 席、上海台占据 4 席，浙江台和北京台各占 3 席，江苏台占 1 席。

表 4　2021 年省级台剧综微博传播指数 TOP 10

序号	机构名称	序号	机构名称
1	湖南台	6	福建台
2	上海台	7	湖北台
3	浙江台	8	广东台
4	北京台	9	天津台
5	江苏台	10	山东台

数据来源：CSM 媒介研究。

具体来看，湖南台 2021 年微博互动量近 2 亿次，6 个千万级互动量账号分别是@湖南卫视、@快乐大本营、@天天向上、@芒果 TV、@夏日少年派、@乘风破浪的姐姐。上海台@接招吧前辈以 2557.1 万次的微博互动量领跑全台，@东方卫视、@百视 TV、@极限挑战等账号互动量也跻身千万阵营。浙江台@王牌对王牌以 3764.3 万次的互动量占据台内微博账号首位，@浙江卫视、@中国蓝 TV 则集纳台内剧综资源，互动量也突破千万次。

北京台@冬梦之约微博传播表现亮眼，成为台内“顶流”微博互动量账号。借助冬奥会热点话题，@冬梦之约发布内容不仅涉及探秘冬奥场馆，还包含解析冬奥看点和趣味项目等内容，凸显冬奥魅力和人文风貌。@北京春晚、@北京卫视账号全年微博互动量也破千万次。

从 CSM 监测数据来看，微博视频号成为省级广电机构剧综内容传播的重要阵地。2021 年，省级台剧综类微博视频号揽获 24.28 亿次的传播量。其中，7 个账号揽获破亿次的传播量，湖南台占据 5 席，北京台占据 2 席。在微博视频号播放量破亿次的账号中，湖南台占据 5 个，北京台占据 2 个（表 5）。

表 5　2021 年剧综微博视频号播放量 TOP 10 账号

单位：亿次

序号	账号名称	播放量	序号	账号名称	播放量
1	快乐大本营	3.2	6	向往的生活	1.1
2	京城十二时辰	3.2	7	北京卫视	1.1
3	湖南卫视	1.8	8	东南卫视	1.0
4	天天向上	1.6	9	我们的歌	1.0
5	夏日少年派	1.2	10	中餐厅	0.7

数据来源：CSM 媒介研究。

从微信传播情况来看，五大台依然延续优势，位居省级台剧综微信传播指数前列。剧综微信传播指数 TOP 10 的省级台为：湖南台、上海台、北京台、浙江台、江苏台、安徽台、河北台、山东台、天津台、广东台（表 6）。在微信传播量头部账号中，省级卫视账号以多元化内容，释放出更大的传播价值，如@湖南卫视、@东方卫视、@浙江卫视等账号全年传播量均破百万次。同时，地面频道账号山东台@山东电视综艺频道、北京台@BTV 文艺频道，以及河北台@中华好诗词，也跻身传播量百万次阵营。

表 6　2021 年省级台剧综微信传播指数 TOP 10

序号	机构名称	序号	机构名称
1	湖南台	6	安徽台
2	上海台	7	河北台
3	北京台	8	山东台
4	浙江台	9	天津台
5	江苏台	10	广东台

数据来源：CSM 媒介研究。

四　主旋律内容“出圈”，传统文化强势回归

2021 年，省级台综艺、电视剧的内容题材、参与主体、讨论话题等更加贴近时代、扎根生活，聚焦时代大变革下的新境遇与新问题，更加注重内容的现实内涵与价值导向。这一年，省级台剧综内容融合传播也呈现紧扣时代脉搏、传统文化强势回归、正能量内容喷发、关注平凡人日常等特点。

纪念百年发展，主旋律内容弘扬红色基因。从省级台剧综融合传播的高流量内容来看，2021 年主旋律电视剧牢牢占据品质与热度的高地。主旋律剧集以更具贴近性的表达实现“减龄”，俘获不同年龄层观众。比如，@湖南卫视、@东方卫视、@浙江卫视、@山东卫视发布《觉醒年代》《山海情》《扫黑风暴》《叛逆者》《功勋》等主旋律题材剧集相关短视频，在短视频平台揽获千万次的播放量、百万次的互动量。同时，省级广电机构积极策划纪念建党百年的综艺节目，如东方卫视《时间的答卷》情景再现 16 位不同时期优秀党员的形象；山东卫视推出《寻声记》以新时代正能量青年视角解读党史；湖南卫视《28 岁的你》以 AI 技术还原历史，讲述 8 位革命先辈 28 岁时的重要经历。

凸显文化传承，传统文化基底掀起国风国潮。伴随国家对弘扬中华优秀传统文化的重视和引导，观众审美提升、审美需求亦呈现多样化，2021 年传统文化、节庆文化频繁“出圈”，以传统文化为基底的国风国潮内容成为省级台剧综融合传播的一大亮点。比如，从唐宫夜宴、端午奇妙游、七夕奇妙游再到中秋奇妙游，河南台以独特的

创作思路宣扬传统节日的文化价值，河南台@唐宫夜宴发布的短视频“美丽动人的唐宫小姐姐台上一分钟台下十年功的真实写照”在快手平台揽获超7000万次的传播量；山东广电通过《齐鲁文化大会》《至味山东》等节目，构建起文化类节目矩阵；为助力北京全国文化中心建设，北京台深耕原有品牌国潮IP《遇见天坛2》《上新了·故宫》等，在2021年创新推出《书画里的中国》《最美中轴线》等多档泛文化节目。

主打“特色牌”，跨年晚会迎合时代主题。跨年晚会成为观众追求仪式感的重要节目之一，各省级台从不同风格、主题、内容出发，呈现引领时代变化、展现年轻审美的跨年晚会，并以全媒体传播占据流量高地。比如，@北京卫视“2022迎冬奥BRTV环球跨年冰雪盛典”、@湖南卫视青春中国2021—2022跨年晚会、@浙江卫视“想把我唱给你听”跨年晚会、@江苏卫视“用奋斗点亮幸福”跨年演唱会、@东方卫视“梦圆东方·2022跨年盛典”，展现冬奥主题、宋韵文化、时代主旋律等内容。此外，部分卫视采用了演讲跨年的特别形态，如@广东卫视“更好的明年”跨年演讲等，均在网络端获得较高关注，另辟知识跨年的风潮。

技术赋能内容创新，跨平台合作实现“破圈”。人工智能、虚拟现实、超高清技术等，让综艺节目更加多元，江苏卫视新节目《2060》以虚拟角色竞技为主题，将国产动漫形象带上大屏，展现国风力量；江苏卫视还加码青少年节目创新，推出《超脑少年团》选拔24位青少年加入“AI未来营”。与此同时，省级台加强与商业平台合作，推动节目共创，如河南卫视与哔哩哔哩合作推出《舞千年》、浙江卫视与抖音跨屏合作推出《为歌而赞》、江苏卫视与抖音合作推出《点赞！达人秀》等，以长短内容有机结合，大小屏优势互补，实现跨平台“破圈”传播。

（作者：田园）

2021年城市广电新闻融合发展数据盘点

面对这个伟大的媒体深度融合时代，我国城市广电机构化被动为主动，坚持内容为王，依托智慧赋能，开辟崭新视角，经过前几年的布局与运作，新闻融合工作已从起步阶段渐入佳境，从浅海到深海逐步推进，出现了以下几个发展趋势。一是运作规模扩大，新媒体账号逐渐从频道、栏目自发创作，向中心化、集团化运营转换。二是运作机制升级，品牌账号形成多平台联动的机制。三是传播内容下沉，逐渐聚焦普通大众最关心的时事热点与民生生活，并取得了不错的传播效果。本文基于2021年CSM监测的41个城市电视台新闻融合账号，包括微信、微博、抖音、快手、今日头条/西瓜视频、腾讯新闻等核心平台，从不同角度剖析、呈现城市广电新闻融合的数据化特征。

一　整体市场新闻融合传播水平

1. 总量分布：城市广电新闻短视频账号的传播量与互动量巨大

前几年，城市广电的传统媒体业务盈利模式遭受冲击，阵痛之后开始艰难转型，新媒体账号如雨后春笋般涌现，逐渐在新媒体市场放大声量，短视频已经成为城市台新闻融合中最为重要的内容抓手。

2021年，CSM监测的41个城市电视台的短视频、微信、微博新闻账号约800个，累计发布量约160万条，平均每天发布超过4300条。其中，短视频平台总发布量83.55万条，占比为52.32%；微博平台文章45.90万篇，占比为28.74%；微信平台文章超过30万篇，占比为18.94%。

从传播量来看，微博、微信、短视频累计传播量超过520亿次，短视频承担了97.81%的传播量，传播量超过509亿次（不含抖音）；微信传播量11.15亿次，仅占2.14%。

从互动量来看，微博、微信、短视频累计互动量达36.34亿次，99.17%由短视频贡献，微信互动量约500万次，微博约2500万次（表1）。

表 1 2021 年城市电视台新闻融合账号发布量、传播量和互动量在不同平台的分布

平台	总量			占比（%）		
	发布量（万条）	传播量（亿次）	互动量（亿次）	发布量	传播量	互动量
短视频	83.55	509.11	36.04	52.32	97.81	99.17
微信	30.24	11.15	0.05	18.94	2.14	0.14
微博	45.90	0.25	0.25	28.74	0.05	0.69

数据来源：CSM 媒介研究。

短视频平台传播互动独占鳌头的局面，凸显出城市电视台立足当下，更趋于用最能发挥电视竞争力的动态新闻方式来传情达意，电视台用新闻人才来“玩转”新闻短视频天然存在较大的专业优势。

2. 热点事件提升新闻融合传播效果

2021 年是城市台融媒“发力年”。对于新闻而言，突发事件、热点事件具有特殊且很高的新闻价值，既是对城市台的新闻处理能力的极大考验，也是城市台向融媒发力的重要突破口。尤其是 2021 年下半年以来，各类突发性新闻激增，不仅仅包含新冠肺炎疫情东京奥运等重大国际事件，更有建党百年、全面脱贫等我党伟大事迹，还有暴雨台风等极端天气带来的社会民生热点问题。错综复杂的事件蕴含了巨大的信息量，具有新鲜性和吸引力，为城市台的融媒突破提供了丰厚的土壤。

不少城市台及时抓住机遇，在新闻融合传播上积极出击，如长沙广播电视台、成都广播电视台、南京广播电视集团、苏州广播电视总台等积极、快速地在新媒体平台发布相关微信、微博、短视频，短时间内获得了大量的受众关注与热议，进一步提升了城市台新闻融合水平。数据显示，2021 年下半年，九成城市台的新闻融合指数均高于上半年，头部台提升效果尤为显著，有的台拉动力甚至超过了 50%（图 1）。

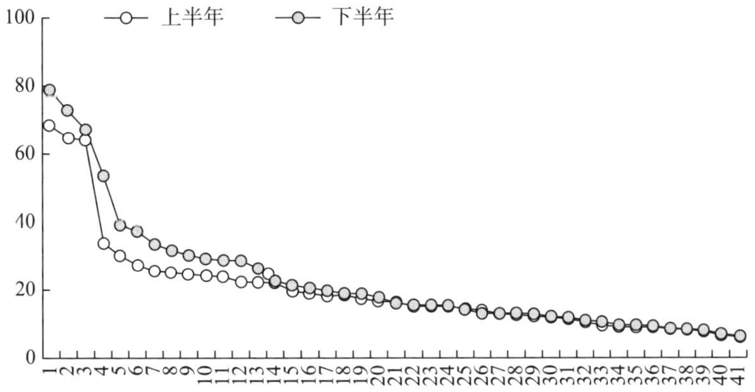

图 1 2021 年上半年和下半年 41 个城市电视台的新闻融合传播指数对比

数据来源：CSM 媒介研究。

城市广电账号在各新媒体平台的传播效果形成了差异化特征。短视频平台受众更

多呈现了对河南暴雨、东京奥运会等阶段性热点事件的关注；微信平台在疫情防控等本地官方资讯的发布上更受用户关注；微博作为新媒体社交平台，更易在短时期内因社会热议话题迅速形成舆论爆点（图2）。

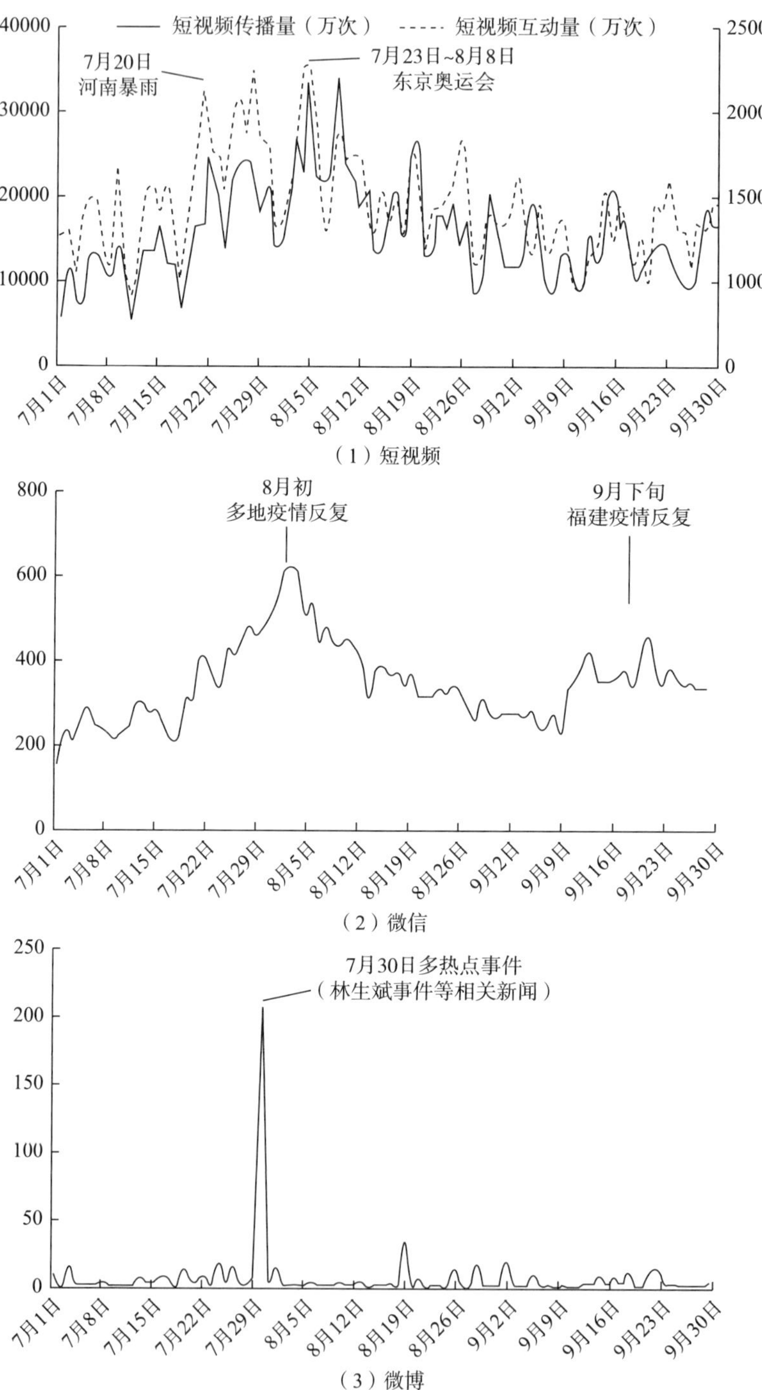

（1）短视频

（2）微信

（3）微博

图2　2021年突发事件对传播量的影响

数据来源：CSM媒介研究。

3. 竞争格局两极分化，南方头部台实力强劲

从媒体融合综合表现来看，南方区域的城市台表现更为突出，深圳广播电影电视集团、广州市广播电视台和苏州广播电视总台这三个城市台在大小屏的媒体融合指数均超过 82，以前三甲之姿位于第一梯队；长沙广播电视台、成都广播电视台、佛山电视台、济南广播电视台、南京广播电视集团、无锡广播电视集团、杭州文化广播电视集团等台跻身第 4 ~ 10 名之列。移动新媒体方面，长沙广播电视台遥遥领先，以近 108 的移动网络指数荣登榜首，展现出强劲的新媒体竞争实力；苏州广播电视总台、深圳广播电影电视集团、成都广播电视台这三个台紧随其后，移动网络指数均超 80；广州市广播电视台、南京广播电视集团、佛山电视台、无锡广播电视集团、济南广播电视台和厦门广播电视集团等台也显露出较好的融媒实力（表 2）。

表 2 2021 年城市电视台的融媒指数表现

电视台	媒体融合指数	电视台	移动网络指数
深圳广播电影电视集团	87.5	长沙广播电视台	107.7
广州广播电视台	84.7	苏州广播电视总台	89.9
苏州广播电视总台	82.9	深圳广播电影电视集团	87.3
长沙广播电视台	62.0	成都广播电视台	81.5
成都广播电视台	51.8	广州市广播电视台	65.1
佛山电视台	42.1	南京广播电视集团	62.8
济南广播电视台	41.0	佛山电视台	60.9
南京广播电视集团	40.8	无锡广播电视集团	42.8
无锡广播电视集团	40.4	济南广播电视台	40.5
杭州文化广播电视集团	36.5	厦门广播电视集团	38.9

数据来源：CSM 媒介研究。

城市电视台的新闻融媒发展已经形成了各地不均衡、两极分化的“马太效应”格局。一方面，“头儿尖尖”，只有部分头部城市台脱颖而出，41 家电视台中，苏州广播电视总台、深圳广播电影电视集团、广州市广播电视台、无锡广播电视集团、济南广播电视台、厦门广播电视集团、杭州文化广播电视集团、青岛市广播电视台这 8 家电视台的大屏指数和新媒体指数都超过了平均水平，在深耕传统电视大屏的同时，及时布局移动新媒体领域，新闻融合实力得到了长足发展，成长为大小屏均衡发展、两条腿走路的头部阵营。另一方面“底儿宽宽”，大量城市台成为“沉默的螺旋”堆积在尾部，近七成城市台移动新媒体指数低于均值，处于弱势竞争位置，中、尾部市场待进一步拓展。

二　各新媒体平台新闻融合表现

城市广电媒体已然从最初的被动适应到如今的主动“跑马圈地”，头部台狠抓宝贵时间窗口期，多平台布局初见成效，在不同新媒体赛道构筑独有的头部矩阵，采取一稳（电视端）、二扩（新媒体端）、三立（自有客户端）的策略，大大拓展了融媒这个大“盘子”，有效提升了融合竞争实力。短视频平台受到城市广电的重视。2021 年超过三成的城市台（14 家）的短视频指数超过了均值（35.1）。其中，苏州、成都、南京、长沙、广州这 5 个城市电视台处于领跑地位，其移动新媒体指数均超过了 100；常州、深圳、佛山、南宁、沈阳、济南、青岛、石家庄、武汉这 9 个城市的广播电视台构成了第二矩阵（图 3）。短视频领域涌现了不少城市台的优质账号，例如苏州、长沙、成都这 3 个城市的广播电视台在抖音领先优势突出，“小鱼视频”“星视频”“云上深夜快递”等账号表现出色；南京、广州、成都这 3 个城市的广播电视台在快手成绩优异，出现了“直播南京”“广州 ing”“云上深夜快递”等优质账号；成都、深圳、长沙这 3 个城市的广播电视台在今日头条和西瓜视频表现出色，优质账号有“云上深夜快递”“正午 30 分”“星视频”；长沙广播电视台在腾讯新闻最为领先，“星视频”账号熠熠生辉。

微信平台是城市台新闻融合传播拓展的核心。2021 年，共有 15 家城市台微信指数超过了均值（24.3），占比为 36%。其中，深圳广播电影电视集团和大连广播电视台的微信公众号传播效果突出，新媒体指数均超过了 70，属于第一阵营；其次是苏州、哈尔滨、泉州、东莞、南通、珠海、济南、无锡等城市的广播电视台，属于第二阵营。在众多公共号中，大连广播电视台的公共号“新闻大连”年总阅读量高达 9600 万次；深圳广电集团的公共号“深广电第一现场”依托《第一现场》等品牌栏目，提供新闻消息、短视频、便民服务等，2021 年获得城市台在微信的点赞之最（34 万次）。

微博平台是城市台的舆论重地。2021 年有 10 家城市台微博指数超过了均值（32.3），占比为 24%。长沙广播电视台一枝独秀，微博指数高达 340.40，远超其他城市台，显露出极强的竞争优势。细究之下，该台之所以在微博平台“热议度”最高，源自其博文的转发量、评论量和点赞量均居高位，旗下的“星视频”账号表现十分优异，粉丝量接近 110 万人，全年微博发布量超过万篇，转发量超过 25 万次，评论量超过 45 万次，点赞量高达 1000 多万次。深圳、成都、杭州三个城市的广播电视台的微博指数分别达到了 183.45、147.29、103.10，属于第二方队。

在自有 APP 平台，有 10 家城市台的 APP 指数超过均值（24.8），佛山电视台和无锡广播电视集团运营效果初显，指数遥遥领先，双双超过 134，广州、苏州、芜湖、深圳、汕头、济南、青岛、武汉这 8 家城市台指数也超了平均水平（图 4）。值得一提的

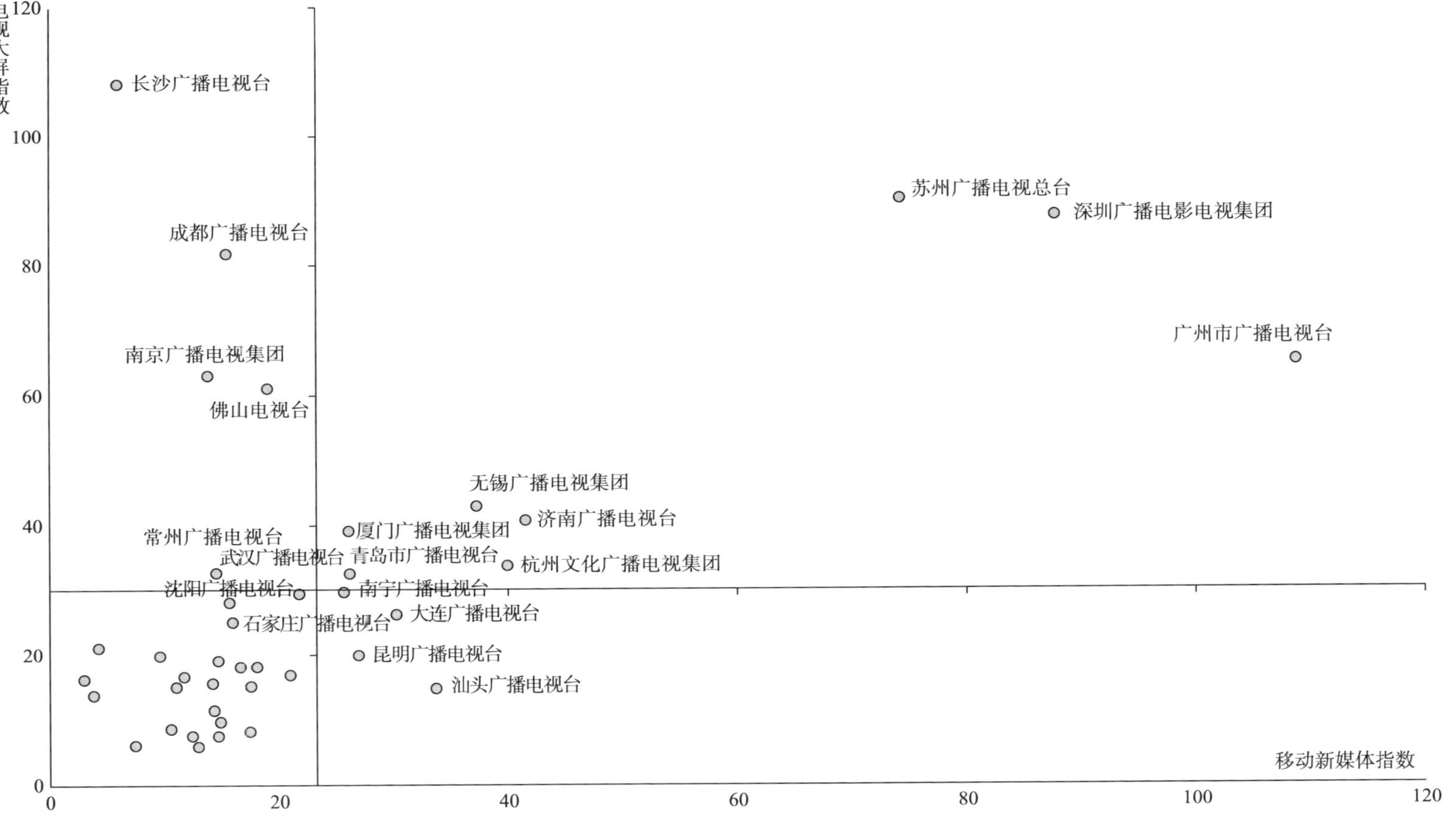

图3　2021年城市电视台在传统大屏和新媒体平台的竞争力情况

数据来源：CSM媒介研究。

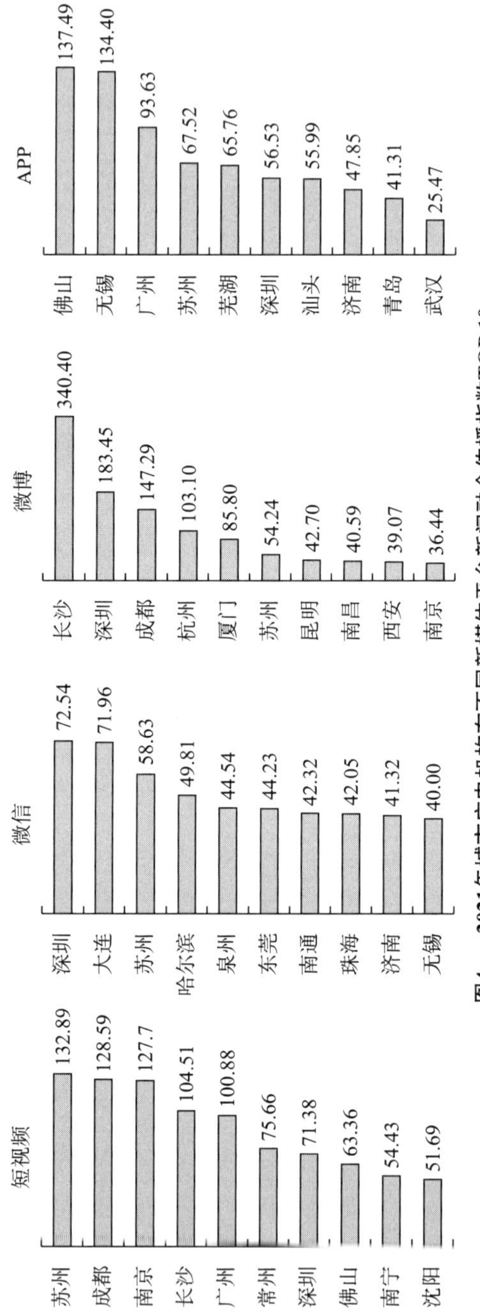

图4　2021年城市广电机构在不同新媒体平台新闻融合传播指数TOP 10

数据来源：CSM媒介研究。

是，有两家城市台的 APP 表现不俗，活跃用户数维持在较高水平：佛山电视台的 APP“醒目视频”活跃用户接近 48 万人，无锡广播电视集团的“智慧无锡”APP 活跃用户接近 47 万人。此外，广州市广播电视台的 APP“花城 +”活跃用户也达到了 32.5 万人，芜湖传媒集团的 APP“今日芜湖”活跃用户超过了 22 万人，“汕头橄榄台”、“无线苏州”、“壹深圳”和“天下泉城新闻客户端”这 4 个 APP 活跃用户也均在 12 万人以上。

三　新闻类账号表现

1. 粉丝量：抖音粉丝聚合力占优，千万级大号崛起

城市广电机构进军新媒体端以来，发挥自身优势吸引粉丝，一个个账号形成了一个个垂类圈层。

在短视频领域，城市广电账号粉丝总量达到 2.7 亿人，粉丝量突破 100 万 ~200 万人的账号所在平台共计 69 家，抖音独占 43 家（占比为 62%），头条、快手、腾讯新闻各有 14 家、11 家、1 家。粉丝数量突破 200 万人的账号平台共计 34 家，其中抖音高达 27 家、占近八成，头条 2 家，快手 4 家，腾讯新闻 1 家（表 3）。

细分之下，短视频粉丝量在 200 万 ~300 万人的城市广电账号，抖音平台有 12 家：蘇视频、合肥科教、云上深夜快递、武汉广电 - TV 抖妹儿、看度新闻、维权问法、南宁广播电视台、深圳卫视、花城 +、郑州大民生、醒目视频、新闻 110，快手平台有广州 ing、直播南京，腾讯新闻有星视频。

短视频粉丝量在 300 万 ~500 万人的城市广电账号，抖音平台有 5 家：直播南京、济南生活频道、合肥市广播电视台、嗨苏州、蛤蜊帮，头条平台有 2 家：云上深夜快递和看度新闻，快手平台有 2 家：南京广播电视台和醒目视频。

短视频粉丝数量在 500 万 ~1000 万人及以上量级的城市广电账号有 5 家，全部在抖音平台，包括一槌视频、暖视频、第一现场、新闻夜班（广西）、广州 ing、南昌广播电视台。

短视频粉丝数量超过 1000 万人的城市广电超级大号有 4 家，占短视频总量的 18%，均在抖音平台，包括苏州广播电视总台的“小鱼视频”（1441 万人）、沈阳广播电视台的“沈阳新闻频道”（1181 万人）、南京广播电视集团的“南京广播电视台”（1101 万人）、常州广播电视台的“中吴网”（1086 万人）。

表 3　2021 年新媒体平台粉丝数量阶梯分布

单位：家

账号所在平台	100 万人及以上	200 万人及以上	300 万人及以上	500 万人及以上	1000 万人及以上
抖音	43	27	15	10	4

续表

账号所在平台	100万人及以上	200万人及以上	300万人及以上	500万人及以上	1000万人及以上
头条	14	2	2		
快手	11	4	2		
腾讯新闻	1	1			

数据来源：CSM媒介研究。

在微博平台，2021年城市广电总粉丝量超过6500万人，共有15个账号粉丝量突破百万人大关。深圳广播电影电视集团旗下的“深圳卫视”，步入“千万粉丝俱乐部”，以1031万人的粉丝量遥遥领先，独占微博粉丝总量的16%。直播南京官方版（南京广播电视集团）、看度新闻（成都广播电视台）、杭州电视台综合频道（杭州文化广播电视集团）、8099999（昆明广播电视台）这4个账号粉丝量均超过了220万人，共占微博粉丝量的16%。厦门卫视、南宁广播电视台、武汉广播电视台、新闻大连、名城苏州网、热带播报、南昌广播电视台、第一现场、星视频、广州ing等账号粉丝量也均超过了100万人（表4）。

表4　2021年粉丝量五百万人以上的城市台短视频账号

账号名称	所在平台	广电机构名称	粉丝量（万人）
小鱼视频	抖音	苏州广播电视总台	1441
沈阳新闻频道	抖音	沈阳广播电视台	1181
南京广播电视台	抖音	南京广播电视集团	1101
中吴网	抖音	常州广播电视台	1086
一槌视频	抖音	苏州广播电视总台	967
暖视频	抖音	苏州广播电视总台	897
第一现场	抖音	深圳广播电影电视集团	644
新闻夜班（广西）	抖音	南宁广播电视台	543
广州ing	抖音	广州市广播电视台	533
南昌广播电视台	抖音	南昌广播电视台	524
深圳卫视	微博	深圳广播电影电视集团	1031
直播南京官方版	微博	南京广播电视集团	330
看度新闻	微博	成都广播电视台	287
杭州电视台综合频道	微博	杭州文化广播电视集团	228
8099999	微博	昆明广播电视台	221

数据来源：CSM媒介研究。

2. 发布量：多平台联动成主流，品牌账号搭建内容矩阵

从发布量所呈现的新闻内容“生产力”而言，头部台在新媒体端的表现相当惊人，

规模化分发成为一种常态。2021 年，成都、深圳和长沙三地城市台发布量稳居前三位，沈阳、南京、苏州、西安等城市台也相当不错。多个品牌账号在多平台长期维持高发布量。例如，长沙广播电视台的“星视频”平均每天发布量超过 260 条，仅在腾讯新闻的年产量已超 4.2 万条；深圳广播电影电视集团的深圳卫视“正午 30 分”、南京广播电视台同名账号日均发布量均超过了 100 条，成都广播电视台的“云上深夜快递”日均发布量超过了 90 条；太原广播电视台、长沙政法频道、广州 ing、西安网、爱兰州等账号日发布量均不低于 70 条。

城市台为了在新闻融合竞争中占据优势，以稳定的高产出维系老用户黏度、扩大新用户规模，通常采用品牌账号多平台联动的策略，即同一个品牌账号延展到不同新媒体平台，同时发布相同内容，同气连枝、统一发声，形成内部节奏统一、外部声量共振的良好传播效果。

一方面，“横向打通”，账号横跨多平台。数据显示，2021 年，绝大部分城市台均拥有短视频、微信、微博账号，跨平台账号共约 395 个，有 17 个台拥有 10 个及以上的跨平台账号，有近八成城市台在短视频平台、近六成的台在微信平台、有三成的台在微博平台拥有至少 5 个账号。有 19 个台拥有 10 个及以上短视频账号，在短视频总账号中占比超过 70%，其中，成都广播电视台拥有至少 30 个账号，深圳广播电影电视集团拥有至少 18 个账号（图 5）。

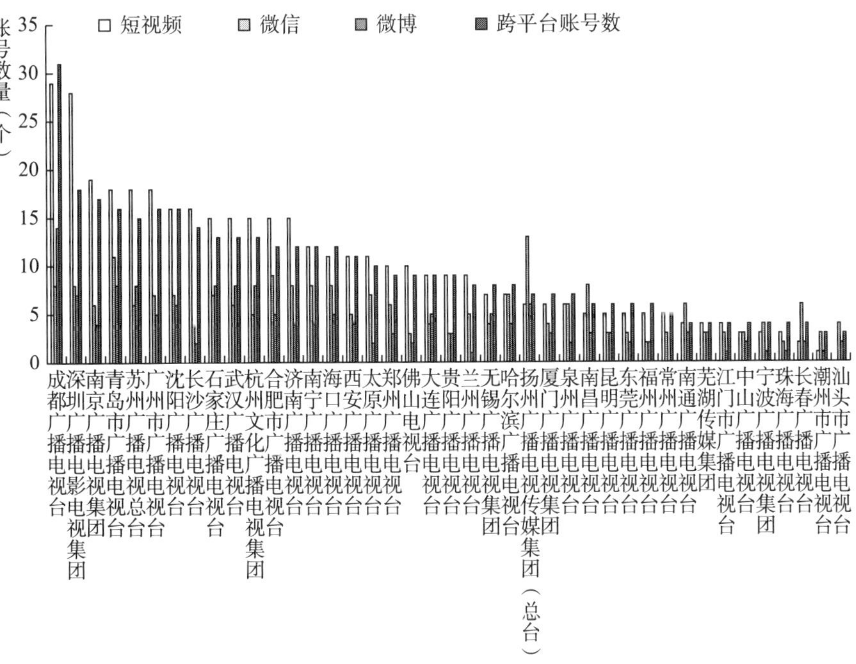

图 5 2021 年各广电机构在不同平台拥有的新闻账号数量分布

数据来源：CSM 媒介研究。

另一方面，“纵向深耕”，两个平台，侧重点不同。城市台在各自的新媒体平台逐渐形成了头部品牌账号，在内容运营和排播上形成了风格化特征。头部台在头条、抖音和快手的发布量格局差异化明显，例如，广州市广播电视台的“广州 ing”在头条、抖音和快手账号占比较为接近，苏州广播电视总台的“小鱼视频”在抖音和快手是“六四开”的状态；长沙广播电视台的“星视频”在腾讯新闻倾注了超过四成的内容发布量，在头条占比为近 1/3；大连广播电视台的“新闻大连”、深圳台的“深广电第一现场”、厦门广播电视集团的“厦门广电”、成都广播电视台的“看度新闻”、苏州广播电视总台的“名城苏州”，则主要倚重微博平台，发布量占比在 40% ~70%（图 6）。

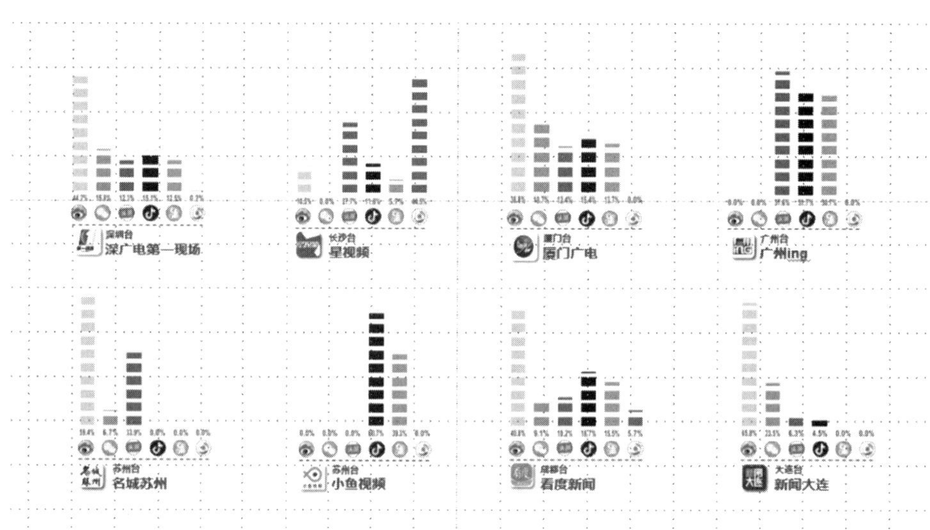

图 6　2021 年部分核心城市台账号在各新媒体平台的发布量占比

数据来源：CSM 媒介研究。

3. 传播量和互动量：抖音、快手平台上账号内容传播影响力突出

城市广电作为主流新闻媒体进军新媒体，在新闻事件的报道上能够发挥强大的资源聚合能力，在内容层面更加侧重舆论导向与人文关怀，从而在互联网平台嘈杂的环境下，提供了更多积极向上的能量与引导，因而也更容易引起大众的情感共鸣。2021 年，41 个城市台在快手的总传播量最大，超过 340 亿次；在头条的总传播量达到 119 亿次，在腾讯新闻的总传播量超过 18 亿次。互动量分布中，城市台在抖音超过 28 亿次，在快手超过 5.4 亿次（表 5）。

表 5　2021 年城市台在各新媒体平台的传播量和互动量

单位：亿次

平台	总传播量	总互动量
快手	342.00	5.41

续表

平台	总传播量	总互动量
头条	119.27	1.50
抖音	28.95	28.95
腾讯新闻	18.90	0.19

数据来源：CSM 媒介研究。

城市广电在短视频平台，整体竞争力强劲的头部阵营有南京、广州、成都、常州、苏州等的城市的广播电视台。在微信平台，大连、深圳、哈尔滨、泉州、南通等地的城市台创造了较高的传播热度。“星视频”、“广州 ing” 和 “南京广播电视台” 等短视频账号，“新闻大连” 和 “深广电第一现场” 等微信账号，均为各台传播热度做出了突出贡献。

总传播量超过 10 亿次的账号有 11 家：8 家在快手平台，含广州 ing、直播南京、中吴网、云上深夜快递、南京广播电视台、小鱼视频、醒目视频、小强热线；2 家在头条，含 star 星视频、名城苏州；1 家在腾讯新闻是星视频。其中，广州 ing 在快手平台总传播量超过 59 亿次，直播南京接近 48 亿次，展现出超级大号的吸引力（表 6）。

城市广电新闻类账号在用户 “转评赞” 的互动行为上同样成绩突出。总互动量在 1 亿 + 的账号全部集中在抖音平台，包括小鱼视频、中吴网、新闻夜班（广西）、一槌视频、南昌广播电视台、星视频、云上深夜快递、广州 ing、直播南京、沈阳新闻频道。其中，小鱼视频在抖音互动量超过 5.5 亿次，中吴网和新闻夜班（广西）在抖音的互动量也均超过了 2 亿次。

表 6　2021 年传播量和互动量较高的城市电视台账号

传播量大号				互动量大号			
账号名称	所在平台	广电机构名称	传播量（亿次）	账号名称	所在平台	广电机构名称	互动量（亿次）
广州 ing	快手	广州市广播电视台	59.32	小鱼视频	抖音	苏州广播电视总台	5.57
直播南京	快手	南京广播电视集团	47.93	中吴网	抖音	常州广播电视台	2.19
中吴网	快手	常州广播电视台	40.26	新闻夜班（广西）	抖音	南宁广播电视台	2.06
云上深夜快递	快手	成都广播电视台	25.64	一槌视频	抖音	苏州广播电视总台	1.45
南京广播电视台	快手	南京广播电视集团	19.75	南昌广播电视台	抖音	南昌广播电视台	1.31
小鱼视频	快手	苏州广播电视总台	18.46	星视频	抖音	长沙广播电视台	1.30
star 星视频	头条	长沙广播电视台	16.02	云上深夜快递	抖音	成都广播电视台	1.18
醒目视频	快手	佛山电视台	15.92	广州 ing	抖音	广州市广播电视台	1.15
星视频	腾讯新闻	长沙广播电视台	15.91	直播南京	抖音	南京广播电视集团	1.06

续表

传播量大号				互动量大号			
账号名称	所在平台	广电机构名称	传播量（亿次）	账号名称	所在平台	广电机构名称	互动量（亿次）
小强热线	快手	佛山电视台	12.69	沈阳新闻频道	抖音	沈阳广播电视台	1.01
名城苏州	头条	苏州广播电视总台	10.45	暖视频	抖音	苏州广播电视总台	0.93

数据来源：CSM 媒介研究。

四　高传播量内容洞察

整体来看，城市台账号在新媒体端投放的优质内容主要围绕当下时事热点、贴近民生等方面展开。依托于不同平台的特质，短视频优质账号更多关注全社会层面的阶段性热点事件；微信的优质账号更多立足于本地新闻、民生热点、政府资讯；微博基于其社交属性，优质账号更多关注社会热议话题。汇总起来，大体涵盖以下内容范畴。

一是建党百年、致敬英雄的新闻，容易激发民众的英雄情结和民族情感。例如，兰州广播电视台的“兰州新闻”在快手发布的短视频“#建党100周年甘肃籍卫国戍边英雄陈红军烈士荣获‘七一勋章’!”（2021/6/29），获得短视频传播量第二名，累计播放量超过9200万次，点赞量高达130多万次。贵阳广播电视台的“直播贵阳”在快手发布“‘七一’临近，在贵阳市的筑城广场、大十字广场、河滨公园广场等地，‘庆祝中国共产党成立100周年’主题雕塑、红色道旗扮靓城市容貌，为庆祝建党百年营造浓厚氛围”（2021/6/27），播出量超过7600万次。苏州广播电视总台“小鱼视频”在抖音发布“吾辈当自强！2021年12月13日，第八个国家公祭日，祭奠南京大屠杀30万遇难同胞”（2021/12/12发布）一举获得了近980万次的互动量，成为2021年短视频互动量最大的单条新闻。

二是极端天气、抗击疫情、特殊事件等本地要闻，在沟通政务的同时，起到稳定舆情的作用。微信传播量排名靠前的城市台新闻大多与抗击新冠肺炎疫情相关，前两名均是南宁广播电视台通过旗下两个账号发布的同一则消息“通报！南宁市新增一例新冠肺炎确诊病例，近期活动轨迹公布！”（2021/1/14发布），总传播量超过22万次，第三、第四名均是东莞广播电视台旗下账号“东莞阳光网”发布的“不眠夜！250万人核酸筛查，每一幕都见证东莞力量！”（2021/6/19发布）、“刚刚公布！东莞450万份结果出炉，阴性！”（2021/6/10发布）。这些新闻无疑在疫情肆虐之时，极大地起到了传递信息、安抚民心的效果，发挥了新闻媒体巨大的喉舌功能。

三是聚焦社会情感议题，捕捉普通人温情瞬间，颂扬凡人善举，有温度地呈现社会善意。例如，南昌广播电视台在抖音发布“危险时刻，他飞身跨过电梯扶手出现在孩子面前…”（2021/3/11），获得700多万次点赞量、17多万条评论，跻身短视频互动量第三名。有的新闻具有突破圈层和平台的强大的感染力，例如，长沙广播电视台的“星视频”在微博平台2021年10月25日10:52发布“#泪崩！#老人哭着问交警生活什么时候才会好#，交警的举动暖心”，累计互动量超过58万次。

四是践行社会监督职责，对负面新闻做正向引导，爆款新闻着力点几乎都切中当下舆论热点事件，包含对家暴、社会公平正义、“扶不扶”、“教育内卷”等的关注。典型新闻有：成都传媒集团的“看度新闻”在微博发布了“#林生斌被曝家暴出轨#”（2021/7/30），累计互动量逼近200万次，评论超过6万条；南京广播电视集团的视频“撞人开跑一百多米，拦回还说警察诬陷@抖音小助手”（2021/1/6）引发社会强烈热议，位列短视频年度评论量冠军（84.6万条）；福州广播电视台的“新闻110”，在抖音发布了“九旬老太扶路边电瓶车休息摔倒骨折，家属要求车主赔钱。电动车：这锅我不背!”（2021/1/20），评论超过46万条，点赞量高达100万次；成都广播电视台的“云上深夜快递”抖音发布“#初二女生凌晨3点写完作业大哭家人：中考压力大，又心疼又无奈~有网友认为孩子身体更重要，你觉得呢？#中考”（2021/4/23），引发大量家长共鸣，评论量近50万条，点赞量高达近400万次。

五是记录家庭温情、生活乐趣，显示感人瞬间。例如，苏州广播电视总台的小鱼视频在抖音发布了“把爸爸当成小孩子一样养，哄着老小孩睡觉，无论输赢今儿都得睡觉~有爱的较量，太暖了！#孝顺#温暖”（2021/2/24），累计互动量达到900万次（含点赞量883万次、评论量12万条），获得短视频互动量亚军。长沙广播电视台的星视频在微博发布“#女儿第一天上幼儿园父女俩抱团哭#”【3岁女儿第一天上幼儿园，爸爸接娃放学，两人抱着哭成泪人】（2021/9/2），获得17万次的点赞量。

六是体育赛事、重大活动引起的重大社会议题和热点话题。例如，苏州广播电视总台的“小鱼视频”于2021年7月28日在抖音平台发布“中国队不惧犯规击败对手，姑娘们都是好样的!”累计互动量超过330万次。厦门广播电视集团的“厦门广电”，2021年8月19日在微博发布了“【#东部战区军演震动台湾#】”互动量达到25万次。

此外，还有奇闻异事、安全事故、法律案件、明星新闻等，一方面满足了普通百姓猎奇的心理，另一方面则达到安全预警的目的。例如广州市广播电视台的广州ing在快手发布的两则短视频“儿童溺水往往无声无息甚至一点动静都没有，店员毫无责任意识，一条生命就此消逝。”“吓人！两名男子电梯里面运玻璃被夹住后突然爆裂”，播放量均超过了7000多万次。

结　语

2021 年城市广电持续深度转型，从增量扩张到内涵深挖，各类热点新闻事件充当了催化剂，新闻融媒传播亮点频频，新闻融合工作获得了长足的发展，在优质内容的分发上已经体现出自己的优势，新媒体端与传统大屏共同构筑了一个更加灵活、富有活力的传媒生态圈。然而，面对瞬息万变的新媒体领域，城市广电破局之路道阻且长，下一步需更有规划、有方向、有胆识的突破与践行，如何走出本地民生新闻的“舒适圈”、有效整合全媒体资源、构建强大的内容资源库、及时引领舆论方向、依托新型技术手段赋能等，都是城市广电新闻融合未来发展中需要探索的关键点。

（作者：李红玲）

2021年短视频用户价值分析

短视频行业保持高速发展，不断实现内容优化、渠道拓展、营销创新等。本文基于CSM 2021年短视频用户价值调研数据，通过分析短视频行业用户群像、用户使用行为及习惯、用户内容需求及偏好、用户对平台的认知及评价、短视频商业变现进程等，深入解读当下短视频用户生态，最大化挖掘用户价值。同时，聚焦电视媒体短视频的用户接触及体验，为媒体融合发展提供支持。

一 短视频用户群像：用户红利见顶，注意力争夺激烈

短视频对用户生活场景的持续渗透，使其在媒介生态中的地位日渐稳固。连续几年的调查中，尽管预设场景不同，但短视频始终占据互联网流量高地。2018年，29.7%的网民将看短视频作为“未来三天唯一接触”的媒体娱乐形式；2019年，42.7%的网民将看短视频作为“结束一天忙碌”的唯一放松形式。2021年，在预设场景“如何丰富自己的周末闲暇时光”中，50.5%的网民选择将看短视频作为“唯一”的休闲娱乐方式。

2021年上半年，通过各渠道观看短视频的网民占比达90.4%，但用户规模增速明显放缓。随着我国人口老龄化进程加快，短视频年轻用户规模触顶，20~39岁用户规模占比较2020年下降9.9个百分点，跌至39.7%；而40岁及以上用户群体规模持续扩大，占比升至47.1%，50岁及以上“银发e族”用户占比比2020年高13.2个百分点，达到27.4%（表1）。

表1 2020~2021年短视频用户年龄结构（用户占比）

单位：%

年份	10~19岁	20~29岁	30~39岁	40~49岁	50岁及以上
2021	13.2	18.3	21.4	19.7	27.4↑
2020	17.6	24.9	24.7	18.6	14.2

数据来源：CSM媒介研究。

值得关注的是，50 岁及以上短视频用户群体在传统思维和互联网浪潮的两面夹击下，呈现独特的生活图景。相比其他年龄段，50 岁及以上用户观看短视频的目的更倾向于寻找“聊天话题和内容”，而非“释放压力”。同时，该年龄段用户发布短视频的比例由 2020 年的 20.4% 升至 2021 年的 30.0%，发布原因为“填补空闲时间”“希望和他人互动交流”的占比较各年龄段用户均值更高。在用户深度访谈中，一位 56 岁的电气工程师表示，他经常用短视频记录自己的养狗日常，“生活上没太大压力，孩子不在身边，看短视频能够给无聊的生活带来乐趣，平时也发自己养狗的视频，还挺多人给点红心的”。可见，短视频使中老年用户的休闲、社交、购物方式产生了改变，使他们的空闲时间变得更加充实。

二　短视频用户行为及习惯：延续与新态，多场景渗透推动高黏度应用

作为一种轻量化、移动化、碎片化的传播载体，短视频加速渗透到用户生活的各个场景。与其他媒介形态相比，短视频黏合起用户零散的碎片时间。2021 年，选择在“平时休闲时”观看短视频的用户仍居首位，占比升至 71.4%；六成以上用户将看短视频作为睡前放松行为，占比较 2020 年上升明显；选择在“看电视时”观看短视频的用户比例连续三年增长，2021 年占比升至 20.7%（表 2）。

表 2　2020～2021 年用户观看短视频的场景（用户占比）

单位：%

年份	平时休闲时	晚上睡觉前	通勤出行时	排队等候间隙	其他任何空闲时	看电视时
2021	71.4	61.3	40.7	39.1	30.7	20.7
2020	65.1	43.3	32.3	26.9	26.3	13.6

数据来源：CSM 媒介研究。

随着各平台纷纷加码短视频赛道，用户的观看渠道持续分散、使用及预期使用时长进一步增长，日均收看 1 小时及以上的用户占比首次超过半数，达到 56.5%（图 1）；用户日均使用时长从 2020 年的 76 分钟增至 2021 年的 87 分钟。“刷短视频就像抽烟喝酒，不好戒掉”，在用户深度访谈中，一位中年创业者这样描述自己观看短视频时的纠结状态。他表示，“工作日比较忙，一般下班后开始刷，每天 2 小时起（连续不间断），工作上闹心的事太多，除了抽烟喝酒，平时就靠看短视频放松”。

除休闲放松之外，短视频俨然成为知识获取的新场景，以“增长见识，开阔视野”、“学习实用技能、生活常识”为观看目的的用户占比大幅提升，分别达到 50.2%

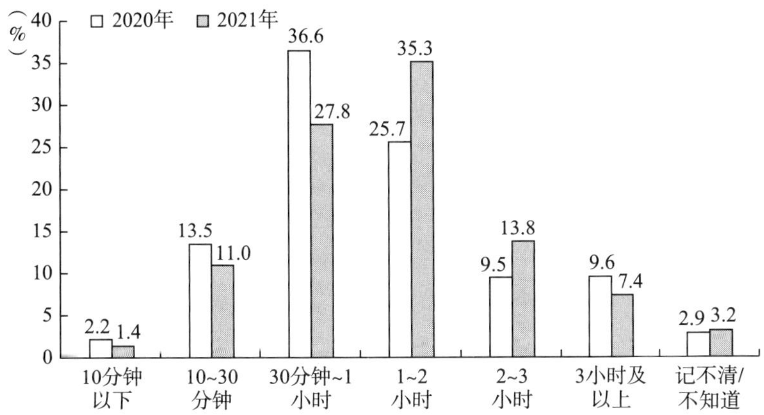

图1　用户平均每天看短视频的时长（用户比例）

数据来源：CSM媒介研究。

和44.2%（表3）。但与此同时，短视频尚未完全满足用户的知识学习需求，基于知识学习的“增长见识，开阔视野”、“学习实用技能、生活常识”和“工作/学习需要”三种动机的用户满足程度均有所下降。一位来自乌鲁木齐的餐饮工作者在访谈中提到，“短视频相当于视频版百度，有什么新鲜事物、新概念，在抖音上一搜就出来了，很方便学。但很多内容掐头去尾，‘速食’毕竟不好吃”。

表3　2021年短视频用户观看动机（用户占比）

单位：%

观看动机	用户占比
释放压力，放松休闲	61.2
增长见识，开阔视野	50.2
学习实用技能、生活常识	44.2
填补空余时间	40.5
获取新闻资讯，了解最新动态	32.2
提供聊天话题和内容	29.0
向他人转发或分享有趣的内容	23.2
关注明星、达人	18.8
寻求精神和情感寄托	18.8
陪家人和身边的人看，增进感情	13.1
工作/学习需要	11.0

数据来源：CSM媒介研究。

此外，更多短视频用户主动参与内容共创，2021年创作者比例持续增长至42.8%。其中，近六成创作者是出于“记录生活”的目的；以获取收益为目的发布短视频的用户占比增至近两成。

三 短视频用户内容偏好及需求：内容矩阵扩展边界，绑定细分圈层用户

从内容偏好来看，泛知识类短视频内容需求依然旺盛，泛娱乐内容需求有下降趋势，“用短视频来学习”助推知识普惠进一步发展。本次调查涉及的30个内容类型中，生活技巧、个人秀、生活记录、社会记录、自然地理/历史人文占据短视频用户偏好的内容类型的前五位（图2）。与2020年相比，用户对生活记录、社会记录、健康/养生内容短视频的偏好占比有明显提升，同时，房产、财经、汽车、体育运动等实用、小众细分垂类发展潜力强劲。

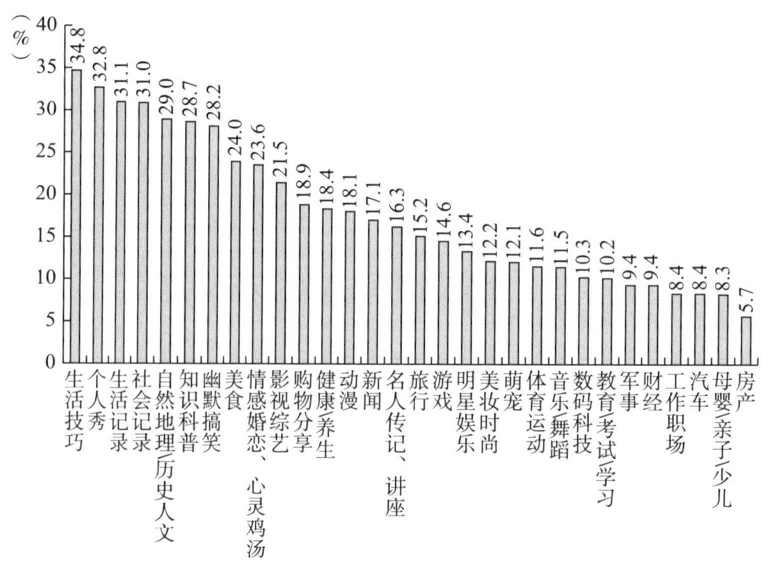

图2 短视频用户喜欢观看的内容类型（用户占比）

数据来源：CSM媒介研究。

以本次调查重点关注的健康养生和财经类短视频为例，失眠、脱发、过劳肥，用户带着对健康的疑惑刷视频找答案。56.5%的短视频用户看过健康养生类短视频，对“生活常识误区”“健康养生常识”“养生食品推荐”等内容表现出浓厚兴趣（图3）。调查同时发现，“90后”“00后”开始关注养生了，尽管30~49岁用户是健康养生短视频的主要观看群体，但20~29岁年轻群体也表现出对这类内容的极大兴趣。“医学专家”“医疗卫生机构”“养生/健康达人”是用户最愿意关注的三类账号，可见专业性内容和指导意见更容易受到用户信任。

财经这一垂直领域拥有庞大的拥趸，在短视频巨大流量的带动下，越来越多的

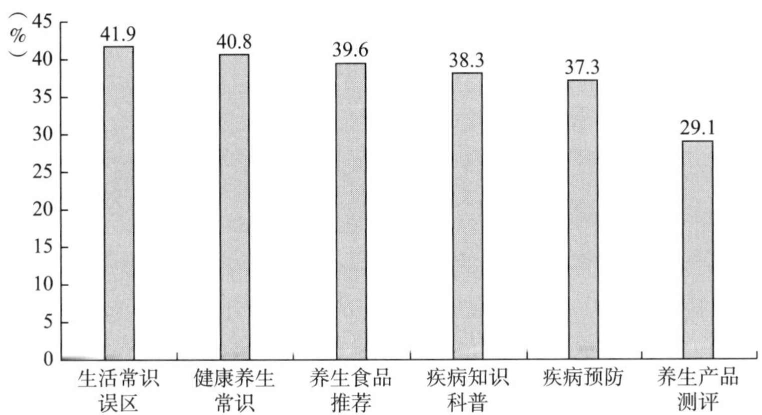

图 3　2021 年用户感兴趣的健康养生短视频的内容类型（用户占比）

数据来源：CSM 媒介研究。

用户开始在短视频平台学习理财知识（图 4）。在本次调查中，47.9%的短视频用户看过财经类短视频，用户主要通过短视频了解金融理财产品的分析和讲解、财经新闻资讯、财经人物/业内人士访谈。用户认为财经短视频应具有内容权威、通俗易懂、知识点丰富等特点，获取新知、助力决策、提升生活质量，成为用户对财经短视频内容的期许。

用户对短视频内容的整体评价得分与 2020 年基本持平，但对内容真实、内容有深度和个人隐私保护方面的评价均有所下降。“短视频牢牢抓住我的胃，但也想提高碎片化时间的价值。”在用户深度访谈中，一位年轻的女性行业研究者认为，九成以上的短视频内容符合预期，因为短视频记录的是生活中的琐碎小事，具有人间烟火气，不过总是刷到大量相同的信息就会感到浪费时间。

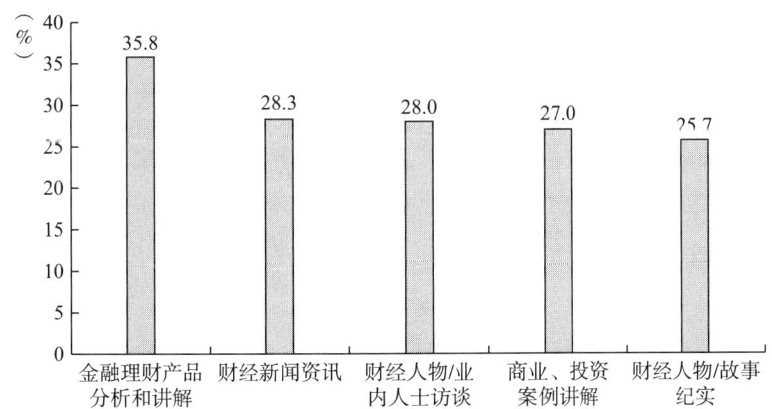

图 4　2021 年用户感兴趣的财经短视频的内容类型（用户占比）

数据来源：CSM 媒介研究。

四　短视频平台使用及评价：融入生活场，延伸“线上社会”想象力

用户对短视频头部平台的使用黏性进一步加强，在本次调查涉及的34个平台中，选择经常使用1个平台观看短视频的用户占比逐年上升，从2018年的11.2%升至2021年的38.4%。其中，单一使用抖音的用户比例最高，占比达21.1%，用户对抖音忠诚度较高；经常在抖音、快手、微信观看短视频的用户合并占比超八成。

调查显示，抖音、快手、今日头条、央视频、哔哩哔哩居短视频用户愿意推荐的独立客户端前五位，“内容丰富”“创新活力”“社交广泛”是短视频用户愿意推荐这些平台的主要因素，其中，用户对抖音、快手、央视频“内容丰富”的认知占比皆超过四成。同时，短视频用户对平台的定位认知呈现差异化，如用户认为抖音平台“创新活力”的形象更突出，快手则是“社交广泛”“有趣好玩”的特点显著。央视频的用户推荐比例较2020年明显上升，“有内涵/有深度”是他们对央视频最突出的印象，用户占比近五成；认为央视频“实惠有用”的用户占比超四成，认为其“积极向上”的用户占比提升幅度较大。

“使用不同的平台，就像照哈哈镜。”一位29岁的程序员这样形容他使用不同平台的感受。他进一步解释，比如想看课程类、明星个人CUT的短视频会专门去B站（哔哩哔哩），因为弹幕、评论区互动氛围好；想看美食教学类内容，会去抖音搜索，关注了很多美食达人；看新闻类内容就直接上微博，发布的短视频时效性强。用户对短视频平台有着固有认知、使用习惯、氛围偏好，这些习惯在平台算法的带动下，就像“哈哈镜”引起的不规则光线反射与聚焦，进一步被放大或缩小。

此外，短视频用户对平台的整体评价与2020年相比基本持平，对内容丰富性、健康性和操作功能便捷性、全面性的评价均有提升，但对新增评价维度“购物体验”的评分相对较低。电商购物作为短视频平台商业变现的重要板块，改善用户购物体验，提供独具特色、便捷可靠的电商服务或成为关键。当下，头部短视频平台不断优化功能、提升服务，尝试为用户提供资讯、社交、娱乐、学习、创作、消费等多场景服务，全面满足用户“线上生活”所需。

五　短视频营销变现：链路缩短转化提升，营销变现按下加速键

随着变现模式的创新与发展，短视频商业化摸索出广告营销、电商直播和内容付费的路径模式。调查显示，用户对短视频广告持积极态度的占比从2020年的40.9%上升到2021年的53.8%，广告质量提升和精准投放或是关注度提升主因。同时，短视频

营销变现提速明显，电商转化率升至七成，内容付费支出及预期提升。从电商转化率来看，通过短视频平台购买过商品或服务的用户占比大幅提高，从2020年的56.2%升至2021年的72.0%。得益于下沉市场的全面提速，农村用户下单比例再创新高，达79.2%，短视频电商在低线市场寻找到广阔的发展空间。

促使用户在短视频客户端上购买商品的原因是多样的，其中“商品优惠力度大”“对推荐商品好奇”是最主要的原因，分别有59.5%和43.2%的短视频用户选择这两项。同时，短视频赋能扶贫、公益新模式，35.4%的短视频用户会为了特定的扶贫、公益节目购物。“51～100元”为用户在短视频客户端购买商品最集中的平均单价，占比达24.3%（图5）。在深度访谈中，一位25岁的女性销售经理表示，她在短视频平台购物时，体验到一种治愈的消费快感，“有些小商品很新奇，试错成本低，总能解决意想不到的生活问题”。

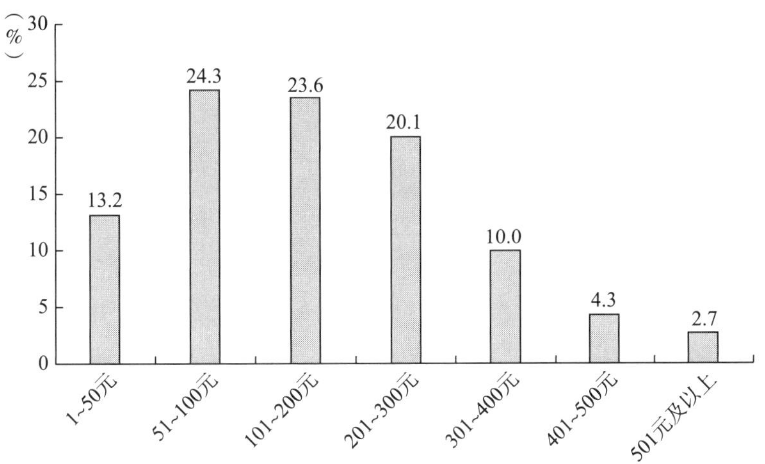

图5 2021年用户在短视频客户端购买到的商品或服务平均单价（用户占比）

数据来源：CSM媒介研究。

具体到购买商品的品类，日用百货、休闲娱乐、食品饮料类商品最受青睐，成为短视频用户购买占比最高的品类（图6）；运动健身、旅游度假类产品、图书、教育产品类用户购买比例涨幅较快，表现出巨大的发展潜力。对于购买过的商品/服务，短视频用户对日用百货、食品饮料、服装服饰三类的满意度最高，围绕“吃、穿、用”基本生活的需求得到较高满足；而用于满足用户高层次需求的旅游度假类产品、汽车、汽车用品及服务、珠宝首饰/手表等商品的满意率最低，与该类商品具有服务性和高价性等特点有关。从用户满意的原因分析，首先是“贴合用户需求”，其次是“商品质量有保障”和“物美价廉”；因“售后服务周到”“下单操作便捷”而满意的用户占比不到30%。与专业电商服务平台相比，站内支付、一键退换、及时更新物流信息，或将成为平台发展电商、升级营销生态的重要关注点。

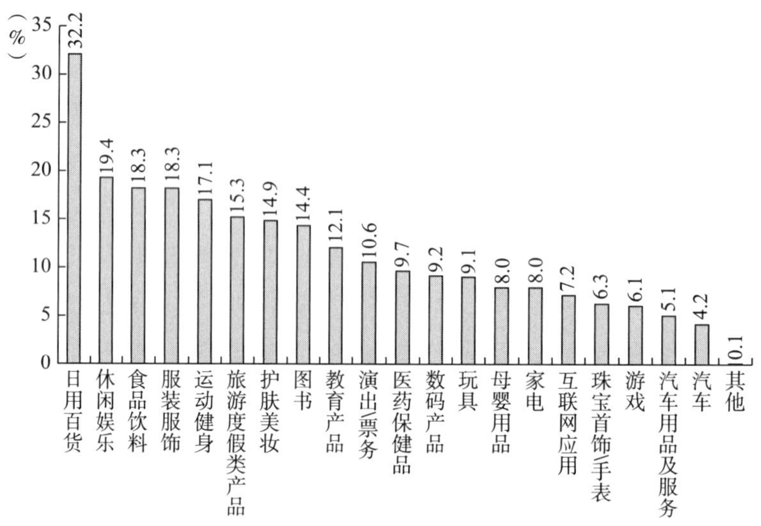

图6　过去半年间短视频用户购买过的商品/服务品类（用户占比）

数据来源：CSM 媒介研究。

此外，调查显示，用户对内容付费的意愿增强且观望比例提高，付费市场中的“潜力用户”群体占比增至75%。对短视频内容付费意愿“一般”和“愿意”的用户占比分别提升8.4个和10.1个百分点（表4），选择这两项的共同构成短视频付费市场中的“潜力用户”，群体占比达75%。付费意愿最强的是知识科普内容，知识性、专业性内容受推崇，体育、财经、房产等垂类内容付费意愿涨幅也较为明显。增强对内容付费持观望态度的用户付费意愿，以及促进愿意对短视频内容付费的用户转化，将是影响内容创作变现的关键。

表4　短视频用户对短视频内容付费意愿情况（用户占比）

单位：%

年份	完全不愿意	不愿意	一般	愿意	非常愿意
2021	10.6	14.4	36.2↑	30.4↑	8.4
2020	16.6	25.6	27.8	20.3	9.8

数据来源：CSM 媒介研究。

六　短视频与融媒体传播：大象学跳街舞 ing，电视媒体拥抱“年轻态”

随着媒体融合进程加快、电视媒体短视频传播进一步深入，电视媒体以“视频基因+创新表达”拥抱年轻态。73.2%的用户看过电视媒体短视频，28.3%的用户专门关注过电视媒体短视频，相较2020年分别增长近10%。不过，平台推送依然是电视媒体短视频获得用户关注最重要的影响因素，“刷到即看”的用户占比达39.3%。

同时，电视媒体长期积累的品牌知名度和内容优势逐渐显现，用户对电视媒体短视频的整体评分从2020年的3.79分升至3.84分。“更具正能量/健康”的认可度连续四年保持首位；其次是“更符合主旋律”和“符合年轻人喜好”（表5），说明电视媒体短视频的内容价值和创新受到短视频用户的认可。但是，认可“更新速度更快”和“内容更丰富多样”的比例均略有下降，用户对生产分发速度和内容丰富程度尚有期待。

表5　对电视台、电视节目在短视频平台发布内容的评价（用户占比）

单位：%

评价	选择“符合”及“非常符合”的用户占比
更具正能量/健康	73.9
更符合主旋律	69.2
符合年轻人喜好	68.4
比电视节目更有新意、创新性	68.2
内容更丰富多样	64.5
适合分享给他人	64.0
更新速度更快	63.7

数据来源：CSM媒介研究。

“正能量总有直击人心的穿透力，还生活以温暖。”一位女性公司中层在用户访谈中这样形容她对主流媒体短视频的感受。“感觉越是突发事件，媒体短视频账号的作用就会凸显出来。”具有正能量的短视频是温暖的，信息流动是有价值的。承载温暖和感动的内容，通过短视频形式能影响更多的人，这也是主流媒体传递真善美的责任担当。

在电视媒体短视频影响力攀升之际，电视红人成为短视频用户关注的全新风向标。在短视频语境下，用户期待看到主持人/记者不同于电视大屏的差异化形象，49.0%的用户期待看到“生活化、接地气”的主持人，其次是“犀利敢言、讲真话”，再次是“有思想、有内涵”（表6）。短视频用户对电视红人输出的内容和价值抱有期待，出圈看似是意料之外，但要持续吸引关注，就需要不间断的内容创作。

表6　用户期待看到电视节目主持人/记者的短视频内容与个人风格（用户比例）

单位：%

内容偏好		个人风格	
观点表达/知识分享	43.0↑	生活化、接地气	49.0↑
与网友之间的互动	31.7↑	犀利敢言、讲真话	44.0

续表

内容偏好		个人风格	
工作场景和幕后揭秘	30.8	有思想、有内涵	37.1
才艺表演	29.5	正能量、富有正义感的	37.0
不同的主持/报道风格	29.3	幽默搞笑的	35.9
日常生活	29.2	有个性的	34.7
与明星/名人之间的互动	27.3	知识渊博的	34.4↑
表演的情景短剧	26.0	高颜值的	27.2↑
品牌电视节目相关内容	21.0	有一技之长的	26.8
推荐使用/购买的商品/服务	20.1	时尚潮流的	23.6

数据来源：CSM 媒介研究。

电视作为核心家用媒介，拓展了短视频使用场景，实现了从个人化观看到家庭性观看的跨越。智能电视的短视频应用渐成大屏观看主要渠道，投屏不再是首选。57.5%的短视频用户表示“愿意在电视上看短视频”，较 2020 年 55.8%的占比有所上升，小屏弥补大屏的应用场景不足，大屏提升小屏内容的观看体验。智能电视的运营商、终端制造商、内容提供商等也在试图通过短视频，让用户回归智能大屏。

结　语

短视频行业在经历高速发展后，逐渐进入沉淀期，行业竞争格局趋稳。在行业治理和规范标准的共同推动下，2022 年短视频行业将进一步走向规范化发展，而伴随着 5G 技术的普及应用，短视频行业也面临充满不确定性的未来。在视频化浪潮的演进下，短视频有望通过社交、娱乐、学习、购物等更加多元、细分的场景服务，成为人们的基础性生活消费形式，进而成为内容传播的绝对主力。

（作者：田园）

2022 年中国传媒市场十大发展趋势

2022 年，中国的媒体融合将正式迈入第 9 个年头，传媒产业既面临新冠肺炎疫情全球大流行的严峻挑战，也在“十四五”时期迎来整个产业深度融合与高质量发展的全新机遇。在这一特殊时期，整个传媒市场在内容、渠道、终端、用户和营销等层面会发生哪些变化，引发哪些变革，迎来哪些新的机遇？本文主要从广电机构融合与变革、技术发展与创新、内容趋势和机遇、广告营销创新、长短视频竞争与融合以及收视测量方法创新等多个角度分析和预测传媒市场在 2022 年的发展及走向。

趋势一　媒体融合：优势资源全面布局互联网，媒体融合评价体系和机制创新探索加速

2021 年，我国媒体融合沿着国家顶层设计的指引进行创新性、系统性的融合实践。回望 2021 年，国家广播电视总局相继印发《关于组织制定广播电视媒体深度融合发展三年行动计划的通知》和《广播电视和网络视听“十四五”发展规划》，北京、江苏、山东、福建、安徽、吉林、黑龙江、陕西等省（市）纷纷加快推进广播电视媒体深度融合发展的三年行动计划。在多种因素推动下，我国媒体融合发展进入优势资源全面布局互联网、中央省市县协同发展、成效评价体系构建、体制机制创新突破的新阶段。

按照“主力军全面挺进主战场”的要求，各级广电媒体将更多人财物投向互联网主阵地，打造新型传播平台，大幅提升内容生产力、信息聚合力和技术引领力。比如，中央广播电视总台的 5G 新媒体平台“央视频”APP 累计下载量成功突破 3 亿次，注重社交功能和垂类内容板块的打造。湖南广电以长视频、短视频、内容电商三个赛道为核心业务发力点，打造“三位一体”的平台布局，升级融合芒果 2.0 模式。同时，中央省市县四级融合发展局部加速，内容资源共享、技术共融、传播平台和渠道互通的全媒体传播生态正在形成。

新型主流媒体的建设目标，是让媒体的内容生产与传播具有强大的影响力和竞争力，从而占领信息传播制高点。以这一建设目标为导向，广电媒体强化效果意识，构建科学的成效评价体系。比如，中央广播电视总台全面开展短视频融媒体传播评价体

系建设，从平台管理、创作导向、内容质量等方面树立行业风向标，用主流价值导向驾驭平台“算法”。科学评估融媒体内容传播力，深入了解融媒体用户需求，将有助于推动主流媒体在媒体融合创新领域确立核心话语权，并及时调整与完善自身融媒体产品。

当下，“刀尖向内”、系统全面升级的体制机制突破成为媒体深度融合的关键发力点。广电媒体正在建立适应全媒体生产传播的组织架构，布局以内容生产为驱动的机制改革，构筑以用户需求为导向的管理体系。通过建立 MCN 机构、垂类工作室等新型组织架构，用新媒体平台的思路制作内容，探索挖掘自身潜力，激发团队在生产、运营上的内在活力和动力。例如，上海广播电视台融媒体中心将 2/3 以上的员工纳入融媒体生产序列，新设新闻指挥室、视觉工作室等发力新媒体生产；山东卫视 2022 年在所有节目考核中关注小屏传播力；等等。

2022 年，媒体融合将步入第 9 个年头，在政策推动和积极探索下，媒体深度融合有望从“零星破局”迈向“整体跃进”，并通过工作流程优化、组织架构焕新、机制改革加快，积聚起更大的前行力量。媒体融合也将快速步入智能融合、生态融合的新阶段，跨界、协同、联动、共享成为发展常态，拥有强大传播力、公信力、影响力的新型主流媒体矩阵将在时代变革中“破茧而出”。

趋势二　电视大屏：大屏产业加速转型变革，围绕家庭视频消费重建新生态

随着智屏时代的到来，电视大屏由单向的传播载体转变为双向的、多媒体交互式终端，以“节目 + 广告”直播内容为主体的传统大屏生态正在发生变化。CSM 电视大屏跨平台收视数据[①]显示，2021 年全年，与家庭智能电视终端捆绑相连的 IPTV（交互式网络电视）和 OTT（互联网电视）两大互动平台的收视份额已超过 20%，累计触达超六成的电视观众。作为主流的传播渠道，庞大的用户体量为 IPTV 与 OTT 带来广阔的发展空间。

但随着近来用户数量增速放缓、规模面临触顶，电视大屏新的利润增长点亟待出现。用户红利优势的减弱让各地广电新媒体迎来了新的挑战。为了使 IPTV 平台更具品牌竞争力，在用户中形成差异化、鲜明化的品牌认知，2021 年各地广电新媒体加速推动 IPTV 品牌化升级。同时，也在尝试打破其既往“内容分发平台”的设定，紧贴各圈层用户多元化影音娱乐需求，深挖垂直细分市场，积极探索自制内容等创新模式，以

① 数据范围：CSM 59 城市组。

实现平台的转型重塑。

OTT 行业也在积极探索全新的内容赛道，各项新技术的应用为 OTT 提供了更多可能，业务功能及适用场景趋向多元。随着媒体融合逐步深入，电商、直播、短视频、云游戏、AI 健身等内容渐渐活跃于 OTT 荧屏，让用户获得更多智慧屏新体验的同时，也为其自身的变革之路增加了更多选择。

科技在不断创新与变革，电视大屏媒体传播的软硬件能力远未触顶。5G 技术融合应用进一步深化，元宇宙概念悄然兴起，技术创新成为行业发展的新风口。5G 时代万物互联，智能电视逐步升级为客厅中的智能中枢，以家庭为核心的大屏新生态逐渐形成，电视大屏正在转化为家庭影音娱乐及消费的载体。愈发丰富多元的影视内容点播资源，以及包括电视电商、大屏游戏、虚拟主播、空中教育等多样化的增值服务被注入电视大屏，运营方通过不断优化的算法及收视画像，将合适的内容及服务推送至用户，提高用户体验、促进大屏消费。同时，版权化经营模式逐步成熟，大屏内容及服务的版权分销版图得以拓展，版权价值实现最大化。围绕“家庭视频消费”的大屏新生态模式的建立，将为整个大屏产业创造出新的价值，推动其走向新的变革。

趋势三　电视剧：主题性创作引导市场，主旋律精品化，现实题材品质提升，面向新的传播环境调整内容和播出策略

近年来我国的电视剧市场发生了深刻的变革，内容生产的结构化管理处于调整期。一方面，政策对于商业类内容的限定逐渐收紧规范，电视台播出内容受限，而视频网站发展付费用户也较为艰难；另一方面，短视频和直播正在大力侵蚀挤占长视频的空间，加上当前经济环境偏冷，各类视频消费并未达到理想的效果，导致不少长视频平台生存日趋艰辛。因此，对内容品质的要求更加提升，头部阵营的竞争更加激烈。面对新的生态环境，网台长视频平台在各自领域调整了新的内容和应对策略。

大屏直播市场近两年减量提质一直在持续进行，电视剧正能量十足，在创作方向上以守正创新为主流，在叙事方式上“小正大”成常见切口。在政策的红利和引导下，主题性创作发挥进一步引领作用，主旋律精品化趋势凸显，将形成新的“高原”地带。2021 年 11 月底，第十届文代会召开，要求弘扬以爱国主义为核心的民族精神和以改革创新为核心的时代精神，奠定了未来电视剧创作的基调和方向。从市场实际表现来看，主题性创作的作品表现可圈可点。2021 年收视率破 1% 的矩阵中，《阿坝一家人》《功勋》《江山如此多娇》《理想照耀中国》《山海情》《突围》《我们的新时代》《巡回检察组》等剧目在不同上星频道屡创佳绩。从各卫视发布的 2022 年片单来看，《无间》《大博弈》《人民的脊梁》《人世间》《风起陇西》《幸福到万家》《山河月明》《人民警

察》《落花时节》《县委大院》等不少剧秉承“现实主义”的创作方法，视角开阔、颇具创意，更因得到一线创作阵容的支持，颇具看点，让观众在不同层面见证“中华历史之美、山河之美、文化之美”。

未来电视剧大屏市场几个热点值得关注。一是主旋律题材热度不减，将持续占据播出与收视的高位。2021年是扶困脱贫和建党百年的关键时间节点，2022年则迎来冰雪冬奥会、新时代第一个十年、党的二十大等重大时代主题，一批相关的作品已经完成或在筹备中。其中，冬奥题材电视剧引发关注，中央台一套开年大戏《超越》以“三代短道速滑人热血集结为国争光”为主线，向大众传递永不言败的正能量。二是彰显大国实力和担当的行业剧值得关注，2022年展现工业实力的《大博弈》《硬核时代》和“北斗”题材的《天望》《苍穹之北》陆续上映。三是具有高话题度的都市生活伦理剧中，“中年剧”“教育剧”走俏。例如关注中年人婚姻和情感世界的《小敏家》《完美伴侣》《不惑之旅》《我们的婚姻》《妻子的选择》等，凝眸家庭教育的《小舍得》《少年派2》《妈妈的战争》等，这波热流余温很可能持续到未来一两年。

视频网站端近几年在长视频领域势头迅猛，一直在不停地调整发展策略，其中出精品、出头部作品成为有效提升竞争优势的法宝。网剧迅速精品化，涌现了《白夜追凶》《河神》《长安十二时辰》《隐秘的角落》等多部有口皆碑的爆款。当下网剧呈现制播两旺的局面，剧场化运营、网络独播和先网后台的趋势逐步明确。视频网站将持续深化剧场化运营，侧重构建差异化的内容矩阵，步入分季化营销传播的时代。2021年，爱奇艺新增甜向情感剧“恋恋剧场”；芒果TV推出“芒果季风”剧场；腾讯视频发布首个微短剧品牌“十分剧场”，甚至短视频大鳄快手和抖音也宣布进军短剧领域。视频网站已经逐步占据产业链的源头，一方面加大了资源独占力度，另一方面不断加大了网剧的对外输出力度，少数网剧受到某些一线省级卫视和央视平台的认可，2021年“先网后台”剧超过10部。同时，头部网站主动契合主题性创作潮流，例如腾讯制作的《扫黑风暴》成为视频网站进军主旋律领域的成功案例。

趋势四　综艺节目：聚焦新时代新气象，重塑新文化新国潮，新综艺融入新时代特征

2021年的综艺节目市场可谓风云变幻，作为“清朗行动”影响最深的娱乐圈，这个2021年，先有视频平台头部流量偶像养成类节目的纷纷退场，后有陪伴了大家24年的《快乐大本营》下架并改版升级。内容整顿的信号频频释放，各大卫视与平台在重新洗牌，大家被迫从大步前进到稳步调整。而从各大平台发布的2022年综艺片单来看，规避娱乐化，回归主旋律，更国潮、更年轻成为这一年的主流趋势。

2021 年，恰逢中国共产党成立 100 周年和全面脱贫攻坚之年，综艺节目市场自然也是积极融入了诸多当代主旋律与正能量的元素，以此展现新时代中国的新面貌。2022 年这一主题会一直延续并深化。开年便是冬奥会，围绕冬奥主题，浙江卫视推出《冰雪正当燃》，三个“冰雪家族”俱乐部，前往全国五大城市，召集城市冰雪高手，强强组队，开启冬奥项目的“冰雪全国联赛”；北京卫视推出《飘雪的日子来看你》，每期集结 6 位艺人探访冬奥幕后平凡而伟大的人物，讲述老百姓与冬奥的故事，通过艺人们的体验、挑战和竞赛，展现积极向上的精神面貌。除了冬奥，载人航天也是近年来我们国家的大事之一，东方卫视将携手航天专家顾问团、正能量明星嘉宾、航天院校青年等，推出《出发太空》，以创新的节目形态展现中国航天梦。

2021 年，河南卫视的《唐宫夜宴》《洛神水赋》“意外”出圈后，电视台顺势打造了一系列传统文化类节目，均取得了不错的口碑，着实让国潮再火了一把。在弘扬文化自信的大背景下，国潮综艺必定是各大卫视与平台竞相打造的节目类型。北京卫视推出为宋词谱曲的真人秀节目《寻找蝶恋花》，让宋词成为全民哼唱的流行曲；推出国风潮牌服饰创意真人秀栏目《青青子衿》，以期打造时尚国风服饰新潮流。东方卫视也以重大考古成果为切入点、打造聚焦中华文明探源的大型文化节目《何以中国》。

当然，受到诸多因素的影响，2022 年综艺节目赛道的拓展会日趋减少，而对于节目形态的打造则成为重中之重，简单来说，就是结合新技术打造更受年轻人欢迎的综艺节目。2021 年被称为元宇宙元年，2022 年，这股风潮将进入各大卫视，大家将在虚拟世界一争高下，东方卫视的《虚拟唱跳 Z 世代》联结虚拟与现实；湖南卫视《国风唱将》，试图运用 XR 视觉科技，打造“穿越”舞台。其实早前便有以虚拟偶像为核心而进行的选拔综艺，但收效并不乐观，此次借助元宇宙风口，明星歌手与科技的结合，或可吸引来更多年轻人关注的目光。

趋势五　体育：科技化的体育融媒市场进入新纪元，Z 世代消费习惯将影响体育媒体市场

2021 年是疫情过后的首个体育大年，欧洲杯、东京奥运会和第十四届全运会掀起了一轮又一轮的收视高潮，中国体育健儿在东京奥运会的优异表现更是点燃了全国观众的体育热情。东京奥运会的 479 亿人次全媒体触达规模，刷新了中央广播电视总台近十年来体育赛事触达人次的纪录。同时，随着国家的体育政策红利如《全民健身计划（2021—2025 年）》的发布等，体育成为 2021 年最热门的社会性话题之一。2022 年中国举办的北京冬奥会、杭州亚运会、成都大运会等多项重量级的体育赛事，全球的体育受众目光都聚焦在“中国时区”。从产业增加值角度看，当前体育产业规模已然比

肩重点第三产业规模：其产业规模已相当于住宿与餐饮业的62%，体育产业在当下已成为我国国民经济增长的重要引擎。中国体育产业无疑将会站在2022年的风口，而作为中国体育产业市场最重要组成部分之一的中国体育无疑也会继续迎风飞扬。

随着Z世代逐渐成为消费先锋，他们也成为中国体育受众的主要新生力量。Z世代从出生到成长一直浸泡在数字时代之中。作为移动互联网时代的“原住民”，他们对互联网、社交、娱乐、体育都有着区别于其他群体的特征，他们比其他群体更加喜欢使用新媒体和社交媒体。CSM 2021年中国体育及体育赞助市场晴雨表调研数据显示，Z世代的体育感兴趣者较其他年龄段的体育受众更加偏好用社交媒体来接触体育信息，体育锻炼的方式也更加多元，不再局限在传统的足球、篮球、排球、乒乓球，对体育赛事的参与形式也不仅仅局限在通过视频看直播，而是增加了更多全方位的互动，对体育偶像的选择也更多集中在同样来自Z世代的体育运动员杨倩、谷爱凌等。而同时Z世代的体育运动员影响力开始“破圈”，开始引领中国文娱的新气象。从来自Z世代的体育偶像到Z世代的体育受众无疑对体育传播的融媒市场都提出了更高、更新的需求。

在科技化浪潮席卷所有行业的今天，中国体育传媒市场无疑也身处科技化的浪潮之中。每逢重大赛事，都是硬核高科技与体育传播深度结合的“最佳时机”。2021年的欧洲杯期间的裸眼3D被广大球迷津津乐道，而5G +4K超高清直播、EPG赛事节目单、大小屏立体联动等众多高科技的传播手段和传播方式都被运用到东京奥运会中来。毫无疑问，随着2022年体育大年的到来，体育传媒将继续走在不可逆转的数字化传播的道路上，而体育传媒数字化无疑将对体育传媒行业原有的商业模式带来巨大的影响。在中国，体育已经开始的数字化、互动化的多媒体传播方式无疑将改变体育媒体市场原本的线性消费模式，与体育融媒市场转型的相关机遇将继续推动观赏体育与互动体育结合，加快改变体育原有的传播规则。而与此同时，依靠传统的体育版权媒体销售已经不足以支撑利润需求，体育媒体版权的内容越加丰富，吸引更多新媒体平台加入体育传媒板块中来，比如快手成为CBA的短视频合作伙伴，懂球帝获得2021世俱杯版权。新冠肺炎疫情也加剧了消费者对点播流媒体服务、社交互动的需求。

趋势六　视频消费：观众和用户视频消费复合消长，视频消费成视频生态优化调整的重要推力

2021年上半年，全国电视观众规模为12.3亿人[①]，网民规模为10.11亿人，手机

① 数据来源：CSM媒介研究全国测量仪，时间为2021年1月1日至6月30日。

网民规模为10.07亿人[1]，从用户规模上看，电视媒体仍然居于翘楚。对于广泛意义的视频内容而言，2021年所有调查城市电视观众人均每天收看电视时长为118分钟，其中80%的时间用于收看直播电视，即观众人均每天（电视）消费94.4分钟。来自CNNIC的统计数据显示，截至2021年6月，全国网民人均每天上网时长为231分钟，其中使用网络视频、短视频及网络直播等的时间占比为28.9%，即人均约66.8分钟，用户人均每天（视频）消费时间约90.4分钟（66.8＋118－94.4），较观众人均每天（电视）消费时长略短但差异不大。观众和用户对视频内容消费的组合性、复合性、此消彼长的特征，动态反映了电视媒体融合发展的进程。[2]

以此为背景，在融合传播不断向前推进的过程中，视频消费成为视频生态优化调整的重要推动力。在当前的视频消费生态中，大屏长视频、网络长视频、网络短视频在内容、用户和广告方面的竞争不断加剧，碎片化的娱乐需求和社交需求不断增长浇灌了短视频的繁荣，它不断挤占用户的视频消费时长，在流量红利见顶的当下，必定在视频生态中引发资源的重新配置，而触动用户消费的关键又在于爆款的内容，因此大小屏、长短视频之竞争的实质变成了对更加优质内容的竞争。而这必然又引发了另外一层发展需求，即优质内容的生产和服务的实现需要更好的市场机制和版权保护措施，2021年底《网络短视频内容审核标准细则》出台，细则第93条标准要求网络短视频不得未经授权自行剪切、改编电影、电视剧、网络影视剧等各类视听节目及片段影视剪辑，让长短视频版权之争有了标准可依。这一方面对短视频平台在网络视听节目的基础把关层面提出了更精准的限定和更高的要求，另一方面对长视频平台来说，未来是否通过独家授权、开放授权或者自主打造（站内打造影视综艺短视频社区、长短联动打造专属互动社区）等模式，对有效利用短视频引流进而形成流量的自循环，长短互带，也提出了新的要求。

趋势七　短视频：短视频进入规范化发展上升通道，持续延伸“线上社会”想象力

回顾2021年，多行业布局持续催动短视频泛在化，使其加速渗透到网民的各个生活场景。2021年上半年，通过短视频平台、微信、电视等各渠道观看短视频的10岁及以上网民占比达90.4%，但用户规模增速明显放缓。CSM媒介研究调查数据显示，短视频用户每天人均使用时长，从2020年的76分钟增至2021年的87分钟。不仅如此，

[1] 数据来源：第48次《中国互联网络发展状况统计报告》，中国互联网络信息中心，2021年9月。

[2] 郑维东：《从线性到非线性》，《收视中国》2020年第12期。

57.9%的短视频用户认为未来观看短视频的时间会增加。

随着短视频在媒介生态中的地位持续提升，主流媒体、政务机构在短视频平台发力迅猛，助推短视频成为服务社会治理的重要渠道。较早布局短视频领域的政务号和中央级媒体号，目前在抖音、快手的粉丝规模都已是千万级。值得关注的是，短视频与网络直播融合渗透，长短互补加速赋能内容能量场，也成为行业发展的大势所趋。“短视频+直播”在知识科普、文化传承、乡村振兴、政务服务、疫情防控、应急救援等方面的作用日益凸显，成为赋能社会治理和经济发展的创新力量。以知识科普为例，CSM媒介研究数据显示，用户对泛知识类短视频内容需求依然旺盛，实用/小众垂类短视频的内容价值逐渐释放。

面对高渗透、高黏性的用户群体，短视频行业实现高质量、创新性发展显得更为迫切，亟待以质量优势、创新能力放大主旋律、增强正能量。2021年以来，中宣部、国家网信办、国家广播电视总局等多部门出台30多个涉短视频和网络直播的监管规范性文件，涵盖内容管理、平台治理、从业人员、服务算法、账号管理、广告、税收等全领域各环节。国家广播电视总局自2021年10月以来，持续督导抖音、快手等10多家短视频平台，开展为期2个月的短视频节目和账号专项治理工作，持续清理违规账号38.4万个、违规短视频节目102.4万条。随后，中国网络视听节目服务协会发布《网络短视频内容审核标准细则（2021）》，列出21类100条具体“红线”，为平台审核短视频提供了更直观、可执行的依据。

综合来看，短视频和直播行业内容宏观管理体制和协同管理机制渐趋成熟，将进入规范、有序发展的新阶段，构建起更加清朗的网络空间。而伴随着5G技术的普及应用，短视频行业也面临充满更多可能性的未来。

趋势八　版权保护与经营：产业规模持续扩张，行政法规进一步完善，版权经营亟须科学的全媒体价值评估依据

近年来，数字媒体技术迅猛发展，与之相伴的，是版权产业规模的飞速增长。

2021年12月，国家版权局印发《版权工作“十四五”规划》，将全面提升版权创造、运用、保护、管理和服务水平正式写入“十四五”规划建议，并提出明确目标：到2025年，版权产业增加值占国内生产总值（GDP）比重提高到7.5%左右，核心版权产业增加值占GDP的比重提高到4.75%左右。

2021年，我国版权政策持续完善，行政与司法保护力度不断加强。同年6月，新修订的《著作权法》正式实施，此次修法全面加大了著作权的保护力度，提升了作品的开放性，紧扣网络化、数字化等技术变化，对著作权相关权利和制度进行调整，进

一步解决新媒体融合环境下技术发展带来的版权保护问题。国家版权局、工业和信息化部、公安部、国家互联网信息办公室四部门以新法实施为契机，联合启动打击网络侵权盗版“剑网2021”专项行动，在短视频、网络直播、体育赛事、在线教育等领域均取得显著成效。

随着国民经济发展水平的不断提高，中国版权产业发展进入新阶段。来自音视频版权等核心版权产业的比重逐年提高，已成为对国民经济贡献最大的版权产业类别，产业结构不断优化，核心竞争力进一步增强。随着网络技术的发展以及短视频、直播等新媒体用户规模的提升，截至2021年6月，中国短视频用户规模达8.88亿人，占网民整体的87.8%；网络直播用户规模达6.38亿人，占网民整体的63.1%。从发展趋势来看，新媒体将与图文、长视频（等传统媒体）进一步融合，核心版权产业也将伴随相应内容与技术的升级而继续发展，其中蕴含的机遇与挑战共存。

CSM媒介研究延续多年来收视调查的覆盖优势，升级全国大屏版权监测网络，为行业提供实时、准确的版权监测数据与维权依据。2021年是疫情过后的首个体育大年，CSM为众多重量级体育赛事提供了电视媒体端版权监测服务。其中，东京奥运会达成了电视频道零侵权的斐然成绩。2022年，北京冬奥会、卡塔尔世界杯、杭州亚运会等更多全球性和全国性体育赛事举行，融合媒体环境也会促进新一批头部版权IP的孵化，CSM将借助独有的视听全媒体同源测量New TAM数据，对头部音视频内容进行“电视+网络+广播”的全媒体版权价值研究，力求为行业提供科学的版权价值评估数据，促进版权创造与经营的持续升级。

趋势九　广告营销：多元广告营销格局引发变革，优质内容元素拓展变现通路

营销的最终目的，是通过注意力的获取最终抵达消费的彼岸。在互联网崛起之前，消费的转化依托的是线下的流量；互联网则将更多消费转移至线上，并逐步重构了流量的分配，尤其是移动互联网兴起并进入下半场，用户规模的增长接近天花板，对线上增量流量的争夺转为对存量流量的争夺。在这样的趋势下，广告主积极响应数字媒体发展趋势，传统的广告营销模式向多元的、创新的大营销、新营销迈进。

在大营销模式之下，可以作为营销的载体和渠道更加多元。除传统的硬广、软广，小红书种草、直播带货、短视频植入营销等新营销模式如火如荼。在新营销模式下，用户对内容的注意力升华为对品牌和产品的注意力，独树一帜的内容可成功抓取公域流量并将其转化为和品牌发生关联的私域流量。营销格局的多元化反过来影响终端和内容，尤其是在当前去流量明星化、去中心化的现实条件下，通过有价值的内容来提

升注意力变现的效率、拓宽变现的通路成为营销制胜的重要一环。

而内容本身的内涵也在不断拓宽，可以作为内容存在的元素更加广泛，无论是符合时代发展特征、传递主流价值取向的内容元素，还是符合特定目标人群需要的垂直细分的内容元素，都在不断延展内容的想象空间，成为营销效率提升的载体和重要抓手。可以预见，2022 年，国漫、国货、奋斗励志、银发、科技进步等都有望成为核心内容元素出现在不同媒体的内容与营销创新之中。老牌国货与新潮国漫的结合，用更符合当代审美和价值观的表述去赋予 IP 内容，实现传统文化 IP 的价值变现。展现当代年轻人励志奋斗和老龄化社会中银发一族生活日常的内容元素，则切中社会发展转型中的热点和痛点，引发特定目标人群情感共鸣的同时进一步推动营销的实现。科技进步是民族发展的梦想所系和动力之源，尤其是我国近年来在航空航天领域取得的巨大成就和进展都是节目与营销创新能够承载的内容元素，有望在 2022 年迸发出不一样的潜力。

趋势十　价值测量：全媒体同源测量数据实现跨屏“统一度量衡”

随着用户从单一屏幕向多屏幕分化，跨屏协同传播成为视听新生态。CSM 作为国内领先的广播电视受众研究机构，顺应新媒体时代信息传播特点，推出全媒体同源测量（New TAM）数据，旨在打造业内首个打通内容、用户、营销的“统一度量衡”，打通多屏价值，为跨屏传播效果评估及移动数据评价提供标尺。

CSM 全媒体同源测量数据基于虚拟测量仪技术，以统一标准对移动端和电视同源固定样组全场景媒介使用行为进行连续测量。自 2020 年 7 月起，CSM 逐步构建覆盖全国的全媒体视听同源测量调查网，并对测量技术、抽样方案、质量管理等方面进行多轮论证和运作实践，目前全媒体同源测量数据已进入应用探索阶段。

全媒体同源测量数据不仅仅是测量范围的拓展、测量方式的革新，更是测量逻辑的升级。它打通了终端、机构平台、用户、内容产业价值链，并能多维展现它们之间的交互关系，从宏观、中观到微观各个层面，为全媒体时代传播分析提供更多的研究与评估纬度。

从全行业角度看，该数据体系统一标准，在国内首次破除了融媒数据来源分散、标准不一等痛点问题，实现跨平台数据的共融互通，使全景式展现视听市场、跨屏生态成为可能，从而为洞察跨屏传播规律，把脉行业发展趋势提供数据抓手。

从机构平台角度看，该数据体系的数据贯穿平台内容生产、运营、营销的全过程，为融合传播与全域营销提供全面的数据和研究支撑。一方面，该数据体系构建了庞大的视听内容监测数据库，可系统性描述特定视听内容的跨屏传播效果。另一方面，该数据体系可针对特定机构的视音频多平台、多渠道融合传播效果进行综合分析。全域、多元化数据组合，帮助平台更好地实现增量传播的价值变现，提升营销转化效能。

从用户角度看，该数据体系还原用户主体地位，对“真实的人”进行测量，形成了对用户精准的画像和行为数据的长期追踪，并通过用户目标人群特征及变化分析，视听消费行为、媒体接触习惯分析，深挖用户价值，为用户精细化运营提供支撑。

目前，CSM 全媒体同源测量数据还在持续迭代中。未来该数据体系将在技术研发、算法模型等各方面开展更深层次探索，提升数据应用和服务能力，以更高效灵活、多元即时的数据和研究服务，助力平台优化升级，赋能行业发展。

（作者：丁迈）

2021年广播市场发展与声态变迁

经历了新冠肺炎疫情肆虐的2020年，2021年随着各项防疫措施的落实和疫情防控进入常态化，社会生活逐步恢复。投射到广播收听行为上，占据收听主流的居家和车载收听都回归到2019年的轨道上来：居家收听继续缓慢走低，而车载收听增加幅度较大。与此同时，通过智能手机收听非广播有声内容的比例在不断上升，收听时长也在不断增加。近年来，广播媒体在融媒体建设上不遗余力，在向新型主流媒体转型上有长足进展。本文基于CSM媒介研究收听率调查市场和相关广播电台新媒体监测数据①，探讨当下广播所面临的市场环境和生态。

一　移动互联网催生出声音传播新生态

移动互联网的迅猛发展，已经深度融合到人们的日常生活中，而智能手机是承载移动互联网发展最主要的工具。CSM 12城市基础研究数据显示，15岁及以上的被访者拥有智能手机的比例已经高达95%。在这些智能手机用户中，广播听众占到35%，同比2019年提高了1个百分点，广播听众在智能手机中的用户渗透率不断上升；在拥有智能手机的广播听众中，有23%下载了音频APP，同比增长1.3个百分点，音频APP进一步拓展。

数据还显示，使用手机音频的目标用户中，增幅最大的是中老年人群，45～64岁的人群增幅超过40%，65岁及以上的人群增幅超过35%（图1）。老年人成为音频APP新生力量，对于包含广播在内的有声内容的消费会有新的动向，值得持续关注。

手机音频APP用户收听网络音频节目的比例高达90%，收听广播直播节目的占43%，只有13%收听了广播的回放节目；与2019年相比，跟广播相关的直播/点播节目收听率都有所下滑，收听互联网音频节目的比例上升了4个百分点。

随着移动互联网的普及以及收听设备的丰富和易得，听众收听的不仅仅有广播，还有极为丰富的音频内容。CSM 9测量仪城市的数据显示，2021年广播听众人均日收

① CSM新媒体监测平台：微信、微博、抖音、快手、今日头条、腾讯新闻、蜻蜓、喜马拉雅、云听。

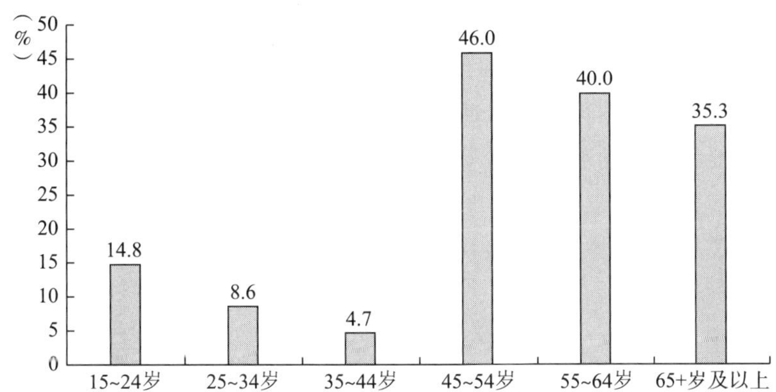

图 1　2021 年手机音频用户渗透率较 2019 年涨幅对比（12 城市基础研究）

数据来源：CSM 媒介研究。

听有声内容的时间是 103 分钟，其中收听广播的时间为 56 分钟，收听非广播的有声内容的时间为 47 分钟。这其中通过智能手机收听广播的时间为 21 分钟，通过环境音（以无线电 AM/FM 为主）收听广播的时间为 35 分钟；而使用智能手机收听有声内容（含广播和非广播）的时间为 68 分钟，占收听总量的 66%。

除了传统的无线电广播（AM/FM），听众还可以通过大量的手机 APP 收听广播，如蜻蜓 FM、喜马拉雅、云听、阿基米德、大蓝鲸、微信、华为收音机、小米收音机、听听 FM、粤听等。但是几个较大的平台，如蜻蜓 FM、喜马拉雅和微信，占据广播直播流部分的比例高达 70%，收听集中度非常高，形成强势垄断地位。部分广播电台自有 APP 的表现也十分出色，如阿基米德、大蓝鲸、云听等，更多能收听广播直播的 APP 大多居于长尾部分（图 2）。

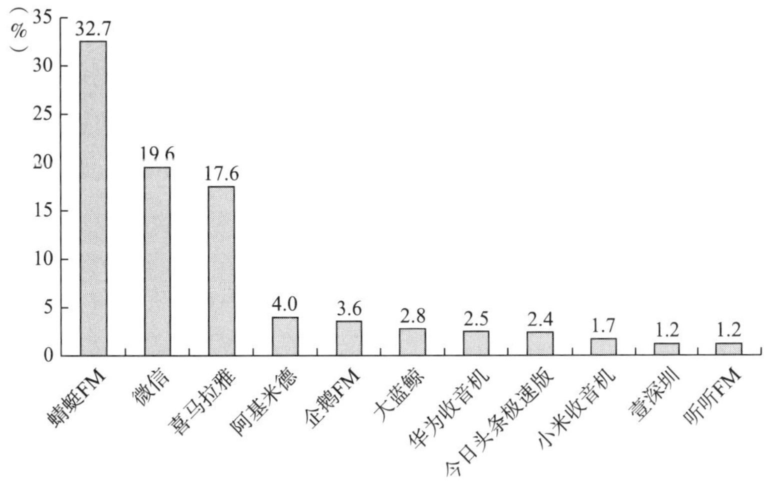

图 2　2021 年 2～4 季度收听广播直播主要 APP 份额（9 测量仪城市）

数据来源：CSM 媒介研究。

而广播听众在非广播领域内使用的 APP 就更加丰富而多样，除了微信这款国民级应用外，目前大火的短视频（如抖音短视频、快手）、长视频（如爱奇艺、腾讯视频、哔哩哔哩）、购物应用（如拼多多、淘宝）、支付应用（如支付宝）、音频平台（如蜻蜓 FM、喜马拉雅和酷狗音乐）等不一而足，都占一定的使用比例（图 3）。

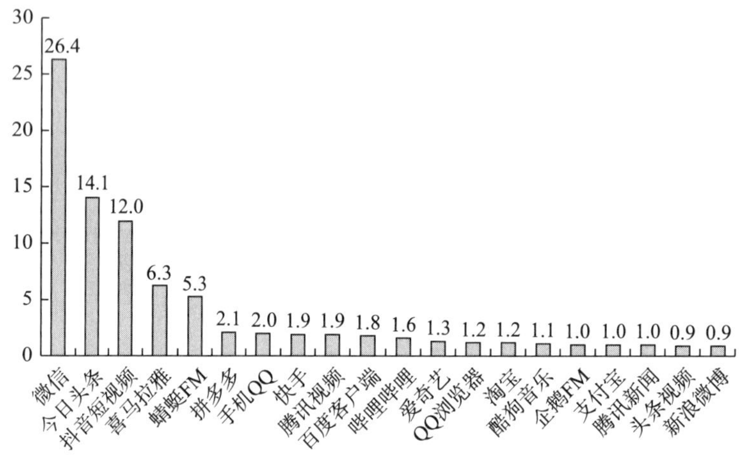

图 3　2021 年 2～4 季度收听非广播内容主要 APP 份额（9 测量仪城市）

数据来源：CSM 媒介研究。

二　后疫情时代的广播收听恢复常态特征

作为移动互联网元年的 2012 年，城市广播人均收听广播的时间大概在一个半小时，10 年后的 2021 年，收听广播直播节目的人均时间降至 54 分钟（2021 年 CSM 所有广播收听率调查城市），即不足 1 个小时。收听总量与 2012 年相比，下降超过 1/3，达到 35.5%；较 2020 年同比小幅下滑，降幅达 1.3%，广播收听市场持续性缩水。

经过 2020 年的大范围疫情及随着疫情防控常态化，社会生活和秩序恢复正常，在家收听在 2020 年有所回升，又在 2021 年逐步重新回落到 2020 年以前的水平，即呈现缓慢而温和的下滑态势。而经历过 2020 年断崖式下跌的车上收听，也随着城市出行步入常态，逐步整体回升，且回升速度不断加快，到 2021 年底已经接近并有超越 2019 年水平的趋势（图 4）。

无论是收听以无线电 AM/FM 为主的电台直播节目，还是通过手机 APP 收听电台直播节目，两者在全天线性播出的收听模式完全一致，通过 APP 收听为通过环境音收听的近 2/3（图 5）。

图 5 能够反映出无论是疫情还是新技术、新渠道，都未能对收听广播的模式产生影响。然而收听市场已然成为存量性市场，且在不断缩水。鉴于当下的媒体环境，广

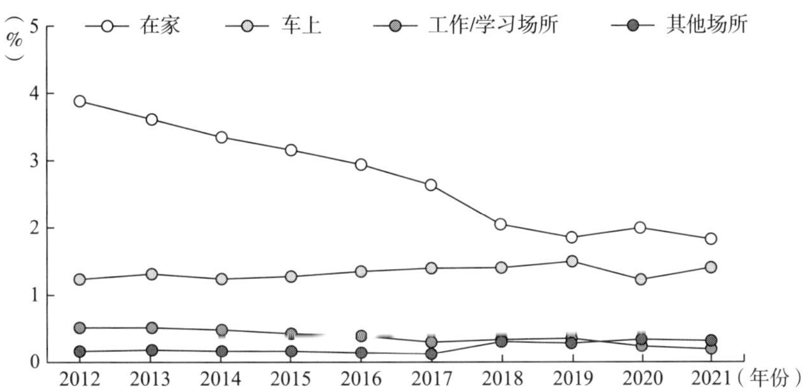

图 4　2012～2021 年不同场所收听率走势（历年连续调查城市）

数据来源：CSM 媒介研究。

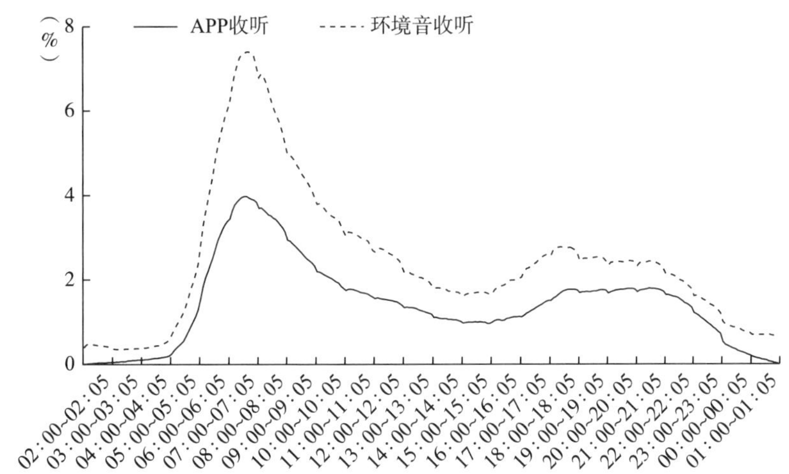

图 5　2021 年 2～4 季度环境音收听与 APP 收听时段分布（9 测量仪城市）

数据来源：CSM 媒介研究。

播收听存量性市场的竞争更加残酷和复杂，但是广播收听市场竞争格局仍然保持不变，体现在无论是 APP 收听还是环境音收听，都高度一致（图 6）。省级频率和市级频率占据当地近九成的市场，地域属性仍旧非常强大。

拉动收听的仍旧是交通、新闻和音乐类频率，经过 2020 年疫情期间的跌落，2021 年交通类频率止跌回升，同比略高；新闻类频率由于疫情，结束止跌态势，有大幅度上涨，2021 年又续性上涨，保持“领头羊”地位；音乐类频率同比有所下滑。广播收听突出的价值场景仍是车载，各地占据首位的频率最多还是交通类频率。CSM 广播收听率调查城市中有六成多居首位的是当地的交通频率。

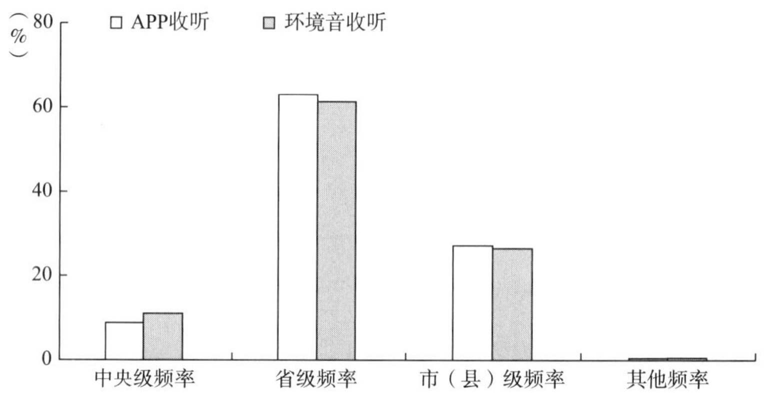

图6　2021年2～4季度环境音收听与APP收听各级频率市场份额（9测量仪城市）

数据来源：CSM媒介研究。

三　新型主流媒体建设中的媒体融合实践与推进

当今的广播再也不可能是单一维度线性传播的媒体，广播面临的是不同场景下的受众多介质接触生态。广播本身就有伴随性的特征，在人们听广播的同时，不影响人们看什么或者做什么，而所看及所做可能就是某种介质的一部分。所以广播打造的产品必须要适应多介质的矩阵式传播。声、影、画、字都可成为传播的载体，都有渠道来传播。这涉及内容、技术、表现形式等诸多方面的探索和创新。

近些年来，广播电台不断探索和实践，走出一条“台网共生”的道路，在传输渠道上，在坚守无线电网络（AM/FM）的同时，大力借助移动互联网，从“借船出海”到“造船出海”，不断探索实践，闯出一片天地。

CSM 9测量仪城市数据显示，2021年，电台通过手机APP直播节目的收听量达人均21分钟，以无线电（AM/FM）为主的电台直播节目的收听量达35分钟；在非广播直播领域内，人均收听量高达47分钟，这个领域内，电台的有声节目也斩获一席之地（图7）。我们也应看到电台在融媒推进中，非直播领域内的强劲发展及对电台直播造成的冲击。

基于两个网络的传输渠道，广播听众在移动互联网上（收听内容包括通过手机APP的电台直播节目和非电台直播的有声内容）所花费的时间占比比传统无线电网络（只是电台直播节目）占比高32个百分点（图8）。

在两个网络的传输内容上，两个网络都传输电台直播节目，广播听众收听电台直播节目的时间占比更高一些，超过一半，达55.4%；通过手机APP收听非电台直播有声内容的占44.6%（图9）。

图 7　2021 年 2～4 季度不同渠道广播音频内容收听情况（9 测量仪城市）

数据来源：CSM 媒介研究。

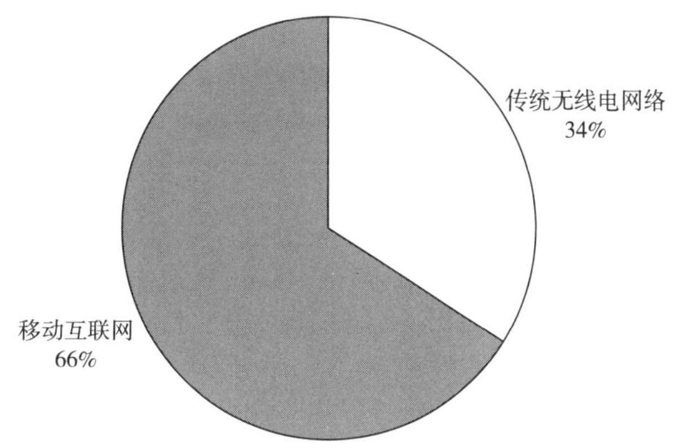

图 8　2021 年 2～4 季度传统无线电网络与移动互联网人均收听时间占比（9 测量仪城市）

数据来源：CSM 媒介研究。

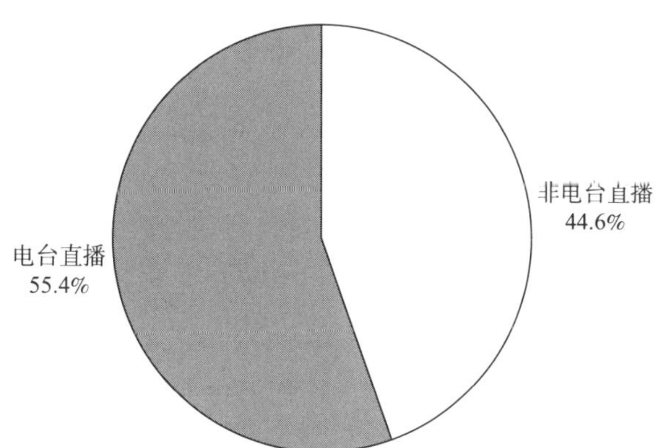

图 9　2021 年 2～4 季度电台直播与非电台直播人均收听时间占比（9 测量仪城市）

数据来源：CSM 媒介研究。

从广播电台近几年的实践中可以看出，“造船出海”成绩喜人，自有音频 APP 的运营和发展可圈可点，发展各具特色，探索出了一条适合自己的发展道路，也为声音生态的传播领域增添了主流色彩，收听占比不断攀升。数据显示，2021 年 9 城市组电台自有 APP 在直播/点播领域的占比较 2020 年同比增加 0. 36 个百分点。

广播电台在建设新型主流媒体的进程中，不断借助新媒体传播渠道和平台，发挥主流媒体的内容特色作用，拓展传播新领域。CSM 在九大新媒体平台监测重点城市广播媒体的账号运营表现数据显示，2021 年九大平台总传播量高达 226 亿次，其中短视频最火爆，占比高达 86. 8%，达 196. 24 亿次；其次是微信，为 17. 51 亿次；音频平台也获得 11. 42 亿次的传播量，微博只有 0. 37 亿次。

短视频是目前最风靡的传播赛道，流量也最大，统计抖音、快手、头条和腾讯新闻四大平台，重点城市的广播账号发布量超过 30 万条，日均发布超过 800 条，抖音占比最高，超过四成，头条占三成有余，快手占近两成。传播量位居前列的短视频聚焦于社会热点、正能量事件、趣闻轶事，日常生产生活安全等。如快手上的浙江城市之声账号一条有关消防安全、敬业模范的短视频的传播量高达 2200 万次，郑州经济生活广播的一条“铭记历史　勿忘国耻”的短视频传播量超过 430 万次，充分体现主流媒体的社会责任和舆论导向。

相较于短视频，微信端公众号传播更具有新闻资讯属性，强调迅速和权威。统计近 30 家广播媒体微信账号，累计发布量 33 万余篇，日均发布量 900 余篇，累计阅读量达 17 亿次，日均阅读量 470 万次，而且发布量和阅读量都呈逐月上升态势，微信传播平台发展向好。高阅读量的微信文章多集中在头部账号，有“两个 60%”现象：一个是有 60% 的账号保证 200 天以上的发布频率；另一个是 60% 的传播量来自日均发布量居前十的账号。发布越频繁，关注度越高，传播效果越好。像黑龙江交通广播、安徽交通广播、浙江 FM93 交通之声每天的发布量基本都超过 20 条。10 万 + 的微信中多数为权威发布，内容涉及抗疫防灾、网络安全、爱国正义等重大议题，如中国之声独家发布的《孟晚舟在中国政府的包机上发表感言：一抹绚丽中国红燃起我心中光明》。

微博的体量相对小一些，但是其传播效果不容小觑。近 3 0 家广播媒体的 400 多个微博账号累计发布 78 万条，日均发布 2000 余篇，累计传播量达 3500 万次。31% 的账号保证 200 天的发布频率；25% 的传播贡献来自日均发布量居前 15% 的账号。中央广播电视总台的环球资讯和中国之声粉丝量超千万人，互动量百万次级以上。地面频率中无锡、河北、楚天、武汉、郑州的频率官方账号也非常突出。

四　迎接“智慧广播”时代

2020 年的新冠肺炎疫情深刻影响着人们的日常生活形态。在今后相当长的一段时间内，“与疫同行”将成为一种新的生活常态。除此之外，5G 商用、媒体融合的潮流涌动，都正在影响并渐渐改变人们的媒介接触习惯。广播作为历经百年的传统介质，近十年来，经历着收听存量市场逐年萎缩的窘境，已经不能完全适应于当下的媒介生态环境。电台作为内容生产及运营和受众及媒体经营的竞争主体，面临的是一个媒体深度融合的新型市场，且这个市场还在快速迭代发展，广电体制自身也在不断变化。动态的、不断变化中的生态环境给广电的求生、求存、求发展带来更多的不确定性和更大的挑战。改变、重塑、重生是电台不二的选择。

广播领域内最具发展潜力的环境是车载收听市场。CSM 12 城市基础研究数据显示，有超过 60% 的广播听众在车上收听广播，超过在家收听的近一倍。随着智能车联网系统的普及，智能车机所承载的娱乐内容将给驾乘人员更丰富的收听选择，面对相对封闭的车内收听场景，电台不仅要将广播节目送达给听众，也要能无缝切换到网络音频节目上，甚至要能推送千人千面的个性化定制音频节目。目前，云听 APP 依托总台独家音频内容版权优势，积极布局车联网并将智能语音播报系统广泛应用。

作为全民应用并时刻不离身的智能手机，已经成为收听广播及音频的主要设备。手机音频的用户中，15～44 岁的中青年占 3/4，60% 的用户拥有大学及以上学历，年轻和高知是手机音频 APP 用户的主要画像特征，其个性化的伴随式收听需求强烈。

CSM 新网（NEW TAM）数据显示，智能手机用户中使用音频应用的多集中在音乐类和有声读物类 APP 上，如酷狗音乐、QQ 音乐、全民 K 歌、番茄畅听等，蜻蜓和喜马拉雅这种综合类平台上的电台直播流量占比并不高。传统的广播直播节目在手机音频 APP 领域面临更多的竞争产品，如果放大到整个 APP 应用领域，则竞争环境会更加复杂和多维。

再多困难都挡不住广电不断探索、不断进取的努力。近年来，广播借助新技术、人工智能、AI 语音主播、大数据分析等不断延展边界。除了自身变革，砍掉一些同质性强、经营不善的频率，还开办一些区域性广播，打破区域界线，走向联合、协同发展，这也是广播破局再出发的一种探索。最近一年来，京津冀之声、长三角之声、粤港澳大湾区之声等广播频率相继投入运营，协同区域内的电台媒体联动，取得了不错的效果。

打破传统广播单一的线性播出，去“广播”化的广播媒体正在着力实现音视频采集一体化、内容多样化生产、多平台分发渠道、线上＋线下联动整合营销、深耕垂类市场等模式，逐渐构建新型主流媒体的传播矩阵，开创新型传播格局，布局新型商业空间，各地广播媒体各显其能，正在奋力闯出一条新路子。在数字化、网络化、智能化的今天，广播不但要加快体制机制改革，打破思维固有框架，更要按照用户视角和内容对位的方向发展成为融媒体、智媒体、全媒体，朝着智慧型媒体演进。

（作者：梁帆）

2021年新闻综合类频率收听状况分析

在CSM媒介研究2021年17个收听率连续调查城市所覆盖的325个频率中，新闻综合类频率有89个，占所有频率的27.4%，是频率数量最多的一类专业性广播频率。新闻综合类频率作为各广播电台引领收听的“三驾马车”之一，在后疫情时代，收听状况如何？是否有新的亮点？本文基于CSM媒介研究2021年17个收听率连续调查城市数据，对新闻综合类频率的竞争力水平、收听状况等进行分析。

一　新闻综合类频率的竞争力水平

1. 新闻综合类频率在各类专业频率中所占市场份额仍位居首位

2021年各类型专业频率所占市场份额表明，新闻综合类、交通类和音乐类频率以其一贯较大的市场份额，处于各类专业频率中第一集团的位置。其中，新闻综合类频率以29.3%的份额稳居各类专业频率首位，较上年同期增长1.2个百分点，凸显了其雄厚的竞争实力。交通类频率位列第二，市场份额为27.5%，较上年同期也有0.5个百分点的增长。音乐类频率位居第三，市场份额为23.3%，较上年有所下降。在其他各类专业频率中，除都市生活类频率在2021年较上年有所增长外，其他类别的专业频率市场份额较2020年均存在不同程度的下滑（图1）。

2. 新闻综合类频率听众规模大，忠实度高

听众规模是衡量广播频率竞争力的重要维度，通常我们使用平均到达率这一指标来反映广播频率的听众规模，同时我们使用平均忠实度来考量听众对广播频率黏性的强弱，两者结合可以反映某类广播频率的综合竞争实力。新闻综合类频率拥有较大的听众规模，同时拥有较高的听众忠实度，在各类别专业频率中具有较明显的竞争优势（图2）。

3. 新闻综合类频率在家收听量最大

2021年，各类专业频率在不同收听场所拥有各自的阵地。观察在家和车上这两个主要收听场所的到达率数据不难发现，在家仍然是新闻综合类频率的重要收听场所，到达率达67.4%；音乐类和交通类频率分居第二位、第三位，到达率分别为65.8%

和 63.5%。

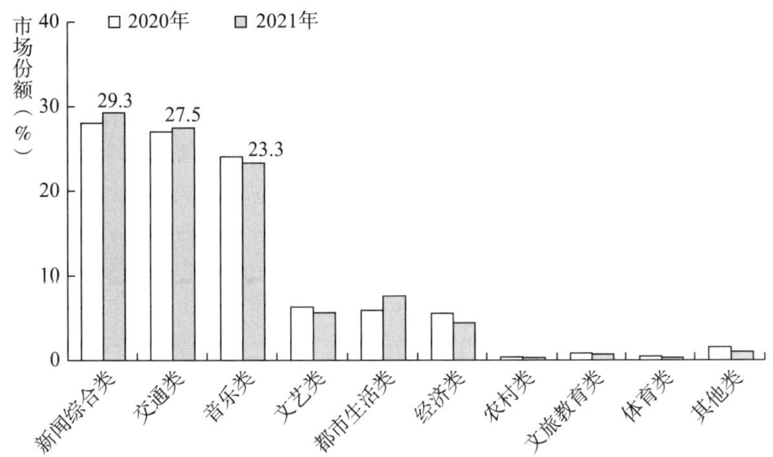

图 1　2020～2021 年各类专业频率市场份额①

数据来源：CSM 媒介研究。

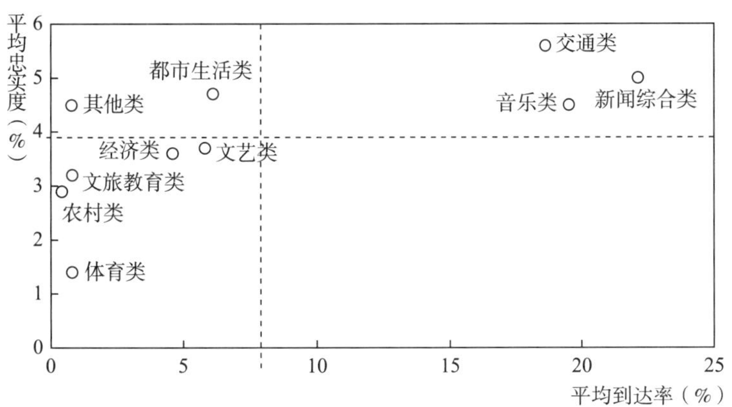

图 2　2021 年各类专业频率的平均到达率和平均忠实度

数据来源：CSM 媒介研究。

车上则是交通类频率的主战场，新闻综合类频率的到达率略逊色于交通类和音乐类频率，以 61.6% 的到达率位居第三。文艺类、都市生活类和经济类频率在家和车上的到达率均居第二阵营；而其他专业频率中的农村类、文旅教育类、体育类和其他类频率则较为小众，听众规模相对较小（图 3）。

① 如无特别说明，本文使用的是历年连续收听调查城市组数据。2020 年为 18 个城市组，2021 年为 17 个城市组。

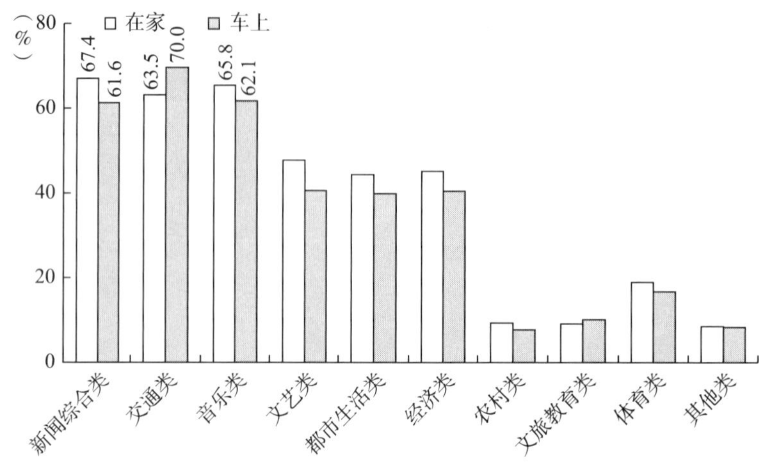

图 3　2021 年各类专业频率在主要收听场所的到达率

数据来源：CSM 媒介研究。

二　新闻综合类频率的整体收听状况

1. 新闻综合类频率在早高峰时段优势明显

各类专业广播频率全天的收听率走势具有各自鲜明的特点，新闻综合类频率在全天多数时段引领收听市场，特别是早高峰时段的优势十分突出，7∶30 左右达到全天峰值，最高收听率为 3.6%，其余时间在午间 11∶00 ~ 14∶00 时段的收听表现也明显优于其他各专业频率。交通类和音乐类频率在全天均有不错的收听表现，其中交通类频率在早晚上下班高峰时段的收听率较高，音乐类频率则在晚间 20∶00 以后收听效果优于其他各专业频率（图 4）。

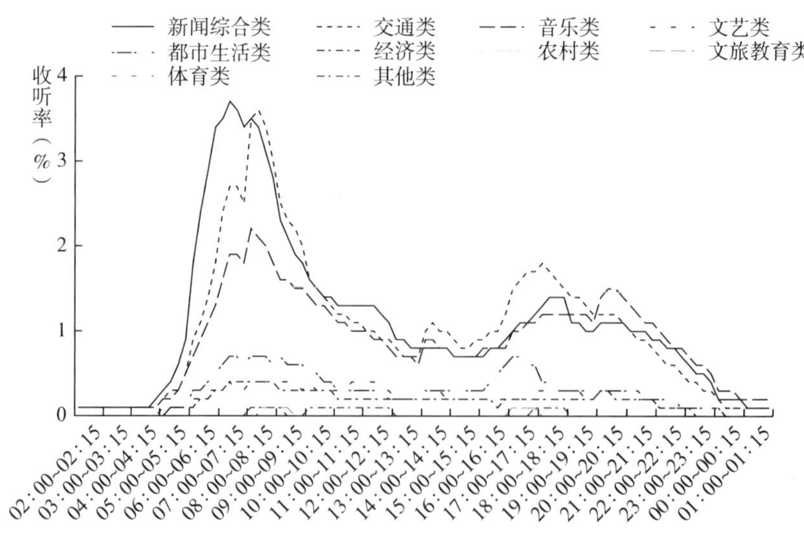

图 4　2021 年各类专业频率全天收听率走势

数据来源：CSM 媒介研究。

2. 新闻综合类频率车上收听份额有所提升

从车上的收听表现来看，2021 年，交通类频率占据四成左右的市场，以 42.0% 的市场份额遥遥领先于其他各类频率。新闻综合类频率的车上收听份额略低于交通类和音乐类频率，以 20.5% 的市场份额列位第三，较 2020 年提升了 1.8 个百分点（图 5）。

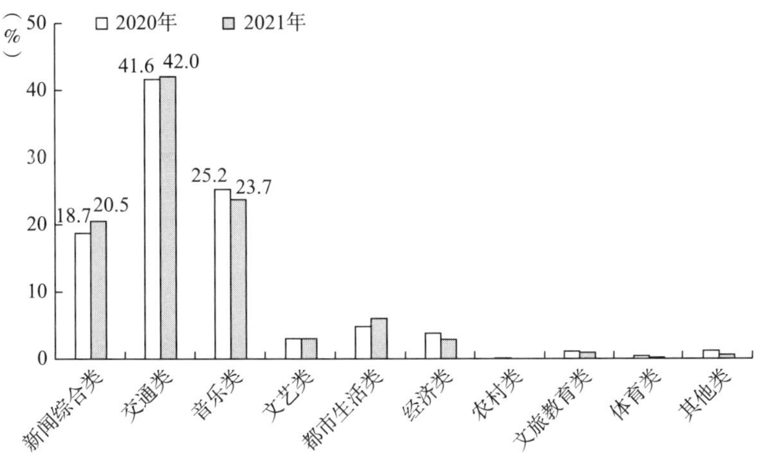

图 5　2020 ~ 2021 年各类专业频率车上收听市场份额

数据来源：CSM 媒介研究。

3. 新闻综合类频率工作日与周末全天收听率走势基本趋同

2021 年，新闻综合类频率工作日与周末全天收听率走势基本相似，全天呈现多个收听高峰，以早间时段的收听效果最好。工作日的收听率在早间 6:00 ~ 8:00 时段和傍晚的 17:00 ~ 18:30 时段高于周末较多；而在上午 8:45 ~ 11:30 时段周末的收听率略高于工作日，听众在周末收听广播的时间选择更为灵活和分散（图 6）。

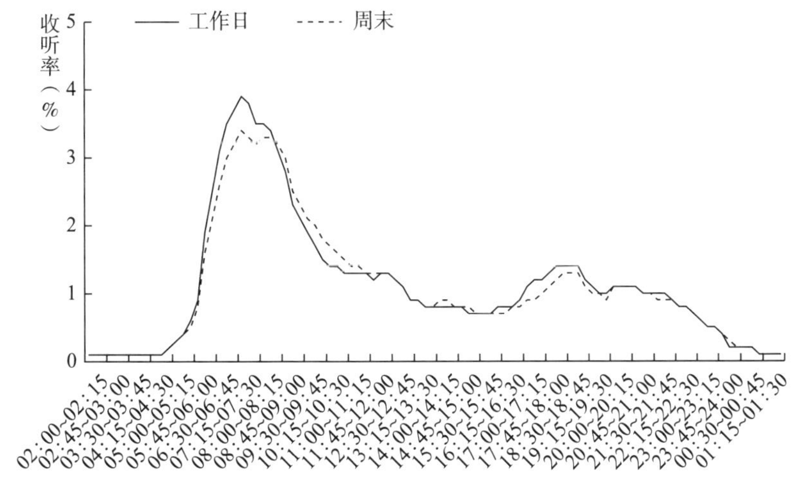

图 6　2021 年新闻综合类频率在工作日与周末全天收听率走势

数据来源：CSM 媒介研究。

4. 新闻综合类频率听众特征明显

通过听众构成指标可以考察新闻综合类频率的听众特征。2021 年，新闻综合类频率以男性、25～44 岁和 55 岁及以上、高中及以上学历的听众所占比例最高，共同构成了该类频率的主要收听人群（图 7）。

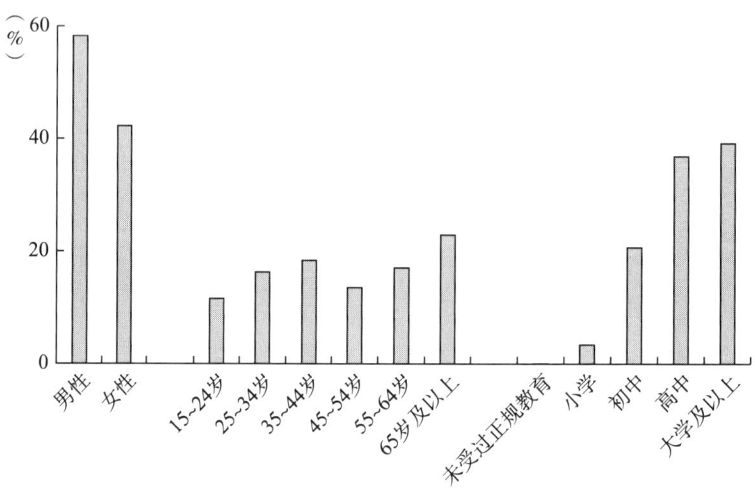

图 7　2021 年新闻综合类频率听众构成

数据来源：CSM 媒介研究。

三　新闻综合类频率在各城市收听表现

1. 新闻综合类频率在不同城市的竞争力水平表现差异较大

分城市来看，在第 II 象限中，听众到达率水平低于平均水平，却有相对较高的忠实度，包括郑州、乌鲁木齐、石家庄等城市，这些城市的新闻综合类频率拥有一批忠实听众，但没有更多的新听众加入，因此需要着重拓展新的听众群；处于第 IV 象限中的广州、上海、北京、南京、济南、无锡、合肥和深圳 8 个城市的新闻综合类频率拥有较大的听众规模，但听众收听黏度不高，更需要可以“留得住”听众的、更具吸引力的节目（图 8）。

2. 新闻综合类频率在部分城市表现出色

2021 年，各级新闻综合类频率在多数本地市场均有较强的市场竞争力。济南新闻综合广播（FM105.8/AM1053）、石家庄广播电视台综合广播（AM882/FM88.2）、深圳广播电台新闻频率（FM89.8）和郑州广播电视台新闻综合广播（AM549/FM98.8）均在当地市场位居榜首；北京新闻广播（FM94.5/AM828/CFM90.4）、广东广播电视台珠江经济广播电台（E FM 财富 974）、浙江之声（FM88/FM101.6/AM810）、江苏新闻广

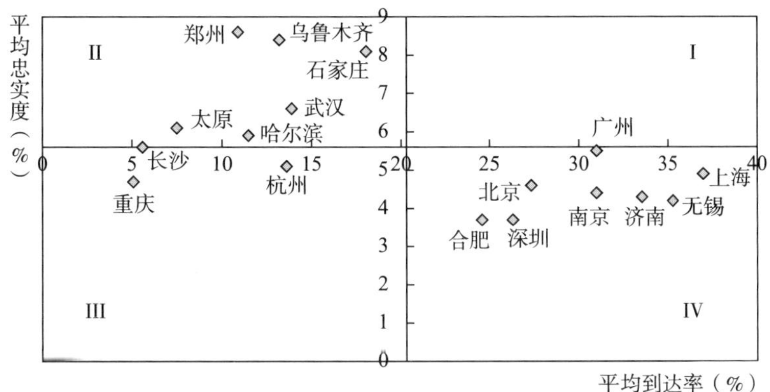

图 8 2021 年新闻综合类频率在不同城市的平均到达率和平均忠实度表现

数据来源：CSM 媒介研究。

播（FM93.7）和上海人民广播电台上海新闻广播（FM93.4/AM990）在当地的竞争表现也比较突出，在北京、广州、杭州、南京和上海地区频率市场份额排名中均位列第二（表 1）。

表 1 2021 年新闻综合类频率在不同城市的市场份额及排名

单位：%，位

城市	频率	市场份额	排名
北京	北京新闻广播（FM94.5/AM828/CFM90.4）	14.7	2
	中央人民广播电台第一套节目中国之声	8.7	4
	中央广播电视总台环球资讯广播（FM90.5/AM900）	3.5	7
长沙	长沙人民广播电台新闻广播（FM105）	6.2	5
	中央人民广播电台第一套节目中国之声	2.9	9
	湖南人民广播电台新闻综合广播（FM102.8/FM93.0）	2.6	11
	湖南人民广播电台潇湘之声（FM93.8）	2.4	14
重庆	重庆人民广播电台重庆之声（FM96.8/AM1314）	7.9	4
广州	广东广播电视台珠江经济广播电台（E FM 财富 974）	16.1	2
	广州市广播电视台新闻资讯广播（FM96.2）	10.5	4
	广东广播电视台新闻广播（FM91.4/AM648）	2.7	10
	中央人民广播电台第一套节目中国之声	2	11
	中央广播电视总台环球资讯广播（FM107.1）	1.3	12
杭州	浙江之声（FM88/FM101.6/AM810）	12.2	2
	中央人民广播电台第一套节目中国之声	4.9	6
	杭州人民广播电台综合频率（AM954）	3.9	7
	杭州之声（FM89）	3.5	9
	杭州城市资讯广播（FM90.7）	3.1	10

续表

城市	频率	市场份额	排名
哈尔滨	黑龙江新闻广播（龙广新闻台）（AM621/FM94.6）	7.7	4
	哈尔滨广播电视台新闻综合频率（AM837/FM90.4）	4	9
	中央人民广播电台第一套节目中国之声	1.9	13
合肥	中央人民广播电台第一套节目中国之声	14.1	2
	合肥广播电视台综合广播（FM91.5/FM88.1/AM666）	6.1	7
	安徽新闻综合广播（安徽之声）（AM936/FM103.6）	5.4	8
	安徽（FM961）	1.7	13
济南	济南新闻综合广播（FM105.8/AM1053）	30.7	1
	山东广播电视台综合广播（FM97.1/AM918）	2.8	8
	中央人民广播电台第一套节目中国之声	1.6	9
南京	江苏新闻广播（FM93.7）	28.1	2
	南京人民广播电台新闻综合广播（AM1008/FM106.9）	4.7	6
	中央人民广播电台第一套节目中国之声	2.7	8
上海	上海人民广播电台上海新闻广播（FM93.4/AM990）	26.7	2
	第一财经广播（FM90.9）	10.2	4
	中央人民广播电台第一套节目中国之声	3.1	7
石家庄	石家庄广播电视台综合广播（AM882/FM88.2）	18.3	1
	河北广播电视台新闻广播（FM104.3）	5.9	6
	中央人民广播电台第一套节目中国之声	5.5	7
	河北广播电视台综合广播（FM102.9/AM1278）	2.1	13
太原	中央人民广播电台第一套节目中国之声	5.5	6
	太原广播电视台综合广播（AM1422/FM91.2）	3.2	10
	山西广播电视台综合广播（FM90.4/AM819）	1.3	16
深圳	深圳广播电台新闻频率（FM89.8）	25.3	1
	中央人民广播电台第一套节目中国之声	5.1	5
	中央广播电视总台环球资讯广播（FM107.1）	2.1	7
乌鲁木齐	中央人民广播电台第一套节目中国之声	8.4	2
	新疆人民广播电台961新闻广播（FM96.1）	2.5	7
	新疆人民广播电台维语广播（FM101.7/AM855/AM558）	2	11
	中央人民广播电台维吾尔语广播	1.9	12
	乌鲁木齐广播电视台新闻广播（FM100.7/AM792）	1.8	13
	新疆人民广播电台哈萨克语广播（FM98.2/AM1044）	1.7	14
	乌鲁木齐广播电视台综合广播（维语）（AM1071）	1.2	15
	新疆人民广播电台924民生广播（FM92.4）	1	16

续表

城市	频率	市场份额	排名
武汉	中央人民广播电台第一套节目中国之声	12.8	2
	武汉广播电视台新闻综合广播（AM873/FM88.4）	8.3	5
	湖北之声（AM774/FM104.6）	6.6	7
郑州	郑州广播电视台新闻综合广播（AM549/FM98.8）	14.9	1
	河南新闻广播（FM95.5/AM657）	8.5	5
	中央人民广播电台第一套节目中国之声	4.3	9
无锡	无锡广播电视台梁溪之声广播（FM92.6）	16.7	3
	无锡广播电视台新闻综合广播（FM93.7）	15.3	4
	江苏新闻广播（FM93.7）	5.8	6
	无锡广播电视台新闻综合广播（AM1161）	4	8
	中央人民广播电台第一套节目中国之声	2.2	9

数据来源：CSM 媒介研究。

四 智慧视听下新闻综合类频率的竞争态势

1. APP 直播收听占比超三成，无锡地区达到 47.6%

本文以北京、上海、广州、合肥、济南、南京、深圳和无锡 8 个测量仪城市为例，观察新闻综合类频率在智慧视听环境下的收听表现。数据显示，2021 年，听众收听新闻综合类频率仍以环境音直播收听为主，占比约 60%（无锡较低，为 52.4%）。分城市来看，无锡地区通过 APP 直播收听新闻综合类频率的比例最高，达到 47.6%；其次为合肥和深圳地区，均为 42.9%（图 9）。

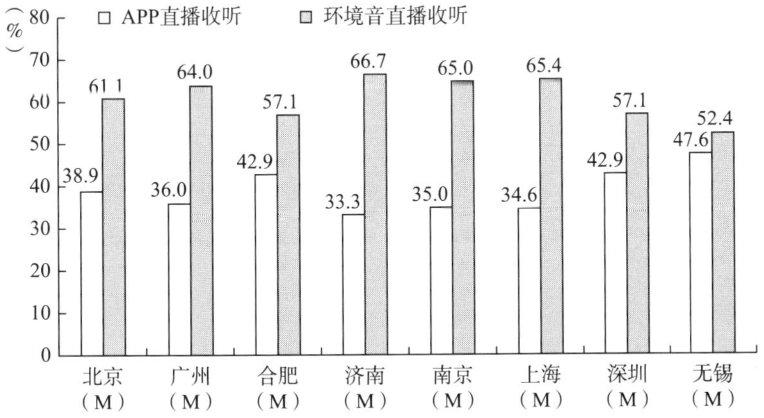

图 9 2021 年 8 个测量仪城市新闻综合类频率 APP 直播收听与环境音直播收听占比情况

数据来源：CSM 媒介研究。

2. APP 日活榜 TOP 3 集中于几家头部平台，广电自有 APP 渐露头角

观察 8 个测量仪城市用于收听新闻综合类频率的主要 APP，日活榜 TOP 3 的平台主要集中在微信、蜻蜓 FM 和喜马拉雅 FM。其中，微信在 4 个测量仪城市 APP 收听平台中位居榜首，蜻蜓 FM 在 3 个测量仪城市 APP 收听平台中居首位。江苏广电旗下自有 APP 大蓝鲸和深圳广电旗下的 APP 壹深圳也一举冲入当地 APP 日活 TOP 3，日活跃量分别达 8.8 万人和 7.1 万人（表 2）。

表 2　2021 年 8 个测量仪城市收听新闻综合类频率 APP 日活 TOP 3

地区	TOP 3 APP	平均到达率	地区	TOP 3 APP	平均到达率
北京	蜻蜓 FM	121000	南京	微信	101000
	微信	116000		大蓝鲸	88000
	喜马拉雅 FM	91000		喜马拉雅 FM	64000
广州	微信	82000	上海	蜻蜓 FM	361000
	蜻蜓 FM	56000		微信	227000
	喜马拉雅 FM	32000		喜马拉雅 FM	97000
合肥	喜马拉雅 FM	47000	深圳	微信	150000
	微信	42000		喜马拉雅 FM	85000
	蜻蜓 FM	21000		壹深圳	71000
济南	微信	93000	无锡	蜻蜓 FM	71000
	蜻蜓 FM	45000		微信	41000
	喜马拉雅 FM	33000		喜马拉雅 FM	21000

数据来源：CSM 媒介研究。

结　语

综上所述，2021 年，新闻综合类广播频率在各类专业频率中的竞争优势毋庸置疑，无论是听众规模还是听众黏性都稳居前列；新闻综合类频率车上收听的市场份额逐年提升，收听时长也逐年增加。相信随着 5G 技术和新媒体的不断发展，新闻综合类频率可以在更广阔的平台发声，最大限度地拉近新闻主播与受众之间的距离。

（作者：张嫣）

2021年交通类频率收听状况分析*

受疫情影响，交通类频率的整体市场竞争力在2020年被新闻综合类频率超越。2021年尽管整体略有回升，但仍位居第二，尚未恢复至疫情前水平。随着疫情防控进入常态化，交通类频率的整体市场份额在上下班高峰时段有较明显回升，但不同城市也呈现一定的区域性差异。

近年来，广电媒体积极推动媒体融合发展，做大做强主流舆论阵地。2021年，多个交通类频率除了保持在直播市场的竞争优势，也致力于拓展新媒体领域，整体传播效果较往年有不同程度提升，但由于平台差异而导致的发展不平衡情况依然存在。本文将从直播市场的媒体竞争、受众特征、地区发展差异以及新媒体市场的账号①和内容传播情况等方面对交通类频率在2021年的整体传播表现进行总结。

一　交通类频率收听概况

1. 交通类频率整体市场份额小幅回升

受疫情影响，交通类频率的整体市场竞争力于2020年出现拐点。随着生活和出行的恢复，2021年，交通类频率的整体市场份额小幅回升0.5个百分点，达27.5%，但尚未恢复至2019年的整体水平，差距约为2个百分点。与持续提升的新闻综合类频率相比，差距1.8个百分点（图1）。交通类频率在2021年市场份额的提升主要来源于车载收听受众的回归，其中，忠实听众收听时长的增加拉动作用较明显。

2. 交通类频率在上下班高峰时段市场份额回升明显

从交通类频率全天收听率走势来看，早高峰出现在7:00～10:00这一时段，略晚于新闻综合类频率，8:30前后达到全天的收听峰值，收听率达3.6%；交通类频率与新闻综合类频率的早高峰收听率水平十分接近，高于音乐类频率较多。自14:00开始

* 本文数据范围：历年收听率连续调查城市，15岁及以上所有人。

① 本文中提及的新媒体账号为CSM监测的在更账号，数据来源：CSM V+Scope融合媒体数据云平台。因页面显示规则或提供数据不稳定，抖音平台不包含播放量、腾讯视频平台不包含点赞量及评论量。

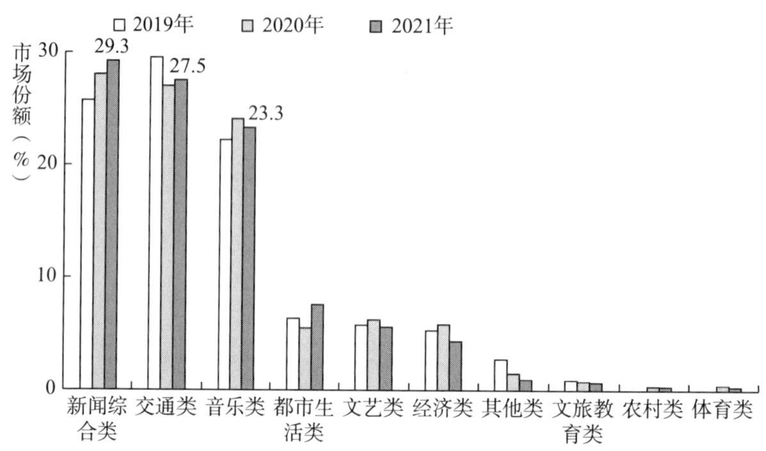

图 1　2019～2021 年不同类型频率市场份额变化对比

数据来源：CSM 媒介研究。

直至晚间 20:00 时段交通类频率始终以小幅优势领先其他各类频率，并在 18:00 前后迎来晚间收听峰值 1.8%（图 2）。与 2020 年相比，交通类频率除在上下班高峰时段保持了收听优势之外，在 9:00～12:30 和 20:00～24:00 的市场份额都有不同程度的提升。

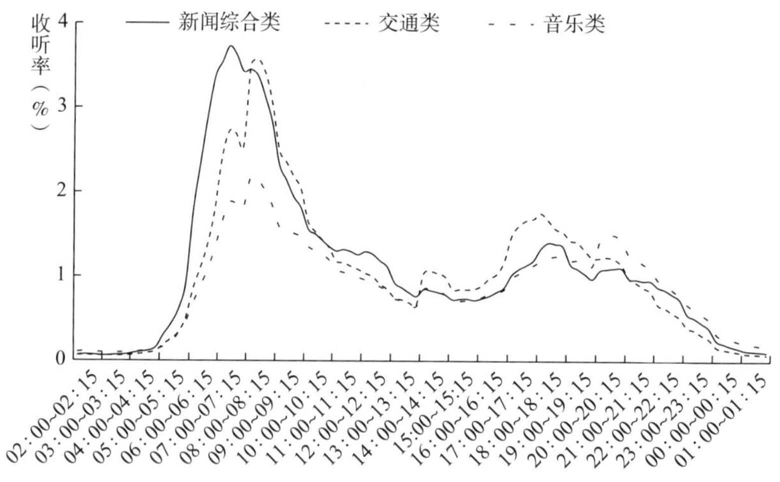

图 2　三大类型频率 2021 年全天收听率走势对比

数据来源：CSM 媒介研究。

3. 交通类频率在工作日和周末的车上收听高峰差距明显

车上收听中，交通类频率在工作日和周末的全天收听走势基本一致，早晚收听高峰时段的收听率水平差距明显。工作日和周末的早间收听峰值均出现在 8:30 前后，收听峰值分别为 3.9% 和 2.8%，相差 1.1 个百分点；与工作日相比，周末的晚间收听高峰并不明显，基本与下午时段的收听水平持平（图 3）。与 2020 年相比，交通类频率车上的收听份额在多个时段均有回升。其中，09:00～11:00 和 18:00～23:30 在工作日和周末的提升都较明显。

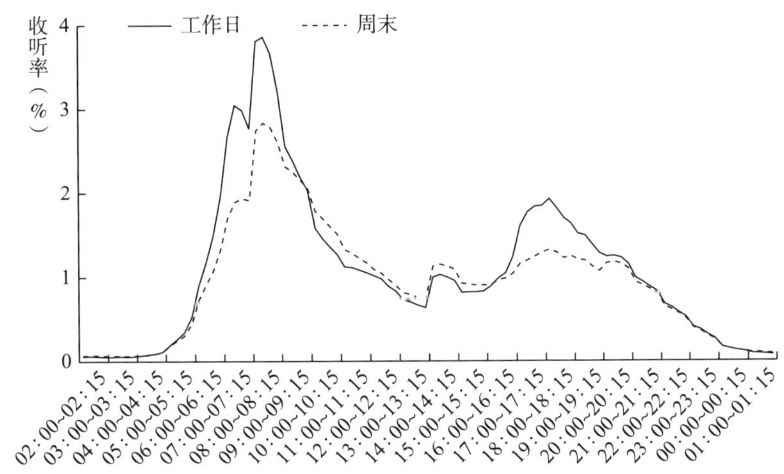

图 3　交通类频率工作日及周末全天收听走势对比（车上）

数据来源：CSM 媒介研究。

4. 交通类频率车上收听的重度听众相对更年轻，受教育程度也更高

无论是所有场所还是车上收听，交通类频率的重度听众和所有频率的差异不大。从性别来看，男性听众的集中度均高于女性听众，这一特点在交通类频率的车上收听表现得更为显著。在不同年龄听众中，从所有收听场所来看，交通类频率的听众更为年轻；而车上，交通类频率听众更多地集中在 35 ~ 54 岁的中青年。在受教育程度上，交通类频率的车上重度听众受教育程度更高（表 1）。

表 1　2021 年交通类频率及所有频率听众集中度

单位：%

目标听众		所有场所		在车上	
		所有频率	交通类频率	所有频率	交通类频率
性别	男	106.5	119.3	118.7	129.5
	女	92.8	78.5	79.1	67.1
年龄	15 ~ 24 岁	69.3	60.7	69.6	58.8
	25 ~ 34 岁	82.6	87.6	112.4	104.6
	35 ~ 44 岁	94.7	112.4	127.2	135.4
	45 ~ 54 岁	115.5	142.4	135.7	159.7
	55 ~ 64 岁	140.7	125.7	58.4	61.2
	65 岁及以上	168.1	90.2	39.1	19.1
受教育程度	未受过正规教育	45.6	41.4	10.4	12.8
	小学	107.6	99.4	39.5	52.2

续表

目标听众		所有场所		在车上	
		所有频率	交通类频率	所有频率	交通类频率
受教育程度	初中	105	108.6	78.9	95.4
	高中/中专/职高/技校	109	113.7	100.7	109.2
	大专	95.2	96.7	116.8	108.8
	大学本科	88.3	76.3	108.9	87.6
	大学本科以上	72.9	86.6	98.9	100.9

数据来源：CSM媒介研究。

二　交通类频率不同地域收听状况

1. 交通类频率的单兵作战能力更强，省级媒体表现更突出

在CSM现有的广播收听率连续调查城市中，份额排名位居当地市场第一的频率被新闻综合类、交通类和音乐类三大类频率垄断，其中，交通类频率的数量占比接近六成（图4）。可见，凭借独有的资源优势，交通类频率普遍在当地广播市场具有较强的影响力。

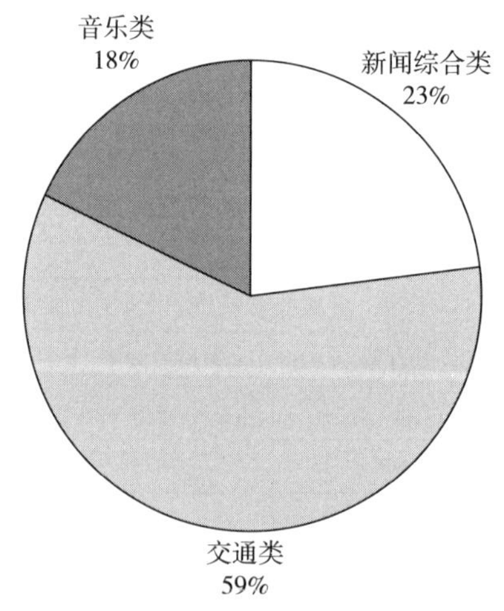

图4　当地市场TOP 1频率数量的类型分布

数据来源：CSM媒介研究。

在当地市场排名第一的交通类频率中，省级媒体占比为80%，市级媒体占比为20%。其中，新疆人民广播电台949交通广播FM94.9、重庆人民广播电台交通频率FM95.5、北京交通广播FM103.9/CFM95.6在当地的市场份额均超过40%，其余多个频率在当地的市场份额也占20%以上。七成交通类频率的市场份额较2020年有不同程

度提升，其中，楚天交通广播 FM92.7、重庆人民广播电台交通频率 FM95.5、新疆人民广播电台 949 交通广播 FM94.9 的涨幅明显，均在 10% 以上，其中，楚天交通广播 FM92.7 的涨幅更是达到 20.44%。2021 年，在交通类频率中，无论是频率的市场竞争力还是同比上年的表现，省级广播媒体的表现都相对优于市级媒体（表 2）。

表 2　2021 年当地市场 TOP 1 交通类频率市场份额表现

单位：%

地区	频率	市场份额	市场份额涨幅/跌幅
乌鲁木齐	新疆人民广播电台 949 交通广播 FM94.9	49.03	13.06
武汉	楚天交通广播 FM92.7	22.98	20.44
哈尔滨	黑龙江交通广播 FM99.8	28.30	3.16
杭州	杭州交通经济广播 FM91.8	26.90	2.80
广州	广东广播电视台羊城交通广播台 FM105.2	21.45	5.71
太原	太原人民广播电台交通频率 FM107	27.59	-7.39
重庆	重庆人民广播电台交通频率 FM95.5	43.41	14.64
长沙	湖南人民广播电台交通广播 FM91.8/FM100.3	22.20	-9.11
北京	北京交通广播 FM103.9/CFM95.6	40.64	8.79
合肥	安徽交通广播	15.53	-31.96

数据来源：CSM 媒介研究。

2. 不同城市交通类频率的全天走势因当地市场环境的不同而存在差异

尽管同样排名当地广播市场首位，但不同城市交通类频率的全天收听走势不尽相同。黑龙江交通广播 FM99.8、广东广播电视台羊城交通广播台 FM105.2、太原人民广播电台交通频率 FM107、新疆人民广播电台 949 交通广播 FM94.9、重庆人民广播电台交通频率 FM95.5 为"三峰型"走势，在早间、午后和傍晚三个时段均有较明显的收听高峰；楚天交通广播 FM92.7、杭州交通经济广播 FM91.8、湖南人民广播电台交通广播 FM91.8/FM100.3、北京交通广播 FM103.9/CFM95.6、安徽交通广播则为"双峰型"走势，早、晚收听高峰明显。

早高峰始终是交通类频率的全天收听高峰，但由于各城市地理位置和出行时间的差异，各频率进入早高峰的时段也不同。最早进入早高峰的是北京交通广播 FM103.9/CFM95.6 和黑龙江交通广播 FM99.8，约从 6:00 开始；其后为太原人民广播电台交通频率 FM107，约在 7:00 进入早高峰；新疆人民广播电台 949 交通广播 FM94.9、重庆人民广播电台交通频率 FM95.5、楚天交通广播 FM92.7、杭州交通经济广播 FM91.8、湖南人民广播电台交通广播 FM91.8/FM100.3 约在 8:00 前后迎来早间收听高峰。除新疆人民广播电台 949 交通广播 FM94.9 的早高峰通常在 11 点后才逐渐回落之外，其他各交通类频率的早高峰时间一般延续至 10∶00 左右。

大多数交通类频率的次高峰为下班前后时间，杭州交通经济广播 FM91.8 为16∶30～18∶30；黑龙江交通广播 FM99.8、楚天交通广播 FM92.7、湖南人民广播电台交通广播 FM91.8/FM100.3、重庆人民广播电台交通频率 FM95.5 的晚高峰时间覆盖17∶00～19∶30 时段；北京交通广播 FM103.9/CFM95.6 和太原人民广播电台交通频率 FM107 的晚高峰为 17∶30～20∶30；新疆人民广播电台 949 交通广播 FM94.9 则后延至 19∶00～22∶00；广东广播电视台羊城交通广播台 FM105.2 在 18∶00～20∶00 虽然也出现了小高峰，但全天收听率的次高峰则为 21∶30～23∶30；安徽交通广播早高峰结束后的收听水平普遍偏低，无明显的晚高峰收听水平的回升（图 5）。

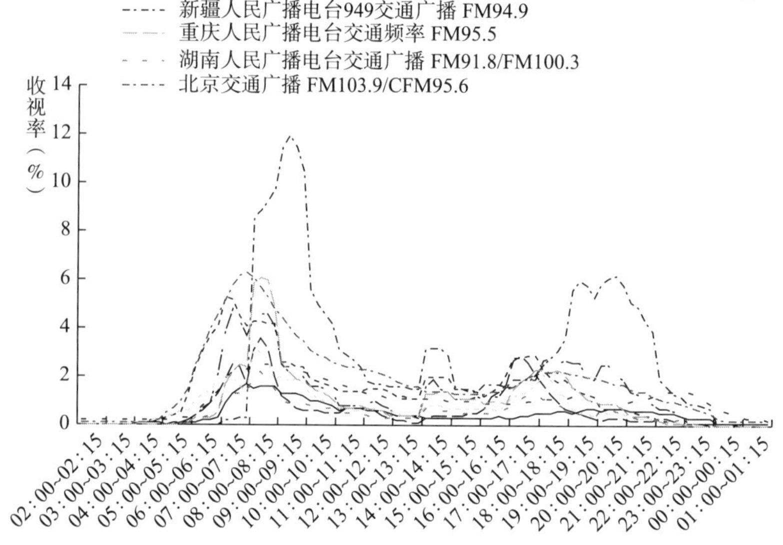

图 5　2021 年当地市场排名 TOP 1 的广播类频率全天收听率走势

数据来源：CSM 媒介研究。

三　交通类频率的新媒体收听表现

1. 交通类频率“三微”账号总发布量均有增长

近年，广电媒体持续在新媒体赛道发力，并且收获了一定成效。从交通类频率 2021 年在短视频、微信和微博的账号发布情况来看，微博的内容发布量相对较多，约占 55%；短视频和微信的发布量分别占 26% 和 19%。与 2020 年相比，交通类频率 2021 年在上述新媒体端的内容发布量都有明显增长。其中，微信的增幅最大，为 1.5

倍，短视频和微博的内容发布量增幅分别是 103% 和 90%（图 6）。

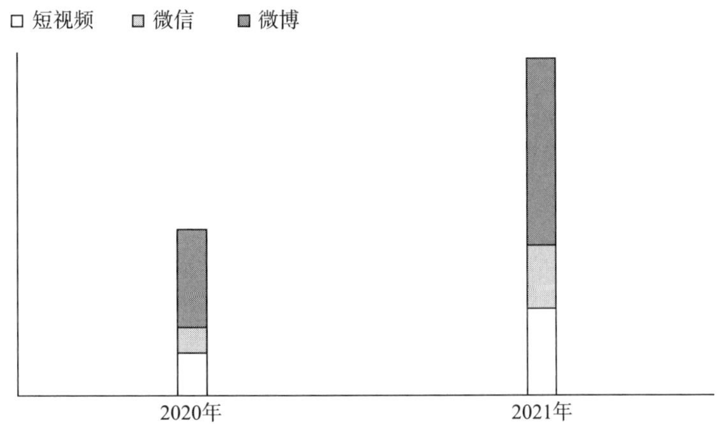

图 6　2020～2021 年交通类频率"三微"账号总发布量分布对比

数据来源：CSM 媒介研究。

从传播效果来看，则是短视频的整体传播效果更为突出，微博端相对较弱。2021 年，交通类频率短视频账号的总传播量远高于微信和微博，且与 2020 年相比，保持了 83% 的较高增长。微信端总传播量尽管不高，但同比增幅较大，达 1.3 倍。微博端总传播量较少，且与 2020 年相比有近 20% 的下降（图 7）。

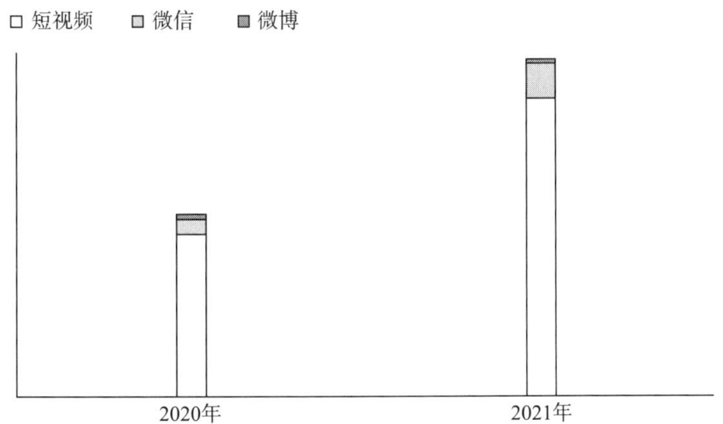

图 7　2020～2021 年交通类频率"三微"账号总传播量分布对比

数据来源：CSM 媒介研究。

2. 短视频：三大平台占领流量高地，直播频率与短视频内容发展存在差异

尽管短视频的兴起稍晚于微博和微信，但其平台价值和传播影响力对广电媒体来说举足轻重，因此，广电媒体在短视频的布局必不可少。随着内容资源竞争的垂直化和专业化，无论是短视频平台还是账号的发展差异都将逐渐扩大。

在 CSM 现有监测的在更账号中，交通类频率的短视频内容发布较集中于抖音、快手和今日头条三大短视频平台，且与 2020 年相比，发布量均有较明显的增长（图 8）。秒拍、腾讯新闻、网易新闻等也有一定量的发布，且大部分平台的短视频发布量都较 2020 年有所增加。

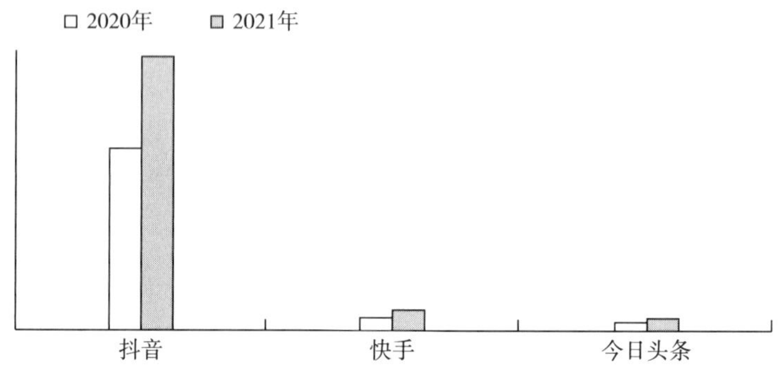

图 8　2020～2021 年交通类频率在主要短视频平台的内容发布量对比

数据来源：CSM 媒介研究。

互动量是短视频的转发量、点赞量和评论量之和，更能反映用户对短视频内容主动传播的意愿。从主要短视频平台的互动量对比来看，抖音用户的互动性更强，其互动量远大于其他短视频平台的互动量（图 9）。与 2020 年相比，除抖音、快手和今日头条的互动量增长可观之外，腾讯新闻、网易新闻和秒拍等短视频平台都有不同程度的提升。

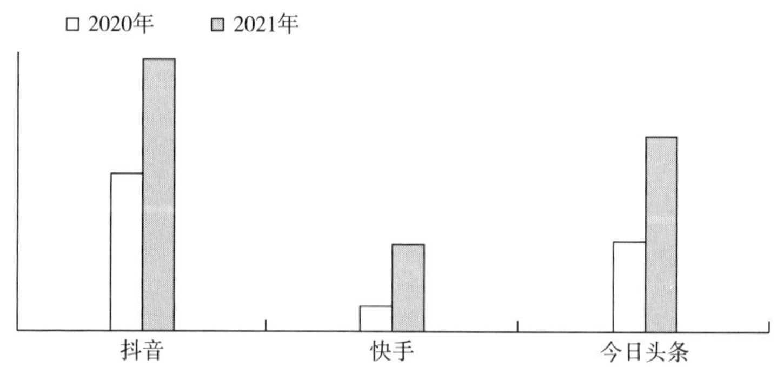

图 9　2020～2021 年交通类频率在主要短视频平台的内容互动量对比

数据来源：CSM 媒介研究。

楚天交通广播、江苏交通广播网、广州交通电台、河南交通广播、山东交通广播、北京交通广播、安徽交通广播等短视频账号在 2020 年和 2021 年都保持了较高的互动量。其中，楚天交通广播、广州交通电台和河南交通广播 2021 年的互动量较 2020 年有较明显提升（图 10）。值得注意的是，楚天交通广播、杭州交通 918、北京交通广播和安徽交通广播等账号不仅在短视频平台获得较好的传播效果，其所属频率在当地的广播直播市场也有较强的影响力。

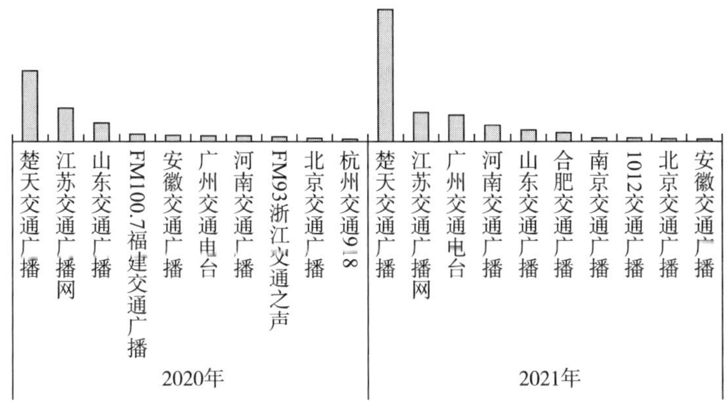

图 10　2020～2021 年交通类频率高互动量短视频账号对比

数据来源：CSM 媒介研究。

抖音、快手和今日头条三大短视频平台高传播内容的账号分布和主题都有一定差异。交通类频率在抖音的传播量中居 TOP 100 的，其内容基本集中在楚天交通广播，同名账号在今日头条的高传播内容中也占据较高比例。除此以外，江苏交通广播网、广州交通电台、河南交通广播在今日头条的高传播内容中也各占两位数的比例。快手传播量 TOP 100 内容的账号则较均匀地分布于广州交通广播、山东交通广播、合肥交通广播等多个账号中。在三大短视频平台的高传播量内容中，除了部分“交通类资讯”相关内容外，还涵盖当前的社会时事、民生和网络传播热点等，包括疫情防控、市场监督等多种话题（表 3）。

表 3　交通类频率 2021 年三大短视频平台高传播量内容对比

平台	账号	短视频标题	发布时间
抖音	楚天交通广播	他率领的红 34 师有了一个无比悲壮的名字“绝命后卫师”，他惹怒敌人被分尸，79 年后才找回遗骸……他叫陈树湘。#烈士纪念日	2021/9/30 6:33
	江苏交通广播网	男子去石家庄出差被隔离 20 天　为防他抑郁全公司陪他唠嗑	2021/1/25 20:41
	楚天交通广播	从 12 月 20 日下午起，西安市中小学、幼儿园和校外培训机构全面停课！#西安加油 #疫情防控	2021/12/20 18:31
	广州交通电台	女子实名举报遭警察前夫家暴，当地纪委回应正在跟进 @DOU+小助手	2021/11/29 23:13
	楚天交通广播	泪奔了！（via：@抗白的小墨墨 ）	2021/9/6 17:20

续表

平台	账号	短视频标题	发布时间
快手	广州交通电台	汽车维修工触电瞬间被拍，网友：名副其实触电舞者	2021/5/18 22:32
	山东交通广播	“喂？交警吗？我是一个出租车司机，我需要闯红灯！”出租车鲁 GT0613 的哥，好样的！	2021/9/12 13:08
	FM93 交通之声	长辈抱着小女孩亲　小女孩生气表达极力反抗　勇于表达自己　棒！　#93TV	2021/11/22 16:49
	合肥交通广播	4 月 26 日，记者从辖区逍遥津市场监管所获悉，涉事商家合肥庐阳区漫漫小吃店被罚款 3 万元，并没收超过保质期的涉案食品。@ 快手热点（O40300129）	2021/4/27 10:17
	广州交通电台	摩托车逆行飙车，岂料高速撞上对向车 #事故	2021/6/15 16:15
今日头条	河南交通广播	浙江一土豪房主举办乔迁礼楼顶狂撒礼物，网友：抢的不是礼物，是祝福。你怎么看？	2021/4/18 19:02
	楚天交通广播	小魔术手快过眼，大魔术遮遮掩掩。	2021/1/6 11:03
	广州交通电台	“武功”虽好，可不要乱用哦！#交通安全 #斑马线	2021/3/18 22:11
	广州交通电台	网友：年轻时也是个狠人啊	2021/2/1 18:32
	楚天交通广播	哈哈，有爱！	2021/1/15 15:16

数据来源：CSM 媒介研究。

3. 微信：高传播量内容数量增加且集中度提升，多数内容为当日头条

交通类频率在微信公众号发布的内容结合了新闻性与服务性，整体传播效果也较 2020 年有所增强。在微信平台，2021 年拥有较高传播量的公众号基本与 2020 年保持一致，且传播量同比都有一定程度提升。其中，杭州交通 918、安徽交通广播、黑龙江交通广播、江苏交通广播网、新疆 949 交通广播和北京交通广播等账号的所属频率在当地直播市场也有较强的影响力（图 11）。

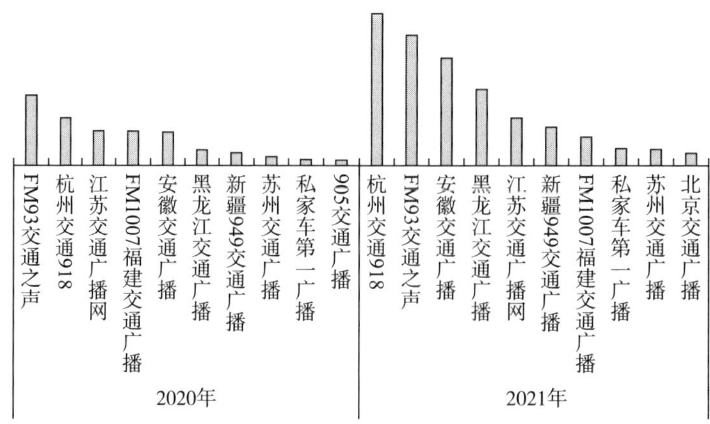

图 11　2020 ~ 2021 年交通类频率高传播量微信账号对比

数据来源：CSM 媒介研究。

2021 年，微信阅读量 10 万 + 的文章数量整体较 2020 年有所增加。但收获爆款文章的账号数量与 2020 年相当，且账号分布也差异不大，在当地直播市场表现较好的频率所属账号一般也收获了较多的爆款文章（图 12）。

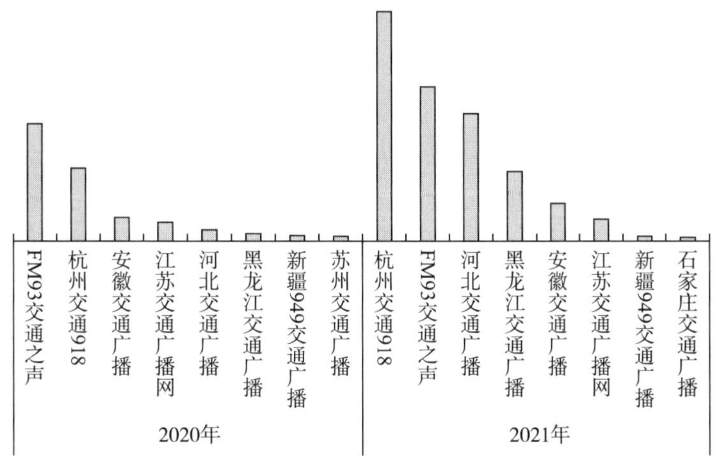

图 12　2020～2021 年微信阅读量 10 万 + 文章账号分布

数据来源：CSM 媒介研究。

在获得高传播量的微信文章中，其内容主要为当前的新闻热点，此外，当地通知、资讯等文章也获得了较多的关注（表 4）。

表 4　交通类频率 2021 年微信高传播量内容对比

账号	微信文章标题	发布时间
河北交通广播	【992 ｜ 预告】@全体网友：今天下午 17：00 共同相约这场直播！	2021/6/5 11:00
安徽交通广播	重磅！央视对话合肥市委书记，万亿城市新征程！	2021/6/12 7:01
安徽交通广播	袁隆平同志逝世	2021/5/22 10:58
安徽交通广播	安徽省委常委集体给您拜年啦	2021/2/12 9:02
杭州交通 918	痛心！才 19 岁啊……	2021/3/3 8:50
杭州交通 918	默哀！今天双星陨落！	2021/5/22 16:52
FM93 交通之声	雨婷，一路走好！	2021/8/18 7:54
FM93 交通之声	痛心！他不幸遇难	2021/6/3 12:11
安徽交通广播	袁隆平逝世	2021/5/22 13:50
江苏交通广播网	64 岁毛某宁擅离南京到扬州，被立案侦查	2021/8/3 14:41

数据来源：CSM 媒介研究。

4. 微博：高互动量账号效果保持，账号联动传播更多元

尽管交通类频率在微博平台的整体互动量有小幅下降，但高互动量的账号在 2021

年仍保持了不同程度的增长。其中，天津交通广播、广州交通电台、楚天交通广播、北京交通广播、无锡交通广播、中国交通广播等账号近两年均位居高互动量之列，且多数账号的互动量较2020年有所提升（图13）。

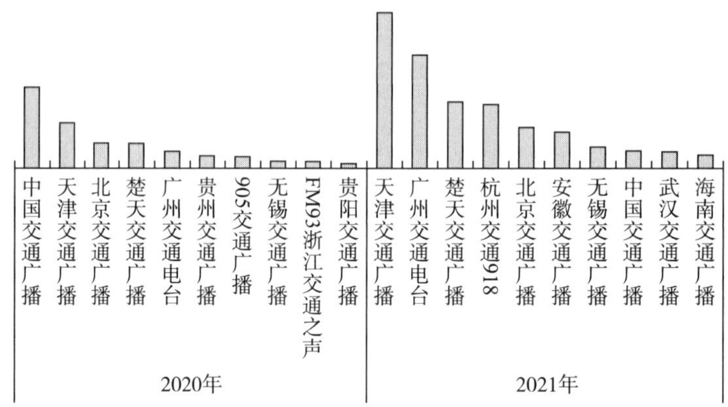

图13　2020～2021年交通类频率高互动量微博账号对比

数据来源：CSM媒介研究。

交通类频率高互动量内容涵盖多个方面，资讯性、趣味性与娱乐性并存。在交通类频率微博账号较高互动量的内容中，既有当地的交通出行和民生热点资讯（如极端天气、城际轨道工程、新疆棉等热点新闻事件、疫情防控等），也有演出预告及明星相关信息，更有各种趣味性较强的内容，如"【各单位注意：#广州有鳄鱼过马路#】"等。由于微博平台的开放性较强，因此，其发布的内容和话题也相对更加丰富和多元（表5）。

表5　交通类频率2021年微博高互动量内容对比

微博昵称	微博内容	发布日期
天津交通广播	致广大听众和网友的道歉信	2021/11/13 11:11
广州交通电台	【各单位注意：#广州有鳄鱼过马路#】12月19日，广东广州，一只鳄鱼慢悠悠地在荔湾区芳村一条马路上横过车流。有网友说：鳄鱼被抓了以后，清蒸还是油炸好呢？#广州爆料#广州交通电台的微博视频	2021/12/19 18:07
楚天交通广播	#武汉暴雨#据网友爆料，暴雨来袭，武汉站候车大厅整个屋顶全部漏水，半个候车厅里，被水泡着，目前漏水停了。楚天交通广播的微博视频	2021/5/10 16:14
天津交通广播	【投票：你最期待德云社谁的节目?】德云社演出部副总栾云平表示，#天津德云社开业将办盛大系列演出#，郭德纲于谦将亲自挂帅，岳云鹏孙越、张云雷杨九郎、孟鹤堂周九良、秦霄贤、高峰栾云平等将轮番上阵，阵容堪比开箱演出。另外#德云九队阵容初步确定#。来说说吧，你最期待谁的节目？……全文	2021/4/12 16:59

续表

微博昵称	微博内容	发布日期
楚天交通广播	#央视评 HM 抵制新疆棉花# HM 抵制新疆棉花，新百伦、巴宝莉等曾发表与新疆棉花切割言论，你以后还会选择这些品牌吗？网页链接	2021/3/25 9:41
安徽交通广播	【正式批复！#南京离安徽又近了#!】江苏省发展改革委于日前正式批复南京至马鞍山市域（郊）铁路（南京段）、南京至滁州市域（郊）铁路（南京段）工程可行性研究报告。根据《南京市 2021 年经济社会发展重大项目计划》，宁马城际（南京段）轨道交通工程计划于今年 12 月份“推进前期工程，开展工程施工”的……全文	2021/11/12 8:39
天津交通广播	【德云社天津分社最新消息】提要：#秦霄贤 5 月 1 日 2 日亮相天津##张云雷 5 月 4 日 5 日亮相天津##德云社各队将轮番进驻天津#今天早晨，据每日新报最新发布，德云社天津分社揭幕仪式上，大家将会看到德高望重的马派相声传人、相声大师马志明先生，为德云社天津分社的匾额揭幕剪彩。另外，已经加盟德云社的相……全文	2021/4/30 9:11
海南交通广播	#FM100 出行提示#【海口 14 条免费公交专线带你观看 2021 华晨宇火星演唱会】2021#华晨宇“火星演唱会”#将于 11 月 26 日至 28 日，12 月 3 日至 5 日在#海口#长影环球 100 奇幻乐园举办。为确保六场演唱会期间海口道路交通安全畅通，有效缓解椰海大道、长滨路、南海大道交通压力，海口公交集团临时开通 14 条免费公交专……全文	2021/11/24 18:33
广州交通电台	【现场直播 I 广州市疫情防控新闻发布会】今天（6/14）15 时 30 分，@广州市政府新闻办 举办广州市疫情防控新闻发布会，邀请@广州教育、广州市执信中学、广州市花都区云山学校相关负责人围绕广州中考、中考防疫、学校中考准备等进行发布，同时还将连线广州市真光中学。#广州疫情# 广州交通电台的微博直播	2021/6/14 11:48

数据来源：CSM 媒介研究。

结　语

2021 年，交通类频率在直播收听中保持了相对稳定的市场占有率。但由于听众对信息获取需求的转变，以及车联网等汽车产业的持续发展，交通类频率的整体收听份额仍未恢复至 2019 年的水平。尽管如此，强势交通类频率仍保持了在当地直播市场的优势且多数收听份额有所增长。同时，交通类频率在车载收听中相对更加年轻化和高学历化的重度听众群体也颇值得关注。

除了直播市场以外，交通类频率同样致力于拓展新媒体领域。与多数广电媒体一样，短视频也是交通类频率在新媒体的主要传播阵地，其传播量在“三微一端”中的影响举足轻重。然而，由于市场竞争及内容资源的差异，交通类频率账号在新媒体的发展也同样存在明显的不均衡。在当地直播市场表现强势的楚天交通广播、杭州交通经济广播、北京交通广播和安徽交通广播等频率所属的新媒体账号，在短视频、微信和微博的传播量也更加可观。值得一提的是，广州交通电台尽管并未居当地直播市场同类频率之首，但其在“三微一端”的传播效果也不容忽视。2021 年，广州交通电台不仅在短视频、微信和微博保持了较高的传播量，且同比 2020 年也有不同程度的增长。由此可见，平台影响与内容资源在竞争中相辅相成，无论是直播市场还是新媒体竞争，两者的品牌建立与打造都同样重要。

（作者：冯莹斐）

2021年音乐类频率收听状况分析

广播，是一种依赖声音作用于人们听觉的媒体，音乐则是人们共通的精神语言。音乐类频率作为最受听众欢迎的频率类型之一，在疫情艰难的时刻通过音乐抚慰了许多人的内心。2021年，随着疫情防控进入常态化，人们重新将精力投入到工作生活中，广播收听基本恢复常态，音乐类频率竞争力也有所减弱。融合和转型是2021年广播发展的关键词，也是音乐类频率发展的方向。本文将基于CSM媒介研究2021年全国17个连续调查城市的收听率数据①、MRL测量仪城市APP数据和CSM V + Scope融合媒体数据等，对2021年音乐类频率的收听状况进行多角度回顾。

一 音乐类频率市场竞争表现

1. 音乐类频率市场份额小幅回落

从2021年各类频率的市场竞争表现来看，新闻综合类、交通类以及音乐类频率仍是不可撼动的主流频率，三者的收听份额覆盖了八成以上的广播收听市场，其余两成的市场则大多被文艺类、都市生活类和经济类频率占据。新闻综合类频率的市场份额近三年持续上升，2021年以29.3%的市场占有率稳居首位；交通类频率的市场份额较上年同期小幅回升，增长了0.5个百分点，排在第二位；音乐类频率市场份额较2020年小幅下降至23.3%，保持第三位，与前两类频率的差距有所拉大（图1）。

2. 音乐类频率在工作/学习场所和其他场所收听更多

从不同频率在各个场所的收听表现来看，各类频率因节目内容的差异，听众的收听习惯也会随之产生变化。新闻综合类频率在家的市场份额占35%左右，工作/学习场所的市场份额占近30%，均为所有频率类别中最高的；交通类频率在车载市场的收听表现可谓遥遥领先，独占超四成的市场份额；音乐类频率虽在车载市场的收听不及交通类频率，在家收听不及新闻综合类频率，但在各个场所的收听都排在第二位，竞争

---

① 如无特殊说明，文中所用城市组合为各年连续调查城市组：2019年为24城市，2020年为18城市，2021年为17城市。

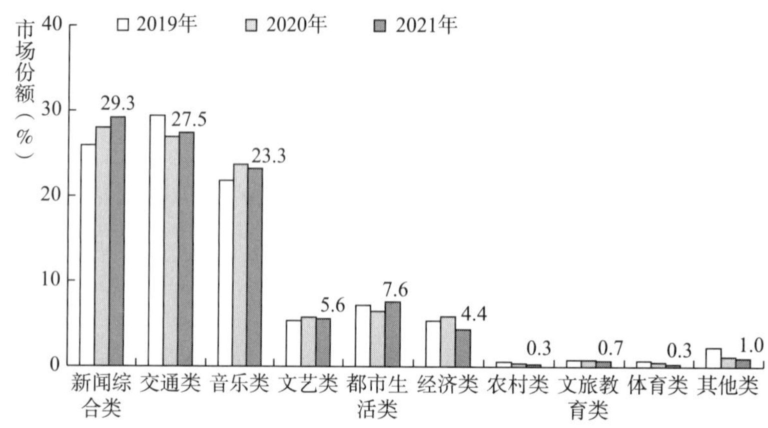

图 1　2019～2021 年广播收听市场各类频率市场份额对比

数据来源：CSM 媒介研究。

表现较为均衡，且工作/学习场所和其他场所的市场份额分别达到 27.1% 和 31.5%，是多数听众的主要选择之一（图 2）。

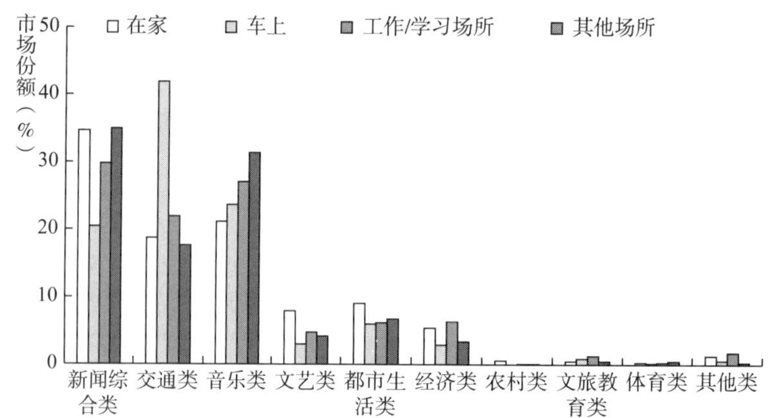

图 2　2021 年各类频率在不同收听场所占市场份额对比

数据来源：CSM 媒介研究。

3. 音乐类频率 17:30 后竞争力凸显

各类频率在全天不同时段的竞争表现各有不同。新闻综合类频率从早上 4:30 起市场份额逐渐上涨，在 6:30～6:45 达到收听峰值，而后逐步回落；交通类频率在早晚高峰时段的表现最为强势，市场份额赶超了新闻综合类频率；音乐类频率的竞争优势自 17:30 开始逐步显现，并在 20:00 之后遥遥领先于其他各类频率（图 3）。

4. 音乐类频率听众规模较大，听众忠实度仍有提升空间

平均到达率反映了各类频率听众收听的广度，在这一指标上，新闻综合类、音乐类和交通类频率与其他类频率有着显著的差距，音乐类频率以其轻松活泼的节目风格吸引了大批的听众，收听规模仅次于新闻综合类频率。平均忠实度反映的则是听众收

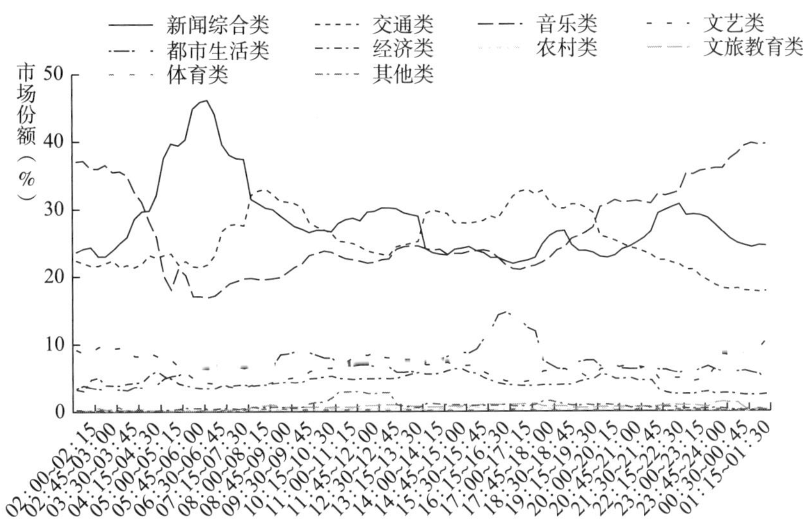

图3 2021年广播收听市场各类频率全天市场份额走势

数据来源：CSM 媒介研究。

听的深度，即听众有多长时间收听该频率，这一点交通类、新闻综合类及都市生活类频率显现出其较强的听众黏性，音乐类频率位居第四，仍有提升的空间（图4）。

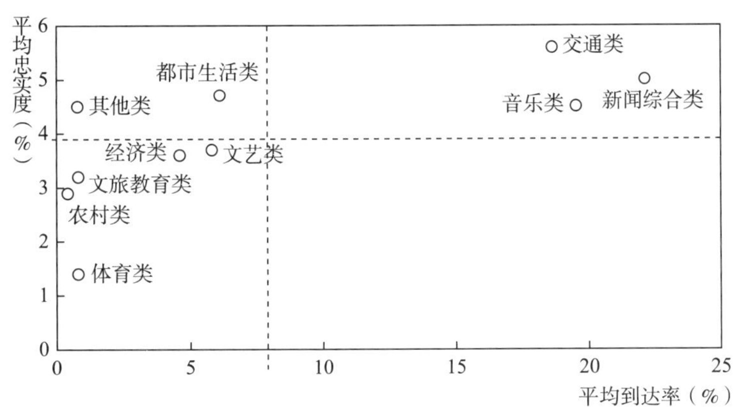

图4 2021年各类频率平均到达率和平均忠实度分布

数据来源：CSM 媒介研究。

二 音乐类频率整体概况

1. 音乐类频率居家和车载收听量差距缩小

2021年，音乐类频率人均每日收听时长相较去年减少约0.3分钟，基本保持稳定，分不同收听地点来看，“在家”和“车上”仍是音乐类频率听众最主要的收听地点。2021年，在家收听音乐类频率的人均时长由2020年的6.1分钟减少至5.6分钟，降幅约8.2%，是人均收听时长减少的主要地点；工作/学习场所的人均收听时长也有小幅减少；听众通过车载广播（车上）收听音乐类频率的人均时长增加约0.4分钟，涨幅为 9.1%，是多个场所中收听时长唯一有增加的地点。通过对比 2020 年同期数据可以发现，在家收听音乐类频率仍是大部分听众的首选，但其领先的优势正在不断被削弱，更多人开始倾向选择在开车途中收听，车载收听（车上）的人均收听时长与在家收听的人均收听时长差距由 2020 年的 1.7 分钟已缩小至 2021 年的 0.8 分钟（图 5）。

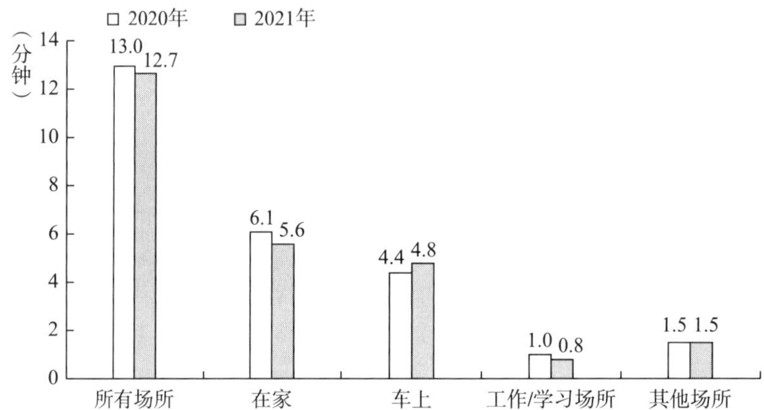

图 5　2020～2021 年音乐类频率在不同场所的人均收听时长比较

数据来源：CSM 媒介研究。

2. 音乐类频率早高峰时段收听率有所上升

对比近两年音乐类频率全天各时段收听率可以发现，音乐类频率整体收听走势保持稳定。2021 年全天共有 3 个峰值时段，分别在早上 7:45～9:00、下午 13:45～15:15 和晚上 19:45～21:30，其中早高峰的收听率在 8:00 前后达到全天最高的 2.2%，较 2020 年该时段增长了 0.1 个百分点；白天的 11:00～12:30 以及 14:00～19:00 时段，收听率有所下滑；深夜 24:00 之后小幅提升（图 6）。

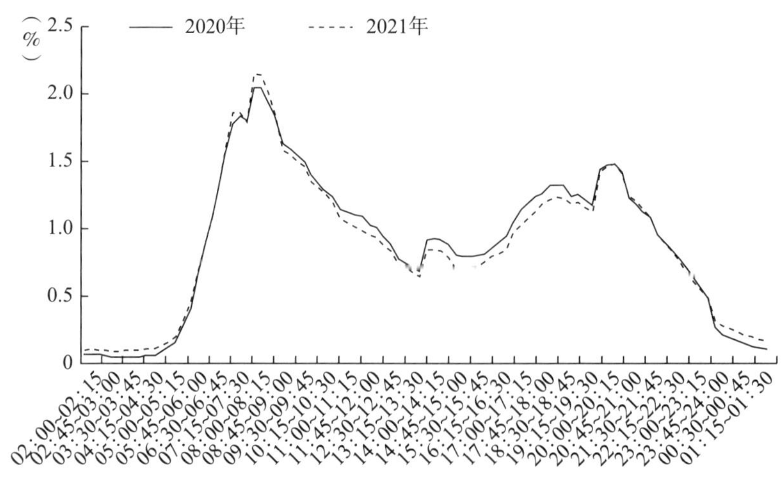

图 6　2020～2021 年音乐类频率全天收听率走势

数据来源：CSM 媒介研究。

3. 音乐类频率各周天收听量保持稳定，周末车载收听时长略有下降

从音乐类频率不同周天的人均收听时长来看，不同周天之间差别较小，各周天收听量均保持在 12～13 分钟，周一的人均收听时长相对最长，达 13.1 分钟；工作日与周末的收听时长也基本一致，均为 12.7 分钟。在车载收听场所（车上），工作日各天收听时长相差不大，都稳定在 5 分钟左右，与所有场所的收听表现相似，而车载市场在周末两天的收听时长减少相对明显，人均收听时长较工作日低 0.6 分钟（图 7）。

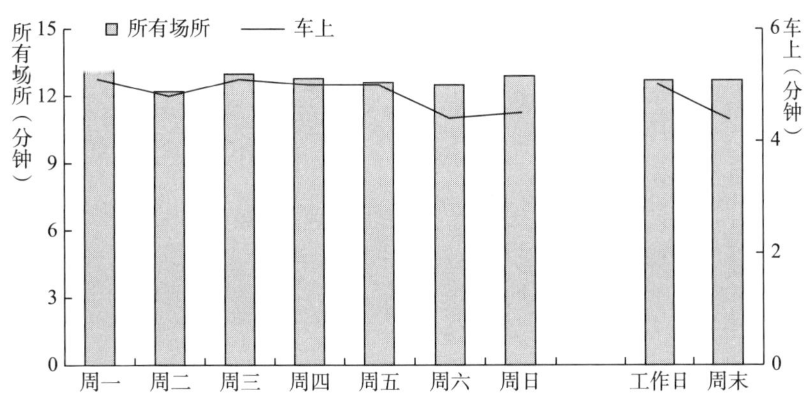

图 7　2021 年音乐类频率不同周天人均收听时长比较

数据来源：CSM 媒介研究。

三　音乐类频率受众特征

1. 女性、中青年、高学历和高收入人群是音乐类频率的主要受众

通过分析听众性别构成可以发现，女性听众收听音乐类频率的人数较多，占比为 51.9%，略高于男性听众；而听众在不同年龄组的分布则表明，音乐类频率以中青年人为主要受众群体，听众大多集中在 25～34 岁、35～44 岁，这两个年龄组的听众占总收听人数的近六成，而 65 岁及以上的老年人群占比不足一成；从听众受教育程度和月收入水平数据可以发现，高学历和高收入人群收听音乐类频率较多（图 8）。

2. 各类听众对收听地点的选择各有倾向

在家和车上是音乐类频率听众主要选择的收听场所，各类听众在两者的选择中又表现出了不同的倾向。在性别方面，男性更倾向于车上收听，女性则更多选择在家收听；在年龄层面上，25～44 岁的中青年多数热衷于车上收听，而 55 岁及以上的中老年人群则对在家收听表现出极大的偏好；在受教育程度方面，学历为大学及以上的听众更倾向于车上收听，其他听众则主要为在家收听；在个人月收入水平上，中高收入人群习惯于车上收听，而中低收入人群则更多选择在家收听（图 9）。

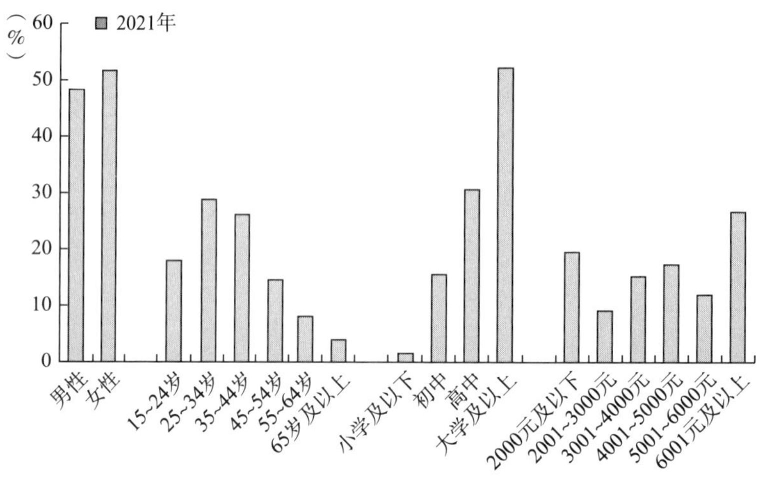

图8　2021年音乐类频率听众构成

数据来源：CSM媒介研究。

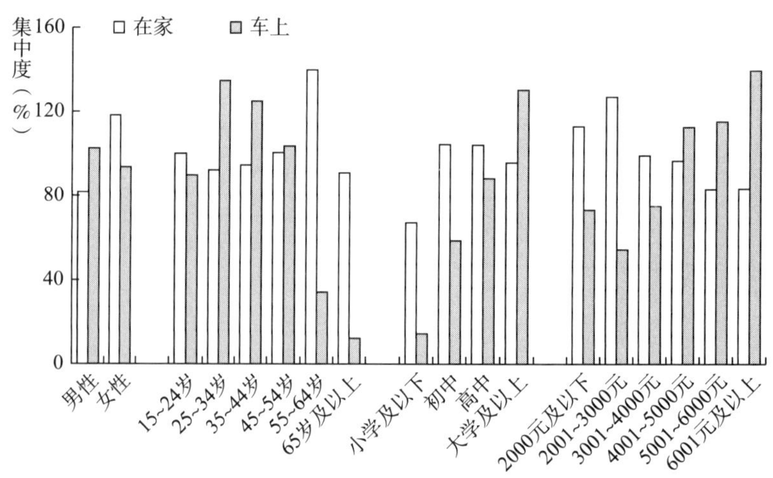

图9　2021年音乐类频率在家和车上各类听众集中度对比

数据来源：CSM媒介研究。

四　音乐类频率在不同地区的收听表现

1. 音乐类频率在不同城市收听表现差异较大

从全国17个城市音乐类频率的人均收听时长和听众规模数据可以看出，各个城市之间的收听表现存在较大差异。2021年，17城市音乐类频率的整体人均收听时长为12.7分钟。分城市来看，上海、南京、石家庄和太原这4个城市的人均收听时长超过平均值。其中，上海地区听众的人均收听时长最高，达27.4分钟；南京地区听众的人均收听时长位居第二，为 24.0 分钟；石家庄和太原地区人均收听时长分别为 15.7 分钟和 14.6 分钟，也都在平均水平之上。杭州和乌鲁木齐的人均收听时长相对较少，分别为 2.9 分钟和 2.1 分钟，与其他城市差距较大。

从各个城市的听众规模来看，与人均收听时长相似，同样是上海和南京表现较好，平均到达率在 40% 上下，其次是合肥、济南和无锡，平均到达率也都在均值之上；值得一提的是，听众人均收听时长排名第三的石家庄，其平均到达率反而较低，仅为 13.8%；而乌鲁木齐和杭州的平均到达率与听众人均收听时长表现一致，在 17 城市中排名末尾，平均到达率均不足 5%（图 10）。

综合两个指标来看，音乐类频率在上海和南京的收听表现最为出色，到达率和收听量水平发展均衡；而乌鲁木齐和杭州的音乐类频率收听表现尚有较大的增长空间。

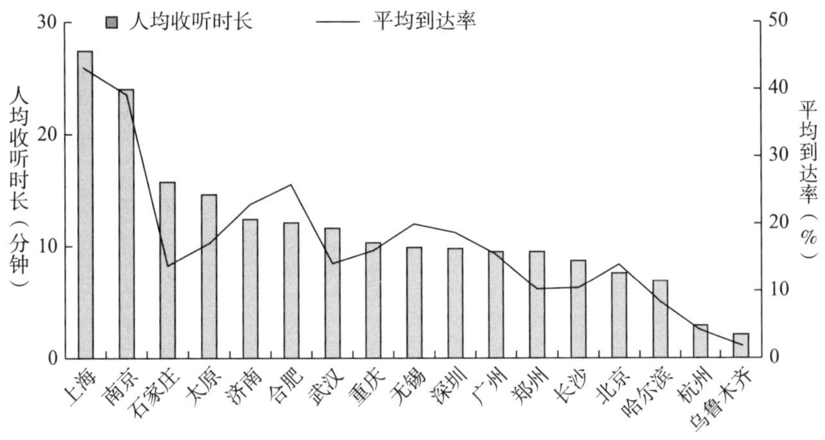

图 10　2021 年音乐类频率在 17 个城市收听表现

数据来源：CSM 媒介研究。

2. 音乐类频率在本地市场竞争力较强

通过观察 17 个城市的音乐类频率在本地的竞争表现可以发现，共有 34 个音乐类频率的市场份额能排进本地收听市场的前 10 名。重庆地区的重庆人民广播电台音乐频率（FM88.1）、南京地区的江苏经典流行音乐广播（FM97.5）、上海地区的上海流行音乐广播　动感 101（FM101.7）和深圳地区的深圳人民广播电台音乐广播（FM97.1）这 4 个频率在当地有着强劲的市场竞争力，单频率市场份额超过 20%；江苏经典流行音乐广播（FM97.5）、上海流行音乐广播　动感 101（FM101.7）和无锡广播电视台音乐广播（FM91.4/AM900）这 3 个频率在当地所有频率市场份额排名中位列第一；长沙、济南、南京、上海和武汉各有 3 个音乐类频率的市场份额进入本地频率排名前十位，其中南京和上海地区上榜的 3 个音乐类频率市场份额之和占四成多，在本地的竞争力可见一斑（表 1）。

表 1　2021 年不同城市主要音乐频率在本地市场的市场份额及排名

单位：%，位

城市	频率	所有场所	
		市场份额	排名
北京	北京音乐广播（FM97.4/CFM94.6）	6.0	5
	中央人民广播电台第三套节目音乐之声	3.2	8
长沙	长沙人民广播电台城市之声（音乐）广播（FM101.7）	10.5	3
	湖南人民广播电台音乐之声（FM89.3）	7.6	4
	长沙人民广播电台音乐广播（FM88.6）	5.0	7
重庆	重庆人民广播电台音乐频率（FM88.1）	30.6	2
广州	广东广播电视台音乐之声（FM99.3）	7.1	6
	广州市广播电视台金曲音乐广播（FM102.7）	4.1	8
杭州	动听 968 音乐调频（FM96.8）	8.1	5
哈尔滨	黑龙江音乐广播（锋尚 958 龙广音乐台）（FM95.8）	6.7	6
合肥	安徽音乐广播（FM89.5）	13.1	3
	安徽经典音乐 929	4.8	9
济南	济南音乐广播（FM88.7）	9.5	4
	山东广播电视台音乐广播（FM99.1）	7.8	6
	山东广播电视台经典音乐广播（FM105）	3.2	7
南京	江苏经典流行音乐广播（FM97.5）	31.3	1
	江苏音乐广播（FM89.7）	6.4	4
	南京音乐广播（FM105.8）	5.4	5
上海	上海流行音乐广播　动感 101（FM101.7）	27.0	1
	上海经典金曲广播 LoveRadio 最爱调频（FM103.7）	12.8	3
	上海经典音乐广播 经典 947（FM94.7）	0.9	10
石家庄	河北广播电视台音乐广播（FM102.4）	12.7	3
	石家庄广播电视台音乐广播（FM106.7）	8.6	5
太原	山西广播电视台音乐广播（FM94.0）	12.8	2
	太原人民广播电台音乐频率（FM102.6）	7.5	5
深圳	深圳人民广播电台音乐广播（FM97.1）	23.1	3
	深圳宝安 905（FM90.5）	2.3	6
乌鲁木齐	新疆人民广播电台音乐广播（FM103.9）	2.4	9
武汉	武汉广播电视台音乐广播（FM101.8）	11.5	3
	湖北省广播电视总台经典音乐广播频道（FM103.8）	7.9	6
	湖北省广播电视总台楚天音乐广播频道（FM105.8）	4.2	8
郑州	河南音乐广播（FM88.1/FM93.6）	11.1	4
	郑州广播电视台音乐广播（FM94.4）	4.8	8

续表

城市	频率	所有场所	
		市场份额	排名
无锡	无锡广播电视台音乐广播（FM91.4/AM900）	19.8	1

数据来源：CSM 媒介研究。

五 音乐类频率在新媒体领域的表现

1. 音乐类频率移动端收听以蜻蜓 FM 为主

随着广播媒体融合的纵深发展，智能收听终端集聚了越来越多的用户。2021 年上半年，智能终端的用户量超过 3 亿人，使用率保持在 45% 以上。听众收听电台频率类型的集中度更高，新闻和音乐等是影响力最大的频率类型。

2021 年 CSM 8 个测量仪收听率调查城市的数据显示，音乐类频率市场收听总量较 2020 年同比小幅度下滑，降幅约 1.5%。通过 APP 直播收听音乐类频率直播内容的听众人均收听总时长为 2225 分钟，约为 37 小时，占所有直播收听的 36.3%，较 2020 年下降了 7.6 个百分点（图 11）。

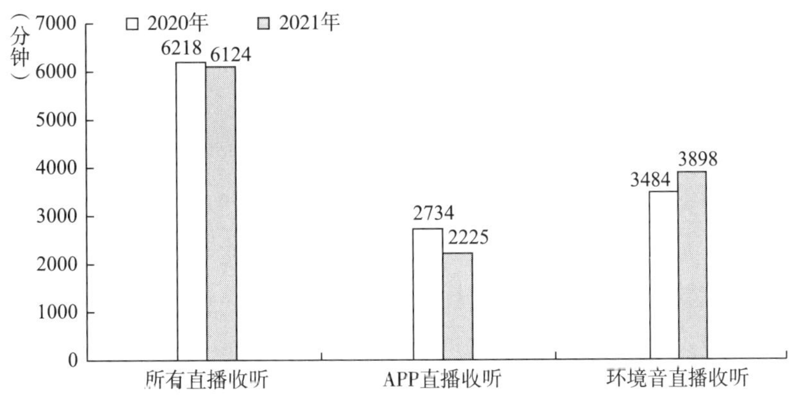

图 11 2020～2021 年 8 个测量仪城市音乐类频率人均收听时长

数据来源：CSM 媒介研究。

从使用平台来看，2021 年各类音频软件中，蜻蜓 FM 仍是听众收听音乐类频率最多的 APP，市场份额达到 18.8%，较 2020 年略有上升；微信和喜马拉雅 FM 也是许多听众的选择，两者的份额同比均有所增长，分别达到 9.4% 与 8.6%，这三大应用收听音乐类频率的市场份额占到所有 APP 的近四成。此外，广播电台践行“移动优先，造船出海”，打造自有 APP，如阿基米德和大蓝鲸等，借助移动互联网，进军新媒体领域，也有较为亮眼的表现（图 12）。

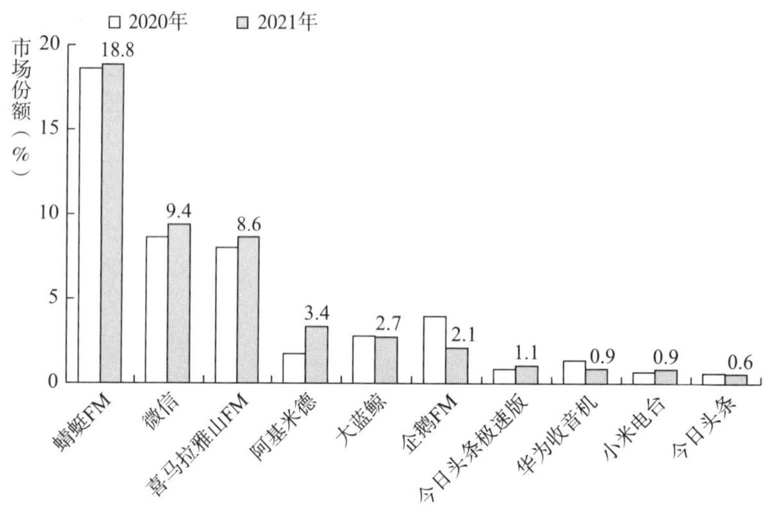

图 12　2021 年 8 个测量仪城市音乐类频率各 APP 市场份额前 10 名

数据来源：CSM 媒介研究。

2. 音乐类频率在短视频领域有待进一步开拓

随着技术的革新升级，短视频进一步发展，日活人数不断攀升，各主流短视频平台迅速完成了从纯娱乐到涵盖社交、文化传播、商业化等多功能和多身份的转换，截至 2021 年 6 月，我国 10.11 亿网民中已有 8.88 亿人成为短视频用户。相较传统广播单一的简单声音传播，视频兼顾画面与声音，能形象生动地传达更多的信息，而音乐类频率的娱乐性更能发挥出视频化的优势，结合音乐节目访谈、现场表演和歌曲 MV 等，能让用户更直观地感受到音乐的魅力。2021 年各音乐类频率短视频账号中，江苏音乐广播在快手、抖音和今日头条 3 个平台发了 2667 条短视频，共计收获了 2.6 亿次的传播总量，其中 2.5 亿次的传播量来自快手平台，传播总量稳居第一；楚天音乐广播在今日头条单平台收获了 6479.2 万次的传播总量，位居第二；河北音乐广播在抖音平台发布了近 5000 条短视频，平均每日发布量超过 10 条，为前 10 位中发布量最高的账号，互动量达 481.8 万次；动感 101 在 4 个平台开设账号，其中以秒拍平台为主，互动量位列前茅（表 2）。

表 2　2021 年音乐类频率短视频账号传播总量前 5 名

排名	账号名称	平台	发布量（条）	互动量（次）	传播量（次）
1	江苏音乐广播	快手/抖音/今日头条	2667	1016.3 万	2.6 亿
2	楚天音乐广播	今日头条	750	103.8 万	6479.2 万
3	河北音乐广播	抖音	4838	481.8 万	481.8 万
4	动感 101	秒拍/腾讯视频/今日头条/抖音	130	1408 万	391.0 万

续表

排名	账号名称	平台	发布量（条）	互动量（次）	传播量（次）
5	广州金曲音乐广播	今日头条/抖音	465	64.8 万	171.9 万

数据来源：CSM 媒介研究。

3. 依托微信平台优势，各音乐类频率账号传播效果较好

相关统计数据显示，微信在全球范围内的用户量已超 12.6 亿人，微信的功能较全面，除了基础的社交功能，还涵盖了通信、购物、旅游等各个方面，已成为人们日常生活中不可或缺的一部分。相比短视频，微信公众号更具有新闻资讯属性，强调迅速和权威，高阅读量微信文章较多涉及抗疫话题，交通类及新闻综合类频率在微信的阅读量较高，音乐类频率在微信平台的传播度不及前两者，但依托微信庞大的用户量，仍收获了不少的关注。2021 年，播放量最高的音乐类频率微信公众号是“河北音乐广播”，合计发布量超 8000 条，日均发布 20 余条，以高频率的发布获得了近 8000 万次的播放量，与其他账号拉开了不小的差距；上海地区的“动感 101”和“LoveRadio”两个账号进入榜单前 5，分别收获 892.9 万次和 230.9 万次的播放量，合计播放量超千万次；“940 山西音乐广播”在微信平台的表现也较为亮眼，播放量近 500 万次(表 3)。

表 3　2021 年音乐类频率微信账号播放总量前 5 名

排名	账号名称	发布量（条）	播放量（次）	点赞量（次）	在看量（人）
1	河北音乐广播	8559	7797.2 万	5.6 万	3.1 万
2	动感 101	548	892.9 万	1.1 万	6472
3	940 山西音乐广播	2929	489.7 万	1.1 万	8866
4	江苏音乐台	999	339.6 万	6730	3197
5	LoveRadio	460	230.9 万	4310	2600

数据来源：CSM 媒介研究。

4. 音乐类频率微博账号互动量存在较大差异

微博作为一款分享简短实时信息的社交平台，自 2012 年开始迅速崛起。微博信息共享便捷迅速，可以通过各种连接网络的平台，在任何时间、任何地点即时发布信息，其信息发布速度超过传统纸媒及网络媒体，吸引了超 440 万个经认证的账号，包括名人明星、KOL、企业和广电媒体等。

对于音乐类频率而言，其在微博发布的内容多为音乐节目预热、新曲发布、歌曲 MV 等，而微博的独特优势则在于平台有大量音乐人的入驻，增强了音乐类频率账号与音乐人个人账号之间的联系，有助于微博博文在粉丝中的传播分享。音乐类频率相关微博账号中，在互动量方面，“动感 101”表现最为突出，2021 年总互动量达 1135 万

次，其发布的【#时代少年团加盟东方风云榜#】单条互动量便超过了151万次；而“无锡音乐广播”在发博量上遥遥领先于其他账号，2021年共发布微博2.4万余条，收获了11.1万次的互动量和326.8亿次的全网视频播放量（表4）。

表4　2021年音乐类频率微博账号互动总量前5名

排名	账号名称	发博量（条）	互动量（次）	粉丝量（人）	单条最大互动量（次）	视频播放量（次）
1	动感101	933	1135.0万	113.2万	151.4万	10.8亿
2	北京音乐广播	4321	98.8万	93.2万	5.3万	51.6亿
3	无锡音乐广播	24220	11.1万	3.0万	4.2万	326.8亿
4	Music FM993	1910	10.9万	271.6万	2.1万	34.8亿
5	河北音乐广播	7956	8.5万	235.5万	6.1万	116.8亿

数据来源：CSM媒介研究。

“东方风云榜”是上海广播电视台主办的华语音乐类奖项，创办于1993年，作为内地原创第一榜，至今仍受到广泛关注。2021年，音乐类频率微博账号博文互动量居前5位的博文均与“动感101”发布的“东方风云榜”活动内容相关，5条博文的发布日期分别集中在7月和11月，其原因在于“东方风云榜”音乐盛典原定于8月9日举行，后受疫情影响推迟，正式举办日期为11月17日，两次活动预热均收获了高度关注（表5）。

表5　2021年音乐类频率微博博文互动量前5名

排名	账号名称	发布日期	发布内容	互动量（次）
1	动感101	2021/11/12	#时代少年团加盟东方风云榜#奔赴《无尽的冒险》《小小孩》涅槃《朱雀》《哪吒》浴火重生开启最美好的《少年时代》11月17日格乐利雅·第28届#东方风云榜#棒！音乐盛典，音乐组合@时代少年团邀你舞台相见。#东方风云榜全阵容官宣#	151.4万
2	动感101	2021/11/12	#张艺兴加盟东方风云榜#是出淤泥而不染的《莲》，耀眼《飞天》，将《十面埋伏》都视而不见《苦行僧》点燃《三昧真火》，笔直向《东》，化黑夜为光明一片。11月17日格乐利雅·第28届#东方风云榜#棒！音乐盛典，歌手张艺兴@努力努力再努力x邀你舞台相见。#东方风云榜全阵容官宣#	88.6万
3	动感101	2021/11/17	#东方风云榜节目单#用最棒的原创精神，唱出最棒的音乐态度！格乐利雅·第28届#东方风云榜#棒！音乐盛典【节目单】来啦！欢迎收藏关注哟~11月17日（今晚）17:30手机下载@百视TV APP观看全程云端播出，动感101和全国音乐广播联盟全程播出，21:15东方卫视实况播出	49.8万

续表

排名	账号名称	发布日期	发布内容	互动量（次）
4	动感 101	2021/7/16	颠覆想象，无须定义反射真“昕”，洗耳恭听@THE9 - 刘雨昕加盟格乐利雅·第 28 届#东方风云榜#音乐盛典！8 月 9 日，蓬勃之音声震乐坛。#东方风云榜阵容#	45.4 万
5	动感 101	2021/7/17	扁周一叶，流淌温柔岁月情深几许，播洒漫天星光@卡布叻_周深加盟格乐利雅·第 28 届#东方风云榜#音乐盛典！8 月 9 日，蓬勃之音声震乐坛。#东方风云榜阵容#	43.2 万

数据来源：CSM 媒介研究。

结　语

随着互联网技术的迅猛发展和深入推进，各地融媒体中心逐步建立，音乐类广播媒体积极创新，入驻“三微一端”，在多个平台共同发展，结合其自身特色找到属于自己的融媒之路，如“江苏音乐广播”之于快手、“楚天音乐广播”之于抖音、“动感101”之于微博以及“河北音乐广播”之于微信都取得了巨大的成果。但其在新媒体强势崛起的影响下仍存在诸多的挑战和需求，如何迎难而上，进一步开拓音乐类频率在融媒体领域的发展仍是未来的一大难题。

（作者：陈滢）

2021 年文艺类频率收听状况分析

广播媒体凭借其独特的传播形式和通俗新颖的传播内容，深受广大听众的喜爱。随着社会的飞速发展，人们的生活水平快速提高，对于精神生活的要求也越来越高，因此，对于广播电台节目种类的需求也越来越多元。广播电台的文艺类节目融娱乐性、知识性和欣赏性于一体，为受众普及文化知识、提高审美修养、传播娱乐信息。本文主要依据 CSM 媒介研究 2021 年全国 17 个收听率连续调查城市数据，以及发布者平台账号等数据，对广播文艺类频率 2021 年的收听状况进行简要回顾。

一　文艺类频率市场竞争表现

1. 文艺类频率市场竞争力排名第五

从各类频率市场份额来看，新闻综合类、交通类、音乐类三大频率仍然保持着强劲的竞争优势，以较大幅度领先市场。2021 年，文艺类频率市场份额为 5.6%，相比 2020 年的 5.8% 略有下滑，位居各类频率市场份额第五，位次较 2020 年提升了一位（图 1）。

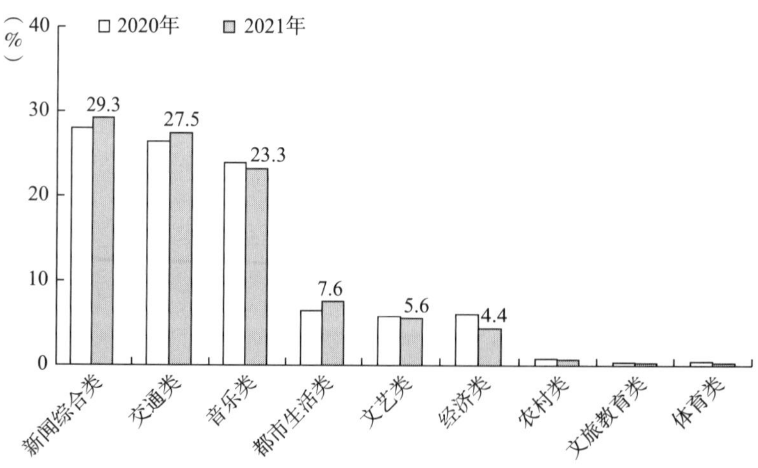

图 1　2020 ~ 2021 年全国广播收听市场各类频率市场份额对比

数据来源：CSM 媒介研究。

2. 文艺类频率在不同场所表现稳定

2021 年，各个场所竞争力，前三的位置都被交通类、新闻综合类和音乐类频率占据。文艺类频率的整体竞争力在各类专业类频率中位居第五，从各场所收听表现来看，文艺类频率在工作/学习场所竞争力稍弱排在第六位，其他各场所都较为稳定地排名第五（表 1）。

表 1　2021 年各类频率在不同收听场所市场份额对比

单位：%

频率	所有场所	在家	车上	工作/学习场所	其他场所
新闻综合类	29.3	34.8	20.5	29.9	35.1
交通类	27.5	18.8	42.0	22.0	17.7
音乐类	23.3	21.2	23.7	27.1	31.5
都市生活类	7.6	9.1	6.0	6.2	6.8
文艺类	5.6	8.0	3.0	4.8	4.2
经济类	4.4	5.4	2.9	6.4	3.4
农村类	0.7	0.5	0.9	1.3	0.5
体育类	0.3	0.6	0.0	0.1	0.1
文旅教育类	0.3	0.3	0.2	0.3	0.3

数据来源：CSM 媒介研究。

3. 文艺类频率全天市场份额走势较为平稳，与都市生活类频率的竞争较为激烈

从各类频率在全天不同时段的竞争表现来看，新闻综合类、交通类和音乐类频率在全天大多时段都以较大幅度领先于其他频率。相比之下，文艺类频率市场份额全天走势比较平稳，全天多数时段与都市生活类频率形成较明显的竞争关系。深夜至清晨时分的 00:00 ~ 6:00 和午间 11:30 ~ 14:00 时段文艺类频率竞争力占优，6:00 ~ 11:00 和 15:00 ~ 18:30 时段表现略弱于都市生活类频率（图 2）。

二　文艺类频率整体收听概况

1. 各个场所日均听众规模出现不同程度的下滑

近三年来，文艺类频率日均听众规模整体呈现逐年下滑趋势，所有场所的平均到达率从 2019 年的 8.9% 降至 2021 年的 5.8%，下降了 3.1 个百分点。从不同场所来看，在家收听的听众量占比最高，同比下滑也最为明显，相比 2020 年下滑了 1.5 个百分点；车上平均到达率为 1.9%，较 2020 年同比减少了 0.9 个百分点；工作/学习场所和其他场所也均有不同程度的下滑（图 3）。

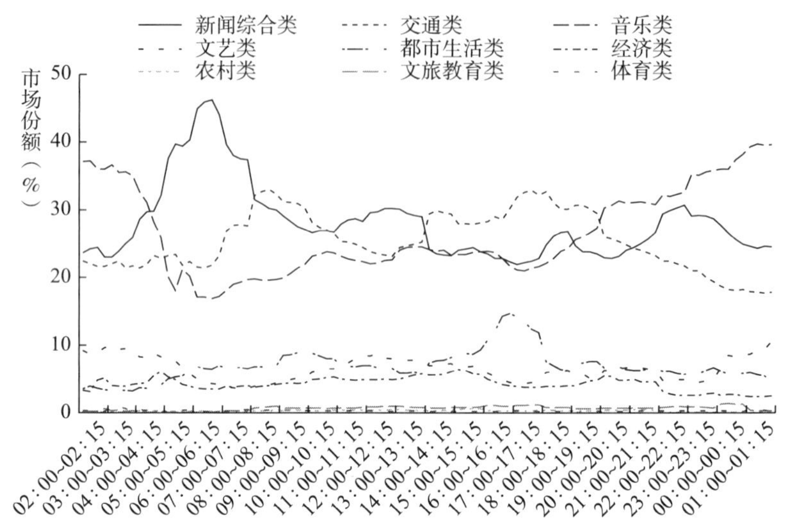

图 2　2021 年各类频率全天市场份额走势对比

数据来源：CSM 媒介研究。

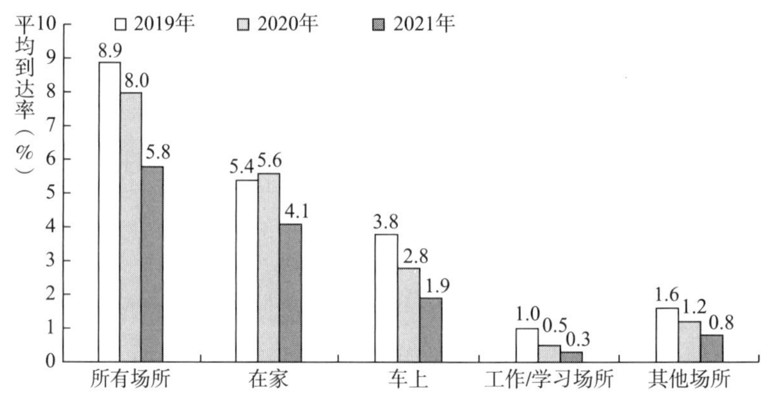

图 3　2019～2021 年文艺类频率在不同场所的听众日均到达率

数据来源：CSM 媒介研究。

2. 工作日和周末收听量差异不大

从不同周天人均收听时长对比来看，各周天收听量整体差异不大。周二受到部分广播电台常规设备检修影响，人均收听量有小幅下滑，人均收听时长 2.9 分钟，为全周最低。周一和周日收听量相对最高，均达到 3.2 分钟。整体来看，文艺类频率工作日和周末的人均收听时长差异不大，均为 3.1 分钟（图 4）。

3. 工作日早高峰早于周末，周末全天整体收听表现更好

2021 年，文艺类频率工作日与周末全天收听走势大致相似，全天呈现多个收听高峰，收听峰值均出现在早间 8:00～9:00 时段。其中，工作日在 8:00～8:15 迎来全天的收听峰值 0.44%，周末的收听峰值出现稍晚，在 8:30～9:00 达到 0.41%。除早间时段工作日收

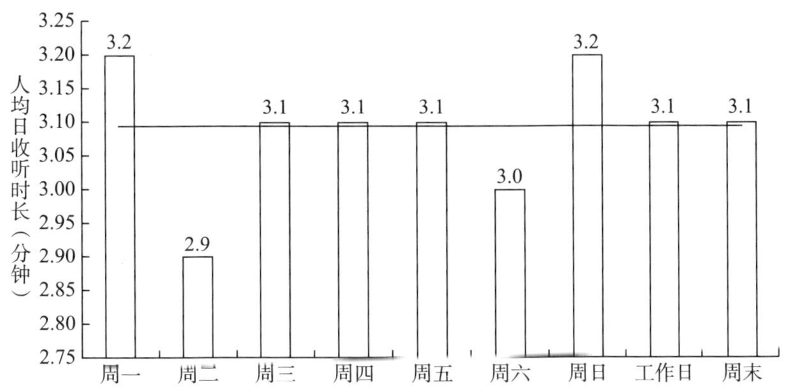

图 4 2021 年文艺类频率不同周天人均收听时长对比

数据来源：CSM 媒介研究。

听高于周末收听之外，其他主要收听集中时段均以周末收听表现更优（图 5）。

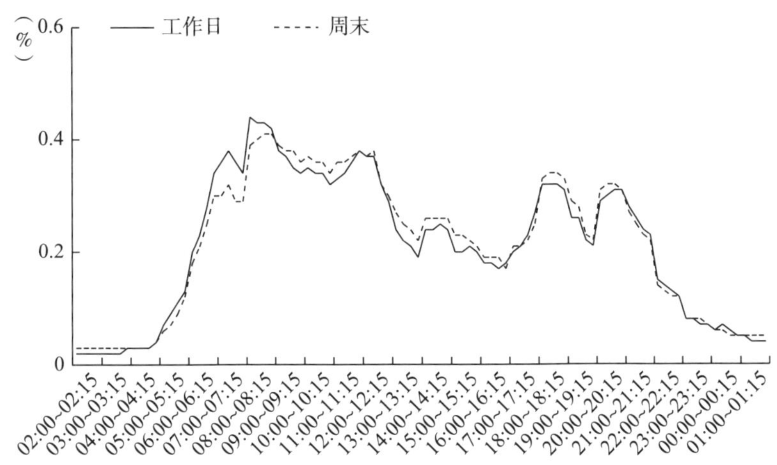

图 5 2021 年文艺类频率工作日与周末收听率走势对比

数据来源：CSM 媒介研究。

4. 文艺类频率听众特征

从听众构成来看，男性、35～44 岁和 65 岁及以上、高中和大学及以上受教育程度的听众共同构成了文艺类频率的主要收听人群。从听众集中度来看，45 岁及以上、高中及以下受教育程度的听众对文艺类频率更为喜爱和热衷（图 6）。

三 文艺类频率在不同地区的收听表现

1. 北方城市文艺类频率收听表现更好

2021 年，文艺类频率在全国 17 个城市平均每日人均收听时长为 3.2 分钟，不同城市收听水平存在较大差异。在 17 个城市中，有 8 个城市的文艺类频率收听量在平均值

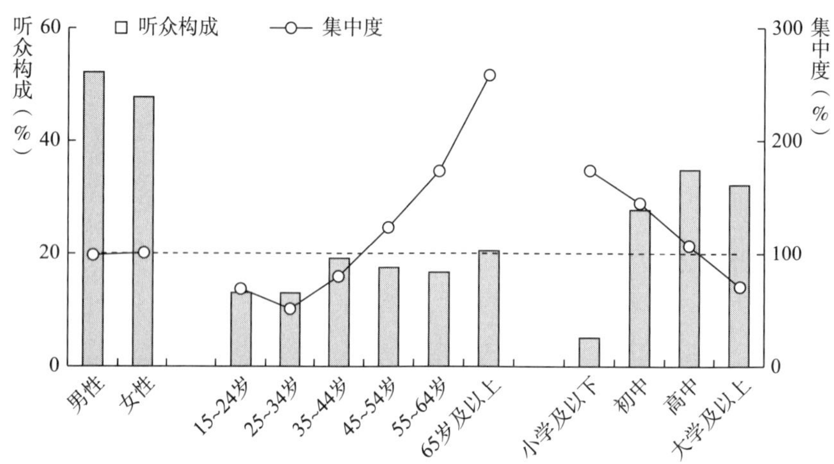

图 6　2021 年文艺类频率听众构成及集中度

数据来源：CSM 媒介研究。

以上，这其中又以北方城市居多。哈尔滨地区的文艺类频率收听时间最长，人均每天收听 10.0 分钟，北京以 8.1 分钟位居第二（图 7）。

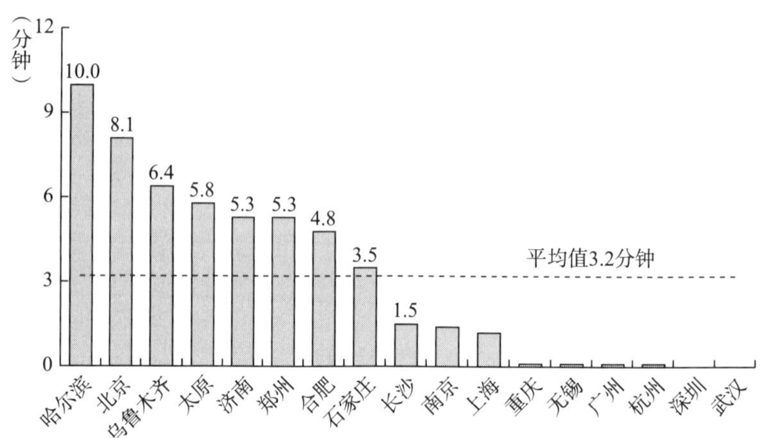

图 7　2021 年文艺类频率在不同城市的人均收听时长

数据来源：CSM 媒介研究。

2. 文艺类频率在不同城市收听表现各异

2021 年，文艺类频率在不同城市的收听表现不尽相同。其中，北京文艺广播（FM87.6/CFM93.8）、哈尔滨广播电视台文艺频率（FM98.4）、合肥故事广播（FM98.8/AM1170）、济南故事广播（FM104.3/AM1512）、新疆人民广播电台维吾尔语交通文艺广播（FM107.4）和乌鲁木齐广播电视台交通文艺广播（维语）（FM104.6）在当地广播市场竞争中表现强劲，其市场份额排名都进入当地前五，可与当地其他频率一争高下；哈尔滨广播电视台文艺频率（FM98.4）和北京文艺广播（FM87.6/CFM93.8）表现最为突出，分别以 13.8% 和 10.0% 的市场份额位列当地市场第二和第三（表 2）。

表 2　2021 年文艺类频率在不同城市的市场份额排名

单位：%，位

城市	频率	市场份额	当地份额排名
北京	北京文艺广播（FM87.6/CFM93.8）	10.0	3
	中央人民广播电台第九套节目文艺之声（FM106.6）	1.7	9
	北京人民广播电台故事广播（AM603/FM95.4/CFM89.1）	0.4	17
长沙	湖南人民广播电台文艺广播（FM97.5）	4.6	8
重庆	重庆人民广播电台文艺广播（FM103.5）	0.3	10
哈尔滨	哈尔滨广播电视台文艺频率（FM98.4）	13.8	2
	黑龙江老年少儿广播（FM97 龙广爱家频道）（FM97）	4.6	8
杭州	FM106.5 故事广播	0.1	17
合肥	合肥故事广播（FM98.8/AM1170）	7.8	5
	合肥文艺广播（FM87.6）	3.2	12
	安徽小说评书广播（FM107.4/AM1395）	1.4	14
	安徽戏曲广播（FM99.5/AM1257）	1.0	17
济南	济南故事广播（FM104.3/AM1512）	8.5	5
	济南文艺广播私家车（FM93.6）	2.6	9
	山东文艺广播（FM97.5）	0.4	15
南京	江苏故事广播（AM1206/FM104.9）	2.0	9
	江苏文艺广播（AM1053/FM91.4）	0.5	17
	中央人民广播电台第九套节目文艺之声（FM106.6）	0.1	12
上海	上海故事广播（FM107.2）	1.1	9
	上海戏剧曲艺广播（AM1197/FM97.2）	0.6	13
石家庄	河北广播电视台文艺广播（AM900/FM90.7）	3.0	8
	河北广播电视台旅游文化广播（AM603/1521/FM100.3）	1.3	15
	中央人民广播电台第九套节目文艺之声（FM106.6）	0.1	23
太原	山西文艺广播（FM101.5）	5.5	6
	山西故事广播（FM88.6）	3.5	9
乌鲁木齐	新疆人民广播电台维吾尔语交通文艺广播（FM107.4）	6.5	3
	乌鲁木齐广播电视台交通文艺广播（维语）（FM104.6）	4.9	5
	新疆人民广播电台 102.8 故事广播（FM102.8）	2.2	10
无锡	中央人民广播电台第九套节目文艺之声（FM106.6）	0.1	18
	江苏文艺广播（AM1053/FM91.4）	0.1	19
郑州	河南广播电视台戏曲广播（FM97.6/AM1143）	8.0	6
	河南广播电视台影视广播（FM90.0）	3.3	10

数据来源：CSM 媒介研究。

四　文艺类频率新媒体方面表现

在新媒体时代语境下，各大社交媒体以及短视频平台纷纷崛起，影响和改变着受众获取信息资讯的方式。广播媒体顺应时代迅速觉醒，也积极投入新媒体平台的宣传运营，并在广播与新媒体融合发展方面进行了一系列的有益探索。以广播品牌形象为宣传点，以多年发展积累的听众粉丝为基础，通过新媒体平台的影响力，将广播的移动伴随性和新媒体的互动性结合起来，让传统广播媒体焕发出了新的活力。

1. 省级文艺类频率新媒体账号在不同平台表现更优

从短视频平台来看，文艺类广播互动量排名前五的账号依次是河北文艺广播、新疆1074交通文艺广播、山东文艺广播、成都交通文艺广播和青岛文艺。其中，抖音平台账号占据前四，快手平台占据一席；省级账号3个，市级账号2个。排名前五的账号中，河北文艺广播的传播表现最为突出，2021年共发布短视频作品3093条，年度总互动量约243万次；排名第二的新疆1074交通文艺广播总互动量也超过百万级别。从用户存量来看，青岛文艺在快手平台的表现最为突出，粉丝量超过185万人，粉丝量排名第二和第三的新疆1074交通文艺广播和河北文艺广播粉丝量也分别有近32万人和16万人(表3)。

表3　2021年文艺类频率短视频平台互动量TOP 5

短视频平台账号	平台	发布量（条）	总点赞量（次）	总转发量（次）	总评论量（次）	粉丝数量（人）	总互动量（次）
河北文艺广播	抖音	3093	2101246	2101246	144173	158920	2425418
新疆1074交通文艺广播	抖音	428	1245845	1245845	31746	318189	1392005
山东文艺广播	抖音	221	51431	51431	2335	25179	55846
成都交通文艺广播	抖音	175	27183	27183	265	8865	27890
青岛文艺	快手	45	19061	19061	1468	1852608	20529

数据来源：CSM媒介研究。

从微博平台传播效果来看，同样是省级平台账号表现更优，互动量居前五的账号中省级台账号占据四席。北京文艺广播互动量表现最为突出，凭借4098条的全年发布量居发布量首位，总互动量超过16万次，粉丝基础也最为牢固，超过312万人；从发布量来看，成都交通广播最为突出，年发布近3万条，总互动量也超过3万次（表4）。

表4　2021年文艺类频率微博平台互动量TOP 5

微博平台账号	发布量（条）	总点赞量（次）	总转发量（次）	总评论量（次）	粉丝数量（人）	总互动量（次）
北京文艺广播	4098	121162	13580	26113	3127501	160855

续表

微博平台账号	发布量（条）	总点赞量（次）	总转发量（次）	总评论量（次）	粉丝数量（人）	总互动量（次）
江西音乐广播	1259	33087	5378	5072	242324	43537
成都交通广播	29766	23847	3233	4465	125594	31545
河北文艺广播	4864	4198	822	491	211927	5511
山东文艺广播	563	931	188	384	48453	1503

数据来源：CSM 媒介研究。

省级媒体账号在微信平台同样更占优势，互动量居前五位的账号中省级账号占据四席。新疆 1074 交通文艺广播表现最为突出，年发布量 1131 条，总传播量超过 600 万次；1015 山西文艺广播次之，年发布量 1665 条，总传播量也超过 200 万次；河北文艺广播、哈尔滨文艺广播和文艺有意思年发布量也在千条以上，总传播量均在十万级以上（表 5）。

表 5　2021 年文艺类频率微信平台互动量 TOP 5

微信平台账号	发布量（条）	总播放量（次）	总点赞量（次）	总再看量（次）	总传播量（次）
新疆 1074 交通文艺广播	1131	6039180	32745	40743	6112668
1015 山西文艺广播	1665	2053393	2680	2345	2058418
河北文艺广播	1735	977050	3037	1131	981218
哈尔滨文艺广播	1777	891728	3713	1939	897380
文艺有意思	1577	164923	1041	555	166519

数据来源：CSM 媒介研究。

2. 文艺类频率新媒体平台账号传播热点

从文艺类频率在各新媒体平台传播热点来看，不同频率在不同平台的发力点差异显著。河北文艺广播主要在抖音平台发力明显，2021 年度热点居前三的视频都被河北文艺广播占据，热点最高的单条视频在抖音平台互动量超过 70 万次；在微博平台，北京文艺广播则表现出较强传播力，热点居前三的都被该频率账号占据，单条微博互动量都在万级以上；而新疆 1074 交通文艺广播则在微信平台表现最为突出，热点独占年度前三位，单条最高传播量在 5 万次以上（表 6、表 7、表 8）。

表 6　2021 年文艺类频率在抖音平台传播热点 TOP 3

序号	短视频	内容	发布日期	点赞量（次）	评论量（次）	转发量（次）	总互动量（次）
1	河北文艺广播	3 天 3 起！香港再现不明飞行物	2021/12/9 15:00	592346	50518	95347	738211

续表

序号	短视频	内容	发布日期	点赞量（次）	评论量（次）	转发量（次）	总互动量（次）
2	河北文艺广播	华为“第一辆车”来了！上路视频看呆网友?? 闹市区上演真无人驾驶…	2021/4/18 20:38	146416	16144	5615	168175
3	河北文艺广播	“三亚海胆”涉事店家将起诉消费者：他声称要把我们店搞垮……	2021/4/13 10:30	91808	25856	80	117744

数据来源：CSM 媒介研究。

表 7　2021 年文艺类频率在微博平台传播热点 TOP 3

序号	微博	内容	发布日期	点赞量（次）	评论量（次）	转发量（次）	总互动量（次）
1	北京文艺广播	#风起洛阳大反派有可能是奉御郎吗#由黄轩@黄轩的微博、王一博@UNIQ - 王一博、宋茜@宋茜等主演的古装悬疑剧《风起洛阳》正在热播，该剧讲述了武周时期一群出身不同阶层的三个人，因为共同的目标而结盟，调查洛阳各种悬案的故事。剧情迎来了关键时刻，神都诡谲之事勾连难分，众人步步踏入迷局之中，春……全文	2021/12/28 12:48	21756	3089	574	25419
2	北京文艺广播	#如何评价女心理师大结局#电视剧《女心理师》今晚大结局上线，不到一个月的时间里，陪伴了大家一段温暖且治愈的时光，@杨紫饰演的贺顿用温暖的态度和专业的知识，帮助每位来访者打开心结，和@井柏然饰演的钱开逸一路携手疗愈别人，大家在追剧的同时，也伴随着他们一起成长。如何评价这部剧的大结局……全文	2021/12/17 20:09	12900	899	228	14027
3	北京文艺广播	【历史重现！#登场了洛阳演绎大唐神都夜宴#】品水席，赏歌舞，《登场了！洛阳》在节目中重新演绎千年之前大唐的神都夜宴。汪涵、唐九洲、刘隽等饰演唐代大臣，罗一舟扮演异域王子演绎汉唐古典舞，复原宴会上好吃又好看的洛阳水席和唐代歌舞古俑的复原展现令人叹为观止，仿佛穿越时空，置身历史。来源……全文	2021/9/23 20:51	11321	921	908	13150

数据来源：CSM 媒介研究。

表 8　2021 年文艺类频率在微信平台传播热点 TOP 3

序号	微信 TOP 3	内容	发布日期	阅读量（次）	点赞量（次）	再看量（次）	总传播量（次）
1	新疆 1074 交通文艺广播	内容略	2021/2/22 0:28	51739	197	279	52215
2	新疆 1074 交通文艺广播	内容略	2021/1/8 9:59	51456	240	339	52035
3	新疆 1074 交通文艺广播	内容略	2021/8/17 20:00	40185	476	369	41030

注：新疆 1074 交通文艺广播微信内容均为维吾尔语，故此省略。

数据来源：CSM 媒介研究。

结　语

近几年来，人们的生活方式和媒介使用习惯有了很大变化，广播收听市场格局也发生了不小的变动。尽管传统广播媒体受到一定冲击，但文艺类频率仍以其节目内容的多样性和娱乐性吸引着大批忠实听众。在新时代传播环境下，文艺类频率也积极拓展转型，通过新媒体平台辅助发力，更加全方位立体化地为听众和用户们带来更加丰富的精神食粮。

（作者：卢文钊）

2021年都市生活类频率收听状况分析

都市生活类频率不同于新闻综合类、音乐类等频率的专一化，其节目内容更趋多元化，本地新闻贴近百姓生活、情感分析为听众排忧、健康类节目为大众提供养生和防疫指南。新媒体时代，媒体融合的不断发展对于传统都市生活类频率既是挑战也是机遇。本文将基于CSM媒介研究2021年全国17个连续调查城市的收听率数据、MRL测量仪城市APP数据和CSM V+Scope融合媒体数据等，对2021年都市生活类频率的收听状况进行多角度回顾。

一 都市生活类频率的竞争格局

1. 都市生活类频率市场份额回升，领跑第二集团

从各类专业频率所占市场份额对比来看，2021年，新闻综合类、交通类和音乐类三大频率仍然保持强势竞争优势，三者份额之和占整体市场比重超过八成；都市生活类、文艺类和经济类三个频率占整体市场份额的比例达17.6%，成为整体市场的第二梯队。都市生活类频率在经历了2020年的回落后，2021年市场份额回升了1.1个百分点，为7.6%，拉开了与文艺类和经济类频率的差距，领跑第二梯队（图1）。

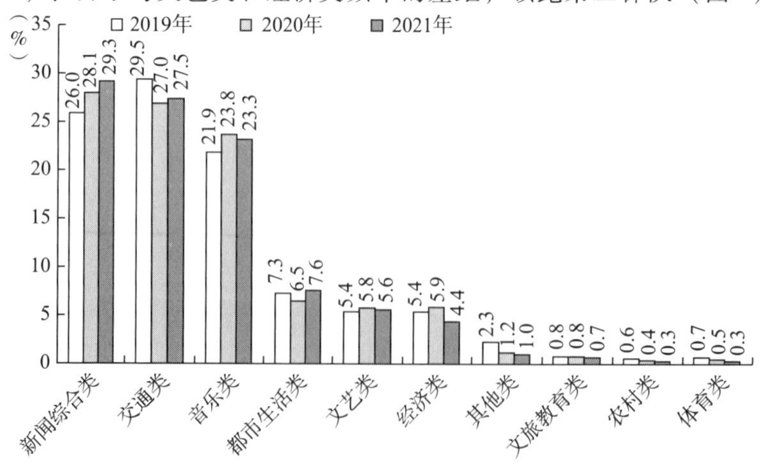

图1 2019~2021年广播收听市场各专业频率市场份额对比

数据来源：CSM媒介研究。

2. 都市生活类频率在家收听市场竞争力更强

2021 年，都市生活类频率在家收听市场份额最高，为 9.1%，在各类频率市场份额排名中居第四位。在其他各收听场所的市场份额较为接近，均为 6.0% ~8.0%（表 1）。

表 1　2021 年各主要专业频率在不同收听场所所占市场份额对比

单位：%

频率	所有场所	在家	车上	工作/学习场所	其他场所
新闻综合类	29.3	34.8	20.5	29.9	35.1
交通类	27.6	18.9	42.0	22.0	17.7
音乐类	23.3	21.2	23.7	27.1	31.5
都市生活类	7.6	9.1	6.0	6.2	6.8
文艺类	5.6	8.0	3.0	4.8	4.2
经济类	4.4	5.4	2.9	6.4	3.4

数据来源：CSM 媒介研究。

3. 都市生活类频率在傍晚时段竞争力更强

各类频率在不同时段的竞争表现各不相同，第一梯队频率优势明显，新闻综合类频率在早高峰时段领先较多，音乐类频率在晚间和后晚间时段竞争力强劲，交通类频率在早晚出行时段受到更多听众青睐。都市生活类频率在傍晚 16:00 ~ 18:00 时段竞争力较强，形成明显的高峰时段，份额峰值超过 14%；在 06:00 ~ 11:00 时段的市场份额同样高于除第一梯队以外的其他各类频率（图 2）。

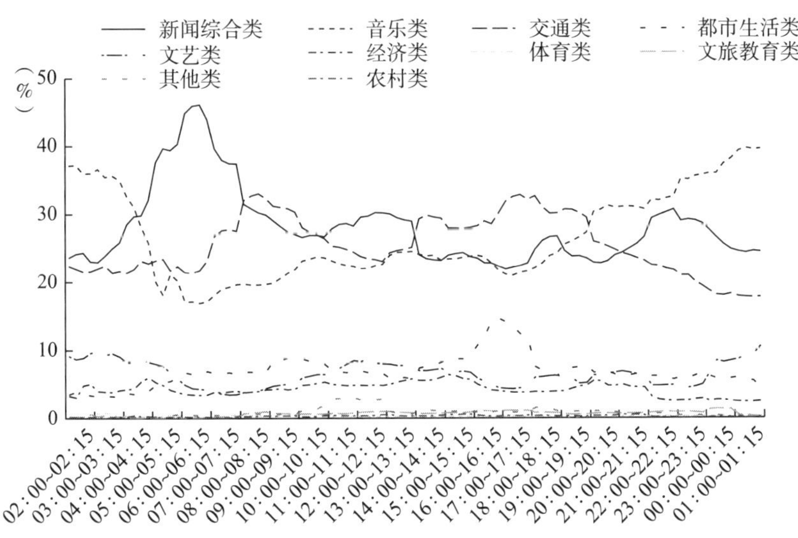

图 2　2021 年广播收听市场各专业频率全天市场份额走势

数据来源：CSM 媒介研究。

4. 都市生活类频率收听深度位列第三，听众规模仍有较大提升空间

平均到达率和平均忠实度这两个维度可以用来考量各类型频率的竞争力，平均到达率反映了听众收听的广度，平均忠实度反映的则是听众收听的深度。三大强势频率无论是听众规模还是听众忠实度都处于明显的领先位置，处于第二梯队的都市生活类频率其听众黏性较强，超越音乐类频率，仅次于交通类和新闻综合类频率排名第三，但在听众规模上和第一梯队频率存在较大差距，仍有较大提升空间（图3）。

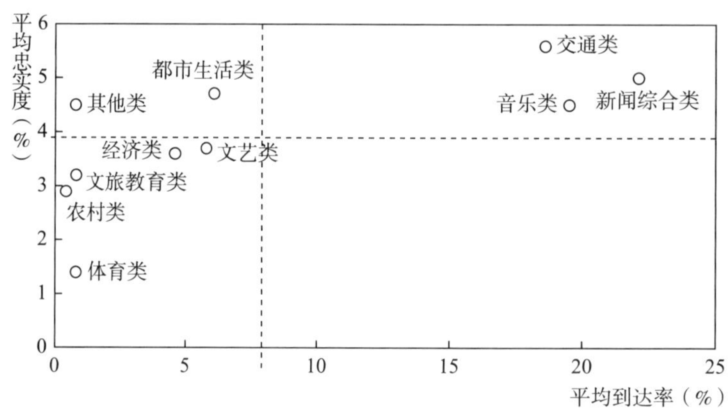

图3　2021年各专业频率在所有场所的平均到达率和平均忠实度

数据来源：CSM媒介研究。

二　都市生活类频率的整体收听概况

1. 都市生活类频率全天走势同比提升

从2019～2022年都市生活类频率的全天收听率走势可以看出，都市生活类频率收听走势基本一致，早晚高峰均出现在早间6:00～10:00和晚间16:30～18:00时段。2021年早晚高峰时段收听率较前两年均有所上升，2021年早高峰峰值为0.75%，晚高峰峰值为0.66%，较2020年早、晚收听峰值都有较大的增幅，午间11:00～16:30和晚间18:00～22:00时段收听率较上年同样有所提升（图4）。

2. 都市生活类频率在不同地点的全天收听曲线呈现差异化

都市生活类频率在各场所收听走势有所差异，在家作为最主要的收听场所，其全天各时段收听率均高于其余各场所，高峰时段集中在早间6:30～10:30和晚间16:30～18:00时段；车上收听走势与在家类似，但收听率峰值略低且波峰时段更为集中，波形相对狭窄；工作/学习场所以及其他场所全天各时段的收听水平相对较低（图5）。

3. 工作日收听时长大于周末

都市生活类频率2021年的人均收听时长为4.2分钟，与2019年收听量持平，较

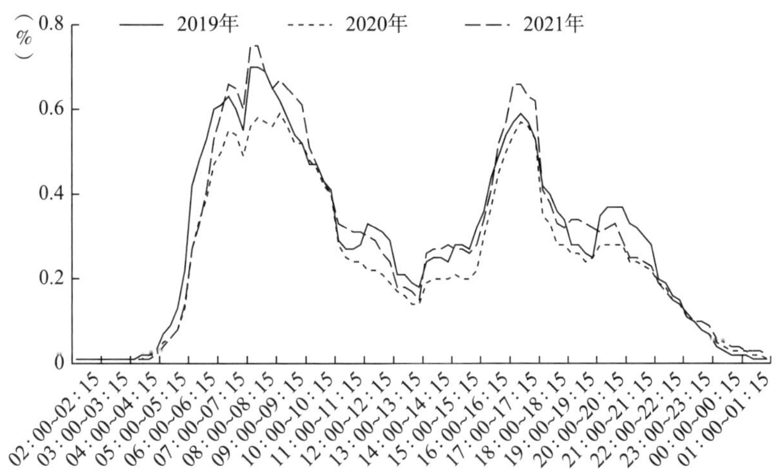

图 4　2019～2021 年都市生活类频率全天收听率走势

数据来源：CSM 媒介研究。

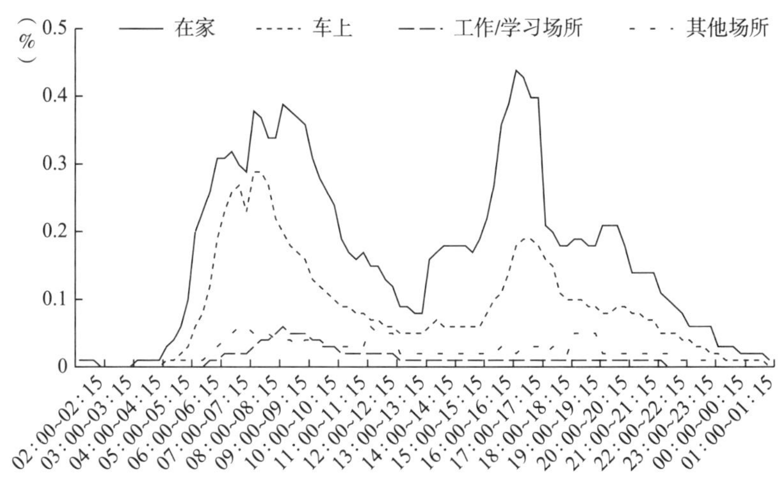

图 5　2021 年都市生活类频率不同收听场所全天收听率走势

数据来源：CSM 媒介研究。

2020 年有较大幅度提升，涨幅近 17%。从不同周天的收听时长来看，周一和周三相对较高，工作日平均收听量高于周末（图 6）。

4. 都市生活类频率男性、中高学历听众占比较高

听众构成指标反映出谁是都市生活类频率的主要收听人群，而集中度则反映了谁更爱收听都市生活类频率。从都市生活类频率的听众构成来看，男性听众比例较女性听众略高，达 52.38%；从年龄段来看，25～44 岁听众占比最高，接近四成；从不同受教育程度来看，高中和大学及以上听众占比超过七成，是收听的主力人群。从集中度来看，55 岁及以上和小学学历的听众对都市生活类频率表现出了更强的收听偏好（图 7）。

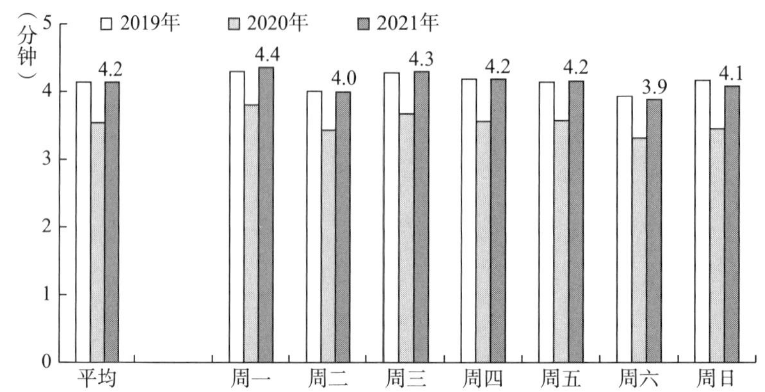

图 6　2019～2021 年都市生活类频率不同周天人均收听时长对比

数据来源：CSM 媒介研究。

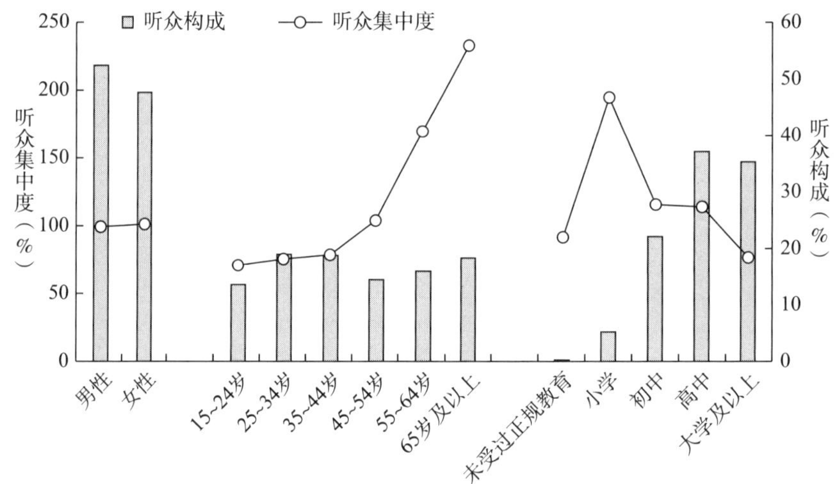

图 7　2021 年所有场所都市生活类频率听众构成与集中度

数据来源：CSM 媒介研究。

三　都市生活类频率各城市收听表现

1. 都市生活类频率在不同城市收听表现差异较大

从全国 15 个城市都市生活类频率的人均收听时长和听众规模可以发现，其在各个城市间的收听表现存在较大差异。2021 年，15 个城市都市生活类频率的整体人均收听时长为 4.6 分钟，仅有 4 个城市超过平均值，其中哈尔滨地区听众的人均收听时长最长，达到了 15.0 分钟，杭州、广州和太原地区听众收听时长分别为 7.4 分钟、7.2 分钟和 6.8 分钟。而南京、北京和武汉的收听时长较短，人均收听分钟数均不足 1 分钟。从各个城市的听众规模来看，与人均收听时长相似，不同地区同样存在较大差距，哈尔滨和广州两地表现最好，平均到达率分别为 15.0% 和 11.3%，而武汉、石家庄和南京都市生活类频率的听众规模相对较小。

综合两个指标来看，都市生活类频率在哈尔滨、杭州和广州等城市收听表现较为出色，而武汉和南京等城市听众的收听表现有待提升（图 8）。

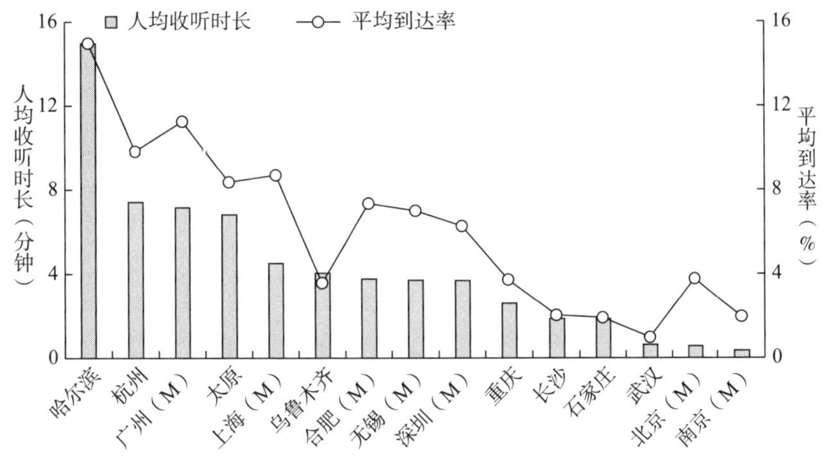

图 8　2021 年都市生活类频率在 15 城市的人均收听时长和平均到达率

说明：（M）代表该城市收听率调查数据收集方法为虚拟测量仪。

数据来源：CSM 媒介研究。

2. 都市生活类频率在本地市场竞争力各异

综观全国 15 个城市主要都市生活类频率在本地市场的份额及排名来看，在所有场所，有 15 个都市生活类频率在当地市场的份额排名进入前十位。其中，杭州西湖之声（FM105.4）、浙江私家车 107 城市之声（FM107）和黑龙江妇女儿童广播（龙广都市女性台）（FM102.1）在本地市场的市场份额均超过了 10%。都市生活类频率在家中收听同样有着强劲的竞争力，杭州西湖之声（FM105.4）在家中收听排名位居榜首，黑龙江妇女儿童广播（龙广都市女性台）（FM102.1）、湖南人民广播电台金鹰之声（FM95.5）和山西广播电视台健康之声广播（FM105.9）在家市场份额排名均跻身前三（表 2）。

表 2　2021 年不同城市都市生活类频率在本地市场所有场所和在家市场份额及排名

单位：%，位

地区	频率	所有场所		在家	
		市场份额	排名	市场份额	排名
北京	中央人民广播电台第十套节目老年之声	0.4	16	0.6	14
	北京城市广播（FM107.3/AM1026/CFM91.9）	0.3	18	0.4	18
	北京青年广播（AM927/FM98.2/CFM92.7）	0.1	20	0.1	20

续表

地区	频率	所有场所		在家	
		市场份额	排名	市场份额	排名
重庆	重庆人民广播电台都市频率（FM93.8）	7.9	3	11.6	4
合肥	安徽生活广播	8.2	4	9.2	4
广州	广州市广播电视台青少年广播（FM88.0/AM1170）	7.6	5	4.4	8
	广东广播电视台南方生活广播（FM93.6/AM999）	1.0	16	1.6	14
	广东广播电视台城市之声（FM103.6）	1.2	14	1.0	15
杭州	杭州西湖之声（FM105.4）	10.1	4	18.1	1
	浙江私家车107城市之声（FM107）	10.9	3	6.8	6
哈尔滨	黑龙江妇女儿童广播（龙广都市女性台）（FM102.1）	11.5	3	15.6	3
	黑龙江老年少儿广播（FM97龙广爱家频道）（FM97）	4.6	8	6.2	6
	黑龙江生活广播（龙广私家车电台）（FM104.5）	4.6	7	3.3	10
	哈尔滨城市之声FM97.3	0.2	15	0.3	15
武汉	湖北省广播电视总台生活广播auto radio（FM96.6）	1.0	14	1.2	13
	武汉广播电视台青少广播M－RADIO936	0.3	17	0.4	17
	湖北省广播电视总台妇女儿童广播（FM102.6）	0.1	18	0.1	18
长沙	湖南人民广播电台金鹰之声（FM95.5）	5.8	6	10.6	2
南京	南京麻辣966（FM96.6）	0.5	18	0.6	17
	江苏健康广播（AM846/FM100.5）	0.2	21	0.2	21
深圳	深圳电台生活频率（FM94.2）	9.7	4	8.6	4
	龙岗广播（FM99.1）	0.3	15	0.3	15
上海	上海人民广播电台长三角之声（FM89.9/AM792）	7.0	5	8.6	5
太原	山西广播电视台健康之声广播（FM105.9）	7.8	4	12.3	3
	太原人民广播电台老年之声（FM975）	2.6	11	3.9	10
无锡	无锡广播电视台都市生活广播（FM88.1）	7.8	5	9.3	5
乌鲁木齐	新疆人民广播电台城市广播私家车调频（FM92.9）	5.4	4	5.4	5
石家庄	河北广播电视台生活广播（AM747/FM89）	2.8	9	3.2	10

数据来源：CSM媒介研究。

四　都市生活类频率在新媒体传播效果分析

1. 都市生活类频率APP直播收听近四成，合肥地区接近六成

随着互联网技术的飞速发展和智能手机的普及率日益增高，移动设备已经成为人们获取资讯不可或缺的途径之一。传统广播媒体自有APP和第三方音频APP应运而生，各广播频率也选择通过移动音频APP扩大其直播内容的传播范围。从北京、广州、

合肥、深圳、南京、上海和无锡共7个测量仪城市在智慧视听环境下的收听表现可以看到，目前都市生活类频率仍以环境音直播收听为主，占比为62%，APP直播收听占比为38%。分城市来看，合肥是7个城市中唯一一个都市生活类频率APP直播收听占比高于环境音直播收听的城市，其APP直播收听都市生活类频率的比例达57.9%，其次为无锡地区，为46.5%（图9）。

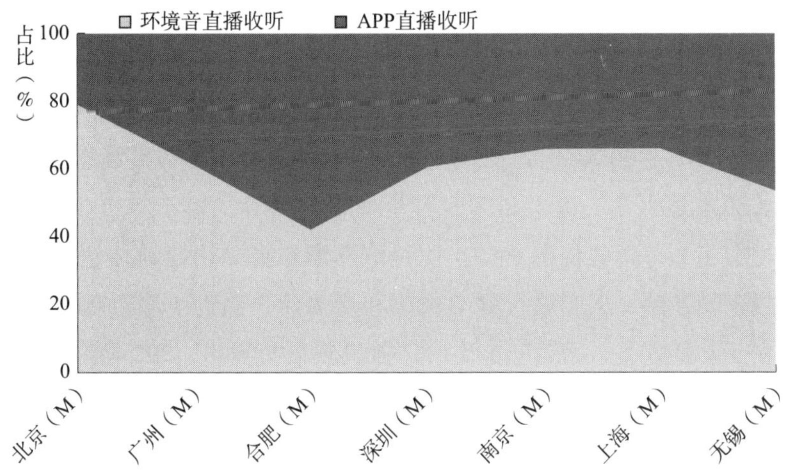

图9 2021年7个测量仪城市都市生活频率APP直播收听与环境音直播收听对比

说明：（M）代表该城市收听率调查数据收集方法为虚拟测量仪。

数据来源：CSM媒介研究。

2. 都市生活类频率移动端传播效果良好

从都市生活类频率在各移动端APP的传播效果来看，微信、蜻蜓FM和喜马拉雅FM是听众收听都市生活类频率选择最多的三款APP。除此以外，广电媒体旗下的音频APP也将重心更多地放到了本地市场，多个APP在本地移动收听端的影响力已经是举足轻重。如北京广播电视台官方音频客户端听听FM、江苏广电旗下的大蓝鲸、上海SMG旗下的阿基米德、深圳广电旗下的壹深圳均跻身都市生活类频率本地市场APP收听前五位（表3）。

表3 2021年7个测量仪城市都市生活类频率APP人均收听总时长TOP 5

排名	北京	广州	合肥	深圳	南京	上海	无锡
1	微信	小米电台	喜马拉雅FM	企鹅FM	喜马拉雅FM	蜻蜓FM	蜻蜓FM
2	喜马拉雅FM	蜻蜓FM	微信	微信	微信	微信	微信
3	FM电台收音机	喜马拉雅FM	华为收音机	壹深圳	今日头条极速版	喜马拉雅FM	华为收音机
4	听听FM	微信	FM收音机广播	蜻蜓FM	大蓝鲸	阿基米德	今日头条极速版

续表

排名	北京	广州	合肥	深圳	南京	上海	无锡
5	蜻蜓 FM	华为收音机	趣头条	喜马拉雅 FM	手机 QQ	今日头条极速版	FM 收音机广播

数据来源：CSM 媒介研究。

3. 都市生活类频率积极布局微博账号

微博从 2009 年上线至今已度过了十余载光阴，其一直都在新媒体领域占据着重要地位，用户量级与活跃度逐年上升。2021 年，微博月活跃用户达到 5.73 亿人，同比增长 10%，日活跃用户达到 2.49 亿人，同比增长 11%。都市生活类频率在微博平台上发布的内容主要为本地生活、民生新闻、养生知识等内容。对于都市生活类频率而言，微博的出现增加了一条新的传播途径，使得信息能够更加快捷地传达给大众，借助微博平台与用户密切互动，从而进行频率推广和增加用户黏性。都市生活类频率相关微博账号中，在互动量方面，无锡都市生活广播表现最为突出，2021 年总互动量为 10.7 万次，博文内视频全网播放量超过 90 亿次；长三角之声在发博量上领先于其他账号，2021 年共发布微博 8439 条，收获了 2.9 万次的互动量和 85.5 亿次的全网视频播放量（表 4）。

表 4　2021 年都市生活类频率微博账号互动量 TOP 5

微博账号名称	互动量（次）	发博量（条）	粉丝量（人）	单条最大互动量（次）	视频播放量（次）
无锡都市生活广播	10.7 万	7001	18.2 万	3.2 万	91.7 亿
浙江城市之声	5.7 万	2412	201.4 万	1.6 万	1.1 亿
长三角之声	2.9 万	8439	99.2 万	1548	85.5 亿
金鹰 955 电台	2.5 万	5643	261.0 万	6427	89.1 亿
北京城市广播 FM1073	1.6 万	2805	16.8 万	3118	9.2 亿

数据来源：CSM 媒介研究。

4. 都市生活类频率微信账号阅读量存在一定差距

2021 年，微信月活数量达 12.682 亿人，基础的通信功能、快捷支付和城市服务等功能使微信成为人们工作和生活中不可或缺的一部分，巨大的用户体量和高频次的使用频率使得微信公众号成为广播媒体布局的重点之一。都市生活类频率相关微信账号中，在阅读量方面，浙江的私家车第一广播表现最为突出，2021 年共发布了 4540 条，收获了 3329 万次的阅读量，相较其他账号有较大优势；938 重庆私家车广播传播效果较好，2021 年阅读量超过 260 万次（表 5）。

表 5 2021 年都市生活类频率微信账号传播量 TOP 5

微信账号	发布量（条）	阅读量（次）	点赞量（次）	在看量（次）
私家车第一广播	4540	3329.0 万	3.1 万	1.2 万
938 重庆私家车广播	1348	268.7 万	6668	3698
黑龙江生活广播	2605	193.4 万	5020	2088
山西健康之声广播	2763	188.1 万	1.6 万	1.2 万
生活 942	2338	179.2 万	3129	1629

数据来源：CSM 媒介研究。

5. 都市生活类频率在短视频领域多平台布局，扩大频率影响力

近年来，我国短视频行业发展迅速，新业态、新模式不断涌现，产业规模和市场份额快速提升。2021 年，短视频用户规模和使用率均实现增长，中国互联网络信息中心（CNNIC）数据显示，截至 2021 年 12 月，我国网络视频（含短视频）用户规模达 9.75 亿人，其中短视频用户规模为 9.34 亿人，较 2020 年 12 月增加 6080 万人。① CSM《2021 年短视频用户价值研究报告》数据同样显示，10 岁及以上网民观看短视频的比例为 90.4%，其中 50 岁及以上“银发 e 族”用户占比超 1/4，日均观看短视频超过 60 分钟的用户占比达 56.5%，短视频已全面融入百姓生活。

各地都市生活类频率也纷纷入驻各大短视频平台，助力传统广播在此“兵家”必争之地赢得一席之地，拓展传播市场。2021 年各都市生活类频率短视频账号中，浙江城市之声在快手、今日头条和抖音平台合计收获了 15.2 亿次的传播量，独占鳌头，其流量主要来自快手平台，达 11.9 亿次；湖南金鹰 955 电台以 7160.2 万次的传播量排名第二，其在今日头条平台的传播量为 5750.1 万次，今日头条为该频率的主要发力平台；安徽城市之声多平台布局，同样收获了近 3000 万次的传播量（表 6）。

表 6 2021 年都市生活类频率部分短视频账号传播表现

短视频账号	平台	发布量（条）	传播量（次）	互动量（次）
浙江城市之声	快手/今日头条/抖音	8550	15.2 亿	5601.9 万
湖南金鹰 955 电台	快手/今日头条/抖音/秒拍	3435	7160.2 万	1239.7 万
安徽城市之声	快手/今日头条/抖音/腾讯新闻	808	2853.5 万	159.6 万
北京城市广播	快手	415	328.8 万	1.5 万

数据来源：CSM 媒介研究。

浙江城市之声 2021 年传播量居前 10 位的短视频有 9 条来自快手平台，1 条来自今

① CNNIC：第 49 次《中国互联网发展状况统计报告》。

日头条平台。高流量短视频主要以本地新闻为主，在快手平台上发布的“杭州小伙开车回家铁门突然……”是该账号2021年传播量最高的短视频，达6507.5万次（表7）。

表7　2021年“浙江城市之声”发布短视频传播量TOP 10

排名	账号名称	发布平台	发布日期	发布内容	传播量（次）
1	浙江城市之声	快手	2021/4/3	杭州小伙开车回家铁门突然……	6507.5万
2	浙江城市之声	快手	2021/8/2	#半挂车货物倾斜导致隧道内撞车	2774.5万
3	浙江城市之声	快手	2021/10/10	一言不合，男孩就把女友扔在了高速上…	2221.2万
4	浙江城市之声	快手	2021/3/17	#我是消防有需要请截停我 @浙江消防	2171.7万
5	浙江城市之声	快手	2021/5/19	丈夫也是接生医生，但不敢接生自己的孩子。妇产科大拿的奶奶爷爷齐上阵	2001.5万
6	浙江城市之声	快手	2021/10/26	#杭州女子一夜近视变远视 问题出在老公身上	1711.8万
7	浙江城市之声	快手	2021/10/27	紧急提醒！#杭州多地惊现植物杀手！看到请火速举报！	1601.0万
8	浙江城市之声	快手	2021/1/11	江苏某医院给孩子打错药，检查居然要自费	1564.8万
9	浙江城市之声	快手	2021/8/8	#郭晶晶跟全红婵合影有多难	1444.0万
10	浙江城市之声	今日头条	2021/2/28	#这样的趣味课堂我也想要 湖南一教师寓教于乐科普物理	1399.0万

数据来源：CSM媒介研究。

结　语

在新媒体强势来袭的今天，广播与新媒体的融合已是大势所趋，听众收听的方式较之前也发生了巨大改变，听众已不局限于“听”广播，在互动性、时效性等方面都有了更高的需求。都市类频率凭借其丰富多彩的节目内容，借助新媒体的传播渠道和平台，增强与听众的互动交流，提升听众的参与度，拓展频率传播范围，有望继续缩小与领先频率之间的差距。

（作者：彭辰豪）

第三部分

电视收视数据

主要收视指标解释与电视节目收视排名规则

一 土要收视指标解释

（1）频道覆盖（入户）率：是指一个地区能够接收到该频道的户数占该地区电视家庭总户数的百分比。它是从接收情况来反映某个频道覆盖状况的指标。

（2）人均收视时间：是指在一个地区某个时间段内所有电视观众平均每人收看某一频道（或节目）的时间，一般以分钟来计算。

（3）收视率：本年鉴中的收视率是个人收视率，是指一个地区的某个时间段中收看某一频道（或节目）的人数占电视观众总人数的百分比。

（4）市场占有率（或市场份额）：本年鉴中的市场占有率是个人市场占有率，指一个地区某个时间段中收看某一频道（或节目）的人数占该时段收看电视总人数的百分比。

（5）观众构成：是指一个地区某个时间段收看某一频道（或节目）的观众中各类观众所占的百分比。

（6）各类节目的播出份额：是指各类节目的播出时间长度占所有节目类型播出时间长度的百分比。

（7）各类节目的收视份额：是指各类节目的收视时间长度占所有节目类型收视时间长度的百分比。

二 电视节目收视排名规则

（1）节目收视排名主要按收视率由高到低排序，如收视率相同，再按市场份额排序，高者排前；如果两项指标都相同，则节目序号相同。

（2）全国样本城市电视节目收视排名（包括节目其他指标计算）的时间范围为全天，重点市场电视节目收视排名（包括节目其他指标计算）的时间范围为 17:00 ~ 24:00。

（3）电视节目（栏目）以该节目（栏目）的平均收视率排名，首播、重播分开，取最高档参加排名。

（4）对于常态的一次性播出并有多台同时转播的节目，只取收视率最高一档参加排名，如春晚、元宵晚会、“两会”总理记者会等。新闻突发性事件不在此列。

（5）除极个别情况外，收视排名不考虑节目名称前的“冠名”。

（6）电视剧出现多轮播出的情况，按收视率最高的一轮参加电视剧类和所有节目的排名，并标注播出日期；跨年度播出的电视剧，只统计在2021年度内播出集数的平均收视率并参加电视剧类和所有节目的排名，节目名称后标注集数。

（7）体育节目的收视排名规则为：同一体育项目赛事中只选取该项赛事收视率最高一档参加体育类节目的排名和所有节目的总排名，其他体育节目按平均收视率参加排名。

（8）选秀类节目（比赛部分）选取收视率最高一期参加收视排名并标注日期；有些选秀类节目涉及两季播出，分别计算各季每期平均收视率，选取最高一期代表该季参加排名并标出播出日期；常态类综艺节目（包括季播节目，如果有跨年播出，需注明具体日期范围），计算节目平均收视率并参加排名。

（9）2021年春节晚会的收视率是春节晚会播出期间（2021年2月11日20:00:00～2月12日0:56）的平均收视率。

一　基本收视条件

表 3.1.1　2021 年全国收视调查网视听设备拥有情况

单位：%

	电视机台数		电视机种类		其他视听设备				
	1 台	2 台及以上	液晶电视机	智能电视机	互联网机顶盒	影碟机	智能手机	平板电脑	个人电脑（台式或笔记本）
全国	77.6	22.4	91.2	53.4	3.4	4.7	93.0	16.8	42.1
城市	79.1	20.9	93.9	55.8	4.4	4.5	93.6	23.1	51.7
农村	76.0	24.0	88.3	50.7	2.2	4.9	92.3	10.2	31.8

表 3.1.2　2021 年各省份收视调查网视听设备拥有情况

单位：%

省份	电视机台数		电视机种类		其他视听设备				
	1 台	2 台及以上	液晶电视机	智能电视机	互联网机顶盒	影碟机	智能手机	平板电脑	个人电脑（台式或笔记本）
安徽省	67.0	33.0	92.3	53.8	1.7	0.7	14.3	90.1	36.9
福建省	67.2	32.8	93.1	48.9	5.7	2.4	14.6	91.6	40.0
甘肃省	91.0	9.0	82.7	51.0	1.8	19.4	10.5	97.2	38.6
广东省	89.3	10.7	95.9	65.6	3.9	5.7	17.6	91.3	51.2
广西壮族自治区	88.1	11.9	93.1	55.7	0.8	6.6	8.6	92.5	28.2
贵州省	93.8	6.2	90.2	41.2	0.8	4.8	6.9	89.9	15.0
海南省	88.8	11.2	92.9	50.9	0.8	7.3	6.9	91.9	18.6
河北省	79.7	20.3	85.9	43.0	5.9	0.5	13.5	94.1	37.7
河南省	70.4	29.6	86.3	62.1	5.0	3.0	12.5	93.7	46.4
黑龙江省	91.0	9.0	90.2	51.3	3.6	2.0	11.8	96.0	28.0
湖北省	77.7	22.3	95.0	66.6	1.7	4.0	17.2	95.2	42.4
湖南省	79.9	20.1	93.7	57.3	2.2	2.5	10.5	94.7	32.0
吉林省	90.0	10.0	92.9	47.9	4.5	5.1	13.7	95.9	36.6
江苏省	54.2	45.8	91.3	47.8	3.7	5.1	26.4	90.5	56.7
江西省	68.9	31.1	93.0	57.8	1.9	4.8	16.7	93.6	41.9
辽宁省	84.1	15.9	91.9	44.7	8.6	4.3	15.6	94.4	36.7
内蒙古自治区	91.9	8.1	86.0	62.6	4.2	1.4	11.1	97.8	38.4

续表

省份	电视机台数		电视机种类		其他视听设备				
	1台	2台及以上	液晶电视机	智能电视机	互联网机顶盒	影碟机	智能手机	平板电脑	个人电脑（台式或笔记本）
宁夏回族自治区	92.0	8.0	82.8	54.6	0.9	5.7	11.1	97.0	31.9
山东省	94.0	6.0	89.2	57.2	1.4	1.9	10.5	90.7	45.2
山西省	79.4	20.6	85.0	48.4	4.0	2.1	18.8	96.8	51.2
陕西省	84.9	15.1	88.1	48.7	3.8	6.7	17.3	95.0	42.9
四川省	72.9	27.1	89.3	33.8	0.8	5.3	6.2	91.7	27.9
新疆维吾尔自治区	99.3	0.7	92.3	38.7	4.5	2.9	9.4	98.1	23.2
云南省	84.3	15.7	86.4	63.7	1.6	29.0	14.9	94.3	30.6
浙江省	47.6	52.4	92.7	49.8	6.1	3.8	30.9	89.5	51.6

表 3.1.3　2021 年各城市收视调查网视听设备拥有情况

单位：%

城市	电视机台数		电视机种类		其他视听设备				
	1台	2台及以上	液晶电视机	智能电视机	互联网机顶盒	影碟机	智能手机	平板电脑	个人电脑（台式或笔记本）
安庆	81.4	18.6	93.1	32.8	2.5	0.3	86.5	20.0	44.7
蚌埠	65.2	34.8	94.7	49.2	5.3	2.7	95.3	22.7	48.9
包头	96.1	3.9	90.9	60.1	8.0	1.1	97.4	23.1	47.9
宝鸡	93.6	6.4	91.1	69.7	6.3	14.9	98.0	24.7	59.0
北海	82.6	17.4	93.5	62.2	6.8	9.8	96.6	19.4	54.7
北京	83.9	16.1	99.3	82.0	3.7	2.2	98.3	59.9	73.4
常德	72.1	27.9	94.4	61.4	2.4	12.0	94.3	22.7	47.0
常州	46.0	54.0	95.7	86.7	6.7	0.0	93.5	38.1	60.3
潮州	67.9	32.1	97.3	66.5	10.3	20.4	94.9	20.7	68.0
成都	75.1	24.9	95.0	25.9	2.6	0.4	95.7	13.6	52.3
赤峰	90.1	9.9	93.9	64.9	4.1	5.8	95.6	17.2	46.7
大理	65.6	34.4	88.0	65.3	4.8	41.9	96.9	25.4	51.5
大连	91.1	8.9	96.6	65.7	13.7	10.0	96.0	29.6	58.5
大庆	94.7	5.3	96.0	59.9	3.2	0.5	95.1	16.6	31.2
大同	97.8	2.2	91.2	25.5	2.1	0.8	96.8	9.8	44.4
丹东	78.0	22.0	97.4	59.1	6.0	3.4	95.1	17.2	36.4
德州	94.3	5.7	91.1	64.4	3.2	0.8	94.7	9.5	48.9

续表

城市	电视机台数		电视机种类		其他视听设备				
	1台	2台及以上	液晶电视机	智能电视机	互联网机顶盒	影碟机	智能手机	平板电脑	个人电脑（台式或笔记本）
东莞	84.6	15.4	97.2	54.4	7.2	4.7	91.2	14.3	42.7
佛山	79.9	20.1	94.4	64.4	1.5	10.1	93.6	26.8	57.3
福州	58.5	41.5	97.5	46.3	2.8	0.0	96.3	29.1	67.3
抚顺	86.4	13.6	95.2	55.6	9.8	13.8	95.7	33.0	55.5
赣州	78.3	21.7	90.4	53.3	2.9	12.4	93.5	14.6	57.0
广元	72.5	27.5	92.5	68.7	0.9	7.2	96.6	18.4	49.2
广州	88.8	11.2	97.5	65.3	5.4	7.6	93.9	22.7	58.7
贵阳	91.3	8.7	95.5	75.9	6.7	3.2	98.3	20.8	38.2
桂林	89.8	10.2	96.7	48.9	3.7	5.0	93.9	21.1	59.6
哈尔滨	92.3	7.7	93.9	54.3	9.0	5.3	96.9	14.7	39.3
海口	90.5	9.5	94.4	55.2	1.5	4.6	93.3	15.0	37.9
杭州	43.2	56.8	96.9	70.9	11.7	1.3	93.8	57.1	74.0
合肥	86.0	14.0	97.9	55.0	2.7	0.1	97.2	11.4	42.9
衡阳	92.1	7.9	92.8	58.7	0.0	1.4	92.6	19.2	25.7
呼和浩特	95.9	4.1	91.5	43.0	7.4	2.3	97.9	15.4	43.0
湖州	33.2	66.8	97.7	51.8	10.8	6.5	96.5	43.2	68.8
惠州	90.3	9.7	96.2	69.0	7.0	3.1	93.6	17.0	34.4
吉林市	85.8	14.2	95.9	40.1	13.9	0.4	96.7	11.9	33.1
济南	88.4	11.6	90.4	57.7	1.4	8.5	93.0	16.2	58.4
济宁	94.8	5.2	92.0	52.8	7.3	5.6	92.6	23.4	63.3
江门	80.3	19.7	94.9	77.8	4.3	10.2	95.3	20.7	62.3
金华	47.7	52.3	98.7	37.2	0.5	0.0	95.2	12.6	60.5
锦州	92.2	7.8	95.4	66.8	2.4	0.0	93.9	11.7	26.8
荆门	83.1	16.9	92.9	64.2	4.9	7.1	94.9	27.9	55.4
荆州	78.0	22.0	96.4	62.3	3.6	10.6	95.0	16.4	49.4
九江	66.1	33.9	97.4	48.6	4.3	7.2	96.0	26.0	57.3
昆明	91.2	8.8	90.3	60.2	5.3	34.8	96.0	37.6	60.0
拉萨	68.1	31.9	92.9	69.0	0.0	25.6	98.6	16.8	33.8
兰州	96.2	3.8	94.6	74.1	6.3	19.3	97.0	28.0	63.8
柳州	94.8	5.2	96.6	69.1	2.1	2.4	96.6	21.7	49.0

续表

城市	电视机台数		电视机种类		其他视听设备				
	1台	2台及以上	液晶电视机	智能电视机	互联网机顶盒	影碟机	智能手机	平板电脑	个人电脑（台式或笔记本）
泸州	63.2	36.8	95.4	70.0	0.7	7.3	94.3	11.9	25.6
洛阳	91.9	8.1	93.5	88.1	1.0	14.2	95.4	28.4	62.5
牡丹江	92.7	7.3	94.8	49.8	1.1	0.0	97.3	18.4	55.7
南昌	69.3	30.7	93.0	57.5	5.0	16.5	95.5	33.1	65.0
南充	85.5	14.5	87.3	49.4	0.4	6.5	89.8	5.1	37.1
南京	50.5	49.5	96.5	35.4	5.8	3.9	93.1	31.0	64.1
南宁	90.4	9.6	97.3	61.5	2.2	10.5	95.9	17.7	56.3
宁波	51.6	48.4	93.6	47.1	9.2	1.9	93.5	26.2	52.0
平顶山	83.8	16.2	93.0	58.8	5.2	3.4	97.1	17.5	63.1
秦皇岛	93.1	6.9	91.4	41.0	1.6	0.5	96.0	19.5	37.8
青岛	93.6	6.4	96.7	66.8	5.3	1.1	93.1	28.5	62.6
衢州	58.0	42.0	96.4	52.9	2.6	2.5	92.9	30.8	56.8
泉州	76.2	23.8	87.3	28.2	1.0	9.6	94.6	14.6	51.7
三亚	92.0	8.0	96.6	64.9	0.0	2.3	96.7	15.3	20.1
厦门	86.6	13.4	94.5	33.9	6.2	0.5	93.4	27.8	56.5
上海	46.9	53.1	98.2	52.8	4.9	0.0	96.1	55.4	75.8
韶关	90.5	9.5	97.6	65.6	4.7	3.3	95.6	14.7	50.9
绍兴	38.2	61.8	93.9	46.5	5.1	0.0	88.2	29.3	56.7
深圳	97.9	2.1	98.1	74.5	8.8	1.4	97.9	30.0	66.7
沈阳	83.6	16.4	91.3	46.5	13.9	4.3	95.9	20.1	40.6
石家庄	81.2	18.8	92.3	56.8	6.8	0.2	97.1	21.9	64.6
苏州	52.1	47.9	96.7	53.4	10.2	0.7	93.1	34.2	62.3
台州	40.3	59.7	93.1	37.7	4.6	5.1	90.3	30.1	59.7
太原	91.7	8.3	92.1	53.6	8.4	1.5	97.9	32.5	58.3
唐山	92.2	7.8	97.6	42.8	5.6	0.0	97.6	16.4	34.3
天津	83.5	16.5	95.8	38.9	3.7	3.9	98.6	37.8	68.3
铜陵	74.2	25.8	98.1	38.3	3.2	1.0	96.3	22.8	52.4
温州	44.7	55.3	99.7	41.6	10.2	0.5	99.3	34.9	62.6
乌鲁木齐	98.5	1.5	99.2	97.9	23.4	15.2	98.1	38.9	60.1
无锡	49.7	50.3	94.9	40.5	7.1	4.2	89.8	35.9	57.9

续表

城市	电视机台数		电视机种类		其他视听设备				
	1台	2台及以上	液晶电视机	智能电视机	互联网机顶盒	影碟机	智能手机	平板电脑	个人电脑（台式或笔记本）
芜湖	59.4	40.6	94.6	31.6	4.3	2.9	93.9	21.6	46.6
武汉	77.0	23.0	96.0	88.0	2.7	2.6	95.2	25.9	51.7
西安	93.9	6.1	93.3	45.9	5.8	1.7	96.7	20.0	53.3
西宁	97.3	2.7	96.0	71.3	3.8	0.8	96.7	12.8	53.5
襄阳	80.8	19.2	95.0	49.7	2.2	1.8	94.0	18.5	46.9
徐州	77.2	22.8	96.0	85.2	4.6	15.2	94.2	31.3	78.0
烟台	91.0	9.0	96.0	67.8	2.1	0.0	93.4	14.5	48.6
扬州	42.1	57.9	95.6	43.9	2.0	1.5	90.9	27.0	63.1
宜昌	92.7	7.3	94.7	83.4	2.3	0.2	97.7	30.6	72.9
宜春	78.1	21.9	92.0	75.1	0.8	1.7	93.3	7.5	30.8
银川	97.7	2.3	91.2	77.1	2.2	6.7	98.0	19.3	49.6
营口	85.1	14.9	94.4	34.3	8.1	0.5	94.5	8.4	44.4
永济	68.8	31.2	92.0	81.4	3.5	2.9	97.9	26.7	64.6
玉溪	77.4	22.6	94.1	83.9	8.2	18.6	91.6	22.2	58.4
岳阳	82.8	17.2	95.4	62.8	3.8	8.6	97.6	20.7	50.8
湛江	91.1	8.9	96.2	78.8	4.1	4.3	94.0	17.5	40.3
长春	91.8	8.2	97.6	73.3	5.8	13.5	96.7	25.6	58.8
长沙	87.9	12.1	95.6	60.1	5.1	3.2	98.1	28.6	64.7
镇江	42.5	57.5	97.3	42.4	10.1	13.1	96.9	46.4	78.6
郑州	88.4	11.6	95.3	69.8	6.0	1.2	97.4	29.7	73.8
中山	69.9	30.1	95.4	80.2	8.3	3.1	100.0	30.0	64.6
重庆	72.8	27.2	95.0	46.6	2.5	2.4	88.4	16.3	43.9
珠海	92.7	7.3	97.9	59.9	7.6	4.5	99.6	34.3	64.2
遵义	93.3	6.7	95.5	38.2	2.2	1.8	97.1	17.9	28.9

表 3.1.4　2021 年全国收视调查网电视信号接收方式

单位：%

	有线用户比例	可收看卫星电视用户比例	可收看卫星电视的非有线用户比例	其他
全国	28.2	87.9	59.7	12.1
城市	35.4	89.2	53.8	10.8
农村	20.6	86.6	66.0	13.4

表 3.1.5　2021 年各省份收视调查网电视信号接收方式

单位：%

省份	有线用户比例	可收看卫星电视用户比例	可收看卫星电视的非有线用户比例	其他
安徽省	—	79.7	—	20.3
福建省	51.8	88.5	36.7	11.5
甘肃省	6.1	98.2	92.1	1.8
广东省	48.0	97.9	50.0	2.1
广西壮族自治区	16.8	86.4	69.6	13.6
贵州省	29.3	93.9	64.6	6.1
海南省	23.2	86.3	63.1	13.7
河北省	12.7	95.2	82.5	4.8
河南省	9.9	81.6	71.6	18.4
黑龙江省	28.3	77.6	49.3	22.4
湖北省	24.8	91.4	66.6	8.6
湖南省	9.6	95.0	85.4	5.0
吉林省	46.0	94.8	48.8	5.2
江苏省	49.6	88.9	39.4	11.1
江西省	19.2	77.1	57.8	22.9
辽宁省	36.1	91.3	55.2	8.7
内蒙古自治区	18.9	92.6	73.7	7.4
宁夏回族自治区	6.2	86.5	80.3	13.5
山东省	15.8	67.7	51.9	32.3
山西省	15.0	95.9	80.9	4.1
陕西省	17.1	79.8	62.7	20.2
四川省	9.6	91.3	81.7	8.7
新疆维吾尔自治区	5.0	99.4	94.4	0.6
云南省	19.9	75.1	55.2	24.9
浙江省	64.3	88.5	24.2	11.5

表 3.1.6　2021 年各城市收视调查网电视信号接收方式

单位：%

城市	有线用户比例	可收看卫星电视用户比例	可收看卫星电视的非有线用户比例	其他
安庆	—	75.1	—	24.9
蚌埠	57.9	65.8	7.8	34.2
包头	60.4	84.6	24.2	15.4

续表

城市	有线用户比例	可收看卫星电视用户比例	可收看卫星电视的非有线用户比例	其他
宝鸡	62.8	65.8	3.0	34.2
北海	53.6	58.8	5.2	41.2
北京	96.0	96.3	0.3	3.7
常德	93.5	93.6	0.1	6.4
常州	68.5	69.6	1.1	30.4
潮州	97.0	97.1	0.2	2.9
成都	78.8	78.9	0.2	21.1
赤峰	84.9	90.4	5.4	9.6
大理	55.7	67.0	11.3	33.0
大连	71.7	75.8	4.1	24.2
大庆	63.6	66.6	3.0	33.4
大同	64.9	92.5	27.6	7.5
丹东	66.1	80.4	14.3	19.6
德州	62.5	64.6	2.1	35.4
东莞	86.7	90.2	3.4	9.8
佛山	96.6	97.3	0.7	2.7
福州	70.1	71.5	1.4	28.5
抚顺	85.1	88.0	2.9	12.0
赣州	44.3	69.6	25.3	30.4
广元	95.2	97.7	2.6	2.3
广州	94.4	94.6	0.2	5.4
贵阳	71.1	75.6	4.6	24.4
桂林	63.9	65.1	1.1	34.9
哈尔滨	71.0	76.1	5.1	23.9
海口	77.0	80.0	3.0	20.0
杭州	86.2	86.2	0.0	13.8
合肥	39.4	63.2	23.8	36.8
衡阳	93.3	95.5	2.2	4.5
呼和浩特	74.4	78.2	3.9	21.8
湖州	74.2	77.0	2.8	23.0
惠州	91.1	94.2	3.0	5.8
吉林市	88.9	90.3	1.4	9.7
济南	57.3	60.0	2.7	40.0
济宁	50.8	56.9	6.1	43.1

续表

城市	有线用户比例	可收看卫星电视用户比例	可收看卫星电视的非有线用户比例	其他
江门	95.1	95.1	0.0	4.9
金华	81.2	81.2	0.0	18.8
锦州	77.5	77.7	0.2	22.3
荆门	57.0	69.4	12.3	30.6
荆州	68.6	73.8	5.2	26.2
九江	56.6	60.0	3.4	40.0
昆明	63.0	64.0	1.0	36.0
拉萨	64.7	90.7	26.0	9.3
兰州	89.9	92.0	2.1	8.0
柳州	70.4	74.7	4.3	25.3
泸州	76.1	82.9	6.8	17.1
洛阳	50.9	53.4	2.5	46.6
牡丹江	58.9	74.2	15.3	25.8
南昌	66.2	70.1	3.9	29.9
南充	74.7	82.3	7.5	17.7
南京	76.5	76.6	0.1	23.4
南宁	73.3	81.1	7.8	18.9
宁波	77.3	78.2	0.9	21.8
平顶山	55.6	59.5	3.9	40.5
秦皇岛	89.9	93.8	3.8	6.2
青岛	64.3	65.4	1.1	34.6
衢州	67.3	68.9	1.6	31.1
泉州	70.0	72.2	2.2	27.8
三亚	57.6	65.3	7.8	34.7
厦门	66.8	67.3	0.5	32.7
上海	97.6	97.8	0.2	2.2
韶关	95.8	95.8	0.0	4.2
绍兴	75.5	76.0	0.5	24.0
深圳	93.0	94.1	1.1	5.9
沈阳	71.6	77.9	6.3	22.1
石家庄	85.5	90.4	4.9	9.6
苏州	79.7	93.6	13.9	6.4

续表

城市	有线用户比例	可收看卫星电视用户比例	可收看卫星电视的非有线用户比例	其他
台州	80.2	81.7	1.6	18.3
太原	65.1	84.7	19.7	15.3
唐山	90.9	94.6	3.7	5.4
天津	92.1	94.5	2.4	5.5
铜陵	53.8	64.6	10.7	35.4
温州	70.1	72.1	1.9	27.9
乌鲁木齐	97.4	97.6	0.2	2.4
无锡	72.4	73.2	0.9	26.8
芜湖	60.2	69.5	9.3	30.5
武汉	75.8	80.3	4.5	19.7
西安	67.3	73.6	6.3	26.4
西宁	80.2	80.3	0.2	19.7
襄阳	65.1	79.2	14.1	20.8
徐州	60.2	63.1	2.8	36.9
烟台	51.3	53.9	2.6	46.1
扬州	86.4	86.4	0.0	13.6
宜昌	72.3	76.1	3.9	23.9
宜春	44.4	54.9	10.5	45.1
银川	75.4	75.9	0.5	24.1
营口	71.5	75.3	3.8	24.7
永济	58.7	82.6	23.9	17.4
玉溪	56.5	67.5	11.0	32.5
岳阳	91.6	94.7	3.0	5.3
湛江	94.7	95.1	0.4	4.9
长春	84.4	84.9	0.5	15.1
长沙	83.8	86.0	2.1	14.0
镇江	69.8	69.8	0.0	30.2
郑州	52.7	54.7	2.0	45.3
中山	91.0	91.0	0.0	9.0
重庆	65.1	74.9	9.8	25.1
珠海	94.7	94.7	0.0	5.3
遵义	70.2	92.2	21.9	7.8

表 3.1.7　2021 年全国收视调查网卫视频道入户覆盖率排名前 20 位（标高清合并数据）

单位：%

排名	全国		城市		农村	
	频道	覆盖率	频道	覆盖率	频道	覆盖率
1	中央台二套（标高清）	75.8	中央电视台综合频道（标高清）	78.9	中央台二套（标高清）	72.8
2	中央台十二套（标高清）	75.7	中央台二套（标高清）	78.6	中央台十二套（标高清）	72.7
3	中央电视台综合频道（标高清）	75.6	中央台十二套（标高清）	78.4	中央台十套（标高清）	72.6
4	中央台十套（标高清）	75.6	中央电视台新闻频道（标高清）	78.3	中央电视台少儿频道（标高清）	72.6
5	中央电视台少儿频道（标高清）	75.5	中央台十套（标高清）	78.3	中央电视台新闻频道（标高清）	72.5
6	中央电视台新闻频道（标高清）	75.5	中央台四套（标高清）	78.3	江苏卫视（标高清）	72.4
7	江苏卫视（标高清）	75.4	江苏卫视（标高清）	78.3	浙江卫视（标高清）	72.3
8	浙江卫视（标高清）	75.2	中央台十一套（标高清）	78.3	湖南卫视（标高清）	72.2
9	北京卫视（标高清）	75.2	中央电视台少儿频道（标高清）	78.2	中央电视台音乐频道（标高清）	72.2
10	中央台四套（标高清）	75.2	北京卫视（标高清）	78.2	北京卫视（标高清）	72.1
11	中央台十一套（标高清）	75.2	浙江卫视（标高清）	78.0	中央电视台综合频道（标高清）	72.0
12	中央电视台音乐频道（标高清）	75.1	中央电视台音乐频道（标高清）	78.0	中央台十一套（标高清）	71.9
13	湖南卫视（标高清）	75.1	湖南卫视（标高清）	77.9	中央台四套（标高清）	71.9
14	东方卫视（标高清）	74.9	东方卫视（标高清）	77.8	东方卫视（标高清）	71.9
15	广东卫视（标高清）	74.6	中央台七套（标高清）	77.7	江西卫视（标高清）	71.7
16	江西卫视（标高清）	74.5	广东卫视（标高清）	77.4	广东卫视（标高清）	71.6
17	中央台七套（标高清）	74.5	天津卫视（标高清）	77.3	四川卫视（标高清）	71.5
18	深圳卫视（新闻综合频道）（标高清）	74.2	江西卫视（标高清）	77.2	安徽卫视（标高清）	71.5
19	四川卫视（标高清）	74.2	深圳卫视（新闻综合频道）（标高清）	77.2	中央台七套（标高清）	71.1
20	安徽卫视（标高清）	74.0	辽宁卫视（标高清）	76.9	深圳卫视（新闻综合频道）（标高清）	71.0

表 3. 1. 8 2021 年全国收视调查网电视频道接收情况

单位：个

	平均每户可接收频道个数
全国	89
城市	98
农村	80

表 3. 1. 9 2021 年各省份收视调查网电视频道接收情况

单位：个

省份	平均每户可接收频道个数
安徽省	77
福建省	85
甘肃省	102
广东省	112
广西壮族自治区	70
贵州省	93
海南省	83
河北省	85
河南省	56
黑龙江省	78
湖北省	82
湖南省	98
吉林省	114
江苏省	77
江西省	62
辽宁省	99
内蒙古自治区	106
宁夏回族自治区	98
山东省	54
山西省	94
陕西省	72
四川省	137
新疆维吾尔自治区	136
云南省	54
浙江省	77

表 3.1.10　2021 年各城市收视调查网电视频道接收情况

单位：个

城市	平均每户可接收频道个数
安庆	79
蚌埠	62
包头	113
宝鸡	78
北海	78
北京	176
常德	93
常州	75
潮州	118
成都	132
赤峰	123
大理	87
大连	97
大庆	90
大同	99
丹东	102
德州	83
东莞	104
佛山	109
福州	95
抚顺	127
赣州	71
广元	168
广州	105
贵阳	86
桂林	73
哈尔滨	96
海口	110
杭州	99
合肥	90
衡阳	125
呼和浩特	108
湖州	71
惠州	122

续表

城市	平均每户可接收频道个数
吉林市	106
济南	82
济宁	69
江门	113
金华	90
锦州	104
荆门	85
荆州	91
九江	70
昆明	62
拉萨	90
兰州	120
柳州	110
泸州	122
洛阳	69
牡丹江	77
南昌	83
南充	119
南京	95
南宁	101
宁波	74
平顶山	60
秦皇岛	96
青岛	69
衢州	73
泉州	83
三亚	87
厦门	73
上海	127
韶关	132
绍兴	61
深圳	127
沈阳	101
石家庄	96
苏州	90

续表

城市	平均每户可接收频道个数
台州	94
太原	92
唐山	91
天津	90
铜陵	87
温州	64
乌鲁木齐	169
无锡	80
芜湖	89
武汉	93
西安	94
西宁	96
襄阳	77
徐州	83
烟台	77
扬州	82
宜昌	100
宜春	58
银川	104
营口	95
永济	84
玉溪	85
岳阳	97
湛江	137
长春	106
长沙	99
镇江	84
郑州	70
中山	123
重庆	100
珠海	128
遵义	113

二　全国收视数据

表 3.2.1　2017～2021 年全国样本城市及各城市收视调查网人均收视时间

单位：分钟

全国/城市	2017 年	2018 年	2019 年	2020 年	2021 年
全国	139	129	124	132	118
安庆	96	88	85	98	83
鞍山	165	174	166	*	*
蚌埠	130	113	*	*	*
蚌埠（M）	*	*	105	102	93
包头	129	115	118	120	98
宝鸡	134	133	114	113	104
北海	96	103	103	116	104
北京（M）	160	155	153	149	126
长春（M）	143	136	128	126	113
长沙（M）	161	152	134	141	118
常德（M）	127	113	112	116	112
常熟（M）	104	*	*	*	*
常州（M）	118	112	104	96	77
潮州（M）	141	130	128	129	118
成都（M）	181	156	152	164	152
重庆（M）	163	159	147	171	156
滁州	85	78	83	*	*
赤峰	*	*	98	109	98
达州	146	139	124	125	*
大理	151	134	128	137	118
大连（M）	165	159	143	140	127
大同	136	114	113	100	87
大庆	*	*	88	109	98
丹东	141	121	*	*	*
丹东（M）	*	*	133	117	106
德州（M）	147	130	118	111	89
东莞（M）	121	115	108	124	114
佛山（M）	134	134	146	137	100
福州（M）	113	104	92	94	99
抚顺（M）	173	171	162	161	135

续表

全国/城市	2017 年	2018 年	2019 年	2020 年	2021 年
赣州（M）	110	102	82	86	93
广元（M）	154	123	116	106	82
广州（M）	136	131	136	155	126
贵阳（M）	205	187	176	183	160
桂林	125	135	124	105	80
哈尔滨（M）	152	140	146	186	157
海口（M）	126	129	112	124	106
杭州（M）	129	110	99	101	97
合肥（M）	123	112	111	120	110
衡阳（M）	135	139	134	133	115
呼和浩特（M）	135	123	117	116	100
湖州（M）	98	94	76	82	64
惠州（M）	101	90	99	121	88
吉林市	121	127	116	122	103
济南（M）	168	146	130	139	145
济宁（M）	139	126	117	116	104
嘉兴	91	94	83	88	*
江门（M）	124	126	108	120	108
揭阳（M）	140	133	134	126	*
金华（M）	106	94	99	101	99
锦州（M）	147	130	120	117	129
荆门（M）	103	86	78	84	69
荆州（M）	96	93	88	102	81
九江（M）	114	107	96	115	99
昆明（M）	152	146	129	135	128
拉萨（M）	161	125	107	94	86
兰州（M）	143	134	119	126	123
乐山	122	125	123	127	*
丽水	130	*	*	*	*
柳州（M）	152	128	109	122	110
龙岩	108	*	*	*	*
泸州	119	106	*	*	*
泸州（M）	*	*	122	120	117
洛阳（新）	92	86	83	121	*
洛阳（M）	*	*	*	*	120

续表

全国/城市	2017 年	2018 年	2019 年	2020 年	2021 年
梅州（M）	140	136	125	124	*
牡丹江	123	137	123	118	95
南昌（M）	144	120	115	135	100
南充	138	111	112	*	*
南充（M）	*	*	*	120	119
南京（M）	124	112	109	116	107
南宁（M）	127	116	109	122	106
南通（M）	90	85	80	84	68
宁波（M）	110	91	82	87	85
平顶山	92	92	87	92	*
平顶山（M）	*	*	*	*	95
秦皇岛	126	115	105	*	*
秦皇岛（M）	*	*	*	123	106
青岛（M）	161	137	134	149	126
清远	118	*	*	*	*
衢州	122	107	99	94	*
衢州（M）	*	*	*	*	89
泉州（新）	91	74	81	82	*
泉州（M）	*	*	*	*	72
三亚（M）	93	88	83	75	79
厦门（M）	99	97	96	102	102
汕头（M）	125	125	111	118	91
汕尾	110	107	92	*	*
上海（M）	155	144	128	148	144
韶关（M）	139	129	119	128	111
绍兴	95	89	88	92	87
深圳（M）	103	100	104	104	111
沈阳（M）	176	156	150	156	143
石家庄（M）	127	112	106	112	106
苏州（M）	128	115	104	109	90
台州	97	96	86	90	*
台州（M）	*	*	*	*	86
太原（M）	143	126	111	110	93
泰州	110	92	92	101	*
唐山（M）	154	145	124	119	107

续表

全国/城市	2017 年	2018 年	2019 年	2020 年	2021 年
天津（城）（M）	187	165	157	152	129
铜陵	106	91	89	90	68
潍坊（M）	128	123	119	*	*
温州（M）	108	90	73	71	78
乌鲁木齐（M）	148	145	136	145	124
无锡（M）	109	96	92	105	89
芜湖	105	95	93	106	94
武汉（M）	139	108	116	131	123
西安（M）	140	129	121	128	117
西昌	129	134	*	*	*
西宁（M）	144	128	117	116	103
襄阳	146	141	134	132	*
襄阳（M）	*	*	*	*	102
徐州（M）	118	110	113	120	106
烟台（M）	131	115	107	112	97
盐城（M）	126	101	93	*	*
扬州（M）	99	95	92	97	85
阳江	111	*	*	*	*
宜宾	105	113	98	91	*
宜昌（M）	143	133	126	131	114
宜春	111	104	*	*	*
宜春（M）	*	*	103	98	79
银川（M）	135	121	121	145	109
营口	129	125	*	*	*
营口（M）	*	*	138	134	107
永济	121	115	104	104	96
玉溪	*	*	78	92	93
岳阳	113	100	101	*	*
岳阳（M）	*	*	*	123	141
湛江（M）	93	100	101	118	89
漳州	110	107	92	90	*
肇庆（M）	143	142	141	*	*
镇江（M）	133	115	103	100	91
郑州（M）	131	120	110	116	109
中山（M）	117	115	116	123	87

续表

全国/城市	2017 年	2018 年	2019 年	2020 年	2021 年
舟山	115	*	*	*	*
珠海（M）	112	110	100	117	93
株洲（M）	134	121	115	*	*
淄博	112	99	90	*	*
遵义	139	130	134	149	122

注：

（1）全国：2017 年包括 120 个样本城市，2018 年包括 116 个样本城市，2019 年包括 104 个样本城市，2020 年包括 109 个样本城市，2021 年包括 102 个样本城市。

（2）标有（M）的城市为采用测量仪调查的城市。

（3）"＊"表示没有数据。

（4）西昌自 2018 年 7 月 1 日起停止调查，本表中该地区 2018 年人均收视分钟数为 2018 年 1～6 月的数据计算结果。

（5）常熟（M）、丽水、舟山自 2017 年 4 月 1 日起停止调查，本表中该三个地区 2017 年人均收视分钟数为 2017 年 1～3 月的数据计算结果。

（6）金华、南充、秦皇岛、岳阳自 2019 年 10 月 1 日起停止日记卡方式调查，本表中该四个地区 2019 年人均收视分钟数为 2019 年 1～9 月的数据计算结果。赤峰、大庆、玉溪自 2019 年 7 月 1 日起开始日记卡方式调查，本表中人均收视分钟数为 2019 年 7～12 月的数据计算结果。

（7）潍坊（M）、盐城（M）、株洲（M）、肇庆（M）自 2019 年 7 月 1 日起停止测量仪方式调查，本表中该四个地区 2019 年人均收视分钟数为 2019 年 1～6 月的数据计算结果。

（8）汕尾、滁州、鞍山、淄博自 2019 年 7 月 1 日起停止日记卡方式调查，本表中该四个地区 2019 年人均收视分钟数为 2019 年 1～6 月的数据计算结果。

（9）泰州、宜宾自 2020 年 7 月 1 日起停止日记卡方式调查，本表中该两个地区 2020 年人均收视分钟数为 2020 年 1～6 月的数据计算结果。

（10）芜湖自 2021 年 9 月 1 日起停止日记卡方式调查，本表中该地区 2021 年人均收视分钟数为 2021 年 1～8 月的数据计算结果。

表 3.2.2　2021 年全国样本城市及各城市收视调查网人均时移收视时间及其占直播收视时间的比例

单位：分钟，%

全国/城市	人均时移收视时间	人均时移收视时间占直播收视时间的比例
全国	6.7	5.8
北京（M）	6.3	5.2
蚌埠（M）	5.1	5.8
长春（M）	3.3	3.0
长沙（M）	5.6	5.0
常德（M）	2.6	2.4
成都（M）	4.3	2.9
重庆（M）	7.1	4.8
大连（M）	3.7	3.0
丹东（M）	7.7	7.8

续表

全国/城市	人均时移收视时间	人均时移收视时间占直播收视时间的比例
福州（M）	3.3	3.5
赣州（M）	2.6	2.9
广州（M）	5.9	4.9
贵阳（M）	9.9	6.6
哈尔滨（M）	3.2	2.1
海口（M）	4.3	4.2
杭州（M）	3.7	3.9
合肥（M）	8.0	7.8
呼和浩特（M）	4.2	4.4
惠州（M）	3.2	3.8
济南（M）	14.9	11.4
金华（M）	2.1	2.2
济宁（M）	8.7	9.2
锦州（M）	3.5	2.8
九江（M）	3.5	3.7
昆明（M）	3.4	2.7
拉萨（M）	1.4	1.7
泸州（M）	2.4	2.1
兰州（M）	9.6	8.5
南昌（M）	4.1	4.3
南充（M）	1.5	1.3
南京（M）	8.2	8.3
南宁（M）	5.4	5.3
宁波（M）	2.3	2.8
青岛（M）	12.5	11.0
秦皇岛（M）	9.6	10.0
三亚（M）	3.9	5.2
厦门（M）	4.7	4.8
上海（M）	12.1	9.2
韶关（M）	4.7	4.4
深圳（M）	4.2	3.9
沈阳（M）	4.9	3.6
石家庄（M）	8.2	8.4
太原（M）	6.0	6.9
唐山（M）	8.8	8.9

续表

全国/城市	人均时移收视时间	人均时移收视时间占直播收视时间的比例
天津（城）（M）	10.2	8.6
温州（M）	3.1	4.1
乌鲁木齐（M）	8.0	6.9
无锡（M）	1.9	2.2
武汉（M）	3.7	3.1
西安（M）	10.2	9.5
西宁（M）	7.0	7.3
徐州（M）	5.4	5.4
烟台（M）	8.9	10.1
扬州（M）	3.5	4.3
宜昌（M）	4.7	4.3
银川（M）	10.7	10.8
岳阳（M）	6.0	4.4
湛江（M）	3.7	4.4
郑州（M）	4.5	4.3
洛阳（M）	7.7	6.8
平顶山（M）	2.1	2.3
泉州（M）	4.1	6.1
襄阳（M）	4.7	4.8

注：
全国：2021 年包括 63 个采用测量仪方式进行调查的城市。

表 3.2.3　2017～2021 年全国样本城市各目标观众人均收视时间

单位：分钟

目标观众		2017 年	2018 年	2019 年	2020 年	2021 年
4 岁及以上所有人		139	129	124	132	118
性别	男	136	127	121	129	117
	女	142	132	126	134	120
年龄	4～14 岁	114	105	98	110	95
	15～24 岁	70	61	56	66	58
	25～34 岁	89	77	71	76	69
	35～44 岁	108	95	88	95	84
	45～54 岁	177	163	150	151	133
	55～64 岁	240	229	220	224	198
	65 岁及以上	273	275	277	288	270

续表

目标观众		2017 年	2018 年	2019 年	2020 年	2021 年
受教育程度	未受过正规教育	143	134	128	139	128
	小学	170	163	159	165	150
	初中	161	153	149	152	136
	高中	137	127	122	133	121
	大学及以上	103	91	84	94	85
职业类别	干部/管理人员	114	97	91	96	82
	个体/私营企业人员	123	111	104	110	99
	初级公务员/雇员	104	92	83	91	79
	工人	114	102	99	109	97
	学生	85	76	71	81	69
	无业	223	217	215	221	205
	其他	174	169	165	169	158
个人月收入	0～600 元	122	113	109	115	103
	601～1200 元	189	186	192	202	190
	1201～1700 元	175	168	170	183	171
	1701～2600 元	166	159	157	167	153
	2601～3500 元	142	136	138	149	136
	3501～5000 元	128	123	118	131	118
	5001 元及以上	115	104	96	104	97

表 3.2.4　2017～2021 年各省份收视调查网人均收视时间

单位：分钟

省份	目标观众	2017 年	2018 年	2019 年	2020 年	2021 年
安徽	4 岁及以上所有人	89	82	81	88	70
	城市	100	93	94	102	74
	农村	84	77	74	81	68
福建（M）	4 岁及以上所有人	148	138	126	123	112
	城市	109	106	98	98	90
	农村	167	154	140	134	123
甘肃（M）	4 岁及以上所有人	88	78	76	84	55
	城市	112	104	95	104	79
	农村	75	64	66	73	42
广东（M）	4 岁及以上所有人	129	125	120	121	103
	城市	118	114	113	119	99
	农村	144	140	129	123	108

续表

省份	目标观众	2017 年	2018 年	2019 年	2020 年	2021 年
广西	4 岁及以上所有人	109	104	99	99	94
	城市	103	113	104	104	95
	农村	112	100	96	97	94
贵州	4 岁及以上所有人	106	111	112	122	122
	城市	136	138	130	140	124
	农村	95	101	105	115	122
海南（M）	4 岁及以上所有人	115	108	92	88	78
	城市	113	111	98	99	92
	农村	115	107	89	82	70
河北（M）	4 岁及以上所有人	134	120	102	101	84
	城市	138	122	110	114	102
	农村	133	120	100	97	79
河南（M）	4 岁及以上所有人	110	104	91	96	73
	城市	97	92	85	100	98
	农村	114	107	93	95	61
黑龙江	4 岁及以上所有人	112	98	90	97	87
	城市	139	124	104	112	89
	农村	94	81	81	86	85
湖北（M）	4 岁及以上所有人	152	140	125	123	112
	城市	131	110	109	118	103
	农村	168	163	137	127	119
湖南（M）	4 岁及以上所有人	149	134	114	107	91
	城市	143	133	122	124	112
	农村	151	134	111	103	85
吉林	4 岁及以上所有人	124	119	109	110	92
	城市	134	124	104	109	92
	农村	117	116	112	110	92
江苏（M）	4 岁及以上所有人	135	134	119	115	105
	城市	130	117	105	107	90
	农村	139	148	129	121	116
江西（M）	4 岁及以上所有人	113	105	99	95	83
	城市	124	109	101	110	99
	农村	111	104	99	91	79

续表

省份	目标观众	2017 年	2018 年	2019 年	2020 年	2021 年
辽宁（M）	4 岁及以上所有人	167	153	137	132	114
	城市	160	150	140	138	123
	农村	173	156	135	127	105
内蒙古	4 岁及以上所有人	126	114	109	113	97
	城市	128	109	109	116	94
	农村	125	116	109	111	98
宁夏（M）	4 岁及以上所有人	125	113	104	101	75
	城市	140	126	113	111	85
	农村	111	100	95	91	64
山东（M）	4 岁及以上所有人	188	171	139	142	124
	城市	153	134	122	126	113
	农村	205	190	147	150	130
山西	4 岁及以上所有人	130	117	107	106	95
	城市	130	119	109	105	91
	农村	130	116	106	106	96
陕西（M）	4 岁及以上所有人	118	116	107	106	80
	城市	110	112	102	104	94
	农村	123	119	111	106	72
四川（M）	4 岁及以上所有人	149	143	127	119	106
	城市	161	145	136	137	125
	农村	144	142	122	111	97
新疆（M）	4 岁及以上所有人	88	79	75	90	100
	城市	97	94	86	93	107
	农村	81	68	66	87	94
云南	4 岁及以上所有人	130	114	109	109	101
	城市	136	122	117	119	105
	农村	128	111	106	106	99
浙江（M）	4 岁及以上所有人	120	111	99	91	83
	城市	119	106	92	91	88
	农村	121	115	104	90	80

注：甘肃、宁夏、新疆自 2021 年 8 月 1 日起停止日记卡方式调查，本表中该地区 2021 年目标观众人均收视分钟数为 2021 年 5～12 月测量仪方式调查的数据计算结果。

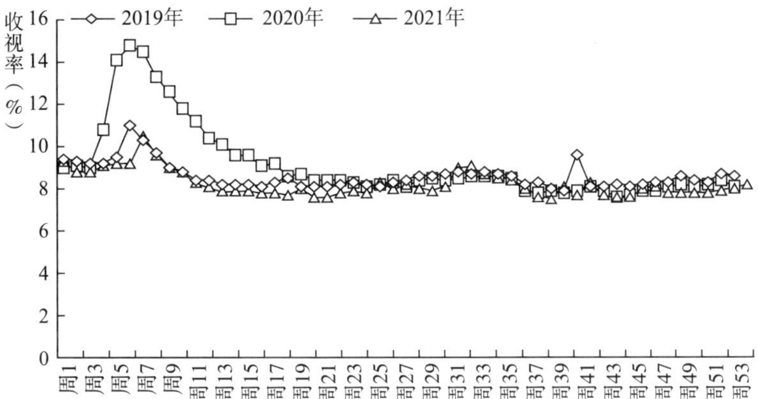

图 3.2.1　2019～2021 年全国样本城市观众全年收视率走势

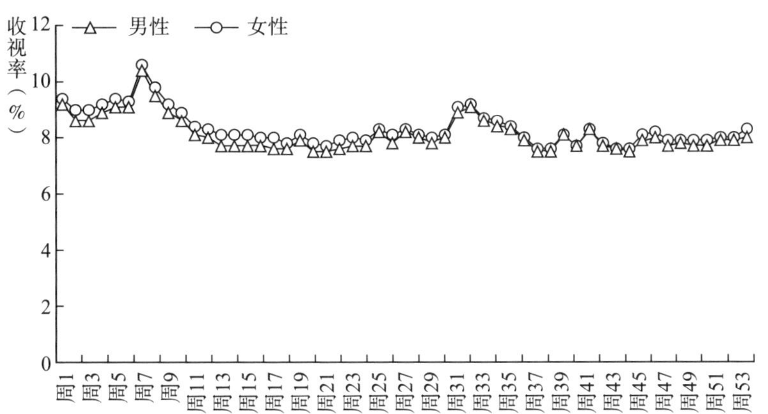

图 3.2.2　2021 年全国样本城市不同性别观众全年收视率走势

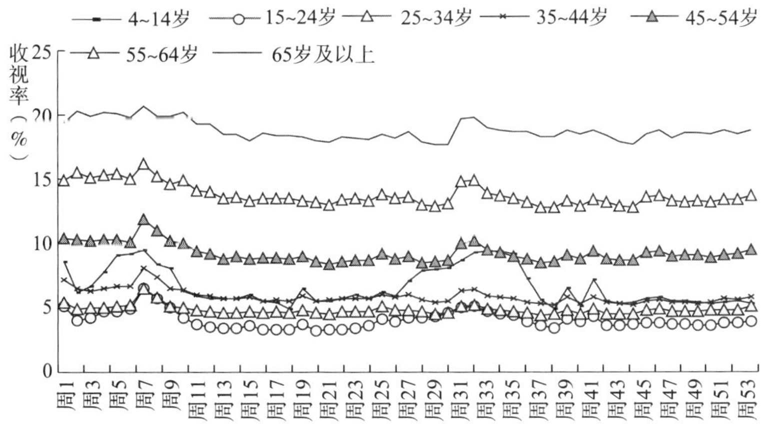

图 3.2.3　2021 年全国样本城市不同年龄观众全年收视率走势

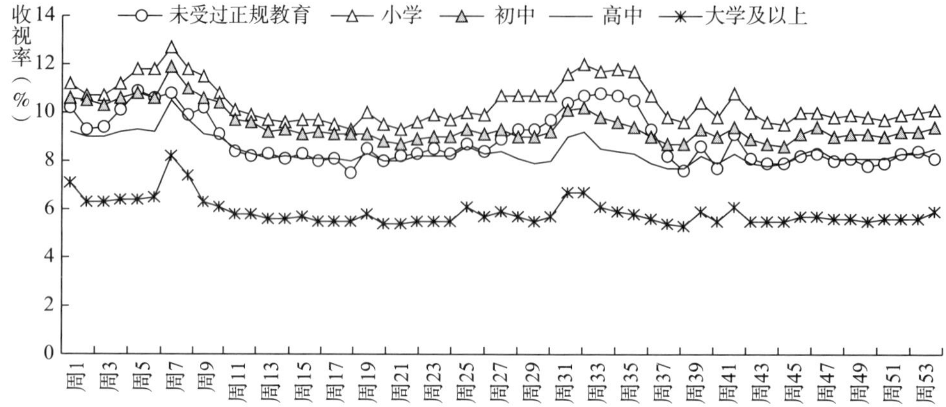

图 3.2.4　2021 年全国样本城市不同文化程度观众全年收视率走势

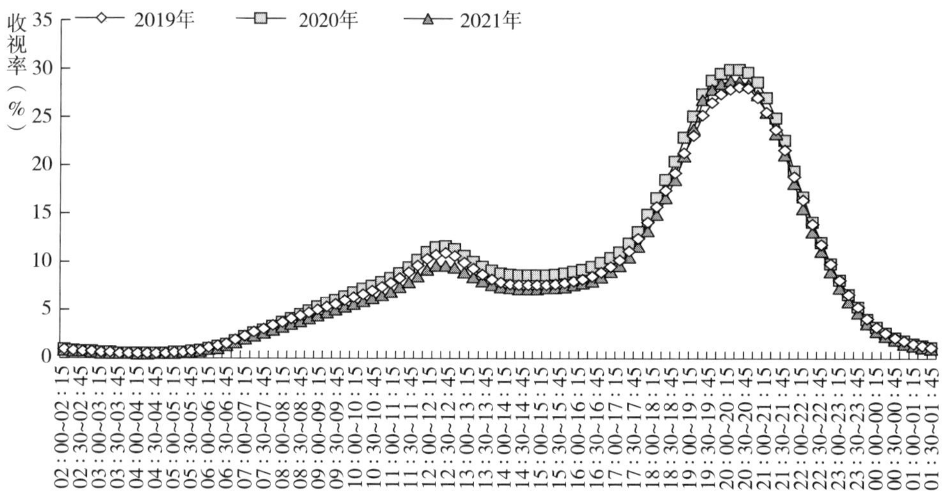

图 3.2.5　2019～2021 年全国样本城市观众全天收视率走势

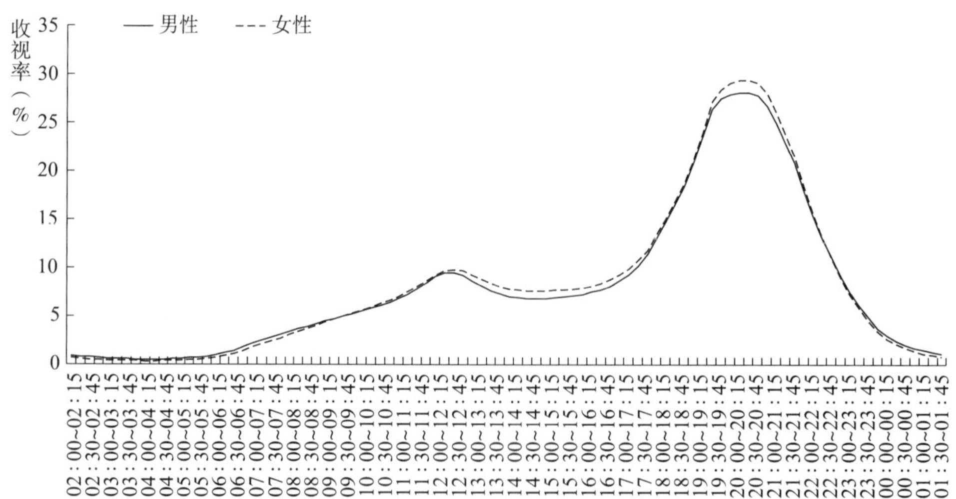

图 3.2.6　2021 年全国样本城市不同性别观众全天收视率走势

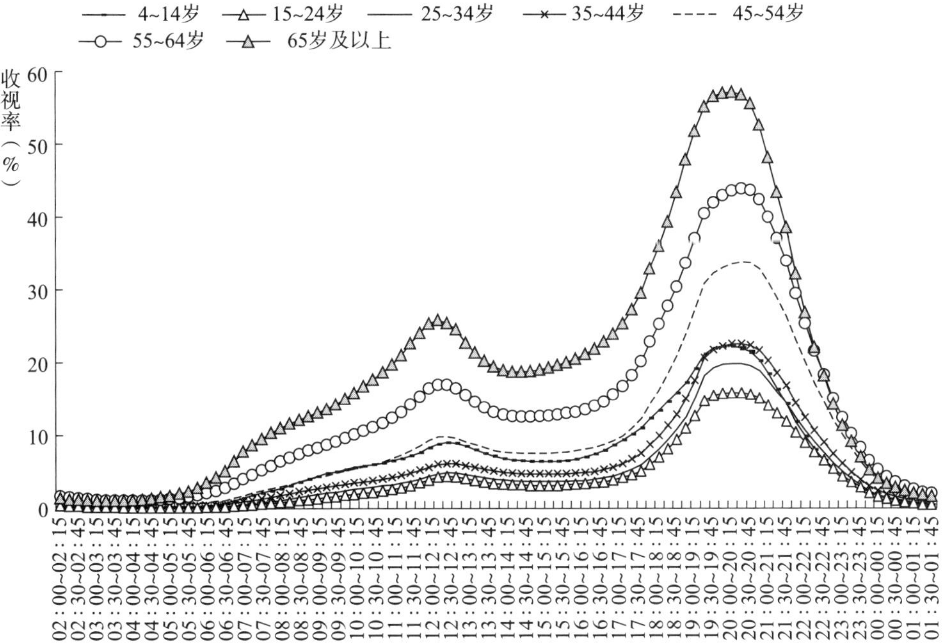

图 3.2.7 2021 年全国样本城市不同年龄观众全天收视率走势

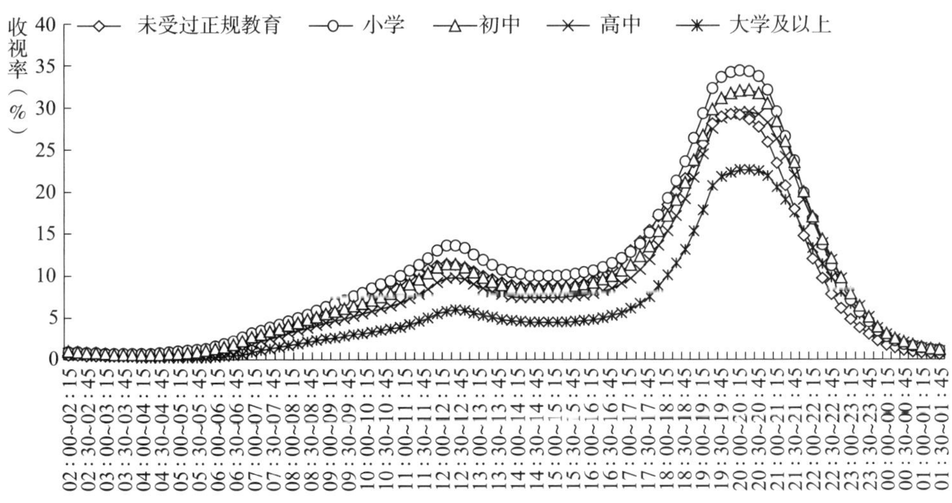

图 3.2.8 2021 年全国样本城市不同文化程度观众全天收视率走势

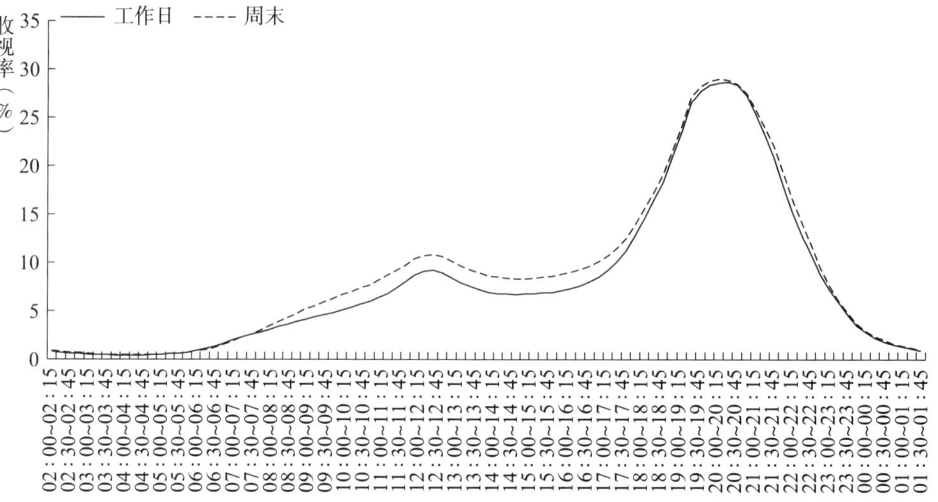

图 3.2.9　2021 年全国样本城市观众工作日与周末全天收视率走势

表 3.2.5　2021 年全国样本城市观众周一至周日各时段收视率

单位：%

时间段	周一	周二	周三	周四	周五	周六	周日
02:00～02:15	0.8	0.8	0.8	0.8	0.8	0.9	0.9
02:15～02:30	0.7	0.7	0.7	0.7	0.7	0.8	0.8
02:30～02:45	0.6	0.6	0.6	0.6	0.6	0.7	0.7
02:45～03:00	0.6	0.6	0.6	0.6	0.6	0.7	0.6
03:00～03:15	0.5	0.5	0.5	0.5	0.5	0.6	0.6
03:15～03:30	0.5	0.5	0.5	0.5	0.5	0.5	0.5
03:30～03:45	0.5	0.4	0.5	0.5	0.5	0.5	0.5
03:45～04:00	0.4	0.4	0.4	0.4	0.4	0.5	0.5
04:00～04:15	0.4	0.4	0.4	0.4	0.4	0.5	0.5
04:15～04:30	0.4	0.4	0.4	0.4	0.4	0.5	0.5
04:30～04:45	0.5	0.4	0.4	0.5	0.4	0.5	0.5
04:45～05:00	0.5	0.5	0.5	0.5	0.5	0.5	0.5
05:00～05:15	0.5	0.5	0.5	0.5	0.5	0.5	0.5
05:15～05:30	0.6	0.6	0.6	0.6	0.6	0.6	0.6
05:30～05:45	0.6	0.6	0.6	0.6	0.6	0.6	0.6
05:45～06:00	0.7	0.7	0.7	0.7	0.7	0.7	0.7
06:00～06:15	0.9	0.9	0.9	0.9	0.9	0.9	0.9
06:15～06:30	1.0	1.0	1.1	1.1	1.1	1.0	1.0
06:30～06:45	1.3	1.3	1.3	1.3	1.3	1.3	1.2
06:45～07:00	1.6	1.6	1.6	1.6	1.6	1.6	1.5

续表

时间段	周一	周二	周三	周四	周五	周六	周日
07:00~07:15	2.0	2.0	2.0	2.0	2.0	1.9	1.9
07:15~07:30	2.3	2.3	2.3	2.3	2.3	2.3	2.2
07:30~07:45	2.6	2.5	2.6	2.6	2.6	2.7	2.6
07:45~08:00	2.8	2.8	2.8	2.9	2.9	3.1	3.0
08:00~08:15	3.1	3.1	3.1	3.1	3.1	3.5	3.5
08:15~08:30	3.4	3.3	3.3	3.4	3.4	3.9	3.9
08:30~08:45	3.7	3.6	3.6	3.7	3.7	4.3	4.3
08:45~09:00	3.9	3.8	3.8	3.9	3.9	4.7	4.8
09:00~09:15	4.2	4.1	4.0	4.2	4.2	5.1	5.2
09:15~09:30	4.4	4.3	4.3	4.4	4.4	5.4	5.6
09:30~09:45	4.7	4.5	4.5	4.6	4.6	5.8	6.0
09:45~10:00	4.9	4.8	4.8	4.9	4.9	6.1	6.5
10:00~10:15	5.2	5.1	5.0	5.1	5.2	6.5	6.8
10:15~10:30	5.5	5.4	5.3	5.4	5.5	6.8	7.2
10:30~10:45	5.8	5.7	5.6	5.7	5.8	7.2	7.6
10:45~11:00	6.1	6.0	5.9	6.0	6.1	7.5	8.0
11:00~11:15	6.5	6.4	6.3	6.4	6.5	7.9	8.4
11:15~11:30	6.9	6.8	6.8	6.8	6.9	8.4	8.9
11:30~11:45	7.5	7.4	7.3	7.4	7.4	9.0	9.4
11:45~12:00	8.1	8.0	7.9	8.0	8.0	9.5	10.0
12:00~12:15	8.7	8.6	8.6	8.7	8.7	10.1	10.6
12:15~12:30	9.2	9.1	9.0	9.1	9.1	10.5	10.9
12:30~12:45	9.3	9.1	9.1	9.2	9.2	10.6	11.0
12:45~13:00	9.0	8.9	8.9	8.9	9.0	10.4	10.8
13:00~13:15	8.5	8.4	8.3	8.4	8.4	9.9	10.3
13:15~13:30	8.0	7.9	7.8	7.9	8.0	9.4	9.8
13:30~13:45	7.6	7.4	7.4	7.5	7.5	9.0	9.4
13:45~14:00	7.3	7.1	7.1	7.2	7.2	8.7	9.0
14:00~14:15	7.0	6.9	6.8	6.9	7.0	8.4	8.8
14:15~14:30	6.9	6.8	6.7	6.8	6.8	8.2	8.7
14:30~14:45	6.9	6.7	6.7	6.8	6.8	8.1	8.6
14:45~15:00	6.8	6.7	6.6	6.8	6.8	8.1	8.5
15:00~15:15	6.9	6.7	6.7	6.8	6.8	8.1	8.6
15:15~15:30	6.9	6.8	6.7	6.8	6.8	8.2	8.6
15:30~15:45	7.0	6.8	6.8	6.9	6.9	8.3	8.7

续表

时间段	周一	周二	周三	周四	周五	周六	周日
15:45~16:00	7.1	6.9	6.8	7.0	7.0	8.4	8.9
16:00~16:15	7.2	7.1	7.0	7.1	7.1	8.6	9.0
16:15~16:30	7.4	7.2	7.2	7.3	7.3	8.8	9.3
16:30~16:45	7.6	7.5	7.5	7.5	7.6	9.1	9.5
16:45~17:00	8.1	7.9	7.9	7.9	8.1	9.4	9.9
17:00~17:15	8.6	8.4	8.4	8.5	8.6	9.9	10.3
17:15~17:30	9.3	9.1	9.1	9.2	9.3	10.4	10.9
17:30~17:45	10.1	10.0	10.0	10.0	10.2	11.2	11.7
17:45~18:00	11.3	11.1	11.1	11.2	11.3	12.3	12.8
18:00~18:15	12.9	12.8	12.8	12.9	13.0	13.8	14.3
18:15~18:30	14.6	14.5	14.5	14.6	14.7	15.3	15.8
18:30~18:45	16.4	16.3	16.3	16.3	16.5	17.0	17.5
18:45~19:00	18.4	18.3	18.3	18.3	18.4	18.8	19.3
19:00~19:15	20.9	20.8	20.8	20.9	20.9	21.2	21.8
19:15~19:30	23.7	23.5	23.6	23.6	23.8	24.0	24.4
19:30~19:45	26.7	26.5	26.6	26.6	26.8	27.0	27.4
19:45~20:00	27.8	27.6	27.7	27.8	28.1	28.1	28.4
20:00~20:15	28.4	28.2	28.2	28.3	28.6	28.7	29.0
20:15~20:30	28.7	28.5	28.5	28.6	29.0	28.8	29.2
20:30~20:45	28.7	28.5	28.5	28.6	29.0	28.7	29.2
20:45~21:00	28.3	28.2	28.2	28.3	28.8	28.3	28.8
21:00~21:15	27.1	27.1	27.0	27.2	28.0	27.3	27.6
21:15~21:30	24.9	25.1	24.9	25.1	26.7	26.0	25.5
21:30~21:45	22.6	22.7	22.4	22.6	25.0	24.3	23.5
21:45~22:00	20.2	20.3	20.0	20.2	23.1	22.5	21.5
22:00~22:15	17.0	17.0	16.9	17.0	20.6	19.6	18.7
22:15~22:30	14.3	14.4	14.2	14.3	18.2	16.7	16.2
22:30~22:45	11.9	12.2	11.8	12.0	15.6	14.0	13.9
22:45~23:00	10.0	10.3	9.9	10.2	13.4	11.8	11.8
23:00~23:15	8.1	8.3	8.0	8.3	11.1	9.7	9.3
23:15~23:30	6.5	6.7	6.5	6.8	9.4	8.0	7.2
23:30~23:45	5.2	5.4	5.2	5.6	7.9	6.5	5.6
23:45~00:00	4.1	4.2	4.1	4.5	6.3	5.2	4.4
00:00~00:15	3.1	3.2	3.2	3.5	4.5	3.9	3.5
00:15~00:30	2.5	2.5	2.5	2.8	3.4	3.1	2.8

续表

时间段	周一	周二	周三	周四	周五	周六	周日
00:30～00:45	2.0	2.1	2.0	2.3	2.6	2.5	2.2
00:45～01:00	1.7	1.7	1.7	1.9	2.1	2.1	1.8
01:00～01:15	1.4	1.4	1.4	1.5	1.8	1.7	1.5
01:15～01:30	1.2	1.2	1.2	1.3	1.5	1.5	1.3
01:30～01:45	1.0	1.0	1.0	1.1	1.3	1.3	1.1
01:45～02:00	0.9	0.9	0.9	0.9	1.1	1.1	1.0

表 3.2.6　2021 年全国样本城市所有频道及各类频道观众构成

单位：%

目标观众		所有频道	中央广播电视总台	中国教育台频道	省级卫视频道	其他频道
4 岁及以上所有人		100.0	100.0	100.0	100.0	100.0
性别	男	50.5	53.9	53.4	48.7	49.6
	女	49.5	46.1	46.6	51.3	50.4
年龄	4～14 岁	7.2	3.8	5.4	7.3	12.1
	15～24 岁	5.8	4.7	5.9	6.6	6.5
	25～34 岁	14.4	9.4	11.7	17.2	17.8
	35～44 岁	11.5	9.2	8.4	12.6	14.5
	45～54 岁	20.4	20.9	19.3	20.0	20.9
	55～64 岁	16.8	19.1	19.0	15.5	13.7
	65 岁及以上	24.0	32.9	30.2	20.9	14.5
受教育程度	未受过正规教育	4.3	3.1	4.2	4.4	5.5
	小学	16.5	15.8	18.7	15.8	15.2
	初中	30.9	32.8	33.3	30.4	27.1
	高中	27.2	28.6	26.6	26.8	27.3
	大学及以上	21.1	19.6	17.1	22.5	24.9
职业类别	干部/管理人员	1.6	1.5	1.2	1.5	2.0
	个体/私营企业人员	11.5	11.1	12.2	11.8	12.9
	初级公务员/雇员	18.1	15.3	15.2	19.1	21.5
	工人	12.6	11.3	10.6	13.8	11.8
	学生	7.3	4.7	6.3	7.6	11.1
	无业	45.0	51.5	49.9	42.3	37.8
	其他	4.0	4.6	4.5	4.0	2.8

续表

目标观众		所有频道	中央广播电视总台	中国教育台频道	省级卫视频道	其他频道
个人月收入	0～600 元	21.8	16.7	21.3	22.9	27.1
	601～1200 元	3.1	3.7	4.1	2.9	2.1
	1201～1700 元	3.1	3.6	4.0	3.0	2.2
	1701～2600 元	12.9	15.5	13.8	12.6	9.6
	2601～3500 元	17.7	20.5	18.1	17.0	15.1
	3501～5000 元	22.0	22.9	20.4	21.4	21.3
	5001 元及以上	19.3	17.1	18.4	20.2	22.6

表 3.2.7　2017～2021 年全国样本城市电视收视市场各类频道的市场占有率

单位：%

频道类别	2017 年	2018 年	2019 年	2020 年	2021 年
中央广播电视总台	29.9	30.2	27.2	26.3	23.8
中国教育台频道	0.1	0.2	0.1	0.2	0.1
省级卫视频道	28.7	26.4	27.4	29.4	31.6
其他频道	41.3	43.2	45.3	44.1	44.5

表 3.2.8　2019～2021 年各类频道在全国样本城市各目标观众中的市场占有率

单位：%

目标观众		中央广播电视总台			省级卫视频道			中国教育台频道		
		2019 年	2020 年	2021 年	2019 年	2020 年	2021 年	2019 年	2020 年	2021 年
4 岁及以上所有人		27.2	26.3	23.8	27.4	29.4	31.6	0.1	0.2	0.1
性别	男	29.3	28.0	25.4	25.9	28.1	30.4	0.2	0.2	0.1
	女	25.0	24.6	22.1	28.9	30.7	32.7	0.1	0.1	0.1
年龄	4～14 岁	19.3	17.2	12.6	31.8	31.1	31.8	0.1	0.1	0.1
	15～24 岁	22.9	22.9	19.3	28.9	32.7	36.0	0.2	0.2	0.1
	25～34 岁	19.4	18.2	15.5	30.1	32.4	37.7	0.1	0.1	0.1
	35～44 岁	24.9	22.9	19.0	29.5	30.7	34.7	0.1	0.1	0.1
	45～54 岁	26.6	26.6	24.4	26.9	29.0	31.0	0.2	0.2	0.1
	55～64 岁	29.7	28.9	27.0	25.9	28.4	29.0	0.2	0.2	0.2
	65 岁及以上	35.5	34.8	32.6	24.5	26.4	27.6	0.2	0.2	0.2
受教育程度	未受过正规教育	23.5	20.9	17.1	29.8	31.2	32.3	0.1	0.1	0.1
	小学	26.0	25.1	22.9	26.0	27.8	30.3	0.2	0.2	0.2
	初中	28.5	28.2	25.2	27.2	28.8	31.1	0.2	0.2	0.2
	高中	28.0	27.2	25.0	27.4	29.5	31.2	0.1	0.1	0.1
	大学及以上	25.5	24.3	22.1	28.4	31.1	33.6	0.1	0.1	0.1

续表

目标观众		中央广播电视总台			省级卫视频道			中国教育台频道		
		2019 年	2020 年	2021 年	2019 年	2020 年	2021 年	2019 年	2020 年	2021 年
职业类别	干部/管理人员	26.3	25.7	23.6	27.2	29.3	30.4	0.1	0.1	0.1
	个体/私营企业人员	26.9	25.9	22.9	27.3	28.6	32.1	0.2	0.2	0.1
	初级公务员/雇员	23.7	22.8	20.1	28.0	30.8	33.3	0.1	0.1	0.1
	工人	24.6	23.8	21.3	27.2	29.7	34.4	0.1	0.1	0.1
	学生	21.4	19.7	15.4	30.8	31.7	32.9	0.1	0.1	0.1
	无业	30.0	29.4	27.2	26.9	28.7	29.7	0.2	0.2	0.2
	其他	30.1	30.5	27.4	25.5	27.3	31.8	0.2	0.2	0.2
个人月收入	0～600 元	22.7	21.7	18.3	29.8	30.8	33.2	0.1	0.1	0.1
	601～1200 元	29.1	29.3	27.9	26.1	26.9	29.6	0.2	0.2	0.2
	1201～1700 元	31.2	30.9	27.9	27.0	29.4	30.1	0.1	0.2	0.2
	1701～2600 元	30.7	30.0	28.4	26.8	29.0	30.7	0.1	0.2	0.1
	2601～3500 元	30.0	29.7	27.4	26.4	28.5	30.3	0.1	0.2	0.1
	3501～5000 元	27.0	26.1	24.8	26.7	29.2	30.8	0.2	0.1	0.1
	5001 元及以上	24.7	23.9	21.0	27.3	29.5	32.9	0.1	0.1	0.1

表 3.2.9　2019－2021 年全国样本城市市场各类频道在各时段的市场占有率

单位：%

时间段	中央广播电视总台			省级卫视频道			中国教育台频道		
	2019 年	2020 年	2021 年	2019 年	2020 年	2021 年	2019 年	2020 年	2021 年
02:00～03:00	21.8	20.0	22.2	27.7	28.8	26.9	0.2	0.3	0.3
03:00～04:00	23.6	21.5	23.7	25.7	27.0	25.4	0.2	0.2	0.2
04:00～05:00	28.9	26.7	28.7	23.8	25.3	24.4	0.2	0.2	0.2
05:00～06:00	34.9	35.8	35.7	23.0	23.0	23.2	0.4	0.3	0.3
06:00～07:00	41.5	44.1	44.3	20.2	18.4	18.9	0.3	0.3	0.4
07:00～08:00	38.3	39.9	38.0	20.6	19.4	19.2	0.3	0.3	0.3
08:00～09:00	37.3	36.8	34.8	22.9	22.8	21.7	0.2	0.2	0.3
09:00～10:00	32.9	30.9	29.7	28.1	28.0	26.4	0.3	0.3	0.3
10:00～11:00	30.7	28.7	27.7	30.4	30.5	28.7	0.3	0.4	0.3
11:00～12:00	31.9	30.6	28.9	29.5	29.6	28.1	0.2	0.2	0.2
12:00～13:00	33.2	33.3	30.6	26.9	25.7	25.6	0.1	0.1	0.1
13:00～14:00	28.3	27.8	25.3	30.6	30.8	30.7	0.2	0.2	0.2
14:00～15:00	26.7	26.2	23.6	33.8	33.6	34.4	0.3	0.3	0.2
15:00～16:00	26.7	26.1	24.1	34.5	34.1	34.6	0.3	0.3	0.2
16:00～17:00	27.6	27.1	25.4	33.3	33.1	33.0	0.3	0.3	0.2
17:00～18:00	27.1	27.0	25.8	28.0	28.0	26.8	0.2	0.1	0.1

续表

时间段	中央广播电视总台			省级卫视频道			中国教育台频道		
	2019 年	2020 年	2021 年	2019 年	2020 年	2021 年	2019 年	2020 年	2021 年
18:00～19:00	26.0	25.2	24.1	16.7	17.2	17.0	0.1	0.1	0.1
19:00～20:00	28.1	27.4	23.0	22.5	25.7	32.3	0.1	0.1	0.1
20:00～21:00	23.7	21.9	18.4	31.4	36.7	42.1	0.1	0.1	0.1
21:00～22:00	24.6	23.0	20.2	27.9	33.5	37.4	0.1	0.1	0.1
22:00～23:00	22.7	22.7	20.4	27.5	30.2	33.4	0.1	0.1	0.1
23:00～00:00	23.9	23.8	22.6	28.5	29.7	30.9	0.1	0.1	0.1
00:00～01:00	24.8	24.4	23.9	25.3	24.3	24.6	0.1	0.2	0.3
01:00～02:00	23.4	21.6	22.8	26.5	25.5	24.3	0.2	0.3	0.4

表 3.2.10　2021 年各月全国样本城市市场各类频道的市场占有率

单位：%

月份	中央广播电视总台	中国教育台频道	省级卫视频道	其他频道
1 月	24.4	0.1	30.3	45.2
2 月	24.5	0.2	31.4	43.9
3 月	22.6	0.1	32.2	45.1
4 月	23.0	0.1	32.7	44.2
5 月	23.3	0.1	32.6	44.0
6 月	23.3	0.1	32.4	44.2
7 月	25.7	0.1	29.9	44.3
8 月	24.3	0.2	30.0	45.5
9 月	23.3	0.1	32.5	44.1
10 月	23.2	0.1	31.3	45.4
11 月	22.7	0.1	32.1	45.1
12 月	24.5	0.1	32.1	43.3

表 3.2.11　2021 年全国样本城市市场份额排名居前 20 位的频道

单位：%

名次	频道名称	市场份额
1	湖南卫视	3.7
2	浙江卫视	3.5
2	江苏卫视	3.5
4	东方卫视	3.4
4	中央电视台综合频道	3.4
6	中央台四套	3.3

续表

名次	频道名称	市场份额
7	中央台六套	2.9
8	中央台八套	2.8
9	北京卫视	2.6
10	中央电视台新闻频道	2.4
11	中央台五套	1.8
12	中央台三套	1.7
13	广东卫视	1.6
14	深圳卫视（新闻综合频道）	1.5
15	安徽卫视	1.4
16	广东广播电视台珠江频道	1.0
17	中央台二套	0.9
17	湖南电视台金鹰卡通频道	0.9
17	天津卫视	0.9
20	北京广播电视台卡酷少儿频道	0.8

表 3.2.12　2019～2021 年全国样本城市市场各类节目的播出份额与收视份额

单位：%

节目类别	2019 年		2020 年		2021 年	
	播出份额	收视份额	播出份额	收视份额	播出份额	收视份额
新闻/时事	10.5	13.3	10.8	16.8	10.4	14.5
综艺	4.9	11.1	4.5	10.1	4.3	11.0
电视剧	29.4	33.7	29.8	34.8	28.9	35.9
体育	2.7	3.7	2.6	2.2	2.9	3.6
专题	9.1	6.2	8.9	5.9	10.0	5.9
教学	0.3	0.1	0.4	0.1	0.3	0.1
外语	0.1	0.0	0.1	0.0	0.1	0.0
青少	4.9	5.1	5.0	4.8	5.0	4.0
音乐	1.4	1.2	1.3	1.2	1.3	0.9
电影	2.9	4.7	2.7	4.2	2.3	4.1
戏剧	0.8	0.5	0.8	0.4	0.9	0.4
财经	1.1	0.7	0.9	0.7	1.0	0.8
生活服务	12.5	6.7	13.9	6.1	14.7	6.2
法制	1.4	1.2	1.2	0.9	1.3	0.9
其他	18.0	11.8	17.1	11.8	16.6	11.7

表 3.2.13　2019～2021 年中央广播电视总台各类节目的播出比重与收视比重

单位：%

节目类别	2019 年		2020 年		2021 年	
	播出比重	收视比重	播出比重	收视比重	播出比重	收视比重
新闻/时事	12.1	16.9	12.4	23.5	11.7	19.3
综艺	7.4	11.0	6.0	8.7	6.5	9.2
电视剧	14.4	19.5	15.2	20.7	14.8	20.6
体育	11.5	7.8	11.2	4.3	12.1	8.3
专题	19.8	11.2	20.8	10.1	21.2	10.5
教学	0.4	0.1	0.3	0.1	0.3	0.1
外语	0.3	0.0	0.4	0.0	0.5	0.0
青少	3.2	3.4	3.2	2.8	3.1	2.1
音乐	4.2	2.7	4.4	2.8	4.2	2.1
电影	5.0	9.4	5.0	9.6	5.0	10.5
戏剧	3.1	0.9	2.7	0.8	2.4	0.6
财经	2.8	1.5	2.6	1.5	2.8	1.8
生活服务	4.0	3.8	3.7	3.5	3.5	3.4
法制	1.9	1.9	1.8	1.5	1.9	1.6
其他	9.9	9.9	10.3	10.1	10.1	9.8

表 3.2.14　2019～2021 年省级卫视各类节目的播出比重与收视比重

单位：%

节目类别	2019 年		2020 年		2021 年	
	播出比重	收视比重	播出比重	收视比重	播出比重	收视比重
新闻/时事	9.2	7.6	9.8	9.7	9.3	9.2
综艺	5.7	15.4	4.8	14.3	4.4	15.1
电视剧	34.2	42.6	33.8	44.3	33.8	45.9
体育	1.9	0.5	2.1	0.4	2.0	0.3
专题	13.7	3.3	13.3	3.6	14.1	3.6
教学	0.3	0.0	0.3	0.1	0.2	0.0
外语	0.0	0.0	0.1	0.0	0.1	0.0
青少	10.0	8.9	10.0	7.8	10.0	6.1
音乐	0.9	0.4	0.8	0.4	0.7	0.4
电影	1.7	1.8	1.6	1.1	1.4	1.0
戏剧	0.6	0.2	0.5	0.1	0.6	0.1
财经	0.3	0.2	0.3	0.1	0.3	0.1
生活服务	6.2	6.9	6.0	6.2	6.6	6.4
法制	0.1	0.0	0.1	0.0	0.2	0.0
其他	15.2	12.2	16.5	11.9	16.3	11.7

表 3.2.15　2021 年全国样本城市各类节目在各目标观众市场的收视比重

单位：%

节目类别		新闻/时事	综艺	电视剧	体育	专题	教学	外语	青少	音乐	电影	戏剧	财经	生活服务	法制	其他
4 岁及以上所有人		14.5	11.0	35.9	3.6	5.9	0.1	0.0	4.0	0.9	4.1	0.4	0.8	6.2	0.9	11.6
性别	男	15.3	10.6	34.8	4.2	6.2	0.1	0.0	3.7	0.9	4.6	0.3	0.9	5.9	0.9	11.5
	女	13.6	11.5	37.0	3.0	5.6	0.1	0.0	4.3	1.0	3.6	0.4	0.7	6.5	0.9	11.8
年龄	4～14 岁	9.0	10.5	27.6	2.4	4.4	0.1	0.0	21.9	0.8	4.1	0.2	0.4	5.7	0.5	12.4
	15～24 岁	13.1	13.3	36.9	3.6	5.6	0.1	0.0	2.8	1.0	4.1	0.3	0.6	6.1	0.7	11.9
	25～34 岁	12.3	13.1	36.5	3.2	5.2	0.1	0.0	5.5	1.0	3.6	0.2	0.6	6.2	0.6	11.8
	35～44 岁	12.6	12.3	34.2	3.5	5.6	0.1	0.0	6.0	1.0	4.9	0.2	0.8	6.2	0.7	11.8
	45～54 岁	13.9	11.1	36.3	3.7	6.4	0.1	0.0	2.1	0.9	5.8	0.3	0.9	6.0	0.8	11.7
	55～64 岁	15.4	10.3	36.5	4.0	6.2	0.1	0.0	2.6	0.9	3.9	0.2	1.0	6.3	1.1	11.6
	65 岁及以上	17.4	9.6	36.9	3.8	6.3	0.1	0.0	1.6	0.9	3.0	0.7	0.9	6.3	1.1	11.3
教育程度	未受过正规教育	10.4	8.6	31.6	1.9	4.6	0.1	0.0	17.9	0.9	4.0	0.5	0.5	5.7	0.6	12.7
	小学	12.8	9.9	38.6	2.5	5.3	0.0	0.0	5.4	0.9	4.5	0.6	0.5	5.9	0.7	12.3
	初中	14.4	10.8	37.0	3.4	5.9	0.1	0.0	3.1	0.9	4.5	0.4	0.7	6.2	1.0	11.6
	高中	15.5	11.2	35.2	4.2	6.2	0.1	0.0	2.6	1.0	3.9	0.3	1.0	6.3	1.0	11.4
	大学及以上	15.3	12.5	33.5	4.5	6.4	0.1	0.0	3.6	0.9	3.6	0.3	1.0	6.4	0.8	11.2
职业类别	干部/管理人员	15.7	12.1	32.9	5.5	7.3	0.1	0.0	2.2	0.9	4.2	0.3	1.0	6.3	0.7	11.0
	个体/私营企业人员	13.4	11.0	36.2	3.5	6.3	0.1	0.0	3.6	0.9	5.3	0.2	0.8	6.0	0.8	11.7
	初级公务员/雇员	14.3	12.6	34.6	4.3	6.2	0.1	0.0	3.3	0.9	4.3	0.2	0.9	6.2	0.7	11.4
	工人	13.0	11.8	36.9	3.3	5.5	0.0	0.0	3.7	0.9	5.2	0.2	0.6	6.0	0.7	12.2
	学生	11.1	13.2	32.2	3.1	5.3	0.1	0.0	10.7	0.9	4.4	0.3	0.5	5.9	0.6	11.9
	无业	15.8	10.0	36.1	3.6	6.0	0.1	0.0	3.8	0.9	3.4	0.5	0.9	6.4	1.0	11.6
	其他	12.0	10.4	41.0	2.3	5.2	0.0	0.0	3.4	0.8	5.2	0.5	0.5	5.9	1.1	11.6
个人月收入	0～600 元	11.5	11.1	35.2	2.5	5.1	0.1	0.0	9.4	1.0	4.4	0.4	0.5	5.9	0.7	12.3
	601～1200 元	12.7	10.3	39.7	3.0	5.9	0.0	0.0	2.7	0.8	4.7	0.4	0.6	6.0	1.1	12.1
	1201～1700 元	13.5	10.3	39.7	3.0	5.6	0.0	0.0	2.8	0.9	4.8	0.4	0.5	5.8	1.0	11.7
	1701～2600 元	14.7	10.6	37.8	3.2	5.8	0.1	0.0	2.9	1.0	4.3	0.4	0.7	6.0	1.0	11.6
	2601～3500 元	15.6	10.7	36.3	3.7	6.3	0.1	0.0	2.5	1.0	3.9	0.4	0.9	6.2	1.0	11.6
	3501～5000 元	15.7	11.2	34.6	4.3	6.3	0.1	0.0	2.7	0.9	4.0	0.4	1.0	6.5	0.9	11.4
	5001 元及以上	15.4	11.6	34.8	4.6	6.3	0.1	0.0	2.8	0.8	3.9	0.3	1.0	6.4	0.9	11.2

表 3.2.16　2021 年全国样本城市市场所有节目收视率排名前 30 位

单位：%

名次	节目名称	节目类别	播出频道	平均收视率	平均占有率
1	《2021 中央广播电视总台春节联欢晚会》	综艺	中央电视台综合频道	6.2	19.1
2	《32 届奥运会男子 100 米决赛》	体育	中央台五套	4.9	16.6
3	《32 届奥运会乒乓球男团决赛》	体育	中央台五套	4.5	18.0
4	《乒乓球男团颁奖仪式》	体育	中央台五套	4.4	14.5
5	《2022 跨年演唱会用奋斗点亮幸福》	音乐	江苏卫视	4.0	16.4
6	《32 届奥运会女排小组赛第 3 轮》（CHN VS ROC）	体育	中央台五套	3.4	23.5
7	《青春中国 2021 ~ 2022 跨年晚会》	音乐	湖南卫视	3.3	14.3
8	《花好月圆元宵夜》	综艺	中央电视台综合频道	3.3	10.8
9	《实况录像：32 届奥运会举重男子 81 公斤级决赛挺举》	体育	中央台五套	3.1	11.8
10	《开学第一课》	青少	中央电视台综合频道	2.9	10.4
11	《32 届奥运会体操女团决赛》	体育	中央台五套	2.7	10.7
12	《32 届奥运会女子自由式摔跤 50 公斤级决赛》	体育	中央台五套	2.7	9.3
13	《我们的歌》（10 月 10 日）	综艺	东方卫视	2.6	14.8
14	《中国好声音》（10 月 1 日）	综艺	浙江卫视	2.6	13.3
15	《32 届奥运会羽毛球男子单打决赛》	体育	中央台五套	2.6	9.1
16	《春满东方幸福牛年 2021 东方卫视春节晚会》	综艺	东方卫视	2.6	8.9
17	《百度潮盛典》	综艺	浙江卫视	2.5	11.3
18	《2021 湖南卫视春节联欢晚会》	综艺	湖南卫视	2.5	9.7
19	《32 届奥运会男子 200 米自由泳预赛》	体育	中央台五套	2.4	14.8
20	《天猫开心夜》	综艺	湖南卫视	2.4	13.8
21	《欢乐喜剧人 7》（3 月 7 日）	综艺	东方卫视	2.4	12.6
22	《闪光的乐队》（12 月 25 日）	综艺	浙江卫视	2.4	9.3
23	《我就是演员》（1 月 9 日）	综艺	浙江卫视	2.4	9.2
23	《2021 年中央广播电视总台中秋晚会》	综艺	中央电视台综合频道	2.4	9.2
25	《王牌对王牌》	综艺	浙江卫视	2.4	9.1
25	《谁是宝藏歌手》（6 月 25 日）	综艺	湖南卫视	2.4	9.1
27	《陪你一起长大》	电视剧	湖南卫视	2.4	9.0
28	《东京奥运会闭幕式》	体育	中央台五套	2.4	8.9
29	《巡回检察组》（32 ~ 43 集）	电视剧	湖南卫视	2.4	8.8
30	《伟大征程庆祝中国共产党成立 100 周年大型情景史诗》	综艺	中央电视台综合频道	2.3	10.1

表 3.2.17　2021 年全国样本城市市场电视剧收视率排名前 20 位

单位：%

名次	节目名称	播出频道	平均收视率	平均占有率
1	《陪你一起长大》	湖南卫视	2.4	9.0
2	《巡回检察组》（32～43 集）	湖南卫视	2.4	8.8
3	《爱的理想生活》	湖南卫视	2.3	8.7
4	《小舍得》	东方卫视	2.3	8.1
5	《突围》	东方卫视	2.3	8.0
6	《海洋之城》	江苏卫视	2.2	7.9
7	《大宋宫词》	江苏卫视	2.2	7.8
8	《王牌部队》（1～10 集）	江苏卫视	2.2	7.6
8	《风起霓裳》	湖南卫视	2.2	7.6
10	《百炼成钢》	湖南卫视	2.1	8.3
10	《小敏家》（1～38 集）	湖南卫视	2.1	8.3
12	《温暖的味道》	湖南卫视	2.1	8.1
13	《八零九零》	湖南卫视	2.1	8.0
14	《理想之城》	东方卫视	2.1	7.8
15	《爱在星空下》	浙江卫视	2.1	7.6
16	《江山如此多娇》	湖南卫视	2.1	7.5
17	《琉璃》	江苏卫视	2.1	7.2
18	《大江大河二》（22～39 集）	东方卫视	2.1	7.0
19	《不惑之旅》	浙江卫视	2.0	7.5
20	《我的砍价女王》	东方卫视	2.0	7.3

表 3.2.18　2021 年全国样本城市市场新闻类节目收视率排名前 20 位

单位：%

名次	节目名称	播出频道	平均收视率	平均占有率
1	《新闻联播》	中央电视台综合频道	1.3	5.8
2	《2021 中关村论坛开幕式特别报道》	北京卫视	1.3	4.6
3	《〈共同守沪迎战烟花〉防汛抗台全媒体直播报道》	东方卫视	1.1	4.5
4	《新闻直播间》（7 月 1 日）	中央电视台综合频道	0.9	10.2
5	《世界经济论坛达沃斯议程对话会特别报道》	中央电视台综合频道	0.9	3.1
6	《国务院总理会见中外记者并回答提问》	中央电视台综合频道	0.9	3.0
7	《筑梦空间站神舟十三号载人飞船发射特别报道》	中央台四套	0.8	3.9
8	《今日关注》	中央台四套	0.8	3.7
9	《2020 疫情下的美国人权透视》	中央台四套	0.8	3.0
9	《牢记殷殷嘱托奋力谱写湖南新篇章》	湖南卫视	0.8	3.0

续表

名次	节目名称	播出频道	平均收视率	平均占有率
11	《中国舆论场》	中央台四套	0.8	2.9
11	《焦点访谈》	中央电视台综合频道	0.8	2.9
13	《今日亚洲》	中央台四套	0.8	2.8
14	《第四届中国国际进口博览会开幕式特别报道》	中央电视台综合频道	0.8	2.7
15	《庆祝中国共产党成立100周年大会特别报道》	中央电视台综合频道	0.7	14.3
16	《中国空间站航天员返回》	中央电视台综合频道	0.7	9.1
17	《传奇中国节春节》	中央台四套	0.7	2.8
18	《中国新闻》	中央台四套	0.7	2.7
19	《海峡两岸》	中央台四套	0.7	2.6
19	《筑梦空间站神舟十二号航天员乘组返回北京特别报道》	中央台四套	0.7	2.6

表3.2.19　2021年全国样本城市市场专题类节目收视率排名前20位

单位：%

名次	节目名称	播出频道	平均收视率	平均占有率
1	《2021一年又一年》	中央电视台综合频道	1.5	9.2
2	《中国诗词大会第六季》（2月13日）	中央电视台综合频道	1.3	4.6
3	《正风反腐就在身边》	中央电视台综合频道	1.3	4.2
4	《2021年全国消费促进月暨上海五五购物节启动仪式》	东方卫视	1.2	4.5
5	《今日头条2021开年演讲》	湖南卫视	1.0	5.2
6	《致敬百年风华》	江苏卫视	1.0	3.7
7	《情满雪域高原记习近平总书记西藏之行》	中央电视台综合频道	1.0	3.6
8	《主播读宪法》	湖南卫视	1.0	3.3
9	《感动中国2020年度人物颁奖盛典》	中央电视台综合频道	0.9	3.0
10	《融入大地闪耀星空致敬袁隆平》	湖南卫视	0.8	3.2
11	《榜样6建党100周年特别节目》	中央电视台综合频道	0.8	3.0
12	《党课开讲啦》	中央电视台综合频道	0.8	2.9
12	《同心奖牌诞生记》	北京卫视	0.8	2.9
14	《“中国共产党为什么能”第十五季〈六中全会精神面对面共同富裕大家谈〉》	浙江卫视	0.7	4.2
14	《潮涌长三角——长三角三省一市庆祝中国共产党成立100周年特别节目》	江苏卫视	0.7	4.2
16	《非凡的领航》	中央台四套	0.7	3.1
17	《岳麓书院》	湖南卫视	0.7	2.8
18	《圆梦中国 德耀中华 第八届全国道德模范颁奖仪式》	中央电视台综合频道	0.7	2.7
18	《我们的决战大决战幕后纪实》	中央电视台综合频道	0.7	2.7
20	《致敬扫黑英雄》	中央电视台综合频道	0.7	2.6

表 3.2.20　2021 年全国样本城市市场电影类节目收视率排名前 20 位

单位：%

名次	节目名称	播出频道	平均收视率	平均占有率
1	《少林寺》（12 月 4 日）	中央台六套	1.6	6.7
2	《金刚川》（1 月 1 日）	中央台六套	1.5	5.7
3	《中华英雄》（12 月 9 日）	中央台六套	1.3	5.6
3	《战狼二》（11 月 24 日）	中央台六套	1.3	5.6
5	《战狼》（3 月 6 日）	中央台六套	1.3	5.5
6	《绝招》（12 月 12 日）	中央台六套	1.3	5.4
7	《叶问四完结篇》（11 月 27 日）	中央台六套	1.3	5.0
8	《捍战二》（12 月 4 日）	中央台六套	1.3	4.7
9	《急先锋》（2 月 17 日）	中央台六套	1.3	4.4
9	《诛仙一》（1 月 30 日）	中央台六套	1.3	4.4
11	《黄金搭档千金杀手》（12 月 23 日）	中央台六套	1.2	5.3
11	《狄仁杰之四大天王》（12 月 19 日）	中央台六套	1.2	5.3
13	《喋血双龙》（12 月 24 日）	中央台六套	1.2	5.0
13	《悬崖之上》（12 月 22 日）	中央台六套	1.2	5.0
15	《封神榜妖灭》（12 月 11 日）	中央台六套	1.2	4.9
16	《红海行动》（1 月 10 日）	中央台六套	1.2	4.8
17	《大决战第二部淮海战役》（11 月 10 日）	中央台六套	1.2	4.7
18	《十八勇士》（12 月 17 日）	中央台六套	1.2	4.5
18	《解放终局营救》（12 月 11 日）	中央台六套	1.2	4.5
18	《黄飞鸿之南北英雄》（5 月 22 日）	中央台六套	1.2	4.5

注：多次播出电影取收视率最高值参与排名，括号中为播出日期。

表 3.2.21　2021 年全国样本城市市场综艺节目收视率排名前 20 位

单位：%

名次	节目名称	播出频道	平均收视率	平均占有率
1	《2021 中央广播电视总台春节联欢晚会》	中央电视台综合频道	6.2	19.1
2	《花好月圆元宵夜》	中央电视台综合频道	3.3	10.8
3	《我们的歌》（10 月 10 日）	东方卫视	2.6	14.8
4	《中国好声音》（10 月 1 日）	浙江卫视	2.6	13.3
5	《春满东方幸福牛年 2021 东方卫视春节晚会》	东方卫视	2.6	8.9
6	《百度潮盛典》	浙江卫视	2.5	11.3
7	《2021 湖南卫视春节联欢晚会》	湖南卫视	2.5	9.7
8	《天猫开心夜》	湖南卫视	2.4	13.8
9	《欢乐喜剧人 7》（3 月 7 日）	东方卫视	2.4	12.6

续表

名次	节目名称	播出频道	平均收视率	平均占有率
10	《闪光的乐队》（12 月 25 日）	浙江卫视	2.4	9.3
11	《我就是演员》（1 月 9 日）	浙江卫视	2.4	9.2
11	《2021 年中央广播电视总台中秋晚会》	中央电视台综合频道	2.4	9.2
13	《王牌对王牌》	浙江卫视	2.4	9.1
13	《谁是宝藏歌手》（6 月 25 日）	湖南卫视	2.4	9.1
15	《伟大征程庆祝中国共产党成立 100 周年大型情景史诗》	中央电视台综合频道	2.3	10.1
16	《追光吧！哥哥》（2 月 27 日）	东方卫视	2.3	9.1
17	《818 全球汽车夜》	湖南卫视	2.3	8.8
18	《乘风破浪》（2 月 19 日）	湖南卫视	2.3	7.9
19	《极限挑战》	东方卫视	2.2	11.6
20	《向往的生活·桃花源》	湖南卫视	2.1	17.5

表 3.2.22　2021 年全国样本城市市场体育节目收视率排名前 20 位（奥运会、残奥会比赛除外）

单位：%

名次	节目名称	播出频道	平均收视率	平均占有率
1	《乒乓球男团颁奖仪式》	中央台五套	4.4	14.5
2	《直播周末：2021 年世界女排联赛第 15 轮》（中国 VS 美国）	中央台五套	1.3	8.5
3	《直播周末 超级足球之夜：2022 年世界杯亚洲区预选赛 A 组第 5 轮》（关岛 VS 中国）	中央台五套	1.1	4.1
4	《直播周末：2020/2021 赛季 CBA 总决赛第三场》（广东东莞大益 VS 辽宁本钢）	中央台五套	1.0	4.1
5	《现场直播：2021 年乒乓球世界杯总决赛男单决赛》	中央台五套	1.0	3.6
5	《中华人民共和国第十四届运动会开幕式》	中央电视台综合频道	1.0	3.6
7	《第十四届全运会乒乓球女单铜牌赛》	中央台五套	1.0	3.5
8	《体坛英豪》	中央台五套	0.9	7.8
9	《第十四届全国运动会开幕式特别报道》	中央电视台综合频道	0.9	3.7
10	《直播周末：2021 年女篮亚洲杯决赛》（日本 VS 中国）	中央台五套	0.9	3.3
11	《第十四届全运会男子 100 米决赛》	中央台五套	0.9	3.1
12	《星耀金杯：2020 年欧洲杯足球赛小组赛 B 组第二轮》（芬兰 VS 俄罗斯）	中央台五套	0.8	3.8
13	《第十四届全运会男女 4×100 米混合泳接力决赛》	中央台五套	0.8	3.0
14	《一起向未来 北京 2022 年冬奥会倒计时 100 天主题活动》	北京卫视	0.8	2.8
15	《中华人民共和国第十四届运动会闭幕式》	中央电视台综合频道	0.7	2.6

续表

名次	节目名称	播出频道	平均收视率	平均占有率
16	《直播周末：2021 年美洲杯决赛》（阿根廷 VS 巴西）	中央台五套	0.6	10.4
17	《第十四届全运会举重女子 87 公斤级决赛挺举》	中央台五套	0.6	2.3
18	《直播周末：2020 年汤姆斯杯羽毛球赛决赛》	中央台五套	0.6	2.2
19	《直播周末：2021 年乒乓球直通系列赛男单决赛》	中央台五套	0.5	2.6
20	《第十四届全国运动会闭幕式特别报道》	中央台四套	0.5	2.0

表 3.2.23　2021 年全国样本城市市场奥运会、残奥会比赛收视率排名前 20 位

单位：%

名次	节目名称	播出频道	平均收视率	平均占有率
1	《32 届奥运会男子 100 米决赛》	中央台五套	4.9	16.6
2	《32 届奥运会乒乓球男团决赛》	中央台五套	4.5	18.0
3	《32 届奥运会女排小组赛第 3 轮》（CHN VS ROC）	中央台五套	3.4	23.5
4	《实况录像：32 届奥运会举重男子 81 公斤级决赛挺举》	中央台五套	3.1	11.8
5	《32 届奥运会体操女团决赛》	中央台五套	2.7	10.7
6	《32 届奥运会女子自由式摔跤 50 公斤级决赛》	中央台五套	2.7	9.3
7	《32 届奥运会羽毛球男子单打决赛》	中央台五套	2.6	9.1
8	《32 届奥运会男子 200 米自由泳预赛》	中央台五套	2.4	14.8
9	《东京奥运会闭幕式》	中央台五套	2.4	8.9
10	《32 届奥运会跳水女子双人 3 米板决赛》	中央台五套	2.1	19.6
11	《东京奥运会开幕式》	中央台五套	2.1	8.8
12	《实况录像：32 届奥运会射击女子 10 米气步枪决赛》	中央台五套	2.1	7.7
13	《32 届奥运会女子 500 米四人皮艇 B 组决赛》	中央台五套	2.0	19.3
14	《32 届奥运会女篮小组赛》（中国 VS 比利时）	中央台五套	1.9	16.2
15	《奥运新闻》	中央台五套	1.8	13.3
16	《32 届奥运会女子曲棍球小组赛》	中央台五套	1.7	15.1
17	《32 届奥运会击剑女子重剑个人决赛》	中央台五套	1.7	6.6
18	《32 届奥运会女足小组赛 F 组第 2 轮》（中国 VS 赞比亚）	中央台五套	1.6	15.1
19	《32 届奥运会多向飞碟混合团体铜牌赛》	中央台五套	1.6	13.3
20	《32 届奥运会女子沙排预赛》（西班牙 VS 中国）	中央台五套	1.4	14.5

三 安徽收视数据

表 3.3.1 2017～2021 年安徽市场各类频道的市场占有率

单位：%

频道类别	2017 年	2018 年	2019 年	2020 年	2021 年
中央广播电视总台	33.2	36.4	31.1	31.7	32.5
中国教育台频道	0.1	0.2	0.2	0.2	0.2
安徽省级频道	31.4	25.9	26.7	26.1	24.5
其他省级卫视频道	25.4	22.4	21.6	19	16.9
其他频道	9.9	15.1	20.4	23.0	25.9

表 3.3.2 2021 年安徽市场各类频道在不同目标观众中的市场占有率

单位：%

目标观众		中央广播电视总台	中国教育台频道	安徽省级频道	其他省级卫视频道	其他频道
4 岁及以上所有人		32.5	0.2	24.5	16.9	25.9
城乡	城市	38.5	0.3	24.4	18.7	18.1
	农村	29.2	0.2	24.6	16.0	30.0
性别	男	35.9	0.3	24.6	15.1	24.1
	女	28.7	0.2	24.5	19.0	27.6
年龄	4～14 岁	24.2	0.3	5.5	17.9	52.1
	15～24 岁	28.7	0.3	11.6	27.5	31.9
	25～34 岁	24.0	0.2	17.5	23.2	35.1
	35～44 岁	27.5	0.2	19.3	17.1	35.9
	45～54 岁	34.3	0.4	27.4	16.6	21.3
	55～64 岁	34.6	0.3	31.6	15.4	18.1
	65 岁及以上	41.0	0.0	35.9	12.4	10.7
受教育程度	未受过正规教育	31.0	0.1	25.6	12.7	30.6
	小学	28.0	0.1	28.1	14.5	29.3
	初中	30.0	0.4	25.9	18.5	25.2
	高中	41.5	0.3	20.4	19.0	18.8
	大学及以上	38.8	0.1	16.7	18.0	26.4

续表

目标观众		中央广播电视总台	中国教育台频道	安徽省级频道	其他省级卫视频道	其他频道
职业类别	干部/管理人员	51.2	0.0	14.1	12.0	22.7
	个体/私营企业人员	32.5	0.3	22.7	17.3	27.2
	初级公务员/雇员	42.9	0.4	23.1	16.1	17.5
	工人	32.2	0.3	27.9	20.5	19.1
	学生	26.5	0.4	7.4	20.3	45.4
	无业	36.3	0.1	25.7	16.6	21.3
	其他	26.4	0.2	31.4	14.4	27.6
个人月收入	0～300元	29.2	0.2	17.9	17.3	35.4
	301～900元	30.7	0.2	31.6	14.8	22.7
	901～1700元	30.6	0.0	28.3	15.3	25.8
	1701～2600元	30.8	0.1	25.8	20.5	22.8
	2601～3500元	30.3	0.2	31.0	16.2	22.3
	3501元及以上	39.7	0.4	23.8	16.4	19.7

表3.3.3　2021年安徽市场各类频道在不同时段的市场占有率

单位：%

时间段	中央广播电视总台	中国教育台频道	安徽省级频道	其他省级卫视频道	其他频道
02:00～03:00	38.1	0.0	8.9	15.7	37.3
03:00～04:00	27.2	0.0	18.4	20.8	33.6
04:00～05:00	27.0	0.0	28.7	28.2	16.1
05:00～06:00	42.0	0.1	24.7	18.7	14.5
06:00～07:00	40.5	0.0	23.2	16.1	20.2
07:00～08:00	46.5	0.2	15.6	14.1	23.6
08:00～09:00	38.8	0.2	14.5	16.0	30.5
09:00～10:00	33.8	0.4	14.3	19.6	31.9
10:00～11:00	31.9	0.5	14.1	21.1	32.4
11:00～12:00	32.1	0.1	17.2	19.3	31.3
12:00～13:00	38.7	0.2	18.8	15.6	26.7
13:00～14:00	29.2	0.3	12.0	21.3	37.2
14:00～15:00	25.6	0.1	12.8	26.2	35.3
15:00～16:00	26.2	0.1	12.4	26.7	34.6
16:00～17:00	31.5	0.1	13.1	21.8	33.5
17:00～18:00	30.4	0.1	26.1	14.8	28.6

续表

时间段	中央广播电视总台	中国教育台频道	安徽省级频道	其他省级卫视频道	其他频道
18:00～19:00	28.7	0.2	41.0	9.0	21.1
19:00～20:00	40.1	0.2	27.3	12.0	20.4
20:00～21:00	29.8	0.2	26.9	18.2	24.9
21:00～22:00	27.8	0.3	26.6	19.1	26.2
22:00～23:00	26.0	0.6	26.0	21.9	25.5
23:00～00:00	28.3	0.3	20.8	23.9	26.7
00:00～01:00	36.2	0.2	22.9	16.4	24.3
01:00～02:00	36.0	0.3	14.3	21.5	27.9

表 3.3.4　2021 年安徽市场收视份额排名前十位的频道

单位：%

名次	频道名称	收视份额
1	安徽卫视	11.3
2	中央电视台综合频道	9.1
3	安徽影视	5.2
4	安徽经视	4.1
5	中央台八套	3.7
6	中央电视台少儿频道	3.6
7	湖南卫视	3.2
8	中央台四套	3.1
9	中央电视台新闻频道	2.9
10	中央台六套	2.4

表 3.3.5　2021 年安徽市场主要频道的观众构成

单位：%

目标观众		所有频道	主要频道				
			安徽卫视	中央电视台综合频道	安徽影视	安徽经视	中央台八套
4 岁及以上所有人		100.0	100.0	100.0	100.0	100.0	100.0
城乡	城市	34.6	26.3	43.7	42.9	38.5	39.7
	乡村	65.4	73.7	56.3	57.1	61.5	60.3
性别	男	52.5	54.1	56.5	49.5	48.1	50.2
	女	47.5	45.9	43.5	50.5	51.9	49.8

续表

目标观众		所有频道	主要频道				
			安徽卫视	中央电视台综合频道	安徽影视	安徽经视	中央台八套
年龄	4～14岁	11.0	2.8	2.0	1.6	1.6	1.2
	15～24岁	6.6	3.0	5.8	3.0	3.9	2.8
	25～34岁	8.9	6.3	5.8	7.2	3.8	5.7
	35～44岁	15.4	13.7	13.1	15.4	7.1	12.1
	45～54岁	16.9	19.3	17.1	16.2	16.4	31.3
	55～64岁	18.2	21.7	20.1	27.2	20.8	20.1
	65岁及以上	23.1	33.2	36.2	29.5	46.4	26.8
受教育程度	未受过正规教育	9.5	9.5	7.4	11.6	8.3	8.0
	小学	25.5	27.2	18.5	28.0	38.3	22.0
	初中	37.7	40.2	35.6	38.3	36.2	40.1
	高中	17.3	16.4	24.2	14.2	10.8	19.2
	大学及以上	10.0	6.8	14.4	7.9	6.4	10.7
职业类别	干部/管理人员	1.0	0.6	1.2	0.1	0.7	2.1
	个体/私营企业人员	11.6	11.3	13.6	14.9	5.3	13.8
	初级公务员/雇员	8.8	7.6	11.3	10.9	7.2	11.5
	工人	12.5	14.7	11.5	9.3	11.7	17.3
	学生	11.9	3.9	6.0	3.1	3.7	2.1
	无业	29.0	26.0	30.2	31.8	34.4	30.2
	其他	25.1	35.9	26.1	29.8	36.9	23.1
个人月收入	0～300元	28.1	22.4	17.9	15.8	22.1	17.3
	301～900元	8.6	11.1	11.3	17.2	7.0	9.6
	901～1700元	10.8	10.8	10.4	9.3	25.5	8.5
	1701～2600元	15.2	16.0	16.6	17.2	11.7	16.4
	2601～3500元	13.0	17.9	12.7	11.4	15.9	14.4
	3501元及以上	24.2	21.8	31.1	29.1	17.7	33.7

表3.3.6　2019～2021年安徽市场各类节目的播出比重和收视比重

单位：%

节目类型	2019年		2020年		2021年	
	播出比重	收视比重	播出比重	收视比重	播出比重	收视比重
财经	1.0	0.3	0.9	0.4	1.0	0.3
电视剧	21.6	29.2	21.6	28.7	21.4	29.4
电影	3.9	3.6	3.7	3.2	3.4	2.6
法制	1.1	0.8	0.9	0.5	0.8	0.6

续表

节目类型	2019 年		2020 年		2021 年	
	播出比重	收视比重	播出比重	收视比重	播出比重	收视比重
教学	0.4	0.0	0.3	0.1	0.3	0.0
青少	6.8	6.2	6.9	5.4	6.7	4.6
生活服务	8.2	6.8	7.9	6.7	8.0	6.6
体育	3.6	1.7	3.6	1.4	4.1	2.2
外语	0.2	0.0	0.2	0.0	0.2	0.0
戏剧	0.8	0.5	0.7	0.5	0.5	0.2
新闻/时事	17.0	21.2	18.1	25.0	17.3	23.2
音乐	1.7	0.6	1.8	0.5	1.6	0.5
专题	13.3	4.5	13.9	4.5	15.3	5.4
综艺	7.0	9.7	6.1	8.9	6.3	9.3
其他	13.5	14.9	13.5	14.3	13.1	15.0

表 3.3.7　2021 年安徽市场所有节目收视率排名前三十位

单位：%

名次	节目名称	节目类型	播出频道	平均收视率	平均占有率
1	《2021 中央广播电视总台春节联欢晚会》	综艺	中央电视台综合频道	11.5	47.3
2	《新闻联播》	新闻	中央电视台综合频道	4.5	20.8
3	《天气预报》	生活服务	中央电视台综合频道	4.0	16.1
4	《花好月圆元宵夜》	综艺	中央电视台综合频道	3.9	17.6
5	《情满雪域高原记习近平总书记西藏之行》	专题	中央电视台综合频道	3.4	14.4
6	《陪你漫步这个世界》	电视剧	安徽卫视	3.4	13.0
7	《旗袍美探》	电视剧	安徽卫视	3.3	13.0
8	《我的不惑青春》（16～40 集）	电视剧	安徽卫视	3.2	12.3
9	《安徽新闻联播》	新闻	安徽卫视	3.1	26.8
10	《大江大河二》	电视剧	安徽卫视	3.1	12.3
11	《开学第一课》（9 月 1 日）	青少	中央电视台综合频道	3.0	13.6
12	《大江大河》（6 月 3 日至 6 月 27 日）	电视剧	安徽卫视	3.0	12.3
13	《焦点访谈》	新闻	中央电视台综合频道	2.9	11.4
14	《江淮柱石安徽省属企业风华录》	专题	安徽卫视	2.8	12.0
15	《2021 中关村论坛开幕式特别报道》	新闻	中央电视台综合频道	2.8	11.9
16	《觉醒年代》（3 月 21 日至 4 月 12 日）	电视剧	安徽卫视	2.8	11.5
17	《世界经济论坛达沃斯议程对话会特别报道》	新闻	中央电视台综合频道	2.8	9.7
18	《2021 安徽卫视春节联欢晚会》（2 月 9 日）	综艺	安徽卫视	2.7	12.7
19	《中国诗词大会第六季》（2 月 13 日）	专题	中央电视台综合频道	2.7	12.6

续表

名次	节目名称	节目类型	播出频道	平均收视率	平均占有率
20	《日头日头照着我》	电视剧	安徽卫视	2.7	11.6
21	《乔家的儿女》	电视剧	安徽卫视	2.6	11.3
22	《燃烧大地》	电视剧	安徽卫视	2.5	11.2
23	《国务院总理会见中外记者并回答提问》	新闻	中央电视台综合频道	2.5	9.0
24	《周生如故》	电视剧	安徽卫视	2.4	10.9
25	《如果爱》	电视剧	安徽卫视	2.4	10.7
25	《山海情》	电视剧	安徽卫视	2.4	10.7
27	《温暖的味道》	电视剧	安徽卫视	2.3	10.5
28	《第32届夏季奥林匹克运动会闭幕式》	体育	中央电视台综合频道	2.3	8.8
29	《2021一年又一年》	专题	中央电视台综合频道	2.2	20.1
30	《小舍得》	电视剧	安徽卫视	2.2	9.8

表3.3.8　2021年安徽市场电视剧收视率排名前十位

单位：%

名次	节目名称	播出频道	平均收视率	平均占有率
1	《陪你漫步这个世界》	安徽卫视	3.4	13.0
2	《旗袍美探》	安徽卫视	3.3	13.0
3	《我的不惑青春》（16～40集）	安徽卫视	3.2	12.3
4	《大江大河二》	安徽卫视	3.1	12.3
5	《大江大河》（6月3日至6月27日）	安徽卫视	3.0	12.3
6	《觉醒年代》（3月21日至4月12日）	安徽卫视	2.8	11.5
7	《日头日头照着我》	安徽卫视	2.7	11.6
8	《乔家的儿女》	安徽卫视	2.6	11.3
9	《燃烧大地》	安徽卫视	2.5	11.2
10	《周生如故》	安徽卫视	2.4	10.9

表3.3.9　2021年安徽市场新闻节目收视率排名前十位

单位：%

名次	节目名称	播出频道	平均收视率	平均占有率
1	《新闻联播》	中央电视台综合频道	4.5	20.8
2	《安徽新闻联播》	安徽卫视	3.1	26.8
3	《焦点访谈》	中央电视台综合频道	2.9	11.4
4	《2021中关村论坛开幕式特别报道》	中央电视台综合频道	2.8	11.9

续表

名次	节目名称	播出频道	平均收视率	平均占有率
5	《世界经济论坛达沃斯议程对话会特别报道》	中央电视台综合频道	2.8	9.7
6	《国务院总理会见中外记者并回答提问》	中央电视台综合频道	2.5	9.0
7	《2021 年中国国际服务贸易交易会全球服务贸易峰会特别报道》	中央电视台综合频道	2.0	8.5
8	《第四届中国国际进口博览会开幕式特别报道》	中央电视台综合频道	1.9	8.3
9	《中国共产党与世界政党领导人峰会特别报道》	中央电视台综合频道	1.7	6.6
10	《每日新闻报》	安徽卫视	1.4	19.1

表 3.3.10　2021 年安徽市场专题节目收视率排名前十位

单位：%

名次	节目名称	播出频道	平均收视率	平均占有率
1	《情满雪域高原记习近平总书记西藏之行》	中央电视台综合频道	3.4	14.4
2	《江淮柱石安徽省属企业风华录》	安徽卫视	2.8	12.0
3	《中国诗词大会第六季》（2 月 13 日）	中央电视台综合频道	2.7	12.6
4	《2021 一年又一年》	中央电视台综合频道	2.2	20.1
5	《感动中国 2020 年度人物颁奖盛典》	中央电视台综合频道	2.0	10.0
6	《正风反腐就在身边》	中央电视台综合频道	2.0	7.1
7	《平语近人习近平喜欢的典故》	中央电视台综合频道	2.0	7.0
8	《中国共产党历史展览馆建设纪实》	中央电视台综合频道	1.8	7.6
9	《榜样》	中央电视台综合频道	1.8	7.1
9	《新的启航》	《中央电视台综合频道》	1.8	7.1

表 3.3.11　2021 年安徽市场综艺节目收视率排名前十位

单位：%

名次	节目名称	播出频道	平均收视率	平均占有率
1	《2021 中央广播电视总台春节联欢晚会》	中央电视台综合频道	11.5	47.3
2	《花好月圆元宵夜》	中央电视台综合频道	3.9	17.6
3	《2021 安徽卫视春节联欢晚会》（2 月 9 日）	安徽卫视	2.7	12.7
4	《2020 国剧盛典》（1 月 1 日）	安徽卫视	2.2	12.8
5	《中国梦祖国颂 2021 国庆特别节目》（10 月 1 日）	中央电视台综合频道	2.1	8.9
6	《越战越勇》（9 月 22 日）	中央台三套	1.8	7.8

续表

名次	节目名称	播出频道	平均收视率	平均占有率
7	《伟大征程庆祝中国共产党成立100周年大型情景史诗》	安徽卫视	1.5	8.6
8	《开门大吉》（8月16日）	中央台三套	1.5	6.1
9	《黄金100秒》（10月8日）	中央台三套	1.4	5.7
10	《2021年中央广播电视总台中秋晚会》	中央电视台综合频道	1.3	11.4

表 3.3.12 2021 年安徽市场体育节目收视率排名前十位

单位：%

名次	节目名称	播出频道	平均收视率	平均占有率
1	《第32届夏季奥林匹克运动会闭幕式》	中央电视台综合频道	2.3	8.8
2	《32届奥运会女子800米决赛》	中央台五套	2.2	8.5
3	《中华人民共和国第十四届运动会闭幕式》	中央电视台综合频道	2.1	8.3
4	《32届奥运会羽毛球男子单打决赛》	中央台五套	2.1	8.1
5	《32届奥运会体操男子吊环决赛》（8月2日）	中央台五套	1.9	9.3
6	《32届奥运会乒乓球女单决赛》	中央台五套	1.9	7.8
7	《第十四届全国运动会开幕式特别报道》	中央电视台综合频道	1.8	10.1
8	《乒乓球女团颁奖仪式》	中央台五套	1.7	8.0
9	《32届奥运会举重男子81公斤级决赛抓举》	中央台五套	1.7	7.8
10	《中华人民共和国第十四届运动会开幕式》	中央电视台综合频道	1.5	7.8

四　福建收视数据

表 3.4.1　2017～2021 年福建市场各类频道的市场占有率

单位：%

频道类别	2017 年	2018 年	2019 年	2020 年	2021 年
中央广播电视总台	30.4	29.4	25.6	23.4	20.9
中国教育台频道	0.1	0.1	0.1	0.1	0.1
福建省级频道	27.2	30.0	29.6	32.7	33.9
其他省级卫视频道	25.6	22.0	20.7	17.5	17.1
其他频道	16.7	18.5	24.0	26.3	28.0

表 3.4.2　2021 年福建市场各类频道在不同目标观众中的市场占有率

单位：%

目标观众		中央广播电视总台	中国教育台频道	福建省级频道	其他省级卫视频道	其他频道
4 岁及以上所有人		20.9	0.1	33.9	17.1	28.0
城乡	城市	24.5	0.2	10.3	27.7	37.3
	农村	19.7	0.1	42.4	13.3	24.5
性别	男	22.0	0.1	32.9	16.4	28.6
	女	19.8	0.1	34.9	17.8	27.4
年龄	4～14 岁	10.4	0.1	30.1	17.3	42.1
	15～24 岁	13.7	0.1	36.7	17.6	31.9
	25～34 岁	13.4	0.0	47.3	16.7	22.6
	35～44 岁	15.6	0.1	34.0	20.2	30.1
	45～54 岁	21.6	0.1	36.5	13.1	28.7
	55～64 岁	28.5	0.1	32.3	16.8	22.3
	65 岁及以上	34.9	0.2	22.3	20.3	22.3
受教育程度	未受过正规教育	21.8	0.1	31.0	18.5	28.6
	小学	19.2	0.1	33.9	17.0	29.8
	初中	20.6	0.1	39.0	14.6	25.7
	高中	23.1	0.1	28.4	18.6	29.8
	大学及以上	22.6	0.1	28.9	22.0	26.4

续表

目标观众		中央广播电视总台	中国教育台频道	福建省级频道	其他省级卫视频道	其他频道
职业类别	干部/管理人员	41.1	0.1	8.3	17.1	33.4
	个体/私营企业人员	22.8	0.1	28.2	18.8	30.1
	初级公务员/雇员	23.6	0.1	35.6	16.4	24.3
	工人	18.1	0.1	39.8	16.4	25.6
	学生	11.0	0.1	28.1	19.5	41.3
	无业	24.4	0.1	27.3	19.1	29.1
	其他	19.4	0.1	51.1	11.0	18.4
个人月收入	0～300元	17.1	0.1	30.2	19.2	33.4
	301～900元	23.8	0.1	44.3	11.3	20.5
	901～1700元	18.2	0.1	47.0	10.3	24.4
	1701～2600元	24.4	0.1	40.3	11.4	23.8
	2601～3500元	25.0	0.1	30.3	19.3	25.3
	3501元及以上	22.0	0.1	30.0	20.4	27.5

表3.4.3　2021年福建市场各类频道在不同时段的市场占有率

单位：%

时间段	中央广播电视总台	中国教育台频道	福建省级频道	其他省级卫视频道	其他频道
02:00～03:00	24.0	0.2	33.3	18.6	23.9
03:00～04:00	21.0	0.1	41.5	16.0	21.4
04:00～05:00	23.9	0.1	42.4	11.1	22.5
05:00～06:00	32.8	0.1	35.0	11.0	21.1
06:00～07:00	44.6	0.3	17.0	14.8	23.3
07:00～08:00	31.5	0.3	10.2	20.4	37.6
08:00～09:00	25.4	0.5	10.5	20.4	43.2
09:00～10:00	21.8	0.4	9.5	24.1	44.2
10:00～11:00	24.2	0.3	6.8	26.2	42.5
11:00～12:00	26.6	0.2	6.2	26.7	40.3
12:00～13:00	27.0	0.1	8.1	27.0	37.8
13:00～14:00	25.0	0.1	7.2	27.5	40.2
14:00～15:00	24.1	0.2	8.2	27.5	40.0
15:00～16:00	24.0	0.2	7.7	27.5	40.6
16:00～17:00	24.1	0.2	9.9	25.7	40.1
17:00～18:00	21.2	0.1	24.9	18.7	35.1

续表

时间段	中央广播电视总台	中国教育台频道	福建省级频道	其他省级卫视频道	其他频道
18:00～19:00	18.0	0.1	46.5	9.6	25.8
19:00～20:00	20.4	0.1	48.1	11.4	20.0
20:00～21:00	16.4	0.0	47.7	15.3	20.6
21:00～22:00	17.1	0.1	47.7	13.6	21.5
22:00～23:00	21.3	0.1	36.4	16.0	26.2
23:00～00:00	28.2	0.1	24.4	18.7	28.6
00:00～01:00	29.9	0.2	25.0	16.1	28.8
01:00～02:00	28.6	0.2	26.9	16.5	27.8

表 3.4.4　2021 年福建市场收视份额排名前十位的频道

单位：%

名次	频道名称	收视份额
1	东南卫视	14.5
2	福建省广播影视集团综合频道	6.5
3	福建省广播影视集团电视剧频道	6.2
4	福建省广播影视集团新闻频道	4.5
5	中央台八套	3.7
6	中央台六套	3.3
7	湖南电视台金鹰卡通频道	3.2
8	中央台四套	2.6
9	中央电视台综合频道	2.1
10	湖南卫视	1.9

表 3.4.5　2021 年福建市场各主要频道的观众构成

单位：%

目标观众		所有频道	主要频道				
			东南卫视	福建省广播影视集团综合频道	福建省广播影视集团电视剧频道	福建省广播影视集团新闻频道	中央台八套
4 岁及以上所有人		100.0	100.0	100.0	100.0	100.0	100.0
城乡	城市	26.3	5.0	5.0	11.5	9.1	21.2
	农村	73.7	95.0	95.0	88.5	90.9	78.8
性别	男	49.4	47.6	53.1	48.2	41.7	34.6
	女	50.6	52.4	46.9	51.8	58.3	65.4

续表

目标观众		所有频道	主要频道				
			东南卫视	福建省广播影视集团综合频道	福建省广播影视集团电视剧频道	福建省广播影视集团新闻频道	中央台八套
年龄	4～14岁	13.4	13.2	13.7	7.6	5.7	4.7
	15～24岁	7.8	9.8	4.8	9.9	9.8	3.9
	25～34岁	14.7	30.0	20.7	4.2	13.9	10.5
	35～44岁	11.0	7.8	15.2	16.2	8.4	6.5
	45～54岁	21.4	22.8	11.0	20.5	48.1	18.2
	55～64岁	14.4	13.2	18.0	15.9	6.6	16.8
	65岁及以上	17.3	3.2	16.6	25.7	7.5	39.4
受教育程度	未受过正规教育	15.0	9.3	15.3	22.7	9.8	27.3
	小学	28.1	29.4	33.1	25.2	17.9	22.5
	初中	33.5	40.6	30.4	32.6	56.2	29.6
	高中	14.2	10.8	12.1	17.6	7.0	16.3
	大学及以上	9.2	9.9	9.1	1.9	9.1	4.3
职业类别	干部/管理人员	0.5	0.1	0.1	0.0	0.3	0.3
	个体/私营企业人员	14.1	13.5	9.7	6.3	15.4	15.5
	初级公务员/雇员	11.9	13.1	8.9	10.3	21.7	16.6
	工人	13.1	15.0	17.7	19.4	8.6	9.5
	学生	11.8	8.4	10.4	11.8	7.9	3.6
	无业	32.4	23.1	23.5	36.1	19.0	43.5
	其他	16.2	26.8	29.7	16.1	27.1	11.0
个人月收入	0～300元	35.6	27.3	37.8	37.9	21.5	32.2
	301～900元	9.0	12.4	18.4	11.4	3.6	14.4
	901～1700元	6.0	12.5	12.2	1.8	0.4	2.8
	1701～2600元	14.7	16.5	13.6	14.2	32.2	18.4
	2601～3500元	12.3	5.8	9.3	15.8	22.0	15.6
	3501元及以上	22.4	25.5	8.7	18.9	20.3	16.6

表3.4.6　2019～2021年福建市场各类节目的播出比重和收视比重

单位：%

节目类别	2019年		2020年		2021年	
	播出比重	收视比重	播出比重	收视比重	播出比重	收视比重
财经	1.3	0.4	1.1	0.4	1.2	0.6
电视剧	21.0	30.6	20.8	31.8	20.4	31.4
电影	3.5	4.9	3.3	4.5	3.3	4.0

续表

节目类别	2019 年		2020 年		2021 年	
	播出比重	收视比重	播出比重	收视比重	播出比重	收视比重
法制	0.9	1.5	0.7	0.8	0.7	0.9
教学	0.4	0.0	0.4	0.0	0.4	0.0
青少	7.7	6.4	7.9	6.3	7.6	5.3
生活服务	7.6	6.5	7.8	5.4	8.1	6.2
体育	4.4	1.2	4.5	0.7	4.9	1.6
外语	0.2	0.0	0.2	0.0	0.2	0.0
戏剧	0.8	0.3	0.6	0.2	0.5	0.2
新闻/时事	15.9	16.7	16.7	19.5	15.8	20.2
音乐	1.9	1.2	2.1	2.0	1.9	1.5
专题	14.8	9.1	15.4	9.1	16.7	9.8
综艺	7.1	7.6	6.2	5.6	6.3	5.6
其他	12.5	13.6	12.3	13.7	11.9	12.7

表 3.4.7　2021 年福建市场所有节目收视率排名前三十位

单位：%

名次	节目名称	节目类型	播出频道	平均收视率	平均占有率
1	《福迎八方第 44 届世界遗产大会开幕式文艺演出》	综艺	东南卫视	8.1	26.7
2	《伟大征程庆祝中国共产党成立 100 周年大型情景史诗》	综艺	东南卫视	7.4	24.7
3	《绝境铸剑》	电视剧	东南卫视	7.4	24.6
4	《人类的记忆中国的世界遗产》（武夷山）	专题	东南卫视	7.4	22.6
5	《啊摇篮》	电视剧	东南卫视	7.3	23.8
6	《习近平与福建文化自然遗产》	专题	东南卫视	7.0	22.1
7	《假日暖洋洋》	电视剧	东南卫视	6.9	23.0
8	《绝密使命》	电视剧	东南卫视	6.8	23.4
9	《庆余年第一季》	电视剧	东南卫视	6.8	22.8
10	《百年风华山海交响福建省庆祝中国共产党成立 100 周年文艺演出》	综艺	东南卫视	6.8	21.8
11	《扫黑风暴》	电视剧	东南卫视	6.7	22.0
12	《士兵突击》	电视剧	东南卫视	6.6	22.2
13	《小娘惹》	电视剧	东南卫视	6.5	22.5
14	《爱上特种兵》	电视剧	东南卫视	6.5	21.8
15	《理想之城》	电视剧	东南卫视	6.5	21.6
15	《下饭菜》（12 月 29 日）	专题	东南卫视	6.5	21.6

续表

名次	节目名称	节目类型	播出频道	平均收视率	平均占有率
17	《叛逆者》	电视剧	东南卫视	6.4	22.2
18	《爱的厘米》	电视剧	东南卫视	6.4	22.0
19	《敢教日月换新天》	专题	东南卫视	6.4	19.8
20	《平语近人习近平喜欢的典故》	专题	东南卫视	6.2	21.5
21	《蓝军出击》	电视剧	东南卫视	6.2	21.2
22	《闽宁纪事》	专题	中央台九套纪录频道	6.1	31.7
23	《转播中央台新闻联播》	新闻/时事	东南卫视	6.0	23.2
24	《陪你一起长大》	电视剧	东南卫视	6.0	19.7
25	《突围》(1~6集)	电视剧	东南卫视	6.0	19.4
26	《摆脱贫困》	专题	东南卫视	5.9	19.6
27	《悦读家》	专题	东南卫视	5.7	20.6
28	《2021 一年又一年》	专题	东南卫视	5.7	16.8
29	《瑰宝文化自然遗产在福建》	专题	东南卫视	5.6	24.0
30	《榜样》	专题	东南卫视	5.6	21.6

表 3.4.8 2021 年福建市场电视剧收视率排名前十位

单位：%

名次	节目名称	播出频道	平均收视率	平均占有率
1	《绝境铸剑》	东南卫视	7.4	24.6
2	《啊摇篮》	东南卫视	7.3	23.8
3	《假日暖洋洋》	东南卫视	6.9	23.0
4	《绝密使命》	东南卫视	6.8	23.4
5	《庆余年第一季》	东南卫视	6.8	22.8
6	《扫黑风暴》	东南卫视	6.7	22.0
7	《士兵突击》	东南卫视	6.6	22.2
8	《小娘惹》	东南卫视	6.5	22.5
9	《爱上特种兵》	东南卫视	6.5	21.8
10	《理想之城》	东南卫视	6.5	21.6

表 3.4.9 2021 年福建市场新闻节目收视率排名前十位

单位：%

名次	节目名称	播出频道	平均收视率	平均占有率
1	《转播中央台新闻联播》	东南卫视	6.0	23.2
2	《深情的关怀 巨大的鼓舞 东南晚报特别报道》(3月27日)	东南卫视	5.5	20.6

续表

名次	节目名称	播出频道	平均收视率	平均占有率
3	《福建卫视新闻》	东南卫视	5.0	23.6
4	《台湾新闻脸》	东南卫视	4.7	18.6
5	《福建新闻联播》	福建省广播影视集团综合频道	2.5	8.7
6	《转播中央台新闻联播》（7 月 1 日）	福建省广播影视集团综合频道	2.4	10.2
7	《新闻启示录》	福建省广播影视集团综合频道	2.3	7.8
8	《海峡新干线》	东南卫视	2.1	16.7
9	《今日中国》（5 月 27 日）	福建省广播影视集团综合频道	2.1	7.7
10	《新晚报》	福建省广播影视集团新闻频道	2.1	7.2

表 3.4.10　2021 年福建市场专题节目收视率排名前十位

单位：%

名次	节目名称	播出频道	平均收视率	平均占有率
1	《人类的记忆中国的世界遗产》（武夷山）	东南卫视	7.4	22.6
2	《习近平与福建文化自然遗产》	东南卫视	7.0	22.1
3	《下饭菜》（12 月 29 日）	东南卫视	6.5	21.6
4	《敢教日月换新天》	东南卫视	6.4	19.8
5	《平语近人习近平喜欢的典故》	东南卫视	6.2	21.5
6	《闽宁纪事》	中央台九套纪录频道	6.1	31.7
7	《摆脱贫困》	东南卫视	5.9	19.6
8	《悦读家》	东南卫视	5.7	20.6
9	《2021 一年又一年》	东南卫视	5.7	16.8
10	《瑰宝文化自然遗产在福建》	东南卫视	5.6	24.0

表 3.4.11　2021 年福建市场综艺节目收视率排名前十位

单位：%

名次	节目名称	播出频道	平均收视率	平均占有率
1	《福迎八方第 44 届世界遗产大会开幕式文艺演出》	东南卫视	8.1	26.7
2	《伟大征程庆祝中国共产党成立 100 周年大型情景史诗》	东南卫视	7.4	24.7
3	《“百年风华 山海交响”福建省庆祝中国共产党成立 100 周年文艺演出》	东南卫视	6.8	21.8
4	《21 年中国金鸡百花电影节 34 届中国电影金鸡奖开幕式提名者表彰仪式》	东南卫视	5.6	19.7
5	《向着海风野蛮生长 2021IM 两岸青年影展中国平潭》	东南卫视	5.6	19.6

续表

名次	节目名称	播出频道	平均收视率	平均占有率
6	《13th 光影航程 2021 第 13 届海峡影视季》	东南卫视	5.6	17.3
7	《你的生活好好看》	东南卫视	5.2	20.1
8	《神奇主播已就位》	东南卫视	4.5	19.2
9	《潮起福见中国年 2021 年福建春节联欢晚会》	东南卫视	4.3	14.3
10	《遇见你》	东南卫视	4.2	17.9

表 3.4.12　2021 年福建市场体育节目收视率排名前十位

单位：%

名次	节目名称	播出频道	平均收视率	平均占有率
1	《32 届奥运会男子 100 米决赛》	中央台五套	4.9	14.5
2	《32 届奥运会乒乓球女团决赛》	中央台五套	4.2	12.6
3	《乒乓球男团颁奖仪式》	中央台五套	3.6	10.3
4	《实况录像：32 届奥运会举重男子 73 公斤级决赛挺举》	中央台五套	3.0	9.2
5	《32 届奥运会体操女团决赛》	中央台五套	2.7	10.4
6	《东京奥运会闭幕式》	中央台五套	2.4	8.0
7	《32 届奥运会羽毛球男子单打决赛》	中央台五套	2.2	7.2
8	《32 届奥运会女排小组赛第 4 轮》（中国 VS 意大利）	中央台五套	2.0	10.3
9	《32 届奥运会男子 200 米自由泳预赛》	中央台五套	1.9	12.0
10	《奥运直播》	中央台五套	1.9	8.2

五　甘肃收视数据

表 3.5.1　2017～2021 年甘肃市场各类频道的市场占有率

单位：%

频道类别	2017 年	2018 年	2019 年	2020 年	2021 年
中央广播电视总台	48.2	44.9	38.6	39.1	32.0
中国教育台频道	0.2	0.3	0.3	0.5	0.2
甘肃省级频道	7.9	7.5	10.1	10.9	6.1
其他省级卫视频道	30.9	27.0	27.1	27.3	24.7
其他频道	12.8	20.3	23.9	22.2	37.0

注：2021 年甘肃省网数据为测量仪数据，始于 2021 年 5 月 1 日，下同。

表 3.5.2　2021 年甘肃市场各类频道在不同目标观众中的市场占有率

单位：%

目标观众		中央广播电视总台	中国教育台频道	甘肃省级频道	其他省级卫视频道	其他频道
4 岁及以上所有人		32.0	0.2	6.1	24.7	37.0
城乡	城市	29.3	0.2	3.4	26.7	40.4
	乡村	34.7	0.2	8.9	22.5	33.7
性别	男	33.0	0.2	5.5	23.6	37.7
	女	30.8	0.2	6.7	25.9	36.4
年龄	4～14 岁	21.0	0.2	3.4	26.4	49.0
	15～24 岁	27.3	0.2	3.2	23.2	46.1
	25～34 岁	19.3	0.1	2.1	33.8	44.7
	35～44 岁	30.8	0.2	6.3	22.1	40.6
	45～54 岁	35.6	0.2	4.9	25.1	34.2
	55～64 岁	32.4	0.2	6.3	21.3	39.8
	65 岁及以上	44.7	0.2	11.2	24.3	19.6
受教育程度	未受过正规教育	29.2	0.2	5.6	24.4	40.6
	小学	35.6	0.2	7.6	25.2	31.4
	初中	34.7	0.2	7.7	24.9	32.5
	高中	26.7	0.1	5.1	23.6	44.5
	大学及以上	30.9	0.1	2.5	25.1	41.4

续表

目标观众		中央广播电视总台	中国教育台频道	甘肃省级频道	其他省级卫视频道	其他频道
职业类别	干部/管理人员	33.1	0.2	2.1	21.5	43.1
	个体/私营企业人员	24.3	0.1	6.4	29.1	40.1
	初级公务员/雇员	31.2	0.2	2.7	23.3	42.6
	工人	26.2	0.2	5.0	31.1	37.5
	学生	23.4	0.2	3.4	23.9	49.1
	无业	33.3	0.2	8.5	24.5	33.5
	其他	40.6	0.2	7.0	22.8	29.4
个人月收入	0～300 元	30.0	0.2	4.8	23.9	41.1
	301～900 元	39.9	0.2	7.0	24.5	28.4
	901～1700 元	39.9	0.2	8.0	20.7	31.2
	1701～2600 元	26.5	0.1	10.9	26.2	36.3
	2601～3500 元	29.5	0.2	6.5	24.9	38.9
	3501 元及以上	31.6	0.1	3.1	27.2	38.0

表 3.5.3　2021 年甘肃市场各类频道在不同时段的市场占有率

单位：%

时间段	中央广播电视总台	中国教育台频道	甘肃省级频道	其他省级卫视频道	其他频道
02:00～03:00	14.2	0.2	2.4	22.6	60.6
03:00～04:00	21.3	0.3	0.8	22.3	55.3
04:00～05:00	32.9	0.1	1.2	19.2	46.6
05:00～06:00	41.0	0.1	7.7	17.4	33.8
06:00～07:00	45.9	0.1	5.6	22.7	25.7
07:00～08:00	46.7	0.3	7.7	21.0	24.3
08:00～09:00	39.3	0.4	5.1	23.0	32.2
09:00～10:00	30.8	0.5	4.6	23.8	40.3
10:00～11:00	27.9	0.4	3.8	25.5	42.4
11:00～12:00	29.0	0.2	3.5	25.9	41.4
12:00～13:00	36.5	0.1	2.3	21.7	39.4
13:00～14:00	26.5	0.2	3.2	26.2	43.9
14:00～15:00	24.6	0.2	3.7	29.0	42.5
15:00～16:00	25.3	0.3	3.7	30.0	40.7
16:00～17:00	25.6	0.3	4.0	28.2	41.9
17:00～18:00	31.1	0.2	3.0	23.5	42.2

续表

时间段	中央广播电视总台	中国教育台频道	甘肃省级频道	其他省级卫视频道	其他频道
18:00～19:00	37.4	0.2	9.1	13.9	39.4
19:00～20:00	39.8	0.1	8.5	21.0	30.6
20:00～21:00	33.1	0.1	6.5	28.6	31.7
21:00～22:00	32.8	0.1	6.1	26.8	34.2
22:00～23:00	27.7	0.2	5.5	26.4	40.2
23:00～00:00	22.1	0.2	9.8	24.5	43.4
00:00～01:00	16.3	0.2	15.1	22.5	45.9
01:00～02:00	15.0	0.3	9.8	25.8	49.1

表 3.5.4　2021 年甘肃市场收视份额排名前十的频道

单位：%

名次	频道名称	收视份额
1	中央电视台综合频道	5.6
2	中央台八套	5.3
3	中央台六套	4.4
4	中央电视台新闻频道	2.6
5	卡酷少儿频道	2.2
5	浙江卫视	2.2
7	中央台五套	2.1
7	湖南电视台金鹰卡通频道	2.1
7	中央台四套	2.1
10	甘肃电视台文化影视频道	2.0

表 3.5.5　2021 年甘肃市场各主要频道的观众构成

单位：%

目标观众		所有频道	主要频道				
			中央电视台综合频道	中央台八套	中央台六套	中央电视台新闻频道	卡酷少儿频道
4 岁及以上所有人		100.0	100.0	100.0	100.0	100.0	100.0
城乡	城市	51.9	53.1	46.1	45.3	47.0	32.9
	乡村	48.1	46.9	53.9	54.7	53.0	67.1
性别	男	54.2	52.2	53.8	62.1	62.3	50.8
	女	45.8	47.8	46.2	37.9	37.7	49.2

续表

目标观众		所有频道	主要频道				
			中央电视台综合频道	中央台八套	中央台六套	中央电视台新闻频道	卡酷少儿频道
年龄	4～14岁	14.9	7.2	6.5	14.3	4.8	42.6
	15～24岁	7.4	5.9	5.8	7.5	10.8	7.0
	25～34岁	8.9	4.4	4.8	5.0	3.5	10.0
	35～44岁	15.0	14.7	12.0	17.0	7.5	8.9
	45～54岁	15.9	17.6	24.8	24.7	15.7	12.6
	55～64岁	17.0	19.2	18.3	15.2	15.6	10.9
	65岁及以上	20.8	31.0	27.8	16.3	42.1	8.0
受教育程度	未受过正规教育	10.7	7.4	10.6	12.1	10.1	18.3
	小学	26.7	24.0	37.6	36.8	20.2	43.0
	初中	24.7	25.2	24.0	27.1	31.5	20.2
	高中	22.0	20.4	15.2	12.8	23.8	13.6
	大学及以上	16.0	23.0	12.6	11.2	14.4	4.9
职业类别	干部/管理人员	2.4	2.7	1.0	3.5	2.4	0.5
	个体/私营企业人员	13.2	9.5	7.1	9.1	10.7	12.8
	初级公务员/雇员	11.2	14.8	13.7	6.5	10.7	1.0
	工人	4.0	4.6	2.2	2.6	2.4	4.3
	学生	15.7	9.2	7.8	17.4	7.8	30.7
	无业	26.6	33.1	29.2	15.1	31.5	25.0
	其他	27.0	26.1	39.0	45.8	34.5	25.7
个人月收入	0～300元	33.6	25.8	38.1	45.0	25.3	53.2
	301～900元	10.3	10.9	15.1	11.3	15.4	16.4
	901～1700元	11.2	15.0	8.6	11.3	11.8	6.6
	1701～2600元	12.7	8.6	8.8	9.5	14.7	7.3
	2601～3500元	12.8	10.9	14.2	6.3	17.8	9.3
	3501元及以上	19.4	28.8	15.2	16.6	15.0	7.2

表3.5.6　2019～2021年甘肃市场各类节目的播出比重和收视比重

单位：%

节目类别	2019年		2020年		2021年	
	播出比重	收视比重	播出比重	收视比重	播出比重	收视比重
财经	1.1	0.4	1.0	0.7	1.2	0.7
电视剧	22.5	30.0	22.5	31.3	21.9	34.7
电影	3.6	3.5	3.5	2.7	3.3	7.5
法制	0.8	1.0	0.7	0.8	0.7	0.7

续表

节目类别	2019年		2020年		2021年	
	播出比重	收视比重	播出比重	收视比重	播出比重	收视比重
教学	0.4	0.0	0.3	0.1	0.3	0.0
青少	7.9	6.7	8.0	6.9	7.7	7.1
生活服务	7.2	7.2	6.9	6.5	7.7	5.1
体育	3.9	1.2	3.9	0.8	4.3	3.9
外语	0.2	0.0	0.2	0.0	0.3	0.0
戏剧	0.9	0.7	0.7	0.4	0.7	0.5
新闻/时事	15.6	17.6	16.4	20.2	15.5	12.9
音乐	1.8	1.0	1.9	1.1	1.7	0.8
专题	14.3	7.6	14.9	7.2	16.3	7.4
综艺	7.2	8.3	6.3	6.9	6.3	8.6
其他	12.6	14.7	12.8	14.4	12.1	10.1

表3.5.7　2021年甘肃市场所有节目收视率排名前三十位

单位：%

名次	节目名称	节目类别	播出频道	平均收视率	平均占有率
1	《开学第一课》	青少	中央电视台综合频道	3.9	25.0
2	《32届奥运会男子100米决赛》	体育	中央台五套	2.6	21.4
3	《32届奥运会女排小组赛第4轮》（中国VS意大利）	体育	中央台五套	2.5	25.2
4	《32届奥运会乒乓球女团颁奖仪式》	体育	中央台五套	2.5	17.7
5	《实况录像：32届奥运会举重男子81公斤级决赛挺举》	体育	中央台五套	2.4	20.2
6	《夺宝黑狐岭》	电影	中央台六套	2.4	15.9
7	《销声匿迹》	电影	中央台六套	2.1	14.7
8	《剿匪龙虎山》	电影	中央台六套	2.0	10.8
9	《32届奥运会乒乓球男单决赛》（樊振东VS马龙）	体育	中央台五套	1.9	14.3
10	《实况录像：32届奥运会女子举重87公斤以上级决赛》	体育	中央台五套	1.9	13.6
11	《石门风云》	电影	中央台六套	1.9	13.1
12	《32届奥运会体操男子个人全能决赛》	体育	中央台五套	1.8	17.6
13	《捍战二》	电影	中央台六套	1.8	10.6
13	《血战午城》	电影	中央台六套	1.8	10.6
15	《雪耻杀》	电影	中央台六套	1.7	14.0

续表

名次	节目名称	节目类别	播出频道	平均收视率	平均占有率
16	《32 届奥运会乒乓球混双决赛》（刘诗雯/许昕 VS 水谷隼/伊藤美诚）	体育	中央台五套	1.7	12.0
17	《2021 年中央广播电视总台中秋晚会》	综艺	中央电视台综合频道	1.7	11.3
18	《弥天之谎》	电影	中央台六套	1.7	10.6
19	《百姓气象站》	生活服务	甘肃卫视	1.6	25.3
20	《铁道风云》	电视剧	中央台八套	1.6	13.2
21	《东京奥运会闭幕式》	体育	中央台五套	1.6	13.1
22	《少林寺》	电影	中央台六套	1.6	12.4
23	《百家拳之雄鹰》	电影	中央台六套	1.6	10.9
24	《2022 跨年演唱会用奋斗点亮幸福》	音乐	江苏卫视	1.6	10.5
25	《喋血双龙》	电影	中央台六套	1.6	9.6
26	《角抵士》	电影	中央台六套	1.6	9.1
27	《伟大征程庆祝中国共产党成立 100 周年大型情景史诗》	综艺	中央电视台综合频道	1.5	15.1
28	《知青家庭》	电视剧	中央台八套	1.5	14.0
29	《养父的花样年华》	电视剧	中央台八套	1.5	13.4
30	《东京奥运会开幕式》	体育	中央台五套	1.5	13.1
30	《东京奥运会闭幕式》	体育	中央台五套	1.5	13.1

注：2021 年甘肃省网数据为测量仪数据，始于 2021 年 5 月 1 日，下同。

表 3.5.8　2021 年甘肃市场电视剧收视率排名前十位

单位：%

名次	节目名称	播出频道	平均收视率	平均占有率
1	《铁道风云》	中央台八套	1.6	13.2
2	《知青家庭》	中央台八套	1.5	14.0
3	《养父的花样年华》	中央台八套	1.5	13.4
4	《亲爱的孩子们》	中央台八套	1.5	9.5
5	《红旗渠》	中央电视台综合频道	1.5	9.0
6	《火红年华》	中央电视台综合频道	1.3	8.8
7	《我和我的三个姐姐》	中央台八套	1.3	8.0
8	《大决战》	中央电视台综合频道	1.2	11.1
9	《绝密使命》	中央电视台综合频道	1.2	9.8
10	《香山叶正红》	中央电视台综合频道	1.2	7.7

表 3.5.9　2021 年甘肃市场新闻节目收视率排名前十位

单位：%

名次	节目名称	播出频道	平均收视率	平均占有率
1	《第四届中国国际进口博览会开幕式特别报道》	中央电视台综合频道	1.2	5.9
2	《新闻联播》	中央电视台综合频道	1.1	9.9
3	《逐梦新征程》	中央电视台综合频道	0.8	6.3
4	《转播中央台新闻联播》	甘肃卫视	0.7	5.8
5	《焦点访谈》	中央电视台综合频道	0.7	5.3
6	《甘肃新闻》	甘肃卫视	0.6	7.3
7	《中国空间站天宫课堂太空真奇妙 2021》	中央电视台综合频道	0.6	5.1
8	《2021 年中国国际服务贸易交易会全球服务贸易峰会特别报道》	中央电视台综合频道	0.5	4.0
9	《省委十四届十次全会特别节目》	浙江卫视	0.5	3.2
10	《2021 中关村论坛开幕式特别报道》	中央电视台综合频道	0.5	2.9

表 3.5.10　2021 年甘肃市场专题节目收视率排名前十位

单位：%

名次	节目名称	播出频道	平均收视率	平均占有率
1	《情满雪域高原记习近平总书记西藏之行》	中央电视台综合频道	1.0	10.2
2	《我们的决战大决战幕后纪实》	中央电视台综合频道	0.9	6.2
3	《闪亮的名字 2021 最美教师发布仪式》	中央电视台综合频道	0.9	5.7
4	《赢在博物馆》（5 月 11 日）	中央电视台少儿频道	0.8	6.7
5	《全国大学生党史知识竞答大会》	中央电视台综合频道	0.8	6.8
6	《中国诗词大会第六季》（5 月 3 日）	中央电视台综合频道	0.8	5.6
7	《新的启航》	中央电视台综合频道	0.8	5.0
8	《美丽中国说》	中央电视台综合频道	0.7	5.6
9	《榜样 6 建党 100 周年特别节目》	中央电视台综合频道	0.7	4.7
10	《党课开讲啦》	中央电视台综合频道	0.7	3.5

表 3.5.11　2021 年甘肃市场综艺节目收视率排名前十位

单位：%

名次	节目名称	播出频道	平均收视率	平均占有率
1	《2021 年中央广播电视总台中秋晚会》	中央电视台综合频道	1.7	11.3
2	《伟大征程庆祝中国共产党成立 100 周年大型情景史诗》	中央电视台综合频道	1.5	15.1
3	《启航 2022》	中央电视台综合频道	1.3	8.2

续表

名次	节目名称	播出频道	平均收视率	平均占有率
4	《奋斗正青春2021年五四青年节特别节目》	中央台三套	1.1	8.6
5	《2021年中国农民丰收节晚会》	中央电视台综合频道	1.1	7.3
6	《青春环游记温情时刻》	浙江卫视	1.0	8.8
7	《开门大吉》(9月12日)	中央台三套	1.0	8.3
8	《星光大道》(9月13日)	中央台三套	0.9	6.9
9	《中国梦祖国颂2021国庆特别节目》	中央电视台综合频道	0.9	9.2
10	《越战越勇》(9月22日)	中央台三套	0.8	6.0

表3.5.12　2021年甘肃市场体育节目收视率排名前十位

单位：%

名次	节目名称	播出频道	平均收视率	平均占有率
1	《32届奥运会男子100米决赛》	中央台五套	2.6	21.4
2	《32届奥运会女排小组赛第4轮》(中国VS意大利)	中央台五套	2.5	25.2
3	《32届奥运会乒乓球女团颁奖仪式》	中央台五套	2.5	17.7
4	《实况录像：32届奥运会举重男子81公斤级决赛挺举》	中央台五套	2.4	20.2
5	《32届奥运会乒乓球男单决赛》(樊振东VS马龙)	中央台五套	1.9	14.3
6	《实况录像：32届奥运会女子举重87公斤以上级决赛》	中央台五套	1.9	13.6
7	《32届奥运会体操男子个人全能决赛》	中央台五套	1.8	17.6
8	《32届奥运会乒乓球混双决赛》(刘诗雯/许昕VS水谷隼/伊藤美诚)	中央台五套	1.7	12.0
9	《东京奥运会闭幕式》	中央台五套	1.6	13.1
10	《东京奥运会开幕式》	中央台五套	1.5	13.1

六 广东收视数据

表 3.6.1 2017～2021 年广东市场各类频道的市场占有率

单位：%

频道类别	2017 年	2018 年	2019 年	2020 年	2021 年
中央广播电视总台	20.5	19.6	17.3	15.8	14.5
中国教育台频道	0.1	0.1	0.1	0.1	0.1
广东省级频道	36.3	35.8	35.3	33.8	35.5
其他省级卫视频道	14.9	13.0	12.4	13.6	12.9
境外频道	4.3	4.1	4.2	5.1	4.5
其他频道	23.9	27.4	30.7	31.6	32.5

表 3.6.2 2021 年广东市场各类频道在不同目标观众中的市场占有率

单位：%

目标观众		中央广播电视总台	中国教育台频道	广东省级频道	其他省级卫视频道	境外频道	其他频道
4 岁及以上所有人		14.5	0.1	35.5	12.9	4.5	32.5
城乡	城市	14.5	0.1	28.2	15.3	7.0	34.9
	农村	14.4	0.1	44.8	9.8	1.4	29.5
性别	男	15.5	0.1	34.8	12.3	4.5	32.8
	女	13.3	0.1	36.3	13.5	4.6	32.2
年龄	4～14 岁	7.3	0.1	35.6	11.4	1.6	44.0
	15～24 岁	13.5	0.1	32.1	15.3	3.3	35.7
	25～34 岁	11.0	0.1	35.7	13.5	4.9	34.8
	35～44 岁	14.9	0.1	29.0	11.9	6.4	37.7
	45～54 岁	16.8	0.1	31.7	14.2	5.4	31.8
	55～64 岁	17.3	0.2	41.2	12.9	5.5	22.9
	65 岁及以上	21.2	0.1	41.3	11.5	4.8	21.1
受教育程度	未受过正规教育	7.4	0.1	44.6	11.0	2.3	34.6
	小学	12.4	0.1	43.6	10.4	2.2	31.3
	初中	15.0	0.1	35.2	13.5	4.8	31.4
	高中	17.2	0.1	28.6	14.8	4.8	34.5
	大学及以上	17.0	0.1	26.3	14.2	9.0	33.4

续表

目标观众		中央广播电视总台	中国教育台频道	广东省级频道	其他省级卫视频道	境外频道	其他频道
职业类别	干部/管理人员	11.9	0.1	28.7	14.0	11.6	33.7
	个体/私营企业人员	18.0	0.1	33.0	16.5	3.5	28.9
	初级公务员/雇员	13.9	0.1	28.3	14.3	7.2	36.2
	工人	15.3	0.1	35.2	12.2	5.1	32.1
	学生	8.1	0.1	30.3	11.4	1.8	48.3
	无业	15.0	0.1	36.3	13.3	5.4	29.9
	其他	15.9	0.1	52.6	8.7	1.0	21.7
个人月收入	0～300 元	10.0	0.1	38.2	11.8	2.5	37.4
	301～900 元	15.0	0.2	47.4	10.9	2.1	24.4
	901～1700 元	16.3	0.1	49.3	9.3	2.8	22.2
	1701～2600 元	19.0	0.1	36.1	12.3	5.3	27.2
	2601～3500 元	16.5	0.1	36.2	12.0	5.1	30.1
	3501 元及以上	16.2	0.1	26.7	15.9	7.2	33.9

表 3.6.3 2021 年广东市场各类频道在不同时段的市场占有率

单位：%

时间段	中央广播电视总台	中国教育台频道	广东省级频道	其他省级卫视频道	境外频道	其他频道
02:00～03:00	25.6	0.2	12.3	15.2	3.0	43.7
03:00～04:00	29.6	0.1	13.5	12.5	1.8	42.5
04:00～05:00	28.7	0.0	20.3	12.6	2.2	36.2
05:00～06:00	21.7	0.2	25.1	13.3	3.0	36.7
06:00～07:00	18.0	0.1	31.1	10.5	9.6	30.7
07:00～08:00	17.8	0.2	31.6	7.4	9.9	33.1
08:00～09:00	19.6	0.3	26.5	10.0	8.5	35.1
09:00～10:00	18.1	0.3	24.8	14.8	2.9	39.1
10:00～11:00	16.4	0.3	22.9	16.9	2.7	40.8
11:00～12:00	19.0	0.1	24.4	16.7	3.0	36.8
12:00～13:00	19.2	0.1	29.1	13.8	5.1	32.7
13:00～14:00	14.9	0.1	27.7	16.9	4.8	35.6
14:00～15:00	15.6	0.2	22.1	19.9	2.6	39.6
15:00～16:00	16.6	0.2	19.2	19.9	2.3	41.8
16:00～17:00	17.4	0.2	20.7	18.0	1.8	41.9
17:00～18:00	16.2	0.1	26.6	14.2	2.3	40.6

续表

时间段	中央广播电视总台	中国教育台频道	广东省级频道	其他省级卫视频道	境外频道	其他频道
18:00～19:00	12.4	0.0	40.5	6.5	6.3	34.3
19:00～20:00	12.0	0.0	46.3	9.1	4.2	28.4
20:00～21:00	11.4	0.0	47.3	11.9	3.5	25.9
21:00～22:00	13.0	0.1	40.2	12.9	5.0	28.8
22:00～23:00	13.7	0.1	34.0	13.8	6.7	31.7
23:00～00:00	17.7	0.1	25.8	15.2	6.8	34.4
00:00～01:00	20.7	0.4	15.9	13.0	7.2	42.8
01:00～02:00	21.7	0.6	11.7	15.1	5.4	45.5

表 3.6.4　2021 年广东市场收视份额位于前十位的频道

单位：%

名次	频道名称	收视份额
1	广东广播电视台珠江频道	12.8
2	广东广播电视台影视频道	7.2
3	翡翠台（中文）（有线网转播）	3.3
4	广东广播电视台少儿频道	3.1
5	广东广播电视台南方卫视	2.7
6	广东广播电视台嘉佳卡通频道	2.6
7	湖南卫视	2.0
8	广东卫视	1.9
9	中央台四套	1.9
10	中央台六套	1.9

表 3.6.5　2021 年广东市场各主要频道的观众构成

单位：%

目标观众		所有频道	主要频道				
			广东广播电视台珠江频道	广东广播电视台影视频道	翡翠台（中文）（有线网转播）	广东广播电视台少儿频道	广东广播电视台南方卫视
4 岁及以上所有人		100.0	100.0	100.0	100.0	100.0	100.0
城乡	城市	56.0	39.3	36.1	89.9	36.2	59.4
	农村	44.0	60.7	63.9	10.1	63.8	40.6
性别	男	51.6	48.3	56.1	47.7	44.9	48.2
	女	48.4	51.7	43.9	52.3	55.1	51.8

续表

目标观众		所有频道	主要频道				
			广东广播电视台珠江频道	广东广播电视台影视频道	翡翠台（中文）（有线网转播）	广东广播电视台少儿频道	广东广播电视台南方卫视
年龄	4～14 岁	17.0	13.8	13.0	5.2	40.2	11.8
	15～24 岁	7.2	5.5	8.4	5.4	4.0	11.5
	25～34 岁	17.0	19.4	16.7	21.2	20.1	8.1
	35～44 岁	10.8	8.7	9.3	17.3	8.6	7.7
	45～54 岁	19.5	17.9	19.9	22.5	8.8	18.8
	55～64 岁	14.0	18.0	15.6	17.3	8.8	16.9
	65 岁及以上	14.5	16.7	17.1	11.1	9.5	25.2
受教育程度	未受过正规教育	8.3	8.3	10.2	4.0	23.2	7.9
	小学	25.6	32.5	31.3	11.7	32.9	37.1
	初中	31.3	32.3	34.4	33.1	22.5	29.2
	高中	20.7	15.9	15.7	19.9	13.7	16.9
	大学及以上	14.1	11.0	8.4	31.3	7.7	8.9
职业类别	干部/管理人员	2.3	1.2	4.1	6.4	1.0	0.2
	个体/私营企业人员	12.6	12.7	11.6	10.3	8.6	12.3
	初级公务员/雇员	11.4	10.9	6.0	20.8	6.6	5.8
	工人	21.0	20.2	27.4	23.5	11.0	23.8
	学生	12.9	10.4	6.2	5.2	20.7	12.5
	无业	29.4	26.0	23.7	32.3	43.1	35.4
	其他	10.4	18.6	21.0	1.5	9.0	10.0
个人月收入	0～300 元	33.9	35.6	28.4	18.4	62.0	34.6
	301～900 元	5.7	9.1	8.4	1.9	5.9	4.7
	901～1700 元	5.6	7.0	10.1	3.8	4.8	13.4
	1701～2600 元	12.9	13.4	14.9	13.4	8.8	10.8
	2601～3500 元	13.5	13.2	16.6	15.2	7.1	15.7
	3501 元及以上	28.4	21.7	21.6	47.3	11.4	20.8

表 3.6.6　2019～2021 年广东市场各类节目的播出比重和收视比重

单位：%

节目类别	2019 年		2020 年		2021 年	
	播出比重	收视比重	播出比重	收视比重	播出比重	收视比重
财经	1.2	0.4	1.1	0.4	1.2	0.6
电视剧	21.6	33.9	21.8	35.0	21.9	36.5
电影	3.8	4.3	3.5	3.4	3.1	3.0

续表

节目类别	2019年		2020年		2021年	
	播出比重	收视比重	播出比重	收视比重	播出比重	收视比重
法制	0.7	0.4	0.6	0.2	0.6	0.2
教学	0.4	0.0	0.3	0.1	0.3	0.0
青少	7.8	8.8	7.9	7.4	7.8	7.8
生活服务	7.9	7.5	7.5	6.9	7.9	6.7
体育	5.0	5.0	4.8	2.8	5.0	4.4
外语	0.1	0.0	0.2	0.0	0.2	0.0
戏剧	0.8	0.1	0.6	0.1	0.5	0.1
新闻/时事	15.7	13.0	16.7	16.9	15.9	14.6
音乐	1.8	1.4	1.9	1.6	1.7	0.8
专题	13.4	4.9	13.8	4.7	14.8	4.6
综艺	6.7	6.3	6.0	5.9	6.4	6.1
其他	13.1	14.0	13.3	14.6	12.7	14.6

表3.6.7　2021年广东市场所有节目收视率排名前三十位

单位：%

名次	节目名称	节目类型	播出频道	平均收视率	平均占有率
1	《幸福爱人》	电视剧	广东广播电视台珠江频道	8.1	26.9
2	《亲爱的回家》	电视剧	广东广播电视台珠江频道	7.8	29.2
3	《大侠霍元甲》	电视剧	广东广播电视台珠江频道	7.4	28.4
4	《爱情真善美》	电视剧	广东广播电视台珠江频道	7.2	28.3
5	《妻子的秘密》	电视剧	广东广播电视台珠江频道	7.2	27.0
6	《梅花儿香》	电视剧	广东广播电视台珠江频道	7.0	25.9
7	《爱盛开》（1~21集）	电视剧	广东广播电视台珠江频道	7.0	25.6
8	《亲爱的设计师》	电视剧	广东广播电视台珠江频道	6.9	24.1
9	《妈妈在等你》	电视剧	广东广播电视台珠江频道	6.5	23.2
10	《加油爱人》（3~33集）	电视剧	广东广播电视台珠江频道	6.5	22.3
11	《爱的阶梯》	电视剧	广东广播电视台珠江频道	6.1	23.8
12	《我们都要好好的》	电视剧	广东广播电视台珠江频道	5.9	23.2
13	《夏家三千金》	电视剧	广东广播电视台珠江频道	5.7	22.9
14	《金牛犇腾迎新春珠江频道2021除夕特别节目》	综艺	广东广播电视台珠江频道	4.9	16.1
15	《大江大河》	电视剧	广东广播电视台珠江频道	4.8	20.0
16	《32届奥运会男子100米决赛》	体育	中央台五套	4.7	15.9
17	《天气预报》	生活服务	广东广播电视台珠江频道	4.5	23.7

续表

名次	节目名称	节目类型	播出频道	平均收视率	平均占有率
18	《以家人之名》	电视剧	广东广播电视台珠江频道	4.5	18.0
19	《秋蝉》	电视剧	广东广播电视台珠江频道	4.2	17.0
20	《乒乓球男团颁奖仪式》	体育	中央台五套	4.0	13.7
21	《外来媳妇本地郎》	电视剧	广东广播电视台珠江频道	3.7	15.5
22	《32 届奥运会乒乓球女单决赛》	体育	中央台五套	3.6	12.5
23	《战火青春》（1～24 集）	电视剧	广东广播电视台影视频道	3.4	14.2
24	《怒海红尘》（23～50 集）	电视剧	广东广播电视台影视频道	3.4	13.7
25	《今日关注》	新闻/时事	广东广播电视台珠江频道	3.3	13.8
26	《绝地反击》	电视剧	广东广播电视台影视频道	3.3	12.9
27	《终极对决》	电视剧	广东广播电视台影视频道	3.2	14.2
27	《山河同在》	电视剧	广东广播电视台影视频道	3.2	14.2
29	《伏击》	电视剧	广东广播电视台影视频道	3.2	14.1
30	《我爷爷和奶奶的故事》	电视剧	广东广播电视台影视频道	3.2	13.7

表 3.6.8　2021 年广东市场电视剧收视率排名前十位

单位：%

名次	节目名称	播出频道	平均收视率	平均占有率
1	《幸福爱人》	广东广播电视台珠江频道	8.1	26.9
2	《亲爱的回家》	广东广播电视台珠江频道	7.8	29.2
3	《大侠霍元甲》	广东广播电视台珠江频道	7.4	28.4
4	《爱情真善美》	广东广播电视台珠江频道	7.2	28.3
5	《妻子的秘密》	广东广播电视台珠江频道	7.2	27.0
6	《梅花儿香》	广东广播电视台珠江频道	7.0	25.9
7	《爱盛开》（1～21 集）	广东广播电视台珠江频道	7.0	25.6
8	《亲爱的设计师》	广东广播电视台珠江频道	6.9	24.1
9	《妈妈在等你》	广东广播电视台珠江频道	6.5	23.2
10	《加油爱人》（3～33 集）	广东广播电视台珠江频道	6.5	22.3

表 3.6.9　2021 年广东市场新闻节目收视率排名前十位

单位：%

名次	节目名称	播出频道	平均收视率	平均占有率
1	《今日关注》	广东广播电视台珠江频道	3.3	13.8
2	《珠江新闻眼》	广东广播电视台珠江频道	2.4	18.4
3	《2020 国际大事回顾》（1 月 1 日）	翡翠台（中文）（有线网转播）	1.5	5.9

续表

名次	节目名称	播出频道	平均收视率	平均占有率
4	《6点半新闻报道》	翡翠台（中文）（有线网转播）	1.2	6.8
5	《DV现场》	广东广播电视台公共频道	0.9	3.5
6	《新闻透视》	翡翠台（中文）（有线网转播）	0.7	3.4
7	《新闻直播间》（20:00～22:00）	中央电视台新闻频道	0.7	3.0
8	《2020疫情下的美国人权透视》（3月24日）	中央台四套	0.7	2.4
9	《今日1线》	广东广播电视台经济科教频道	0.6	2.8
10	《2021国际大事回顾》	翡翠台（中文）（有线网转播）	0.6	2.2
10	《2021两岸大事回顾》	翡翠台（中文）（有线网转播）	0.6	2.2

表3.6.10　2021年广东市场专题节目收视率排名前十位

单位：%

名次	节目名称	播出频道	平均收视率	平均占有率
1	《大匠》	广东广播电视台珠江频道	1.4	8.1
2	《文化珠江》	广东广播电视台珠江频道	1.2	8.1
3	《乡村振兴纪事》	广东广播电视台珠江频道	1.2	7.1
4	《青年湾区创明天》	翡翠台（中文）（有线网转播）	0.8	5.9
5	《主播读宪法》	湖南卫视	0.8	3.1
6	《老广的味道》	广东广播电视台珠江频道	0.7	7.1
7	《2021一年又一年》	中央电视台新闻频道	0.7	3.1
7	《星期日档案》	翡翠台（中文）（有线网转播）	0.7	3.1
9	《邵逸夫奖2021》	翡翠台（中文）（有线网转播）	0.7	2.7
10	《迈向零碳生活》	翡翠台（中文）（有线网转播）	0.7	2.4

表3.6.11　2021年广东市场综艺节目收视率排名前十位

单位：%

名次	节目名称	播出频道	平均收视率	平均占有率
1	《金牛犇腾迎新春珠江频道2021除夕特别节目》	广东广播电视台珠江频道	4.9	16.1
2	《2021中央广播电视总台春节联欢晚会》	中央电视台综合频道	2.1	7.7
3	《梗系要开心》	广东广播电视台珠江频道	1.7	8.9
4	《乐队风暴》	广东广播电视台珠江频道	1.6	12.0
5	《粤韵风华》	广东广播电视台珠江频道	1.6	9.3
6	《超级奶爸》	广东广播电视台珠江频道	1.6	8.8

续表

名次	节目名称	播出频道	平均收视率	平均占有率
7	《金牛贺岁乐元宵特别节目》	广东广播电视台珠江频道	1.6	8.3
8	《我就是演员》（2月6日）	浙江卫视	1.5	5.7
9	《点燃2022一起许愿吧》	广东广播电视台珠江频道	1.4	10.9
10	《欢乐喜剧人7》（1月31日）	东方卫视	1.4	5.8

表3.6.12　2021年广东市场体育节目收视率排名前十位

单位：%

名次	节目名称	播出频道	平均收视率	平均占有率
1	《32届奥运会男子100米决赛》	中央台五套	4.7	15.9
2	《乒乓球男团颁奖仪式》	中央台五套	4.0	13.7
3	《32届奥运会乒乓球女单决赛》	中央台五套	3.6	12.5
4	《实况录像：32届奥运会女子举重87公斤以上级决赛》	中央台五套	2.8	12.2
5	《32届奥运会体操女团决赛》	中央台五套	2.6	11.3
6	《东京之路：32届奥运会羽毛球女单决赛》	广东广播电视台体育频道	2.5	10.0
7	《32届奥运会女子自由式摔跤50公斤级决赛》	中央台五套	2.5	8.2
8	《东京之路：32届奥运会空手道女子组手61公斤级决赛》	广东广播电视台体育频道	2.3	7.7
9	《32届奥运会女排小组赛第4轮》（中国VS意大利）	中央台五套	2.2	12.1
10	《直播周末：2021年世界女排联赛》（多米尼加VS中国）	中央台五套	2.1	9.7

七　广西收视数据

表 3.7.1　2017～2021 年广西市场各类频道的市场占有率

单位：%

频道类别	2017 年	2018 年	2019 年	2020 年	2021 年
中央广播电视总台	34.7	38.2	33.0	30.9	27.7
中国教育台频道	0.1	0.2	0.2	0.2	0.2
广西自治区级频道	27.8	26.2	23.8	19.5	20.0
其他省级卫视频道	29.2	24.9	23.8	21.4	17.5
其他频道	8.2	10.6	19.2	28.0	34.7

表 3.7.2　2021 年广西市场各类频道在不同目标观众中的市场占有率

单位：%

目标观众		中央广播电视总台	中国教育台频道	广西自治区级频道	其他省级卫视频道	其他频道
4 岁及以上所有人		27.7	0.2	20.0	17.5	34.7
城乡	城市	34.1	0.2	14.0	17.4	34.2
	农村	24.8	0.1	22.6	17.5	35.0
性别	男	31.5	0.2	19.7	15.4	33.2
	女	23.7	0.1	20.2	19.6	36.3
年龄	4～14 岁	18.3	0.1	9.1	21.9	50.6
	15～24 岁	19.5	0.1	15.9	15.9	48.6
	25～34 岁	28.6	0.1	16.2	16.8	38.4
	35～44 岁	25.5	0.3	17.5	23.1	33.7
	45～54 岁	30.6	0.1	19.1	17.4	32.9
	55～64 岁	35.0	0.2	30.4	13.9	20.5
	65 岁及以上	35.2	0.2	30.5	12.4	21.8
受教育程度	未受过正规教育	18.9	0.1	11.7	23.6	45.8
	小学	22.8	0.2	19.8	17.4	39.7
	初中	27.5	0.2	22.5	17.7	32.1
	高中	35.7	0.1	18.9	15.3	30.0
	大学及以上	41.8	0.2	15.6	14.4	28.0

续表

目标观众		中央广播电视总台	中国教育台频道	广西自治区级频道	其他省级卫视频道	其他频道
职业类别	干部/管理人员	46.3	0.1	11.3	15.7	26.6
	个体/私营企业人员	32.5	0.3	19.0	16.6	31.6
	初级公务员/雇员	40.8	0.1	11.6	14.5	33.0
	工人	26.7	0.1	17.3	20.0	35.8
	学生	19.3	0.1	10.4	20.6	49.6
	无业	32.4	0.2	16.3	16.7	34.5
	其他	24.7	0.1	27.7	17.0	30.6
个人月收入	0～300元	19.2	0.1	16.5	19.3	44.9
	301～900元	27.1	0.1	26.5	13.1	33.2
	901～1700元	24.9	0.1	28.3	17.1	29.6
	1701～2600元	32.4	0.1	22.0	17.4	28.2
	2601～3500元	39.2	0.4	17.7	17.6	25.2
	3501元及以上	36.9	0.4	16.4	14.8	31.6

表3.7.3　2021年广西市场各类频道在不同时段的市场占有率

单位：%

时间段	中央广播电视总台	中国教育台频道	广西自治区级频道	其他省级卫视频道	其他频道
02:00～03:00	47.6	0.9	11.1	10.7	29.8
03:00～04:00	52.7	0.2	6.1	11.9	29.2
04:00～05:00	42.2	0.7	8.3	10.3	38.4
05:00～06:00	42.8	0.4	10.3	10.6	35.9
06:00～07:00	61.5	0.6	7.8	9.8	20.4
07:00～08:00	54.2	0.2	9.6	12.6	23.5
08:00～09:00	36.9	0.1	10.9	18.3	33.9
09:00～10:00	28.5	0.2	11.2	20.5	39.7
10:00～11:00	25.3	0.2	10.2	20.6	43.7
11:00～12:00	26.3	0.2	9.3	20.1	44.3
12:00～13:00	32.3	0.2	8.0	19.6	40.0
13:00～14:00	28.7	0.2	9.4	21.6	40.1
14:00～15:00	24.5	0.3	11.2	29.4	34.7
15:00～16:00	24.5	0.2	9.8	26.8	38.8
16:00～17:00	25.3	0.1	9.2	24.2	41.2
17:00～18:00	29.1	0.1	10.2	20.6	39.9

续表

时间段	中央广播电视总台	中国教育台频道	广西自治区级频道	其他省级卫视频道	其他频道
18:00～19:00	27.4	0.2	21.2	15.6	35.7
19:00～20:00	29.9	0.2	27.2	11.5	31.3
20:00～21:00	25.1	0.1	27.1	15.7	32.1
21:00～22:00	25.7	0.2	24.9	18.1	31.2
22:00～23:00	25.5	0.1	18.6	21.0	34.7
23:00～00:00	26.2	0.2	19.2	18.8	35.5
00:00～01:00	20.0	0.7	12.5	21.3	45.6
01:00～02:00	17.0	0.6	8.5	21.7	52.2

表 3.7.4　2021 年广西市场收视份额排名前十位的频道

单位：%

名次	频道名称	收视份额
1	广西广播电视台综艺旅游频道	6.7
2	广西卫视	6.6
3	中央电视台综合频道	5.4
4	中央电视台少儿频道	4.0
5	中央电视台新闻频道	3.8
6	中央台四套	2.4
7	湖南卫视	2.3
8	中央台五套	2.2
9	中央台六套	2.1
9	广西广播电视台都市频道	2.1

表 3.7.5　2021 年广西市场各主要频道的观众构成

单位：%

目标观众		所有频道	主要频道				
			广西广播电视台综艺旅游频道	广西卫视	中央电视台综合频道	中央电视台少儿频道	中央电视台新闻频道
4 岁及以上所有人		100.0	100.0	100.0	100.0	100.0	100.0
城乡	城市	30.8	18.1	14.5	48.6	18.2	36.7
	农村	69.2	81.9	85.5	51.4	81.8	63.3
性别	男	50.8	51.1	52.8	53.9	49.0	66.5
	女	49.2	48.9	47.2	46.1	51.0	33.5

续表

目标观众		所有频道	主要频道				
			广西广播电视台综艺旅游频道	广西卫视	中央电视台综合频道	中央电视台少儿频道	中央电视台新闻频道
年龄	4～14岁	18.9	8.4	10.0	4.8	54.5	3.9
	15～24岁	10.0	8.3	7.8	7.0	6.1	7.7
	25～34岁	10.5	7.7	8.8	7.3	12.2	11.9
	35～44岁	13.9	10.4	14.2	17.8	6.3	11.2
	45～54岁	15.1	11.4	19.0	20.7	7.6	20.1
	55～64岁	16.0	26.7	22.0	19.4	8.2	25.1
	65岁及以上	15.8	27.1	18.2	23.1	5.1	20.2
受教育程度	未受过正规教育	7.0	4.5	3.8	3.4	16.1	2.8
	小学	29.3	33.6	29.2	13.3	45.8	22.4
	初中	41.8	42.9	52.3	43.0	26.4	42.6
	高中	16.0	15.1	11.5	26.4	8.6	20.9
	大学及以上	5.9	3.8	3.2	13.8	3.2	11.3
职业类别	干部/管理人员	0.6	0.3	0.4	0.7	0.1	4.3
	个体/私营企业人员	16.6	16.6	17.2	20.6	11.6	21.6
	初级公务员/雇员	4.4	2.0	1.6	9.7	1.5	7.8
	工人	6.9	7.8	3.2	7.5	3.5	8.6
	学生	14.7	7.1	8.0	4.9	40.5	3.3
	无业	19.3	15.7	10.5	26.2	19.2	19.4
	其他	37.6	50.5	59.1	30.3	23.5	35.0
个人月收入	0～300元	36.1	33.7	25.9	15.9	67.2	15.3
	301～900元	8.9	12.5	13.5	10.6	4.3	9.7
	901～1700元	11.1	11.0	24.3	8.7	3.7	14.5
	1701～2600元	20.8	24.8	20.9	32.0	13.9	23.5
	2601～3500元	13.5	11.3	10.6	20.0	7.1	18.7
	3501元及以上	9.6	6.7	4.7	12.7	3.8	18.3

表3.7.6　2019～2021年广西市场各类节目的播出比重和收视比重

单位：%

节目类别	2019年		2020年		2021年	
	播出比重	收视比重	播出比重	收视比重	播出比重	收视比重
财经	1.0	0.3	1.0	0.4	1.0	0.4
电视剧	22.9	33.3	23.1	31.8	23.3	30.9
电影	3.8	3.1	3.5	2.9	3.3	3.1

续表

节目类别	2019 年		2020 年		2021 年	
	播出比重	收视比重	播出比重	收视比重	播出比重	收视比重
法制	1.0	1.9	0.8	1.5	0.9	1.1
教学	0.4	0.1	0.3	0.1	0.3	0.1
青少	7.3	9.1	7.5	8.7	7.3	8.6
生活服务	7.4	7.7	7.4	7.3	7.8	7.6
体育	3.9	3.0	3.9	2.5	4.3	3.5
外语	0.2	0.0	0.2	0.0	0.2	0.0
戏剧	0.9	0.2	0.7	0.1	0.6	0.1
新闻/时事	16.1	12.0	16.7	16.9	15.7	16.7
音乐	1.8	1.8	1.9	1.7	1.8	1.4
专题	14.0	5.6	14.3	5.9	15.3	6.1
综艺	6.8	7.3	5.9	6.0	6.2	6.1
其他	12.5	14.6	12.8	14.2	12.2	14.4

表 3.7.7 2021 年广西市场所有节目收视率排名前三十位

单位：%

名次	节目名称	节目类别	播出频道	平均收视率	平均占有率
1	《2021 一年又一年》	专题	中央电视台综合频道	7.5	22.9
2	《2021 中央广播电视总台春节联欢晚会》	综艺	中央电视台综合频道	6.1	33.6
3	《乒乓球男团颁奖仪式》	体育	中央台五套	4.8	16.5
4	《32 届奥运会男子 100 米决赛》	体育	中央台五套	4.6	14.5
5	《实况录像：32 届奥运会举重男子 81 公斤级决赛挺举》	体育	中央台五套	4.5	17.5
6	《32 届奥运会乒乓球男单决赛》	体育	中央台五套	4.3	14.6
7	《32 届奥运会女子自由式摔跤 50 公斤级决赛》	体育	中央台五套	4.2	12.9
8	《女英雄楚云鹤》（1～27 集）	电视剧	广西广播电视台综艺旅游频道	3.8	13.3
9	《枪王之王》	电视剧	广西广播电视台综艺旅游频道	3.7	13.1
10	《烽火铁骑》	电视剧	广西广播电视台综艺旅游频道	3.5	12.9
11	《抗战豪侠李三枪》（1～9 集）	电视剧	广西广播电视台综艺旅游频道	3.5	12.6
12	《尖刀特遣队》	电视剧	广西广播电视台综艺旅游频道	3.5	12.5
13	《神勇战侠》	电视剧	广西广播电视台综艺旅游频道	3.4	12.3

续表

名次	节目名称	节目类别	播出频道	平均收视率	平均占有率
14	《潜伏在黎明之前》	电视剧	广西广播电视台综艺旅游频道	3.4	11.7
15	《新闻联播》	新闻/时事	中央电视台综合频道	3.3	12.7
16	《追击九尾狐》	电视剧	广西广播电视台综艺旅游频道	3.2	11.5
16	《利箭特战队》	电视剧	广西广播电视台综艺旅游频道	3.2	11.5
18	《敌后尖刀队》	电视剧	广西广播电视台综艺旅游频道	3.1	11.3
19	《杀寇奇兵》	电视剧	广西广播电视台综艺旅游频道	3.1	10.7
20	《铁血茶城》（21～47 集）	电视剧	广西卫视	3.1	9.9
21	《战地英雄一声雷》	电视剧	广西广播电视台综艺旅游频道	3.0	11.3
22	《护宝尖兵》	电视剧	广西广播电视台综艺旅游频道	3.0	10.7
23	《一寸山河一寸血》	电视剧	广西广播电视台综艺旅游频道	3.0	10.5
24	《特工敢死队》	电视剧	广西广播电视台综艺旅游频道	3.0	10.4
24	《永不消逝的电波》	电影	广西卫视	3.0	10.4
26	《天气预报》	生活服务	中央电视台综合频道	3.0	10.3
27	《绝境突围》	电视剧	广西广播电视台综艺旅游频道	2.9	11.7
28	《烈火中永生》	电影	广西卫视	2.9	10.1
29	《雪豹坚强岁月》	电视剧	广西广播电视台综艺旅游频道	2.8	11.2
30	《猛将余东风》	电视剧	广西广播电视台综艺旅游频道	2.8	10.6

表 3.7.8　2021 年广西市场电视剧收视率排名前十位

单位：%

名次	节目名称	播出频道	平均收视率	平均占有率
1	《女英雄楚云鹤》（1～27 集）	广西广播电视台综艺旅游频道	3.8	13.3
2	《枪王之王》	广西广播电视台综艺旅游频道	3.7	13.1
3	《烽火铁骑》	广西广播电视台综艺旅游频道	3.5	12.9
4	《抗战豪侠李三枪》（1～9 集）	广西广播电视台综艺旅游频道	3.5	12.6

续表

名次	节目名称	播出频道	平均收视率	平均占有率
5	《尖刀特遣队》	广西广播电视台综艺旅游频道	3.5	12.5
6	《神勇战侠》	广西广播电视台综艺旅游频道	3.4	12.3
7	《潜伏在黎明之前》	广西广播电视台综艺旅游频道	3.4	11.7
8	《追击九尾狐》	广西广播电视台综艺旅游频道	3.2	11.5
8	《利箭特战队》	广西广播电视台综艺旅游频道	3.2	11.5
10	《敌后尖刀队》	广西广播电视台综艺旅游频道	3.1	11.3

表 3.7.9　2021 年广西市场新闻节目收视率排名前十位

单位：%

名次	节目名称	播出频道	平均收视率	平均占有率
1	《新闻联播》	中央电视台综合频道	3.3	12.7
2	《焦点访谈》	中央电视台综合频道	2.5	8.0
3	《转播中央台新闻联播》	广西卫视	2.3	9.0
4	《世界经济论坛达沃斯议程对话会特别报道》	中央电视台综合频道	2.1	6.1
5	《广西新闻》	广西卫视	2.0	12.7
6	《2021 中关村论坛开幕式特别报道》	中央电视台综合频道	1.8	5.9
7	《第四届中国国际进口博览会开幕式特别报道》	中央电视台综合频道	1.8	5.7
8	《2021 年中国国际服务贸易交易会全球服务贸易峰会特别报道》	中央电视台综合频道	1.7	5.9
9	《中国共产党与世界政党领导人峰会特别报道》	中央电视台综合频道	1.7	5.3
10	《大道之行 18 届中国东盟博览会 18 届中国东盟商务与投资峰会特别报道》	广西卫视	1.6	8.2

表 3.7.10　2021 年广西市场专题类节目收视率排名前十位

单位：%

名次	节目名称	播出频道	平均收视率	平均占有率
1	《2021 一年又一年》	中央电视台综合频道	7.5	22.9
2	《守护与开放广西百年红色印》	广西卫视	2.2	8.1
3	《情满雪域高原记习近平总书记西藏之行》	中央电视台综合频道	2.0	7.1
4	《百寿探秘重阳特别节目》	广西卫视	1.9	9.6
5	《脱贫大决战我们的故事》	广西卫视	1.9	6.7
6	《正风反腐就在身边》	中央电视台综合频道	1.9	6.2

续表

名次	节目名称	播出频道	平均收视率	平均占有率
7	《中国共产党历史展览馆建设纪实》	中央电视台综合频道	1.9	5.9
8	《安全发展核电造福人类社会院士访谈》	广西卫视	1.7	9.5
9	《榜样 6 建党 100 周年特别节目》	中央电视台综合频道	1.5	5.6
10	《平语近人习近平喜欢的典故》	中央电视台综合频道	1.5	4.6

表 3.7.11 2021 年广西市场综艺节目收视率排名前十位

单位：%

名次	节目名称	播出频道	平均收视率	平均占有率
1	《2021 中央广播电视总台春节联欢晚会》	中央电视台综合频道	6.1	33.6
2	《伟大征程庆祝中国共产党成立 100 周年大型情景史诗》	广西卫视	2.5	10.4
3	《壮美广西幸福小康 2021 广西新春文艺演出》	广西卫视	2.1	8.4
4	《花好月圆元宵夜》	中央电视台综合频道	1.8	7.2
5	《民族文化我邀明月颂中华特别节目》	广西卫视	1.7	7.2
6	《2021 年中央广播电视总台中秋晚会》	中央电视台综合频道	1.6	5.5
7	《唱支山歌给党听 2021 广西文艺界喜迎建党 100 周年“歌海元宵”特别节目》	广西广播电视台综艺旅游频道	1.5	8.3
8	《“好日子歌里过”南宁市庆祝中国共产党成立 100 周年群众文化活动》	广西卫视	1.5	7.4
9	《春暖花开三月三——2021 壮族三月三·八桂嘉年华主题文艺晚会》	广西卫视	1.4	7.9
10	《2021 新年奇幻夜》	中央电视台少儿频道	1.4	5.8

表 3.7.12 2021 年广西市场体育节目收视率排名前十位

单位：%

名次	节目名称	播出频道	平均收视率	平均占有率
1	《乒乓球男团颁奖仪式》	中央台五套	4.8	16.5
2	《32 届奥运会男子 100 米决赛》	中央台五套	4.6	14.5
3	《实况录像：32 届奥运会举重男子 81 公斤级决赛挺举》	中央台五套	4.5	17.5
4	《32 届奥运会乒乓球男单决赛》	中央台五套	4.3	14.6
5	《32 届奥运会女子自由式摔跤 50 公斤级决赛》	中央台五套	4.2	12.9
6	《实况录像：32 届奥运会射击女子 10 米气步枪决赛》	中央台五套	2.7	8.6

续表

名次	节目名称	播出频道	平均收视率	平均占有率
7	《32 届奥运会女排小组赛第 4 轮》（中国 VS 意大利）	中央台五套	2.4	19.7
8	《32 届奥运会体操女团决赛》	中央台五套	2.3	8.3
9	《第 32 届夏季奥林匹克运动会闭幕式》	中央电视台综合频道	1.8	5.8
10	《中华人民共和国第十四届运动会闭幕式》	中央电视台综合频道	1.8	5.6

八　贵州收视数据

表 3.8.1　2017～2021 年贵州市场各类频道的市场占有率

单位：%

频道类别	2017 年	2018 年	2019 年	2020 年	2021 年
中央广播电视总台	44.4	42.1	40.0	34.5	31.0
中国教育台频道	0.2	0.2	0.2	0.2	0.2
贵州省级频道	12.0	12.9	12.9	12.0	11.2
其他省级卫视频道	38.7	35.5	29.3	21.4	19.9
其他频道	4.7	9.3	17.6	31.9	37.7

表 3.8.2　2021 年贵州市场各类频道在不同目标观众中的市场占有率

单位：%

目标观众		中央广播电视总台	中国教育台频道	贵州省级频道	其他省级卫视频道	其他频道
4 岁及以上所有人		31.0	0.2	11.2	19.9	37.7
城乡	城市	40.8	0.1	12.4	19.2	27.5
	农村	27.0	0.3	10.7	20.1	41.9
性别	男	33.5	0.2	12.2	19.0	35.1
	女	28.5	0.2	10.2	20.8	40.3
年龄	4～14 岁	23.6	0.1	4.0	15.8	56.5
	15～24 岁	21.0	0.2	8.0	20.5	50.3
	25～34 岁	25.2	0.2	8.5	18.6	47.5
	35～44 岁	25.3	0.4	10.7	27.2	36.4
	45～54 岁	38.0	0.3	15.6	20.6	25.5
	55～64 岁	41.3	0.2	15.5	21.4	21.6
	65 岁及以上	46.8	0.1	19.4	15.2	18.5
受教育程度	未受过正规教育	29.5	0.2	9.3	20.7	40.3
	小学	28.8	0.2	8.8	19.9	42.3
	初中	30.0	0.3	11.2	18.9	39.6
	高中	39.7	0.2	16.1	22.8	21.2
	大学及以上	36.4	0.1	20.1	19.2	24.2

续表

目标观众		中央广播电视总台	中国教育台频道	贵州省级频道	其他省级卫视频道	其他频道
职业类别	干部/管理人员	44.9	0.2	14.5	20.4	20.0
	个体/私营企业人员	29.1	0.5	11.0	21.1	38.3
	初级公务员/雇员	38.0	0.1	18.9	26.8	16.2
	工人	32.2	0.1	21.1	15.0	31.6
	学生	23.3	0.1	4.8	16.9	54.9
	无业	40.3	0.1	13.2	16.4	30.0
	其他	28.1	0.3	10.7	22.7	38.2
个人月收入	0~300元	26.1	0.2	6.1	17.7	49.9
	301~900元	31.7	0.2	15.4	19.0	33.7
	901~1700元	27.9	0.2	12.3	20.9	38.7
	1701~2600元	35.4	0.4	12.3	20.3	31.6
	2601~3500元	32.7	0.2	13.8	23.6	29.7
	3501元及以上	36.9	0.2	14.0	20.1	28.8

表3.8.3　2021年贵州市场各类频道在不同时段的市场占有率

单位：%

时间段	中央广播电视总台	中国教育台频道	贵州省级频道	其他省级卫视频道	其他频道
02:00~03:00	36.8	1.8	9.6	30.9	20.9
03:00~04:00	51.3	0.0	8.2	18.2	22.3
04:00~05:00	47.5	0.1	5.7	27.2	19.5
05:00~06:00	38.2	0.7	6.9	27.5	26.7
06:00~07:00	38.2	1.0	7.5	22.6	30.7
07:00~08:00	38.7	0.5	9.5	21.3	30.0
08:00~09:00	35.7	0.3	8.0	22.7	33.3
09:00~10:00	34.0	0.2	6.8	21.9	37.1
10:00~11:00	31.4	0.2	6.3	22.6	39.5
11:00~12:00	31.3	0.3	5.4	22.2	40.8
12:00~13:00	34.2	0.3	4.1	21.5	39.9
13:00~14:00	29.5	0.3	4.7	23.8	41.7
14:00~15:00	28.6	0.1	5.6	26.1	39.6
15:00~16:00	27.1	0.1	5.4	25.8	41.6
16:00~17:00	29.5	0.3	6.0	22.6	41.6
17:00~18:00	31.6	0.3	8.9	19.9	39.3

续表

时间段	中央广播电视总台	中国教育台频道	贵州省级频道	其他省级卫视频道	其他频道
18:00～19:00	30.1	0.2	18.3	15.4	36.0
19:00～20:00	36.5	0.1	14.9	14.8	33.7
20:00～21:00	28.3	0.2	13.8	19.8	37.9
21:00～22:00	27.0	0.2	13.0	21.1	38.7
22:00～23:00	28.7	0.2	11.7	20.8	38.6
23:00～00:00	30.1	0.2	10.7	21.7	37.3
00:00～01:00	33.4	0.2	10.6	23.7	32.1
01:00～02:00	39.0	0.1	7.5	33.6	19.8

表 3.8.4　2021 年贵州市场收视份额排名前十位的频道

单位：%

名次	频道名称	收视份额
1	中央电视台综合频道	6.3
2	贵州卫视	6.2
3	中央电视台少儿频道	5.5
4	中央台六套	3.6
4	中央台八套	3.6
6	中央电视台新闻频道	3.2
7	湖南卫视	2.4
8	贵州广播电视台公共频道	2.0
9	中央台四套	1.7
9	浙江卫视	1.7

表 3.8.5　2021 年贵州市场各主要频道的观众构成

单位：%

目标观众		所有频道	主要频道				
			中央电视台综合频道	贵州卫视	中央电视台少儿频道	中央台六套	中央台八套
4 岁及以上所有人		100.0	100.0	100.0	100.0	100.0	100.0
城乡	城市	28.7	49.8	22.3	25.1	35.0	34.0
	乡村	71.3	50.2	77.7	74.9	65.0	66.0
性别	男	49.9	55.5	55.7	46.9	53.3	49.8
	女	50.1	44.5	44.3	53.1	46.7	50.2

续表

目标观众		所有频道	主要频道				
			中央电视台综合频道	贵州卫视	中央电视台少儿频道	中央台六套	中央台八套
年龄	4～14岁	19.6	8.0	7.7	42.4	13.8	8.2
	15～24岁	11.6	6.8	10.4	7.4	8.6	10.3
	25～34岁	12.9	7.8	10.4	14.1	15.5	10.8
	35～44岁	17.2	16.4	15.7	14.1	12.3	14.2
	45～54岁	12.7	17.9	18.9	9.3	16.2	18.6
	55～64岁	12.5	17.0	16.2	7.4	20.2	14.7
	65岁及以上	13.5	26.1	20.7	5.3	13.4	23.2
受教育程度	未受过正规教育	9.5	7.0	8.5	20.0	6.3	5.5
	小学	33.8	26.4	29.3	41.0	35.0	28.4
	初中	40.5	39.9	40.2	29.5	43.6	43.3
	高中	11.6	17.6	14.9	7.4	11.5	16.7
	大学及以上	4.6	9.1	7.1	2.1	3.6	6.1
职业类别	干部/管理人员	0.8	1.9	1.3	0.8	1.0	2.3
	个体/私营企业人员	14.0	13.8	14.8	9.7	18.0	20.7
	初级公务员/雇员	6.0	9.8	8.4	4.9	5.4	7.5
	工人	4.5	4.5	7.9	2.4	6.1	5.6
	学生	18.3	9.4	8.5	28.2	14.5	12.4
	无业	22.0	30.9	19.6	25.7	18.5	25.3
	其他	34.4	29.7	39.5	28.3	36.5	26.2
个人月收入	0～300元	30.4	18.6	17.7	50.5	23.8	21.2
	301～900元	8.5	8.8	13.6	6.6	11.3	9.1
	901～1700元	14.2	12.5	17.4	12.6	14.7	13.4
	1701～2600元	13.8	15.3	12.4	10.0	15.6	19.5
	2601～3500元	15.2	17.2	17.0	11.0	17.2	13.6
	3501元及以上	17.9	27.6	21.9	9.3	17.4	23.2

表3.8.6　2019～2021年贵州市场各类节目的播出比重和收视比重

单位：%

节目类别	2019年		2020年		2021年	
	播出比重	收视比重	播出比重	收视比重	播出比重	收视比重
财经	1.1	0.6	1.0	0.6	1.0	0.8
电视剧	27.4	27.6	27.0	28.2	27.4	26.6
电影	4.0	5.3	4.0	5.0	3.9	4.9
法制	0.7	1.0	0.6	0.9	0.6	0.9

续表

节目类别	2019 年		2020 年		2021 年	
	播出比重	收视比重	播出比重	收视比重	播出比重	收视比重
教学	0.3	0.0	0.3	0.2	0.3	0.2
青少	7.1	11.0	7.0	9.4	6.9	10.0
生活服务	6.4	7.6	6.5	7.2	6.1	6.8
体育	3.8	1.6	4.0	1.2	4.1	2.5
外语	0.1	0.0	0.2	0.0	0.2	0.0
戏剧	1.1	0.3	0.9	0.2	0.9	0.2
新闻/时事	10.2	14.5	10.8	18.4	10.4	16.7
音乐	1.6	1.2	1.7	1.2	1.6	1.4
专题	13.9	5.6	14.0	5.6	14.5	7.0
综艺	5.6	8.2	4.8	6.8	4.7	6.4
其他	16.7	15.5	17.2	15.1	17.4	15.6

表 3.8.7 2021 年贵州市场所有节目收视率排名前三十位

单位：%

名次	节目名称	节目类型	播出频道	平均收视率	平均占有率
1	《2021 中央广播电视总台春节联欢晚会》	综艺	中央电视台综合频道	11.0	46.1
2	《新闻联播》	新闻/时事	中央电视台综合频道	5.0	16.1
3	《天气预报》	生活服务	中央电视台综合频道	4.5	13.1
4	《情满雪域高原记习近平总书记西藏之行》	专题	中央电视台综合频道	3.7	11.0
5	《焦点访谈》	新闻/时事	中央电视台综合频道	3.5	9.8
6	《河山》	电视剧	贵州卫视	3.3	10.3
7	《32 届奥运会男子 100 米决赛》	体育	中央台五套	3.3	8.9
8	《战长沙》	电视剧	贵州卫视	3.2	9.3
9	《世界经济论坛达沃斯议程对话会特别报道》	新闻/时事	中央电视台综合频道	3.2	8.5
9	《2021 中关村论坛开幕式特别报道》	新闻/时事	中央电视台综合频道	3.2	8.5
11	《花好月圆元宵夜》	综艺	中央电视台综合频道	3.1	11.4
12	《誓盟》	电视剧	贵州卫视	3.1	9.4
13	《伟大征程庆祝中国共产党成立 100 周年大型情景史诗》	综艺	中央电视台综合频道	3.0	10.4
14	《历史上的今天》	专题	贵州卫视	3.0	8.7
15	《32 届奥运会乒乓球女团决赛》	体育	中央台五套	2.9	9.6
16	《觉醒》	电视剧	贵州卫视	2.9	9.0
16	《特种兵之深入敌后》	电视剧	贵州卫视	2.9	9.0
17	《爱国者》	电视剧	贵州卫视	2.9	8.8

续表

名次	节目名称	节目类型	播出频道	平均收视率	平均占有率
19	《国务院总理会见中外记者并回答提问》	新闻/时事	中央电视台综合频道	2.9	8.1
20	《32届奥运会羽毛球男子单打决赛》	体育	中央台五套	2.9	7.4
21	《守卫者浮出水面》	电视剧	贵州卫视	2.8	8.6
22	《太行山上》	电视剧	贵州卫视	2.8	8.4
23	《32届奥运会女子自由式摔跤50公斤级决赛》	体育	中央台五套	2.8	8.0
24	《千年梦想决胜今朝》	专题	贵州卫视	2.8	7.9
25	《贵州省十三届人大四次会议政协贵州省十二届四次会议特别节目》	新闻/时事	贵州卫视	2.8	7.7
26	《第四届中国国际进口博览会开幕式特别报道》	新闻/时事	中央电视台综合频道	2.8	7.6
27	《刑警之海外行动》	电视剧	贵州卫视	2.7	8.2
28	《铁血将军》	电视剧	贵州卫视	2.7	8.1
29	《中国共产党历史展览馆建设纪实》	专题	中央电视台综合频道	2.6	7.7
29	《实况录像：32届奥运会射击女子10米气步枪决赛》	体育	中央台五套	2.6	7.7

表3.8.8　2021年贵州市场电视剧收视率排名前十位

单位：%

名次	节目名称	播出频道	平均收视率	平均占有率
1	《河山》	贵州卫视	3.3	10.3
2	《战长沙》	贵州卫视	3.2	9.3
3	《誓盟》	贵州卫视	3.1	9.4
4	《觉醒》	贵州卫视	2.9	9.0
4	《特种兵之深入敌后》	贵州卫视	2.9	9.0
6	《爱国者》	贵州卫视	2.9	8.8
7	《守卫者浮出水面》	贵州卫视	2.8	8.6
8	《太行山上》	贵州卫视	2.8	8.4
9	《刑警之海外行动》	贵州卫视	2.7	8.2
10	《铁血将军》	贵州卫视	2.7	8.1

表3.8.9　2021年贵州市场新闻节目收视率排名前十位

单位：%

名次	节目名称	播出频道	平均收视率	平均占有率
1	《新闻联播》	中央电视台综合频道	5.0	16.1
2	《焦点访谈》	中央电视台综合频道	3.5	9.8

续表

名次	节目名称	播出频道	平均收视率	平均占有率
3	《世界经济论坛达沃斯议程对话会特别报道》	中央电视台综合频道	3.2	8.5
3	《2021 中关村论坛开幕式特别报道》	中央电视台综合频道	3.2	8.5
5	《国务院总理会见中外记者并回答提问》	中央电视台综合频道	2.9	8.1
6	《贵州省十三届人大四次会议政协贵州省十二届四次会议特别节目》	贵州卫视	2.8	7.7
7	《第四届中国国际进口博览会开幕式特别报道》	中央电视台综合频道	2.8	7.6
8	《2021 年中国国际服务贸易交易会全球服务贸易峰会特别报道》	中央电视台综合频道	2.4	7.2
9	《中国共产党与世界政党领导人峰会特别报道》	中央电视台综合频道	2.1	5.5
10	《贵州新闻联播》	贵州卫视	1.9	9.2

表 3.8.10　2021 年贵州市场专题节目收视率排名前十位

单位：%

名次	节目名称	播出频道	平均收视率	平均占有率
1	《情满雪域高原记习近平总书记西藏之行》	中央电视台综合频道	3.7	11.0
2	《历史上的今天》	贵州卫视	3.0	8.7
3	《千年梦想决胜今朝》	贵州卫视	2.8	7.9
4	《中国共产党历史展览馆建设纪实》	中央电视台综合频道	2.6	7.7
5	《好记者讲好故事 2021 中国记者节特别节目》	中央电视台综合频道	2.5	7.4
6	《新的启航》	中央电视台综合频道	2.5	7.1
7	《党课开讲啦》	中央电视台综合频道	2.5	6.3
8	《人民的小康》	中央电视台综合频道	2.4	6.6
9	《感动中国 2020 年度人物颁奖盛典》	中央电视台综合频道	1.9	6.5
10	《正风反腐就在身边》	中央电视台综合频道	1.9	5.6

表 3.8.11　2021 年贵州市场综艺节目收视率排名前十位

单位：%

名次	节目名称	播出频道	平均收视率	平均占有率
1	《2021 中央广播电视总台春节联欢晚会》	中央电视台综合频道	11.0	46.1
2	《花好月圆元宵夜》	中央电视台综合频道	3.1	11.4
3	《伟大征程庆祝中国共产党成立 100 周年大型情景史诗》	中央电视台综合频道	3.0	10.4

续表

名次	节目名称	播出频道	平均收视率	平均占有率
4	《2021 年中央广播电视总台中秋晚会》	中央电视台综合频道	1.9	6.3
5	《奋斗正青春 2021 年五四青年节特别节目》	中央电视台综合频道	1.9	5.6
6	《2021 新年奇幻夜快乐新一年》	中央电视台少儿频道	1.7	5.4
7	《快乐大本营》	湖南卫视	1.5	5.4
8	《第十六届中国长春电影节闭幕式暨颁奖典礼》	中央台六套	1.4	5.3
9	《我和我的家乡 2021 动静网络春晚》	贵州卫视	1.3	6.7
10	《中国梦祖国颂 2021 国庆特别节目》	中央电视台综合频道	1.3	6.2

表 3.8.12　2021 年贵州市场体育类节目收视率排名前十位

单位：%

名次	节目名称	播出频道	平均收视率	平均占有率
1	《32 届奥运会男子 100 米决赛》	中央台五套	3.3	8.9
2	《32 届奥运会乒乓球女团决赛》	中央台五套	2.9	9.6
3	《32 届奥运会羽毛球男子单打决赛》	中央台五套	2.9	7.4
4	《32 届奥运会女子自由式摔跤 50 公斤级决赛》	中央台五套	2.8	8.0
5	《实况录像：32 届奥运会射击女子 10 米气步枪决赛》	中央台五套	2.6	7.7
6	《32 届奥运会击剑女子重剑个人决赛》	中央台五套	2.5	7.6
7	《一起向未来北京 2022 年冬奥会倒计时 100 天主题活动》	中央电视台综合频道	2.5	6.9
8	《实况录像：32 届奥运会举重男子 81 公斤级决赛抓举》	中央台五套	2.3	7.8
9	《中华人民共和国第十四届运动会闭幕式》	中央电视台综合频道	2.3	6.3
10	《第 32 届夏季奥林匹克运动会闭幕式》	中央电视台综合频道	2.2	6.0

九　海南收视数据

表 3.9.1　2017～2021 年海南市场各类频道的市场占有率

单位：%

频道类别	2017 年	2018 年	2019 年	2020 年	2021 年
中央广播电视总台	38.2	36.4	30.8	28.7	29.9
中国教育台频道	0.3	0.3	0.2	0.1	0.1
海南省级频道	18.2	19.5	20.5	20.8	15.8
其他省级卫视频道	27.1	25.0	24.5	22.9	25.2
其他频道	16.2	18.8	24.0	27.5	29.0

表 3.9.2　2021 年海南市场各类频道在不同目标观众中的市场占有率

单位：%

目标观众		中央广播电视总台	中国教育台频道	海南省级频道	其他省级卫视频道	其他频道
4 岁及以上所有人		29.9	0.1	15.8	25.2	29.0
城乡	城市	28.2	0.1	11.9	32.2	27.6
	农村	31.0	0.2	18.7	20.1	30.0
性别	男	31.2	0.2	15.0	23.9	29.7
	女	28.4	0.1	16.8	26.6	28.1
年龄	4～14 岁	18.7	0.1	9.8	32.2	39.2
	15～24 岁	25.7	0.1	6.2	31.0	37.0
	25～34 岁	20.4	0.1	8.9	35.0	35.6
	35～44 岁	27.6	0.1	17.4	28.7	26.2
	45～54 岁	34.8	0.2	12.9	22.9	29.2
	55～64 岁	38.0	0.2	19.5	19.8	22.5
	65 岁及以上	35.1	0.2	25.9	17.4	21.4
受教育程度	未受过正规教育	23.0	0.1	13.6	29.3	34.0
	小学	26.4	0.2	13.3	29.2	30.9
	初中	29.8	0.2	17.3	23.7	29.0
	高中	35.5	0.1	16.6	22.1	25.7
	大学及以上	38.7	0.0	15.7	23.6	22.0

续表

目标观众		中央广播电视总台	中国教育台频道	海南省级频道	其他省级卫视频道	其他频道
职业类别	干部/管理人员	24.1	0.0	2.1	5.8	68.0
	个体/私营企业人员	34.0	0.1	15.0	19.8	31.1
	初级公务员/雇员	35.1	0.1	16.8	20.6	27.4
	工人	29.8	0.2	12.4	28.7	28.9
	学生	18.2	0.1	9.7	33.2	38.8
	无业	32.7	0.1	17.9	25.4	23.9
	其他	30.0	0.2	18.5	22.8	28.5
个人月收入	0～300元	22.0	0.1	12.2	31.7	34.0
	301～900元	27.6	0.3	28.5	19.6	24.0
	901～1700元	33.0	0.1	18.3	20.0	28.6
	1701～2600元	35.5	0.2	15.1	23.5	25.7
	2601～3500元	31.3	0.2	14.0	25.7	28.8
	3501元以上	37.4	0.1	16.2	21.0	25.3

表3.9.3　2021年海南市场各类频道在不同时段的市场占有率

单位：%

时间段	中央广播电视总台	中国教育台频道	海南省级频道	其他省级卫视频道	其他频道
02:00～03:00	29.3	0.2	4.1	26.4	40.0
03:00～04:00	29.1	0.1	5.2	28.3	37.3
04:00～05:00	28.1	0.2	5.4	30.3	36.0
05:00～06:00	37.0	0.3	7.1	25.6	30.0
06:00～07:00	39.6	0.2	8.1	24.7	27.4
07:00～08:00	35.9	0.2	8.0	19.4	36.5
08:00～09:00	33.1	0.3	11.4	21.7	33.5
09:00～10:00	27.5	0.4	11.6	25.3	35.2
10:00～11:00	28.9	0.4	10.5	26.8	33.4
11:00～12:00	32.2	0.2	9.1	27.7	30.8
12:00～13:00	34.3	0.1	6.1	28.1	31.4
13:00～14:00	29.8	0.2	4.7	30.9	34.4
14:00～15:00	26.7	0.3	5.5	32.6	34.9
15:00～16:00	26.3	0.2	6.0	31.4	36.1
16:00～17:00	28.1	0.2	6.8	28.9	36.0
17:00～18:00	30.2	0.1	8.7	26.2	34.8

续表

时间段	中央广播电视总台	中国教育台频道	海南省级频道	其他省级卫视频道	其他频道
18:00～19:00	31.0	0.1	22.9	16.3	29.7
19:00～20:00	36.9	0.1	18.2	21.0	23.8
20:00～21:00	27.5	0.1	23.0	25.8	23.6
21:00～22:00	25.9	0.1	25.3	23.9	24.8
22:00～23:00	28.9	0.2	17.0	25.1	28.8
23:00～00:00	29.6	0.2	15.5	25.9	28.8
00:00～01:00	30.6	0.3	6.4	24.2	38.5
01:00～02:00	28.2	0.3	2.8	24.6	44.1

表 3.9.4　2021 年海南市场收视份额排名前十位的频道

单位：%

名次	频道名称	收视份额
1	海南广播电视总台经济频道	8.6
2	中央台八套	4.7
2	中央台六套	4.7
4	中央电视台综合频道	4.6
5	湖南卫视	3.7
6	海南广播电视总台公共频道	3.2
7	中央台五套	3.1
7	中央台四套	3.1
9	江苏卫视	2.7
10	浙江卫视	2.3

表 3.9.5　2021 年海南市场各主要频道的观众构成

单位：%

目标观众		所有频道	主要频道				
			海南广播电视总台经济频道	中央台八套	中央台六套	中央电视台综合频道	湖南卫视
4 岁及以上所有人		100.0	100.0	100.0	100.0	100.0	100.0
城乡	城市	41.9	30.7	36.9	43.6	45.7	60.8
	农村	58.1	69.3	63.1	56.4	54.3	39.2
性别	男	53.1	51.9	50.4	56.8	52.0	46.8
	女	46.9	48.1	49.6	43.2	48.0	53.2

续表

目标观众		所有频道	主要频道				
			海南广播电视总台经济频道	中央台八套	中央台六套	中央电视台综合频道	湖南卫视
年龄	4～14岁	17.7	11.9	6.0	9.8	7.7	16.6
	15～24岁	5.5	2.0	3.0	5.8	4.2	6.6
	25～34岁	9.7	5.1	6.1	6.5	6.7	19.1
	35～44岁	11.1	14.3	7.2	14.6	8.1	13.7
	45～54岁	18.5	14.3	15.7	30.8	24.2	15.5
	55～64岁	17.5	24.3	31.5	17.3	19.9	12.6
	65岁及以上	19.8	28.1	30.5	15.1	29.2	15.9
受教育程度	未受过正规教育	9.5	7.5	5.9	6.6	5.7	6.7
	小学	22.8	18.6	19.1	22.7	16.0	30.7
	初中	44.4	44.7	48.5	49.1	42.1	38.6
	高中	17.9	22.4	23.0	16.0	23.5	16.4
	大学及以上	5.4	6.8	3.4	5.6	12.6	7.6
职业类别	干部/管理人员	0.7	0.1	0.2	0.0	2.0	0.1
	个体/私营企业人员	8.8	8.6	7.4	8.2	12.3	8.2
	初级公务员/雇员	7.1	9.4	5.8	8.0	10.6	6.9
	工人	12.8	9.1	13.6	15.4	13.6	17.0
	学生	13.3	9.5	5.0	7.6	6.7	18.0
	无业	29.9	27.6	38.3	23.9	35.3	22.9
	其他	27.5	35.8	29.7	36.9	19.5	27.0
个人月收入	0～300元	31.5	24.0	17.3	21.7	19.7	34.5
	301～900元	8.5	18.7	7.3	8.7	8.6	11.2
	901～1700元	16.1	17.6	20.9	23.5	11.6	9.2
	1701～2600元	20.6	18.1	29.8	22.9	25.9	20.1
	2601～3500元	11.8	11.4	11.3	10.4	12.6	13.7
	3501元以上	11.5	10.3	13.4	12.9	21.7	11.4

表3.9.6　2019～2021年海南市场各类节目的播出比重和收视比重

单位：%

节目类别	2019年		2020年		2021年	
	播出比重	收视比重	播出比重	收视比重	播出比重	收视比重
财经	1.0	0.5	1.0	0.5	1.0	0.5
电视剧	21.9	40.4	22.1	41.6	25.6	37.8
电影	3.9	6.3	3.7	5.5	4.0	6.4

续表

节目类别	2019 年		2020 年		2021 年	
	播出比重	收视比重	播出比重	收视比重	播出比重	收视比重
法制	0.8	0.3	0.8	0.3	0.7	0.5
教学	0.4	0.0	0.3	0.1	0.3	0.0
青少	7.8	8.0	7.9	6.3	7.5	8.3
生活服务	7.2	4.6	7.1	4.4	5.8	4.3
体育	3.8	4.3	3.9	2.0	3.9	4.6
外语	0.2	0.0	0.2	0.0	0.2	0.0
戏剧	0.9	0.2	0.8	0.4	1.2	1.4
新闻/时事	16.3	9.6	17.1	13.8	10.9	10.9
音乐	1.8	1.4	1.9	1.3	1.6	1.2
专题	14.1	6.2	14.4	5.7	14.7	5.4
综艺	7.1	8.4	6.2	7.8	4.7	8.2
其他	12.8	9.8	12.6	10.3	18.0	10.5

表 3.9.7　2021 年海南市场所有节目收视率排名前三十位

单位：%

名次	节目名称	节目类型	播出频道	平均收视率	平均占有率
1	《32 届奥运会女排小组赛第 4 轮》（中国 VS 意大利）	体育	中央台五套	6.4	37.7
2	《32 届奥运会男子 100 米决赛》	体育	中央台五套	6.2	23.2
3	《乒乓球男团颁奖仪式》	体育	中央台五套	5.7	23.0
4	《锁侠》	电视剧	海南广播电视总台经济频道	5.4	29.6
5	《杀狼》	电视剧	海南广播电视总台经济频道	5.0	23.8
6	《32 届奥运会乒乓球女单决赛》	体育	中央台五套	4.7	20.7
7	《实况录像：32 届奥运会举重男子 81 公斤级决赛挺举》	体育	中央台五套	4.4	22.0
8	《双枪》	电视剧	海南广播电视总台经济频道	4.2	22.5
9	《直播周末：2021 年世界女排联赛》（中国队 VS 俄罗斯队）	体育	中央台五套	4.1	29.8
10	《操纵者》	电视剧	海南广播电视总台经济频道	4.0	19.2
11	《神勇武工队传奇》	电视剧	海南广播电视总台经济频道	3.8	21.0

续表

名次	节目名称	节目类型	播出频道	平均收视率	平均占有率
12	《战地青春之歌》	电视剧	海南广播电视总台经济频道	3.7	18.6
13	《32 届奥运会羽毛球男子单打决赛》	体育	中央台五套	3.4	14.7
14	《黑狐》	电视剧	海南广播电视总台经济频道	3.3	18.6
15	《2021 中央广播电视总台春节联欢晚会》	综艺	中央电视台综合频道	3.3	18.5
15	《32 届奥运会女篮小组赛》（中国 VS 比利时）	体育	中央台五套	3.2	29.0
17	《太极宗师之太极门》	电视剧	海南广播电视总台经济频道	3.1	16.6
18	《娘道》	电视剧	海南广播电视总台经济频道	3.0	15.8
19	《捍战 1》	电影	中央台六套	3.0	14.3
19	《32 届奥运会体操男子个人全能决赛》	体育	中央台五套	2.8	19.2
21	《黄金搭档千金杀手》	电影	中央台六套	2.8	18.8
22	《中华英雄》	电影	中央台六套	2.8	17.7
23	《东京奥运会开幕式》	体育	中央台五套	2.7	12.9
24	《敬礼警旗海南省首个中国人民警察节特别节目》	综艺	海南广播电视总台经济频道	2.6	12.0
25	《飘帅》	电视剧	海南广播电视总台经济频道	2.5	17.9
26	《广东十虎苏灿之亢龙有悔》	电影	中央台六套	2.5	15.5
27	《喋血双龙》	电影	中央台六套	2.5	14.4
28	《剿匪龙虎山》	电影	中央台六套	2.5	12.5
29	《绝地重生》	电视剧	海南广播电视总台经济频道	2.4	18.2
30	《杨警官的假期》	电影	中央台六套	2.4	14.0

表 3.9.8　2021 年海南市场电视剧收视率排名前十位

单位：%

名次	节目名称	播出频道	平均收视率	平均占有率
1	《锁侠》	海南广播电视总台经济频道	5.4	29.6
2	《杀狼》	海南广播电视总台经济频道	5.0	23.8
3	《双枪》	海南广播电视总台经济频道	4.2	22.5
4	《操纵者》	海南广播电视总台经济频道	4.0	19.2
5	《神勇武工队传奇》	海南广播电视总台经济频道	3.8	21.0

续表

名次	节目名称	播出频道	平均收视率	平均占有率
6	《战地青春之歌》	海南广播电视总台经济频道	3.7	18.6
7	《黑狐》	海南广播电视总台经济频道	3.3	18.6
8	《太极宗师之太极门》	海南广播电视总台经济频道	3.1	16.6
9	《娘道》	海南广播电视总台经济频道	3.0	15.8
10	《飘帅》	海南广播电视总台经济频道	2.5	17.9

表 3.9.9　2021 年海南市场新闻节目收视率排名前十位

单位：%

名次	节目名称	播出频道	平均收视率	平均占有率
1	《脱贫攻坚大决战聚焦精准扶贫共建小康社会》	海南广播电视总台经济频道	1.8	9.0
2	《新闻联播》	中央电视台综合频道	1.5	10.9
3	《中国共产党与世界政党领导人峰会特别报道》	中央电视台综合频道	1.3	6.6
4	《直播海南》	海南广播电视总台经济频道	1.2	15.1
5	《世界经济论坛达沃斯议程对话会特别报道》	中央电视台综合频道	1.2	5.3
6	《2021 年中国国际服务贸易交易会全球服务贸易峰会特别报道》	中央电视台综合频道	1.1	5.6
7	《焦点访谈》	中央电视台综合频道	0.8	4.6
8	《中央广播电视总台 2021 国内十大新闻国际十大新闻》	中央电视台新闻频道	0.7	11.2
9	《第 32 届奥林匹克运动会闭幕式特别报道》	中央电视台新闻频道	0.7	3.9
9	《2021 年中国国际服务贸易交易会全球服务贸易峰会特别报道》	中央电视台新闻频道	0.7	3.9
10	《今日亚洲》	中央台四套	0.7	3.8

表 3.9.10　2021 年海南市场专题节目收视率排名前十位

单位：%

名次	节目名称	播出频道	平均收视率	平均占有率
1	《脱贫致富电视夜校》	海南广播电视总台经济频道	2.0	8.6
2	《2021 追寻新时代党员大会》	海南广播电视总台经济频道	1.9	8.4
3	《绿色农业进行时》	海南广播电视总台经济频道	1.6	13.9
4	《寻味》	海南广播电视总台经济频道	1.4	10.1
5	《乡村振兴进行时》	海南广播电视总台经济频道	1.3	11.2

续表

名次	节目名称	播出频道	平均收视率	平均占有率
6	《勇当先锋建功自贸海南省 2021 年党员自贸港知识竞赛电视擂台赛》	海南广播电视总台经济频道	1.3	7.2
7	《年夜饭 2021 新春特别节目》	海南广播电视总台经济频道	1.2	10.4
8	《乡村振兴电视夜校》	海南广播电视总台经济频道	1.1	5.6
9	《恪守正道笃行致远中国品牌崛起之老字号责任论坛》	海南广播电视总台经济频道	1.0	7.1
10	《我来上党课 1921－2021》	海南广播电视总台经济频道	1.0	5.7

表 3.9.11　2021 年海南市场综艺节目收视率排名前十位

单位：%

名次	节目名称	播出频道	平均收视率	平均占有率
1	《2021 中央广播电视总台春节联欢晚会》	中央电视台综合频道	3.3	18.5
2	《敬礼警旗海南省首个中国人民警察节特别节目》	海南广播电视总台经济频道	2.6	12.0
3	《818 全球汽车夜》	湖南卫视	2.1	10.5
4	《抖音新潮好物夜》	湖南卫视	1.8	10.0
5	《中国梦劳动美永远跟党走奋进新征程 2021 五一国际劳动节特别节目》	中央电视台综合频道	1.6	7.6
6	《伟大征程庆祝中国共产党成立 100 周年大型情景史诗》	中央电视台综合频道	1.3	12.8
6	《向往的生活・桃花源》	湖南卫视	1.1	12.3
8	《绿水青山公益季极限挑战宝藏行后传》	东方卫视	1.1	9.6
9	《天赐的声音 2》（2 月 26 日）	浙江卫视	1.1	8.6
10	《天猫开心夜》	湖南卫视	1.1	8.3

表 3.9.12　2021 年海南市场体育节目收视率排名前十位

单位：%

名次	节目名称	播出频道	平均收视率	平均占有率
1	《32 届奥运会女排小组赛第 4 轮》（中国 VS 意大利）	中央台五套	6.4	37.7
2	《32 届奥运会男子 100 米决赛》	中央台五套	6.2	23.2
3	《乒乓球男团颁奖仪式》	中央台五套	5.7	23.0
4	《32 届奥运会乒乓球女单决赛》	中央台五套	4.7	20.7
5	《实况录像：32 届奥运会举重男子 81 公斤级决赛挺举》	中央台五套	4.4	22.0

续表

名次	节目名称	播出频道	平均收视率	平均占有率
6	《直播周末：2021 年世界女排联赛》（中国队 VS 俄罗斯队）	中央台五套	4.1	29.8
7	《32 届奥运会羽毛球男子单打决赛》	中央台五套	3.4	14.7
8	《32 届奥运会女篮小组赛》（中国 VS 比利时）	中央台五套	3.2	29.0
9	《32 届奥运会体操男子个人全能决赛》	中央台五套	2.8	19.2
10	《东京奥运会开幕式》	中央台五套	2.7	12.9

十 河北收视数据

表 3. 10. 1 2017 ~ 2021 年河北市场各类频道的市场占有率

单位：%

频道类别	2017 年	2018 年	2019 年	2020 年	2021 年
中央广播电视总台	38. 8	40. 2	38. 3	39. 1	37. 6
中国教育台频道	0. 1	0. 2	0. 3	0. 3	0. 3
河北省级频道	18. 4	17. 5	16. 7	13. 0	13. 4
其他省级卫视频道	23. 2	23. 0	24. 6	24. 2	20. 9
其他频道	19. 5	19. 1	20. 1	23. 4	27. 8

表 3. 10. 2 2021 年河北市场各类频道在不同目标观众中的市场占有率

单位：%

目标观众		中央广播电视总台	中国教育台频道	河北省级频道	其他省级卫视频道	其他频道
4 岁及以上所有人		37. 6	0. 3	13. 4	20. 9	27. 8
城乡	城市	35. 0	0. 1	9. 9	24. 4	30. 6
	农村	38. 4	0. 3	14. 4	19. 9	27. 0
性别	男	39. 1	0. 2	13. 3	19. 3	28. 0
	女	36. 0	0. 3	13. 4	22. 7	27. 6
年龄	4 ~ 14 岁	18. 8	0. 3	5. 2	26. 7	49. 0
	15 ~ 24 岁	30. 1	0. 2	11. 0	30. 5	28. 3
	25 ~ 34 岁	18. 5	0. 3	5. 9	24. 5	50. 8
	35 ~ 44 岁	31. 6	0. 1	7. 1	24. 9	36. 4
	45 ~ 54 岁	30. 7	0. 2	16. 7	21. 1	31. 3
	55 ~ 64 岁	46. 7	0. 2	15. 1	21. 3	16. 7
	65 岁及以上	50. 9	0. 4	18. 0	14. 6	16. 1
受教育程度	未受过正规教育	25. 3	0. 2	8. 8	27. 6	38. 1
	小学	34. 7	0. 4	17. 0	19. 1	28. 8
	初中	40. 0	0. 3	13. 6	19. 8	26. 4
	高中	42. 0	0. 2	11. 3	23. 0	23. 5
	大学及以上	32. 7	0. 1	9. 9	22. 3	35. 1

续表

目标观众		中央广播电视总台	中国教育台频道	河北省级频道	其他省级卫视频道	其他频道
职业类别	干部/管理人员	53.6	0.1	7.0	13.8	25.6
	个体/私营企业人员	33.4	0.1	15.5	20.1	30.8
	初级公务员/雇员	31.9	0.2	12.9	24.0	31.0
	工人	35.9	0.1	13.0	19.3	31.7
	学生	23.7	0.3	7.7	25.2	43.1
	无业	42.1	0.2	13.7	19.2	24.7
	其他	41.9	0.5	14.9	22.0	20.7
个人月收入	0～300 元	28.6	0.2	11.8	23.5	35.9
	301～900 元	40.4	0.3	14.7	20.6	24.1
	901～1700 元	40.1	0.5	15.2	23.2	20.9
	1701～2600 元	46.5	0.3	15.8	15.7	21.8
	2601～3500 元	45.6	0.1	12.9	16.7	24.7
	3501 元及以上	28.4	0.1	9.4	28.1	33.9

表 3.10.3　2021 年河北市场各类频道在不同时段的市场占有率

单位：%

时间段	中央广播电视总台	中国教育台频道	河北省级频道	其他省级卫视频道	其他频道
02:00～03:00	31.6	0.2	17.1	17.6	33.5
03:00～04:00	34.9	0.1	18.8	15.4	30.8
04:00～05:00	39.6	0.1	21.4	13.3	25.7
05:00～06:00	47.0	0.2	14.2	12.6	26.0
06:00～07:00	51.7	1.5	7.8	15.9	23.2
07:00～08:00	49.6	1.1	5.1	20.4	23.9
08:00～09:00	44.2	0.9	4.8	19.6	30.5
09:00～10:00	40.0	0.8	5.2	22.6	31.4
10:00～11:00	38.0	0.5	5.4	25.5	30.6
11:00～12:00	40.3	0.2	5.2	24.3	30.0
12:00～13:00	37.3	0.1	14.9	20.7	27.1
13:00～14:00	37.1	0.2	8.3	24.7	29.8
14:00～15:00	36.4	0.3	4.9	27.0	31.4
15:00～16:00	36.2	0.3	4.2	26.8	32.5
16:00～17:00	36.2	0.3	4.6	26.1	32.8
17:00～18:00	41.1	0.2	4.7	23.6	30.4

续表

时间段	中央广播电视总台	中国教育台频道	河北省级频道	其他省级卫视频道	其他频道
18∶00～19∶00	40.6	0.1	19.4	12.0	27.8
19∶00～20∶00	40.8	0.1	19.7	13.6	25.8
20∶00～21∶00	32.8	0.1	21.0	21.5	24.5
21∶00～22∶00	31.9	0.1	20.4	22.5	25.1
22∶00～23∶00	33.8	0.3	14.1	25.1	26.8
23∶00～00∶00	34.5	0.2	9.2	26.3	29.9
00∶00～01∶00	34.8	0.3	9.6	22.3	33.1
01∶00～02∶00	33.4	0.2	12.3	19.2	34.9

表 3.10.4　2021 年河北市场收视份额排名前十位的频道

单位：%

名次	频道名称	收视份额
1	中央台四套	6.3
2	中央台八套	5.5
3	中央电视台综合频道	4.7
4	河北广播电视台经济生活频道	4.3
5	中央台六套	3.7
6	河北广播电视台农民频道	3.3
7	中央电视台新闻频道	3.0
8	河北广播电视台卫视频道	2.5
8	卡酷少儿频道	2.5
10	中央台十一套	2.2

表 3.10.5　2021 年河北市场各主要频道的观众构成

单位：%

目标观众		所有频道	主要频道				
			中央台四套	中央台八套	中央电视台综合频道	河北广播电视台经济生活频道	中央台六套
4 岁及以上所有人		100.0	100.0	100.0	100.0	100.0	100.0
城乡	城市	23.3	18.0	22.0	27.7	12.8	23.4
	农村	76.7	82.0	78.0	72.3	87.2	76.6
性别	男	52.9	59.9	53.3	51.8	53.5	55.5
	女	47.1	40.1	46.7	48.2	46.5	44.5

续表

目标观众		所有频道	主要频道				
			中央台四套	中央台八套	中央电视台综合频道	河北广播电视台经济生活频道	中央台六套
年龄	4～14 岁	12.3	1.6	5.0	5.6	3.1	5.1
	15～24 岁	5.7	2.1	4.5	5.4	3.2	6.3
	25～34 岁	8.1	1.5	5.3	4.8	1.4	5.1
	35～44 岁	8.4	4.1	5.4	9.9	3.5	7.5
	45～54 岁	15.5	3.4	21.2	11.0	16.1	29.2
	55～64 岁	18.7	34.9	23.5	15.1	25.0	22.8
	65 岁及以上	31.3	52.4	35.0	48.2	47.7	24.0
受教育程度	未受过正规教育	6.6	1.1	4.7	3.6	3.3	3.0
	小学	24.5	17.1	27.5	19.4	37.2	29.7
	初中	41.7	44.5	45.2	37.8	38.5	43.5
	高中	20.0	32.4	17.5	28.1	16.4	18.2
	大学及以上	7.2	4.9	5.2	11.0	4.6	5.6
职业类别	干部/管理人员	1.2	1.6	0.4	2.2	0.3	0.5
	个体/私营企业人员	16.2	17.2	16.0	10.0	15.3	25.5
	初级公务员/雇员	7.7	4.7	5.3	9.7	8.6	7.3
	工人	4.9	3.8	5.8	3.2	2.3	5.6
	学生	11.4	3.2	4.9	7.3	5.0	6.4
	无业	38.2	59.7	32.0	54.9	43.9	25.0
	其他	20.4	9.8	35.6	12.7	24.7	29.6
个人月收入	0～300 元	32.9	18.5	20.4	24.1	26.6	19.7
	301～900 元	9.8	5.2	22.9	8.5	10.3	13.4
	901～1700 元	15.1	7.8	18.7	8.5	17.4	18.9
	1701～2600 元	19.7	34.0	19.3	16.7	24.4	23.1
	2601～3500 元	15.5	30.9	15.6	35.1	19.0	18.6
	3501 元及以上	6.9	3.6	3.1	7.0	2.3	6.5

表 3.10.6　2019～2021 年河北市场各类节目的播出比重和收视比重

单位：%

节目类别	2019 年		2020 年		2021 年	
	播出比重	收视比重	播出比重	收视比重	播出比重	收视比重
财经	1.2	0.6	1.1	0.7	1.2	0.6
电视剧	22.0	32.4	22.0	35.1	21.8	35.1
电影	3.7	5.1	3.5	5.0	3.4	5.4

续表

节目类别	2019 年		2020 年		2021 年	
	播出比重	收视比重	播出比重	收视比重	播出比重	收视比重
法制	0.7	1.1	0.6	0.7	0.6	0.6
教学	0.4	0.0	0.3	0.1	0.3	0.0
青少	7.5	8.2	7.5	7.1	7.4	6.6
生活服务	7.8	7.4	8.3	7.0	8.9	7.1
体育	3.9	2.3	3.9	1.6	4.2	3.2
外语	0.2	0.0	0.2	0.0	0.2	0.0
戏剧	0.9	1.7	0.7	1.6	0.6	1.4
新闻/时事	15.7	12.0	16.6	15.0	15.6	13.9
音乐	1.7	0.9	1.8	1.0	1.7	0.8
专题	13.9	6.6	14.1	6.4	15.1	6.9
综艺	7.4	9.9	6.6	7.8	6.8	7.8
其他	13.0	11.6	12.8	10.9	12.2	10.6

表 3.10.7　2021 年河北市场所有节目收视率排名前三十位

单位：%

名次	节目名称	节目类型	播出频道	平均收视率	平均占有率
1	《2021 一年又一年》	专题	中央电视台综合频道	8.2	25.4
2	《2021 中央广播电视总台春节联欢晚会》	综艺	中央电视台综合频道	5.8	19.8
3	《开学第一课》	青少	中央电视台综合频道	4.7	23.1
4	《花好月圆元宵夜》	综艺	中央电视台综合频道	4.7	22.1
5	《32 届奥运会 4×400 米混合接力决赛》	体育	中央台五套	3.9	18.8
6	《实况录像：32 届奥运会举重男子 81 公斤级决赛挺举》	体育	中央台五套	3.8	19.2
7	《32 届奥运会乒乓球男单决赛》	体育	中央台五套	3.5	18.4
8	《远方的山楂树》	电视剧	中央台八套	3.4	17.3
9	《实况录像：32 届奥运会射击女子 10 米气步枪决赛》	体育	中央台五套	3.0	16.4
10	《32 届奥运会女排小组赛第 4 轮》（中国 VS 意大利）	体育	中央台五套	2.8	25.5
11	《乒乓球女团颁奖仪式》	体育	中央台五套	2.8	14.8
12	《黄金搭档千金杀手》	电影	中央台六套	2.6	13.2
13	《32 届奥运会羽毛球男子单打决赛》	体育	中央台五套	2.5	17.4
14	《神勇燕双鹰》	电视剧	河北广播电视台经济生活频道	2.5	14.7

续表

名次	节目名称	节目类型	播出频道	平均收视率	平均占有率
15	《铁血娘子军》	电视剧	河北广播电视台经济生活频道	2.5	12.3
16	《天衣无缝》	电视剧	河北广播电视台经济生活频道	2.5	10.2
17	《知青家庭》	电视剧	中央台八套	2.4	16.9
18	《铁血小分队》	电视剧	河北广播电视台经济生活频道	2.4	12.5
19	《回家的路有多远》（2～45 集）	电视剧	中央台八套	2.4	11.3
20	《地道女英雄》	电视剧	河北广播电视台经济生活频道	2.3	13.7
21	《32 届奥运会女子 100 米蝶泳预赛》	体育	中央台五套	2.2	21.3
22	《第十四届全国运动会男子 200 米决赛》	体育	中央台五套	2.2	13.4
23	《秘行者》	电视剧	河北广播电视台经济生活频道	2.2	12.8
24	《魔都利刃》	电视剧	河北广播电视台经济生活频道	2.2	9.6
25	《魔都暗战》	电视剧	河北广播电视台经济生活频道	2.2	8.9
26	《养父的花样年华》（1～30 集）	电视剧	中央台八套	2.1	14.7
27	《32 届奥运会体操男子个人全能决赛》	体育	中央台五套	2.1	13.7
28	《功夫姐妹》	电视剧	河北广播电视台经济生活频道	2.1	11.8
29	《天下第一针》	电影	中央台六套	2.1	10.5
30	《东京奥运会开幕式》	体育	中央台五套	2.0	14.3

表 3.10.8　2021 年河北市场电视剧收视率排名前十位

单位：%

名次	节目名称	播出频道	平均收视率	平均占有率
1	《远方的山楂树》	中央台八套	3.4	17.3
2	《神勇燕双鹰》	河北广播电视台经济生活频道	2.5	14.7
3	《铁血娘子军》	河北广播电视台经济生活频道	2.5	12.3
4	《天衣无缝》	河北广播电视台经济生活频道	2.5	10.2
5	《知青家庭》	中央台八套	2.4	16.9

续表

名次	节目名称	播出频道	平均收视率	平均占有率
6	《铁血小分队》	河北广播电视台经济生活频道	2.4	12.5
7	《回家的路有多远》（2～45集）	中央台八套	2.4	11.3
8	《地道女英雄》	河北广播电视台经济生活频道	2.3	13.7
9	《秘行者》	河北广播电视台经济生活频道	2.2	12.8
10	《魔都利刃》	河北广播电视台经济生活频道	2.2	9.6

表 3.10.9　2021 年河北市场新闻节目收视率排名前十位

单位：%

名次	节目名称	播出频道	平均收视率	平均占有率
1	《转播中央台新闻联播》	河北广播电视台卫视频道	1.1	7.0
2	《2021 年中国国际服务贸易交易会全球服务贸易峰会特别报道》	中央电视台综合频道	1.1	7.0
3	《新闻联播》	中央电视台综合频道	1.0	6.0
4	《海峡两岸》	中央台四套	1.0	5.3
5	《中国舆论场》	中央台四套	1.0	5.2
6	《河北新闻联播》	河北广播电视台卫视频道	0.9	7.0
7	《今日关注》	中央台四套	0.9	6.8
8	《逐梦新征程》	中央电视台综合频道	0.9	6.3
9	《2020 疫情下的美国人权透视》	中央台四套	0.9	5.0
10	《今日亚洲》	中央台四套	0.9	4.9

表 3.10.10　2021 年河北市场专题节目收视率排名前十位

单位：%

名次	节目名称	播出频道	平均收视率	平均占有率
1	《2021 一年又一年》	中央电视台综合频道	8.2	25.4
2	《情满雪域高原记习近平总书记西藏之行》	中央电视台综合频道	1.4	8.6
3	《非凡的领航》	中央台四套	1.2	8.2
4	《科学战“疫”》	中央电视台综合频道	1.1	7.5
5	《战争黑洞美国制造的人权灾难》	中央台四套	1.0	9.0
6	《致敬扫黑英雄》	中央电视台综合频道	1.0	5.6

续表

名次	节目名称	播出频道	平均收视率	平均占有率
7	《跨过鸭绿江幕后记录》	中央台八套	0.9	4.5
8	《正风反腐就在身边》	中央电视台综合频道	0.9	3.6
9	《携鹰猎人》	中央台九套纪录频道	0.8	6.2
10	《中国共产党历史展览馆建设纪实》	中央电视台综合频道	0.8	5.4

表 3.10.11　2021 年河北市场综艺节目收视率排名前十位

单位：%

名次	节目名称	播出频道	平均收视率	平均占有率
1	《2021 中央广播电视总台春节联欢晚会》	中央电视台综合频道	5.8	19.8
2	《花好月圆元宵夜》	中央电视台综合频道	4.7	22.1
3	《2021 年中央广播电视总台中秋晚会》	中央电视台综合频道	1.8	10.2
4	《中国梦祖国颂 2021 国庆特别节目》	中央台三套	1.5	9.5
5	《启航 2022》	中央电视台综合频道	1.5	7.9
6	《新春喜剧之夜》	中央台三套	1.5	6.2
7	《开门大吉》（2 月 16 日）	中央台三套	1.5	5.9
8	《越战越勇》（2 月 24 日）	中央台三套	1.4	6.0
9	《金牌喜剧班》（2 月 6 日）	中央台三套	1.3	5.8
10	《伟大征程庆祝中国共产党成立 100 周年大型情景史诗》	中央电视台综合频道	1.2	8.4

表 3.10.12　2021 年河北市场体育节目收视率排名前十位

单位：%

名次	节目名称	播出频道	平均收视率	平均占有率
1	《32 届奥运会 4×400 米混合接力决赛》	中央台五套	3.9	18.8
2	《实况录像：32 届奥运会举重男子 81 公斤级决赛挺举》	中央台五套	3.8	19.2
3	《32 届奥运会乒乓球男单决赛》	中央台五套	3.5	18.4
4	《实况录像：32 届奥运会射击女子 10 米气步枪决赛》	中央台五套	3.0	16.4
5	《32 届奥运会女排小组赛第 4 轮》（中国 VS 意大利）	中央台五套	2.8	25.5
6	《乒乓球女团颁奖仪式》	中央台五套	2.8	14.8
7	《32 届奥运会羽毛球男子单打决赛》	中央台五套	2.5	17.4
8	《32 届奥运会女子 100 米蝶泳预赛》	中央台五套	2.2	21.3
9	《第十四届全国运动会男子 200 米决赛》	中央台五套	2.2	13.4
10	《32 届奥运会体操男子个人全能决赛》	中央台五套	2.1	13.7

十一　河南收视数据

表 3.11.1　2017～2021 年河南市场各类频道的市场占有率

单位：%

频道类别	2017 年	2018 年	2019 年	2020 年	2021 年
中央广播电视总台	44.5	46.1	44.8	46.1	34.7
中国教育台频道	0.3	0.3	0.3	0.4	0.2
河南省级频道	14.1	14.6	13.9	13.9	12.9
其他省级卫视频道	35.2	31.1	29.4	27.3	20.9
其他频道	5.9	7.9	11.6	12.3	31.3

注：2021 年河南省网数据为测量仪数据。

表 3.11.2　2021 年河南市场各类频道在不同目标观众中的市场占有率

单位：%

目标观众		中央广播电视总台	中国教育台频道	河南省级频道	其他省级卫视频道	其他频道
4 岁及以上所有人		34.7	0.2	12.9	20.9	31.3
城乡	城市	32.0	0.2	12.0	24.6	31.2
	农村	36.8	0.2	13.5	18.0	31.5
性别	男	35.5	0.2	12.0	20.8	31.5
	女	33.7	0.2	13.9	21.0	31.2
年龄	4～14 岁	19.8	0.1	2.6	21.2	56.3
	15～24 岁	27.6	0.3	14.1	18.4	39.6
	25～34 岁	35.6	0.2	5.4	28.9	29.9
	35～44 岁	22.9	0.2	6.7	24.7	45.5
	45～54 岁	40.0	0.2	16.4	15.6	27.8
	55～64 岁	41.9	0.2	14.0	17.8	26.1
	65 岁及以上	41.4	0.3	19.5	21.9	16.9
受教育程度	未受过正规教育	26.1	0.1	4.4	22.2	47.2
	小学	30.2	0.2	17.0	20.9	31.7
	初中	33.8	0.2	14.7	20.2	31.1
	高中	44.9	0.2	9.8	18.9	26.2
	大学及以上	34.0	0.2	9.9	26.2	29.7

续表

目标观众		中央广播电视总台	中国教育台频道	河南省级频道	其他省级卫视频道	其他频道
职业类别	干部/管理人员	37.9	0.1	11.8	21.7	28.5
	个体/私营企业人员	39.1	0.2	9.5	24.6	26.6
	初级公务员/雇员	35.3	0.2	9.3	24.6	30.6
	工人	27.8	0.2	20.0	18.7	33.3
	学生	20.5	0.2	6.3	19.9	53.1
	无业	37.4	0.2	13.7	20.7	28.0
	其他	39.4	0.3	14.6	19.3	26.4
个人月收入	0～300 元	29.4	0.2	12.7	20.3	37.4
	301～900 元	31.3	0.4	13.2	28.0	27.1
	901～1700 元	36.3	0.3	13.7	21.6	28.1
	1701～2600 元	34.2	0.3	12.9	21.2	31.4
	2601～3500 元	41.9	0.2	14.4	19.5	24.0
	3501 元及以上	38.4	0.2	10.5	20.9	30.0

表 3.11.3　2021 年河南市场各类频道在不同时段的市场占有率

单位：%

时间段	中央广播电视总台	中国教育台频道	河南省级频道	其他省级卫视频道	其他频道
02:00～03:00	22.7	0.3	17.2	26.8	33.0
03:00～04:00	22.7	0.1	17.4	24.9	34.9
04:00～05:00	27.9	0.2	15.5	23.2	33.2
05:00～06:00	44.6	0.5	15.3	17.6	22.0
06:00～07:00	61.3	1.0	7.1	10.4	20.2
07:00～08:00	57.6	0.4	5.9	10.6	25.5
08:00～09:00	48.1	0.5	6.6	15.4	29.4
09:00～10:00	37.0	0.4	5.5	20.5	36.6
10:00～11:00	32.8	0.4	5.7	23.1	38.0
11:00～12:00	36.3	0.2	6.5	22.3	34.7
12:00～13:00	40.5	0.1	8.0	20.2	31.2
13:00～14:00	33.4	0.2	8.0	23.0	35.4
14:00～15:00	30.2	0.4	6.4	27.0	36.0
15:00～16:00	29.3	0.4	6.6	27.7	36.0
16:00～17:00	30.8	0.4	6.9	26.0	35.9
17:00～18:00	34.4	0.1	7.4	23.5	34.6

续表

时间段	中央广播电视总台	中国教育台频道	河南省级频道	其他省级卫视频道	其他频道
18:00～19:00	39.9	0.1	14.9	13.0	32.1
19:00～20:00	40.4	0.1	15.6	16.4	27.5
20:00～21:00	31.5	0.1	17.7	24.1	26.6
21:00～22:00	28.6	0.1	21.6	22.0	27.7
22:00～23:00	23.1	0.2	25.6	19.5	31.6
23:00～00:00	26.5	0.2	18.5	19.9	34.9
00:00～01:00	26.5	0.3	17.0	22.8	33.4
01:00～02:00	23.9	0.3	16.2	25.2	34.4

表 3.11.4　2021 年河南市场收视份额排名前十位的频道

单位：%

名次	频道名称	收视份额
1	中央电视台综合频道	5.7
2	中央台四套	5.3
3	中央台六套	3.8
3	中央台八套	3.8
5	河南广播电视台卫星频道（一套）	3.0
6	中央电视台少儿频道	2.9
7	中央电视台新闻频道	2.8
8	河南广播电视台都市频道（二套）	2.6
9	河南广播电视台电视剧频道（五套）	2.3
10	河南广播电视台公共频道（八套）	2.2

表 3.11.5　2021 年河南市场各主要频道的观众构成

单位：%

目标观众		所有频道	主要频道				
			中央电视台综合频道	中央台四套	中央台六套	中央台八套	河南广播电视台卫星频道（一套）
4 岁及以上所有人		100.0	100.0	100.0	100.0	100.0	100.0
城乡	城市	42.3	43.2	39.6	33.4	37.4	36.8
	农村	57.7	56.8	60.4	66.6	62.6	63.2
性别	男	55.4	54.9	71.2	54.7	51.1	59.2
	女	44.6	45.1	28.8	45.3	48.9	40.8

续表

目标观众		所有频道	主要频道				
			中央电视台综合频道	中央台四套	中央台六套	中央台八套	河南广播电视台卫星频道（一套）
年龄	4～14 岁	14.2	7.2	1.5	7.4	4.0	3.3
	15～24 岁	7.5	4.9	3.2	7.5	2.7	8.5
	25～34 岁	8.5	10.8	3.8	11.2	4.5	2.8
	35～44 岁	11.1	7.0	3.9	8.5	10.8	5.6
	45～54 岁	14.9	16.3	11.2	30.7	10.7	6.6
	55～64 岁	14.6	17.8	17.4	15.3	21.1	11.7
	65 岁及以上	29.2	36.0	59.0	19.4	46.2	61.5
受教育程度	未受过正规教育	7.9	5.1	2.1	6.3	2.3	2.7
	小学	22.7	19.2	20.0	28.0	18.2	41.0
	初中	38.3	32.4	28.8	38.7	49.5	40.5
	高中	20.4	33.0	36.9	18.2	22.9	11.6
	大学及以上	10.7	10.3	12.2	8.8	7.1	4.2
职业类别	干部/管理人员	0.8	0.8	1.5	0.8	0.6	0.4
	个体/私营企业人员	11.2	12.5	6.0	13.9	11.5	9.8
	初级公务员/雇员	7.9	6.4	9.1	8.3	6.0	3.7
	工人	11.8	9.7	5.5	11.4	6.9	9.5
	学生	12.1	6.6	3.2	8.2	3.8	6.0
	无业	36.9	45.0	53.0	28.5	40.4	37.1
	其他	19.3	19.0	21.7	28.9	30.8	33.5
个人月收入	0～300 元	35.8	28.3	25.9	26.2	27.2	41.0
	301～900 元	5.2	3.5	2.9	12.5	3.8	9.7
	901～1700 元	9.3	8.7	5.5	9.3	14.6	7.1
	1701～2600 元	17.1	17.5	13.6	15.7	17.7	18.9
	2601～3500 元	18.6	29.1	25.0	22.5	24.7	17.0
	3501 元及以上	14.0	12.9	27.1	13.8	12.0	6.3

表 3.11.6　2019～2021 年河南市场各类节目的播出比重和收视比重

单位：%

节目类别	2019 年		2020 年		2021 年	
	播出比重	收视比重	播出比重	收视比重	播出比重	收视比重
财经	1.0	0.5	0.9	0.5	1.0	0.6
电视剧	26.9	28.1	26.7	27.3	22.0	30.9
电影	4.1	4.4	4.1	4.4	3.6	5.8

续表

节目类别	2019 年		2020 年		2021 年	
	播出比重	收视比重	播出比重	收视比重	播出比重	收视比重
法制	0.7	2.0	0.6	1.4	0.9	0.6
教学	0.3	0.1	0.3	0.1	0.3	0.0
青少	6.9	9.6	6.8	8.9	6.8	7.1
生活服务	6.3	6.1	6.4	6.0	8.3	6.2
体育	3.8	1.6	3.9	1.9	4.1	3.4
外语	0.1	0.0	0.1	0.0	0.2	0.0
戏剧	1.5	1.6	1.2	1.3	0.6	0.9
新闻/时事	10.9	13.7	11.3	18.2	16.1	15.1
音乐	1.6	1.0	1.6	1.0	1.6	0.7
专题	14.7	6.7	14.7	6.1	16.1	9.0
综艺	5.4	9.6	4.6	8.3	6.5	9.1
其他	15.8	15.0	16.8	14.6	11.9	10.5

表 3.11.7　2021 年河南市场所有节目收视率排名前三十位

单位：%

名次	节目名称	节目类型	播出频道	平均收视率	平均占有率
1	《开学第一课》	青少	中央电视台综合频道	8.0	35.8
2	《2021 一年又一年》	专题	中央电视台综合频道	6.7	26.4
3	《2021 中央广播电视总台春节联欢晚会》	综艺	中央电视台综合频道	6.1	23.7
4	《32 届奥运会田径女子 4×100 米接力决赛》	体育	中央台五套	4.0	25.3
5	《乒乓球男团颁奖仪式》	体育	中央台五套	3.7	21.4
6	《32 届奥运会乒乓球男团决赛》	体育	中央台五套	3.1	22.5
7	《花好月圆元宵夜》	综艺	中央电视台综合频道	2.7	15.6
8	《2021 年中央广播电视总台中秋晚会》	综艺	中央电视台综合频道	2.6	15.1
9	《红旗渠》	电视剧	中央电视台综合频道	2.3	16.4
10	《广东十虎苏灿之亢龙有悔》	电影	中央台六套	2.2	14.2
11	《大宅院的女人》	电视剧	河南广播电视台都市频道（二套）	2.1	12.4
12	《实况录像：32 届奥运会女子举重 87 公斤以上级决赛》	体育	中央台五套	1.9	15.0
13	《凿空者之使命召唤》	电影	中央台六套	1.9	12.0
14	《中国机长》（1 月 2 日）	电影	中央台六套	1.9	11.8
15	《狼兵吼》	电影	中央台六套	1.9	11.6
16	《心之战》	电影	中央台六套	1.9	11.2

续表

名次	节目名称	节目类型	播出频道	平均收视率	平均占有率
17	《智谋销烟》	电影	中央台六套	1.8	13.3
18	《绝招》（12 月 12 日）	电影	中央台六套	1.8	10.2
19	《32 届奥运会女排小组赛第 4 轮》（中国 VS 意大利）	体育	中央台五套	1.7	18.0
20	《黄金刀客》	电影	中央台六套	1.7	12.6
21	《大王派我来巡山》	电影	中央台六套	1.7	12.1
22	《侠义金枪客》（11 月 12 日）	电影	中央台六套	1.7	12.0
23	《谜巢》（11 月 7 日）	电影	中央台六套	1.7	9.3
24	《喋血双龙》	电影	中央台六套	1.7	9.2
25	《32 届奥运会男子 200 米自由泳预赛》	体育	中央台五套	1.6	20.0
26	《伟大征程庆祝中国共产党成立 100 周年大型情景史诗》	综艺	中央电视台综合频道	1.6	14.5
27	《继父》	电视剧	河南广播电视台都市频道（二套）	1.6	11.8
28	《32 届奥运会羽毛球男子单打决赛》	体育	中央台五套	1.6	11.4
29	《豹子头林冲之白虎堂》	电影	中央台六套	1.6	11.0
30	《太阳和月亮》	电影	中央台六套	1.6	10.0

表 3.11.8　2021 年河南市场电视剧收视率排名前十位

单位：%

名次	节目名称	播出频道	平均收视率	平均占有率
1	《红旗渠》	中央电视台综合频道	2.3	16.4
2	《大宅院的女人》	河南广播电视台都市频道（二套）	2.1	12.4
3	《继父》	河南广播电视台都市频道（二套）	1.6	11.8
4	《上门女婿》	河南广播电视台都市频道（二套）	1.5	11.6
5	《婆家娘家二车祸发生之后》	河南广播电视台都市频道（二套）	1.4	10.4
6	《非亲姐妹》	河南广播电视台都市频道（二套）	1.3	10.5
7	《真情年代》（1～6 集）	河南广播电视台都市频道（二套）	1.3	9.3
8	《火红年华》	中央电视台综合频道	1.3	9.1
9	《情定三生》	河南广播电视台都市频道（二套）	1.3	8.0
10	《野葡萄》	河南广播电视台都市频道（二套）	1.2	9.6

表 3.11.9　2021 年河南市场新闻节目收视率排名前十位

单位：%

名次	节目名称	播出频道	平均收视率	平均占有率
1	《世界经济论坛达沃斯议程对话会特别报道》	中央台四套	1.3	7.5
2	《新闻联播》	中央电视台综合频道	1.2	9.3
3	《中国舆论场》	中央台四套	0.9	5.9
3	《第四届中国国际进口博览会开幕式特别报道》	中央电视台综合频道	0.9	5.9
5	《河南强降雨应急播报》（8 月 22 日）	河南广播电视台卫星频道（一套）	0.9	5.7
6	《筑梦空间站神舟十二号航天员乘组返回北京特别报道》	中央台四套	0.9	5.1
7	《今日亚洲》	中央台四套	0.8	5.6
8	《海峡两岸》	中央台四套	0.8	5.0
9	《筑梦空间站神舟十三号载人飞船发射特别报道》	中央台四套	0.7	7.4
10	《逐梦新征程》	中央电视台综合频道	0.7	5.2

表 3.11.10　2021 年河南市场专题节目收视率排名前十位

单位：%

名次	节目名称	播出频道	平均收视率	平均占有率
1	《2021 一年又一年》	中央电视台综合频道	6.7	26.4
2	《出彩河南人楷模发布厅开学特别节目》	河南广播电视台卫星频道（一套）	1.4	8.9
3	《党课开讲啦》	中央电视台综合频道	1.1	6.8
4	《非凡的领航》	中央电视台新闻频道	1.0	5.8
5	《端午至味》	中央电视台综合频道	0.8	10.0
6	《情满雪域高原记习近平总书记西藏之行》	中央电视台综合频道	0.8	7.5
7	《征程》（5 月 9 日）	河南广播电视台卫星频道（一套）	0.8	6.4
8	《正风反腐就在身边》	中央电视台综合频道	0.8	5.1
8	《新的启航》	中央电视台综合频道	0.8	5.1
8	《我们的决战大决战幕后纪实》	中央电视台综合频道	0.8	5.1

表 3.11.11　2021 年河南市场综艺节目收视率排名前十位

单位：%

名次	节目名称	播出频道	平均收视率	平均占有率
1	《2021 中央广播电视总台春节联欢晚会》	中央电视台综合频道	6.1	23.7

续表

名次	节目名称	播出频道	平均收视率	平均占有率
2	《花好月圆元宵夜》	中央电视台综合频道	2.7	15.6
3	《2021 年中央广播电视总台中秋晚会》	中央电视台综合频道	2.6	15.1
4	《伟大征程庆祝中国共产党成立 100 周年大型情景史诗》	中央电视台综合频道	1.6	14.5
5	《2021 新春相声大会》	中央电视台综合频道	1.2	8.9
6	《新春喜剧之夜》	中央台三套	1.2	6.4
7	《中秋奇妙游》	河南广播电视台卫星频道（一套）	1.1	6.0
8	《想把我唱给你听——2022 浙江卫视跨年晚会》	浙江卫视	1.0	9.4
9	《喜满中秋夜》	中央台三套	1.0	7.7
10	《闪光的乐队》	浙江卫视	0.9	6.2

表 3.11.12　2021 年河南市场体育节目收视率排名前十位

单位：%

名次	节目名称	播出频道	平均收视率	平均占有率
1	《32 届奥运会田径女子 4×100 米接力决赛》	中央台五套	4.0	25.3
2	《乒乓球男团颁奖仪式》	中央台五套	3.7	21.4
3	《32 届奥运会乒乓球男团决赛》	中央台五套	3.1	22.5
4	《实况录像：32 届奥运会女子举重 87 公斤以上级决赛》	中央台五套	1.9	15.0
5	《32 届奥运会女排小组赛第 4 轮》（中国 VS 意大利）	中央台五套	1.7	18.0
6	《32 届奥运会男子 200 米自由泳预赛》	中央台五套	1.6	20.0
7	《32 届奥运会羽毛球男子单打决赛》	中央台五套	1.6	11.4
8	《32 届奥运会体操女团决赛》	中央台五套	1.5	12.6
9	《东京奥运会闭幕式》	中央台五套	1.4	8.1
10	《32 届奥运会女篮小组赛》（中国 VS 比利时）	中央台五套	1.2	17.4

十二　黑龙江收视数据

表 3.12.1　2017～2021 年黑龙江市场各类频道的市场占有率

单位：%

频道类别	2017 年	2018 年	2019 年	2020 年	2021 年
中央广播电视总台	35.4	37.7	38.4	39.9	38.6
中国教育台频道	0.2	0.2	0.1	0.2	0.1
黑龙江省级频道	35.3	32.5	28.8	24.0	26.3
其他省级卫视频道	24.0	22.6	23.0	21.2	19.8
其他频道	5.1	7.0	9.7	14.7	15.2

表 3.12.2　2021 年黑龙江市场各类频道在不同目标观众中的市场占有率

单位：%

目标观众		中央广播电视总台	中国教育台频道	黑龙江省级频道	其他省级卫视频道	其他频道
4 岁及以上所有人		38.6	0.1	26.3	19.8	15.2
城乡	城市	44.4	0.2	21.9	23.5	10.0
	乡村	34.3	0.1	29.5	17.1	19.0
性别	男	41.6	0.2	26.6	17.5	14.1
	女	35.6	0.1	26.0	22.1	16.2
年龄	4～14 岁	29.6	0.0	18.0	21.9	30.5
	15～24 岁	40.4	0.5	22.6	24.9	11.6
	25～34 岁	32.5	0.2	22.4	20.9	24.0
	35～44 岁	34.1	0.1	20.9	23.0	21.9
	45～54 岁	41.2	0.2	31.2	18.6	8.8
	55～64 岁	39.0	0.1	26.5	18.4	16.0
	65 岁及以上	44.3	0.1	31.3	17.1	7.2
受教育程度	未受过正规教育	29.8	0.1	36.2	16.1	17.8
	小学	36.5	0.1	34.5	16.6	12.3
	初中	36.1	0.2	26.8	19.7	17.2
	高中	42.7	0.1	21.0	22.0	14.2
	大学及以上	45.5	0.1	19.5	22.0	12.9

续表

目标观众		中央广播电视总台	中国教育台频道	黑龙江省级频道	其他省级卫视频道	其他频道
职业类别	干部/管理人员	35.8	0.2	10.8	23.6	29.6
	个体/私营企业人员	39.6	0.2	22.9	20.6	16.7
	初级公务员/雇员	42.2	0.1	19.8	18.8	19.1
	工人	40.1	0.1	24.8	18.2	16.8
	学生	36.1	0.3	18.5	23.6	21.5
	无业	42.3	0.1	25.6	20.0	12.0
	其他	31.1	0.2	37.3	17.7	13.7
个人月收入	0～300元	33.0	0.2	24.5	22.5	19.8
	301～900元	35.2	0.3	40.7	14.3	9.5
	901～1700元	32.5	0.1	36.2	18.5	12.7
	1701～2600元	38.3	0.2	25.7	19.6	16.2
	2601～3500元	40.1	0.1	26.5	21.0	12.3
	3501元及以上	45.1	0.1	21.2	18.7	14.9

表3.12.3　2021年黑龙江市场各类频道在不同时段的市场占有率

单位：%

时间段	中央广播电视总台	中国教育台频道	黑龙江省级频道	其他省级卫视频道	其他频道
02:00～03:00	13.5	0.2	30.5	36.8	19.0
03:00～04:00	15.0	0.1	46.6	27.3	11.0
04:00～05:00	31.9	0.1	44.7	17.8	5.5
05:00～06:00	37.3	0.2	37.3	18.0	7.2
06:00～07:00	42.7	0.2	35.6	11.3	10.2
07:00～08:00	49.5	0.2	21.4	13.5	15.4
08:00～09:00	46.5	0.1	18.9	19.4	15.1
09:00～10:00	40.3	0.1	15.4	24.8	19.4
10:00～11:00	38.1	0.1	13.4	28.0	20.4
11:00～12:00	41.0	0.1	12.3	27.6	19.0
12:00～13:00	46.4	0.1	13.2	23.7	16.6
13:00～14:00	35.7	0.1	16.1	30.9	17.2
14:00～15:00	36.8	0.1	12.7	33.6	16.8
15:00～16:00	36.2	0.1	16.9	29.2	17.6
16:00～17:00	37.1	0.1	18.7	24.6	19.5
17:00～18:00	31.9	0.1	31.1	18.7	18.2

续表

时间段	中央广播电视总台	中国教育台频道	黑龙江省级频道	其他省级卫视频道	其他频道
18:00~19:00	28.2	0.2	44.4	11.8	15.4
19:00~20:00	45.7	0.1	29.7	12.5	12.0
20:00~21:00	36.4	0.1	26.8	23.6	13.1
21:00~22:00	34.4	0.3	23.6	26.2	15.5
22:00~23:00	34.3	0.2	20.5	23.5	21.5
23:00~00:00	34.4	0.2	19.3	20.1	26.0
00:00~01:00	32.4	0.0	11.3	23.4	32.9
01:00~02:00	29.3	0.0	11.0	24.2	35.5

表 3.12.4　2021 年黑龙江市场收视份额位于前十位的频道

单位：%

名次	频道名称	收视份额
1	中央电视台综合频道	9.7
2	黑龙江电视台影视频道	8.2
3	黑龙江卫视	6.1
4	中央台八套	5.0
5	中央台六套	4.4
6	中央电视台新闻频道	3.7
6	中央台四套	3.7
8	中央台三套	3.5
8	黑龙江电视台文体频道	3.5
8	黑龙江电视台新闻法治频道	3.5

表 3.12.5　2021 年黑龙江市场各主要频道的观众构成

单位：%

目标观众		所有频道	主要频道				
			中央电视台综合频道	黑龙江电视台影视频道	黑龙江卫视	中央台八套	中央台六套
4 岁及以上所有人		100.0	100.0	100.0	100.0	100.0	100.0
城乡	城市	42.2	51.2	33.8	27.9	39.5	41.6
	乡村	57.8	48.8	66.2	72.1	60.5	58.4
性别	男	49.8	53.4	50.2	52.5	46.2	55.4
	女	50.2	46.6	49.8	47.5	53.8	44.6

续表

目标观众		所有频道	主要频道				
			中央电视台综合频道	黑龙江电视台影视频道	黑龙江卫视	中央台八套	中央台六套
年龄	4～14岁	5.2	2.3	4.2	2.2	1.3	3.8
	15～24岁	6.7	6.4	4.4	5.7	7.7	7.9
	25～34岁	11.0	8.4	13.9	7.5	4.7	11.7
	35～44岁	16.3	15.2	11.2	13.3	14.2	19.2
	45～54岁	20.5	22.2	28.0	26.2	30.1	34.6
	55～64岁	20.9	25.2	17.9	24.2	18.8	13.5
	65岁及以上	19.4	20.3	20.4	20.9	23.2	9.3
受教育程度	未受过正规教育	2.5	1.3	4.8	3.0	1.4	0.8
	小学	18.8	13.4	24.4	30.6	19.7	22.3
	初中	44.7	43.5	42.3	44.2	45.2	45.7
	高中	21.8	26.0	15.2	14.4	21.2	18.2
	大学及以上	12.2	15.8	13.3	7.8	12.5	13.0
职业类别	干部/管理人员	1.5	2.2	0.4	1.3	0.6	1.1
	个体/私营企业人员	22.4	22.2	23.2	15.5	19.3	26.4
	初级公务员/雇员	6.4	6.3	4.5	4.2	8.3	7.8
	工人	5.8	8.1	5.2	5.0	4.3	7.9
	学生	8.1	6.6	3.7	5.0	4.2	7.4
	无业	34.5	40.1	35.8	27.2	37.2	23.0
	其他	21.3	14.5	27.2	41.8	26.1	26.4
个人月收入	0～300元	16.3	12.0	16.7	11.7	12.2	13.7
	301～900元	4.8	3.1	6.1	9.3	4.5	5.4
	901～1700元	8.1	5.9	13.2	16.1	12.5	9.0
	1701～2600元	30.6	29.8	23.8	33.1	29.5	31.6
	2601～3500元	20.2	22.7	24.5	16.5	19.1	18.1
	3501元及以上	20.0	26.5	15.7	13.3	22.2	22.2

表 3.12.6　2019～2021年黑龙江市场各类节目的播出比重和收视比重

单位：%

节目类别	2019年		2020年		2021年	
	播出比重	收视比重	播出比重	收视比重	播出比重	收视比重
财经	1.0	0.3	1.0	0.3	1.0	0.4
电视剧	21.7	29.6	22.4	28.5	22.0	27.8
电影	3.6	3.3	3.4	3.4	3.2	3.9

续表

节目类别	2019 年		2020 年		2021 年	
	播出比重	收视比重	播出比重	收视比重	播出比重	收视比重
法制	1.4	2.7	1.3	2.5	1.3	3.2
教学	0.4	0.0	0.3	0.1	0.3	0.1
青少	7.7	4.5	8.1	4.2	8.1	3.1
生活服务	7.4	7.0	6.8	5.7	7.4	5.6
体育	4.1	2.2	4.2	1.5	4.4	2.5
外语	0.2	0.0	0.2	0.0	0.2	0.0
戏剧	0.9	0.2	0.7	0.1	0.6	0.1
新闻/时事	16.0	18.5	16.9	24.8	16.1	23.6
音乐	1.7	0.7	1.9	0.8	1.7	0.8
专题	14.0	4.8	14.3	4.6	15.4	5.0
综艺	7.6	10.7	6.5	10.4	6.8	10.7
其他	12.3	15.5	12.0	13.1	11.5	13.2

表 3.12.7　2021 年黑龙江市场所有节目收视率排名前三十位

单位：%

名次	节目名称	节目类型	播出频道	平均收视率	平均占有率
1	《2021 中央广播电视总台春节联欢晚会》	综艺	中央电视台综合频道	20.6	76.0
2	《2021 一年又一年》	专题	中央电视台综合频道	15.6	51.3
3	《新闻联播》	新闻/时事	中央电视台综合频道	7.5	26.4
4	《天气预报》	生活服务	中央电视台综合频道	5.2	18.0
5	《32 届奥运会羽毛球男子单打决赛》	体育	中央台五套	4.3	15.4
6	《花好月圆元宵夜》	综艺	中央电视台综合频道	4.1	21.8
7	《情满雪域高原记习近平总书记西藏之行》	专题	中央电视台综合频道	4.1	14.3
8	《32 届奥运会女子链球决赛》	体育	中央台五套	4.0	14.2
9	《焦点访谈》	新闻/时事	中央电视台综合频道	3.9	13.7
10	《东京奥运会闭幕式》	体育	中央台五套	3.8	12.8
11	《32 届奥运会女子自由式摔跤 50 公斤级决赛》	体育	中央台五套	3.7	13.6
12	《世界经济论坛达沃斯议程对话会特别报道》	新闻/时事	中央电视台综合频道	3.7	12.7
13	《中国梦祖国颂 2021 国庆特别节目》	综艺	中央电视台综合频道	3.5	17.7
14	《2021 年新年戏曲晚会》	戏剧	中央电视台综合频道	3.4	15.6
15	《32 届奥运会乒乓球男团决赛》	体育	中央台五套	3.4	13.7
16	《2021 中关村论坛开幕式特别报道》	新闻/时事	中央电视台综合频道	3.3	13.8
17	《第四届中国国际进口博览会开幕式特别报道》	新闻/时事	中央电视台综合频道	3.3	12.5

续表

名次	节目名称	节目类型	播出频道	平均收视率	平均占有率
18	《国务院总理会见中外记者并回答提问》	新闻/时事	中央电视台综合频道	3.2	12.3
19	《新闻联播》	新闻/时事	黑龙江卫视	2.9	15.5
20	《英雄联盟》	电视剧	黑龙江电视台影视频道	2.7	11.9
21	《2021年中国国际服务贸易交易会全球服务贸易峰会特别报道》	新闻/时事	中央电视台综合频道	2.6	10.1
22	《光荣时代》	电视剧	黑龙江电视台影视频道	2.4	12.8
23	《中国共产党历史展览馆建设纪实》	专题	中央电视台综合频道	2.4	9.4
24	《猎人》	电视剧	黑龙江电视台影视频道	2.3	10.4
25	《32届奥运会击剑女子重剑个人决赛》	体育	中央台五套	2.3	8.0
26	《战火中的兄弟》	电视剧	黑龙江电视台影视频道	2.2	12.4
27	《地雷英雄传》	电视剧	黑龙江电视台影视频道	2.2	11.8
28	《第一声枪响》	电视剧	黑龙江电视台影视频道	2.2	10.8
29	《正风反腐就在身边》	专题	中央电视台综合频道	2.2	9.1
30	《实况录像：32届奥运会射击女子10米气步枪决赛》	体育	中央台五套	2.2	8.7

注：黑龙江卫视《新闻联播》为本省新闻联播。

表3.12.8　2021年黑龙江市场电视剧收视率排名前十位

单位：%

名次	节目名称	播出频道	平均收视率	平均占有率
1	《英雄联盟》	黑龙江电视台影视频道	2.7	11.9
2	《光荣时代》	黑龙江电视台影视频道	2.4	12.8
3	《猎人》	黑龙江电视台影视频道	2.3	10.4
4	《战火中的兄弟》	黑龙江电视台影视频道	2.2	12.4
5	《地雷英雄传》	黑龙江电视台影视频道	2.2	11.8
6	《第一声枪响》	黑龙江电视台影视频道	2.2	10.8
7	《尖刀队》	黑龙江电视台影视频道	2.0	10.0
8	《铁血军魂》	黑龙江电视台影视频道	1.9	10.4
9	《飞哥大英雄之飞哥战队》	黑龙江电视台影视频道	1.9	10.3
9	《义道》	黑龙江电视台影视频道	1.9	9.6

表3.12.9　2021年黑龙江市场新闻节目收视率排名前十位

单位：%

名次	节目名称	播出频道	平均收视率	平均占有率
1	《新闻联播》	中央电视台综合频道	7.5	26.4

续表

名次	节目名称	播出频道	平均收视率	平均占有率
2	《焦点访谈》	中央电视台综合频道	3.9	13.7
3	《世界经济论坛达沃斯议程对话会特别报道》	中央电视台综合频道	3.7	12.7
4	《2021 中关村论坛开幕式特别报道》	中央电视台综合频道	3.3	13.8
5	《第四届中国国际进口博览会开幕式特别报道》	中央电视台综合频道	3.3	12.5
6	《国务院总理会见中外记者并回答提问》	中央电视台综合频道	3.2	12.3
7	《新闻联播》	黑龙江卫视	2.9	15.5
8	《2021 年中国国际服务贸易交易会全球服务贸易峰会特别报道》	中央电视台综合频道	2.6	10.1
9	《中国共产党与世界政党领导人峰会特别报道》	中央电视台综合频道	1.6	7.0
10	《新华视点》	黑龙江卫视	1.2	9.0

注：黑龙江卫视《新闻联播》为本省新闻联播。

表 3.12.10　2021 年黑龙江市场专题节目收视率排名前十位

单位：%

名次	节目名称	播出频道	平均收视率	平均占有率
1	《2021 一年又一年》	中央电视台综合频道	15.6	51.3
2	《情满雪域高原记习近平总书记西藏之行》	中央电视台综合频道	4.1	14.3
3	《中国共产党历史展览馆建设纪实》	中央电视台综合频道	2.4	9.4
4	《正风反腐就在身边》	中央电视台综合频道	2.2	9.1
5	《党课开讲啦》	中央电视台综合频道	2.2	8.4
6	《平语近人习近平喜欢的典故》	中央电视台综合频道	1.9	7.7
7	《中国诗词大会第六季》（2 月 13 日）	中央电视台综合频道	1.8	10.8
8	《护航之道总体国家安全观纵横》	中央电视台综合频道	1.8	8.4
9	《新的启航》	中央电视台综合频道	1.8	7.9
10	《山河岁月 1921—2021》	中央电视台综合频道	1.7	7.1

表 3.12.11　2021 年黑龙江市场综艺节目收视率排名前十位

单位：%

名次	节目名称	播出频道	平均收视率	平均占有率
1	《2021 中央广播电视总台春节联欢晚会》	中央电视台综合频道	20.6	76.0
2	《花好月圆元宵夜》	中央电视台综合频道	4.1	21.8
3	《中国梦祖国颂 2021 国庆特别节目》	中央电视台综合频道	3.5	17.7

续表

名次	节目名称	播出频道	平均收视率	平均占有率
4	《2021 年中央广播电视总台中秋晚会》	中央电视台综合频道	2.1	11.0
5	《开门大吉》（5 月 24 日）	中央台三套	2.0	7.7
6	《越战越勇》（2 月 15 日）	中央台三套	2.0	7.6
7	《星光大道》（11 月 21 日）	中央台三套	1.9	6.8
8	《金牌喜剧班》（2 月 14 日）	中央台三套	1.9	6.5
9	《伟大征程庆祝中国共产党成立 100 周年大型情景史诗》	中央电视台综合频道	1.6	10.3
10	《奋斗正青春 2021 年五四青年节特别节目》	中央电视台综合频道	1.6	8.5

表 3.12.12　2021 年黑龙江市场体育节目收视率排名前十位

单位：%

名次	节目名称	播出频道	平均收视率	平均占有率
1	《32 届奥运会羽毛球男子单打决赛》	中央台五套	4.3	15.4
2	《32 届奥运会女子链球决赛》	中央台五套	4.0	14.2
3	《东京奥运会闭幕式》	中央台五套	3.8	12.8
4	《32 届奥运会女子自由式摔跤 50 公斤级决赛》	中央台五套	3.7	13.6
4	《32 届奥运会乒乓球男团决赛》	中央台五套	3.4	13.7
6	《32 届奥运会击剑女子重剑个人决赛》	中央台五套	2.3	8.0
7	《实况录像：32 届奥运会射击女子 10 米气步枪决赛》	中央台五套	2.2	8.7
8	《第 32 届夏季奥林匹克运动会闭幕式》	中央电视台综合频道	2.1	7.5
9	《实况录像：32 届奥运会女子举重 87 公斤以上级决赛》	中央台五套	1.9	17.1
10	《32 届奥运会竞技体操男子团体决赛》	中央台五套	1.9	8.2

十三　湖北收视数据

表 3.13.1　2017～2021 年湖北市场各类频道的市场占有率

单位：%

频道类别	2017 年	2018 年	2019 年	2020 年	2021 年
中央广播电视总台	33.5	32.5	29.2	28.0	24.2
中国教育台频道	0.1	0.1	0.1	0.2	0.1
湖北省级频道	29.4	30.9	30.9	27.5	34.2
其他省级卫视频道	22.2	19.4	20.3	22.3	19.0
其他频道	14.8	17.1	19.5	22.0	22.5

表 3.13.2　2021 年湖北市场各类频道在不同目标观众中的市场占有率

单位：%

目标观众		中央广播电视总台	中国教育台频道	湖北省级频道	其他省级卫视频道	其他频道
4 岁及以上所有人		24.2	0.1	34.2	19.0	22.5
城乡	城市	27.5	0.1	16.8	29.1	26.4
	农村	22.1	0.1	45.4	12.4	20.0
性别	男	26.4	0.1	31.7	19.2	22.5
	女	22.1	0.1	36.6	18.7	22.5
年龄	4～14 岁	14.9	0.1	24.5	21.6	38.9
	15～24 岁	22.7	0.1	29.2	18.4	29.6
	25～34 岁	15.9	0.1	38.9	22.6	22.5
	35～44 岁	19.8	0.1	37.9	17.9	24.3
	45～54 岁	23.3	0.1	34.8	17.8	24.0
	55～64 岁	27.7	0.2	35.0	18.9	18.2
	65 岁及以上	34.6	0.2	34.3	17.5	13.4
受教育程度	未受过正规教育	25.5	0.2	29.3	21.3	23.8
	小学	21.2	0.1	41.5	15.4	21.7
	初中	22.5	0.1	39.8	17.3	20.3
	高中	30.5	0.1	23.3	21.5	24.6
	大学及以上	25.8	0.1	17.4	28.2	28.4

续表

目标观众		中央广播电视总台	中国教育台频道	湖北省级频道	其他省级卫视频道	其他频道
职业类别	干部/管理人员	27.2	0.1	6.1	34.3	32.2
	个体/私营企业人员	24.0	0.1	32.8	18.6	24.5
	初级公务员/雇员	27.0	0.1	21.0	28.4	23.5
	工人	27.3	0.1	29.6	20.7	22.2
	学生	16.7	0.1	19.3	19.5	44.3
	无业	23.5	0.1	34.2	20.4	21.7
	其他	25.1	0.1	49.1	11.3	14.4
个人月收入	0～300元	18.3	0.1	38.6	16.4	26.6
	301～900元	24.0	0.1	49.6	12.1	14.2
	901～1700元	21.3	0.1	44.7	17.5	16.4
	1701～2600元	28.6	0.2	29.0	20.7	21.4
	2601～3500元	29.5	0.1	25.0	22.1	23.2
	3501元及以上	29.2	0.1	20.2	26.2	24.4

表 3.13.3 2021年湖北市场各类频道在不同时段的市场占有率

单位：%

时间段	中央广播电视总台	中国教育台频道	湖北省级频道	其他省级卫视频道	其他频道
02:00～03:00	32.3	0.3	15.4	19.7	32.3
03:00～04:00	33.8	0.2	16.5	17.1	32.4
04:00～05:00	34.9	0.1	19.2	16.7	29.0
05:00～06:00	28.1	0.2	32.1	16.5	23.1
06:00～07:00	32.0	0.1	33.8	10.8	23.2
07:00～08:00	32.4	0.2	30.5	13.1	23.8
08:00～09:00	27.2	0.3	35.7	13.9	23.0
09:00～10:00	23.8	0.2	36.5	16.4	23.1
10:00～11:00	25.0	0.3	32.1	18.0	24.6
11:00～12:00	23.9	0.2	35.1	17.3	23.6
12:00～13:00	26.8	0.1	32.8	16.9	23.4
13:00～14:00	24.6	0.1	26.2	23.0	26.1
14:00～15:00	22.9	0.2	26.7	23.6	26.7
15:00～16:00	23.5	0.2	26.8	23.3	26.2
16:00～17:00	24.2	0.2	27.6	21.8	26.2
17:00～18:00	23.2	0.1	36.0	17.6	23.0

续表

时间段	中央广播电视总台	中国教育台频道	湖北省级频道	其他省级卫视频道	其他频道
18:00～19:00	24.2	0.1	44.8	9.6	21.3
19:00～20:00	27.4	0.1	37.4	15.5	19.6
20:00～21:00	22.1	0.1	36.3	22.5	19.1
21:00～22:00	21.7	0.1	35.5	21.9	20.7
22:00～23:00	20.4	0.1	34.3	22.1	23.1
23:00～00:00	27.3	0.2	18.4	26.0	28.1
00:00～01:00	31.0	0.3	18.2	22.1	28.4
01:00～02:00	32.9	0.4	13.8	20.7	32.2

表 3.13.4　2021 年湖北市场收视份额排名前十位的频道

单位：%

名次	频道名称	收视份额
1	湖北综合	9.9
2	湖北经视	9.1
3	湖北卫视	7.7
4	湖北影视	5.1
5	中央台六套	3.6
5	中央电视台综合频道	3.6
7	中央台四套	3.1
8	中央台八套	2.6
9	中央电视台新闻频道	2.3
10	湖南电视台金鹰卡通频道	2.0

表 3.13.5　2021 年湖北市场各主要频道的观众构成

单位：%

目标观众		所有频道	主要频道					
			湖北综合	湖北经视	湖北卫视	湖北影视	中央台六套	中央电视台综合频道
4 岁及以上所有人		100.0	100.0	100.0	100.0	100.0	100.0	100.0
城乡	城市	39.2	10.7	11.6	17.2	39.1	43.7	45.6
	农村	60.8	89.3	88.4	82.8	60.9	56.3	54.4
性别	男	48.5	41.7	43.4	41.5	54.9	55.4	49.3
	女	51.5	58.3	56.6	58.5	45.1	44.6	50.7

续表

目标观众		所有频道	主要频道					
			湖北综合	湖北经视	湖北卫视	湖北影视	中央台六套	中央电视台综合频道
年龄	4～14 岁	10.7	11.8	6.8	7.4	2.9	6.9	6.5
	15～24 岁	5.3	5.0	5.2	4.4	4.0	6.7	4.2
	25～34 岁	11.9	18.6	13.4	15.2	5.0	6.2	8.7
	35～44 岁	12.4	17.3	13.0	17.5	4.6	16.0	9.4
	45～54 岁	20.2	16.9	25.2	19.7	23.1	26.8	14.0
	55～64 岁	19.2	18.1	14.0	18.7	28.9	20.5	21.1
	65 岁及以上	20.2	12.2	22.4	17.0	31.5	17.0	36.1
受教育程度	未受过正规教育	8.9	7.0	8.4	8.4	6.7	5.6	8.5
	小学	26.9	30.1	36.4	27.8	36.4	24.8	23.8
	初中	36.7	49.9	37.0	46.1	37.6	37.6	31.8
	高中	18.1	8.8	12.7	13.7	14.0	23.6	25.6
	大学及以上	9.4	4.3	5.5	3.9	5.4	8.4	10.3
职业类别	干部/管理人员	0.7	0.0	0.2	0.1	0.1	1.0	0.7
	个体/私营企业人员	12.4	9.7	14.4	10.9	12.6	14.5	9.4
	初级公务员/雇员	8.4	2.9	8.1	2.7	6.9	11.8	7.4
	工人	12.6	6.6	12.8	10.3	15.2	20.7	11.8
	学生	7.6	7.2	4.5	2.1	1.5	7.1	4.8
	无业	37.1	42.6	29.8	38.3	35.3	25.9	40.2
	其他	21.3	30.9	30.2	35.6	28.4	19.0	25.7
个人月收入	0～300 元	33.7	53.2	34.1	39.8	18.6	22.8	21.9
	301～900 元	14.0	15.2	21.0	24.0	25.2	11.1	19.8
	901～1700 元	7.3	9.6	9.2	7.8	11.5	6.9	5.0
	1701～2600 元	15.3	5.9	21.4	11.1	11.8	16.4	18.2
	2601～3500 元	12.6	8.3	6.2	7.2	17.1	18.9	16.0
	3501 元及以上	17.2	7.8	8.0	10.2	15.8	23.9	19.1

表 3.13.6　2019～2021 年湖北市场各类节目的播出比重和收视比重

单位：%

节目类别	2019 年		2020 年		2021 年	
	播出比重	收视比重	播出比重	收视比重	播出比重	收视比重
财经	1.0	0.5	0.9	0.8	1.0	1.0
电视剧	22.8	33.7	27.5	35.4	26.2	36.7
电影	3.8	5.1	3.9	4.7	3.8	4.4
法制	1.0	0.6	0.6	0.5	0.6	0.5

续表

节目类别	2019 年		2020 年		2021 年	
	播出比重	收视比重	播出比重	收视比重	播出比重	收视比重
教学	0.3	0.0	0.3	0.1	0.5	0.0
青少	6.6	7.6	6.9	6.9	6.8	5.0
生活服务	8.1	7.8	7.7	6.4	8.2	8.0
体育	3.3	2.2	3.9	1.2	4.2	2.2
外语	0.1	0.0	0.1	0.0	0.2	0.0
戏剧	0.8	0.2	0.9	0.5	1.1	0.4
新闻/时事	15.5	14.7	11.5	15.9	10.8	12.9
音乐	1.4	0.8	1.6	1.2	1.5	1.0
专题	13.9	4.6	14.2	5.4	15.1	5.1
综艺	8.3	8.8	5.7	8.4	5.9	9.0
其他	13.1	13.4	14.3	12.6	14.1	13.8

表 3.13.7　2021 年湖北市场所有节目收视率排名前三十位

单位：%

名次	节目名称	节目类别	播出频道	平均收视率	平均占有率
1	《2021 中央广播电视总台春节联欢晚会》	中央电视台综合频道	综艺	5.4	14.6
2	《乒乓球男团颁奖仪式》	中央台五套	体育	4.5	17.7
3	《32 届奥运会田径女子 1500 米决赛》	中央台五套	体育	4.2	17.8
4	《情动》（23～24 集）	湖北经视	电视剧	4.1	14.4
5	《转播中央台新闻联播》（7 月 1 日）	湖北综合	新闻/时事	3.9	17.3
6	《大哥》	湖北经视	电视剧	3.9	15.6
7	《开学第一课》	中央电视台综合频道	青少	3.9	15.1
8	《32 届奥运会乒乓球女单决赛》	中央台五套	体育	3.9	14.8
9	《养父亲爹》	湖北经视	电视剧	3.5	14.4
10	《非亲家庭》	湖北经视	电视剧	3.3	14.7
11	《英雄的心》	湖北综合	电视剧	3.2	15.7
12	《无缘的爱人》	湖北综合	电视剧	3.1	15.6
13	《忠勇的心》	湖北综合	电视剧	3.1	15.4
14	《养母生母》	湖北经视	电视剧	3.1	14.5
15	《老妈的幸福生活》	湖北经视	电视剧	3.0	12.5
16	《双枪女侠》	湖北综合	电视剧	2.9	13.4
16	《再爱我一次》	湖北综合	电视剧	2.9	13.4
17	《母爱无限》	湖北经视	电视剧	2.9	13.3
19	《错婚真爱》	湖北经视	电视剧	2.9	12.8

续表

名次	节目名称	节目类别	播出频道	平均收视率	平均占有率
20	《母爱如天》	湖北经视	电视剧	2.9	12.2
21	《女人四十》	湖北经视	电视剧	2.9	11.9
22	《是这个理》	湖北综合	专题	2.9	10.8
23	《32 届奥运会羽毛球男子单打决赛》	中央台五套	体育	2.9	10.4
24	《帮女郎在行动》	湖北综合	新闻/时事	2.8	15.5
25	《忍冬艳蔷薇》	湖北综合	电视剧	2.8	15.1
26	《错位的心》	湖北综合	电视剧	2.8	13.8
27	《精英特工》	湖北综合	电视剧	2.8	13.6
28	《最爱的你》	湖北经视	电视剧	2.8	13.1
28	《奶娘的心》	湖北综合	电视剧	2.8	13.1
30	《遥远的爱人》	湖北经视	电视剧	2.8	12.8

表 3.13.8　2021 年湖北市场电视剧收视率排名前十位

单位：%

名次	节目名称	播出频道	平均收视率	平均占有率
1	《情动》（23～24 集）	湖北经视	4.1	14.4
2	《大哥》	湖北经视	3.9	15.6
3	《养父亲爹》	湖北经视	3.5	14.4
4	《非亲家庭》	湖北经视	3.3	14.7
5	《英雄的心》	湖北综合	3.2	15.7
6	《无缘的爱人》	湖北综合	3.1	15.6
7	《忠勇的心》	湖北综合	3.1	15.4
8	《养母生母》	湖北经视	3.1	14.5
9	《老妈的幸福生活》	湖北经视	3.0	12.5
10	《双枪女侠》	湖北综合	2.9	13.4
10	《再爱我一次》	湖北综合	2.9	13.4

表 3.13.9　2021 年湖北市场新闻节目收视率排名前十位

单位：%

名次	节目名称	播出频道	平均收视率	平均占有率
1	《转播中央台新闻联播》（7 月 1 日）	湖北综合	3.9	17.3
2	《帮女郎在行动》	湖北综合	2.8	15.5
3	《新闻 360》	湖北综合	2.3	16.7
4	《2021 荆山楚水闹元宵》	湖北卫视	2.1	6.6

续表

名次	节目名称	播出频道	平均收视率	平均占有率
5	《经视直播》	湖北经视	2.0	11.2
6	《新闻联播》	中央电视台综合频道	1.6	7.1
7	《湖北新闻》	湖北卫视	1.5	8.0
8	《2021 中关村论坛开幕式特别报道》	中央电视台综合频道	1.4	5.3
9	《筑梦空间站神舟十二号航天员乘组返回北京特别报道》	中央台四套	1.2	4.4
10	《世界经济论坛达沃斯议程对话会特别报道》	中央电视台新闻频道	1.2	4.0

表 3.13.10　2021 年湖北市场专题节目收视率排名前十位

单位：%

名次	节目名称	播出频道	平均收视率	平均占有率
1	《是这个理》	湖北综合	2.9	10.8
2	《315 我们在行动》	湖北经视	2.8	12.3
3	《我说国家安全》	湖北综合	2.8	10.8
4	《人大聚焦》	湖北综合	2.7	13.1
5	《阳光行动》	湖北综合	2.7	10.6
6	《荆楚消防》	湖北综合	2.7	10.2
7	《荆楚文库书人书事》	湖北综合	2.7	9.9
8	《抗疫纪检人》	湖北综合	2.7	9.2
9	《元旦合家欢和帮女郎一起去追梦》	湖北综合	2.0	9.2
10	《才聚荆楚创业湖北 2021 湖北省大学生创业大赛》	湖北综合	2.0	8.8

表 3.13.11　2021 年湖北市场综艺节目收视率排名前十位

单位：%

名次	节目名称	播出频道	平均收视率	平均占有率
1	《2021 中央广播电视总台春节联欢晚会》	中央电视台综合频道	5.4	14.6
2	《花好月圆元宵夜》	中央电视台综合频道	2.4	8.4
3	《中国梦祖国颂 2021 国庆特别节目》	中央电视台综合频道	2.2	8.6
4	《新春喜剧之夜》	中央台三套	2.0	10.5
5	《绣梦中国时尚武汉》	湖北经视	1.9	8.6
6	《伟大征程庆祝中国共产党成立 100 周年大型情景史诗》	中央电视台综合频道	1.8	7.3
7	《金牛喜迎春 2021 星光嘉年华》	中央台三套	1.7	6.6

续表

名次	节目名称	播出频道	平均收视率	平均占有率
8	《最强大脑之燃烧吧大脑》（3 月 12 日）	江苏卫视	1.5	9.2
9	《开门大吉》（2 月 16 日）	中央台三套	1.5	5.8
10	《越战越勇》（4 月 7 日）	中央台三套	1.5	5.0

表 3.13.12　2021 年湖北市场体育节目收视率排名前十位

单位：%

名次	节目名称	播出频道	平均收视率	平均占有率
1	《乒乓球男团颁奖仪式》	中央台五套	4.5	17.7
2	《32 届奥运会田径女子 1500 米决赛》	中央台五套	4.2	17.8
3	《32 届奥运会乒乓球女单决赛》	中央台五套	3.9	14.8
4	《32 届奥运会羽毛球男子单打决赛》	中央台五套	2.9	10.4
5	《32 届奥运会体操男子个人全能决赛》	中央台五套	2.6	11.2
6	《实况录像：32 届奥运会 10 米气步枪混合团体决赛》	中央台五套	2.6	9.7
7	《实况录像：32 届奥运会女子举重 87 公斤以上级决赛》	中央台五套	2.5	12.8
8	《实况录像：32 届奥运会跳水女子十米台决赛》	中央台五套	2.3	20.1
9	《32 届奥运会跆拳道男子 80 公斤以上级半决赛》	中央台五套	2.2	20.2
10	《32 届奥运会女排小组赛第 4 轮》（中国 VS 意大利）	中央台五套	2.2	15.1

十四　湖南收视数据

表 3.14.1　2017～2021 年湖南市场各类频道的市场占有率

单位：%

频道类别	2017 年	2018 年	2019 年	2020 年	2021 年
中央广播电视总台	21.4	19.0	18.0	16.6	14.8
中国教育台频道	0.1	0.2	0.2	0.2	0.2
湖南省级频道	54.8	54.5	48.8	46.2	43.2
其他省级卫视频道	8.1	9.8	11.3	10.2	10.6
其他频道	15.6	16.5	21.7	26.8	31.2

表 3.14.2　2021 年湖南市场各类频道在不同目标观众中的市场占有率

单位：%

目标观众		中央广播电视总台	中国教育台频道	湖南省级频道	其他省级卫视频道	其他频道
4 岁及以上所有人		14.8	0.2	43.2	10.6	31.2
城乡	城市	18.1	0.1	38.8	17.2	25.8
	农村	13.5	0.2	44.9	8.1	33.2
性别	男	15.7	0.2	42.5	10.6	31.0
	女	13.9	0.2	43.9	10.7	31.4
年龄	4～14 岁	6.6	0.1	30.7	9.8	52.8
	15～24 岁	14.4	0.2	44.4	11.7	29.2
	25～34 岁	9.2	0.2	40.6	11.8	38.1
	35～44 岁	13.9	0.2	34.7	12.0	39.3
	45～54 岁	13.1	0.2	47.8	9.5	29.4
	55～64 岁	15.3	0.2	48.1	9.7	26.6
	65 岁及以上	25.0	0.2	48.8	11.5	14.5
受教育程度	未受过正规教育	10.3	0.2	49.1	7.6	32.8
	小学	13.2	0.2	44.9	9.5	32.2
	初中	15.7	0.2	41.2	10.4	32.5
	高中	15.6	0.2	44.8	12.9	26.6
	大学及以上	19.9	0.3	35.7	14.7	29.3

续表

目标观众		中央广播电视总台	中国教育台频道	湖南省级频道	其他省级卫视频道	其他频道
职业类别	干部/管理人员	19.0	0.2	18.9	11.3	50.6
	个体/私营企业人员	12.8	0.2	41.2	11.1	34.7
	初级公务员/雇员	17.8	0.5	40.1	16.5	25.1
	工人	11.4	0.1	44.1	11.0	33.4
	学生	7.9	0.2	26.4	11.1	54.4
	无业	20.2	0.2	38.6	11.6	29.5
	其他	13.3	0.2	55.7	8.1	22.7
个人月收入	0～300元	13.1	0.2	37.2	10.1	39.4
	301～900元	13.2	0.1	63.7	7.2	15.8
	901～1700元	13.9	0.3	47.0	9.7	29.0
	1701～2600元	14.3	0.1	42.4	11.9	31.3
	2601～3500元	19.6	0.1	42.9	8.6	28.7
	3501元及以上	16.5	0.3	40.2	15.4	27.7

表 3.14.3 2021年湖南市场各类频道在不同时段的市场占有率

单位：%

时间段	中央广播电视总台	中国教育台频道	湖南省级频道	其他省级卫视频道	其他频道
02:00～03:00	11.1	0.2	28.8	28.0	32.0
03:00～04:00	13.1	0.2	38.1	10.9	37.8
04:00～05:00	13.3	0.1	41.8	15.5	29.3
05:00～06:00	16.3	0.5	36.2	19.5	27.4
06:00～07:00	31.2	0.5	21.0	10.8	36.5
07:00～08:00	32.0	0.3	18.6	8.5	40.6
08:00～09:00	22.9	0.5	22.5	10.1	44.0
09:00～10:00	17.3	0.7	25.9	12.6	43.5
10:00～11:00	16.5	0.6	26.9	13.7	42.2
11:00～12:00	17.2	0.3	28.1	13.3	41.2
12:00～13:00	19.2	0.1	28.6	11.8	40.2
13:00～14:00	18.2	0.3	28.9	13.3	39.3
14:00～15:00	15.9	0.3	29.8	15.1	38.9
15:00～16:00	16.3	0.4	27.5	16.1	39.7
16:00～17:00	17.0	0.4	27.3	14.6	40.7
17:00～18:00	15.5	0.2	36.5	10.7	37.1
18:00～19:00	13.0	0.1	50.1	5.1	31.7

续表

时间段	中央广播电视总台	中国教育台频道	湖南省级频道	其他省级卫视频道	其他频道
19:00～20:00	15.2	0.1	49.4	8.1	27.1
20:00～21:00	12.0	0.1	53.4	11.0	23.5
21:00～22:00	12.8	0.1	54.7	9.4	23.0
22:00～23:00	11.3	0.1	55.8	8.7	24.1
23:00～00:00	14.0	0.2	44.0	11.7	30.1
00:00～01:00	15.2	0.4	34.8	17.3	32.4
01:00～02:00	12.9	0.3	30.1	24.9	31.8

表 3.14.4　2021 年湖南市场收视份额排名前十位的频道

单位：%

名次	频道名称	收视份额
1	湖南电视台电视剧频道	7.5
2	湖南电视台潇湘电影频道	7.1
3	湖南电视台经济频道	6.7
4	湖南电视台娱乐频道	6.0
5	湖南卫视	5.4
6	湖南电视台金鹰卡通频道	4.2
7	湖南电视台公共频道	3.5
8	湖南电视台都市频道	2.2
9	中央电视台综合频道	2.0
10	中央台四套	1.8

表 3.14.5　2021 年湖南市场各主要频道的观众构成

单位：%

目标观众		所有频道	主要频道				
			湖南电视台电视剧频道	湖南电视台潇湘电影频道	湖南电视台经济频道	湖南电视台娱乐频道	湖南卫视
4 岁及以上所有人		100.0	100.0	100.0	100.0	100.0	100.0
城乡	城市	27.5	28.0	17.7	12.8	23.6	41.8
	农村	72.5	72.0	82.3	87.2	76.4	58.2
性别	男	50.3	51.5	58.0	52.0	37.0	45.8
	女	49.7	48.5	42.0	48.0	63.0	54.2

续表

目标观众		所有频道	主要频道				
			湖南电视台电视剧频道	湖南电视台潇湘电影频道	湖南电视台经济频道	湖南电视台娱乐频道	湖南卫视
年龄	4～14岁	14.1	6.8	5.1	13.1	7.1	9.1
	15～24岁	4.4	2.9	4.4	8.0	2.2	4.5
	25～34岁	12.6	11.3	10.4	14.9	12.9	11.6
	35～44岁	10.7	5.7	9.9	6.8	4.1	12.0
	45～54岁	20.2	23.4	26.9	24.0	23.8	17.0
	55～64岁	16.3	19.2	24.1	19.9	14.6	12.5
	65岁及以上	21.6	30.6	19.3	13.2	35.3	33.4
受教育程度	未受过正规教育	8.7	8.0	4.0	11.4	10.0	14.0
	小学	27.8	28.8	30.8	28.4	31.2	25.4
	初中	39.6	42.5	41.0	35.0	38.9	30.8
	高中	17.4	16.1	17.1	20.3	17.0	20.8
	大学及以上	6.4	4.5	7.0	4.8	3.0	9.1
职业类别	干部/管理人员	1.0	0.1	0.1	0.2	0.2	0.7
	个体/私营企业人员	15.5	18.6	21.8	6.7	12.3	13.1
	初级公务员/雇员	5.3	3.4	4.5	5.7	5.8	8.1
	工人	9.6	6.5	13.4	11.5	5.9	9.8
	学生	10.2	4.9	3.7	6.7	5.2	6.8
	无业	29.0	26.9	19.5	24.1	21.0	33.9
	其他	29.4	39.6	37.1	45.1	49.7	27.7
个人月收入	0～300元	31.6	25.3	18.9	29.7	24.1	32.8
	301～900元	9.1	14.1	10.0	11.7	20.2	6.0
	901～1700元	16.3	18.3	27.2	20.1	16.2	14.2
	1701～2600元	14.8	12.6	10.3	19.3	13.9	18.2
	2601～3500元	13.3	11.1	15.9	11.4	12.3	12.9
	3501元及以上	14.9	18.6	17.6	7.8	13.4	15.9

表3.14.6　2019～2021年湖南市场各类节目的播出比重和收视比重

单位：%

节目类别	2019年		2020年		2021年	
	播出比重	收视比重	播出比重	收视比重	播出比重	收视比重
财经	1.0	0.2	1.0	0.2	1.0	0.3
电视剧	23.4	47.0	23.1	46.4	27.7	44.1
电影	4.1	6.0	3.9	4.9	4.5	4.9

续表

节目类别	2019 年		2020 年		2021 年	
	播出比重	收视比重	播出比重	收视比重	播出比重	收视比重
法制	0.7	0.3	0.6	0.3	0.6	0.3
教学	0.4	0.0	0.3	0.1	0.3	0.1
青少	7.1	6.8	7.1	6.2	7.0	6.4
生活服务	6.8	4.8	6.8	4.8	5.9	4.9
体育	3.8	1.5	3.9	0.8	4.2	2.2
外语	0.2	0.0	0.2	0.0	0.2	0.0
戏剧	0.9	0.3	0.7	0.3	1.0	0.3
新闻/时事	16.3	10.0	17.1	11.7	10.9	9.4
音乐	1.7	0.8	1.8	0.9	1.6	0.7
专题	13.7	4.8	14.2	4.8	15.1	5.9
综艺	7.2	7.4	6.3	6.6	4.9	6.8
其他	12.7	10.1	13.0	12.0	15.2	13.7

表 3.14.7　2021 年湖南市场所有节目收视率排名前三十位

单位：%

名次	节目名称	节目类型	播出频道	平均收视率	平均占有率
1	《2021 中央广播电视总台春节联欢晚会》	中央电视台综合频道	综艺	5.3	14.2
2	《逗吧逗把街》	湖南电视台经济频道	电视剧	4.1	12.3
3	《飞虎神鹰》	湖南电视台电视剧频道	电视剧	4.0	20.3
4	《黄飞鸿铁鸡斗蜈蚣》	湖南电视台潇湘电影频道	电影	3.7	17.6
5	《32 届奥运会田径女子 4×100 米接力决赛》	中央台五套	体育	3.7	17.2
6	《风雷魔镜》	湖南电视台潇湘电影频道	电影	3.5	20.7
7	《32 届奥运会乒乓球女单决赛》	中央台五套	体育	3.4	16.4
8	《黄河英雄》	湖南电视台经济频道	电视剧	3.4	14.8
9	《女子特战队》	湖南电视台潇湘电影频道	电视剧	3.3	18.6
10	《长辈》	湖南电视台潇湘电影频道	电影	3.2	20.7
11	《武间道》	湖南电视台经济频道	电视剧	3.2	14.8
12	《乒乓球男团颁奖仪式》	中央台五套	体育	3.2	14.2
13	《叶落长安》	湖南电视台娱乐频道	电视剧	3.1	14.9
14	《烽火儿女情》	湖南电视台娱乐频道	电视剧	3.1	14.3
15	《战狼战狼》	湖南电视台经济频道	电视剧	3.1	13.7
16	《陆小凤传奇之绣花大盗》	湖南电视台潇湘电影频道	电影	3.0	18.6
17	《娘道》	湖南电视台电视剧频道	电视剧	3.0	17.0
18	《绝密 1950》	湖南电视台潇湘电影频道	电视剧	3.0	14.3

续表

名次	节目名称	节目类型	播出频道	平均收视率	平均占有率
19	《飞哥战队》	湖南电视台经济频道	电视剧	3.0	14.2
20	《铁血尖刀》（12～29 集）	湖南电视台电视剧频道	电视剧	3.0	13.9
21	《猎鹰 1949》	湖南电视台电视剧频道	电视剧	2.9	16.5
22	《水浒杨雄与石秀》	湖南电视台潇湘电影频道	电影	2.9	13.9
23	《午夜蝴蝶》	湖南电视台娱乐频道	电视剧	2.9	12.5
24	《铁血荣耀》	湖南电视台潇湘电影频道	电视剧	2.9	11.7
25	《陆小凤之剑神一笑》	湖南电视台潇湘电影频道	电影	2.8	18.4
26	《水浒鬼脸儿杜兴》（1 月 25 日）	湖南电视台潇湘电影频道	电影	2.8	14.4
27	《孤岛飞鹰》	湖南电视台电视剧频道	电视剧	2.8	13.6
28	《雪海》	湖南电视台经济频道	电视剧	2.8	13.5
29	《蚂蚱》	湖南电视台潇湘电影频道	电视剧	2.8	12.9
30	《勇者》	湖南电视台潇湘电影频道	电视剧	2.8	12.1

表 3.14.8　2021 年湖南市场电视剧收视率排名前十位

单位：%

名次	节目名称	播出频道	平均收视率	平均占有率
1	《逗吧逗把街》	湖南电视台经济频道	4.1	12.3
2	《飞虎神鹰》	湖南电视台电视剧频道	4.0	20.3
3	《黄河英雄》	湖南电视台经济频道	3.4	14.8
4	《女子特战队》	湖南电视台潇湘电影频道	3.3	18.6
5	《武间道》	湖南电视台经济频道	3.2	14.8
6	《叶落长安》	湖南电视台娱乐频道	3.1	14.9
7	《烽火儿女情》	湖南电视台娱乐频道	3.1	14.3
8	《战狼战狼》	湖南电视台经济频道	3.1	13.7
9	《娘道》	湖南电视台电视剧频道	3.0	17.0
10	《绝密 1950》	湖南电视台潇湘电影频道	3.0	14.3

表 3.14.9　2021 年湖南市场新闻节目收视率排名前十位

单位：%

名次	节目名称	播出频道	平均收视率	平均占有率
1	《转播中央台新闻联播》	湖南卫视	1.8	9.1
2	《湖南新闻联播》	湖南卫视	1.4	9.4
3	《经视焦点》	湖南电视台经济频道	1.4	8.1
4	《牢记殷殷嘱托奋力谱写湖南新篇章》	湖南卫视	1.4	5.9

续表

名次	节目名称	播出频道	平均收视率	平均占有率
5	《世界经济论坛达沃斯议程对话会特别报道》	中央电视台新闻频道	1.2	4.8
6	《经视新闻》	湖南电视台经济频道	0.9	7.7
7	《中国共产党与世界政党领导人峰会特别报道》	中央电视台综合频道	0.8	3.9
8	《湖南省第十二次党代会党代表通道》	湖南电视台经济频道	0.7	6.0
9	《新闻联播》	中央电视台综合频道	0.7	3.7
10	《2020 疫情下的美国人权透视》	中央台四套	0.7	3.3

表 3.14.10　2021 年湖南市场专题节目收视率排名前十位

单位：%

名次	节目名称	播出频道	平均收视率	平均占有率
1	《匠星闪耀兴湘报国大国工匠湖湘论坛 2021 湖湘工匠年度人物颁奖典礼》	湖南电视台经济频道	2.4	11.3
2	《融入大地闪耀星空致敬袁隆平》	湖南卫视	2.1	10.9
3	《党课开讲啦》	中央电视台综合频道	1.6	5.8
4	《数字英雄》	湖南电视台经济频道	1.2	6.9
5	《寻情记》	湖南电视台都市频道	1.2	5.0
6	《2021 一年又一年》	中央电视台新闻频道	1.1	5.6
7	《经视观察》	湖南电视台经济频道	1.0	7.0
8	《选择》	湖南电视台都市频道	1.0	5.1
9	《岳麓书院》	湖南卫视	1.0	4.5
10	《换了人间中国出了个毛泽东》	湖南卫视	1.0	4.4

表 3.14.11　2021 年湖南市场综艺节目收视率排名前十位

单位：%

名次	节目名称	播出频道	平均收视率	平均占有率
1	《2021 中央广播电视总台春节联欢晚会》	中央电视台综合频道	5.3	14.2
2	《百年正青春湖南省庆祝中国共产党成立 100 周年文艺晚会》	湖南电视台经济频道	2.6	11.4
3	《2021 湖南卫视春节联欢晚会》	湖南卫视	2.4	10.4
4	《百变大咖秀 2021》（2 月 14 日）	湖南卫视	2.3	9.9
5	《文化中国四海同春 2021 全球华侨华人春节大联欢》	湖南卫视	1.6	7.0
6	《谁是宝藏歌手》（6 月 4 日）	湖南卫视	1.6	6.4

续表

名次	节目名称	播出频道	平均收视率	平均占有率
7	《百变大咖秀 2021 精彩抢先看》	湖南卫视	1.5	7.3
8	《818 全球汽车夜》	湖南卫视	1.5	7.0
9	《伟大征程庆祝中国共产党成立 100 周年大型情景史诗》	中央电视台综合频道	1.5	6.7
10	《抖 incity 长沙正当红》	湖南电视台经济频道	1.4	8.6

表 3.14.12　2021 年湖南市场体育节目收视率排名前十位

单位：%

名次	节目名称	播出频道	平均收视率	平均占有率
1	《32 届奥运会田径女子 4×100 米接力决赛》	中央台五套	3.7	17.2
2	《32 届奥运会乒乓球女单决赛》	中央台五套	3.4	16.4
3	《乒乓球男团颁奖仪式》	中央台五套	3.2	14.2
4	《32 届奥运会羽毛球男子单打决赛》	中央台五套	2.5	11.9
5	《实况录像：32 届奥运会举重男子 81 公斤级决赛挺举》	中央台五套	2.5	11.8
6	《东京奥运会闭幕式》	中央台五套	2.3	10.5
7	《32 届奥运会女子 4×200 米自由泳接力决赛》	中央台五套	2.2	25.1
8	《32 届奥运会女排小组赛第 4 轮》（中国 VS 意大利）	中央台五套	2.2	15.8
9	《32 届奥运会体操男子个人全能决赛》	中央台五套	2.2	12.4
10	《32 届奥运会跆拳道男子 80 公斤以上级半决赛》	中央台五套	1.9	24.3

十五　吉林收视数据

表 3.15.1　2017~2021 年吉林市场各类频道的市场占有率

单位：%

频道类别	2017 年	2018 年	2019 年	2020 年	2021 年
中央广播电视总台	38.4	39.7	38.4	39.3	39.4
中国教育台频道	0.1	0.1	0.2	0.3	0.2
吉林省级频道	24.5	23.7	24.0	23.1	23.1
其他省级卫视频道	27.9	27.0	27.1	23.9	21.5
其他频道	9.1	9.5	10.3	13.4	15.8

表 3.15.2　2021 年吉林市场各类频道在不同目标观众中的市场占有率

单位：%

目标观众		中央广播电视总台	中国教育台频道	吉林省级频道	其他省级卫视频道	其他频道
4 岁及以上所有人		39.4	0.2	23.1	21.5	15.8
城乡	城市	43.7	0.1	19.4	20.2	16.6
	农村	36.7	0.3	25.4	22.3	15.3
性别	男	41.9	0.2	22.5	20.1	15.3
	女	37.0	0.3	23.7	22.8	16.2
年龄	4~14 岁	39.1	0.3	8.7	22.9	29.0
	15~24 岁	37.8	0.3	16.5	28.0	17.4
	25~34 岁	33.6	0.2	15.5	27.6	23.1
	35~44 岁	38.0	0.5	18.7	24.8	18.0
	45~54 岁	41.5	0.2	22.1	19.8	16.4
	55~64 岁	43.3	0.1	28.9	17.3	10.4
	65 岁及以上	38.5	0.2	35.3	17.3	8.7
受教育程度	未受过正规教育	41.2	0.1	15.4	24.2	19.1
	小学	32.4	0.2	32.0	18.9	16.5
	初中	40.0	0.3	23.3	22.6	13.8
	高中	43.7	0.2	17.5	21.3	17.3
	大学及以上	43.1	0.2	16.3	22.7	17.7

续表

目标观众		中央广播电视总台	中国教育台频道	吉林省级频道	其他省级卫视频道	其他频道
职业类别	干部/管理人员	34.6	0.6	5.5	22.5	36.8
	个体/私营企业人员	39.6	0.2	18.0	26.2	16.0
	初级公务员/雇员	42.6	0.3	18.6	19.9	18.6
	工人	42.3	0.1	19.1	17.9	20.6
	学生	38.0	0.3	11.9	25.2	24.6
	无业	44.1	0.1	21.9	19.7	14.2
	其他	35.3	0.3	30.3	21.8	12.3
个人月收入	0～300	38.4	0.2	17.6	23.5	20.3
	301～900	35.3	0.2	32.4	19.1	13.0
	901～1700	34.0	0.2	31.9	20.8	13.1
	1701～2600	41.8	0.2	23.1	21.0	13.9
	2601～3500	41.6	0.4	20.7	22.3	15.0
	3501 及以上	43.5	0.3	17.8	20.7	17.7

表 3.15.3　2021 年吉林市场各类频道在不同时段的市场占有率

单位：%

时间段	中央广播电视总台	中国教育台频道	吉林省级频道	其他省级卫视频道	其他频道
02:00～03:00	24.9	0.0	7.2	53.7	14.2
03:00～04:00	36.1	0.3	25.3	29.6	8.7
04:00～05:00	36.5	0.2	31.2	25.2	6.9
05:00～06:00	46.4	0.7	23.9	21.5	7.5
06:00～07:00	52.9	0.6	17.0	20.7	8.8
07:00～08:00	54.8	0.9	15.4	20.3	8.6
08:00～09:00	47.4	0.8	14.6	23.2	14.0
09:00～10:00	45.0	0.3	9.8	28.6	16.3
10:00～11:00	43.3	0.2	9.5	30.5	16.5
11:00～12:00	41.1	0.2	13.1	31.2	14.4
12:00～13:00	41.8	0.1	9.9	35.3	12.9
13:00～14:00	38.1	0.1	9.6	35.8	16.4
14:00～15:00	39.2	0.1	8.9	33.0	18.8
15:00～16:00	37.9	0.2	8.3	34.0	19.6
16:00～17:00	31.5	0.2	24.3	24.5	19.5
17:00～18:00	29.6	0.2	38.1	15.8	16.3
18:00～19:00	29.7	0.2	41.1	12.5	16.5

续表

时间段	中央广播电视总台	中国教育台频道	吉林省级频道	其他省级卫视频道	其他频道
19:00～20:00	48.2	0.2	23.6	14.0	14.0
20:00～21:00	34.9	0.2	23.5	24.5	16.9
21:00～22:00	33.3	0.1	21.1	26.0	19.5
22:00～23:00	38.0	0.1	11.1	28.4	22.4
23:00～00:00	42.8	0.1	5.6	28.4	23.1
00:00～01:00	54.8	0.2	3.7	21.7	19.6
01:00～02:00	24.6	0.3	3.7	56.5	14.9

表 3.15.4 2021 年吉林市场收视份额排名前十位的频道

单位：%

名次	频道名称	收视份额
1	中央电视台综合频道	10.3
2	吉林广播电视台乡村频道	7.4
3	中央台八套	4.6
3	吉林广播电视台生活频道	4.6
5	中央电视台少儿频道	3.8
6	中央台六套	3.6
7	中央电视台新闻频道	3.4
8	吉林卫视	3.3
9	湖南卫视	3.0
10	中央台三套	2.9

表 3.15.5 2021 年吉林市场各主要频道的观众构成

单位：%

目标观众		所有频道	主要频道				
			中央电视台综合频道	吉林广播电视台乡村频道	中央台八套	吉林广播电视台生活频道	中央电视台少儿频道
4 岁及以上所有人		100.0	100.0	100.0	100.0	100.0	100.0
城乡	城市	39.2	43.1	19.5	44.1	35.6	25.6
	农村	60.8	56.9	80.5	55.9	64.4	74.4
性别	男	49.2	52.2	47.3	43.6	44.4	47.7
	女	50.8	47.8	52.7	56.4	55.6	52.3

续表

目标观众		所有频道	主要频道				
			中央电视台综合频道	吉林广播电视台乡村频道	中央台八套	吉林广播电视台生活频道	中央电视台少儿频道
年龄	4～14岁	6.6	2.9	2.6	1.5	2.4	44.7
	15～24岁	8.7	6.6	4.9	5.9	6.4	14.9
	25～34岁	10.8	8.6	8.1	6.5	7.3	10.1
	35～44岁	16.3	16.2	12.1	17.2	15.1	8.5
	45～54岁	20.3	24.2	18.4	22.4	19.2	11.0
	55～64岁	20.0	24.6	24.4	28.3	25.6	9.4
	65岁及以上	17.2	16.9	29.4	18.1	24.0	1.3
受教育程度	未受过正规教育	2.6	1.1	2.5	1.4	1.1	18.3
	小学	23.5	17.3	43.1	16.3	30.1	42.6
	初中	40.2	39.0	41.0	50.3	42.9	24.6
	高中	23.3	29.4	9.6	26.0	18.1	10.3
	大学及以上	10.4	13.2	3.8	6.0	7.7	4.3
职业类别	干部/管理人员	0.6	0.9	0.0	0.1	0.3	0.1
	个体/私营企业人员	9.6	11.8	6.0	8.4	8.0	4.2
	初级公务员/雇员	8.2	11.4	5.8	8.5	6.3	2.3
	工人	9.7	9.6	6.2	11.2	9.2	5.3
	学生	9.5	5.7	5.2	4.3	4.8	40.8
	无业	24.7	27.6	16.8	28.7	23.5	23.9
	其他	37.8	32.9	60.0	38.7	47.8	23.4
个人月收入	0～300	19.4	14.7	18.1	14.7	12.3	61.2
	301～900	7.2	5.6	12.6	3.9	12.5	10.0
	901～1700	19.9	17.0	33.0	20.7	22.4	6.2
	1701～2600	19.8	21.9	16.6	24.6	22.1	7.4
	2601～3500	15.4	18.4	10.5	17.6	14.9	8.3
	3501及以上	18.2	22.2	9.2	18.5	15.7	6.9

表3.15.6　2019～2021年吉林市场各类节目的播出比重和收视比重

单位：%

节目类别	2019年		2020年		2021年	
	播出比重	收视比重	播出比重	收视比重	播出比重	收视比重
财经	1.0	0.7	0.9	0.4	1.0	0.4
电视剧	27.7	26.8	23.2	28.4	22.7	27.5
电影	4.5	4.7	4.2	5.1	3.7	4.5

续表

节目类别	2019 年		2020 年		2021 年	
	播出比重	收视比重	播出比重	收视比重	播出比重	收视比重
法制	0.6	1.3	0.6	0.7	0.6	0.7
教学	0.3	0.1	0.4	0.1	0.5	0.1
青少	6.7	5.1	6.8	4.3	6.7	4.5
生活服务	6.9	8.1	7.9	7.4	8.5	7.4
体育	3.6	2.6	3.7	1.5	3.9	2.5
外语	0.1	0.0	0.2	0.0	0.2	0.0
戏剧	1.1	0.7	0.7	0.5	0.6	0.3
新闻/时事	10.0	14.4	16.2	20.1	15.2	19.3
音乐	1.6	1.3	1.8	1.0	1.7	0.8
专题	13.3	5.2	13.8	4.3	14.8	4.7
综艺	6.3	12.9	7.0	12.1	7.6	12.1
其他	16.3	16.1	12.6	14.1	12.5	15.1

表 3.15.7　2021 年吉林市场所有节目收视率排名前三十位

单位：%

名次	节目名称	节目类型	播出频道	平均收视率	平均占有率
1	《2021 中央广播电视总台春节联欢晚会》	综艺	中央电视台综合频道	31.4	78.4
2	《2021 一年又一年》	专题	中央电视台综合频道	27.6	55.4
3	《花好月圆元宵夜》	综艺	中央电视台综合频道	9.7	40.5
4	《新闻联播》	新闻/时事	中央电视台综合频道	8.6	27.6
5	《天气预报》	生活服务	中央电视台综合频道	7.1	22.5
6	《情满雪域高原记习近平总书记西藏之行》	专题	中央电视台综合频道	5.5	18.3
7	《世界经济论坛达沃斯议程对话会特别报道》	新闻/时事	中央电视台综合频道	5.4	17.6
8	《焦点访谈》	新闻/时事	中央电视台综合频道	5.3	17.3
9	《32 届奥运会女子自由式摔跤 50 公斤级决赛》	体育	中央台五套	4.0	15.6
10	《32 届奥运会田径女子 4×400 米接力决赛》	体育	中央台五套	3.8	15.9
11	《国务院总理会见中外记者并回答提问》	新闻/时事	中央电视台综合频道	3.7	12.4
12	《2021 年新年戏曲晚会》	戏剧	中央电视台综合频道	3.6	13.6
13	《32 届奥运会羽毛球男子单打决赛》	体育	中央台五套	3.5	13.9
14	《2021 中关村论坛开幕式特别报道》	新闻/时事	中央电视台综合频道	3.5	12.6
15	《实况录像：32 届奥运会举重男子 81 公斤级决赛挺举》	体育	中央台五套	3.3	24.8
16	《乒乓球男团颁奖仪式》	体育	中央台五套	3.1	16.6
17	《32 届奥运会乒乓球男团决赛》	体育	中央台五套	3.0	11.7

续表

名次	节目名称	节目类型	播出频道	平均收视率	平均占有率
18	《2021 年中国国际服务贸易交易会全球服务贸易峰会特别报道》	新闻/时事	中央电视台综合频道	2.9	10.5
19	《东京奥运会闭幕式》	体育	中央台五套	2.9	9.9
20	《啊，父老乡亲》	电视剧	吉林广播电视台乡村频道	2.8	11.3
21	《名师高徒》	综艺	吉林广播电视台乡村频道	2.7	14.0
22	《二人转总动员》	综艺	吉林广播电视台乡村频道	2.7	13.7
23	《中国诗词大会第六季》（2 月 13 日）	专题	中央电视台综合频道	2.7	12.6
24	《错儿》	电视剧	吉林广播电视台乡村频道	2.7	11.1
25	《第十四届全国运动会开幕式特别报道》	体育	中央电视台综合频道	2.6	13.9
26	《中国梦祖国颂 2021 国庆特别节目》	综艺	中央电视台综合频道	2.6	12.8
27	《中国共产党历史展览馆建设纪实》	专题	中央电视台综合频道	2.6	9.8
28	《最美的乡村》	电视剧	吉林广播电视台乡村频道	2.5	10.7
29	《我的土地我的家》	电视剧	吉林广播电视台乡村频道	2.5	10.1
30	《装台》	电视剧	吉林广播电视台乡村频道	2.4	9.5

表 3.15.8　2021 年吉林市场电视剧收视率排名前十位

单位：%

名次	节目名称	播出频道	平均收视率	平均占有率
1	《啊，父老乡亲》	吉林广播电视台乡村频道	2.8	11.3
2	《错儿》	吉林广播电视台乡村频道	2.7	11.1
3	《最美的乡村》	吉林广播电视台乡村频道	2.5	10.7
4	《我的土地我的家》	吉林广播电视台乡村频道	2.5	10.1
5	《装台》	吉林广播电视台乡村频道	2.4	9.5
6	《一个都不能少》	吉林广播电视台乡村频道	2.4	9.2
7	《油菜花香》	吉林广播电视台乡村频道	2.4	9.1
8	《日头日头照着我》	吉林广播电视台乡村频道	2.3	8.9
9	《真情无限之养母生母》	吉林广播电视台乡村频道	2.3	8.6
10	《傻春》	吉林广播电视台乡村频道	2.2	9.0

表 3.15.9　2021 年吉林市场新闻节目收视率排名前十位

单位：%

名次	节目名称	播出频道	平均收视率	平均占有率
1	《新闻联播》	中央电视台综合频道	8.6	27.6
2	《世界经济论坛达沃斯议程对话会特别报道》	中央电视台综合频道	5.4	17.6
3	《焦点访谈》	中央电视台综合频道	5.3	17.3
4	《国务院总理会见中外记者并回答提问》	中央电视台综合频道	3.7	12.4
5	《2021 中关村论坛开幕式特别报道》	中央电视台综合频道	3.5	12.6
6	《2021 年中国国际服务贸易交易会全球服务贸易峰会特别报道》	中央电视台综合频道	2.9	10.5
7	《第四届中国国际进口博览会开幕式特别报道》	中央电视台综合频道	2.4	9.3
8	《守望都市》	吉林广播电视台都市频道	1.6	7.0
9	《中国共产党与世界政党领导人峰会特别报道》	中央电视台综合频道	1.4	5.7
10	《吉林新闻联播》	吉林卫视	1.3	5.9

表 3.15.10　2021 年吉林市场专题节目收视率排名前十位

单位：%

名次	节目名称	播出频道	平均收视率	平均占有率
1	《2021 一年又一年》	中央电视台综合频道	27.6	55.4
2	《情满雪域高原记习近平总书记西藏之行》	中央电视台综合频道	5.5	18.3
3	《中国诗词大会第六季》（2 月 13 日）	中央电视台综合频道	2.7	12.6
4	《中国共产党历史展览馆建设纪实》	中央电视台综合频道	2.6	9.8
5	《正风反腐就在身边》	中央电视台综合频道	2.2	9.1
6	《平语近人习近平喜欢的典故》	中央电视台综合频道	2.2	8.2
7	《榜样》	中央电视台综合频道	1.9	7.7
8	《战争黑洞——美国制造的人权灾难》	中央电视台综合频道	1.7	7.7
9	《护航之道总体国家安全观纵横》	中央电视台综合频道	1.6	7.6
10	《党课开讲啦》	中央电视台综合频道	1.6	6.2

表 3.15.11　2021 年吉林市场综艺节目收视率排名前十位

单位：%

名次	节目名称	播出频道	平均收视率	平均占有率
1	《2021 中央广播电视总台春节联欢晚会》	中央电视台综合频道	31.4	78.4
2	《花好月圆元宵夜》	中央电视台综合频道	9.7	40.5

续表

名次	节目名称	播出频道	平均收视率	平均占有率
3	《名师高徒》	吉林广播电视台乡村频道	2.7	14.0
4	《二人转总动员》	吉林广播电视台乡村频道	2.7	13.7
5	《中国梦祖国颂2021国庆特别节目》	中央电视台综合频道	2.6	12.8
6	《伟大征程庆祝中国共产党成立100周年大型情景史诗》	中央电视台综合频道	2.3	15.8
7	《金牛喜迎春2021星光嘉年华》	中央台三套	2.2	9.8
8	《2021年中央广播电视总台中秋晚会》	中央电视台综合频道	2.1	11.5
9	《越战越勇》（2月15日）	中央台三套	1.9	6.7
10	《新春喜剧之夜》	中央台三套	1.8	7.8

表3.15.12　2021年吉林市场体育节目收视率排名前十位

单位：%

名次	节目名称	播出频道	平均收视率	平均占有率
1	《32届奥运会女子自由式摔跤50公斤级决赛》	中央台五套	4.0	15.6
2	《32届奥运会田径女子4×400米接力决赛》	中央台五套	3.8	15.9
3	《32届奥运会羽毛球男子单打决赛》	中央台五套	3.5	13.9
4	《实况录像：32届奥运会举重男子81公斤级决赛挺举》	中央台五套	3.3	24.8
5	《乒乓球男团颁奖仪式》	中央台五套	3.1	16.6
6	《32届奥运会乒乓球男团决赛》	中央台五套	3.0	11.7
7	《东京奥运会闭幕式》	中央台五套	2.9	9.9
8	《第十四届全国运动会开幕式特别报道》	中央电视台综合频道	2.6	13.9
9	《32届奥运会体操女团决赛》	中央台五套	2.0	7.5
10	《第十四届全运会男子4×100米混合泳接力决赛》	中央台五套	1.7	5.6

十六　江苏收视数据

表 3.16.1　2017～2021 年江苏市场各类频道的市场占有率

单位：%

频道类别	2017 年	2018 年	2019 年	2020 年	2021 年
中央广播电视总台	34.0	34.7	29.1	26.9	27.1
中国教育台频道	0.2	0.2	0.2	0.2	0.1
江苏省级频道	27.0	28.2	30.0	29.7	30.4
其他省级卫视频道	17.2	17.1	16.6	16.1	13.2
其他频道	21.6	19.8	24.1	27.1	29.2

表 3.16.2　2021 年江苏市场各类频道在不同目标观众中的市场占有率

单位：%

目标观众		中央广播电视总台	中国教育台频道	江苏省级频道	其他省级卫视频道	其他频道
4 岁及以上所有人		27.1	0.1	30.4	13.2	29.2
城乡	城市	33.0	0.2	9.2	18.0	39.6
	农村	23.7	0.1	42.7	10.4	23.1
性别	男	30.3	0.2	25.4	14.2	29.9
	女	24.0	0.1	35.4	12.2	28.3
年龄	4～14 岁	14.5	0.1	29.3	17.3	38.8
	15～24 岁	25.3	0.1	32.2	10.8	31.6
	25～34 岁	12.9	0.1	40.9	13.5	32.6
	35～44 岁	19.7	0.1	32.1	13.5	34.6
	45～54 岁	22.9	0.1	44.4	8.1	24.5
	55～64 岁	32.3	0.2	21.3	17.8	28.4
	65 岁及以上	39.6	0.2	20.6	13.2	26.4
受教育程度	未受过正规教育	25.6	0.2	33.7	17.1	23.4
	小学	27.6	0.2	30.4	11.2	30.6
	初中	27.5	0.1	31.3	12.8	28.3
	高中	26.8	0.1	30.6	14.7	27.8
	大学及以上	26.4	0.1	23.2	13.2	37.1

续表

目标观众		中央广播电视总台	中国教育台频道	江苏省级频道	其他省级卫视频道	其他频道
职业类别	干部/管理人员	32.3	0.0	24.8	16.8	26.1
	个体/私营企业人员	21.5	0.1	42.3	9.8	26.3
	初级公务员/雇员	28.8	0.2	20.1	17.4	33.5
	工人	24.0	0.2	31.9	11.1	32.8
	学生	18.8	0.1	22.5	16.0	42.6
	无业	33.1	0.1	18.7	16.1	32.0
	其他	26.1	0.1	47.3	9.3	17.2
个人月收入	0~300元	22.5	0.1	30.7	15.7	31.0
	301~900元	31.9	0.1	38.1	9.5	20.4
	901~1700元	26.3	0.1	28.6	10.0	35.0
	1701~2600元	30.5	0.2	26.4	14.6	28.3
	2601~3500元	31.4	0.1	30.7	12.8	25.0
	3501元及以上	24.7	0.2	29.1	13.8	32.2

表3.16.3　2021年江苏市场各类频道在不同时段的市场占有率

单位：%

时间段	中央广播电视总台	中国教育台频道	江苏省级频道	其他省级卫视频道	其他频道
02:00~03:00	33.5	0.1	11.3	14.8	40.3
03:00~04:00	38.1	0.1	8.9	15.7	37.2
04:00~05:00	44.9	0.1	7.4	17.0	30.6
05:00~06:00	49.7	0.3	6.2	20.9	22.9
06:00~07:00	54.5	0.3	7.5	17.0	20.7
07:00~08:00	46.8	0.4	14.4	13.5	24.9
08:00~09:00	36.2	0.6	16.8	17.2	29.2
09:00~10:00	28.9	0.4	20.6	21.3	28.8
10:00~11:00	28.1	0.4	20.7	22.4	28.4
11:00~12:00	30.1	0.2	20.2	21.2	28.3
12:00~13:00	32.9	0.1	17.2	20.0	29.8
13:00~14:00	31.9	0.2	15.4	22.5	30.0
14:00~15:00	31.4	0.3	13.8	23.6	30.9
15:00~16:00	30.6	0.3	13.0	24.3	31.8
16:00~17:00	30.4	0.3	14.4	23.9	31.0
17:00~18:00	29.4	0.1	26.4	15.9	28.2
18:00~19:00	22.1	0.1	43.7	6.3	27.8

续表

时间段	中央广播电视总台	中国教育台频道	江苏省级频道	其他省级卫视频道	其他频道
19:00～20:00	25.1	0.1	41.1	7.1	26.6
20:00～21:00	22.5	0.1	38.2	10.9	28.3
21:00～22:00	23.3	0.1	37.0	10.8	28.8
22:00～23:00	24.4	0.1	33.3	10.4	31.8
23:00～00:00	29.2	0.1	26.7	10.4	33.6
00:00～01:00	29.9	0.1	20.7	10.8	38.5
01:00～02:00	30.1	0.1	15.7	12.5	41.6

表 3.16.4　2021 年江苏市场收视份额排名前十位的频道

单位：%

名次	频道名称	收视份额
1	江苏电视台综艺频道	7.1
2	中央台八套	6.4
3	江苏电视台城市频道	6.3
4	江苏卫视	6.1
5	江苏电视台影视频道	5.0
6	中央台六套	4.5
7	江苏电视台公共新闻频道	3.1
8	中央台四套	2.7
9	中央电视台综合频道	2.6
10	中央台三套	2.0

表 3.16.5　2021 年江苏市场各主要频道的观众构成

单位：%

目标观众		所有频道	江苏电视台综艺频道	中央台八套	江苏电视台城市频道	江苏卫视	江苏电视台影视频道
4 岁及以上所有人		100.0	100.0	100.0	100.0	100.0	100.0
城乡	城市	36.5	2.2	29.3	13.2	23.5	3.6
	农村	63.5	97.8	70.7	86.8	76.5	96.4
性别	男	49.8	41.4	54.3	44.9	39.6	39.6
	女	50.2	58.6	45.7	55.1	60.4	60.4

续表

目标观众		所有频道	江苏电视台综艺频道	中央台八套	江苏电视台城市频道	江苏卫视	江苏电视台影视频道
年龄	4～14岁	8.8	10.3	1.8	4.8	4.7	4.5
	15～24岁	4.7	3.5	4.1	7.8	6.8	2.6
	25～34岁	10.6	19.1	4.5	7.1	11.5	21.8
	35～44岁	9.2	9.8	3.9	13.5	11.2	7.3
	45～54岁	21.8	31.5	13.9	31.4	32.9	31.0
	55～64岁	17.3	13.0	25.0	13.4	13.7	9.3
	65岁及以上	27.6	12.8	46.8	22.0	19.2	23.5
受教育程度	未受过正规教育	11.5	11.2	13.9	16.5	11.5	9.0
	小学	28.6	31.3	27.9	26.5	26.1	26.5
	初中	34.7	29.4	41.9	39.3	36.6	37.8
	高中	16.2	22.1	11.9	14.2	17.2	16.8
	大学及以上	9.0	6.0	4.4	3.5	8.6	9.9
职业类别	干部/管理人员	1.4	1.3	0.6	0.1	0.4	2.3
	个体/私营企业人员	13.2	21.0	11.5	12.7	16.8	24.6
	初级公务员/雇员	11.6	6.9	10.7	6.8	10.7	6.7
	工人	15.7	17.7	10.6	11.9	14.2	25.4
	学生	7.0	5.0	1.9	6.2	3.2	1.6
	无业	30.0	15.7	42.8	14.7	22.5	14.4
	其他	21.1	32.4	21.9	47.6	32.2	25.0
个人月收入	0～300元	22.8	26.7	19.8	19.5	22.1	14.7
	301～900元	12.9	10.2	20.9	27.8	14.2	14.0
	901～1700元	11.4	16.2	15.1	11.1	10.1	7.7
	1701～2600元	14.1	11.7	14.3	12.8	12.4	11.3
	2601～3500元	15.2	15.1	12.0	9.4	17.8	22.5
	3501元及以上	23.6	20.1	17.9	19.4	23.4	29.8

表 3.16.6　2019～2021 年江苏市场各类节目的播出比重和收视比重

单位：%

节目类别	2019年		2020年		2021年	
	播出比重	收视比重	播出比重	收视比重	播出比重	收视比重
财经	1.0	0.3	1.0	0.3	1.0	0.4
电视剧	20.9	35.7	20.8	34.6	20.4	28.7
电影	3.9	4.9	3.6	4.4	3.5	6.4
法制类	0.9	1.2	0.7	0.8	0.7	1.1
教学	0.4	0.0	0.4	0.0	0.4	0.0

续表

节目类别	2019 年		2020 年		2021 年	
	播出比重	收视比重	播出比重	收视比重	播出比重	收视比重
青少	7.1	5.3	7.2	5.5	7.0	4.8
生活服务	7.7	8.6	7.5	9.3	7.9	10.8
体育	4.1	1.9	4.4	1.2	4.7	1.8
外语	0.2	0.0	0.2	0.0	0.2	0.0
戏剧	0.9	0.3	0.7	0.3	0.6	0.3
新闻/时事	15.9	11.1	16.7	14.6	15.8	13.8
音乐	1.7	1.0	1.9	1.2	1.7	0.8
专题	14.2	4.5	15.0	5.1	16.3	7.4
综艺	7.5	11.6	6.5	9.5	7.0	9.7
其他	13.6	13.6	13.4	13.2	12.8	14.0

表 3.16.7　2021 年江苏市场所有节目收视率排名前三十位

单位：%

名次	节目名称	节目类型	播出频道	平均收视率	平均占有率
1	《2022 跨年演唱会用奋斗点亮幸福》	音乐	江苏卫视	9.2	40.4
2	《天衣无缝》	电视剧	江苏电视台城市频道	4.5	15.8
3	《利刃出击》	电视剧	江苏电视台综艺频道	4.4	14.7
4	《2021 中央广播电视总台春节联欢晚会》	综艺	中央电视台综合频道	4.1	13.2
5	《空降利刃》	电视剧	江苏电视台综艺频道	4.0	13.7
6	《2021 江苏中秋戏曲晚会》	戏剧	江苏电视台综艺频道	3.9	16.5
7	《32 届奥运会男子 100 米决赛》	体育	中央台五套	3.7	11.8
8	《头号前妻》	电视剧	江苏电视台城市频道	3.4	13.7
9	《维和步兵营》	电视剧	江苏电视台综艺频道	3.4	13.2
10	《乒乓球男团颁奖仪式》	体育	中央台五套	3.4	9.9
11	《爱的阶梯》	电视剧	江苏电视台城市频道	3.3	11.2
12	《32 届奥运会乒乓球女单决赛》	体育	中央台五套	3.3	10.8
13	《悬崖》	电视剧	江苏电视台综艺频道	3.2	14.8
14	《归鸿》	电视剧	江苏电视台城市频道	3.2	12.2
15	《拉萨市 2021 年春节藏历铁牛新年电视联欢会》	综艺	江苏电视台综艺频道	3.1	13.3
16	《百花向阳童心向党六一儿童节电视晚会》	青少	江苏电视台综艺频道	3.1	13.1
17	《渊子崖保卫战》	电影	中央台六套	3.1	11.2
18	《亲爱的设计师》	电视剧	江苏电视台城市频道	3.0	11.6
19	《乔安你好》	电视剧	江苏电视台城市频道	3.0	11.1

续表

名次	节目名称	节目类型	播出频道	平均收视率	平均占有率
20	《我在北京等你》	电视剧	江苏电视台城市频道	2.9	10.7
21	《新春喜剧之夜》	综艺	中央台三套	2.9	10.6
22	《急先锋》	电影	中央台六套	2.9	9.3
23	《护国军魂传奇》	电视剧	江苏电视台综艺频道	2.8	13.0
24	《和平饭店》	电视剧	江苏电视台综艺频道	2.8	11.8
25	《缘来有爱》	生活服务	江苏电视台综艺频道	2.8	11.1
26	《花开彩云南》	专题	江苏电视台综艺频道	2.8	11.0
27	《流金岁月》	电视剧	江苏电视台城市频道	2.8	10.6
28	《百炼成钢中国共产党的100年》	专题	江苏电视台城市频道	2.8	10.1
29	《立秋》	电视剧	江苏电视台城市频道	2.7	11.6
30	《蓝军出击》	电视剧	江苏电视台城市频道	2.7	10.7

表 3.16.8　2021 年江苏市场电视剧收视率排名前十位

单位：%

名次	节目名称	播出频道	平均收视率	平均占有率
1	《天衣无缝》	江苏电视台城市频道	4.5	15.8
2	《利刃出击》	江苏电视台综艺频道	4.4	14.7
3	《空降利刃》	江苏电视台综艺频道	4.0	13.7
4	《头号前妻》	江苏电视台城市频道	3.4	13.7
5	《维和步兵营》	江苏电视台综艺频道	3.4	13.2
6	《爱的阶梯》	江苏电视台城市频道	3.3	11.2
7	《悬崖》	江苏电视台综艺频道	3.2	14.8
8	《归鸿》	江苏电视台城市频道	3.2	12.2
9	《亲爱的设计师》	江苏电视台城市频道	3.0	11.6
10	《乔安你好》	江苏电视台城市频道	3.0	11.1

表 3.16.9　2021 年江苏市场新闻节目收视率排名前十位

单位：%

名次	节目名称	播出频道	平均收视率	平均占有率
1	《零距离》	江苏电视台城市频道	2.0	9.2
2	《网罗天下》	江苏电视台公共新闻频道	1.9	13.1
3	《新闻 360》	江苏电视台公共新闻频道	1.9	8.9
4	《转播中央台新闻联播》	江苏卫视	1.2	5.1
5	《新闻眼》（19:20）	江苏电视台公共新闻频道	1.2	4.5

续表

名次	节目名称	播出频道	平均收视率	平均占有率
6	《国务院总理会见中外记者并回答提问》（3 月 12 日）	中央电视台综合频道	1.1	4.0
7	《世界经济论坛达沃斯议程对话会特别报道》（1 月 25 日）	中央台四套	1.0	3.2
8	《筑梦空间站神舟十二号航天员乘组返回北京特别报道》（9 月 17 日）	中央台四套	0.9	3.2
9	《江苏新时空》	江苏卫视	0.8	4.3
10	《中国舆论场》	中央台四套	0.8	3.0

表 3.16.10　2021 年江苏市场专题节目收视率排名前十位

单位：%

名次	节目名称	播出频道	平均收视率	平均占有率
1	《花开彩云南》	江苏电视台综艺频道	2.8	11.0
2	《百炼成钢中国共产党的 100 年》	江苏电视台城市频道	2.8	10.1
3	《记住乡愁第一季》（11 月 14 日）	江苏电视台城市频道	2.4	8.6
4	《无声的功勋》	江苏电视台城市频道	2.3	8.8
5	《社会主义核心价值观主题微电影征集展示活动》	江苏电视台影视频道	2.0	12.7
6	《江苏省道德模范与身边好人现场交流活动》	江苏电视台城市频道	2.0	9.1
7	《新鼓医开拓者陈祖荫》（12 月 29 日）	江苏电视台城市频道	2.0	7.4
8	《光影世界》	江苏电视台影视频道	1.9	11.0
9	《江苏最美人物》	江苏电视台城市频道	1.9	8.4
10	《德行天下》	江苏电视台城市频道	1.8	8.3

表 3.16.11　2021 年江苏市场综艺节目收视率排名前十位

单位：%

名次	节目名称	播出频道	平均收视率	平均占有率
1	《2021 中央广播电视总台春节联欢晚会》	中央电视台综合频道	4.1	13.2
2	《拉萨市 2021 年春节藏历铁牛新年电视联欢会》	江苏电视台综艺频道	3.1	13.3
3	《新春喜剧之夜》	中央台三套	2.9	10.6
4	《理想照耀中国庆祝中国共产党成立 100 周年电视剧展播启动特别节目》	江苏卫视	2.5	7.9

续表

名次	节目名称	播出频道	平均收视率	平均占有率
5	《越战越勇》（2月15日）	中央台三套	2.4	8.0
6	《幸福合家欢江苏卫视春节联欢晚会2021》	江苏卫视	2.3	9.5
7	《一站到底》（3月30日）	江苏卫视	2.0	9.9
8	《花好月圆元宵夜》	中央电视台综合频道	1.9	7.5
9	《开门大吉》（9月20日）	中央台三套	1.8	6.9
10	《震撼一条龙》	江苏电视台综艺频道	1.7	10.2

表 3.16.12　2021年江苏市场体育节目收视率排名前十位

单位：%

名次	节目名称	播出频道	平均收视率	平均占有率
1	《32届奥运会男子100米决赛》	中央台五套	3.7	11.8
2	《乒乓球男团颁奖仪式》	中央台五套	3.4	9.9
3	《32届奥运会乒乓球女单决赛》	中央台五套	3.3	10.8
4	《实况录像：32届奥运会举重男子81公斤级决赛挺举》	中央台五套	2.7	9.4
5	《32届奥运会女子自由式摔跤50公斤级决赛》	中央台五套	2.6	8.0
6	《实况录像：32届奥运会女子4×200米自由泳接力决赛》	中央台五套	2.5	11.6
7	《实况录像：32届奥运会体操男子吊环决赛》	中央台五套	2.5	8.0
8	《32届奥运会羽毛球男子单打决赛》	中央台五套	2.3	7.5
9	《东京奥运会闭幕式》	中央台五套	1.8	6.1
10	《32届奥运会女排小组赛第4轮》（中国VS意大利）	中央台五套	1.7	9.6

十七　江西收视数据

表 3.17.1　2017～2021 年江西市场各类频道的市场占有率

单位：%

频道类别	2017 年	2018 年	2019 年	2020 年	2021 年
中央广播电视总台	29.1	28.9	25.7	23.8	24.0
中国教育台频道	0.1	0.1	0.1	0.1	0.1
江西省级频道	32.6	33.1	29.9	25.1	22.3
其他省级卫视频道	24.2	22.9	23.5	25.1	23.5
其他频道	14.0	15.0	20.8	25.9	30.1

表 3.17.2　2021 年江西市场各类频道在不同目标观众中的市场占有率

单位：%

目标观众		中央广播电视总台	中国教育台频道	江西省级频道	其他省级卫视频道	其他频道
4 岁及以上所有人		24.0	0.1	22.3	23.5	30.1
城乡	城市	25.5	0.1	11.6	35.8	27.0
	农村	23.6	0.1	25.8	19.5	31.0
性别	男	25.0	0.1	22.1	21.6	31.2
	女	23.2	0.1	22.5	25.2	29.0
年龄	4～14 岁	13.8	0.1	14.9	32.9	38.3
	15～24 岁	21.0	0.2	20.6	36.7	21.5
	25～34 岁	19.8	0.1	13.4	24.5	42.2
	35～44 岁	24.3	0.1	16.5	30.6	28.5
	45～54 岁	24.5	0.1	20.3	16.3	38.8
	55～64 岁	31.6	0.1	26.4	19.4	22.5
	65 岁及以上	31.9	0.1	35.9	16.0	16.1
受教育程度	未受过正规教育	18.3	0.1	24.2	31.3	26.1
	小学	19.7	0.2	24.3	20.4	35.4
	初中	24.9	0.1	21.1	22.7	31.2
	高中	31.5	0.1	22.6	23.0	22.8
	大学及以上	35.4	0.1	14.3	30.0	20.2

续表

目标观众		中央广播电视总台	中国教育台频道	江西省级频道	其他省级卫视频道	其他频道
职业类别	干部/管理人员	57.2	0.0	6.3	25.0	11.5
	个体/私营企业人员	17.1	0.1	17.8	20.7	44.3
	初级公务员/雇员	30.6	0.1	14.2	32.8	22.3
	工人	23.4	0.1	23.7	22.0	30.8
	学生	12.6	0.2	15.2	30.3	41.7
	无业	30.3	0.1	20.6	25.3	23.7
	其他	24.1	0.2	35.3	14.0	26.4
个人月收入	0～300元	19.5	0.1	20.8	28.0	31.6
	301～900元	24.5	0.2	38.4	12.5	24.4
	901～1700元	29.6	0.1	27.7	19.2	23.4
	1701～2600元	23.6	0.1	22.3	21.8	32.2
	2601～3500元	35.0	0.1	21.3	21.3	22.3
	3501元及以上	23.2	0.1	17.4	23.1	36.2

表 3.17.3　2021 年江西市场各类频道在不同时段的市场占有率

单位：%

时间段	中央广播电视总台	中国教育台频道	江西省级频道	其他省级卫视频道	其他频道
02:00～03:00	17.5	0.5	15.3	16.1	50.6
03:00～04:00	17.4	0.4	15.8	19.4	47.0
04:00～05:00	18.0	0.3	18.5	22.6	40.6
05:00～06:00	23.4	0.4	16.4	26.3	33.5
06:00～07:00	32.7	0.2	12.3	23.6	31.2
07:00～08:00	32.9	0.1	14.6	19.2	33.2
08:00～09:00	28.3	0.2	14.5	23.7	33.3
09:00～10:00	24.9	0.2	14.2	25.2	35.5
10:00～11:00	24.5	0.3	14.0	25.1	36.1
11:00～12:00	26.5	0.2	13.3	24.7	35.3
12:00～13:00	28.5	0.1	11.5	26.7	33.2
13:00～14:00	20.6	0.1	20.1	28.0	31.2
14:00～15:00	24.7	0.2	14.1	29.8	31.2
15:00～16:00	25.5	0.2	14.4	29.2	30.7
16:00～17:00	24.0	0.2	15.3	27.8	32.7
17:00～18:00	23.2	0.1	17.3	24.7	34.7
18:00～19:00	23.0	0.1	28.8	16.0	32.1

续表

时间段	中央广播电视总台	中国教育台频道	江西省级频道	其他省级卫视频道	其他频道
19:00～20:00	30.1	0.1	23.9	20.4	25.5
20:00～21:00	21.7	0.1	29.1	25.5	23.6
21:00～22:00	20.0	0.1	31.6	23.9	24.4
22:00～23:00	18.6	0.1	31.1	20.4	29.8
23:00～00:00	21.5	0.1	21.8	19.2	37.4
00:00～01:00	22.0	0.3	17.7	13.0	47.0
01:00～02:00	16.8	0.4	16.7	11.8	54.3

表 3.17.4　2021 年江西市场收视份额排名前十位的频道

单位：%

名次	频道名称	收视份额
1	江西卫视	10.0
2	湖南电视台金鹰卡通频道	4.6
3	江西电视台都市频道（二套）	4.4
4	中央电视台综合频道	3.9
5	江西电视台公共农业频道（五套）	3.2
6	中央台四套	3.1
7	湖南卫视	3.0
8	中央台三套	2.9
8	卡酷少儿频道	2.9
10	中央台六套	2.8

表 3.17.5　2021 年江西市场各主要频道的观众构成

单位：%

目标观众		所有频道	主要频道				
			江西卫视	湖南电视台金鹰卡通频道	江西电视台都市频道（二套）	中央电视台综合频道	江西电视台公共农业频道（五套）
4 岁及以上所有人		100.0	100.0	100.0	100.0	100.0	100.0
城乡	城市	24.6	6.5	9.5	24.5	36.0	14.6
	农村	75.4	93.5	90.5	75.5	64.0	85.4
性别	男	48.1	47.9	42.6	46.8	50.3	48.4
	女	51.9	52.1	57.4	53.2	49.7	51.6

续表

目标观众		所有频道	主要频道				
			江西卫视	湖南电视台金鹰卡通频道	江西电视台都市频道（二套）	中央电视台综合频道	江西电视台公共农业频道（五套）
年龄	4～14岁	20.3	13.1	51.9	10.5	7.9	9.9
	15～24岁	7.1	9.6	10.0	3.4	6.2	2.5
	25～34岁	9.8	3.9	8.6	8.6	8.8	7.3
	35～44岁	8.8	5.5	7.1	7.9	9.1	6.9
	45～54岁	20.6	12.1	6.1	19.3	19.7	31.2
	55～64岁	12.0	11.6	8.5	20.0	11.0	14.9
	65岁及以上	21.4	44.2	7.8	30.3	37.3	27.3
受教育程度	未受过正规教育	12.0	12.4	32.5	14.5	6.7	9.0
	小学	33.9	41.6	30.6	31.4	23.7	38.5
	初中	32.2	31.9	22.4	31.9	34.8	27.3
	高中	15.1	10.8	8.7	16.6	24.0	20.1
	大学及以上	6.8	3.3	5.8	5.6	10.8	5.1
职业类别	干部/管理人员	0.2	0.0	0.2	0.1	0.9	0.1
	个体/私营企业人员	9.9	3.7	3.3	5.9	9.9	14.9
	初级公务员/雇员	8.3	4.3	7.0	7.2	10.3	5.2
	工人	13.6	11.5	11.5	20.6	12.4	13.3
	学生	16.0	15.1	23.7	6.5	7.3	5.5
	无业	31.5	21.2	45.6	38.6	43.0	32.3
	其他	20.5	44.2	8.7	21.1	16.2	28.7
个人月收入	0～300元	39.3	37.3	66.3	30.6	26.0	36.6
	301～900元	7.9	22.8	1.9	4.7	6.3	7.8
	901～1700元	9.0	11.1	5.5	11.9	7.3	13.6
	1701～2600元	10.0	6.0	6.6	16.7	9.8	13.7
	2601～3500元	13.2	11.1	12.8	19.6	25.6	7.4
	3501元及以上	20.6	11.7	6.9	16.5	25.0	20.9

表3.17.6　2019～2021年江西市场各类节目的播出比重和收视比重

单位：%

节目类别	2019年		2020年		2021年	
	播出比重	收视比重	播出比重	收视比重	播出比重	收视比重
财经	1.0	0.3	0.9	0.4	1.0	0.5
电视剧	22.5	36.3	22.4	35.4	22.2	34.8
电影	3.6	4.8	3.4	4.3	3.2	4.3

续表

节目类别	2019 年		2020 年		2021 年	
	播出比重	收视比重	播出比重	收视比重	播出比重	收视比重
法制	0.9	1.4	0.7	1.0	0.9	0.9
教学	0.5	0.0	0.4	0.1	0.4	0.0
青少	7.8	10.4	8.0	11.2	7.8	9.8
生活服务	7.5	6.5	7.4	6.4	8.1	6.9
体育	3.8	0.9	3.8	0.6	4.1	1.5
外语	0.2	0.0	0.2	0.0	0.2	0.0
戏剧	0.8	0.4	0.7	0.3	0.6	0.6
新闻/时事	16.0	12.2	16.9	15.0	15.9	13.9
音乐	1.7	1.1	1.9	1.3	1.7	1.1
专题	14.6	6.0	15.2	5.8	16.2	6.3
综艺	6.8	9.5	5.9	8.3	6.2	9.5
其他	12.3	10.2	12.2	9.9	11.5	9.9

表 3.17.7　2021 年江西市场所有节目收视率排名前三十位

单位：%

名次	节目名称	节目类型	播出频道	平均收视率	平均占有率
1	《开学第一课》	青少	中央电视台综合频道	7.5	30.7
2	《2021 一年又一年》	专题	中央电视台综合频道	4.5	20.8
3	《天气预报》	生活服务	江西卫视	4.2	30.3
4	《远方的山楂树》	电视剧	江西卫视	4.2	20.3
5	《筑梦情缘》	电视剧	江西卫视	4.0	19.6
6	《第二届庐山国际爱情电影周启动仪式》	综艺	江西卫视	3.9	17.1
7	《那些年我们正年轻》（35～40 集）	电视剧	江西卫视	3.7	17.9
8	《红色摇篮》	电视剧	江西卫视	3.6	18.1
9	《妈妈在等你》	电视剧	江西卫视	3.5	16.9
10	《乒乓球男团颁奖仪式》	体育	中央台五套	3.5	16.6
11	《你迟到的许多年》	电视剧	江西卫视	3.4	17.1
12	《向往的生活》	电视剧	江西卫视	3.4	16.9
13	《以家人之名》	电视剧	江西卫视	3.4	16.8
14	《32 届奥运会男子 100 米决赛》	体育	中央台五套	3.3	14.7
15	《猎手》	电视剧	江西卫视	3.2	17.1
16	《巡回检察组》	电视剧	江西卫视	3.1	17.1
17	《全家福》	电视剧	江西卫视	3.1	15.5

续表

名次	节目名称	节目类型	播出频道	平均收视率	平均占有率
18	《32届奥运会乒乓球女单决赛》	体育	中央台五套	3.0	13.9
19	《刑警之海外行动》	电视剧	江西卫视	3.0	13.8
20	《奋进赣鄱迎新春晚会》	综艺	江西卫视	2.9	11.9
21	《转播中央台新闻联播》	新闻/时事	江西卫视	2.8	17.0
22	《极度危机》	电影	中央台六套	2.8	12.4
23	《2021中央广播电视总台春节联欢晚会》	综艺	中央电视台综合频道	2.8	12.2
24	《花好月圆元宵夜》	综艺	中央电视台综合频道	2.7	14.0
25	《山海情》	电视剧	江西卫视	2.7	13.4
26	《空降利刃》	电视剧	江西卫视	2.7	13.0
27	《伟大的转折》	电视剧	江西卫视	2.6	14.0
28	《经山历海》	电视剧	江西卫视	2.6	13.6
29	《江西新闻联播》	新闻/时事	江西卫视	2.5	20.0
30	《闪亮的品牌》	专题	江西卫视	2.4	14.3

表3.17.8　2021年江西市场电视剧收视率排名前十位

单位：%

名次	节目名称	播出频道	平均收视率	平均占有率
1	《远方的山楂树》	江西卫视	4.2	20.3
2	《筑梦情缘》	江西卫视	4.0	19.6
3	《那些年我们正年轻》（35~40集）	江西卫视	3.7	17.9
4	《红色摇篮》	江西卫视	3.6	18.1
5	《妈妈在等你》	江西卫视	3.5	16.9
6	《你迟到的许多年》	江西卫视	3.4	17.1
7	《向往的生活》	江西卫视	3.4	16.9
8	《以家人之名》	江西卫视	3.4	16.8
9	《猎手》	江西卫视	3.2	17.1
10	《巡回检察组》	江西卫视	3.1	17.1

表3.17.9　2021年江西市场新闻节目收视率排名前十位

单位：%

名次	节目名称	播出频道	平均收视率	平均占有率
1	《转播中央台新闻联播》	江西卫视	2.8	17.0
2	《江西新闻联播》	江西卫视	2.5	20.0
3	《第四届中国国际进口博览会开幕式特别报道》	中央电视台新闻频道	1.9	8.4

续表

名次	节目名称	播出频道	平均收视率	平均占有率
4	《世界经济论坛达沃斯议程对话会特别报道》	中央电视台综合频道	1.3	5.9
5	《都市现场》	江西电视台都市频道（二套）	1.0	7.6
6	《逐梦新征程》	中央电视台综合频道	0.8	4.7
7	《焦点访谈》	中央电视台综合频道	0.8	3.8
8	《2021 中关村论坛开幕式特别报道》	中央电视台新闻频道	0.8	3.7
9	《2021 年中国国际服务贸易交易会全球服务贸易峰会特别报道》	中央电视台新闻频道	0.7	3.3
10	《新闻直播间》	中央电视台新闻频道	0.6	5.6

表 3.17.10　2021 年江西市场专题节目收视率排名前十位

单位：%

名次	节目名称	播出频道	平均收视率	平均占有率
1	《2021 一年又一年》	中央电视台综合频道	4.5	20.8
2	《闪亮的品牌》	江西卫视	2.4	14.3
3	《跨越时空的回信第四季》	江西卫视	1.7	12.9
4	《闪亮的坐标》	江西卫视	1.6	11.5
5	《党课开讲啦》	中央电视台综合频道	1.6	7.0
6	《闪耀东方》	江西卫视	1.5	11.0
7	《跨越时空的回信》	江西卫视	1.4	11.5
8	《传奇故事》	江西卫视	1.4	10.6
9	《红土地新荣光 2021 年度江西最美退役军人发布仪式》	江西卫视	1.3	9.0
10	《非遗美食》	江西卫视	1.2	9.3

表 3.17.11　2021 年江西市场综艺节目收视率排名前十位

单位：%

名次	节目名称	播出频道	平均收视率	平均占有率
1	《第二届庐山国际爱情电影周启动仪式》	江西卫视	3.9	17.1
2	《奋进赣鄱迎新春晚会》	江西卫视	2.9	11.9
3	《2021 中央广播电视总台春节联欢晚会》	中央电视台综合频道	2.8	12.2
4	《花好月圆元宵夜》	中央电视台综合频道	2.7	14.0
5	《金牌喜剧班》（2 月 14 日）	中央台三套	2.4	12.9
6	《2021 年中央广播电视总台中秋晚会》	中央电视台综合频道	2.4	11.7

续表

名次	节目名称	播出频道	平均收视率	平均占有率
7	《伟大征程庆祝中国共产党成立 100 周年大型情景史诗》	江西卫视	2.2	13.2
8	《818 全球汽车夜》	湖南卫视	2.1	10.7
9	《越战越勇》（12 月 29 日）	中央台三套	1.9	8.3
10	《开门大吉》（12 月 27 日）	中央台三套	1.9	7.8

表 3.17.12　2021 年江西市场体育节目收视率排名前十位

单位：%

名次	节目名称	播出频道	平均收视率	平均占有率
1	《乒乓球男团颁奖仪式》	中央台五套	3.5	16.6
2	《32 届奥运会男子 100 米决赛》	中央台五套	3.3	14.7
3	《32 届奥运会乒乓球女单决赛》	中央台五套	3.0	13.9
4	《实况录像：32 届奥运会跳水女子十米台决赛》	中央台五套	2.3	23.3
5	《实况录像：32 届奥运会举重男子 73 公斤级决赛挺举》	中央台五套	2.1	13.0
6	《32 届奥运会体操男子个人全能决赛》	中央台五套	2.0	12.7
7	《东京奥运会闭幕式》	中央台五套	2.0	10.5
8	《32 届奥运会女子自由式摔跤 50 公斤级决赛》	中央台五套	1.8	8.6
9	《32 届奥运会羽毛球男子单打决赛》	中央台五套	1.7	7.4
10	《32 届奥运会女排小组赛第 4 轮》（中国 VS 意大利）	中央台五套	1.6	16.3

十八　辽宁收视数据

表 3.18.1　2017～2021 年辽宁市场各类频道的市场占有率

单位：%

频道类别	2017 年	2018 年	2019 年	2020 年	2021 年
中央广播电视总台	33.3	30.6	28.9	27.9	25.8
中国教育台频道	0.2	0.3	0.2	0.2	0.2
辽宁省级频道	23.8	28.1	27.4	25.1	22.1
其他省级卫视频道	26.0	23.8	23.7	24.5	24.0
其他频道	16.7	17.2	19.8	22.3	27.9

表 3.18.2　2021 年辽宁市场各类频道在不同目标观众中的市场占有率

单位：%

目标观众		中央广播电视总台	中国教育台频道	辽宁省级频道	其他省级卫视频道	其他频道
4 岁及以上所有人		25.8	0.2	22.1	24.0	27.9
城乡	城市	28.1	0.1	16.8	25.7	29.3
	农村	23.2	0.3	27.8	22.0	26.7
性别	男	27.6	0.2	23.3	21.7	27.2
	女	23.9	0.2	20.8	26.3	28.8
年龄	4～14 岁	15.7	0.1	7.8	35.1	41.3
	15～24 岁	21.2	0.1	11.9	28.4	38.4
	25～34 岁	21.5	0.1	12.8	26.7	38.9
	35～44 岁	20.8	0.1	10.7	28.3	40.1
	45～54 岁	25.0	0.3	20.3	21.7	32.7
	55～64 岁	27.5	0.2	29.9	22.5	19.9
	65 岁及以上	32.2	0.3	30.2	19.8	17.5
受教育程度	未受过正规教育	24.5	0.1	11.9	33.7	29.8
	小学	24.8	0.3	27.0	22.2	25.7
	初中	26.3	0.1	24.9	23.8	24.9
	高中	25.0	0.2	14.9	23.2	36.7
	大学及以上	28.1	0.1	12.8	25.0	34.0

续表

目标观众		中央广播电视总台	中国教育台频道	辽宁省级频道	其他省级卫视频道	其他频道
职业类别	干部/管理人员	25.0	0.1	18.3	24.0	32.6
	个体/私营企业人员	28.3	0.1	18.5	23.4	29.7
	初级公务员/雇员	21.4	0.1	12.8	25.9	39.8
	工人	22.9	0.1	22.1	26.5	28.4
	学生	14.5	0.1	7.3	31.5	46.6
	无业	28.9	0.2	21.6	23.4	25.9
	其他	25.9	0.3	33.2	20.0	20.6
个人月收入	0～300 元	21.7	0.2	16.1	26.1	35.9
	301～900 元	23.3	0.3	31.6	21.4	23.4
	901～1700 元	27.7	0.4	33.9	20.6	17.4
	1701～2600 元	27.6	0.1	23.4	25.6	23.3
	2601～3500 元	27.0	0.2	21.1	24.6	27.1
	3501 元及以上	27.9	0.1	15.6	21.8	34.6

表 3.18.3　2021 年辽宁市场各类频道不同时段的市场占有率

单位：%

时间段	中央广播电视总台	中国教育台频道	辽宁省级频道	其他省级卫视频道	其他频道
02:00～03:00	24.2	0.3	21.2	26.7	27.6
03:00～04:00	23.5	0.3	23.6	26.2	26.4
04:00～05:00	29.6	0.2	23.3	24.9	22.0
05:00～06:00	34.6	0.5	25.5	19.6	19.8
06:00～07:00	32.7	0.3	32.4	13.2	21.4
07:00～08:00	33.9	0.7	23.8	13.9	27.7
08:00～09:00	34.7	0.6	12.4	22.4	29.9
09:00～10:00	30.4	0.4	8.2	30.0	31.0
10:00～11:00	27.8	0.4	6.3	33.3	32.2
11:00～12:00	28.9	0.4	6.6	33.0	31.1
12:00～13:00	27.8	0.1	10.6	30.3	31.2
13:00～14:00	25.4	0.2	8.1	35.2	31.1
14:00～15:00	26.1	0.3	5.9	37.1	30.6
15:00～16:00	26.7	0.3	6.3	36.4	30.3
16:00～17:00	26.3	0.3	12.6	31.6	29.2
17:00～18:00	22.8	0.1	27.2	22.3	27.6
18:00～19:00	22.2	0.1	38.9	10.7	28.1

续表

时间段	中央广播电视总台	中国教育台频道	辽宁省级频道	其他省级卫视频道	其他频道
19:00～20:00	26.0	0.1	32.8	15.5	25.6
20:00～21:00	23.0	0.1	28.4	23.2	25.3
21:00～22:00	24.3	0.1	27.0	22.8	25.8
22:00～23:00	23.9	0.2	19.6	26.7	29.6
23:00～00:00	25.7	0.2	12.8	29.1	32.2
00:00～01:00	26.0	0.4	14.5	26.1	33.0
01:00～02:00	25.7	0.4	16.8	25.9	31.2

表 3.18.4　2021 年辽宁市场收视份额排名前十位的频道

单位：%

名次	频道名称	收视份额
1	辽宁广播电视台影视剧频道	6.1
2	辽宁广播电视台都市频道	5.8
3	中央台六套	4.0
4	中央台八套	3.9
5	辽宁卫视	3.7
6	中央台四套	3.4
7	中央电视台新闻频道	2.7
7	辽宁广播电视台体育频道	2.7
9	湖南卫视	2.5
9	浙江卫视	2.5

表 3.18.5　2021 年辽宁市场各主要频道的观众构成

单位：%

目标观众		所有频道	主要频道				
			辽宁广播电视台影视剧频道	辽宁广播电视台都市频道	中央台六套	中央台八套	辽宁卫视
4 岁及以上所有人		100.0	100.0	100.0	100.0	100.0	100.0
城乡	城市	52.3	32.7	45.7	49.7	49.9	43.4
	农村	47.7	67.3	54.3	50.3	50.1	56.6
性别	男	50.6	57.6	50.2	58.6	46.4	51.0
	女	49.4	42.4	49.8	41.4	53.6	49.0

续表

目标观众		所有频道	主要频道				
			辽宁广播电视台影视剧频道	辽宁广播电视台都市频道	中央台六套	中央台八套	辽宁卫视
年龄组	4~14 岁	9.7	1.8	3.7	7.7	3.8	3.3
	15~24 岁	3.6	1.6	3.1	3.4	2.7	1.6
	25~34 岁	7.5	4.2	4.8	6.8	4.1	5.2
	35~44 岁	10.9	3.8	5.3	16.9	5.7	7.7
	45~54 岁	18.5	13.2	16.2	25.4	16.3	26.4
	55~64 岁	22.7	35.4	35.6	20.8	27.7	20.6
	65 岁及以上	27.2	40.0	31.3	19.0	39.8	35.1
受教育程度	未受过正规教育	5.8	1.6	4.1	5.1	4.4	4.1
	小学	24.9	40.2	23.0	25.8	30.2	24.0
	初中	45.4	46.8	54.5	52.0	48.1	53.5
	高中	14.9	8.9	13.0	11.8	10.8	8.0
	大学及以上	8.9	2.5	5.4	5.3	6.6	10.4
职业类别	干部/管理人员	0.8	0.4	0.3	0.4	0.3	0.4
	个体/私营企业人员	7.0	4.5	5.7	8.7	5.3	12.1
	初级公务员/雇员	7.2	3.8	6.2	5.1	4.3	2.9
	工人	15.7	15.3	16.9	22.0	11.0	14.8
	学生	6.9	1.2	1.8	4.8	3.3	2.3
	无业	42.8	33.1	47.9	33.7	56.0	38.6
	其他	19.6	41.8	21.2	25.2	19.8	28.8
个人月收入	0~300 元	25.4	17.5	17.0	22.4	30.9	16.8
	301~900 元	7.3	14.2	8.6	7.6	7.2	11.0
	901~1700 元	14.3	24.7	21.6	14.4	12.5	17.0
	1701~2600 元	19.6	19.8	24.9	22.9	18.0	22.3
	2601~3500 元	18.7	16.6	20.3	17.3	19.4	17.7
	3501 元及以上	14.6	7.0	7.7	15.5	12.0	15.3

表 3.18.6　2019~2021 年辽宁市场各类节目的播出比重和收视比重

单位：%

节目类别	2019 年		2020 年		2021 年	
	播出比重	收视比重	播出比重	收视比重	播出比重	收视比重
财经	1.0	0.5	1.0	0.4	1.1	0.5
电视剧	26.9	31.5	21.4	30.1	21.1	32.5
电影	4.2	6.1	3.7	5.3	3.5	5.5

续表

节目类别	2019 年		2020 年		2021 年	
	播出比重	收视比重	播出比重	收视比重	播出比重	收视比重
法制	0.7	0.7	0.8	0.6	0.8	0.4
教学	0.3	0.0	0.3	0.0	0.3	0.0
青少	6.9	6.6	7.2	4.9	6.9	5.2
生活服务	8.4	6.1	8.7	6.9	9.8	7.0
体育	3.8	4.1	4.2	3.6	4.5	4.4
外语	0.1	0.0	0.2	0.0	0.2	0.0
戏剧	1.1	0.3	0.7	0.1	0.5	0.1
新闻/时事	10.2	13.3	16.4	17.5	15.4	14.2
音乐	1.5	1.1	1.8	0.9	1.6	0.6
专题	13.1	4.7	13.9	5.1	15.0	4.9
综艺	6.2	13.4	7.4	13.1	7.3	12.9
其他	15.6	11.6	12.5	11.5	12.0	11.8

表 3.18.7　2021 年辽宁市场所有节目收视率排名前三十位

单位：%

名次	节目名称	节目类别	播出频道	平均收视率	平均占有率
1	《2021 辽宁卫视春节联欢晚会》	综艺	辽宁卫视	10.3	39.3
2	《2021 中央广播电视总台春节联欢晚会》	综艺	中央电视台综合频道	6.9	17.8
3	《32 届奥运会男子 100 米决赛》	体育	中央台五套	5.4	22.2
4	《2021 一年又一年》	专题	中央电视台综合频道	5.1	14.3
5	《女子铅球颁奖仪式》	体育	中央台五套	4.6	21.0
6	《32 届奥运会乒乓球女团决赛》	体育	中央台五套	3.9	16.8
7	《直播周末：2020/2021 赛季 CBA 总决赛第三场》（广东东莞大益 VS 辽宁本钢）	体育	中央台五套	3.6	16.4
8	《猎狼战队》（1 ~ 28 集）	电视剧	辽宁广播电视台影视剧频道	3.4	14.6
9	《花好月圆元宵夜》	综艺	中央电视台综合频道	3.4	12.2
10	《红颜特战队》	电视剧	辽宁广播电视台影视剧频道	3.3	15.0
11	《实况录像：32 届奥运会举重男子 81 公斤级决赛挺举》	体育	中央台五套	3.2	17.1
12	《杀尽豺狼》	电视剧	辽宁广播电视台影视剧频道	3.1	13.7
13	《潜伏使命》	电视剧	辽宁广播电视台影视剧频道	3.1	13.2

续表

名次	节目名称	节目类别	播出频道	平均收视率	平均占有率
14	《绝地一战》	电视剧	辽宁广播电视台影视剧频道	3.1	12.0
15	《勇者无敌》	电视剧	辽宁广播电视台影视剧频道	3.1	11.5
16	《幸福还有多远》	电视剧	辽宁卫视	3.1	10.6
17	《螳螂》	电视剧	辽宁广播电视台影视剧频道	2.9	12.8
18	《烽火战神》	电视剧	辽宁广播电视台影视剧频道	2.9	11.0
18	《32 届奥运会羽毛球男子单打决赛》	体育	中央台五套	2.9	11.0
20	《黄金搭档千金杀手》	电影	中央台六套	2.9	10.4
21	《利箭英豪》	电视剧	辽宁广播电视台影视剧频道	2.8	15.0
22	《逐寇尖刀》	电视剧	辽宁广播电视台影视剧频道	2.8	14.7
23	《神勇武工队》	电视剧	辽宁广播电视台影视剧频道	2.8	12.6
24	《美人皮》（12 月 21 日）	电影	中央台六套	2.8	11.7
25	《32 届奥运会女子自由式摔跤 50 公斤级决赛》	体育	中央台五套	2.8	11.6
26	《一级追击令》	电视剧	辽宁广播电视台影视剧频道	2.8	10.6
27	《32 届奥运会竞技体操男子团体决赛》	体育	中央台五套	2.7	16.7
28	《战狼决》	电视剧	辽宁广播电视台影视剧频道	2.7	13.9
29	《兵临危城》	电视剧	辽宁广播电视台影视剧频道	2.7	12.6
30	《东京奥运会闭幕式》	体育	中央台五套	2.7	12.5

表 3.18.8 2021 年辽宁市场电视剧收视率排名前十位

单位：%

名次	节目名称	播出频道	平均收视率	平均占有率
1	《猎狼战队》（1～28 集）	辽宁广播电视台影视剧频道	3.4	14.6
2	《红颜特战队》	辽宁广播电视台影视剧频道	3.3	15.0
3	《杀尽豺狼》	辽宁广播电视台影视剧频道	3.1	13.7
4	《勇者无敌》	辽宁广播电视台影视剧频道	3.1	11.5
5	《幸福还有多远》	辽宁卫视	3.1	10.6
6	《螳螂》	辽宁广播电视台影视剧频道	2.9	12.8

续表

名次	节目名称	播出频道	平均收视率	平均占有率
7	《烽火战神》	辽宁广播电视台影视剧频道	2.9	11.0
8	《利箭英豪》	辽宁广播电视台影视剧频道	2.8	15.0
9	《神勇武工队》	辽宁广播电视台影视剧频道	2.8	12.6
10	《一级追击令》	辽宁广播电视台影视剧频道	2.8	10.6

表 3.18.9　2021 年辽宁市场新闻节目收视率排名前十位

单位：%

名次	节目名称	播出频道	平均收视率	平均占有率
1	《新北方》	辽宁广播电视台都市频道	2.3	12.1
2	《新闻正前方》	辽宁广播电视台都市频道	1.2	10.0
3	《辽宁新闻》	辽宁卫视	1.0	5.0
4	《转播中央台新闻联播》	辽宁卫视	0.9	4.2
5	《中国共产党与世界政党领导人峰会特别报道》	中央台四套	0.9	4.1
6	《中国舆论场》	中央台四套	0.9	3.6
7	《世界经济论坛达沃斯议程对话会特别报道》	中央电视台综合频道	0.8	2.7
8	《今日关注》	中央台四套	0.7	4.3
9	《筑梦空间站神舟十二号航天员乘组返回北京特别报道》	中央台四套	0.7	3.2
10	《今日亚洲》	中央台四套	0.7	3.0

表 3.18.10　2021 年辽宁市场专题节目收视率排名前十位

单位：%

名次	节目名称	播出频道	平均收视率	平均占有率
1	《2021 一年又一年》	中央电视台综合频道	5.1	14.3
2	《嬉冰雪泡温泉在辽宁过大年》	辽宁卫视	1.4	6.4
3	《中国一日美好小康大型全媒体活动纪实片》	辽宁卫视	1.3	4.9
4	《金色的田野金融服务乡村振兴纪录片》	辽宁卫视	1.1	4.4
5	《风云浙汇　辽领未来　第二届长三角辽商大会暨风云辽商颁奖盛典微记录》	辽宁卫视	1.0	6.9
6	《博物馆说》	辽宁卫视	1.0	4.1
7	《红星闪耀时辽宁“馆”里的党史忆忆》	辽宁广播电视台影视剧频道	0.9	5.9

续表

名次	节目名称	播出频道	平均收视率	平均占有率
8	《正风反腐就在身边》	中央电视台综合频道	0.9	3.2
9	《丹东生活》	辽宁卫视	0.8	5.4
10	《食安辽宁》	辽宁卫视	0.7	3.2

表 3.18.11 2021 年辽宁市场综艺节目收视率排名前十位

单位：%

名次	节目名称	播出频道	平均收视率	平均占有率
1	《2021 辽宁卫视春节联欢晚会》	辽宁卫视	10.3	39.3
2	《2021 中央广播电视总台春节联欢晚会》	中央电视台综合频道	6.9	17.8
3	《花好月圆元宵夜》	中央电视台综合频道	3.4	12.2
4	《新春喜剧之夜》	中央台三套	2.2	8.3
5	《2021 北京广播电视台春节联欢晚会》	北京卫视	2.0	8.8
6	《越战越勇》(2 月 15 日)	中央台三套	1.8	6.4
7	《2021 湖南卫视春节联欢晚会》	湖南卫视	1.6	6.8
8	《金牛喜迎春 2021 星光嘉年华》	中央台三套	1.6	6.7
9	《欢天喜地闹元宵》	辽宁卫视	1.5	12.8
10	《中国好声音》(9 月 3 日)	浙江卫视	1.5	8.6

表 3.18.12 2021 年辽宁市场体育节目收视率排名前十位

单位：%

名次	节目名称	播出频道	平均收视率	平均占有率
1	《32 届奥运会男子 100 米决赛》	中央台五套	5.4	22.2
2	《女子铅球颁奖仪式》	中央台五套	4.6	21.0
3	《32 届奥运会乒乓球女团决赛》	中央台五套	3.9	16.8
4	《直播周末：2020/2021 赛季 CBA 总决赛第三场》(广东东莞大益 VS 辽宁本钢)	中央台五套	3.6	16.4
5	《实况录像：32 届奥运会举重男子 81 公斤级决赛挺举》	中央台五套	3.2	17.1
6	《32 届奥运会羽毛球男子单打决赛》	中央台五套	2.9	11.0
7	《32 届奥运会女子自由式摔跤 50 公斤级决赛》	中央台五套	2.8	11.6
8	《32 届奥运会竞技体操男子团体决赛》	中央台五套	2.7	16.7
9	《东京奥运会闭幕式》	中央台五套	2.7	12.5
10	《实况录像：32 届奥运会蹦床女子决赛》	中央台五套	2.5	17.1

十九　内蒙古收视数据

表 3.19.1　2017～2021 年内蒙古市场各类频道的市场占有率

单位：%

频道类别	2017 年	2018 年	2019 年	2020 年	2021 年
中央广播电视总台	52.5	55.0	56.7		
中国教育台频道	0.1	0.1	0.1	0.2	0.2
内蒙古自治区级频道	7.2	7.5	6.7	6.6	6.7
其他省级卫视频道	36.7	33.3	29.5	25.3	23.8
其他频道	3.5	4.1	7.0	13.2	15.1

表 3.19.2　2021 年内蒙古市场各类频道在不同目标观众中的市场占有率

单位：%

目标观众		中央广播电视总台	中国教育台频道	内蒙古自治区级频道	其他省级卫视频道	其他频道
4 岁及以上所有人		54.2	0.2	6.7	23.8	15.1
城乡	城市	48.7	0.1	6.7	20.6	23.9
	乡村	57.4	0.3	6.8	25.7	9.8
性别	男	55.8	0.2	7.2	21.9	14.9
	女	52.7	0.2	6.3	25.7	15.1
年龄	4～14 岁	45.4	0.1	3.6	28.2	22.7
	15～24 岁	49.2	0.4	5.1	32.6	12.7
	25～34 岁	43.8	0.1	4.6	26.6	24.9
	35～44 岁	51.3	0.3	3.8	27.8	16.8
	45～54 岁	57.3	0.2	6.1	23.3	13.1
	55～64 岁	58.2	0.2	9.6	18.5	13.5
	65 岁及以上	63.1	0.1	11.2	18.0	7.6
受教育程度	未受过正规教育	55.0	0.2	7.8	20.3	16.7
	小学	56.2	0.3	7.9	23.9	11.7
	初中	54.8	0.2	7.0	23.9	14.1
	高中	52.8	0.2	6.2	25.1	15.7
	大学及以上	51.8	0.1	4.8	22.5	20.8

续表

目标观众		中央广播电视总台	中国教育台频道	内蒙古自治区级频道	其他省级卫视频道	其他频道
职业类别	干部/管理人员	47.4	0.0	11.3	14.8	26.5
	个体/私营企业人员	51.2	0.3	5.4	26.4	16.7
	初级公务员/雇员	58.7	0.0	5.4	20.0	15.9
	工人	53.6	0.1	3.5	24.8	18.0
	学生	45.2	0.3	2.9	34.7	16.9
	无业	55.4	0.2	7.7	22.1	14.6
	其他	60.2	0.1	10.6	18.8	10.3
个人月收入	0～300元	47.9	0.3	6.0	28.6	17.2
	301～900元	61.5	0.1	9.6	18.7	10.1
	901～1700元	59.1	0.0	10.8	21.5	8.6
	1701～2600元	58.9	0.4	7.1	20.5	13.1
	2601～3500元	56.0	0.1	7.0	22.6	14.3
	3501元及以上	55.5	0.2	5.5	22.3	16.5

表 3.19.3　2021 年内蒙古市场各类频道在不同时段的市场占有率

单位：%

时间段	中央广播电视总台	中国教育台频道	内蒙古自治区级频道	其他省级卫视频道	其他频道
02:00～03:00	38.0	0.0	2.2	40.1	19.7
03:00～04:00	49.8	0.0	3.8	33.7	12.7
04:00～05:00	72.0	0.1	1.8	19.9	6.2
05:00～06:00	75.9	0.2	4.0	14.4	5.5
06:00～07:00	78.9	0.1	2.5	10.1	8.4
07:00～08:00	76.2	0.2	1.6	12.4	9.6
08:00～09:00	67.0	0.2	2.5	17.2	13.1
09:00～10:00	55.1	0.2	4.1	23.7	16.9
10:00～11:00	50.0	0.3	4.0	27.5	18.2
11:00～12:00	50.9	0.2	4.1	26.6	18.2
12:00～13:00	62.8	0.1	1.9	21.8	13.4
13:00～14:00	53.0	0.4	1.8	28.0	16.8
14:00～15:00	39.3	0.3	2.5	37.2	20.7
15:00～16:00	38.8	0.2	3.0	36.0	22.0
16:00～17:00	42.5	0.2	4.0	32.0	21.3
17:00～18:00	53.0	0.1	5.7	22.3	18.9
18:00～19:00	55.0	0.1	17.0	12.3	15.6

续表

时间段	中央广播电视总台	中国教育台频道	内蒙古自治区级频道	其他省级卫视频道	其他频道
19:00~20:00	67.2	0.2	6.6	14.6	11.4
20:00~21:00	50.1	0.2	6.6	29.5	13.6
21:00~22:00	47.7	0.2	7.5	29.6	15.0
22:00~23:00	45.3	0.2	7.0	28.1	19.4
23:00~00:00	45.8	0.6	3.7	22.5	27.4
00:00~01:00	57.4	0.1	1.9	13.8	26.8
01:00~02:00	81.0	0.1	1.6	7.9	9.4

表 3.19.4　2021 年内蒙古市场收视份额位于前十位的频道

单位：%

名次	频道名称	收视份额
1	中央电视台综合频道	13.2
2	中央台八套	10.2
3	中央台六套	8.1
4	中央电视台少儿频道	4.5
5	中央电视台新闻频道	4.2
6	中央台三套	3.8
7	湖南卫视	3.3
8	浙江卫视	2.7
9	中央台四套	2.5
10	内蒙古卫视	2.3

表 3.19.5　2021 年内蒙古市场各主要频道的观众构成

单位：%

目标		所有频道	主要频道				
			中央电视台综合频道	中央台八套	中央台六套	中央电视台少儿频道	中央电视台新闻频道
4 岁及以上所有人		100.0	100.0	100.0	100.0	100.0	100.0
城乡	城市	36.6	37.8	26.5	23.7	14.0	37.2
	乡村	63.4	62.2	73.5	76.3	86.0	62.8
性别	男	50.2	53.7	45.4	53.8	47.1	56.6
	女	49.8	46.3	54.6	46.2	52.9	43.4

续表

目标		所有频道	主要频道				
			中央电视台综合频道	中央台八套	中央台六套	中央电视台少儿频道	中央电视台新闻频道
年龄	4～14岁	8.0	3.6	2.4	5.8	43.3	1.2
	15～24岁	7.8	7.4	4.1	10.4	9.4	3.8
	25～34岁	11.8	8.5	6.7	12.5	19.1	5.2
	35～44岁	17.1	14.4	15.7	24.2	17.9	14.3
	45～54岁	20.4	24.1	24.9	26.4	4.0	21.6
	55～64岁	17.9	23.0	20.5	12.3	5.3	26.5
	65岁及以上	17.0	19.0	25.7	8.4	1.0	27.4
受教育程度	未受过正规教育	5.0	4.2	6.4	2.4	17.2	1.7
	小学	21.6	16.7	24.5	21.8	37.3	23.3
	初中	36.2	34.0	42.2	45.2	26.4	35.1
	高中	23.9	27.4	18.5	20.4	11.4	27.2
	大学及以上	13.3	17.7	8.4	10.2	7.7	12.7
职业类别	干部/管理人员	1.0	1.4	0.7	1.1	0.7	0.6
	个体/私营企业人员	23.6	25.2	19.3	29.6	15.9	18.9
	初级公务员/雇员	7.4	11.8	5.5	8.3	2.2	5.3
	工人	7.3	7.5	6.3	7.9	5.0	8.7
	学生	10.7	6.0	3.8	12.5	35.5	3.2
	无业	31.4	31.9	34.1	18.0	34.9	40.5
	其他	18.5	16.2	30.3	22.6	5.8	22.8
个人月收入	0～300元	31.6	23.2	23.2	31.0	71.9	16.3
	301～900元	6.7	5.2	10.4	8.5	1.1	12.4
	901～1700元	7.2	8.0	13.1	4.4	2.7	8.1
	1701～2600元	12.7	12.2	17.1	10.4	2.2	12.7
	2601～3500元	13.2	15.6	17.1	16.7	4.7	22.5
	3501元及以上	26.5	35.8	19.1	29.0	17.4	28.0

表3.19.6　2019～2021年内蒙古市场各类节目的播出比重和收视比重

单位：%

节目类别	2019年		2020年		2021年	
	播出比重	收视比重	播出比重	收视比重	播出比重	收视比重
财经	1.0	0.3	0.9	0.2	1.1	0.6
电视剧	21.3	28.1	20.5	31.6	21.4	28.3
电影	3.7	7.3	3.3	4.1	3.7	7.7
法制	0.8	1.5	0.6	0.3	0.7	1.0

续表

节目类别	2019 年		2020 年		2021 年	
	播出比重	收视比重	播出比重	收视比重	播出比重	收视比重
教学	0.4	0.0	0.3	0.2	0.3	0.1
青少	7.9	5.6	8.1	6.6	7.8	4.8
生活服务	7.0	6.2	8.2	9.2	7.6	6.1
体育	4.0	2.0	4.6	1.2	4.5	2.1
外语	0.2	0.0	0.3	0.0	0.2	0.0
戏剧	0.9	0.3	0.7	0.4	0.6	0.3
新闻/时事	16.4	14.9	16.6	15.4	16.2	18.3
音乐	1.9	1.2	1.8	0.9	1.8	1.0
专题	14.5	5.4	14.2	4.0	15.8	5.9
综艺	7.3	12.6	7.2	13.2	6.4	10.2
其他	12.7	14.6	12.7	12.7	11.9	13.6

表 3.19.7　2021 年内蒙古市场所有节目收视排名前三十位

单位：%

名次	节目名称	节目类型	播出频道	平均收视率	平均占有率
1	《2021 中央广播电视总台春节联欢晚会》	综艺	中央电视台综合频道	36.8	82.2
2	《新闻联播》	新闻/时事	中央电视台综合频道	11.3	38.8
3	《天气预报》	生活服务	中央电视台综合频道	9.4	27.8
4	《花好月圆元宵夜》	综艺	中央电视台综合频道	7.8	23.6
5	《2021 一年又一年》	专题	中央电视台综合频道	7.5	45.1
6	《情满雪域高原记习近平总书记西藏之行》	专题	中央电视台综合频道	7.2	23.5
7	《焦点访谈》	新闻/时事	中央电视台综合频道	7.1	20.2
8	《中国诗词大会第六季》（2 月 13 日）	专题	中央电视台综合频道	6.2	18.9
9	《世界经济论坛达沃斯议程对话会特别报道》	新闻/时事	中央电视台综合频道	6.2	14.8
10	《国务院总理会见中外记者并回答提问》	新闻/时事	中央电视台综合频道	5.7	14.4
11	《32 届奥运会田径女子 4×400 米接力决赛》	体育	中央台五套	5.5	14.2
12	《2021 年中国国际服务贸易交易会全球服务贸易峰会特别报道》	新闻/时事	中央电视台综合频道	5.4	16.8
13	《32 届奥运会乒乓球女单决赛》	体育	中央台五套	5.2	14.8
14	《傲娇与偏见》（10 月 24 日）	电影	中央台六套	5.2	14.0
15	《2021 年中央广播电视总台中秋晚会》	综艺	中央电视台综合频道	5.1	16.1
16	《第四届中国国际进口博览会开幕式特别报道》	新闻/时事	中央电视台综合频道	4.9	13.8
17	《32 届奥运会乒乓球男单决赛》	体育	中央台五套	4.7	13.8

续表

名次	节目名称	节目类型	播出频道	平均收视率	平均占有率
18	《32届奥运会羽毛球男子单打决赛》	体育	中央台五套	4.7	12.4
19	《2021中关村论坛开幕式特别报道》	新闻/时事	中央电视台综合频道	4.6	14.4
20	《亲爱的孩子们》	电视剧	中央台八套	4.5	15.1
21	《对手》	电视剧	中央台八套	4.5	13.2
22	《渡江！渡江！》	电影	中央台六套	4.5	13.1
23	《伟大征程庆祝中国共产党成立100周年大型情景史诗》	综艺	中央电视台综合频道	4.4	15.9
24	《实况录像：32届奥运会举重男子81公斤级决赛挺举》	体育	中央台五套	4.4	14.5
25	《叶问二宗师传奇》	电影	中央台六套	4.4	14.1
26	《32届奥运会乒乓球女团颁奖仪式》	体育	中央台五套	4.4	13.6
27	《小舍得》	电视剧	中央台八套	4.3	12.1
28	《2021年新年戏曲晚会》	戏剧	中央电视台综合频道	4.3	11.4
29	《大人物》	电影	中央台六套	4.2	13.4
30	《开学第一课》	青少	中央电视台综合频道	4.2	12.8

表3.19.8　2021年内蒙古市场电视剧收视率排名前十位

单位：%

名次	节目名称	播出频道	平均收视率	平均占有率
1	《亲爱的孩子们》	中央台八套	4.5	15.1
2	《对手》	中央台八套	4.5	13.2
3	《小舍得》	中央台八套	4.3	12.1
4	《霞光》	中央台八套	4.1	14.1
5	《我和我的三个姐姐》	中央台八套	4.0	13.8
6	《暖阳之下》	中央台八套	3.9	13.2
7	《代号山豹》	中央台八套	3.9	12.8
8	《流金岁月》	中央台八套	3.8	10.3
9	《生活万岁》	中央台八套	3.5	10.9
10	《紧急公关》	中央台八套	3.5	9.1

表3.19.9　2021年内蒙古市场新闻节目收视率排名前十位

单位：%

名次	节目名称	播出频道	平均收视率	平均占有率
1	《新闻联播》	中央电视台综合频道	11.3	38.8

续表

名次	节目名称	播出频道	平均收视率	平均占有率
2	《焦点访谈》	中央电视台综合频道	7.1	20.2
3	《世界经济论坛达沃斯议程对话会特别报道》	中央电视台综合频道	6.2	14.8
4	《国务院总理会见中外记者并回答提问》	中央电视台综合频道	5.7	14.4
5	《2021 年中国国际服务贸易交易会全球服务贸易峰会特别报道》	中央电视台综合频道	5.4	16.8
6	《第四届中国国际进口博览会开幕式特别报道》	中央电视台综合频道	4.9	13.8
7	《2021 中关村论坛开幕式特别报道》	中央电视台综合频道	4.6	14.4
8	《中国共产党与世界政党领导人峰会特别报道》	中央电视台综合频道	3.0	8.5
9	《内蒙古新闻联播》	内蒙古卫视	1.8	11.0
10	《共同关注》（3 月 11 日）	中央电视台综合频道	1.7	10.9

表 3.19.10　2021 年内蒙古市场专题节目收视率排名前十位

单位：%

名次	节目名称	播出频道	平均收视率	平均占有率
1	《2021 一年又一年》	中央电视台综合频道	7.5	45.1
2	《情满雪域高原记习近平总书记西藏之行》	中央电视台综合频道	7.2	23.5
3	《中国诗词大会第六季》（2 月 13 日）	中央电视台综合频道	6.2	18.9
4	《中国共产党历史展览馆建设纪实》	中央电视台综合频道	4.0	11.1
5	《党课开讲啦》	中央电视台综合频道	4.0	10.0
6	《正风反腐就在身边》	中央电视台综合频道	3.6	9.4
7	《平语近人习近平喜欢的典故》	中央电视台综合频道	3.6	8.8
8	《我的入党故事》	中央台六套	3.5	9.9
9	《中国电影报道特别策划回望经典光影永驻》	中央台六套	3.5	8.7
10	《新的启航》	中央电视台综合频道	3.0	8.9

表 3.19.11　2021 年内蒙古市场综艺节目收视率排名前十位

单位：%

名次	节目名称	播出频道	平均收视率	平均占有率
1	《2021 中央广播电视总台春节联欢晚会》	中央电视台综合频道	36.8	8.7
2	《花好月圆元宵夜》	中央电视台综合频道	7.8	7.5
3	《2021 年中央广播电视总台中秋晚会》	中央电视台综合频道	5.1	6.4

续表

名次	节目名称	播出频道	平均收视率	平均占有率
4	《伟大征程庆祝中国共产党成立 100 周年大型情景史诗》	中央电视台综合频道	4.4	5.6
5	《越战越勇》（2 月 15 日）	中央台三套	4.2	10.5
6	《新春喜剧之夜》	中央台三套	3.6	82.2
7	《开门大吉》（2 月 22 日）	中央台三套	3.6	8.7
8	《电影长津湖八一特别节目军人的荣耀》	中央台六套	3.6	5.4
9	《金牌喜剧班》（2 月 14 日）	中央台三套	3.5	9.0
10	《黄金 100 秒》（3 月 5 日）	中央台三套	3.4	9.0

表 3.19.12　2021 年内蒙古市场体育节目收视率排名前十位

单位：%

名次	节目名称	播出频道	平均收视率	平均占有率
1	《32 届奥运会田径女子 4×400 米接力决赛》	中央台五套	5.5	14.2
2	《32 届奥运会乒乓球女单决赛》	中央台五套	5.2	14.8
3	《32 届奥运会羽毛球男子单打决赛》	中央台五套	4.7	12.4
4	《实况录像：32 届奥运会举重男子 81 公斤级决赛挺举》	中央台五套	4.4	14.5
5	《32 届奥运会乒乓球女团颁奖仪式》	中央台五套	4.4	13.6
6	《第 32 届夏季奥林匹克运动会闭幕式》	中央电视台综合频道	4.2	12.0
7	《第十四届全国运动会开幕式特别报道》	中央电视台综合频道	3.8	15.1
8	《一起向未来北京 2022 年冬奥会倒计时 100 天主题活动》	中央电视台综合频道	3.4	9.5
9	《32 届奥运会体操男子个人全能决赛》	中央台五套	3.3	12.3
10	《32 届奥运会女排小组赛第 4 轮》（中国 VS 意大利）	中央台五套	3.0	20.6

二十　宁夏收视数据

表 3.20.1　2017～2021 年宁夏市场各类频道的市场占有率

单位：%

频道类别	2017 年	2018 年	2019 年	2020 年	2021 年
中央广播电视总台	54.8	55.4	52.0	48.8	29.8
中国教育台频道	0.1	0.2	0.2	0.3	0.1
宁夏自治区级频道	5.9	5.7	4.9	7.8	3.6
其他省级卫视频道	31.4	25.3	24.0	20.8	20.1
其他频道	7.8	13.4	18.9	22.3	46.4

注：宁夏地区于 2021 年 5 月 1 日起转为测量仪调查，数据计算日期为 2021 年 5 月 1 日至 12 月 31 日。

表 3.20.2　2021 年宁夏市场各类频道在不同目标观众中的市场占有率

单位：%

目标观众		中央广播电视总台	中国教育台频道	宁夏自治区级频道	其他省级卫视频道	其他频道
4 岁及以上所有人		29.8	0.1	3.6	20.1	46.4
城乡	城市	31.5	0.1	2.9	19.9	45.5
	农村	27.6	0.2	4.4	20.0	47.8
性别	男	30.2	0.2	3.5	18.7	47.5
	女	29.4	0.1	3.6	21.5	45.3
年龄	4～14 岁	12.0	0.1	2.1	17.7	68.1
	15～24 岁	17.8	0.1	2.7	24.7	54.7
	25～34 岁	16.2	0.1	2.3	21.3	60.1
	35～44 岁	29.4	0.1	2.2	22.6	45.7
	45～54 岁	37.6	0.1	4.4	18.3	39.6
	55～64 岁	39.7	0.2	4.6	19.2	36.3
	65 岁及以上	54.6	0.2	6.2	20.2	18.9
受教育程度	未受过正规教育	28.0	0.1	3.7	18.6	49.5
	小学	26.8	0.2	3.6	20.7	48.8
	初中	32.7	0.2	4.0	20.3	42.8
	高中	32.4	0.1	3.0	17.4	47.1
	大学及以上	27.6	0.1	3.1	23.6	45.7

续表

目标观众		中央广播电视总台	中国教育台频道	宁夏自治区级频道	其他省级卫视频道	其他频道
职业类别	干部/管理人员	40.6	0.1	1.5	22.9	35.0
	个体/私营企业人员	33.9	0.1	3.4	18.2	44.4
	初级公务员/雇员	29.3	0.1	3.3	20.8	46.5
	工人	30.0	0.1	4.2	19.1	46.5
	学生	13.0	0.1	2.1	19.7	65.1
	无业	34.0	0.2	4.1	20.4	41.4
	其他	37.2	0.3	3.8	21.2	37.5
个人月收入	0～300 元	20.1	0.2	2.7	20.5	56.6
	301～900 元	36.6	0.3	3.4	17.7	42.0
	901～1700 元	50.8	0.1	5.8	13.9	29.5
	1701～2600 元	38.3	0.1	6.4	22.4	32.8
	2601～3500 元	34.5	0.2	3.8	19.8	41.8
	3501 元及以上	32.2	0.1	2.8	21.0	43.9

表 3.20.3　2021 年宁夏市场各类频道在不同时段的市场占有率

单位：%

时间段	中央广播电视总台	中国教育台频道	宁夏自治区级频道	其他省级卫视频道	其他频道
02:00～03:00	30.0	0.1	1.1	13.4	55.3
03:00～04:00	36.7	0.1	1.0	12.1	50.1
04:00～05:00	46.1	0.1	0.7	11.6	41.6
05:00～06:00	54.8	0.1	0.5	10.9	33.7
06:00～07:00	58.6	0.3	0.9	12.9	27.3
07:00～08:00	48.5	0.7	5.1	12.9	32.9
08:00～09:00	34.4	0.5	4.8	16.3	44.0
09:00～10:00	27.5	0.3	4.0	19.2	49.0
10:00～11:00	25.4	0.3	4.1	19.3	51.0
11:00～12:00	28.7	0.2	2.6	18.3	50.2
12:00～13:00	28.5	0.1	2.1	17.4	51.9
13:00～14:00	20.7	0.1	1.8	21.8	55.6
14:00～15:00	19.4	0.2	2.4	22.9	55.1
15:00～16:00	21.1	0.2	2.7	22.3	53.7
16:00～17:00	24.4	0.3	3.2	20.8	51.4
17:00～18:00	28.8	0.1	3.2	17.9	49.9
18:00～19:00	37.5	0.1	6.1	10.5	45.9

续表

时间段	中央广播电视总台	中国教育台频道	宁夏自治区级频道	其他省级卫视频道	其他频道
19:00～20:00	40.2	0.1	3.5	17.4	38.9
20:00～21:00	29.9	0.1	4.0	26.0	40.0
21:00～22:00	30.1	0.1	4.5	22.9	42.4
22:00～23:00	25.5	0.2	3.1	22.0	49.3
23:00～00:00	25.5	0.2	2.3	22.6	49.5
00:00～01:00	24.1	0.2	2.0	18.0	55.8
01:00～02:00	25.0	0.2	1.8	14.2	58.8

表 3.20.4　2021 年宁夏市场收视份额排名前十位的频道

单位：%

名次	频道名称	收视份额
1	中央台六套	6.2
2	中央台八套	5.3
3	中央电视台综合频道	3.5
4	中央台四套	2.9
5	中央电视台新闻频道	2.8
6	湖南卫视	2.2
7	中央台五套	1.9
8	中央台三套	1.8
9	浙江卫视	1.7
9	江苏卫视	1.7

表 3.20.5　2021 年宁夏市场各主要频道的观众构成

单位：%

目标观众		所有频道	中央台六套	中央台八套	中央电视台综合频道	中央台四套	中央电视台新闻频道
4 岁及以上所有人		100.0	100.0	100.0	100.0	100.0	100.0
城乡	城市	57.4	52.7	55.5	61.0	78.9	70.8
	农村	42.6	47.3	44.5	39.0	21.1	29.2
性别	男	52.7	54.0	46.3	50.6	62.9	55.7
	女	47.3	46.0	53.7	49.4	37.1	44.3

续表

目标观众		所有频道	中央台六套	中央台八套	中央电视台综合频道	中央台四套	中央电视台新闻频道
年龄	4～14岁	20.4	9.1	4.7	5.2	7.3	7.8
	15～24岁	9.5	6.5	5.9	6.4	3.1	3.8
	25～34岁	11.1	4.5	3.5	6.8	3.8	6.4
	35～44岁	12.1	18.2	7.6	11.4	10.9	7.4
	45～54岁	17.7	28.8	24.8	20.1	17.5	15.5
	55～64岁	15.0	20.3	20.6	16.9	19.7	23.2
	65岁及以上	14.2	12.6	32.9	33.1	37.8	35.8
受教育程度	未受过正规教育	13.6	9.8	16.3	15.0	13.9	13.7
	小学	26.1	23.0	25.2	21.4	24.2	24.5
	初中	29.1	42.2	38.0	25.2	21.4	23.7
	高中	18.8	17.8	13.5	20.4	30.7	26.5
	大学及以上	12.4	7.3	6.9	18.0	9.8	11.7
职业类别	干部/管理人员	1.2	0.3	1.7	2.8	1.3	1.8
	个体/私营企业人员	8.8	13.1	11.4	9.8	6.2	7.9
	初级公务员/雇员	7.1	6.5	6.0	8.3	3.8	7.7
	工人	16.3	21.4	16.1	13.0	14.0	9.9
	学生	17.4	9.4	6.8	5.4	4.3	6.0
	无业	37.2	31.1	41.4	44.1	60.2	51.6
	其他	12.0	18.1	16.7	16.7	10.2	15.1
个人月收入	0～300元	40.7	30.4	24.9	24.0	20.9	28.2
	301～900元	6.8	7.7	9.5	11.3	7.5	10.5
	901～1700元	7.1	15.2	17.9	10.4	12.1	8.9
	1701～2600元	10.8	15.0	16.9	15.2	9.4	10.3
	2601～3500元	14.0	12.9	12.9	15.8	19.0	20.9
	3501元及以上	20.6	18.8	18.0	23.4	31.1	21.2

表3.20.6　2019～2021年宁夏市场各类节目的播出比重和收视比重

单位：%

节目类别	2019年		2020年		2021年	
	播出比重	收视比重	播出比重	收视比重	播出比重	收视比重
财经	1.1	0.4	1.0	0.3	1.1	0.6
电视剧	22.1	30.0	22.0	27.9	21.6	31.7
电影	4.1	8.7	3.8	8.6	4.0	12.3
法制	0.8	0.9	0.7	0.6	0.8	0.5
教学	0.4	0.0	0.4	0.2	0.3	0.1

续表

节目类别	2019 年		2020 年		2021 年	
	播出比重	收视比重	播出比重	收视比重	播出比重	收视比重
青少	7.8	5.6	8.1	5.6	7.7	6.4
生活服务	6.9	6.6	6.8	6.4	7.4	4.6
体育	4.0	1.9	4.0	1.7	4.4	4.0
外语	0.2	0.0	0.2	0.0	0.2	0.0
戏剧	0.9	0.4	0.7	0.3	0.6	0.2
新闻/时事	16.4	14.4	17.3	19.4	16.3	13.5
音乐	1.8	1.0	1.9	1.0	1.7	0.8
专题	14.2	5.5	14.6	5.6	15.6	6.0
综艺	7.0	9.4	6.2	8.1	5.9	9.1
其他	12.3	15.2	12.3	14.3	12.4	10.2

表 3.20.7　2021 年宁夏市场所有节目收视率排名前三十位

单位：%

名次	节目名称	节目类别	播出频道	平均收视率	平均占有率
1	《黄金搭档千金杀手》	电影	中央台六套	3.1	19.7
2	《谜巢》	电影	中央台六套	2.8	13.8
3	《32 届奥运会乒乓球男团决赛》	体育	中央台五套	2.7	18.5
4	《突破口》	电影	中央台六套	2.7	17.3
5	《32 届奥运会男子撑竿跳高决赛》	体育	中央台五套	2.7	14.6
6	《江湖英雄联盟血瞳杀机》	电影	中央台六套	2.7	13.8
7	《7 把枪》	电影	中央台六套	2.5	16.4
8	《神捕铁飞花之快枪夺命》	电影	中央台六套	2.5	15.7
9	《中华英雄》	电影	中央台六套	2.5	15.4
10	《生死下一秒》	电影	中央台六套	2.5	14.1
11	《天下第一镖局》	电影	中央台六套	2.5	12.5
12	《寻龙诀》	电影	中央台六套	2.5	11.6
13	《少林寺》	电影	中央台六套	2.4	21.0
14	《绝地》	电影	中央台六套	2.4	17.2
15	《猎豹出击》	电影	中央台六套	2.4	15.0
16	《狄仁杰通天帝国》	电影	中央台六套	2.4	14.8
17	《忠烈杨家将》	电影	中央台六套	2.4	13.4
18	《叶问二宗师传奇》	电影	中央台六套	2.4	12.0
19	《血战午城》	电影	中央台六套	2.4	11.7
20	《黄金战士》	电影	中央台六套	2.3	14.3

续表

名次	节目名称	节目类别	播出频道	平均收视率	平均占有率
20	《天下第一针》	电影	中央台六套	2.3	14.3
22	《绝招》	电影	中央台六套	2.3	13.8
23	《神捕铁飞花之绝境逢生》	电影	中央台六套	2.3	13.4
24	《悬崖之上》	电影	中央台六套	2.3	13.2
24	《实况录像：32 届奥运会女子举重 87 公斤以上级决赛》	体育	中央台五套	2.3	13.2
26	《喋血双龙》	电影	中央台六套	2.3	12.8
27	《侠义金枪客》	电影	中央台六套	2.3	11.5
28	《江湖英雄联盟奇门惊情》	电影	中央台六套	2.2	14.8
29	《风云太白山》	电影	中央台六套	2.2	13.6
30	《天堂之猎》	电影	中央台六套	2.2	13.3

表 3.20.8　2021 年宁夏市场电视剧收视率排名前十位

单位：%

名次	节目名称	播出频道	平均收视率	平均占有率
1	《养父的花样年华》（1～31 集）	中央台八套	2.0	15.6
2	《亲爱的孩子们》	中央台八套	2.0	11.5
3	《对手》（1～32 集）	中央台八套	1.9	9.6
4	《知青家庭》	中央台八套	1.6	12.8
5	《回家的路有多远》	中央台八套	1.5	11.9
6	《铁道风云》	中央台八套	1.4	10.2
7	《夺金》	中央台八套	1.4	9.1
8	《代号山豹》	中央台八套	1.4	8.6
8	《小舍得》（39～42 集）	中央台八套	1.3	10.0
10	《我们的新时代》	黑龙江卫视	1.3	9.1

表 3.20.9　2021 年宁夏市场新闻节目收视率排名前十位

单位：%

名次	节目名称	播出频道	平均收视率	平均占有率
1	《逐梦新征程》	中央电视台综合频道	1.2	8.8
2	《新闻联播》	中央电视台综合频道	1.1	8.3
3	《第四届中国国际进口博览会特别报道》	中央台四套	0.8	3.9
4	《第四届中国国际进口博览会开幕式特别报道》	中央电视台综合频道	0.7	3.2

续表

名次	节目名称	播出频道	平均收视率	平均占有率
5	《海峡两岸》	中央台四套	0.6	3.5
6	《共同关注》	中央电视台新闻频道	0.5	6.0
7	《转播中央台新闻联播》	宁夏电视台公共频道	0.5	4.8
8	《中国空间站天宫课堂太空真奇妙 2021》	中央电视台综合频道	0.5	4.0
9	《焦点访谈》	中央电视台综合频道	0.5	3.4
10	《今日关注》	中央台四套	0.5	3.3

表 3.20.10　2021 年宁夏市场专题节目收视率排名前十位

单位：%

名次	节目名称	播出频道	平均收视率	平均占有率
1	《正风反腐护民生》	黑龙江卫视	1.0	8.3
2	《闪亮的名字 2021 最美教师发布仪式》	中央电视台综合频道	0.7	3.9
3	《全国大学生党史知识竞答大会》（6 月 6 日）	中央电视台综合频道	0.7	3.8
3	《我们的决战大决战幕后纪实》	中央电视台综合频道	0.7	3.8
5	《圆梦中国德耀中华第八届全国道德模范颁奖仪式》	中央电视台综合频道	0.7	3.7
6	《情满雪域高原记习近平总书记西藏之行》	中央电视台新闻频道	0.6	3.4
7	《中国考古大会》	中央电视台综合频道	0.6	3.2
7	《党课开讲啦》	中央电视台综合频道	0.6	3.2
9	《我们的旗帜》	中央台六套	0.5	4.8
10	《榜样 6 建党 100 周年特别节目》	中央电视台综合频道	0.5	3.2

表 3.20.11　2021 年宁夏市场综艺节目收视率排名前十位

单位：%

名次	节目名称	播出频道	平均收视率	平均占有率
1	《京东 618 沸腾之夜热爱直播盛典》	北京卫视	1.7	10.8
2	《启航 2022》	中央电视台综合频道	1.7	9.6
3	《闪光的乐队》（12 月 25 日）	浙江卫视	1.4	6.5
4	《开门大吉》（11 月 15 日）	中央台三套	1.4	6.4
5	《2021 年中央广播电视总台中秋晚会》	中央电视台综合频道	1.3	8.3
6	《我们的歌》（12 月 5 日）	东方卫视	1.2	9.3
7	《百度潮盛典国潮启幕》	浙江卫视	1.1	7.4
8	《伟大征程庆祝中国共产党成立 100 周年大型情景史诗》	中央电视台综合频道	1.0	7.8

续表

名次	节目名称	播出频道	平均收视率	平均占有率
9	《越战越勇》（8 月 11 日）	中央台三套	1.0	5.8
10	《中国好声音》（8 月 13 日）	浙江卫视	1.0	5.5

表 3.20.12　2021 年宁夏市场体育节目收视率排名前十位

单位：%

名次	节目名称	播出频道	平均收视率	平均占有率
1	《32 届奥运会乒乓球男团决赛》	中央台五套	2.7	18.5
2	《32 届奥运会男子撑竿跳高决赛》	中央台五套	2.7	14.6
3	《实况录像：32 届奥运会女子举重 87 公斤以上级决赛》	中央台五套	2.3	13.2
4	《乒乓球女团颁奖仪式》	中央台五套	2.1	12.6
5	《32 届奥运会女排小组赛第 4 轮》（中国 VS 意大利）	中央台五套	1.7	12.9
6	《直播周末：2021/2022 赛季 CBA 常规赛第 14 轮》（北京首钢 VS 辽宁本钢）	中央台五套	1.4	5.9
7	《实况录像：32 届奥运会射击女子 10 米气步枪决赛》	中央台五套	1.3	8.9
8	《32 届奥运会体操女团决赛》	中央台五套	1.3	8.5
9	《32 届奥运会女篮小组赛》（中国 VS 比利时）	中央台五套	1.2	16.3
10	《32 届奥运会羽毛球男子单打决赛》	中央台五套	1.2	8.0

二十一　山东收视数据

表 3.21.1　2017~2021 年山东市场各类频道的市场占有率

单位：%

频道类别	2017 年	2018 年	2019 年	2020 年	2021 年
中央广播电视总台	25.3	26.1	27.0	24.8	22.6
中国教育台频道	0.1	0.1	0.1	0.1	0.1
山东省级频道	43.5	43.0	32.7	34.1	33.1
其他省级卫视频道	15.5	16.3	19.4	19.5	19.8
其他频道	15.6	14.5	20.8	21.5	24.4

表 3.21.2　2021 年山东市场各类频道在不同目标观众中的市场占有率

单位：%

目标观众		中央广播电视总台	中国教育台频道	山东省级频道	其他省级卫视频道	其他频道
4 岁及以上所有人		22.6	0.1	33.1	19.8	24.4
城乡	城市	23.2	0.1	12.4	27.8	36.5
	乡村	22.3	0.1	41.7	16.4	19.5
性别	男	24.5	0.1	33.0	20.0	22.4
	女	20.7	0.1	33.2	19.6	26.4
年龄	4~14 岁	13.4	0.1	29.9	23.0	33.6
	15~24 岁	18.7	0.1	33.1	20.4	27.7
	25~34 岁	17.5	0.1	28.5	23.3	30.6
	35~44 岁	16.4	0.1	29.8	24.2	29.5
	45~54 岁	25.8	0.1	30.1	17.4	26.6
	55~64 岁	25.1	0.1	36.5	20.3	18.0
	65 岁及以上	30.8	0.0	38.6	14.4	16.2
受教育程度	未受过正规教育	19.0	0.0	37.6	20.7	22.7
	小学	19.8	0.1	39.7	18.4	22.0
	初中	22.3	0.1	34.5	20.1	23.0
	高中	26.4	0.1	26.1	17.9	29.5
	大学及以上	25.3	0.1	20.2	25.4	29.0

续表

目标观众		中央广播电视总台	中国教育台频道	山东省级频道	其他省级卫视频道	其他频道
职业类别	干部/管理人员	35.5	0.0	13.6	27.6	23.3
	个体/私营企业人员	21.8	0.1	24.4	24.1	29.6
	初级公务员/雇员	19.9	0.1	25.8	23.4	30.8
	工人	22.5	0.0	38.0	16.7	22.8
	学生	14.1	0.1	30.1	22.3	33.4
	无业	26.3	0.1	24.4	21.0	28.2
	其他	23.2	0.1	45.5	16.7	14.5
个人月收入	0～300 元	17.6	0.1	32.7	20.4	29.2
	301～900 元	23.1	0.1	48.6	13.9	14.3
	901～1700 元	25.6	0.1	37.3	18.9	18.1
	1701～2600 元	24.7	0.0	36.6	18.1	20.6
	2601～3500 元	24.8	0.0	28.1	21.6	25.5
	3501 元及以上	24.4	0.1	21.5	23.4	30.6

表 3.21.3　2021 年山东市场各类频道在不同时段的市场占有率

单位：%

时间段	中央广播电视总台	中国教育台频道	山东省级频道	其他省级卫视频道	其他频道
02:00～03:00	20.5	0.0	22.0	31.2	26.3
03:00～04:00	16.5	0.0	30.7	36.9	15.9
04:00～05:00	15.5	0.0	50.7	24.9	8.9
05:00～06:00	34.7	0.0	41.1	16.9	7.3
06:00～07:00	44.7	0.0	30.1	13.0	12.2
07:00～08:00	39.4	0.1	23.8	16.4	20.3
08:00～09:00	33.9	0.1	14.7	23.2	28.1
09:00～10:00	25.9	0.1	15.2	28.6	30.2
10:00～11:00	25.3	0.1	13.6	30.8	30.2
11:00～12:00	26.3	0.1	17.9	28.2	27.5
12:00～13:00	28.8	0.0	18.7	24.3	28.2
13:00～14:00	23.6	0.1	15.6	29.8	30.9
14:00～15:00	21.2	0.1	15.7	31.3	31.7
15:00～16:00	20.7	0.1	16.3	31.1	31.8
16:00～17:00	22.1	0.1	18.1	28.2	31.5
17:00～18:00	22.3	0.1	29.8	20.0	27.8

续表

时间段	中央广播电视总台	中国教育台频道	山东省级频道	其他省级卫视频道	其他频道
18:00～19:00	20.8	0.0	46.4	9.4	23.4
19:00～20:00	21.0	0.0	47.1	12.0	19.9
20:00～21:00	17.9	0.0	44.7	17.8	19.6
21:00～22:00	19.1	0.0	41.2	18.4	21.3
22:00～23:00	24.4	0.1	17.8	25.1	32.6
23:00～00:00	24.1	0.1	12.4	26.4	37.0
00:00～01:00	25.2	0.1	15.8	21.8	37.1
01:00～02:00	19.8	0.1	21.1	23.1	35.9

表 3.21.4　2021 年山东市场收视份额排名前十位的频道

单位：%

名次	频道名称	收视份额
1	山东广播电视台齐鲁频道	15.9
2	山东卫视	7.8
3	中央电视台综合频道	4.2
4	中央台八套	3.4
5	中央台六套	3.2
6	中央台四套	2.7
7	山东广播电视台少儿频道	2.6
8	山东广播电视台综艺频道	2.5
9	卡酷少儿频道	2.2
10	湖南电视台金鹰卡通频道	2.1

表 3.21.5　2021 年山东市场各主要频道的观众构成

单位：%

目标		所有频道	主要频道				
			山东广播电视台齐鲁频道	山东卫视	中央电视台综合频道	中央台八套	中央台六套
4 岁及以上所有人		100.0	100.0	100.0	100.0	100.0	100.0
城乡	城市	29.4	5.2	15.1	28.0	23.3	27.0
	乡村	70.6	94.8	84.9	72.0	76.7	73.0
性别	男	49.5	50.2	52.8	53.6	49.7	55.1
	女	50.5	49.8	47.2	46.4	50.3	44.9

续表

目标		所有频道	主要频道				
			山东广播电视台齐鲁频道	山东卫视	中央电视台综合频道	中央台八套	中央台六套
年龄	4～14岁	11.8	10.6	9.1	6.1	6.8	7.9
	15～24岁	6.6	7.3	6.5	4.8	5.7	9.2
	25～34岁	12.3	9.0	9.1	10.4	13.2	9.0
	35～44岁	13.2	10.3	8.6	8.0	8.5	15.3
	45～54岁	16.0	10.6	16.0	14.4	17.4	24.7
	55～64岁	18.4	21.8	22.3	21.0	25.1	19.3
	65岁及以上	21.7	30.4	28.4	35.2	23.3	14.5
受教育程度	未受过正规教育	10.1	13.9	8.0	10.1	6.2	5.6
	小学	19.3	28.1	21.0	17.4	20.7	15.8
	初中	43.4	43.8	48.1	40.3	47.6	48.6
	高中	19.8	10.7	17.5	24.6	14.8	21.9
	大学及以上	7.4	3.6	5.4	7.6	10.7	8.1
职业类别	干部/管理人员	0.8	0.4	0.4	1.0	3.7	0.8
	个体/私营企业人员	11.5	7.4	8.6	9.2	11.8	13.4
	初级公务员/雇员	9.1	5.1	7.4	8.5	6.3	8.1
	工人	20.8	24.2	20.5	22.0	26.4	31.0
	学生	9.6	8.9	7.6	4.7	5.8	10.5
	无业	23.2	14.1	22.5	24.8	20.9	17.9
	其他	24.9	40.0	33.0	29.8	25.1	18.3
个人月收入	0～300元	27.8	28.3	25.3	22.7	21.9	25.1
	301～900元	13.0	20.7	17.9	15.9	11.0	8.4
	901～1700元	11.4	14.7	13.9	10.9	13.8	9.9
	1701～2600元	15.0	16.1	12.2	16.4	21.5	17.9
	2601～3500元	13.0	9.4	15.4	14.7	14.4	13.5
	3501元及以上	19.8	10.8	15.4	19.4	17.4	25.3

表3.21.6　2019～2021年山东市场各类节目的播出比重和收视比重

单位：%

节目类别	2019年		2020年		2021年	
	播出比重	收视比重	播出比重	收视比重	播出比重	收视比重
财经	1.0	0.2	0.9	0.2	1.0	0.4
电视剧	20.4	31.1	20.5	31.6	20.4	33.7
电影	3.5	5.0	3.3	4.1	3.2	4.1

续表

节目类别	2019 年		2020 年		2021 年	
	播出比重	收视比重	播出比重	收视比重	播出比重	收视比重
法制	0.9	0.5	0.6	0.3	0.6	0.2
教学	0.4	0.0	0.3	0.2	0.3	0.0
青少	8.1	7.4	8.1	6.6	7.8	6.6
生活服务	8.2	9.6	8.2	9.2	8.8	10.0
体育	4.5	1.9	4.6	1.2	4.9	1.7
外语	0.2	0.0	0.2	0.0	0.2	0.0
戏剧	0.8	0.6	0.7	0.4	0.6	0.4
新闻/时事	15.7	11.9	16.6	15.4	15.7	14.3
音乐	1.7	0.9	1.8	0.9	1.6	0.5
专题	14.0	4.8	14.2	4.0	15.5	4.7
综艺	7.9	12.9	7.2	13.2	7.3	10.1
其他	12.7	13.2	12.8	12.7	12.1	13.2

表 3.21.7　2021 年山东市场所有节目收视率排名前三十位

单位：%

名次	节目名称	节目类型	播出频道	平均收视率	平均占有率
1	《2021 一年又一年》	专题	中央电视台综合频道	11.6	27.6
2	《2021 中央广播电视总台春节联欢晚会》	综艺	中央电视台综合频道	10.8	25.5
3	《横刀立马》	电视剧	山东广播电视台齐鲁频道	9.8	31.5
4	《烈火战马》	电视剧	山东广播电视台齐鲁频道	9.3	29.9
5	《远方的山楂树》	电视剧	山东广播电视台齐鲁频道	9.2	28.7
6	《妈妈在等你》	电视剧	山东广播电视台齐鲁频道	9.0	28.7
7	《烈火青春》	电视剧	山东广播电视台齐鲁频道	8.8	30.9
8	《敌后尖刀》	电视剧	山东广播电视台齐鲁频道	8.8	27.0
9	《小娘惹》	电视剧	山东广播电视台齐鲁频道	8.8	26.2
10	《大哥》	电视剧	山东广播电视台齐鲁频道	8.7	28.5
11	《地道娘子军》	电视剧	山东广播电视台齐鲁频道	8.6	29.9
12	《陇原英雄传》	电视剧	山东广播电视台齐鲁频道	8.5	29.2
13	《娘道》	电视剧	山东广播电视台齐鲁频道	8.5	24.0
14	《烈火战歌》	电视剧	山东广播电视台齐鲁频道	8.4	27.9
15	《大侠霍元甲》	电视剧	山东广播电视台齐鲁频道	8.0	25.2
16	《小花》	电视剧	山东广播电视台齐鲁频道	7.7	27.9
17	《青山遮不住》	电视剧	山东广播电视台齐鲁频道	7.5	26.7
18	《向阳而歌》	电视剧	山东广播电视台齐鲁频道	7.4	25.3

续表

名次	节目名称	节目类型	播出频道	平均收视率	平均占有率
19	《星火》	电视剧	山东广播电视台齐鲁频道	7.3	27.0
20	《回家》	电视剧	山东广播电视台齐鲁频道	7.2	23.4
21	《开学第一课》	青少	中央电视台综合频道	7.2	20.2
22	《烽火英豪》	电视剧	山东广播电视台齐鲁频道	6.9	24.3
23	《焦裕禄》	电视剧	山东广播电视台齐鲁频道	6.8	25.3
24	《乔家的儿女》	电视剧	山东广播电视台齐鲁频道	6.8	22.9
25	《重炮英豪》	电视剧	山东广播电视台齐鲁频道	6.7	23.3
26	《太行英豪》	电视剧	山东广播电视台齐鲁频道	6.6	21.6
27	《士兵突击》	电视剧	山东广播电视台齐鲁频道	6.6	20.9
28	《奔涌吧 2022——齐鲁文化大会迎新特别节目》	综艺	山东卫视	6.6	17.9
29	《每日新闻》	新闻/时事	山东电视齐鲁频道	6.5	26.2
30	《日头日头照着我》	电视剧	山东广播电视台齐鲁频道	6.3	20.7

表 3.21.8　2021 年山东市场电视剧收视率排名前十位

单位：%

名次	节目名称	播出频道	平均收视率	平均占有率
1	《横刀立马》	山东广播电视台齐鲁频道	9.8	31.5
2	《烈火战马》	山东广播电视台齐鲁频道	9.3	29.9
3	《远方的山楂树》	山东广播电视台齐鲁频道	9.2	28.7
4	《妈妈在等你》	山东广播电视台齐鲁频道	9.0	28.7
5	《烈火青春》	山东广播电视台齐鲁频道	8.8	30.9
6	《敌后尖刀》	山东广播电视台齐鲁频道	8.8	27.0
7	《小娘惹》	山东广播电视台齐鲁频道	8.8	26.2
8	《大哥》	山东广播电视台齐鲁频道	8.7	28.5
9	《地道娘子军》	山东广播电视台齐鲁频道	8.6	29.9
10	《陇原英雄传》	山东广播电视台齐鲁频道	8.5	29.2

表 3.21.9　2021 年山东市场新闻节目收视率排名前十位

单位：%

名次	节目名称	播出频道	平均收视率	平均占有率
1	《每日新闻》	山东电视齐鲁频道	6.5	26.2
2	《转播中央台新闻联播》	山东卫视	4.0	12.6
3	《在习近平新时代中国特色社会主义思想指引下特别节目》	山东卫视	3.5	9.7

续表

名次	节目名称	播出频道	平均收视率	平均占有率
4	《2021 中关村论坛开幕式特别报道》	中央电视台综合频道	2.5	7.4
5	《山东新闻联播》	山东卫视	2.0	8.1
6	《拉呱》	山东广播电视台齐鲁频道	1.8	15.4
7	《共同关注》	中央电视台综合频道	1.7	6.5
8	《两会特别报道新起点新征程》	山东卫视	1.7	6.2
9	《世界经济论坛达沃斯议程对话会特别报道》	中央电视台综合频道	1.7	4.6
10	《第四届中国国际进口博览会开幕式特别报道》	中央电视台综合频道	1.6	4.4

表 3.21.10　2021 年山东市场专题节目收视率排名前十位

单位：%

名次	节目名称	播出频道	平均收视率	平均占有率
1	《2021 一年又一年》	中央电视台综合频道	11.6	27.6
2	《齐鲁文化大会》	山东卫视	5.6	26.9
3	《齐鲁时代楷模》	山东广播电视台齐鲁频道	4.7	19.6
4	《第二届山东省十大法治人物颁奖典礼》	山东广播电视台齐鲁频道	3.8	17.5
5	《我和我的祖国齐鲁频道国庆特别节目》	山东广播电视台齐鲁频道	3.4	16.9
6	《陪你一起过大年》	山东广播电视台齐鲁频道	2.4	9.9
7	《思想的田野》（12 月 31 日）	山东卫视	2.0	10.5
8	《正风反腐就在身边》	中央电视台综合频道	1.8	5.5
9	《中国诗词大会第六季》（2 月 13 日）	中央电视台综合频道	1.5	5.2
10	《护航之道总体国家安全观纵横》	中央电视台综合频道	1.3	3.8

表 3.21.11　2021 年山东市场综艺节目收视率排名前十位

单位：%

名次	节目名称	播出频道	平均收视率	平均占有率
1	《2021 中央广播电视总台春节联欢晚会》	中央电视台综合频道	10.8	25.5
2	《2022 奔涌吧齐鲁文化大会特别节目》	山东卫视	6.6	17.9
3	《嘻哈俱乐部》	山东广播电视台齐鲁频道	4.8	12.7
4	《过年超可乐》	山东广播电视台齐鲁频道	4.3	12.1
5	《百花迎春中国文学艺术界 2021 春节大联欢》	山东广播电视台齐鲁频道	3.7	10.7
6	《花好月圆元宵夜》	中央电视台综合频道	3.5	10.8
7	《2021 幸福中国年欢乐元宵夜》	山东卫视	3.2	8.5

续表

名次	节目名称	播出频道	平均收视率	平均占有率
8	《2021 幸福中国年山东春节联欢晚会》	山东广播电视台齐鲁频道	3.1	12.6
9	《伟大征程庆祝中国共产党成立 100 周年大型情景史诗》	山东卫视	3.0	11.7
10	《2021 年中央广播电视总台中秋晚会》	中央电视台综合频道	2.5	8.9

表 3.21.12　2021 年山东市场体育节目收视率排名前 10 位

单位：%

名次	节目名称	播出频道	平均收视率	平均占有率
1	《32 届奥运会田径女子 1500 米决赛》	中央台五套	4.6	16.0
2	《32 届奥运会乒乓球女团决赛》	中央台五套	3.8	12.3
3	《乒乓球男团颁奖仪式》	中央台五套	3.5	10.4
4	《中华人民共和国第十四届运动会开幕式》	中央电视台综合频道	1.8	6.2
5	《中华人民共和国第十四届运动会闭幕式》	中央台四套	1.4	4.8
6	《东京奥运会闭幕式》	中央台五套	1.4	4.2
7	《东京奥运会开幕式》	中央台五套	1.3	5.5
8	《第 32 届夏季奥林匹克运动会开幕式》	中央电视台综合频道	1.2	5.1
9	《第十四届全国运动会开幕式特别报道》	中央电视台综合频道	1.2	4.8
10	《超级赛场：2021 年中超联赛第 18 轮》（山东泰山 VS 长春亚泰）	山东广播电视台体育频道	1.2	4.3

二十二　陕西收视数据

表 3. 22. 1　2017 ~ 2021 年陕西市场各类频道的市场占有率

单位：%

频道类别	2017 年	2018 年	2019 年	2020 年	2021 年
中央广播电视总台	42. 8	44. 3	41. 7	43. 0	29. 2
中国教育台频道	0. 3	0. 3	0. 3	0. 4	0. 3
陕西省级频道	14. 3	13. 9	12. 7	8. 9	8. 4
其他省级卫视频道	35. 1	30. 9	29. 0	25. 6	19. 5
其他频道	7. 5	10. 6	16. 3	22. 1	42. 6

表 3. 22. 2　2021 年陕西市场各类频道在各目标观众中的市场占有率

单位：%

目标观众		中央广播电视总台	中国教育台频道	陕西省级频道	其他省级卫视频道	其他频道
4 岁及以上所有人		29. 2	0. 3	8. 4	19. 5	42. 6
城乡	城市	28. 0	0. 2	8. 4	20. 4	43. 0
	农村	30. 4	0. 4	8. 6	19. 3	41. 3
性别	男	30. 3	0. 4	8. 4	18. 0	42. 9
	女	28. 1	0. 2	8. 5	21. 2	42. 0
年龄	4 ~ 14 岁	14. 9	0. 2	3. 9	20. 1	60. 9
	15 ~ 24 岁	22. 2	0. 2	7. 1	18. 9	51. 6
	25 ~ 34 岁	22. 3	0. 3	3. 3	24. 7	49. 4
	35 ~ 44 岁	24. 9	0. 4	4. 8	17. 2	52. 7
	45 ~ 54 岁	25. 1	0. 4	10. 0	17. 3	47. 2
	55 ~ 64 岁	34. 3	0. 3	8. 3	18. 2	38. 9
	65 岁及以上	43. 0	0. 3	14. 1	21. 4	21. 2
受教育程度	未受过正规教育	30. 3	0. 2	10. 5	19. 9	39. 1
	小学	30. 1	0. 4	8. 7	20. 1	40. 7
	初中	31. 1	0. 3	9. 5	18. 5	40. 6
	高中	26. 3	0. 2	7. 2	19. 6	46. 7
	大学及以上	24. 9	0. 3	4. 1	22. 4	48. 3

续表

目标观众		中央广播电视总台	中国教育台频道	陕西省级频道	其他省级卫视频道	其他频道
职业类别	干部/管理人员	18.4	0.1	5.5	22.2	53.8
	个体/私营企业人员	28.6	0.3	6.0	22.4	42.7
	初级公务员/雇员	22.9	0.2	6.8	18.2	51.9
	工人	29.5	0.5	5.8	18.9	45.3
	学生	16.2	0.2	5.0	19.2	59.4
	无业	27.9	0.3	6.7	19.9	45.2
	其他	36.5	0.4	12.6	19.1	31.4
个人月收入	0~300 元	21.1	0.4	7.5	19.0	52.0
	301~900 元	43.9	0.4	8.0	21.4	26.3
	901~1700 元	34.2	0.3	15.3	22.9	27.3
	1701~2600 元	31.9	0.4	8.7	17.6	41.4
	2601~3500 元	35.8	0.3	8.9	18.5	36.5
	3501 元及以上	24.1	0.2	6.2	19.8	49.7

表 3.22.3　2021 年陕西市场各类频道在不同时段的市场占有率

单位：%

时间段	中央广播电视总台	中国教育台频道	陕西省级频道	其他省级卫视频道	其他频道
02:00~03:00	18.9	0.4	1.0	12.5	67.2
03:00~04:00	17.1	0.1	1.1	13.9	67.8
04:00~05:00	14.9	0.2	2.9	28.0	54.0
05:00~06:00	20.0	1.3	2.9	40.8	35.0
06:00~07:00	39.6	1.8	2.4	20.2	36.0
07:00~08:00	39.8	1.8	7.8	11.7	38.9
08:00~09:00	35.3	1.4	8.1	17.6	37.6
09:00~10:00	31.2	1.1	5.9	24.8	37.0
10:00~11:00	28.9	0.9	4.5	25.0	40.7
11:00~12:00	27.6	0.3	4.3	22.8	45.0
12:00~13:00	27.8	0.1	4.8	20.5	46.8
13:00~14:00	23.4	0.3	4.3	26.1	45.9
14:00~15:00	22.7	0.5	3.9	29.3	43.6
15:00~16:00	24.0	0.5	3.9	29.1	42.5
16:00~17:00	26.1	0.5	3.8	25.6	44.0
17:00~18:00	30.6	0.2	4.1	20.2	44.9

续表

时间段	中央广播电视总台	中国教育台频道	陕西省级频道	其他省级卫视频道	其他频道
18:00～19:00	35.0	0.1	10.8	9.5	44.6
19:00～20:00	36.8	0.1	10.9	12.4	39.8
20:00～21:00	29.9	0.1	12.6	18.9	38.5
21:00～22:00	28.5	0.2	13.7	18.0	39.6
22:00～23:00	25.7	0.2	12.3	17.4	44.4
23:00～00:00	27.6	0.2	7.5	16.8	47.9
00:00～01:00	25.0	0.4	4.1	14.8	55.7
01:00～02:00	20.6	0.4	1.8	12.5	64.7

表 3.22.4　2021 年陕西市场收视份额排名前十位的频道

单位：%

名次	频道名称	收视份额
1	中央台八套	7.2
2	中央台六套	4.1
3	中央电视台综合频道	3.2
4	湖南卫视	2.7
5	陕西广播电视台都市青春频道（二套）	2.3
6	中央台四套	2.2
7	中央台五套	2.1
8	中央电视台新闻频道	2.0
9	中央电视台少儿频道	1.8
10	浙江卫视	1.6
10	陕西广播电视台新闻资讯频道（一套）	1.6

表 3.22.5　2021 年陕西市场各主要频道的观众构成

单位：%

目标观众		所有频道	中央台八套	中央台六套	中央电视台综合频道	湖南卫视	陕西广播电视台都市青春频道（二套）
4 岁及以上所有人		100.0	100.0	100.0	100.0	100.0	100.0
城乡	城市	47.6	36.4	35.6	55.7	30.7	55.7
	农村	52.4	63.6	64.4	44.3	69.3	44.3
性别	男	52.7	48.9	63.9	53.4	37.2	48.7
	女	47.3	51.1	36.1	46.6	62.8	51.3

续表

目标观众		所有频道	中央台八套	中央台六套	中央电视台综合频道	湖南卫视	陕西广播电视台都市青春频道（二套）
年龄	4～14岁	10.4	2.9	6.1	5.4	4.9	3.3
	15～24岁	8.0	7.5	4.1	7.6	7.6	10.5
	25～34岁	10.1	8.4	10.0	9.9	7.0	3.2
	35～44岁	13.1	7.6	18.2	10.4	11.2	8.7
	45～54岁	17.5	12.7	23.2	18.2	13.1	15.6
	55～64岁	18.0	21.5	18.5	19.4	12.7	18.9
	65岁及以上	22.9	39.4	19.9	29.1	43.5	39.8
受教育程度	未受过正规教育	6.3	8.9	4.9	5.0	6.5	6.5
	小学	23.2	25.8	29.2	20.5	24.1	25.4
	初中	40.3	42.4	44.1	38.4	45.5	38.0
	高中	20.4	15.0	14.3	23.8	16.7	25.4
	大学及以上	9.8	7.9	7.5	12.3	7.2	4.7
职业类别	干部/管理人员	0.7	0.4	0.3	0.7	0.7	1.1
	个体/私营企业人员	8.7	7.4	10.1	7.7	10.2	10.8
	初级公务员/雇员	8.1	4.4	5.6	13.0	7.2	7.7
	工人	9.2	12.3	10.8	9.0	6.4	5.5
	学生	12.4	4.2	7.5	8.7	7.2	10.2
	无业	25.5	20.5	16.6	23.9	21.4	18.5
	其他	35.4	50.8	49.1	37.0	46.9	46.2
个人月收入	0～300元	31.4	21.6	21.8	25.9	18.9	28.3
	301～900元	12.0	22.9	19.5	15.2	18.7	6.8
	901～1700元	9.2	8.6	9.6	8.4	20.0	16.9
	1701～2600元	12.6	16.0	16.0	11.6	14.4	15.7
	2601～3500元	15.3	16.6	16.7	20.6	16.4	11.2
	3501元及以上	19.5	14.3	16.4	18.3	11.6	21.1

表3.22.6　2019～2021年陕西市场各类节目的播出比重和收视比重

单位：%

节目类别	2019年		2020年		2021年	
	播出比重	收视比重	播出比重	收视比重	播出比重	收视比重
财经	1.0	0.2	0.9	0.3	1.0	0.5
电视剧	21.6	29.8	21.9	30.0	21.7	36.8
电影	4.7	5.8	4.2	4.8	4.2	8.7
法制	0.9	1.4	0.7	0.8	0.6	0.6

续表

节目类别	2019 年		2020 年		2021 年	
	播出比重	收视比重	播出比重	收视比重	播出比重	收视比重
教学	0.4	0.0	0.3	0.1	0.3	0.0
青少	6.8	7.8	6.9	6.8	6.9	5.4
生活服务	8.0	7.0	7.9	6.4	8.4	5.2
体育	4.1	1.3	4.3	1.2	4.9	3.7
外语	0.2	0.0	0.2	0.0	0.2	0.0
戏剧	1.0	1.7	0.9	1.0	0.8	1.5
新闻/时事	16.0	14.7	17.1	19.8	15.6	11.3
音乐	1.8	1.0	1.9	0.9	1.9	0.8
专题	13.6	6.2	13.9	6.1	15.1	5.6
综艺	7.1	8.7	6.1	7.6	6.5	9.5
其他	12.8	14.5	12.8	14.2	11.9	10.4

表 3.22.7　2021 年陕西市场所有节目收视率排名前三十位

单位：%

名次	节目名称	节目类别	播出频道	平均收视率	平均占有率
1	《2021 一年又一年》	专题	中央电视台综合频道	6.8	23.2
2	《2021 中央广播电视总台春节联欢晚会》	综艺	中央电视台综合频道	5.1	16.7
3	《花好月圆元宵夜》	综艺	中央电视台综合频道	4.2	17.0
4	《开学第一课》	青少	中央电视台综合频道	3.1	14.5
5	《夺金》	电视剧	中央台八套	2.8	17.1
6	《草原上的搏克手》	电影	中央台六套	2.8	17.0
7	《养父的花样年华》	电视剧	中央台八套	2.7	18.8
8	《妈妈在等你》	电视剧	中央台八套	2.6	14.8
9	《狼兵吼》	电影	中央台六套	2.6	11.6
10	《广东十虎苏灿之神龙摆尾》	电影	中央台六套	2.4	17.8
11	《悬崖之上》	电影	中央台六套	2.4	17.5
12	《十八勇士》（12 月 17 日）	电影	中央台六套	2.4	15.1
13	《远方的山楂树》	电视剧	中央台八套	2.4	14.3
14	《狄仁杰之无头神将》	电影	中央台六套	2.4	13.9
15	《野王》	电影	中央台六套	2.4	9.7
16	《解放终局营救》（12 月 11 日）	电影	中央台六套	2.3	14.3
17	《中华人民共和国第十四届运动会开幕式》	体育	中央电视台综合频道	2.3	13.1
18	《大人物》	电影	中央台六套	2.3	10.1
19	《新春喜剧之夜》	综艺	中央台三套	2.3	9.4

续表

名次	节目名称	节目类别	播出频道	平均收视率	平均占有率
20	《知青家庭》	电视剧	中央台八套	2.2	18.1
21	《古墓兽影》	电影	中央台六套	2.2	15.3
22	《铁道风云》	电视剧	中央台八套	2.2	15.1
23	《霞光》	电视剧	中央台八套	2.2	13.4
24	《红衣刺客》	电影	中央台六套	2.2	12.8
25	《江湖英雄联盟血瞳杀机》	电影	中央台六套	2.2	12.0
26	《乒乓球男团颁奖仪式》	体育	中央台五套	2.2	11.9
27	《32 届奥运会田径女子 1500 米决赛》	体育	中央台五套	2.2	11.7
28	《黄金刀客》	电影	中央台六套	2.2	11.2
29	《32 届奥运会乒乓球男团决赛》	体育	中央台五套	2.1	18.5
30	《中华英雄》	电影	中央台六套	2.1	13.1

表 3.22.8　2021 年陕西市场电视剧收视率排名前十位

单位：%

名次	节目名称	播出频道	平均收视率	平均占有率
1	《夺金》	中央台八套	2.8	17.1
2	《养父的花样年华》	中央台八套	2.7	18.8
3	《妈妈在等你》	中央台八套	2.6	14.8
4	《远方的山楂树》	中央台八套	2.4	14.3
5	《知青家庭》	中央台八套	2.2	18.1
6	《铁道风云》	中央台八套	2.2	15.1
7	《霞光》	中央台八套	2.2	13.4
8	《回家的路有多远》	中央台八套	2.0	12.7
9	《对手》	中央台八套	1.9	10.5
10	《紧急公关》	中央台八套	1.9	8.1

表 3.22.9　2021 年陕西市场新闻节目收视率排名前十位

单位：%

名次	节目名称	播出频道	平均收视率	平均占有率
1	《新闻联播》	中央电视台综合频道	0.9	6.7
2	《疫情就是命令防控就是责任今日点击特别节目》	陕西广播电视台新闻资讯频道（一套）	0.7	3.8
3	《世界经济论坛达沃斯议程对话会特别报道》	中央电视台综合频道	0.6	2.6

续表

名次	节目名称	播出频道	平均收视率	平均占有率
4	《2021 年中国国际服务贸易交易会全球服务贸易峰会特别报道》	中央电视台综合频道	0.5	3.3
5	《中国空间站天宫课堂太空真奇妙 2021》	中央电视台综合频道	0.5	3.1
6	《焦点访谈》	中央电视台综合频道	0.5	3.0
7	《国务院总理会见中外记者并回答提问》	中央电视台综合频道	0.5	2.9
8	《2021 中关村论坛开幕式特别报道》	中央电视台综合频道	0.5	2.7
9	《陕西新闻联播》	陕西广播电视台都市青春频道（二套）	0.4	3.7
10	《都市快报》	陕西广播电视台都市青春频道（二套）	0.4	3.4

表 3.22.10　2021 年陕西市场专题节目收视率排名前十位

单位：%

名次	节目名称	播出频道	平均收视率	平均占有率
1	《2021 一年又一年》	中央电视台综合频道	6.8	23.2
2	《跨过鸭绿江幕后记录》	中央台八套	1.6	8.9
3	《中国诗词大会第六季》（2 月 13 日）	中央电视台综合频道	1.3	5.8
4	《正风反腐就在身边》	中央电视台综合频道	1.3	5.2
5	《感动中国 2020 年度人物颁奖盛典》	中央电视台综合频道	0.9	4.2
6	《榜样 6 建党 100 周年特别节目》	中央电视台综合频道	0.8	4.9
7	《面面俱到》	陕西广播电视台都市青春频道（二套）	0.8	4.2
8	《我们的决战大决战幕后纪实》	中央电视台综合频道	0.6	3.3
9	《护航之道总体国家安全观纵横》	中央电视台综合频道	0.6	3.1
10	《致敬扫黑英雄》	中央电视台综合频道	0.6	2.7

表 3.22.11　2021 年陕西市场综艺节目收视率排名前十位

单位：%

名次	节目名称	播出频道	平均收视率	平均占有率
1	《2021 中央广播电视总台春节联欢晚会》	中央电视台综合频道	5.1	16.7
2	《花好月圆元宵夜》	中央电视台综合频道	4.2	17.0
3	《新春喜剧之夜》	中央台三套	2.3	9.2
4	《金牛喜迎春 2021 星光嘉年华》	中央台三套	1.6	7.2
5	《2021 年中央广播电视总台中秋晚会》	中央电视台综合频道	1.4	8.1
6	《开门大吉》（1 月 1 日）	中央台三套	1.4	6.4

续表

名次	节目名称	播出频道	平均收视率	平均占有率
7	《越战越勇》（2 月 15 日）	中央台三套	1.4	5.9
8	《启航 2022》	中央电视台综合频道	1.3	6.9
9	《2021 湖南卫视春节联欢晚会》	湖南卫视	1.3	6.2
10	《金牌喜剧班》（2 月 20 日）	中央台三套	1.2	5.3

表 3.22.12　2021 年陕西市场体育节目收视率排名前十位

单位：%

名次	节目名称	播出频道	平均收视率	平均占有率
1	《中华人民共和国第十四届运动会开幕式》	中央电视台综合频道	2.3	13.1
2	《乒乓球男团颁奖仪式》	中央台五套	2.2	11.9
3	《32 届奥运会田径女子 1500 米决赛》	中央台五套	2.2	11.7
4	《32 届奥运会乒乓球男团决赛》	中央台五套	2.1	18.5
5	《第十四届全运会男女 4×100 米混合泳接力决赛》	中央台五套	1.5	7.4
6	《32 届奥运会体操女子平衡木决赛》	中央台五套	1.4	13.5
7	《32 届奥运会女子自由式摔跤 50 公斤级决赛》	中央台五套	1.4	11.8
8	《直播周末：2021 年世界女排联赛》（多米尼亚 VS 中国）	中央台五套	1.3	8.6
9	《32 届奥运会女篮小组赛》（中国 VS 比利时）	中央台五套	1.2	9.8
10	《实况录像：32 届奥运会举重男子 73 公斤级决赛挺举》	中央台五套	1.2	7.7

二十三　山西收视数据

表 3.23.1　2017～2021 年山西市场各类频道的市场占有率

单位：%

频道类别	2017 年	2018 年	2019 年	2020 年	2021 年
中央广播电视总台	40.7	43.9	44.4	44.6	41.8
中国教育台频道	0.1	0.2	0.2	0.2	0.2
山西省级频道	12.8	13.0	12.6	11.9	13.6
其他省级卫视频道	41.4	35.3	33.1	27.9	24.6
其他频道	5.0	7.6	9.7	15.4	19.8

表 3.23.2　2021 年山西市场各类频道在不同目标观众中的市场占有率

单位：%

目标观众		中央广播电视总台	中国教育台频道	山西省级频道	其他省级卫视频道	其他频道
4 岁及以上所有人		41.8	0.2	13.6	24.6	19.8
城乡	城市	51.4	0.2	7.6	22.1	18.7
	农村	38.0	0.1	16.0	25.6	20.3
性别	男	43.8	0.2	14.2	22.8	19.0
	女	39.8	0.2	13.1	26.4	20.5
年龄	4～14 岁	36.4	0.3	3.4	22.8	37.1
	15～24 岁	37.9	0.2	7.0	32.0	22.9
	25～34 岁	34.4	0.1	13.8	28.7	23.0
	35～44 岁	41.8	0.2	9.4	27.3	21.3
	45～54 岁	43.0	0.2	12.9	25.8	18.1
	55～64 岁	41.6	0.1	27.2	18.0	13.1
	65 岁及以上	52.5	0.1	17.4	19.8	10.2
受教育程度	未受过正规教育	34.7	0.0	6.6	27.5	31.2
	小学	37.1	0.2	15.5	22.6	24.6
	初中	40.6	0.1	15.9	24.8	18.6
	高中	46.2	0.2	11.7	26.3	15.6
	大学及以上	49.1	0.2	9.4	23.9	17.4

续表

目标观众		中央广播电视总台	中国教育台频道	山西省级频道	其他省级卫视频道	其他频道
职业类别	干部/管理人员	51.6	0.2	21.9	16.4	9.9
	个体/私营企业人员	38.3	0.2	17.8	27.6	16.1
	初级公务员/雇员	47.2	0.2	8.4	25.2	19.0
	工人	47.5	0.1	8.9	25.2	18.3
	学生	39.5	0.4	3.4	25.2	31.5
	无业	41.5	0.1	16.6	24.4	17.4
	其他	43.0	0.1	12.1	21.7	23.1
个人月收入	0～300 元	37.3	0.2	12.4	26.4	23.7
	301～900 元	38.6	0.0	26.0	22.7	12.7
	901～1700 元	38.0	0.2	18.0	29.0	14.8
	1701～2600 元	42.5	0.1	14.2	20.4	22.8
	2601～3500 元	49.3	0.2	10.6	24.9	15.0
	3501 元及以上	45.1	0.2	13.5	22.4	18.8

表 3.23.3 2021 年山西市场各类频道在不同时段的市场占有率

单位：%

时间段	中央广播电视总台	中国教育台频道	山西省级频道	其他省级卫视频道	其他频道
02:00～03:00	25.4	0.0	3.4	24.9	46.3
03:00～04:00	27.2	0.0	1.5	23.5	47.8
04:00～05:00	24.8	0.2	3.6	13.9	57.5
05:00～06:00	73.1	0.1	7.1	8.2	11.5
06:00～07:00	59.1	0.1	11.9	15.2	13.7
07:00～08:00	57.9	0.1	12.7	15.4	13.9
08:00～09:00	41.5	0.2	17.4	21.9	19.0
09:00～10:00	33.9	0.2	14.8	28.1	23.0
10:00～11:00	35.8	0.2	10.2	29.0	24.8
11:00～12:00	39.0	0.1	7.8	30.0	23.1
12:00～13:00	56.8	0.2	7.3	18.9	16.8
13:00～14:00	37.7	0.1	21.9	21.3	19.0
14:00～15:00	28.3	0.2	19.3	30.4	21.8
15:00～16:00	30.5	0.2	5.4	39.1	24.8
16:00～17:00	32.5	0.3	3.4	36.9	26.9
17:00～18:00	38.7	0.3	4.7	29.0	27.3

续表

时间段	中央广播电视总台	中国教育台频道	山西省级频道	其他省级卫视频道	其他频道
18:00～19:00	45.3	0.5	15.1	16.6	22.5
19:00～20:00	54.5	0.1	14.1	15.1	16.2
20:00～21:00	38.2	0.1	16.0	27.8	17.9
21:00～22:00	35.0	0.1	15.9	28.9	20.1
22:00～23:00	37.8	0.2	10.4	28.0	23.6
23:00～00:00	40.1	0.2	8.2	25.3	26.2
00:00～01:00	47.9	0.3	6.7	19.1	26.0
01:00～02:00	44.2	0.1	6.1	14.1	35.5

表 3.23.4　2021 年山西市场收视份额排名前十位的频道

单位：%

名次	频道名称	收视份额
1	中央电视台综合频道	11.9
2	山西卫视	8.3
3	中央台八套	5.8
4	中央电视台少儿频道	4.7
5	中央台六套	4.2
6	湖南卫视	3.1
7	中央电视台新闻频道	2.7
8	山西黄河电视台	2.5
9	中央台三套	2.3
10	中央台十二套	2.0

表 3.23.5　2021 年山西市场各主要频道的观众构成

单位：%

目标观众		所有频道	主要频道				
			中央电视台综合频道	山西卫视	中央台八套	中央电视台少儿频道	中央台六套
4 岁及以上所有人		100.0	100.0	100.0	100.0	100.0	100.0
城乡	城市	28.2	49.9	9.3	25.9	15.8	28.0
	农村	71.8	50.1	90.7	74.1	84.2	72.0
性别	男	49.7	54.0	51.0	45.2	42.8	58.0
	女	50.3	46.0	49.0	54.8	57.2	42.0

续表

目标观众		所有频道	主要频道				
			中央电视台综合频道	山西卫视	中央台八套	中央电视台少儿频道	中央台六套
年龄	4～14 岁	10.7	4.7	1.8	4.5	53.4	5.0
	15～24 岁	10.6	9.2	6.1	7.5	6.9	14.0
	25～34 岁	12.0	9.5	14.4	9.4	10.9	8.6
	35～44 岁	17.5	18.4	14.1	19.3	13.3	29.0
	45～54 岁	17.9	21.9	10.9	20.9	8.5	20.9
	55～64 岁	15.2	16.6	24.5	18.8	3.9	12.7
	65 岁及以上	16.0	19.7	20.2	19.5	3.2	9.9
受教育程度	未受过正规教育	5.2	1.9	3.3	2.1	19.7	3.0
	小学	21.7	14.0	26.2	19.6	38.2	16.5
	初中	39.6	34.9	45.6	46.3	25.7	45.3
	高中	20.2	26.9	15.7	17.4	7.5	23.1
	大学及以上	13.3	22.3	9.1	14.6	9.0	12.1
职业类别	干部/管理人员	1.9	3.4	1.6	1.6	1.8	1.7
	个体/私营企业人员	21.9	20.0	30.5	18.7	14.3	24.0
	初级公务员/雇员	7.9	13.3	5.4	11.5	1.3	6.6
	工人	4.7	7.4	3.6	4.6	0.9	7.0
	学生	11.1	8.1	2.3	5.8	37.3	10.2
	无业	33.6	31.9	40.9	32.9	32.8	24.8
	其他	18.8	16.0	15.7	24.9	11.6	25.6
个人月收入	0～300 元	35.3	22.0	37.0	29.1	69.2	29.2
	301～900 元	4.2	2.3	8.0	4.0	1.7	2.8
	901～1700 元	9.6	7.4	11.5	10.2	4.4	11.8
	1701～2600 元	14.9	18.4	16.7	16.8	9.2	14.4
	2601～3500 元	16.8	22.0	11.2	23.3	10.2	20.1
	3501 元及以上	19.1	28.0	15.6	16.6	5.3	21.6

表 3.23.6　2019～2021 年山西市场各类节目的播出比重和收视比重

单位：%

节目类别	2019 年		2020 年		2021 年	
	播出比重	收视比重	播出比重	收视比重	播出比重	收视比重
财经	1.3	0.6	1.1	0.4	1.0	0.4
电视剧	27.3	31.3	21.3	31.2	21.8	31.2
电影	4.1	4.5	4.0	5.4	3.3	4.5
法制	0.6	1.9	0.7	1.0	0.7	1.4

续表

节目类别	2019 年		2020 年		2021 年	
	播出比重	收视比重	播出比重	收视比重	播出比重	收视比重
教学	0.3	0.1	0.3	0.2	0.3	0.1
青少	7.7	6.7	8.2	5.6	7.2	5.7
生活服务	5.9	6.7	7.5	6.4	8.2	6.8
体育	3.9	1.4	3.9	1.0	4.3	2.0
外语	0.1	0.0	0.2	0.2	0.2	0.1
戏剧	1.2	1.0	0.8	0.8	0.6	1.0
新闻/时事	10.4	12.6	16.4	18.3	15.8	17.3
音乐	1.6	1.5	1.9	1.3	1.7	0.9
专题	13.5	5.0	14.3	5.7	15.4	6.4
综艺	5.8	11.6	6.6	8.9	7.0	8.6
其他	16.3	15.1	12.8	13.6	12.5	13.5

表 3.23.7　2021 年山西市场所有节目收视率排名前三十位

单位：%

名次	节目名称	节目类型	播出频道	平均收视率	平均占有率
1	《2021 中央广播电视总台春节联欢晚会》	综艺	中央电视台综合频道	24.8	65.8
2	《新闻联播》	新闻	中央电视台综合频道	7.8	32.3
3	《天气预报》	生活服务	中央电视台综合频道	6.6	22.9
4	《情满雪域高原记习近平总书记西藏之行》	专题	中央电视台综合频道	5.6	21.2
5	《世界经济论坛达沃斯议程对话会特别报道》	新闻	中央电视台综合频道	5.5	14.7
6	《焦点访谈》	新闻	中央电视台综合频道	5.4	17.5
7	《中国诗词大会第六季》（2 月 13 日）	专题	中央电视台综合频道	5.0	15.0
8	《2021 年新年戏曲晚会》	戏剧	中央电视台综合频道	4.8	14.5
9	《花好月圆元宵夜》	综艺	中央电视台综合频道	4.7	16.3
10	《2021 中关村论坛开幕式特别报道》	新闻	中央电视台综合频道	4.5	14.3
11	《2021 一年又一年》	专题	中央电视台综合频道	4.4	36.4
12	《2021 年中国国际服务贸易交易会全球服务贸易峰会特别报道》	新闻	中央电视台综合频道	4.3	14.6
13	《国务院总理会见中外记者并回答提问》	新闻	中央电视台综合频道	4.3	12.9
14	《中国共产党历史展览馆建设纪实》	专题	中央电视台综合频道	4.1	13.6
15	《第四届中国国际进口博览会开幕式特别报道》	新闻	中央电视台综合频道	4.1	12.7
16	《大河奔流新时代黄河流域九省区迎新春文艺演出》	综艺	山西卫视	4.1	9.7

续表

名次	节目名称	节目类型	播出频道	平均收视率	平均占有率
17	《中国共产党与世界政党领导人峰会特别报道》	新闻	中央电视台综合频道	4.0	12.2
18	《第32届夏季奥林匹克运动会闭幕式》	体育	中央电视台综合频道	3.9	11.3
19	《第十四届全国运动会开幕式特别报道》	体育	中央电视台综合频道	3.7	16.2
20	《全方位推动高质量发展透视》	新闻	山西卫视	3.7	11.9
21	《云飞丝路天》	电视剧	山西卫视	3.7	11.8
22	《中国梦祖国颂2021国庆特别节目》（10月1日）	综艺	中央电视台综合频道	3.7	11.7
23	《中华人民共和国第十四届运动会闭幕式》	体育	中央电视台综合频道	3.6	10.7
24	《2022山西新年音乐会》	音乐	山西卫视	3.6	10.5
25	《乔家的儿女》	电视剧	山西卫视	3.5	11.5
26	《永远跟党走山西省庆祝中国共产党成立100周年文艺汇演》	综艺	山西卫视	3.5	10.8
27	《旱井》	专题	山西卫视	3.5	10.0
28	《32届奥运会女子自由式摔跤50公斤级决赛》	体育	中央台五套	3.5	9.9
29	《党课开讲啦》	专题	中央电视台综合频道	3.5	9.4
30	《我的故乡晋察冀》	电视剧	山西卫视	3.4	10.5

表3.23.8　2021年山西市场电视剧收视率排名前十位

单位：%

名次	节目名称	播出频道	平均收视率	平均占有率
1	《云飞丝路天》	山西卫视	3.7	11.8
2	《乔家的儿女》	山西卫视	3.5	11.5
3	《我的故乡晋察冀》	山西卫视	3.4	10.5
4	《光荣时代》（28～46集）	山西卫视	3.4	10.1
5	《奔腾年代》	山西卫视	3.3	9.5
6	《啊，父老乡亲》	山西卫视	3.2	10.1
7	《毛泽东》	山西卫视	3.1	10.1
8	《远方的山楂树》	山西卫视	3.1	9.9
9	《山海情》	山西卫视	3.1	9.2
10	《妈妈在等你》	山西卫视	3.0	9.4

表3.23.9　2021年山西市场新闻节目收视率排名前十位

单位：%

名次	节目名称	播出频道	平均收视率	平均占有率
1	《新闻联播》	中央电视台综合频道	7.8	32.3

续表

名次	节目名称	播出频道	平均收视率	平均占有率
2	《世界经济论坛达沃斯议程对话会特别报道》	中央电视台综合频道	5.5	14.7
3	《焦点访谈》	中央电视台综合频道	5.4	17.5
4	《2021 中关村论坛开幕式特别报道》	中央电视台综合频道	4.5	14.3
5	《2021 年中国国际服务贸易交易会全球服务贸易峰会特别报道》	中央电视台综合频道	4.3	14.6
6	《国务院总理会见中外记者并回答提问》	中央电视台综合频道	4.3	12.9
7	《第四届中国国际进口博览会开幕式特别报道》	中央电视台综合频道	4.1	12.7
8	《中国共产党与世界政党领导人峰会特别报道》	中央电视台综合频道	4.0	12.2
9	《全方位推动高质量发展透视》	山西卫视	3.7	11.9
10	《庆祝中国共产党成立 100 周年大会》	山西卫视	3.0	9.9

表 3.23.10　2021 年山西市场专题节目收视率排名前十位

单位：%

名次	节目名称	播出频道	平均收视率	平均占有率
1	《情满雪域高原记习近平总书记西藏之行》	中央电视台综合频道	5.6	21.2
2	《中国诗词大会第六季》（2 月 13 日）	中央电视台综合频道	5.0	15.0
3	《2021 一年又一年》	中央电视台综合频道	4.4	36.4
4	《中国共产党历史展览馆建设纪实》	中央电视台综合频道	4.1	13.6
5	《旱井》	山西卫视	3.5	10.0
6	《党课开讲啦》	中央电视台综合频道	3.5	9.4
7	《榜样》	山西卫视	3.4	10.0
8	《省直机关热烈庆祝省第十二次党代会胜利召开》	山西卫视	3.1	11.3
9	《山西省英烈英模家属宣讲团“坚定不移跟党走革命精神永相传”主题宣讲》	山西卫视	3.1	10.2
10	《正风反腐就在身边》	中央电视台综合频道	3.1	8.6

表 3.23.11　2021 年山西市场综艺节目收视率排名前十位

单位：%

名次	节目名称	播出频道	平均收视率	平均占有率
1	《2021 中央广播电视总台春节联欢晚会》	中央电视台综合频道	24.8	65.8
2	《花好月圆元宵夜》	中央电视台综合频道	4.7	16.3

续表

名次	节目名称	播出频道	平均收视率	平均占有率
3	《大河奔流新时代黄河流域九省区迎新春文艺演出》	山西卫视	4.1	9.7
4	《中国梦祖国颂 2021 国庆特别节目》（10月1日）	中央电视台综合频道	3.7	11.7
5	《永远跟党走山西省庆祝中国共产党成立100周年文艺汇演》	山西卫视	3.5	10.8
6	《永远跟党走转型蹚新路2020年度山西省新时代最美劳动者发布晚会》	山西卫视	2.8	8.1
7	《伟大征程庆祝中国共产党成立100周年大型情景史诗》	山西卫视	2.7	10.0
8	《奋斗正青春2021年五四青年节特别节目》	中央电视台综合频道	2.4	7.6
9	《2021年中央广播电视总台中秋晚会》	中央电视台综合频道	2.2	13.5
10	《快乐大本营》	湖南卫视	2.2	8.2

表 3.23.12　2021 年山西市场体育节目收视率排名前十位

单位：%

名次	节目名称	播出频道	平均收视率	平均占有率
1	《第32届夏季奥林匹克运动会闭幕式》	中央电视台综合频道	3.9	11.3
2	《第十四届全国运动会开幕式特别报道》	中央电视台综合频道	3.7	16.2
3	《中华人民共和国第十四届运动会闭幕式》	中央电视台综合频道	3.6	10.7
4	《32届奥运会女子自由式摔跤50公斤级决赛》	中央台五套	3.5	9.9
5	《32届奥运会田径女子4×400米接力决赛》	中央台五套	3.3	9.3
6	《第32届夏季奥林匹克运动会开幕式》	中央电视台综合频道	2.8	12.8
7	《中华人民共和国第十四届运动会开幕式》	中央电视台综合频道	2.8	9.8
8	《乒乓球男团颁奖仪式》	中央台五套	2.8	9.1
9	《32届奥运会体操男子吊环决赛》（8月2日）	中央台五套	2.4	8.4
10	《32届奥运会乒乓球男单决赛》	中央台五套	2.3	7.6

二十四　四川收视数据

表 3.24.1　2017～2021 年四川市场各类频道的市场占有率

单位：%

频道类别	2017 年	2018 年	2019 年	2020 年	2021 年
中央广播电视总台	32.5	32.8	32.8	34.4	32.9
中国教育台频道	0.1	0.0	0.1	0.1	0.1
四川省级频道	25.3	24.9	22.8	22.3	20.3
其他省级卫视频道	19.8	18.0	19.5	20.0	19.1
其他频道	22.3	24.3	24.8	23.2	27.6

表 3.24.2　2021 年四川市场各类频道在不同目标观众中的市场占有率

单位：%

目标观众		中央广播电视总台	中国教育台频道	四川省级频道	其他省级卫视频道	其他频道
4 岁及以上所有人		32.9	0.1	20.3	19.1	27.6
城乡	城市	31.8	0.1	17.9	29.1	21.1
	农村	33.6	0.1	21.8	13.0	31.5
性别	男	34.2	0.1	20.4	18.0	27.3
	女	31.3	0.1	20.2	20.5	27.9
年龄	4～14 岁	17.8	0.1	9.9	21.1	51.1
	15～24 岁	24.8	0.1	19.6	27.6	27.9
	25～34 岁	17.8	0.1	13.7	32.5	35.9
	35～44 岁	29.9	0.1	17.8	21.1	31.1
	45～54 岁	35.0	0.1	18.9	20.5	25.5
	55～64 岁	38.2	0.1	20.2	17.2	24.3
	65 岁及以上	43.2	0.1	29.2	12.4	15.1
受教育程度	未受过正规教育	24.0	0.1	18.8	16.7	40.4
	小学	33.9	0.1	24.2	16.3	25.5
	初中	36.8	0.1	18.9	18.3	25.9
	高中	30.5	0.1	16.9	23.4	29.1
	大学及以上	27.5	0.1	9.8	40.4	22.2

续表

目标观众		中央广播电视总台	中国教育台频道	四川省级频道	其他省级卫视频道	其他频道
职业类别	干部/管理人员	29.5	0.1	7.9	40.4	22.1
	个体/私营企业人员	33.9	0.1	15.7	19.7	30.6
	初级公务员/雇员	31.2	0.1	9.1	32.6	27.0
	工人	29.8	0.1	24.2	20.9	25.0
	学生	18.1	0.1	10.8	25.3	45.7
	无业	34.3	0.1	18.8	18.3	28.5
	其他	38.8	0.1	29.0	12.4	19.7
个人月收入	0～300元	27.9	0.1	19.4	19.1	33.5
	301～900元	39.6	0.1	27.0	13.1	20.2
	901～1700元	37.7	0.1	21.0	17.0	24.2
	1701～2600元	37.5	0.1	24.4	16.3	21.7
	2601～3500元	36.6	0.1	18.4	19.5	25.4
	3501元及以上	31.0	0.1	15.5	28.8	24.6

表3.24.3 2021年四川市场各类频道在不同时段的市场占有率

单位：%

时段	中央广播电视总台	中国教育台频道	四川省级频道	其他省级卫视频道	其他频道
02:00～03:00	43.0	0.1	20.0	14.1	22.8
03:00～04:00	45.1	0.1	21.4	12.4	21.0
04:00～05:00	43.8	0.1	25.5	11.2	19.4
05:00～06:00	45.7	0.2	24.0	13.1	17.0
06:00～07:00	51.3	0.2	14.7	15.2	18.6
07:00～08:00	49.2	0.2	8.9	15.4	26.3
08:00～09:00	40.5	0.2	7.0	18.6	33.7
09:00～10:00	32.0	0.2	9.2	20.3	38.3
10:00～11:00	30.9	0.2	9.8	20.9	38.2
11:00～12:00	34.5	0.1	9.3	21.2	34.9
12:00～13:00	38.9	0.1	10.6	19.7	30.7
13:00～14:00	35.0	0.1	12.2	22.0	30.7
14:00～15:00	33.0	0.2	12.0	23.1	31.7
15:00～16:00	32.3	0.1	10.4	23.6	33.6
16:00～17:00	31.9	0.2	10.1	22.8	35.0
17:00～18:00	31.6	0.1	12.3	20.2	35.8

续表

时段	中央广播电视总台	中国教育台频道	四川省级频道	其他省级卫视频道	其他频道
18:00～19:00	33.2	0.1	20.3	13.6	32.8
19:00～20:00	35.7	0.1	22.8	17.4	24.0
20:00～21:00	30.1	0.1	26.2	21.0	22.6
21:00～22:00	30.8	0.1	28.2	19.0	21.9
22:00～23:00	26.6	0.1	33.7	17.0	22.6
23:00～00:00	29.2	0.1	30.9	16.3	23.5
00:00～01:00	37.0	0.2	19.0	15.1	28.7
01:00～02:00	39.2	0.2	18.9	13.9	27.8

表 3.24.4　2021 年四川市场收视份额排名前十位的频道

单位：%

名次	频道名称	收视份额
1	四川电视台影视文艺频道	7.8
2	中央台六套	6.1
3	中央台八套	4.9
4	中央电视台综合频道	4.8
5	中央台四套	4.5
6	中央台三套	3.3
7	四川电视台文化旅游频道（原经济频道）	3.1
8	中央电视台新闻频道	2.4
8	四川电视台经济频道（原文化旅游频道）	2.4
10	四川卫视	2.3

表 3.24.5　2021 年四川市场各主要频道的观众构成

单位：%

目标观众		所有频道	主要频道				
			四川电视台影视文艺频道	中央台六套	中央台八套	中央电视台综合频道	中央台四套
4 岁及以上所有人		100.0	100.0	100.0	100.0	100.0	100.0
城乡	城市	38.0	33.3	29.5	41.4	36.6	35.8
	农村	62.0	66.7	70.5	58.6	63.4	64.2
性别	男	53.9	56.5	61.1	49.5	51.3	63.4
	女	46.1	43.5	38.9	50.5	48.7	36.6

续表

目标观众		所有频道	主要频道				
			四川电视台影视文艺频道	中央台六套	中央台八套	中央电视台综合频道	中央台四套
年龄	4～14岁	15.0	8.5	7.3	6.2	9.5	5.7
	15～24岁	4.3	1.4	7.7	2.3	1.6	0.9
	25～34岁	9.2	5.9	5.3	4.5	4.4	2.3
	35～44岁	8.0	7.6	7.3	2.7	7.0	9.3
	45～54岁	20.1	15.0	35.4	18.3	14.8	20.1
	55～64岁	13.0	11.5	13.9	23.5	13.0	10.9
	65岁及以上	30.4	50.1	23.1	42.5	49.7	50.8
受教育程度	未受过正规教育	11.2	8.9	9.9	11.2	7.0	5.4
	小学	40.1	50.7	42.5	40.7	38.7	44.0
	初中	29.8	27.9	33.1	35.6	32.0	36.4
	高中	14.1	10.6	12.1	9.2	17.5	10.9
	大学及以上	4.8	1.9	2.4	3.3	4.8	3.3
职业类别	干部/管理人员	0.5	0.2	0.1	0.8	0.4	0.1
	个体/私营企业人员	8.8	5.2	11.6	5.8	5.9	9.0
	初级公务员/雇员	7.6	2.5	7.3	6.3	8.4	7.8
	工人	13.2	14.3	25.7	9.6	6.3	8.9
	学生	10.4	6.2	5.0	4.1	6.8	4.8
	无业	32.8	31.3	18.2	33.5	41.3	40.1
	其他	26.7	40.3	32.1	39.9	30.9	29.3
个人月收入	0～300元	41.3	37.6	28.8	31.2	39.0	35.4
	301～900元	9.8	16.6	12.1	22.9	9.8	8.4
	901～1700元	9.6	12.4	11.9	11.3	9.2	10.7
	1701～2600元	13.0	15.2	15.6	13.9	16.7	16.9
	2601～3500元	14.9	10.2	19.1	13.0	14.5	18.8
	3501元及以上	11.4	8.0	12.5	7.7	10.8	9.8

表3.24.6 2019～2021年四川市场各类节目的播出比重和收视比重

单位：%

节目类别	2019年		2020年		2021年	
	播出比重	收视比重	播出比重	收视比重	播出比重	收视比重
财经	1.2	0.4	1.1	0.5	1.0	0.7
电视剧	22.8	41.4	22.7	40.1	26.5	39.7
电影	4.1	8.2	4.1	8.8	4.5	8.5

续表

节目类别	2019年		2020年		2021年	
	播出比重	收视比重	播出比重	收视比重	播出比重	收视比重
法制	0.7	0.6	0.6	0.4	0.6	0.7
教学	0.4	0.0	0.3	0.1	0.2	0.0
青少	7.2	6.3	7.3	5.1	6.7	5.5
生活服务	7.6	5.3	7.6	5.2	8.2	5.2
体育	3.8	1.5	3.8	1.0	4.0	1.7
外语	0.2	0.0	0.2	0.0	0.2	0.0
戏剧	0.9	0.3	0.7	0.4	0.9	0.4
新闻/时事	15.9	9.2	16.7	12.4	10.5	10.9
音乐	1.7	1.0	1.8	1.4	1.5	1.0
专题	13.7	5.4	14.2	5.2	14.1	5.4
综艺	7.0	8.5	6.1	8.0	4.5	8.9
其他	12.8	11.9	12.8	11.4	16.6	11.4

表3.24.7　2021年四川市场所有节目收视率排名前三十位

单位：%

名次	节目名称	节目类型	播出频道	平均收视率	平均占有率
1	《2021中央广播电视总台春节联欢晚会》	综艺	中央电视台综合频道	4.4	13.8
2	《风云太白山》	电影	中央台六套	4.1	15.6
3	《南口1937》	电影	中央台六套	4.0	16.8
4	《广东十虎苏灿之亢龙有悔》	电影	中央台六套	4.0	16.1
5	《广东十虎苏灿之潜龙出世》	电影	中央台六套	3.9	15.7
6	《盗墓笔记》	电影	中央台六套	3.8	17.3
7	《少林寺》	电影	中央台六套	3.8	17.1
8	《广东十虎苏灿之神龙摆尾》	电影	中央台六套	3.8	15.2
9	《浴血护镖》	电影	中央台六套	3.8	15.2
10	《寒刀凛》	电影	中央台六套	3.8	15.1
11	《黄金搭档千金杀手》	电影	中央台六套	3.7	19.2
12	《智谋销烟》	电影	中央台六套	3.7	17.1
13	《中华英雄》	电影	中央台六套	3.6	15.4
14	《新春喜剧之夜》	综艺	中央台三套	3.6	14.0
15	《黄飞鸿之南北英雄》	电影	中央台六套	3.6	13.7
16	《黄金迷局》	电影	中央台六套	3.6	13.2
17	《东方侠客》	电视剧	四川电视台影视文艺频道	3.5	18.9

续表

名次	节目名称	节目类型	播出频道	平均收视率	平均占有率
18	《龙拳小子》	电影	中央台六套	3.5	16.3
19	《黄金战士》	电影	中央台六套	3.5	15.9
20	《危情守护》	电影	中央台六套	3.5	14.8
21	《毒海风云》	电影	中央台六套	3.5	13.4
22	《叶问》	电影	中央台六套	3.4	14.4
23	《绝招》	电影	中央台六套	3.4	13.7
24	《捍战二》	电影	中央台六套	3.4	12.9
25	《黄飞鸿之四王者之风》	电影	中央台六套	3.4	12.4
26	《豹子头林冲之白虎堂》	电影	中央台六套	3.4	11.8
27	《护航之道总体国家安全观纵横》	专题	中央电视台综合频道	3.4	11.0
28	《喋血双龙》	电影	中央台六套	3.3	15.4
29	《危城》	电影	中央台六套	3.3	14.0
30	《妖猫传》	电影	中央台六套	3.3	13.7

表 3.24.8　2021 年四川市场电视剧收视率排名前十位

单位：%

名次	节目名称	播出频道	平均收视率	平均占有率
1	《东方侠客》	四川电视台影视文艺频道	3.5	18.9
2	《三道塬》	四川电视台影视文艺频道	3.1	16.1
3	《寒山令》	四川电视台影视文艺频道	3.0	17.0
4	《铁道风云》	四川电视台影视文艺频道	3.0	16.3
5	《兄弟们开火》	四川电视台影视文艺频道	2.9	15.1
6	《荡寇》	四川电视台影视文艺频道	2.9	14.3
7	《英雄戟》	四川电视台影视文艺频道	2.9	14.2
8	《浴血红颜》	四川电视台影视文艺频道	2.8	16.1
9	《杀狼》	四川电视台影视文艺频道	2.8	14.8
10	《枪花》	四川电视台影视文艺频道	2.8	14.2

表 3.24.9　2021 年四川市场新闻节目收视率排名前十位

单位：%

名次	节目名称	播出频道	平均收视率	平均占有率
1	《2021 中关村论坛开幕式特别报道》	中央台四套	1.9	7.7
2	《第四届中国国际进口博览会特别报道》	中央台四套	1.6	5.7
3	《国务院总理会见中外记者并回答提问》	中央电视台新闻频道	1.4	5.0

续表

名次	节目名称	播出频道	平均收视率	平均占有率
4	《新闻联播》	中央电视台综合频道	1.1	6.1
5	《中国共产党与世界政党领导人峰会特别报道》	中央电视台综合频道	1.1	4.4
6	《海峡两岸》	中央台四套	1.1	3.9
7	《焦点访谈》	中央电视台综合频道	1.0	4.1
8	《中国舆论场》	中央台四套	1.0	4.0
9	《中国新闻》	中央台四套	1.0	3.6
10	《筑梦空间站神舟十二号航天员乘组返回北京特别报道》	中央台四套	1.0	3.5

表 3.24.10　2021 年四川市场专题节目收视率排名前十位

单位：%

名次	节目名称	播出频道	平均收视率	平均占有率
1	《护航之道总体国家安全观纵横》	中央电视台综合频道	3.4	11.0
2	《我们的决战大决战幕后纪实》	中央电视台综合频道	1.9	7.7
3	《新的启航》	中央电视台综合频道	1.6	5.3
4	《正风反腐就在身边》	中央电视台综合频道	1.3	4.1
5	《2021 春晚揭秘》	中央电视台新闻频道	1.2	5.6
6	《暗流涌动》	中央台四套	1.2	4.0
6	《党课开讲啦》	中央电视台综合频道	1.2	4.0
8	《美丽中国说》	中央电视台综合频道	1.1	4.4
8	《敢教日月换新天》	中央电视台综合频道	1.1	4.4
10	《四川非遗 100》	四川电视台文化旅游频道（原经济频道）	1.0	9.0

表 3.24.11　2021 年四川市场综艺节目收视率排名前十位

单位：%

名次	节目名称	播出频道	平均收视率	平均占有率
1	《2021 中央广播电视总台春节联欢晚会》	中央电视台综合频道	4.4	13.8
2	《新春喜剧之夜》	中央台三套	3.6	14.0
3	《花好月圆元宵夜》	中央电视台综合频道	2.6	9.1
4	《伟大征程庆祝中国共产党成立 100 周年大型情景史诗》	中央电视台综合频道	2.5	10.5
5	《2021 年中央广播电视总台中秋晚会》	中央电视台综合频道	2.5	10.3
6	《第 34 届中国电影金鸡奖红毯仪式》	中央台六套	1.9	8.8

续表

名次	节目名称	播出频道	平均收视率	平均占有率
7	《电影长津湖八一特别节目军人的荣耀》	中央台六套	1.7	8.0
8	《第十六届中国长春电影节闭幕式暨颁奖典礼》	中央台六套	1.6	6.3
9	《2021 我们的中国梦文化进万家活动启动仪式暨慰问演出》	中央台三套	1.6	5.0
10	《第六届成龙国际动作电影周闭幕式》	中央台六套	1.5	6.5

表 3.24.12　2021 年四川市场体育节目收视率排名前十位

单位：%

名次	节目名称	播出频道	平均收视率	平均占有率
1	《32 届奥运会女排小组赛第 4 轮》（中国 VS 意大利）	中央台五套	2.6	15
2	《32 届奥运会男子 100 米决赛》	中央台五套	2.1	9.9
3	《第 32 届夏季奥林匹克运动会闭幕式》	中央电视台综合频道	2.0	7.3
4	《32 届奥运会乒乓球女团决赛》	中央台五套	1.8	11.7
5	《实况录像：32 届奥运会举重男子 81 公斤级决赛挺举》	中央台五套	1.8	8.1
6	《32 届奥运会体操女团决赛》	中央台五套	1.5	8.9
7	《中华人民共和国第十四届运动会开幕式》	中央台四套	1.5	5.6
8	《32 届奥运会女子 100 米蝶泳预赛》	中央台五套	1.3	13.1
9	《第十四届全国运动会开幕式特别报道》	中央电视台综合频道	1.3	5.7
10	《中华人民共和国第十四届运动会闭幕式》	中央台四套	1.3	4.7

二十五　新疆收视数据

表 3.25.1　2017～2021 年新疆市场各类频道的市场占有率

单位：%

频道类别	2017 年	2018 年	2019 年	2020 年	2021 年
中央广播电视总台	31.5	34.3	36.3	31.1	24.2
中国教育台频道	0.1	0.2	0.2	0.2	0.1
新疆自治区级频道	26.3	22.4	19.0	18.3	6.7
其他省级卫视频道	16.8	16.4	16.3	20.8	14.8
其他频道	25.3	26.7	28.2	29.6	54.2

注：2021 年 5 月 1 日新疆数据转为测量仪数据，下同。

表 3.25.2　2021 年新疆市场各类频道在不同目标观众中的市场占有率

单位：%

目标观众		中央广播电视总台	中国教育台频道	新疆自治区级频道	其他省级卫视频道	其他频道
4 岁及以上所有人		24.2	0.1	6.7	14.8	54.2
城乡	城市	29.6	0.1	5.0	18.2	47.1
	农村	19.7	0.1	8.2	11.9	60.1
性别	男	26.0	0.1	6.6	14.4	52.9
	女	22.5	0.1	6.8	15.1	55.5
年龄	4～14 岁	9.0	0.1	3.6	11.7	75.6
	15～24 岁	12.6	0.1	6.8	13.7	66.8
	25～34 岁	15.5	0.1	6.4	15.5	62.5
	35～44 岁	23.9	0.2	5.4	14.6	55.9
	45～54 岁	29.2	0.1	8.4	17.6	44.7
	55～64 岁	32.5	0.1	9.6	11.4	46.4
	65 岁及以上	45.9	0.2	6.6	17.4	29.9
受教育程度	未受过正规教育	20.7	0.2	3.3	15.5	60.3
	小学	19.5	0.1	6.7	14.0	59.7
	初中	22.0	0.1	8.9	13.9	55.1
	高中	28.8	0.1	6.8	14.8	49.5
	大学及以上	29.5	0.1	3.4	17.3	49.7

续表

目标观众		中央广播电视总台	中国教育台频道	新疆自治区级频道	其他省级卫视频道	其他频道
职业类别	干部/管理人员	29.4	0.1	5.6	9.1	55.8
	个体/私营企业人员	20.0	0.1	3.1	16.8	60.0
	初级公务员/雇员	30.9	0.1	4.2	19.4	45.4
	工人	23.5	0.1	10.3	9.4	56.7
	学生	9.5	0.1	4.8	12.9	72.7
	无业	32.0	0.1	6.4	16.4	45.1
	其他	27.0	0.2	12.8	11.7	48.3
个人月收入	0～300 元	10.2	0.1	5.7	13.2	70.8
	301～900 元	19.1	0.3	11.0	9.6	60.0
	901～1700 元	25.3	0.2	14.6	14.3	45.6
	1701～2600 元	28.0	0.1	7.9	13.1	50.9
	2601～3500 元	32.7	0.1	6.2	14.1	46.9
	3501 元及以上	30.3	0.1	5.1	18.4	46.1

表 3.25.3　2021 年新疆市场各类频道在不同时段的市场占有率

单位：%

时间段	中央广播电视总台	中国教育台频道	新疆自治区级频道	其他省级卫视频道	其他频道
02:00～03:00	20.5	0.2	2.5	10.6	66.2
03:00～04:00	20.0	0.1	1.9	8.7	69.3
04:00～05:00	18.1	0.0	2.0	7.6	72.3
05:00～06:00	17.3	0.0	1.2	6.3	75.2
06:00～07:00	26.4	0.1	1.0	5.5	67.0
07:00～08:00	52.5	0.1	1.6	7.0	38.8
08:00～09:00	45.3	0.2	4.3	11.2	39.0
09:00～10:00	33.7	0.2	5.7	14.6	45.8
10:00～11:00	24.6	0.2	4.8	14.9	55.5
11:00～12:00	21.4	0.1	5.3	14.1	59.1
12:00～13:00	22.4	0.1	5.2	13.6	58.7
13:00～14:00	21.3	0.2	4.6	15.9	58.0
14:00～15:00	19.8	0.2	4.8	17.1	58.1
15:00～16:00	20.0	0.1	5.0	16.5	58.4
16:00～17:00	19.3	0.1	4.7	15.7	60.2
17:00～18:00	19.6	0.1	4.6	14.3	61.4

续表

时间段	中央广播电视总台	中国教育台频道	新疆自治区级频道	其他省级卫视频道	其他频道
18:00～19:00	27.3	0.1	4.9	9.3	58.4
19:00～20:00	31.2	0.1	5.3	16.6	46.8
20:00～21:00	28.1	0.1	5.3	20.3	46.2
21:00～22:00	26.3	0.1	9.0	16.3	48.3
22:00～23:00	23.6	0.1	10.8	14.0	51.5
23:00～00:00	23.5	0.2	9.3	13.1	53.9
00:00～01:00	20.8	0.2	9.1	11.2	58.7
01:00～02:00	19.6	0.2	6.4	10.5	63.3

表 3.25.4　2021 年新疆市场收视份额排名前十位的频道

单位：%

名次	频道名称	收视份额
1	中央电视台综合频道	4.7
2	中央台八套	3.6
3	中央台六套	3.3
4	中央电视台新闻频道	2.5
5	中央台四套	1.8
6	新疆电视台二套（维语新闻综合频道）	1.7
7	中央台五套	1.4
8	湖南卫视	1.2
8	中央台三套	1.2
10	新疆电视台五套（维语综艺频道）	1.1

表 3.25.5　2021 年新疆市场各主要频道的观众构成

单位：%

目标		所有频道	主要频道				
			中央电视台综合频道	中央台八套	中央台六套	中央电视台新闻频道	中央台四套
4 岁及以上所有人		100.0	100.0	100.0	100.0	100.0	100.0
城乡	城市	45.7	58.2	63.6	49.9	54.8	50.4
	乡村	54.3	41.8	36.4	50.1	45.2	49.6
性别	男	49.9	46.4	45.3	60.0	64.2	62.6
	女	50.1	53.6	54.7	40.0	35.8	37.4

续表

目标		所有频道	主要频道				
			中央电视台综合频道	中央台八套	中央台六套	中央电视台新闻频道	中央台四套
年龄	4～14 岁	17.2	9.7	2.6	5.8	3.8	4.1
	15～24 岁	7.7	4.6	2.7	4.6	5.1	1.7
	25～34 岁	15.5	10.4	11.3	8.0	5.6	11.0
	35～44 岁	11.3	9.5	9.5	12.3	13.5	6.7
	45～54 岁	22.5	18.4	23.0	15.7	27.8	27.1
	55～64 岁	13.2	21.1	23.5	15.7	17.2	22.9
	65 岁及以上	12.5	26.3	27.4	7.9	27.0	26.5
受教育程度	未受过正规教育	6.2	4.7	3.6	3.7	7.0	2.4
	小学	20.9	10.5	14.0	27.9	9.1	24.0
	初中	32.6	26.5	29.6	33.3	34.7	33.0
	高中	25.5	37.1	38.0	20.8	28.5	25.0
	大学及以上	14.9	21.2	14.8	14.3	20.7	15.6
职业类别	干部/管理人员	2.0	2.3	4.4	1.8	0.7	1.1
	个体/私营企业人员	16.4	13.3	13.1	15.1	10.6	12.2
	初级公务员/雇员	12.0	11.5	14.5	16.6	21.7	12.8
	工人	5.5	3.6	6.2	6.6	7.6	5.2
	学生	18.5	9.3	4.3	7.1	5.4	4.5
	无业	26.4	44.3	37.6	18.3	30.6	34.1
	其他	19.2	15.7	19.9	34.5	23.4	30.1
个人月收入	0～300 元	27.6	15.2	6.8	10.8	9.6	7.5
	301～900 元	2.4	1.0	0.7	0.6	2.1	0.5
	901～1700 元	7.2	7.5	12.4	9.2	3.9	7.7
	1701～2600 元	16.5	11.9	17.2	25.6	21.6	28.2
	2601～3500 元	19.6	36.9	24.6	19.6	30.4	28.3
	3501 元及以上	26.8	27.5	38.3	34.2	32.4	27.8

表 3.25.6　2019～2021 年新疆市场各类节目的播出比重和收视比重

单位：%

节目类别	2019 年		2020 年		2021 年	
	播出比重	收视比重	播出比重	收视比重	播出比重	收视比重
财经	1.0	0.6	1.0	0.3	1.1	0.8
电视剧	26.6	26.3	22.2	23.9	22.3	31.8
电影	4.8	7.0	4.5	6.0	3.5	7.8
法制	0.6	0.8	0.6	0.6	0.7	0.7

续表

节目类别	2019 年		2020 年		2021 年	
	播出比重	收视比重	播出比重	收视比重	播出比重	收视比重
教学	0.3	0.2	0.3	0.2	0.4	0.1
青少	7.0	8.5	7.2	6.9	6.9	5.9
生活服务	5.6	5.8	7.4	6.4	8.2	5.1
体育	4.5	3.5	4.5	3.0	4.9	4.0
外语	0.1	0.0	0.2	0.0	0.2	0.0
戏剧	1.1	0.3	0.7	0.2	0.6	0.2
新闻/时事	10.4	13.3	16.1	18.7	15.2	13.0
音乐	1.7	1.3	1.9	1.0	1.7	0.9
专题	14.0	7.5	14.5	9.2	15.9	9.2
综艺	5.9	10.4	6.3	8.4	6.5	10.5
其他	16.4	14.5	12.6	15.2	11.9	10.0

表 3.25.7　2021 年新疆市场所有节目收视率排名前三十位

单位：%

名次	节目名称	节目类别	播出频道	平均收视率	平均占有率
1	《32 届奥运会女排小组赛第 4 轮》（中国 VS 意大利）	体育	中央台五套	3.2	17.1
2	《雪耻杀》	电影	中央台六套	3.2	11.7
3	《毒海风云》（10 月 22 日）	电影	中央台六套	2.8	10.4
4	《制伏》	电影	中央台六套	2.7	9.4
5	《开学第一课》	青少	中央电视台综合频道	2.3	15.4
6	《亲爱的孩子们》	电视剧	中央台八套	2.3	9.8
7	《二凤》	电影	中央台六套	2.1	9.4
8	《双子杀手》	电影	中央台六套	2.1	9.3
9	《我和我的三个姐姐》	电视剧	中央台八套	2.1	9.1
10	《战狼二》	电影	中央台六套	2.1	8.4
11	《危情守护》	电影	中央台六套	2.1	8.1
12	《启航 2022》	综艺	中央电视台综合频道	2.1	7.8
13	《乒乓球男子单打颁奖仪式》	体育	中央台五套	2.0	12.7
14	《龙藏深泉王隐林》	电影	中央台六套	2.0	7.4
15	《开门大吉》（12 月 20 日）	综艺	中央台三套	1.9	8.8
16	《剿匪龙虎山》	电影	中央台六套	1.9	7.9
17	《捍战二》	电影	中央台六套	1.9	7.5
18	《强渡乌江之对岸》	电影	中央台六套	1.9	7.4

续表

名次	节目名称	节目类别	播出频道	平均收视率	平均占有率
19	《32 届奥运会田径女子 4×100 米接力决赛》	体育	中央台五套	1.8	13.4
20	《实况录像：32 届奥运会举重男子 81 公斤级决赛挺举》	体育	中央台五套	1.8	12.1
21	《2021 年中央广播电视总台中秋晚会》	综艺	中央电视台综合频道	1.8	11.3
22	《速度与激情七》	电影	中央台六套	1.8	10.3
23	《铁血阳泉》	电影	中央台六套	1.8	7.9
24	《黄金迷局》	电影	中央台六套	1.8	6.9
24	《西游记之孙悟空三打白骨精》	电影	中央台六套	1.8	6.9
26	《中华英雄》	电影	中央台六套	1.7	11.4
27	《血战午城》	电影	中央台六套	1.7	11.0
28	《我和我的家乡》	电影	中央台六套	1.7	7.4
29	《32 届奥运会女子 100 米仰泳预赛》	体育	中央台五套	1.6	16.3
30	《金刚王死亡救赎》	电影	中央台六套	1.6	10.1

表 3.25.8　2021 年新疆市场电视剧收视率排名前十位

单位：%

名次	节目名称	播出频道	平均收视率	平均占有率
1	《亲爱的孩子们》	中央台八套	2.3	9.8
2	《我和我的三个姐姐》	中央台八套	2.1	9.1
3	《对手》	中央台八套	1.4	6.0
3	《暖阳之下》	中央台八套	1.4	6.0
5	《绝密使命》	中央电视台综合频道	1.3	9.9
6	《霞光》	中央台八套	1.3	6.2
7	《红旗渠》	中央电视台综合频道	1.3	5.4
8	《和平之舟》	中央电视台综合频道	1.3	5.2
9	《香山叶正红》	中央电视台综合频道	1.3	5.1
9	《问天》	中央电视台综合频道	1.3	5.1

表 3.25.9　2021 年新疆市场新闻节目收视率排名前十位

单位：%

名次	节目名称	播出频道	平均收视率	平均占有率
1	《第四届中国国际进口博览会开幕式特别报道》	中央电视台新闻频道	1.5	6.5
2	《新闻直播间》	中央电视台新闻频道	1.1	4.7

续表

名次	节目名称	播出频道	平均收视率	平均占有率
3	《新闻联播》	中央电视台综合频道	0.9	8.8
4	《晚间新闻》	中央电视台综合频道	0.9	4.4
5	《逐梦新征程》	中央电视台综合频道	0.8	7.7
6	《中国空间站神舟十三号载人飞行任务2021》	中央电视台新闻频道	0.8	4.7
7	《焦点访谈》	中央电视台综合频道	0.7	5.3
8	《2021年中国国际服务贸易交易会全球服务贸易峰会特别报道》	中央电视台新闻频道	0.6	6.3
9	《2021中关村论坛开幕式特别报道》	中央电视台综合频道	0.5	5.7
10	《国际时讯》	中央电视台新闻频道	0.5	2.4
10	《今日关注》	中央台四套	0.5	2.4
10	《世界周刊》	中央电视台新闻频道	0.5	2.4

表3.25.10　2021年新疆市场专题节目收视率排名前十位

单位：%

名次	节目名称	播出频道	平均收视率	平均占有率
1	《平安行全国交通安全日2021》	中央电视台综合频道	1.1	5.9
2	《党课开讲啦》	中央电视台综合频道	1.1	5.2
3	《中国诗词大会第六季》（5月3日）	中央电视台综合频道	1.0	7.1
4	《好记者讲好故事2021中国记者节特别节目》	中央电视台综合频道	1.0	4.1
5	《美丽中国说》	中央电视台综合频道	0.9	6.2
6	《澳门之味》	中央电视台综合频道	0.9	4.3
7	《榜样6建党100周年特别节目》	中央电视台综合频道	0.9	4.1
8	《朗读者》	中央电视台综合频道	0.9	4.0
9	《中国考古大会》	中央电视台综合频道	0.9	3.3
10	《一跃跨千年西藏和平解放70年》	中央电视台综合频道	0.8	6.1

表3.25.11　2021年新疆市场综艺节目收视率排名前十位

单位：%

名次	节目名称	播出频道	平均收视率	平均占有率
1	《启航2022》	中央电视台综合频道	2.1	7.8
2	《开门大吉》（12月20日）	中央台三套	1.9	8.8
3	《2021年中央广播电视总台中秋晚会》	中央电视台综合频道	1.8	11.3

续表

名次	节目名称	播出频道	平均收视率	平均占有率
4	《奋斗正青春2021年五四青年节特别节目》	中央电视台综合频道	1.4	11.0
5	《中国梦劳动美永远跟党走奋进新征程2021五一国际劳动节特别节目》	中央电视台综合频道	1.3	7.1
6	《越战越勇》(12月08日)	中央台三套	1.3	6.6
7	《春晚有心意》	中央台三套	1.3	4.6
8	《伟大征程庆祝中国共产党成立100周年大型情景史诗》	中央电视台综合频道	1.2	9.6
9	《星光大道》(11月21日)	中央台三套	1.1	5.2
10	《梦圆东方·2022东方卫视跨年盛典》	东方卫视	1.0	4.4

表3.25.12 2021年新疆市场体育节目收视率排名前十位

单位：%

名次	节目名称	播出频道	平均收视率	平均占有率
1	《32届奥运会女排小组赛第4轮》	中央台五套	3.2	17.1
2	《乒乓球男子单打颁奖仪式》	中央台五套	2.0	12.7
3	《32届奥运会田径女子4×100米接力决赛》	中央台五套	1.8	13.4
4	《实况录像：32届奥运会举重男子81公斤级决赛挺举》	中央台五套	1.8	12.1
5	《32届奥运会女子100米仰泳预赛》	中央台五套	1.6	16.3
6	《实况录像：32届奥运会女子举重87公斤以上级决赛》	中央台五套	1.5	10.2
7	《32届奥运会女足小组赛F组第2轮》	中央台五套	1.4	16.0
8	《32届奥运会体操男子个人全能决赛》	中央台五套	1.4	14.2
9	《一起向未来北京2022年冬奥会倒计时100天主题活动》	中央电视台综合频道	1.4	6.2
10	《32届奥运会乒乓球男单决赛》	中央台五套	1.3	10.1

二十六　云南收视数据

表 3.26.1　2017～2021 年云南市场各类频道的市场占有率

单位：%

频道类别	2017 年	2018 年	2019 年	2020 年	2021 年
中央广播电视总台	47.6	49.1	47.0	41.7	38.9
中国教育台频道	0.1	0.1	0.1	0.2	0.2
云南省级频道	10.2	11.1	10.3	10.8	10.0
其他省级卫视频道	32.3	28.2	25.3	22.1	18.5
其他频道	9.8	11.5	17.3	25.2	32.4

表 3.26.2　2021 年云南市场各类频道在各目标观众中的市场占有率

单位：%

目标观众		中央广播电视总台	中国教育台频道	云南省级频道	其他省级卫星频道	其他频道
4 岁及以上所有人		38.9	0.2	10.0	18.5	32.4
城乡	城市	36.7	0.1	13.0	14.8	35.4
	农村	39.7	0.2	8.9	19.9	31.3
性别	男	41.0	0.2	9.7	17.9	31.2
	女	36.6	0.2	10.3	19.1	33.8
年龄	4～14 岁	35.5	0.2	7.7	17.4	39.2
	15～24 岁	31.9	0.2	7.4	19.7	40.8
	25～34 岁	34.8	0.2	7.8	18.3	38.9
	35～44 岁	37.1	0.3	9.3	20.2	33.1
	45～54 岁	41.5	0.3	8.8	19.9	29.5
	55～64 岁	45.1	0.2	11.7	18.4	24.6
	65 岁及以上	45.7	0.1	16.9	15.4	21.9
受教育程度	未受过正规教育	37.3	0.2	7.2	18.0	37.3
	小学	40.3	0.3	9.8	17.4	32.2
	初中	37.9	0.2	10.5	21.0	30.4
	高中	38.2	0.2	10.0	15.4	36.2
	大学及以上	42.0	0.1	10.9	18.6	28.4

续表

目标观众		中央广播电视总台	中国教育台频道	云南省级频道	其他省级卫星频道	其他频道
职业类别	干部/管理人员	54.3	0.0	7.6	18.9	19.2
	个体/私营企业人员	37.1	0.4	10.3	24.3	27.9
	初级公务员/雇员	40.4	0.2	11.2	18.6	29.6
	工人	39.8	0.2	7.3	18.6	34.1
	学生	36.8	0.2	9.4	18.9	34.7
	无业	40.8	0.1	12.2	15.2	31.7
	其他	37.7	0.3	8.9	17.1	36.0
个人月收入	0～300 元	35.7	0.2	8.8	18.7	36.6
	301～900 元	36.7	0.3	8.6	13.3	41.1
	901～1700 元	43.1	0.3	11.3	18.2	27.1
	1701～2600 元	37.6	0.2	11.0	24.6	26.6
	2601～3500 元	40.1	0.2	10.6	17.4	31.7
	3501 元及以上	43.1	0.1	10.3	15.9	30.6

表 3.26.3　2021 年云南市场各类频道在不同时段的市场占有率

单位：%

时间段	中央广播电视总台	中国教育台频道	云南省级频道	其他省级卫星频道	其他频道
02:00～03:00	25.4	0.2	9.5	14.2	50.7
03:00～04:00	39.4	0.0	3.4	19.2	38.0
04:00～05:00	42.9	0.0	4.0	13.6	39.5
05:00～06:00	49.6	0.0	2.3	15.6	32.5
06:00～07:00	40.5	0.1	1.5	22.3	35.6
07:00～08:00	51.8	0.1	3.3	14.0	30.8
08:00～09:00	47.7	0.3	5.8	16.0	30.2
09:00～10:00	42.2	0.3	6.2	19.5	31.8
10:00～11:00	41.7	0.4	5.7	20.3	31.9
11:00～12:00	43.7	0.3	5.2	19.6	31.2
12:00～13:00	52.5	0.2	4.2	18.7	24.4
13:00～14:00	44.5	0.3	4.3	24.1	26.8
14:00～15:00	35.1	0.2	6.4	27.7	30.6
15:00～16:00	31.1	0.2	7.0	27.2	34.5
16:00～17:00	35.8	0.3	6.7	25.1	32.1
17:00～18:00	36.4	0.3	13.1	19.1	31.1

续表

时间段	中央广播电视总台	中国教育台频道	云南省级频道	其他省级卫星频道	其他频道
18:00～19:00	37.7	0.2	16.6	14.6	30.9
19:00～20:00	46.7	0.2	10.3	14.6	28.2
20:00～21:00	37.2	0.2	12.0	17.9	32.7
21:00～22:00	35.6	0.2	11.6	18.3	34.3
22:00～23:00	31.1	0.2	9.2	20.6	38.9
23:00～00:00	31.1	0.2	6.2	18.9	43.6
00:00～01:00	22.1	0.2	6.9	21.1	49.7
01:00～02:00	16.4	0.1	6.3	10.4	66.8

表 3.26.4　2021 年云南市场收视份额排名前十位的频道

单位：%

名次	频道名称	收视份额
1	中央台八套	7.9
2	中央电视台综合频道	7.3
3	中央台六套	5.5
4	云南广播电视台都市频道（二套）	4.5
5	中央电视台少儿频道	4.1
6	湖南卫视	2.9
7	云南广播电视台卫视频道（一套）	2.6
8	中央电视台新闻频道	2.5
9	中央台十二套	2.0
10	中央台四套	1.7

表 3.26.5　2021 年云南市场各主要频道的观众构成

单位：%

目标观众		所有频道	主要频道				
			中央台八套	中央电视台综合频道	中央台六套	云南广播电视台都市频道（二套）	中央电视台少儿频道
4 岁及以上所有人		100.0	100.0	100.0	100.0	100.0	100.0
城乡	城市	27.0	17.2	34.1	20.2	41.4	19.8
	农村	73.0	82.8	65.9	79.8	58.6	80.2
性别	男	51.3	48.9	56.1	56.7	49.4	46.1
	女	48.7	51.1	43.9	43.3	50.6	53.9

续表

目标观众		所有频道	主要频道				
			中央台八套	中央电视台综合频道	中央台六套	云南广播电视台都市频道（二套）	中央电视台少儿频道
年龄	4～14 岁	15.0	7.7	8.7	11.8	8.2	56.3
	15～24 岁	11.6	14.4	9.5	9.0	8.2	5.0
	25～34 岁	13.3	11.5	12.7	12.5	9.5	11.8
	35～44 岁	17.7	15.9	14.4	22.1	14.0	10.6
	45～54 岁	14.8	19.7	14.5	19.5	14.0	5.2
	55～64 岁	13.1	13.9	17.7	13.5	18.9	8.1
	65 岁及以上	14.6	16.9	22.5	11.2	27.2	3.0
受教育程度	未受过正规教育	7.9	7.3	4.9	6.8	4.9	30.2
	小学	25.3	28.4	20.3	30.4	26.2	35.0
	初中	37.9	40.7	35.8	42.0	35.5	22.9
	高中	20.3	17.2	27.3	13.9	21.8	8.7
	大学及以上	8.5	6.4	11.7	6.9	11.6	3.3
职业类别	干部/管理人员	0.8	0.3	1.4	0.2	0.9	0.2
	个体/私营企业人员	18.5	18.3	20.4	14.5	18.4	5.3
	初级公务员/雇员	7.2	5.3	9.0	6.9	9.8	3.3
	工人	13.6	17.5	10.2	20.3	9.6	9.8
	学生	13.0	9.7	9.9	10.8	10.2	29.1
	无业	25.0	21.8	30.3	16.0	35.1	39.4
	其他	22.0	27.1	18.8	31.3	16.0	12.9
个人月收入	0～300 元	27.8	23.5	20.5	22.5	21.1	63.5
	301～900 元	10.3	13.1	7.6	9.3	8.3	4.4
	901～1700 元	8.9	12.9	8.8	12.3	11.3	6.1
	1701～2600 元	18.7	21.7	16.9	22.5	18.7	6.4
	2601～3500 元	16.3	14.5	23.1	14.2	18.8	10.5
	3501 元及以上	18.0	14.4	23.1	19.1	21.7	9.1

表 3.26.6　2019～2021 年云南市场各类节目的播出比重和收视比重

单位：%

节目类别	2019 年		2020 年		2021 年	
	播出比重	收视比重	播出比重	收视比重	播出比重	收视比重
财经	1.0	0.5	1.0	0.6	1.0	0.9
电视剧	27.6	32.7	22.3	33.2	22.0	30.9
电影	4.2	9.2	3.8	8.6	3.5	7.3

续表

节目类别	2019 年		2020 年		2021 年	
	播出比重	收视比重	播出比重	收视比重	播出比重	收视比重
法制	0.6	1.5	0.6	1.3	0.6	1.5
教学	0.3	0.1	0.3	0.1	0.3	0.1
青少	7.7	7.2	7.8	5.9	7.6	6.7
生活服务	6.6	6.0	6.7	5.9	7.6	5.9
体育	3.9	1.8	3.9	0.9	4.0	1.4
外语	0.1	0.0	0.2	0.0	0.2	0.0
戏剧	1.1	0.4	0.7	0.3	0.6	0.3
新闻/时事	10.7	9.8	16.7	13.9	15.7	13.7
音乐	1.6	1.2	1.9	1.1	1.7	1.3
专题	13.8	5.7	14.0	6.0	15.0	7.4
综艺	5.6	8.8	6.0	7.1	6.3	7.2
其他	15.1	15.3	14.1	15.1	13.8	15.4

表 3.26.7　2021 年云南市场所有节目收视率排名前三十位

单位：%

名次	节目名称	节目类别	播出频道	平均收视率	平均占有率
1	《2021 中央广播电视总台春节联欢晚会》	综艺	中央电视台综合频道	14.0	54.6
2	《新闻联播》	新闻/时事	中央电视台综合频道	4.1	18.8
3	《龙虾刑警》	电影	中央台六套	4.1	10.9
4	《渡江渡江》	电影	中央台六套	4.0	11.0
5	《天气预报》	生活服务	中央电视台综合频道	3.8	13.6
6	《天眼风云》	电影	中央台六套	3.8	9.6
7	《代号山豹》	电视剧	中央台八套	3.6	11.1
8	《国宝险途》	电影	中央台六套	3.6	10.0
8	《流金岁月》	电视剧	中央台八套	3.6	10.0
10	《南口 1937》	电影	中央台六套	3.6	9.7
11	《我和我的三个姐姐》	电视剧	中央台八套	3.5	11.0
12	《黄金大劫案》	电影	中央台六套	3.5	9.5
13	《情满雪域高原记习近平总书记西藏之行》	专题	中央电视台综合频道	3.4	10.9
14	《99 万次拥抱》	电影	中央台六套	3.4	9.4
15	《霞光》	电视剧	中央台八套	3.3	10.5
16	《48 小时》	电影	中央台六套	3.3	10.3
16	《暖阳之下》	电视剧	中央台八套	3.3	10.3
18	《理想之城》	电视剧	中央台八套	3.3	9.9

续表

名次	节目名称	节目类别	播出频道	平均收视率	平均占有率
19	《红色往事》	电影	中央台六套	3.3	9.7
20	《剿匪龙虎山》	电影	中央台六套	3.2	10.0
21	《对手》	电视剧	中央台八套	3.2	9.1
22	《毛驴县令之打虎上山》	电影	中央台六套	3.2	8.8
23	《铁道风云》	电视剧	中央台八套	3.1	11.4
24	《焦点访谈》	新闻/时事	中央电视台综合频道	3.1	9.8
25	《春天里的人们》	电视剧	中央台八套	3.1	9.5
26	《小舍得》	电视剧	中央台八套	3.1	9.0
27	《御猫传》	电影	中央台六套	3.1	8.6
28	《电影之歌》	综艺	中央台六套	3.1	8.4
29	《世界经济论坛达沃斯议程对话会特别报道》	新闻/时事	中央电视台综合频道	3.1	8.1
30	《亲爱的孩子们》	电视剧	中央台八套	3.0	9.5

表 3.26.8 2021 年云南市场电视剧收视率排名前十位

单位：%

名次	节目名称	播出频道	平均收视率	平均占有率
1	《代号山豹》	中央台八套	3.6	11.1
2	《流金岁月》	中央台八套	3.6	10.0
3	《我和我的三个姐姐》	中央台八套	3.5	11.0
4	《霞光》	中央台八套	3.3	10.5
5	《暖阳之下》	中央台八套	3.3	10.3
6	《理想之城》	中央台八套	3.3	9.9
7	《对手》	中央台八套	3.2	9.1
8	《铁道风云》	中央台八套	3.1	11.4
9	《春天里的人们》	中央台八套	3.1	9.5
10	《小舍得》	中央台八套	3.1	9.0

表 3.26.9 2021 年云南市场新闻节目收视率排名前十位

单位：%

名次	节目名称	播出频道	平均收视率	平均占有率
1	《新闻联播》	中央电视台综合频道	4.1	18.8
2	《焦点访谈》	中央电视台综合频道	3.1	9.8
3	《世界经济论坛达沃斯议程对话会特别报道》	中央电视台综合频道	3.1	8.1

续表

名次	节目名称	播出频道	平均收视率	平均占有率
4	《第四届中国国际进口博览会开幕式特别报道》	中央电视台综合频道	2.8	8.3
5	《2021 中关村论坛开幕式特别报道》	中央电视台综合频道	2.5	8.2
6	《2021 年中国国际服务贸易交易会全球服务贸易峰会特别报道》	中央电视台综合频道	2.4	8.4
7	《国务院总理会见中外记者并回答提问》	中央电视台综合频道	2.2	6.4
8	《中国共产党与世界政党领导人峰会特别报道》	中央电视台综合频道	2.0	4.9
9	《庆祝中国共产党成立 100 周年七一勋章颁授仪式》	云南广播电视台卫视频道（一套）	1.3	3.1
10	《庆祝中国共产党成立 100 周年大会特别报道》	云南广播电视台卫视频道（一套）	1.2	3.5

表 3.26.10　2021 年云南市场专题节目收视率排名前十位

单位：%

名次	节目名称	播出频道	平均收视率	平均占有率
1	《情满雪域高原记习近平总书记西藏之行》	中央电视台综合频道	3.4	10.9
2	《2021 一年又一年》	中央电视台综合频道	2.9	29.2
3	《2021 云南好人颁奖典礼》	云南广播电视台都市频道（二套）	2.7	8.2
4	《正风反腐就在身边》	中央电视台综合频道	2.7	7.0
5	《人民的小康》	中央电视台综合频道	2.5	7.2
6	《党课开讲啦》	中央电视台综合频道	2.5	5.9
7	《中国考古大会》	中央电视台综合频道	2.4	6.5
8	《朗读者》	中央电视台综合频道	2.4	6.1
9	《山河岁月 1921－2021》	中央电视台综合频道	2.1	5.7
9	《圆梦中国德耀中华第八届全国道德模范颁奖仪式》	中央电视台综合频道	2.1	5.7

表 3.26.11　2021 年云南市场综艺节目收视率排名前十位

单位：%

名次	节目名称	播出频道	平均收视率	平均占有率
1	《2021 中央广播电视总台春节联欢晚会》	中央电视台综合频道	14.0	54.6
2	《电影之歌》	中央台六套	3.1	8.4

续表

名次	节目名称	播出频道	平均收视率	平均占有率
3	《第八届丝绸之路国际电影节颁奖晚会闽陕交接仪式》	中央台六套	2.7	8.3
4	《北京国际电影节第28届大学生电影节青春之夜》	中央台六套	2.5	7.7
5	《花好月圆元宵夜》	中央电视台综合频道	2.3	7.0
6	《电影长津湖八一特别节目军人的荣耀》	中央台六套	2.3	6.0
7	《2021 微博电影之夜》	中央台六套	2.2	8.1
8	《2021 年上海国际电影电视节第 24 届上海国际电影节金爵奖颁奖典礼》	中央台六套	2.2	6.8
9	《一周快评》	中央台六套	2.1	6.1
10	《2021 年中央广播电视总台中秋晚会》	中央电视台综合频道	2.0	9.5

表 3.26.12　2021 年云南市场体育节目收视率排名前十位

单位：%

名次	节目名称	播出频道	平均收视率	平均占有率
1	《第 32 届夏季奥林匹克运动会闭幕式》	中央电视台综合频道	2.9	6.9
2	《中华人民共和国第十四届运动会闭幕式》	中央电视台综合频道	2.4	6.2
3	《32 届奥运会男子 400 米栏半决赛》	中央台五套	2.4	5.8
4	《第十四届全国运动会开幕式特别报道》	中央电视台综合频道	2.3	8.3
5	《中华人民共和国第十四届运动会开幕式》	中央电视台综合频道	2.1	6.3
5	《一起向未来北京 2022 年冬奥会倒计时 100 天主题活动》	中央电视台综合频道	2.0	5.2
7	《第 32 届夏季奥林匹克运动会开幕式》	中央电视台综合频道	1.9	6.9
7	《实况录像：32 届奥运会举重男子 81 公斤级决赛抓举》	中央台五套	1.5	4.3
9	《32 届奥运会乒乓球男单决赛》	中央台五套	1.5	4.0
10	《32 届奥运会体操女团决赛》	中央台五套	1.4	4.9

二十七　浙江收视数据

表 3.27.1　2017～2021 年浙江市场各类频道的市场占有率

单位：%

频道类别	2017 年	2018 年	2019 年	2020 年	2021 年
中央广播电视总台	34.4	34.4	29.3	27.6	25.3
中国教育台频道	0.2	0.2	0.2	0.2	0.2
浙江省级频道	24.0	27.2	26.5	23.9	24.5
其他省级卫视频道	21.9	19.2	20.2	21.0	20.4
其他频道	19.5	19.0	23.8	27.3	29.6

表 3.27.2　2021 年浙江市场各类频道在不同目标观众中的市场占有率

单位：%

目标观众		中央广播电视总台	中国教育台频道	浙江省级频道	其他省级卫视频道	其他频道
4 岁及以上所有人		25.3	0.2	24.5	20.4	29.6
城乡	城市	22.4	0.2	14.4	25.6	37.4
	农村	27.4	0.2	31.7	16.8	23.9
性别	男	26.8	0.2	22.9	18.4	31.7
	女	23.9	0.2	26.2	22.5	27.2
年龄	4～14 岁	11.9	0.1	29.3	22.3	36.4
	15～24 岁	18.5	0.1	28.5	18.3	34.6
	25～34 岁	14.6	0.1	26.0	25.0	34.3
	35～44 岁	16.4	0.1	30.1	18.6	34.8
	45～54 岁	28.9	0.2	20.4	21.0	29.5
	55～64 岁	26.6	0.2	25.1	20.1	28.0
	65 岁及以上	36.3	0.2	22.1	18.5	22.9
受教育程度	未受过正规教育	23.8	0.2	21.1	21.3	33.6
	小学	26.5	0.2	26.4	21.1	25.8
	初中	26.6	0.2	28.6	19.0	25.6
	高中	26.1	0.1	17.4	21.3	35.1
	大学及以上	20.6	0.1	20.3	21.2	37.8

续表

目标观众		中央广播电视总台	中国教育台频道	浙江省级频道	其他省级卫视频道	其他频道
职业类别	干部/管理人员	10.4	0.2	54.1	12.2	23.1
	个体/私营企业人员	24.8	0.2	25.0	19.4	30.6
	初级公务员/雇员	20.8	0.1	25.4	20.3	33.4
	工人	31.5	0.3	16.3	21.1	30.8
	学生	16.7	0.1	32.0	21.3	29.9
	无业	27.7	0.2	22.9	21.8	27.4
	其他	28.5	0.3	29.9	14.1	27.2
个人月收入	0～300元	21.2	0.1	25.8	22.6	30.3
	301～900元	36.1	0.1	18.8	16.0	29.0
	901～1700元	29.4	0.3	20.0	23.5	26.8
	1701～2600元	30.0	0.2	22.8	24.2	22.8
	2601～3500元	26.9	0.2	18.3	20.6	34.0
	3501元及以上	25.1	0.2	26.5	17.9	30.3

表3.27.3　2021年浙江市场各类频道在不同时段的市场占有率

单位：%

时间段	中央广播电视总台	中国教育台频道	浙江省级频道	其他省级卫视频道	其他频道
02:00～03:00	37.2	0.3	15.1	18.3	29.1
03:00～04:00	39.2	0.2	13.1	19.1	28.4
04:00～05:00	47.2	0.2	9.6	21.3	21.7
05:00～06:00	50.3	0.7	7.9	22.6	18.5
06:00～07:00	46.1	0.5	14.3	17.8	21.3
07:00～08:00	35.4	0.4	12.5	20.2	31.5
08:00～09:00	29.5	0.5	8.7	24.8	36.5
09:00～10:00	23.8	0.5	15.8	26.0	33.9
10:00～11:00	25.8	0.5	9.7	31.0	33.0
11:00～12:00	27.4	0.2	8.5	31.6	32.3
12:00～13:00	26.4	0.1	7.0	31.3	35.2
13:00～14:00	23.2	0.2	10.7	30.8	35.1
14:00～15:00	22.2	0.3	14.4	29.5	33.6
15:00～16:00	23.9	0.3	11.2	30.9	33.7
16:00～17:00	23.6	0.3	13.6	30.8	31.7
17:00～18:00	21.8	0.1	28.5	22.9	26.7

续表

时间段	中央广播电视总台	中国教育台频道	浙江省级频道	其他省级卫视频道	其他频道
18:00~19:00	23.5	0.1	35.8	12.4	28.2
19:00~20:00	23.2	0.1	37.4	12.3	27.0
20:00~21:00	21.8	0.1	35.2	16.4	26.5
21:00~22:00	24.1	0.1	28.9	17.2	29.7
22:00~23:00	28.8	0.2	19.3	20.8	30.9
23:00~00:00	32.1	0.2	17.0	20.9	29.8
00:00~01:00	34.8	0.3	21.2	15.5	28.2
01:00~02:00	35.1	0.3	16.8	14.8	33.0

表 3.27.4　2021 年浙江市场收视份额排名前十位的频道

单位：%

名次	频道名称	收视份额
1	浙江电视台教科影视频道	10.5
2	浙江电视台钱江都市频道	5.6
3	中央台四套	3.8
4	中央台八套	3.7
4	中央台六套	3.7
6	浙江卫视	3.6
7	湖南卫视	2.9
8	中央电视台新闻频道	2.7
9	湖南电视台金鹰卡通频道	2.4
10	浙江电视台民生休闲频道	2.3

表 3.27.5　2021 年浙江市场各主要频道的观众构成

单位：%

目标观众		所有频道	浙江电视台教科影视频道	浙江电视台钱江都市频道	中央台四套	中央台八套	中央台六套
4 岁及以上所有人		100.0	100.0	100.0	100.0	100.0	100.0
城乡	城市	41.6	18.8	11.6	40.9	25.0	36.6
	农村	58.4	81.2	88.4	59.1	75.0	63.4
性别	男	50.8	51.9	41.1	66.4	44.5	55.2
	女	49.2	48.1	58.9	33.6	55.5	44.8

续表

目标观众		所有频道	浙江电视台教科影视频道	浙江电视台钱江都市频道	中央台四套	中央台八套	中央台六套
年龄	4～14 岁	9.7	9.5	17.7	1.4	2.5	3.5
	15～24 岁	3.4	2.8	5.4	1.6	1.9	4.2
	25～34 岁	10.6	9.0	14.2	3.0	5.8	5.5
	35～44 岁	10.6	10.9	21.6	3.7	4.1	12.4
	45～54 岁	21.9	18.6	17.8	18.4	32.8	29.6
	55～64 岁	20.2	23.8	16.2	18.6	21.1	22.6
	65 岁及以上	23.6	25.4	7.1	53.3	31.8	22.2
受教育程度	未受过正规教育	10.4	9.6	9.7	7.7	9.9	10.0
	小学	26.0	31.8	15.4	29.8	32.6	23.8
	初中	35.6	41.3	54.3	40.1	39.1	43.7
	高中	13.4	7.6	9.0	14.7	11.1	13.1
	大学及以上	14.6	9.7	11.6	7.7	7.3	9.4
职业类别	干部/管理人员	1.8	2.8	9.2	1.0	0.4	0.4
	个体/私营企业人员	14.0	15.0	17.5	11.4	16.6	19.2
	初级公务员/雇员	21.5	20.9	27.3	14.9	14.4	21.8
	工人	9.8	8.4	2.4	12.0	14.3	17.0
	学生	5.3	5.3	9.4	1.3	1.9	3.6
	无业	41.7	37.2	32.8	52.1	46.8	32.5
	其他	5.9	10.4	1.4	7.3	5.6	5.5
个人月收入	0～300 元	24.7	25.7	28.4	15.7	15.6	17.0
	301～900 元	1.2	1.0	0.2	0.6	3.4	3.4
	901～1700 元	4.5	4.1	1.0	6.7	6.6	4.4
	1701～2600 元	13.4	11.8	8.7	19.7	18.2	12.2
	2601～3500 元	11.4	10.2	4.6	9.4	15.9	13.3
	3501 元及以上	44.8	47.2	57.1	47.9	40.3	49.7

表 3.27.6　2019～2021 年浙江市场各类节目的播出比重和收视比重

单位：%

节目类别	2019 年		2020 年		2021 年	
	播出比重	收视比重	播出比重	收视比重	播出比重	收视比重
财经	1.4	0.9	1.3	1.0	1.4	0.8
电视剧	21.5	34.4	21.2	34.5	21.0	32.8
电影	3.5	5.1	3.4	4.9	3.2	4.9
法制	0.9	0.8	0.8	0.6	0.9	0.6
教学	0.4	0.0	0.3	0.0	0.3	0.0

续表

节目类别	2019 年		2020 年		2021 年	
	播出比重	收视比重	播出比重	收视比重	播出比重	收视比重
青少	7.6	6.3	7.8	5.1	7.6	4.3
生活服务	8.2	9.3	8.0	8.9	8.7	11.9
体育	3.9	1.8	3.9	0.8	4.2	2.0
外语	0.2	0.0	0.2	0.0	0.3	0.0
戏剧	0.9	0.5	0.7	0.4	0.6	0.4
新闻/时事	16.4	13.6	17.3	16.8	16.1	14.7
音乐	1.7	1.2	1.9	1.3	1.7	1.0
专题	14.0	6.1	14.6	6.0	15.7	6.4
综艺	7.0	9.3	6.1	8.9	6.4	9.1
其他	12.4	10.7	12.5	10.8	11.9	11.1

表 3.27.7　2021 年浙江市场所有节目收视率排名前三十位

单位：%

名次	节目名称	节目类型	播出频道	平均收视率	平均占有率
1	《黎明前的抉择》	电视剧	浙江电视台教科影视频道	5.1	27.6
2	《纸醉金迷》	电视剧	浙江电视台教科影视频道	4.5	24.6
3	《枪花》	电视剧	浙江电视台教科影视频道	4.3	23.9
4	《双雄》	电视剧	浙江电视台教科影视频道	4.2	24.3
5	《战火纷飞的年代》	电视剧	浙江电视台教科影视频道	4.2	22.2
6	《蝴蝶行动》	电视剧	浙江电视台教科影视频道	4.1	24.2
7	《我的特一营》	电视剧	浙江电视台教科影视频道	4.1	21.8
8	《脱身》	电视剧	浙江电视台教科影视频道	4.0	21.4
9	《32 届奥运会乒乓球男单决赛》	体育	中央台五套	3.9	16.0
10	《32 届奥运会男子 100 米决赛》	体育	中央台五套	3.9	15.5
11	《叛逆者》	电视剧	浙江电视台教科影视频道	3.8	21.6
12	《2021 中央广播电视总台春节联欢晚会》	综艺	中央电视台综合频道	3.7	14.9
13	《鸳鸯佩》	电视剧	浙江电视台教科影视频道	3.6	20.8
14	《32 届奥运会竞技体操男子团体决赛》	体育	中央台五套	3.6	16.9
15	《来不及说我爱你》	电视剧	浙江电视台教科影视频道	3.6	16.1
16	《大丫鬟》	电视剧	浙江电视台教科影视频道	3.5	20.1
17	《连环套》	电视剧	浙江电视台教科影视频道	3.5	18.3
18	《颁奖仪式》	体育	中央台五套	3.4	15.5
19	《实况录像：32 届奥运会 10 米气步枪混合团体决赛》	体育	中央台五套	3.4	13.8

续表

名次	节目名称	节目类型	播出频道	平均收视率	平均占有率
20	《32 届奥运会男子 200 米自由泳预赛》	体育	中央台五套	3.3	19.1
21	《实况录像：32 届奥运会女子举重 87 公斤以上级决赛》	体育	中央台五套	3.3	17.4
22	《神勇武工队传奇》	电视剧	浙江电视台教科影视频道	3.3	17.3
23	《操纵者》	电视剧	浙江电视台教科影视频道	3.2	15.7
24	《英雄烈》	电视剧	浙江电视台教科影视频道	3.1	18.1
25	《局中人》	电视剧	浙江电视台教科影视频道	3.1	17.1
26	《筑梦情缘》	电视剧	浙江电视台教科影视频道	3.1	14.5
27	《狭路》	电视剧	浙江电视台教科影视频道	3.0	17.3
28	《归鸿》	电视剧	浙江电视台教科影视频道	3.0	17.0
29	《情深缘起》	电视剧	浙江电视台教科影视频道	3.0	14.1
30	《开学第一课》	青少	中央电视台综合频道	2.8	13.6

表 3.27.8　2021 年浙江市场电视剧收视率排名前十位

单位：%

名次	节目名称	播出频道	平均收视率	平均占有率
1	《黎明前的抉择》	浙江电视台教科影视频道	5.1	27.6
2	《纸醉金迷》	浙江电视台教科影视频道	4.5	24.6
3	《枪花》	浙江电视台教科影视频道	4.3	23.9
4	《双雄》	浙江电视台教科影视频道	4.2	24.3
5	《战火纷飞的年代》	浙江电视台教科影视频道	4.2	22.2
6	《蝴蝶行动》	浙江电视台教科影视频道	4.1	24.2
7	《我的特一营》	浙江电视台教科影视频道	4.1	21.8
8	《脱身》	浙江电视台教科影视频道	4.0	21.4
9	《叛逆者》	浙江电视台教科影视频道	3.8	21.6
10	《鸳鸯佩》	浙江电视台教科影视频道	3.6	20.8

表 3.27.9　2021 年浙江市场新闻节目收视率排名前十位

单位：%

名次	节目名称	播出频道	平均收视率	平均占有率
1	《小强热线》	浙江电视台教科影视频道	2.1	11.7
2	《2020 疫情下的美国人权透视》	中央台四套	1.1	5.2
3	《世界经济论坛达沃斯议程对话会特别报道》	中央台四套	1.0	4.2

续表

名次	节目名称	播出频道	平均收视率	平均占有率
4	《范大姐帮忙》	浙江电视台钱江都市频道	0.9	7.9
5	《今日关注》	中央台四套	0.9	5.5
6	《中国新闻21点档》	中央台四套	0.8	4.2
7	《传奇中国节春节》	中央台四套	0.8	4.1
8	《海峡两岸》	中央台四套	0.8	3.9
8	《中国共产党与世界政党领导人峰会特别报道》	中央台四套	0.8	3.9
10	《中国舆论场》	中央台四套	0.8	3.8

表3.27.10　2021年浙江市场专题节目收视率排名前十位

单位：%

名次	节目名称	播出频道	平均收视率	平均占有率
1	《生命至上第五届最美浙江人最美天使发布会》	浙江电视台钱江都市频道	2.4	11.0
2	《首届浙江有礼文明使者聘任仪式》	浙江电视台钱江都市频道	2.3	12.9
3	《2020年度最美浙江人浙江骄傲人物评选活动》	浙江电视台钱江都市频道	2.1	9.1
4	《壹周播报》	浙江电视台钱江都市频道	2.0	21.9
5	《2021第四届最美科技人最美浙江人》	浙江电视台钱江都市频道	2.0	9.1
6	《人民至上生命至上2021年浙江省安全生产月启动仪式》	浙江电视台钱江都市频道	1.9	9.7
7	《纪实22点档》	浙江电视台教科影视频道	1.3	11.9
8	《2021中国设计智造大奖颁奖典礼》	浙江电视台钱江都市频道	1.3	7.4
9	《2021一年又一年》	中央电视台综合频道	1.3	7.1
10	《浙江省最美浙江人最美残疾人家庭发布活动》	浙江电视台钱江都市频道	1.3	6.7

表3.27.11　2021年浙江市场综艺节目收视率排名前十位

单位：%

名次	节目名称	播出频道	平均收视率	平均占有率
1	《2021中央广播电视总台春节联欢晚会》	中央电视台综合频道	3.7	14.9
2	《中国好声音》（10月15日）	浙江卫视	2.0	20.7
3	《闪光的乐队》	浙江卫视	1.9	9.9
4	《新春喜剧之夜》	中央台三套	1.9	8.3
5	《越战越勇》（2月15日）	中央台三套	1.8	8.1

续表

名次	节目名称	播出频道	平均收视率	平均占有率
6	《笑赢这一年优酷浙江卫视 2021 喜剧春晚》	浙江卫视	1.7	10.6
7	《2021 我们的中国梦文化进万家活动启动仪式暨慰问演出》	中央台三套	1.7	7.4
8	《开门大吉》（1 月 1 日）	中央台三套	1.5	6.7
9	《天猫开心夜》	湖南卫视	1.3	10.5
10	《欢乐喜剧人 7》（2 月 21 日）	东方卫视	1.3	9.0

表 3.27.12 2021 年浙江市场体育节目收视率排名前十位

单位：%

名次	节目名称	播出频道	平均收视率	平均占有率
1	《32 届奥运会乒乓球男单决赛》	中央台五套	3.9	16.0
2	《32 届奥运会男子 100 米决赛》	中央台五套	3.9	15.5
3	《32 届奥运会竞技体操男子团体决赛》	中央台五套	3.6	16.9
4	《颁奖仪式》	中央台五套	3.4	15.5
5	《实况录像：32 届奥运会 10 米气步枪混合团体决赛》	中央台五套	3.4	13.8
6	《32 届奥运会男子 200 米自由泳预赛》	中央台五套	3.3	19.1
7	《实况录像：32 届奥运会女子举重 87 公斤以上级决赛》	中央台五套	3.3	17.4
8	《32 届奥运会女排小组赛第 3 轮》（中国 VS 俄罗斯奥委会）	中央台五套	2.4	25.6
9	《东京奥运会开幕式》	中央台五套	2.4	12.1
10	《32 届奥运会女子自由式摔跤 50 公斤级决赛》	中央台五套	2.3	10.9

二十八　北京收视数据

表 3.28.1　2017～2021 年北京市场各类频道的市场占有率

单位：%

频道类别	2017 年	2018 年	2019 年	2020 年	2021 年
中央广播电视总台	28.6	29.2	26.9	27.4	27.1
中国教育台频道	0.3	0.4	0.4	0.4	0.4
北京台频道	33.6	32.0	29.2	29.5	27.6
其他省级卫视频道	20.8	19.3	22.2	19.8	18.4
其他频道	16.7	19.1	21.3	22.9	26.5

表 3.28.2　2021 年北京市场各类频道在不同目标观众中的市场占有率

单位：%

目标观众		中央广播电视总台	中国教育台频道	北京台频道	其他省级卫视频道	其他频道
4 岁及以上所有人		27.1	0.4	27.6	18.4	26.5
性别	男	29.4	0.4	27.1	17.2	25.9
	女	25.0	0.3	28.0	19.6	27.1
年龄	4～14 岁	17.8	0.2	17.4	21.8	42.8
	15～24 岁	22.2	0.3	16.3	17.1	44.1
	25～34 岁	18.0	0.2	19.3	19.5	43.0
	35～44 岁	19.9	0.2	18.2	20.5	41.2
	45～54 岁	25.6	0.4	25.4	19.2	29.4
	55～64 岁	28.9	0.4	31.5	17.6	21.6
	65 岁及以上	33.9	0.5	34.3	17.2	14.1
受教育程度	未受过正规教育	24.6	0.4	20.1	19.0	35.9
	小学	28.3	0.5	27.6	21.4	22.2
	初中	29.0	0.5	34.5	18.0	18.0
	高中	27.4	0.4	28.1	18.9	25.2
	大学及以上	25.4	0.3	22.3	17.7	34.3

续表

目标观众		中央广播电视总台	中国教育台频道	北京台频道	其他省级卫视频道	其他频道
职业类别	干部/管理人员	23.5	0.3	22.1	19.8	34.3
	个体/私营企业人员	25.6	0.4	19.8	16.3	37.9
	初级公务员/雇员	22.5	0.3	21.0	18.7	37.5
	工人	23.1	0.6	26.2	20.1	30.0
	学生	18.4	0.3	16.5	21.4	43.4
	无业	30.1	0.4	32.0	18.2	19.3
	其他	22.3	0.7	30.2	23.9	22.9
个人月收入	0～600 元	19.5	0.3	20.3	22.6	37.3
	601～1200 元	28.6	0.4	31.3	27.2	12.5
	1201～1700 元	26.4	0.3	42.6	14.3	16.4
	1701～2600 元	31.5	0.6	32.9	19.8	15.2
	2601～3500 元	26.6	0.6	32.1	19.6	21.1
	3501～5000 元	28.4	0.4	32.2	17.5	21.5
	5001 元及以上	27.9	0.3	23.1	16.6	32.1

表 3.28.3　2021 年北京市场各类频道在不同时段的市场占有率

单位：%

时间段	中央广播电视总台	中国教育台频道	北京台频道	其他省级卫视频道	其他频道
02:00～03:00	18.4	0.9	9.6	23.8	47.3
03:00～04:00	22.0	0.9	11.5	22.7	42.9
04:00～05:00	26.1	0.6	10.9	18.2	44.2
05:00～06:00	35.5	1.5	10.2	17.4	35.4
06:00～07:00	38.5	2.0	27.7	9.7	22.1
07:00～08:00	31.9	1.0	40.5	7.4	19.2
08:00～09:00	33.5	1.0	32.3	11.3	21.9
09:00～10:00	32.2	1.0	22.6	18.8	25.4
10:00～11:00	29.7	1.0	21.0	21.7	26.6
11:00～12:00	31.6	0.5	22.1	20.3	25.5
12:00～13:00	29.0	0.2	30.0	15.2	25.6
13:00～14:00	25.0	0.3	20.6	23.3	30.8
14:00～15:00	24.5	0.6	15.4	27.1	32.4
15:00～16:00	25.7	0.8	15.9	27.0	30.6
16:00～17:00	28.1	0.8	16.7	25.5	28.9

续表

时间段	中央广播电视总台	中国教育台频道	北京台频道	其他省级卫视频道	其他频道
17:00～18:00	30.2	0.3	24.0	19.1	26.4
18:00～19:00	23.5	0.1	47.7	5.5	23.2
19:00～20:00	27.4	0.1	38.6	11.8	22.1
20:00～21:00	26.0	0.1	30.4	21.0	22.5
21:00～22:00	26.6	0.2	28.0	20.9	24.3
22:00～23:00	24.9	0.3	22.9	21.5	30.4
23:00～00:00	25.2	0.3	12.2	22.9	39.4
00:00～01:00	21.7	0.7	10.0	18.9	48.7
01:00～02:00	18.1	1.1	9.2	19.6	52.0

表 3.28.4　2021 年北京市场收视份额排名前十位的频道

单位：%

名次	频道名称	收视份额
1	北京卫视	11.2
2	北京广播电视台影视频道	5.9
3	中央台四套	4.6
4	中央台八套	3.4
5	中央电视台综合频道	2.9
6	中央电视台新闻频道	2.8
7	北京广播电视台生活频道	2.7
8	中央台五套	2.4
8	湖南卫视	2.4
10	中央台六套	2.3

表 3.28.5　2021 年北京市场各主要频道的观众构成

单位：%

目标观众		所有频道	北京卫视	北京广播电视台影视频道	中央台四套	中央台八套	中央电视台综合频道
4 岁及以上所有人		100.0	100.0	100.0	100.0	100.0	100.0
性别	男	48.8	45.3	48.2	55.7	45.2	48.0
	女	51.2	54.7	51.8	44.3	54.8	52.0

续表

目标观众		所有频道	北京卫视	北京广播电视台影视频道	中央台四套	中央台八套	中央电视台综合频道
年龄	4～14 岁	3.5	1.8	0.9	1.4	1.4	3.4
	15～24 岁	2.8	2.1	1.2	2.3	2.3	3.3
	25～34 岁	10.0	7.0	6.3	3.4	6.7	6.6
	35～44 岁	10.9	6.1	6.3	5.2	5.6	8.4
	45～54 岁	20.0	16.7	16.6	17.0	14.8	18.2
	55～64 岁	22.0	22.5	27.5	22.4	26.7	21.3
	65 岁及以上	30.8	43.8	41.0	48.3	42.6	38.9
受教育程度	未受过正规教育	1.8	1.4	0.3	2.1	0.9	2.1
	小学	7.8	7.8	10.0	6.4	18.7	6.1
	初中	27.0	31.1	38.9	32.8	27.0	28.2
	高中	27.6	28.4	27.6	26.8	27.8	29.2
	大学及以上	35.9	31.3	23.2	32.0	25.5	34.4
职业类别	干部/管理人员	2.4	2.5	1.3	1.7	0.9	3.1
	个体/私营企业人员	7.8	5.0	5.3	4.9	5.6	5.8
	初级公务员/雇员	22.1	16.5	14.5	14.9	15.0	19.2
	工人	3.3	2.8	3.5	2.2	3.4	2.5
	学生	3.9	2.5	1.4	1.3	1.9	2.8
	无业	59.8	70.2	72.4	74.2	72.3	66.2
	其他	0.7	0.5	1.6	0.8	0.9	0.4
个人月收入	0～600 元	12.3	8.3	5.8	6.5	6.1	12.2
	601～1200 元	2.0	2.2	3.0	2.6	1.8	1.7
	1201～1700 元	1.1	1.4	2.4	1.5	0.4	1.0
	1701～2600 元	9.2	9.9	15.3	8.3	24.4	7.5
	2601～3500 元	12.2	12.6	16.0	12.1	13.6	10.8
	3501～5000 元	26.8	33.2	31.2	30.3	27.2	28.0
	5001 元及以上	36.3	32.5	26.3	38.6	26.5	38.8

表 3.28.6　2019～2021 年北京市场各类节目的播出比重和收视比重

单位：%

节目类别	2019 年		2020 年		2021 年	
	播出比重	收视比重	播出比重	收视比重	播出比重	收视比重
财经	1.7	0.6	1.5	0.6	1.5	0.6
电视剧	20.7	32.1	20.5	31.4	20.5	31.7
电影	3.7	3.4	3.6	3.2	3.4	3.4

续表

节目类别	2019 年		2020 年		2021 年	
	播出比重	收视比重	播出比重	收视比重	播出比重	收视比重
法制	1.2	0.7	1.0	0.6	1.1	0.7
教学	0.5	0.0	0.7	0.1	0.5	0.0
青少	7.0	2.7	7.1	2.5	6.7	2.2
生活服务	8.2	9.5	8.2	9.0	9.2	9.1
体育	4.0	5.4	3.7	3.2	4.1	4.4
外语	0.2	0.0	0.2	0.0	0.2	0.0
戏剧	0.8	0.4	0.6	0.4	0.6	0.4
新闻/时事	15.1	12.9	16.6	17.6	15.2	15.2
音乐	1.7	0.8	1.8	0.9	1.7	0.9
专题	15.3	7.6	15.1	8.3	17.1	8.2
综艺	7.6	13.3	7.0	12.3	6.9	13.5
其他	12.3	10.5	12.3	10.1	11.3	9.7

表 3.28.7 2021 年北京市场所有节目收视率排名前三十位

单位：%

名次	节目名称	节目类型	播出频道	平均收视率	平均占有率
1	《2021 中央广播电视总台春节联欢晚会》	北京卫视	综艺	10.3	28.5
2	《2021 北京广播电视台春节联欢晚会》（2 月 12 日）	北京卫视	综艺	9.6	31.8
3	《32 届奥运会男子 100 米决赛》	中央台五套	体育	8.2	29.5
4	《2021 一年又一年》	北京卫视	专题	8.0	25.6
5	《天气预报》	北京卫视	生活服务	7.4	34.8
6	《乒乓球女团颁奖仪式》	中央台五套	体育	6.9	26.7
7	《32 届奥运会乒乓球男团决赛》	中央台五套	体育	6.6	28.0
8	《花好月圆元宵夜》	中央电视台综合频道	综艺	5.8	18.3
9	《刑警之海外行动》（2 月 13 日至 3 月 3 日）	北京卫视	电视剧	5.7	18.7
10	《刘墉追案》	北京卫视	电视剧	5.5	23.8
11	《东四牌楼东》	北京卫视	电视剧	5.3	20.1
12	《转播中央台新闻联播》	北京卫视	新闻	5.2	22.8
13	《32 届奥运会女排小组赛第 3 轮》（CHN VS ROC）	中央台五套	体育	5.1	31.3
14	《山海情》（1 月 12 日至 1 月 24 日）	北京卫视	电视剧	5.1	16.7
15	《欢乐二打一》（1 月 6 日）	北京广播电视台生活频道	综艺	5.0	22.0

续表

名次	节目名称	节目类型	播出频道	平均收视率	平均占有率
16	《32届奥运会女子自由式摔跤50公斤级决赛》	中央台五套	体育	5.0	20.5
17	《扫黑风暴》	北京卫视	电视剧	4.8	21.1
18	《亲爱的爸妈》	北京卫视	电视剧	4.8	20.2
19	《北京新闻》	北京卫视	新闻	4.7	24.0
20	《32届奥运会举重男子81公斤级决赛挺举》	中央台五套	体育	4.7	21.0
21	《32届奥运会羽毛球男子单打决赛》	中央台五套	体育	4.6	18.7
22	《32届奥运会体操男子吊环决赛》（8月2日）	中央台五套	体育	4.6	18.5
23	《前行者》	北京卫视	电视剧	4.4	17.4
24	《东京奥运会闭幕式》	中央台五套	体育	4.1	15.6
25	《2021第十一届北京国际电影节开幕式》（9月21日）	北京卫视	综艺	4.0	15.1
26	《2021中关村论坛开幕式特别报道》	北京卫视	新闻	4.0	14.7
27	《2021第十一届北京国际电影节闭幕式》（9月29日）	北京卫视	综艺	3.9	17.0
28	《装台》（3月4日至3月19日）	北京卫视	电视剧	3.8	13.2
29	《风声》（14~36集）	北京卫视	电视剧	3.8	12.3
30	《奥运一起赢》	中央台五套	体育	3.6	15.1

表3.28.8　2021年北京市场电视剧收视率排名前十位

单位：%

名次	节目名称	播出频道	平均收视率	平均占有率
1	《刑警之海外行动》（2月13日至3月3日）	北京卫视	5.7	18.7
2	《刘墉追案》	北京卫视	5.5	23.8
3	《东四牌楼东》	北京卫视	5.3	20.1
4	《山海情》（1月12日至1月24日）	北京卫视	5.1	16.7
5	《扫黑风暴》	北京卫视	4.8	21.1
6	《亲爱的爸妈》	北京卫视	4.8	20.2
7	《前行者》	北京卫视	4.4	17.4
8	《装台》（3月4日至3月19日）	北京卫视	3.8	13.2
9	《风声》（14~36集）	北京卫视	3.8	12.3
10	《斛珠夫人》	北京卫视	3.5	13.7

表 3.28.9　2021 年北京市场新闻节目收视率排名前十位

单位：%

名次	节目名称	播出频道	平均收视率	平均占有率
1	《转播中央台新闻联播》	北京卫视	5.2	22.8
2	《北京新闻》	北京卫视	4.7	24.0
3	《2021 中关村论坛开幕式特别报道》	北京卫视	4.0	14.7
4	《2021 年中国国际服务贸易交易会全球服务贸易峰会特别报道》	北京卫视	2.6	11.7
5	《2020 疫情下的美国人权透视》	中央台四套	1.7	6.6
6	《今日关注》	中央台四套	1.4	6.7
7	《中国舆论场》	中央台四套	1.4	5.2
8	《今日亚洲》	中央台四套	1.3	5.3
9	《海峡两岸》	中央台四套	1.1	4.3
10	《国务院总理会见中外记者并回答提问》	中央电视台综合频道	1.1	3.6

表 3.28.10　2021 年北京市场专题节目收视率排名前十位

单位：%

名次	节目名称	播出频道	平均收视率	平均占有率
1	《2021 一年又一年》	北京卫视	8.0	25.6
2	《同心奖牌诞生记》	北京卫视	1.9	9.0
3	《百姓心意》	北京卫视	1.7	12.2
4	《315》（3 月 15 日）	中央台二套	1.7	6.0
5	《正风反腐就在身边》	中央电视台综合频道	1.6	5.0
6	《向前一步》	北京卫视	1.4	6.0
7	《党课开讲啦》	中央电视台综合频道	1.4	5.6
8	《中国诗词大会第五季》（2 月 9 日）	中央电视台综合频道	1.4	4.8
9	《根在基层爱在身边感动北京最美家医特别节目》	北京卫视	1.3	9.7
10	《生命缘》（19 点档）	北京卫视	1.3	6.1

表 3.28.11　2021 年北京市场综艺节目收视率排名前十位

单位：%

名次	节目名称	播出频道	平均收视率	平均占有率
1	《2021 中央广播电视总台春节联欢晚会》	北京卫视	10.3	28.5
2	《2021 北京广播电视台春节联欢晚会》（2 月 12 日）	北京卫视	9.6	31.8
3	《花好月圆元宵夜》	中央电视台综合频道	5.8	18.3

续表

名次	节目名称	播出频道	平均收视率	平均占有率
4	《欢乐二打一》（1月6日）	北京广播电视台生活频道	5.0	22.0
5	《2021第十一届北京国际电影节开幕式》（9月21日）	北京卫视	4.0	15.1
6	《2021第十一届北京国际电影节闭幕式》（9月29日）	北京卫视	3.9	17.0
7	《天津卫视德云社相声春晚开开心心年年好》（2月10日）	天津卫视	3.4	11.6
8	《欢乐喜剧人7》（3月14日）	东方卫视	3.1	14.6
9	《伟大征程庆祝中国共产党成立100周年大型情景史诗》（7月1日）	北京卫视	2.9	12.2
10	《我就是演员》（2月20日）	浙江卫视	2.9	10.7

表3.28.12　2021年北京市场体育节目收视率排名前十位

单位：%

名次	节目名称	播出频道	平均收视率	平均占有率
1	《32届奥运会男子100米决赛》	中央台五套	8.2	29.5
2	《乒乓球女团颁奖仪式》	中央台五套	6.9	26.7
3	《32届奥运会乒乓球男团决赛》	中央台五套	6.6	28.0
4	《32届奥运会女排小组赛第3轮》（CHN VS ROC）	中央台五套	5.1	31.3
5	《32届奥运会女子自由式摔跤50公斤级决赛》	中央台五套	5.0	20.5
6	《32届奥运会举重男子81公斤级决赛挺举》	中央台五套	4.7	21.0
7	《32届奥运会羽毛球男子单打决赛》	中央台五套	4.6	18.7
8	《32届奥运会体操男子吊环决赛》（8月2日）	中央台五套	4.6	18.5
9	《东京奥运会闭幕式》	中央台五套	4.1	15.6
10	《奥运一起赢》	中央台五套	3.6	15.1

二十九　上海收视数据

表 3. 29. 1　2017～2021 年上海市场各类频道的市场占有率

单位：%

频道类别	2017 年	2018 年	2019 年	2020 年	2021 年
中央广播电视总台	15.4	17.6	17.0	17.2	15.4
中国教育台频道	0.1	0.1	0.1	0.1	0.1
上海市级频道	51.3	46.9	43.1	36.9	35.3
其他省级卫视频道	14.4	13.4	13.3	18.7	21.4
其他频道	18.8	22.0	26.5	27.1	27.8

表 3. 29. 2　2021 年上海市场各类频道在不同目标观众中的市场占有率

单位：%

目标观众		中央广播电视总台	中国教育台频道	上海市级频道	其他省级卫视频道	其他频道
4 岁及以上所有人		15.4	0.1	35.3	21.4	27.8
性别	男	17.0	0.1	35.1	20.6	27.2
	女	13.8	0.1	35.5	22.2	28.4
年龄	4～14 岁	8.5	0.1	21.6	25.9	43.9
	15～24 岁	12.4	0.1	31.2	27.0	29.3
	25～34 岁	10.8	0.1	24.8	28.8	35.5
	35～44 岁	12.9	0.1	26.3	21.9	38.8
	45～54 岁	15.2	0.1	33.1	22.5	29.1
	55～64 岁	15.6	0.1	39.2	18.5	26.6
	65 岁及以上	19.1	0.1	43.3	18.1	19.4
受教育程度	未受过正规教育	11.3	0.0	29.5	23.1	36.1
	小学	14.9	0.1	37.4	23.4	24.2
	初中	18.4	0.1	41.2	20.8	19.5
	高中	15.7	0.1	38.4	18.8	27.0
	大学及以上	13.4	0.1	27.2	24.4	34.9

续表

目标观众		中央广播电视总台	中国教育台频道	上海市级频道	其他省级卫视频道	其他频道
职业类别	干部/管理人员	18.2	0.1	31.3	15.5	34.9
	个体/私营企业人员	10.4	0.2	22.7	31.1	35.6
	初级公务员/雇员	13.2	0.1	28.7	24.3	33.7
	工人	17.1	0.1	35.8	21.2	25.8
	学生	11.8	0.1	25.1	26.2	36.8
	无业	17.1	0.1	40.6	18.9	23.3
	其他	17.3	0.1	54.3	18.3	10.0
个人月收入	0~600元	11.5	0.1	27.6	24.9	35.9
	601~1200元	8.3	0.0	63.8	20.7	7.2
	1201~1700元	16.0	0.1	40.3	25.8	17.8
	1701~2600元	14.9	0.1	46.7	24.6	13.7
	2601~3500元	22.0	0.1	43.3	18.3	16.3
	3501~5000元	17.4	0.1	39.1	20.0	23.4
	5001元及以上	13.5	0.1	31.3	22.2	32.9

表3.29.3　2021年上海市场各类频道在不同时段的市场占有率

单位：%

时间段	中央广播电视总台	中国教育台频道	上海市级频道	其他省级卫视频道	其他频道
02:00~03:00	19.8	0.2	18.4	22.5	39.1
03:00~04:00	20.1	0.1	11.9	22.3	45.6
04:00~05:00	29.8	0.0	8.6	25.4	36.2
05:00~06:00	37.9	0.2	11.0	23.4	27.5
06:00~07:00	40.3	0.3	28.6	11.8	19.0
07:00~08:00	15.0	0.2	54.3	7.6	22.9
08:00~09:00	18.1	0.2	43.7	9.8	28.2
09:00~10:00	20.3	0.2	35.7	14.5	29.3
10:00~11:00	19.0	0.2	35.8	16.0	29.0
11:00~12:00	18.7	0.1	35.6	17.1	28.5
12:00~13:00	21.0	0.1	29.7	19.0	30.2
13:00~14:00	18.8	0.1	24.9	24.1	32.1
14:00~15:00	19.0	0.1	21.9	26.5	32.5
15:00~16:00	19.6	0.1	21.4	26.3	32.6
16:00~17:00	20.2	0.2	22.4	24.9	32.3

续表

时间段	中央广播电视总台	中国教育台频道	上海市级频道	其他省级卫视频道	其他频道
17:00～18:00	17.5	0.1	34.3	17.9	30.2
18:00～19:00	11.9	0.0	56.6	6.2	25.3
19:00～20:00	12.0	0.1	45.0	22.0	20.9
20:00～21:00	10.1	0.0	38.5	28.8	22.6
21:00～22:00	13.3	0.1	32.7	27.3	26.6
22:00～23:00	13.7	0.1	29.9	24.2	32.1
23:00～00:00	16.9	0.1	23.6	22.1	37.3
00:00～01:00	21.3	0.2	23.0	14.6	40.9
01:00～02:00	19.5	0.2	23.9	15.9	40.5

表 3.29.4　2021 年上海市场收视份额排名前十位的频道

单位：%

名次	频道名称	收视份额
1	东方卫视	11.6
2	上海电视台新闻综合频道	9.0
3	上海电视台东方影视频道	5.3
4	湖南卫视	3.7
5	上海电视台都市频道	3.1
6	上海电视台五星体育频道	3.0
6	江苏卫视	3.0
8	中央台四套	2.9
8	浙江卫视	2.9
10	中央台六套	2.1

表 3.29.5　2021 年上海市场各主要频道的观众构成

单位：%

目标观众		所有频道	东方卫视	上海电视台新闻综合频道	上海电视台东方影视频道	湖南卫视	上海电视台都市频道
4 岁及以上所有人		100.0	100.0	100.0	100.0	100.0	100.0
性别	男	50.7	48.3	52.1	47.3	46.3	45.7
	女	49.3	51.7	47.9	52.7	53.7	54.3

续表

目标观众		所有频道	东方卫视	上海电视台新闻综合频道	上海电视台东方影视频道	湖南卫视	上海电视台都市频道
年龄	4～14 岁	3.6	3.1	1.4	0.7	3.6	1.4
	15～24 岁	3.1	2.9	2.4	2.3	5.5	2.6
	25～34 岁	14.7	14.5	6.0	9.1	20.9	9.3
	35～44 岁	12.2	11.6	9.3	6.3	14.7	7.3
	45～54 岁	13.7	15.3	11.2	10.0	16.9	10.0
	55～64 岁	16.0	14.8	19.4	18.2	13.5	20.5
	65 岁及以上	36.7	37.8	50.3	53.4	24.9	48.9
受教育程度	未受过正规教育	2.4	1.9	1.3	2.5	2.6	1.2
	小学	7.4	7.0	7.4	11.5	7.3	6.0
	初中	21.8	20.6	28.8	30.2	19.0	29.6
	高中	37.5	39.0	43.3	37.9	33.1	42.4
	大学及以上	30.9	31.5	19.2	17.9	38.0	20.8
职业类别	干部/管理人员	1.8	2.0	1.4	0.5	1.2	2.4
	个体/私营企业人员	3.4	2.8	1.3	1.7	4.0	1.2
	初级公务员/雇员	31.9	34.1	19.8	21.3	42.8	21.2
	工人	3.4	3.2	3.8	2.6	4.8	3.6
	学生	4.4	3.8	2.6	2.3	5.8	2.6
	无业	54.6	53.2	70.7	70.1	40.8	68.5
	其他	0.5	0.9	0.4	1.5	0.6	0.5
个人月收入	0～600 元	8.0	6.8	6.7	5.2	8.7	4.2
	601～1200 元	0.2	0.1	0.6	0.4	0.3	0.2
	1201～1700 元	0.7	0.6	0.6	1.2	0.8	0.4
	1701～2600 元	2.9	3.5	3.4	6.4	2.9	2.6
	2601～3500 元	7.5	7.9	8.9	11.4	5.0	8.3
	3501～5000 元	36.2	36.3	42.9	41.8	35.6	46.8
	5001 元及以上	44.5	44.8	36.9	33.6	46.7	37.5

表 3.29.6　2019～2021 年上海市场各类节目的播出比重和收视比重

单位：%

节目类别	2019 年		2020 年		2021 年	
	播出比重	收视比重	播出比重	收视比重	播出比重	收视比重
财经	1.9	1.2	1.7	1.1	1.8	0.9
电视剧	20.8	32.9	20.7	32.8	20.4	35.4
电影	4.3	4.9	3.6	3.1	3.6	2.9

续表

节目类别	2019 年		2020 年		2021 年	
	播出比重	收视比重	播出比重	收视比重	播出比重	收视比重
法制	0.7	0.9	0.6	0.7	0.7	1.1
教学	0.5	0.1	0.4	0.1	0.4	0.0
青少	6.6	1.7	6.9	1.4	6.7	1.2
生活服务	8.6	8.8	8.7	7.9	9.5	7.9
体育	4.7	6.3	4.9	4.7	5.1	5.5
外语	0.2	0.0	0.2	0.0	0.3	0.0
戏剧	1.9	0.6	1.7	0.6	1.7	0.5
新闻/时事	14.7	15.3	16.0	20.3	14.9	17.4
音乐	1.7	1.1	1.8	1.0	1.6	0.8
专题	14.3	5.4	14.4	5.1	15.3	4.6
综艺	6.9	9.9	6.1	10.6	6.2	11.1
其他	12.2	10.9	12.3	10.6	11.8	10.7

表 3.29.7　2021 年上海市场所有节目收视率排名前三十位

单位：%

名次	节目名称	节目类型	播出频道	平均收视率	平均占有率
1	《小舍得》	电视剧	东方卫视	9.7	28.4
2	《光荣与梦想》	电视剧	东方卫视	9.6	27.2
3	《突围》	电视剧	东方卫视	9.5	28.7
4	《三生有幸遇上你》	电视剧	东方卫视	8.9	26.7
5	《啊摇篮》	电视剧	东方卫视	8.9	25.6
6	《谁是宝藏歌手》（6 月 11 日）	综艺	湖南卫视	8.7	25.0
7	《暴风眼》	电视剧	东方卫视	8.6	24.7
8	《理想之城》	电视剧	东方卫视	8.4	24.5
9	《大江大河二》	电视剧	东方卫视	8.4	23.9
10	《我们的新时代》	电视剧	东方卫视	8.4	23.2
11	《两个人的世界》	电视剧	东方卫视	8.3	24.6
12	《功勋》	电视剧	东方卫视	8.2	25.6
13	《欢乐喜剧人 7》（1 月 10 日）	综艺	东方卫视	7.9	28.5
14	《扫黑风暴》	电视剧	东方卫视	7.9	26.2
15	《我的砍价女王》	电视剧	东方卫视	7.0	21.7
16	《小舍得开播盛典》	综艺	东方卫视	6.9	20.9
17	《2022 跨年演唱会用奋斗点亮幸福》	音乐	江苏卫视	6.5	22.2
18	《也平凡》	电视剧	东方卫视	6.3	19.3

续表

名次	节目名称	节目类型	播出频道	平均收视率	平均占有率
19	《我是真的爱你》	电视剧	东方卫视	6.3	18.7
20	《百变大咖秀 2021》（2 月 19 日）	综艺	湖南卫视	6.0	26.1
21	《新闻透视》	新闻/时事	上海电视台新闻综合频道	5.9	23.9
22	《观众中来》	新闻/时事	上海电视台新闻综合频道	5.9	23.3
23	《青春中国 2021 ~2022 跨年晚会》	音乐	湖南卫视	5.9	20.8
24	《正青春》	电视剧	东方卫视	5.9	16.5
25	《2021 年上海国际电影电视节第 27 届上海电视节白玉兰绽放颁奖典礼》	综艺	东方卫视	5.7	19.9
26	《2021 中央广播电视总台春节联欢晚会》	综艺	东方卫视	5.7	19.8
27	《我们的歌》（10 月 10 日）	综艺	东方卫视	5.3	27.9
28	《新时代共享未来第四届中国国际进口博览会全媒体直播特别报道》	新闻/时事	东方卫视	5.2	16.5
29	《春满东方幸福牛年 2021 东方卫视春节晚会》	综艺	东方卫视	5.1	15.2
30	《乘风破浪》（2 月 19 日）	综艺	湖南卫视	5.0	13.6

表 3.29.8　2021 年上海市场电视剧收视率排名前十位

单位：%

名次	节目名称	播出频道	平均收视率	平均占有率
1	《小舍得》	东方卫视	9.7	28.4
2	《光荣与梦想》	东方卫视	9.6	27.2
3	《突围》	东方卫视	9.5	28.7
4	《三生有幸遇上你》	东方卫视	8.9	26.7
5	《啊摇篮》	东方卫视	8.9	25.6
6	《暴风眼》	东方卫视	8.6	24.7
7	《理想之城》	东方卫视	8.4	24.5
8	《大江大河二》	东方卫视	8.4	23.9
9	《我们的新时代》	东方卫视	8.4	23.2
10	《两个人的世界》	东方卫视	8.3	24.6

表 3.29.9　2021 年上海市场新闻节目收视率排名前十位

单位：%

名次	节目名称	播出频道	平均收视率	平均占有率
1	《新闻透视》	上海电视台新闻综合频道	5.9	23.9

续表

名次	节目名称	播出频道	平均收视率	平均占有率
2	《观众中来》	上海电视台新闻综合频道	5.9	23.3
3	《新时代共享未来第四届中国国际进口博览会全媒体直播特别报道》	东方卫视	5.2	16.5
4	《新闻报道》	上海电视台新闻综合频道	4.7	21.4
5	《转播中央台新闻联播》	上海电视台新闻综合频道	4.6	17.9
6	《共同守沪迎战烟花防汛抗台全媒体直播报道》	上海电视台新闻综合频道	4.6	14.5
7	《九曲张灯又一春元宵云赏灯特别节目》	上海电视台新闻综合频道	3.3	10.3
8	《新闻坊》	上海电视台新闻综合频道	3.1	19.7
9	《东方新闻》	东方卫视	2.0	10.2
10	《上海市人民政府记者招待会》	上海电视台新闻综合频道	1.9	5.7

表 3.29.10　2021 年上海市场专题节目收视率排名前十位

单位：%

名次	节目名称	播出频道	平均收视率	平均占有率
1	《寻味上海》	上海电视台新闻综合频道	3.6	11.8
2	《尽心尽责为人民上海市人大常委会2020年履职纪实》	上海电视台新闻综合频道	3.6	11.0
3	《胸怀两个大局彰显政协力量2020年上海市政协履职纪实》	上海电视台新闻综合频道	3.3	10.5
4	《2021年全国消费促进月暨上海五五购物节启动仪式》	东方卫视	2.4	7.2
5	《潮涌长三角——长三角三省一市庆祝中国共产党成立100周年特别节目》	东方卫视	2.1	12.6
6	《诞生在上海》	上海电视台新闻综合频道	2.1	5.9
7	《建筑可阅读》	上海电视台新闻综合频道	2.0	6.9
8	《致敬百年风华》	江苏卫视	1.7	4.8
9	《大城无小事城市真英雄2021》	东方卫视	1.6	7.8
10	《融入大地闪耀星空致敬袁隆平》	湖南卫视	1.6	4.9

表 3.29.11　2021 年上海市场综艺节目收视率排名前十位

单位：%

名次	节目名称	播出频道	平均收视率	平均占有率
1	《谁是宝藏歌手》（6月11日）	湖南卫视	8.7	25.0
2	《欢乐喜剧人7》（1月10日）	东方卫视	7.9	28.5

续表

名次	节目名称	播出频道	平均收视率	平均占有率
3	《小舍得开播盛典》	东方卫视	6.9	20.9
4	《百变大咖秀 2021》（2 月 19 日）	湖南卫视	6.0	26.1
5	《2021 年上海国际电影电视节第 27 届上海电视节白玉兰绽放颁奖典礼》	东方卫视	5.7	19.9
6	《2021 中央广播电视总台春节联欢晚会》	东方卫视	5.7	19.8
7	《我们的歌》（10 月 10 日）	东方卫视	5.3	27.9
8	《春满东方幸福牛年 2021 东方卫视春节晚会》	东方卫视	5.1	15.2
9	《乘风破浪》（2 月 19 日）	湖南卫视	5.0	13.6
10	《天猫开心夜》	湖南卫视	4.9	21.1

表 3.29.12　2021 年上海市场体育节目收视率排名前十位

单位：%

名次	节目名称	播出频道	平均收视率	平均占有率
1	《32 届奥运会乒乓球女团决赛》	中央台五套	4.6	15.8
2	《32 届奥运会男子 100 米决赛》	中央台五套	4.6	13.5
3	《乒乓球女团颁奖仪式》	中央台五套	4.0	12.0
4	《实况录像：32 届奥运会举重男子 81 公斤级决赛挺举》	中央台五套	3.7	13.7
5	《32 届奥运会竞技体操男子团体决赛》	中央台五套	3.5	10.6
6	《纵横欧锦赛：2020 年欧洲杯足球赛小组赛 F 组第二轮》（匈牙利 VS 法国）	上海电视台五星体育频道	3.4	11.2
7	《32 届奥运会女子 100 米蛙泳预赛》	中央台五套	3.2	10.9
8	《32 届奥运会女排小组赛第 4 轮》（中国 VS 意大利）	中央台五套	2.9	15.7
9	《激情奥运在东京：32 届奥运会乒乓球混双决赛》（许昕/刘诗雯 VS 水谷隼/伊藤美诚）	上海电视台五星体育频道	2.9	7.7
10	《东京奥运会闭幕式》	中央台五套	2.7	8.4

三十　天津收视数据

表 3. 30. 1　2017～2021 年天津市场各类频道的市场占有率

单位：%

频道类别	2017 年	2018 年	2019 年	2020 年	2021 年
中央广播电视总台	27. 4	28. 4	25. 9	25. 4	24. 5
中国教育台频道	0. 1	0. 1	0. 1	0. 1	0. 1
天津市级频道	28. 8	29. 3	25. 4	22. 6	19. 7
其他省级卫视频道	27. 8	23. 4	30. 9	32. 5	29. 6
其他频道	15. 9	18. 8	17. 7	19. 4	26. 1

表 3. 30. 2　2021 年天津市场各类频道在不同目标观众中的市场占有率

单位：%

目标观众		中央广播电视总台	中国教育台频道	天津市级频道	其他省级卫视频道	其他频道
4 岁及以上所有人		24. 5	0. 1	19. 7	29. 6	26. 1
性别	男	26. 6	0. 1	19. 2	27. 7	26. 4
	女	22. 2	0. 1	20. 1	31. 6	26. 0
年龄	4～14 岁	12. 1	0. 1	11. 4	31. 0	45. 4
	15～24 岁	20. 6	0. 1	16. 6	32. 2	30. 5
	25～34 岁	15. 2	0. 1	12. 3	37. 1	35. 3
	35～44 岁	17. 7	0. 1	13. 0	37. 8	31. 4
	45～54 岁	25. 1	0. 1	17. 3	28. 5	29. 0
	55～64 岁	27. 6	0. 1	26. 4	27. 1	18. 8
	65 岁及以上	34. 8	0. 1	27. 1	22. 8	15. 2
受教育程度	未受过正规教育	12. 9	0. 1	17. 8	32. 2	37. 0
	小学	20. 9	0. 1	24. 3	28. 5	26. 2
	初中	27. 4	0. 1	21. 0	28. 9	22. 6
	高中	25. 6	0. 1	20. 1	27. 8	26. 4
	大学及以上	22. 5	0. 1	14. 2	33. 3	29. 9

续表

目标观众		中央广播电视总台	中国教育台频道	天津市级频道	其他省级卫视频道	其他频道
职业类别	干部/管理人员	20.8	0.1	11.2	41.1	26.8
	个体/私营企业人员	22.2	0.1	13.8	34.0	29.9
	初级公务员/雇员	21.6	0.1	16.5	31.8	30.0
	工人	26.3	0.1	17.3	35.1	21.2
	学生	16.2	0.1	15.3	34.0	34.4
	无业	27.1	0.1	22.5	26.2	24.1
	其他	28.3	0.1	31.0	24.1	16.5
个人月收入	0～600元	18.5	0.1	16.9	31.2	33.3
	601～1200元	29.3	0.1	25.4	18.3	26.9
	1201～1700元	18.0	0.1	26.3	31.8	23.8
	1701～2600元	24.3	0.1	23.5	31.6	20.5
	2601～3500元	27.2	0.1	21.8	29.5	21.4
	3501～5000元	28.7	0.1	18.5	27.6	25.1
	5001元及以上	23.3	0.1	15	31.0	30.6

表3.30.3　2021年天津市场各类频道在不同时段的市场占有率

单位：%

时间段	中央广播电视总台	中国教育台频道	天津市级频道	其他省级卫视频道	其他频道
02:00～03:00	20.2	0.1	9.0	16.4	54.3
03:00～04:00	17.6	0.1	11.1	13.1	58.1
04:00～05:00	18.8	0.1	12.9	12.3	55.9
05:00～06:00	23.7	0.2	13.9	17.0	45.2
06:00～07:00	39.9	0.2	15.5	16.5	27.9
07:00～08:00	42.0	0.2	19.0	13.8	25.0
08:00～09:00	39.4	0.1	18.2	15.9	26.4
09:00～10:00	32.3	0.1	15.6	22.8	29.2
10:00～11:00	30.5	0.2	10.3	26.3	32.7
11:00～12:00	30.9	0.1	10.1	26.9	32.0
12:00～13:00	32.2	0.1	14.8	23.3	29.6
13:00～14:00	25.1	0.1	15.6	27.6	31.6
14:00～15:00	24.9	0.1	10.3	31.9	32.8
15:00～16:00	25.0	0.1	10.3	32.4	32.2
16:00～17:00	25.1	0.1	12.3	31.3	31.2

续表

时间段	中央广播电视总台	中国教育台频道	天津市级频道	其他省级卫视频道	其他频道
17:00～18:00	24.0	0.1	24.2	23.7	28.0
18:00～19:00	21.0	0.1	46.4	10.2	22.3
19:00～20:00	23.4	0.1	28.2	28.2	20.1
20:00～21:00	19.3	0.0	17.6	42.8	20.3
21:00～22:00	21.5	0.1	16.9	39.7	21.8
22:00～23:00	21.6	0.1	16.8	35.8	25.7
23:00～00:00	23.9	0.1	11.1	33.9	31.0
00:00～01:00	27.8	0.1	7.2	24.0	40.9
01:00～02:00	24.3	0.1	7.8	19.2	48.6

表 3.30.4　2021 年天津市场收视份额排名前十位的频道

单位：%

名次	频道名称	收视份额
1	天津电视台三套（影视频道）	5.7
2	浙江卫视	4.6
3	中央台四套	3.5
4	江苏卫视	3.4
5	湖南卫视	3.2
6	中央电视台综合频道	3.0
7	中央台六套	2.9
7	天津电视台五套（体育频道）	2.9
9	天津卫视	2.7
10	东方卫视	2.6

表 3.30.5　2021 年天津市场各主要频道的观众构成

单位：%

目标观众		所有频道	主要频道				
			天津电视台三套（影视频道）	浙江卫视	中央台四套	江苏卫视	湖南卫视
4 岁及以上所有人		100.0	100.0	100.0	100.0	100.0	100.0
性别	男	52.2	53.9	49.1	63.2	50.0	43.8
	女	47.8	46.1	50.9	36.8	50.0	56.2

续表

目标观众		所有频道	主要频道				
			天津电视台三套（影视频道）	浙江卫视	中央台四套	江苏卫视	湖南卫视
年龄	4～14 岁	5.9	3.8	5.3	1.6	3.7	4.1
	15～24 岁	7.1	6.8	8.3	4.6	8.5	8.3
	25～34 岁	14.6	7.0	24.4	7.2	21.0	23.6
	35～44 岁	10.8	5.3	16.0	4.4	14.2	13.5
	45～54 岁	20.0	19.7	19.4	15.5	17.3	20.2
	55～64 岁	19.0	26.0	13.7	27.6	17.1	15.3
	65 岁及以上	22.6	31.5	12.8	39.2	18.2	15.0
受教育程度	未受过正规教育	3.5	2.9	2.5	1.0	2.7	2.4
	小学	12.8	21.8	9.9	9.0	8.7	13.0
	初中	32.6	40.0	30.0	37.7	31.2	28.0
	高中	30.4	24.3	27.1	35.3	30.5	27.9
	大学及以上	20.7	11.1	30.4	17.0	26.9	28.7
职业类别	干部/管理人员	2.2	1.2	4.0	3.4	4.3	3.2
	个体/私营企业人员	13.3	11.7	14.8	9.7	13.9	15.5
	初级公务员/雇员	19.7	15.6	28.0	13.9	24.5	24.7
	工人	5.4	5.0	5.8	6.5	6.7	9.6
	学生	7.5	6.6	10.3	3.5	8.0	8.7
	无业	44.8	45.3	32.4	53.2	38.2	32.9
	其他	7.1	14.7	4.8	9.7	4.4	5.3
个人月收入	0～600 元	21.7	20.0	22.7	11.4	17.9	20.3
	601～1200 元	4.3	5.9	2.1	4.4	3.6	2.8
	1201～1700 元	3.3	5.1	3.1	4.0	2.6	2.9
	1701～2600 元	12.3	17.0	10.6	16.8	14.6	12.8
	2601～3500 元	24.3	21.7	23.4	29.3	25.9	29.1
	3501～5000 元	20.0	16.7	20.4	20.4	19.1	18.7
	5001 元及以上	14.1	13.7	17.7	13.7	16.4	13.5

表 3.30.6　2019～2021 年天津市场各类节目的播出比重和收视比重

单位：%

节目类别	2019 年		2020 年		2021 年	
	播出比重	收视比重	播出比重	收视比重	播出比重	收视比重
财经	1.1	0.4	1.0	0.4	1.0	0.8
电视剧	20.7	33.8	20.9	36.2	25.4	36.2

续表

节目类别	2019 年		2020 年		2021 年	
	播出比重	收视比重	播出比重	收视比重	播出比重	收视比重
电影	3.6	3.9	3.2	3.4	3.5	3.7
法制	1.5	1.9	1.5	1.7	1.4	1.6
教学	0.5	0.0	0.7	0.1	0.4	0.1
青少	7.8	4.4	7.7	3.8	7.3	3.6
生活服务	8.2	7.4	8.0	6.9	7.8	6.4
体育	4.3	5.2	4.4	3.1	4.4	4.5
外语	0.1	0.0	0.2	0.0	0.2	0.0
戏剧	0.8	0.7	0.7	0.5	0.9	0.5
新闻/时事	15.2	11.0	16.2	14.3	10.3	12.1
音乐	1.7	1.1	1.8	1.1	1.5	1.0
专题	14.9	6.0	15.0	5.5	15.0	5.8
综艺	7.8	15.0	7.0	13.9	5.4	14.2
其他	11.8	9.2	11.7	9.1	15.4	9.6

表 3.30.7　2021 年天津市场所有节目收视率排名前三十位

单位：%

名次	节目名称	节目类型	播出频道	平均收视率	平均占有率
1	《2021 中央广播电视总台春节联欢晚会》	综艺	中央电视台综合频道	8.1	19.3
2	《2021 一年又一年》	专题	中央电视台综合频道	7.6	21.5
3	《天津卫视德云社相声春晚开开心心年年好》	综艺	天津卫视	7.2	21.6
4	《追光吧！哥哥》（2 月 27 日）	综艺	上海东方卫视	6.9	23.9
5	《乒乓球女团颁奖仪式》	体育	中央台五套	6.6	27.8
6	《32 届奥运会男子 100 米决赛》	体育	中央台五套	6.4	25.9
7	《32 届奥运会乒乓球男单决赛》	体育	中央台五套	6.3	23.3
8	《旗开得胜斗地主电视擂台赛》（2 月 10 日）	综艺	天津电视台五套（体育频道）	5.6	23.6
9	《中国梦之声·我们的歌哞哞嗨唱大会》	综艺	上海东方卫视	5.2	20.2
10	《百度潮盛典国潮正当时》	综艺	浙江卫视	5.1	32.5
11	《爱的理想生活》	电视剧	湖南卫视	4.9	16.4
12	《暴风眼》	电视剧	浙江卫视	4.6	13.6
13	《32 届奥运会女排小组赛第 4 轮（中国 VS 意大利）》	体育	中央台五套	4.5	28.3
14	《王牌对王牌》	综艺	浙江卫视	4.5	14.7
15	《爱在星空下》	电视剧	浙江卫视	4.4	14.4

续表

名次	节目名称	节目类型	播出频道	平均收视率	平均占有率
16	《闪光的乐队》（12 月 25 日）	综艺	浙江卫视	4.3	14.5
17	《大江大河二》（22－39 集）	电视剧	浙江卫视	4.3	12.8
18	《实况录像：32 届奥运会举重男子 73 公斤级决赛挺举》	体育	中央台五套	4.1	17.6
19	《花好月圆元宵夜》	综艺	中央电视台综合频道	4.1	11.5
20	《陪你一起长大》	电视剧	湖南卫视	4.0	13.9
21	《32 届奥运会女子自由式摔跤 50 公斤级决赛》	体育	中央台五套	3.9	15.5
22	《假日暖洋洋》	电视剧	北京卫视	3.8	10.8
23	《32 届奥运会体操男子个人全能决赛》	体育	中央台五套	3.7	16.7
24	《东京奥运会开幕式》	体育	中央台五套	3.6	16.1
25	《2020 国剧盛典》	综艺	安徽卫视	3.6	13.7
26	《信仰之光剧映百年第 28 届北京电视节目交易会开幕式》	综艺	北京卫视	3.5	13.1
27	《金曲青春》	综艺	上海东方卫视	3.5	12.9
28	《笑赢这一年优酷浙江卫视 2021 喜剧春晚犇向新春》	综艺	浙江卫视	3.4	22.7
29	《32 届奥运会羽毛球男子单打决赛》	体育	中央台五套	3.4	13.2
30	《寒山令》	电视剧	天津电视台三套（影视频道）	3.4	12.5

表 3.30.8　2021 年天津市场电视剧收视率排名前十位

单位：%

名次	节目名称	播出频道	平均收视率	平均占有率
1	《爱的理想生活》	湖南卫视	4.9	16.2
2	《暴风眼》	浙江卫视	4.6	13.6
3	《爱在星空下》	浙江卫视	4.4	14.4
4	《大江大河二》（22～39 集）	浙江卫视	4.3	12.8
5	《陪你一起长大》	湖南卫视	4.0	13.9
6	《假日暖洋洋》	北京卫视	3.8	10.8
7	《寒山令》	天津电视台三套（影视频道）	3.4	12.5
8	《光荣与梦想》	北京卫视	3.2	11.1
9	《猎鹰在行动》	天津电视台三套（影视频道）	3.1	13.1
10	《杀狼花》	天津电视台三套（影视频道）	3.1	11.4

表 3.30.9　2021 年天津市场新闻节目收视率排名前十位

单位：%

名次	节目名称	播出频道	平均收视率	平均占有率
1	《都市报道 60 分》	天津电视台一套（新闻频道）	1.6	6.1
2	《新闻联播》	中央电视台综合频道	1.4	5.5
3	《2020 疫情下的美国人权透视》	中央台四套	1.4	4.8
4	《2021 中关村论坛开幕式特别报道》	北京卫视	1.2	4.4
5	《零距离》	天津电视台一套（新闻频道）	1.1	6.7
6	《今日关注》	中央台四套	1.1	4.7
7	《中国舆论场》	中央台四套	1.1	3.6
8	《省委十四届十次全会特别节目》	浙江卫视	1.1	3.5
9	《今日亚洲》	中央台四套	1.0	3.4
10	《筑梦空间站神舟十二号航天员乘组返回北京特别报道》	中央台四套	0.9	3.5

表 3.30.10　2021 年天津市场专题节目收视率排名前十位

单位：%

名次	节目名称	播出频道	平均收视率	平均占有率
1	《2021 一年又一年》	中央电视台综合频道	7.6	21.5
2	《致敬百年风华》	江苏卫视	2.4	8.1
3	《2021 年全国消费促进月暨上海五五购物节启动仪式》	上海东方卫视	1.9	6.0
4	《正风反腐就在身边》	中央电视台综合频道	1.6	4.9
5	《315》	中央台二套	1.3	4.2
6	《暗流涌动》	中央台四套	1.3	3.9
7	《主播读宪法》	湖南卫视	1.2	3.9
8	《榜样 6 建党 100 周年特别节目》	中央电视台综合频道	1.1	3.9
9	《加油 2021 春节联欢晚会幕后纪事》	中央台三套	1.1	3.6
10	《潮涌长三角——长三角三省一市庆祝中国共产党成立 100 周年特别节目》	江苏卫视	1.0	6.4

表 3.30.11　2021 年天津市场综艺节目收视率排名前十位

单位：%

名次	节目名称	播出频道	平均收视率	平均占有率
1	《2021 中央广播电视总台春节联欢晚会》	中央电视台综合频道	8.1	19.3
2	《天津卫视德云社相声春晚开开心心年年好》	天津卫视	7.2	21.6

续表

名次	节目名称	播出频道	平均收视率	平均占有率
3	《追光吧！哥哥》（2月27日）	东方卫视	6.9	23.9
3	《旗开得胜斗地主电视擂台赛》（2月10日）	天津电视台五套（体育频道）	5.6	23.6
5	《中国梦之声·我们的歌哞哞嗨唱大会》	东方卫视	5.2	20.2
6	《百度潮盛典国潮正当时》	浙江卫视	5.1	32.5
7	《王牌对王牌》	浙江卫视	4.5	14.7
8	《闪光的乐队》（12月25日）	浙江卫视	4.3	14.5
9	《花好月圆元宵夜》	中央电视台综合频道	4.1	11.5
10	《2020国剧盛典》	安徽卫视	3.6	13.7

表3.30.12　2021年天津市场体育节目收视率排名前十位

单位：%

名次	节目名称	播出频道	平均收视率	平均占有率
1	《乒乓球女团颁奖仪式》	中央台五套	6.6	27.8
2	《32届奥运会男子100米决赛》	中央台五套	6.4	25.9
3	《32届奥运会乒乓球男单决赛》	中央台五套	6.3	23.3
4	《32届奥运会女排小组赛第4轮（中国VS意大利）》	中央台五套	4.5	28.3
5	《实况录像：32届奥运会举重男子73公斤级决赛挺举》	中央台五套	4.1	17.6
6	《32届奥运会女子自由式摔跤50公斤级决赛》	中央台五套	3.9	15.5
7	《32届奥运会体操男子个人全能决赛》	中央台五套	3.7	16.7
8	《东京奥运会开幕式》	中央台五套	3.6	16.1
9	《32届奥运会羽毛球男子单打决赛》	中央台五套	3.4	13.2
10	32届奥运会女子100米仰泳预赛	中央台五套	3.2	19.8

三十一　重庆收视数据

表 3. 31. 1　2017～2021 年重庆市场各类频道的市场占有率

单位：%

频道类别	2017 年	2018 年	2019 年	2020 年	2021 年
中央广播电视总台	27. 1	26. 6	23. 0	22. 4	18. 7
中国教育台频道	0. 1	0. 1	0. 1	0. 1	0. 1
重庆市级频道	22. 5	23. 6	21. 3	18. 6	15. 7
其他省级卫视频道	30. 4	25. 1	25	31. 9	41. 0
其他频道	19. 9	24. 6	30. 6	27. 0	24. 5

表 3. 31. 2　2021 年重庆市场各类频道在不同目标观众中的市场占有率

单位：%

目标观众		中央广播电视总台	中国教育台频道	重庆市级频道	其他省级卫视频道	其他频道
4 岁及以上所有人		18. 7	0. 1	15. 7	41. 0	24. 5
性别	男	20. 0	0. 1	15. 5	39. 3	25. 1
	女	17. 4	0. 1	15. 8	42. 7	24. 0
年龄	4～14 岁	8. 6	0. 1	12. 0	33. 1	46. 2
	15～24 岁	15. 2	0. 0	10. 9	50. 1	23. 8
	25～34 岁	12. 3	0. 0	9. 1	51. 3	27. 3
	35～44 岁	14. 5	0. 0	9. 0	50. 6	25. 9
	45～54 岁	18. 8	0. 0	13. 8	45. 5	21. 9
	55～64 岁	21. 3	0. 1	20. 5	36. 0	22. 1
	65 岁及以上	26. 7	0. 1	23. 1	31. 1	19. 0
受教育程度	未受过正规教育	11. 8	0. 1	13. 5	35. 4	39. 2
	小学	20. 9	0. 1	20. 7	36. 5	21. 8
	初中	18. 4	0. 1	16. 3	42. 9	22. 3
	高中	18. 8	0. 0	12. 9	43. 0	25. 3
	大学及以上	18. 0	0. 0	8. 1	45. 2	28. 7

续表

目标观众		中央广播电视总台	中国教育台频道	重庆市级频道	其他省级卫视频道	其他频道
职业类别	干部/管理人员	16.2	0.0	12.0	40.5	31.3
	个体/私营企业人员	17.0	0.1	16.5	42.2	24.2
	初级公务员/雇员	20.4	0.1	8.4	43.5	27.6
	工人	16.5	0.0	12.8	49.9	20.8
	学生	9.4	0.1	10.1	37.6	42.8
	无业	20.0	0.1	18.4	37.6	23.9
	其他	28.6	0.2	19.0	33.0	19.2
个人月收入	0～600 元	15.5	0.1	14.6	40.5	29.3
	601～1200 元	27.3	0.2	20.8	36.7	15.0
	1201～1700 元	21.6	0.1	22.4	41.3	14.6
	1701～2600 元	21.8	0.1	18.3	41.2	18.6
	2601～3500 元	18.6	0.1	15.8	41.2	24.3
	3501～5000 元	19.6	0.0	13.0	41.1	26.3
	5001 元及以上	15.4	0.0	11.2	44.8	28.6

表 3.31.3　2021 年重庆市场各类频道在不同时段的市场占有率

单位：%

时间段	中央广播电视总台	中国教育台频道	重庆市级频道	其他省级卫视频道	其他频道
02:00～03:00	22.4	0.1	11.6	31.4	34.5
03:00～04:00	23.8	0.1	12.5	27.1	36.5
04:00～05:00	28.8	0.1	13.5	23.7	33.9
05:00～06:00	33.9	0.1	16.5	22.1	27.4
06:00～07:00	48.8	0.2	12.8	15.2	23.0
07:00～08:00	41.9	0.2	17.5	13.0	27.4
08:00～09:00	29.8	0.3	14.9	21.0	34.0
09:00～10:00	22.9	0.3	12.9	28.2	35.7
10:00～11:00	23.1	0.2	11.3	30.3	35.1
11:00～12:00	25.4	0.1	13.5	28.2	32.8
12:00～13:00	26.7	0.0	14.7	26.5	32.1
13:00～14:00	22.6	0.1	10.7	34.2	32.4
14:00～15:00	19.5	0.1	8.6	38.6	33.2
15:00～16:00	19.4	0.2	7.9	39.2	33.3
16:00～17:00	20.5	0.2	9.1	37.1	33.1

续表

时间段	中央广播电视总台	中国教育台频道	重庆市级频道	其他省级卫视频道	其他频道
17:00~18:00	21.6	0.1	15.7	30.2	32.4
18:00~19:00	19.8	0.0	36.7	17.5	26.0
19:00~20:00	15.2	0.0	20.3	48.3	16.2
20:00~21:00	11.6	0.0	14.0	59.8	14.6
21:00~22:00	15.4	0.0	15.7	51.4	17.5
22:00~23:00	17.3	0.1	13.7	44.1	24.8
23:00~00:00	20.8	0.1	7.7	40.3	31.1
00:00~01:00	23.0	0.1	8.7	33.5	34.7
01:00~02:00	23.3	0.1	9.7	30.9	36.0

表 3.31.4　2021 年重庆市场收视份额排名前十位的频道

单位：%

名次	频道名称	收视份额
1	浙江卫视	6.0
2	江苏卫视	5.8
3	湖南卫视	4.5
3	东方卫视	4.5
5	重庆电视台文体娱乐频道（五套）	4.2
6	中央台六套	3.3
7	北京卫视	3.2
8	中央台八套	3.0
9	重庆卫视	2.7
10	安徽卫视	2.6

表 3.31.5　2021 年重庆市场各主要频道的观众构成

单位：%

目标观众		所有频道	主要频道				
			浙江卫视	江苏卫视	湖南卫视	东方卫视	重庆电视台文体娱乐频道（五套）
4 岁及以上所有人		100.0	100.0	100.0	100.0	100.0	100.0
性别	男	49.4	47.9	48.2	44.6	45.9	51.5
	女	50.6	52.1	51.8	55.4	54.1	48.5

续表

目标观众		所有频道	主要频道				
			浙江卫视	江苏卫视	湖南卫视	东方卫视	重庆电视台文体娱乐频道（五套）
年龄	4～14岁	9.1	7.7	6.4	6.1	6.5	5.4
	15～24岁	4.9	6.9	7.0	7.1	7.7	2.7
	25～34岁	12.1	18.5	14.5	17.2	16.3	6.0
	35～44岁	10.4	13.0	13.2	13.7	12.6	4.8
	45～54岁	24.1	28.6	27.8	29.5	28.4	17.0
	55～64岁	16.3	10.5	13.5	13.1	13.6	24.7
	65岁及以上	23.1	14.8	17.6	13.3	14.9	39.4
受教育程度	未受过正规教育	6.2	4.5	4.3	3.3	4.0	4.1
	小学	26.8	20.8	21.8	22.6	21.5	41.3
	初中	35.1	38.1	39.9	37.6	39.0	37.7
	高中	20.2	23.2	21.2	20.2	22.3	13.0
	大学及以上	11.7	13.4	12.8	16.3	13.2	3.9
职业类别	干部/管理人员	0.6	0.6	0.7	0.6	0.6	0.6
	个体/私营企业人员	10.2	12.9	12.3	10.9	10.4	7.3
	初级公务员/雇员	6.3	6.3	5.6	7.1	6.7	4.0
	工人	22.6	30.8	29.3	31.1	31.1	17.5
	学生	7.4	9.0	6.4	6.3	8.8	4.5
	无业	46.1	36.8	41.5	39.7	38.1	58.6
	其他	6.8	3.6	4.2	4.3	4.3	7.5
个人月收入	0～600元	30.9	30.2	27.3	28.5	29.6	31.5
	601～1200元	5.8	4.4	6.0	4.5	4.8	7.1
	1201～1700元	6.7	7.1	5.9	7.2	5.5	10.9
	1701～2600元	13.7	11.7	14.1	13.1	13.2	15.4
	2601～3500元	18.0	17.8	18.5	17.9	19.7	19.9
	3501～5000元	17.0	18.1	18.7	19.6	17.5	10.9
	5001元及以上	7.9	10.7	9.5	9.2	9.7	4.3

表3.31.6　2019～2021年重庆市场各类节目的播出比重和收视比重

单位：%

节目类别	2019年		2020年		2021年	
	播出比重	收视比重	播出比重	收视比重	播出比重	收视比重
财经	1.1	0.5	1.0	0.5	1.0	0.5
电视剧	22.2	35.5	22.3	36.7	26.3	39.5

续表

节目类别	2019 年		2020 年		2021 年	
	播出比重	收视比重	播出比重	收视比重	播出比重	收视比重
电影	3.6	3.8	3.5	3.5	3.8	4.5
法制	0.8	0.8	0.8	0.6	0.7	0.7
教学	0.4	0.0	0.3	0.1	0.3	0.0
青少	7.6	4.7	7.9	3.7	7.2	4.0
生活服务	7.4	7.3	7.5	6.1	6.5	5.5
体育	3.7	2.1	3.8	1.0	4.2	1.3
外语	0.1	0.0	0.2	0.0	0.2	0.0
戏剧	0.8	0.1	0.6	0.1	0.9	0.1
新闻/时事	15.0	11.8	16.0	15.7	10.4	11.6
音乐	1.7	1.3	1.8	1.3	1.5	1.0
专题	13.9	6.7	14.2	5.4	14.2	4.9
综艺	7.2	11.6	6.3	12.7	4.8	13.6
其他	14.5	13.8	13.8	12.6	18.0	12.8

表 3.31.7　2021 年重庆市场所有节目收视率排名前三十位

单位：%

名次	节目名称	节目类型	播出频道	平均收视率	平均占有率
1	《超级 818 汽车狂欢夜》	综艺	浙江卫视	8.9	20.5
2	《818 全球汽车夜》	综艺	湖南卫视	8.4	19.4
3	《闪光的乐队》	综艺	浙江卫视	8.4	17.7
4	《2020 微博之夜》	综艺	东方卫视	8.2	21.6
5	《王牌对王牌》	综艺	浙江卫视	8.1	21.0
6	《梦圆东方·2022 东方卫视跨年盛典》	综艺	东方卫视	7.6	20.5
7	《输赢》	电视剧	浙江卫视	7.5	16.6
8	《冬梦之约相约冰立方》	综艺	北京卫视	6.6	17.0
9	《爱的理想生活》	电视剧	湖南卫视	6.5	17.1
10	《胭月东方中秋梦幻夜》	综艺	东方卫视	6.5	15.5
11	《为歌而赞百赞音乐盛典》	综艺	浙江卫视	6.1	19.2
12	《输赢》	电视剧	北京卫视	6.1	12.8
13	《乔家的儿女》	电视剧	江苏卫视	6.0	14.2
14	《2021 电视剧品质盛典》	综艺	东方卫视	5.9	16.0
15	《大宋宫词》	电视剧	江苏卫视	5.8	12.4
16	《中国梦之声·我们的歌哞哞嗨唱大会》	综艺	东方卫视	5.7	20.2
17	《风起霓裳》	电视剧	湖南卫视	5.6	14.0

续表

名次	节目名称	节目类型	播出频道	平均收视率	平均占有率
18	《伟大征程庆祝中国共产党成立 100 周年大型情景史诗》	综艺	中央电视台综合频道	5.5	16.8
19	《前行者》	电视剧	北京卫视	5.5	11.9
20	《三生有幸遇上你》	电视剧	东方卫视	5.5	11.4
21	《2060》	综艺	江苏卫视	5.4	16.3
22	《琉璃》	电视剧	江苏卫视	5.4	13.1
23	《2021 湖南卫视春节联欢晚会》	综艺	湖南卫视	5.3	15.4
24	《天猫开心夜》	综艺	湖南卫视	5.2	22.6
25	《暴风眼》	电视剧	浙江卫视	5.2	12.6
26	《一起向未来北京 2022 年冬奥会倒计时 100 天主题活动》	体育	北京卫视	5.0	10.7
27	《同心奖牌诞生记》	专题	北京卫视	4.8	10.3
28	《共同守沪迎战烟花防汛抗台全媒体直播报道》	新闻/时事	东方卫视	4.2	12.5
29	《2021 年全国消费促进月暨上海五五购物节启动仪式》	专题	东方卫视	3.7	12.0
30	《32 届奥运会体操男子鞍马决赛》	体育	中央台五套	3.2	17.9

表 3.31.8　2021 年重庆市场电视剧收视率排名前十位

单位：%

名次	节目名称	播出频道	平均收视率	平均占有率
1	《输赢》	浙江卫视	7.5	16.6
2	《爱的理想生活》	湖南卫视	6.5	17.1
3	《输赢》	北京卫视	6.1	12.8
4	《乔家的儿女》	江苏卫视	6.0	14.2
5	《大宋宫词》	江苏卫视	5.8	12.4
6	《风起霓裳》	湖南卫视	5.6	14.0
7	《前行者》	北京卫视	5.5	11.9
8	《三生有幸遇上你》	东方卫视	5.5	11.4
9	《琉璃》	江苏卫视	5.4	13.1
10	《暴风眼》	浙江卫视	5.2	12.6

表 3. 31. 9　2021 年重庆市场新闻节目收视率排名前十位

单位：%

名次	节目名称	播出频道	平均收视率	平均占有率
1	《共同守沪迎战烟花防汛抗台全媒体直播报道》	东方卫视	4. 2	12. 5
2	《2021 中关村论坛开幕式特别报道》	北京卫视	3. 2	7. 7
3	《牢记殷殷嘱托奋力谱写湖南新篇章》	湖南卫视	3. 1	7. 4
4	《转播中央台新闻联播》	重庆电视台新闻频道（二套）	2. 3	8. 4
5	《新时代共享未来第四届中国国际进口博览会全媒体直播特别报道》	东方卫视	2. 2	4. 7
6	《十三届全国人大四次会议全国政协十三届四次会议特别报道》	东方卫视	2. 0	11. 0
7	《重庆新闻联播》	重庆卫视	1. 2	5. 4
8	《今日评说》	浙江卫视	1. 2	3. 7
9	《第四届中国国际进口博览会开幕式特别报道》	中央电视台综合频道	1. 2	2. 6
10	《世界经济论坛达沃斯议程对话会特别报道》	中央电视台综合频道	1. 1	2. 6

表 3. 31. 10　2021 年重庆市场专题节目收视率排名前十位

单位：%

名次	节目名称	播出频道	平均收视率	平均占有率
1	《同心奖牌诞生记》	北京卫视	4. 8	10. 3
2	《2021 年全国消费促进月暨上海五五购物节启动仪式》	东方卫视	3. 7	12. 0
3	《主播读宪法》	湖南卫视	3. 2	7. 0
4	《中国共产党为什么能第十五季六中全会精神面对面共同富裕大家谈》	浙江卫视	2. 8	9. 9
5	《岳麓书院》	湖南卫视	2. 7	6. 6
6	《追梦人无界人生》	浙江卫视	2. 0	8. 7
7	《庆祝中国共产党成立 100 周年特别节目永远记住你红岩英烈系列故事》	重庆电视台文体娱乐频道（五套）	1. 9	8. 9
8	《圆梦中国德耀中华第八届全国道德模范颁奖仪式》	中央电视台综合频道	1. 9	4. 6
9	《今日头条 2021 开年演讲》	湖南卫视	1. 6	6. 4
10	《致敬扫黑英雄》	中央电视台综合频道	1. 6	4. 3

表 3.31.11　2021 年重庆市场综艺节目收视率排名前十位

单位：%

名次	节目名称	播出频道	平均收视率	平均占有率
1	《超级 818 汽车狂欢夜》	浙江卫视	8.9	20.5
2	《818 全球汽车夜》	湖南卫视	8.4	19.4
3	《闪光的乐队》	浙江卫视	8.4	17.7
4	《2020 微博之夜》	东方卫视	8.2	21.6
5	《王牌对王牌》	浙江卫视	8.1	21.0
6	《梦圆东方·2022 东方卫视跨年盛典》	东方卫视	7.6	20.5
7	《冬梦之约相约冰立方》	北京卫视	6.6	17.0
8	《朙月东方中秋梦幻夜》	东方卫视	6.5	15.5
9	《为歌而赞百赞音乐盛典》	浙江卫视	6.1	19.2
10	《2021 电视剧品质盛典》	东方卫视	5.9	16.0

表 3.31.12　2021 年重庆市场体育节目收视率排名前十位

单位：%

名次	节目名称	播出频道	平均收视率	平均占有率
1	《一起向未来北京 2022 年冬奥会倒计时 100 天主题活动》	北京卫视	5.0	10.7
2	《32 届奥运会体操男子鞍马决赛》	中央台五套	3.2	17.9
3	《32 届奥运会男子 100 米半决赛》	中央台五套	2.7	13.0
4	《32 届奥运会乒乓球男团决赛》	中央台五套	2.7	7.9
5	《实况录像：32 届奥运会女子举重 87 公斤以上级决赛》	中央台五套	1.9	5.7
6	《实况录像：32 届奥运会跳水女子十米台决赛》	中央台五套	1.6	10.2
7	《重庆市第六届运动会》	重庆卫视	1.6	4.7
8	《东京奥运会闭幕式》	中央台五套	1.6	4.1
9	《32 届奥运会女子 100 米仰泳预赛》	中央台五套	1.4	8.0
10	《第 32 届夏季奥林匹克运动会开幕式》	中央电视台综合频道	1.4	4.4

三十二　长春收视数据

表 3.32.1　2017～2021 年长春市场各类频道的市场占有率

单位：%

频道类别	2017 年	2018 年	2019 年	2020 年	2021 年
中央广播电视总台	35.5	38.0	33.2	32.1	29.6
中国教育台频道	0.1	0.1	0.1	0.2	0.1
吉林省级频道	23.4	23.6	20.4	18.8	17.4
长春市级频道	6.0	3.5	3.0	2.3	1.2
其他省级卫视频道	25.3	22.6	25.5	29.4	28.7
其他频道	9.7	12.2	17.8	17.2	23.0

表 3.32.2　2021 年长春市场各类频道在不同目标观众中的市场占有率

单位：%

目标观众		中央广播电视总台	中国教育台频道	吉林省级频道	长春市级频道	其他省级卫视频道	其他频道
4 岁及以上所有人		29.6	0.1	17.4	1.2	28.7	23.0
性别	男	31.8	0.1	17.2	1.3	26.6	23.0
	女	27.3	0.1	17.7	1.2	31.1	22.6
年龄	4～14 岁	15.9	0.2	7.8	0.9	35.8	39.4
	15～24 岁	22.3	0.2	7.4	0.8	34.9	34.4
	25～34 岁	16.9	0.2	13.9	1.0	37.4	30.6
	35～44 岁	25.5	0.1	8.9	1.8	34.5	29.2
	45～54 岁	26.7	0.1	14.7	1.0	31.3	26.2
	55～64 岁	40.5	0.1	17.6	1.3	24.9	15.6
	65 岁及以上	35.9	0.1	27.7	1.4	20.9	14.0
受教育程度	未受过正规教育	13.3	0.1	10.2	0.9	38.5	37.0
	小学	27.3	0.1	23.1	1.2	26.3	22.0
	初中	33.7	0.1	23.7	1.4	23.2	17.9
	高中	30.0	0.2	14.8	1.3	29.4	24.3
	大学及以上	27.3	0.1	11.7	0.9	34.5	25.5

续表

目标观众		中央广播电视总台	中国教育台频道	吉林省级频道	长春市级频道	其他省级卫视频道	其他频道
职业类别	干部/管理人员	*	*	*	*	*	*
	个体/私营企业人员	22.7	0.2	15.5	1.5	36.2	23.9
	初级公务员/雇员	29.8	0.2	9.9	0.7	34.5	24.9
	工人	24.0	0.1	14.8	1.2	33.5	26.4
	学生	20.7	0.2	10.5	0.9	32.8	34.9
	无业	33.8	0.1	21.1	1.3	23.9	19.8
	其他	*	*	*	*	*	*
个人月收入	0～600 元	22.0	0.2	13.2	1.3	30.2	33.1
	601～1200 元	37.9	0.1	16.6	2.4	28.7	14.3
	1201～1700 元	31.2	0.1	33.7	0.9	26.9	7.2
	1701～2600 元	33.1	0.1	22.7	1.4	26.5	16.2
	2601～3500 元	28.2	0.1	17.2	1.1	30.8	22.6
	3501～5000 元	32.3	0.2	14.3	0.9	27.4	24.9
	5001 元及以上	33.6	0.1	13.8	1.4	28.8	22.3

注："*"表示目标观众样本量不足，无法进行统计推断。

表 3.32.3　2021 年长春市场各类频道在不同时段的市场占有率

单位：%

时间段	中央广播电视总台	中国教育台频道	吉林省级频道	长春市级频道	其他省级卫视频道	其他频道
02:00～03:00	23.3	0.1	12.8	2.4	25.8	35.6
03:00～04:00	27.5	0.1	12.3	3.1	23.6	33.4
04:00～05:00	36.9	0.1	12.4	4.2	17.1	29.3
05:00～06:00	47.9	0.0	13.2	3.5	10.8	24.6
06:00～07:00	45.2	0.1	17.1	1.7	13.6	22.3
07:00～08:00	45.0	0.1	14.7	1.0	13.2	26.0
08:00～09:00	42.3	0.2	9.4	1.2	18.1	28.8
09:00～10:00	36.8	0.2	7.8	1.2	22.9	31.1
10:00～11:00	34.8	0.2	6.7	1.2	26.1	31.0
11:00～12:00	36.4	0.2	6.9	1.4	26.3	28.8
12:00～13:00	38.0	0.1	5.3	1.2	27.9	27.5
13:00～14:00	35.1	0.2	5.3	1.3	31.4	26.7
14:00～15:00	34.6	0.2	5.0	1.5	32.8	25.9
15:00～16:00	35.3	0.2	6.4	1.5	31.8	24.8

续表

时间段	中央广播电视总台	中国教育台频道	吉林省级频道	长春市级频道	其他省级卫视频道	其他频道
16:00～17:00	35.2	0.2	10.0	1.9	28.4	24.3
17:00～18:00	26.1	0.1	29.0	3.2	20.1	21.5
18:00～19:00	26.7	0.1	37.2	1.3	12.6	22.1
19:00～20:00	28.5	0.1	24.1	0.7	26.6	20.0
20:00～21:00	22.2	0.1	21.0	0.6	38.8	17.3
21:00～22:00	24.2	0.1	20.5	0.6	37.3	17.3
22:00～23:00	25.3	0.2	8.7	0.8	41.3	23.7
23:00～00:00	24.9	0.2	6.6	0.8	39.3	28.2
00:00～01:00	23.9	0.2	8.9	1.1	31.4	34.5
01:00～02:00	21.6	0.2	12.6	1.4	27.6	36.6

表 3.32.4　2021 年长春市场收视份额排名前十位的频道

单位：%

名次	频道名称	收视份额
1	中央电视台综合频道	4.5
2	中央台四套	4.1
3	吉林广播电视台都市频道	3.9
4	吉林广播电视台生活频道	3.7
5	湖南卫视	3.5
6	中央台五套	3.2
6	江苏卫视	3.2
8	浙江卫视	3.1
9	中央电视台新闻频道	2.9
9	吉林广播电视台公共新闻频道	2.9

表 3.32.5　2021 年长春市场各主要频道的观众构成

单位：%

目标观众		所有频道	主要频道				
			中央电视台综合频道	中央台四套	吉林广播电视台都市频道	吉林广播电视台生活频道	湖南卫视
4 岁及以上所有人		100.0	100.0	100.0	100.0	100.0	100.0
性别	男	52.0	49.4	63.8	49.7	48.6	42.2
	女	48.0	50.6	36.2	50.3	51.4	57.8

续表

目标观众		所有频道	主要频道				
			中央电视台综合频道	中央台四套	吉林广播电视台都市频道	吉林广播电视台生活频道	湖南卫视
年龄	4～14 岁	6.5	4.2	0.5	6.2	2.0	5.9
	15～24 岁	4.4	3.6	2.9	2.1	1.1	7.5
	25～34 岁	12.7	7.4	3.5	18.9	7.9	16.9
	35～44 岁	10.4	11.2	3.2	6.2	6.5	11.9
	45～54 岁	19.2	19.6	12.6	23.5	13.8	21.5
	55～64 岁	18.5	19.7	33.3	18.3	15.4	14.0
	65 岁及以上	28.3	34.3	44.0	24.9	53.3	22.2
受教育程度	未受过正规教育	3.7	2.5	0.3	5.5	1.5	3.0
	小学	10.7	8.4	7.9	8.0	14.8	10.5
	初中	29.9	22.5	46.4	27.4	51.3	31.5
	高中	32.4	43.4	25.0	29.4	21.7	30.8
	大学及以上	23.3	23.1	20.4	29.6	10.7	24.1
职业类别	干部/管理人员	*	*	*	*	*	*
	个体/私营企业人员	10.6	7.9	4.3	18.7	5.4	10.6
	初级公务员/雇员	11.9	12.5	9.6	12.1	5.7	14.8
	工人	18.7	13.8	11.5	18.6	14.4	22.6
	学生	4.9	3.1	2.3	1.9	2.2	5.9
	无业	53.8	62.7	72.3	48.6	72.3	46.1
	其他	*	*	*	*	*	*
个人月收入	0～600 元	20.1	16.5	11.6	12.4	15.4	20.5
	601～1200 元	1.8	4.3	1.4	0.7	4.0	2.8
	1201～1700 元	4.3	4.4	6.2	10.2	9.7	5.1
	1701～2600 元	21.6	20.7	30.4	16.5	27.5	23.2
	2601～3500 元	25.1	25.7	20.6	28.4	26.6	26.1
	3501～5000 元	17.9	16.1	20.2	19.6	13.3	14.2
	5001 元及以上	9.3	12.3	9.6	12.2	3.5	8.0

注：“*”表示目标观众样本量不足，无法进行统计推断。

表 3.32.6 2019～2021 年长春市场各类节目的播出比重和收视比重

单位：%

节目类别	2019 年		2020 年		2021 年	
	播出比重	收视比重	播出比重	收视比重	播出比重	收视比重
财经	1.0	1.0	0.9	0.8	1.0	0.8

续表

节目类别	2019 年		2020 年		2021 年	
	播出比重	收视比重	播出比重	收视比重	播出比重	收视比重
电视剧	26.9	32.1	22.8	31.6	21.9	34.2
电影	4.3	5.8	4.1	5.3	3.5	3.3
法制	0.5	0.9	0.6	0.4	0.6	0.3
教学	0.3	0.1	0.3	0.1	0.4	0.0
青少	6.5	4.1	6.6	4.1	6.4	2.5
生活服务	9.1	6.7	9.6	7.5	10.1	8.1
体育	3.5	4.1	3.6	2.3	3.8	4.1
外语	0.1	0.0	0.2	0.0	0.2	0.0
戏剧	1.0	0.6	0.7	0.5	0.5	0.2
新闻/时事	9.8	11.3	15.9	17.0	15.0	14.6
音乐	1.6	1.4	1.8	1.4	1.7	1.0
专题	13.1	6.5	13.4	5.7	14.7	5.7
综艺	6.1	13.1	6.8	11.8	7.4	13.4
其他	16.2	12.3	12.7	11.5	12.6	11.8

表 3.32.7　2021 年长春市场所有节目收视率排名前三十位

单位：%

名次	节目名称	节目类型	播出频道	平均收视率	平均占有率
1	《32 届奥运会田径男子 4×100 米接力决赛》	体育	中央台五套	8.9	30.6
2	《32 届奥运会乒乓球男团决赛》	体育	中央台五套	7.4	26.1
3	《2021 中央广播电视总台春节联欢晚会》	综艺	中央电视台综合频道	7.3	20.6
4	《乒乓球男团颁奖仪式》	体育	中央台五套	6.8	19.8
5	《2022 跨年演唱会用奋斗点亮幸福》	音乐	江苏卫视	6.0	21.1
6	《2021 一年又一年》	专题	中央电视台综合频道	5.9	19.3
7	《妈妈，你真好看》（7 月 10 日）	综艺	湖南卫视	5.7	42.8
8	《花好月圆元宵夜》	综艺	中央电视台综合频道	5.3	18.5
9	《32 届奥运会女篮小组赛》（中国 VS 比利时）	体育	中央台五套	5.0	26.0
10	《32 届奥运会女子自由式摔跤 50 公斤级决赛》	体育	中央台五套	5.0	16.9
11	《我们的歌》（11 月 14 日）	综艺	东方卫视	4.6	23.7
12	《32 届奥运会竞技体操男子团体决赛》	体育	中央台五套	4.6	19.7
13	《2021 辽宁卫视春节联欢晚会》	综艺	辽宁卫视	4.5	20.4
14	《实况录像：32 届奥运会女子举重 87 公斤以上级决赛》	体育	中央台五套	4.5	18.5
15	《32 届奥运会男子 200 米自由泳预赛》	体育	中央台五套	4.3	27.0

续表

名次	节目名称	节目类型	播出频道	平均收视率	平均占有率
16	《2060》（11 月 5 日）	综艺	江苏卫视	4.2	25.7
17	《32 届奥运会羽毛球男子单打决赛》	体育	中央台五套	4.1	12.3
18	《32 届奥运会女排小组赛第 4 轮》（中国 VS 意大利）	体育	中央台五套	4.0	28.2
19	《谁是宝藏歌手》（7 月 9 日）	综艺	湖南卫视	3.9	17.2
20	《2021 吉祥年幸福家吉林卫视春节联欢晚会》	综艺	吉林卫视	3.9	15.9
21	《实况录像：32 届奥运会射击女子 10 米气步枪决赛》	体育	中央台五套	3.9	12.6
22	《818 全球汽车夜》	综艺	湖南卫视	3.8	14.6
23	《青春中国 2021～2022 跨年晚会》	音乐	湖南卫视	3.7	15.7
24	《开学第一课》	青少	中央电视台综合频道	3.7	14.2
25	《对你的爱很美》	电视剧	湖南卫视	3.7	13.6
26	《2021 中关村论坛开幕式特别报道》	新闻/时事	北京卫视	3.6	13.8
27	《实况录像：32 届奥运会跳水女子十米台决赛》	体育	中央台五套	3.4	21.7
28	《陪你一起长大》	电视剧	湖南卫视	3.4	15.7
29	《刘墉追案》	电视剧	北京卫视	3.2	13.5
30	《2021 年中央广播电视总台中秋晚会》	综艺	中央电视台综合频道	3.2	12.0

表 3.32.8　2021 年长春市场电视剧收视率排名前十位

单位：%

名次	节目名称	播出频道	平均收视率	平均占有率
1	《对你的爱很美》	湖南卫视	3.7	13.6
2	《陪你一起长大》	湖南卫视	3.4	15.7
3	《刘墉追案》	北京卫视	3.2	13.5
4	《大宋宫词》	江苏卫视	2.9	10.1
5	《心跳源计划》	浙江卫视	2.8	10.1
6	《百炼成钢》	湖南卫视	2.5	11.1
7	《谎言真探》	湖南卫视	2.4	23.6
8	《亲爱的爸妈》	北京卫视	2.4	9.0
9	《光荣与梦想》	北京卫视	2.3	10.0
10	《乔家的儿女》	浙江卫视	2.3	9.4

表 3. 32. 9　2021 年长春市场新闻节目收视率排名前十位

单位：%

名次	节目名称	播出频道	平均收视率	平均占有率
1	《2021 中关村论坛开幕式特别报道》	北京卫视	3. 6	13. 8
2	《守望都市》	吉林广播电视台都市频道	2. 3	12. 4
3	《新闻联播》	中央电视台综合频道	1. 8	7. 9
4	《筑梦空间站神舟十二号航天员乘组返回北京特别报道》	中央台四套	1. 6	6. 6
5	《新闻直播间》（9 月 25 日）	中央电视台新闻频道	1. 4	10. 8
6	《中国舆论场》	中央台四套	1. 2	4. 4
7	《世界经济论坛达沃斯议程对话会特别报道》	中央电视台综合频道	1. 2	4. 2
8	《海峡两岸》	中央台四套	1. 1	4. 1
9	《第 1 报道》（17:45）	吉林广播电视台公共新闻频道	1. 0	5. 8
10	《今日亚洲》	中央台四套	1. 0	3. 9

表 3. 32. 10　2021 年长春市场专题节目收视率排名前十位

单位：%

名次	节目名称	播出频道	平均收视率	平均占有率
1	《2021 一年又一年》	中央电视台综合频道	5. 9	19. 3
2	《中国诗词大会第六季》（2 月 13 日）	中央电视台综合频道	2. 1	8. 8
3	《火线救援》	东方卫视	2. 0	22. 3
4	《正风反腐就在身边》	中央电视台综合频道	1. 9	7. 2
5	《好记者讲好故事 2021 中国记者节特别节目》	中央电视台综合频道	1. 9	6. 6
6	《中国共产党人精神谱系特别节目精神的力量》	江苏卫视	1. 8	15. 1
7	《潮涌长三角——长三角三省一市庆祝中国共产党成立 100 周年特别节目》	江苏卫视	1. 8	12. 0
8	《党课开讲啦》	中央电视台综合频道	1. 8	6. 0
9	《315》	中央台二套	1. 7	7. 5
10	《光辉的印记国庆特别节目》	安徽卫视	1. 6	8. 2

表 3. 32. 11　2021 年长春市场综艺节目收视率排名前十位

单位：%

名次	节目名称	播出频道	平均收视率	平均占有率
1	《2021 中央广播电视总台春节联欢晚会》	中央电视台综合频道	7. 3	20. 6

续表

名次	节目名称	播出频道	平均收视率	平均占有率
2	《妈妈，你真好看》（7 月 10 日）	湖南卫视	5.7	42.8
3	《花好月圆元宵夜》	中央电视台综合频道	5.3	18.5
4	《我们的歌》（11 月 14 日）	东方卫视	4.6	23.7
5	《2021 辽宁卫视春节联欢晚会》	辽宁卫视	4.5	20.4
6	《2060》（11 月 5 日）	江苏卫视	4.2	25.7
7	《谁是宝藏歌手》（7 月 9 日）	湖南卫视	3.9	17.2
8	《2021 吉祥年幸福家吉林卫视春节联欢晚会》	吉林卫视	3.9	15.9
9	《818 全球汽车夜》	湖南卫视	3.8	14.6
10	《2021 年中央广播电视总台中秋晚会》	中央电视台综合频道	3.2	12.0

表 3.32.12　2021 年长春市场体育节目收视率排名前十位

单位：%

名次	节目名称	播出频道	平均收视率	平均占有率
1	《32 届奥运会田径男子 4×100 米接力决赛》	中央台五套	8.9	30.6
2	《32 届奥运会乒乓球男团决赛》	中央台五套	7.4	26.1
3	《乒乓球男团颁奖仪式》	中央台五套	6.8	19.8
4	《32 届奥运会女篮小组赛》（中国 VS 比利时）	中央台五套	5.0	26.0
5	《32 届奥运会女子自由式摔跤 50 公斤级决赛》	中央台五套	5.0	16.9
6	《32 届奥运会竞技体操男子团体决赛》	中央台五套	4.6	19.7
7	《实况录像：32 届奥运会女子举重 87 公斤以上级决赛》	中央台五套	4.5	18.5
8	《32 届奥运会男子 200 米自由泳预赛》	中央台五套	4.3	27.0
9	《32 届奥运会羽毛球男子单打决赛》	中央台五套	4.1	12.3
10	《32 届奥运会女排小组赛第 4 轮》（中国 VS 意大利）	中央台五套	4.0	28.2

三十三　长沙收视数据

表 3.33.1　2017～2021 年长沙市场各类频道的市场占有率

单位：%

频道类别	2017 年	2018 年	2019 年	2020 年	2021 年
中央广播电视总台	21.5	20.4	17.7	18.0	15.8
中国教育台频道	0.1	0.1	0.1	0.1	0.1
湖南省级频道	52.1	50.8	45.2	42.7	39.4
长沙市级频道	6.3	5.0	3.3	2.1	1.1
其他省级卫视频道	8.6	9.5	14.3	14.8	18.6
其他频道	11.4	14.2	19.4	22.3	25.0

表 3.33.2　2021 年长沙市场各类频道在不同目标观众中的市场占有率

单位：%

目标观众		中央广播电视总台	中国教育台频道	湖南省级频道	长沙市级频道	其他省级卫视频道	其他频道
4 岁及以上所有人		15.8	0.1	39.4	1.1	18.6	25.0
性别	男	17.6	0.1	39.6	1.3	18.5	22.8
	女	14.0	0.1	39.2	0.9	18.7	27.0
年龄	4～14 岁	7.4	0.1	32.8	0.7	17.1	41.9
	15～24 岁	13.0	0.1	33.7	0.7	29.8	22.6
	25～34 岁	10.5	0.1	32.0	0.6	28.1	28.7
	35～44 岁	12.4	0.1	36.3	0.7	25.9	24.5
	45～54 岁	15.6	0.1	41.2	1.0	17.0	25.1
	55～64 岁	14.7	0.1	39.6	1.3	16.4	27.8
	65 岁及以上	25.1	0.1	47.1	1.8	11.0	15.0
受教育程度	未受过正规教育	8.0	0.1	39.8	0.7	14.5	36.9
	小学	11.5	0.1	46.5	0.9	15.3	25.7
	初中	14.1	0.1	43.0	1.2	16.9	24.8
	高中	17.8	0.1	37.5	1.4	19.1	24.1
	大学及以上	19.8	0.1	31.5	0.8	23.6	24.1

续表

目标观众		中央广播电视总台	中国教育台频道	湖南省级频道	长沙市级频道	其他省级卫视频道	其他频道
职业类别	干部/管理人员	*	*	*	*	*	*
	个体/私营企业人员	10.4	0.1	33.7	1.0	24.9	29.9
	初级公务员/雇员	17.5	0.1	35.5	0.9	23.5	22.6
	工人	11.0	0.1	40.5	0.7	23.6	24.1
	学生	10.7	0.1	31.7	0.7	19.0	37.8
	无业	20.4	0.1	40.1	1.5	14.2	23.6
	其他	9.2	0.1	57.6	0.8	14.2	18.1
个人月收入	0～600 元	11.0	0.1	41.7	0.8	17.3	29.0
	601～1200 元	9.7	0.1	57.2	0.9	12.9	19.2
	1201～1700 元	15.3	0.1	53.4	1.0	13.1	17.1
	1701～2600 元	15.0	0.1	41.4	1.3	14.1	28.2
	2601～3500 元	17.8	0.1	39.5	1.6	19.0	22.1
	3501～5000 元	20.2	0.1	34.0	1.0	21.4	23.3
	5001 元及以上	18.4	0.1	34.9	1.2	22.7	22.7

注：“*”表示样本量不足，无法进行统计推断。

表 3.33.3 2021 年长沙市场各类频道在不同时段的市场占有率

单位：%

时间段	中央广播电视总台	中国教育台频道	湖南省级频道	长沙市级频道	其他省级卫视频道	其他频道
02:00～03:00	13.1	0.2	19.8	2.4	14.7	49.8
03:00～04:00	12.7	0.2	20.8	2.8	12.6	50.9
04:00～05:00	15.2	0.1	20.3	3.0	12.9	48.5
05:00～06:00	17.3	0.3	22.6	2.1	11.9	45.9
06:00～07:00	27.5	0.1	30.1	3.0	8.4	30.9
07:00～08:00	30.1	0.4	30.9	3.1	7.2	28.3
08:00～09:00	30.5	0.2	28.2	1.7	8.7	30.7
09:00～10:00	24.5	0.1	32.7	1.5	9.4	31.8
10:00～11:00	21.9	0.1	33.3	1.6	9.9	33.1
11:00～12:00	23.3	0.1	32.6	1.7	10.4	31.9
12:00～13:00	24.2	0.1	33.6	1.2	10.4	30.6
13:00～14:00	21.8	0.1	28.8	1.4	12.5	35.5
14:00～15:00	18.7	0.1	28.1	1.4	14.3	37.3
15:00～16:00	20.8	0.1	26.6	1.5	14.9	36.0

续表

时间段	中央广播电视总台	中国教育台频道	湖南省级频道	长沙市级频道	其他省级卫视频道	其他频道
16:00～17:00	23.1	0.2	26.2	1.8	14.0	34.7
17:00～18:00	17.9	0.1	41.6	1.9	10.5	28.0
18:00～19:00	12.5	0.1	58.8	1.1	5.8	21.7
19:00～20:00	13.2	0.0	43.1	0.9	25.2	17.6
20:00～21:00	9.2	0.0	39.3	0.5	34.6	16.3
21:00～22:00	12.7	0.1	43.1	0.8	24.7	18.7
22:00～23:00	13.1	0.1	46.8	0.7	16.7	22.6
23:00～00:00	17.2	0.1	36.3	1.1	14.1	31.2
00:00～01:00	20.0	0.2	23.4	1.4	13.1	41.9
01:00～02:00	16.3	0.2	19.8	1.8	13.9	48.0

表 3.33.4　2021 年长沙市场收视份额排名前十位的频道

单位：%

名次	频道名称	收视份额
1	湖南卫视	6.8
2	湖南电视台经济频道	6.2
3	湖南电视台娱乐频道	5.9
4	湖南电视台电视剧频道	5.7
5	湖南电视台都市频道	5.0
6	湖南电视台潇湘电影频道	4.2
7	江苏卫视	3.2
8	中央台四套	3.1
9	浙江卫视	2.7
10	湖南电视台公共频道	2.6

表 3.33.5　2021 年长沙市场各主要频道的观众构成

单位：%

目标观众		所有频道	主要频道				
			湖南卫视	湖南电视台经济频道	湖南电视台娱乐频道	湖南电视台电视剧频道	湖南电视台都市频道
4 岁及以上所有人		100.0	100.0	100.0	100.0	100.0	100.0
性别	男	49.1	43.5	48.0	45.3	54.5	49.0
	女	50.9	56.5	52.0	54.7	45.5	51.0

续表

目标观众		所有频道	主要频道				
			湖南卫视	湖南电视台经济频道	湖南电视台娱乐频道	湖南电视台电视剧频道	湖南电视台都市频道
年龄	4～14 岁	8.0	5.6	6.3	5.2	5.7	3.4
	15～24 岁	5.2	6.2	9.4	2.2	2.5	4.3
	25～34 岁	14.7	20.0	13.5	5.6	8.2	7.2
	35～44 岁	9.5	12.9	10.5	6.3	4.4	7.6
	45～54 岁	22.3	26.2	23.6	19.4	23.0	27.1
	55～64 岁	17.8	9.6	15.5	21.2	23.5	18.0
	65 岁及以上	22.5	19.5	21.1	40.1	30.7	32.4
受教育程度	未受过正规教育	3.3	2.1	3.3	4.4	3.1	0.9
	小学	15.7	14.0	16.1	22.7	22.9	17.0
	初中	31.7	25.5	31.2	39.0	37.0	35.5
	高中	28.1	31.0	28.1	24.3	22.8	30.6
	大学及以上	21.2	27.3	21.2	9.6	14.3	16.0
职业类别	干部/管理人员	*	*	*	*	*	*
	个体/私营企业人员	10.3	12.2	6.8	6.2	9.0	8.5
	初级公务员/雇员	14.3	18.9	19.7	6.0	11.6	11.7
	工人	16.6	20.7	19.5	12.4	12.2	14.2
	学生	8.0	7.3	8.4	4.4	4.7	4.9
	无业	43.1	34.0	37.7	55.2	48.8	54.2
	其他	7.7	6.9	8.0	15.8	13.7	6.5
个人月收入	0～600 元	26.8	23.9	29.2	31.8	28.5	21.4
	601～1200 元	3.0	2.9	3.3	5.9	4.3	3.4
	1201～1700 元	1.8	1.1	2.0	4.9	1.9	2.0
	1701～2600 元	14.8	14.5	16.5	18.2	16.1	18.6
	2601～3500 元	19.6	23.2	18.5	17.1	19.9	24.4
	3501～5000 元	17.4	15.5	13.3	12.0	14.6	19.3
	5001 元及以上	16.6	18.8	17.3	10.0	14.7	10.9

注："*"表示样本量不足，无法进行统计推断。

表 3.33.6　2019～2021 年长沙市场各类节目的播出比重和收视比重

单位：%

节目类别	2019 年		2020 年		2021 年	
	播出比重	收视比重	播出比重	收视比重	播出比重	收视比重
财经	0.9	0.3	0.9	0.3	1.0	0.5
电视剧	24.9	40.5	24.2	42.2	28.3	40.4

续表

节目类别	2019 年		2020 年		2021 年	
	播出比重	收视比重	播出比重	收视比重	播出比重	收视比重
电影	3.9	3.8	3.7	3.3	4.2	3.4
法制	1.1	1.7	0.8	0.8	0.8	0.4
教学	0.4	0.0	0.3	0.1	0.2	0.1
青少	6.7	3.2	6.9	2.7	6.7	2.7
生活服务	6.8	5.0	6.9	4.9	6.2	5.6
体育	4.1	1.6	4.2	1.0	4.7	2.3
外语	0.1	0.0	0.2	0.0	0.2	0.0
戏剧	0.8	0.2	0.6	0.2	0.9	0.2
新闻/时事	15.5	15.4	16.2	16.1	10.5	13.4
音乐	1.6	0.8	1.7	0.8	1.5	0.9
专题	13.0	7.1	13.7	6.6	14.5	7.7
综艺	7.5	9.7	6.5	9.5	5.1	9.4
其他	12.7	10.7	13.2	11.5	15.2	12.9

表 3.33.7　2021 年长沙市场所有节目收视率排名前三十位

单位：%

名次	节目名称	节目类型	播出频道	平均收视率	平均占有率
1	《青春中国 2021～2022 跨年晚会》	湖南卫视	音乐	7.4	28.1
2	《2022 跨年演唱会用奋斗点亮幸福》	江苏卫视	音乐	5.9	21.6
3	《2021 湖南卫视春节联欢晚会》	湖南卫视	综艺	5.7	21.3
4	《我们的歌》（11 月 7 日）	东方卫视	综艺	5.1	18.7
5	《乒乓球女团颁奖仪式》	中央台五套	体育	5.0	16.1
6	《32 届奥运会男子 100 米决赛》	中央台五套	体育	4.8	15.5
7	《谁是宝藏歌手》（7 月 2 日）	湖南卫视	综艺	4.4	20.1
8	《2021 中央广播电视总台春节联欢晚会》	湖南卫视	综艺	4.4	14.8
9	《我就是演员》（1 月 9 日）	浙江卫视	综艺	4.4	14.6
10	《32 届奥运会乒乓球女团决赛》	中央台五套	体育	4.2	17.7
11	《32 届奥运会女排小组赛第 4 轮》（中国 VS 意大利）	中央台五套	体育	4.0	19.8
12	《风起霓裳》	湖南卫视	电视剧	4.0	14.8
13	《光芒》	湖南卫视	电视剧	4.0	14.3
14	《大宋宫词》	江苏卫视	电视剧	4.0	12.1
15	《百变大咖秀 2021》（2 月 14 日）	湖南卫视	综艺	3.9	14.6
16	《与君歌》	湖南卫视	电视剧	3.9	14.5

续表

名次	节目名称	节目类型	播出频道	平均收视率	平均占有率
17	《818 全球汽车夜》	湖南卫视	综艺	3.9	13.8
18	《抖音新潮好物夜》	湖南卫视	综艺	3.7	15.4
19	《江山如此多娇》	湖南卫视	电视剧	3.7	12.5
20	《逗吧逗把街》	湖南电视台经济频道	电视剧	3.6	16.8
21	《对你的爱很美》	湖南卫视	电视剧	3.6	13.3
22	《岳麓书院》	湖南卫视	专题	3.6	11.5
23	《夏日少年派 2021》	湖南卫视	综艺	3.5	12.5
24	《功勋》	江苏卫视	电视剧	3.5	11.1
25	《学“讲话”六堂课》	湖南卫视	专题	3.3	12.6
26	《战狼战狼》（26～48 集）	湖南电视台经济频道	电视剧	3.3	12.1
27	《爱在星空下》	浙江卫视	电视剧	3.3	11.8
28	《八零九零》	湖南卫视	电视剧	3.2	13.1
29	《最强大脑之燃烧吧大脑》（1 月 15 日）	江苏卫视	综艺	3.2	11.3
30	《2021 中关村论坛开幕式特别报道》	北京卫视	新闻/时事	3.2	9.7

表 3.33.8　2021 年长沙市场电视剧收视率排名前十位

单位：%

名次	节目名称	播出频道	平均收视率	平均占有率
1	《风起霓裳》	湖南卫视	4.0	14.8
2	《光芒》	湖南卫视	4.0	14.3
3	《大宋宫词》	江苏卫视	4.0	12.1
4	《与君歌》	湖南卫视	3.9	14.5
5	《江山如此多娇》	湖南卫视	3.7	12.5
6	《逗吧逗把街》	湖南电视台经济频道	3.6	16.8
7	《对你的爱很美》	湖南卫视	3.6	13.3
8	《功勋》	江苏卫视	3.5	11.1
9	《战狼战狼》（26～48 集）	湖南电视台经济频道	3.3	12.1
10	《爱在星空下》	浙江卫视	3.3	11.8

表 3.33.9　2021 年长沙市场新闻节目收视率排名前十位

单位：%

名次	节目名称	播出频道	平均收视率	平均占有率
1	《2021 中关村论坛开幕式特别报道》	北京卫视	3.2	9.7
2	《牢记殷殷嘱托奋力谱写湖南新篇章》	湖南卫视	2.8	9.6

续表

名次	节目名称	播出频道	平均收视率	平均占有率
3	《都市1时间》	湖南电视台都市频道	2.1	10.8
4	《经视焦点》	湖南电视台经济频道	2.1	10.4
5	《转播中央台新闻联播》	湖南卫视	1.9	8.3
6	《2021年中国国际服务贸易交易会全球服务贸易峰会特别报道》	北京卫视	1.5	5.9
7	《经视新闻》	湖南电视台经济频道	1.4	8.8
8	《湖南新闻联播》	湖南卫视	1.3	7.2
9	《湖南省第十二次党代会党代表通道》	湖南电视台经济频道	1.2	7.4
10	《都市晚间》	湖南电视台都市频道	1.1	3.7

表3.33.10　2021年长沙市场专题节目收视率排名前十位

单位：%

名次	节目名称	播出频道	平均收视率	平均占有率
1	《岳麓书院》	湖南卫视	3.6	11.5
2	《学“讲话”六堂课》	湖南卫视	3.3	12.6
3	《众创英雄汇2021》	广东卫视	3.0	11.5
4	《寻情记》	湖南电视台都市频道	2.4	8.2
5	《2021技行天下》	广东卫视	2.3	8.6
6	《邓璐时间》	广东卫视	2.2	10.2
7	《匠星闪耀兴湘报国大国工匠湖湘论坛2021湖湘工匠年度人物颁奖典礼》	湖南电视台经济频道	1.7	7.6
8	《闪光的记忆》	湖南卫视	1.7	6.4
9	《傲椒的湘菜》	湖南卫视	1.7	6.2
10	《新的启航》	中央电视台综合频道	1.7	5.4

表3.33.11　2021年长沙市场综艺节目收视率排名前十位

单位：%

名次	节目名称	播出频道	平均收视率	平均占有率
1	《2021湖南卫视春节联欢晚会》	湖南卫视	5.7	21.3
2	《我们的歌》（11月7日）	东方卫视	5.1	18.7
3	《谁是宝藏歌手》（7月2日）	湖南卫视	4.4	20.1
4	《2021中央广播电视总台春节联欢晚会》	湖南卫视	4.4	14.8
5	《我就是演员》（1月9日）	浙江卫视	4.4	14.6
6	《百变大咖秀2021》（2月14日）	湖南卫视	3.9	14.6

续表

名次	节目名称	播出频道	平均收视率	平均占有率
7	《818 全球汽车夜》	湖南卫视	3.9	13.8
8	《抖音新潮好物夜》	湖南卫视	3.7	15.4
9	《夏日少年派 2021》	湖南卫视	3.5	12.5
10	《最强大脑之燃烧吧大脑》（1 月 15 日）	江苏卫视	3.2	11.3

表 3.33.12　2021 年长沙市场体育节目收视率排名前十位

单位：%

名次	节目名称	播出频道	平均收视率	平均占有率
1	《乒乓球女团颁奖仪式》	中央台五套	5.0	16.1
2	《32 届奥运会男子 100 米决赛》	中央台五套	4.8	15.5
3	《32 届奥运会乒乓球女团决赛》	中央台五套	4.2	17.7
4	《32 届奥运会女排小组赛第 4 轮》（中国 VS 意大利）	中央台五套	4.0	19.8
5	《32 届奥运会男女混合 4×100 米混合泳接力决赛》	中央台五套	2.7	25.5
6	《32 届奥运会体操女子平衡木决赛》	中央台五套	2.7	23.3
7	《32 届奥运会击剑女子重剑个人决赛》	中央台五套	2.7	11.4
8	《实况录像：32 届奥运会举重男子 81 公斤级决赛挺举》	中央台五套	2.7	9.6
9	《32 届奥运会滑板男子碗池决赛》	中央台五套	2.5	21.8
10	《32 届奥运会跆拳道男子 80 公斤以上级半决赛》	中央台五套	2.3	29.3

三十四　成都收视数据

表 3. 34. 1　2017 ~ 2021 年成都市场各类频道的市场占有率

单位：%

频道类别	2017 年	2018 年	2019 年	2020 年	2021 年
中央广播电视总台	30. 8	32. 6	31. 4	32. 0	30. 3
中国教育台频道	0	0. 0	0. 1	0. 1	0. 1
四川省级频道	17. 9	19. 9	18	16. 1	15. 7
成都市级频道	7. 8	5. 8	4. 2	2. 5	2. 0
其他省级卫视频道	27. 6	23. 1	28. 3	32. 3	35. 3
其他频道	15. 9	18. 6	18	17. 0	16. 6

表 3. 34. 2　2021 年成都市场各类频道在不同目标观众中的市场占有率

单位：%

目标观众		中央广播电视总台	中国教育台频道	四川省级频道	成都市级频道	其他省级卫视频道	其他频道
4 岁及以上所有人		30. 3	0. 1	15. 7	2. 0	35. 3	16. 6
性别	男	29. 7	0. 1	16. 2	2. 3	33. 9	17. 8
	女	31. 0	0. 1	15. 2	1. 7	36. 8	15. 2
年龄	4 ~ 14 岁	17. 2	0. 1	14. 1	2. 3	36. 5	29. 8
	15 ~ 24 岁	19. 8	0. 1	11. 2	1. 2	43. 6	24. 1
	25 ~ 34 岁	22. 7	0. 1	10. 7	1. 1	47. 3	18. 1
	35 ~ 44 岁	22. 9	0. 1	12. 8	1. 3	44. 6	18. 3
	45 ~ 54 岁	30. 3	0. 1	13. 8	2. 5	36. 8	16. 5
	55 ~ 64 岁	34. 3	0. 1	19. 3	2. 6	29. 3	14. 4
	65 岁及以上	42. 2	0. 1	22. 2	2. 1	22. 3	11. 1
受教育程度	未受过正规教育	23. 8	0. 2	9. 2	2. 5	32. 3	32. 0
	小学	30. 1	0. 1	22. 7	3. 4	29. 4	14. 3
	初中	32. 7	0. 1	18. 1	1. 9	33. 9	13. 3
	高中	29. 8	0. 1	12. 2	1. 4	37. 6	18. 9
	大学及以上	28. 5	0. 1	9. 9	1. 1	41. 4	19. 0

续表

目标观众		中央广播电视总台	中国教育台频道	四川省级频道	成都市级频道	其他省级卫视频道	其他频道
职业类别	干部/管理人员	32.4	0.1	9.2	1.3	33.1	23.9
	个体/私营企业人员	26.2	0.1	15.9	3.6	35.4	18.8
	初级公务员/雇员	25.6	0.1	10.0	1.3	42.3	20.7
	工人	28.0	0.1	14.2	1.8	43.4	12.5
	学生	17.1	0.1	12.7	1.4	44.9	23.8
	无业	35.6	0.1	19.4	2.1	29.7	13.1
	其他	25.9	0.2	12.5	1.5	18.7	41.2
个人月收入	0~600元	21.0	0.1	14.3	1.8	42.1	20.7
	601~1200元	29.1	0.2	25.4	4.2	26.1	15.0
	1201~1700元	37.2	0.0	27.6	2.3	25.8	7.1
	1701~2600元	38.2	0.1	21.9	2.5	26.2	11.1
	2601~3500元	32.0	0.1	13.9	2.2	36.4	15.4
	3501~5000元	29.3	0.1	14.9	1.7	37.7	16.3
	5001元及以上	30.4	0.1	8.1	1.1	35.1	25.2

表3.34.3 2021年成都市场各类频道在不同时段的市场占有率

单位：%

时段	中央广播电视总台	中国教育台频道	四川省级频道	成都市级频道	其他省级卫视频道	其他频道
02:00~03:00	26.6	0.2	11.3	5.6	27.8	28.5
03:00~04:00	28.6	0.1	11.9	8.3	25.8	25.3
04:00~05:00	30.8	0.1	14.8	8.0	23.1	23.2
05:00~06:00	40.3	0.2	16.5	6.6	19.0	17.4
06:00~07:00	55.7	0.1	10.9	4.8	13.7	14.8
07:00~08:00	53.2	0.2	15.3	2.8	12.4	16.1
08:00~09:00	54.6	0.1	8.5	2.3	16.0	18.5
09:00~10:00	43.8	0.1	9.2	2.3	23.3	21.3
10:00~11:00	40.1	0.2	10.3	2.1	26.0	21.3
11:00~12:00	43.3	0.1	10.9	1.7	24.8	19.2
12:00~13:00	45.0	0.1	12.7	1.2	23.5	17.5
13:00~14:00	36.5	0.1	12.6	1.9	29.6	19.3
14:00~15:00	32.2	0.1	9.4	2.0	35.6	20.7
15:00~16:00	31.0	0.1	8.7	2.1	37.1	21.0
16:00~17:00	32.3	0.1	9.4	1.7	35.4	21.1

续表

时段	中央广播电视总台	中国教育台频道	四川省级频道	成都市级频道	其他省级卫视频道	其他频道
17:00～18:00	35.9	0.1	14.3	1.7	28.0	20.0
18:00～19:00	40.0	0.1	22.8	2.2	16.5	18.4
19:00～20:00	28.2	0.0	17.0	1.9	40.3	12.6
20:00～21:00	18.5	0.0	15.7	1.4	53.1	11.3
21:00～22:00	23.3	0.1	17.8	1.9	43.7	13.2
22:00～23:00	23.4	0.1	21.9	1.9	36.5	16.2
23:00～00:00	25.8	0.1	20.3	2.4	32.0	19.4
00:00～01:00	31.9	0.2	10.6	3.9	26.3	27.1
01:00～02:00	29.5	0.3	10.6	4.2	24.7	30.7

表 3.34.4　2021 年成都市场收视份额排名前十位的频道

单位：%

名次	频道名称	收视份额
1	四川电视台影视文艺频道	5.4
2	江苏卫视	4.8
3	浙江卫视	4.7
4	中央电视台综合频道	4.6
5	中央台八套	4.5
6	中央台四套	4.3
7	中央台六套	4.0
8	中央电视台新闻频道	3.5
9	四川电视台新闻频道	3.3
10	东方卫视	3.1

表 3.34.5　2021 年成都市场各主要频道的观众构成

单位：%

目标观众		所有频道	主要频道				
			四川电视台影视文艺频道	江苏卫视	浙江卫视	中央电视台综合频道	中央台八套
4 岁及以上所有人		100.0	100.0	100.0	100.0	100.0	100.0
性别	男	50.6	52.7	48.5	44.9	45.2	42.2
	女	49.4	47.3	51.5	55.1	54.8	57.8

续表

目标观众		所有频道	主要频道				
			四川电视台影视文艺频道	江苏卫视	浙江卫视	中央电视台综合频道	中央台八套
年龄	4～14岁	5.1	6.5	3.6	4.6	3.8	1.5
	15～24岁	6.6	4.3	7.4	8.8	4.0	3.0
	25～34岁	16.0	8.4	24.6	22.3	11.0	12.8
	35～44岁	9.1	10.1	10.5	12.7	7.5	5.5
	45～54岁	27.4	16.4	28.6	30.5	20.6	30.5
	55～64岁	12.7	17.1	9.6	9.1	14.9	12.7
	65岁及以上	23.1	37.2	15.7	12.0	38.2	34.0
受教育程度	未受过正规教育	2.7	1.3	1.3	1.3	2.8	1.3
	小学	21.1	28.8	13.8	13.4	18.4	28.1
	初中	30.4	36.8	30.4	28.0	28.3	29.7
	高中	25.9	20.1	30.3	30.6	28.2	25.4
	大学及以上	19.9	13.0	24.2	26.7	22.3	15.5
职业类别	干部/管理人员	1.9	1.6	1.8	1.9	2.5	1.9
	个体/私营企业人员	10.5	8.6	12.0	10.9	7.2	7.6
	初级公务员/雇员	22.3	14.1	28.3	30.8	19.2	15.9
	工人	10.9	9.5	15.4	12.7	7.0	14.3
	学生	5.6	5.6	7.1	8.1	3.5	1.8
	无业	47.2	59.2	35.3	35.4	60.1	58.0
	其他	1.6	1.4	0.1	0.2	0.5	0.5
个人月收入	0～600元	19.6	15.4	18.7	22.4	12.1	12.0
	601～1200元	2.2	3.1	0.8	1.9	2.2	4.9
	1201～1700元	4.1	9.6	3.5	2.2	5.1	7.2
	1701～2600元	16.3	22.4	8.7	11.9	20.7	27.2
	2601～3500元	22.4	17.0	20.7	22.3	22.9	20.3
	3501～5000元	24.9	28.2	32.2	27.6	24.2	20.8
	5001元及以上	10.5	4.3	15.4	11.7	12.8	7.6

表3.34.6　2019～2021年成都市场各类节目的播出比重和收视比重

单位：%

节目类别	2019年		2020年		2021年	
	播出比重	收视比重	播出比重	收视比重	播出比重	收视比重
财经	1.2	0.6	1.1	0.6	1.0	0.8
电视剧	23.5	38.2	23.2	37.3	27.0	39.4

续表

节目类别	2019 年		2020 年		2021 年	
	播出比重	收视比重	播出比重	收视比重	播出比重	收视比重
电影	3.8	4.6	3.8	4.6	4.1	5.1
法制	0.7	0.4	0.6	0.3	0.5	0.6
教学	0.4	0.1	0.3	0.1	0.2	0.0
青少	7.1	2.5	7.2	2.7	6.8	3.1
生活服务	8.4	6.2	8.2	5.6	8.4	5.5
体育	3.6	2.3	3.7	1.4	3.9	2.1
外语	0.1	0.0	0.2	0.0	0.1	0.0
戏剧	0.8	0.2	0.6	0.2	0.8	0.2
新闻/时事	15.9	14.3	16.8	17.1	10.7	14.4
音乐	1.6	1.0	1.7	1.3	1.4	0.8
专题	13.1	6.4	13.6	6.0	13.3	5.8
综艺	6.8	11.0	6.0	11.2	4.5	10.6
其他	13.0	12.2	13.0	11.6	17.3	11.6

表 3.34.7　2021 年成都市场所有节目收视率排名前三十位

单位：%

名次	节目名称	节目类别	播出频道	平均收视率	平均占有率
1	《2021 中央广播电视总台春节联欢晚会》	综艺	中央电视台综合频道	8.7	21.3
2	《2022 跨年演唱会用奋斗点亮幸福》	音乐	江苏卫视	7.5	23.4
3	《欢乐喜剧人 7》（3 月 14 日）	综艺	东方卫视	7.2	22.8
4	《最强大脑之燃烧吧大脑》（1 月 29 日）	综艺	江苏卫视	7.2	22.6
5	《为歌而赞》（4 月 17 日）	综艺	浙江卫视	7.1	18.2
6	《追光吧！哥哥》（2 月 27 日）	综艺	东方卫视	7.1	17.8
7	《京东超市星品之夜 2021“超热爱，新生活”》	综艺	北京卫视	6.8	19.8
8	《京东 11·11 沸腾之夜美好时代直播盛典》	综艺	北京卫视	6.3	17.3
9	《32 届奥运会乒乓球女团决赛》	体育	中央台五套	5.5	18.1
10	《了不起的女孩》	电视剧	江苏卫视	5.2	13.1
11	《超级 818 汽车狂欢夜》	综艺	浙江卫视	5.0	16.4
12	《大江大河二》	电视剧	浙江卫视	5	12.6
13	《32 届奥运会男子跳远资格赛》	体育	中央台五套	4.9	22.3
14	《乔家的儿女》	电视剧	江苏卫视	4.8	14.3
15	《朤月东方中秋梦幻夜》	综艺	东方卫视	4.8	14.2
16	《号手就位》	电视剧	江苏卫视	4.6	12.9

续表

名次	节目名称	节目类别	播出频道	平均收视率	平均占有率
17	《32 届奥运会女排小组赛第 4 轮》（中国 VS 意大利）	体育	中央台五套	4.5	17.1
18	《爱的理想生活》	电视剧	湖南卫视	4.5	11.8
19	《一起深呼吸》	电视剧	江苏卫视	4.4	12
20	《刑警之海外行动》	电视剧	北京卫视	4.4	11.4
21	《王牌部队》	电视剧	江苏卫视	4.3	11.8
21	《春满东方幸福牛年 2021 东方卫视春节晚会》	综艺	东方卫视	4.3	11.8
23	《海洋之城》	电视剧	江苏卫视	4.2	11.3
24	《功勋》	电视剧	江苏卫视	4	11.2
25	《32 届奥运会男子 400 米自由泳预赛》	体育	中央台五套	3.5	16.7
26	《32 届奥运会竞技体操男子团体决赛》	体育	中央台五套	3.2	12.2
27	《今日头条 2021 开年演讲》	专题	湖南卫视	3.2	11
28	《2021 中关村论坛开幕式特别报道》	新闻/时事	北京卫视	3.2	8.7
29	《实况录像：32 届奥运会举重男子 81 公斤级决赛挺举》	体育	中央台五套	2.7	8.3
30	《东京奥运会闭幕式》	体育	中央台五套	2.5	8.1

表 3.34.8　2021 年成都市场电视剧收视率排名前十位

单位：%

名次	节目名称	播出频道	平均收视率	平均占有率
1	《了不起的女孩》	江苏卫视	5.2	13.1
2	《大江大河二》	浙江卫视	5.0	12.6
3	《乔家的儿女》	江苏卫视	4.8	14.3
4	《号手就位》	江苏卫视	4.6	12.9
5	《爱的理想生活》	湖南卫视	4.5	11.8
6	《一起深呼吸》	江苏卫视	4.4	12.0
7	《刑警之海外行动》	北京卫视	4.4	11.4
8	《王牌部队》	江苏卫视	4.3	11.8
9	《海洋之城》	江苏卫视	4.2	11.3
10	《功勋》	江苏卫视	4.0	11.2

表 3. 34. 9　2021 年成都市场新闻节目收视率排名前十位

单位：%

名次	节目名称	播出频道	平均收视率	平均占有率
1	《2021 中关村论坛开幕式特别报道》	北京卫视	3. 2	8. 7
2	《上海市人民政府记者招待会》	东方卫视	2. 1	6. 7
3	《直通全国“两会”》	浙江卫视	1. 8	5. 1
4	《逐梦新征程》	中央电视台新闻频道	1. 7	8. 7
5	《18∶00 新闻现场》	四川电视台新闻频道	1. 6	7. 3
6	《今日关注》	中央台四套	1. 6	4. 8
7	《黄金 30 分》	四川电视台新闻频道	1. 6	4. 6
8	《十三届全国人大四次会议全国政协十三届四次会议特别报道》	东方卫视	1. 5	6. 4
9	《新闻联播》	中央电视台综合频道	1. 5	5. 8
10	《2021 荆山楚水闹元宵》	湖北卫视	1. 4	3. 3

表 3. 34. 10　2021 年成都市场专题节目收视率排名前十位

单位：%

名次	节目名称	播出频道	平均收视率	平均占有率
1	《今日头条 2021 开年演讲》	湖南卫视	3. 2	11. 0
2	《我们的决战大决战幕后纪实》	中央电视台综合频道	1. 9	5. 6
3	《庆祝中国共产党成立 100 周年特别节目奔腾之歌重走成渝线》	四川电视台新闻频道	1. 8	6. 7
4	《唱支山歌给党听》	北京卫视	1. 8	5. 7
5	《闪亮的名字 2020 最美应急管理工作者发布仪式》	安徽卫视	1. 7	6. 1
6	《圆梦中国德耀中华第八届全国道德模范颁奖仪式》	中央电视台综合频道	1. 7	4. 6
7	《战争黑洞——美国制造的人权灾难》	中央电视台综合频道	1. 7	4. 2
8	《致敬扫黑英雄》	中央电视台综合频道	1. 5	3. 7
9	《你会怎么做》	广东卫视	1. 4	4. 3
10	《非常话题》	四川电视台新闻频道	1. 4	4. 0

表 3. 34. 11　2021 年成都市场综艺节目收视率排名前十位

单位：%

名次	节目名称	播出频道	平均收视率	平均占有率
1	《2021 中央广播电视总台春节联欢晚会》	中央电视台综合频道	8. 7	21. 3
2	《欢乐喜剧人 7》（3 月 14 日）	东方卫视	7. 2	22. 8
3	《最强大脑之燃烧吧大脑》（1 月 29 日）	江苏卫视	7. 2	22. 6

续表

名次	节目名称	播出频道	平均收视率	平均占有率
4	《为歌而赞》（4 月 17 日）	浙江卫视	7.1	18.2
5	《追光吧！哥哥》（2 月 27 日）	东方卫视	7.1	17.8
6	《京东超市星品之夜 2021“超热爱，新生活”》	北京卫视	6.8	19.8
7	《京东 11·11 沸腾之夜美好时代直播盛典》	北京卫视	6.3	17.3
8	《超级 818 汽车狂欢夜》	浙江卫视	5	16.4
9	《朤月东方中秋梦幻夜》	东方卫视	4.8	14.2
10	《春满东方幸福牛年 2021 东方卫视春节晚会》	东方卫视	4.3	11.8

表 3.34.12　2021 年成都市场体育节目收视率排名前十位

单位：%

名次	节目名称	播出频道	平均收视率	平均占有率
1	《32 届奥运会乒乓球女团决赛》	中央台五套	5.5	18.1
2	《32 届奥运会男子跳远资格赛》	中央台五套	4.9	22.3
3	《32 届奥运会女排小组赛第 4 轮》（中国 VS 意大利）	中央台五套	4.5	17.1
4	《32 届奥运会男子 400 米自由泳预赛》	中央台五套	3.5	16.7
5	《32 届奥运会竞技体操男子团体决赛》	中央台五套	3.2	12.2
6	《实况录像：32 届奥运会举重男子 81 公斤级决赛挺举》	中央台五套	2.7	8.3
7	《东京奥运会闭幕式》	中央台五套	2.5	8.1
8	《32 届奥运会女篮小组赛》（中国 VS 比利时）	中央台五套	2.1	13.3
9	《实况录像：32 届奥运会蹦床女子个人决赛》	中央台五套	2.0	11.4
10	《实况录像：32 届奥运会男子 10 米气步枪决赛》	中央台五套	2.0	11.3

三十五　大连收视数据

表 3.35.1　2017～2021 年大连市场各类频道的市场占有率

单位：%

频道类别	2017 年	2018 年	2019 年	2020 年	2021 年
中央广播电视总台	35.8	35.6	34.1	33.3	33.1
中国教育台频道	0.1	0.1	0.2	0.2	0.1
辽宁省级频道	8.8	11.4	11.9	11.6	11.5
大连市级频道	17.6	13.4	11.3	9.6	9.1
其他省级卫视频道	27.7	26.5	27.1	27.2	26.8
其他频道	10.0	13.0	15.4	18.1	19.4

表 3.35.2　2021 年大连市场各类频道在各目标观众中的市场占有率

单位：%

目标观众		中央广播电视总台	中国教育台频道	辽宁省级频道	大连市级频道	其他省级卫视频道	其他频道
4 岁及以上所有人		33.1	0.1	11.5	9.1	26.8	19.4
性别	男	36.2	0.1	12.2	9.8	25.0	16.7
	女	29.9	0.2	10.8	8.4	28.6	22.1
年龄	4～14 岁	19.8	0.2	2.3	5.7	27.2	44.8
	15～24 岁	29.4	0.1	5.7	4.8	45.2	14.8
	25～34 岁	29.2	0.1	8.9	7.7	26.8	27.3
	35～44 岁	22.6	0.1	7.3	7.5	29.7	32.8
	45～54 岁	28.7	0.2	15.7	6.2	27.8	21.4
	55～64 岁	35.3	0.1	14.8	12.8	26.1	10.9
	65 岁及以上	41.9	0.2	12.0	10.3	22.8	12.8
受教育程度	未受过正规教育	18.7	0.7	7.2	3.6	31.6	38.2
	小学	34.6	0.2	17.3	6.5	24.8	16.6
	初中	35.5	0.1	13.7	10.1	24.7	15.9
	高中	31.3	0.1	8.1	11.1	29.0	20.4
	大学及以上	32.4	0.1	7.4	7.0	29.0	24.1

续表

目标观众		中央广播电视总台	中国教育台频道	辽宁省级频道	大连市级频道	其他省级卫视频道	其他频道
职业类别	干部/管理人员	24.2	0.0	2.5	2.8	48.1	22.4
	个体/私营企业人员	33.5	0.1	13.8	5.6	26.0	21.0
	初级公务员/雇员	28.6	0.0	10.1	5.7	32.2	23.4
	工人	26.0	0.2	17.5	8.0	25.7	22.6
	学生	24.7	0.2	3.6	8.1	31.4	32.0
	无业	36.6	0.2	10.4	11.3	23.8	15.7
	其他	36.5	0.4	13.3	8.8	21.3	19.7
个人月收入	0～600 元	26.9	0.3	5.1	9.2	31.1	27.4
	601～1200 元	34.1	0.6	18.7	6.1	29.9	10.6
	1201～1700 元	37.6	0.0	12.8	9.3	22.5	17.8
	1701～2600 元	32.7	0.1	15.0	8.3	29.1	14.8
	2601～3500 元	34.8	0.1	11.2	11.2	27.0	15.7
	3501～5000 元	33.7	0.1	13.9	10.1	22.2	20.0
	5001 元及以上	36.5	0.1	5.8	6.1	19.9	31.6

表 3.35.3　2021 年大连市场各类频道在不同时段的市场占有率

单位：%

时间段	中央广播电视总台	中国教育台频道	辽宁省级频道	大连市级频道	其他省级卫视频道	其他频道
02:00～03:00	30.0	0.2	17.6	0.0	28.9	23.3
03:00～04:00	29.3	0.2	21.0	0.0	29.9	19.6
04:00～05:00	33.5	0.3	20.4	0.0	28.5	17.3
05:00～06:00	43.0	0.6	13.3	0.0	24.4	18.7
06:00～07:00	57.1	0.6	10.1	5.4	16.0	10.8
07:00～08:00	54.4	0.1	7.9	6.1	19.6	11.9
08:00～09:00	45.9	0.2	7.0	5.2	23.7	18.0
09:00～10:00	35.0	0.2	6.8	6.2	30.5	21.3
10:00～11:00	31.2	0.3	5.4	7.2	33.3	22.6
11:00～12:00	33.5	0.4	4.5	4.1	34.8	22.7
12:00～13:00	37.9	0.1	6.5	2.5	31.0	22.0
13:00～14:00	33.8	0.1	4.4	2.5	36.6	22.6
14:00～15:00	31.4	0.1	4.0	2.4	39.7	22.4
15:00～16:00	30.3	0.1	4.1	4.2	39.2	22.1
16:00～17:00	32.2	0.1	6.6	3.2	35.7	22.2

续表

时间段	中央广播电视总台	中国教育台频道	辽宁省级频道	大连市级频道	其他省级卫视频道	其他频道
17:00～18:00	29.2	0.1	13.9	12.4	24.2	20.2
18:00～19:00	31.4	0.0	20.2	21.8	8.6	18.0
19:00～20:00	33.6	0.0	16.8	15.1	16.9	17.6
20:00～21:00	28.9	0.0	13.6	13.2	27.5	16.8
21:00～22:00	32.9	0.3	15.9	6.9	27.3	16.7
22:00～23:00	32.8	0.2	10.5	5.1	32.3	19.1
23:00～00:00	35.8	0.1	6.4	5.9	31.5	20.3
00:00～01:00	34.5	0.3	8.5	4.4	26.0	26.3
01:00～02:00	33.1	0.3	12.4	1.0	26.5	26.7

表 3.35.4　2021 年大连市场收视份额排名前十位的频道

单位：%

名次	频道名称	收视份额
1	中央台四套	5.6
2	中央台六套	4.5
3	大连广播电视台新闻综合频道	4.3
4	中央台八套	4.0
5	辽宁广播电视台影视剧频道	3.6
6	中央台五套	3.3
7	中央电视台综合频道	3.1
7	中央电视台新闻频道	3.1
7	辽宁卫视	3.1
10	江苏卫视	2.9

表 3.35.5　2021 年大连市场各主要频道的观众构成

单位：%

目标观众		所有频道	主要频道				
			中央台四套	中央台六套	大连广播电视台新闻综合频道	中央台八套	辽宁广播电视台影视剧频道
4 岁及以上所有人		100.0	100.0	100.0	100.0	100.0	100.0
性别	男	51.3	65.8	56.6	57.8	47.6	48.5
	女	48.7	34.2	43.4	42.2	52.4	51.5

续表

目标观众		所有频道	主要频道				
			中央台四套	中央台六套	大连广播电视台新闻综合频道	中央台八套	辽宁广播电视台影视剧频道
年龄	4～14 岁	5.8	2.4	5.6	2.8	2.7	0.5
	15～24 岁	4.9	3.5	4.3	3.2	3.4	1.5
	25～34 岁	12.2	5.8	14.0	10.7	6.1	11.0
	35～44 岁	8.7	5.4	8.6	7.2	5.7	0.8
	45～54 岁	16.2	10.2	19.0	8.6	15.5	33.7
	55～64 岁	22.0	25.7	21.1	27.8	28.8	21.8
	65 岁及以上	30.1	47.0	27.4	39.6	37.7	30.7
受教育程度	未受过正规教育	3.7	1.2	1.4	2.1	3.0	0.2
	小学	15.1	15.6	21.7	9.7	19.4	13.4
	初中	39.6	45.9	50.6	42.5	42.0	52.9
	高中	25.7	24.8	14.3	37.0	27.3	21.8
	大学及以上	15.9	12.5	12.0	8.7	8.4	11.7
职业类别	干部/管理人员	0.6	0.1	0.5	0.2	0.7	0.0
	个体/私营企业人员	13.2	11.1	13.1	4.9	7.3	11.1
	初级公务员/雇员	12.2	9.0	12.1	5.2	8.3	13.3
	工人	13.7	5.2	15.2	9.1	16.8	30.8
	学生	4.6	2.1	5.6	3.2	2.8	0.3
	无业	51.1	68.4	49.4	71.4	55.5	41.3
	其他	4.7	4.1	4.1	6.0	8.6	3.1
个人月收入	0～600 元	16.7	11.9	19.4	18.9	14.3	5.3
	601～1200 元	5.0	4.0	6.5	5.0	5.0	2.7
	1201～1700 元	4.4	4.5	6.0	6.1	5.6	6.3
	1701～2600 元	24.6	25.9	25.5	19.9	22.6	41.9
	2601～3500 元	24.3	19.9	20.6	30.4	34.5	23.2
	3501～5000 元	14.6	16.5	13.6	12.9	12.8	16.5
	5001 元及以上	10.5	17.4	8.4	6.8	5.2	4.1

表 3.35.6　2019～2021 年大连市场各类节目的播出比重和收视比重

单位：%

节目类别	2019 年		2020 年		2021 年	
	播出比重	收视比重	播出比重	收视比重	播出比重	收视比重
财经	1.3	0.5	1.3	0.5	1.5	0.5
电视剧	21.7	29.5	21.2	31.1	21.1	31.7

续表

节目类别	2019 年		2020 年		2021 年	
	播出比重	收视比重	播出比重	收视比重	播出比重	收视比重
电影	3.6	5.8	3.4	5.0	3.2	5.2
法制	1.1	1.9	0.8	1.1	0.8	0.9
教学	0.3	0.0	0.3	0.0	0.3	0.0
青少	7.3	3.6	7.3	2.4	7.0	1.7
生活服务	8.5	5.5	8.8	5.5	10.1	5.9
体育	4.2	5.7	4.3	3.2	4.6	4.6
外语	0.1	0.0	0.1	0.0	0.2	0.0
戏剧	0.8	0.2	0.6	0.2	0.5	0.2
新闻/时事	15.4	13.4	16.2	19.4	15.0	17.5
音乐	1.6	1.0	1.8	1.1	1.5	0.7
专题	13.3	5.6	13.9	5.9	15.0	5.7
综艺	8.0	16.0	7.4	13.7	7.2	14.6
其他	12.8	11.3	12.6	10.9	12.1	10.9

表 3.35.7　2021 年大连市场所有节目收视率排名前三十位

单位：%

名次	节目名称	节目类别	播出频道	平均收视率	平均占有率
1	《2021 辽宁卫视春节联欢晚会》	综艺	辽宁卫视	11.8	37.9
2	《32 届奥运会男子 100 米决赛》	体育	中央台五套	9.0	28.6
3	《32 届奥运会乒乓球女团决赛》	体育	中央台五套	7.5	27.2
4	《花好月圆元宵夜》	综艺	中央电视台综合频道	7.4	22.7
5	《乒乓球女团颁奖仪式》	体育	中央台五套	6.4	21.6
6	《开门大吉》（2 月 16 日）	综艺	中央台三套	5.8	19.8
7	《32 届奥运会女排小组赛第 3 轮》（CHN VS ROC）	体育	中央台五套	5.7	36.5
8	《32 届奥运会羽毛球男子单打决赛》	体育	中央台五套	5.6	19.5
9	《32 届奥运会女足小组赛 F 组第 2 轮》（中国 VS 赞比亚）	体育	中央台五套	5.5	40.3
10	《实况录像：32 届奥运会举重男子 73 公斤级决赛挺举》	体育	中央台五套	5.5	22.3
11	《32 届奥运会体操女子平衡木决赛》	体育	中央台五套	5.4	32.7
12	《东京奥运会开幕式》	体育	中央台五套	5.3	24.6
13	《2021 中央广播电视总台春节联欢晚会》	综艺	中央电视台综合频道	5.2	13
14	《新春喜剧之夜》	综艺	中央台三套	5.1	18.2
15	《32 届奥运会男子 200 米自由泳预赛》	体育	中央台五套	4.9	27.4

续表

名次	节目名称	节目类别	播出频道	平均收视率	平均占有率
16	《直播周末 超级足球之夜：2022 年世界杯亚洲区预选赛 A 组第 5 轮》（关岛 VS 中国）	体育	中央台五套	4.7	18.7
17	《实况录像：32 届奥运会跳水女子十米台决赛》	体育	中央台五套	4.6	31.7
18	《32 届奥运会女篮小组赛》（中国 VS 比利时）	体育	中央台五套	4.6	27
19	《越战越勇》（2 月 15 日）	综艺	中央台三套	4.5	15.6
20	《东京奥运会闭幕式》	体育	中央台五套	4.3	17.2
21	《伟大征程庆祝中国共产党成立 100 周年大型情景史诗》	综艺	中央电视台综合频道	4.1	18.5
22	《新闻锋线》	新闻	大连广播电视台新闻综合频道	3.9	20.7
23	《天气预报》	生活服务	大连广播电视台新闻综合频道	3.9	17.2
24	《黄金搭档千金杀手》（12 月 23 日）	电影	中央台六套	3.6	13.3
25	《青春环游记》	综艺	浙江卫视	3.4	14.2
26	《丐世英雄》（3 月 18 日）	电影	中央台六套	3.4	13.2
27	《大决战第二部淮海战役》（11 月 10 日）	电影	中央台六套	3.4	12.3
28	《智谋销烟》（12 月 6 日）	电影	中央台六套	3.3	11.9
29	《绿水青山公益季极限挑战宝藏行》	综艺	东方卫视	3.2	23.6
30	《大连市第十六届人大常委会第二十六次会议专题询问会》	新闻	大连广播电视台新闻综合频道	3.2	16.1

表 3.35.8　2021 年大连市场电视剧收视率排名前十位

单位：%

名次	节目名称	播出频道	平均收视率	平均占有率
1	《半暖时光》	江苏卫视	3.0	10.2
2	《跨过鸭绿江》（8～40 集）	中央电视台综合频道	2.9	10.7
3	《虎胆勇士》	辽宁广播电视台影视剧频道	2.8	13.3
4	《突围》	浙江卫视	2.8	10.2
5	《一起深呼吸》（1～12 集）	江苏卫视	2.7	9.7
6	《大宋宫词》	江苏卫视	2.7	9.5
7	《追风行动》	辽宁广播电视台影视剧频道	2.6	11.8
8	《功勋》	江苏卫视	2.6	10.4
9	《怒火刀影》	辽宁广播电视台影视剧频道	2.5	10.1
10	《斛珠夫人》	北京卫视	2.5	8.3

表 3.35.9　2021 年大连市场新闻节目收视率排名前十位

单位：%

名次	节目名称	播出频道	平均收视率	平均占有率
1	《新闻锋线》	大连广播电视台新闻综合频道	3.9	20.7
2	《大连市第十六届人大常委会第二十六次会议专题询问会》	大连广播电视台新闻综合频道	3.2	16.1
3	《辽宁新闻》	大连广播电视台新闻综合频道	2.9	13.6
4	《转播中央台新闻联播》	大连广播电视台新闻综合频道	2.6	10.9
5	《新闻公众号》	大连广播电视台新闻综合频道	2.5	16.2
6	《新闻背后》	大连广播电视台新闻综合频道	1.8	10.3
7	《2021 中关村论坛开幕式特别报道》	北京卫视	1.7	7.6
8	《今日亚洲》	中央台四套	1.6	6.0
9	《中国舆论场》	中央台四套	1.5	5.5
10	《2020 疫情下的美国人权透视》	中央台四套	1.4	5.4

表 3.35.10　2021 年大连市场专题节目收视率排名前十位

单位：%

名次	节目名称	播出频道	平均收视率	平均占有率
1	《光阴大连从这里出发》	大连广播电视台新闻综合频道	2.3	14.6
2	《风味人间第 2 季》	大连广播电视台新闻综合频道	1.9	8.1
3	《正风反腐就在身边》	中央电视台综合频道	1.8	6.6
4	《大国建造》	大连广播电视台新闻综合频道	1.7	10.2
5	《跨过鸭绿江幕后记录》	中央台八套	1.7	6.9
6	《潮涌长三角——长三角三省一市庆祝中国共产党成立 100 周年特别节目》	东方卫视	1.6	9.9
7	《中国诗词大会第六季》（2 月 13 日）	中央电视台综合频道	1.5	8.1
8	《2021 一年又一年》	中央电视台综合频道	1.3	5.4
9	《2021 科技赋能创新追梦首届大连市青年科技工作者创新争先大赛决赛》	大连广播电视台新闻综合频道	1.2	8.8
10	《中国共产党历史展览馆建设纪实》	中央电视台综合频道	1.2	5.4

表 3.35.11　2021 年大连市场综艺节目收视率排名前十位

单位：%

名次	节目名称	播出频道	平均收视率	平均占有率
1	《2021 辽宁卫视春节联欢晚会》	辽宁卫视	11.8	37.9
2	《花好月圆元宵夜》	中央电视台综合频道	7.4	22.7
3	《开门大吉》（2 月 16 日）	中央台三套	5.8	19.8

续表

名次	节目名称	播出频道	平均收视率	平均占有率
4	《2021 中央广播电视总台春节联欢晚会》	中央电视台综合频道	5.2	13.0
5	《新春喜剧之夜》	中央台三套	5.1	18.2
6	《越战越勇》（2 月 15 日）	中央台三套	4.5	15.6
7	《伟大征程庆祝中国共产党成立 100 周年大型情景史诗》	中央电视台综合频道	4.1	18.5
8	《青春环游记》	浙江卫视	3.4	14.2
9	《绿水青山公益季极限挑战宝藏行》	东方卫视	3.2	23.6
10	《2021 年中央广播电视总台中秋晚会》	中央电视台综合频道	3.2	12.3

表 3.35.12　2021 年大连市场体育节目收视率排名前十位

单位：%

名次	节目名称	播出频道	平均收视率	平均占有率
1	《32 届奥运会男子 100 米决赛》	中央台五套	9.0	28.6
2	《32 届奥运会乒乓球女团决赛》	中央台五套	7.5	27.2
3	《乒乓球女团颁奖仪式》	中央台五套	6.4	21.6
4	《32 届奥运会女排小组赛第 3 轮》（CHN VS ROC）	中央台五套	5.7	36.5
5	《32 届奥运会羽毛球男子单打决赛》	中央台五套	5.6	19.5
6	《32 届奥运会女足小组赛 F 组第 2 轮》（中国 VS 赞比亚）	中央台五套	5.5	40.3
7	《实况录像：32 届奥运会举重男子 73 公斤级决赛挺举》	中央台五套	5.5	22.3
8	《32 届奥运会体操女子平衡木决赛》	中央台五套	5.4	32.7
9	《东京奥运会开幕式》	中央台五套	5.3	24.6
10	《32 届奥运会男子 200 米自由泳预赛》	中央台五套	4.9	27.4

三十六　福州收视数据

表 3.36.1　2017～2021 年福州市场各类频道的市场占有率

单位：%

频道类别	2017 年	2018 年	2019 年	2020 年	2021 年
中央广播电视总台	34.6	34.9	29.2	27.8	25.7
中国教育台频道	0.1	0.1	0.1	0.1	0.1
福建省级频道	10.1	10.5	11.0	9.4	8.4
福州市级频道	9.7	7.0	6.8	6.8	3.9
其他省级卫视频道	31.1	28.6	31.0	28.7	33.2
其他频道	14.5	18.9	21.9	27.2	28.7

表 3.36.2　2021 年福州市场各类频道在不同目标观众中的市场占有率

单位：%

目标观众		中央广播电视总台	中国教育台频道	福建省级频道	福州市级频道	其他省级卫视频道	其他频道
4 岁及以上所有人		25.7	0.1	8.4	3.9	33.2	28.7
性别	男	28.3	0.1	7.9	3.7	30.7	29.3
	女	23.0	0.1	9.0	4.2	35.9	27.8
年龄	4～14 岁	12.9	0.1	6.5	3.0	32.9	44.6
	15～24 岁	18.6	0.1	5.2	2.5	33.8	39.8
	25～34 岁	21.1	0.1	8.7	1.3	42.2	26.6
	35～44 岁	17.3	0.1	6.1	2.5	44.2	29.8
	45～54 岁	24.8	0.1	9.5	3.0	34.5	28.1
	55～64 岁	25.3	0.1	9.9	4.9	27.9	31.9
	65 岁及以上	35.9	0.1	9.2	6.3	26.9	21.6
受教育程度	未受过正规教育	23.1	0.1	10.0	9.9	30.9	26.0
	小学	28.3	0.1	8.6	5.3	28.4	29.3
	初中	27.4	0.1	10.4	4.7	30.0	27.4
	高中	24.1	0.1	7.4	2.8	36.0	29.6
	大学及以上	24.6	0.1	7.3	2.2	37.1	28.7

续表

目标观众		中央广播电视总台	中国教育台频道	福建省级频道	福州市级频道	其他省级卫视频道	其他频道
职业类别	干部/管理人员	*	*	*	*	*	*
	个体/私营企业人员	24.0	0.1	8.0	2.8	38.3	26.8
	初级公务员/雇员	19.0	0.1	8.4	2.0	40.7	29.8
	工人	31.1	0.1	12.6	4.7	29.6	21.9
	学生	17.0	0.1	5.3	3.0	32.5	42.1
	无业	31.4	0.1	9.0	3.4	28.6	25.5
	其他	*	*	*	*	*	*
个人月收入	0～600 元	20.6	0.1	7.0	4.1	32.8	35.4
	601～1200 元	39.3	0.1	5.9	5.2	26.2	23.3
	1201～1700 元	31.7	0.1	9.3	7.3	28.6	23.0
	1701～2600 元	29.4	0.1	10.7	4.0	26.7	29.1
	2601～3500 元	29.1	0.1	9.8	5.8	32.1	23.1
	3501～5000 元	28.0	0.1	7.5	2.9	32.5	29.0
	5001 元以上	20.3	0.0	8.6	1.8	42.6	26.7

注：“＊”表示目标观众样本量不足，无法进行统计推断。

表 3.36.3　2021 年福州市场各类频道在不同时段的市场占有率

单位：%

时间段	中央广播电视总台	中国教育台频道	福建省级频道	福州市级频道	其他省级卫视频道	其他频道
02:00～03:00	30.0	0.2	20.5	0.8	22.0	26.5
03:00～04:00	31.1	0.0	22.8	0.7	21.0	24.4
04:00～05:00	29.6	0.1	20.2	0.6	18.1	31.4
05:00～06:00	34.9	0.2	16.3	0.6	16.6	31.4
06:00～07:00	53.1	0.2	10.5	0.3	11.5	24.4
07:00～08:00	48.4	0.1	5.7	3.8	10.5	31.5
08:00～09:00	36.1	0.2	5.6	4.9	16.6	36.6
09:00～10:00	26.0	0.1	5.7	5.3	23.5	39.4
10:00～11:00	24.7	0.1	5.1	5.1	25.5	39.5
11:00～12:00	28.6	0.2	4.9	4.0	25.5	36.8
12:00～13:00	32.0	0.1	4.9	3.9	25.8	33.3
13:00～14:00	27.2	0.1	4.7	3.1	31.0	33.9
14:00～15:00	23.7	0.1	4.8	3.3	33.0	35.1
15:00～16:00	22.4	0.1	3.9	3.4	32.7	37.5

续表

时间段	中央广播电视总台	中国教育台频道	福建省级频道	福州市级频道	其他省级卫视频道	其他频道
16:00～17:00	24.7	0.1	4.4	4.1	29.6	37.1
17:00～18:00	28.3	0.1	5.9	5.3	25.0	35.4
18:00～19:00	29.3	0.1	13.1	10.2	15.1	32.2
19:00～20:00	25.2	0.1	13.3	4.4	35.5	21.5
20:00～21:00	18.1	0.0	9.4	2.8	49.3	20.4
21:00～22:00	23.2	0.1	9 1	3.0	42.2	22.4
22:00～23:00	25.4	0.1	7.6	2.4	38.8	25.7
23:00～00:00	27.7	0.1	6.9	2.4	36.4	26.5
00:00～01:00	27.7	0.1	9.4	2.7	28.9	31.2
01:00～02:00	30.0	0.1	13.5	0.9	22.6	32.9

表 3.36.4　2021 年福州市场收视份额排名前十位的频道

单位：%

名次	频道名称	收视份额
1	湖南卫视	6.3
2	浙江卫视	4.6
3	中央台四套	4.0
3	江苏卫视	4.0
5	中央电视台新闻频道	3.8
6	中央电视台综合频道	3.5
7	中央台八套	3.1
7	中央台六套	3.1
9	东方卫视	2.9
10	福建省广播影视集团电视剧频道	2.4
10	北京卫视	2.4

表 3.36.5　2021 年福州市场各主要频道的观众构成

单位：%

目标观众		所有频道	主要频道				
			湖南卫视	浙江卫视	中央台四套	江苏卫视	中央电视台新闻频道
4 岁及以上所有人		100.0	100.0	100.0	100.0	100.0	100.0
性别	男	51.8	38.1	47.5	67.3	51.5	60.6
	女	48.2	61.9	52.5	32.7	48.5	39.4

续表

目标观众		所有频道	主要频道				
			湖南卫视	浙江卫视	中央台四套	江苏卫视	中央电视台新闻频道
年龄	4～14 岁	6.9	4.4	8.4	2.0	3.6	1.5
	15～24 岁	7.6	10.0	9.6	7.9	10.1	8.4
	25～34 岁	13.2	19.0	19.0	7.1	15.2	18.4
	35～44 岁	11.3	24.5	13.4	7.4	16.4	5.9
	45～54 岁	16.6	16.0	23.2	9.3	20.3	12.3
	55～64 岁	12.7	7.2	11.2	14.8	11.8	7.8
	65 岁及以上	31.7	18.9	15.2	51.5	22.6	45.7
受教育程度	未受过正规教育	5.7	3.7	3.8	1.6	2.7	7.1
	小学	19.3	15.6	12.5	18.6	19.0	10.9
	初中	22.6	14.8	19.0	22.0	23.4	18.7
	高中	25.1	33.6	29.8	25.4	27.6	21.7
	大学及以上	27.3	32.3	34.9	32.4	27.3	41.6
职业类别	干部/管理人员	*	*	*	*	*	*
	个体/私营企业人员	13.8	28.7	11.3	10.5	16.0	8.3
	初级公务员/雇员	23.8	28.0	36.7	14.2	30.3	27.8
	工人	3.5	1.8	5.5	6.1	3.3	2.2
	学生	12.0	12.2	15.3	9.4	12.5	8.3
	无业	46.9	29.3	31.2	59.8	37.9	53.4
	其他	*	*	*	*	*	*
个人月收入	0～600 元	24.4	21.6	26.2	14.8	26.8	18.3
	601～1200 元	3.3	2.6	1.7	2.3	1.5	0.8
	1201～1700 元	3.5	2.6	2.7	5.3	3.5	3.9
	1701～2600 元	12.4	9.0	7.6	18.0	10.1	14.5
	2601～3500 元	20.2	14.1	17.7	23.5	22.4	20.4
	3501～5000 元	18.8	15.3	19.1	25.3	16.5	24.0
	5001 元以上	17.4	34.8	25.0	10.8	19.2	18.1

注：“*”表示目标观众样本量不足，无法进行统计推断。

表 3.36.6　2019～2021 年福州市场各类节目的播出比重和收视比重

单位：%

节目类别	2019 年		2020 年		2021 年	
	播出比重	收视比重	播出比重	收视比重	播出比重	收视比重
财经	1.3	0.8	1.1	0.8	1.2	0.5
电视剧	21.2	32.8	21.1	32.7	20.6	35.9

续表

节目类别	2019 年		2020 年		2021 年	
	播出比重	收视比重	播出比重	收视比重	播出比重	收视比重
电影	3.4	3.9	3.2	3.6	3.2	3.7
法制	0.9	0.8	0.6	0.5	0.7	0.6
教学	0.4	0.0	0.4	0.1	0.4	0.0
青少	8.4	3.7	8.6	3.1	8.3	2.7
生活服务	7.6	6.9	7.7	6.0	7.9	5.8
体育	4.3	2.4	4.3	1.3	4.7	2.4
外语	0.1	0.0	0.2	0.0	0.2	0.0
戏剧	0.8	0.2	0.7	0.2	0.6	0.1
新闻/时事	15.7	15.1	16.6	20.1	15.7	16.4
音乐	2.0	1.3	2.1	1.7	1.9	1.4
专题	14.7	9.1	15.4	8.3	16.8	7.4
综艺	6.8	11.6	5.9	10.7	6.0	12.6
其他	12.4	11.4	12.1	10.9	11.8	10.4

表 3.36.7　2021 年福州市场所有节目收视率排名前三十位

单位：%

名次	节目名称	节目类型	播出频道	平均收视率	平均占有率
1	《2021 电视剧品质盛典》	综艺	东方卫视	6.0	30.9
2	《乘风破浪》（3 月 19 日）	综艺	湖南卫视	5.7	23.6
3	《2022 跨年演唱会用奋斗点亮幸福》	音乐	江苏卫视	5.2	20.6
4	《温暖的味道》	电视剧	湖南卫视	4.9	19.1
4	《32 届奥运会男子 100 米决赛》	体育	中央台五套	4.9	19.1
6	《32 届奥运会乒乓球男团决赛》	体育	中央台五套	4.7	21.0
7	《金曲青春》（4 月 10 日）	综艺	东方卫视	4.6	19.7
8	《818 全球汽车夜》	综艺	湖南卫视	4.3	18.4
9	《青春中国 2021～2022 跨年晚会》	音乐	湖南卫视	4.2	16.5
10	《乒乓球女团颁奖仪式》	体育	中央台五套	4.1	15.2
11	《天猫开心夜》	综艺	湖南卫视	4.0	25.2
12	《爱在星空下》	电视剧	浙江卫视	4.0	16.5
13	《向往的生活桃花源》	综艺	湖南卫视	3.9	28.3
14	《百炼成钢》	电视剧	湖南卫视	3.8	15.4
15	《谁是宝藏歌手》	综艺	湖南卫视	3.8	14.7
16	《妈妈，你真好看》	综艺	湖南卫视	3.6	24.0
17	《陪你一起长大》	电视剧	湖南卫视	3.5	15.2

续表

名次	节目名称	节目类型	播出频道	平均收视率	平均占有率
18	《32 届奥运会体操男子鞍马决赛》	体育	中央台五套	3.4	25.5
19	《32 届奥运会女排小组赛第 4 轮》（中国 VS 意大利）	体育	中央台五套	3.4	20.9
20	《超燃美食记》	综艺	浙江卫视	3.2	20.2
21	《青春环游记》	综艺	浙江卫视	3.2	14.9
22	《八零九零》	电视剧	湖南卫视	3.1	12.7
23	《理智派生活》	电视剧	湖南卫视	3.0	26.5
24	《2021 一年又一年》	专题	中央电视台综合频道	3.0	14.4
25	《抖音新潮好物夜》	综艺	湖南卫视	2.9	13.6
26	《嗨购上海 · 2021 五五购物节全球大直播》	综艺	东方卫视	2.9	12.8
27	《百度潮盛典》	综艺	浙江卫视	2.9	12.3
28	《海洋之城》	电视剧	江苏卫视	2.9	12.1
29	《想把我唱给你听——2022 浙江卫视跨年晚会》	综艺	浙江卫视	2.9	11.3
30	《埃博拉前线》	电视剧	北京卫视	2.8	12.1

表 3.36.8　2021 年福州市场电视剧收视率排名前十位

单位：%

名次	节目名称	播出频道	平均收视率	平均占有率
1	《温暖的味道》	湖南卫视	4.9	19.1
2	《爱在星空下》	浙江卫视	4.0	16.5
3	《百炼成钢》	湖南卫视	3.8	15.4
4	《陪你一起长大》	湖南卫视	3.5	15.2
5	《八零九零》	湖南卫视	3.1	12.7
6	《理智派生活》	湖南卫视	3.0	26.5
7	《海洋之城》	江苏卫视	2.9	12.1
8	《埃博拉前线》	北京卫视	2.8	12.1
9	《大宋宫词》	江苏卫视	2.8	11.8
10	《心跳源计划》	浙江卫视	2.6	11.1

表 3.36.9　2021 年福州市场新闻节目收视率排名前十位

单位：%

名次	节目名称	播出频道	平均收视率	平均占有率
1	《2021 中关村论坛开幕式特别报道》	北京卫视	1.6	7.2
2	《共同守沪迎战烟花防汛抗台全媒体直播报道》	东方卫视	1.6	6.4

续表

名次	节目名称	播出频道	平均收视率	平均占有率
3	《今日关注》	中央台四套	1.2	6.1
4	《中国空间站神舟十三号载人飞行任务2021》	中央电视台新闻频道	1.1	13.1
5	《中国空间站航天员出舱》	中央电视台新闻频道	0.9	5.2
6	《2021年中国国际服务贸易交易会全球服务贸易峰会特别报道》	中央电视台综合频道	0.9	4.7
7	《海峡两岸》	中央台四套	0.9	4.1
8	《筑梦空间站神舟十二号航天员乘组返回北京特别报道》	中央台四套	0.9	3.8
9	《中国舆论场》	中央台四套	0.9	3.6
10	《共建美好世界中华人民共和国恢复联合国合法席位五十周年特别节目》	中央电视台新闻频道	0.8	9.7

表 3.36.10　2021年福州市场专题节目收视率排名前十位

单位：%

名次	节目名称	播出频道	平均收视率	平均占有率
1	《2021一年又一年》	中央电视台综合频道	3.0	14.4
2	《潮涌长三角——长三角三省一市庆祝中国共产党成立100周年特别节目》	江苏卫视	2.2	12.1
3	《100世纪航程中国共产党党史知识学习达人挑战赛》（6月6日）	浙江卫视	2.1	9.2
4	《东向大海》（7月26日）	浙江卫视	1.7	9.3
5	《致敬百年风华》	江苏卫视	1.7	6.1
6	《中国共产党人精神谱系特别节目精神的力量》	江苏卫视	1.4	9.2
7	《28岁的你》	湖南卫视	1.4	5.2
8	《6.26国际禁毒日特别节目禁毒之战2021》	福建省广播影视集团新闻频道	1.3	7.9
9	《红色档案》	中央电视台综合频道	1.2	4.7
10	《2021年全国消费促进月暨上海五五购物节启动仪式》	东方卫视	1.2	4.6

表 3.36.11　2021年福州市场综艺节目收视率排名前十位

单位：%

名次	节目名称	播出频道	平均收视率	平均占有率
1	《2021电视剧品质盛典》	东方卫视	6.0	30.9

续表

名次	节目名称	播出频道	平均收视率	平均占有率
2	《乘风破浪》（3月19日）	湖南卫视	5.7	23.6
3	《金曲青春》（4月10日）	东方卫视	4.6	19.7
4	《818全球汽车夜》	湖南卫视	4.3	18.4
5	《天猫开心夜》	湖南卫视	4.0	25.2
6	《向往的生活桃花源》	湖南卫视	3.9	28.3
7	《谁是宝藏歌手》	湖南卫视	3.8	14.7
8	《妈妈，你真好看》	湖南卫视	3.6	24.0
9	《超燃美食记》	浙江卫视	3.2	20.2
10	《青春环游记》	浙江卫视	3.2	14.9

表3.36.12　2021年福州市场体育节目收视率排名前十位

单位：%

名次	节目名称	播出频道	平均收视率	平均占有率
1	《32届奥运会男子100米决赛》	中央台五套	4.9	19.1
2	《32届奥运会乒乓球男团决赛》	中央台五套	4.7	21.0
3	《乒乓球女团颁奖仪式》	中央台五套	4.1	15.2
4	《32届奥运会体操男子鞍马决赛》	中央台五套	3.4	25.5
5	《32届奥运会女排小组赛第4轮》（中国VS意大利）	中央台五套	3.4	20.9
6	《实况录像：32届奥运会举重男子81公斤级决赛挺举》	中央台五套	2.7	11.8
7	《东京奥运会闭幕式》	中央台五套	2.1	9.2
8	《32届奥运会羽毛球男子单打决赛》	中央台五套	2.0	8.4
9	《32届奥运会女篮小组赛》（中国VS比利时）	中央台五套	1.8	16.9
10	《实况录像：32届奥运会跳水女子十米台决赛》	中央台五套	1.7	13.1

三十七　广州收视数据

表 3.37.1　2017～2021 年广州市场各类频道的市场占有率

单位：%

频道类别	2017 年	2018 年	2019 年	2020 年	2021 年
中央广播电视总台	16.1	14.8	14.5	13.4	12.2
中国教育台频道	0.1	0.1	0.1	0.1	0.2
广东省级频道	34.1	32.8	27.8	26.5	27.3
广州市级频道	13	11.4	11.0	9.9	9.3
其他省级卫视频道	14.1	15.6	14.9	17.7	16.4
境外频道	7.9	7.1	8.1	9	6.5
其他频道	14.7	18.2	23.6	23.4	28.1

表 3.37.2　2021 年广州市场各类频道在各目标观众中的市场占有率

单位：%

目标观众		中央广播电视总台	中国教育台频道	广东省级频道	广州市级频道	其他省级卫视频道	境外频道	其他频道
4 岁及以上所有人		12.2	0.2	27.3	9.3	16.4	6.5	28.1
性别	男	13.4	0.2	26.4	8.8	16.3	6.6	28.3
	女	11.0	0.1	28.2	9.9	16.4	6.4	28.0
年龄	4～14 岁	5.8	0.1	25.1	2.9	13.8	2.4	49.9
	15～24 岁	9.9	0.1	33.2	7.3	15.5	5.8	28.2
	25～34 岁	7.6	0.1	22.8	11.2	18.1	8.7	31.5
	35～44 岁	14.3	0.1	20.0	7.0	17.3	4.1	37.2
	45～54 岁	12.6	0.1	24.7	10.2	16.5	6.5	29.4
	55～64 岁	13.1	0.2	33.6	12.3	14.0	8.9	17.9
	65 岁及以上	18.1	0.3	32.1	8.8	17.6	5.7	17.4
受教育程度	未受过正规教育	5.7	0.1	35.9	7.4	12.1	3.2	35.6
	小学	8.7	0.2	37.1	8.8	13.7	2.7	28.8
	初中	13.7	0.2	30.3	9.0	18.1	5.5	23.2
	高中	14.0	0.1	24.5	8.6	15.8	7.4	29.6
	大学及以上	11.6	0.1	19.5	11.5	17.6	9.6	30.1

续表

目标观众		中央广播电视总台	中国教育台频道	广东省级频道	广州市级频道	其他省级卫视频道	境外频道	其他频道
职业类别	干部/管理人员	16.1	0.1	15.9	5.9	20.2	4.1	37.7
	个体/私营企业人员	13.3	0.3	23.8	6.4	15.3	7.1	33.8
	初级公务员/雇员	10.0	0.0	21.1	11.3	18.0	7.7	31.9
	工人	10.7	0.1	30.5	11.2	14.5	5.5	27.5
	学生	6.6	0.1	23.3	4.9	15.1	3.6	46.4
	无业	14.7	0.2	29.6	9.3	17.2	7.4	21.6
	其他	3.5	0.8	52.6	9.4	6.6	1.6	25.5
个人月收入	0～600 元	7.4	0.2	30.7	5.5	15.0	4.1	37.1
	601～1200 元	8.9	0.2	48.8	6.8	14.1	2.9	18.3
	1201～1700 元	12.4	0.7	28.2	7.3	13.9	3.4	34.1
	1701～2600 元	15.1	0.2	34.9	12.3	18.1	7.3	12.1
	2601～3500 元	12.2	0.1	30.7	13.5	15.2	8.1	20.2
	3501～5000 元	15.3	0.1	19.9	10.1	18.3	8.7	27.6
	5001 元及以上	12.6	0.2	20.3	7.1	16.3	5.2	38.3

表 3.37.3　2021 年广州市场各类频道在不同时段的市场占有率

单位：%

时间段	中央广播电视总台	中国教育台频道	广东省级频道	广州市级频道	其他省级卫视频道	境外频道	其他频道
02:00～03:00	16.3	0.3	14.4	3.1	22.7	2.7	40.5
03:00～04:00	16.1	0.1	15.8	4.5	18.5	1.7	43.3
04:00～05:00	13.9	0.1	22.4	4.8	18.7	1.9	38.2
05:00～06:00	14.1	0.2	30.1	4.5	19.7	1.6	29.8
06:00～07:00	19.5	0.1	24.9	4.5	19.3	4.9	26.8
07:00～08:00	19.5	0.3	33.9	5.2	8.6	11.3	21.2
08:00～09:00	19.2	0.4	21.3	6.9	11.7	18.2	22.3
09:00～10:00	19.8	0.4	17.9	5.0	18.9	4.9	33.1
10:00～11:00	17.4	0.4	16.1	4.8	20.4	2.7	38.2
11:00～12:00	17.1	0.2	20.7	4.4	18.8	3.1	35.7
12:00～13:00	18.8	0.1	25.8	5.8	14.9	5.6	29.0
13:00～14:00	12.1	0.1	22.9	5.5	18.0	8.5	32.9
14:00～15:00	12.3	0.3	18.1	5.6	22.2	4.4	37.1
15:00～16:00	13.2	0.3	15.9	6.0	23.7	3.3	37.6
16:00～17:00	13.9	0.3	17.8	4.8	23.1	1.8	38.3

续表

时间段	中央广播电视总台	中国教育台频道	广东省级频道	广州市级频道	其他省级卫视频道	境外频道	其他频道
17:00～18:00	13.8	0.1	24.6	6.2	16.8	2.1	36.4
18:00～19:00	8.4	0.0	36.9	17.9	6.2	7.6	23.0
19:00～20:00	9.6	0.0	37.9	14.0	12.3	5.4	20.8
20:00～21:00	10.1	0.0	33.9	9.9	18.5	5.4	22.2
21:00～22:00	10.8	0.1	27.5	10.8	17.1	8.5	25.2
22:00～23:00	11.2	0.1	22.4	9.8	17.4	10.4	28.7
23:00～00:00	12.6	0.2	21.4	5.3	18.5	9.2	32.8
00:00～01:00	12.4	0.8	15.9	6.9	17.0	10.0	37.0
01:00～02:00	14.8	1.4	13.4	3.4	20.2	6.1	40.7

表 3.37.4　2021 年广州市场收视份额排名前十位的频道

单位：%

排名	频道名称	收视份额
1	广东广播电视台珠江频道	8.9
2	翡翠台（中文）（有线网转播）	5.1
3	广州市广播电视台综合频道	4.4
4	广东广播电视台影视频道	3.9
5	广东广播电视台南方卫视	3.5
6	广东广播电视台公共频道	2.7
7	广州市广播电视台影视频道	2.6
8	湖南卫视	2.4
9	广东卫视	2.2
10	江苏卫视	2.1

表 3.37.5　2021 年广州市场各主要频道的观众构成

单位：%

目标观众		所有频道	主要频道				
			广东广播电视台珠江频道	翡翠台（中文）（有线网转播）	广州市广播电视台综合频道	广东广播电视台影视频道	广东广播电视台南方卫视
4 岁及以上所有人		100.0	100.0	100.0	100.0	100.0	100.0
性别	男	51.7	44.8	51.8	51.6	58.2	51.9
	女	48.3	55.2	48.2	48.4	41.8	48.1

续表

目标观众		所有频道	主要频道				
			广东广播电视台珠江频道	翡翠台（中文）（有线网转播）	广州市广播电视台综合频道	广东广播电视台影视频道	广东广播电视台南方卫视
年龄	4～14 岁	8.7	6.6	2.6	2.4	9.6	4.6
	15～24 岁	5.6	7.0	4.6	5.7	6.8	12.5
	25～34 岁	19.0	18.4	28.4	18.5	7.5	11.2
	35～44 岁	11.3	8.5	6.7	8.5	6.7	5.6
	45～54 岁	19.4	14.7	20.3	20.4	21.8	18.7
	55～64 岁	17.5	24.1	24.7	23.6	27.8	12.8
	65 岁及以上	18.5	20.7	12.7	20.9	19.8	34.6
受教育程度	未受过正规教育	4.3	6.6	2.2	2.3	4.7	4.5
	小学	14.9	19.7	6.0	13.8	24.4	28.8
	初中	26.3	26.5	20.4	25.8	31.1	29.1
	高中	31.8	29.4	36.2	30.6	32.2	24.9
	大学及以上	22.7	17.8	35.2	27.5	7.6	12.7
职业类别	干部/管理人员	2.7	1.0	1.4	1.7	2.2	0.5
	个体/私营企业人员	9.9	8.0	10.9	5.4	5.5	9.4
	初级公务员/雇员	15.7	15.7	20.8	17.2	4.6	5.9
	工人	22.2	21.5	18.7	22.9	38.5	24.4
	学生	7.7	6.8	4.0	5.2	6.2	7.9
	无业	40.8	45.6	44.0	46.3	36.7	50.4
	其他	1.0	1.4	0.2	1.3	6.3	1.5
个人月收入	0～600 元	20.4	24.9	12.0	13.0	25.0	21.2
	601～1200 元	4.8	7.5	2.2	3.4	6.1	20.8
	1201～1700 元	1.2	1.0	0.7	0.3	1.6	0.3
	1701～2600 元	9.9	13.5	12.3	12.4	18.6	6.9
	2601～3500 元	19.5	22.8	27.0	26.0	21.4	27.4
	3501～5000 元	26.0	18.4	34.0	32.9	13.3	14.3
	5001 元及以上	18.2	11.9	11.8	12.0	14.0	9.1

表 3.37.6　2019～2021 年广州市场各类节目的播出比重和收视比重

单位：%

节目类别	2019 年		2020 年		2021 年	
	播出比重	收视比重	播出比重	收视比重	播出比重	收视比重
财经	1.2	0.4	1.0	0.4	1.2	0.5
电视剧	21.4	30.1	21.8	32.2	21.7	32.2

续表

节目类别	2019 年		2020 年		2021 年	
	播出比重	收视比重	播出比重	收视比重	播出比重	收视比重
电影	3.5	3.2	3.4	2.3	3.2	2.0
法制	1.0	0.5	1.0	0.3	1.1	0.3
教学	0.4	0.0	0.3	0.1	0.3	0.0
青少	7.5	5.5	7.8	3.9	7.6	4.4
生活服务	7.9	8.1	7.6	7.5	8.0	6.8
体育	5.3	6.1	5.4	3.3	5.8	5.1
外语	0.2	0.0	0.3	0.0	0.3	0.0
戏剧	0.7	0.1	0.6	0.1	0.5	0.1
新闻/时事	15.9	17.9	16.3	20.9	15.6	20.6
音乐	1.8	1.3	1.9	1.6	1.6	0.8
专题	13.6	5.7	13.8	5.8	14.7	5.5
综艺	6.6	7.5	5.8	7.6	6.0	7.5
其他	13.0	13.6	13.0	14.0	12.4	14.2

表 3.37.7　2021 年广州市场所有节目收视率排名前三十位

单位：%

名次	节目名称	节目类型	播出频道	平均收视率	平均占有率
1	《东京之路：32 届奥运会田径男子 4×100 米接力决赛》	体育	广东广播电视台体育频道	6.3	18.1
2	《乒乓球男团颁奖仪式》	体育	中央台五套	6.2	16.7
3	《32 届奥运会乒乓球女单决赛》	体育	中央台五套	5.6	16.3
4	《我们都要好好的》	电视剧	广东广播电视台珠江频道	4.8	14.6
5	《幸福爱人》	电视剧	广东广播电视台珠江频道	4.6	14.2
6	《天气预报》	生活服务	广东广播电视台珠江频道	4.4	18.9
7	《东京之路：32 届奥运会女篮小组赛》（中国 VS 澳大利亚）	体育	广东广播电视台体育频道	4.2	13.8
8	《东京之路：32 届奥运会空手道女子组手 61 公斤级决赛》	体育	广东广播电视台体育频道	4.2	11.4
9	《东京之路：32 届奥运会羽毛球女单决赛》	体育	广东广播电视台体育频道	4.1	14.5
10	《金牛犇腾迎新春珠江频道 2021 除夕特别节目》	综艺	广东广播电视台珠江频道	4.1	12.0

续表

名次	节目名称	节目类型	播出频道	平均收视率	平均占有率
11	《梅花儿香》	电视剧	广东广播电视台珠江频道	4.0	14.0
12	《亲爱的回家》	电视剧	广东广播电视台珠江频道	3.9	13.8
13	《大侠霍元甲》	电视剧	广东广播电视台珠江频道	3.8	14.5
14	《加油爱人》（3～33集）	电视剧	广东广播电视台珠江频道	3.8	11.7
15	《珠江新闻眼》	新闻/时事	广东广播电视台珠江频道	3.7	20.6
16	《亲爱的设计师》	电视剧	广东广播电视台珠江频道	3.7	12.1
17	《东京之路：32届奥运会女子摔跤自由式53公斤级决赛》	体育	广东广播电视台体育频道	3.7	10.2
18	《爱的阶梯》	电视剧	广东广播电视台珠江频道	3.5	12.6
19	《大江大河》	电视剧	广东广播电视台珠江频道	3.5	12.3
20	《送鼠迎牛开运王》	综艺	翡翠台（中文）（有线网转播）	3.4	13.0
21	《妻子的秘密》	电视剧	广东广播电视台珠江频道	3.4	12.8
22	《2021年中国足球协会超级联赛第8轮》（广州城VS广州队）	体育	广东广播电视台体育频道	3.3	12.8
23	《爱盛开》	电视剧	广东广播电视台珠江频道	3.3	12.4
24	《爱情真善美》	电视剧	广东广播电视台珠江频道	3.3	12.3
25	《我就是演员》（1月9日）	综艺	浙江卫视	3.3	10.9
26	《东京之路：32届奥运会女子4×200米自由泳接力决赛》	体育	广东广播电视台体育频道	3.3	10.2
27	《2021中央广播电视总台春节联欢晚会》	综艺	中央电视台综合频道	3.2	9.7
28	《百年风华花城礼赞庆祝中国共产党成立100周年特别报道》	新闻/时事	广州市广播电视台综合频道	3.1	18.1
29	《夏家三千金》	电视剧	广东广播电视台珠江频道	3.1	11.0
30	《东京之路：32届奥运会女子举重87公斤以上级决赛》	体育	广东广播电视台体育频道	3.1	10.8

表 3.37.8　2021 年广州市场电视剧收视率排名前十位

单位：%

名次	节目名称	播出频道	平均收视率	平均占有率
1	《我们都要好好的》	广东广播电视台珠江频道	4.8	14.6
2	《幸福爱人》	广东广播电视台珠江频道	4.6	14.2
3	《梅花儿香》	广东广播电视台珠江频道	4.0	14.0
4	《亲爱的回家》	广东广播电视台珠江频道	3.9	13.8
5	《大侠霍元甲》	广东广播电视台珠江频道	3.8	14.5
6	《加油爱人》（3～33 集）	广东广播电视台珠江频道	3.8	11.7
7	《亲爱的设计师》	广东广播电视台珠江频道	3.7	12.1
8	《爱的阶梯》	广东广播电视台珠江频道	3.5	12.6
9	《大江大河》	广东广播电视台珠江频道	3.5	12.3
10	《妻子的秘密》	广东广播电视台珠江频道	3.4	12.8

表 3.37.9　2021 年广州市场新闻节目收视率排名前十位

单位：%

名次	节目名称	播出频道	平均收视率	平均占有率
1	《珠江新闻眼》	广东广播电视台珠江频道	3.7	20.6
2	《百年风华花城礼赞庆祝中国共产党成立 100 周年特别报道》	广州市广播电视台综合频道	3.1	18.1
3	《今日关注》	广东广播电视台珠江频道	2.9	10.6
4	《广视新闻》	广州市广播电视台综合频道	2.7	14.4
5	《2020 国际大事回顾》	翡翠台（中文）（有线网转播）	2.6	9.8
6	《6 点半新闻报道》	翡翠台（中文）（有线网转播）	2.2	9.8
7	《2021 国际大事回顾》	翡翠台（中文）（有线网转播）	1.8	7.3
8	《DV 现场》	广东广播电视台公共频道	1.8	6.4
9	《转播中央台新闻联播》	广州市广播电视台综合频道	1.7	6.4
10	《G4 出动》	广州市广播电视台新闻频道	1.5	5.7

表 3.37.10　2021 年广州市场专题节目收视率排名前十位

单位：%

名次	节目名称	播出频道	平均收视率	平均占有率
1	《穿越百年追寻你》	广州市广播电视台综合频道	2.5	12.0
2	《无可比拟的演艺泰斗永远怀念吴孟达》	翡翠台（中文）（有线网转播）	1.7	7.3
3	《寻人记》	翡翠台（中文）（有线网转播）	1.5	9.7
4	《中国诗词大会第六季》（2 月 13 日）	中央电视台综合频道	1.5	5.6

续表

名次	节目名称	播出频道	平均收视率	平均占有率
5	《第一次握手中国共产党第三次全国代表大会纪实》	广州市广播电视台综合频道	1.5	5.0
6	《情满雪域高原记习近平总书记西藏之行》	中央电视台综合频道	1.5	4.9
7	《青年湾区创明天》	翡翠台（中文）（有线网转播）	1.3	6.2
8	《发现新广州》	广州市广播电视台综合频道	1.3	5.9
9	《文化珠江》	广东广播电视台珠江频道	1.2	6.1
10	《大匠》	广东广播电视台珠江频道	1.2	5.2

表 3.37.11　2021 年广州市场综艺节目收视率排名前十位

单位：%

名次	节目名称	播出频道	平均收视率	平均占有率
1	《金牛犇腾迎新春珠江频道 2021 除夕特别节目》	广东广播电视台珠江频道	4.1	12.0
2	《送鼠迎牛开运王》	翡翠台（中文）（有线网转播）	3.4	13.0
3	《我就是演员》（1 月 9 日）	浙江卫视	3.3	10.9
4	《2021 中央广播电视总台春节联欢晚会》	中央电视台综合频道	3.2	9.7
5	《乐队风暴》（11 月 13 日）	广东广播电视台珠江频道	2.9	17.4
6	《奔跑吧黄河篇》（1 月 1 日、1 月 8 日）	浙江卫视	2.7	10.6
7	《伟大征程庆祝中国共产党成立 100 周年大型情景史诗》	中央电视台综合频道	2.7	9.3
8	《中国好声音》（9 月 3 日）	浙江卫视	2.5	8.9
9	《天赐的声音 2》（3 月 19 日）	浙江卫视	2.4	12.9
10	《金牛吉祥耀保良》	翡翠台（中文）（有线网转播）	2.4	9.1

表 3.37.12　2021 年广州市场体育节目收视率排名前十位

单位：%

名次	节目名称	播出频道	平均收视率	平均占有率
1	《东京之路：32 届奥运会田径男子 4×100 米接力决赛》	广东广播电视台体育频道	6.3	18.1
2	《乒乓球男团颁奖仪式》	中央台五套	6.2	16.7
3	《32 届奥运会乒乓球女单决赛》	中央台五套	5.6	16.3
4	《东京之路：32 届奥运会女篮小组赛》（中国 VS 澳大利亚）	广东广播电视台体育频道	4.2	13.8

续表

名次	节目名称	播出频道	平均收视率	平均占有率
5	《东京之路：32 届奥运会空手道女子组手 61 公斤级决赛》	广东广播电视台体育频道	4.2	11.4
6	《东京之路：32 届奥运会羽毛球女单决赛》	广东广播电视台体育频道	4.1	14.5
7	《东京之路：32 届奥运会女子摔跤自由式 53 公斤级决赛》	广东广播电视台体育频道	3.7	10.2
8	《2021 年中国足球协会超级联赛第 8 轮》（广州城 VS 广州队）	广东广播电视台体育频道	3.3	12.8
9	《东京之路：32 届奥运会女子 4×200 米自由泳接力决赛》	广东广播电视台体育频道	3.3	10.2
10	《东京之路：32 届奥运会女子举重 87 公斤以上级决赛》	广东广播电视台体育频道	3.1	10.8

三十八　贵阳收视数据

表 3.38.1　2017～2021 年贵阳市场各类频道的市场占有率

单位：%

频道类别	2017 年	2018 年	2019 年	2020 年	2021 年
中央广播电视总台	31.4	30.6	26.1	29.9	23.3
中国教育台频道	0.1	0.1	0.1	0.1	0.1
贵州省级频道	20.2	19.8	16.5	12.1	9.9
贵阳市级频道	3.7	0.8	0.6	0.9	0.9
其他省级卫视频道	28.6	31.6	34.0	31.6	34.7
其他频道	16.0	17.1	22.7	25.4	31.1

表 3.38.2　2021 年贵阳市场各类频道在不同目标观众中的市场占有率

单位：%

目标观众		中央广播电视总台	中国教育台频道	贵州省级频道	贵阳市级频道	其他省级卫视频道	其他频道
4 岁及以上所有人		23.3	0.1	9.9	0.9	34.7	31.1
性别	男	23.9	0.1	9.3	0.8	32.9	33.0
	女	22.6	0.1	10.4	0.9	36.5	29.5
年龄	4～14 岁	13.5	0.1	4.1	0.3	33.1	48.9
	15～24 岁	17.1	0.0	6.6	0.5	38.5	37.3
	25～34 岁	14.0	0.1	4.2	0.5	47.0	34.2
	35～44 岁	15.9	0.1	10.0	0.8	31.1	42.1
	45～54 岁	24.2	0.1	9.7	0.9	34.9	30.2
	55～64 岁	29.1	0.1	14.5	1.1	30.6	24.6
	65 岁及以上	36.1	0.0	14.7	1.4	31.0	16.8
受教育程度	未受过正规教育	18.5	0.1	8.8	0.8	40.8	31.0
	小学	17.4	0.1	9.0	0.9	34.7	37.9
	初中	23.6	0.1	11.7	1.1	32.1	31.4
	高中	27.7	0.1	9.8	0.6	37.0	24.8
	大学及以上	25.2	0.0	7.5	0.8	34.4	32.1

续表

目标观众		中央广播电视总台	中国教育台频道	贵州省级频道	贵阳市级频道	其他省级卫视频道	其他频道
职业类别	干部/管理人员	18.2	0.1	2.6	0.2	24.1	54.8
	个体/私营企业人员	16.9	0.1	6.9	0.4	39.5	36.2
	初级公务员/雇员	24.3	0.0	11.4	1.1	38.2	25.0
	工人	18.5	0.1	8.1	1.2	29.6	42.5
	学生	13.8	0.1	4.8	0.5	31.2	49.6
	无业	28.1	0.1	11.4	1.0	33.7	25.7
	其他	23.0	0.3	14.8	0.7	35.5	25.7
个人月收入	0~600元	17.3	0.1	6.8	0.5	35.3	40.0
	601~1200元	27.8	0.2	26.3	0.6	24.0	21.1
	1201~1700元	32.1	0.1	10.9	2.1	31.7	23.1
	1701~2600元	28.5	0.0	9.9	0.7	40.4	20.5
	2601~3500元	27.2	0.0	15.0	1.3	32.9	23.6
	3501~5000元	22.0	0.1	10.0	1.2	31.6	35.1
	5001元及以上	24.8	0.1	7.5	0.5	36.1	31.0

表3.38.3　2021年贵阳市场各类频道在不同时段的市场占有率

单位：%

时间段	中央广播电视总台	中国教育台频道	贵州省级频道	贵阳市级频道	其他省级卫视频道	其他频道
02:00~03:00	16.0	0.2	10.4	1.3	21.3	50.8
03:00~04:00	15.1	0.3	9.5	1.2	20.6	53.3
04:00~05:00	14.1	0.1	8.8	1.2	18.7	57.1
05:00~06:00	15.2	0.0	10.2	0.8	16.6	57.2
06:00~07:00	38.3	0.0	8.2	0.4	11.1	42.0
07:00~08:00	44.0	0.1	7.4	0.9	10.2	37.4
08:00~09:00	42.4	0.1	6.9	0.9	14.2	35.5
09:00~10:00	36.0	0.1	6.4	1.2	19.7	36.6
10:00~11:00	30.4	0.1	6.6	1.1	22.9	38.9
11:00~12:00	30.5	0.1	6.2	0.8	24.3	38.1
12:00~13:00	30.9	0.1	6.2	0.7	25.4	36.7
13:00~14:00	25.6	0.1	5.6	0.6	31.9	36.2
14:00~15:00	22.7	0.1	5.5	0.8	34.9	36.0
15:00~16:00	23.2	0.1	5.8	0.9	34.4	35.6
16:00~17:00	25.7	0.1	5.8	0.9	32.8	34.7

续表

时间段	中央广播电视总台	中国教育台频道	贵州省级频道	贵阳市级频道	其他省级卫视频道	其他频道
17:00~18:00	28.4	0.1	6.6	0.7	29.1	35.1
18:00~19:00	28.2	0.1	22.5	0.5	15.6	33.1
19:00~20:00	19.4	0.0	17.7	0.3	37.5	25.1
20:00~21:00	15.8	0.0	9.5	0.4	51.0	23.3
21:00~22:00	18.5	0.0	9.3	0.7	46.8	24.7
22:00~23:00	19.9	0.1	9.0	1.5	41.0	28.5
23:00~00:00	22.7	0.1	7.3	2.5	36.9	30.5
00:00~01:00	22.5	0.1	8.7	3.0	27.0	38.7
01:00~02:00	19.0	0.1	11.7	1.9	21.4	45.9

表 3.38.4　2021 年贵阳市场收视份额排名前十位的频道

单位：%

名次	频道名称	收视份额
1	浙江卫视	5.1
2	湖南卫视	4.9
3	中央台六套	3.9
4	中央电视台新闻频道	3.7
5	东方卫视	3.6
6	中央台八套	3.4
6	江苏卫视	3.4
8	贵州广播电视台公共频道	3.3
8	北京卫视	3.3
10	中央电视台综合频道	3.0

表 3.38.5　2021 年贵阳市场各主要频道的观众构成

单位：%

目标观众		所有频道	主要频道				
			浙江卫视	湖南卫视	中央台六套	中央电视台新闻频道	东方卫视
4 岁及以上所有人		100.0	100.0	100.0	100.0	100.0	100.0
性别	男	50.4	47.4	40.6	54.4	49.5	49.0
	女	49.6	52.6	59.4	45.6	50.5	51.0

续表

目标观众		所有频道	主要频道				
			浙江卫视	湖南卫视	中央台六套	中央电视台新闻频道	上海东方卫视
年龄	4～14 岁	11.0	10.8	11.6	5.2	3.5	10.7
	15～24 岁	6.5	7.3	5.9	3.3	4.4	6.9
	25～34 岁	13.1	22.3	15.5	9.4	4.4	22.6
	35～44 岁	11.6	10.6	11.1	13.9	6.0	10.7
	45～54 岁	24.8	26.6	22.8	36.8	22.1	24.4
	55～64 岁	13.6	9.5	11.8	18.1	21.5	9.4
	65 岁及以上	19.4	12.9	21.3	13.3	38.1	15.3
受教育程度	未受过正规教育	6.1	6.3	6.9	4.1	2.5	6.9
	小学	20.8	17.3	24.0	15.6	13.8	17.6
	初中	33.1	32.0	31.2	40.0	28.4	30.0
	高中	24.2	27.2	28.2	26.9	35.3	28.1
	大学及以上	15.8	17.2	9.8	13.4	20.0	17.4
职业类别	干部/管理人员	0.4	0.3	0.2	0.1	0.2	0.4
	个体/私营企业人员	15.3	20.4	17.9	18.3	7.5	19.3
	初级公务员/雇员	16.3	18.4	15.3	24.7	15.4	18.7
	工人	8.3	9.5	6.2	4.8	7.7	7.0
	学生	10.5	10.8	9.1	4.7	4.5	9.4
	无业	45.9	38.6	48.3	42.8	63.9	42.1
	其他	3.3	2.0	3.0	4.7	0.8	3.1
个人月收入	0～600 元	30.9	32.4	29.0	20.9	16.8	32.6
	601～1200 元	1.1	0.2	1.1	1.8	1.1	0.6
	1201～1700 元	3.6	3.0	4.0	9.8	2.7	2.3
	1701～2600 元	12.5	14.5	16.9	19.1	20.5	13.4
	2601～3500 元	20.2	17.9	21.4	20.9	19.0	16.1
	3501～5000 元	16.4	15.3	14.8	9.6	20.9	15.7
	5001 元及以上	15.3	16.7	12.8	17.8	19.0	19.3

表 3.38.6　2019～2021 年贵阳市场各类节目的播出比重和收视比重

单位：%

节目类别	2019 年		2020 年		2021 年	
	播出比重	收视比重	播出比重	收视比重	播出比重	收视比重
财经	1.2	0.4	0.9	0.4	1.0	0.6
电视剧	26.7	33.6	26.8	32.7	27.3	38.3
电影	4.1	5.9	4.0	6.8	3.7	5.3

续表

节目类别	2019 年		2020 年		2021 年	
	播出比重	收视比重	播出比重	收视比重	播出比重	收视比重
法制	0.8	1.3	0.7	0.7	0.7	0.4
教学	0.3	0.1	0.3	0.1	0.2	0.1
青少	6.9	6.7	7.0	7.0	6.8	4.3
生活服务	6.5	7.2	6.4	5.9	5.9	6.1
体育	3.6	2.3	3.8	1.0	3.9	1.8
外语	0.1	0.0	0.1	0.0	0.2	0.0
戏剧	1.1	0.1	0.9	0.1	0.9	0.1
新闻/时事	10.2	13.1	10.7	17.6	10.3	13.9
音乐	1.6	1.2	1.7	0.8	1.6	0.8
专题	13.6	5.4	13.6	4.8	14.3	5.6
综艺	5.5	9.1	4.7	9.8	4.6	10.6
其他	17.8	13.6	18.4	12.3	18.6	12.1

表 3.38.7　2021 年贵阳市场所有节目收视率排名前三十位

单位：%

名次	节目名称	节目类型	播出频道	平均收视率	平均占有率
1	《一路唱响》（11 月 6 日）	综艺	东方卫视	8.7	20.2
2	《想把我唱给你听——2022 浙江卫视跨年晚会》	综艺	浙江卫视	7.0	19.8
3	《2017BTV 跨年环球歌会》	音乐	北京卫视	6.9	16.6
4	《伟大征程庆祝中国共产党成立 100 周年大型情景史诗》	综艺	江苏卫视	6.2	24.9
5	《两个人的世界》	电视剧	东方卫视	6.1	14.2
6	《输赢》	电视剧	北京卫视	5.9	15.5
7	《舍我其谁》	电视剧	江苏卫视	5.8	16.2
8	《2021 年全国消费促进月暨上海五五购物节启动仪式》	专题	东方卫视	5.7	22.4
9	《组队时刻》（12 月 25 日）	综艺	浙江卫视	5.4	13.8
10	《嗨购上海 · 2021 五五购物节全球大直播》	综艺	东方卫视	5.2	22.1
11	《理智派生活》	电视剧	湖南卫视	5.1	29.2
12	《冠军 VS 冠军》（12 月 24 日）	综艺	东方卫视	5.1	15.7
13	《前行者》	电视剧	北京卫视	5.1	11.9
14	《第十二秒》	电视剧	湖南卫视	5.0	23.5
15	《埃博拉前线》	电视剧	北京卫视	5.0	12.0
16	《2020 微博之夜》	综艺	东方卫视	4.9	18.6

续表

名次	节目名称	节目类型	播出频道	平均收视率	平均占有率
17	《省委十四届十次全会特别节目》	新闻/时事	浙江卫视	4.9	10.8
18	《青春中国2021～2022跨年晚会》	音乐	湖南卫视	4.7	18.5
19	《正青春》	电视剧	浙江卫视	4.7	16.8
20	《爱在星空下》	电视剧	浙江卫视	4.7	15.3
21	《上海市人民政府记者招待会》	新闻/时事	东方卫视	4.6	18.0
22	《暴风眼》	电视剧	浙江卫视	4.6	15.9
23	《八零九零》	电视剧	湖南卫视	4.6	15.2
24	《大江大河二》	电视剧	浙江卫视	4.6	13.6
25	《山海情》	电视剧	浙江卫视	4.5	14.3
26	《斛珠夫人》	电视剧	北京卫视	4.5	10.5
27	《突围》	电视剧	东方卫视	4.4	10.3
28	《中国梦之声·我们的歌哞哞嗨唱大会》	综艺	东方卫视	4.3	22.3
29	《大戏看北京斛珠夫人》	综艺	北京卫视	4.3	16.8
30	《心跳源计划》	电视剧	浙江卫视	4.3	14.2

表3.38.8　2021年贵阳市场电视剧收视率排名前十位

单位：%

名次	节目名称	播出频道	平均收视率	平均占有率
1	《两个人的世界》	东方卫视	6.1	14.2
2	《输赢》	北京卫视	5.9	15.5
3	《舍我其谁》	江苏卫视	5.8	16.2
4	《理智派生活》	湖南卫视	5.1	29.2
5	《前行者》	北京卫视	5.1	11.9
6	《第十二秒》	湖南卫视	5.0	23.5
7	《埃博拉前线》	北京卫视	5.0	12.0
8	《正青春》	浙江卫视	4.7	16.8
9	《爱在星空下》	浙江卫视	4.7	15.3
10	《暴风眼》	浙江卫视	4.6	15.9

表3.38.9　2021年贵阳市场新闻节目收视率排名前十位

单位：%

名次	节目名称	播出频道	平均收视率	平均占有率
1	《省委十四届十次全会特别节目》	浙江卫视	4.9	10.8
2	《上海市人民政府记者招待会》	东方卫视	4.6	18.0

续表

名次	节目名称	播出频道	平均收视率	平均占有率
3	《百姓关注》	贵州广播电视台公共频道	3.7	13.7
4	《第四届中国国际进口博览会开幕式特别报道》	中央电视台综合频道	2.2	5.2
5	《科学控疫情统筹谋发展》	浙江卫视	1.8	8.3
6	《直通全国两会》	浙江卫视	1.8	7.1
7	《逐梦新征程》	中央电视台新闻频道	1.8	6.8
8	《共同关注》	中央电视台新闻频道	1.7	8.6
9	《今日评说》	浙江卫视	1.7	5.4
10	《十三届全国人大四次会议全国政协十三届四次会议特别报道》	东方卫视	1.6	9.4

表 3.38.10　2021 年贵阳市场专题节目收视率排名前十位

单位：%

名次	节目名称	播出频道	平均收视率	平均占有率
1	《2021 年全国消费促进月暨上海五五购物节启动仪式》	东方卫视	5.7	22.4
2	《中国共产党为什么能第十二季浙江新使命思政公开课》	浙江卫视	3.4	12.0
3	《中国共产党为什么能第十五季六中全会精神面对面共同富裕大家谈》	浙江卫视	3.2	11.1
4	《我是规划师第二季》	北京卫视	2.8	7.6
5	《贵州省 2021 年秋季学期开学第一课贵州教育大讲堂》	贵州广播电视台科教健康频道	2.7	7.5
6	《追梦人无界人生》	浙江卫视	2.5	9.8
7	《文润浙江》	浙江卫视	2.5	7.9
8	《唱支山歌给党听》	北京卫视	2.2	8.2
9	《闪亮的名字最美拥军人物发布仪式》	湖南卫视	2.1	14.1
10	《潮涌长三角——长三角三省一市庆祝中国共产党成立 100 周年特别节目》	江苏卫视	1.9	9.7

表 3.38.11　2021 年贵阳市场综艺节目收视率排名前十位

单位：%

名次	节目名称	播出频道	平均收视率	平均占有率
1	《一路唱响》（11 月 6 日）	东方卫视	8.7	20.2
2	《想把我唱给你听——2022 浙江卫视跨年晚会》	浙江卫视	7	19.8

续表

名次	节目名称	播出频道	平均收视率	平均占有率
3	《伟大征程庆祝中国共产党成立100周年大型情景史诗》	江苏卫视	6.2	24.9
4	《组队时刻》（12月25日）	浙江卫视	5.4	13.8
5	《嗨购上海·2021五五购物节全球大直播》	东方卫视	5.2	22.1
6	《冠军VS冠军》（12月24日）	东方卫视	5.1	15.7
7	《2020微博之夜》	东方卫视	4.9	18.6
8	《中国梦之声·我们的歌哞哞嗨唱大会》	东方卫视	4.3	22.3
9	《大戏看北京斛珠夫人》	北京卫视	4.3	16.8
10	《青春环游记》	浙江卫视	4.3	13

表3.38.12　2021年贵阳市场体育节目收视率排名前十位

单位：%

名次	节目名称	播出频道	平均收视率	平均占有率
1	《一起向未来北京2022年冬奥会倒计时100天主题活动》	北京卫视	4.2	10.0
2	《32届奥运会女子100米仰泳预赛》	中央台五套	2.9	16.8
3	《32届奥运会田径女子1500米决赛》	中央台五套	2.9	8.3
4	《32届奥运会女排小组赛第4轮》（中国VS意大利）	中央台五套	2.7	13.2
5	《32届奥运会乒乓球男团决赛》	中央台五套	2.7	8.9
6	《现场直播：2022年卡塔尔世界杯亚洲区预选赛12强B组第5轮》（中国VS阿曼）	中央台五套	2.6	18.9
7	《实况录像：32届奥运会女子举重87公斤以上级决赛》	中央台五套	2.5	9.1
8	《星耀金杯：2020年欧洲杯足球赛小组赛B组第一轮》（丹麦VS芬兰）	中央台五套	1.9	27.1
9	《第十四届全运会柔道团体决赛》	中央台五套	1.7	7.5
10	《32届奥运会竞技体操男子团体决赛》	中央台五套	1.6	8.2

三十九　哈尔滨收视数据

表 3. 39. 1　2017～2021 年哈尔滨市场各类频道的市场占有率

单位：%

频道类别	2017 年	2018 年	2019 年	2020 年	2021 年
中央广播电视总台	28. 8	27. 4	24. 8	26. 8	27. 0
中国教育台频道	0. 2	0. 2	0. 2	0. 2	0. 2
黑龙江省级频道	24. 4	27. 6	26. 1	19. 0	17. 6
哈尔滨市级频道	4. 7	4. 1	3. 9	2. 9	2. 0
其他省级卫视频道	32. 6	29. 6	30. 8	32. 1	33. 5
其他频道	9. 3	11. 1	14. 2	19. 0	19. 7

表 3. 39. 2　2021 年哈尔滨市场各类频道在不同目标观众中的市场占有率

单位：%

目标观众		中央广播电视总台	中国教育台频道	黑龙江省级频道	哈尔滨市级频道	其他省级卫视	其他频道
4 岁及以上所有人		27. 0	0. 2	17. 6	2. 0	33. 5	19. 7
性别	男	28. 7	0. 2	17. 8	2. 0	32. 0	19. 3
	女	25. 5	0. 3	17. 4	2. 0	34. 8	20. 0
年龄	4～14 岁	15. 7	0. 1	9. 1	0. 5	43. 3	31. 3
	15～24 岁	21. 6	0. 9	18. 1	1. 8	34. 1	23. 5
	25～34 岁	22. 8	0. 2	12. 6	1. 1	41. 7	21. 6
	35～44 岁	19. 6	0. 1	13. 3	1. 0	40. 8	25. 2
	45～54 岁	26. 9	0. 2	16. 3	1. 4	33. 8	21. 4
	55～64 岁	30. 6	0. 2	23. 6	2. 8	26. 6	16. 2
	65 岁及以上	35. 3	0. 3	20. 3	3. 4	27. 4	13. 3
受教育程度	未受过正规教育	15. 9	0. 1	6. 4	0. 4	43. 5	33. 7
	小学	24. 9	0. 1	23. 0	2. 4	33. 1	16. 5
	初中	27. 9	0. 3	22. 4	3. 0	31. 1	15. 3
	高中	27. 8	0. 3	15. 9	1. 8	33. 8	20. 4
	大学及以上	25. 9	0. 1	12. 8	0. 9	35. 0	25. 3

续表

目标观众		中央广播电视总台	中国教育台频道	黑龙江省级频道	哈尔滨市级频道	其他省级卫视	其他频道
职业类别	干部/管理人员	18.9	0.1	3.1	1.8	19.5	56.6
	个体/私营企业人员	26.3	0.4	13.8	1.7	34.4	23.4
	初级公务员/雇员	25.9	0.1	10.8	0.9	36.2	26.1
	工人	24.8	0.1	15.9	1.2	37.9	20.1
	学生	14.0	0.1	11.7	0.7	39.3	34.2
	无业	29.8	0.3	19.4	3.0	30.1	17.4
	其他	33.9	0.1	31.0	2.7	25.2	7.1
个人月收入	0～600元	19.9	0.5	15.9	1.8	34.0	27.9
	601～1200元	38.5	0.1	28.6	2.4	25.3	5.1
	1201～1700元	28.7	0.6	30.0	2.7	27.2	10.8
	1701～2600元	29.9	0.2	20.2	2.5	33.2	14.0
	2601～3500元	24.3	0.2	12.6	1.7	38.0	23.2
	3501～5000元	29.2	0.1	12.9	1.9	33.6	22.3
	5001元及以上	21.6	0.1	13.9	0.7	31.0	32.7

表3.39.3 2021年哈尔滨市场各类频道在不同时段的市场占有率

单位：%

时间段	中央广播电视总台	中国教育台频道	黑龙江省级频道	哈尔滨市级频道	其他省级卫视频道	其他频道
02:00～03:00	28.2	0.2	21.6	2.8	12.4	34.8
03:00～04:00	30.3	0.1	24.5	3.2	12.6	29.3
04:00～05:00	30.9	0.1	28.5	3.0	12.3	25.2
05:00～06:00	40.0	0.3	26.6	2.2	11.5	19.4
06:00～07:00	40.0	0.5	26.5	11.3	6.1	15.6
07:00～08:00	39.0	0.6	13.6	8.4	16.4	22.0
08:00～09:00	36.9	0.7	7.4	2.8	28.5	23.7
09:00～10:00	31.9	0.6	7.2	1.7	34.3	24.3
10:00～11:00	29.9	0.5	7.9	1.5	37.1	23.1
11:00～12:00	29.2	0.2	11.4	1.5	36.7	21.0
12:00～13:00	33.0	0.1	11.3	1.3	33.8	20.5
13:00～14:00	29.3	0.3	10.0	1.2	37.6	21.6
14:00～15:00	28.2	0.4	9.2	1.5	39.0	21.7
15:00～16:00	29.1	0.3	9.0	1.5	38.8	21.3
16:00～17:00	30.8	0.3	10.3	1.7	36.6	20.3

续表

时间段	中央广播电视总台	中国教育台频道	黑龙江省级频道	哈尔滨市级频道	其他省级卫视频道	其他频道
17:00～18:00	32.5	0.1	19.2	2.4	27.7	18.1
18:00～19:00	31.9	0.1	35.6	3.0	12.0	17.4
19:00～20:00	25.1	0.2	24.7	1.8	31.9	16.3
20:00～21:00	18.6	0.1	18.9	1.5	44.6	16.3
21:00～22:00	21.8	0.2	18.6	1.4	40.2	17.8
22:00～23:00	24.3	0.2	14.7	1.8	36.4	22.6
23:00～00:00	24.6	0.1	10.3	2.1	29.7	33.2
00:00～01:00	20.8	0.3	14.1	1.5	16.3	47.0
01:00～02:00	23.1	0.2	16.0	2.0	12.9	45.8

表 3.39.4　2021 年哈尔滨市场收视份额位于前十位的频道

单位：%

名次	频道	收视份额
1	黑龙江卫视	4.7
2	中央台八套	3.9
3	黑龙江电视台影视频道	3.8
3	中央台六套	3.8
5	江苏卫视	3.7
6	湖南卫视	3.5
7	浙江卫视	3.4
8	中央电视台新闻频道	3.1
8	黑龙江电视台都市频道	3.1
10	中央台三套	3.0
10	中央台四套	3.0

表 3.39.5　2021 年哈尔滨市场各主要频道的观众构成

单位：%

目标观众		所有频道	主要频道				
			黑龙江卫视	中央台八套	黑龙江电视台影视频道	中央台六套	江苏卫视
4 岁及以上所有人		100.0	100.0	100.0	100.0	100.0	100.0
性别	男	48.6	46.9	38.5	42.7	58.2	46.5
	女	51.4	53.1	61.5	57.3	41.8	53.5

续表

目标观众		所有频道	主要频道				
			黑龙江卫视	中央台八套	黑龙江电视台影视频道	中央台六套	江苏卫视
年龄	4～14岁	3.7	2.6	0.8	1.0	2.6	3.5
	15～24岁	6.2	6.3	8.0	2.1	5.1	6.3
	25～34岁	14.0	15.3	7.9	6.0	18.9	20.3
	35～44岁	14.4	18.3	5.8	6.0	13.5	19.0
	45～54岁	20.0	16.1	23.4	14.5	22.1	18.5
	55～64岁	21.0	21.0	21.0	33.0	19.4	17.8
	65岁及以上	20.7	20.4	33.1	37.4	18.4	14.6
受教育程度	未受过正规教育	1.3	0.4	0.3	0.3	0.7	0.5
	小学	10.1	12.4	9.4	20.9	8.0	10.0
	初中	24.6	23.2	37.0	45.0	22.4	17.2
	高中	46.3	47.1	40.9	29.7	56.8	51.9
	大学及以上	17.7	16.9	12.4	4.1	12.1	20.4
职业类别	干部/管理人员	0.7	0.2	0.1	0.0	0.2	0.3
	个体/私营企业人员	10.5	9.5	8.4	6.9	18.1	10.7
	初级公务员/雇员	6.0	4.3	2.7	1.1	3.8	6.3
	工人	32.3	35.3	24.3	17.1	37.2	43.0
	学生	5.2	6.4	2.3	1.2	2.9	6.9
	无业	37.1	37.0	53.6	50.3	25.7	28.4
	其他	8.2	7.3	8.6	23.4	12.1	4.4
个人月收入	0～600元	13.9	13.4	13.7	7.8	8.2	15.5
	601～1200元	6.5	7.0	7.2	10.4	6.1	5.4
	1201～1700元	5.3	4.0	4.7	22.6	6.6	2.0
	1701～2600元	31.1	29.4	40.9	37.9	41.3	28.2
	2601～3500元	21.7	23.3	19.5	10.8	19.5	25.8
	3501～5000元	13.7	16.6	10.7	8.0	13.6	13.7
	5001元及以上	7.8	6.3	3.3	2.5	4.7	9.4

表 3.39.6　2019～2021年哈尔滨市场各类节目的播出比重和收视比重

单位：%

节目类别	2019年		2020年		2021年	
	播出比重	收视比重	播出比重	收视比重	播出比重	收视比重
财经	1.0	0.3	0.9	0.2	1.0	0.3
电视剧	22.0	36.3	22.5	37.4	22.6	38.9

续表

节目类别	2019 年		2020 年		2021 年	
	播出比重	收视比重	播出比重	收视比重	播出比重	收视比重
电影	3.7	3.7	3.6	4.4	3.1	3.8
法制	1.4	2.8	1.4	2.5	1.4	2.3
教学	0.4	0.0	0.3	0.1	0.3	0.0
青少	7.3	2.4	7.7	2.4	7.7	1.8
生活服务	8.0	6.1	7.4	4.9	8.0	5.0
体育	4.0	3.2	4.0	1.8	4.2	3.0
外语	0.1	0.0	0.2	0.0	0.2	0.0
戏剧	0.8	0.2	0.7	0.2	0.5	0.2
新闻/时事	16.1	13.2	16.9	17.1	16.1	15.6
音乐	1.7	1.2	1.8	1.4	1.7	1.2
专题	13.8	4.7	14.0	4.8	15.1	4.7
综艺	7.3	13.4	6.6	11.6	6.8	12.4
其他	12.4	12.5	12.0	11.2	11.3	10.8

表 3.39.7　2021 年哈尔滨市场所有节目收视率排名前三十位

单位：%

名次	节目名称	节目类型	播出频道	平均收视率	平均占有率
1	《2022 跨年演唱会用奋斗点亮幸福》	音乐	江苏卫视	7.6	24.5
2	《女子铅球颁奖仪式》	体育	中央台五套	7.2	25.5
3	《32 届奥运会乒乓球男团决赛》	体育	中央台五套	7.1	23.5
4	《32 届奥运会男子 100 米决赛》	体育	中央台五套	7.1	19.6
5	《春满东方幸福牛年 2021 东方卫视春节晚会》	综艺	东方卫视	5.6	15.2
6	《最强大脑之燃烧吧大脑》（3 月 26 日）	综艺	江苏卫视	5.5	18.1
7	《青谷子》	电视剧	黑龙江卫视	5.1	11.5
8	《32 届奥运会女子 100 米蛙泳预赛》	体育	中央台五套	5.0	26.3
9	《大浪淘沙》	电视剧	浙江卫视	4.9	11.7
10	《信仰之光剧映百年第 28 届北京电视节目交易会》	综艺	北京卫视	4.8	16.2
11	《实况录像：32 届奥运会女子举重 87 公斤以上级决赛》	体育	中央台五套	4.6	17.4
12	《32 届奥运会女排小组赛第 3 轮》	体育	中央台五套	4.5	37.1
13	《32 届奥运会女篮小组赛》（中国 VS 比利时）	体育	中央台五套	4.4	27.6
14	《32 届奥运会女子自由式摔跤 50 公斤级决赛》	体育	中央台五套	4.4	13.2
15	《陪你一起长大》	电视剧	湖南卫视	4.3	11.4

续表

名次	节目名称	节目类型	播出频道	平均收视率	平均占有率
16	《32 届奥运会体操男子个人全能决赛》	体育	中央台五套	4.2	15.3
17	《八零九零》	电视剧	湖南卫视	4.2	11.3
18	《2021 年湖南卫视春节联欢晚会》	综艺	湖南卫视	4.2	11.1
19	《32 届奥运会羽毛球男子单打决赛》	体育	中央台五套	4.1	10.6
20	《山海情》	电视剧	黑龙江卫视	4.1	9.2
21	《这个世界不看脸》	电视剧	江苏卫视	4.1	8.8
22	《蒙面唱将猜猜猜》（7 月 26 日）	综艺	江苏卫视	4.0	40.2
23	《实况录像：32 届奥运会射击女子 10 米气步枪决赛》	体育	中央台五套	4.0	11.8
24	《一起深呼吸》	电视剧	江苏卫视	4.0	10.9
25	《光荣与梦想》	电视剧	北京卫视	3.9	9.3
26	《越战越勇》（2 月 15 日）	综艺	中央台三套	3.9	8.7
27	《直播周末：2021 年世界女排联赛第 15 轮》（中国 VS 美国）	体育	中央台五套	3.8	14.6
28	《闪光的乐队》（12 月 25 日）	综艺	浙江卫视	3.8	12.1
29	《追光吧！哥哥》（2 月 27 日）	综艺	东方卫视	3.8	11.4
30	《东京奥运会闭幕式》	体育	中央台五套	3.8	10.8

表 3.39.8　2021 年哈尔滨市场电视剧收视率排名前十位

单位：%

名次	节目名称	播出频道	平均收视率	平均占有率
1	《青谷子》	黑龙江卫视	5.1	11.5
2	《大浪淘沙》	浙江卫视	4.9	11.7
3	《陪你一起长大》	湖南卫视	4.3	11.4
4	《八零九零》	湖南卫视	4.2	11.3
5	《山海情》	黑龙江卫视	4.1	9.2
6	《这个世界不看脸》	江苏卫视	4.1	8.8
7	《一起深呼吸》	江苏卫视	4.0	10.9
8	《光荣与梦想》	北京卫视	3.9	9.3
9	《跨过鸭绿江》	黑龙江卫视	3.8	9.1
10	《温暖的味道》	安徽卫视	3.7	10.4

表 3.39.9　2021 年哈尔滨市场新闻节目收视率排名前十位

单位：%

名次	节目名称	播出频道	平均收视率	平均占有率
1	《新闻夜航》	黑龙江电视台都市频道	1.9	6.6
2	《共同守护沪迎战烟花防汛抗台全媒体直播报道》	东方卫视	1.9	6.2
3	《转播中央台新闻联播》	黑龙江卫视	1.9	6.1
4	《逐梦新征程》	中央电视台新闻频道	1.5	6.8
5	《第四届中国国际进口博览会开幕式特别报道》	中央电视台新闻频道	1.4	3.5
6	《新闻联播》	黑龙江卫视	1.2	4.9
7	《上海市人民政府记者招待会》	东方卫视	1.2	4.7
8	《世界经济论坛达沃斯议程对话会特别报道》	中央台四套	1.2	2.6
9	《天天说新闻》	黑龙江电视台新闻法治频道	1.1	5.3
10	《共同关注》	中央电视台新闻频道	1.1	5.0

表 3.39.10　2021 年哈尔滨市场专题节目收视率排名前十位

单位：%

名次	节目名称	播出频道	平均收视率	平均占有率
1	《2021 一年又一年》	中央电视台综合频道	3.6	9.7
2	《致敬百年风华》	江苏卫视	2.4	6.1
3	《火线救援》	东方卫视	2.1	19.3
4	《中国共产党人精神谱系特别节目精神的力量》	江苏卫视	2.1	12.6
5	《正风反腐护民生》	黑龙江卫视	1.8	5.3
6	《主播读宪法》	湖南卫视	1.7	4.5
7	《光辉的印记国庆特别节目》	安徽卫视	1.6	6.2
8	《护航之道总体国家安全观纵横》	中央电视台综合频道	1.6	3.6
9	《潮涌长三角——长三角三省一市庆祝中国共产党成立 100 周年特别节目》	江苏卫视	1.5	8.2
10	《情满雪域高原记习近平总书记西藏之行》	中央电视台综合频道	1.4	4.1

表 3.39.11　2021 年哈尔滨市场综艺节目收视率排名前十位

单位：%

名次	节目名称	播出频道	平均收视率	平均占有率
1	《春满东方幸福牛年 2021 东方卫视春节晚会》	东方卫视	5.6	15.2

续表

名次	节目名称	播出频道	平均收视率	平均占有率
2	《最强大脑之燃烧吧大脑》（3 月 26 日）	江苏卫视	5.5	18.1
3	《信仰之光剧映百年第 28 届北京电视节目交易会 2021 春季开幕式》	北京卫视	4.8	16.2
4	《2021 湖南卫视春节联欢晚会》	湖南卫视	4.2	11.2
5	《蒙面唱将猜猜猜》（7 月 26 日）	江苏卫视	4.0	40.2
6	《越战越勇》（2 月 15 日）	中央台三套	3.9	8.7
7	《闪光的乐队》（12 月 25 日）	浙江卫视	3.8	12.1
8	《追光吧！哥哥》（2 月 27 日）	东方卫视	3.8	11.4
9	《我们的歌》（10 月 17 日）	东方卫视	3.7	20.7
10	《欢乐喜剧人 7》（3 月 7 日）	东方卫视	3.6	13.3

表 3.39.12　2021 年哈尔滨市场体育节目收视率排名前十位

单位：%

名次	节目名称	播出频道	平均收视率	平均占有率
1	《女子铅球颁奖仪式》	中央台五套	7.2	25.5
2	《32 届奥运会乒乓球男团决赛》	中央台五套	7.1	23.3
3	《32 届奥运会男子 100 米决赛》	中央台五套	7.1	19.6
4	《32 届奥运会女子 100 米蛙泳预赛》	中央台五套	5.0	26.3
5	《实况录像：32 届奥运会女子举重 87 公斤以上级决赛》	中央台五套	4.6	17.4
6	《32 届奥运会女排小组赛第 3 轮》	中央台五套	4.5	37.1
7	《32 届奥运会女篮小组赛》（中国 VS 比利时）	中央台五套	4.4	27.6
8	《32 届奥运会女子自由式摔跤 50 公斤级决赛》	中央台五套	4.4	13.2
9	《32 届奥运会体操男子个人全能决赛》	中央台五套	4.2	15.3
10	《32 届奥运会羽毛球男子单打决赛》	中央台五套	4.1	10.5

四十　海口收视数据

表 3.40.1　2017～2021 年海口市场各类频道的市场占有率

单位：%

频道类别	2017 年	2018 年	2019 年	2020 年	2021 年
中央广播电视总台	34.1	30.1	28.0	24.9	27.1
中国教育台频道	0.1	0.1	0.1	0.1	0.1
海南省级频道	17.9	19.9	19.1	17.8	13.5
海口市级频道	4.4	3.1	2.5	2.4	1.3
其他省级卫视频道	30.3	30.2	30.1	31.0	33.7
其他频道	13.2	16.6	20.2	23.8	24.3

表 3.40.2　2021 年海口市场各类频道在不同目标观众中的市场占有率

单位：%

目标观众		中央广播电视总台	中国教育台频道	海南省级频道	海口市级频道	其他省级卫视频道	其他频道
4 岁及以上所有人		27.1	0.1	13.5	1.3	33.7	24.3
性别	男	29.0	0.1	12.5	1.5	31.6	25.3
	女	25.4	0.1	14.4	1.2	35.6	23.3
年龄	4～14 岁	15.7	0.1	6.6	0.4	43.6	33.6
	15～24 岁	27.2	0.1	7.7	1.0	40.3	23.7
	25～34 岁	15.8	0.1	10.7	0.7	42.3	30.4
	35～44 岁	23.0	0.0	10.7	0.9	42.8	22.6
	45～54 岁	34.4	0.1	13.1	2.0	30.2	20.2
	55～64 岁	30.6	0.1	19.5	2.3	24.5	23.0
	65 岁及以上	37.5	0.1	19.9	1.5	22.5	18.5
受教育程度	未受过正规教育	24.8	0.1	15.9	1.0	32.4	25.8
	小学	18.1	0.1	12.1	1.0	40.4	28.3
	初中	26.7	0.1	11.7	1.4	37.8	22.3
	高中	33.1	0.1	16.4	1.9	24.7	23.8
	大学及以上	39.8	0.0	15.1	0.8	20.9	23.4

续表

目标观众		中央广播电视总台	中国教育台频道	海南省级频道	海口市级频道	其他省级卫视频道	其他频道
职业类别	干部/管理人员	23.3	0.1	5.4	0.2	12.5	58.5
	个体/私营经企业人员	31.1	0.1	13.2	1.7	24.8	29.1
	初级公务员/雇员	29.2	0.0	22.7	2.0	22.9	23.2
	工人	23.6	0.1	9.8	1.4	33.4	31.7
	学生	14.3	0.1	5.5	0.5	45.4	34.2
	无业	32.6	0.0	16.5	1.3	30.7	18.9
	其他	21.1	0.1	12.7	1.7	50.2	14.2
个人月收入	0～600元	26.3	0.1	19.6	1.4	31.8	20.8
	601～1200元	29.9	0.2	15.8	0.8	28.0	25.3
	1201～1700元	30.4	0.1	15.9	2.6	38.2	12.8
	1701～2600元	30.5	0.1	14.8	1.1	28.4	25.1
	2601～3500元	31.0	0.1	15.7	1.8	30.1	21.3
	3501～5000元	27.5	0.1	14.0	2.8	29.7	25.9
	5001元以上	31.4	0.1	13.5	1.6	20.2	33.2

表3.40.3　2021年海口市场各类频道在不同时段的市场占有率

单位：%

时间段	中央广播电视总台	中国教育台频道	海南省级频道	海口市级频道	其他省级卫视频道	其他频道
02:00～03:00	35.1	0.1	3.6	0.3	31.2	29.7
03:00～04:00	33.7	0.0	3.6	0.2	32.8	29.7
04:00～05:00	28.4	0.1	3.6	0.1	35.7	32.1
05:00～06:00	33.3	0.1	2.3	0.2	31.2	32.9
06:00～07:00	48.0	0.2	2.0	0.2	17.0	32.6
07:00～08:00	36.9	0.1	6.0	0.3	22.8	33.9
08:00～09:00	32.7	0.1	9.1	1.2	24.4	32.5
09:00～10:00	32.4	0.1	9.7	2.1	24.7	31.0
10:00～11:00	32.3	0.1	10.1	2.3	26.6	28.6
11:00～12:00	38.4	0.1	8.8	0.7	26.5	25.5
12:00～13:00	40.5	0.0	5.6	0.7	26.3	26.9
13:00～14:00	31.5	0.1	4.2	1.4	32.2	30.6
14:00～15:00	23.8	0.2	5.2	2.0	36.7	32.1
15:00～16:00	22.6	0.1	5.3	2.0	37.5	32.5
16:00～17:00	24.3	0.1	6.1	1.5	34.6	33.4

续表

时间段	中央广播电视总台	中国教育台频道	海南省级频道	海口市级频道	其他省级卫视频道	其他频道
17:00~18:00	30.7	0.1	7.3	1.0	29.4	31.5
18:00~19:00	29.7	0.0	25.6	1.2	20.5	23.0
19:00~20:00	31.5	0.0	15.1	1.1	34.4	17.9
20:00~21:00	20.2	0.0	17.0	1.4	42.6	18.8
21:00~22:00	19.4	0.0	19.4	1.6	38.9	20.7
22:00~23:00	21.8	0.1	15.9	1.3	37.6	23.3
23:00~00:00	24.6	0.1	17.7	1.2	32.9	23.5
00:00~01:00	33.4	0.2	8.5	1.3	26.8	29.8
01:00~02:00	33.3	0.2	3.3	1.4	27.6	34.2

表 3.40.4　2021 年海口市场收视份额位于前十位的频道

单位：%

名次	频道名称	收视份额
1	海南广播电视总台经济频道	7.0
2	中央电视台综合频道	5.2
3	湖南卫视	5.1
4	江苏卫视	4.2
4	中央台六套	4.2
6	中央台四套	4.0
7	中央台八套	3.7
7	浙江卫视	3.7
9	东方卫视	2.7
10	北京卫视	2.5

表 3.40.5　2021 年海口市场各主要频道的观众构成

单位：%

目标观众		所有频道	主要频道				
			海南广播电视总台经济频道	中央电视台综合频道	湖南卫视	江苏卫视	中央台六套
4 岁及以上所有人		100.0	100.0	100.0	100.0	100.0	100.0
性别	男性	48.1	42.2	49.6	44.6	47.2	51.3
	女性	51.9	57.8	50.4	55.4	52.8	48.7

续表

目标观众		所有频道	主要频道				
			海南广播电视总台经济频道	中央电视台综合频道	湖南卫视	江苏卫视	中央台六套
年龄	4～14 岁	14.5	6.0	9.1	18.6	17.5	10.1
	15～24 岁	6.1	3.6	5.5	8.4	14.0	8.5
	25～34 岁	16.0	14.3	12.3	24.6	22.3	6.3
	35～44 岁	10.8	8.2	7.5	13.0	15.8	12.4
	45～54 岁	17.6	15.8	22.5	14.1	14.4	23.8
	55～64 岁	14.7	23.2	13.7	11.1	8.6	17.0
	65 岁及以上	20.2	28.9	29.4	10.2	7.5	21.8
受教育程度	未受正规教育	8.2	10.0	6.5	4.3	5.5	10.1
	小学	21.2	15.4	14.6	26.9	24.5	16.5
	初中	40.5	31.7	38.5	46.4	51.6	40.7
	高中	22.9	31.8	29.0	17.7	14.2	23.3
	大学及以上	7.2	11.1	11.5	4.7	4.2	9.5
职业类别	干部/管理人员	0.8	0.4	0.4	0.2	0.2	0.1
	初级公务员/雇员	11.7	11.7	16.8	10.1	8.5	15.0
	个体/私营企业人员	6.2	13.0	9.5	2.9	4.8	3.6
	工人	19.3	13.0	15.2	21.4	23.6	18.6
	学生	11.2	3.3	7.3	19.3	17.4	6.0
	无业	39.6	50.0	45.1	28.1	25.6	39.4
	其他	11.2	8.6	5.7	17.9	19.9	17.3
个人月收入	0～600 元	7.6	6.5	5.8	5.9	7.8	9.9
	601～1200 元	5.7	6.3	4.7	6.3	7.1	5.0
	1201～1700 元	7.9	8.2	6.8	8.8	7.8	12.0
	1701～2600 元	37.6	36.2	37.4	35.0	33.4	34.1
	2601～3500 元	22.7	25.1	27.0	26.8	28.6	16.9
	3501～5000 元	11.3	10.7	11.8	11.9	13.0	11.7
	5001 元以上	7.2	6.9	6.5	5.3	2.3	10.3

表 3.40.6　2019～2021 年海口市场各类节目的播出比重和收视比重

单位：%

节目类别	2019 年		2020 年		2021 年	
	播出比重	收视比重	播出比重	收视比重	播出比重	收视比重
财经	1.0	0.4	0.9	0.5	1.0	0.5
电视剧	21.9	42.1	22.0	43.0	25.2	37.8

续表

节目类别	2019 年		2020 年		2021 年	
	播出比重	收视比重	播出比重	收视比重	播出比重	收视比重
电影	3.8	5.3	3.6	3.7	3.9	5.4
法制	0.9	0.2	0.9	0.3	0.8	0.6
教学	0.5	0.0	0.4	0.1	0.3	0.0
青少	7.6	8.5	7.7	5.1	7.3	7.1
生活服务	7.1	4.9	7.0	4.9	5.7	4.9
体育	3.7	3.0	3.8	1.1	3.7	3.2
外语	0.2	0.0	0.2	0.0	0.2	0.0
戏剧	0.8	0.1	0.7	0.4	1.2	1.3
新闻/时事	17.2	10.4	18.0	14.2	11.5	12.4
音乐	1.8	1.2	1.9	1.1	1.6	0.9
专题	13.8	5.6	14.1	4.9	14.6	5.6
综艺	6.8	8.6	6.1	10.3	4.8	9.6
其他	12.9	9.7	12.7	10.4	18.3	10.6

表 3.40.7　2021 年海口市场所有节目收视率排名前三十位

单位：%

名次	节目名称	节目类型	播出频道	平均收视率	平均占有率
1	《32 届奥运会女排小组赛第 4 轮》（中国 VS 意大利）	体育	中央台五套	6.5	33.3
2	《32 届奥运会田径男子 4×100 米接力决赛》	体育	中央台五套	5.6	22.1
3	《乒乓球女团颁奖仪式》	体育	中央台五套	5.5	17.2
4	《2021 中央广播电视总台春节联欢晚会》	综艺	中央电视台综合频道	5.2	24.8
5	《32 届奥运会乒乓球男团决赛》	体育	中央台五套	5.2	23.9
6	《谎言真探》	电视剧	湖南卫视	5.0	34.2
7	《32 届奥运会女子自由式摔跤 50 公斤级决赛》	体育	中央台五套	4.8	16.2
8	《绿水青山公益季极限挑战宝藏行后传》	综艺	东方卫视	4.4	25.2
9	《神勇武工队传奇》	电视剧	海南广播电视总台经济频道	4.4	18.1
10	《32 届奥运会羽毛球男子单打决赛》	体育	中央台五套	4.4	14.6
11	《猎狼者》	电视剧	湖南卫视	4.2	25.7
12	《锁侠》	电视剧	海南广播电视总台经济频道	4.2	17.8
13	《转播中央台新闻联播》（10 月 26 日）	新闻	江苏卫视	4.2	16.4
14	《百度潮盛典国潮启幕》	综艺	浙江卫视	4.2	16.3
15	《818 全球汽车夜》	综艺	湖南卫视	4.1	15.0

续表

名次	节目名称	节目类型	播出频道	平均收视率	平均占有率
16	《黑狐》	电视剧	海南广播电视总台经济频道	4.0	15.6
17	《战地青春之歌》	电视剧	海南广播电视总台经济频道	4.0	14.6
18	《直播周末：2021 年世界女排联赛》（中国队 VS 波兰队）	体育	中央台五套	3.8	23.1
19	《江山如此多娇》	电视剧	湖南卫视	3.8	16.0
20	《京东 11·11 沸腾之夜热爱时刻》	综艺	北京卫视	3.6	27.7
21	《双枪》	电视剧	海南广播电视总台经济频道	3.6	15.0
22	《中国好声音》（9 月 3 日）	综艺	浙江卫视	3.5	17.2
23	《青春中国 2021～2022 跨年晚会》	音乐	湖南卫视	3.3	16.1
24	《娘道》	电视剧	海南广播电视总台经济频道	3.3	13.6
25	《32 届奥运会竞技体操男子团体决赛》	体育	中央台五套	3.1	17.6
26	《喋血双龙》	电影	中央台六套	3.1	14.9
27	《陪你一起长大》	电视剧	湖南卫视	3.1	13.8
28	《乌龙大侠》	电影	中央台六套	3.1	13.6
29	《暗器》	电影	中央台六套	3.1	13.5
30	《杀狼》	电视剧	海南广播电视总台经济频道	3.0	12.4

表 3.40.8　2021 年海口市场电视剧收视率排名前十位

单位：%

名次	节目名称	播出频道	平均收视率	平均占有率
1	《谎言真探》	湖南卫视	5.0	34.2
2	《神勇武工队传奇》	海南广播电视总台经济频道	4.4	18.1
3	《猎狼者》	湖南卫视	4.2	25.7
4	《锁侠》	海南广播电视总台经济频道	4.2	17.8
5	《黑狐》	海南广播电视总台经济频道	4.0	15.6
6	《战地青春之歌》	海南广播电视总台经济频道	4.0	14.6
7	《江山如此多娇》	湖南卫视	3.8	16.0
8	《双枪》	海南广播电视总台经济频道	3.6	15.0
9	《娘道》	海南广播电视总台经济频道	3.3	13.6
10	《陪你一起长大》	湖南卫视	3.1	13.8

表 3.40.9　2021 年海口市场新闻节目收视率排名前十位

单位：%

名次	节目名称	播出频道	平均收视率	平均占有率
1	《转播中央台新闻联播》（10 月 26 日）	江苏卫视	4.2	16.4
2	《直播海南》	海南广播电视总台经济频道	2.1	17.7
3	《世界经济论坛达沃斯议程对话会特别报道》	中央电视台综合频道	1.8	8.4
4	《2021 年中国国际服务贸易交易会全球服务贸易峰会特别报道》	中央电视台综合频道	1.7	6.4
5	《脱贫攻坚大决战聚焦精准扶贫共建小康社会》	海南广播电视总台经济频道	1.6	6.7
6	《第四届中国国际进口博览会特别报道》	中央台四套	1.6	5.7
7	《国务院总理会见中外记者并回答提问》	中央电视台综合频道	1.5	5.9
8	《焦点访谈》	中央电视台综合频道	1.2	4.7
9	《中国舆论场》	中央台四套	1.1	4.3
10	《2021 中关村论坛开幕式特别报道》	中央台四套	1.1	3.5

表 3.40.10　2021 年海口市场专题节目收视率排名前十位

单位：%

名次	节目名称	播出频道	平均收视率	平均占有率
1	《行进大湾区红色起点》	广东卫视	2.2	9.2
2	《绿色农业进行时》	海南广播电视总台经济频道	2.0	12.5
3	《乡村振兴进行时》	海南广播电视总台经济频道	2.0	11.3
4	《寻味》	海南广播电视总台经济频道	2.0	9.1
5	《2021 年全国消费促进月暨上海五五购物节启动仪式》	东方卫视	1.8	7.7
6	《致敬百年风华》	江苏卫视	1.6	6.2
7	《我来上党课 1921 - 2021》	海南广播电视总台经济频道	1.4	5.4
7	《2021 追寻新时代党员大会》	海南广播电视总台经济频道	1.4	5.4
9	《年夜饭 2021 新春特别节目》	海南广播电视总台经济频道	1.3	8.8
10	《战争黑洞——美国制造的人权灾难》	中央电视台综合频道	1.2	5.2

表 3.40.11　2021 年海口市场综艺节目收视率排名前十位

单位：%

名次	节目名称	播出频道	平均收视率	平均占有率
1	《2021 中央广播电视总台春节联欢晚会》	中央电视台综合频道	5.2	24.8
2	《绿水青山公益季极限挑战宝藏行后传》	东方卫视	4.4	25.2

续表

名次	节目名称	播出频道	平均收视率	平均占有率
3	《百度潮盛典国潮启幕》	浙江卫视	4.2	16.3
4	《818 全球汽车夜》	湖南卫视	4.1	15.0
5	《京东 11·11 沸腾之夜热爱时刻》	北京卫视	3.6	27.7
6	《中国好声音》（9 月 3 日）	浙江卫视	3.5	17.2
7	《抖音新潮好物夜》	湖南卫视	2.9	11.7
8	《伟大征程庆祝中国共产党成立 100 周年大型情景史诗》	江苏卫视	2.8	12.4
9	《天赐的声音 2》（3 月 19 日）	浙江卫视	2.7	18.2
10	《接招吧！前辈》	东方卫视	2.6	15.7

表 3.40.12　2021 年海口市场体育节目收视率排名前十位

单位：%

名次	节目名称	播出频道	平均收视率	平均占有率
1	《32 届奥运会女排小组赛第 4 轮》（中国 VS 意大利）	中央台五套	6.5	33.3
2	《32 届奥运会田径男子 4×100 米接力决赛》	中央台五套	5.6	22.1
3	《乒乓球女团颁奖仪式》	中央台五套	5.5	17.2
4	《32 届奥运会乒乓球男团决赛》	中央台五套	5.2	23.9
5	《32 届奥运会女子自由式摔跤 50 公斤级决赛》	中央台五套	4.8	16.2
6	《32 届奥运会羽毛球男子单打决赛》	中央台五套	4.4	14.6
7	《直播周末：2021 年世界女排联赛》（中国队 VS 波兰队）	中央台五套	3.8	23.1
8	《32 届奥运会竞技体操男子团体决赛》	中央台五套	3.1	17.6
9	《东京奥运会闭幕式》	中央台五套	2.8	11.4
10	《东京奥运会开幕式》	中央台五套	2.8	9.8

四十一　杭州收视数据

表 3.41.1　2017～2021 年杭州市场各类频道的市场占有率

单位：%

频道类别	2017 年	2018 年	2019 年	2020 年	2021 年
中央广播电视总台	22.4	24.9	21.7	22.1	19.8
中国教育台频道	0.1	0.1	0.1	0.1	0.1
浙江省级频道	20.2	20.5	17.0	15.5	13.8
杭州市级频道	16.7	12.5	14.7	13.2	12.3
其他省级卫视频道	23.1	21.8	20.3	23.9	26.8
其他频道	17.5	20.2	26.2	25.2	27.2

表 3.41.2　2021 年杭州市场各类频道在不同目标观众中的市场占有率

单位：%

目标观众		中央广播电视总台	中国教育台频道	浙江省级频道	杭州市级频道	其他省级卫视频道	其他频道
4 岁及以上所有人		19.8	0.1	13.8	12.3	26.8	27.2
性别	男	21.7	0.1	13.9	12.9	26.1	25.3
	女	18.0	0.1	13.8	11.7	27.5	28.9
年龄	4～14 岁	12.0	0.1	11.1	5.5	33.0	38.3
	15～24 岁	15.8	0.1	16.3	8.4	27.4	32.0
	25～34 岁	14.3	0.1	14.6	7.4	32.0	31.6
	35～44 岁	14.3	0.1	10.8	4.4	34.3	36.1
	45～54 岁	19.6	0.1	12.6	13.2	25.0	29.5
	55～64 岁	24.6	0.1	14.9	14.5	24.1	21.8
	65 岁及以上	27.1	0.1	15.4	21.5	19.5	16.4
受教育程度	未受过正规教育	13.1	0.1	18.6	17.5	27.7	23.0
	小学	19.6	0.1	13.5	17.9	27.7	21.2
	初中	21.4	0.1	13.9	15.1	24.3	25.2
	高中	21.9	0.1	11.5	10.6	27.1	28.8
	大学及以上	18.1	0.1	14.8	7.3	28.1	31.6

续表

目标观众		中央广播电视总台	中国教育台频道	浙江省级频道	杭州市级频道	其他省级卫视频道	其他频道
职业类别	干部/管理人员	21.0	0.1	16.9	5.6	19.5	36.9
	个体/私营企业人员	13.2	0.1	10.8	9.7	33.0	33.2
	初级公务员/雇员	17.8	0.1	13.5	10.0	28.2	30.4
	工人	15.3	0.1	9.2	7.3	43.5	24.6
	学生	11.4	0.0	11.7	3.7	31.8	41.4
	无业	23.5	0.1	15.1	15.7	22.7	22.9
	其他	25.7	0.5	14.5	20.8	25.6	12.9
个人月收入	0～600元	16.3	0.1	12.3	9.4	28.7	33.2
	601～1200元	18.7	1.1	9.5	6.3	52.3	12.1
	1201～1700元	11.1	0.1	18.0	35.4	14.2	21.2
	1701～2600元	17.6	0.1	14.4	22.1	25.2	20.6
	2601～3500元	23.0	0.1	14.8	18.4	26.4	17.3
	3501～5000元	21.8	0.1	14.4	12.9	27.1	23.7
	5001元及以上	19.3	0.1	13.7	9.0	25.5	32.4

表3.41.3　2021年杭州市场各类频道在不同时段的市场占有率

单位：%

时间段	中央广播电视总台	中国教育台频道	浙江省级频道	杭州市级频道	其他省级卫视频道	其他频道
02:00～03:00	17.1	0.1	8.7	0.1	20.5	53.5
03:00～04:00	15.2	0.3	8.0	0.2	20.6	55.7
04:00～05:00	20.3	0.3	11.2	0.1	27.2	40.9
05:00～06:00	25.7	0.2	13.3	1.6	30.7	28.5
06:00～07:00	32.7	0.1	16.0	12.8	17.7	20.7
07:00～08:00	29.3	0.1	14.1	12.7	21.9	21.9
08:00～09:00	29.2	0.2	7.6	11.8	21.4	29.8
09:00～10:00	24.2	0.2	14.9	7.7	21.9	31.1
10:00～11:00	24.9	0.2	11.1	8.1	24.6	31.1
11:00～12:00	27.5	0.1	9.3	8.5	24.1	30.5
12:00～13:00	26.5	0.1	7.9	8.8	25.3	31.4
13:00～14:00	22.0	0.1	10.4	7.9	26.7	32.9
14:00～15:00	21.9	0.2	13.0	8.7	24.4	31.8
15:00～16:00	22.9	0.1	11.3	10.8	23.6	31.3
16:00～17:00	24.4	0.1	10.1	11.4	23.2	30.8

续表

时间段	中央广播电视总台	中国教育台频道	浙江省级频道	杭州市级频道	其他省级卫视频道	其他频道
17:00～18:00	26.5	0.1	10.8	11.0	22.3	29.3
18:00～19:00	23.7	0.1	14.9	16.8	17.0	27.5
19:00～20:00	15.9	0.0	20.0	17.5	24.9	21.7
20:00～21:00	13.2	0.0	19.9	13.6	32.8	20.5
21:00～22:00	14.9	0.1	13.7	18.0	30.3	23.0
22:00～23:00	18.9	0.1	11.5	6.5	34.7	28.3
23:00～00:00	18.4	0.1	7.4	6.0	34.8	33.3
00:00～01:00	20.6	0.1	7.0	6.4	21.9	44.0
01:00～02:00	18.4	0.3	6.9	1.5	18.6	54.3

表 3.41.4　2021 年杭州市场收视份额排名前十位的频道

单位：%

名次	频道名称	收视份额
1	浙江卫视	6.5
2	杭州电视台影视频道	5.1
3	江苏卫视	3.9
4	湖南卫视	3.4
4	中央电视台新闻频道	3.4
4	东方卫视	3.4
7	浙江电视台教科影视频道	3.2
8	北京卫视	3.1
9	中央台四套	2.8
9	中央电视台综合频道	2.8

表 3.41.5　2021 年杭州市场各主要频道的观众构成

单位：%

目标观众		所有频道	浙江卫视	杭州电视台影视频道	江苏卫视	湖南卫视	中央电视台新闻频道	东方卫视
4 岁及以上所有人		100.0	100.0	100.0	100.0	100.0	100.0	100.0
性别	男	49.6	50.0	53.4	49.2	47.6	51.2	51.3
	女	50.4	50.0	46.6	50.8	52.4	48.8	48.7

续表

目标观众		所有频道	浙江卫视	杭州电视台影视频道	江苏卫视	湖南卫视	中央电视台新闻频道	东方卫视
年龄	4～14岁	6.2	6.9	3.3	5.5	6.1	3.2	7.2
	15～24岁	3.9	6.5	3.1	5.3	6.5	3.3	3.0
	25～34岁	18.7	24.8	9.4	22.0	25.0	12.0	23.5
	35～44岁	13.1	14.8	3.3	18.7	20.7	7.6	24.5
	45～54岁	18.7	17.6	20.7	18.9	17.6	19.1	13.4
	55～64岁	18.1	16.9	19.3	16.3	16.0	19.6	12.6
	65岁及以上	21.3	12.5	40.9	13.3	8.1	35.2	15.8
受教育程度	未受过正规教育	4.8	3.7	8.9	3.5	3.7	3.0	5.7
	小学	16.1	12.1	31.6	13.9	13.8	15.0	13.5
	初中	27.1	22.1	28.8	23.8	23.5	33.3	20.6
	高中	21.0	17.0	18.0	22.2	22.3	21.0	22.9
	大学及以上	31.0	45.1	12.7	36.6	36.7	27.7	37.3
职业类别	干部/管理人员	1.7	3.0	0.8	2.8	1.9	2.6	0.8
	个体/私营企业人员	8.0	7.7	6.7	10.8	11.5	4.0	10.7
	初级公务员/雇员	33.9	37.3	24.5	40.7	38.1	31.5	43.2
	工人	4.6	4.5	4.5	6.6	8.5	2.5	5.2
	学生	4.2	6.2	1.7	4.4	5.6	1.4	5.9
	无业	46.3	40.9	59.6	33.9	33.8	54.1	33.8
	其他	1.3	0.4	2.2	0.8	0.6	3.9	0.4
个人月收入	0～600元	16.2	16.8	17.0	12.3	17.8	12.8	15.7
	601～1200元	0.7	0.5	0.4	0.2	0.2	0.3	0.0
	1201～1700元	0.7	0.3	1.6	0.4	0.1	0.1	0.1
	1701～2600元	6.2	4.5	14.3	7.5	7.0	4.4	5.8
	2601～3500元	12.3	11.4	20.1	12.2	10.4	12.5	10.9
	3501～5000元	28.6	25.2	27.3	30.0	31.8	24.6	30.5
	5001元及以上	35.3	41.3	19.3	37.4	32.7	45.3	37.0

表3.41.6　2019～2021年杭州市场各类节目的播出比重和收视比重

单位：%

节目类别	2019年		2020年		2021年	
	播出比重	收视比重	播出比重	收视比重	播出比重	收视比重
财经	1.4	0.5	1.3	0.5	1.4	0.6
电视剧	21.6	33.9	21.4	33.2	21.6	35.8
电影	3.6	2.9	3.3	2.7	3.0	2.7
法制	0.8	0.5	0.8	0.4	0.8	0.4

续表

节目类别	2019 年		2020 年		2021 年	
	播出比重	收视比重	播出比重	收视比重	播出比重	收视比重
教学	0.4	0.0	0.3	0.1	0.3	0.0
青少	7.2	3.3	7.4	3.9	7.3	3.5
生活服务	9.6	10.4	9.5	8.6	10.1	8.7
体育	3.6	2.3	3.7	1.1	4.2	2.0
外语	0.1	0.0	0.2	0.0	0.3	0.0
戏剧	0.8	0.4	0.6	0.2	0.5	0.1
新闻/时事	15.7	17.4	16.5	20.0	15.4	16.3
音乐	1.6	0.9	1.8	1.1	1.6	0.7
专题	13.7	5.9	14.1	5.9	14.9	5.4
综艺	7.1	10.3	6.2	11.2	6.4	13.2
其他	12.8	11.3	12.9	11.1	12.2	10.6

表 3.41.7　2021 年杭州市场所有节目收视率排名前三十位

单位：%

名次	节目名称	节目类型	播出频道	平均收视率	平均占有率
1	《颁奖仪式》	体育	中央台五套	5.5	21.6
2	《32 届奥运会男子 400 米自由泳预赛》	体育	中央台五套	4.8	25.3
3	《天赐的声音 2》（1 月 22 日）	综艺	浙江卫视	4.6	18.7
4	《奔跑吧黄河篇第一季》	综艺	浙江卫视	4.5	20.8
5	《32 届奥运会竞技体操男子团体决赛》	体育	中央台五套	4.4	18.9
6	《2021 中央广播电视总台春节联欢晚会》	综艺	中央电视台综合频道	4.4	14.5
7	《欢乐喜剧人 7》（1 月 31 日）	综艺	东方卫视	4.3	20.4
8	《蒙面唱将猜猜猜》（1 月 3 日）	综艺	江苏卫视	4.3	19.9
9	《我就是演员》（1 月 16 日）	综艺	浙江卫视	4.3	15.6
10	《大江大河二》	电视剧	浙江卫视	4.3	14.9
11	《百变大咖秀 2021》（2 月 26 日）	综艺	湖南卫视	4.1	29.5
12	《2022 跨年演唱会用奋斗点亮幸福》	音乐	江苏卫视	4.1	21.9
13	《百度潮盛典》（6 月 12 日）	综艺	浙江卫视	4.0	18.4
14	《伟大征程庆祝中国共产党成立 100 周年大型情景史诗》	综艺	江苏卫视	4.0	16.9
15	《32 届奥运会女子 100 米栏半决赛》	体育	中央台五套	3.9	24.4
16	《闪闪发光的你》（7 月 9 日）	综艺	江苏卫视	3.9	15.9
17	《天猫开心夜》（6 月 16 日）	综艺	湖南卫视	3.8	23.8
18	《中国好声音》（8 月 13 日）	综艺	浙江卫视	3.7	15.4

续表

名次	节目名称	节目类型	播出频道	平均收视率	平均占有率
19	《2060》（12 月 24 日）	综艺	江苏卫视	3.6	22.9
20	《超脑少年团》（7 月 23 日）	综艺	江苏卫视	3.6	16.2
21	《32 届奥运会乒乓球混双决赛》	体育	中央台五套	3.6	12.2
22	《奔跑吧第五季》	综艺	浙江卫视	3.5	16.6
《23》	突围	电视剧	浙江卫视	3.5	15.1
《24》	正青春	电视剧	浙江卫视	3.5	13.0
25	《山海情》	电视剧	浙江卫视	3.5	12.8
26	《追光吧！哥哥》（1 月 16 日）	综艺	浙江卫视	3.4	11.7
27	《你好检察官》	电视剧	浙江卫视	3.3	15.8
28	《暴风眼》	电视剧	浙江卫视	3.3	12.9
29	《32 届奥运会女足小组赛 F 组第 2 轮》（中国 VS 赞比亚）	体育	中央台五套	3.2	26.6
30	《32 届奥运会女排小组赛第 4 轮》（中国 VS 意大利）	体育	中央台五套	3.2	19.1

表 3.41.8　2021 年杭州市场电视剧收视率排名前十位

单位：%

名次	节目名称	播出频道	平均收视率	平均占有率
1	《大江大河二》	浙江卫视	4.3	14.9
2	《突围》	浙江卫视	3.5	15.1
3	《正青春》	浙江卫视	3.5	13.0
4	《山海情》	浙江卫视	3.5	12.8
5	《你好检察官》	浙江卫视	3.3	15.8
6	《暴风眼》	浙江卫视	3.3	12.9
7	《王牌部队》	江苏卫视	3.2	13.3
8	《美好的日子》	浙江卫视	3.1	13.3
9	《爱在星空下》	浙江卫视	3.0	13.1
10	《乔家的儿女》	浙江卫视	3.0	12.2

表 3.41.9　2021 年杭州市场新闻节目收视率排名前十位

单位：%

名次	节目名称	播出频道	平均收视率	平均占有率
1	《直击台风灿都》（9 月 13 日）	浙江卫视	1.5	11.3
2	《阿六头说新闻》	杭州电视台西湖明珠频道	1.5	7.7

续表

名次	节目名称	播出频道	平均收视率	平均占有率
3	《我和你说》	杭州电视台生活频道	1.4	6.1
4	《直击台风烟花》（7 月 24 日）	浙江卫视	1.2	5.5
5	《转播中央台新闻联播》	浙江卫视	1.1	6.2
6	《十三届全国人大四次会议新闻发布会特别报道》（3 月 4 日）	中央台四套	1.0	6.4
7	《2021 中关村论坛开幕式特别报道》（9 月 24 日）	北京卫视	1.0	5.0
8	《新闻年鉴·世界 2020》（1 月 2 日）	中央电视台新闻频道	1.0	4.5
9	《2021 全国两会特别报道》（3 月 8 日）	中央电视台新闻频道	0.9	8.6
10	《民情观察室》	杭州电视台综合频道	0.9	6.3

表 3.41.10　2021 年杭州市场专题节目收视率排名前十位

单位：%

名次	节目名称	播出频道	平均收视率	平均占有率
1	《今日头条 2021 开年演讲》	湖南卫视	3.0	18.4
2	《鹤归来》（4 月 17 日）	安徽卫视	2.4	18.1
3	《中国诗词大会第六季》（2 月 13 日）	中央电视台综合频道	1.9	7.7
4	《2021 一年又一年》	中央电视台综合频道	1.7	9.1
5	《2020 心动安徽最美人物颁奖典礼》	安徽卫视	1.5	9.9
6	《闪亮的名字 2020》	安徽卫视	1.5	8.1
7	《潮涌长三角——长三角三省一市庆祝中国共产党成立 100 周年特别节目》	江苏卫视	1.4	9.5
8	《新中国第一部宪法草案西湖边诞生》（10 月 3 日）	杭州电视台生活频道	1.4	7.4
9	《100 世纪航程中国共产党党史知识学习达人挑战赛》（5 月 30 日）	浙江卫视	1.4	7.1
10	《感动中国 2020 年度人物颁奖盛典》（2 月 17 日）	中央电视台综合频道	1.4	5.6

表 3.41.11　2021 年杭州市场综艺节目收视率排名前十位

单位：%

名次	节目名称	播出频道	平均收视率	平均占有率
1	《天赐的声音 2》（1 月 22 日）	浙江卫视	4.6	18.7
2	《奔跑吧黄河篇第一季》	浙江卫视	4.5	20.8
3	《2021 中央广播电视总台春节联欢晚会》	中央电视台综合频道	4.4	14.5

续表

名次	节目名称	播出频道	平均收视率	平均占有率
4	《欢乐喜剧人7》（1月31日）	东方卫视	4.3	20.4
5	《蒙面唱将猜猜猜》（1月3日）	江苏卫视	4.3	19.9
6	《我就是演员》（1月16日）	浙江卫视	4.3	15.6
7	《百变大咖秀2021》（2月26日）	湖南卫视	4.1	29.5
8	《百度潮盛典》（6月12日）	浙江卫视	4.0	18.4
9	《伟大征程庆祝中国共产党成立100周年大型情景史诗》	江苏卫视	4.0	16.9
10	《闪闪发光的你》（7月9日）	江苏卫视	3.9	15.9

表3.41.12　2021年杭州市场体育节目收视率排名前十位

单位：%

名次	节目名称	播出频道	平均收视率	平均占有率
1	《颁奖仪式》	中央台五套	5.5	21.6
2	《32届奥运会男子400米自由泳预赛》	中央台五套	4.8	25.3
3	《32届奥运会竞技体操男子团体决赛》	中央台五套	4.4	18.9
4	《32届奥运会女子100米栏半决赛》	中央台五套	3.9	24.4
5	《32届奥运会乒乓球混双决赛》	中央台五套	3.6	12.2
6	《32届奥运会女足小组赛F组第2轮》（中国VS赞比亚）	中央台五套	3.2	26.6
7	《32届奥运会女排小组赛第4轮》（中国VS意大利）	中央台五套	3.2	19.1
8	《实况录像：32届奥运会举重男子73公斤级决赛挺举》	中央台五套	2.7	11.1
9	《奥运直播》	中央台五套	2.4	12.4
10	《32届奥运会女子自由式摔跤50公斤级决赛》	中央台五套	2.2	8.4

四十二　合肥收视数据

表 3.42.1　2017～2021 年合肥市场各类频道的市场占有率

单位：%

频道类别	2017 年	2018 年	2019 年	2020 年	2021 年
中央广播电视总台	32.9	33.1	28.1	25.1	20.2
中国教育台频道	0.2	0.3	0.2	0.1	0.1
安徽省级频道	23.2	23.8	24.4	21.4	17.3
合肥市级频道	2.0	2.5	2.1	2.2	1.4
其他省级卫视频道	24.3	21.1	21.6	23.1	27.6
其他频道	17.4	19.2	23.6	28.1	33.4

表 3.42.2　2021 年合肥市场各类频道在不同目标观众中的市场占有率

单位：%

目标观众		中央广播电视总台	中国教育台频道	安徽省级频道	合肥市级频道	其他省级卫视频道	其他频道
4 岁及以上所有人		20.2	0.1	17.3	1.4	27.6	33.4
性别	男	21.6	0.1	17.1	1.2	27.6	32.4
	女	18.8	0.1	17.4	1.5	27.5	34.7
年龄	4～14 岁	9.5	0.1	8.0	0.8	27.1	54.5
	15～24 岁	17.0	0.1	14.5	1.2	34.1	33.1
	25～34 岁	17.8	0.1	12.3	0.9	27.4	41.5
	35～44 岁	16.9	0.1	11.3	0.9	33.0	37.8
	45～54 岁	19.0	0.1	12.1	1.2	30.7	36.9
	55～64 岁	23.2	0.1	24.3	2.0	23.4	27.0
	65 岁及以上	27.5	0.2	27.7	1.9	22.6	20.1
受教育程度	未受过正规教育	13.0	0.5	16.5	1.4	26.3	42.3
	小学	18.6	0.1	21.6	1.6	26.6	31.5
	初中	19.9	0.1	17.7	1.3	27.1	33.9
	高中	20.9	0.1	17.6	1.5	26.9	33.0
	大学及以上	22.3	0.1	14.0	1.2	29.4	33.0

续表

目标观众		中央广播电视总台	中国教育台频道	安徽省级频道	合肥市级频道	其他省级卫视频道	其他频道
职业类别	干部/管理人员	23.9	0.1	7.0	0.6	15.1	53.3
	个体/私营企业人员	23.3	0.2	12.4	1.1	25.1	37.9
	初级公务员/雇员	19.2	0.1	12.6	1.0	30.7	36.4
	工人	17.7	0.1	14.7	1.0	32.7	33.8
	学生	14.7	0.1	13.6	1.2	30.2	40.2
	无业	22.0	0.1	22.5	1.8	24.5	29.1
	其他	*	*	*	*	*	*
个人月收入	0～600元	14.0	0.1	14.6	1.4	29.1	40.8
	601～1200元	18.7	0.1	28.1	1.5	24.7	26.9
	1201～1700元	17.3	1.1	16.2	2.3	27.1	36.0
	1701～2600元	22.1	0.1	23.1	1.5	26.5	26.7
	2601～3500元	23.5	0.1	16.2	1.2	26.1	32.9
	3501～5000元	20.4	0.1	16.7	1.5	29.6	31.7
	5001元及以上	23.1	0.1	14.0	1.0	26.4	35.4

注：“*”表示样本量不足，无法进行统计推断。

表3.42.3　2021年合肥市场各类频道在不同时段的市场占有率

单位：%

时间段	中央广播电视总台	中国教育台频道	安徽省级频道	合肥市级频道	其他省级卫视频道	其他频道
02:00～03:00	21.9	0.1	2.8	0.0	38.3	36.9
03:00～04:00	19.9	0.1	3.5	0.0	41.1	35.4
04:00～05:00	22.1	0.0	5.3	0.0	36.7	35.9
05:00～06:00	26.0	0.4	15.1	0.0	24.7	33.8
06:00～07:00	32.6	0.1	26.6	0.7	10.6	29.4
07:00～08:00	37.4	0.1	18.1	1.4	10.6	32.4
08:00～09:00	28.5	0.2	14.6	2.2	16.8	37.7
09:00～10:00	22.1	0.2	15.5	2.7	20.3	39.2
10:00～11:00	22.7	0.2	12.9	3.4	22.5	38.3
11:00～12:00	22.3	0.1	17.5	1.9	20.1	38.1
12:00～13:00	28.1	0.1	12.5	1.3	17.0	41.0
13:00～14:00	26.2	0.2	9.4	1.2	21.2	41.8
14:00～15:00	23.1	0.3	10.7	2.0	23.2	40.7
15:00～16:00	23.1	0.3	10.6	2.1	23.5	40.4
16:00～17:00	22.6	0.2	9.7	2.1	23.5	41.9

续表

时间段	中央广播电视总台	中国教育台频道	安徽省级频道	合肥市级频道	其他省级卫视频道	其他频道
17:00~18:00	23.1	0.1	16.8	1.5	18.8	39.7
18:00~19:00	22.1	0.1	30.6	1.7	11.2	34.3
19:00~20:00	18.9	0.1	20.2	1.2	31.0	28.6
20:00~21:00	12.9	0.0	17.1	0.7	41.9	27.4
21:00~22:00	16.0	0.1	20.0	0.7	35.5	27.7
22:00~23:00	19.8	0.1	18.3	1.4	30.5	29.9
23:00~00:00	23.4	0.3	10.8	1.1	29.5	34.9
00:00~01:00	22.9	0.5	7.5	0.4	28.1	40.6
01:00~02:00	21.3	0.2	2.7	0.0	30.6	45.2

表 3.42.4　2021 年合肥市场收视份额排名前十位的频道

单位：%

名次	频道名称	收视份额
1	安徽卫视	4.8
2	安徽经视	4.0
2	江苏卫视	4.0
2	浙江卫视	4.0
5	安徽综艺·体育	3.4
6	安徽影视	3.2
7	湖南卫视	3.1
7	中央台四套	3.1
9	中央电视台新闻频道	2.7
10	东方卫视	2.5

表 3.42.5　2021 年合肥市场各主要频道的观众构成

单位：%

目标观众		所有频道	主要频道				
			安徽卫视	安徽经视	江苏卫视	浙江卫视	安徽综艺体育
4 岁及以上所有人		100.0	100.0	100.0	100.0	100.0	100.0
性别	男	51.6	49.9	49.5	53.4	54.3	48.0
	女	48.4	50.1	50.5	46.6	45.7	52.0

续表

目标观众		所有频道	主要频道				
			安徽卫视	安徽经视	江苏卫视	浙江卫视	安徽综艺体育
年龄	4～14 岁	6.5	4.2	2.8	5.3	6.3	3.5
	15～24 岁	9.3	9.6	4.3	11.3	10.7	6.3
	25～34 岁	17.9	12.2	20.9	22.9	22.4	12.5
	35～44 岁	11.3	8.3	6.4	12.5	14.4	7.3
	45～54 岁	18.3	14.0	10.5	17.0	16.5	11.3
	55～64 岁	14.6	16.3	23.4	13.9	13.5	23.3
	65 岁及以上	22.2	35.5	31.6	17.1	16.1	35.8
受教育程度	未受过正规教育	4.1	4.1	4.0	3.0	2.8	5.0
	小学	15.9	22.5	18.5	13.7	13.5	21.2
	初中	32.3	28.5	32.6	34.6	31.1	26.1
	高中	21.2	19.6	22.2	19.0	21.9	29.5
	大学及以上	26.5	25.2	22.6	29.6	30.7	18.3
职业类别	干部/管理人员	1.3	0.1	1.0	0.1	1.0	0.0
	个体/私营企业人员	10.7	9.2	11.8	10.0	9.7	7.2
	初级公务员/雇员	19.1	14.6	14.3	23.1	25.0	10.3
	工人	18.1	15.1	17.6	23.3	21.3	15.5
	学生	8.4	7.3	3.9	8.5	9.7	5.5
	无业	42.4	53.7	51.4	34.9	33.2	61.5
	其他	*	*	*	*	*	*
个人月收入	0～600 元	21.5	18.5	15.5	21.5	20.5	19.2
	601～1200 元	3.4	6.8	2.5	3.5	4.0	6.4
	1201～1700 元	2.5	1.9	3.1	1.8	1.5	3.1
	1701～2600 元	18.7	22.9	26.3	16.6	17.4	28.1
	2601～3500 元	18.1	19.4	13.4	24.7	23.0	16.9
	3501～5000 元	19.3	18.8	20.1	18.5	18.1	18.0
	5001 元及以上	16.4	11.7	19.1	13.5	15.5	8.3

注："*"表示样本量不足，无法进行统计推断。

表 3.42.6　2019～2021 年合肥市场各类节目的播出比重和收视比重

单位：%

节目类别	2019 年		2020 年		2021 年	
	播出比重	收视比重	播出比重	收视比重	播出比重	收视比重
财经	1.1	0.4	1.0	0.5	1.1	0.6
电视剧	21.5	31.3	21.7	32.9	21.4	36.2

续表

节目类别	2019年		2020年		2021年	
	播出比重	收视比重	播出比重	收视比重	播出比重	收视比重
电影	3.9	5.6	3.7	4.8	3.4	3.6
法制	1.1	0.9	0.9	0.3	0.8	0.3
教学	0.4	0.0	0.3	0.1	0.3	0.0
青少	6.9	4.9	7.0	4.9	6.9	2.6
生活服务	8.3	7.8	8.1	7.3	8.3	7.0
体育	3.6	3.1	3.7	1.7	4.0	2.2
外语	0.2	0.0	0.2	0.0	0.2	0.0
戏剧	0.8	0.2	0.7	0.2	0.5	0.1
新闻/时事	16.4	16.0	17.4	18.6	16.5	16.4
音乐	1.8	0.8	1.9	0.9	1.6	0.7
专题	13.7	5.2	14.1	5.4	15.6	5.6
综艺	6.9	12.6	6.1	11.3	6.3	13.1
其他	13.4	11.3	13.4	11.2	13.0	11.5

表3.42.7　2021年合肥市场所有节目收视率排名前三十位

单位：%

名次	节目名称	节目类型	播出频道	平均收视率	平均占有率
1	《2022跨年演唱会用奋斗点亮幸福》	音乐	江苏卫视	6.2	23.5
2	《2021天猫双11全球狂欢夜》	综艺	浙江卫视	6.1	20.4
3	《蒙面舞王》（8月8日）	综艺	江苏卫视	4.6	17.6
4	《乘风破浪年度总决赛》（4月2日）	综艺	湖南卫视	4.6	15.7
5	《2021中央广播电视总台春节联欢晚会》	综艺	中央电视台综合频道	4.6	15.2
6	《海洋之城》	电视剧	江苏卫视	4.4	17.1
7	《突围》	电视剧	浙江卫视	4.3	12.6
8	《大宋宫词》（10月21日至11月23日）	电视剧	江苏卫视	4.2	12.3
9	《想把我唱给你听——2022浙江卫视跨年晚会》	综艺	浙江卫视	4.1	17.1
10	《飞猪11·11奇妙之旅飞猪双11晚会》（10月21日）	综艺	江苏卫视	3.8	20.0
11	《一站到底》（3月29日）	综艺	江苏卫视	3.8	18.2
12	《为歌而赞百赞音乐盛典》	综艺	浙江卫视	3.8	15.8
13	《32届奥运会男子100米决赛》	体育	中央台五套	3.7	13.3
14	《超级818汽车狂欢夜》	综艺	浙江卫视	3.6	14.6
15	《小敏家》	电视剧	湖南卫视	3.6	13.3
16	《追光吧！哥哥》（1月9日）	综艺	东方卫视	3.3	15.4

续表

名次	节目名称	节目类型	播出频道	平均收视率	平均占有率
17	《百度潮盛典》	综艺	浙江卫视	3.3	15.3
18	《颁奖仪式》	体育	中央台五套	3.3	12.3
19	《乔家的儿女》	电视剧	江苏卫视	3.3	12.1
20	《花好月圆元宵夜》	综艺	中央电视台综合频道	3.2	13.0
21	《欢乐无敌大 PK》（11 月 1 日）	综艺	安徽综艺·体育	3.1	14.4
22	《功勋》	电视剧	江苏卫视	3.1	10.7
23	《不惑之旅》	电视剧	浙江卫视	3.1	10.4
24	《了不起的女孩》（20～36 集）	电视剧	江苏卫视	3.0	11.9
25	《理想之城》（11 月 10 日至 11 月 29 日）	电视剧	深圳卫视（新闻综合频道）	3.0	9.1
26	《最强大脑之燃烧吧大脑》（1 月 22 日）	综艺	江苏卫视	2.9	14.4
27	《32 届奥运会乒乓球男团决赛》	体育	中央台五套	2.9	12.2
28	《青春中国 2021～2022 跨年晚会》	音乐	湖南卫视	2.9	11.3
29	《超脑少年团》（7 月 23 日）	综艺	江苏卫视	2.8	14.0
30	《第十二秒》	电视剧	湖南卫视	2.7	24.5

表 3.42.8　2021 合肥市场电视剧收视率排名前十位

单位：%

名次	节目名称	播出频道	平均收视率	平均占有率
1	《海洋之城》	江苏卫视	4.4	17.1
2	《突围》	浙江卫视	4.3	12.6
3	《大宋宫词》（10 月 21 日至 11 月 23 日）	江苏卫视	4.2	12.3
4	《小敏家》	湖南卫视	3.6	13.3
5	《乔家的儿女》	江苏卫视	3.3	12.1
6	《功勋》	江苏卫视	3.1	10.7
7	《不惑之旅》	浙江卫视	3.1	10.4
8	《了不起的女孩》（20～36 集）	江苏卫视	3.0	11.9
9	《理想之城》（11 月 10 日至 11 月 29 日）	深圳卫视（新闻综合频道）	3.0	9.1
10	《第十二秒》	湖南卫视	2.7	24.5

表 3.42.9　2021 年合肥市场新闻节目收视率排名前十位

单位：%

名次	节目名称	播出频道	平均收视率	平均占有率
1	《第 1 时间》	安徽经视	2.0	10.4

续表

名次	节目名称	播出频道	平均收视率	平均占有率
2	《牢记殷殷嘱托奋力谱写湖南新篇章》	湖南卫视	1.9	7.2
3	《转播中央台新闻联播》	安徽卫视	1.4	6.4
4	《筑梦空间站神舟十二号航天员乘组返回北京特别报道》	中央台四套	1.1	4.2
5	《帮女郎帮你忙》	安徽经视	1.0	9.7
6	《直击台风灿都》	浙江卫视	1.0	4.9
7	《2021 年中国国际服务贸易交易会全球服务贸易峰会特别报道》	北京卫视	1.0	4.1
8	《省委十四届十次全会特别节目》	浙江卫视	1.0	3.2
9	《安徽新闻联播》	安徽卫视	0.9	5.0
10	《第四届中国国际进口博览会开幕式特别报道》	中央电视台新闻频道	0.9	2.4

表 3.42.10　2021 年合肥市场专题节目收视率排名前十位

单位：%

名次	节目名称	播出频道	平均收视率	平均占有率
1	《唱支山歌给党听》	北京卫视	2.6	14.2
2	《100 世纪航程中国共产党党史知识学习达人挑战赛》（5 月 30 日）	浙江卫视	2.5	10.6
3	《2021 年全国消费促进月暨上海五五购物节启动仪式》	东方卫视	2.3	9.2
4	《中国共产党为什么能第十五季六中全会精神面对面共同富裕大家谈》	浙江卫视	1.9	10.9
5	《中国共产党历史展览馆建设纪实》	中央电视台综合频道	1.7	7.5
6	《江淮柱石安徽省属企业风华录》	安徽卫视	1.3	5.1
7	《护航之道总体国家安全观纵横》	中央电视台综合频道	1.2	4.8
8	《换了人间中国出了个毛泽东》	湖南卫视	1.2	3.9
9	《你好新时代青年融媒体作品大赛人民的小康优秀作品展播》	北京卫视	1.1	17.7
10	《28 岁的你》	湖南卫视	1.1	4.4

表 3.42.11　2021 年合肥市场综艺节目收视率排名前十位

单位：%

名次	节目名称	播出频道	平均收视率	平均占有率
1	《2021 天猫双 11 全球狂欢夜》	浙江卫视	6.1	20.4
2	《蒙面舞王》（8 月 8 日）	江苏卫视	4.6	17.6

续表

名次	节目名称	播出频道	平均收视率	平均占有率
3	《乘风破浪年度总决赛》（4月2日）	湖南卫视	4.6	15.7
4	《2021中央广播电视总台春节联欢晚会》	中央电视台综合频道	4.6	15.2
5	《想把我唱给你听——2022浙江卫视跨年晚会》	浙江卫视	4.1	17.1
6	《飞猪11·11奇妙之旅飞猪双11晚会》（10月21日）	江苏卫视	3.8	20.0
7	《[illegible]站到底》（3月29日）	江苏卫视	3.8	18.2
8	《为歌而赞百赞音乐盛典》	浙江卫视	3.8	15.8
9	《超级818汽车狂欢夜》	浙江卫视	3.6	14.6
10	《追光吧！哥哥》（1月9日）	东方卫视	3.3	15.4

表3.42.12　2021年合肥市场体育节目收视率排名前十位

单位：%

名次	节目名称	播出频道	平均收视率	平均占有率
1	《32届奥运会男子100米决赛》	中央台五套	3.7	13.3
2	《颁奖仪式》	中央台五套	3.3	12.3
3	《32届奥运会乒乓球男团决赛》	中央台五套	2.9	12.2
4	《32届奥运会举重男子73公斤级决赛挺举》	中央台五套	2.6	10.3
5	《32届奥运会女篮小组赛》（中国VS比利时）	中央台五套	2.3	16.7
6	《32届奥运会女子100米仰泳预赛》	中央台五套	2.3	15.7
7	《32届奥运会女排小组赛第4轮》（中国VS意大利）	中央台五套	2.2	12.3
8	《32届奥运会体操男子个人全能决赛》	中央台五套	2.2	8.9
9	《32届奥运会10米气步枪混合团体决赛》（7月27日）	中央台五套	2.1	8.1
10	《奥运英雄榜》	中央台五套	1.5	6.9

四十三　呼和浩特收视数据

表 3.43.1　2017～2021 年呼和浩特市场各类频道的市场占有率

单位：%

频道	2017 年	2018 年	2019 年	2020 年	2021 年
中央广播电视总台	48.6	48.3	39.5	37.5	33.7
中国教育台频道	0.1	0.1	0.1	0.2	0.1
内蒙古自治区级频道	11.6	10.4	10.3	10.4	8.5
呼和浩特市级频道	2.0	3.8	4.8	5.4	4.5
其他省级卫视频道	30.2	23.6	24.4	21.8	26.6
其他频道	7.5	13.8	20.9	24.7	26.6

表 3.43.2　2021 年呼和浩特市场各类频道在不同目标观众中的市场占有率

单位：%

目标观众		中央广播电视总台	中国教育台频道	内蒙古自治区级频道	呼和浩特市级频道	其他省级卫视频道	其他频道
4 岁及以上所有人		33.7	0.1	8.5	4.5	26.6	26.6
性别	男	34.9	0.1	8.1	4.6	26.1	26.2
	女	32.5	0.1	9.0	4.4	27.1	26.9
年龄	4～14 岁	21.8	0.2	4.9	1.2	28.4	43.5
	15～24 岁	29.3	0.1	5.7	1.8	34.4	28.7
	25～34 岁	23.6	0.1	7.6	1.5	28.8	38.4
	35～44 岁	27.3	0.1	6.0	2.3	27.1	37.2
	45～54 岁	38.4	0.1	10.5	5.0	24.4	21.6
	55～64 岁	38.2	0.2	9.9	7.4	24.4	19.9
	65 岁及以上	46.2	0.1	10.8	8.5	24.4	10.0
受教育程度	未受过正规教育	25.7	0.1	5.7	1.4	28.7	38.4
	小学	37.6	0.3	10.3	5.5	25.1	21.2
	初中	33.1	0.1	10.3	5.0	27.5	24.0
	高中	35.2	0.1	7.3	5.4	26.7	25.3
	大学及以上	31.9	0.1	7.6	3.0	25.7	31.7

续表

目标观众		中央广播电视总台	中国教育台频道	内蒙古自治区级频道	呼和浩特市级频道	其他省级卫视频道	其他频道
职业类别	干部/管理人员	48.2	0.0	2.2	1.8	25.8	22.0
	个体/私营企业人员	32.7	0.1	6.6	3.4	25.7	31.5
	初级公务员/雇员	33.8	0.1	9.4	2.8	26.7	27.2
	工人	33.1	0.1	8.2	6.1	25.2	27.3
	学生	25.1	0.1	5.6	1.6	30.3	37.3
	无业	35.7	0.1	9.6	5.8	26.4	22.4
	其他	38.6	1.1	11.6	4.8	24.2	19.7
个人月收入	600元及以下	26.4	0.1	8.0	2.5	29.3	33.7
	601~1200元	47.8	0.1	6.1	3.3	33.3	9.4
	1201~1700元	36.5	0.6	6.2	12.0	26.1	18.6
	1701~2600元	41.6	0.2	13.1	7.6	20.7	16.8
	2601~3500元	39.8	0.1	7.9	6.4	25.3	20.5
	3501~5000元	34.8	0.1	8.5	3.0	25.2	28.4
	5001元及以上	23.7	0.0	5.8	2.1	31.8	36.6

表3.43.3　2021年呼和浩特市场各类频道在不同时段的市场占有率

单位：%

时间段	中央广播电视总台	中国教育台频道	内蒙古自治区级频道	呼和浩特市级频道	其他省级卫视频道	其他频道
02:00~03:00	36.2	0.1	3.4	2.9	19.9	37.5
03:00~04:00	32.7	0.1	3.8	4.7	21.8	36.9
04:00~05:00	31.3	0.0	3.2	6.1	21.6	37.8
05:00~06:00	34.4	0.1	5.8	2.9	27.2	29.6
06:00~07:00	49.8	0.2	10.4	3.0	15.0	21.6
07:00~08:00	58.0	0.1	5.9	2.1	12.9	21.0
08:00~09:00	48.3	0.3	4.7	2.1	18.5	26.1
09:00~10:00	36.8	0.5	4.0	2.6	24.1	32.0
10:00~11:00	33.1	0.5	3.4	2.0	28.0	33.0
11:00~12:00	35.4	0.2	3.6	1.4	26.8	32.6
12:00~13:00	43.7	0.1	3.3	1.4	19.5	32.0
13:00~14:00	34.1	0.2	2.4	1.9	24.3	37.1
14:00~15:00	28.5	0.2	2.7	2.2	28.3	38.1
15:00~16:00	28.8	0.2	3.1	1.8	29.6	36.5
16:00~17:00	31.7	0.2	3.1	1.1	28.3	35.6

续表

时间段	中央广播电视总台	中国教育台频道	内蒙古自治区级频道	呼和浩特市级频道	其他省级卫视频道	其他频道
17:00～18:00	36.4	0.1	6.2	1.0	23.7	32.6
18:00～19:00	35.8	0.1	25.5	2.7	10.3	25.6
19:00～20:00	36.2	0.0	16.3	3.7	25.0	18.8
20:00～21:00	28.0	0.0	7.7	6.1	38.1	20.1
21:00～22:00	31.4	0.1	7.5	7.3	30.8	22.9
22:00～23:00	30.4	0.1	5.8	10.5	25.5	27.7
23:00～00:00	36.8	0.1	3.7	5.7	22.0	31.7
00:00～01:00	40.8	0.1	2.4	2.9	17.8	36.0
01:00～02:00	38.2	0.1	3.0	2.0	16.7	40.0

表 3.43.4　2021 年呼和浩特市场收视份额排名前十位频道

单位：%

名次	频道	收视份额
1	中央电视台综合频道	5.9
2	中央台八套	5.1
3	中央台六套	4.9
4	中央电视台新闻频道	3.8
5	江苏卫视	3.6
6	呼和浩特电视台影视娱乐频道	3.4
7	浙江卫视	3.1
8	湖南卫视	2.9
8	内蒙古电视台经济生活频道	2.9
8	中央台四套	2.9

表 3.43.5　2021 年呼和浩特市场各主要频道的观众构成

单位：%

目标观众		所有频道	主要频道				
			中央电视台综合频道	中央台八套	中央台六套	中央电视台新闻频道	江苏卫视
4 岁及以上所有人		100.0	100.0	100.0	100.0	100.0	100.0
性别	男	50.2	48.4	47.2	56.0	53.9	51.1
	女	49.8	51.6	52.8	44.0	46.1	48.9

续表

目标观众		所有频道	主要频道				
			中央电视台综合频道	中央台八套	中央台六套	中央电视台新闻频道	江苏卫视
年龄	4~14岁	9.3	4.7	5.6	7.2	4.4	7.9
	15~24岁	7.3	7.3	5.9	5.6	6.7	15.9
	25~34岁	16.8	11.7	9.8	12.2	10.6	17.8
	35~44岁	13.3	9.9	9.6	15.4	5.5	13.4
	45~54岁	18.4	20.8	23.1	28.5	16.8	21.3
	55~64岁	16.3	15.8	18.7	17.4	25.8	9.7
	65岁及以上	18.6	29.8	27.3	13.7	30.2	14.0
受教育程度	未受过正规教育	4.6	2.8	4.0	2.9	1.1	3.3
	小学	13.8	10.9	22.8	22.4	18.5	10.4
	初中	26.5	27.4	27.1	29.2	29.6	34.5
	高中	30.2	28.4	26.8	26.1	33.9	21.7
	大学及以上	24.9	30.5	19.3	19.4	16.9	30.1
职业类别	干部/管理人员	1.3	2.3	0.6	0.3	1.7	1.3
	个体/私营企业人员	12.2	7.5	9.1	15.5	9.6	12.8
	初级公务员/雇员	16.1	17.4	13.2	16.4	14.8	17.3
	工人	13.6	11.6	11.5	24.3	13.1	15.2
	学生	11.4	8.0	8.4	9.3	8.9	15.5
	无业	43.5	51.7	56.5	31.9	44.5	36.9
	其他	1.9	1.5	0.7	2.3	7.4	1.0
个人月收入	600元及以下	30.4	23.4	26.6	23.0	21.1	33.3
	601~1200元	1.6	1.8	3.9	2.1	0.6	1.3
	1201~1700元	2.9	3.0	2.0	3.2	9.0	2.7
	1701~2600元	14.6	19.7	19.5	16.8	21.0	11.1
	2601~3500元	23.7	25.2	30.1	30.6	28.0	18.9
	3501~5000元	17.6	19.8	11.7	17.2	13.2	18.8
	5001元及以上	9.2	7.1	6.2	7.1	7.1	13.9

表3.43.6　2019~2021年呼和浩特市场各类节目的播出比重和收视比重

单位：%

节目类别	2019年		2020年		2021年	
	播出比重	收视比重	播出比重	收视比重	播出比重	收视比重
财经	1.0	0.5	1.0	0.6	1.0	0.6
电视剧	21.3	31.2	21.7	32.6	21.7	36.9
电影	3.6	6.8	3.9	7.2	3.8	6.1

续表

节目类别	2019 年		2020 年		2021 年	
	播出比重	收视比重	播出比重	收视比重	播出比重	收视比重
法制	0.8	1.1	0.6	0.5	0.8	0.6
教学	0.4	0.0	0.4	0.1	0.3	0.1
青少	7.9	4.2	7.9	3.9	7.6	3.4
生活服务	7.0	5.4	6.9	5.0	7.6	5.0
体育	3.9	2.6	3.8	1.6	4.3	3.3
外语	0.2	0.0	0.2	0.0	0.3	0.0
戏剧	0.9	0.3	0.7	0.2	0.8	0.2
新闻/时事	16.6	17.1	17.6	21.1	16.5	16.6
音乐	2.0	0.9	2.0	1.1	1.7	0.7
专题	14.4	6.5	14.7	6.2	15.6	5.5
综艺	7.4	13.2	6.1	9.9	6.2	10.9
其他	12.6	10.2	12.5	10.0	11.8	10.1

表 3.43.7　2021 年呼和浩特市场所有节目收视率排名前三十位

单位：%

名次	节目名称	节目类型	播出频道	平均收视率	平均占有率
1	《2021 中央广播电视总台春节联欢晚会》	综艺	中央电视台综合频道	12.6	33.1
2	《花好月圆元宵夜》	综艺	中央电视台综合频道	8.4	28.0
3	《32 届奥运会田径男子 4×400 米接力决赛》	体育	中央台五套	8.2	32.6
4	《32 届奥运会乒乓球女团颁奖仪式》	体育	中央台五套	7.2	26.0
5	《32 届奥运会女子自由式摔跤 50 公斤级决赛》	体育	中央台五套	6.8	28.7
6	《2021 年中央广播电视总台中秋晚会》	综艺	中央电视台综合频道	5.7	19.1
7	《实况录像：32 届奥运会举重男子 81 公斤级决赛抓举》	体育	中央台五套	5.3	21.5
8	《新春喜剧之夜》	综艺	中央台三套	5.3	18.4
9	《青春中国 2021～2022 跨年晚会》	音乐	湖南卫视	5.0	19.0
10	《32 届奥运会羽毛球男子单打决赛》	体育	中央台五套	4.7	18.5
11	《开学第一课》	青少	中央电视台综合频道	4.4	14.8
12	《我们的歌》（10 月 17 日）	综艺	东方卫视	4.3	20.3
13	《2022 跨年演唱会用奋斗点亮幸福》	音乐	江苏卫视	4.1	15.2
14	《32 届奥运会体操男子个人全能决赛》	体育	中央台五套	3.9	18.2
15	《青春环游记温情时刻》	综艺	浙江卫视	3.9	16.8
16	《蒙面舞王》（10 月 10 日）	综艺	江苏卫视	3.8	17.1
17	《京东 11·11 沸腾之夜美好时代直播盛典》	综艺	北京卫视	3.8	12.8

续表

名次	节目名称	节目类型	播出频道	平均收视率	平均占有率
18	《伟大征程庆祝中国共产党成立100周年大型情景史诗》	综艺	中央电视台综合频道	3.7	19.0
19	《实况录像：32届奥运会射击女子10米气步枪决赛》	体育	中央台五套	3.7	14.5
20	《天气预报》	生活服务	中央电视台综合频道	3.7	14.2
20	《金牛喜迎春2021星光嘉年华》	综艺	中央台三套	3.7	14.2
22	《32届奥运会女排小组赛第4轮》（中国VS意大利）	体育	中央台五套	3.6	21.4
23	《东京奥运会闭幕式》	体育	中央台五套	3.5	16.1
24	《32届奥运会击剑女子重剑个人决赛》	体育	中央台五套	3.5	14.4
25	《亲爱的孩子们》	电视剧	中央台八套	3.5	11.5
26	《半暖时光》	电视剧	江苏卫视	3.4	10.0
27	《奥运奖牌榜》	体育	中央台五套	3.3	17.1
28	《功勋背后携手并肩同道人》	综艺	北京卫视	3.3	10.7
29	《反贪风暴四》（10月23日）	电影	中央台六套	3.3	9.6
30	《狐踪谍影》（12月5日）	电影	中央台六套	3.2	10.2

表3.43.8　2021年呼和浩特市场电视剧收视率排名前十位

单位：%

名次	节目名称	播出频道	平均收视率	平均占有率
1	《亲爱的孩子们》	中央台八套	3.5	11.5
2	《半暖时光》	江苏卫视	3.4	10.0
3	《一起深呼吸》	江苏卫视	3.1	8.9
4	《输赢》	北京卫视	3.1	8.8
5	《功勋》	江苏卫视	3.0	9.9
6	《王牌部队》	江苏卫视	3.0	8.6
7	《跨过鸭绿江》	中央电视台综合频道	2.9	10.8
8	《前行者》	北京卫视	2.9	8.5
9	《两个人的世界》	东方卫视	2.7	8.3
10	《突围》	东方卫视	2.7	8.1

表3.43.9　2021年呼和浩特市场新闻节目收视率排名前十位

单位：%

名次	节目名称	播出频道	平均收视率	平均占有率
1	《新闻天天看》	内蒙古电视台新闻综合频道	2.4	13.4

续表

名次	节目名称	播出频道	平均收视率	平均占有率
2	《新闻联播》	中央电视台综合频道	2.4	11.7
3	《世界经济论坛达沃斯议程对话会特别报道》	中央电视台综合频道	1.8	6.5
4	《都市全接触》	内蒙古电视台经济生活频道	1.7	11.2
5	《2021 中关村论坛开幕式特别报道》	北京卫视	1.7	5.4
6	《逐梦新征程》	中央电视台新闻频道	1.5	8.2
7	《焦点访谈》	中央电视台综合频道	1.4	5.2
8	《国务院总理会见中外记者并回答提问》	中央电视台综合频道	1.3	4.9
9	《2021 年中国国际服务贸易交易会全球服务贸易峰会特别报道》	中央电视台综合频道	1.2	4.5
10	《第四届中国国际进口博览会开幕式特别报道》	中央电视台综合频道	1.2	3.6

表 3.43.10　2021 年呼和浩特市场专题节目收视率排名前十位

单位：%

名次	节目名称	播出频道	平均收视率	平均占有率
1	《2021 一年又一年》	中央电视台综合频道	2.7	17.2
2	《正风反腐就在身边》	中央电视台综合频道	2.6	9.6
3	《中国诗词大会第六季》（4 月 17 日）	中央电视台综合频道	2.1	8.5
4	《同心奖牌诞生记》	北京卫视	1.6	5.1
5	《感动中国 2020 年度人物颁奖盛典》	中央电视台综合频道	1.5	5.8
6	《党课开讲啦》	中央电视台综合频道	1.4	4.1
7	《加油 2021 春节联欢晚会幕后纪事》	中央台三套	1.3	6.9
8	《一跃跨千年西藏和平解放 70 年》	中央电视台综合频道	1.3	5.3
9	《大城无小事城市真英雄 2021 后传》	东方卫视	1.2	9.3
10	《唱支山歌给党听》	北京卫视	1.2	7.2

表 3.43.11　2021 年呼和浩特市场综艺节目收视率排名前十位

单位：%

名次	节目名称	播出频道	平均收视率	平均占有率
1	《2021 中央广播电视总台春节联欢晚会》	中央电视台综合频道	12.6	33.1
2	《花好月圆元宵夜》	中央电视台综合频道	8.4	28.0
3	《2021 年中央广播电视总台中秋晚会》	中央电视台综合频道	5.7	19.1
4	《新春喜剧之夜》	中央台三套	5.3	18.4
5	《青春中国 2021 ~ 2022 跨年晚会》	湖南卫视	5.0	19.0

续表

名次	节目名称	播出频道	平均收视率	平均占有率
6	《我们的歌》（10 月 17 日）	东方卫视	4.3	20.3
7	《青春环游记温情时刻》	浙江卫视	3.9	16.8
8	《蒙面舞王》（10 月 10 日）	江苏卫视	3.8	17.1
9	《京东 11·11 沸腾之夜美好时代直播盛典》	北京卫视	3.8	12.8
10	《伟大征程庆祝中国共产党成立 100 周年人型情景史诗》	中央电视台综合频道	3.7	19.0

表 3.43.12　2021 年呼和浩特市场体育节目收视率排名前十位

单位：%

名次	节目名称	播出频道	平均收视率	平均占有率
1	《32 届奥运会田径男子 4×400 米接力决赛》	中央台五套	8.2	32.6
2	《32 届奥运会乒乓球女团颁奖仪式》	中央台五套	7.2	26.0
3	《32 届奥运会女子自由式摔跤 50 公斤级决赛》	中央台五套	6.8	28.7
4	《实况录像：32 届奥运会举重男子 81 公斤级决赛抓举》	中央台五套	5.3	21.5
5	《32 届奥运会羽毛球男子单打决赛》	中央台五套	4.7	18.5
6	《32 届奥运会体操男子个人全能决赛》	中央台五套	3.9	18.2
7	《实况录像：32 届奥运会射击女子 10 米气步枪决赛》	中央台五套	3.7	14.5
8	《32 届奥运会女排小组赛第 4 轮》（中国 VS 意大利）	中央台五套	3.6	21.4
9	《东京奥运会闭幕式》	中央台五套	3.5	16.1
10	《32 届奥运会击剑女子重剑个人决赛》	中央台五套	3.5	14.4

四十四　济南收视数据

表 3.44.1　2017～2021 年济南市场各类频道的市场占有率

单位：%

频道	2017 年	2018 年	2019 年	2020 年	2021 年
中央广播电视总台	24.6	23.5	22.3	21.2	17.5
中国教育台频道	0.1	0.1	0.1	0.1	0.1
山东省级频道	23.9	18.5	14.9	13.3	7.9
济南市级频道	19.5	17.1	12.6	7.3	4.8
其他省级卫视频道	22.5	25.8	26.6	32.9	36.0
其他频道	9.4	15.0	23.5	25.2	33.7

表 3.44.2　2021 年济南市场各类频道在不同目标观众中的市场占有率

单位：%

目标观众		中央广播电视总台	中国教育台频道	山东省级频道	济南市级频道	其他省级卫视频道	其他频道
4 岁及以上所有人		17.5	0.1	7.9	4.8	36.0	33.7
性别	男	19.5	0.1	8.0	5.2	35.1	32.1
	女	15.7	0.1	7.9	4.5	36.8	35.0
年龄	4～14 岁	7.9	0.1	5.3	1.5	33.2	52.0
	15～24 岁	15.4	0.1	5.8	4.1	40.5	34.1
	25～34 岁	11.9	0.1	3.9	2.4	45.6	36.1
	35～44 岁	13.9	0.1	5.2	2.5	38.5	39.8
	45～54 岁	20.1	0.1	8.3	5.2	35.9	30.4
	55～64 岁	21.1	0.1	11.3	8.0	31.7	27.8
	65 岁及以上	26.9	0.1	13.5	8.3	26.6	24.6
受教育程度	未受过正规教育	13.2	0.1	6.8	3.7	33.5	42.7
	小学	16.7	0.1	11.4	3.7	34.4	33.7
	初中	19.1	0.1	9.0	5.5	34.3	32.0
	高中	18.5	0.1	8.1	6.2	34.1	33.0
	大学及以上	15.9	0.1	4.0	3.7	41.9	34.4

续表

目标观众		中央广播电视总台	中国教育台频道	山东省级频道	济南市级频道	其他省级卫视频道	其他频道
职业类别	干部/管理人员	17.8	0.1	11.2	3.2	41.5	26.2
	个体/私营企业人员	17.8	0.1	7.4	2.8	37.9	34.0
	初级公务员/雇员	15.4	0.1	4.6	4.6	41.2	34.1
	工人	16.7	0.1	7.8	4.0	36.6	34.8
	学生	8.9	0.1	3.9	1.6	33.5	52.0
	无业	19.5	0.1	9.5	6.7	34.2	30.0
	其他	22.9	0.1	14.5	4.2	27.3	31.0
个人月收入	0～600 元	13.2	0.1	8.0	3.1	37.6	38.0
	601～1200 元	19.5	0.1	13.3	5.1	27.6	34.4
	1201～1700 元	25.5	0.2	13.2	5.3	22.9	32.9
	1701～2600 元	22.2	0.1	11.9	6.0	26.1	33.7
	2601～3500 元	23.8	0.1	8.7	9.6	31.5	26.3
	3501～5000 元	18.5	0.1	7.3	5.3	35.6	33.2
	5001 元及以上	16.4	0.1	5.5	3.7	41.9	32.4

表 3.44.3　2021 年济南市场各类频道在不同时段的市场占有率

单位：%

时间段	中央广播电视总台	中国教育台频道	山东省级频道	济南市级频道	其他省级卫视频道	其他频道
02:00～03:00	13.8	0.1	8.2	0.6	32.8	44.5
03:00～04:00	13.6	0.0	9.4	0.7	30.8	45.5
04:00～05:00	17.4	0.1	9.8	1.1	30.0	41.6
05:00～06:00	31.5	0.1	7.6	1.8	29.7	29.3
06:00～07:00	43.6	0.1	9.5	1.1	14.3	31.4
07:00～08:00	28.3	0.2	11.0	1.6	21.2	37.7
08:00～09:00	25.2	0.2	7.9	1.9	27.2	37.6
09:00～10:00	21.1	0.1	7.9	1.9	29.2	39.8
10:00～11:00	19.4	0.1	7.0	1.7	31.0	40.8
11:00～12:00	21.7	0.1	8.3	2.8	28.0	39.1
12:00～13:00	25.1	0.1	8.3	2.8	23.6	40.1
13:00～14:00	19.9	0.1	8.6	1.7	28.2	41.5
14:00～15:00	16.4	0.1	7.4	1.4	32.5	42.2
15:00～16:00	16.7	0.2	7.3	1.6	33.3	40.9
16:00～17:00	17.9	0.1	7.8	1.9	32.0	40.3

续表

时间段	中央广播电视总台	中国教育台频道	山东省级频道	济南市级频道	其他省级卫视频道	其他频道
17:00～18:00	19.1	0.1	9.4	5.7	26.0	39.7
18:00～19:00	20.2	0.1	14.1	12.3	17.0	36.3
19:00～20:00	16.9	0.0	9.5	7.7	37.7	28.2
20:00～21:00	11.2	0.0	6.4	4.3	51.5	26.6
21:00～22:00	14.8	0.1	6.1	4.4	47.1	27.5
22:00～23:00	16.6	0.1	3.1	5.5	44.2	30.5
23:00～00:00	17.8	0.1	3.7	3.6	40.8	34.0
00:00～01:00	20.1	0.1	6.6	1.6	26.8	44.8
01:00～02:00	15.0	0.2	6.3	0.5	28.8	49.2

表 3.44.4　2021 年济南市场收视份额排名前 10 的频道

单位：%

名次	频道名称	收视份额
1	浙江卫视	5.4
2	江苏卫视	5.3
3	湖南卫视	3.6
3	中央电视台综合频道	3.6
5	东方卫视	3.5
6	广东卫视	3.1
7	山东卫视	2.8
8	安徽卫视	2.5
9	中央台六套	2.2
10	山东广播电视台齐鲁频道	2.1

表 3.44.5　2021 年济南市场各主要频道的观众构成

单位：%

目标观众		所有频道	主要频道				
			浙江卫视	江苏卫视	湖南卫视	中央电视台综合频道	东方卫视
4 岁及以上所有人		100.0	100.0	100.0	100.0	100.0	100.0
性别	男	47.5	47.8	47.7	47.1	49.2	49.0
	女	52.5	52.2	52.3	52.9	50.8	51.0

续表

目标观众		所有频道	主要频道				
			浙江卫视	江苏卫视	湖南卫视	中央电视台综合频道	东方卫视
年龄	4～14岁	9.0	6.9	6.3	6.8	5.2	7.4
	15～24岁	4.8	4.8	5.9	6.1	3.2	5.7
	25～34岁	20.2	34.0	27.1	27.9	15.8	25.7
	35～44岁	16.0	16.1	16.3	19.2	14.1	20.8
	45～54岁	15.9	15.1	17.2	16.3	14.4	14.4
	55～64岁	15.7	13.9	15.7	14.4	23.9	14.9
	65岁及以上	18.3	9.1	11.5	9.2	23.4	11.1
受教育程度	未受过正规教育	6.0	3.7	3.8	4.0	4.0	5.4
	小学	16.2	11.9	15.2	16.0	13.7	14.1
	初中	33.2	28.9	31.6	34.1	32.1	31.0
	高中	21.2	19.5	19.6	17.7	27.2	18.8
	大学及以上	23.3	36.1	29.8	28.3	23.0	30.8
职业类别	干部/管理人员	0.9	0.7	1.0	1.0	1.6	2.5
	个体/私营企业人员	10.9	10.6	9.3	10.3	12.7	12.0
	初级公务员/雇员	23.9	37.1	30.9	32.0	23.2	31.1
	工人	11.5	11.2	12.4	13.1	8.2	12.7
	学生	7.9	6.1	6.5	7.1	4.2	6.3
	无业	35.7	31.0	35.4	28.3	35.7	27.5
	其他	9.3	3.3	4.6	8.1	14.4	7.8
个人月收入	0～600元	30.8	28.2	31.4	30.7	20.9	28.3
	601～1200元	3.3	1.7	1.8	2.8	3.0	2.6
	1201～1700元	2.3	0.6	0.8	2.1	3.3	1.2
	1701～2600元	7.0	2.9	3.7	5.7	10.5	6.2
	2601～3500元	12.2	8.8	9.7	10.3	10.9	9.8
	3501～5000元	21.4	23.0	23.1	21.7	27.3	23.4
	5001元及以上	23.1	34.7	29.5	26.6	24.0	28.4

表3.44.6　2019～2021年济南市场各类节目的播出比重和收视比重

单位：%

节目类别	2019年		2020年		2021年	
	播出比重	收视比重	播出比重	收视比重	播出比重	收视比重
财经	1.1	0.3	1.0	0.3	1.0	0.3
电视剧	20.4	32.9	20.6	35.9	21.0	37.3
电影	3.8	5.0	3.7	4.3	3.4	3.6

续表

节目类别	2019年		2020年		2021年	
	播出比重	收视比重	播出比重	收视比重	播出比重	收视比重
法制	0.9	0.4	0.6	0.2	0.7	0.2
教学	0.3	0.0	0.3	0.2	0.3	0.0
青少	8.3	5.4	8.3	4.8	7.9	3.4
生活服务	8.4	7.3	8.6	6.7	8.9	6.8
体育	4.2	3.4	4.2	1.6	4.6	2.5
外语	0.1	0.1	0.2	0.0	0.2	0.0
戏剧	0.8	0.3	0.6	0.2	0.5	0.2
新闻/时事	15.4	15.2	16.3	16.0	15.3	15.3
音乐	1.6	0.8	1.7	0.9	1.5	0.6
专题	13.5	5.5	13.7	4.8	15.2	5.2
综艺	8.4	11.4	7.5	12.7	7.3	13.2
其他	12.8	12.0	12.8	11.4	12.2	11.3

表3.44.7　2021年济南市场所有节目收视率排名前30

单位：%

名次	节目名称	节目类型	播出频道	平均收视率	平均占有率
1	《2021中央广播电视总台春节联欢晚会》	综艺	中央电视台综合频道	11.8	26.8
2	《2021一年又一年》	专题	中央电视台综合频道	10.5	26.4
3	《2022跨年演唱会》（用奋斗点亮幸福）	音乐	江苏卫视	8.5	26.6
4	《2021东方卫视春节晚会（春满东方幸福牛年）》	综艺	东方卫视	7.4	21.6
5	《爱的理想生活》	电视剧	湖南卫视	7.3	19.6
6	《闪光的乐队》	综艺	浙江卫视	7.2	19.5
7	《乘风破浪》（3月26日）	综艺	湖南卫视	7.2	17.6
8	《海洋之城》	电视剧	江苏卫视	7.1	16.4
9	《奔跑吧》	综艺	浙江卫视	6.8	19.7
10	《百度潮盛典》	综艺	浙江卫视	6.6	21.6
11	《为歌而赞》	综艺	浙江卫视	6.5	16.5
12	《嗨购上海·2021五五购物节全球大直播》	综艺	东方卫视	6.3	19.1
13	《快手616真心夜》	综艺	江苏卫视	6.2	18.0
14	《理想照耀中国庆祝中国共产党成立100周年电视剧展播启动特别节目》	综艺	江苏卫视	6.2	16.5
15	《“笑赢这一年”2021（优酷&浙江卫视）喜剧春晚》	综艺	浙江卫视	5.9	22.6
16	《了不起的女孩》（20~36集）	电视剧	江苏卫视	5.9	14.6

续表

名次	节目名称	节目类型	播出频道	平均收视率	平均占有率
17	《大浪淘沙》	电视剧	浙江卫视	5.9	12.9
18	《正青春》	电视剧	东方卫视	5.8	14.3
19	《王牌部队》（1～10集）	电视剧	江苏卫视	5.7	14.5
20	《2021电视剧品质盛典》	综艺	东方卫视	5.6	16.0
21	《爱在星空下》	电视剧	浙江卫视	5.6	13.0
22	《金曲青春》	综艺	东方卫视	5.5	14.3
23	《跑男来了黄河篇》（1月8日）	综艺	浙江卫视	5.4	36.2
24	《欢乐喜剧人7》（3月14日）	综艺	东方卫视	5.4	20.9
25	《品质时刻》	综艺	浙江卫视	5.1	15.4
26	《一起深呼吸》	电视剧	江苏卫视	5.1	12.8
27	《2060》（12月3日）	综艺	江苏卫视	4.9	22.2
28	《11.11超拼夜》	综艺	湖南卫视	4.9	18.2
29	《陪你一起长大》	电视剧	湖南卫视	4.7	11.9
30	《追光吧！哥哥》（2月6日）	综艺	东方卫视	4.5	11.8

表3.44.8　2021年济南市场电视剧收视率排名前10

单位：%

名次	节目名称	播出频道	平均收视率	平均占有率
1	《爱的理想生活》	湖南卫视	7.3	19.6
2	《海洋之城》	江苏卫视	7.1	16.4
3	《了不起的女孩》（20～36集）	江苏卫视	5.9	14.6
4	《大浪淘沙》	浙江卫视	5.9	12.9
5	《正青春》	东方卫视	5.8	14.3
6	《王牌部队》（1～10集）	江苏卫视	5.7	14.5
7	《爱在星空下》	浙江卫视	5.6	13.0
8	《一起深呼吸》	江苏卫视	5.1	12.8
9	《陪你一起长大》	湖南卫视	4.7	11.9
10	《山海情》	浙江卫视	4.5	11.6

表3.44.9　2021济南市场新闻节目收视率排名前10

单位：%

名次	节目名称	播出频道	平均收视率	平均占有率
1	《转播中央台新闻联播》	江苏卫视	2.4	7.9
2	《2021中关村论坛开幕式特别报道》	北京卫视	2.4	6.4
3	《中国空间站天宫课堂太空真奇妙2021》	中央电视台综合频道	2.2	9.2

续表

名次	节目名称	播出频道	平均收视率	平均占有率
4	《新闻联播》	中央电视台综合频道	1.7	5.5
5	《新闻眼》	江苏卫视	1.5	8.0
6	《江苏新时空》	江苏卫视	1.5	6.7
7	《共同守沪迎战烟花防汛抗台全媒体直播报道》	东方卫视	1.5	5.2
8	《每日新闻》	山东广播电视台齐鲁频道	1.4	5.9
9	《深圳市第七次党代会特别报道》	深圳卫视（新闻综合频道）	1.4	3.1
10	《逐梦新征程》	中央电视台新闻频道	1.3	5.6

表 3.44.10　2021 年济南市场专题节目收视率排名前 10

单位：%

名次	节目名称	播出频道	平均收视率	平均占有率
1	《2021 一年又一年》	中央电视台综合频道	10.5	26.4
2	《2021 开年演讲》	湖南卫视	3.8	17.4
3	《2021 年全国消费促进月暨上海五五购物节启动仪式》	东方卫视	3.2	7.1
4	《换了人间中国出了个毛泽东》	湖南卫视	2.5	6.2
5	《红色档案》	中央电视台综合频道	2.0	6.0
6	《100 世纪航程中国共产党党史知识学习达人挑战赛》	浙江卫视	2.0	5.7
7	《新的启航》	中央电视台综合频道	1.9	5.9
8	《正风反腐就在身边》	中央电视台综合频道	1.6	4.1
9	《追梦人无界人生》	浙江卫视	1.5	13.5
10	《唱支山歌给党听》	北京卫视	1.5	7.0

表 3.44.11　2021 年济南市场综艺节目收视率排名前 10

单位：%

名次	节目名称	播出频道	平均收视率	平均占有率
1	《2021 中央广播电视总台春节联欢晚会》	中央电视台综合频道	11.8	26.8
2	《2021 东方卫视春节晚会（春满东方幸福牛年）》	东方卫视	7.4	21.6
3	《闪光的乐队》	浙江卫视	7.2	19.5
4	《乘风破浪》（3 月 26 日）	湖南卫视	7.2	17.6
5	《奔跑吧》	浙江卫视	6.8	19.7
6	《百度潮盛典》	浙江卫视	6.6	21.6

续表

名次	节目名称	播出频道	平均收视率	平均占有率
7	《为歌而赞》	浙江卫视	6.5	16.5
8	《嗨购上海·2021五五购物节全球大直播》	东方卫视	6.3	19.1
9	《快手616真心夜》	江苏卫视	6.2	18.0
10	《理想照耀中国庆祝中国共产党成立100周年电视剧展播启动特别节目》	江苏卫视	6.2	16.5

表3.44.12　2021年济南市场体育节目收视率排名前10

单位：%

名次	节目名称	播出频道	平均收视率	平均占有率
1	《32届奥运会乒乓球女单决赛》	中央台五套	4.5	11.7
2	《32届奥运会田径男子4×100米接力决赛》	中央台五套	4.2	14.9
3	《乒乓球男团颁奖仪式》	中央台五套	3.3	9.7
4	《32届奥运会体操男子个人全能决赛》	中央台五套	2.7	7.4
5	《32届奥运会女排小组赛第4轮》（中国VS意大利）	中央台五套	2.3	13.3
6	《32届奥运会女子自由式摔跤50公斤级决赛》	中央台五套	2.2	6.6
7	《32届奥运会男子200米自由泳预赛》	中央台五套	2.1	11.1
8	《实况录像：32届奥运会举重男子73公斤级决赛挺举》	中央台五套	2.1	6.8
9	《实况录像：32届奥运会射击女子10米气步枪决赛》	中央台五套	2.1	6.3
10	《直播周末：2021年世界女排联赛第15轮》（中国VS美国）	中央台五套	2.0	10.2

四十五　昆明收视数据

表 3.45.1　2017～2021 年昆明市场各类频道的市场占有率

单位：%

频道类别	2017 年	2018 年	2019 年	2020 年	2021 年
中央广播电视总台	35.4	30.9	30.3	32.0	31.3
中国教育台频道	0.1	0.2	0.1	0.1	0.1
云南省级频道	15.3	13.0	13.7	14.3	10.5
昆明市级频道	11.6	9.7	10.2	9.1	6.6
其他省级卫视频道	23.3	26.8	25.4	25.8	27.5
其他频道	14.3	19.4	20.3	18.7	24.0

表 3.45.2　2021 年昆明市场各类频道在不同目标观众中的市场占有率

单位：%

目标观众		中央广播电视总台	中国教育台频道	云南省级频道	昆明市级频道	其他省级卫星频道	其他频道
4 岁及以上所有人		31.3	0.1	10.5	6.6	27.5	24.0
性别	男	34.5	0.1	9.5	7.1	27.1	21.7
	女	27.9	0.1	11.6	6.1	27.8	26.5
年龄	4～14 岁	15.0	0.1	5.6	6.4	34.6	38.3
	15～24 岁	28.5	0.2	8.2	4.6	28.1	30.4
	25～34 岁	23.7	0.1	5.2	4.1	36.0	30.9
	35～44 岁	24.3	0.0	4.8	9.2	34.7	27.0
	45～54 岁	32.0	0.1	8.2	6.5	28.3	24.9
	55～64 岁	31.7	0.1	16.9	8.6	20.2	22.5
	65 岁及以上	43.7	0.2	16.9	6.8	19.8	12.6
受教育程度	未受过正规教育	24.3	0.0	12.1	8.3	34.1	21.2
	小学	29.9	0.1	16.7	7.8	22.0	23.5
	初中	33.5	0.1	11.0	8.2	23.2	24.0
	高中	31.5	0.1	9.2	6.4	31.5	21.3
	大学及以上	31.0	0.1	6.8	3.9	30.8	27.4

续表

目标观众		中央广播电视总台	中国教育台频道	云南省级频道	昆明市级频道	其他省级卫星频道	其他频道
职业类别	干部/管理人员	23.2	0.0	6.1	1.7	38.7	30.3
	个体/私营企业人员	28.4	0.1	6.6	6.3	30.1	28.5
	初级公务员/雇员	25.7	0.1	6.8	5.0	31.6	30.8
	工人	30.7	0.0	7.2	8.3	34.0	19.8
	学生	24.0	0.0	5.5	5.3	26.8	38.4
	无业	36.5	0.1	15.4	7.7	22.7	17.6
	其他	32.1	0.1	7.0	3.9	29.6	27.3
个人月收入	0～600 元	25.7	0.1	10.8	7.0	28.2	28.2
	601～1200 元	40.1	0.0	19.0	8.3	17.8	14.8
	1201～1700 元	34.2	0.1	6.5	12.9	28.1	18.2
	1701～2600 元	37.8	0.1	14.0	8.1	22.4	17.6
	2601～3500 元	35.4	0.1	13.0	6.5	24.5	20.5
	3501～5000 元	27.0	0.1	8.3	7.1	30.2	27.3
	5001 元及以上	31.5	0.1	5.6	2.3	32.5	28.0

表 3.45.3　2021 年昆明市场各类频道在不同时段的市场占有率

单位：%

时间段	中央广播电视总台	中国教育台频道	云南省级频道	昆明市级频道	其他省级卫星频道	其他频道
02:00～03:00	40.1	0.3	6.0	17.9	2.4	33.3
03:00～04:00	43.6	0.3	3.0	18.9	2.6	31.6
04:00～05:00	41.2	0.4	2.1	24.2	3.0	29.1
05:00～06:00	40.4	0.5	3.0	28.1	2.9	25.1
06:00～07:00	48.7	0.6	9.1	15.8	6.4	19.4
07:00～08:00	51.9	0.3	10.7	12.5	4.4	20.2
08:00～09:00	44.4	0.2	9.4	19.6	2.9	23.5
09:00～10:00	33.9	0.2	7.5	26.5	2.8	29.1
10:00～11:00	31.8	0.3	6.8	29.0	2.0	30.1
11:00～12:00	34.6	0.3	6.4	27.4	2.8	28.5
12:00～13:00	43.1	0.1	6.4	21.6	2.1	26.7
13:00～14:00	36.0	0.1	6.8	25.4	2.4	29.3
14:00～15:00	29.9	0.2	6.9	29.2	2.0	31.8
15:00～16:00	29.5	0.2	8.0	29.1	1.5	31.7
16:00～17:00	32.1	0.1	7.6	26.6	1.6	32.0

续表

时间段	中央广播电视总台	中国教育台频道	云南省级频道	昆明市级频道	其他省级卫星频道	其他频道
17:00~18:00	29.5	0.0	13.9	19.9	7.6	29.1
18:00~19:00	31.4	0.0	21.1	10.6	12.7	24.2
19:00~20:00	31.5	0.0	12.7	29.3	7.5	19.0
20:00~21:00	23.7	0.0	10.3	40.5	6.9	18.6
21:00~22:00	27.7	0.0	11.3	32.1	8.3	20.6
22:00~23:00	32.3	0.1	8.8	24.8	10.6	23.4
23:00~00:00	37.4	0.1	7.7	22.8	6.4	25.6
00:00~01:00	36.6	0.2	11.0	20.4	3.1	28.7
01:00~02:00	34.9	0.3	11.7	18.9	2.8	31.4

表 3.45.4 2021 年昆明市场收视份额排名前 10 的频道

单位：%

名次	频道名称	收视份额
1	中央电视台综合频道	5.5
2	云南广播电视台都市频道（二套）	5.3
3	中央台六套	5.2
4	湖南卫视	4.6
5	昆明广播电视台公共频道	4.2
6	中央台四套	3.9
7	中央电视台新闻频道	3.7
8	浙江卫视	3.5
9	北京卫视	2.9
10	江苏卫视	2.8

表 3.45.5 2021 年昆明市场各主要频道的观众构成

单位：%

目标观众		所有频道	主要频道				
			中央电视台综合频道	云南广播电视台都市频道(二套)	中央台六套	湖南卫视	昆明广播电视台公共频道
4 岁及以上所有人		100.0	100.0	100.0	100.0	100.0	100.0
性别	男	51.1	54.3	45.6	56.5	45.2	54.4
	女	48.9	45.7	54.4	43.5	54.8	45.6

续表

目标观众		所有频道	主要频道				
			中央电视台综合频道	云南广播电视台都市频道(二套)	中央台六套	湖南卫视	昆明广播电视台公共频道
年龄	4～14 岁	7.0	3.7	2.3	3.9	7.1	7.5
	15～24 岁	7.3	4.6	5.3	9.6	4.7	4.9
	25～34 岁	16.7	11.8	6.7	13.2	22.2	11.6
	35～44 岁	10.8	8.7	4.7	11.3	16.5	16.3
	45～54 岁	20.2	19.4	15.7	28.4	21.1	20.5
	55～64 岁	12.6	11.1	22.9	12.4	10.2	15.2
	65 岁及以上	25.4	40.7	42.4	21.2	18.2	24.1
受教育程度	未受过正规教育	4.6	2.3	5.5	4.5	6.1	6.8
	小学	17.1	20.7	25.9	17.8	14.6	19.0
	初中	28.5	29.9	31.7	32.1	23.0	35.4
	高中	23.2	22.4	21.0	22.0	26.1	22.5
	大学及以上	26.6	24.7	15.9	23.6	30.2	16.3
职业类别	干部/管理人员	2.7	2.2	2.0	3.1	5.6	0.8
	个体/私营企业人员	12.5	10.3	8.7	12.0	11.7	7.9
	初级公务员/雇员	21.1	17.9	13.0	19.4	24.3	16.6
	工人	9.8	5.6	5.8	16.6	12.2	14.3
	学生	7.5	5.5	3.1	6.2	5.0	6.1
	无业	44.0	56.2	66.2	41.0	37.7	53.1
	其他	2.4	2.3	1.2	1.6	3.5	1.2
个人月收入	0～600 元	19.6	14.6	14.6	21.0	19.4	24.2
	601～1200 元	2.0	2.6	3.5	3.0	1.7	1.4
	1201～1700 元	2.6	2.9	1.2	2.7	3.1	6.3
	1701～2600 元	13.8	18.4	21.8	16.3	13.0	16.1
	2601～3500 元	22.9	29.1	32.0	23.1	18.5	22.3
	3501～5000 元	24.5	19.0	19.2	21.2	27.7	24.7
	5001 元及以上	14.6	13.3	7.7	12.7	16.6	4.9

表 3.45.6　2019～2021 年昆明市场各类节目的播出比重和收视比重

单位：%

节目类别	2019 年		2020 年		2021 年	
	播出比重	收视比重	播出比重	收视比重	播出比重	收视比重
财经	1.0	1.0	0.8	0.8	0.9	0.9
电视剧	27.3	36.4	26.9	36.4	26.6	36.2

续表

节目类别	2019 年		2020 年		2021 年	
	播出比重	收视比重	播出比重	收视比重	播出比重	收视比重
电影	3.9	5.3	3.7	6.0	3.6	6.4
法制	0.6	0.7	0.5	0.4	0.6	0.7
教学	0.3	0.0	0.3	0.1	0.2	0.0
青少	7.2	4.3	6.7	5.1	6.7	3.4
生活服务	8.1	5.4	7.0	4.4	7.8	5.0
体育	3.6	3.1	3.6	1.6	3.7	2.7
外语	0.1	0.0	0.1	0.0	0.2	0.0
戏剧	1.0	0.3	0.8	0.3	0.8	0.2
新闻/时事	11.2	15.5	11.1	19.2	10.6	16.1
音乐	1.5	0.9	1.5	0.9	1.4	1.0
专题	13.4	5.7	13.2	5.2	13.8	6.4
综艺	5.2	9.9	4.5	8.1	4.3	9.4
其他	15.7	11.6	19.3	11.5	18.8	11.5

表 3.45.7　2021 年昆明市场所有节目收视率排名前 30

单位：%

名次	节目名称	节目类型	播出频道	平均收视率	平均占有率
1	《2021 中央广播电视总台春节联欢晚会》	综艺	中央电视台综合频道	10.8	37.1
2	《32 届奥运会乒乓球男团决赛》	体育	中央台五套	6.5	25.4
3	《品质时刻》	综艺	浙江卫视	6.2	17.4
4	《乒乓球女团颁奖仪式》	体育	中央台五套	6.0	19.0
5	《32 届奥运会男子 100 米决赛》	体育	中央台五套	5.5	16.6
6	《32 届奥运会女排小组赛第 4 轮》（中国 VS 意大利）	体育	中央台五套	5.3	19.3
7	《2022 跨年演唱会（用奋斗点亮幸福）》	音乐	江苏卫视	5.3	17.4
8	《“笑赢这一年”2021（优酷 & 浙江卫视）喜剧春晚大笑启幕》	综艺	浙江卫视	5.3	17.3
9	《双子杀手》	电影	中央台六套	4.5	24.5
10	《实况录像：32 届奥运会举重男子 81 公斤级决赛挺举》	体育	中央台五套	4.5	13.6
11	《32 届奥运会女子 100 米蝶泳预赛》	体育	中央台五套	4.3	21.0
12	《组队时刻》	综艺	浙江卫视	4.3	13.2
13	《温暖的味道》	电视剧	湖南卫视	4.1	13.0
14	《为歌而赞创意时刻》	综艺	浙江卫视	4.0	13.1
15	《融入大地闪耀星空——致敬袁隆平》	专题	湖南卫视	4.0	11.7

续表

名次	节目名称	节目类型	播出频道	平均收视率	平均占有率
16	《想把我唱给你听——2022 浙江卫视跨年晚会》	综艺	浙江卫视	3.9	13.0
17	《功勋背后相濡以沫一家人》	综艺	北京卫视	3.8	11.2
18	《开学第一课》	青少	中央电视台综合频道	3.7	16.3
19	《扫黑风暴》	综艺	北京卫视	3.7	11.8
20	《啊摇篮》	电视剧	北京卫视	3.7	11.5
21	《前行者》	电视剧	北京卫视	3.7	11.4
22	《“笑赢这一年”2021（优酷 & 浙江卫视）喜剧春晚》	综艺	浙江卫视	3.6	13.1
23	《捍战二》	电影	中央台六套	3.6	10.7
24	《功勋背后携手并肩同道人》	综艺	北京卫视	3.6	10.6
25	《金牛喜迎春——2021 星光嘉年华》	综艺	中央台三套	3.5	13.6
26	《花好月圆元宵夜》	综艺	中央电视台综合频道	3.5	11.8
27	《跨过鸭绿江》	电视剧	中央电视台综合频道	3.5	11.2
27	《荔枝大剧秀美好的日子》	综艺	江苏卫视	3.5	11.2
29	《输赢》	电视剧	浙江卫视	3.5	11.0
30	《功勋背后风雨同舟引路人》	综艺	北京卫视	3.5	10.6

表 3.45.8　2021 年昆明市场电视剧收视率排名前 10

单位：%

名次	节目名称	播出频道	平均收视率	平均占有率
1	《温暖的味道》	湖南卫视	4.1	13.0
2	《啊摇篮》	北京卫视	3.7	11.5
3	《前行者》	北京卫视	3.7	11.4
4	《跨过鸭绿江》	中央电视台综合频道	3.5	11.2
5	《输赢》	浙江卫视	3.5	11.0
6	《大决战》	中央电视台综合频道	3.4	10.9
6	《陪你一起长大》	湖南卫视	3.4	10.9
8	《我的砍价女王》	东方卫视	3.2	10.7
9	《光荣与梦想》	北京卫视	3.2	10.6
10	《对你的爱很美》	湖南卫视	3.0	9.7

表 3.45.9　2021 年昆明市场新闻节目收视率排名前 10

单位：%

名次	节目名称	播出频道	平均收视率	平均占有率
1	《2021 中关村论坛开幕式特别报道》	北京卫视	2.7	8.7

续表

名次	节目名称	播出频道	平均收视率	平均占有率
2	《都市条形码》	云南广播电视台都市频道（二套）	2.0	14.6
3	《新闻联播》	中央电视台综合频道	2.0	9.0
4	《大口马牙》	云南广播电视台都市频道（二套）	1.9	8.7
5	《国务院总理会见中外记者并回答提问》	中央电视台综合频道	1.7	5.9
6	《世界经济论坛“达沃斯议程”对话会特别报道》	中央电视台综合频道	1.7	5.4
7	《街头巷尾》	昆明广播电视台公共频道	1.4	10.0
8	《新闻夜总汇》	昆明广播电视台公共频道	1.4	6.4
9	《焦点访谈》	中央电视台综合频道	1.3	4.6
10	《今日关注》	中央台四套	1.3	4.4

表 3.45.10　2021 昆明市场专题节目收视率排名前 10

单位：%

名次	节目名称	播出频道	平均收视率	平均占有率
1	《融入大地闪耀星空——致敬袁隆平》	湖南卫视	4.0	11.7
2	《今日头条 2021 开年演讲》	湖南卫视	3.3	12.9
3	《2021 一年又一年》	中央电视台综合频道	2.8	17.2
4	《正风反腐就在身边》	中央电视台综合频道	2.4	7.3
5	《唱支山歌给党听》	北京卫视	2.1	7.4
6	《同心奖牌诞生记》	北京卫视	2.1	6.2
7	《情满雪域高原——记习近平总书记西藏之行》	中央电视台综合频道	1.9	6.7
8	《我们的决战》（大决战幕后纪实）	中央电视台综合频道	1.8	5.7
9	《一跃跨千年西藏和平解放 70 年》	中央电视台综合频道	1.7	5.3
10	《扫黑除恶为了国泰民安》	中央电视台综合频道	1.6	8.3

表 3.45.11　2021 明市场综艺节目收视率排名前 10

单位：%

名次	节目名称	播出频道	平均收视率	平均占有率
1	《2021 中央广播电视总台春节联欢晚会》	中央电视台综合频道	10.8	37.1
2	《品质时刻》	浙江卫视	6.2	17.4
3	《“笑赢这一年”2021（优酷 & 浙江卫视）喜剧春晚大笑启幕》	浙江卫视	5.3	17.3
4	《组队时刻》	浙江卫视	4.3	13.2

续表

名次	节目名称	播出频道	平均收视率	平均占有率
5	《为歌而赞创意时刻》	浙江卫视	4.0	13.1
6	《想把我唱给你听——2022 浙江卫视跨年晚会》	浙江卫视	3.9	13.0
7	《功勋背后相濡以沫的一家人》	北京卫视	3.8	11.2
8	《扫黑风暴马帅的秘密》	北京卫视	3.7	11.8
9	《“笑赢这一年”2021（优酷 & 浙江卫视）喜剧春晚》	浙江卫视	3.6	13.1
10	《功勋背后携手并肩同道人》	北京卫视	3.6	10.6

表 3.45.12　2021 年昆明市场体育节目收视率排名前 10

单位：%

名次	节目名称	播出频道	平均收视率	平均占有率
1	《32 届奥运会乒乓球男团决赛》	中央台五套	6.5	25.4
2	《乒乓球女团颁奖仪式》	中央台五套	6.0	19.0
3	《32 届奥运会男子 100 米决赛》	中央台五套	5.5	16.6
4	《32 届奥运会女排小组赛第 4 轮》（中国 VS 意大利）	中央台五套	5.3	19.3
5	《实况录像：32 届奥运会举重男子 81 公斤级决赛挺举》	中央台五套	4.5	13.6
6	《32 届奥运会女子 100 米蝶泳预赛》	中央台五套	4.3	21.0
7	《32 届奥运会羽毛球男子单打决赛》	中央台五套	3.3	10.1
8	《32 届奥运会击剑女子重剑个人决赛》	中央台五套	3.0	9.1
9	《实况录像：32 届奥运会射击女子 10 米气步枪决赛》	中央台五套	2.6	7.4
10	《全景奥运》	中央台五套	2.5	9.8

四十六　兰州收视数据

表 3.46.1　2017～2021 年兰州市场各类频道的市场占有率

单位：%

频道类别	2017 年	2018 年	2019 年	2020 年	2021 年
中央广播电视总台	41.6	35.1	29.9	30.3	27.5
中国教育台频道	0.1	0.2	0.1	0.2	0.1
甘肃省级频道	5.8	7.9	6.0	6.0	4.3
兰州市级频道	7.1	4.3	4.1	3.2	1.9
其他省级卫视频道	27.4	25.5	29.6	30.3	34.3
其他频道	18.0	27.1	30.3	30.0	31.9

表 3.46.2　2021 年兰州市场各类频道在不同目标观众中的市场占有率

单位：%

目标观众		中央广播电视总台	中国教育台频道	甘肃省级频道	兰州市级频道	其他省级卫视频道	其他频道
4 岁及以上所有人		27.5	0.1	4.3	1.9	34.3	31.9
性别	男	27.9	0.1	4.2	1.9	34.5	31.4
	女	27.1	0.2	4.4	1.9	34.2	32.2
年龄	4～14 岁	11.6	0.1	2.9	0.6	37.9	46.9
	15～24 岁	30.6	0.1	2.0	1.4	35.3	30.6
	25～34 岁	13.7	0.2	1.9	0.6	49.4	34.2
	35～44 岁	18.0	0.1	1.7	0.7	36.6	42.9
	45～54 岁	28.7	0.1	3.0	1.8	29.7	36.7
	55～64 岁	26.2	0.2	5.2	2.1	35.2	31.1
	65 岁及以上	45.5	0.2	9.5	3.8	24.7	16.3
受教育程度	未受过正规教育	19.3	0.1	4.6	1.1	43.0	31.9
	小学	27.9	0.2	6.3	2.2	32.4	31.0
	初中	28.5	0.2	6.6	3.0	32.1	29.6
	高中	27.9	0.1	4.2	1.9	34.2	31.7
	大学及以上	27.2	0.1	2.3	1.1	35.7	33.6

续表

目标观众		中央广播电视总台	中国教育台频道	甘肃省级频道	兰州市级频道	其他省级卫视频道	其他频道
职业类别	干部/管理人员	32.8	0.1	1.8	1.6	33.8	29.9
	个体/私营企业人员	22.5	0.1	2.7	1.2	38.9	34.6
	初级公务员/雇员	19.4	0.2	2.0	0.6	36.3	41.5
	工人	19.8	0.1	3.7	1.5	40.4	34.5
	学生	20.0	0.1	2.2	1.4	35.8	40.5
	无业	35.5	0.2	7.1	3.1	29.7	24.4
	其他	*	*	*	*	*	*
个人月收入	600 元及以下	21.2	0.1	3.5	1.4	33.6	40.2
	601～1200 元	23.4	0.2	2.0	2.1	34.8	37.5
	1201～1700 元	28.4	0.2	4.3	2.8	26.1	38.2
	1701～2600 元	24.2	0.2	5.9	3.1	35.9	30.7
	2601～3500 元	35.9	0.2	7.6	2.6	28.5	25.2
	3501～5000 元	29.7	0.1	3.0	1.3	37.5	28.4
	5001 元及以上	26.1	0.1	2.0	0.8	36.7	34.3

注：* 表示样本量不足，无法进行统计推断。

表 3.46.3　2021 年兰州市场各类频道在不同时段的市场占有率

单位：%

时间段	中央广播电视总台	中国教育台频道	甘肃省级频道	兰州市级频道	其他省级卫视频道	其他频道
02:00～03:00	13.8	0.1	2.5	0.7	14.4	68.5
03:00～04:00	16.8	0.0	2.1	1.1	11.4	68.6
04:00～05:00	22.2	0.2	2.7	0.8	12.0	62.1
05:00～06:00	36.8	0.1	3.0	0.5	11.6	48.0
06:00～07:00	53.3	0.1	4.7	0.5	7.2	34.2
07:00～08:00	65.8	0.2	5.2	1.1	7.5	20.2
08:00～09:00	56.0	0.2	6.8	1.6	13.2	22.2
09:00～10:00	41.5	0.2	6.7	1.1	21.6	28.9
10:00～11:00	30.7	0.3	6.0	1.3	28.2	33.5
11:00～12:00	33.2	0.2	4.8	1.2	27.1	33.5
12:00～13:00	42.2	0.1	2.3	1.1	21.7	32.6
13:00～14:00	30.7	0.2	3.2	1.1	28.5	36.3
14:00～15:00	26.0	0.2	4.5	1.5	30.5	37.3
15:00～16:00	25.5	0.2	4.7	1.8	30.7	37.1

续表

时间段	中央广播电视总台	中国教育台频道	甘肃省级频道	兰州市级频道	其他省级卫视频道	其他频道
16:00~17:00	25.4	0.2	5.0	2.0	31.0	36.4
17:00~18:00	29.1	0.2	4.1	2.5	27.6	36.5
18:00~19:00	39.5	0.1	10.7	3.2	13.9	32.6
19:00~20:00	29.8	0.1	4.9	2.7	38.9	23.6
20:00~21:00	20.0	0.1	2.9	1.6	49.1	26.3
21:00~22:00	23.1	0.1	2.9	2.1	42.6	29.2
22:00~23:00	24.2	0.3	4.0	2.0	35.9	33.6
23:00~00:00	22.4	0.2	3.5	0.9	31.4	41.6
00:00~01:00	18.7	0.3	3.4	0.6	21.4	55.6
01:00~02:00	15.6	0.4	2.4	0.5	16.8	64.3

表 3.46.4　2021 年兰州市场收视份额排名前 10 的频道

单位：%

名次	频道名称	收视份额
1	中央电视台综合频道	6.6
2	浙江卫视	4.9
3	江苏卫视	4.0
4	湖南卫视	3.4
5	中央电视台新闻频道	3.3
5	东方卫视	3.3
7	中央台八套	3.2
8	中央台四套	2.9
9	北京卫视	2.2
9	中央台六套	2.2

表 3.46.5　2021 年兰州市场各主要频道的观众构成

单位：%

目标观众		所有频道	主要频道					
			中央电视台综合频道	浙江卫视	江苏卫视	湖南卫视	中央电视台新闻频道	东方卫视
4 岁及以上所有人		100.0	100.0	100.0	100.0	100.0	100.0	100.0
性别	男性	51.7	51.7	56.9	54.3	46.5	54.7	54.3
	女性	48.3	48.3	43.1	45.7	53.5	45.3	45.7

续表

目标观众		所有频道	主要频道					
			中央电视台综合频道	浙江卫视	江苏卫视	湖南卫视	中央电视台新闻频道	东方卫视
年龄	4～14 岁	5.6	2.2	8.1	3.8	6.4	1.4	5.0
	15～24 岁	6.9	5.3	7.0	8.1	10.7	9.6	6.2
	25～34 岁	16.8	7.3	33.2	37.0	20.1	8.1	31.8
	35～44 岁	9.1	8.2	11.1	7.5	14.7	4.0	9.4
	45～54 岁	24.7	23.1	20.9	18.4	18.0	21.4	17.9
	55～64 岁	16.0	18.1	12.7	15.7	17.9	12.1	18.7
	65 岁及以上	20.9	35.8	7.0	9.5	12.2	43.4	11.0
受教育程度	未受正规教育	2.8	2.3	2.3	2.4	3.9	1.4	3.7
	小学	8.8	6.3	8.0	3.9	4.4	7.9	6.6
	初中	22.3	24.2	13.4	14.9	21.3	25.5	16.5
	高中	34.2	30.1	29.6	33.1	33.4	37.6	33.3
	大学及以上	31.9	37.1	46.7	45.7	37.0	27.6	39.9
职业类别	干部/管理人员	5.0	6.7	10.2	7.8	4.1	4.3	5.7
	个体/私营企业人员	22.8	13.8	26.3	25.2	19.4	15.5	26.6
	初级公务员/雇员	17.7	13.1	26.7	24.2	20.8	16.9	17.7
	工人	5.1	3.6	4.0	7.5	9.7	2.1	7.9
	学生	8.1	5.7	10.0	7.0	13.1	5.3	8.7
	无业	41.3	57.1	22.8	28.3	32.9	55.9	33.4
	其他	*	*	*	*	*	*	*
个人月收入	0～600 元	16.7	12.5	16.4	14.5	19.8	14.0	13.2
	601～1200 元	2.6	1.8	1.8	2.3	2.9	2.6	2.3
	1201～1700 元	2.9	2.6	1.2	1.3	2.5	1.6	2.9
	1701～2600 元	18.8	15.1	13.4	13.8	14.0	10.8	19.7
	2601～3500 元	19.3	21.3	9.9	11.0	15.8	39.3	10.3
	3501～5000 元	19.4	27.2	21.9	27.7	27.9	15.5	22.0
	5001 元及以上	20.3	19.5	35.4	29.4	17.1	16.2	29.6

注：* 表示样本量不足，无法进行统计推断。

表 3.46.6　2019～2021 年兰州市场各类节目的播出比重和收视比重

单位：%

节目类别	2019 年		2020 年		2021 年	
	播出比重	收视比重	播出比重	收视比重	播出比重	收视比重
财经	1.1	0.9	1.0	0.9	1.2	0.7
电视剧	22.7	38.1	22.4	36.6	22.2	37.0

续表

节目类别	2019 年		2020 年		2021 年	
	播出比重	收视比重	播出比重	收视比重	播出比重	收视比重
电影	3.5	3.0	3.3	3.1	3.2	3.2
法制	0.8	0.6	0.7	0.4	0.7	0.4
教学	0.4	0.0	0.3	0.1	0.3	0.0
青少	7.5	3.9	7.7	3.2	7.6	3.1
生活服务	7.3	6.4	7.0	5.9	7.8	6.3
体育	3.7	2.6	3.8	1.4	4.1	2.4
外语	0.2	0.0	0.2	0.0	0.2	0.0
戏剧	0.8	0.6	0.6	0.5	0.5	0.2
新闻/时事	16.0	13.5	17.1	18.1	15.7	15.1
音乐	1.8	1.0	1.9	1.1	1.7	0.7
专题	14.7	7.5	15.1	7.5	16.4	7.2
综艺	6.9	11.3	6.0	11.1	6.4	13.3
其他	12.6	10.6	12.9	10.1	12.0	10.4

表 3.46.7　2021 年兰州市场所有节目收视率排名前 30

单位：%

名次	节目名称	节目类型	播出频道	平均收视率	平均占有率
1	《2022 跨年演唱会》(用奋斗点亮幸福)	音乐	江苏卫视	12.2	33.6
2	《2021 中央广播电视总台春节联欢晚会》	综艺	中央电视台综合频道	8.5	20.7
3	《花好月圆元宵夜》	综艺	中央电视台综合频道	8.3	23.5
4	《伟大征程》(庆祝中国共产党成立 100 周年大型情景史诗)	综艺	中央电视台综合频道	7.7	28.4
5	《我就是演员》(1 月 9 日)	综艺	浙江卫视	6.2	18.1
6	《最强大脑之燃烧吧大脑》(1 月 22 日)	综艺	江苏卫视	5.6	20.3
7	《天赐的声音 2》(3 月 12 日)	综艺	浙江卫视	5.3	28.4
8	《2021 年湖南卫视春节联欢晚会》	综艺	湖南卫视	5.1	17.2
9	《欢乐喜剧人前传》(1 月 17 日)	综艺	东方卫视	5.0	12.3
10	《金曲青春后传》	综艺	东方卫视	4.8	17.1
11	《"笑赢这一年"2021(优酷 & 浙江卫视)喜剧春晚大笑启幕》	综艺	浙江卫视	4.7	15.5
12	《2021 一年又一年》	专题	中央电视台综合频道	4.6	21.8
13	《实况录像：32 届奥运会女子 5000 米决赛》	体育	中央台五套	4.6	20.4
14	《2021 年中央广播电视总台中秋晚会》	综艺	中央电视台综合频道	4.6	14.7
15	《中国好声音》(7 月 30 日)	综艺	浙江卫视	4.5	15.3

续表

名次	节目名称	节目类型	播出频道	平均收视率	平均占有率
16	《嗨购上海·2021 五五购物节全球大直播》	综艺	东方卫视	4.5	19.7
17	《组队时刻》	综艺	浙江卫视	4.5	15.2
18	《蒙面舞王后传》（8 月 15 日）	综艺	江苏卫视	4.5	20.9
19	《实况录像：32 届奥运会女子举重 87 公斤以上级决赛》	体育	中央台五套	4.4	15.0
20	《追光吧！哥哥》（2 月 27 日）	综艺	东方卫视	4.3	12.4
21	《乘风破浪》（3 月 19 日）	综艺	湖南卫视	4.3	13.1
22	《2021 电视剧品质盛典》	综艺	东方卫视	4.2	14.1
23	《闪光的乐队》（12 月 25 日）	综艺	浙江卫视	4.2	11.5
24	《金曲青春》	综艺	东方卫视	4.1	13.9
25	《世界经济论坛“达沃斯议程”对话会特别报道》	新闻/时事	中央电视台综合频道	4.1	11.5
26	《功勋》	电视剧	江苏卫视	4.0	12.5
27	《正风反腐就在身边》	专题	中央电视台综合频道	4.0	11.7
28	《“省委十四届十次全会”特别节目》	新闻/时事	浙江卫视	4.0	10.9
29	《我们的歌》（10 月 17 日）	综艺	东方卫视	3.9	17.3
30	《温暖的味道》	电视剧	湖南卫视	3.8	13.4

表 3.46.8　2021 年兰州市场电视剧收视率排名前 10

单位：%

名次	节目名称	播出频道	平均收视率	平均占有率
1	《功勋》	江苏卫视	4.0	12.5
2	《温暖的味道》	湖南卫视	3.8	13.4
3	《跨过鸭绿江》	中央电视台综合频道	3.8	11.3
4	《王牌部队》	江苏卫视	3.6	9.8
5	《突围》	东方卫视	3.6	9.7
6	《舍我其谁》	江苏卫视	3.4	10.8
7	《输赢》	浙江卫视	3.4	9.5
8	《埃博拉前线》	浙江卫视	3.3	10.9
8	《理想之城》	东方卫视	3.3	10.9
10	《我的砍价女王》	东方卫视	3.3	10.6

表 3.46.9 2021 年兰州市场新闻节目收视率排名前 10

单位：%

名次	节目名称	播出频道	平均收视率	平均占有率
1	《世界经济论坛“达沃斯议程”对话会特别报道》	中央电视台综合频道	4.1	11.5
2	《“省委十四届十次全会”特别节目》	浙江卫视	4.0	10.9
3	《新闻联播》	中央电视台综合频道	2.9	11.7
4	《国务院总理会见中外记者并回答提问》	中央电视台综合频道	1.9	6.0
5	《焦点访谈》	中央电视台综合频道	1.8	5.7
6	《十三届全国人大四次会议新闻发布会特别报道》	中央台四套	1.6	7.1
7	《2021 年中国国际服务贸易交易会全球服务贸易峰会特别报道》	中央电视台综合频道	1.5	5.2
8	《2021 中关村论坛开幕式特别报道》	北京卫视	1.5	4.7
9	《第四届中国国际进口博览会开幕式特别报道》	中央电视台综合频道	1.5	4.1
10	《新时代共享未来：第四届中国国际进口博览会全媒体直播特别报道》	东方卫视	1.5	4.0

表 3.46.10 2021 年兰州市场专题节目收视率排名前 10

单位：%

名次	节目名称	播出频道	平均收视率	平均占有率
1	《2021 一年又一年》	中央电视台综合频道	4.6	21.8
2	《正风反腐就在身边》	中央电视台综合频道	4.0	11.7
3	《我们的决战》（大决战幕后纪实）	中央电视台综合频道	3.2	10.4
4	《中国诗词大会第六季》（2 月 13 日）	中央电视台综合频道	2.7	10.5
5	《世纪航程：中国共产党党史知识学习达人挑战赛》（5 月 30 日）	浙江卫视	2.4	8.1
6	《情满雪域高原——记习近平总书记西藏之行》	中央电视台综合频道	2.3	7.6
7	《融入大地闪耀星空——致敬袁隆平》	湖南卫视	2.2	8.0
8	《“2021 年全国消费促进月暨上海五五购物节”启动仪式》	东方卫视	2.2	7.8
9	《2020“心动安徽·最美人物”颁奖典礼》	安徽卫视	2.0	8.0
10	《战争黑洞——美国制造的人权灾难》	中央电视台综合频道	2.0	6.9

表 3.46.11　2021 年兰州市场综艺节目收视率排名前 10

单位：%

名次	节目名称	播出频道	平均收视率	平均占有率
1	《2021 中央广播电视总台春节联欢晚会》	中央电视台综合频道	8.5	20.7
2	《花好月圆元宵夜》	中央电视台综合频道	8.3	23.5
3	《伟大征程》（庆祝中国共产党成立 100 周年大型情景史诗）	中央电视台综合频道	7.7	28.4
4	《我就是演员》（1 月 9 日）	浙江卫视	6.2	18.1
5	《最强大脑之燃烧吧大脑》（1 月 22 日）	江苏卫视	5.6	20.3
6	《天赐的声音 2》（3 月 12 日）	浙江卫视	5.3	28.4
7	《2021 年湖南卫视春节联欢晚会》	湖南卫视	5.1	17.2
8	《欢乐喜剧人前传》（1 月 17 日）	东方卫视	5.0	12.3
9	《金曲青春后传》	东方卫视	4.8	17.1
10	《“笑赢这一年”2021（优酷 & 浙江卫视）喜剧春晚》	浙江卫视	4.7	15.5

表 3.46.12　2021 年兰州市场体育节目收视率排名前 10

单位：%

名次	节目名称	播出频道	平均收视率	平均占有率
1	《实况录像：32 届奥运会女子 5000 米决赛》	中央台五套	4.6	20.4
2	《实况录像：32 届奥运会女子举重 87 公斤以上级决赛》	中央台五套	4.4	15.0
3	《32 届奥运会乒乓球男团颁奖仪式》	中央台五套	3.8	11.7
4	《32 届奥运会乒乓球男团决赛》	中央台五套	3.7	14.0
5	《32 届奥运会女排小组赛第 4 轮》（中国 VS 意大利）	中央台五套	3.6	16.8
6	《实况录像：32 届奥运会举重男子 81 公斤级决赛抓举》	中央台五套	3.5	11.4
7	《奥运第 7 天》	中央台五套	3.4	17.3
8	《32 届奥运会羽毛球男子单打决赛》	中央台五套	2.4	7.6
9	《第 32 届夏季奥林匹克运动会开幕式》	中央电视台综合频道	2.4	9.0
10	《中华人民共和国第十四届运动会闭幕式》	中央电视台综合频道	2.1	6.3

四十七　南昌收视数据

表 3.47.1　2017～2021 年南昌市场各类频道的市场占有率

单位：%

频道类别	2017 年	2018 年	2019 年	2020 年	2021 年
中央广播电视总台	23.7	26.4	22.8	25.0	22.4
中国教育台频道	0	0.1	0.1	0.1	0.1
江西省级频道	36.9	32.9	28.1	15.9	11.5
南昌市级频道	3.7	3.8	4.3	4.6	3.3
其他省级卫视频道	21.4	18.1	21.2	29.9	34.0
其他频道	14.3	18.7	23.5	24.5	28.7

表 3.47.2　2021 年南昌市场各类频道在不同目标观众中的市场占有率

单位：%

目标观众		中央广播电视总台	中国教育台频道	江西省级频道	南昌市级频道	其他省级卫视频道	其他频道
4 岁及以上所有人		22.4	0.1	11.5	3.3	34.0	28.7
性别	男	23.4	0.1	10.4	2.9	33.7	29.5
	女	21.4	0.1	12.6	3.7	34.2	28.0
年龄	4～14 岁	13.8	0.1	9.4	1.3	37.0	38.4
	15～24 岁	10.9	0.1	5.7	1.1	49.1	33.1
	25～34 岁	12.2	0.1	6.5	1.6	47.9	31.7
	35～44 岁	16.0	0.2	6.7	2.0	46.4	28.7
	45～54 岁	22.6	0.1	8.6	2.9	30.5	35.3
	55～64 岁	28.0	0.3	16.4	3.2	27.9	24.2
	65 岁及以上	38.8	0.1	20.2	7.9	17.7	15.3
受教育程度	未受过正规教育	13.0	0.1	9.3	0.8	39.5	37.3
	小学	20.8	0.2	14.2	4.0	29.5	31.3
	初中	23.1	0.1	13.1	3.8	33.2	26.7
	高中	22.9	0.2	9.6	3.3	36.5	27.5
	大学及以上	25.5	0.1	7.1	1.9	36.3	29.1

续表

目标观众		中央广播电视总台	中国教育台频道	江西省级频道	南昌市级频道	其他省级卫视频道	其他频道
职业类别	干部/管理人员	*	*	*	*	*	*
	个体/私营企业人员	15.1	0.1	8.3	2.0	38.7	35.8
	初级公务员/雇员	21.1	0.1	8.4	2.5	40.7	27.2
	工人	15.4	0.2	11.2	1.6	38.3	33.3
	学生	12.8	0.1	8.0	1.4	40.6	37.1
	无业	30.6	0.2	14.9	5.2	24.8	24.3
	其他	17.9	0.1	18.1	2.0	40.5	21.4
个人月收入	0～600元	15.2	0.1	8.7	1.7	38.4	35.9
	601～1200元	17.7	0.1	17.9	3.5	31.9	28.9
	1201～1700元	18.0	0.0	19.1	6.5	43.6	12.8
	1701～2600元	25.7	0.1	18.4	6.0	26.2	23.6
	2601～3500元	28.9	0.2	14.2	4.3	26.7	25.7
	3501～5000元	23.1	0.2	10.6	3.9	35.0	27.2
	5001元及以上	23.1	0.1	8.0	1.5	38.1	29.2

表3.47.3　2021年南昌市场各类频道在不同时段的市场占有率

单位：%

时间段	中央广播电视总台	中国教育台频道	江西省级频道	南昌市级频道	其他省级卫视频道	其他频道
02:00～03:00	22.3	0.1	12.9	0.2	26.4	38.1
03:00～04:00	24.9	0.1	12.2	0.2	23.2	39.4
04:00～05:00	27.5	0.2	11.9	0.2	20.2	40.0
05:00～06:00	36.0	0.1	11.5	0.2	16.7	35.5
06:00～07:00	40.4	0.1	9.5	1.5	13.3	35.2
07:00～08:00	41.1	0.1	7.4	2.2	15.3	33.9
08:00～09:00	36.0	0.3	6.5	3.7	16.7	36.8
09:00～10:00	30.0	0.3	7.9	4.3	18.3	39.2
10:00～11:00	27.8	0.3	8.8	4.8	20.1	38.2
11:00～12:00	30.1	0.4	8.9	4.6	21.1	34.9
12:00～13:00	32.2	0.1	11.2	2.4	20.2	33.9
13:00～14:00	22.9	0.1	15.7	2.3	23.2	35.8
14:00～15:00	22.7	0.2	9.1	2.7	28.1	37.2
15:00～16:00	22.9	0.2	8.8	2.9	28.3	36.9
16:00～17:00	23.6	0.2	8.7	3.7	26.3	37.5

续表

时间段	中央广播电视总台	中国教育台频道	江西省级频道	南昌市级频道	其他省级卫视频道	其他频道
17:00～18:00	25.0	0.1	10.1	5.6	23.4	35.8
18:00～19:00	27.5	0.1	19.8	6.0	14.5	32.1
19:00～20:00	22.9	0.1	12.0	3.5	39.3	22.2
20:00～21:00	15.4	0.1	10.4	2.1	51.2	20.8
21:00～22:00	17.6	0.1	11.9	2.5	46.9	21.0
22:00～23:00	16.1	0.3	13.7	3.6	42.1	24.2
23:00～00:00	17.7	0.2	8.0	3.7	41.3	29.1
00:00～01:00	18.3	0.3	9.2	4.7	32.3	35.2
01:00～02:00	19.5	0.3	13.7	0.2	28.8	37.5

表 3.47.4 2021 年南昌市场收视份额排名前 10 的频道

单位：%

名次	频道名称	收视份额
1	湖南卫视	5.3
2	中央电视台综合频道	5.0
3	江西电视台都市频道（二套）	4.8
4	浙江卫视	4.7
5	江苏卫视	4.3
6	东方卫视	3.5
7	中央台四套	3.1
8	中央台八套	2.4
9	中央台六套	2.3
9	安徽卫视	2.3
9	北京卫视	2.3

表 3.47.5 2021 年南昌市场各主要频道的观众构成

单位：%

目标观众		所有频道	主要频道				
			湖南卫视	中央电视台综合频道	江西电视台都市频道（二套）	浙江卫视	江苏卫视
4 岁及以上所有人		100.0	100.0	100.0	100.0	100.0	100.0
性别	男	50.5	50.0	49.5	46.7	50.5	50.2
	女	49.5	50.0	50.5	53.3	49.5	49.8

续表

目标观众		所有频道	主要频道				
			湖南卫视	中央电视台综合频道	江西电视台都市频道（二套）	浙江卫视	江苏卫视
年龄	4～14岁	13.6	10.1	7.1	6.9	12.1	11.0
	15～24岁	9.4	14.3	5.7	5.4	19.3	21.8
	25～34岁	13.5	25.0	8.4	7.9	19.3	16.2
	35～44岁	8.9	10.0	5.1	5.2	14.4	13.2
	45～54岁	19.4	18.1	21.0	16.7	17.9	18.8
	55～64岁	14.7	11.8	13.1	24.0	8.8	9.6
	65岁及以上	20.5	10.7	39.6	33.9	8.2	9.4
受教育程度	未受过正规教育	5.1	4.2	2.8	3.1	2.7	4.5
	小学	22.3	18.3	15.1	26.3	17.9	15.0
	初中	34.6	25.7	34.5	39.1	36.5	39.6
	高中	23.0	28.2	26.3	23.7	26.9	27.1
	大学及以上	15.0	23.6	21.3	7.8	16.0	13.8
职业类别	干部/管理人员	*	*	*	*	*	*
	个体/私营企业人员	12.4	14.5	7.0	7.7	14.4	16.5
	初级公务员/雇员	21.0	34.7	19.8	18.5	28.5	23.5
	工人	8.8	7.9	5.3	11.0	10.1	11.0
	学生	13.8	13.5	7.3	6.9	20.2	15.9
	无业	40.5	26.8	59.3	48.9	22.2	26.5
	其他	3.5	2.6	1.3	7.0	4.6	6.6
个人月收入	0～600元	25.6	21.5	14.2	15.4	31.1	28.2
	601～1200元	0.9	0.5	0.2	1.5	0.6	1.3
	1201～1700元	2.0	2.0	2.4	5.0	3.2	3.4
	1701～2600元	10.6	7.0	11.0	17.0	6.1	8.4
	2601～3500元	20.7	14.7	26.7	26.7	14.7	19.8
	3501～5000元	23.2	31.2	28.0	23.0	22.9	21.0
	5001元及以上	17.0	23.1	17.5	11.4	21.4	17.9

注："*"表示目标观众样本量不足，无法进行统计推断。

表3.47.6　2019～2021年南昌市场各类节目的播出比重和收视比重

单位：%

节目类别	2019年		2020年		2021年	
	播出比重	收视比重	播出比重	收视比重	播出比重	收视比重
财经	1.0	0.7	0.9	0.6	1.0	0.5
电视剧	24.3	36.9	24.5	37.3	23.7	39.9

续表

节目类别	2019 年		2020 年		2021 年	
	播出比重	收视比重	播出比重	收视比重	播出比重	收视比重
电影	3.5	2.5	3.2	2.5	3.0	2.9
法制	1.1	1.8	0.8	0.9	1.0	1.0
教学	0.4	0.0	0.4	0.1	0.4	0.1
青少	7.4	7.7	7.6	5.4	7.4	4.0
生活服务	7.4	6.7	7.2	5.9	7.9	6.3
体育	3.6	1.3	3.6	0.6	3.9	1.2
外语	0.1	0.0	0.2	0.0	0.2	0.0
戏剧	0.8	0.2	0.6	0.2	0.5	0.1
新闻/时事	15.9	15.6	16.8	18.0	15.9	13.9
音乐	1.7	1.1	1.8	1.3	1.7	1.0
专题	14.1	7.6	14.7	6.7	15.9	6.8
综艺	6.5	7.2	5.6	10.1	5.9	11.9
其他	12.2	10.7	12.1	10.4	11.6	10.4

表 3.47.7　2021 年南昌市场所有节目收视率排名前 30

单位：%

名次	节目名称	节目类型	播出频道	平均收视率	平均占有率
1	《2022 跨年演唱会》(用奋斗点亮幸福)	音乐	江苏卫视	6.7	27.4
2	《最强大脑之燃烧吧大脑》(3 月 5 日)	综艺	江苏卫视	6.0	32.8
3	《青春中国 2021～2022 跨年晚会》	音乐	湖南卫视	5.9	24.8
4	《2021 一年又一年》	专题	中央电视台综合频道	5.8	21.4
5	《818 全球汽车夜》	综艺	湖南卫视	5.6	22.2
6	《乘风破浪》(3 月 19 日)	综艺	湖南卫视	5.5	17.3
7	《2021 中央广播电视总台春节联欢晚会》	综艺	中央电视台综合频道	5.3	20.2
8	《海洋之城》	电视剧	江苏卫视	5.2	17.9
9	《追光吧！哥哥》(1 月 19 日)	综艺	东方卫视	5.0	20.4
10	《陪你一起长大》	电视剧	湖南卫视	4.9	18.5
11	《袁隆平》	电影	湖南卫视	4.7	17.6
12	《春满东方幸福牛年·东方卫视春节晚会 2021》	综艺	东方卫视	4.4	19.5
13	《欢乐喜剧人 7》(2 月 28 日)	综艺	东方卫视	4.2	21.5
14	《花好月圆元宵夜》	综艺	中央电视台综合频道	4.0	14.3
15	《谁是宝藏歌手》(5 月 7 日)	综艺	湖南卫视	3.9	15.9
16	《中国好声音》(10 月 1 日)	综艺	浙江卫视	3.8	21.9
17	《江山如此多娇》	电视剧	湖南卫视	3.8	16.1

续表

名次	节目名称	节目类型	播出频道	平均收视率	平均占有率
18	《2021 年全国消费促进月暨上海五五购物节启动仪式》	专题	东方卫视	3.8	14.3
19	《我们的歌》（9 月 19 日）	综艺	东方卫视	3.7	22.9
20	《嗨购上海·2021 五五购物节全球大直播》	综艺	东方卫视	3.7	17.6
21	《八零九零》	电视剧	湖南卫视	3.7	14.6
22	《2021 电视剧品质盛典》	综艺	东方卫视	3.6	15.4
23	《山海情》	电视剧	江苏卫视	3.6	14.0
24	《琉璃》	电视剧	江苏卫视	3.6	12.8
25	《妈妈你真好看》	综艺	湖南卫视	3.4	26.6
26	《温暖的味道》	电视剧	湖南卫视	3.4	13.9
27	《金曲青春》	综艺	东方卫视	3.4	13.6
28	《爱在星空下》	电视剧	浙江卫视	3.4	11.4
29	《2021 年湖南卫视春节联欢晚会》	综艺	湖南卫视	3.3	14.1
30	《2021 年新年戏曲晚会》	戏剧	中央电视台综合频道	3.3	12.9

表 3.47.8　2021 年南昌市场电视剧收视率排名前 10

单位：%

名次	节目名称	播出频道	平均收视率	平均占有率
1	《海洋之城》	江苏卫视	5.2	17.9
2	《陪你一起长大》	湖南卫视	4.9	18.5
3	《江山如此多娇》	湖南卫视	3.8	16.1
4	《八零九零》	湖南卫视	3.7	14.6
5	《山海情》	江苏卫视	3.6	14.0
6	《琉璃》	江苏卫视	3.6	12.8
7	《温暖的味道》	湖南卫视	3.4	13.9
8	《爱在星空下》	浙江卫视	3.4	11.4
9	《理智派生活》	湖南卫视	3.2	31.3
10	《风起霓裳》	湖南卫视	3.1	13.4

表 3.47.9　2021 年南昌市场新闻节目收视率排名前 10

单位：%

名次	节目名称	播出频道	平均收视率	平均占有率
1	《上海市人民政府记者招待会》	东方卫视	3.1	19.1
2	《世界经济论坛“达沃斯议程”对话会特别报道》	中央电视台综合频道	2.3	8.4

续表

名次	节目名称	播出频道	平均收视率	平均占有率
3	《2021 年中国国际服务贸易交易会全球服务贸易峰会特别报道》	中央电视台综合频道	1.7	6.6
4	《牢记殷殷嘱托奋力谱写湖南新篇章》	湖南卫视	1.6	6.7
5	《都市现场》	江西电视台都市频道（二套）	1.5	10.4
6	《新闻联播》	中央电视台综合频道	1.5	8.1
7	《中国共产党与世界政党领导人峰会特别报道》	中央电视台综合频道	1.5	5.8
8	《科学控疫情统筹谋发展》	浙江卫视	1.1	13.1
9	《逐梦新征程》	中央电视台综合频道	0.9	6.4
10	《焦点访谈》	中央电视台综合频道	0.9	3.6

表 3.47.10　2021 年南昌市场专题节目收视率排名前 10

单位：%

名次	节目名称	播出频道	平均收视率	平均占有率
1	《2021 一年又一年》	中央电视台综合频道	5.8	21.4
2	《2021 年全国消费促进月暨上海五五购物节启动仪式》	东方卫视	3.8	14.3
3	《中国诗词大会第六季》（3 月 6 日）	中央电视台综合频道	2.7	9.6
4	《傲椒的湘菜》	湖南卫视	2.6	10.1
5	《平语近人习近平喜欢的典故》	东方卫视	2.2	24.0
6	《同心奖牌诞生记》	北京卫视	2.1	10.1
7	《融入大地闪耀星空——致敬袁隆平》	湖南卫视	2.0	8.9
8	《众创英雄汇 2021》	广东卫视	1.9	12.3
9	《都市情缘》	江西电视台都市频道（二套）	1.4	5.5
10	《加油吧科技君》	安徽卫视	1.3	21.7

表 3.47.11　2021 年南昌市场综艺节目收视率排名前 10

单位：%

名次	节目名称	播出频道	平均收视率	平均占有率
1	《最强大脑之燃烧吧大脑》（3 月 5 日）	江苏卫视	6.0	32.8
2	《818 全球汽车夜》	湖南卫视	5.6	22.2
3	《乘风破浪》（3 月 19 日）	湖南卫视	5.5	17.3
4	《2021 中央广播电视总台春节联欢晚会》	中央电视台综合频道	5.3	20.2

续表

名次	节目名称	播出频道	平均收视率	平均占有率
5	《追光吧！哥哥》（1月19日）	东方卫视	5.0	20.4
6	《春满东方幸福牛年·东方卫视春节晚会2021》	东方卫视	4.4	19.5
7	《欢乐喜剧人7》（2月28日）	东方卫视	4.2	21.5
8	《花好月圆元宵夜》	中央电视台综合频道	4.0	14.3
9	《谁是宝藏歌手》（5月7日）	湖南卫视	3.9	15.9
10	《中国好声音》（10月1日）	浙江卫视	3.8	21.9

表3.47.12　2021年南昌市场体育节目收视率排名前10

单位：%

名次	节目名称	播出频道	平均收视率	平均占有率
1	《乒乓球男团颁奖仪式》	中央台五套	3.1	12.7
2	《32届奥运会男子100米决赛》	中央台五套	3.0	11.6
3	《32届奥运会乒乓球女单决赛》	中央台五套	2.7	11.7
4	《实况录像：32届奥运会举重男子81公斤级决赛挺举》	中央台五套	2.0	9.6
5	《32届奥运会女排小组赛第4轮》（中国VS意大利）	中央台五套	1.8	12.8
6	《32届奥运会女子100米蛙泳预赛》	中央台五套	1.5	12.5
7	《32届奥运会体操男子个人全能决赛》	中央台五套	1.5	8.2
8	《32届奥运会女子自由式摔跤50公斤级决赛》	中央台五套	1.5	6.4
8	《实况录像：32届奥运会射击女子10米气步枪决赛》	中央台五套	1.5	6.4
10	《一起向未来北京2022年冬奥会倒计时100天主题活动》	北京卫视	1.5	6.3

四十八 南京收视数据

表 3.48.1 2017～2021 年南京市场各类频道的市场占有率

单位：%

频道类别	2017 年	2018 年	2019 年	2020 年	2021 年
中央广播电视总台	34.0	38.7	34.2	31.4	27.4
中国教育台频道	0.1	0.1	0.1	0.1	0.0
江苏省级频道	20.5	17.0	18.9	15.5	15.6
南京市级频道	5.6	4.9	4.2	4.0	3.0
其他省级卫视频道	19.7	20.5	21.4	24.2	24.1
其他频道	20.1	18.8	21.2	24.8	29.9

表 3.48.2 2021 年南京市场各类频道在不同目标观众中的市场占有率

单位：%

目标观众		中央广播电视总台	中国教育台频道	江苏省级频道	南京市级频道	其他省级卫视频道	其他频道
4 岁及以上所有人		27.4	0.0	15.6	3.0	24.1	29.9
性别	男	28.8	0.0	15.6	2.8	23.6	29.2
	女	25.9	0.0	15.6	3.3	24.5	30.7
年龄	4～14 岁	11.9	0.1	11.0	1.3	28.6	47.1
	15～24 岁	19.6	0.1	19.8	1.4	21.5	37.6
	25～34 岁	14.6	0.0	20.2	1.8	24.0	39.4
	35～44 岁	17.0	0.0	20.8	1.7	29.4	31.1
	45～54 岁	27.8	0.1	16.0	1.9	18.6	35.6
	55～64 岁	33.3	0.1	12.8	3.4	25.7	24.7
	65 岁及以上	38.1	0.0	12.5	5.3	24.3	19.8
受教育程度	未受过正规教育	29.4	0.0	15.3	4.0	30.5	20.8
	小学	26.9	0.0	15.7	3.6	26.0	27.8
	初中	26.8	0.0	19.9	3.8	23.3	26.2
	高中	30.0	0.0	11.8	2.7	22.4	33.1
	大学及以上	24.8	0.1	14.0	1.5	24.2	35.4

续表

目标观众		中央广播电视总台	中国教育台频道	江苏省级频道	南京市级频道	其他省级卫视频道	其他频道
职业类别	干部/管理人员	34.4	0.0	9.9	2.4	32.2	21.1
	个体/私营企业人员	25.4	0.1	17.2	1.2	23.0	33.1
	初级公务员/雇员	21.3	0.1	15.4	1.7	25.9	35.6
	工人	22.2	0.0	21.9	2.9	20.7	32.3
	学生	11.3	0.0	19.0	1.4	22.7	45.6
	无业	33.0	0.0	13.2	4.0	24.5	25.3
	其他	34.2	0.0	18.0	4.0	24.3	19.5
个人月收入	0~600元	18.4	0.0	19.4	2.7	23.0	36.5
	601~1200元	43.2	0.0	11.9	5.0	23.9	16.0
	1201~1700元	30.0	0.0	13.9	4.3	24.1	27.7
	1701~2600元	25.5	0.0	10.1	2.3	25.9	36.2
	2601~3500元	29.9	0.1	15.3	4.6	22.9	27.2
	3501~5000元	34.0	0.0	13.1	3.2	24.5	25.2
	5001元及以上	24.9	0.0	17.7	1.9	24.6	30.9

表3.48.3　2021年南京市场各类频道在不同时段的市场占有率

单位：%

时间段	中央广播电视总台	中国教育台频道	江苏省级频道	南京市级频道	其他省级卫视频道	其他频道
02:00~03:00	22.6	0.1	6.9	0.4	23.2	46.8
03:00~04:00	27.1	0.1	7.0	0.4	24.7	40.7
04:00~05:00	31.4	0.1	6.5	0.2	25.9	35.9
05:00~06:00	41.7	0.1	4.9	0.1	24.6	28.6
06:00~07:00	53.3	0.0	5.0	1.1	15.0	25.6
07:00~08:00	51.7	0.1	9.1	2.1	11.5	25.5
08:00~09:00	42.4	0.1	6.5	2.0	19.3	29.7
09:00~10:00	31.0	0.1	6.2	2.0	27.7	33.0
10:00~11:00	29.6	0.1	5.8	2.5	27.8	34.2
11:00~12:00	32.9	0.1	7.4	2.5	24.1	33.0
12:00~13:00	37.9	0.0	6.8	1.6	21.1	32.6
13:00~14:00	30.5	0.1	6.3	1.1	28.6	33.4
14:00~15:00	27.9	0.1	5.7	1.6	31.7	33.0
15:00~16:00	27.8	0.1	6.1	1.9	31.3	32.8
16:00~17:00	28.1	0.1	9.8	2.4	27.6	32.0

续表

时间段	中央广播电视总台	中国教育台频道	江苏省级频道	南京市级频道	其他省级卫视频道	其他频道
17:00~18:00	29.6	0.1	16.2	3.7	20.6	29.8
18:00~19:00	28.3	0.0	25.3	9.0	10.3	27.1
19:00~20:00	27.2	0.0	24.1	3.0	20.8	24.9
20:00~21:00	20.9	0.0	21.6	3.7	27.8	26.0
21:00~22:00	23.9	0.0	19.3	3.1	25.9	27.8
22:00~23:00	23.0	0.1	16.6	1.5	25.8	33.0
23:00~00:00	25.1	0.0	12.0	1.5	25.2	36.2
00:00~01:00	24.5	0.1	9.6	1.0	21.9	42.9
01:00~02:00	20.9	0.1	7.9	0.5	21.1	49.5

表 3.48.4　2021 年南京市场收视份额排名前 10 的频道

单位：%

名次	频道名称	收视份额
1	江苏卫视	6.3
2	江苏电视台城市频道	5.4
3	中央台四套	5.0
4	中央台八套	4.5
5	浙江卫视	3.8
6	中央台六套	3.6
7	中央电视台综合频道	3.0
8	湖南卫视	2.9
8	东方卫视	2.9
10	中央电视台新闻频道	2.6

表 3.48.5　2021 年南京市场各主要频道的观众构成

单位：%

目标观众		所有频道	江苏卫视	江苏电视台城市频道	中央台四套	中央台八套	浙江卫视
4 岁及以上所有人		100.0	100.0	100.0	100.0	100.0	100.0
性别	男	53.0	53.9	52.2	61.9	46.8	53.0
	女	47.0	46.1	47.8	38.1	53.2	47.0

续表

目标观众		所有频道	江苏卫视	江苏电视台城市频道	中央台四套	中央台八套	浙江卫视
年龄	4~14岁	4.2	3.1	2.0	0.8	1.6	4.7
	15~24岁	4.7	4.6	9.8	1.2	2.6	7.1
	25~34岁	13.7	20.8	15.4	5.5	4.7	19.3
	35~44岁	12.5	17.7	23.2	2.9	11.7	20.2
	45~54岁	19.9	19.8	21.9	16.3	12.9	19.2
	55~64岁	16.7	13.5	9.2	19.1	27.3	13.5
	65岁及以上	28.3	20.5	18.5	54.2	39.2	16.0
受教育程度	未受过正规教育	6.5	3.6	8.1	5.3	8.5	3.5
	小学	13.0	10.8	13.6	11.8	17.6	11.0
	初中	32.7	29.8	56.2	35.4	30.4	28.1
	高中	26.7	25.6	11.1	32.2	27.1	27.2
	大学及以上	21.1	30.2	11.0	15.3	16.4	30.2
职业类别	干部/管理人员	1.1	0.6	0.1	0.2	1.7	1.2
	个体/私营企业人员	9.6	9.5	10.8	4.5	7.4	13.4
	初级公务员/雇员	17.8	27.3	8.4	9.1	10.8	26.6
	工人	14.0	14.8	30.6	13.0	7.7	13.6
	学生	5.8	4.9	11.5	1.0	1.5	7.6
	无业	48.5	41.3	32.6	67.5	66.6	36.3
	其他	3.2	1.6	6.0	4.7	4.3	1.3
个人月收入	0~600元	17.7	17.2	30.7	8.4	14.3	18.9
	601~1200元	4.0	1.8	3.8	2.8	13.3	1.6
	1201~1700元	2.9	3.1	1.0	3.5	3.1	1.5
	1701~2600元	8.8	5.1	2.7	8.4	9.8	6.6
	2601~3500元	16.9	18.0	15.0	18.7	16.7	17.3
	3501~5000元	20.7	19.0	14.6	30.8	21.7	16.9
	5001元及以上	29.0	35.8	32.2	27.4	21.1	37.2

表3.48.6　2019~2021年南京市场各类节目的播出比重和收视比重

单位：%

节目类别	2019年		2020年		2021年	
	播出比重	收视比重	播出比重	收视比重	播出比重	收视比重
财经	1.8	0.6	1.6	0.6	1.7	0.5
电视剧	20.7	33.0	20.6	33.0	20.1	33.4
电影	3.4	5.6	3.2	4.8	3.1	4.7
法制	1.1	1.6	0.8	1.1	0.9	1.1

续表

节目类别	2019 年		2020 年		2021 年	
	播出比重	收视比重	播出比重	收视比重	播出比重	收视比重
教学	0.4	0.1	0.4	0.1	0.4	0.1
青少	6.7	3.7	6.9	4.0	6.7	2.8
生活服务	10.0	7.2	9.2	6.8	9.4	6.8
体育	4.7	3.6	5.0	1.8	5.0	3.0
外语	0.1	0.0	0.1	0.0	0.2	0.0
戏剧	0.7	0.5	0.6	0.4	0.5	0.3
新闻/时事	14.6	13.7	15.4	17.8	14.5	15.7
音乐	1.6	0.9	1.8	1.1	1.6	0.6
专题	13.7	5.9	14.6	5.9	16.5	6.4
综艺	7.3	11.7	6.6	10.9	6.6	13.3
其他	13.2	11.9	13.2	11.7	12.8	11.3

表 3.48.7 2021 年南京市场所有节目收视率排名前 30

单位：%

名次	节目名称	节目类型	播出频道	平均收视率	平均占有率
1	《最强大脑之燃烧吧大脑》（1 月 8 日）	综艺	江苏卫视	7.0	29.7
2	《乒乓球男团颁奖仪式》	体育	中央台五套	6.2	18.4
3	《为歌而赞》（5 月 1 日）	综艺	浙江卫视	6.0	23.8
4	《32 届奥运会田径男子 4×100 米接力决赛》	体育	中央台五套	5.7	21.3
5	《海洋之城》	电视剧	江苏卫视	5.6	20.6
6	《32 届奥运会乒乓球男团决赛》	体育	中央台五套	5.4	20.0
7	《了不起的女孩》	电视剧	江苏卫视	5.1	16.8
8	《这个世界不看脸》	电视剧	江苏卫视	5.0	16.1
9	《百度潮盛典》	综艺	浙江卫视	4.9	19.2
10	《2021 中央广播电视总台春节联欢晚会》	综艺	中央电视台综合频道	4.9	17.4
11	《心跳源计划》	电视剧	江苏卫视	4.9	16.4
12	《中国好声音》（9 月 10 日）	综艺	浙江卫视	4.4	16.9
13	《追光吧！哥哥》（1 月 9 日）	综艺	东方卫视	4.4	16.6
14	《嗨放派》	综艺	浙江卫视	4.3	17.0
15	《奔跑吧》	综艺	浙江卫视	4.2	16.7
16	《美好的日子》	电视剧	江苏卫视	4.2	15.1
17	《实况录像：32 届奥运会举重男子 81 公斤级决赛挺举》	体育	中央台五套	4.2	14.6

续表

名次	节目名称	节目类型	播出频道	平均收视率	平均占有率
18	《大浪淘沙》	电视剧	江苏卫视	4.1	14.8
19	《腊月东方——中秋梦幻夜》	综艺	东方卫视	4.1	13.5
20	《阿坝一家人》	电视剧	江苏卫视	4.0	15.3
21	《超级818汽车狂欢夜》	综艺	浙江卫视	4.0	14.9
22	《2022跨年演唱会》（用奋斗点亮幸福）	音乐	江苏卫视	3.8	18.0
23	《乔家的儿女》	电视剧	江苏卫视	3.8	12.9
24	《天赐的声音2》（4月2日）	综艺	浙江卫视	3.7	24.0
25	《琉璃》	电视剧	江苏卫视	3.7	13.9
26	《听说很好吃》	综艺	浙江卫视	3.6	20.1
27	《32届奥运会竞技体操男子团体决赛》	体育	中央台五套	3.6	14.4
28	《大江大河二》	电视剧	浙江卫视	3.5	11.9
29	《32届奥运会女子自由式摔跤50公斤级决赛》	体育	中央台五套	3.5	10.6
30	《32届奥运会羽毛球男子单打决赛》	体育	中央台五套	3.5	10.5

表3.48.8　2021年南京市场电视剧收视率排名前10

单位：%

名次	节目名称	播出频道	平均收视率	平均占有率
1	《海洋之城》	江苏卫视	5.6	20.6
2	《了不起的女孩》	江苏卫视	5.1	16.8
3	《这个世界不看脸》	江苏卫视	5.0	16.1
4	《心跳源计划》	江苏卫视	4.9	16.4
5	《美好的日子》	江苏卫视	4.2	15.1
6	《大浪淘沙》	江苏卫视	4.1	14.8
7	《阿坝一家人》	江苏卫视	4.0	15.3
8	《乔家的儿女》	江苏卫视	3.8	12.9
9	《琉璃》	江苏卫视	3.7	13.9
10	《大江大河二》	浙江卫视	3.5	11.9

表3.48.9　2021年南京市场新闻节目收视率排名前10

单位：%

名次	节目名称	播出频道	平均收视率	平均占有率
1	《零距离》	江苏电视台城市频道	2.2	12.5
2	《转播中央台新闻联播》	江苏卫视	1.8	9.1
3	《今日关注》	中央台四套	1.2	6.1

续表

名次	节目名称	播出频道	平均收视率	平均占有率
4	《“省委十四届十次全会”特别节目》（12 月 1 日）	浙江卫视	1.2	5.7
5	《筑梦空间站神舟十二号航天员乘组返回北京特别报道》（9 月 17 日）	中央台四套	1.2	4.7
6	《第四届中国国际进口博览会特别报道》（11 月 4 日）	中央台四套	1.1	4.8
7	《中国新闻》	中央台四套	1.1	4.4
8	《中国舆论场》	中央台四套	1.1	4.2
9	《海峡两岸》	中央台四套	1.1	4.0
10	《今日亚洲》	中央台四套	1.0	3.8
10	《深度国际》	中央台四套	1.0	3.8

表 3.48.10　2021 年南京市场专题节目收视率排名前 10

单位：%

名次	节目名称	播出频道	平均收视率	平均占有率
1	《2021 一年又一年》	中央电视台综合频道	2.2	14.8
2	《无声的功勋》	江苏电视台城市频道	2.0	8.0
3	《潮涌长三角——长三角三省一市庆祝中国共产党成立 100 周年特别节目》（6 月 28 日）	江苏卫视	1.8	10.5
4	《百炼成钢中国共产党的 100 年》	江苏电视台城市频道	1.8	7.4
5	《江苏最美人物》	江苏电视台城市频道	1.7	7.4
6	《君品谈》	江苏卫视	1.6	8.0
7	《江苏时代楷模发布厅》	江苏电视台城市频道	1.5	9.7
8	《1800 米，跨越 1800 年》（3 月 14 日）	江苏电视台城市频道	1.5	7.9
9	《德行天下》	江苏电视台城市频道	1.5	6.9
10	《新藪医开拓者陈祖荫》（12 月 29 日）	江苏电视台城市频道	1.5	6.1
10	《记住乡愁第一季》（11 月 14 日）	江苏电视台城市频道	1.5	6.1

表 3.48.11　2021 年南京市场综艺节目收视率排名前 10

单位：%

名次	节目名称	播出频道	平均收视率	平均占有率
1	《最强大脑之燃烧吧大脑》（1 月 8 日）	江苏卫视	7.0	29.7
2	《为歌而赞》（5 月 1 日）	浙江卫视	6.0	23.8
3	《百度潮盛典》	浙江卫视	4.9	19.2
4	《2021 中央广播电视总台春节联欢晚会》	中央电视台综合频道	4.9	17.4

续表

名次	节目名称	播出频道	平均收视率	平均占有率
5	《中国好声音》（9月10日）	浙江卫视	4.4	16.9
6	《追光吧！哥哥》（1月9日）	东方卫视	4.4	16.6
7	《嗨放派》	浙江卫视	4.3	17.0
8	《奔跑吧》	浙江卫视	4.2	16.7
9	《朤月东方——中秋梦幻夜》	东方卫视	4.1	13.5
10	《超级818汽车狂欢夜》	浙江卫视	4.0	14.9

表3.48.12　2021年南京市场体育节目收视率排名前10

单位：%

名次	节目名称	播出频道	平均收视率	平均占有率
1	《乒乓球男团颁奖仪式》	中央台五套	6.2	18.4
2	《32届奥运会田径男子4×100米接力决赛》	中央台五套	5.7	21.3
3	《32届奥运会乒乓球男团决赛》	中央台五套	5.4	20.0
4	《实况录像：32届奥运会举重男子81公斤级决赛挺举》	中央台五套	4.2	14.6
5	《32届奥运会竞技体操男子团体决赛》	中央台五套	3.6	14.4
6	《32届奥运会女子自由式摔跤50公斤级决赛》	中央台五套	3.5	10.6
7	《32届奥运会羽毛球男子单打决赛》	中央台五套	3.5	10.5
8	《32届奥运会女排小组赛第3轮》（CHN VS ROC）	中央台五套	3.3	23.6
9	《32届奥运会女篮小组赛》（中国VS比利时）	中央台五套	3.1	22.3
10	《奥运直播》	中央台五套	2.4	11.4

四十九 南宁收视数据

表 3.49.1 2017～2021 年南宁市场各类频道的市场占有率

单位：%

频道类别	2017 年	2018 年	2019 年	2020 年	2021 年
中央广播电视总台	33.4	31.7	30.8	29.1	23.5
中国教育台频道	0.1	0.1	0.1	0.1	0.1
广西自治区级频道	29.0	24.1	17.0	13.6	12.3
南宁市级频道	6.8	7.7	7.2	8.5	7.5
其他省级卫视频道	19.7	19.8	23.2	24.5	25.4
其他频道	11.0	16.6	21.7	24.2	31.2

表 3.49.2 2021 年南宁市场各类频道在不同目标观众中的市场占有率

单位：%

目标观众		中央广播电视总台	中国教育台频道	广西自治区级频道	南宁市级频道	其他省级卫视频道	其他频道
4 岁及以上所有人		23.5	0.1	12.3	7.5	25.4	31.2
性别	男	26.3	0.1	12.3	7.5	22.7	31.1
	女	20.6	0.1	12.3	7.6	28.1	31.4
年龄	4～14 岁	12.3	0.1	6.3	3.8	23.3	54.2
	15～24 岁	19.1	0.1	7.7	5.5	41.1	26.5
	25～34 岁	11.6	0.1	6.9	5.3	24.3	51.9
	35～44 岁	20.2	0.1	9.4	5.7	36.1	28.5
	45～54 岁	24.2	0.1	10.8	9.6	26.7	28.6
	55～64 岁	29.5	0.2	20.3	9.8	20.9	19.3
	65 岁及以上	36.2	0.1	17.2	10.0	18.2	18.3
受教育程度	未受过正规教育	13.9	0.1	7.6	3.8	23.2	51.5
	小学	16.8	0.1	13.9	7.8	26.5	35.0
	初中	27.0	0.1	13.6	8.1	22.2	29.0
	高中	25.1	0.1	11.9	7.5	28.2	27.2
	大学及以上	25.2	0.1	10.8	7.7	26.2	30.2

续表

目标观众		中央广播电视总台	中国教育台频道	广西自治区级频道	南宁市级频道	其他省级卫视频道	其他频道
职业类别	干部/管理人员	39.2	0.1	9.0	8.1	19.1	24.6
	个体/私营企业人员	24.8	0.1	9.4	5.9	21.3	38.5
	初级公务员/雇员	17.1	0.1	9.9	7.0	27.7	38.2
	工人	32.2	0.1	9.3	5.7	32.5	20.2
	学生	16.1	0.1	5.4	4.7	27.3	46.5
	无业	29.2	0.1	15.1	8.9	21.7	25.1
	其他	16.0	0.1	16.3	8.7	33.0	25.9
个人月收入	0～600元	14.7	0.1	10.6	7.5	26.2	40.9
	601～1200元	27.1	0.1	14.1	4.7	35.7	18.2
	1201～1700元	15.2	0.1	12.5	8.9	39.5	23.8
	1701～2600元	28.8	0.1	15.5	8.9	20.9	25.9
	2601～3500元	27.3	0.1	12.6	8.0	24.4	27.7
	3501～5000元	23.9	0.1	11.6	7.9	23.0	33.6
	5001元及以上	27.6	0.1	7.2	3.5	24.4	37.2

表3.49.3　2021年南宁市场各类频道不同时段的市场占有率

单位：%

时间段	中央广播电视总台	中国教育台频道	广西自治区级频道	南宁市级频道	其他省级卫视频道	其他频道
02:00～03:00	21.3	0.1	6.5	0.7	37.5	34.0
03:00～04:00	25.0	0.0	5.2	0.5	37.3	31.9
04:00～05:00	30.8	0.0	7.4	0.7	24.9	36.2
05:00～06:00	39.3	1.0	8.2	2.0	18.9	30.7
06:00～07:00	59.5	0.7	4.9	2.1	10.3	22.6
07:00～08:00	43.1	0.3	6.6	5.7	12.4	31.8
08:00～09:00	32.9	0.3	8.7	5.6	15.1	37.4
09:00～10:00	25.4	0.1	9.1	4.6	17.5	43.2
10:00～11:00	24.8	0.1	7.8	4.2	21.4	41.7
11:00～12:00	27.6	0.1	7.6	3.9	23.6	37.3
12:00～13:00	35.2	0.1	6.2	2.9	23.2	32.5
13:00～14:00	24.3	0.2	8.8	3.3	25.8	37.6
14:00～15:00	21.0	0.3	9.3	3.4	26.5	39.5
15:00～16:00	22.5	0.2	9.4	3.5	25.8	38.7
16:00～17:00	23.8	0.2	9.3	3.2	25.5	38.1

续表

时间段	中央广播电视总台	中国教育台频道	广西自治区级频道	南宁市级频道	其他省级卫视频道	其他频道
17:00~18:00	26.6	0.1	7.6	4.6	25.5	35.7
18:00~19:00	24.5	0.1	14.2	14.9	15.8	30.6
19:00~20:00	22.1	0.1	14.5	14.7	22.1	26.5
20:00~21:00	19.9	0.0	15.8	7.9	28.5	27.8
21:00~22:00	21.2	0.1	14.8	6.9	29.7	27.4
22:00~23:00	21.9	0.1	11.1	7.1	30.4	29.5
23:00~00:00	21.7	0.1	15.6	5.2	31.1	26.3
00:00~01:00	25.1	0.1	13.4	5.2	25.0	31.3
01:00~02:00	23.2	0.2	8.1	2.1	26.0	40.5

表 3.49.4　2021 年南宁市场收视份额排名前 10 的频道

单位：%

名次	频道名称	收视份额
1	广西广播电视台综艺旅游频道	4.0
2	中央台四套	3.8
3	南宁广播电视台新闻综合频道	3.5
3	中央台五套	3.5
5	东方卫视	3.4
5	湖南卫视	3.4
7	南宁广播电视台影视娱乐频道	2.9
8	江苏卫视	2.8
9	中央电视台综合频道	2.7
10	浙江卫视	2.6

表 3.49.5　2021 年南宁市场各主要频道的观众构成

单位：%

目标观众		所有频道	主要频道					
			广西广播电视台综艺旅游频道	中央台四套	南宁广播电视台新闻综合频道	中央台五套	东方卫视	湖南卫视
4 岁及以上所有人		100.0	100.0	100.0	100.0	100.0	100.0	100.0
性别	男	49.9	46.9	62.6	47.0	52.8	40.8	38.7
	女	50.1	53.1	37.4	53.0	47.2	59.2	61.3

续表

目标观众		所有频道	主要频道					
			广西广播电视台综艺旅游频道	中央台四套	南宁广播电视台新闻综合频道	中央台五套	东方卫视	湖南卫视
年龄	4～14 岁	13.3	10.3	4.4	8.2	7.0	8.4	9.1
	15～24 岁	6.5	3.8	4.0	6.8	3.2	9.5	11.0
	25～34 岁	13.4	6.1	2.9	8.9	7.2	22.4	13.8
	35～44 岁	14.3	9.4	9.9	12.3	10.3	19.9	20.0
	45～54 岁	14.0	11.1	13.1	16.4	10.8	13.3	20.7
	55～64 岁	17.4	30.9	26.2	20.1	24.9	16.4	14.9
	65 岁及以上	21.2	28.4	39.5	27.3	36.6	10.1	10.6
受教育程度	未受过正规教育	6.1	7.2	2.6	5.0	3.2	3.1	2.0
	小学	18.0	17.3	8.3	18.3	12.9	13.7	15.6
	初中	29.8	33.0	38.5	26.8	36.0	18.7	30.0
	高中	26.0	24.3	30.9	30.2	25.4	33.6	32.6
	大学及以上	20.1	18.2	19.8	19.7	22.6	30.9	19.9
职业类别	干部/管理人员	0.6	1.0	1.1	0.5	1.2	1.7	0.3
	个体/私营企业人员	15.8	8.3	16.5	14.8	14.4	10.7	12.7
	初级公务员/雇员	15.2	10.6	9.1	12.9	10.0	18.7	20.4
	工人	4.4	4.7	5.2	5.4	7.2	2.9	2.5
	学生	10.1	4.1	4.7	7.5	6.1	8.1	8.8
	无业	38.6	51.7	54.3	47.4	50.7	38.5	24.6
	其他	15.1	19.6	9.1	11.6	10.3	19.6	30.6
个人月收入	0～600 元	24.0	23.0	9.9	20.2	14.4	28.2	16.4
	601～1200 元	7.1	10.2	9.3	2.3	9.9	8.9	14.9
	1201～1700 元	4.6	4.1	1.3	5.5	2.0	6.8	9.3
	1701～2600 元	21.7	27.7	34.5	24.2	27.2	11.7	16.4
	2601～3500 元	19.9	21.7	24.6	29.6	23.0	23.7	24.5
	3501～5000 元	15.8	10.7	14.0	14.5	14.7	15.4	12.2
	5001 元及以上	6.8	2.6	6.5	3.7	8.8	5.2	6.3

表 3.49.6　2019～2021 年南宁市场各类节目的播出比重和收视比重

单位：%

节目类别	2019 年		2020 年		2021 年	
	播出比重	收视比重	播出比重	收视比重	播出比重	收视比重
财经	1.0	1.2	0.9	0.8	1.0	0.7
电视剧	23.5	30.5	23.9	33.4	24.0	33.9

续表

节目类别	2019 年		2020 年		2021 年	
	播出比重	收视比重	播出比重	收视比重	播出比重	收视比重
电影	3.6	3.6	3.3	2.7	3.1	2.8
法制	1.0	1.8	0.9	1.2	0.9	1.1
教学	0.4	0.0	0.3	0.1	0.3	0.0
青少	7.2	6.6	7.3	5.3	7.2	5.8
生活服务	7.6	6.7	7.4	5.6	7.8	5.7
体育	3.7	6.2	3.7	3.6	4.1	5.4
外语	0.2	0.0	0.2	0.0	0.5	0.1
戏剧	0.8	0.1	0.6	0.1	0.6	0.1
新闻/时事	15.9	15.1	16.6	20.1	15.5	16.6
音乐	1.8	1.0	1.9	1.1	1.7	1.0
专题	13.8	6.9	14.2	6.4	15.0	5.7
综艺	6.6	9.5	5.7	8.9	6.0	10.5
其他	12.9	10.8	13.1	10.7	12.4	10.7

表 3.49.7 2021 年南宁市场所有节目收视率排名前 30

单位：%

名次	节目名称	节目类别	播出频道	平均收视率	平均占有率
1	《32 届奥运会乒乓球男团决赛》	中央台五套	体育	8.0	29.6
2	《乒乓球男团颁奖仪式》	中央台五套	体育	6.6	19.4
3	《开学第一课》	中央电视台综合频道	青少	6.4	21.3
4	《32 届奥运会田径男子 4×100 米接力决赛》	中央台五套	体育	6.3	21.6
5	《直播周末：2021 年世界女排联赛》（多米尼加 VS 中国）	中央台五套	体育	5.4	20.0
6	《32 届奥运会羽毛球男子单打决赛》	中央台五套	体育	5.2	16.1
7	《伟大征程》（庆祝中国共产党成立 100 周年大型情景史诗）	中央电视台综合频道	综艺	5.0	19.0
8	《完美的夏天 2》	东方卫视	综艺	4.9	20.4
9	《谁是宝藏歌手》（7 月 2 日）	湖南卫视	综艺	4.8	22.5
10	《2021 中央广播电视总台春节联欢晚会》	中央电视台综合频道	综艺	4.8	14.8
11	《花好月圆元宵夜》	中央电视台综合频道	综艺	4.7	18.1
12	《乘风破浪》（1 月 22 日）	湖南卫视	综艺	4.6	19.3
13	《32 届奥运会女子 100 米仰泳预赛》	中央台五套	体育	4.5	37.7
14	《超脑少年团》（9 月 10 日）	江苏卫视	综艺	4.5	21.8
15	《东京奥运会闭幕式》	中央台五套	体育	4.3	14.9

续表

名次	节目名称	节目类别	播出频道	平均收视率	平均占有率
16	《实况录像：32 届奥运会女子举重 87 公斤以上级决赛》	中央台五套	体育	4.3	13.6
17	《32 届奥运会女子自由式摔跤 50 公斤级决赛》	中央台五套	体育	4.3	13.1
18	《百度潮盛典：国潮正当时》	浙江卫视	综艺	4.2	20.1
18	《追光吧！哥哥》（终极抢位战）	东方卫视	综艺	4.2	20.1
20	《欢乐喜剧人 7》（2 月 21 日）	东方卫视	综艺	4.2	18.1
21	《女英雄楚云鹤》	广西广播电视台综艺旅游频道	电视剧	4.2	15.8
22	《天赐的声音 2》（2 月 5 日）	浙江卫视	综艺	4.1	28.8
23	《2021 一年又一年》	中央电视台综合频道	专题	4.1	13.5
24	《32 届奥运会体操男子个人全能决赛》	中央台五套	体育	3.9	17.5
25	《杀寇奇兵》	广西广播电视台综艺旅游频道	电视剧	3.7	14.8
26	《蒙面舞王后传》（9 月 5 日）	江苏卫视	综艺	3.5	23.8
27	《2020 微博之夜》	东方卫视	综艺	3.5	14.4
28	《打卡吧吃货团》	东方卫视	综艺	3.5	13.4
29	《抗战豪侠李三枪》（1～9 集）	广西广播电视台综艺旅游频道	电视剧	3.5	12.9
30	《向往的生活》	湖南卫视	综艺	3.4	23.2

表 3.49.8　2021 年南宁市场电视剧收视率排名前 10

单位：%

名次	节目名称	播出频道	平均收视率	平均占有率
1	《女英雄楚云鹤》	广西广播电视台综艺旅游频道	4.2	15.8
2	《杀寇奇兵》	广西广播电视台综艺旅游频道	3.7	14.8
3	《抗战豪侠李三枪》（1～9 集）	广西广播电视台综艺旅游频道	3.5	12.9
4	《追击九尾狐》	广西广播电视台综艺旅游频道	3.4	13.6
5	《神勇战侠》	广西广播电视台综艺旅游频道	3.4	13.5
6	《一寸山河一寸血》	广西广播电视台综艺旅游频道	3.1	12.3
7	《功勋》	北京卫视	2.9	11.4
8	《枪王之王》	广西广播电视台综艺旅游频道	2.8	10.9
9	《护宝尖兵》	广西广播电视台综艺旅游频道	2.8	10.8
10	《对你的爱很美》	湖南卫视	2.8	9.9

表 3.49.9　2021 年南宁市场新闻节目收视率排名前 10

单位：%

名次	节目名称	播出频道	平均收视率	平均占有率
1	《转播中央台新闻联播》	南宁广播电视台新闻综合频道	2.7	12.4
2	《南宁新闻》	南宁广播电视台新闻综合频道	1.6	10.1
3	《共同守沪迎战烟花防汛抗台全媒体直播报道》	东方卫视	1.6	5.4
4	《新闻夜班》	南宁广播电视台新闻综合频道	1.4	5.4
5	《中国共产党南宁市第十三次代表大会特别节目》	南宁广播电视台新闻综合频道	1.2	4.7
6	《海峡两岸》	中央台四套	1.2	4.3
7	《2021 盛会大看台新闻夜班》	南宁广播电视台新闻综合频道	1.1	4.4
8	《今日亚洲》	中央台四套	1.1	4.3
9	《中国舆论场》	中央台四套	1.1	4.0
10	《世界经济论坛“达沃斯议程”对话会特别报道》	中央台四套	1.1	3.4

表 3.49.10　2021 年南宁市场专题节目收视率排名前 10

单位：%

名次	节目名称	播出频道	平均收视率	平均占有率
1	《2021 一年又一年》	中央电视台综合频道	4.1	13.5
2	《三十而立》	广西卫视	2.4	10.0
3	《创无限融精彩——〈新闻夜班〉开播二十周年主题活动宣介会》	南宁广播电视台新闻综合频道	2.0	7.2
4	《2021 年全国消费促进月暨上海五五购物节启动仪式》	东方卫视	1.8	6.7
5	《非凡的领航》	中央台四套	1.4	7.1
6	《315》	中央台二套	1.3	5.3
7	《东河之问》	云南广播电视台卫视频道（一套）	1.3	5.1
8	《感动中国 2020 年度人物颁奖盛典》	中央电视台综合频道	1.3	4.3
9	《“安全发展核电造福人类社会”院士访谈》	广西卫视	1.1	5.2
10	《航拍中国第二季》	中央电视台综合频道	1.1	4.6

表 3.49.11　2021 年南宁市场综艺节目收视率排名前 10

单位：%

名次	节目名称	播出频道	平均收视率	平均占有率
1	《伟大征程》（庆祝中国共产党成立 100 周年大型情景史诗）	中央电视台综合频道	5.0	19.0
2	《完美的夏天 2》	东方卫视	4.9	20.4
3	《谁是宝藏歌手》（7 月 2 日）	湖南卫视	4.8	22.5
4	《2021 中央广播电视总台春节联欢晚会》	中央电视台综合频道	4.8	14.8
5	《花好月圆元宵夜》	中央电视台综合频道	4.7	18.1
6	《乘风破浪》（1 月 22 日）	湖南卫视	4.6	19.3
7	《超脑少年团》（9 月 10 日）	江苏卫视	4.5	21.8
8	《百度潮盛典：国潮正当时》	浙江卫视	4.2	20.1
8	《追光吧！哥哥》（终极抢位战）	东方卫视	4.2	20.1
10	《欢乐喜剧人 7》（2 月 21 日）	东方卫视	4.2	18.1

表 3.49.12　2021 年南宁市场体育节目收视率排名前 10

单位：%

名次	节目名称	播出频道	平均收视率	平均占有率
1	《32 届奥运会乒乓球男团决赛》	中央台五套	8.0	29.6
2	《乒乓球男团颁奖仪式》	中央台五套	6.6	19.4
3	《32 届奥运会田径男子 4×100 米接力决赛》	中央台五套	6.3	21.6
4	《直播周末：2021 年世界女排联赛》（多米尼加 VS 中国）	中央台五套	5.4	20.0
5	《32 届奥运会羽毛球男子单打决赛》	中央台五套	5.2	16.1
6	《32 届奥运会女子 100 米仰泳预赛》	中央台五套	4.5	37.7
7	《东京奥运会闭幕式》	中央台五套	4.3	14.9
8	《实况录像：32 届奥运会女子举重 87 公斤以上级决赛》	中央台五套	4.3	13.6
9	《32 届奥运会女子自由式摔跤 50 公斤级决赛》	中央台五套	4.3	13.1
9	《32 届奥运会体操男子个人全能决赛》	中央台五套	3.9	17.5

五十　宁波收视数据

表 3.50.1　2017～2021 年宁波市场各类频道的市场占有率

单位：%

频道类别	2017 年	2018 年	2019 年	2020 年	2021 年
中央广播电视总台	27.5	28.7	24.4	23.1	19.5
中国教育台频道	0.2	0.5	0.4	0.4	0.2
浙江省级频道	7.4	8.4	8.3	7.3	8.6
宁波市级频道	26.2	25.1	22.7	20.9	15.9
其他省级卫视频道	19.5	18.0	19.1	25.3	33.3
其他频道	19.2	19.3	25.1	23.0	22.5

表 3.50.2　2021 年宁波市场各类频道在不同目标观众中的市场占有率

单位：%

目标观众		中央广播电视总台	中国教育台频道	浙江省级频道	宁波市级频道	其他省级卫视频道	其他频道
4 岁及以上所有人		19.5	0.2	8.6	15.9	33.3	22.5
性别	男	22.7	0.3	8.1	15.1	31.3	22.5
	女	16.1	0.2	9.2	16.7	35.3	22.5
年龄	4～14 岁	9.1	0.1	6.5	6.2	32.8	45.3
	15～24 岁	12.1	0.1	4.7	10.3	33.8	39.0
	25～34 岁	9.9	0.1	11.8	4.8	46.8	26.6
	35～44 岁	20.6	0.3	5.2	8.0	35.4	30.5
	45～54 岁	25.1	0.1	8.1	13.9	30.7	22.1
	55～64 岁	21.8	0.2	9.8	17.7	31.6	18.9
	65 岁及以上	20.2	0.5	8.6	28.8	29.0	12.9
受教育程度	未受过正规教育	16.0	0.1	4.2	14.1	32.2	33.4
	小学	18.4	0.4	10.3	24.7	29.6	16.6
	初中	22.0	0.2	7.4	16.5	33.0	20.9
	高中	19.5	0.2	9.2	10.6	35.5	25.0
	大学及以上	16.6	0.1	8.9	7.2	37.2	30.0

续表

目标观众		中央广播电视总台	中国教育台频道	浙江省级频道	宁波市级频道	其他省级卫视频道	其他频道
职业类别	干部/管理人员	22.1	0.1	3.7	1.2	22.2	50.7
	个体/私营企业人员	32.0	0.3	6.7	19.0	30.6	11.4
	初级公务员/雇员	17.8	0.2	9.4	8.9	36.2	27.5
	工人	15.0	0.1	10.7	6.3	44.2	23.7
	学生	12.1	0.1	6.3	7.3	25.5	48.7
	无业	18.9	0.3	8.8	21.6	32.2	18.2
	其他	13.5	0.2	3.8	47.4	28.8	6.3
个人月收入	0～600元	14.3	0.1	5.9	14.0	31.0	34.7
	601～1200元	16.6	0.6	10.0	32.5	30.6	9.7
	1201～1700元	19.3	0.6	8.4	15.5	33.0	23.2
	1701～2600元	18.9	0.4	8.7	21.4	29.9	20.7
	2601～3500元	20.7	0.1	9.9	17.2	35.1	17.0
	3501～5000元	19.9	0.2	8.5	15.0	36.5	19.9
	5001元及以上	22.9	0.1	9.2	9.8	30.9	27.1

表3.50.3　2021年宁波市场各类频道在不同时段的市场占有率

单位：%

时间段	中央广播电视总台	中国教育台频道	浙江省级频道	宁波市级频道	其他省级卫视频道	其他频道
02:00～03:00	25.4	0.5	6.7	10.6	29.4	27.4
03:00～04:00	27.2	0.4	6.1	20.0	24.9	21.4
04:00～05:00	36.4	0.3	4.5	16.9	26.2	15.7
05:00～06:00	34.9	0.6	2.9	13.9	25.5	22.2
06:00～07:00	39.5	0.5	9.6	4.7	24.5	21.2
07:00～08:00	30.6	0.2	9.5	8.9	31.7	19.1
08:00～09:00	26.0	0.5	4.3	15.5	29.2	24.5
09:00～10:00	23.5	1.4	9.5	7.6	32.0	26.0
10:00～11:00	23.7	1.1	6.7	11.4	31.7	25.4
11:00～12:00	25.8	0.3	5.2	11.2	30.8	26.7
12:00～13:00	27.3	0.2	5.4	5.5	33.8	27.8
13:00～14:00	18.2	0.2	8.6	5.4	40.1	27.5
14:00～15:00	16.6	0.3	10.1	6.2	41.0	25.8
15:00～16:00	16.6	0.4	8.2	6.9	41.4	26.5
16:00～17:00	18.4	0.5	7.5	8.9	38.5	26.2

续表

时间段	中央广播电视总台	中国教育台频道	浙江省级频道	宁波市级频道	其他省级卫视频道	其他频道
17:00～18:00	17.8	0.1	6.0	21.3	29.4	25.4
18:00～19:00	22.9	0.1	5.6	32.8	16.0	22.6
19:00～20:00	18.6	0.1	11.2	25.4	25.6	19.1
20:00～21:00	15.3	0.1	11.8	19.0	36.2	17.6
21:00～22:00	17.6	0.1	9.1	16.3	37.0	19.9
22:00～23:00	17.2	0.2	8.4	10.4	42.6	21.2
23:00～00:00	17.0	0.2	7.8	8.2	42.1	24.7
00:00～01:00	21.4	0.4	8.7	9.4	31.0	29.1
01:00～02:00	22.0	0.8	7.1	8.9	28.4	32.8

表 3.50.4　2021 年宁波市场收视份额排名前 10 的频道

单位：%

名次	频道名称	收视份额
1	湖南卫视	6.8
1	宁波电视台四套（影视剧频道）	6.8
3	浙江卫视	5.4
4	江苏卫视	4.4
5	东方卫视	4.0
6	中央台四套	3.7
7	深圳卫视（新闻综合频道）	3.4
8	宁波电视台三套（都市文体频道）	3.3
9	宁波电视台二套（经济生活频道）	3.0
10	广东卫视	2.8

表 3.50.5　2021 年宁波市场各主要频道的观众构成

单位：%

目标观众		所有频道	湖南卫视	宁波电视台四套（影视剧频道）	浙江卫视	江苏卫视	东方卫视
4 岁及以上所有人		100.0	100.0	100.0	100.0	100.0	100.0
性别	男	50.9	41.2	52.9	48.5	48.5	49.5
	女	49.1	58.8	47.1	51.5	51.5	50.5

续表

目标观众		所有频道	湖南卫视	宁波电视台四套（影视剧频道）	浙江卫视	江苏卫视	东方卫视
年龄	4～14 岁	5.7	1.7	0.6	4.9	3.1	1.6
	15～24 岁	4.0	7.0	4.6	2.6	3.5	5.7
	25～34 岁	13.6	30.0	3.6	23.5	18.4	21.5
	35～44 岁	7.8	9.7	6.0	5.4	7.5	9.8
	45～54 岁	25.6	23.7	22.2	21.6	22.0	19.9
	55～64 岁	19.9	16.4	22.3	20.4	23.0	25.2
	65 岁及以上	23.4	11.5	40.7	21.6	22.5	16.3
受教育程度	未受过正规教育	3.2	0.8	1.9	1.5	1.7	1.0
	小学	25.4	13.0	46.4	24.5	21.6	14.1
	初中	37.5	39.3	31.9	32.5	39.0	36.4
	高中	16.0	15.0	11.2	19.2	19.1	25.1
	大学及以上	17.9	31.9	8.6	22.3	18.6	23.4
职业类别	干部/管理人员	1.1	2.1	0.0	0.6	0.3	0.6
	个体/私营企业人员	10.5	8.8	19.9	6.2	10.3	6.1
	初级公务员/雇员	32.8	46.5	16.2	41.3	31.4	41.6
	工人	3.2	2.4	0.9	3.4	5.5	5.9
	学生	5.2	2.6	3.8	4.5	3.2	1.8
	无业	46.5	37.6	54.7	43.9	49.3	44.0
	其他	0.7	0.0	4.5	0.1	0.0	0.0
个人月收入	0～600 元	13.8	16.6	11.1	8.5	9.8	5.9
	601～1200 元	3.7	1.2	7.2	5.3	2.8	2.9
	1201～1700 元	5.2	6.1	2.4	4.7	3.2	3.8
	1701～2600 元	13.5	7.9	22.1	12.9	14.3	10.2
	2601～3500 元	18.0	13.9	21.5	17.7	20.4	18.9
	3501～5000 元	28.9	34.2	23.5	28.8	33.4	40.4
	5001 元及以上	16.9	20.1	12.2	22.1	16.1	17.9

表 3.50.6　2019～2021 年宁波市场各类节目的播出比重和收视比重

单位：%

节目类别	2019 年		2020 年		2021 年	
	播出比重	收视比重	播出比重	收视比重	播出比重	收视比重
财经	1.3	0.8	1.2	1.0	1.3	0.7
电视剧	22.4	33.5	21.9	34.8	22.2	36.7
电影	3.6	3.8	3.4	3.4	3.1	2.6

续表

节目类别	2019 年		2020 年		2021 年	
	播出比重	收视比重	播出比重	收视比重	播出比重	收视比重
法制	0.8	0.6	0.8	0.5	0.8	0.3
教学	0.4	0.0	0.3	0.0	0.3	0.0
青少	7.7	2.8	8.0	3.2	7.9	3.3
生活服务	8.3	6.7	8.0	5.7	8.5	6.1
体育	3.6	2.6	3.7	1.5	3.9	3.0
外语	0.1	0.0	0.2	0.0	0.3	0.0
戏剧	0.8	0.2	0.7	0.1	0.5	0.1
新闻/时事	16.0	14.3	16.8	17.1	15.9	13.1
音乐	1.6	1.2	1.8	1.1	1.6	0.7
专题	13.7	8.1	14.4	7.6	15.4	6.7
综艺	7.0	12.9	6.0	12.4	6.3	15.5
其他	12.7	12.5	12.8	11.6	12.0	11.2

表 3.50.7　2021 年宁波市场所有节目收视率排名前 30

单位：%

名次	节目名称	节目类型	播出频道	平均收视率	平均占有率
1	《32 届奥运会男子 100 米决赛》	体育	中央台五套	6.5	26.9
2	《最强大脑之燃烧吧大脑》（3 月 5 日）	综艺	江苏卫视	5.7	49.7
3	《818 全球汽车夜》	综艺	湖南卫视	5.6	26.5
4	《2060》（12 月 24 日）	综艺	江苏卫视	5.5	38.7
5	《百度潮盛典》	综艺	浙江卫视	5.1	25.8
6	《乒乓球男团颁奖仪式》	体育	中央台五套	5.1	23.1
7	《百变大咖秀 2021》（2 月 26 日）	综艺	湖南卫视	4.9	51.2
8	《沉睡花园》	电视剧	湖南卫视	4.7	51.0
9	《32 届奥运会乒乓球女团决赛》	体育	中央台五套	4.7	28.1
10	《金曲青春》（5 月 29 日）	综艺	东方卫视	4.7	19.1
11	《2021 中央广播电视总台春节联欢晚会》	综艺	浙江卫视	4.6	18.1
12	《32 届奥运会女子 100 米蛙泳预赛》	体育	中央台五套	4.5	21.0
13	《32 届奥运会竞技体操男子团体决赛》	体育	中央台五套	4.4	20.0
14	《谁是宝藏歌手》（6 月 18 日）	综艺	湖南卫视	4.4	18.7
15	《32 届奥运会女排小组赛第 3 轮》（CHN VS ROC）	体育	中央台五套	4.3	35.9
16	《天猫开心夜》	综艺	湖南卫视	4.3	29.2
17	《想把我唱给你听——2022 浙江卫视跨年晚会》	综艺	浙江卫视	4.3	21.2

续表

名次	节目名称	节目类型	播出频道	平均收视率	平均占有率
18	《抖音新潮好物夜》	综艺	湖南卫视	4.1	22.8
19	《2022 跨年演唱会》（用奋斗点亮幸福）	音乐	江苏卫视	4.1	18.9
20	《实况录像：32 届奥运会射击女子 10 米气步枪决赛》	体育	中央台五套	4.0	14.3
21	《我们的歌》（9 月 19 日）	综艺	东方卫视	3.9	25.6
22	《2021 年湖南卫视春节联欢晚会》	综艺	湖南卫视	3.9	21.0
23	《春满东方幸福牛年·东方卫视春节晚会 2021》	综艺	东方卫视	3.7	20.3
24	《32 届奥运会击剑女子重剑个人决赛》	体育	中央台五套	3.6	12.9
25	《乘风破浪》（2 月 19 日）	综艺	湖南卫视	3.4	17.4
26	《32 届奥运会女子自由式摔跤 50 公斤级决赛》	体育	中央台五套	3.4	14.5
27	《温暖的味道》	电视剧	湖南卫视	3.3	16.0
28	《青春中国 2021～2022 跨年晚会》	音乐	湖南卫视	3.3	15.1
29	《向往的生活》（桃花源）	综艺	湖南卫视	3.2	36.7
30	《与君歌》	电视剧	湖南卫视	3.2	16.1

表 3.50.8　2021 年宁波市场电视剧收视率排名前 10

单位：%

名次	节目名称	播出频道	平均收视率	平均占有率
1	《沉睡花园》	湖南卫视	4.7	51.0
2	《温暖的味道》	湖南卫视	3.3	16.0
3	《与君歌》	湖南卫视	3.2	16.1
4	《风起霓裳》	湖南卫视	3.1	15.7
5	《百炼成钢》	湖南卫视	3.1	15.2
6	《琉璃》	江苏卫视	3.0	13.9
7	《陪你一起长大》	湖南卫视	2.9	16.1
8	《突围》	浙江卫视	2.9	13.1
9	《八零九零》	湖南卫视	2.8	14.6
10	《突围》	东方卫视	2.8	13.1

表 3.50.9　2021 年宁波市场新闻节目收视率排名前 10

单位：%

名次	节目名称	播出频道	平均收视率	平均占有率
1	《来发讲啥西》（20：30）	宁波电视台二套（经济生活频道）	1.5	7.2

续表

名次	节目名称	播出频道	平均收视率	平均占有率
2	《2020疫情下的美国人权透视》	中央台四套	1.4	7.8
3	《“省委十四届十次全会”特别节目》	浙江卫视	1.4	6.8
4	《全力抗击“灿都”特别报道》	宁波电视台一套（新闻综合频道）	1.3	9.5
5	《今日关注》	中央台四套	0.9	5.7
6	《世界经济论坛“达沃斯议程”对话会特别报道》	中央电视台新闻频道	0.9	4.6
7	《中国共产党与世界政党领导人峰会特别报道》	中央台四套	0.9	4.5
8	《第四届中国国际进口博览会特别报道》	中央台四套	0.9	3.7
9	《新闻年鉴·世界2020》	中央电视台新闻频道	0.8	8.3
10	《看点》	宁波电视台一套（新闻综合频道）	0.8	6.7

表3.50.10 2021年宁波市场专题节目收视率排名前10

单位：%

名次	节目名称	播出频道	平均收视率	平均占有率
1	《纪录时间》（9月12日）	宁波电视台四套（影视剧频道）	1.8	8.3
2	《潮涌长三角——长三角三省一市庆祝中国共产党成立100周年特别节目》	江苏卫视	1.6	12.7
3	《融入大地闪耀星空——致敬袁隆平》	湖南卫视	1.5	7.6
4	《众创英雄汇2021》	广东卫视	1.3	8.7
5	《讲大道》	宁波电视台三套（都市文体频道）	1.3	6.4
6	《中国共产党人精神谱系特别节目精神的力量》	江苏卫视	1.1	10.6
7	《中国诗词大会第六季》（3月20日）	中央电视台综合频道	0.9	4.4
8	《傲椒的湘菜》	湖南卫视	0.9	4.3
9	《这八年精准扶贫在湖南》	湖南卫视	0.9	4.2
10	《28岁的你》	湖南卫视	0.8	3.7

表3.50.11 2021年宁波市场综艺节目收视率排名前10

单位：%

名次	节目名称	播出频道	平均收视率	平均占有率
1	《最强大脑之燃烧吧大脑》（3月5日）	江苏卫视	5.7	49.7

续表

名次	节目名称	播出频道	平均收视率	平均占有率
2	《818 全球汽车夜》	湖南卫视	5.6	26.5
3	《2060》（12 月 24 日）	江苏卫视	5.5	38.7
4	《百度潮盛典》	浙江卫视	5.1	25.8
5	《百变大咖秀 2021》（2 月 26 日）	湖南卫视	4.9	51.2
6	《金曲青春》（5 月 29 日）	东方卫视	4.7	19.1
7	《2021 中央广播电视总台春节联欢晚会》	浙江卫视	4.6	18.1
8	《谁是宝藏歌手》（6 月 18 日）	湖南卫视	4.4	18.7
9	《天猫开心夜》	湖南卫视	4.3	29.2
10	《想把我唱给你听——2022 浙江卫视跨年晚会》	浙江卫视	4.3	21.2

表 3.50.12　2021 年宁波市场体育节目收视率排名前 10

单位：%

名次	节目名称	播出频道	平均收视率	平均占有率
1	《32 届奥运会男子 100 米决赛》	中央台五套	6.5	26.9
2	《乒乓球男团颁奖仪式》	中央台五套	5.1	23.1
3	《32 届奥运会乒乓球女团决赛》	中央台五套	4.7	28.1
4	《32 届奥运会女子 100 米蛙泳预赛》	中央台五套	4.5	21.0
5	《32 届奥运会竞技体操男子团体决赛》	中央台五套	4.4	20.0
6	《32 届奥运会女排小组赛第 3 轮》（CHN VS ROC）	中央台五套	4.3	35.9
6	《实况录像：32 届奥运会射击女子 10 米气步枪决赛》	中央台五套	4.0	14.3
8	《32 届奥运会击剑女子重剑个人决赛》	中央台五套	3.6	12.9
9	《32 届奥运会女子自由式摔跤 50 公斤级决赛》	中央台五套	3.4	14.5
10	《实况录像：32 届奥运会女子举重 87 公斤以上级决赛》	中央台五套	2.9	20.6

五十一 青岛收视数据

表 3. 51. 1 2017 ~ 2021 年青岛市场各类频道的市场占有率

单位：%

频道类别	2017 年	2018 年	2019 年	2020 年	2021 年
中央广播电视总台	30. 1	31. 1	27. 2	23. 7	21. 6
中国教育台频道	0. 1	0. 1	0. 1	0. 1	0. 1
山东省级频道	14. 1	11. 1	9. 3	8. 4	6. 4
青岛市级频道	16. 4	18. 3	16. 1	11. 2	8. 0
其他省级卫视频道	25. 5	22. 2	21. 7	22. 4	23. 2
其他频道	13. 8	17. 2	25. 6	34. 2	40. 7

表 3. 51. 2 2021 年青岛市场各类频道在不同目标观众中的市场占有率

单位：%

目标观众		中央广播电视总台	中国教育台频道	山东省级频道	青岛市级频道	其他省级卫视频道	其他频道
4 岁及以上所有人		21. 6	0. 1	6. 4	8. 0	23. 2	40. 7
性别	男	24. 2	0. 1	6. 5	8. 3	22. 4	38. 5
	女	18. 9	0. 1	6. 3	7. 6	24. 0	43. 1
年龄	4 ~ 14 岁	9. 8	0. 1	6. 5	3. 5	25. 0	55. 1
	15 ~ 24 岁	15. 9	0. 1	2. 8	2. 9	20. 5	57. 8
	25 ~ 34 岁	12. 2	0. 1	3. 5	3. 0	20. 6	60. 6
	35 ~ 44 岁	16. 8	0. 1	6. 1	4. 4	28. 6	44. 0
	45 ~ 54 岁	22. 2	0. 1	5. 3	6. 3	17. 6	48. 5
	55 ~ 64 岁	23. 3	0. 1	7. 7	9. 3	25. 1	34. 5
	65 岁及以上	31. 9	0. 1	8. 9	14. 8	25. 8	18. 5
受教育程度	未受过正规教育	14. 5	0. 1	8. 5	5. 4	17. 3	54. 2
	小学	21. 2	0. 1	7. 2	12. 4	26. 1	33. 0
	初中	22. 4	0. 1	7. 6	9. 0	22. 7	38. 2
	高中	24. 2	0. 1	5. 4	7. 2	22. 4	40. 7
	大学及以上	19. 1	0. 1	4. 1	4. 0	25. 0	47. 7

续表

目标观众		中央广播电视总台	中国教育台频道	山东省级频道	青岛市级频道	其他省级卫视频道	其他频道
职业类别	干部/管理人员	14.6	0.0	3.2	1.1	45.0	36.1
	个体/私营企业人员	22.7	0.1	5.9	7.7	25.5	38.1
	初级公务员/雇员	17.0	0.1	4.1	4.4	20.0	54.4
	工人	19.8	0.1	6.8	7.4	23.1	42.8
	学生	12.6	0.1	5.2	3.0	26.2	52.9
	无业	25.2	0.1	7.4	10.7	24.4	32.2
	其他	20.3	0.1	9.1	6.3	12.7	51.5
个人月收入	0～600 元	15.0	0.1	7.1	5.3	20.5	52.0
	601～1200 元	21.2	0.0	11.2	11.1	21.4	35.1
	1201～1700 元	21.2	0.1	9.6	7.2	19.1	42.8
	1701～2600 元	23.8	0.1	6.3	10.0	22.4	37.4
	2601～3500 元	22.4	0.1	6.2	10.1	25.5	35.7
	3501～5000 元	21.8	0.1	5.0	7.1	22.6	43.4
	5001 元及以上	26.6	0.1	5.5	7.2	25.7	34.9

表 3.51.3　2021 年青岛市场各类频道在不同时段的市场占有率

单位：%

时间段	中央广播电视总台	中国教育台频道	山东省级频道	青岛市级频道	其他省级卫视频道	其他频道
02:00～03:00	16.9	0.1	6.7	1.5	24.7	50.1
03:00～04:00	21.7	0.1	5.1	1.4	22.5	49.2
04:00～05:00	27.8	0.0	5.5	1.9	19.8	45.0
05:00～06:00	30.6	0.1	7.6	7.4	20.4	33.9
06:00～07:00	48.5	0.0	4.8	5.3	15.5	25.9
07:00～08:00	40.6	0.1	5.3	6.3	11.5	36.2
08:00～09:00	36.0	0.1	6.3	5.6	13.4	38.6
09:00～10:00	25.2	0.1	7.5	4.1	22.3	40.8
10:00～11:00	21.4	0.1	5.8	3.4	27.5	41.8
11:00～12:00	25.8	0.1	5.7	2.9	25.5	40.0
12:00～13:00	33.4	0.1	4.5	1.8	19.6	40.6
13:00～14:00	20.9	0.1	5.3	2.2	25.4	46.1
14:00～15:00	16.9	0.1	5.7	2.0	27.7	47.6
15:00～16:00	17.3	0.1	6.1	2.8	27.4	46.3
16:00～17:00	18.6	0.1	6.9	4.0	25.7	44.7

续表

时间段	中央广播电视总台	中国教育台频道	山东省级频道	青岛市级频道	其他省级卫视频道	其他频道
17:00～18:00	19.1	0.1	6.4	12.9	21.0	40.5
18:00～19:00	23.4	0.0	10.5	14.9	11.3	39.9
19:00～20:00	23.4	0.0	8.1	11.6	19.4	37.5
20:00～21:00	17.4	0.0	6.4	10.7	28.2	37.3
21:00～22:00	18.0	0.1	5.3	9.7	27.6	39.3
22:00～23:00	17.4	0.1	2.7	6.6	29.4	43.8
23:00～00:00	17.7	0.1	3.4	3.6	28.2	47.0
00:00～01:00	17.1	0.1	4.3	3.2	24.5	50.8
01:00～02:00	16.7	0.1	6.0	1.7	25.8	49.7

表 3.51.4 2021 年青岛市场收视份额排名前 10 的频道

单位：%

名次	频道名称	收视份额
1	中央电视台综合频道	3.9
2	中央台四套	3.7
3	湖南卫视	3.3
4	江苏卫视	2.7
5	青岛广播电视台新闻综合频道	2.4
5	浙江卫视	2.4
7	中央台六套	2.3
7	青岛广播电视台影视频道	2.3
9	中央台八套	2.2
10	东方卫视	2.0

表 3.51.5 2021 年青岛市场各主要频道的观众构成

单位：%

目标观众		所有频道	主要频道					
			中央电视台综合频道	中央台四套	湖南卫视	江苏卫视	青岛广播电视台新闻综合频道	浙江卫视
4 岁及以上所有人		100.0	100.0	100.0	100.0	100.0	100.0	100.0
性别	男	51.6	54.1	62.9	39.8	55.4	57.7	50.2
	女	48.4	45.9	37.1	60.2	44.6	42.3	49.8

续表

目标观众		所有频道	主要频道					
			中央电视台综合频道	中央台四套	湖南卫视	江苏卫视	青岛广播电视台新闻综合频道	浙江卫视
年龄	4～14 岁	7.9	4.8	1.5	6.1	6.8	2.2	8.4
	15～24 岁	5.1	4.5	2.5	3.7	5.5	2.9	8.3
	25～34 岁	15.3	8.9	4.8	10.0	16.4	5.0	17.3
	35～44 岁	8.3	6.3	2.9	9.5	9.3	3.6	16.5
	45～54 岁	19.4	22.0	14.9	14.7	15.4	15.0	15.6
	55～64 岁	18.2	17.9	19.4	26.3	24.0	21.8	18.0
	65 岁及以上	25.8	35.7	54.0	29.7	22.6	49.4	15.9
受教育程度	未受过正规教育	5.9	4.7	2.3	3.4	4.1	2.2	2.5
	小学	14.5	15.6	15.5	15.9	13.2	15.9	13.6
	初中	36.7	34.1	41.1	34.2	35.4	41.2	30.6
	高中	25.9	29.8	29.1	34.2	30.4	29.3	23.3
	大学及以上	17.1	15.8	12.0	12.4	16.9	11.5	30.0
职业类别	干部/管理人员	1.4	1.0	0.3	1.5	1.9	0.2	4.2
	个体/私营企业人员	10.9	13.3	11.3	13.0	17.0	8.7	15.5
	初级公务员/雇员	20.3	16.2	11.9	14.1	18.3	12.2	27.6
	工人	9.6	8.8	3.7	10.9	13.7	9.3	10.1
	学生	5.5	4.3	1.1	4.1	4.1	0.9	7.3
	无业	47.0	52.1	68.2	55.0	39.3	67.5	33.7
	其他	5.4	4.3	3.4	1.4	5.6	1.2	1.7
个人月收入	0～600 元	18.7	15.1	8.0	10.5	12.6	10.4	15.7
	601～1200 元	4.7	3.6	3.5	5.5	3.9	5.9	3.1
	1201～1700 元	4.4	5.1	3.8	2.3	4.8	4.2	2.9
	1701～2600 元	10.1	12.0	13.9	11.6	12.4	9.0	8.2
	2601～3500 元	23.6	26.4	22.5	24.1	28.2	29.6	22.9
	3501～5000 元	20.5	19.5	21.7	27.6	17.9	21.0	24.6
	5001 元及以上	17.9	18.3	26.6	18.4	20.3	19.9	22.7

表 3.51.6　2019～2021 青岛市场各类节目的播出比重和收视比重

单位：%

节目类别	2019 年		2020 年		2021 年	
	播出比重	收视比重	播出比重	收视比重	播出比重	收视比重
财经	1.0	0.4	1.0	0.6	1.1	0.7
电视剧	20.3	28.3	20.2	30.6	20.1	31.1

续表

节目类别	2019 年		2020 年		2021 年	
	播出比重	收视比重	播出比重	收视比重	播出比重	收视比重
电影	3.3	4.2	3.1	3.7	3.1	3.8
法制	0.9	0.5	0.6	0.2	0.6	0.2
教学	0.3	0.0	0.3	0.1	0.5	0.1
青少	8.6	6.3	8.6	6.6	7.8	5.3
生活服务	8.5	8.6	8.7	7.2	9.2	7.0
体育	4.3	4.0	4.3	2.1	4.8	3.8
外语	0.1	0.0	0.2	0.0	0.2	0.0
戏剧	0.8	0.4	0.6	0.3	0.5	0.3
新闻/时事	15.8	14.5	16.8	17.4	16.0	16.7
音乐	1.7	1.0	1.8	1.1	1.6	0.8
专题	13.5	7.2	13.5	6.4	14.9	6.3
综艺	8.4	13.8	7.7	12.8	7.6	13.2
其他	12.5	10.8	12.6	10.9	12.0	10.7

表 3.51.7　2021 年青岛市场所有节目收视率排名前 30

单位：%

名次	节目名称	节目类型	播出频道	平均收视率	平均占有率
1	《2021 一年又一年》	专题	中央电视台综合频道	12.4	29.9
2	《2021 中央广播电视总台春节联欢晚会》	综艺	中央电视台综合频道	11.2	24.4
3	《花好月圆元宵夜》	综艺	中央电视台综合频道	5.9	15.3
4	《32 届奥运会乒乓球女团决赛》	体育	中央台五套	5.4	19.0
5	《32 届奥运会男子 100 米决赛》	体育	中央台五套	4.7	15.7
6	《2021 年中央广播电视总台中秋晚会》	综艺	中央电视台综合频道	4.4	15.3
7	《女子铅球颁奖仪式》	体育	中央台五套	4.0	15.9
8	《最强大脑》（1 月 22 日）	综艺	江苏卫视	3.6	16.7
9	《追光吧！哥哥》（2 月 6 日）	综艺	东方卫视	3.5	12.0
10	《32 届奥运会体操男子个人全能决赛》	体育	中央台五套	3.4	12.5
11	《陪你一起长大》	电视剧	湖南卫视	3.2	12.4
12	《红海行动》（1 月 10 日）	电影	中央台六套	3.2	10.0
13	《实况录像：32 届奥运会举重男子 81 公斤级决赛抓举》	体育	中央台五套	3.0	11.1
14	《金牛喜迎春——2021 星光嘉年华》	综艺	中央台三套	2.9	7.9
15	《2060》（12 月 10 日）	综艺	江苏卫视	2.8	20.5
16	《欢乐喜剧人 7》（1 月 17 日）	综艺	东方卫视	2.8	11.5

续表

名次	节目名称	节目类型	播出频道	平均收视率	平均占有率
17	《春满东方幸福牛年·东方卫视春节晚会2021》	综艺	东方卫视	2.8	10.1
18	《中国诗词大会第六季》（2月13日）	专题	中央电视台综合频道	2.8	7.3
19	《32届奥运会女排小组赛第4轮》（中国VS意大利）	体育	中央台五套	2.7	17.6
20	《毒海风云》（11月14日）	电影	中央台六套	2.7	10.1
21	《32届奥运会女子自由式摔跤50公斤级决赛》	体育	中央台五套	2.7	9.0
22	《青春中国2021～2022跨年晚会》	音乐	湖南卫视	2.6	14.2
23	《奔跑吧》	综艺	浙江卫视	2.6	11.6
24	《温暖的味道》	电视剧	湖南卫视	2.6	10.1
25	《广东十虎苏灿之亢龙有悔》	电影	中央台六套	2.6	9.9
26	《一起深呼吸》	电视剧	江苏卫视	2.6	8.6
26	《2021年湖南卫视春节联欢晚会》	综艺	湖南卫视	2.6	8.6
28	《风起霓裳》	电视剧	湖南卫视	2.6	8.1
29	《天气预报》	生活服务	中央电视台综合频道	2.5	8.4
30	《正青春》	电视剧	东方卫视	2.5	7.3

表3.51.8　2021年青岛市场电视剧收视率排名前10

单位：%

名次	节目名称	播出频道	平均收视率	平均占有率
1	《陪你一起长大》	湖南卫视	3.2	12.4
2	《温暖的味道》	湖南卫视	2.6	10.1
3	《一起深呼吸》	江苏卫视	2.6	8.6
4	《风起霓裳》	湖南卫视	2.6	8.1
5	《正青春》	东方卫视	2.5	7.3
6	《猎狼者》	湖南卫视	2.4	22.2
7	《北方有佳人》	青岛广播电视台影视频道	2.4	8.8
8	《半暖时光》	江苏卫视	2.4	8.4
9	《护宝风云》	青岛广播电视台影视频道	2.3	7.3
10	《假日暖洋洋》	北京卫视	2.3	6.7

表 3.51.9　2021 年青岛市场新闻节目收视率排名前 10

单位：%

名次	节目名称	播出频道	平均收视率	平均占有率
1	《世界经济论坛“达沃斯议程”对话会特别报道》	中央电视台综合频道	1.7	4.8
2	《新闻联播》	中央电视台综合频道	1.6	6.2
3	《共同守“沪”迎战“烟花”》（防汛抗台全媒体直播报道）	东方卫视	1.4	6.7
4	《国务院总理会见中外记者并回答提问》	中央电视台综合频道	1.4	4.3
5	《山东新闻联播》	青岛广播电视台新闻综合频道	1.2	5.5
6	《2020 疫情下的美国人权透视》	中央台四套	1.1	3.8
7	《第四届中国国际进口博览会开幕式特别报道》	中央电视台综合频道	1.1	3.7
8	《今日 +》	青岛广播电视台新闻综合频道	1.0	6.6
9	《中国共产党与世界政党领导人峰会特别报道》	中央台四套	1.0	4.3
10	《转播中央台新闻联播》	青岛广播电视台新闻综合频道	1.0	3.9

表 3.51.10　2021 年青岛市场专题节目收视率排名前 10

单位：%

名次	节目名称	播出频道	平均收视率	平均占有率
1	《2021 一年又一年》	中央电视台综合频道	12.4	29.9
2	《中国诗词大会第六季》（2 月 13 日）	中央电视台综合频道	2.8	7.3
3	《情满雪域高原——记习近平总书记西藏之行》	中央电视台综合频道	2.1	7.3
4	《感动中国 2020 年度人物颁奖盛典》	中央电视台综合频道	1.9	5.5
5	《正风反腐就在身边》	中央电视台综合频道	1.6	4.7
6	《奋力走在前》	青岛广播电视台新闻综合频道	1.2	4.0
7	《岛城先锋》	青岛广播电视台新闻综合频道	1.1	5.3
8	《315》	中央台二套	1.1	4.3
9	《轨迹 1 号线与城市同行》	青岛广播电视台新闻综合频道	1.0	3.4
10	《战争黑洞——美国制造的人权灾难》	中央台四套	0.9	5.4

表 3.51.11　2021 年青岛市场综艺节目收视率排名前 10

单位：%

名次	节目名称	播出频道	平均收视率	平均占有率
1	《2021 中央广播电视总台春节联欢晚会》	中央电视台综合频道	11.2	24.4
2	《花好月圆元宵夜》	中央电视台综合频道	5.9	15.3

续表

名次	节目名称	播出频道	平均收视率	平均占有率
3	《2021年中央广播电视总台中秋晚会》	中央电视台综合频道	4.4	15.3
4	《最强大脑》（1月22日）	江苏卫视	3.6	16.7
5	《追光吧！哥哥》（2月6日）	东方卫视	3.5	12.0
6	《金牛喜迎春——2021星光嘉年华》	中央台三套	2.9	7.9
7	《2060》（12月10日）	江苏卫视	2.8	20.5
8	《欢乐喜剧人7》（1月17日）	东方卫视	2.8	11.5
9	《春满东方幸福牛年·东方卫视春节晚会2021》	东方卫视	2.8	10.1
10	《奔跑吧》	浙江卫视	2.6	11.6

表3.51.12　2021年青岛市场体育节目收视率排名前10

单位：%

名次	节目名称	播出频道	平均收视率	平均占有率
1	《32届奥运会乒乓球女团决赛》	中央台五套	5.4	19.0
2	《32届奥运会男子100米决赛》	中央台五套	4.7	15.7
3	《女子铅球颁奖仪式》	中央台五套	4.0	15.9
4	《32届奥运会体操男子个人全能决赛》	中央台五套	3.4	12.5
5	《实况录像：32届奥运会举重男子81公斤级决赛抓举》	中央台五套	3.0	11.1
6	《32届奥运会女排小组赛第4轮》（中国VS意大利）	中央台五套	2.7	17.6
7	《32届奥运会女子自由式摔跤50公斤级决赛》	中央台五套	2.7	9.0
8	《实况录像：32届奥运会射击女子10米气步枪决赛》	中央台五套	2.3	8.6
9	《32届奥运会羽毛球男子单打决赛》	中央台五套	2.2	7.6
10	《32届奥运会女子100米蝶泳预赛》	中央台五套	2.1	11.9

五十二　沈阳收视数据

表 3.52.1　2017～2021 年沈阳市场各类频道的市场占有率

单位：%

频道类别	2017 年	2018 年	2019 年	2020 年	2021 年
中央广播电视总台	30.7	34.0	30.2	27.7	27.2
中国教育台频道	0.2	0.2	0.1	0.1	0.1
辽宁省级频道	20.9	21.9	21.3	20.1	16.7
沈阳市级频道	11.0	8.8	8.3	6.3	4.6
其他省级卫视频道	26.5	23.0	23.8	25.7	24.8
其他频道	10.7	12.1	16.3	20.1	26.6

表 3.52.2　2021 年沈阳市场各类频道在不同目标观众中的市场占有率

单位：%

目标观众		中央广播电视总台	中国教育台频道	辽宁省级频道	沈阳市级频道	其他省级卫视频道	其他频道
4 岁及以上所有人		27.2	0.1	16.7	4.6	24.8	26.6
性别	男	28.8	0.1	17.3	4.2	23.5	26.1
	女	25.5	0.1	16.1	5.1	26.1	27.1
年龄	4～14 岁	22.0	0.1	5.0	1.0	30.9	41.0
	15～24 岁	24.5	0.0	8.9	2.9	35.8	27.9
	25～34 岁	27.4	0.1	9.2	3.3	30.6	29.4
	35～44 岁	23.6	0.1	10.1	2.6	26.0	37.6
	45～54 岁	24.7	0.1	16.9	2.7	24.8	30.8
	55～64 岁	28.2	0.1	19.5	5.7	25.6	20.9
	65 岁及以上	30.3	0.1	21.3	6.9	20.3	21.1
受教育程度	未受过正规教育	26.9	0.1	3.7	1.6	28.8	38.9
	小学	28.4	0.1	23.9	2.9	23.1	21.6
	初中	26.6	0.1	19.1	5.8	25.1	23.3
	高中	26.3	0.1	13.3	3.5	24.9	31.9
	大学及以上	29.5	0.1	9.5	4.3	25.1	31.5

续表

目标观众		中央广播电视总台	中国教育台频道	辽宁省级频道	沈阳市级频道	其他省级卫视频道	其他频道
职业类别	干部/管理人员	16.8	0.1	15.9	1.6	19.1	46.5
	个体/私营企业人员	29.0	0.1	16.8	3.4	24.5	26.2
	初级公务员/雇员	22.2	0.1	12.0	5.0	29.6	31.1
	工人	24.9	0.1	16.2	4.0	29.5	25.3
	学生	21.5	0.1	5.2	1.7	34.4	37.1
	无业	28.6	0.1	15.9	5.5	22.8	27.1
	其他	29.2	0.1	36.3	2.4	19.3	12.7
个人月收入	0～600元	28.0	0.1	10.2	1.7	27.6	32.4
	601～1200元	29.1	0.1	22.6	4.0	13.6	30.6
	1201～1700元	33.9	0.1	25.1	4.3	19.2	17.4
	1701～2600元	26.4	0.1	21.8	6.4	27.4	17.9
	2601～3500元	25.5	0.1	19.1	5.5	24.8	25.0
	3501～5000元	28.4	0.1	13.6	5.3	23.8	28.8
	5001元及以上	26	0.1	8.4	2.8	23.4	39.3

表3.52.3　2021年沈阳市场各类频道不同时段的市场占有率

单位：%

时间段	中央广播电视总台	中国教育台	辽宁省级频道	沈阳市级频道	其他省级上星频道	其他频道
02:00～03:00	30.4	0.1	10.3	2.2	26.6	30.4
03:00～04:00	31.1	0.1	14.4	1.7	20.7	32.0
04:00～05:00	38.3	0.1	17.4	2.9	16.4	24.9
05:00～06:00	36.3	0.1	25.2	2.0	16.3	20.1
06:00～07:00	33.6	0.1	27.1	10.0	11.8	17.4
07:00～08:00	32.6	0.1	17.6	19.5	10.4	19.8
08:00～09:00	39.8	0.1	9.5	10.2	15.5	24.9
09:00～10:00	35.6	0.1	7.4	3.8	24.2	28.9
10:00～11:00	32.1	0.1	6.2	2.8	28.7	30.1
11:00～12:00	31.9	0.1	7.1	2.5	29.5	28.9
12:00～13:00	30.3	0.0	11.1	3.5	26.4	28.7
13:00～14:00	28.8	0.1	8.3	2.4	30.3	30.1
14:00～15:00	28.9	0.1	5.9	2.0	32.5	30.6
15:00～16:00	28.8	0.1	6.2	2.3	31.8	30.8
16:00～17:00	28.4	0.1	12.3	3.7	26.1	29.4

续表

时间段	中央广播电视总台	中国教育台	辽宁省级频道	沈阳市级频道	其他省级上星频道	其他频道
17:00~18:00	24.4	0.1	24.4	6.9	17.4	26.8
18:00~19:00	25.5	0.0	31.1	8.7	8.6	26.1
19:00~20:00	26.2	0.0	24.4	4.3	21.6	23.5
20:00~21:00	21.3	0.0	19.1	3.4	32.5	23.7
21:00~22:00	21.9	0.1	19.2	3.3	30.1	25.4
22:00~23:00	21.6	0.1	15.7	2.7	31.4	28.5
23:00~00:00	25.8	0.2	12.2	1.8	32.0	28.0
00:00~01:00	28.3	0.3	12.5	1.7	26.6	30.6
01:00~02:00	30.1	0.2	10.8	1.8	25.6	31.5

表 3.52.4　2021 年沈阳市场收视份额排名前 10 的频道

单位：%

名次	频道名称	收视份额
1	辽宁广播电视台都市频道	5.3
2	中央台六套	4.4
3	中央台八套	4.0
4	辽宁广播电视台影视剧频道	3.8
5	中央台四套	3.7
6	湖南卫视	3.0
7	中央电视台新闻频道	2.9
8	沈阳电视台一套（新闻综合频道）	2.6
9	中央台五套	2.5
9	中央电视台综合频道	2.5

表 3.52.5　2021 年沈阳市场各主要频道的观众构成

单位：%

目标观众		所有频道	主要频道				
			辽宁广播电视台都市频道	中央台六套	中央台八套	辽宁广播电视台影视剧频道	中央台四套
4 岁及以上所有人		100.0	100.0	100.0	100.0	100.0	100.0
性别	男	50.6	51.3	57.8	48.0	56.9	59.7
	女	49.4	48.7	42.2	52.0	43.1	40.3

续表

目标观众		所有频道	主要频道				
			辽宁广播电视台都市频道	中央台六套	中央台八套	辽宁广播电视台影视剧频道	中央台四套
年龄	4～14岁	4.2	1.3	4.1	2.2	0.5	1.2
	15～24岁	2.7	1.7	4.0	2.6	2.2	1.9
	25～34岁	8.1	4.4	11.1	5.6	2.1	3.4
	35～44岁	11.3	4.7	13.4	7.4	12.2	3.1
	45～54岁	20.7	21.8	27.8	17.1	26.2	16.5
	55～64岁	23.4	31.6	26.9	27.8	28.7	24.2
	65岁及以上	29.6	34.5	12.7	37.3	28.1	49.6
受教育程度	未受过正规教育	1.4	0.4	2.3	1.2	0.2	0.9
	小学	12.6	16.0	12.0	14.7	22.5	10.1
	初中	46.8	54.4	51.4	51.5	53.8	41.9
	高中	25.1	22.8	24.9	25.1	19.2	32.0
	大学及以上	14.0	6.4	9.4	7.5	4.3	15.1
职业类别	干部/管理人员	1.0	0.3	1.0	0.1	1.9	0.4
	个体/私营企业人员	7.6	4.9	15.4	8.0	15.3	3.9
	初级公务员/雇员	7.6	6.6	5.3	4.5	4.6	4.5
	工人	17.9	18.8	28.3	15.6	15.6	13.7
	学生	3.9	1.0	3.6	2.2	0.6	1.7
	无业	55.1	53.9	40.0	62.7	48.2	70.4
	其他	6.9	14.5	6.4	6.9	13.7	5.4
个人月收入	0～600元	18.0	12.2	22.3	16.3	9.0	11.7
	601～1200元	4.3	3.4	2.1	13.1	4.3	2.8
	1201～1700元	4.4	3.4	2.8	4.9	6.3	7.5
	1701～2600元	19.0	27.7	20.1	17.2	20.9	16.9
	2601～3500元	29.6	34.7	25.8	28.2	42.8	32.9
	3501～5000元	17.6	15.9	19.1	14.2	13.4	22.2
	5001元及以上	7.1	2.7	7.8	6.1	3.2	6.1

表3.52.6　2019～2021沈阳市场各类节目的播出比重和收视比重

单位：%

节目类别	2019年		2020年		2021年	
	播出比重	收视比重	播出比重	收视比重	播出比重	收视比重
财经	1.0	0.5	1.0	0.5	1.1	0.4

续表

节目类别	2019 年		2020 年		2021 年	
	播出比重	收视比重	播出比重	收视比重	播出比重	收视比重
电视剧	26.7	31.0	21.4	30.8	21.1	30.8
电影	4.2	5.4	3.7	4.1	3.5	5.4
法制	0.7	0.7	0.8	0.4	0.8	0.3
教学	0.3	0.0	0.3	0.1	0.3	0.0
青少	6.8	3.5	7.1	2.9	6.8	3.0
生活服务	8.4	9.1	8.8	8.6	9.9	8.2
体育	3.8	4.2	4.2	3.4	4.5	4.5
外语	0.1	0.0	0.2	0.0	0.2	0.0
戏剧	1.0	0.2	0.6	0.2	0.5	0.2
新闻/时事	10.6	14.9	16.8	19.5	15.8	16.9
音乐	1.5	1.1	1.8	1.1	1.6	0.9
专题	13.0	5.0	13.8	4.6	14.9	4.8
综艺	6.3	13.1	7.3	12.8	7.2	13.1
其他	15.6	11.3	12.2	11.0	11.9	11.4

表 3.52.7　2021 年沈阳市场所有节目收视率排名前 30

单位：%

名次	节目名称	节目类别	播出频道	平均收视率	平均占有率
1	《2021 年辽宁卫视春节联欢晚会》	综艺	辽宁卫视	9.1	30.3
2	《2021 中央广播电视总台春节联欢晚会》	综艺	中央电视台综合频道	6.9	17.8
3	《2021 一年又一年》	专题	中央电视台综合频道	6.6	21.4
4	《32 届奥运会男子 100 米决赛》	体育	中央台五套	5.4	22.2
5	《女子铅球颁奖仪式》	体育	中央台五套	4.6	21.0
6	《青春中国 2021 ~ 2022 跨年晚会》	音乐	湖南卫视	4.3	24.5
7	《32 届奥运会乒乓球女团决赛》	体育	中央台五套	3.9	16.8
8	《乘风破浪》（4 月 2 日）	综艺	湖南卫视	3.8	14.1
9	《直播周末：2020/2021 赛季 CBA 总决赛第三场》（广东东莞大益 VS 辽宁本钢）	体育	中央台五套	3.6	16.4
10	《妈妈你真好看》（5 月 29 日）	综艺	湖南卫视	3.4	34.4
11	《花好月圆元宵夜》	综艺	中央电视台综合频道	3.4	12.2
12	《绝招》（12 月 12 日）	电影	中央台六套	3.3	12.0
13	《中国好声音》（10 月 1 日）	综艺	浙江卫视	3.3	21.2
14	《实况录像：32 届奥运会举重男子 81 公斤级决赛挺举》	体育	中央台五套	3.2	17.1

续表

名次	节目名称	节目类别	播出频道	平均收视率	平均占有率
15	《欢乐喜剧人7》（1月17日）	综艺	东方卫视	3.2	15.1
16	《战狼》（3月6日）	电影	中央台六套	3.2	12.1
17	《狄仁杰通天帝国》	电影	中央台六套	3.1	11.2
18	《狄仁杰之神都龙王》（12月18日）	电影	中央台六套	3.1	11.1
19	《少林寺》（12月4日）	电影	中央台六套	3.0	11.1
20	《人决战第二部淮海战役》	电影	中央台六套	3.0	10.8
21	《黄金搭档千金杀手》	电影	中央台六套	3.0	10.2
22	《32届奥运会羽毛球男子单打决赛》	体育	中央台五套	2.9	11.0
23	《2060》（12月3日）	综艺	江苏卫视	2.8	17.0
24	《新北方》	新闻/时事	辽宁广播电视台都市频道	2.8	13.0
25	《32届奥运会女子自由式摔跤50公斤级决赛》	体育	中央台五套	2.8	11.6
26	《32届奥运会竞技体操男子团体决赛》	体育	中央台五套	2.7	16.7
27	《绝地》（8月10日）	电影	中央台六套	2.7	13.4
28	《东京奥运会闭幕式》	体育	中央台五套	2.7	12.5
29	《陪你一起长大》	电视剧	湖南卫视	2.7	10.3
30	《喋血双龙》	电影	中央台六套	2.7	9.9

表3.52.8　2021年沈阳市场电视剧收视率排名前10

单位：%

名次	节目名称	播出频道	平均收视率	平均占有率
1	《陪你一起长大》	湖南卫视	2.7	10.3
2	《两个人的世界》	东方卫视	2.6	9.0
3	《突围》	东方卫视	2.5	9.4
4	《埃博拉前线》	北京卫视	2.5	8.8
5	《虎胆勇士》	辽宁广播电视台影视剧频道	2.3	10.0
6	《王牌部队》（1～10集）	江苏卫视	2.3	7.8
7	《正青春》	东方卫视	2.3	7.2
8	《假日暖洋洋》	北京卫视	2.3	7.0
9	《追风行动》	辽宁广播电视台影视剧频道	2.2	10.0
10	《温暖的味道》	湖南卫视	2.2	8.8

表 3.52.9 2021 年沈阳市场新闻节目收视率排名前 10

单位：%

名次	节目名称	播出频道	平均收视率	平均占有率
1	《新北方》	辽宁广播电视台都市频道	2.8	13.0
2	《新闻正前方》	辽宁广播电视台都市频道	1.6	11.4
3	《中国共产党与世界政党领导人峰会特别报道》	中央台四套	1.6	6.7
4	《世界经济论坛“达沃斯议程”对话会特别报道》	中央台四套	1.6	4.8
5	《中国舆论场》	中央台四套	1.2	4.1
6	《国务院总理会见中外记者并回答提问》	中央电视台综合频道	1.1	3.8
6	《今日亚洲》	中央台四套	1.1	3.8
8	《今日关注》	中央台四套	0.9	4.5
9	《2021 中关村论坛开幕式特别报道》	北京卫视	0.9	3.7
9	《中国新闻》	中央台四套	0.9	3.7

表 3.52.10 2021 年沈阳市场专题节目收视率排名前 10

单位：%

名次	节目名称	播出频道	平均收视率	平均占有率
1	《2021 一年又一年》	中央电视台综合频道	6.6	21.4
2	《主播读宪法》	湖南卫视	2.0	6.4
3	《云走璜尖的日子》	安徽卫视	1.8	11.0
4	《你好新时代青年融媒体作品大赛——人民的小康优秀作品展播》	安徽卫视	1.7	16.8
5	《2021 年全国消费促进月暨上海五五购物节启动仪式》	东方卫视	1.7	5.9
6	《正风反腐就在身边》	中央电视台综合频道	1.4	4.2
7	《中国地名大会》（1 月 23 日）	中央台四套	1.3	4.5
8	《“中国共产党为什么能”第十五季〈六中全会精神面对面共同富裕大家谈〉》	浙江卫视	1.2	7.0
9	《闪亮的名字——最美生态护林员发布仪式》	安徽卫视	1.1	5.9
10	《中国诗词大会第六季》（5 月 3 日）	中央电视台综合频道	1.1	4.2

表 3.52.11 2021 年沈阳市场综艺节目收视率排名前 10

单位：%

名次	节目名称	播出频道	平均收视率	平均占有率
1	《2021 年辽宁卫视春节联欢晚会》	辽宁卫视	9.1	30.3

续表

名次	节目名称	播出频道	平均收视率	平均占有率
2	《2021 中央广播电视总台春节联欢晚会》	中央电视台综合频道	6.9	17.8
3	《乘风破浪》（4 月 2 日）	湖南卫视	3.8	14.1
4	《妈妈你真好看》（5 月 29 日）	湖南卫视	3.4	34.4
5	《花好月圆元宵夜》	中央电视台综合频道	3.4	12.2
6	《中国好声音》（10 月 1 日）	浙江卫视	3.3	21.2
7	《欢乐喜剧人 7》（1 月 17 日）	东方卫视	3.2	15.1
8	《2060》（12 月 3 日）	江苏卫视	2.8	17.0
9	《追光吧！哥哥》（2 月 27 日）	东方卫视	2.4	10.1
10	《“笑赢这一年”2021（优酷 & 浙江卫视）喜剧春晚》	浙江卫视	2.4	8.7

表 3.52.12　2021 年沈阳市场体育节目收视率排名前 10

单位：%

名次	节目名称	播出频道	平均收视率	平均占有率
1	《32 届奥运会男子 100 米决赛》	中央台五套	5.4	22.2
2	《女子铅球颁奖仪式》	中央台五套	4.6	21.0
3	《32 届奥运会乒乓球女团决赛》	中央台五套	3.9	16.8
4	《直播周末：2020/2021 赛季 CBA 总决赛第三场》（广东东莞大益 VS 辽宁本钢）	中央台五套	3.6	16.4
5	《实况录像：32 届奥运会举重男子 81 公斤级决赛挺举》	中央台五套	3.2	17.1
6	《32 届奥运会羽毛球男子单打决赛》	中央台五套	2.9	11.0
7	《32 届奥运会女子自由式摔跤 50 公斤级决赛》	中央台五套	2.8	11.6
8	《32 届奥运会竞技体操男子团体决赛》	中央台五套	2.7	16.7
9	《东京奥运会闭幕式》	中央台五套	2.7	12.5
10	《实况录像：32 届奥运会蹦床女子决赛》	中央台五套	2.5	17.1

五十三　深圳收视数据

表 3.53.1　2017～2021 年深圳市场各类频道的市场占有率

单位：%

频道类别	2017 年	2018 年	2019 年	2020 年	2021 年
中央广播电视总台	22.1	22.5	18.1	16.3	13.2
中国教育台频道	0.1	0.2	0.1	0.1	0.1
广东省级频道	7.9	6.7	8.0	8.4	8.6
深圳市级频道	26.0	25.6	22.6	22.0	17.1
境外频道	3.6	3.1	2.8	2.4	2.2
其他省级卫视频道	24.4	20.9	22.9	24.6	33.0
其他频道	15.9	21.0	25.5	26.2	25.8

表 3.53.2　2021 年深圳市场各类频道在各目标观众中的市场占有率

单位：%

目标观众		中央广播电视总台	中国教育台频道	广东省级频道	深圳市级频道	境外频道	其他省级卫视频道	其他频道
4 岁及以上所有人		13.2	0.1	8.6	17.1	2.2	33.0	25.8
性别	男	14.4	0.1	8.6	16.9	1.9	33.7	24.4
	女	11.9	0.1	8.6	17.2	2.6	32.3	27.3
年龄	4～14 岁	8.3	0.1	10.7	11.2	1.3	26.7	41.7
	15～24 岁	10.9	0.0	6.4	19.1	1.7	41.8	20.1
	25～34 岁	9.8	0.2	10.5	13.7	1.5	38.1	26.2
	35～44 岁	14.0	0.1	8.5	16.5	1.7	32.8	26.4
	45～54 岁	15.6	0.1	6.8	18.9	3.4	29.3	25.9
	55～64 岁	19.6	0.1	9.0	22.7	2.4	26.3	19.9
	65 岁及以上	24.2	0.1	10.1	24.5	3.8	23.2	14.1
受教育程度	未受过正规教育	8.0	0.1	15.5	23.9	0.9	19.1	32.5
	小学	13.9	0.1	9.8	16.3	1.5	27.1	31.3
	初中	11.5	0.1	9.4	18.8	2.7	31.8	25.7
	高中	15.2	0.1	7.7	17.1	2.4	34.5	23.0
	大学及以上	13.9	0.1	6.6	13.9	2.0	39.1	24.4

续表

目标观众		中央广播电视总台	中国教育台频道	广东省级频道	深圳市级频道	境外频道	其他省级卫视频道	其他频道
职业类别	干部/管理人员	11.7	0.1	3.7	10.4	4.7	26.2	43.2
	个体/私营企业人员	14.6	0.1	8.7	16.1	1.8	31.4	27.3
	初级公务员/雇员	12.9	0.1	6.6	18.1	2.7	36.2	23.4
	工人	15.6	0.2	9.6	17.2	0.9	40.1	16.4
	学生	9.0	0.1	7.3	10.3	1.2	32.2	39.9
	无业	12.9	0.1	10.6	20.6	3.0	28.9	23.9
	其他	*	*	*	*	*	*	*
个人月收入	0～600元	9.6	0.1	10.4	15.5	2.0	31.3	31.1
	601～1200元	18.0	0.2	4.3	15.5	2.6	21.6	37.8
	1201～1700元	8.5	0.1	4.6	34.4	0.7	16.5	35.2
	1701～2600元	18.3	0.1	5.6	21.2	5.0	33.1	16.7
	2601～3500元	12.7	0.1	8.7	25.0	2.6	31.1	19.8
	3501～5000元	15.5	0.2	7.1	18.7	2.4	29.4	26.7
	5001元及以上	14.6	0.1	8.2	16.5	2.2	35.2	23.2

注：*表示由于样本量不足，无法进行统计推断。

表3.53.3　2021年深圳市场各类频道在不同时段的市场占有率

单位：%

时间段	中央广播电视总台	中国教育台频道	广东省级频道	深圳市级频道	境外频道	其他省级卫视频道	其他频道
02:00～03:00	12.6	0.2	4.5	20.2	1.4	14.8	46.3
03:00～04:00	11.1	0.1	4.0	18.2	1.4	11.4	53.8
04:00～05:00	12.7	0.1	4.4	16.8	2.3	9.9	53.8
05:00～06:00	21.3	0.3	4.8	13.3	8.4	8.0	43.9
06:00～07:00	30.6	0.1	8.7	10.2	16.3	7.2	26.9
07:00～08:00	23.7	0.1	8.8	19.5	11.4	9.3	27.2
08:00～09:00	24.9	0.1	15.1	10.6	7.1	13.7	28.5
09:00～10:00	18.6	0.2	14.9	12.6	2.6	17.9	33.2
10:00～11:00	16.5	0.3	13.9	12.1	2.0	20.0	35.2
11:00～12:00	19.4	0.2	12.7	11.1	2.0	20.8	33.8
12:00～13:00	23.2	0.1	9.6	13.3	3.4	18.9	31.5
13:00～14:00	20.7	0.1	8.6	8.5	3.4	26.4	32.3
14:00～15:00	15.6	0.1	13.2	8.2	1.6	29.1	32.2
15:00～16:00	13.8	0.1	14.0	9.2	1.5	28.7	32.7

续表

时间段	中央广播电视总台	中国教育台频道	广东省级频道	深圳市级频道	境外频道	其他省级卫视频道	其他频道
16:00～17:00	13.4	0.2	14.3	10.5	1.3	26.8	33.5
17:00～18:00	14.5	0.1	14.0	14.2	1.8	20.6	34.8
18:00～19:00	17.3	0.0	9.6	26.5	3.5	12.5	30.6
19:00～20:00	10.4	0.0	7.3	19.0	1.7	40.8	20.8
20:00～21:00	6.9	0.0	6.8	15.0	1.2	51.4	18.7
21:00～22:00	9.5	0.1	6.1	17.8	1.7	45.3	19.5
22:00～23:00	11.5	0.3	5.5	24.6	2.3	34.1	21.7
23:00～00:00	14.6	0.1	5.2	26.3	2.4	27.0	24.4
00:00～01:00	14.6	0.3	5.9	26.6	4.2	16.2	32.2
01:00～02:00	15.1	0.3	5.3	20.6	2.9	14.6	41.2

表 3.53.4　2021 年深圳市场收视份额排名前 10 的频道

单位：%

名次	频道名称	收视份额
1	深圳电视台二套（电视剧频道）	5.6
2	湖南卫视	5.4
3	浙江卫视	5.3
4	江苏卫视	5.2
5	深圳卫视（新闻综合频道）	4.7
6	东方卫视	4.5
7	广东卫视	4.0
8	北京卫视	3.1
9	安徽卫视	2.9
10	深圳电视台一套（都市频道）	2.8

表 3.53.5　2021 年深圳市场各主要频道的观众构成

单位：%

目标观众		所有频道	主要频道				
			深圳电视台二套（电视剧频道）	湖南卫视	浙江卫视	江苏卫视	深圳卫视（新闻综合频道）
4 岁及以上所有人		100.0	100.0	100.0	100.0	100.0	100.0
性别	男	52.0	51.4	50.4	50.7	51.7	54.7
	女	48.0	48.6	49.6	49.3	48.3	45.3

续表

目标观众		所有频道	主要频道				
			深圳电视台二套（电视剧频道）	湖南卫视	浙江卫视	江苏卫视	深圳卫视（新闻综合频道）
年龄	4～14岁	10.2	3.5	7.4	7.6	8.3	6.6
	15～24岁	14.8	17.2	24.9	21.2	16.0	15.1
	25～34岁	25.6	13.3	28.0	33.6	28.2	25.7
	35～44岁	12.0	10.7	11.0	11.6	12.4	12.3
	45～54岁	25.2	35.0	19.7	19.2	23.3	27.0
	55～64岁	7.4	11.9	6.0	4.9	7.1	7.1
	65岁及以上	4.8	8.4	3.0	1.9	4.7	6.2
受教育程度	未受过正规教育	4.5	2.3	2.4	2.5	2.6	2.5
	小学	14.5	15.7	11.0	9.9	12.9	12.2
	初中	31.8	40.3	33.0	26.1	31.6	33.3
	高中	24.1	26.3	24.1	25.6	25.7	25.7
	大学及以上	25.1	15.4	29.5	35.9	27.2	26.3
职业类别	干部/管理人员	2.0	1.1	1.5	1.8	1.3	1.0
	个体/私营企业人员	27.2	26.9	24.1	23.0	24.8	27.6
	初级公务员/雇员	23.8	26.1	24.7	32.5	28.3	26.6
	工人	11.7	14.8	10.9	12.9	12.2	14.7
	学生	9.8	3.7	10.1	10.0	9.5	6.6
	无业	25.5	27.4	28.7	19.8	23.9	23.5
	其他	*	*	*	*	*	*
个人月收入	0～600元	29.0	17.7	35.1	26.1	27.9	22.8
	601～1200元	0.5	0.5	0.2	0.4	0.5	0.5
	1201～1700元	0.2	0.1	0.0	0.0	0.2	0.1
	1701～2600元	1.5	2.1	1.5	1.4	1.7	1.4
	2601～3500元	5.6	10.7	4.8	5.0	4.4	6.0
	3501～5000元	14.0	22.6	12.9	11.2	11.7	12.5
	5001元及以上	49.2	46.3	45.5	55.9	53.6	56.7

注"*"表示样本量不足，无法进行统计推断。

表3.53.6　2019～2021年深圳市场各类节目的播出比重和收视比重

单位：%

节目类别	2019年		2020年		2021年	
	播出比重	收视比重	播出比重	收视比重	播出比重	收视比重
财经	1.4	0.5	1.3	0.5	1.4	0.3
电视剧	22.0	40.0	22.6	41.4	22.7	42.8

续表

节目类别	2019 年		2020 年		2021 年	
	播出比重	收视比重	播出比重	收视比重	播出比重	收视比重
电影	3.3	2.3	3.2	2.0	2.8	1.8
法制	0.6	0.5	0.6	0.2	0.6	0.2
教学	0.3	0.1	0.3	0.1	0.3	0.1
青少	7.6	6.5	8.0	5.1	7.9	4.4
生活服务	8.4	6.5	7.8	6.2	8.1	6.0
体育	4.7	2.4	4.8	1.4	5.1	1.9
外语	0.2	0.0	0.2	0.0	0.2	0.0
戏剧	0.7	0.2	0.5	0.1	0.5	0.1
新闻/时事	16.6	14.0	16.8	16.5	16.1	13.7
音乐	1.6	0.9	1.8	1.1	1.6	0.8
专题	12.5	5.1	13.0	4.8	13.9	5.0
综艺	7.0	9.7	6.1	9.9	6.5	12.8
其他	13.1	11.3	13.0	10.7	12.3	10.1

表 3.53.7　2021 年深圳市场所有节目收视率排名前 30

单位：%

名次	节目名称	类型	播出频道	平均收视率	平均占有率
1	《2022 跨年演唱会》（用奋斗点亮幸福）	音乐	江苏卫视	7.4	24.8
2	《青春中国 2021～2022 跨年晚会》	音乐	湖南卫视	6.5	22.6
3	《追光吧！哥哥》（1 月 23 日）	综艺	东方卫视	5.8	21.9
4	《我们的歌》（10 月 10 日）	综艺	东方卫视	5.6	26.6
5	《乘风破浪》（2 月 5 日）	综艺	湖南卫视	5.6	19.3
6	《百度潮盛典》	综艺	浙江卫视	5.4	20.3
7	《2021 年湖南卫视春节联欢晚会》	综艺	湖南卫视	5.4	19.1
8	《最强大脑之燃烧吧大脑》（3 月 26 日）	综艺	江苏卫视	5.3	18.8
9	《天赐的声音 2》（2 月 17 日）	综艺	浙江卫视	5.2	20.6
10	《三生有幸遇上你》（1～15 集）	电视剧	东方卫视	4.9	16.8
11	《蒙面舞王》（10 月 3 日）	综艺	江苏卫视	4.8	21.1
12	《2060》	综艺	江苏卫视	4.8	21.0
13	《2021 中央广播电视总台春节联欢晚会》	综艺	中央电视台综合频道	4.5	16.3
14	《天猫开心夜》	综艺	湖南卫视	4.4	20.8
15	《幸福合家欢·江苏卫视春节联欢晚会 2021》	综艺	江苏卫视	4.3	15.2
16	《主播读宪法》	专题	湖南卫视	4.3	15.0
17	《小敏家》（1～38 集）	电视剧	湖南卫视	4.2	15.1

续表

名次	节目名称	类型	播出频道	平均收视率	平均占有率
18	《突围》	电视剧	浙江卫视	4.1	14.6
19	《2020 微博之夜》	综艺	东方卫视	4.0	14.8
20	《谁是宝藏歌手》（7 月 9 日）	综艺	湖南卫视	4.0	13.5
21	《从长江的尽头回家》（1 月 1 日）	专题	江苏卫视	3.9	16.0
22	《八零九零》	电视剧	湖南卫视	3.9	14.5
23	《我就是演员》（2 月 6 日）	综艺	浙江卫视	3.9	13.6
24	《中国好声音》（10 月 15 日）	综艺	浙江卫视	3.8	20.5
25	《奔跑吧·黄河篇》（第二季）	综艺	浙江卫视	3.8	14.8
26	《追光吧！哥哥》（12 月 25 日）	综艺	东方卫视	3.8	13.6
27	《也平凡》	电视剧	东方卫视	3.8	13.0
28	《陪你一起长大》	电视剧	湖南卫视	3.7	13.4
29	《阿坝一家人》	电视剧	浙江卫视	3.7	11.7
30	《2021 年“文化中国·水立方杯”中文歌曲大赛联欢晚会》	综艺	北京卫视	3.6	24.7

表 3.53.8　2021 年深圳市场电视剧收视率排名前 10

单位：%

名次	节目名称	播出频道	平均收视率	平均占有率
1	《三生有幸遇上你》（1~15 集）	东方卫视	4.9	16.8
2	《小敏家》（1~38 集）	湖南卫视	4.2	15.1
3	《突围》	浙江卫视	4.1	14.6
4	《八零九零》	湖南卫视	3.9	14.5
5	《也平凡》	东方卫视	3.8	13.0
6	《陪你一起长大》	湖南卫视	3.7	13.4
7	《阿坝一家人》	浙江卫视	3.7	11.7
8	《大宋宫词》	江苏卫视	3.6	12.7
9	《王牌部队》（1~10 集）	江苏卫视	3.5	11.9
10	《前行者》	北京卫视	3.4	12.3

表 3.53.9　2021 年深圳市场新闻节目收视率排名前 10

单位：%

名次	节目名称	播出频道	平均收视率	平均占有率
1	《共同守“沪”迎战“烟花”》（防汛抗台全媒体直播报道）（19:30~22:15）	东方卫视	3.1	10.7

续表

名次	节目名称	播出频道	平均收视率	平均占有率
2	《2021 中关村论坛开幕式特别报道》	北京卫视	2.3	9.4
3	《深圳市第七次党代会特别报道》	深圳卫视（新闻综合频道）	2.0	7.6
4	《牢记殷殷嘱托奋力谱写湖南新篇章》	湖南卫视	1.8	7.2
5	《十三届全国人大四次会议全国政协十三届四次会议特别报道》（3 月 6 日）	东方卫视	1.5	7.6
6	《转播中央台新闻联播》	江苏卫视	1.4	6.8
7	《第一现场》	深圳电视台一套（都市频道）	1.3	7.2
8	《2021 年中国国际服务贸易交易会全球服务贸易峰会特别报道》	北京卫视	1.3	5.5
9	《直通全国“两会”》	浙江卫视	0.9	3.7
10	《庆祝中国共产党成立 100 周年“七一勋章”颁授仪式》	安徽卫视	0.9	3.6

表 3.53.10　2021 年深圳市场专题节目收视率排名前 10

单位：%

名次	节目名称	播出频道	平均收视率	平均占有率
1	《主播读宪法》	湖南卫视	4.3	15.0
2	《从长江的尽头回家》（1 月 1 日）	江苏卫视	3.9	16.0
3	《致敬百年风华》	江苏卫视	3.3	11.5
4	《今日头条 2021 开年演讲》	湖南卫视	2.9	13.9
5	《世纪航程：中国共产党党史知识学习达人挑战赛》（6 月 6 日）	浙江卫视	2.2	8.0
6	《2020“心动安徽·最美人物”颁奖典礼》	安徽卫视	2.1	11.1
7	《2021 年全国消费促进月暨上海五五购物节启动仪式》	东方卫视	2.0	7.7
8	《闪亮的名字——2020 最美基层民警发布仪式》	安徽卫视	1.9	7.6
9	《闪亮的名字——2020 最美应急管理工作者发布仪式》	安徽卫视	1.8	9.4
10	《2021 一年又一年》	中央电视台综合频道	1.7	9.2

表 3.53.11　2021 年深圳市场综艺节目收视率排名前 10

单位：%

名次	节目名称	播出频道	平均收视率	平均占有率
1	《追光吧！哥哥》（1 月 23 日）	东方卫视	5.8	21.9
2	《我们的歌》（10 月 10 日）	东方卫视	5.6	26.6

续表

名次	节目名称	播出频道	平均收视率	平均占有率
3	《乘风破浪》（2月5日）	湖南卫视	5.6	19.3
4	《百度潮盛典》	浙江卫视	5.4	20.3
5	《2021年湖南卫视春节联欢晚会》	湖南卫视	5.4	19.1
6	《最强大脑之燃烧吧大脑》（3月26日）	江苏卫视	5.3	18.8
7	《天赐的声音2》（2月17日）	浙江卫视	5.2	20.6
8	《蒙面舞王》（10月3日）	江苏卫视	4.8	21.1
9	《2060》	江苏卫视	4.8	21.0
10	《2021中央广播电视总台春节联欢晚会》	中央电视台综合频道	4.5	16.3

表3.53.12　2021年深圳市场体育节目收视率排名前10

单位：%

名次	节目名称	播出频道	平均收视率	平均占有率
1	《32届奥运会女排小组赛第4轮》（中国VS意大利）	中央台五套	2.9	13.5
2	《32届奥运会田径男子4×100米接力决赛》	中央台五套	2.9	11.8
3	《北京2022年冬奥会和冬残奥会主题口号发布仪式》	北京卫视	2.7	11.7
4	《32届奥运会乒乓球男单决赛》	中央台五套	2.3	7.5
5	《实况录像：32届奥运会举重男子81公斤级决赛挺举》	中央台五套	2.0	7.3
6	《东京奥运会开幕式》	中央台五套	1.8	6.4
7	《乒乓球男子单打颁奖仪式》	中央台五套	1.8	6.1
8	《32届奥运会女子100米仰泳预赛》	中央台五套	1.7	11.7
9	《现场直播：2021年世界女排联赛》（中国VS泰国）（5月27日）	中央台五套	1.5	9.2
10	《32届奥运会体操男子个人全能决赛》	中央台五套	1.5	5.9

五十四　石家庄收视数据

表 3.54.1　2017～2021 年石家庄市场各类频道的市场占有率

单位：%

频道类别	2017 年	2018 年	2019 年	2020 年	2021 年
中央广播电视总台	35.4	36.3	34.0	33.5	29.7
中国教育台频道	0.1	0.2	0.2	0.1	0.1
河北省级频道	19.0	18.9	15.0	10.4	9.0
石家庄市级频道	6.6	6.5	4.3	3.3	2.6
其他省级卫视频道	22.5	19.4	25.6	29.0	30.2
其他频道	16.4	18.7	20.9	23.7	28.4

表 3.54.2　2021 年石家庄市场各类频道在不同目标观众中的市场占有率

单位：%

目标观众		中央广播电视总台	中国教育台频道	河北省级频道	石家庄市级频道	其他省级卫视频道	其他频道
4 岁及以上所有人		29.7	0.1	9.0	2.6	30.2	28.4
性别	男	32.4	0.1	8.8	2.5	28.3	27.9
	女	27.2	0.1	9.1	2.7	32.0	28.9
年龄	4～14 岁	14.1	0.1	3.1	1.0	35.3	46.3
	15～24 岁	20.5	0.1	5.5	2.4	41.5	30.1
	25～34 岁	17.8	0.1	5.2	2.1	34.9	40.0
	35～44 岁	23.6	0.1	4.9	1.5	32.1	37.8
	45～54 岁	27.1	0.1	9.7	2.8	32.1	28.2
	55～64 岁	35.7	0.1	10.7	2.5	27.5	23.5
	65 岁及以上	45.9	0.1	14.1	4.0	21.8	14.1
受教育程度	未受过正规教育	23.3	0.2	11.1	1.7	27.8	36.0
	小学	37.6	0.1	12.1	2.6	27.0	20.6
	初中	29.8	0.1	10.4	2.8	31.1	25.8
	高中	29.8	0.1	7.9	2.7	31.7	27.7
	大学及以上	24.8	0.1	4.7	2.5	30.4	37.5

续表

目标观众		中央广播电视总台	中国教育台频道	河北省级频道	石家庄市级频道	其他省级卫视频道	其他频道
职业类别	干部/管理人员	21.6	0.2	4.9	1.3	28.7	43.3
	个体/私营企业人员	22.2	0.1	7.3	2.1	35.4	32.9
	初级公务员/雇员	24.7	0.1	8.7	2.2	30.9	33.5
	工人	29.0	0.2	7.0	3.1	31.0	29.8
	学生	18.9	0.1	4.2	1.6	37.1	38.0
	无业	38.8	0.1	11.1	3.3	25.0	21.8
	其他	33.6	0.1	14.5	2.8	36.0	13.1
个人月收入	0～600元	25.8	0.1	10.4	1.9	30.9	30.8
	601～1200元	32.2	0.1	8.3	2.9	29.6	26.9
	1201～1700元	35.3	0.1	11.5	2.3	31.5	19.2
	1701～2600元	35.3	0.1	9.9	3.7	28.9	22.2
	2601～3500元	29.6	0.1	8.3	3.1	29.0	29.8
	3501～5000元	29.8	0.2	7.4	2.5	26.9	33.2
	5001元及以上	23.3	0.1	4.4	1.6	37.1	33.5

表3.54.3　2021年石家庄市场各类频道在不同时段的市场占有率

单位：%

时间段	中央广播电视总台	中国教育台频道	河北省级频道	石家庄市级频道	其他省级卫视频道	其他频道
02:00～03:00	20.6	0.4	5.2	0.6	20.4	52.8
03:00～04:00	24.8	0.2	7.2	0.4	17.0	50.4
04:00～05:00	38.5	0.0	8.0	0.6	12.8	40.1
05:00～06:00	42.0	0.2	7.1	0.6	16.2	33.8
06:00～07:00	63.3	0.1	5.7	1.0	10.6	19.3
07:00～08:00	62.5	0.1	5.1	0.9	14.8	16.5
08:00～09:00	50.9	0.2	5.2	2.6	14.2	27.0
09:00～10:00	40.2	0.2	5.5	2.8	18.9	32.5
10:00～11:00	36.3	0.2	5.9	2.8	20.9	34.0
11:00～12:00	37.5	0.3	6.6	2.8	20.7	32.1
12:00～13:00	35.1	0.1	15.9	2.2	16.2	30.6
13:00～14:00	32.9	0.1	7.5	1.3	22.0	36.2
14:00～15:00	33.4	0.2	5.1	2.1	24.5	34.9
15:00～16:00	34.1	0.2	4.9	2.4	23.8	34.6
16:00～17:00	32.6	0.2	5.6	2.5	23.9	35.2

续表

时间段	中央广播电视总台	中国教育台频道	河北省级频道	石家庄市级频道	其他省级卫视频道	其他频道
17:00～18:00	34.8	0.1	5.8	2.5	20.5	36.2
18:00～19:00	36.7	0.1	14.8	5.0	12.1	31.4
19:00～20:00	29.2	0.1	10.5	3.9	33.1	23.2
20:00～21:00	20.4	0.1	9.6	2.4	46.8	20.9
21:00～22:00	22.0	0.1	9.8	2.5	42.2	23.5
22:00～23:00	21.1	0.1	8.8	1.9	39.1	29.0
23:00～00:00	22.5	0.1	5.5	1.1	36.9	33.9
00:00～01:00	21.5	0.2	4.0	1.1	26.8	46.4
01:00～02:00	19.7	0.3	3.9	0.6	21.1	54.4

表 3.54.4　2021 年石家庄市场收视份额排名前 10 的频道

单位：%

名次	频道名称	收视份额
1	中央电视台综合频道	5.5
2	浙江卫视	4.7
3	江苏卫视	4.1
4	湖南卫视	4.0
5	中央台四套	3.8
6	中央台八套	3.5
7	东方卫视	3.0
8	中央台六套	2.8
8	河北广播电视台农民频道	2.8
10	北京卫视	2.5

表 3.54.5　2021 年石家庄市场各主要频道的观众构成

单位：%

目标观众		所有频道	主要频道				
			中央电视台综合频道	浙江卫视	江苏卫视	湖南卫视	中央台四套
4 岁及以上所有人		100.0	100.0	100.0	100.0	100.0	100.0
性别	男	49.5	57.6	46.5	44.6	44.0	65.5
	女	50.5	42.4	53.5	55.4	56.0	34.5

续表

目标观众		所有频道	主要频道				
			中央电视台综合频道	浙江卫视	江苏卫视	湖南卫视	中央台四套
年龄	4~14岁	7.9	3.2	10.9	8.0	7.7	1.9
	15~24岁	6.7	3.1	8.9	10.8	11.8	4.6
	25~34岁	15.6	10.5	20.2	17.1	19.9	4.0
	35~44岁	10.5	14.3	14.6	14.1	8.3	3.7
	45~54岁	19.9	13.3	20.6	20.0	24.3	14.5
	55~64岁	14.3	22.6	10.3	9.5	14.2	19.6
	65岁及以上	25.2	32.9	14.5	20.5	13.9	51.7
受教育程度	未受过正规教育	5.6	4.4	4.8	3.3	3.5	2.9
	小学	18.5	26.6	15.4	18.2	13.1	23.4
	初中	30.5	28.6	31.7	29.9	34.5	30.7
	高中	24.3	23.7	23.4	25.3	27.3	27.7
	大学及以上	21.1	16.7	24.7	23.4	21.6	15.3
职业类别	干部/管理人员	2.3	2.0	2.6	2.3	1.0	0.7
	个体/私营企业人员	22.6	14.6	27.7	26.4	31.7	16.2
	初级公务员/雇员	17.7	13.4	22.2	20.0	18.0	9.9
	工人	5.6	3.5	6.1	3.8	4.2	4.3
	学生	8.4	3.8	10.8	11.3	11.8	5.2
	无业	40.5	60.1	27.9	31.6	27.6	61.9
	其他	2.9	2.6	2.6	4.7	5.6	1.8
个人月收入	0~600元	26.2	26.8	26.9	25.9	26.0	14.0
	601~1200元	3.9	3.3	3.1	3.4	6.2	3.9
	1201~1700元	8.1	10.7	7.3	9.4	11.3	10.1
	1701~2600元	19.6	17.8	20.1	20.2	17.7	28.3
	2601~3500元	18.3	17.5	15.5	15.3	15.6	22.7
	3501~5000元	14.3	16.6	12.8	10.6	9.3	17.3
	5001元及以上	9.5	7.4	14.3	15.2	13.8	3.8

表3.54.6　2019~2021年石家庄市场各类节目的播出比重和收视比重

单位：%

节目类别	2019年		2020年		2021年	
	播出比重	收视比重	播出比重	收视比重	播出比重	收视比重
财经	1.2	0.6	1.2	0.6	1.2	0.7
电视剧	22.1	34.8	22.0	36.0	22.0	37.8
电影	3.8	4.6	3.6	3.6	3.4	3.3

续表

节目类别	2019年		2020年		2021年	
	播出比重	收视比重	播出比重	收视比重	播出比重	收视比重
法制	1.4	0.9	1.0	0.6	0.8	0.4
教学	0.4	0.0	0.3	0.1	0.3	0.0
青少	7.3	4.5	7.3	3.6	7.1	2.6
生活服务	8.2	7.7	8.8	7.2	9.6	6.9
体育	3.7	2.8	3.7	1.6	4.0	2.6
外语	0.2	0.0	0.2	0.0	0.2	0.0
戏剧	0.9	1.6	0.9	1.6	0.6	0.7
新闻/时事	15.8	12.7	16.4	16.5	15.4	14.1
音乐	1.6	0.9	1.8	1.0	1.6	0.9
专题	13.5	7.3	13.7	6.5	15.0	6.4
综艺	7.2	10.5	6.6	10.5	6.6	13.2
其他	12.7	11.1	12.5	10.6	12.2	10.4

表3.54.7　2021年石家庄市场所有节目收视率排名前30

单位：%

名次	节目名称	节目类型	播出频道	平均收视率	平均占有率
1	《2021中央广播电视总台春节联欢晚会》	综艺	中央电视台综合频道	8.0	21.4
2	《2021一年又一年》	专题	中央电视台综合频道	7.0	20.0
3	《乘风破浪》(4月2日)	综艺	湖南卫视	6.6	21.8
4	《天赐的声音2》(2月5日)	综艺	浙江卫视	5.7	35.5
5	《青春中国2021～2022跨年晚会》	音乐	湖南卫视	5.2	26.7
6	《32届奥运会乒乓球女团决赛》	体育	中央台五套	5.2	26.1
7	《2021电视剧品质盛典》	综艺	东方卫视	5.2	19.5
8	《中国好声音》(10月8日)	综艺	浙江卫视	5.1	35.3
9	《2021年北京广播电视台春节联欢晚会》	综艺	北京卫视	4.9	15.5
10	《蒙面唱将猜猜猜》(1月10日)	综艺	江苏卫视	4.8	20.7
11	《蒙面舞王》(10月10日)	综艺	江苏卫视	4.6	28.3
12	《32届奥运会男子100米决赛》	体育	中央台五套	4.6	19.1
13	《花好月圆元宵夜》	综艺	中央电视台综合频道	4.5	13.9
14	《乒乓球女团颁奖仪式》	体育	中央台五套	4.3	16.9
15	《2020微博之夜》	综艺	东方卫视	4.2	15.3
16	《春满东方幸福牛年·东方卫视春节晚会2021》	综艺	东方卫视	4.2	13.3
17	《欢乐喜剧人7》(3月7日)	综艺	东方卫视	4.1	19.5
18	《最强大脑之燃烧吧大脑》(1月8日)	综艺	江苏卫视	4.1	15.9

续表

名次	节目名称	节目类型	播出频道	平均收视率	平均占有率
19	《闪光的乐队》（12 月 25 日）	综艺	浙江卫视	4.1	15.2
20	《2021 年湖南卫视春节联欢晚会》	综艺	湖南卫视	4.0	13.7
20	《埃博拉前线》	电视剧	北京卫视	4.0	13.7
22	《江山如此多娇》	电视剧	湖南卫视	4.0	11.7
23	《32 届奥运会羽毛球男子单打决赛》	体育	中央台五套	3.9	16.2
24	《大江大河二》（22～39 集）	电视剧	浙江卫视	3.9	12.1
25	《理想照耀中国——庆祝中国共产党成立 100 周年电视剧展播启动特别节目》	综艺	江苏卫视	3.8	13.8
26	《姐姐的爱乐之程》	综艺	湖南卫视	3.7	25.3
27	《爱在星空下》	电视剧	浙江卫视	3.7	13.1
28	《陪你一起长大》	电视剧	湖南卫视	3.6	14.5
29	《输赢》（1～18 集）	电视剧	北京卫视	3.6	12.1
30	《冠军 VS 冠军》	综艺	东方卫视	3.5	16.5

表 3.54.8　2021 年石家庄市场电视剧收视率排名前 10

单位：%

名次	节目名称	播出频道	平均收视率	平均占有率
1	《埃博拉前线》	北京卫视	4.0	13.7
2	《江山如此多娇》	湖南卫视	4.0	11.7
3	《大江大河二》（22～39 集）	浙江卫视	3.9	12.1
4	《爱在星空下》	浙江卫视	3.7	13.1
5	《陪你一起长大》	湖南卫视	3.6	14.5
6	《输赢》（1～18 集）	北京卫视	3.6	12.1
7	《琉璃》	江苏卫视	3.4	11.1
8	《山海情》	江苏卫视	3.4	10.2
9	《别想打扰我学习》	湖南卫视	3.3	32.2
10	《山海情》	浙江卫视	3.3	8.9

表 3.54.9　2021 年石家庄市场新闻节目收视率排名前 10

单位：%

名次	节目名称	播出频道	平均收视率	平均占有率
1	《世界经济论坛“达沃斯议程”对话会特别报道》	中央电视台综合频道	2.1	5.7
2	《新闻联播》	中央电视台综合频道	1.8	8.5

续表

名次	节目名称	播出频道	平均收视率	平均占有率
3	《逐梦新征程》	中央电视台综合频道	1.6	8.6
4	《抗疫进行时加油石家庄》	石家庄广播电视台新闻综合频道	1.5	6.6
5	《中国舆论场》	中央台四套	1.2	4.2
6	《中国空间站天宫课堂太空真奇妙 2021》	中央电视台综合频道	1.1	7.3
7	《筑梦空间站神舟十二号航天员乘组返回北京特别报道》	中央台四套	1.1	4.7
8	《2021 中关村论坛开幕式特别报道》	北京卫视	1.1	4.2
9	《2020 疫情下的美国人权透视》	中央台四套	1.1	3.8
10	《今日关注》	中央台四套	1.0	5.0

表 3.54.10 2021 年石家庄市场专题节目收视率排名前 10

单位：%

名次	节目名称	播出频道	平均收视率	平均占有率
1	《2021 一年又一年》	中央电视台综合频道	7.0	20.0
2	《2021 年全国消费促进月暨上海五五购物节启动仪式》	东方卫视	2.0	8.8
3	《同心奖牌诞生记》	北京卫视	1.7	7.1
4	《正风反腐就在身边》	中央电视台综合频道	1.6	4.3
5	《抗疫进行时加油石家庄》	石家庄广播电视台新闻综合频道	1.4	5.8
6	《护航之道——总体国家安全观纵横》	中央电视台综合频道	1.3	5.3
7	《致敬扫黑英雄》	中央电视台综合频道	1.3	5.0
8	《世纪航程：中国共产党党史知识学习达人挑战赛》	浙江卫视	1.1	5.5
9	《今日头条 2021 开年演讲》	湖南卫视	1.1	4.8
10	《中国共产党历史展览馆建设纪实》	中央电视台综合频道	1.1	4.7

表 3.54.11 2021 年石家庄市场综艺节目收视率排名前 10

单位：%

名次	节目名称	播出频道	平均收视率	平均占有率
1	《2021 中央广播电视总台春节联欢晚会》	中央电视台综合频道	8.0	21.4
2	《乘风破浪》（4 月 2 日）	湖南卫视	6.6	21.8
3	《天赐的声音 2》（2 月 5 日）	浙江卫视	5.7	35.5
4	《2021 电视剧品质盛典》	东方卫视	5.2	19.5

续表

名次	节目名称	播出频道	平均收视率	平均占有率
5	《中国好声音》（10月8日）	浙江卫视	5.1	35.3
6	《2021年北京广播电视台春节联欢晚会》	北京卫视	4.9	15.5
7	《蒙面唱将猜猜猜》（1月10日）	江苏卫视	4.8	20.7
8	《蒙面舞王》（10月10日）	江苏卫视	4.6	28.3
9	《花好月圆元宵夜》	中央电视台综合频道	4.5	13.9
10	《2020微博之夜》	东方卫视	4.2	15.3

表3.54.12　2021年石家庄市场体育节目收视率排名前10

单位：%

名次	节目名称	播出频道	平均收视率	平均占有率
1	《32届奥运会乒乓球女团决赛》	中央台五套	5.2	26.1
2	《32届奥运会男子100米决赛》	中央台五套	4.6	19.1
3	《乒乓球女团颁奖仪式》	中央台五套	4.3	16.9
4	《32届奥运会羽毛球男子单打决赛》	中央台五套	3.9	16.2
5	《实况录像：32届奥运会女子举重87公斤以上级决赛》	中央台五套	3.1	15.7
6	《32届奥运会体操女团决赛》	中央台五套	2.3	10.4
7	《32届奥运会女子自由式摔跤50公斤级决赛》	中央台五套	1.9	7.7
8	《32届奥运会男子400米自由泳预赛》	中央台五套	1.8	14.6
9	《32届奥运会女排小组赛第4轮》（中国VS意大利）	中央台五套	1.8	12.6
10	《直播周末：2021年中国国家乒乓球队奥运热身赛男女团关键球对抗赛》	中央台五套	1.7	7.6

五十五　太原收视数据

表 3. 55. 1　2017～2021 年太原市场各类频道的市场占有率

单位：%

频道类别	2017 年	2018 年	2019 年	2020 年	2021 年
中央广播电视总台	39. 2	38. 3	34. 8	31. 9	30. 3
中国教育台频道	0. 4	0. 3	0. 3	0. 2	0. 2
山西省级频道	17. 9	15. 6	15. 2	10. 5	8. 8
太原市级频道	4. 9	5. 2	4. 2	2. 8	2. 7
其他省级卫视频道	27. 7	26. 2	25. 4	27. 5	27. 5
其他频道	9. 9	14. 4	20. 1	27. 1	30. 5

表 3. 55. 2　2021 年太原市场各类频道在不同目标观众中的市场占有率

单位：%

目标观众		中央广播电视总台	中国教育台频道	山西省级频道	太原市级频道	其他省级卫星频道	其他频道
4 岁及以上所有人		30. 3	0. 2	8. 8	2. 7	27. 5	30. 5
性别	男	31. 7	0. 2	9. 2	2. 8	26. 1	30. 0
	女	28. 8	0. 2	8. 4	2. 6	28. 9	31. 1
年龄	4～14 岁	13. 6	0. 2	5. 5	0. 9	26. 2	53. 6
	15～24 岁	25. 9	0. 2	7. 2	3. 4	30. 5	32. 8
	25～34 岁	15. 6	0. 1	4. 8	1. 5	28. 7	49. 3
	35～44 岁	24. 2	0. 2	7. 0	1. 1	29. 2	38. 3
	45～54 岁	26. 0	0. 2	9. 1	2. 0	25. 4	37. 3
	55～64 岁	30. 9	0. 2	9. 7	2. 7	31. 4	25. 1
	65 岁及以上	47. 7	0. 1	11. 9	4. 5	24. 8	11. 0
受教育程度	未受过正规教育	24. 7	0. 1	6. 4	1. 3	26. 9	40. 6
	小学	26. 2	0. 3	8. 7	2. 0	29. 9	32. 9
	初中	28. 5	0. 2	10. 5	2. 8	29. 6	28. 4
	高中	37. 9	0. 1	9. 2	3. 6	25. 8	23. 4
	大学及以上	27. 7	0. 1	6. 3	2. 0	25. 3	38. 6

续表

目标观众		中央广播电视总台	中国教育台频道	山西省级频道	太原市级频道	其他省级卫星频道	其他频道
职业类别	干部/管理人员	50.5	0.0	3.8	1.3	20.4	24.0
	个体/私营经企业人员	23.2	0.2	10.3	2.0	25.2	39.1
	初级公务员/雇员	28.8	0.1	5.5	2.0	28.4	35.2
	工人	35.4	0.3	5.3	1.5	33.5	24.0
	学生	13.7	0.3	5.8	1.1	34.4	44.7
	无业	35.3	0.1	9.5	3.4	27.5	24.2
	其他	20.2	0.1	15.3	2.3	14.1	48.0
个人月收入	0～600 元	18.5	0.2	7.2	2.1	28.4	43.6
	601～1200 元	25.9	0.1	11.4	1.6	17.0	44.0
	1201～1700 元	49.2	0.2	16.2	4.7	24.5	5.2
	1701～2600 元	40.8	0.2	8.8	3.9	24.3	22.0
	2601～3500 元	34.1	0.2	10.5	3.1	30.9	21.2
	3501～5000 元	33.4	0.1	8.7	2.4	26.4	29.0
	5001 元及以上	25.1	0.1	6.7	1.7	22.8	43.6

表 3.55.3　2021 年太原市场各类频道在不同时段的市场占有率

单位：%

时间段	中央广播电视总台	中国教育台频道	山西省级频道	太原市级频道	其他省级卫视频道	其他频道
02:00～03:00	21.6	0.3	6.5	2.2	23.6	45.8
03:00～04:00	20.6	0.3	6.3	1.4	23.2	48.2
04:00～05:00	22.5	0.1	6.0	1.4	26.8	43.2
05:00～06:00	26.0	0.3	7.4	2.6	29.4	34.3
06:00～07:00	37.0	0.3	4.1	4.4	15.2	39.0
07:00～08:00	56.9	0.2	2.4	4.5	9.2	26.8
08:00～09:00	42.6	0.5	5.4	2.0	18.1	31.4
09:00～10:00	35.4	0.4	4.8	1.8	22.5	35.1
10:00～11:00	30.6	0.3	4.1	2.0	26.1	36.9
11:00～12:00	32.7	0.2	3.7	1.6	25.4	36.4
12:00～13:00	37.6	0.1	6.0	1.3	22.9	32.1
13:00～14:00	29.4	0.1	13.0	1.4	23.6	32.5
14:00～15:00	28.5	0.2	9.8	1.4	26.5	33.6
15:00～16:00	29.6	0.2	5.7	1.7	28.5	34.3
16:00～17:00	31.0	0.3	4.8	1.4	26.8	35.7

续表

时间段	中央广播电视总台	中国教育台频道	山西省级频道	太原市级频道	其他省级卫视频道	其他频道
17:00～18:00	33.0	0.2	4.9	1.8	23.8	36.3
18:00～19:00	36.3	0.1	10.0	4.8	16.7	32.1
19:00～20:00	32.7	0.1	10.5	3.8	28.3	24.6
20:00～21:00	23.9	0.1	10.7	2.8	37.2	25.3
21:00～22:00	26.2	0.1	11.5	2.3	32.6	27.3
22:00～23:00	26.1	0.1	11.3	4.8	26.9	30.8
23:00～00:00	29.6	0.1	6.9	3.4	26.0	34.0
00:00～01:00	31.0	0.2	6.0	1.8	24.7	36.3
01:00～02:00	27.5	0.2	4.7	2.4	25.9	39.3

表 3.55.4　2021 年太原市场收视份额排名前 10 的频道

单位：%

名次	频道名称	收视份额
1	中央电视台综合频道	6.4
2	中央台四套	5.0
3	浙江卫视	3.1
4	江苏卫视	2.8
5	中央台八套	2.7
6	中央电视台新闻频道	2.6
7	中央台六套	2.5
8	中央台五套	2.4
9	北京卫视	2.2
10	山西广播电视台影视频道	2.1

表 3.55.5　2021 年太原市场各主要频道的观众构成

单位：%

目标观众		所有频道	主要频道				
			中央电视台综合频道	中央台四套	浙江卫视	江苏卫视	中央台八套
4 岁及以上所有人		100.0	100.0	100.0	100.0	100.0	100.0
性别	男	51.1	47.8	59.9	43.0	47.0	43.5
	女	48.9	52.2	40.1	57.0	53.0	56.5

续表

目标观众		所有频道	主要频道				
			中央电视台综合频道	中央台四套	浙江卫视	江苏卫视	中央台八套
年龄	4～14岁	6.3	4.2	1.0	9.3	5.2	2.1
	15～24岁	6.6	4.8	10.6	10.8	10.0	2.8
	25～34岁	14.1	8.6	4.1	21.0	14.3	4.1
	35～44岁	8.5	7.6	2.5	13.1	10.3	6.4
	45～54岁	20.3	14.8	14.7	18.7	17.8	13.9
	55～64岁	17.8	18.1	19.7	14.8	16.0	19.1
	65岁及以上	26.5	41.9	47.3	12.3	26.5	51.6
受教育程度	未受过正规教育	3.9	2.7	1.8	2.0	5.1	4.2
	小学	7.4	8.7	5.3	13.0	8.1	7.9
	初中	38.3	27.7	45.2	40.7	33.3	40.6
	高中	24.5	34.4	24.4	20.0	25.8	31.5
	大学及以上	25.8	26.5	23.3	24.3	27.7	15.8
职业类别	干部/管理人员	0.9	2.5	1.3	0.7	1.1	1.3
	个体/私营企业人员	22.0	16.4	12.2	29.0	18.1	14.4
	初级公务员/雇员	14.9	12.2	9.6	17.3	19.1	10.2
	工人	0.7	0.6	0.3	0.9	1.9	1.3
	学生	6.6	5.0	1.1	14.4	10.2	2.4
	无业	54.0	63.1	75.4	37.6	49.2	70.0
	其他	0.9	0.2	0.1	0.1	0.3	0.4
个人月收入	0～600元	25.0	18.0	15.4	34.3	25.0	18.3
	601～1200元	1.0	0.5	0.4	0.1	0.5	1.5
	1201～1700元	1.6	1.8	3.8	0.2	1.3	3.2
	1701～2600元	11.3	11.9	17.3	9.3	9.6	17.0
	2601～3500元	27.2	33.0	32.0	23.0	27.8	25.7
	3501～5000元	26.1	29.1	24.1	27.8	32.8	29.0
	5001元及以上	7.8	5.7	7.1	5.3	3.1	5.3

表3.55.6　2019～2021年太原市场各类节目的播出比重和收视比重

单位：%

节目类别	2019年		2020年		2021年	
	播出比重	收视比重	播出比重	收视比重	播出比重	收视比重
财经	1.3	1.4	1.1	0.7	1.1	0.8
电视剧	27.5	32.8	21.9	33.2	22.2	34.3
电影	3.8	3.9	3.7	4.4	3.1	3.3

续表

节目类别	2019 年		2020 年		2021 年	
	播出比重	收视比重	播出比重	收视比重	播出比重	收视比重
法制	1.2	1.8	1.3	0.9	1.4	0.9
教学	0.3	0.1	0.3	0.1	0.3	0.0
青少	7.4	6.4	7.7	4.3	6.7	2.8
生活服务	6.6	6.2	8.0	6.4	8.7	7.0
体育	3.8	3.7	3.8	2.2	4.1	3.5
外语	0.1	0.0	0.2	0.0	0.2	0.0
戏剧	1.3	0.7	1.0	0.6	0.9	0.6
新闻/时事	10.1	13.6	16.1	19.0	15.6	16.5
音乐	1.6	0.9	1.8	0.9	1.7	0.7
专题	13.0	5.9	13.8	5.8	14.8	6.7
综艺	5.5	10.9	6.5	10.5	6.8	11.7
其他	16.5	11.7	12.8	11.0	12.5	11.1

表 3.55.7　2021 年太原市场所有节目收视率排名前 30

单位：%

名次	节目名称	节目类型	播出频道	平均收视率	平均占有率
1	《2021 中央广播电视总台春节联欢晚会》	综艺	中央电视台综合频道	12.8	33.3
2	《花好月圆元宵夜》	综艺	中央电视台综合频道	7.6	24.9
3	《开学第一课》（9 月 1 日）	青少	中央电视台综合频道	5.5	22.4
4	《2022 跨年演唱会》（用奋斗点亮幸福）	音乐	江苏卫视	5.0	22.2
5	《新春喜剧之夜》（2 月 12 日）	综艺	中央台三套	4.4	15.3
6	《2021 一年又一年》	专题	中央电视台综合频道	4.2	22.2
7	《乒乓球女团颁奖仪式》	体育	中央台五套	4.1	20.6
8	《32 届奥运会乒乓球男单决赛》	体育	中央台五套	3.9	19.4
9	《追光吧！哥哥》（12 月 11 日）	综艺	东方卫视	3.7	13.3
10	《32 届奥运会女子 200 米决赛》	体育	中央台五套	3.6	18.3
11	《中国好声音》（10 月 8 日）	综艺	浙江卫视	3.5	26.2
12	《天气预报》	生活服务	中央电视台综合频道	3.4	16.6
13	《32 届奥运会女子 4×200 米自由泳接力决赛》（7 月 29 日）	体育	中央台五套	3.1	16.8
14	《我们的歌》（11 月 21 日）	综艺	东方卫视	3.0	16.8
15	《中国梦·祖国颂——2021 国庆特别节目》（10 月 1 日）	综艺	中央电视台综合频道	3.0	13.4
16	《启航 2022》	综艺	中央电视台综合频道	2.8	10.8

续表

名次	节目名称	节目类型	播出频道	平均收视率	平均占有率
17	《集合开心果》（12 月 25 日）	综艺	东方卫视	2.7	19.3
18	《金牌喜剧班》（2 月 27 日）	综艺	中央台三套	2.7	12.3
19	《跨过鸭绿江》（8～40 集）	电视剧	中央电视台综合频道	2.7	11.9
20	《诛仙一》（1 月 30 日）	电影	中央台六套	2.7	11.1
21	《阿坝一家人》	电视剧	浙江卫视	2.6	15.0
22	《突围》	电视剧	浙江卫视	2.6	10.1
23	《不惑之旅》	电视剧	浙江卫视	2.5	9.4
24	《伟大征程》（庆祝中国共产党成立 100 周年大型情景史诗）	综艺	中央电视台综合频道	2.4	22.8
25	《2021 中关村论坛开幕式特别报道》	新闻	北京卫视	2.4	9.8
26	《正风反腐就在身边》	专题	中央电视台综合频道	2.4	9.6
27	《半暖时光》	电视剧	江苏卫视	2.4	8.5
28	《32 届奥运会女排小组赛第 4 轮》（中国 VS 意大利）	体育	中央台五套	2.3	19.6
29	《32 届奥运会体操女团决赛》	体育	中央台五套	2.3	14.7
30	《大决战》	电视剧	中央电视台综合频道	2.3	13.2

表 3.55.8　2021 年太原市场电视剧收视率排名前 10

单位：%

名次	节目名称	播出频道	平均收视率	平均占有率
1	《跨过鸭绿江》（8～40 集）	中央电视台综合频道	2.7	11.9
2	《阿坝一家人》	浙江卫视	2.6	15.0
3	《突围》	浙江卫视	2.6	10.1
4	《不惑之旅》	浙江卫视	2.5	9.4
5	《半暖时光》	江苏卫视	2.4	8.5
6	《大决战》	中央电视台综合频道	2.3	13.2
7	《功勋》	北京卫视	2.3	9.9
8	《王牌部队》（1～10 集）	江苏卫视	2.3	7.7
9	《前行者》	北京卫视	2.2	8.7
10	《大宋宫词》（10 月 21 日～11 月 23 日）	江苏卫视	2.2	8.6

表 3.55.9 2021 年太原市场新闻节目收视率排名前 10

单位：%

名次	节目名称	播出频道	平均收视率	平均占有率
1	《2021 中关村论坛开幕式特别报道》	北京卫视	2.4	9.8
2	《新闻联播》	中央电视台综合频道	2.2	13.3
3	《国务院总理会见中外记者并回答提问》	中央电视台综合频道	2.1	9.5
4	《2021 年中国国际服务贸易交易会全球服务贸易峰会特别报道》	中央电视台综合频道	2.0	9.7
5	《中国共产党与世界政党领导人峰会特别报道》	中央电视台综合频道	1.6	8.6
6	《世界经济论坛“达沃斯议程”对话会特别报道》	中央电视台综合频道	1.5	6.1
7	《2021 年中国国际服务贸易交易会全球服务贸易峰会特别报道》	北京卫视	1.4	7.0
8	《焦点访谈》	中央电视台综合频道	1.4	6.7
9	《“省委十四届十次全会”特别节目》	浙江卫视	1.3	4.9
10	《逐梦新征程》	中央电视台综合频道	1.1	7.8

表 3.55.10 2021 年太原市场专题节目收视率排名前 10

单位：%

名次	节目名称	播出频道	平均收视率	平均占有率
1	《2021 一年又一年》	中央电视台综合频道	4.2	22.2
2	《正风反腐就在身边》	中央电视台综合频道	2.4	9.6
3	《2021 年全国消费促进月暨上海五五购物节启动仪式》	东方卫视	2.0	9.8
4	《感动中国 2020 年度人物颁奖盛典》	中央电视台综合频道	1.9	7.3
5	《中国诗词大会第六季》（2 月 13 日）	中央电视台综合频道	1.9	6.9
6	《同心奖牌诞生记》	北京卫视	1.8	7.8
7	《315》（3 月 15 日）	中央台二套	1.7	8.3
8	《情满雪域高原——记习近平总书记西藏之行》	中央电视台综合频道	1.6	9.2
9	《致敬扫黑英雄》	中央电视台综合频道	1.6	7.5
10	《榜样 6》（建党 100 周年特别节目）	中央电视台综合频道	1.5	5.5

表 3.55.11 2021 年太原市场综艺节目收视率排名前 10

单位：%

名次	节目名称	播出频道	平均收视率	平均占有率
1	《2021 中央广播电视总台春节联欢晚会》	中央电视台综合频道	12.8	33.3
2	《花好月圆元宵夜》	中央电视台综合频道	7.6	24.9

续表

名次	节目名称	播出频道	平均收视率	平均占有率
3	《新春喜剧之夜》（2 月 12 日）	中央台三套	4.4	15.3
4	《追光吧！哥哥》（12 月 11 日）	东方卫视	3.7	13.3
5	《中国好声音》（10 月 8 日）	浙江卫视	3.5	26.2
6	《我们的歌》（11 月 21 日）	东方卫视	3.0	16.8
7	《中国梦·祖国颂——2021 国庆特别节目》	中央电视台综合频道	3.0	13.4
8	《启航 2022》	中央电视台综合频道	2.8	10.8
9	《集合开心果》（12 月 25 日）	东方卫视	2.7	19.3
10	《金牌喜剧班》（2 月 27 日）	中央台三套	2.7	12.3

表 3.55.12　2021 年太原市场体育节目收视率排名前 10

单位：%

名次	节目名称	播出频道	平均收视率	平均占有率
1	《乒乓球女团颁奖仪式》	中央台五套	4.1	20.6
2	《32 届奥运会乒乓球男单决赛》	中央台五套	3.9	19.4
3	《32 届奥运会女子 200 米决赛》	中央台五套	3.6	18.3
4	《32 届奥运会女子 4×200 米自由泳接力决赛》	中央台五套	3.1	16.8
5	《32 届奥运会女排小组赛第 4 轮》（中国 VS 意大利）	中央台五套	2.3	19.6
6	《32 届奥运会体操女团决赛》	中央台五套	2.3	14.7
7	《第 32 届夏季奥林匹克运动会开幕式》	中央电视台综合频道	2.2	13.7
8	《32 届奥运会举重男子 81 公斤级决赛挺举》	中央台五套	2.2	13.1
9	《一起向未来北京 2022 年冬奥会倒计时 100 天主题活动》	北京卫视	2.1	8.7
10	《32 届奥运会女足小组赛 F 组第 2 轮》（中国 VS 赞比亚）	中央台五套	2.0	22.5

五十六　乌鲁木齐收视数据

表 3.56.1　2017～2021 年乌鲁木齐市场各类频道的市场占有率

单位：%

频道类别	2017 年	2018 年	2019 年	2020 年	2021 年
中央广播电视总台	41.0	39.0	41.6	37.9	32.3
中国教育台频道	0.2	0.2	0.2	0.2	0.1
新疆自治区级频道	7.6	7.0	6.3	5.0	4.5
乌鲁木齐市级频道	3.3	2.5	2.0	1.5	1.0
其他省级卫视频道	26.2	24.1	22.6	18.3	23.2
其他频道	21.7	27.2	27.3	37.1	38.9

表 3.56.2　2021 年乌鲁木齐市场各类频道在不同目标观众中的市场占有率

单位：%

目标观众		中央广播电视总台	中国教育台频道	新疆自治区级频道	乌鲁木齐市级频道	其他省级卫视频道	其他频道
4 岁及以上所有人		32.3	0.1	4.5	1.0	23.2	38.9
性别	男	32.2	0.1	4.0	0.9	22.8	40.0
	女	32.4	0.1	5.1	1.1	23.5	37.8
年龄	4～14 岁	12.4	0.1	3.5	1.0	17.0	66.0
	15～24 岁	18.5	0.1	5.4	0.9	29.8	45.3
	25～34 岁	21.0	0.1	3.0	0.6	31.8	43.5
	35～44 岁	17.5	0.1	3.5	1.0	19.3	58.6
	45～54 岁	35.9	0.1	4.8	0.8	22.6	35.8
	55～64 岁	44.5	0.2	6.5	1.4	20.9	26.5
	65 岁及以上	50.4	0.1	4.5	1.5	22.9	20.6
受教育程度	未受过正规教育	11.8	0.1	3.8	2.0	20.6	61.7
	小学	31.8	0.1	6.8	1.4	19.5	40.4
	初中	35.0	0.1	6.0	1.3	24.1	33.5
	高中	37.5	0.1	4.2	0.9	21.6	35.7
	大学及以上	27.1	0.1	2.9	0.6	26.1	43.2

续表

目标观众		中央广播电视总台	中国教育台频道	新疆自治区级频道	乌鲁木齐市级频道	其他省级卫视频道	其他频道
职业类别	干部/管理人员	25.2	0.5	8.6	1.0	17.8	46.9
	个体/私营企业人员	28.5	0.1	3.3	1.0	27.8	39.3
	初级公务员/雇员	29.2	0.1	4.0	0.8	23.3	42.6
	工人	36.1	0.1	5.9	0.7	23.1	34.1
	学生	15.6	0.1	4.5	0.8	19.5	59.5
	无业	41.5	0.1	5.3	1.4	22.0	29.7
	其他	*	*	*	*	*	*
个人月收入	0～600元	16.1	0.1	6.0	1.2	21.6	55.0
	601～1200元	81.8	0.1	7.1	0.2	8.4	2.4
	1201～1700元	42.4	0.1	8.0	1.2	28.8	19.5
	1701～2600元	40.9	0.1	5.9	1.4	23.9	27.8
	2601～3500元	39.2	0.1	4.6	1.2	22.6	32.3
	3501～5000元	34.8	0.1	3.3	0.8	23.0	38.0
	5001元及以上	25.8	0.2	3.6	0.7	26.1	43.6

注：*表示样本量不足，无法进行统计推断。

表3.56.3　2021年乌鲁木齐市场各类频道在不同时段的市场占有率

单位：%

时间段	中央广播电视总台	中国教育台频道	新疆自治区级频道	乌鲁木齐市级频道	其他省级卫视频道	其他频道
02:00～03:00	24.9	0.1	2.8	0.0	15.7	56.5
03:00～04:00	27.8	0.1	3.0	0.0	14.9	54.2
04:00～05:00	30.9	0.1	3.0	0.0	14.6	51.4
05:00～06:00	29.6	0.2	2.1	0.0	14.5	53.6
06:00～07:00	43.8	0.3	1.7	0.0	12.9	41.3
07:00～08:00	59.4	0.1	1.4	0.0	14.0	25.1
08:00～09:00	54.4	0.2	3.3	0.0	15.7	26.4
09:00～10:00	44.1	0.1	4.1	0.7	16.7	34.3
10:00～11:00	36.5	0.1	3.9	0.5	16.7	42.3
11:00～12:00	32.0	0.1	4.5	0.9	16.5	46.0
12:00～13:00	31.2	0.1	4.7	1.1	16.9	46.0
13:00～14:00	29.9	0.1	4.2	0.9	18.7	46.2
14:00～15:00	28.3	0.1	3.7	0.8	19.0	48.1
15:00～16:00	26.0	0.1	3.5	0.8	18.7	50.9

续表

时间段	中央广播电视总台	中国教育台频道	新疆自治区级频道	乌鲁木齐市级频道	其他省级卫视频道	其他频道
16:00～17:00	25.6	0.2	3.8	0.8	18.0	51.6
17:00～18:00	28.8	0.1	3.7	0.9	16.9	49.6
18:00～19:00	39.2	0.1	4.0	0.9	11.7	44.1
19:00～20:00	37.6	0.1	2.5	1.1	31.2	27.5
20:00～21:00	30.8	0.0	2.9	1.6	37.6	27.1
21:00～22:00	33.1	0.1	5.5	1.0	30.0	30.3
22:00～23:00	32.5	0.2	7.3	1.3	23.1	35.6
23:00～00:00	32.7	0.2	6.0	1.2	19.0	40.9
00:00～01:00	28.6	0.3	5.6	0.7	14.2	50.6
01:00～02:00	24.7	0.2	4.3	0.1	13.7	57.0

表 3.56.4　2021 年乌鲁木齐市场收视份额排名前 10 的频道

单位：%

名次	频道名称	收视份额
1	中央台八套	4.9
2	中央电视台综合频道	4.7
3	中央电视台新闻频道	4.3
4	中央台六套	3.7
5	湖南卫视	3.1
6	中央台四套	2.8
7	江苏卫视	2.6
8	东方卫视	2.2
9	浙江卫视	2.1
10	北京卫视	1.9

表 3.56.5　2021 年乌鲁木齐市场各主要频道的观众构成

单位：%

目标观众		所有频道	主要频道				
			中央台八套	中央电视台综合频道	中央电视台新闻频道	中央台六套	湖南卫视
4 岁及以上所有人		100.0	100.0	100.0	100.0	100.0	100.0
性别	男	50.1	43.2	44.8	53.5	53.4	53.2
	女	49.9	56.8	55.2	46.5	46.6	46.8

续表

目标观众		所有频道	主要频道				
			中央台八套	中央电视台综合频道	中央电视台新闻频道	中央台六套	湖南卫视
年龄	4～14 岁	9.2	3.1	4.6	1.7	5.5	6.4
	15～24 岁	6.4	2.6	4.4	3.0	5.1	13.9
	25～34 岁	12.7	8.0	9.1	9.2	6.4	18.3
	35～44 岁	11.3	5.4	6.0	3.4	8.7	10.1
	45～54 岁	29.4	26.5	33.1	29.1	38.4	29.1
	55～64 岁	14.3	26.0	20.3	18.6	18.8	9.1
	65 岁及以上	16.8	28.4	22.5	35.0	17.1	13.1
受教育程度	未受过正规教育	3.3	0.9	1.8	1.3	0.6	3.4
	小学	13.1	13.2	8.7	17.3	12.3	12.3
	初中	22.3	27.3	22.6	26.7	24.6	19.6
	高中	32.6	37.2	40.5	30.9	40.9	34.7
	大学及以上	28.7	21.4	26.4	23.8	21.6	30.0
职业类别	干部/管理人员	1.0	0.9	0.5	0.1	0.9	0.2
	个体/私营企业人员	16.9	13.0	14.2	15.4	17.5	26.4
	初级公务员/雇员	29.4	20.7	31.3	25.9	30.7	24.8
	工人	5.5	8.7	6.4	4.1	7.7	8.2
	学生	11.8	4.7	7.5	4.2	8.4	13.5
	无业	35.4	52.0	40.1	50.3	34.8	26.9
	其他	*	*	*	*	*	*
个人月收入	0～600 元	19.3	7.4	11.8	7.8	10.7	22.1
	601～1200 元	0.7	2.3	1.0	1.1	0.9	0.8
	1201～1700 元	2.6	3.8	2.3	5.1	2.4	3.6
	1701～2600 元	9.0	11.6	13.2	8.1	10.3	7.6
	2601～3500 元	24.5	27.7	28.7	36.9	30.2	16.9
	3501～5000 元	32.6	39.6	32.1	33.4	35.8	36.0
	5001 元及以上	11.3	7.6	10.9	7.6	9.7	13.0

注：* 表示目标样本量不足，无法进行统计推断。

表 3.56.6　2019～2021 年乌鲁木齐市场各类节目的播出比重和收视比重

单位：%

节目类别	2019 年		2020 年		2021 年	
	播出比重	收视比重	播出比重	收视比重	播出比重	收视比重
财经	1.0	1.1	0.9	1.0	1.0	0.9
电视剧	25.5	32.2	21.4	29.4	22.2	32.9

续表

节目类别	2019 年		2020 年		2021 年	
	播出比重	收视比重	播出比重	收视比重	播出比重	收视比重
电影	5.1	7.8	5.0	7.9	3.6	6.2
法制	0.5	1.0	0.6	0.6	0.6	0.5
教学	0.3	0.1	0.3	0.0	0.4	0.0
青少	6.7	5.6	6.8	4.0	6.8	2.1
生活服务	5.5	4.7	7.9	5.1	8.8	5.2
体育	4.3	3.8	4.3	2.7	4.6	3.7
外语	0.1	0.0	0.2	0.0	0.2	0.0
戏剧	1.0	0.4	0.6	0.3	0.5	0.6
新闻/时事	10.4	11.8	16.2	18.8	15.0	15.5
音乐	1.6	1.2	2.0	1.3	1.8	0.8
专题	13.3	9.3	14.4	9.5	15.8	9.4
综艺	5.5	11.1	6.1	9.5	6.5	12.7
其他	19.2	9.9	13.3	9.9	12.2	9.5

表 3.56.7　2021 年乌鲁木齐市场所有节目收视率排名前 30

单位：%

名次	节目名称	类别	播出频道	平均收视率	平均占有率
1	《2021 中央广播电视总台春节联欢晚会》	综艺	中央电视台综合频道	11.4	32.7
2	《花好月圆元宵夜》	综艺	中央电视台综合频道	6.6	22.8
3	《32 届奥运会女排小组赛第 4 轮》（中国 VS 意大利）	体育	中央台五套	6.1	20.0
4	《32 届奥运会田径男子 4×100 米接力决赛》	体育	中央台五套	5.4	18.1
5	《天猫开心夜》	综艺	湖南卫视	5.3	25.2
6	《我们的歌后传》（11 月 28 日）	综艺	东方卫视	5.0	17.6
6	《谁是宝藏歌手》（5 月 28 日）	综艺	湖南卫视	5.0	17.6
8	《奥运第 5 天》	体育	中央台五套	4.6	18.9
9	《向往的生活桃花源》	综艺	湖南卫视	4.4	18.9
10	《实况录像：32 届奥运会举重男子 81 公斤级决赛抓举》	体育	中央台五套	4.3	13.1
11	《百度潮盛典：国潮正当时》	综艺	浙江卫视	4.2	17.9
12	《超脑少年团》（9 月 10 日）	综艺	江苏卫视	4.1	13.3
13	《跨过鸭绿江》	电视剧	中央电视台综合频道	4.0	14.9
14	《2021 一年又一年》	专题	中央电视台综合频道	3.9	20.9
15	《袁隆平》	电影	湖南卫视	3.9	15.0

续表

名次	节目名称	类别	播出频道	平均收视率	平均占有率
16	《百炼成钢》	电视剧	湖南卫视	3.7	14.9
17	《乒乓球男团颁奖仪式》	体育	中央台五套	3.7	14.0
18	《蒙面舞王》（8月22日）	综艺	江苏卫视	3.7	13.1
19	《妈妈你真好看》	综艺	湖南卫视	3.6	14.7
20	《众里寻你——2020寻找最美孝心少年颁奖典礼》	青少	中央电视台综合频道	3.6	13.4
21	《抖音新潮好物夜》	综艺	湖南卫视	3.6	11.7
22	《与君歌》	电视剧	湖南卫视	3.5	13.3
23	《前行者》	电视剧	北京卫视	3.5	13.0
24	《新春喜剧之夜》	综艺	中央台三套	3.5	11.4
25	《红海行动》（7月31日）	电影	中央台六套	3.5	11.0
26	《伟大征程》（庆祝中国共产党成立100周年大型情景史诗）	综艺	中央电视台综合频道	3.4	16.8
27	《潘菲洛夫28勇士》（9月30日）	电影	中央台六套	3.4	13.8
28	《温暖的味道》	电视剧	湖南卫视	3.3	14.0
29	《双子杀手》	电影	中央台六套	3.3	13.2
30	《悬崖之上》（12月22日）	电影	中央台六套	3.3	10.2

表3.56.8　2021年乌鲁木齐市场电视剧收视率排名前10

单位：%

名次	节目名称	播出频道	平均收视率	平均占有率
1	《跨过鸭绿江》	中央电视台综合频道	4.0	14.9
2	《百炼成钢》	湖南卫视	3.7	14.9
3	《与君歌》	湖南卫视	3.5	13.3
4	《前行者》	北京卫视	3.5	13.0
5	《温暖的味道》	湖南卫视	3.3	14.0
6	《亲爱的爸妈》	北京卫视	3.1	12.1
7	《输赢》	北京卫视	3.0	11.2
8	《对你的爱很美》	湖南卫视	2.9	12.6
9	《心跳源计划》	江苏卫视	2.7	11.3
10	《我的砍价女王》	东方卫视	2.6	10.8

表 3.56.9　2021 年乌鲁木齐市场新闻节目收视率排名前 10

单位：%

名次	节目名称	播出频道	平均收视率	平均占有率
1	《国务院总理会见中外记者并回答提问》	中央电视台综合频道	2.4	10.4
2	《新闻联播》	中央电视台综合频道	2.2	12.9
3	《世界经济论坛“达沃斯议程”对话会特别报道》	中央电视台综合频道	1.9	7.3
4	《共建美好世界——中华人民共和国恢复联合国合法席位五十周年特别节目》	中央电视台新闻频道	1.7	7.1
5	《中国空间站神舟十三号载人飞行任务2021》	中央电视台新闻频道	1.5	8.0
6	《2021 中关村论坛开幕式特别报道》	北京卫视	1.4	5.5
7	《第四届中国国际进口博览会开幕式特别报道》	中央电视台综合频道	1.4	5.2
8	《新闻年鉴・世界 2020》	中央电视台新闻频道	1.4	4.9
9	《新闻直播间》	中央电视台新闻频道	1.4	4.6
10	《今日关注》	中央台四套	1.3	4.6

表 3.56.10　2021 年乌鲁木齐市场专题节目收视率排名前 10

单位：%

名次	节目名称	播出频道	平均收视率	平均占有率
1	《2021 一年又一年》	中央电视台综合频道	3.9	20.9
2	《正风反腐就在身边》	中央电视台综合频道	2.9	10.7
3	《中国新疆之历史印记》	中央电视台综合频道	2.8	9.9
4	《融入大地闪耀星空——致敬袁隆平》	湖南卫视	2.2	12.1
5	《致敬扫黑英雄》	中央电视台综合频道	2.2	10.4
6	《中国诗词大会第六季》（2 月 13 日）	中央电视台综合频道	2.2	8.3
7	《感动中国 2020 年度人物颁奖盛典》	中央电视台综合频道	1.9	6.7
8	《战争黑洞——美国制造的人权灾难》	中央电视台综合频道	1.8	9.0
9	《众创英雄汇 2021》	广东卫视	1.8	5.9
10	《315》	中央台二套	1.6	6.9

表 3.56.11　2021 年乌鲁木齐市场综艺节目收视率排名前 10

单位：%

名次	节目名称	播出频道	平均收视率	平均占有率
1	《2021 中央广播电视总台春节联欢晚会》	中央电视台综合频道	11.4	32.7
2	《花好月圆元宵夜》	中央电视台综合频道	6.6	22.8
3	《天猫开心夜》	湖南卫视	5.3	25.2

续表

名次	节目名称	播出频道	平均收视率	平均占有率
4	《我们的歌后传》（11 月 28 日）	东方卫视	5.0	17.6
4	《谁是宝藏歌手》（5 月 28 日）	湖南卫视	5.0	17.6
6	《向往的生活桃花源》	湖南卫视	4.4	18.9
7	《百度潮盛典：国潮正当时》	浙江卫视	4.2	17.9
8	《超脑少年团》（9 月 10 日）	江苏卫视	4.1	13.3
9	《蒙面舞王》（8 月 22 日）	江苏卫视	3.7	13.1
10	《妈妈你真好看》	湖南卫视	3.6	14.7

表 3.56.12　2021 年乌鲁木齐市场体育节目收视率排名前 10

单位：%

名次	节目名称	播出频道	平均收视率	平均占有率
1	《32 届奥运会女排小组赛第 4 轮》（中国 VS 意大利）	中央台五套	6.1	20.0
2	《32 届奥运会田径男子 4×100 米接力决赛》	中央台五套	5.4	18.1
3	《奥运第 5 天》	中央台五套	4.6	18.9
4	《实况录像：32 届奥运会举重男子 81 公斤级决赛抓举》	中央台五套	4.3	13.1
5	《乒乓球男团颁奖仪式》	中央台五套	3.7	14.0
6	《全景奥运》	中央台五套	3.0	12.2
7	《32 届奥运会女子自由式摔跤 50 公斤级决赛》	中央台五套	2.9	12.7
8	《32 届奥运会乒乓球女团决赛》	中央台五套	2.8	13.3
9	《现场直播：2020/2021 赛季 CBA 常规赛第 38 轮》（广东东莞大益 VS 辽宁本钢）	中央台五套	2.8	8.1
10	《实况录像：32 届奥运会男子 200 米蝶泳决赛》	中央台五套	2.7	11.1

五十七　武汉收视数据

表 3.57.1　2017～2021 年武汉市场各类频道的市场占有率

单位：%

频道类别	2017 年	2018 年	2019 年	2020 年	2021 年
中央广播电视总台	29.5	34.3	33.0	31.1	26.2
中国教育台频道	0.1	0.1	0.1	0.2	0.1
湖北省级频道	22.1	18.0	15.6	15.4	16.3
武汉市级频道	5.9	4.0	3.7	3.0	2.1
其他省级卫视频道	30.8	25.6	26.3	28.0	33.5
其他频道	11.6	18.0	21.3	22.3	21.8

表 3.57.2　2021 年武汉市场各类频道在不同目标观众中的市场占有率

单位：%

目标观众		中央广播电视总台	中国教育台频道	湖北省级频道	武汉市级频道	其他省级卫视频道	其他频道
4 岁及以上所有人		26.2	0.1	16.3	2.1	33.5	21.8
性别	男	28.0	0.1	16.8	2.0	32.1	20.9
	女	24.1	0.1	15.6	2.1	35.1	22.9
年龄	4～14 岁	14.1	0.1	10.2	1.5	33.9	40.2
	15～24 岁	21.6	0.1	10.1	1.7	29.7	36.8
	25～34 岁	18.4	0.1	10.3	1.3	44.8	25.1
	35～44 岁	24.8	0.1	14.3	1.8	36.8	22.2
	45～54 岁	26.2	0.1	14.8	2.0	32.7	24.2
	55～64 岁	27.3	0.1	19.9	2.3	31.3	19.1
	65 岁及以上	34.5	0.1	21.6	2.7	28.0	13.1
受教育程度	未受过正规教育	13.3	0.1	21.4	2.8	38.1	24.2
	小学	26.7	0.1	20.4	2.2	32.6	18.0
	初中	25.0	0.1	17.1	2.2	35.1	20.4
	高中	30.3	0.1	15.1	1.7	31.7	21.0
	大学及以上	24.6	0.1	11.9	2.0	33.6	27.7

续表

目标观众		中央广播电视总台	中国教育台频道	湖北省级频道	武汉市级频道	其他省级卫视频道	其他频道
职业类别	干部/管理人员	16.7	0.1	5.2	1.0	45.9	31.0
	个体/私营企业人员	24.8	0.2	14.7	2.0	34.7	23.7
	初级公务员/雇员	23.5	0.1	10.8	1.9	36.8	27.0
	工人	24.3	0.1	16.4	1.9	38.7	18.6
	学生	19.1	0.1	8.5	1.2	31.1	39.9
	无业	29.0	0.1	18.9	2.2	30.3	19.6
	其他	26.2	0.1	23.8	3.0	36.5	10.4
个人月收入	0～600元	21.0	0.1	16.6	1.7	32.2	28.4
	601～1200元	24.7	0.1	22.3	3.3	37.7	12.0
	1201～1700元	28.3	0.1	21.0	1.9	31.0	17.7
	1701～2600元	23.4	0.1	19.4	2.2	38.5	16.4
	2601～3500元	31.5	0.1	17.2	2.3	30.8	18.0
	3501～5000元	27.7	0.1	14.8	1.9	35.8	19.7
	5001元及以上	25.7	0.2	11.1	1.9	30.6	30.5

表3.57.3　2021年武汉市场各类频道在不同时段的市场占有率

单位：%

时间段	中央广播电视总台	中国教育台频道	湖北省级频道	武汉市级频道	其他省级卫视频道	其他频道
02:00～03:00	24.9	0.1	14.9	2.1	24.7	33.3
03:00～04:00	25.3	0.1	18.1	2.3	20.8	33.4
04:00～05:00	26.9	0.1	22.0	2.8	19.1	29.0
05:00～06:00	34.6	0.2	21.1	3.0	16.0	25.1
06:00～07:00	51.7	0.3	12.9	1.6	12.2	21.3
07:00～08:00	56.2	0.2	9.5	1.8	11.8	20.5
08:00～09:00	43.0	0.2	12.4	3.2	17.4	23.9
09:00～10:00	33.3	0.2	14.1	2.7	24.9	24.7
10:00～11:00	32.8	0.2	11.7	2.6	27.5	25.2
11:00～12:00	29.6	0.1	19.5	1.6	24.7	24.6
12:00～13:00	30.9	0.1	18.2	1.6	22.9	26.4
13:00～14:00	29.8	0.1	8.2	2.0	32.6	27.2
14:00～15:00	27.7	0.1	8.3	1.9	35.5	26.5
15:00～16:00	28.5	0.1	8.5	1.6	34.7	26.5
16:00～17:00	29.4	0.2	8.9	1.9	32.3	27.3

续表

时间段	中央广播电视总台	中国教育台频道	湖北省级频道	武汉市级频道	其他省级卫视频道	其他频道
17:00～18:00	28.0	0.1	19.3	2.3	24.2	26.1
18:00～19:00	31.2	0.1	29.3	2.7	12.7	24.1
19:00～20:00	26.2	0.1	16.6	2.2	37.4	17.5
20:00～21:00	18.5	0.1	12.9	1.4	51.9	15.2
21:00～22:00	20.1	0.2	18.3	1.7	42.7	17.0
22:00～23:00	18.9	0.1	23.8	2.3	34.7	20.1
23:00～00:00	23.2	0.2	15.5	3.2	33.1	24.8
00:00～01:00	26.5	0.2	12.5	2.6	28.7	29.5
01:00～02:00	25.7	0.2	12.6	1.9	27.7	31.9

表 3.57.4　2021 年武汉市场收视份额排名前 10 的频道

单位：%

名次	频道名称	收视份额
1	湖南卫视	4.8
2	湖北影视	4.6
3	浙江卫视	4.4
4	江苏卫视	4.3
5	中央电视台综合频道	4.2
6	中央台四套	3.9
6	湖北经视	3.9
8	中央台六套	3.6
9	东方卫视	3.1
10	湖北卫视	2.8

表 3.57.5　2021 年武汉市场各主要频道的观众构成

单位：%

目标观众		所有频道	主要频道				
			湖南卫视	湖北影视	浙江卫视	江苏卫视	中央电视台综合频道
4 岁及以上所有人		100.0	100.0	100.0	100.0	100.0	100.0
性别	男	52.2	43.3	56.1	49.1	49.9	50.4
	女	47.8	56.7	43.9	50.9	50.1	49.6

续表

目标观众		所有频道	主要频道				
			湖南卫视	湖北影视	浙江卫视	江苏卫视	中央电视台综合频道
年龄	4～14岁	5.7	4.8	4.5	4.8	4.2	2.8
	15～24岁	3.6	3.8	1.9	3.7	3.5	3.2
	25～34岁	15.0	18.5	7.9	25.7	20.4	8.0
	35～44岁	11.4	15.1	10.1	12.1	15.3	6.4
	45～54岁	21.3	21.3	15.1	21.1	21.9	16.0
	55～64岁	19.5	12.7	30.7	17.3	17.5	15.7
	65岁及以上	23.5	23.9	29.9	15.3	17.3	47.9
受教育程度	未受过正规教育	5.1	6.4	7.6	4.2	4.6	2.6
	小学	15.2	18.9	22.1	14.0	12.4	10.6
	初中	30.2	29.6	33.3	31.7	32.0	23.9
	高中	30.0	24.9	28.3	30.7	31.1	40.6
	大学及以上	19.5	20.3	8.7	19.4	19.9	22.2
职业类别	干部/管理人员	1.1	2.2	0.1	1.5	1.3	1.0
	个体/私营企业人员	11.7	10.5	12.5	13.9	13.4	5.9
	初级公务员/雇员	14.3	13.9	8.3	16.5	17.6	10.5
	工人	14.8	16.4	14.9	19.6	17.8	11.5
	学生	5.8	4.9	2.9	5.7	5.6	4.3
	无业	47.6	45.2	52.8	39.4	38.2	63.7
	其他	4.6	6.9	8.5	3.4	6.2	3.1
个人月收入	0～600元	19.7	17.9	19.2	19.4	17.1	13.8
	601～1200元	3.0	2.6	4.5	3.2	3.5	1.3
	1201～1700元	2.4	1.7	4.5	1.9	1.7	1.4
	1701～2600元	15.6	20.9	18.1	16.6	18.6	11.0
	2601～3500元	22.9	25.8	26.1	16.6	17.0	39.2
	3501～5000元	21.6	20.9	18.9	28.2	26.9	17.2
	5001元及以上	14.9	10.1	8.6	14.2	15.2	16.0

表3.57.6　2019～2021年武汉市场各类节目的播出比重和收视比重

单位：%

节目类别	2019年		2020年		2021年	
	播出比重	收视比重	播出比重	收视比重	播出比重	收视比重
财经	0.9	0.7	0.9	0.8	1.2	1.1
电视剧	23.5	33.3	27.4	37.9	26.2	40.4
电影	3.2	4.6	3.7	4.4	3.5	4.3

续表

节目类别	2019 年		2020 年		2021 年	
	播出比重	收视比重	播出比重	收视比重	播出比重	收视比重
法制	0.9	0.7	0.6	0.6	0.6	0.5
教学	0.5	0.1	0.4	0.1	0.5	0.1
青少	7.0	3.5	6.9	3.0	7.0	2.7
生活服务	8.2	6.5	7.8	5.0	8.4	5.2
体育	4.0	5.0	3.9	2.0	4.1	2.5
外语	0.1	0.0	0.2	0.0	0.4	0.0
戏剧	0.8	0.4	0.9	0.6	1.0	0.4
新闻/时事	15.0	15.2	11.5	16.4	10.5	12.0
音乐	1.7	1.1	1.6	1.2	1.4	0.9
专题	13.6	7.0	14.3	6.8	15.0	6.5
综艺	7.1	10.9	5.7	10.2	5.8	12.1
其他	13.5	11.0	14.2	11.0	14.3	11.2

表 3.57.7　2021 年武汉市场所有节目收视率排名前 30

单位：%

名次	节目名称	节目类别	播出频道	平均收视率	平均占有率
1	《青春中国 2021～2022 跨年晚会》	湖南卫视	音乐	7.3	28.1
2	《2021 中央广播电视总台春节联欢晚会》	中央电视台综合频道	综艺	6.8	18.5
3	《欢乐喜剧人 7》（3 月 21 日）	东方卫视	综艺	5.9	24.1
4	《最强大脑之燃烧吧大脑》（1 月 29 日）	江苏卫视	综艺	5.7	23.5
5	《闪光的乐队》（12 月 25 日）	浙江卫视	综艺	5.6	19.4
6	《八零九零》	湖南卫视	电视剧	5.6	18.9
7	《2022 跨年演唱会》（用奋斗点亮幸福）	江苏卫视	音乐	5.5	20.7
8	《32 届奥运会男子 100 米决赛》	中央台五套	体育	5.5	20.1
9	《百变大咖秀 2021》（3 月 19 日）	湖南卫视	综艺	5.1	27.6
10	《陪你一起长大》	湖南卫视	电视剧	4.7	16.5
11	《32 届奥运会乒乓球男团决赛》	中央台五套	体育	4.6	19.7
12	《谁是宝藏歌手》（6 月 18 日）	湖南卫视	综艺	4.6	15.7
13	《为歌而赞》（5 月 29 日）	浙江卫视	综艺	4.5	15.6
14	《春满东方幸福牛年·东方卫视春节晚会 2021》	东方卫视	综艺	4.5	13.6
15	《百度潮盛典：国潮正当时》	浙江卫视	综艺	4.4	17.2
16	《乒乓球男团颁奖仪式》	中央台五套	体育	4.4	16.2
17	《假日暖洋洋》	北京卫视	电视剧	4.4	14.3

续表

名次	节目名称	节目类别	播出频道	平均收视率	平均占有率
18	《王牌部队》（1～10集）	江苏卫视	电视剧	4.3	14.6
19	《我们的歌》（11月14日）	东方卫视	综艺	4.2	22.9
20	《我就是演员》（1月30日）	浙江卫视	综艺	4.0	14.0
21	《开学第一课》	中央电视台综合频道	青少	3.9	14.3
22	《追光吧！哥哥》（1月23日）	东方卫视	综艺	3.9	13.1
23	《爱在星空下》	浙江卫视	电视剧	3.9	12.7
24	《爱的理想生活》	湖南卫视	电视剧	3.8	13.2
25	《实况录像：32届奥运会女子举重87公斤以上级决赛》	中央台五套	体育	3.6	15.0
26	《超级818汽车狂欢夜》	浙江卫视	综艺	3.6	13.9
27	《阿坝一家人》	浙江卫视	电视剧	3.6	13.3
28	《刑警之海外行动》	北京卫视	电视剧	3.6	11.5
29	《跨界喜剧王》（4月3日）	北京卫视	综艺	3.5	12.2
30	《埃博拉前线》	北京卫视	电视剧	3.4	12.5

表3.57.8　2021年武汉市场电视剧收视率排名前10

单位：%

名次	节目名称	播出频道	平均收视率	平均占有率
1	《八零九零》	湖南卫视	5.6	18.9
2	《陪你一起长大》	湖南卫视	4.7	16.5
3	《假日暖洋洋》	北京卫视	4.4	14.3
4	《王牌部队》（1～10集）	江苏卫视	4.3	14.6
5	《爱在星空下》	浙江卫视	3.9	12.7
6	《爱的理想生活》	湖南卫视	3.8	13.2
7	《阿坝一家人》	浙江卫视	3.6	13.3
8	《刑警之海外行动》	北京卫视	3.6	11.5
9	《埃博拉前线》	北京卫视	3.4	12.5
10	《温暖的味道》	湖南卫视	3.3	11.8

表3.57.9　2021年武汉市场新闻节目收视率排名前10

单位：%

名次	节目名称	播出频道	平均收视率	平均占有率
1	《转播中央台新闻联播》（7月1日）	湖北经视	2.1	9.4
2	《经视直播》	湖北经视	1.7	10.9

续表

名次	节目名称	播出频道	平均收视率	平均占有率
3	《2021 年中国国际服务贸易交易会全球服务贸易峰会特别报道》	中央电视台综合频道	1.6	6.4
4	《世界经济论坛“达沃斯议程”对话会特别报道》	中央台四套	1.5	4.8
5	《新闻联播》	中央电视台综合频道	1.4	6.8
6	《2020 疫情下的美国人权透视》	中央台四套	1.4	4.9
7	《直击台风“灿都”》	浙江卫视	1.1	5.9
8	《国务院总理会见中外记者并回答提问》	中央电视台综合频道	1.1	3.6
9	《逐梦新征程》	中央电视台综合频道	1.0	6.2
10	《中国新闻》	中央台四套	0.9	3.7

表 3.57.10　2021 年武汉市场专题节目收视率排名前 10

单位：%

名次	节目名称	播出频道	平均收视率	平均占有率
1	《今日头条 2021 开年演讲》	湖南卫视	2.7	12.2
2	《心中的歌》	湖北卫视	2.5	18.3
3	《2021 年全国消费促进月暨上海五五购物节启动仪式》	东方卫视	2.5	8.5
4	《致敬百年风华》	江苏卫视	2.1	6.9
5	《潮涌长三角——长三角三省一市庆祝中国共产党成立 100 周年特别节目》	江苏卫视	1.7	9.9
6	《2021 一年又一年》	北京卫视	1.7	5.4
7	《影响世界的中国植物》	湖北卫视	1.6	11.1
8	《花开彩云南》	湖北卫视	1.5	9.5
9	《风云江城 1927 中共中央在武汉》	湖北卫视	1.5	7.9
10	《315 我们在行动》	湖北经视	1.5	7.5

表 3.56.11　2021 年武汉市场综艺节目收视率排名前 10

单位：%

名次	节目名称	播出频道	平均收视率	平均占有率
1	《2021 中央广播电视总台春节联欢晚会》	中央电视台综合频道	6.8	18.5
2	《欢乐喜剧人 7》（3 月 21 日）	东方卫视	5.9	24.1
3	《最强大脑之燃烧吧大脑》（1 月 29 日）	江苏卫视	5.7	23.5
4	《闪光的乐队》（12 月 25 日）	浙江卫视	5.6	19.4
5	《百变大咖秀 2021》（3 月 19 日）	湖南卫视	5.1	27.6

续表

名次	节目名称	播出频道	平均收视率	平均占有率
6	《谁是宝藏歌手》（6月18日）	湖南卫视	4.6	15.7
7	《为歌而赞》（5月29日）	浙江卫视	4.5	15.6
8	《春满东方幸福牛年·东方卫视春节晚会2021》	东方卫视	4.5	13.6
9	《百度潮盛典：国潮正当时》	浙江卫视	4.4	17.2
10	《我们的歌》（11月14日）	东方卫视	4.2	22.9

表3.57.12　2021年武汉市场体育节目收视率排名前10

单位：%

名次	节目名称	播出频道	平均收视率	平均占有率
1	《32届奥运会男子100米决赛》	中央台五套	5.5	20.1
2	《32届奥运会乒乓球男团决赛》	中央台五套	4.6	19.7
3	《乒乓球男团颁奖仪式》	中央台五套	4.4	16.2
4	《实况录像：32届奥运会女子举重87公斤以上级决赛》	中央台五套	3.6	15.0
5	《32届奥运会体操男子自由操决赛》	中央台五套	3.2	25.9
6	《32届奥运会男子1000米单人划艇A组决赛》	中央台五套	3.0	25.3
7	《32届奥运会10米气步枪混合团体决赛》	中央台五套	2.9	24.3
8	《32届奥运会女子4×100米自由泳接力决赛》	中央台五套	2.8	24.2
9	《实况录像：32届奥运会跳水女子十米台决赛》	中央台五套	2.7	19.2
10	《32届奥运会羽毛球男子单打决赛》	中央台五套	2.7	9.7

五十八　西安收视数据

表 3.58.1　2017～2021 年西安市场各类频道的市场占有率

单位：%

频道类别	2017 年	2018 年	2019 年	2020 年	2021 年
中央广播电视总台	34.4	35.4	29.9	28.5	24.6
中国教育台频道	0.3	0.3	0.3	0.4	0.2
陕西省级频道	15.2	16.1	15.0	10.8	10.6
西安市级频道	2.0	1.4	1.3	1.2	1.0
其他省级卫视频道	22.4	20.7	23.7	27.0	29.9
其他频道	25.7	26.1	29.8	32.1	33.7

表 3.58.2　2021 年西安市场各类频道在各目标观众中的市场占有率

单位：%

目标观众		中央广播电视总台	中国教育台频道	陕西省级频道	西安市级频道	其他省级卫视频道	其他频道
4 岁及以上所有人		24.6	0.2	10.6	1.0	29.9	33.7
性别	男	24.5	0.2	10.6	1.0	29.5	34.2
	女	24.7	0.2	10.6	1.0	30.2	33.3
年龄	4～14 岁	9.0	0.1	3.5	0.7	25.3	61.4
	15～24 岁	18.3	0.1	9.7	0.7	32.3	38.9
	25～34 岁	12.3	0.1	4.9	0.4	41.9	40.4
	35～44 岁	11.6	0.1	7.4	0.7	32.8	47.4
	45～54 岁	27.0	0.2	11.3	0.8	23.6	37.1
	55～64 岁	29.6	0.3	11.1	1.2	27.9	30.0
	65 岁及以上	38.7	0.3	16.8	1.8	27.8	14.6
受教育程度	未受过正规教育	11.0	0.2	3.1	0.4	24.2	61.1
	小学	20.0	0.2	11.3	0.9	25.4	42.2
	初中	28.2	0.3	16.6	1.2	28.8	24.9
	高中	25.6	0.2	9.2	1.1	29.9	34.0
	大学及以上	21.2	0.1	6.0	0.7	32.5	39.5

续表

目标观众		中央广播电视总台	中国教育台频道	陕西省级频道	西安市级频道	其他省级卫视频道	其他频道
职业类别	干部/管理人员	24.4	0.1	7.2	0.7	33.5	34.0
	个体/私营企业人员	20.2	0.3	12.6	0.7	29.9	36.2
	初级公务员/雇员	20.4	0.1	7.9	0.7	28.2	42.7
	工人	21.3	0.2	12.7	0.7	34.6	30.5
	学生	15.4	0.1	6.4	0.7	30.4	46.9
	无业	29.6	0.2	11.7	1.3	29.4	27.7
	其他	*	*	*	*	*	*
个人月收入	0～600元	13.8	0.1	5.3	0.7	34.3	45.7
	601～1200元	*	*	*	*	*	*
	1201～1700元	31.4	0.2	23.2	3.8	23.1	18.2
	1701～2600元	32.2	0.3	16.9	1.5	27.6	21.5
	2601～3500元	31.4	0.3	12.8	1.0	30.7	23.9
	3501～5000元	25.5	0.2	9.8	1.0	28.0	35.5
	5001元及以上	19.2	0.1	7.9	0.7	29.6	42.5

注："*"表示样本量不足，无法进行统计推断。

表3.58.3　2021年西安市场各类频道在各时段的市场占有率

单位：%

时间段	中央广播电视总台	中国教育台频道	陕西省级频道	西安市级频道	其他省级卫视频道	其他频道
02:00～03:00	20.9	0.7	1.1	0.0	36.7	40.5
03:00～04:00	21.5	0.1	0.9	0.0	39.5	37.9
04:00～05:00	23.8	0.1	0.8	0.0	39.4	35.9
05:00～06:00	23.6	0.5	1.4	0.0	34.2	40.3
06:00～07:00	54.2	0.5	3.8	0.1	17.2	24.2
07:00～08:00	53.8	0.7	13.2	1.3	8.3	22.7
08:00～09:00	41.6	0.5	12.8	2.5	11.3	31.2
09:00～10:00	34.7	0.4	8.4	2.4	19.0	35.0
10:00～11:00	30.6	0.4	7.5	2.1	22.8	36.5
11:00～12:00	30.4	0.6	8.4	1.6	22.2	36.8
12:00～13:00	29.6	0.1	12.7	1.1	19.3	37.1
13:00～14:00	24.6	0.2	6.4	1.0	28.7	39.1
14:00～15:00	21.6	0.3	5.3	0.9	33.1	38.8
15:00～16:00	21.5	0.2	5.4	1.1	33.8	38.0

续表

时间段	中央广播电视总台	中国教育台频道	陕西省级频道	西安市级频道	其他省级卫视频道	其他频道
16:00~17:00	22.7	0.3	5.7	1.0	32.5	37.7
17:00~18:00	26.9	0.2	6.7	1.1	27.7	37.4
18:00~19:00	30.0	0.1	19.1	1.1	12.7	37.1
19:00~20:00	26.7	0.1	11.4	0.9	32.2	28.6
20:00~21:00	18.8	0.1	9.8	0.9	42.9	27.6
21:00~22:00	19.4	0.1	13.9	0.8	35.9	29.8
22:00~23:00	19.9	0.2	14.6	0.7	30.7	34.0
23:00~00:00	24.7	0.2	9.8	0.6	28.3	36.5
00:00~01:00	23.8	0.8	13.6	0.4	22.2	39.2
01:00~02:00	22.7	1.1	7.5	0.1	26.5	42.0

表 3.58.4　2021 年西安市场收视份额排名前 10 的频道

单位：%

名次	频道名称	收视份额
1	陕西广播电视台都市青春频道（二套）	4.5
2	中央台八套	4.2
2	浙江卫视	4.2
4	中央电视台综合频道	4.0
5	江苏卫视	3.9
6	湖南卫视	3.3
7	中央台四套	2.9
8	北京卫视	2.6
9	东方卫视	2.5
10	中央电视台新闻频道	2.4

表 3.58.5　2021 年西安市场各主要频道的观众构成

单位：%

目标观众		所有频道	陕西广播电视台都市青春频道（二套）	中央台八套	浙江卫视	中央电视台综合频道	江苏卫视
4 岁及以上所有人		100.0	100.0	100.0	100.0	100.0	100.0
性别	男	49.5	47.3	44.4	46.6	48.5	51.1
	女	50.5	52.7	55.6	53.4	51.5	48.9

续表

目标观众		所有频道	陕西广播电视台都市青春频道（二套）	中央台八套	浙江卫视	中央电视台综合频道	江苏卫视
年龄	4～14 岁	5.6	2.4	1.2	3.7	2.3	3.4
	15～24 岁	7.4	8.5	6.3	8.9	5.1	10.2
	25～34 岁	15.0	6.8	5.0	26.1	7.1	15.1
	35～44 岁	11.0	10.9	5.3	13.6	6.7	13.9
	45～54 岁	19.6	19.7	20.6	14.8	20.6	15.7
	55～64 岁	17.7	18.6	19.6	14.1	19.7	14.0
	65 岁及以上	23.6	33.1	42.0	18.7	38.5	27.8
受教育程度	未受过正规教育	2.0	0.9	0.4	0.9	0.9	0.7
	小学	6.3	6.5	7.5	4.8	6.0	5.2
	初中	29.9	42.5	43.0	23.6	28.1	25.3
	高中	35.4	35.6	35.3	30.7	37.2	40.0
	大学及以上	26.5	14.5	13.9	40.0	27.8	28.7
职业类别	干部/管理人员	2.6	2.2	3.0	3.2	2.5	3.1
	个体/私营企业人员	13.9	19.4	14.9	12.1	6.5	12.0
	初级公务员/雇员	18.7	15.0	12.8	22.0	18.4	19.0
	工人	7.4	9.6	6.5	10.7	6.8	6.5
	学生	8.6	6.8	4.7	8.6	5.7	10.4
	无业	48.8	47.0	58.1	43.4	60.1	49.0
	其他	*	*	*	*	*	*
个人月收入	0～600 元	20.7	12.2	9.8	23.3	12.2	23.0
	601～1200 元	*	*	*	*	*	*
	1201～1700 元	2.0	4.4	3.2	0.6	1.0	0.2
	1701～2600 元	14.5	22.6	19.2	12.6	20.8	13.6
	2601～3500 元	21.3	22.4	35.4	24.4	23.7	18.9
	3501～5000 元	25.6	23.6	22.4	20.9	27.3	29.1
	5001 元及以上	15.8	14.8	10.1	18.0	14.9	15.1

注：“*”表示样本量不足，无法进行统计推断。

表 3.58.6　2019～2021 年西安市场各类节目的播出比重和收视比重

单位：%

节目类别	2019 年		2020 年		2021 年	
	播出比重	收视比重	播出比重	收视比重	播出比重	收视比重
财经	1.0	0.6	0.9	0.8	1.0	0.8
电视剧	21.7	30.9	21.9	33.9	26.8	39.1
电影	4.5	5.6	4.1	4.6	4.1	4.0

续表

节目类别	2019 年		2020 年		2021 年	
	播出比重	收视比重	播出比重	收视比重	播出比重	收视比重
法制	0.8	1.0	0.6	0.4	0.6	0.6
教学	0.4	0.1	0.3	0.1	0.3	0.1
青少	6.8	2.8	6.8	2.7	6.7	2.4
生活服务	8.3	6.4	8.0	5.6	7.2	5.4
体育	4.1	3.4	4.1	1.9	4.6	3.4
外语	0.2	0.0	0.2	0.0	0.2	0.0
戏剧	1.0	1.1	0.9	0.9	1.2	0.7
新闻/时事	15.6	17.8	17.5	19.1	11.5	14.7
音乐	1.8	1.0	1.9	1.1	1.8	0.7
专题	13.7	6.9	13.9	6.2	14.5	5.9
综艺	7.1	11.4	5.9	12.2	4.7	11.4
其他	13.0	11.0	13.0	10.5	14.9	10.7

表 3.58.7 2021 年西安市场所有节目收视率排名前 30

单位：%

名次	节目名称	节目类别	播出频道	平均收视率	平均占有率
1	《2021 中央广播电视总台春节联欢晚会》	中央电视台综合频道	综艺	8.0	24.4
2	《花好月圆元宵夜》	中央电视台综合频道	综艺	6.5	18.5
3	《第十四届全国运动会开幕式特别报道》	中央电视台综合频道	体育	5.9	19.3
4	《最强大脑之燃烧吧大脑》（1 月 29 日）	江苏卫视	综艺	5.1	20.7
5	《我就是演员》（1 月 2 日）	浙江卫视	综艺	5.1	19.2
6	《中华人民共和国第十四届运动会开幕式》	中央电视台综合频道	体育	5.0	15.2
7	《2022 跨年演唱会》（用奋斗点亮幸福）	江苏卫视	音乐	4.4	16.5
8	《32 届奥运会乒乓球男团决赛》	中央台五套	体育	4.3	19.0
9	《为歌而赞》（5 月 15 日）	浙江卫视	综艺	4.2	15.0
10	《乒乓球男团颁奖仪式》	中央台五套	体育	4.1	15.1
11	《春满东方幸福牛年·东方卫视春节晚会 2021》	东方卫视	综艺	3.9	13.7
11	《32 届奥运会男子 100 米决赛》	中央台五套	体育	3.9	13.7
13	《伟大征程》（庆祝中国共产党成立 100 周年大型情景史诗）	中央电视台综合频道	综艺	3.8	18.8
14	《奔跑吧·黄河篇》	浙江卫视	综艺	3.7	25.7
15	《中国好声音》（10 月 1 日）	浙江卫视	综艺	3.7	17.3
16	《2021 年湖南卫视春节联欢晚会》	湖南卫视	综艺	3.7	13.1
17	《追光吧！哥哥》（1 月 16 日）	东方卫视	综艺	3.7	12.4

续表

名次	节目名称	节目类别	播出频道	平均收视率	平均占有率
18	《我们的歌》（10 月 24 日）	东方卫视	综艺	3.4	17.6
19	《百变大咖秀 2021》（2 月 26 日）	湖南卫视	综艺	3.3	18.7
20	《欢乐喜剧人 7》（2 月 28 日）	东方卫视	综艺	3.3	13.2
21	《东京奥运会开幕式》	中央台五套	体育	3.2	14.1
22	《东京奥运会闭幕式》	中央台五套	体育	3.2	12.6
23	《开学第一课》	中央电视台综合频道	青少	3.2	11.1
24	《了不起的女孩》	江苏卫视	电视剧	3.2	10.9
25	《超脑少年团》	江苏卫视	综艺	3.1	13.6
26	《大宋宫词》	江苏卫视	电视剧	3.1	11.4
27	《跨界喜剧王》（2 月 27 日）	北京卫视	综艺	3.1	10.4
28	《八零九零》	湖南卫视	电视剧	3.0	12.9
29	《大江大河二》	浙江卫视	电视剧	3.0	10.2
30	《爱的理想生活》	湖南卫视	电视剧	2.9	11.8

表 3.58.8　2021 年西安市场电视剧收视率排名前 10

单位：%

名次	节目名称	播出频道	平均收视率	平均占有率
1	《了不起的女孩》	江苏卫视	3.2	10.9
2	《大宋宫词》	江苏卫视	3.1	11.4
3	《八零九零》	湖南卫视	3.0	12.9
4	《大江大河二》	浙江卫视	3.0	10.2
5	《爱的理想生活》	湖南卫视	2.9	11.8
6	《暴风眼》	浙江卫视	2.9	10.5
7	《功勋》	浙江卫视	2.8	10.9
8	《乔家的儿女》	江苏卫视	2.8	10.8
9	《我在他乡挺好的》	湖南卫视	2.7	19.3
10	《百炼成钢》	湖南卫视	2.7	11.4

表 3.58.9　2021 年西安市场新闻节目收视率排名前 10

单位：%

名次	节目名称	播出频道	平均收视率	平均占有率
1	《新闻联播》	中央电视台综合频道	2.0	9.9
2	《2021 年中国国际服务贸易交易会全球服务贸易峰会特别报道》	北京卫视	1.9	7.9

续表

名次	节目名称	播出频道	平均收视率	平均占有率
3	《2021 中关村论坛开幕式特别报道》	北京卫视	1.9	7.6
4	《陕西新闻联播》	陕西广播电视台都市青春频道（二套）	1.9	7.4
5	《都市快报》	陕西广播电视台都市青春频道（二套）	1.8	8.9
6	《“疫情就是命令防控就是责任”特别节目》	陕西广播电视台都市青春频道（二套）	1.6	6.3
7	《国务院总理会见中外记者并回答提问》	中央电视台综合频道	1.3	5.2
8	《都市热线》	陕西广播电视台都市青春频道（二套）	1.2	7.9
9	《庆祝中国共产党成立 100 周年活动新闻中心中外记者见面会》	中央电视台新闻频道	1.2	5.4
10	《新闻直播间》	中央电视台新闻频道	1.2	5.0

表 3.58.10　2021 年西安市场专题节目收视率排名前 10

单位：%

名次	节目名称	播出频道	平均收视率	平均占有率
1	《今日头条 2021 开年演讲》	湖南卫视	2.3	10.5
2	《2021 一年又一年》	中央电视台综合频道	2.1	12.1
3	《正风反腐就在身边》	中央电视台综合频道	1.9	6.0
4	《红色档案》	中央电视台综合频道	1.8	8.1
5	《感动中国 2020 年度人物颁奖盛典》	中央电视台综合频道	1.7	6.1
6	《我们的 2021》	深圳卫视（新闻综合频道）	1.7	5.3
7	《唱支山歌给党听》	北京卫视	1.5	7.9
8	《跨过鸭绿江幕后记录》	中央台八套	1.2	6.4
9	《“2021 年全国消费促进月暨上海五五购物节”启动仪式》	东方卫视	1.2	5.2
10	《主播读宪法》	湖南卫视	1.2	4.2

表 3.58.11　2021 年西安市场综艺节目收视率排名前 10

单位：%

名次	节目名称	播出频道	平均收视率	平均占有率
1	《2021 中央广播电视总台春节联欢晚会》	中央电视台综合频道	8.0	24.4
2	《花好月圆元宵夜》	中央电视台综合频道	6.5	18.5
3	《最强大脑之燃烧吧大脑》（1 月 29 日）	江苏卫视	5.1	20.7

续表

名次	节目名称	播出频道	平均收视率	平均占有率
4	《我就是演员》（1月2日）	浙江卫视	5.1	19.2
5	《为歌而赞》（5月15日）	浙江卫视	4.2	15.0
6	《春满东方幸福牛年·东方卫视春节晚会2021》	东方卫视	3.9	13.7
7	《伟大征程》（庆祝中国共产党成立100周年大型情景史诗）	中央电视台综合频道	3.8	18.8
8	《奔跑吧·黄河篇》	浙江卫视	3.7	25.7
9	《中国好声音》（10月1日）	浙江卫视	3.7	17.3
10	《2021年湖南卫视春节联欢晚会》	湖南卫视	3.7	13.1

表3.58.12　2021年西安市场体育节目收视率排名前10

单位：%

名次	节目名称	播出频道	平均收视率	平均占有率
1	《第十四届全国运动会开幕式特别报道》	中央电视台综合频道	5.9	19.3
2	《中华人民共和国第十四届运动会开幕式》	中央电视台综合频道	5.0	15.2
3	《32届奥运会乒乓球男团决赛》	中央台五套	4.3	19.0
4	《乒乓球男团颁奖仪式》	中央台五套	4.1	15.1
5	《32届奥运会男子100米决赛》	中央台五套	3.9	13.7
6	《东京奥运会开幕式》	中央台五套	3.2	14.1
7	《东京奥运会闭幕式》	中央台五套	3.2	12.6
8	《32届奥运会羽毛球男子单打决赛》	中央台五套	2.9	11.3
9	《实况录像：32届奥运会体操男子吊环决赛》	中央台五套	2.9	10.5
10	《实况录像：32届奥运会女子举重87公斤以上级决赛》	中央台五套	2.8	10.9

五十九　西宁收视数据

表 3. 59. 1　2017 ~ 2021 年西宁市场各类频道的市场占有率

单位：%

频道类别	2017 年	2018 年	2019 年	2020 年	2021 年
中央广播电视总台	53. 1	54. 3	51. 9	44. 9	38. 7
中国教育台频道	0. 1	0. 1	0. 2	0. 1	0. 1
青海省级频道	7. 5	7. 9	5. 1	4. 8	4. 0
西宁市级频道	0. 8	0. 7	1. 1	1. 2	1. 1
其他省级卫视频道	30. 9	26. 8	27. 6	28. 4	28. 2
其他频道	7. 6	10. 2	14. 1	20. 6	27. 9

表 3. 59. 2　2021 年西宁市场各类频道在不同目标观众中的市场占有率

单位：%

目标观众		中央广播电视总台	中国教育台频道	青海省级频道	西宁市级频道	其他省级卫视频道	其他频道
4 岁及以上所有人		38. 7	0. 1	4. 0	1. 1	28. 2	27. 9
性别	男	39. 0	0. 1	4. 5	1. 1	28. 7	26. 6
	女	38. 4	0. 1	3. 5	1. 1	27. 8	29. 1
年龄	4 ~ 14 岁	19. 4	0. 1	1. 9	0. 8	32. 3	45. 5
	15 ~ 24 岁	33. 0	0. 1	4. 3	0. 7	39. 1	22. 8
	25 ~ 34 岁	32. 2	0. 1	2. 7	1. 5	28. 5	35. 0
	35 ~ 44 岁	29. 1	0. 1	3. 0	1. 2	25. 4	41. 2
	45 ~ 54 岁	34. 2	0. 1	3. 6	0. 8	32. 5	28. 8
	55 ~ 64 岁	47. 1	0. 1	4. 4	1. 5	21. 2	25. 7
	65 岁及以上	53. 7	0. 2	5. 6	1. 2	24. 5	14. 8
受教育程度	未受过正规教育	38. 4	0. 1	5. 3	1. 1	31. 1	24. 0
	小学	39. 8	0. 1	4. 0	0. 8	28. 6	26. 7
	初中	37. 7	0. 1	4. 3	1. 5	29. 1	27. 3
	高中	39. 6	0. 1	3. 8	0. 8	27. 7	28. 0
	大学及以上	38. 0	0. 1	3. 3	1. 3	26. 4	30. 9

续表

目标观众		中央广播电视总台	中国教育台频道	青海省级频道	西宁市级频道	其他省级卫视频道	其他频道
职业类别	干部/管理人员	48.8	0.1	0.9	0.2	17.1	32.9
	个体/私营企业人员	33.9	0.1	3.7	1.0	30.9	30.4
	初级公务员/雇员	27.3	0.1	2.7	1.1	26.5	42.3
	工人	36.1	0.1	3.9	1.3	34.8	23.8
	学生	27.0	0.1	2.5	0.7	33.2	36.5
	无业	47.1	0.1	4.8	1.2	24.7	22.1
	其他	23.2	0.4	4.5	1.4	26.1	44.4
个人月收入	0～600元	27.3	0.1	2.9	0.7	33.1	35.9
	601～1200元	57.0	0.2	3.2	0.8	23.9	14.9
	1201～1700元	50.1	0.1	7.6	1.1	26.8	14.3
	1701～2600元	38.2	0.1	4.8	1.2	29.6	26.1
	2601～3500元	42.9	0.1	3.4	1.2	29.5	22.9
	3501～5000元	43.3	0.1	4.2	1.1	21.6	29.7
	5001元及以上	39.5	0.1	4.6	1.7	26.3	27.8

表3.59.3　2021年西宁市场各类频道在不同时段的市场占有率

单位：%

时间段	中央广播电视总台	中国教育台频道	青海省级频道	西宁市级频道	其他省级卫视频道	其他频道
02:00～03:00	20.1	0.3	1.4	0.7	32.1	45.4
03:00～04:00	23.8	0.1	3.7	0.0	34.6	37.8
04:00～05:00	26.5	0.2	0.3	0.0	37.0	36.0
05:00～06:00	33.7	0.2	0.2	0.0	38.8	27.1
06:00～07:00	65.4	0.1	0.2	0.4	15.0	18.9
07:00～08:00	62.2	0.2	1.2	0.5	12.5	23.4
08:00～09:00	53.9	0.3	2.2	0.6	20.1	22.9
09:00～10:00	42.8	0.2	3.1	0.9	28.2	24.8
10:00～11:00	37.8	0.2	3.1	0.8	31.3	26.8
11:00～12:00	39.3	0.1	3.0	0.8	27.9	28.9
12:00～13:00	43.4	0.1	2.5	0.8	23.3	29.9
13:00～14:00	34.8	0.1	2.2	1.2	27.7	34.0
14:00～15:00	31.6	0.2	2.3	1.0	31.4	33.5
15:00～16:00	31.7	0.2	2.6	0.8	32.6	32.1
16:00～17:00	35.7	0.2	2.6	0.5	31.0	30.0

续表

时间段	中央广播电视总台	中国教育台频道	青海省级频道	西宁市级频道	其他省级卫视频道	其他频道
17:00～18:00	41.7	0.1	2.7	1.0	25.1	29.4
18:00～19:00	47.0	0.1	9.8	3.3	13.0	26.8
19:00～20:00	46.9	0.0	6.8	1.4	22.7	22.2
20:00～21:00	35.9	0.1	3.3	0.7	36.8	23.2
21:00～22:00	34.9	0.1	3.1	1.2	34.2	26.2
22:00～23:00	33.7	0.1	4.2	0.8	30.1	31.1
23:00～00:00	35.1	0.1	2.2	0.6	26.8	35.2
00:00～01:00	31.0	0.2	1.5	0.5	23.1	43.7
01:00～02:00	23.3	0.2	1.4	0.5	25.1	49.5

表 3.59.4　2021 年西宁市场收视份额排名前 10 的频道

单位：%

名次	频道名称	收视份额
1	中央台八套	6.0
2	中央电视台综合频道	5.3
3	中央台六套	5.2
4	中央电视台新闻频道	5.0
5	中央台四套	3.3
5	浙江卫视	3.3
7	湖南卫视	2.7
8	江苏卫视	2.5
9	中央台五套	2.4
10	中央台三套	2.0

表 3.59.5　2021 年西宁市场各主要频道的观众构成

单位：%

目标观众		所有频道	主要频道					
			中央台八套	中央电视台综合频道	中央台六套	中央电视台新闻频道	中央台四套	浙江卫视
4 岁及以上所有人		100.0	100.0	100.0	100.0	100.0	100.0	100.0
性别	男	50.4	48.0	52.6	53.7	53.5	55.2	46.0
	女	49.6	52.0	47.4	46.3	46.5	44.8	54.0

续表

目标观众		所有频道	主要频道					
			中央台八套	中央电视台综合频道	中央台六套	中央电视台新闻频道	中央台四套	浙江卫视
年龄	4～14 岁	9.0	2.8	3.6	5.7	6.8	2.9	10.1
	15～24 岁	8.0	5.8	4.1	6.6	5.3	4.1	17.4
	25～34 岁	6.9	5.2	8.1	4.7	5.2	3.8	6.4
	35～44 岁	12.7	8.4	6.7	11.0	10.9	6.1	10.9
	45～54 岁	24.3	21.0	18.2	33.0	21.2	14.6	32.3
	55～64 岁	13.6	11.4	20.6	16.0	16.4	21.7	7.8
	65 岁及以上	25.5	45.4	38.7	23.0	34.2	46.8	15.1
受教育程度	未受过正规教育	6.8	11	4.4	8.1	7.1	4.6	4.5
	小学	20.1	29.6	13.3	27.6	16.2	15.6	21.6
	初中	27.2	25.9	28.6	23.3	32.5	33.9	24.9
	高中	26.5	17.9	28.0	27.6	24.6	28.7	24.2
	大学及以上	19.4	15.6	25.7	13.4	19.6	17.2	24.8
职业类别	干部/管理人员	1.0	0.3	2.2	0.9	1.4	1.1	0.4
	个体/私营企业人员	13.2	11.1	7.5	20.7	8.9	6.2	16.5
	初级公务员/雇员	12.3	9.9	8.8	8.4	8.6	3.7	14.8
	工人	14.8	11.0	10.2	15.8	15.9	15.8	17.8
	学生	12.2	6.5	6.5	10.2	8.6	4.8	17.9
	无业	46.0	61.0	64.6	43.8	56.1	68.0	31.9
	其他	0.5	0.2	0.2	0.2	0.5	0.4	0.7
个人月收入	0～600 元	21.6	15.0	10.6	20.4	14.9	7.4	27.7
	601～1200 元	2.6	9.1	2.5	3.4	4.2	5.1	0.9
	1201～1700 元	2.6	5.1	1.4	4.0	4.8	4.5	3.5
	1701～2600 元	22.5	21.5	17.9	25.5	21.0	23.8	19.8
	2601～3500 元	20.8	21.4	32.6	16.2	20.7	27.7	22.7
	3501～5000 元	20.2	21.1	23.0	20.9	23.0	25.9	18.5
	5001 元及以上	9.7	6.8	12.0	9.6	11.4	5.6	6.9

表 3.59.6　2019～2021 年西宁市场各类节目的播出比重和收视比重

单位：%

节目类别	2019 年		2020 年		2021 年	
	播出比重	收视比重	播出比重	收视比重	播出比重	收视比重
财经	1.0	0.7	1.0	0.8	1.0	0.7
电视剧	26.2	32.8	21.3	31.1	21.1	33.4
电影	4.0	7.4	3.6	7.9	3.4	7.2

续表

节目类别	2019 年		2020 年		2021 年	
	播出比重	收视比重	播出比重	收视比重	播出比重	收视比重
法制	0.7	1.3	0.7	0.8	0.8	0.8
教学	0.4	0.0	0.4	0.0	0.4	0.0
青少	7.3	7.0	7.5	4.7	7.4	3.9
生活服务	6.5	5.1	7.8	5.7	8.4	5.9
体育	3.9	4.1	4.0	2.4	4.3	3.5
外语	0.1	0.0	0.2	0.0	0.2	0.0
戏剧	1.1	0.6	0.7	0.4	0.6	0.3
新闻/时事	10.9	12.5	17.4	18.4	16.3	15.4
音乐	1.6	0.8	1.9	1.0	1.8	0.5
专题	14.1	7.5	14.8	8.4	16.0	8.7
综艺	5.5	10.0	6.1	8.1	6.4	9.7
其他	16.7	10.2	12.6	10.3	11.9	10.0

表 3.59.7 2021 年西宁市场所有节目收视率排名前 30

单位：%

名次	节目名称	节目类别	播出频道	平均收视率	平均占有率
1	《2021 中央广播电视总台春节联欢晚会》	综艺	中央电视台综合频道	9.1	27.7
2	《32 届奥运会男子 100 米决赛》	体育	中央台五套	6.5	29.6
3	《开学第一课》	青少	中央电视台综合频道	6.5	25.0
4	《花好月圆元宵夜》	综艺	中央电视台综合频道	6.1	21.5
5	《伟大征程》（庆祝中国共产党成立 100 周年大型情景史诗）	综艺	中央电视台综合频道	5	19.0
6	《2021 一年又一年》	专题	中央电视台综合频道	4.7	23.3
7	《山海情》	电视剧	浙江卫视	4.7	15.0
8	《乘风破浪》（1 月 22 日）	综艺	湖南卫视	4.4	15.8
9	《跨过鸭绿江》（8～40 集）	电视剧	中央电视台综合频道	4.4	14.5
10	《32 届奥运会乒乓球女团决赛》	体育	中央台五套	4.3	20.2
11	《追光吧！哥哥》（1 月 23 日）	综艺	东方卫视	4.2	12.6
12	《天赐的声音 2》（1 月 29 日）	综艺	浙江卫视	4.1	32.0
13	《大江大河二》（22～39 集）	电视剧	浙江卫视	3.8	11.9
14	《中国梦·祖国颂——2021 国庆特别节目》	综艺	中央电视台综合频道	3.7	15.4
15	《大决战》	电视剧	中央电视台综合频道	3.5	15.5
16	《狐踪谍影》（12 月 5 日）	电影	中央台六套	3.4	15.8
17	《欢乐喜剧人 7》（1 月 17 日）	综艺	东方卫视	3.4	12.8

续表

名次	节目名称	节目类别	播出频道	平均收视率	平均占有率
18	《狼兵吼》（1 月 8 日）	电影	中央台六套	3.4	12.4
19	《中国好声音》（9 月 24 日）	综艺	浙江卫视	3.3	16.0
20	《妈妈在等你》	电视剧	中央台八套	3.3	13.8
21	《叶问四完结篇》（11 月 27 日）	电影	中央台六套	3.3	12.6
22	《中华英雄》（12 月 9 日）	电影	中央台六套	3.2	16.6
23	《大决战第二部淮海战役》（11 月 10 日）	电影	中央台六套	3.2	15.8
24	《大决战第一部辽沈战役》（11 月 9 日）	电影	中央台六套	3.2	14.8
25	《金曲青春》（4 月 17 日）	综艺	东方卫视	3.2	14.5
26	《正风反腐就在身边》	专题	中央电视台综合频道	3.2	9.7
27	《天气预报》	生活服务	中央电视台综合频道	3.1	14.0
28	《亲爱的孩子们》	电视剧	中央台八套	3.1	13.9
29	《百度潮盛典》	综艺	浙江卫视	3.0	15.3
30	《2020 微博之夜》	综艺	东方卫视	3.0	13.5

表 3.59.8　2021 年西宁市场电视剧收视率排名前 10

单位：%

名次	节目名称	播出频道	平均收视率	平均占有率
1	《山海情》	浙江卫视	4.7	15.0
2	《跨过鸭绿江》（8～40 集）	中央电视台综合频道	4.4	14.5
3	《大江大河二》（22～39 集）	浙江卫视	3.8	11.9
4	《大决战》	中央电视台综合频道	3.5	15.5
5	《妈妈在等你》	中央台八套	3.3	13.8
6	《亲爱的孩子们》	中央台八套	3.1	13.9
7	《暴风眼》	浙江卫视	2.9	11.1
8	《江山如此多娇》	湖南卫视	2.8	9.3
9	《叛逆者》	中央台八套	2.7	12.7
10	《红旗渠》	中央电视台综合频道	2.6	11.6

表 3.59.9　2021 年西宁市场新闻节目收视率排名前 10

单位：%

名次	节目名称	播出频道	平均收视率	平均占有率
1	《国务院总理会见中外记者并回答提问》	中央电视台综合频道	2.3	9.6
2	《新闻联播》	中央电视台综合频道	2.1	10.8

续表

名次	节目名称	播出频道	平均收视率	平均占有率
3	《世界经济论坛“达沃斯议程”对话会特别报道》	中央电视台综合频道	1.8	5.7
4	《第四届中国国际进口博览会开幕式特别报道》	中央电视台综合频道	1.7	6.3
5	《“省委十四届十次全会”特别节目》	浙江卫视	1.4	5.5
6	《焦点访谈》	中央电视台综合频道	1.3	5.4
7	《直击台风“灿都”》	浙江卫视	1.2	7.2
8	《第32届奥林匹克运动会闭幕式特别报道》	中央电视台新闻频道	1.2	4.8
9	《直播青海第五季》（贵德春水碧如蓝——筑梦青山绿水间）	青海都市频道	1.2	4.7
10	《共同关注》	中央电视台新闻频道	1.1	8.5

表3.59.10　2021年西宁市场专题节目收视率排名前10

单位：%

名次	节目名称	播出频道	平均收视率	平均占有率
1	《2021一年又一年》	中央电视台综合频道	4.7	23.3
2	《正风反腐就在身边》	中央电视台综合频道	3.2	9.7
3	《2021年全国消费促进月暨上海五五购物节启动仪式》	东方卫视	2.6	12.8
4	《中国诗词大会第六季》（3月20日）	中央电视台综合频道	2.6	9.2
5	《跨过鸭绿江幕后记录》	中央台八套	2.2	10.1
6	《315》	中央台二套	1.9	8.0
7	《红色档案》	中央电视台综合频道	1.9	7.8
8	《圆梦中国德耀中华——第八届全国道德模范颁奖仪式》	中央电视台综合频道	1.8	7.6
9	《中国共产党历史展览馆建设纪实》	中央电视台综合频道	1.8	6.7
10	《感动中国2020年度人物颁奖盛典》	中央电视台综合频道	1.7	5.7

表3.59.11　2021年西宁市场综艺节目收视率排名前10

单位：%

名次	节目名称	播出频道	平均收视率	平均占有率
1	《2021中央广播电视总台春节联欢晚会》	中央电视台综合频道	9.1	27.7
2	《花好月圆元宵夜》	中央电视台综合频道	6.1	21.5
3	《伟大征程》（庆祝中国共产党成立100周年大型情景史诗）	中央电视台综合频道	5.0	19.0

续表

名次	节目名称	播出频道	平均收视率	平均占有率
4	《乘风破浪》（1月22日）	湖南卫视	4.4	15.8
5	《追光吧！哥哥》（1月23日）	东方卫视	4.2	12.6
6	《天赐的声音2》（1月29日）	浙江卫视	4.1	32.0
7	《中国梦·祖国颂——2021国庆特别节目》	中央电视台综合频道	3.7	15.4
8	《欢乐喜剧人7》（1月17日）	东方卫视	3.4	12.8
9	《中国好声音》（9月24日）	浙江卫视	3.3	16.0
10	《金曲青春》（4月17日）	东方卫视	3.2	14.5

表3.59.12　2021年西宁市场体育节目收视率排名前10

单位：%

名次	节目名称	播出频道	平均收视率	平均占有率
1	《32届奥运会男子100米决赛》	中央台五套	6.5	29.6
2	《32届奥运会乒乓球女团决赛》	中央台五套	4.3	20.2
3	《32届奥运会女排小组赛第4轮》（中国VS意大利）	中央台五套	3.3	17.5
4	《乒乓球女团颁奖仪式》	中央台五套	3.3	11.7
5	《实况录像：32届奥运会举重男子81公斤级决赛挺举》	中央台五套	3.2	13.1
6	《32届奥运会竞技体操男子团体决赛》	中央台五套	3.1	15.7
7	《32届奥运会女子100米蝶泳预赛》	中央台五套	3.0	19.5
8	《实况录像：32届奥运会射击女子10米气步枪决赛》	中央台五套	2.8	11.0
9	《32届奥运会羽毛球男子单打决赛》	中央台五套	2.7	10.2
10	《东京奥运会闭幕式》	中央台五套	2.6	11.0

六十　厦门收视数据

表 3.60.1　2017～2021 年厦门市场各类频道的市场占有率

单位：%

频道类别	2017 年	2018 年	2019 年	2020 年	2021 年
中央广播电视总台	33.2	30.8	23.2	24.8	23.9
中国教育台频道	0.1	0.1	0.3	0.3	0.3
福建省级频道	5.3	4.8	5.1	5.1	3.7
厦门市级频道	22.7	19.3	21.0	17.8	12.4
其他省级卫视频道	21.1	17.6	24.5	26.0	31.6
其他频道	17.6	27.4	23.9	26.0	28.1

表 3.60.2　2021 年厦门市场各类频道在不同目标观众中的市场占有率

单位：%

目标观众		中央广播电视总台	中国教育台频道	福建省级频道	厦门市级频道	其他省级卫视频道	其他频道
4 岁及以上所有人		23.9	0.3	3.7	12.4	31.6	28.1
性别	男	25.7	0.4	3.6	11.7	32.3	26.3
	女	22.0	0.3	3.8	13.1	30.8	30.0
年龄	4～14 岁	10.2	0.1	3.0	4.7	32.0	50.0
	15～24 岁	31.7	0.5	3.0	11.9	37.0	15.9
	25～34 岁	15.4	0.2	3.7	8.9	40.9	30.9
	35～44 岁	15.2	0.2	3.3	11.3	37.8	32.2
	45～54 岁	22.9	0.2	3.6	10.5	29.9	32.9
	55～64 岁	28.6	0.4	4.6	15.9	23.0	27.5
	65 岁及以上	35.5	0.7	4.5	20.0	22.6	16.7
受教育程度	未受过正规教育	13.5	0.5	2.6	17.6	27.7	38.1
	小学	21.2	0.4	4.2	17.8	27.5	28.9
	初中	29.2	0.5	5.6	10.0	29.9	24.8
	高中	24.7	0.3	2.7	11.5	32.6	28.2
	大学及以上	23.6	0.2	2.8	10.0	36.2	27.2

续表

目标观众		中央广播电视总台	中国教育台频道	福建省级频道	厦门市级频道	其他省级卫视频道	其他频道
职业类别	干部/管理人员	14.3	0.3	2.1	22.3	33.2	27.8
	个体/私营经企业人员	25.0	0.3	3.7	14.7	30.4	25.9
	初级公务员/雇员	24.2	0.3	3.5	8.6	35.3	28.1
	工人	21.7	0.3	4.6	10.5	36.2	26.7
	学生	18.3	0.1	2.6	9.1	39.7	30.2
	无业	27.1	0.5	3.9	14.9	25.9	27.7
	其他	22.2	0.3	2.8	12.6	26.8	35.3
个人月收入	0～600元	18.4	0.3	2.9	9.4	34.7	34.3
	601～1200元	*	*	*	*	*	*
	1201～1700元	31.7	0.3	6.5	12.5	20.3	28.7
	1701～2600元	13.6	0.8	2.8	28.2	29.8	24.8
	2601～3500元	27.5	0.5	5.8	11.9	29.0	25.3
	3501～5000元	32.1	0.4	3.2	14.8	26.2	23.3
	5001元及以上	24.2	0.2	4.2	10.5	33.9	27.0

注：*表示样本量不足，无法进行统计推断。

表3.60.3　2021年厦门市场各类频道在不同时段的市场占有率

单位：%

时间段	中央广播电视总台	中国教育台频道	福建省级频道	厦门市级频道	其他省级卫视频道	其他频道
02:00～03:00	22.0	1.3	2.7	2.7	24.1	47.2
03:00～04:00	18.2	0.9	3.0	1.9	19.4	56.6
04:00～05:00	19.4	0.5	5.0	1.2	8.6	65.3
05:00～06:00	24.3	0.5	3.2	3.6	10.5	57.9
06:00～07:00	34.4	1.5	4.3	9.4	5.8	44.6
07:00～08:00	33.6	0.4	4.9	6.1	13.8	41.2
08:00～09:00	35.5	0.9	4.6	5.1	16.6	37.3
09:00～10:00	28.9	0.9	4.9	7.0	18.4	39.9
10:00～11:00	29.6	0.8	4.5	8.9	18.5	37.7
11:00～12:00	30.6	0.3	3.8	10.1	20.8	34.4
12:00～13:00	27.2	0.1	2.2	13.6	26.8	30.1
13:00～14:00	21.1	0.3	2.7	8.1	35.5	32.3
14:00～15:00	19.4	0.6	2.6	8.8	36.4	32.2
15:00～16:00	21.0	0.6	3.0	8.7	36.0	30.7

续表

时间段	中央广播电视总台	中国教育台频道	福建省级频道	厦门市级频道	其他省级卫视频道	其他频道
16:00～17:00	22.4	0.5	3.7	8.1	33.9	31.4
17:00～18:00	23.7	0.3	4.5	8.0	30.3	33.2
18:00～19:00	30.1	0.2	5.6	16.4	14.5	33.2
19:00～20:00	25.9	0.3	4.1	14.5	32.3	22.9
20:00～21:00	20.7	0.2	3.2	13.4	42.2	20.3
21:00～22:00	20.9	0.2	4.2	16.3	37.5	20.9
22:00～23:00	18.8	0.3	3.4	15.5	37.5	24.5
23:00～00:00	21.5	0.5	2.5	12.3	34.8	28.4
00:00～01:00	23.8	1.1	2.5	14.5	23.0	35.1
01:00～02:00	22.8	1.2	2.2	14.2	21.9	37.7

表 3.60.4　2021 年厦门市场收视份额排名前 10 的频道

单位：%

名次	频道名称	收视份额
1	厦门电视台影视频道	5.9
2	江苏卫视	5.1
3	中央电视台综合频道	5.0
4	中央台四套	4.5
5	安徽卫视	4.2
6	浙江卫视	4.0
7	湖南卫视	3.2
8	东方卫视	2.8
9	厦门电视台综合频道	2.7
10	北京卫视	2.5

表 3.60.5　2021 年厦门市场各主要频道的观众构成

单位：%

目标观众		所有频道	主要频道				
			厦门电视台影视频道	江苏卫视	中央电视台综合频道	中央台四套	安徽卫视
4 岁及以上所有人		100.0	100.0	100.0	100.0	100.0	100.0
性别	男性	52.2	50.9	52.3	67.0	57.0	68.3
	女性	47.8	49.1	47.7	33.0	43.0	31.7

续表

目标观众		所有频道	主要频道				
			厦门电视台影视频道	江苏卫视	中央电视台综合频道	中央台四套	安徽卫视
年龄	4～14岁	9.4	3.6	8.8	2.9	1.6	4.9
	15～24岁	14.8	14.9	17.7	31.0	20.2	19.3
	25～34岁	13.9	11.3	16.1	5.1	6.4	25.8
	35～44岁	12.8	12.4	15.1	5.7	7.5	17.8
	45～54岁	19.8	15.4	25.0	14.2	13.2	13.2
	55～64岁	10.8	12.4	5.8	6.4	12.8	6.6
	65岁及以上	18.5	30.0	11.5	34.7	38.3	12.4
受教育程度	未受正规教育	7.9	12.6	3.4	2.1	5.3	5.4
	小学	18.6	26.1	19.6	15.9	13.6	13.9
	初中	23.8	17.7	16.5	44.0	27.1	41.5
	高中	23.8	22.7	26.1	18.9	27.3	15.4
	大学及以上	25.9	20.9	34.4	19.1	26.7	23.8
职业类别	干部/管理人员	1.5	3.7	3.1	0.8	0.2	0.5
	个体/私营企业人员	11.3	13.4	11.8	14.0	7.1	7.5
	初级公务员/雇员	13.5	9.1	17.5	10.9	18.2	12.2
	工人	18.5	15.2	22.2	20.6	10.4	33.7
	学生	12.7	9.5	18.0	4.1	8.7	15.5
	无业	37.1	43.2	22.7	46.0	51.1	26.7
	其他	5.4	5.9	4.7	3.6	4.3	3.9
个人月收入	0～600元	28.4	23.4	28.9	23.0	16.6	31.0
	601～1200元	*	*	*	*	*	*
	1201～1700元	1.5	1.5	0.4	1.5	2.4	0.7
	1701～2600元	6.4	16.1	3.7	3.1	5.8	8.7
	2601～3500元	9.4	8.7	10.5	18.3	6.7	9.2
	3501～5000元	21.3	23.0	12.6	26.9	34.5	25.3
	5001元及以上	33.0	27.3	43.9	27.2	34.0	25.1

注：*表示样本量不足，无法进行统计推断。

表3.60.6　2019～2021年厦门市场各类节目的播出比重和收视比重

单位：%

节目类别	2019年		2020年		2021年	
	播出比重	收视比重	播出比重	收视比重	播出比重	收视比重
财经	1.2	0.7	1.1	0.5	1.1	0.9
电视剧	21.6	37.6	21.5	36.6	21.0	36.8

续表

节目类别	2019 年		2020 年		2021 年	
	播出比重	收视比重	播出比重	收视比重	播出比重	收视比重
电影	3.8	5.1	3.6	5.2	3.5	3.7
法制	0.9	0.4	0.6	0.3	0.7	0.2
教学	0.4	0.0	0.4	0.1	0.4	0.0
青少	7.5	3.5	7.8	4.4	7.5	3.1
生活服务	7.7	6.2	7.6	5.4	7.9	6.3
体育	4.2	2.3	4.2	1.6	4.7	3.1
外语	0.1	0.0	0.2	0.0	0.2	0.0
戏剧	0.8	0.5	0.6	0.3	0.5	0.1
新闻/时事	16.2	14.6	17.0	17.2	16.2	15.6
音乐	1.8	1.1	2.0	1.2	1.8	1.0
专题	14.4	6.6	14.8	6.7	16.3	7.8
综艺	6.8	10.4	5.9	9.6	6.1	11.1
其他	12.6	11.0	12.7	10.9	12.1	10.3

表 3.60.7　2020 年厦门市场所有节目收视率排名前 30

单位：%

名次	节目名称	节目类型	播出频道	平均收视率	平均占有率
1	《32 届奥运会女子 100 米栏半决赛》	体育	中央台五套	9.9	35.4
2	《中国好声音》（10 月 1 日）	综艺	浙江卫视	8.6	35.4
3	《乒乓球女团颁奖仪式》	体育	中央台五套	7.4	22.7
4	《32 届奥运会乒乓球男团决赛》	体育	中央台五套	7.0	27.4
5	《2022 跨年演唱会》（用奋斗点亮幸福）	音乐	江苏卫视	7.0	23.7
6	《32 届奥运会体操男子鞍马决赛》	体育	中央台五套	6.5	29.3
7	《我们的歌》（9 月 26 日）	综艺	东方卫视	6.2	30.6
8	《超级 818 汽车狂欢夜》	综艺	浙江卫视	5.9	21.6
9	《想把我唱给你听——2022 浙江卫视跨年晚会》	综艺	浙江卫视	5.9	19.9
10	《点赞达人秀》（12 月 26 日）	综艺	江苏卫视	5.8	34.3
11	《2021 中央广播电视总台春节联欢晚会》	综艺	中央电视台综合频道	5.5	21.7
12	《2021 一年又一年》	专题	中央电视台综合频道	5.1	21.8
13	《直击台风“灿都”》（9 月 12 日）	新闻/时事	浙江卫视	5.0	21.3
14	《王牌部队》（1 ~ 10 集）	电视剧	江苏卫视	4.9	16.9
15	《嗨放派》	综艺	浙江卫视	4.8	18.3
16	《腊月东方——中秋梦幻夜》	综艺	东方卫视	4.7	13.3
17	《青春中国 2021 ~ 2022 跨年晚会》	音乐	湖南卫视	4.6	15.4

续表

名次	节目名称	节目类型	播出频道	平均收视率	平均占有率
18	《实况录像：32 届奥运会女子举重 87 公斤以上级决赛》	体育	中央台五套	4.5	18.6
19	《大宋宫词》	电视剧	江苏卫视	4.5	16.4
20	《开学第一课》	青少	中央电视台综合频道	4.1	14.8
21	《乔家的儿女》	电视剧	江苏卫视	3.9	14.9
22	《818 全球汽车夜》	综艺	湖南卫视	3.9	13.6
23	《你好检察官》	电视剧	浙江卫视	3.8	14.0
24	《32 届奥运会羽毛球男子单打决赛》	体育	中央台五套	3.8	11.9
25	《飞猪 11·11 奇妙之旅飞猪双 11 晚会》	综艺	江苏卫视	3.7	21.4
26	《最强大脑》（眼力大决战）（11 月 25 日）	综艺	江苏卫视	3.7	16.7
27	《输赢》（1～18 集）	电视剧	浙江卫视	3.7	14.5
28	《2021 年中央广播电视总台中秋晚会》	综艺	中央电视台综合频道	3.7	11.3
29	《半暖时光》	电视剧	江苏卫视	3.6	13.3
30	《功勋》	电视剧	江苏卫视	3.6	12.5

表 3.60.8　2021 年厦门市场电视剧收视率排名前 10

单位：%

名次	节目名称	播出频道	平均收视率	平均占有率
1	《王牌部队》（1～10 集）	江苏卫视	4.9	16.9
2	《大宋宫词》	江苏卫视	4.5	16.4
3	《乔家的儿女》	江苏卫视	3.9	14.9
4	《你好检察官》	浙江卫视	3.8	14.0
5	《输赢》（1～18 集）	浙江卫视	3.7	14.5
6	《半暖时光》	江苏卫视	3.6	13.3
7	《功勋》	江苏卫视	3.6	12.5
8	《隋唐英雄二》	厦门电视台影视频道	3.2	13.7
9	《我是真的爱你》	东方卫视	3.2	11.4
10	《对你的爱很美》	湖南卫视	3.0	11.1
10	《理想之城》	东方卫视	3.0	11.1

表 3.60.9　2021 年厦门市场新闻节目收视率排名前 10

单位：%

名次	节目名称	播出频道	平均收视率	平均占有率
1	《直击台风“灿都”》（9 月 12 日）	浙江卫视	5.0	21.3

续表

名次	节目名称	播出频道	平均收视率	平均占有率
2	《中国共产党与世界政党领导人峰会特别报道》	中央电视台综合频道	2.1	9.6
3	《世界经济论坛“达沃斯议程”对话会特别报道》	中央台四套	1.9	9.9
4	《2020 疫情下的美国人权透视》	中央台四套	1.3	7.8
5	《新闻联播》	中央电视台综合频道	1.3	6.9
6	《庆祝厦门经济特区建设四十周年特别节目》	厦门电视台海峡频道	1.3	5.4
7	《海峡两岸》	中央台四套	1.3	5.2
8	《今日亚洲》	中央台四套	1.2	5.1
9	《筑梦空间站神舟十二号航天员乘组返回北京特别报道》	中央台四套	1.2	4.2
10	《2021 中关村论坛开幕式特别报道》	中央电视台综合频道	1.2	3.8

表 3.60.10　2021 年厦门市场专题节目收视率排名前 10

单位：%

名次	节目名称	播出频道	平均收视率	平均占有率
1	《2021 一年又一年》	中央电视台综合频道	5.1	21.8
2	《诚信之星》	安徽卫视	2.1	17.7
3	《主播读宪法》	湖南卫视	2.0	6.5
4	《2020“心动安徽·最美人物”颁奖典礼》	安徽卫视	1.9	17.0
5	《大湾村的笑声》	安徽卫视	1.8	28.7
6	《闪亮的名字——2020 最美基层民警发布仪式》	安徽卫视	1.8	12.8
7	《摆脱贫困》	安徽卫视	1.7	17.2
8	《落地生根》	安徽卫视	1.7	13.3
9	《似是故人来》	江苏卫视	1.7	10.0
10	《感动中国 2020 年度人物颁奖盛典》	中央电视台综合频道	1.7	8.7

表 3.60.11　2021 年厦门市场综艺节目收视率排名前 10

名次	节目名称	播出频道	平均收视率	平均占有率
1	《中国好声音》（10 月 1 日）	浙江卫视	8.6	35.4
2	《我们的歌》（9 月 26 日）	东方卫视	6.2	30.6
3	《超级 818 汽车狂欢夜》	浙江卫视	5.9	21.6
4	《想把我唱给你听——2022 浙江卫视跨年晚会》	浙江卫视	5.9	19.9

续表

名次	节目名称	播出频道	平均收视率	平均占有率
5	《点赞达人秀》（12 月 26 日）	江苏卫视	5.8	34.3
6	《嗨放派》	浙江卫视	4.8	18.3
7	《朤月东方——中秋梦幻夜》	东方卫视	4.7	13.3
8	《818 全球汽车夜》	湖南卫视	3.9	13.6
9	《飞猪 11·11 奇妙之旅飞猪双 11 晚会》	江苏卫视	3.7	21.4
10	《最强大脑眼力大决战》（11 月 25 日）	江苏卫视	3.7	16.7

表 3.60.12　2021 年厦门市场体育节目收视率排名前 10

单位：%

名次	节目名称	播出频道	平均收视率	平均占有率
1	《32 届奥运会女子 100 米栏半决赛》	中央台五套	9.9	35.4
2	《乒乓球女团颁奖仪式》	中央台五套	7.4	22.7
3	《32 届奥运会乒乓球男团决赛》	中央台五套	7.0	27.4
4	《32 届奥运会体操男子鞍马决赛》	中央台五套	6.5	29.3
5	《实况录像：32 届奥运会女子举重 87 公斤以上级决赛》	中央台五套	4.5	18.6
6	《32 届奥运会羽毛球男子单打决赛》	中央台五套	3.8	11.9
7	《32 届奥运会女子 100 米蝶泳预赛》	中央台五套	3.5	29.7
8	《32 届奥运会女排小组赛第 4 轮》（中国 VS 意大利）	中央台五套	3.5	20.7
9	《实况录像：32 届奥运会射击女子 10 米气步枪决赛》	中央台五套	3.3	11.6
10	《32 届奥运会女篮小组赛》（中国 VS 比利时）	中央台五套	2.9	25.4

六十一　银川收视数据

表 3.61.1　2017～2021 年银川市场各类频道的市场占有率

单位：%

频道类别	2017 年	2018 年	2019 年	2020 年	2021 年
中央广播电视总台	42.0	41.2	37.1	34.7	34.0
中国教育台频道	0.1	0.1	0.1	0.2	0.1
宁夏自治区级频道	7.9	7.8	6.5	5.4	3.6
银川市级频道	5.8	5.8	5.4	4.4	3.7
其他省级卫视频道	24.3	19.5	18.7	21.2	21.4
其他频道	19.9	25.6	32.2	34.1	37.2

表 3.61.2　2021 年银川市场各类频道在不同目标观众中的市场占有率

单位：%

目标观众		中央广播电视总台	中国教育台频道	宁夏自治区级频道	银川市级频道	其他省级卫视频道	其他频道
4 岁及以上所有人		34.0	0.1	3.6	3.7	21.4	37.2
性别	男	36.7	0.2	3.2	3.7	20.5	35.7
	女	31.4	0.1	4.0	3.8	22.3	38.4
年龄	4～14 岁	20.4	0.1	2.2	1.1	20.2	56.0
	15～24 岁	18.9	0.1	1.2	2.3	33.4	44.1
	25～34 岁	20.7	0.1	2.0	0.7	23.6	52.9
	35～44 岁	29.8	0.1	2.6	1.6	26.9	39.0
	45～54 岁	39.6	0.1	4.2	3.5	17.9	34.7
	55～64 岁	37.9	0.2	5.4	2.8	18.6	35.1
	65 岁及以上	51.0	0.2	4.8	11.3	18.2	14.5
受教育程度	未受过正规教育	36.3	0.1	4.2	0.7	17.5	41.2
	小学	38.9	0.1	2.5	5.9	20.1	32.5
	初中	33.5	0.2	5.3	4.5	21.9	34.6
	高中	33.1	0.1	2.8	4.6	20.4	39.0
	大学及以上	32.0	0.1	3.2	1.6	23.7	39.4

续表

目标观众		中央广播电视总台	中国教育台频道	宁夏自治区级频道	银川市级频道	其他省级卫视频道	其他频道
职业类别	干部/管理人员	38.2	0.1	2.8	0.4	18.5	40.0
	个体/私营企业人员	33.8	0.1	2.9	4.5	23.7	35.0
	初级公务员/雇员	31.3	0.1	2.9	1.0	23.6	41.1
	工人	29.7	0.1	5.3	1.2	19.0	44.7
	学生	19.3	0.1	1.5	2.6	26.5	50.0
	无业	39.6	0.2	3.9	5.8	19.8	30.7
	其他	22.4	0.1	2.2	0.4	36.7	38.2
个人月收入	0～600元	24.5	0.1	2.6	3.6	23.6	45.6
	601～1200元	62.1	0.1	10.2	2.5	20.2	4.9
	1201～1700元	56.8	0.1	6.2	3.6	16.3	17.0
	1701～2600元	39.3	0.1	6.7	3.4	22.2	28.3
	2601～3500元	34.2	0.1	3.4	6.9	18.9	36.5
	3501～5000元	35.1	0.2	2.8	1.8	20.3	39.8
	5001元及以上	36.8	0.1	2.3	2.2	22.9	35.7

表3.61.3　2021年银川市场各类频道在不同时段的市场占有率

单位：%

时间段	中央广播电视总台	中国教育台频道	宁夏自治区级频道	银川市级频道	其他省级卫视频道	其他频道
02:00～03:00	25.7	0.1	1.3	0.1	12.1	60.7
03:00～04:00	25.2	0.1	1.0	0.0	9.7	64.0
04:00～05:00	46.8	0.2	0.6	0.0	6.3	46.1
05:00～06:00	68.1	0.2	0.6	0.0	4.2	26.9
06:00～07:00	76.7	0.0	0.5	0.1	6.0	16.7
07:00～08:00	57.2	0.1	11.1	1.6	6.0	24.0
08:00～09:00	38.4	0.2	9.5	2.3	11.6	38.0
09:00～10:00	36.9	0.2	4.9	2.1	14.2	41.7
10:00～11:00	38.4	0.2	4.4	2.1	15.3	39.6
11:00～12:00	41.0	0.2	3.8	1.9	14.5	38.6
12:00～13:00	41.7	0.1	3.4	1.6	12.9	40.3
13:00～14:00	32.4	0.1	2.3	1.8	18.2	45.2
14:00～15:00	29.2	0.2	2.6	2.0	19.4	46.6
15:00～16:00	29.8	0.2	2.6	1.6	19.4	46.4
16:00～17:00	32.6	0.3	3.0	1.9	17.8	44.4

续表

时间段	中央广播电视总台	中国教育台频道	宁夏自治区级频道	银川市级频道	其他省级卫视频道	其他频道
17:00～18:00	37.0	0.2	3.2	1.7	16.0	41.9
18:00～19:00	41.9	0.1	6.2	3.4	10.1	38.3
19:00～20:00	38.7	0.1	3.7	3.3	25.5	28.7
20:00～21:00	28.6	0.1	3.9	4.8	32.5	30.1
21:00～22:00	29.5	0.1	3.7	5.9	28.1	32.7
22:00～23:00	28.1	0.2	2.4	8.8	24.1	36.4
23:00～00:00	30.5	0.2	2.1	2.7	21.2	43.3
00:00～01:00	29.1	0.2	2.0	1.5	15.3	51.9
01:00～02:00	24.9	0.2	1.8	0.7	13.8	58.6

表 3.61.4　2021 年银川市场收视份额位于前 10 的频道

单位：%

名次	频道名称	收视份额
1	中央电视台综合频道	5.1
2	中央台八套	4.8
3	中央台六套	4.5
4	中央台四套	4.3
5	湖南卫视	3.6
6	中央电视台新闻频道	3.4
7	浙江卫视	3.1
8	江苏卫视	3.0
9	银川电视台－3（文体影视频道）	2.5
10	中央台五套	2.3

表 3.61.5　2021 年银川市场各主要频道的观众构成

单位：%

目标观众		所有频道	主要频道				
			中央电视台综合频道	中央台八套	中央台六套	中央台四套	湖南卫视
4 岁及以上所有人		100.0	100	100	100	100	100
性别	男	49.3	51.2	46.0	57.4	61.6	47.9
	女	50.7	48.8	54.0	42.6	38.4	52.1

续表

目标观众		所有频道	主要频道				
			中央电视台综合频道	中央台八套	中央台六套	中央台四套	湖南卫视
年龄	4～14岁	8.9	4.9	4.3	4.8	3.8	7.2
	15～24岁	7.9	6.5	2.3	5.9	4.4	15.2
	25～34岁	13.8	8.2	6.4	6.9	6.1	15.3
	35～44岁	12.4	14.8	11.2	14.2	6.2	17.1
	45～54岁	21.6	23.0	22.0	34.6	28.2	14.1
	55～64岁	19.2	18.8	19.1	18.0	19.7	17.5
	65岁及以上	16.3	23.8	34.7	15.5	31.5	13.5
受教育程度	未受过正规教育	6.8	5.1	5.8	9.6	13.9	5.9
	小学	14.6	14.7	22.3	12.1	21.4	10.8
	初中	26.9	26.8	30.1	27.7	19.7	29.6
	高中	25.3	21.0	21.4	28.8	26.6	23.5
	大学及以上	26.4	32.5	20.5	21.7	18.4	30.2
职业类别	干部/管理人员	3.7	5.4	5.8	1.5	2.6	4.2
	个体/私营企业人员	12.4	11.7	12.6	19.0	7.2	15.0
	初级公务员/雇员	10.5	10.4	7.8	12.5	6.0	9.5
	工人	17.5	15.6	16.9	21.1	8.2	15.1
	学生	9.4	4.5	4.5	6.8	6.0	10.9
	无业	44.7	49.4	51.6	38.1	69.3	41.1
	其他	1.8	3.0	0.8	1.0	0.7	4.2
个人月收入	0～600元	26.7	21.0	14.5	19.1	22.0	28.8
	601～1200元	1.8	3.7	3.0	2.0	4.6	1.5
	1201～1700元	3.3	3.7	15.8	5.3	4.4	2.4
	1701～2600元	13.7	18.8	20.1	17.2	6.7	14.7
	2601～3500元	21.6	20.4	15.0	19.2	26.5	14.3
	3501～5000元	21.0	19.2	17.0	25.8	26.0	19.6
	5001元及以上	12.0	13.2	14.6	11.4	9.8	18.7

表3.61.6　2019～2021年银川市场各类节目的播出比重和收视比重

单位：%

节目类别	2019年		2020年		2021年	
	播出比重	收视比重	播出比重	收视比重	播出比重	收视比重
财经	1.1	0.8	1.0	0.8	1.0	1.0
电视剧	22.6	33.8	22.5	33.3	26.8	34.7
电影	4.3	8.3	3.8	6.9	3.9	6.7

续表

节目类别	2019 年		2020 年		2021 年	
	播出比重	收视比重	播出比重	收视比重	播出比重	收视比重
法制	0.9	1.2	0.8	0.6	0.7	1.3
教学	0.4	0.0	0.3	0.1	0.3	0.1
青少	7.6	4.4	7.9	4.2	7.2	4.0
生活服务	6.8	5.1	6.7	4.8	5.4	4.4
体育	3.8	3.7	3.8	2.2	3.8	3.9
外语	0.2	0.0	0.2	0.0	0.2	0.0
戏剧	0.8	0.4	0.7	0.3	0.9	0.4
新闻/时事	16.4	12.1	17.2	16.7	10.6	14.7
音乐	1.7	1.1	1.9	1.2	1.5	0.9
专题	13.9	7.1	14.4	7.1	14.5	7.1
综艺	6.8	11.4	6.0	10.7	4.6	10.3
其他	12.7	10.6	12.8	11.1	18.7	10.6

表 3.61.7　2021 年银川市场所有节目收视率排名前 30

单位：%

名次	节目名称	节目类别	播出频道	平均收视率	平均占有率
1	《2021 中央广播电视总台春节联欢晚会》	综艺	中央电视台综合频道	14.1	38.6
2	《花好月圆元宵夜》	综艺	中央电视台综合频道	8.8	25.7
3	《32 届奥运会男子 100 米决赛》	体育	中央台五套	7.8	35.0
4	《32 届奥运会乒乓球男团决赛》	体育	中央台五套	5.8	26.1
5	《乒乓球女团颁奖仪式》	体育	中央台五套	5.2	19.7
6	《组队时刻》	综艺	浙江卫视	5.0	20.9
7	《32 届奥运会女排小组赛第 4 轮》（中国 VS 意大利）	体育	中央台五套	4.6	21.6
8	《2022 跨年演唱会》（用奋斗点亮幸福）	音乐	江苏卫视	4.6	18.4
9	《32 届奥运会女篮小组赛》（中国 VS 比利时）	体育	中央台五套	4.1	26.0
10	《超级 818 汽车狂欢夜》	综艺	浙江卫视	4.0	17.0
11	《实况录像：32 届奥运会女子举重 87 公斤以上级决赛》	体育	中央台五套	4.0	15.4
12	《大江大河二》	电视剧	东方卫视	4.0	13.3
13	《我在他乡挺好的》	电视剧	湖南卫视	3.9	24.9
14	《32 届奥运会羽毛球男子单打决赛》	体育	中央台五套	3.6	14.5
15	《王牌部队》	电视剧	江苏卫视	3.5	12.4
16	《32 届奥运会体操女子平衡木决赛》	体育	中央台五套	3.4	34.5

续表

名次	节目名称	节目类别	播出频道	平均收视率	平均占有率
17	《2021 年湖南卫视春节联欢晚会》	综艺	湖南卫视	3.4	17.7
18	《百度潮盛典》	综艺	浙江卫视	3.4	17.5
19	《龙门飞甲》	电影	中央台六套	3.3	11.1
20	《谎言真探》	电视剧	湖南卫视	3.2	25.3
21	《为歌而赞》（创意时刻）	综艺	浙江卫视	3.2	17.5
22	《黄金搭档千金杀手》	电影	中央台六套	3.2	14.4
23	《我是大医生》（特别节目年终听诊会分诊室故事）	生活服务	北京卫视	3.1	16.2
24	《对你的爱很美》	电视剧	湖南卫视	3.1	14.2
25	《心跳源计划》	电视剧	江苏卫视	3.1	13.3
26	《英伦对决》	电影	中央台六套	3.1	10.6
27	《奥运直播》	体育	中央台五套	3.0	18.1
28	《闪光的乐队》	综艺	浙江卫视	3.0	15.9
29	《夏洛特烦恼》	电影	江苏卫视	3.0	14.6
30	《狄仁杰通天帝国》	电影	中央台六套	2.9	14.3

表 3.61.8　2021 年银川市场电视剧收视率排名前 10

单位：%

名次	节目名称	播出频道	平均收视率	平均占有率
1	《大江大河二》	东方卫视	4.0	13.3
2	《我在他乡挺好的》	湖南卫视	3.9	24.9
3	《王牌部队》	江苏卫视	3.5	12.4
4	《谎言真探》	湖南卫视	3.2	25.3
5	《对你的爱很美》	湖南卫视	3.1	14.2
6	《心跳源计划》	江苏卫视	3.1	13.3
7	《乔家的儿女》	江苏卫视	2.9	12.4
8	《风起霓裳》	湖南卫视	2.9	11.2
9	《一起深呼吸》	江苏卫视	2.9	9.9
10	《猎狼者》	湖南卫视	2.7	17.4

表 3.61.9　2021 年银川市场新闻节目收视率排名前 10

单位：%

名次	节目名称	播出频道	平均收视率	平均占有率
1	《新闻联播》	中央电视台综合频道	2.1	10.7

续表

名次	节目名称	播出频道	平均收视率	平均占有率
2	《逐梦新征程》	中央电视台综合频道	1.6	10.9
3	《国务院总理会见中外记者并回答提问》	中央电视台综合频道	1.5	5.8
4	《中国空间站天宫课堂太空真奇妙 2021》	中央电视台综合频道	1.3	8.6
5	《世界经济论坛“达沃斯议程”对话会特别报道》	中央电视台综合频道	1.3	4.2
6	《共同关注》	中央电视台综合频道	1.1	11.7
7	《“省委十四届十次全会”特别节目》	浙江卫视	1.1	4.0
8	《中国空间站神舟十三号载人飞行任务 2021》	中央电视台新闻频道	1.0	9.9
9	《晚间新闻》	中央电视台综合频道	1.0	5.1
10	《焦点访谈》	中央电视台综合频道	1.0	4.2

表 3.61.10　2021 年银川市场专题节目收视率排名前 10

单位：%

名次	节目名称	播出频道	平均收视率	平均占有率
1	《正风反腐就在身边》	中央电视台综合频道	2.6	7.9
2	《2021 一年又一年》	中央电视台综合频道	2.5	14.5
3	《中国诗词大会第六季》（2 月 13 日）	中央电视台综合频道	2.4	9.8
4	《〈觉醒年代〉创作谈》	中央电视台综合频道	2.2	9.2
5	《航拍中国第二季》	中央电视台综合频道	1.6	6.9
6	《暗流涌动》	中央台四套	1.5	6.2
7	《战争黑洞——美国制造的人权灾难》	中央电视台综合频道	1.4	5.8
8	《主播读宪法》	湖南卫视	1.4	5.2
9	《感动中国 2020 年度人物颁奖盛典》	中央电视台综合频道	1.4	5.0
10	《中国考古大会》	中央电视台综合频道	1.4	4.8

表 3.61.11　2021 年银川市场综艺节目收视率排名前 10

单位：%

名次	节目名称	播出频道	平均收视率	平均占有率
1	《2021 中央广播电视总台春节联欢晚会》	中央电视台综合频道	14.1	38.6
2	《花好月圆元宵夜》	中央电视台综合频道	8.8	25.7
3	《组队时刻》	浙江卫视	5.0	20.9
4	《超级 818 汽车狂欢夜马力全开》	浙江卫视	4.0	17.0
5	《2021 年湖南卫视春节联欢晚会》	湖南卫视	3.4	17.7

续表

名次	节目名称	播出频道	平均收视率	平均占有率
6	《百度潮盛典国潮启幕》	浙江卫视	3.4	17.5
7	《为歌而赞》（创意时刻）	浙江卫视	3.2	17.5
8	《闪光的乐队》	浙江卫视	3.0	15.9
9	《超级818汽车狂欢夜一键启动》	浙江卫视	2.8	13.3
10	《极限挑战宝藏行·绿水青山公益季后传》	东方卫视	2.6	16.6

表3.61.12　2020年银川市场体育节目收视率排名前10

单位：%

名次	节目名称	播出频道	平均收视率	平均占有率
1	《32届奥运会男子100米决赛》	中央台五套	7.8	35.0
2	《32届奥运会乒乓球男团决赛》	中央台五套	5.8	26.1
3	《乒乓球女团颁奖仪式》	中央台五套	5.2	19.7
3	《32届奥运会女排小组赛第4轮》（中国VS意大利）	中央台五套	4.6	21.6
5	《32届奥运会女篮小组赛》（中国VS比利时）	中央台五套	4.1	26.0
6	《实况录像：32届奥运会女子举重87公斤以上级决赛》	中央台五套	4.0	15.4
7	《32届奥运会羽毛球男子单打决赛》	中央台五套	3.6	14.5
8	《32届奥运会体操女子平衡木决赛》	中央台五套	3.4	34.5
9	《奥运直播》	中央台五套	3.0	18.1
10	《实况录像：32届奥运会男子10米气步枪决赛》	中央台五套	2.7	22.3

六十二　郑州收视数据

表 3.62.1　2017～2021 年郑州市场各类频道的市场占有率

单位：%

频道类别	2017 年	2018 年	2019 年	2020 年	2021 年
中央广播电视总台	31.1	32.6	27.8	27.3	27.8
中国教育台频道	0.3	0.2	0.2	0.2	0.1
河南省级频道	20.3	18.3	17.4	13.5	13.2
郑州市级频道	3.5	2.8	2.0	1.6	1.4
其他省级卫视频道	24.3	22.8	25.7	28.7	29.4
其他频道	20.5	23.3	26.9	28.7	28.1

表 3.62.2　2021 年郑州市场各类频道在各目标观众中的市场占有率

单位：%

目标观众		中央广播电视总台	中国教育台频道	河南省级频道	郑州市级频道	其他省级卫视频道	其他频道
4 岁及以上所有人		27.8	0.1	13.2	1.4	29.4	28.1
性别	男	29.1	0.1	13.7	1.5	27.3	28.3
	女	26.6	0.1	12.6	1.4	31.5	27.8
年龄	4～14 岁	14.7	0.1	4.9	0.7	29.1	50.5
	15～24 岁	26.4	0.1	12.7	0.8	30.3	29.7
	25～34 岁	13.7	0.1	9.6	0.8	40.5	35.3
	35～44 岁	20.9	0.1	8.8	0.6	37.8	31.8
	45～54 岁	28.1	0.1	15.3	1.5	29.4	25.6
	55～64 岁	32.0	0.1	15.1	1.4	26.0	25.4
	65 岁及以上	40.0	0.2	17.1	2.5	22.2	18.0
受教育程度	未受过正规教育	19.4	0.1	7.4	0.8	27.5	44.8
	小学	22.9	0.2	12.7	1.8	27.9	34.5
	初中	27.4	0.1	18.8	1.8	29.5	22.4
	高中	33.7	0.2	12.2	1.5	27.3	25.1
	大学及以上	24.7	0.1	10.0	0.9	32.9	31.4

续表

目标观众		中央广播电视总台	中国教育台频道	河南省级频道	郑州市级频道	其他省级卫视频道	其他频道
职业类别	干部/管理人员	19.3	0.1	5.5	0.8	39.3	35.0
	个体/私营企业人员	26.0	0.2	19.2	1.6	25.1	27.9
	初级公务员/雇员	23.7	0.1	14.0	0.7	35.6	25.9
	工人	25.3	0.1	11.9	1.3	33.6	27.8
	学生	19.2	0.1	7.8	0.7	31.7	40.5
	无业	32.8	0.2	14.1	1.8	25.9	25.2
	其他	40.8	0.4	16.9	0.6	18.6	22.7
个人月收入	0～600元	20.5	0.1	9.4	1.1	30.6	38.3
	601～1200元	22.6	0.2	25.4	3.4	41.2	7.2
	1201～1700元	22.7	0.2	26.8	1.9	34.2	14.2
	1701～2600元	33.5	0.2	16.9	1.6	28.3	19.5
	2601～3500元	29.2	0.2	13.7	1.5	28.7	26.7
	3501～5000元	34.5	0.1	15.8	1.6	25.8	22.2
	5001元及以上	26.2	0.1	8.8	1.2	33.9	29.8

表3.62.3　2021年郑州市场各类频道在各时段的市场占有率

单位：%

时间段	中央广播电视总台	中国教育台频道	河南省级频道	郑州市级频道	其他省级卫视频道	其他频道
02:00～03:00	21.2	0.1	21.2	1.1	22.7	33.7
03:00～04:00	20.0	0.1	22.5	0.9	20.9	35.6
04:00～05:00	24.5	0.1	21.8	0.6	16.1	36.9
05:00～06:00	31.1	0.2	15.8	1.3	11.3	40.3
06:00～07:00	51.6	0.1	8.0	2.5	7.8	30.0
07:00～08:00	52.4	0.2	8.2	2.4	13.4	23.4
08:00～09:00	45.8	0.2	8.7	1.9	17.3	26.1
09:00～10:00	38.0	0.2	6.5	2.1	21.0	32.2
10:00～11:00	32.3	0.3	6.9	1.6	23.2	35.7
11:00～12:00	33.3	0.2	9.5	1.2	22.9	32.9
12:00～13:00	37.0	0.1	11.8	2.0	19.8	29.3
13:00～14:00	29.6	0.2	8.4	3.3	24.5	34.0
14:00～15:00	27.4	0.2	6.0	1.3	28.7	36.4
15:00～16:00	27.3	0.2	6.3	1.5	28.6	36.1
16:00～17:00	28.5	0.2	7.1	1.3	26.5	36.4

续表

时间段	中央广播电视总台	中国教育台频道	河南省级频道	郑州市级频道	其他省级卫视频道	其他频道
17:00～18:00	29.9	0.2	10.5	1.3	22.6	35.5
18:00～19:00	30.9	0.1	23.0	2.6	14.2	29.2
19:00～20:00	29.1	0.1	17.4	0.9	31.4	21.1
20:00～21:00	20.5	0.1	13.6	0.8	44.3	20.7
21:00～22:00	21.4	0.1	15.7	1.0	38.3	23.5
22:00～23:00	20.2	0.2	16.6	1.0	34.3	27.7
23:00～00:00	24.1	0.2	12.3	1.1	32.2	30.1
00:00～01:00	28.8	0.2	12.9	1.2	25.6	31.3
01:00～02:00	25.4	0.1	16.4	1.4	24.1	32.6

表 3.62.4　2021 年郑州市场收视份额排名前 10 的频道

单位：%

名次	频道名称	收视份额
1	中央电视台综合频道	5.3
2	中央台四套	4.8
3	河南广播电视台民生频道（三套）	4.1
4	东方卫视	4.0
5	浙江卫视	3.7
6	江苏卫视	3.4
7	中央台八套	3.0
8	北京卫视	2.7
9	河南广播电视台都市频道（二套）	2.6
9	湖南卫视	2.6

表 3.62.5　2021 年郑州市场各主要频道的观众构成

单位：%

目标观众		所有频道	主要频道				
			中央电视台综合频道	中央台四套	河南广播电视台民生频道(三套)	东方卫视	浙江卫视
4 岁及以上所有人		100.0	100.0	100.0	100.0	100.0	100.0
性别	男	49.4	49.2	55.0	55.3	47.3	44.5
	女	50.6	50.8	45.0	44.7	52.7	55.5

续表

目标观众		所有频道	主要频道				
			中央电视台综合频道	中央台四套	河南广播电视台民生频道(三套)	东方卫视	浙江卫视
年龄	4～14岁	9.1	5.1	1.9	3.1	6.1	8.7
	15～24岁	8.8	10.9	7.0	9.5	7.3	12.7
	25～34岁	10.6	4.9	4.2	10.2	11.8	16.8
	35～44岁	12.9	8.4	4.7	12.2	14.6	19.9
	45～54岁	20.8	20.1	17.4	25.2	20.7	22.4
	55～64岁	11.8	12.2	16.1	16.8	14.3	7.3
	65岁及以上	26.0	38.4	48.7	23.0	25.2	12.2
受教育程度	未受过正规教育	5.4	3.3	3.2	3.0	3.0	4.1
	小学	10.0	9.1	6.7	6.1	7.8	7.4
	初中	26.2	22.6	25.0	32.5	28.6	23.3
	高中	32.2	40.0	38.7	38.7	37.3	28.8
	大学及以上	26.2	25.0	26.4	19.7	23.3	36.4
职业类别	干部/管理人员	3.5	3.4	1.2	1.2	2.1	5.2
	个体/私营企业人员	8.8	7.2	4.4	16.4	10.0	8.3
	初级公务员/雇员	11.3	8.1	8.2	13.2	9.9	17.7
	工人	18.0	16.4	14.9	18.5	23.9	20.9
	学生	11.6	11.9	4.0	9.9	10.8	16.7
	无业	46.2	52.9	66.4	39.8	42.5	31.0
	其他	0.6	0.1	0.9	1.0	0.8	0.2
个人月收入	0～600元	27.5	21.7	16.0	19.8	20.7	31.9
	601～1200元	1.6	0.6	1.6	3.0	3.8	0.8
	1201～1700元	1.3	0.8	1.7	2.1	2.2	0.9
	1701～2600元	11.4	14.2	14.2	13.2	14.5	6.7
	2601～3500元	27.0	25.8	28.1	25.8	23.3	24.8
	3501～5000元	20.3	24.7	30.5	27.2	22.5	18.3
	5001元及以上	10.9	12.2	7.9	8.9	13.0	16.6

表3.62.6　2019～2021年郑州市场各类节目的播出比重和收视比重

单位：%

节目类别	2019年		2020年		2021年	
	播出比重	收视比重	播出比重	收视比重	播出比重	收视比重
财经	0.9	0.7	0.9	0.8	1.1	0.5
电视剧	26.3	32.3	25.9	32.1	21.4	34.5

续表

节目类别	2019 年		2020 年		2021 年	
	播出比重	收视比重	播出比重	收视比重	播出比重	收视比重
电影	4.1	4.5	4.1	4.1	3.5	3.3
法制	0.6	0.9	0.6	0.7	0.8	0.3
教学	0.3	0.1	0.3	0.1	0.3	0.0
青少	6.5	5.1	6.6	5.8	6.7	3.0
生活服务	8.3	6.7	8.3	6.5	9.9	7.8
体育	3.6	3.3	3.6	1.9	3.9	2.6
外语	0.1	0.0	0.1	0.0	0.2	0.0
戏剧	1.6	1.2	1.4	1.0	0.8	0.4
新闻/时事	10.5	13.7	10.9	17.1	15.8	16.8
音乐	1.5	0.9	1.6	1.2	1.6	0.7
专题	14.0	8.2	14.2	6.8	15.8	7.1
综艺	5.6	11.6	4.7	11.0	6.6	13.1
其他	16.1	10.8	16.8	10.9	11.7	9.9

表 3.62.7　2021 年郑州市场所有节目收视率排名前 30

单位：%

名次	节目名称	节目类别	播出频道	平均收视率	平均占有率
1	《2021 一年又一年》	专题	中央电视台综合频道	10.2	28.5
2	《2021 中央广播电视总台春节联欢晚会》	综艺	中央电视台综合频道	9.1	25.0
3	《开学第一课》	青少	中央电视台综合频道	6.7	20.6
4	《花好月圆元宵夜》	综艺	中央电视台综合频道	6.2	20.0
5	《32 届奥运会田径女子 4×100 米接力决赛》	体育	中央台五套	5.2	17.4
6	《32 届奥运会乒乓球男团决赛》	体育	中央台五套	4.8	17.9
7	《伟大征程》（庆祝中国共产党成立 100 周年大型情景史诗）	综艺	中央电视台综合频道	4.6	23.5
8	《奔跑吧》	综艺	浙江卫视	4.1	18.4
9	《超级 818 汽车狂欢夜》	综艺	浙江卫视	4.1	14.5
10	金曲青春（5 月 22 日）	综艺	东方卫视	3.9	17.9
11	《乔家的儿女》	电视剧	江苏卫视	3.9	12.9
12	《我们的新时代》	电视剧	东方卫视	3.8	15.4
13	《2021 年中央广播电视总台中秋晚会》	综艺	中央电视台综合频道	3.8	14.2
14	《乒乓球女团颁奖仪式》	体育	中央台五套	3.7	14.2
15	《实况录像：32 届奥运会举重男子 73 公斤级决赛挺举》	体育	中央台五套	3.6	16.4

续表

名次	节目名称	节目类别	播出频道	平均收视率	平均占有率
16	《2022 跨年演唱会》（用奋斗点亮幸福）	音乐	江苏卫视	3.6	14.8
17	《理想之城》	电视剧	东方卫视	3.6	11.6
18	《奔跑吧·黄河篇》	综艺	浙江卫视	3.5	17.6
19	《光荣与梦想》	电视剧	北京卫视	3.4	14.3
20	《理想照耀中国》	电视剧	东方卫视	3.4	13.4
21	《梦圆东方·2022 跨年盛典》	综艺	东方卫视	3.2	12.8
22	《前行者》	电视剧	北京卫视	3.2	12.1
22	《我的砍价女王》	电视剧	东方卫视	3.2	12.1
24	《想把我唱给你听——2022 浙江卫视跨年晚会》	综艺	浙江卫视	3.1	12.7
25	《朤月东方——中秋梦幻夜》	综艺	东方卫视	3.1	11.1
25	《闪光的乐队》	综艺	浙江卫视	3.0	10.4
27	《32 届奥运会体操男子个人全能决赛》	体育	中央台五套	2.9	15.7
28	《功勋》	电视剧	东方卫视	2.9	11.1
29	《跨过鸭绿江》（8～40 集）	电视剧	中央电视台综合频道	2.8	12.6
30	《啊摇篮》	电视剧	北京卫视	2.8	12.5

表 3.62.8　2021 年郑州市场电视剧收视率排名前 10

单位：%

名次	节目名称	播出频道	平均收视率	平均占有率
1	《乔家的儿女》	江苏卫视	3.9	12.9
2	《我们的新时代》	东方卫视	3.8	15.4
3	《理想之城》	东方卫视	3.6	11.6
4	《光荣与梦想》	北京卫视	3.4	14.3
5	《理想照耀中国》	东方卫视	3.4	13.4
6	《前行者》	北京卫视	3.2	12.1
6	《我的砍价女王》	东方卫视	3.2	12.1
8	《功勋》	东方卫视	2.9	11.1
9	《跨过鸭绿江》（8～40 集）	中央电视台综合频道	2.8	12.6
10	《啊摇篮》	北京卫视	2.8	12.5

表 3.62.9　2021 年郑州市场新闻节目收视率排名前 10

单位：%

名次	节目名称	播出频道	平均收视率	平均占有率
1	《新闻联播》	中央电视台综合频道	2.2	10.7

续表

名次	节目名称	播出频道	平均收视率	平均占有率
2	《大参考》	河南广播电视台民生频道（三套）	1.8	8.1
3	《2021 中关村论坛开幕式特别报道》	中央电视台综合频道	1.8	6.3
4	《世界经济论坛“达沃斯议程”对话会特别报道》	中央电视台综合频道	1.5	5.7
5	《恢复重建进行时·人民至上》	河南广播电视台电视剧频道（五套）	1.4	6.8
6	《中国共产党与世界政党领导人峰会特别报道》	中央电视台综合频道	1.4	5.5
7	《国务院总理会见中外记者并回答提问》	中央电视台综合频道	1.3	5.3
8	《焦点访谈》	中央电视台综合频道	1.3	5.0
9	《大象直播间》	河南广播电视台民生频道（三套）	1.1	4.4
10	《第四届中国国际进口博览会开幕式特别报道》	中央电视台综合频道	1.0	4.2

表 3.62.10　2021 年郑州市场专题节目收视率排名前 10

单位：%

名次	节目名称	播出频道	平均收视率	平均占有率
1	《2021 一年又一年》	中央电视台综合频道	10.2	28.5
2	《我们的 2021》	深圳卫视（新闻综合频道）	2.1	6.9
3	《2022 时间的朋友跨年演讲》	深圳卫视（新闻综合频道）	1.8	8.1
4	《正风反腐就在身边》	中央电视台综合频道	1.7	6.7
5	《潮涌长三角——长三角三省一市庆祝中国共产党成立 100 周年特别节目》	江苏卫视	1.5	8.3
6	《暗流涌动》	中央台四套	1.5	5.6
7	《感动中国 2020 年度人物颁奖盛典》	中央电视台综合频道	1.5	5.4
8	《青海·我们的国家公园》	安徽卫视	1.4	13.7
9	《2020“心动安徽·最美人物”颁奖典礼》	安徽卫视	1.4	8.0
10	《诚信之星》	安徽卫视	1.4	7.5

表 3.62.11　2021 年郑州市场综艺节目收视率排名前 10

单位：%

名次	节目名称	播出频道	平均收视率	平均占有率
1	《2021 中央广播电视总台春节联欢晚会》	中央电视台综合频道	9.1	25.0
2	《花好月圆元宵夜》	中央电视台综合频道	6.2	20.0

续表

名次	节目名称	播出频道	平均收视率	平均占有率
3	《伟大征程》（庆祝中国共产党成立100周年大型情景史诗）	中央电视台综合频道	4.6	23.5
4	《奔跑吧》	浙江卫视	4.1	18.4
5	《超级818汽车狂欢夜》	浙江卫视	4.1	14.5
6	《金曲青春》（5月22日）	东方卫视	3.9	17.9
7	《2021年中央广播电视总台中秋晚会》	中央电视台综合频道	3.8	14.2
8	《奔跑吧·黄河篇》	浙江卫视	3.5	17.6
9	《梦圆东方·2022跨年盛典》	东方卫视	3.2	12.8
10	《想把我唱给你听——2022浙江卫视跨年晚会》	浙江卫视	3.1	12.7

表3.62.12　2021年郑州市场体育节目收视率排名前10

单位：%

名次	节目名称	播出频道	平均收视率	平均占有率
1	《32届奥运会田径女子4×100米接力决赛》	中央台五套	5.2	17.4
2	《32届奥运会乒乓球男团决赛》	中央台五套	4.8	17.9
3	《乒乓球女团颁奖仪式》	中央台五套	3.7	14.2
4	《实况录像：32届奥运会举重男子73公斤级决赛挺举》	中央台五套	3.6	16.4
5	《32届奥运会体操男子个人全能决赛》	中央台五套	2.9	15.7
6	《32届奥运会羽毛球男子单打决赛》	中央台五套	2.5	8.8
7	《32届奥运会女排小组赛第4轮》（中国VS意大利）	中央台五套	2.1	13.8
8	《32届奥运会男子200米自由泳预赛》	中央台五套	1.9	20.4
9	《第32届夏季奥林匹克运动会闭幕式》	中央电视台综合频道	1.6	5.0
10	《32届奥运会女篮小组赛》（中国VS比利时）	中央台五套	1.5	15.2

六十三 其他城市收视概览

表 3.63.1 2021 年安庆市场（安徽省）收视份额排名前 10 频道

单位：%

名次	频道名称	收视份额
1	中央电视台综合频道	7.1
2	安徽影视	6.8
3	安徽卫视	6.4
4	安徽综艺·体育	4.3
5	中央台四套	4.2
6	安庆广播电视台新闻综合频道	4.0
7	中央电视台新闻频道	3.9
8	安徽经视	3.6
9	中央电视台少儿频道	2.9
10	湖南卫视	2.8

表 3.63.2 2021 年蚌埠市场（安徽省）收视份额排名前 10 频道

单位：%

名次	频道名称	收视份额
1	中央台四套	7.5
2	中央台八套	5.0
3	中央电视台综合频道	4.2
4	安徽经视	3.9
5	江苏卫视	3.8
6	中央台六套	3.6
7	中央台三套	3.3
8	安徽影视	3.2
8	浙江卫视	3.2
10	湖南卫视	2.9

表 3.63.3 2021 年包头市场（内蒙古自治区）收视份额排名前 10 频道

单位：%

名次	频道名称	收视份额
1	中央电视台综合频道	16.2

续表

名次	频道名称	收视份额
2	中央台八套	7.8
3	中央台六套	5.3
4	中央台四套	4.0
5	中央台三套	3.9
6	湖南卫视	3.8
7	中央电视台新闻频道	3.4
8	中央台五套	2.8
8	浙江卫视	2.8
10	北京卫视	2.1

表 3.63.4　2021 年宝鸡市场（陕西省）收视份额排名前 10 频道

单位：%

名次	频道名称	收视份额
1	中央台八套	5.2
2	中央台四套	3.8
3	中央电视台综合频道	3.7
4	中央台六套	3.4
5	中央电视台新闻频道	2.6
6	陕西广播电视台都市青春频道（二套）	2.0
7	东方卫视	1.9
7	湖南卫视	1.9
9	浙江卫视	1.7
9	江苏卫视	1.7

表 3.63.5　2021 年北海市场（广西壮族自治区）收视份额排名前 10 频道

单位：%

名次	频道名称	收视份额
1	中央电视台综合频道	5.6
2	中央台四套	4.7
3	中央电视台新闻频道	4.6
4	中央电视台少儿频道	3.4
5	广西广播电视台综艺旅游频道	3.3
6	中央台六套	2.6

续表

名次	频道名称	收视份额
7	中央台五套	2.2
7	湖南卫视	2.2
9	中央台八套	2.1
10	广东广播电视台南方卫视（上星版）	1.8

表 3.63.6　2021 年常德市场（湖南省）收视份额排名前 10 频道

单位：%

名次	频道名称	收视份额
1	湖南卫视	11.2
2	湖南电视台电视剧频道	7.9
3	江苏卫视	5.8
4	湖南电视台公共频道	5.3
5	浙江卫视	4.9
6	湖南电视台娱乐频道	4.5
7	中央电视台综合频道	4.1
8	东方卫视	3.9
9	湖南电视台潇湘电影频道	3.5
10	湖南电视台金鹰卡通频道	3.0

表 3.63.7　2021 年常州市场（江苏省）收视份额排名前 10 频道

单位：%

名次	频道名称	收视份额
1	常州电视台一套（新闻综合频道）	7.7
2	中央台四套	7.2
3	中央台八套	6.7
4	中央台六套	5.5
5	中央台三套	4.6
6	中央电视台新闻频道	3.8
7	中央电视台综合频道	3.2
8	中央台五套	2.4
9	浙江卫视	1.8
9	江苏卫视	1.8

表 3.63.8　2021 年潮州市场（广东省）收视份额排名前 10 频道

单位：%

名次	频道名称	收视份额
1	潮州电视台二套（公共频道）	18.4
2	中央台四套	6.1
3	中央电视台新闻频道	4.0
4	潮州电视台一套（新闻综合频道）	3.6
5	广东卫视	3.5
6	中央电视台综合频道	3.4
7	湖南卫视	3.1
8	广东广播电视台经济科教频道	3.0
8	中央台六套	3.0
10	中央台八套	2.9

表 3.63.9　2021 年赤峰市场（内蒙古自治区）收视份额排名前 10 频道

单位：%

名次	频道名称	收视份额
1	中央电视台综合频道	11.6
2	中央台八套	10.3
3	中央台四套	6.2
4	中央台三套	5.5
5	中央台六套	5.3
6	中央电视台新闻频道	5.1
7	中央台十二套	2.9
7	卡酷少儿频道	2.9
8	中央台五套	2.6
8	中央电视台少儿频道	2.6

表 3.63.10　2021 年大理市场（云南省）收视份额排名前 10 频道

单位：%

名次	频道名称	收视份额
1	中央台八套	10.0
2	中央电视台综合频道	7.0
3	中央台六套	5.4
4	云南广播电视台都市频道（二套）	3.6
5	湖南电视台金鹰卡通频道	3.0

续表

名次	频道名称	收视份额
5	湖南卫视	3.0
7	中央电视台少儿频道	2.8
7	中央台十二套	2.8
9	中央电视台新闻频道	2.5
10	云南广播电视台卫视频道（一套）	1.8

表 3.63.11 2021 年大同市场（山西省）收视份额排名前 10 频道

单位：%

名次	频道名称	收视份额
1	中央电视台综合频道	18.3
2	中央台八套	7.4
3	中央台六套	5.0
4	湖南卫视	4.9
5	中央台三套	4.1
6	中央台四套	3.3
6	山西卫视	3.3
8	中央台五套	3.2
9	浙江卫视	2.6
10	天津卫视	2.2

表 3.63.12 2021 年大庆市场（黑龙江省）收视份额排名前 10 频道

单位：%

名次	频道名称	收视份额
1	黑龙江电视台影视频道	7.7
2	中央电视台综合频道	7.2
3	中央台六套	5.7
4	中央台八套	5.4
5	黑龙江电视台新闻法治频道	5.3
6	中央台四套	4.4
7	中央电视台新闻频道	4.2
7	中央台五套	4.2
9	中央台三套	4.1
10	湖南卫视	3.7

表 3.63.13　2021 年丹东市场（辽宁省）收视份额排名前 10 频道

单位：%

名次	频道名称	收视份额
1	辽宁广播电视台都市频道	6.0
2	江苏卫视	4.0
3	中央电视台新闻频道	3.8
4	中央电视台综合频道	3.7
5	湖南卫视	3.6
6	辽宁广播电视台影视剧频道	3.5
7	中央台八套	3.3
8	中央台六套	3.1
9	辽宁卫视	3.0
9	中央台四套	3.0

表 3.63.14　2021 年德州市场（山东省）收视份额排名前 10 频道

单位：%

名次	频道名称	收视份额
1	山东卫视	7.4
2	山东广播电视台齐鲁频道	6.9
3	中央台四套	4.4
4	中央台六套	4.1
5	中央台八套	3.7
6	中央电视台综合频道	3.5
7	湖南卫视	3.4
8	中央台三套	3.3
9	山东广播电视台文旅频道	3.1
10	山东广播电视台少儿频道	2.5

表 3.63.15　2021 年东莞市场（广东省）收视份额排名前 10 频道

单位：%

名次	频道名称	收视份额
1	东莞电视台公共频道	9.4
2	翡翠台（中文）（有线网转播）	8.3
3	广东广播电视台珠江频道	7.8
4	广东广播电视台体育频道	5.1
5	广东广播电视台公共频道	3.9

续表

名次	频道名称	收视份额
6	广东广播电视台南方卫视	3.7
7	中央台六套	3.2
8	广东广播电视台嘉佳卡通频道	3.1
8	广东广播电视台少儿频道	3.1
10	广东广播电视台影视频道	3.0

表 3.63.16　2021 年佛山市场（广东省）收视份额排名前 10 频道

单位：%

名次	频道名称	收视份额
1	翡翠台（中文）（有线网转播）	21.9
2	广东广播电视台珠江频道	14.5
3	广东广播电视台公共频道	6.5
4	广东广播电视台影视频道	6.0
5	广东广播电视台少儿频道	3.7
6	中央台六套	2.8
7	广东广播电视台体育频道	2.6
8	广东广播电视台南方卫视	2.5
9	佛山电视公共频道	2.2
10	湖南卫视	2.0

表 3.63.17　2021 年抚顺市场（辽宁省）收视份额排名前 10 频道

单位：%

名次	频道名称	收视份额
1	辽宁广播电视台都市频道	6.8
2	中央台四套	5.3
3	中央电视台新闻频道	4.9
4	辽宁卫视	4.6
5	中央台八套	3.8
6	中央电视台综合频道	3.3
7	中央台五套	2.8
8	天津卫视	2.7
8	辽宁广播电视台影视剧频道	2.7
10	辽宁广播电视台体育频道	2.5

表 3.63.18　2021 年赣州市场（江西省）收视份额排名前 10 频道

单位：%

名次	频道名称	收视份额
1	湖南卫视	7.4
2	浙江卫视	7.2
2	江苏卫视	7.2
4	中央电视台综合频道	6.7
5	东方卫视	5.1
6	中央台四套	3.1
7	广东卫视	2.9
8	中央电视台新闻频道	2.7
9	江西卫视	2.5
10	江西电视台公共农业频道（五套）	2.4

表 3.63.19　2021 年广元市场（四川省）收视份额排名前 10 频道

单位：%

名次	频道名称	收视份额
1	四川电视台影视文艺频道	7.8
2	中央台八套	5.7
2	中央电视台综合频道	5.7
2	中央台六套	5.7
5	中央台四套	4.3
6	中央台三套	3.0
7	四川电视台文化旅游频道（原经济频道）	2.3
8	卡酷少儿频道	2.2
9	中央电视台少儿频道	2.1
10	中央电视台新闻频道	1.9

表 3.63.20　2021 年桂林市场（广西壮族自治区）收视份额排名前 10 频道

单位：%

名次	频道名称	收视份额
1	中央电视台综合频道	14.2
2	中央台四套	5.5
3	东方卫视	5.4
4	广西广播电视台综艺旅游频道	4.6
5	中央台八套	4.1

续表

名次	频道名称	收视份额
6	广西卫视	4.0
7	中央电视台新闻频道	3.9
8	广西广播电视台影视频道	3.7
9	中央台六套	2.5
10	中央台五套	2.0

表 3.63.21　2021 年衡阳市场（湖南省）收视份额排名前 10 频道

单位：%

名次	频道名称	收视份额
1	湖南电视台电视剧频道	10.7
2	湖南卫视	8.8
3	湖南电视台娱乐频道	6.5
4	中央电视台综合频道	5.0
4	湖南电视台潇湘电影频道	5.0
6	中央台四套	4.9
7	湖南电视台公共频道	3.5
8	湖南电视台都市频道	2.9
9	中央电视台新闻频道	2.6
10	湖南电视台经济频道	2.5

表 3.63.22　2021 年湖州市场（浙江省）收视份额排名前 10 频道

单位：%

名次	频道名称	收视份额
1	浙江电视台教科影视频道	5.5
2	中央台六套	5.2
3	湖州电视台新闻综合频道	4.6
4	湖州电视台文化娱乐频道	4.2
5	湖南卫视	3.6
6	中央台八套	3.0
7	中央电视台新闻频道	2.6
7	中央台四套	2.6
9	中央台十二套	2.5
10	湖南电视台金鹰卡通频道	2.3

表 3.63.23　2021 年惠州市场（广东省）收视份额排名前 10 频道

单位：%

名次	频道名称	收视份额
1	湖南卫视	6.5
2	江苏卫视	5.0
3	广东广播电视台经济科教频道	4.9
4	浙江卫视	4.8
5	广东广播电视台珠江频道	4.0
6	广东卫视	3.7
7	东方卫视	3.5
8	中央电视台新闻频道	2.8
9	中央台八套	2.6
10	中央台六套	2.5

表 3.63.24　2021 年吉林市市场（吉林省）收视份额排名前 10 频道

单位：%

名次	频道名称	收视份额
1	中央台八套	7.8
2	中央电视台综合频道	7.1
3	中央台四套	5.1
3	中央电视台新闻频道	5.1
5	吉林广播电视台生活频道	4.8
6	吉林广播电视台乡村频道	4.4
7	中央台六套	4.0
8	湖南卫视	3.6
9	中央台三套	2.9
9	吉林卫视	2.9

表 3.63.25　2021 年济宁市场（山东省）收视份额排名前 10 频道

单位：%

名次	频道名称	收视份额
1	中央电视台综合频道	5.0
2	中央台四套	3.6
2	湖南卫视	3.6
4	浙江卫视	3.5
4	山东卫视	3.5

续表

名次	频道名称	收视份额
6	江苏卫视	3.0
7	山东广播电视台齐鲁频道	2.7
8	济宁电视台教育频道	2.6
8	中央台六套	2.6
10	中央电视台新闻频道	2.3

表 3.63.26　2021 年江门市场（广东省）收视份额排名前 10 频道

单位：%

名次	频道名称	收视份额
1	广东广播电视台珠江频道	13.0
2	翡翠台（中文）（有线网转播）	8.1
3	广东广播电视台影视频道	6.4
4	广东广播电视台南方卫视	4.3
5	广东广播电视台嘉佳卡通频道	3.5
6	广东广播电视台少儿频道	2.9
6	江门电视公共频道	2.9
8	中央电视台综合频道	2.5
9	中央台五套	2.2
10	凤凰卫视中文台	2.1

表 3.63.27　2021 年金华市场（浙江省）收视份额排名前 10 频道

单位：%

名次	频道名称	收视份额
1	湖南卫视	8.4
2	浙江卫视	7.1
3	江苏卫视	6.2
4	中央台八套	5.1
5	中央台六套	5.0
6	东方卫视	4.8
7	中央电视台新闻频道	3.9
8	金华电视台教育科技频道	3.4
9	中央台四套	3.0
10	广东卫视	2.6

表 3.63.28　2021 年锦州市场（辽宁省）收视份额排名前 10 频道

单位：%

名次	频道名称	收视份额
1	辽宁广播电视台影视剧频道	6.2
2	中央台六套	4.9
3	辽宁广播电视台都市频道	4.7
4	中央台八套	4.4
5	湖南卫视	4.2
5	浙江卫视	4.2
7	中央台三套	3.5
8	江苏卫视	3.2
9	中央电视台综合频道	2.9
10	中央台五套	2.8

表 3.63.29　2021 年荆门市场（湖北省）收视份额排名前 10 频道

单位：%

名次	频道名称	收视份额
1	中央台六套	5.6
2	湖北影视	5.4
3	中央电视台综合频道	5.1
4	中央台八套	5.0
5	中央电视台新闻频道	3.7
6	中央台三套	3.5
7	中央台四套	2.8
8	湖北综合	2.4
9	中央台五套	2.3
10	浙江卫视	2.1

表 3.63.30　2021 年荆州市场（湖北省）收视份额排名前 10 频道

单位：%

名次	频道名称	收视份额
1	荆州广播电视台公共频道	4.9
2	湖北影视	4.6
3	荆州广播电视台新闻频道	4.5
4	中央台四套	4.4
5	中央电视台综合频道	4.3

续表

名次	频道名称	收视份额
6	中央台六套	4.0
7	中央电视台新闻频道	3.6
8	湖北垄上	3.5
9	中央台八套	2.7
10	中央台三套	2.3

表 3.63.31　2021 年九江市场（江西省）收视份额排名前 10 频道

单位：%

名次	频道名称	收视份额
1	江西电视台都市频道（二套）	6.5
2	中央电视台综合频道	4.8
3	中央电视台新闻频道	4.4
4	中央台八套	4.3
5	中央台四套	4.2
6	江苏卫视	3.3
7	江西卫视	3.2
8	湖南卫视	3.0
9	浙江卫视	2.9
10	江西电视台公共农业频道（五套）	2.5

表 3.63.32　2021 年拉萨市场（西藏自治区）收视份额排名前 10 频道

单位：%

名次	频道名称	收视份额
1	拉萨广播电视台二套（藏语综合频道）	22.1
2	西藏一套（藏语卫视）	13.8
3	中央台六套	8.0
4	中央电视台新闻频道	3.1
5	中央电视台少儿频道	2.8
6	中央台八套	2.3
7	湖南卫视	1.7
8	西藏二套（汉语卫视）	1.4
9	中央台五套	1.3
9	中央电视台综合频道	1.3

表 3.63.33　2021 年柳州市场（广西壮族自治区）收视份额排名前 10 频道

单位：%

名次	频道名称	收视份额
1	广西广播电视台综艺旅游频道	6.0
2	中央台四套	5.9
3	广西广播电视台影视频道	4.5
3	中央电视台综合频道	4.5
5	中央电视台新闻频道	4.2
6	中央台五套	4.0
7	广西广播电视台科教频道	2.6
8	中央台六套	2.3
8	中央台八套	2.3
10	广西广播电视台公共频道	2.2

表 3.63.34　2021 年泸州市场（四川省）收视份额排名前 10 频道

单位：%

名次	频道名称	收视份额
1	四川电视台影视文艺频道	8.1
2	中央台六套	5.4
2	中央台八套	5.4
4	江苏卫视	5.0
5	湖南卫视	4.6
6	浙江卫视	4.4
7	中央电视台综合频道	3.7
8	中央台四套	3.2
9	东方卫视	3.1
10	四川电视台文化旅游频道（原经济频道）	3.0

表 3.63.35　2021 年洛阳市场（河南省）收视份额排名前 10 频道

单位：%

名次	频道名称	收视份额
1	中央电视台综合频道	9.1
2	中央台四套	6.0
3	中央台六套	4.6
4	中央台八套	3.9
5	河南广播电视台电视剧频道（五套）	3.1

续表

名次	频道名称	收视份额
6	中央电视台新闻频道	2.9
7	河南广播电视台卫星频道（一套）	2.4
8	中央台五套	2.2
9	中央台三套	2.1
10	洛阳电视台一套（新闻综合频道）	1.9

表 3.63.36　2021 年牡丹江市场（黑龙江省）收视份额排名前 10 频道

单位：%

名次	频道名称	收视份额
1	中央电视台综合频道	13.3
2	中央电视台新闻频道	7.2
3	湖南卫视	5.1
4	黑龙江电视台都市频道	4.9
4	中央台八套	4.9
6	中央台三套	4.7
7	黑龙江电视台影视频道	4.4
8	黑龙江卫视	4.1
9	中央电视台少儿频道	3.6
10	中央台四套	3.5

表 3.63.37　2021 年南充市场（四川省）收视份额排名前 10 频道

单位：%

名次	频道名称	收视份额
1	四川电视台影视文艺频道	9.8
2	中央台六套	5.7
3	中央台八套	5.6
4	中央电视台综合频道	4.8
4	四川电视台新闻频道	4.8
6	中央台四套	4.7
7	中央电视台新闻频道	3.4
8	中央台三套	2.9
9	卡酷少儿频道	2.8
9	四川电视台文化旅游频道（原经济频道）	2.8

表 3.63.38　2021 年南通市场（江苏省）收视份额排名前 10 频道

单位：%

名次	频道名称	收视份额
1	南通电视台新闻综合频道	10.9
2	中央台四套	8.4
3	中央台八套	6.3
4	中央台六套	6.2
5	中央台三套	5.0
6	南通电视台三套	4.3
7	中央电视台综合频道	3.9
8	南通电视台二套	3.7
9	中央电视台新闻频道	3.3
10	中央台五套	3.1

表 3.63.39　2021 年平顶山市场（河南省）收视份额排名前 10 频道

单位：%

名次	频道名称	收视份额
1	中央电视台综合频道	5.3
2	江苏卫视	4.9
3	中央台四套	4.7
4	东方卫视	3.7
4	浙江卫视	3.7
6	中央电视台新闻频道	3.6
7	湖南卫视	3.3
8	中央台六套	3.1
9	河南广播电视台民生频道（三套）	2.9
10	中央台八套	2.8

表 3.63.40　2021 年秦皇岛市场（河北省）收视份额排名前 10 频道

单位：%

名次	频道名称	收视份额
1	中央台八套	6.9
2	湖南卫视	5.2
3	中央台三套	4.5
4	中央台四套	4.3
5	浙江卫视	3.7

续表

名次	频道名称	收视份额
5	中央台六套	3.7
7	中央电视台综合频道	3.5
8	江苏卫视	3.1
9	东方卫视	2.3
10	河北广播电视台卫视频道	2.0

表 3.63.41　2021 年衢州市场（浙江省）收视份额排名前 10 频道

单位：%

名次	频道名称	收视份额
1	中央台四套	6.5
2	中央台六套	5.5
3	中央台八套	5.2
4	浙江电视台教科影视频道	4.7
5	湖南卫视	3.4
6	中央电视台综合频道	3.2
7	浙江卫视	3.1
8	衢州电视新闻综合频道	2.9
9	浙江电视台民生休闲频道	2.8
10	中央电视台新闻频道	2.4

表 3.63.42　2021 年泉州市场（福建省）收视份额排名前 10 频道

单位：%

名次	频道名称	收视份额
1	湖南电视台金鹰卡通频道	5.1
2	泉州电视台新闻综合频道	4.2
3	中央台六套	4.0
4	泉州电视台影视剧频道	3.9
5	江苏卫视	3.2
6	湖南卫视	2.9
7	中央电视台综合频道	2.7
7	泉州电视台闽南语频道	2.7
9	浙江卫视	2.6
9	中央台八套	2.6

表 3.63.43　2021 年三亚市场（海南省）收视份额排名前 10 频道

单位：%

名次	频道名称	收视份额
1	中央台六套	6.4
2	湖南卫视	6.0
3	中央台八套	5.6
4	浙江卫视	5.1
5	中央电视台综合频道	5.0
6	海南广播电视总台经济频道	4.9
7	江苏卫视	3.8
8	东方卫视	3.7
9	中央台四套	3.5
10	中央台五套	3.3

表 3.63.44　2021 年汕头市场（广东省）收视份额排名前 10 频道

单位：%

名次	频道名称	收视份额
1	汕头广播电视台经济生活频道	10.5
2	湖南卫视	6.0
3	中央电视台新闻频道	3.9
4	广东卫视	3.4
4	中央台六套	3.4
6	汕头广播电视台文旅体育频道	3.2
7	中央台四套	2.7
8	江苏卫视	2.6
9	凤凰卫视中文台	2.4
10	广东广播电视台经济科教频道	2.2

表 3.63.45　2021 年韶关市场（广东省）收视份额排名前 10 频道

单位：%

名次	频道名称	收视份额
1	广东广播电视台珠江频道	8.4
2	湖南卫视	4.1
3	中央台六套	3.5
3	中央台四套	3.5
5	浙江卫视	3.4

续表

名次	频道名称	收视份额
5	中央电视台综合频道	3.4
7	江苏卫视	3.1
8	广东广播电视台影视频道	2.8
8	翡翠台（中文）（有线网转播）	2.8
10	中央台八套	2.4

表 3.63.46　2021 年绍兴市场（浙江省）收视份额排名前 10 频道

单位：%

名次	频道名称	收视份额
1	绍兴电视台公共频道（二套）	21.5
2	绍兴电视台新闻综合频道（一套）	8.3
3	中央电视台综合频道	7.4
4	绍兴电视台文化影视频道（三套）	5.5
5	浙江卫视	3.8
6	中央台五套	3.3
6	中央台四套	3.3
8	中央电视台新闻频道	2.0
9	中央台六套	1.9
10	湖南卫视	1.8

表 3.63.47　2021 年苏州市场（江苏省）收视份额排名前 10 频道

单位：%

名次	频道名称	收视份额
1	苏州电视台新闻综合频道（一套）	15.6
2	苏州电视台社会经济频道（二套）	14.5
3	中央台四套	4.1
4	苏州电视台电影娱乐信息频道（四套）	4.0
5	苏州电视台文化生活频道（三套）	2.8
6	中央台六套	2.6
7	中央电视台综合频道	2.4
8	江苏卫视	2.3
8	中央台五套	2.3
10	苏州电视台生活资讯频道（五套）	2.0

表 3.63.48　2021 年台州市场（浙江省）收视份额排名前 10 频道

单位：%

名次	频道名称	收视份额
1	台州电视台文化生活频道（二套）	7.4
2	湖南电视台金鹰卡通频道	7.2
3	中央台六套	6.3
4	中央台四套	6.0
5	中央台八套	5.2
6	浙江电视台教科影视频道	3.6
7	中央电视台新闻频道	2.6
8	中央台三套	2.5
9	湖南卫视	2.4
10	中央电视台综合频道	2.2

表 3.63.49　2021 年唐山市场（河北省）收视份额排名前 10 频道

单位：%

名次	频道名称	收视份额
1	中央电视台综合频道	6.0
2	中央台八套	4.9
3	中央台四套	4.2
4	湖南卫视	4.0
5	中央台六套	3.7
6	河北广播电视台经济生活频道	3.4
7	江苏卫视	3.1
8	中央台三套	2.7
9	河北广播电视台卫视频道	2.5
10	中央电视台新闻频道	2.4

表 3.63.50　2021 年铜陵市场（安徽省）收视份额排名前 10 频道

单位：%

名次	频道名称	收视份额
1	安徽卫视	12.7
2	中央电视台综合频道	10.4
3	中央台八套	9.6
4	安徽影视	5.9
5	中央电视台少儿频道	4.3

续表

名次	频道名称	收视份额
6	东方卫视	4.1
7	中央电视台新闻频道	3.8
8	中央台六套	3.7
8	中央台五套	3.7
8	中央台四套	3.7

表 3.63.51　2021 年温州市场（浙江省）收视份额排名前 10 频道

单位：%

名次	频道名称	收视份额
1	中央台四套	5.5
2	浙江卫视	5.4
3	江苏卫视	4.3
4	温州市广播电视总台新闻综合频道	4.2
4	中央台八套	4.2
6	中央台五套	4.1
7	湖南卫视	3.8
8	中央台六套	3.5
9	中央电视台新闻频道	3.2
9	中央台三套	3.2

表 3.63.52　2021 年无锡市场（江苏省）收视份额排名前 10 频道

单位：%

名次	频道名称	收视份额
1	无锡广播电视台都市资讯频道	10.6
2	江苏卫视	5.6
3	湖南卫视	5.0
4	东方卫视	4.1
4	浙江卫视	4.1
6	中央台六套	3.9
7	中央台四套	3.8
8	中央台三套	3.4
8	中央电视台新闻频道	3.4
10	中央台八套	3.0

表 3.63.53 2021 年芜湖市场（安徽省）收视份额排名前 10 频道

单位：%

名次	频道名称	收视份额
1	中央电视台综合频道	8.9
2	湖南卫视	4.2
3	安徽卫视	3.8
4	芜湖电视台生活频道	3.6
4	中央台六套	3.6
6	安徽影视	3.5
7	中央台四套	3.4
8	中央台八套	3.1
9	安徽综艺·体育	3.0
10	中央电视台新闻频道	2.7

注：芜湖从 2021 年 9 月 1 日起停止日记卡方式调查，本表中该地区为 2021 年 1 ~8 月数据计算结果。

表 3.63.54 2021 年襄阳市场（湖北省）收视份额排名前 10 频道

单位：%

名次	频道名称	收视份额
1	襄阳广播电视台综合频道	5.4
2	中央电视台综合频道	4.7
3	湖南卫视	4.6
3	湖北综合	4.6
5	中央台八套	3.8
6	湖北卫视	3.7
7	湖北影视	3.5
8	中央台六套	3.4
9	江苏卫视	3.3
10	浙江卫视	3.1

表 3.63.55 2021 年徐州市场（江苏省）收视份额排名前 10 频道

单位：%

名次	频道名称	收视份额
1	徐州电视台新闻综合频道	5.4
2	中央电视台综合频道	5.1
3	中央台四套	4.4
4	中央台八套	3.9

续表

名次	频道名称	收视份额
5	中央台六套	3.3
5	江苏卫视	3.3
7	湖南卫视	3.1
8	中央台三套	3.0
9	浙江卫视	2.4
10	东方卫视	2.0

表 3.63.56　2021 年烟台市场（山东省）收视份额排名前 10 频道

单位：%

名次	频道名称	收视份额
1	中央电视台综合频道	5.0
2	山东卫视	4.7
3	中央台八套	4.4
4	江苏卫视	4.1
5	浙江卫视	3.8
5	湖南卫视	3.8
7	中央台六套	3.3
8	中央台四套	2.9
9	山东广播电视台齐鲁频道	2.8
10	中央台五套	2.2

表 3.63.57　2021 年扬州市场（江苏省）收视份额排名前 10 频道

单位：%

名次	频道名称	收视份额
1	扬州二套	13.0
2	扬州一套	8.2
3	中央台八套	5.6
4	中央电视台综合频道	5.1
5	中央台六套	4.7
6	中央台四套	4.1
7	中央台三套	3.4
8	中央电视台新闻频道	2.6
9	中央台五套	2.3
10	江苏卫视	2.0

表 3.63.58　2021 年宜昌市场（湖北省）收视份额排名前 10 频道

单位：%

名次	频道名称	收视份额
1	湖南卫视	5.1
2	湖北影视	4.8
3	中央台八套	4.6
4	中央电视台新闻频道	4.4
4	中央电视台综合频道	4.4
6	中央台六套	4.1
7	江苏卫视	4.0
8	宜昌三峡综合频道	3.7
9	中央台四套	3.5
10	东方卫视	3.0

表 3.63.59　2021 年宜春市场（江西省）收视份额排名前 10 频道

单位：%

名次	频道名称	收视份额
1	江西电视台都市频道（二套）	6.4
2	中央台六套	5.9
3	湖南电视台金鹰卡通频道	5.3
4	江西电视台公共农业频道（五套）	5.2
5	中央台八套	4.2
6	卡酷少儿频道	3.6
7	江西电视台影视旅游频道（四套）	3.4
8	江西卫视	3.3
9	中央电视台综合频道	3.1
10	中央台三套	2.4

表 3.63.60　2021 年营口市场（辽宁省）收视份额排名前 10 频道

单位：%

名次	频道名称	收视份额
1	辽宁广播电视台都市频道	8.6
2	中央台八套	6.5
3	中央电视台新闻频道	4.4
4	中央台四套	4.3
5	辽宁卫视	3.8

续表

名次	频道名称	收视份额
6	中央台六套	3.5
7	辽宁广播电视台影视剧频道	3.0
7	中央台五套	3.0
9	中央台三套	2.8
10	湖南卫视	2.6

表 3.63.61　2021 年永济市场（山西省）收视份额排名前 10 频道

单位：%

名次	频道名称	收视份额
1	中央电视台综合频道	12.1
2	中央台八套	6.5
3	中央台六套	5.5
4	中央电视台少儿频道	5.4
5	湖南卫视	3.8
6	山西卫视	2.9
7	中央电视台新闻频道	2.8
8	卡酷少儿频道	2.5
9	中央台三套	2.2
10	中央台四套	2.1

表 3.63.62　2021 年岳阳市场（湖南省）收视份额排名前 10 频道

单位：%

名次	频道名称	收视份额
1	湖南卫视	9.4
2	江苏卫视	7.5
3	浙江卫视	6.5
4	湖南电视台电视剧频道	4.7
5	东方卫视	4.2
6	中央台四套	3.5
7	湖南电视台娱乐频道	3.4
8	湖南电视台潇湘电影频道	3.1
9	湖南电视台公共频道	2.4
10	广东卫视	2.3

表 3. 63. 63　2021 年玉溪市场（云南省）收视份额排名前 10 频道

单位：%

名次	频道名称	收视份额
1	中央电视台综合频道	4. 7
2	中央台六套	4. 5
2	中央台八套	4. 5
4	云南广播电视台都市频道（二套）	3. 7
5	湖南卫视	3. 1
6	中央电视台少儿频道	2. 7
7	云南广播电视台卫视频道（一套）	2. 6
8	中央电视台新闻频道	2. 3
9	中央台十二套	2. 2
10	中央台四套	1. 6

表 3. 63. 64　2021 年湛江市场（广东省）收视份额排名前 10 频道

单位：%

名次	频道名称	收视份额
1	广东广播电视台珠江频道	11. 0
2	广东广播电视台影视频道	7. 4
3	中央电视台新闻频道	4. 1
4	广东卫视	3. 6
5	广东广播电视台少儿频道	3. 1
6	中央台四套	2. 8
7	广东广播电视台嘉佳卡通频道	2. 7
7	湖南卫视	2. 7
9	中央台五套	2. 3
10	广东广播电视台经济科教频道	2. 1

表 3. 63. 65　2021 年镇江市场（江苏省）收视份额排名前 10 频道

单位：%

名次	频道名称	收视份额
1	中央台四套	9. 0
2	中央台八套	5. 1
3	中央电视台新闻频道	4. 4
3	中央电视台综合频道	4. 4
5	中央台三套	4. 1

续表

名次	频道名称	收视份额
6	中央台六套	3.8
7	中央台五套	3.4
8	江苏卫视	3.0
9	江苏电视台城市频道	2.4
9	镇江电视台新闻综合频道	2.4

表 3.63.66　2021 年中山市场（广东省）收视份额排名前 10 频道

单位：%

名次	频道名称	收视份额
1	广东广播电视台珠江频道	11.5
2	广东广播电视台影视频道	7.2
3	翡翠台（中文）（有线网转播）	7.1
4	广东广播电视台南方卫视	4.1
5	中山广播电视台公共频道	3.9
6	广东广播电视台体育频道	3.5
7	广东广播电视台经济科教频道	2.6
8	广东广播电视台公共频道	2.4
8	中央台六套	2.4
10	凤凰卫视中文台	2.3

表 3.63.67　2021 年珠海市场（广东省）收视份额排名前 10 频道

单位：%

名次	频道名称	收视份额
1	广东广播电视台珠江频道	8.2
2	翡翠台（中文）（有线网转播）	7.0
3	广东广播电视台公共频道	4.6
4	中央电视台新闻频道	3.3
5	江苏卫视	3.0
5	中央电视台综合频道	3.0
7	中央台六套	2.8
7	湖南电视台金鹰卡通频道	2.8
9	珠海电视台一套（新闻综合频道）	2.6
10	中央台四套	2.4

表 3.63.68　2021 年遵义市场（贵州省）收视份额排名前 10 频道

单位：%

名次	频道名称	收视份额
1	中央电视台综合频道	9.0
2	中央电视台少儿频道	5.0
3	中央电视台新闻频道	4.3
4	贵州卫视	3.6
4	中央台八套	3.6
6	中央台六套	3.2
7	中央台四套	2.5
8	湖南卫视	2.4
9	中央台三套	1.9
10	中央台五套	1.6

附录 CSM 各收视调查网概况

表 3.64.1 2021 年全国收视调查网样本规模及推及人口

	固定样组规模（户）	推及户数（千户）	推及人口（千人）
全国	10400	442436	1288640
城市	5290	227795	622751
农村	5110	214641	665889

表 3.64.2 2021 年全国收视调查网家庭规模结构

单位：%

	1 人户	2 人户	3 人户	4 人及以上户
全国	8.4	33.6	28.0	30.0
城市	9.3	36.7	30.3	23.7
农村	7.5	30.3	25.6	36.6

表 3.64.3 2021 年全国收视调查网家庭收入结构

单位：%

	0～1500 元	1501～2500 元	2501～3500 元	3501～5000 元	5001～7000 元	7001～10000 元	10001 元及以上
全国	8.4	7.0	8.5	12.5	18.9	20.2	24.5
城市	5.6	4.7	6.3	10.5	18.6	22.1	32.2
农村	11.3	9.5	10.7	14.5	19.3	18.1	16.6

表 3.64.4 2021 年全国收视调查网家庭购买决策者年龄结构

单位：%

	15～29 岁	30～49 岁	50 岁及以上
全国	7.2	44.9	47.9
城市	8.0	44.1	47.9
农村	6.4	45.9	47.7

表 3.64.5 2021 年全国收视调查网性别与年龄结构

单位：%

	性别		年龄						
	男性	女性	4～14 岁	15～24 岁	25～34 岁	35～44 岁	45～54 岁	55～64 岁	65 岁及以上
全国	51.0	49.0	12.4	17.3	15.9	19.0	14.5	11.3	9.6

续表

	性别		年龄						
	男性	女性	4～14岁	15～24岁	25～34岁	35～44岁	45～54岁	55～64岁	65岁及以上
城市	51.1	48.9	10.3	18.0	17.5	19.4	14.7	10.9	9.2
农村	50.9	49.1	14.4	16.6	14.5	18.6	14.4	11.6	9.9

表 3.64.6　2021 年各省级收视调查网样本规模及推及人口

省份	固定样组规模（户）	推及户数（千户）	推及人口（千人）
安徽省	600	18677	54090
福建省	800	13077	37655
甘肃省	450	6887	22615
广东省	1000	42024	119527
广西壮族自治区	600	13876	43985
贵州省	600	11361	34075
海南省	450	2695	9040
河北省	800	21420	66859
河南省	450	27029	86909
黑龙江省	600	10806	29331
湖北省	800	17667	53304
湖南省	800	19189	60050
吉林省	600	7552	21462
江苏省	800	27435	77850
江西省	450	12377	41883
辽宁省	800	14465	38615
内蒙古自治区	450	8105	21941
宁夏回族自治区	450	2209	6613
山东省	800	33073	93700
山西省	450	10029	30678
陕西省	450	12034	36359
四川省	800	27896	78036
新疆维吾尔自治区	450	8270	24202
云南省	600	13076	43384
浙江省	800	23817	60511

表 3.64.7 2021 年各省级收视调查网家庭规模结构

单位：%

省份	1 人户	2 人户	3 人户	4 人以上户
安徽省	8.0	33.8	27.6	30.6
福建省	8.5	33.9	26.9	30.7
甘肃省	7.5	24.3	27.7	40.5
广东省	11.0	38.6	20.6	29.8
广西壮族自治区	8.1	27.6	26.4	37.9
贵州省	10.8	31.8	24.9	32.5
海南省	7.1	26.9	22.1	43.9
河北省	4.3	30.4	30.9	34.4
河南省	6.0	26.2	26.1	41.7
黑龙江省	6.9	37.5	33.9	21.7
湖北省	8.1	30.6	30.8	30.5
湖南省	7.4	27.9	28.5	36.2
吉林省	5.7	35.1	33.2	26.0
江苏省	7.4	35.8	30.6	26.2
江西省	6.8	22.2	26.6	44.4
辽宁省	7.6	38.9	33.7	19.8
内蒙古自治区	7.5	37.7	36.2	18.6
宁夏回族自治区	7.1	30.1	29.7	33.1
山东省	5.5	36.9	32.0	25.6
山西省	4.5	30.5	29.4	35.6
陕西省	8.3	29.5	30.2	32.0
四川省	14.6	32.6	25.7	27.1
新疆维吾尔自治区	14.1	26.5	24.8	34.6
云南省	8.1	23.7	26.0	42.2
浙江省	8.4	45.5	26.3	19.8

表 3.64.8 2021 年各省级收视调查网家庭收入结构

单位：%

省份	0～1500 元	1501～2500 元	2501～3500 元	3501～5000 元	5001～7000 元	7001～10000 元	10001 元及以上
安徽省	7.6	6.0	8.2	13.2	20.9	22.4	21.7
福建省	7.3	7.9	6.7	6.7	13.8	20.4	37.2
甘肃省	8.2	7.8	10.6	19.1	23.9	20.5	9.9
广东省	8.6	6.9	6.7	10.4	16.1	21.4	29.9

续表

省份	0～1500元	1501～2500元	2501～3500元	3501～5000元	5001～7000元	7001～10000元	10001元及以上
广西壮族自治区	14.2	13.5	16.1	20.1	14.4	12.1	9.6
贵州省	10.7	12.8	14.5	17.1	17.4	12.9	14.6
海南省	5.7	7.3	12.5	22.2	19.5	18.6	14.2
河北省	7.6	7.6	8.8	16.8	24.7	20.1	14.4
河南省	9.4	7.2	10.3	12.5	21.5	23.0	16.1
黑龙江省	4.8	7.2	8.9	18.8	22.3	23.0	15.0
湖北省	7.5	8.0	9.5	11.7	21.1	19.6	22.6
湖南省	15.2	7.2	12.9	12.2	18.8	17.1	16.6
吉林省	6.6	11.0	9.7	17.7	24.3	18.4	12.3
江苏省	4.8	4.1	4.3	7.9	14.4	21.6	42.9
江西省	3.4	5.7	8.8	10.8	18.8	29.4	23.1
辽宁省	6.1	8.6	8.0	16.0	27.0	19.4	14.9
内蒙古自治区	8.6	6.1	11.3	15.6	20.9	21.7	15.8
宁夏回族自治区	5.9	7.0	8.6	15.1	22.1	21.0	20.3
山东省	11.3	7.8	6.7	12.0	21.1	22.8	18.3
山西省	7.2	6.2	9.1	13.1	26.3	19.3	18.8
陕西省	7.0	6.2	9.4	12.6	23.7	22.0	19.1
四川省	17.8	7.2	10.3	14.2	20.2	15.4	14.9
新疆维吾尔自治区	1.8	4.8	9.2	11.2	17.8	20.9	34.3
云南省	8.7	8.4	8.8	15.7	20.4	19.3	18.7
浙江省	3.0	3.3	4.3	8.4	11.9	19.5	49.6

表 3.64.9　2021 年各省级收视调查网家庭购买决策者年龄结构

单位：%

省份	15～29岁	30～49岁	50岁及以上
安徽省	7.5	43.8	48.7
福建省	7.0	43.5	49.5
甘肃省	7.1	50.9	42.0
广东省	8.4	40.8	50.8
广西壮族自治区	6.9	45.2	47.9
贵州省	12.1	45.9	42.0
海南省	6.6	46.6	46.8
河北省	5.9	46.5	47.6
河南省	5.7	47.0	47.3

续表

省份	15～29岁	30～49岁	50岁及以上
黑龙江省	5.7	50.1	44.2
湖北省	6.9	42.4	50.7
湖南省	8.4	46.7	44.9
吉林省	6.2	47.8	46.0
江苏省	5.9	37.5	56.6
江西省	4.1	48.3	47.6
辽宁省	5.5	43.0	51.5
内蒙古自治区	7.3	51.8	40.9
宁夏回族自治区	8.8	54.5	36.7
山东省	4.0	52.0	44.0
山西省	7.5	52.8	39.7
陕西省	6.9	46.1	47.0
四川省	9.5	41.9	48.6
新疆维吾尔自治区	12.2	53.9	33.9
云南省	13.7	50.2	36.1
浙江省	5.1	39.2	55.7

表3.64.10　2021年各省级收视调查网性别与年龄结构

单位：%

省份	性别		年龄						
	男性	女性	4～14岁	15～24岁	25～34岁	35～44岁	45～54岁	55～64岁	65岁及以上
安徽省	50.6	49.4	13.4	16.9	13.9	20.2	13.1	11.8	10.7
福建省	51.0	49.0	11.4	18.6	18.2	20.0	13.9	9.5	8.4
甘肃省	51.3	48.7	13.8	19.1	13.7	20.0	14.0	10.4	9.0
广东省	52.0	48.0	12.1	21.6	21.3	18.7	12.1	7.5	6.7
广西壮族自治区	51.3	48.7	16.8	15.1	16.9	17.3	13.6	10.2	10.1
贵州省	50.9	49.1	20.4	16.2	13.4	18.8	12.2	9.8	9.2
海南省	52.7	47.3	14.6	17.8	19.0	17.0	14.2	8.5	8.9
河北省	50.4	49.6	11.7	18.5	16.3	16.6	15.4	12.5	9.0
河南省	50.0	50.0	16.0	18.3	14.4	17.4	13.4	11.5	9.0
黑龙江省	50.3	49.7	9.2	14.1	15.6	20.5	18.1	13.2	9.3
湖北省	51.0	49.0	10.2	18.5	14.2	19.3	16.1	12.0	9.7
湖南省	51.2	48.8	12.8	16.8	14.6	18.9	14.7	11.8	10.4
吉林省	50.8	49.2	9.3	14.8	14.8	20.5	18.0	13.3	9.3

续表

省份	性别		年龄						
	男性	女性	4～14 岁	15～24 岁	25～34 岁	35～44 岁	45～54 岁	55～64 岁	65 岁及以上
江苏省	50. 3	49. 7	9. 3	17. 4	15. 0	18. 7	15. 2	12. 8	11. 6
江西省	51. 3	48. 7	16. 3	18. 1	16. 0	18. 7	13. 2	9. 6	8. 1
辽宁省	50. 3	49. 7	8. 4	14. 1	14. 6	18. 0	19. 6	14. 0	11. 3
内蒙古自治区	51. 8	48. 2	11. 0	15. 2	17. 1	21. 1	17. 0	10. 5	8. 1
宁夏回族自治区	50. 9	49. 1	16. 4	18. 2	17. 0	19. 2	13. 4	8. 7	7. 1
山东省	50. 2	49. 8	11. 6	16. 0	14. 9	18. 8	15. 6	12. 6	10. 5
山西省	50. 9	49. 1	13. 3	18. 7	15. 0	18. 8	15. 4	10. 5	8. 3
陕西省	51. 4	48. 6	11. 1	19. 5	15. 1	18. 6	15. 4	11. 1	9. 2
四川省	50. 9	49. 1	12. 6	16. 5	12. 6	21. 1	13. 0	12. 9	11. 3
新疆维吾尔自治区	51. 7	48. 3	15. 7	19. 0	17. 7	20. 8	12. 4	7. 5	6. 9
云南省	51. 5	48. 5	16. 2	17. 7	16. 8	19. 7	12. 6	8. 7	8. 3
浙江省	51. 3	48. 7	9. 9	16. 1	17. 0	20. 5	15. 6	11. 2	9. 7

表 3. 64. 11　2021 年各城市收视调查网样本规模及推及人口

城市	固定样组规模（户）	推及户数（千户）	推及人口（千人）
安庆	100	271	703
蚌埠	100	352	940
包头	100	652	1652
宝鸡	100	340	925
北海	100	149	477
北京	1000	7913	20275
常德	100	456	1371
常州	100	766	2028
潮州	100	207	700
成都	400	4124	10603
赤峰	100	250	692
大理	100	202	711
大连	200	1756	4297
大庆	100	589	1445
大同	100	576	1555
丹东	100	288	754
德州	100	308	893
东莞	100	3811	9607

续表

城市	固定样组规模（户）	推及户数（千户）	推及人口（千人）
佛山	100	1742	4557
福州	300	953	2732
抚顺	100	488	1216
赣州	100	727	2428
广元	100	218	597
广州	400	6113	15755
贵阳	200	1428	3961
桂林	100	355	931
哈尔滨	300	2391	6177
海口	200	617	1959
杭州	400	3503	8832
合肥	300	1538	4157
衡阳	100	433	1237
呼和浩特	300	863	2210
湖州	100	328	967
惠州	100	1133	3243
吉林	100	607	1657
济南	300	2752	7741
济宁	100	507	1470
江门	100	380	1153
金华	100	396	907
锦州	100	374	966
荆门	100	269	743
荆州	100	413	1157
九江	100	367	1086
昆明	300	1780	4237
拉萨	100	187	459
兰州	200	1001	2635
柳州	100	604	1627
泸州	100	534	1520
洛阳	100	448	1271
牡丹江	100	340	908
南昌	300	1241	3911
南充	100	237	659
南京	400	2980	8231

续表

城市	固定样组规模（户）	推及户数（千户）	推及人口（千人）
南宁	200	1201	3539
宁波	200	1760	4219
平顶山	100	350	1058
秦皇岛	100	530	1386
青岛	300	1945	5071
衢州	100	188	485
泉州	100	579	1563
三亚	100	245	913
厦门	200	1974	4739
上海	1000	9840	23911
韶关	100	336	981
绍兴	100	357	933
深圳	500	7976	16169
沈阳	300	2266	5695
石家庄	300	1601	4941
苏州	300	1774	4852
台州	100	709	1874
太原	300	1410	3746
唐山	100	679	1882
天津	500	4619	12708
铜陵	100	223	576
温州	100	397	971
乌鲁木齐	300	1565	3696
无锡	200	1597	4260
芜湖	100	657	1660
武汉	400	3959	10797
西安	300	2493	6422
西宁	200	561	1495
襄阳	100	685	2065
徐州	100	701	1999
烟台	100	745	1891
扬州	100	531	1612
宜昌	100	371	994
宜春	100	295	1032
银川	200	640	1709

续表

城市	固定样组规模（户）	推及户数（千户）	推及人口（千人）
营口	100	400	1051
永济	100	109	377
玉溪	100	176	544
岳阳	100	405	1186
湛江	100	511	1804
长春	300	1456	3908
长沙	300	1898	5177
镇江	100	314	850
郑州	300	2122	5747
中山	100	324	896
重庆	500	7360	18919
珠海	100	498	1276
遵义	100	520	1404

表 3.64.12　2021 年各城市收视调查网家庭规模结构

单位：%

城市	1 人户	2 人户	3 人户	4 人及以上户
安庆	8.9	40.5	33.0	17.6
蚌埠	7.7	37.7	35.0	19.6
包头	9.2	37.0	43.6	10.2
宝鸡	9.3	35.6	34.8	20.3
北海	7.1	26.2	30.4	36.3
北京	7.6	44.7	29.1	18.6
常德	7.0	30.8	30.8	31.4
常州	11.3	35.4	32.9	20.4
潮州	4.3	27.6	22.7	45.4
成都	15.5	34.4	31.8	18.3
赤峰	4.9	37.7	37.8	19.6
大理	4.0	19.7	24.2	52.1
大连	10.2	40.3	37.8	11.7
大庆	9.8	40.1	39.2	10.9
大同	5.0	34.8	44.7	15.5
丹东	7.3	41.2	34.9	16.6
德州	2.9	35.7	38.6	22.8
东莞	14.7	48.6	16.7	20.0

续表

城市	1 人户	2 人户	3 人户	4 人及以上户
佛山	9. 8	44. 1	20. 0	26. 1
福州	8. 2	32. 2	34. 6	25. 0
抚顺	12. 9	38. 2	37. 4	11. 5
赣州	6. 9	22. 7	25. 0	45. 4
广元	10. 2	35. 1	33. 2	21. 5
广州	13. 6	38. 4	27. 8	20. 2
贵阳	13. 2	30. 1	32. 4	24. 3
桂林	8. 7	36. 7	34. 2	20. 4
哈尔滨	7. 9	37. 9	35. 9	18. 3
海口	7. 1	26. 5	29. 6	36. 8
杭州	7. 5	47. 0	26. 3	19. 2
合肥	11. 0	32. 1	38. 7	18. 2
衡阳	4. 7	34. 2	34. 7	26. 4
呼和浩特	7. 8	36. 6	42. 4	13. 2
湖州	6. 4	33. 2	31. 8	28. 6
惠州	6. 2	42. 4	21. 0	30. 4
吉林	7. 2	36. 1	34. 6	22. 1
济南	7. 5	32. 9	37. 4	22. 2
济宁	5. 0	32. 6	40. 0	22. 4
江门	5. 8	29. 8	31. 6	32. 8
金华	8. 7	50. 3	28. 4	12. 6
锦州	6. 1	41. 1	38. 4	14. 4
荆门	9. 8	34. 0	36. 7	19. 5
荆州	5. 6	37. 5	34. 5	22. 4
九江	5. 0	33. 3	35. 2	26. 5
昆明	13. 5	42. 9	29. 0	14. 6
拉萨	14. 4	45. 7	22. 2	17. 7
兰州	7. 8	37. 6	36. 4	18. 2
柳州	7. 8	34. 4	33. 9	23. 9
泸州	10. 0	34. 5	26. 0	29. 5
洛阳	6. 8	30. 6	41. 8	20. 8
牡丹江	9. 0	34. 9	39. 5	16. 6
南昌	6. 4	28. 9	28. 7	36. 0
南充	14. 4	30. 1	30. 2	25. 3
南京	8. 7	32. 7	38. 4	20. 2

续表

城市	1人户	2人户	3人户	4人及以上户
南宁	7.0	28.3	33.7	31.0
宁波	11.5	43.5	34.5	10.5
平顶山	5.0	26.4	40.8	27.8
秦皇岛	7.6	39.3	38.6	14.5
青岛	8.0	39.4	36.1	16.5
衢州	9.4	40.7	31.8	18.1
泉州	13.6	33.7	28.2	24.5
三亚	5.1	22.9	25.0	47.0
厦门	14.1	42.7	26.7	16.5
上海	14.6	42.6	28.3	14.5
韶关	8.2	32.5	30.3	29.0
绍兴	7.9	39.0	34.8	18.3
深圳	18.0	46.1	20.4	15.5
沈阳	12.1	36.0	36.0	15.9
石家庄	6.5	26.8	31.9	34.8
苏州	12.7	35.1	29.9	22.3
台州	9.5	39.2	27.6	23.7
太原	7.0	35.7	38.2	19.1
唐山	7.2	34.3	41.4	17.1
天津	5.5	37.7	36.9	19.9
铜陵	8.1	38.5	38.2	15.2
温州	8.6	48.7	27.2	15.5
乌鲁木齐	13.2	43.5	29.0	14.3
无锡	7.1	41.6	30.1	21.2
芜湖	7.5	42.1	34.0	16.4
武汉	8.9	36.0	33.6	21.5
西安	11.0	38.4	32.3	18.3
西宁	11.6	37.1	31.2	20.1
襄阳	6.9	29.2	32.3	31.6
徐州	6.0	33.5	37.0	23.5
烟台	5.8	42.3	40.6	11.3
扬州	3.7	31.4	32.6	32.3
宜昌	12.6	33.9	34.7	18.8
宜春	6.4	20.6	24.2	48.8
银川	9.3	33.5	37.8	19.4

续表

城市	1 人户	2 人户	3 人户	4 人及以上户
营口	8.4	37.5	37.2	16.9
永济	2.7	26.2	29.2	41.9
玉溪	6.5	29.0	29.4	35.1
岳阳	9.1	30.2	34.2	26.5
湛江	3.7	25.3	25.6	45.4
长春	6.4	35.4	37.6	20.6
长沙	11.4	30.2	37.0	21.4
镇江	8.9	35.4	36.4	19.3
郑州	9.6	33.7	33.6	23.1
中山	12.1	41.1	18.2	28.6
重庆	10.9	40.5	28.1	20.5
珠海	8.1	42.1	27.7	22.1
遵义	7.5	40.0	27.6	24.9

表 3.64.13　2021 年各城市收视调查网家庭收入结构

单位：%

城市	0～1500 元	1501～3000 元	3001～4500 元	4501～6000 元	6001～8000 元	8001～12000 元	12001 元及以上
安庆	7.3	7.1	15.1	17.0	24.8	19.8	8.9
蚌埠	2.6	7.3	10.6	19.3	22.6	28.2	9.4
包头	1.2	5.0	12.1	12.2	24.9	31.0	13.6
宝鸡	2.2	3.5	12.3	13.1	26.0	32.4	10.5
北海	1.5	5.1	14.8	16.8	20.5	26.2	15.1
北京	0.5	2.0	2.5	4.5	8.5	26.4	55.6
常德	9.3	9.3	12.3	12.4	15.8	23.7	17.2
常州	5.3	5.7	11.3	16.1	19.7	27.2	14.7
潮州	3.9	4.3	8.4	12.5	13.9	36.7	20.3
成都	1.5	2.1	7.1	15.4	21.6	35.2	17.1
赤峰	4.0	7.5	13.6	18.8	21.9	24.1	10.1
大理	4.8	8.4	13.6	14.7	18.8	20.8	18.9
大连	2.5	4.5	13.1	13.9	23.9	29.6	12.5
大庆	1.2	3.5	8.2	8.6	23.0	38.2	17.3
大同	2.7	4.6	20.2	26.1	24.5	15.2	6.7
丹东	0.2	4.0	8.1	20.2	33.3	26.4	7.8
德州	3.7	2.9	6.7	11.8	19.2	38.3	17.4

续表

城市	0~1500 元	1501~3000 元	3001~4500 元	4501~6000 元	6001~8000 元	8001~12000 元	12001 元及以上
东莞	2.1	7.1	9.9	8.3	12.3	32.5	27.8
佛山	5.1	5.4	10.5	15.0	9.2	19.8	35.0
福州	2.2	2.5	5.5	6.7	16.7	31.2	35.2
抚顺	1.4	10.0	15.5	20.4	25.1	19.9	7.7
赣州	1.3	8.2	10.2	11.3	21.0	34.2	13.8
广元	6.3	9.2	18.8	14.5	12.9	23.0	15.3
广州	5.8	7.0	8.2	8.2	16.0	28.7	26.1
贵阳	1.3	3.2	9.1	12.7	20.3	33.8	19.6
桂林	0.0	4.0	12.4	20.2	22.4	31.3	9.7
哈尔滨	1.4	5.5	11.0	19.5	21.9	28.9	11.8
海口	2.1	6.9	13.3	15.3	15.4	25.4	21.6
杭州	0.0	1.8	4.1	4.8	5.9	27.0	56.4
合肥	0.9	3.7	8.6	9.9	15.6	39.5	21.8
衡阳	2.2	6.5	12.8	17.1	23.6	26.0	11.8
呼和浩特	1.0	3.6	9.6	12.5	23.4	32.4	17.5
湖州	0.5	0.8	3.9	6.1	6.6	28.6	53.5
惠州	2.7	3.4	8.7	11.0	18.5	29.7	26.0
吉林	3.8	9.8	19.1	23.8	23.5	14.9	5.1
济南	6.3	3.7	11.1	10.9	21.0	32.1	14.9
济宁	6.6	7.5	11.0	10.8	22.3	29.1	12.7
江门	4.0	4.5	11.6	14.6	17.8	25.9	21.6
金华	0.4	0.8	7.2	7.8	13.9	37.3	32.6
锦州	0.4	5.1	8.8	29.3	31.8	20.4	4.2
荆门	2.8	6.7	8.9	12.9	14.8	34.7	19.2
荆州	3.6	7.1	12.2	13.4	19.7	28.2	15.8
九江	5.5	8.4	16.1	13.2	16.1	23.5	17.2
昆明	1.3	4.3	12.1	14.8	19.0	26.0	22.5
拉萨	4.8	4.1	17.6	12.0	12.5	19.8	29.2
兰州	1.8	4.0	10.2	15.4	22.7	28.9	17.0
柳州	0.8	3.7	8.4	15.0	26.0	30.0	16.1
泸州	17.1	18.0	19.0	14.9	10.3	14.4	6.3
洛阳	1.4	3.6	7.2	18.0	20.5	36.7	12.6
牡丹江	0.6	6.9	13.7	21.2	23.5	25.0	9.1
南昌	0.7	5.0	7.3	10.4	16.6	32.7	27.3

续表

城市	0～1500元	1501～3000元	3001～4500元	4501～6000元	6001～8000元	8001～12000元	12001元及以上
南充	13.4	10.4	17.1	16.5	16.1	16.8	9.7
南京	4.1	3.3	5.4	9.0	14.4	30.2	33.6
南宁	9.8	12.2	13.7	11.4	16.3	23.7	12.9
宁波	1.7	4.3	8.6	9.4	13.7	32.2	30.1
平顶山	2.8	7.5	15.0	18.2	20.3	26.1	10.1
秦皇岛	3.5	9.0	19.0	16.4	28.7	20.9	2.5
青岛	9.4	5.4	9.1	8.0	18.5	28.7	20.9
衢州	2.4	3.7	8.1	7.2	11.3	27.3	40.0
泉州	3.3	4.0	3.9	9.3	7.9	30.6	41.0
三亚	0.8	2.8	3.9	11.8	25.0	36.0	19.7
厦门	2.0	2.3	9.4	8.7	11.0	28.3	38.3
上海	0.1	1.3	3.1	4.7	6.9	31.2	52.7
韶关	5.6	8.3	12.2	12.8	15.1	28.0	18.0
绍兴	1.5	4.3	6.1	9.3	16.1	31.0	31.7
深圳	0.4	0.9	2.4	4.6	9.6	23.7	58.4
沈阳	3.5	7.4	14.0	18.0	19.5	22.8	14.8
石家庄	1.8	4.4	11.2	11.9	23.3	32.4	15.0
苏州	0.7	2.7	6.8	7.4	11.7	32.7	38.0
台州	3.4	2.8	8.0	8.2	8.1	30.9	38.6
太原	0.8	4.0	9.7	10.4	27.6	29.6	17.9
唐山	2.3	5.5	14.1	16.0	28.9	26.2	7.0
天津	1.0	5.6	11.8	11.3	23.3	31.0	16.0
铜陵	3.4	5.3	11.2	14.0	24.3	32.5	9.3
温州	0.0	0.7	4.9	6.3	3.4	32.5	52.2
乌鲁木齐	1.0	2.0	5.5	10.1	11.3	35.4	34.7
无锡	1.1	4.0	7.8	9.8	14.0	29.1	34.2
芜湖	5.1	5.9	11.8	17.7	12.0	27.0	20.5
武汉	3.6	6.5	12.7	11.6	17.1	26.8	21.7
西安	1.3	5.5	10.5	13.1	21.9	28.7	19.0
西宁	0.7	3.8	9.9	11.2	20.8	33.4	20.2
襄阳	10.6	7.1	8.2	16.6	19.2	23.4	14.9
徐州	0.9	3.2	9.9	13.5	14.8	33.1	24.6
烟台	4.8	8.8	12.7	8.3	16.0	36.6	12.8
扬州	1.8	3.4	4.7	7.7	17.7	29.8	34.9

续表

城市	0～1500元	1501～3000元	3001～4500元	4501～6000元	6001～8000元	8001～12000元	12001元及以上
宜昌	1.0	8.0	12.6	19.9	17.4	24.2	16.9
宜春	5.3	11.9	19.0	14.3	21.2	20.3	8.0
银川	2.3	7.2	14.4	13.0	21.5	28.4	13.2
营口	4.5	13.1	17.6	20.6	20.3	17.7	6.2
永济	4.9	4.7	6.8	10.1	17.4	28.9	27.2
玉溪	13.3	10.2	15.3	12.4	21.0	16.4	11.4
岳阳	4.4	5.6	14.4	17.9	14.8	27.5	15.4
湛江	4.2	11.6	14.4	16.2	16.7	20.0	16.9
长春	3.7	6.9	8.1	13.4	21.1	29.7	17.1
长沙	3.1	5.0	6.4	10.7	12.5	30.5	31.8
镇江	1.4	4.4	5.1	7.0	17.4	32.7	32.0
郑州	1.4	2.8	7.2	11.6	16.9	34.6	25.5
中山	1.4	4.9	9.5	8.9	9.0	20.2	46.1
重庆	13.9	13.0	15.1	12.8	15.4	18.9	10.9
珠海	1.5	2.4	9.4	9.6	12.3	25.9	38.9
遵义	1.5	6.4	13.5	19.4	28.0	20.7	10.5

表3.64.14　2021年各城市收视调查网家庭购买决策者年龄结构

单位：%

城市	15～29岁	30～49岁	50岁及以上
安庆	3.5	40.1	56.4
蚌埠	4.9	42.9	52.2
包头	5.4	50.2	44.4
宝鸡	6.6	49.2	44.2
北海	2.6	41.1	56.3
北京	9.3	44.0	46.7
常德	3.0	46.1	50.9
常州	6.0	47.5	46.5
潮州	3.9	47.8	48.3
成都	17.4	47.0	35.6
赤峰	5.7	53.1	41.2
大理	9.1	53.7	37.2
大连	7.7	48.8	43.5
大庆	3.1	42.5	54.4

续表

城市	15～29岁	30～49岁	50岁及以上
大同	8.5	50.9	40.6
丹东	4.2	37.2	58.6
德州	6.0	53.9	40.1
东莞	12.0	51.5	36.5
佛山	4.8	32.2	63.0
福州	7.6	42.5	49.9
抚顺	4.4	43.6	52.0
赣州	4.9	47.1	48.0
广元	7.9	52.1	40.0
广州	9.8	39.3	50.9
贵阳	15.7	49.1	35.2
桂林	5.7	38.3	56.0
哈尔滨	6.3	41.4	52.3
海口	6.4	42.7	50.9
杭州	9.6	39.1	51.3
合肥	10.1	48.5	41.4
衡阳	8.6	45.7	45.7
呼和浩特	6.3	53.5	40.2
湖州	4.7	39.7	55.6
惠州	10.8	51.3	37.9
吉林	6.8	40.2	53.0
济南	6.5	46.3	47.2
济宁	5.2	45.5	49.3
江门	7.3	46.7	46.0
金华	4.7	43.9	51.4
锦州	7.6	42.7	49.7
荆门	4.3	49.6	46.1
荆州	4.9	47.0	48.1
九江	4.8	44.8	50.4
昆明	16.7	43.8	39.5
拉萨	10.9	47.3	41.8
兰州	7.5	41.4	51.1
柳州	5.6	47.1	47.3
泸州	6.9	40.0	53.1
洛阳	5.6	45.8	48.6

续表

城市	15～29岁	30～49岁	50岁及以上
牡丹江	4.9	47.4	47.7
南昌	7.1	43.5	49.4
南充	8.9	37.4	53.7
南京	5.8	42.0	52.2
南宁	10.3	48.3	41.4
宁波	10.6	49.0	40.4
平顶山	5.4	48.8	45.8
秦皇岛	7.7	41.8	50.5
青岛	7.0	44.2	48.8
衢州	4.6	37.5	57.9
泉州	9.0	52.4	38.6
三亚	9.9	41.2	48.9
厦门	10.7	50.1	39.2
上海	10.0	35.2	54.8
韶关	4.7	44.0	51.3
绍兴	3.3	32.9	63.8
深圳	20.2	52.2	27.6
沈阳	8.0	41.0	51.0
石家庄	8.9	50.2	40.9
苏州	19.2	45.4	35.4
台州	4.2	36.0	59.8
太原	5.7	46.2	48.1
唐山	4.7	46.3	49.0
天津	6.9	47.6	45.5
铜陵	3.1	49.8	47.1
温州	8.9	47.7	43.4
乌鲁木齐	15.9	54.0	30.1
无锡	5.8	35.0	59.2
芜湖	6.4	46.3	47.3
武汉	6.5	41.6	51.9
西安	10.6	39.4	50.0
西宁	10.5	47.1	42.4
襄阳	5.6	43.9	50.5
徐州	7.4	45.8	46.8
烟台	7.0	46.5	46.5

续表

城市	15～29 岁	30～49 岁	50 岁及以上
扬州	1.4	40.5	58.1
宜昌	10.4	42.9	46.7
宜春	6.2	47.2	46.6
银川	11.2	48.6	40.2
营口	4.3	48.2	47.5
永济	6.2	50.4	43.4
玉溪	9.9	43.2	46.9
岳阳	8.7	49.6	41.7
湛江	5.4	43.0	51.6
长春	6.4	47.8	45.8
长沙	17.0	45.2	37.8
镇江	4.6	43.5	51.9
郑州	11.3	51.6	37.1
中山	15.7	48.1	36.2
重庆	7.1	38.4	54.5
珠海	8.6	47.3	44.1
遵义	7.2	45.8	47.0

表 3.64.15　2021 年各城市收视调查网性别与年龄结构

单位：%

城市	性别		年龄						
	男性	女性	4～14 岁	15～24 岁	25～34 岁	35～44 岁	45～54 岁	55～64 岁	65 岁及以上
安庆	49.3	50.7	10.4	15.8	12.8	22.0	15.3	12.5	11.2
蚌埠	50.1	49.9	10.1	17.4	13.9	19.4	16.2	11.9	11.1
包头	51.3	48.7	9.9	16.1	16.0	21.4	16.9	9.8	9.9
宝鸡	51.0	49.0	10.5	15.9	16.0	19.5	16.7	11.8	9.6
北海	50.4	49.6	11.2	16.6	18.7	20.3	15.5	9.6	8.1
北京	50.8	49.2	7.4	10.1	22.1	17.8	17.7	13.1	11.8
常德	49.7	50.3	8.8	16.7	12.3	21.5	16.7	13.0	11.0
常州	50.8	49.2	8.1	17.5	18.1	19.8	15.0	11.7	9.8
潮州	49.0	51.0	11.0	15.8	15.7	15.8	17.1	13.7	10.9
成都	50.8	49.2	7.8	18.1	18.1	22.3	13.5	10.8	9.4
赤峰	50.2	49.8	11.3	14.2	16.8	21.5	17.1	10.2	8.9
大理	50.0	50.0	13.2	11.6	16.3	19.8	18.7	10.5	9.9
大连	49.8	50.2	6.9	16.7	17.7	17.5	16.7	13.1	11.4

续表

城市	性别		年龄						
	男性	女性	4~14岁	15~24岁	25~34岁	35~44岁	45~54岁	55~64岁	65岁及以上
大庆	49.0	51.0	7.2	11.4	16.4	21.1	20.9	11.9	11.1
大同	50.6	49.4	11.4	13.9	15.8	20.6	18.4	10.5	9.4
丹东	49.7	50.3	7.0	13.1	12.7	17.9	20.9	15.4	13.0
德州	50.7	49.3	11.7	17.6	17.9	20.2	13.8	11.0	7.8
东莞	55.8	44.2	7.5	17.4	28.3	22.7	14.8	5.3	4.0
佛山	53.9	46.1	8.9	14.7	24.0	20.6	16.4	8.3	7.1
福州	50.6	49.4	9.3	18.7	19.6	18.9	14.1	10.5	8.9
抚顺	50.4	49.6	6.1	12.0	13.1	17.3	23.5	14.6	13.4
赣州	50.6	49.4	17.9	17.2	14.6	18.7	12.7	10.2	8.7
广元	50.8	49.2	11.2	17.9	13.0	24.9	13.8	10.5	8.7
广州	50.9	49.1	9.0	14.8	24.3	18.7	15.0	9.9	8.3
贵阳	50.9	49.1	12.6	18.0	16.6	21.2	13.6	9.2	8.8
桂林	51.0	49.0	9.8	16.0	19.1	20.1	15.0	11.2	8.8
哈尔滨	49.6	50.4	6.4	16.1	15.4	16.9	18.0	15.5	11.7
海口	51.8	48.2	12.4	15.3	22.0	17.5	14.7	8.8	9.3
杭州	51.5	48.5	7.8	20.1	19.8	18.6	15.0	10.1	8.6
合肥	52.7	47.3	9.8	21.9	19.2	20.2	11.9	9.1	7.9
衡阳	50.6	49.4	10.9	20.5	14.0	18.8	15.3	11.9	8.6
呼和浩特	50.8	49.2	10.5	19.9	18.7	19.6	14.6	9.1	7.6
湖州	50.5	49.5	8.1	19.4	16.6	18.8	15.4	11.5	10.2
惠州	53.1	46.9	13.1	16.7	23.7	19.2	14.9	6.6	5.8
吉林	50.4	49.6	7.9	14.8	12.5	19.5	19.6	14.1	11.6
济南	50.1	49.9	10.6	18.1	15.3	18.1	16.1	12.0	9.8
济宁	50.5	49.5	12.0	16.2	18.3	18.9	15.2	10.6	8.8
江门	50.1	49.9	11.6	13.8	19.0	19.5	16.6	10.2	9.3
金华	51.7	48.3	10.2	16.1	18.5	20.1	15.4	10.8	8.9
锦州	49.4	50.6	7.9	14.3	14.4	17.7	18.8	14.5	12.4
荆门	50.6	49.4	9.4	17.4	16.1	21.8	16.4	11.2	7.7
荆州	50.5	49.5	8.1	18.4	14.3	20.0	17.5	12.7	9.0
九江	50.6	49.4	11.2	21.2	14.7	19.3	14.6	10.3	8.7
昆明	51.3	48.7	9.1	19.4	19.3	20.6	13.1	9.7	8.8
拉萨	51.7	48.3	8.6	21.7	22.1	25.2	13.2	5.6	3.6
兰州	50.8	49.2	9.3	19.9	15.4	19.3	15.5	10.3	10.3
柳州	49.9	50.1	11.3	9.5	18.4	22.0	17.3	11.0	10.5

续表

城市	性别		年龄						
	男性	女性	4～14岁	15～24岁	25～34岁	35～44岁	45～54岁	55～64岁	65岁及以上
泸州	49.7	50.3	13.3	14.6	11.1	21.0	14.3	14.2	11.5
洛阳	50.0	50.0	11.1	15.2	15.9	20.6	15.7	10.8	10.7
牡丹江	49.5	50.5	7.7	15.2	14.6	20.0	19.1	12.7	10.7
南昌	52.1	47.9	12.7	25.1	15.3	16.8	12.9	9.3	7.9
南充	49.1	50.9	11.0	19.5	13.1	19.8	13.5	12.6	10.5
南京	51.4	48.6	7.0	19.6	17.0	18.6	15.4	12.0	10.4
南宁	50.3	49.7	11.5	12.1	22.2	19.1	15.4	11.3	8.4
宁波	51.1	48.9	8.3	17.9	19.5	20.5	15.3	10.7	7.8
平顶山	51.6	48.4	11.8	17.8	15.7	22.6	14.2	9.6	8.3
秦皇岛	50.1	49.9	8.4	20.7	16.9	16.7	16.1	12.2	9.0
青岛	50.5	49.5	9.0	18.5	16.8	17.2	15.7	12.1	10.7
衢州	50.6	49.4	11.8	11.3	15.5	21.0	17.0	12.5	10.9
泉州	50.5	49.5	9.6	23.5	20.8	20.0	12.1	7.7	6.3
三亚	49.9	50.1	11.3	23.1	23.9	15.8	13.9	6.7	5.3
厦门	52.0	48.0	9.2	23.6	24.8	20.1	10.9	6.4	5.0
上海	51.4	48.6	6.4	11.9	20.7	17.9	14.9	15.4	12.8
韶关	48.8	51.2	12.1	14.1	14.0	16.5	18.6	12.6	12.1
绍兴	49.2	50.8	9.5	18.3	15.1	20.0	16.0	11.9	9.2
深圳	53.5	46.5	9.5	24.8	30.7	20.4	7.9	3.1	3.6
沈阳	50.4	49.6	6.8	12.1	15.8	16.8	20.9	14.9	12.7
石家庄	49.1	50.9	9.5	21.5	16.8	16.8	15.0	11.1	9.3
苏州	50.6	49.4	6.6	24.7	20.5	17.4	12.6	9.9	8.3
台州	51.1	48.9	11.3	13.5	17.6	22.2	14.8	10.4	10.2
太原	50.5	49.5	9.5	21.9	16.6	17.0	16.1	9.5	9.4
唐山	50.4	49.6	8.5	15.5	16.8	16.0	18.3	15.0	9.9
天津	53.3	46.7	7.3	19.4	18.2	16.5	16.8	12.5	9.3
铜陵	51.5	48.5	10.7	14.0	13.9	24.0	16.1	11.0	10.3
温州	52.3	47.7	8.5	18.2	22.0	22.2	13.6	8.5	7.0
乌鲁木齐	51.5	48.5	10.2	17.9	17.7	24.6	13.7	7.3	8.6
无锡	52.1	47.9	7.4	19.0	18.7	19.8	14.3	11.6	9.2
芜湖	52.5	47.5	7.4	21.4	14.8	19.1	15.9	11.3	10.1
武汉	51.0	49.0	7.6	22.8	16.0	17.3	15.5	11.8	9.0
西安	51.2	48.8	8.6	20.8	17.4	18.4	15.1	9.9	9.8
西宁	51.3	48.7	10.9	17.4	16.0	22.5	15.5	8.5	9.2

续表

城市	性别		年龄						
	男性	女性	4~14岁	15~24岁	25~34岁	35~44岁	45~54岁	55~64岁	65岁及以上
襄阳	50.8	49.2	11.2	17.5	15.5	19.6	15.7	12.0	8.5
徐州	50.8	49.2	9.6	18.2	16.1	18.1	15.6	11.6	10.8
烟台	49.3	50.7	7.9	22.2	16.4	18.3	15.2	11.0	9.0
扬州	50.1	49.9	8.2	18.1	14.5	19.0	15.4	13.5	11.3
宜昌	50.9	49.1	8.4	17.0	16.8	19.7	15.5	13.1	9.5
宜春	51.1	48.9	17.2	17.3	15.9	18.3	13.4	9.5	8.4
银川	50.3	49.7	11.0	18.2	18.0	19.2	16.5	9.2	7.9
营口	50.9	49.1	8.3	14.3	17.1	18.4	18.6	12.7	10.6
永济	50.7	49.3	12.2	19.9	14.6	18.4	15.8	10.3	8.8
玉溪	50.1	49.9	13.8	17.9	16.5	20.0	12.4	9.8	9.6
岳阳	50.9	49.1	11.2	17.5	15.1	22.7	14.6	10.6	8.3
湛江	52.1	47.9	13.9	16.7	18.4	15.5	14.6	10.8	10.1
长春	50.2	49.8	8.2	16.6	16.3	18.7	17.2	13.1	9.9
长沙	50.4	49.6	8.8	20.8	16.2	19.7	14.8	10.9	8.8
镇江	52.4	47.6	7.4	17.1	15.4	19.8	17.1	12.8	10.4
郑州	51.4	48.6	10.9	23.2	19.3	19.1	12.4	7.7	7.4
中山	52.9	47.1	9.3	23.3	24.0	21.8	10.5	6.3	4.8
重庆	50.5	49.5	10.5	15.8	12.2	21.2	14.6	13.9	11.8
珠海	51.2	48.8	10.8	14.7	21.3	21.6	17.1	7.8	6.7
遵义	50.5	49.5	14.6	16.6	14.8	22.8	13.3	9.5	8.4

第四部分

广播收听数据

主要收听指标解释与广播节目收听排名规则

一　主要收听指标解释

1. 人均收听时间（分钟）：是实际收听听众日平均收听时间（分钟）与总体推及人口的比值。它是把实际收听听众的总收听时间平均分配给了总体推及人口，而不是分配给实际收听人口。

2. 收听率（%）：是针对某个特定时段（或节目），平均每分钟的收听人数占总体推及人口的百分比。收听率（%）反映的是在特定时段收听某一频率或某一节目的人数在总体推及人口中的百分比。

3. 市场份额（或称为市场占有率,%）：是指特定时段内收听某一频率或某一节目的人数占同一时段所有收听广播人数的百分比，也即是特定时段内某一频率（或某一节目）的收听率占所有频率（或所有节目）总收听率的百分比。

4. 听众构成（%）：是指对于特定频率（或节目），各目标听众平均每分钟的收听人数（千人）占所有听众平均每分钟收听人数（千人）的百分比。

二　广播节目收听排名规则

1. 本年鉴数据表中广播节目排名的节目单主要由中央级、省级、省会城市级和地市级广播电台提供；有少数城市的节目单参考其官网发布的信息；没有进行节目排名的城市无法获取当地电台节目单，故有缺失。

2. 节目收听排名主要按收听率由高到低排序，如收听率相同，再按市场份额排序，高者排前；如果两项指标都相同，则节目排名序号相同。

一　北京收听数据

表 4.1.1　2019～2021 年北京各目标听众人均收听时间

单位：分钟

目标听众		2019 年	2020 年	2021 年
15 岁及以上所有人		55	65	66
性别	男	59	66	68
	女	52	63	62
年龄	15～24 岁	37	44	46
	25～34 岁	45	53	51
	35～44 岁	51	60	60
	45～54 岁	70	83	81
	55～64 岁	86	90	96
	65 岁及以上	92	107	109
受教育程度	未受过正规教育	*	*	*
	小学	44	55	49
	初中	66	70	74
	高中	64	75	80
	大学及以上	49	59	57
职业	干部/管理人员	51	62	63
	初级公务员/雇员	50	60	59
	个体/私营企业人员	60	64	68
	工人	57	62	66
	学生	45	57	60
	无业（包括退休人员）	83	93	96
	其他	*	*	*
个人月收入	没有收入	45	56	61
	1～2000 元	53	68	68
	2001～3000 元	75	85	84
	3001～4000 元	68	80	81
	4001～5000 元	55	68	71
	5001～6000 元	51	60	59
	6001 元及以上	46	53	53

注：北京为全年连续调查城市；“*”表示目标听众样本量不足，无法进行统计推断。

表 4.1.2　2019～2021 年北京听众在不同地点的人均收听时间

单位：分钟

地点	2019 年	2020 年	2021 年
家中	17	30	28
车上	23	22	25
工作/学习场所	9	5	5
其他场所	6	8	8

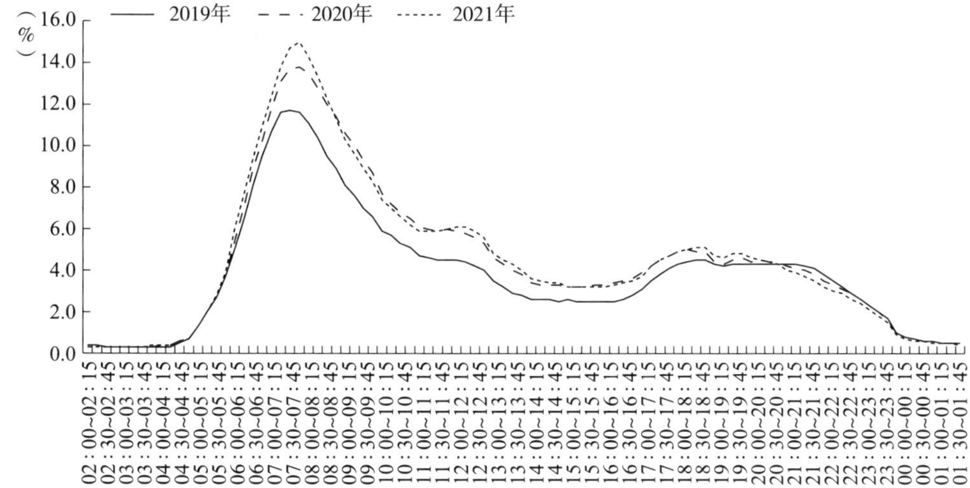

图 4.1.1　2019～2021 年北京听众全天收听率走势

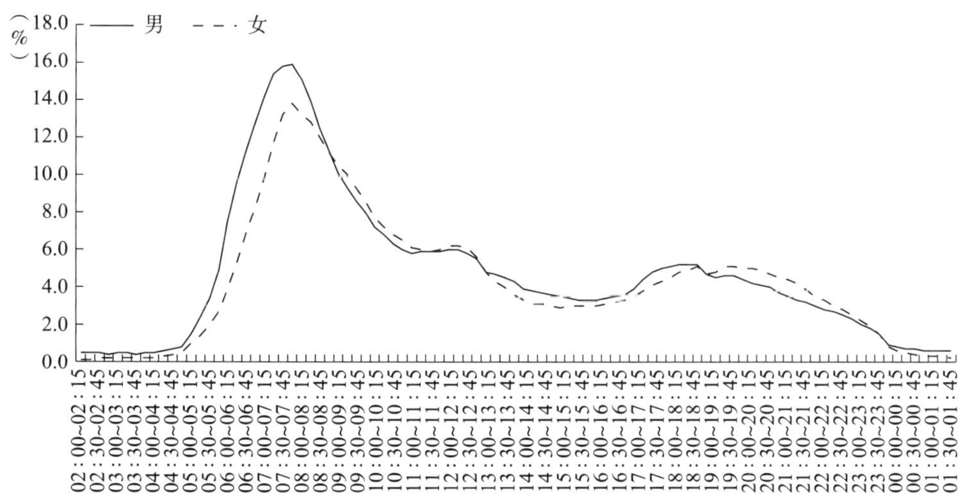

图 4.1.2　2021 年北京不同性别听众全天收听率走势

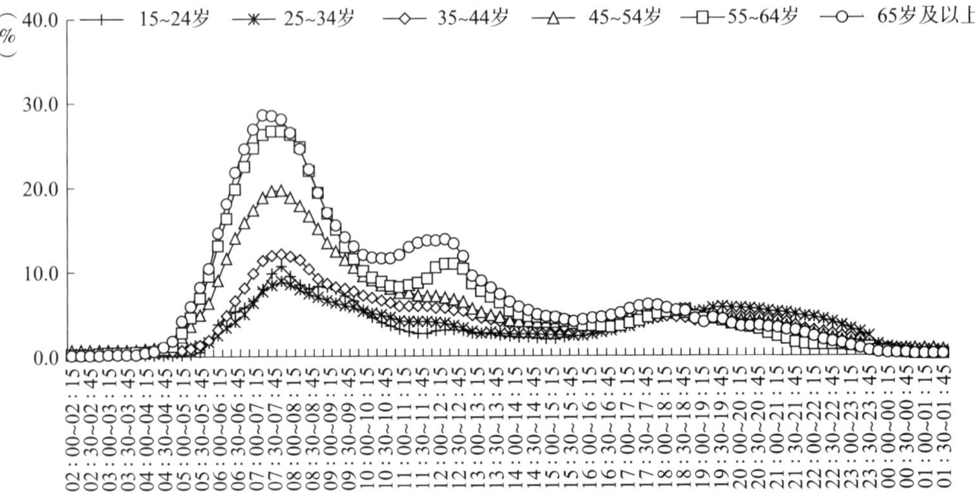

图 4.1.3　2021 年北京不同年龄听众全天收听率走势

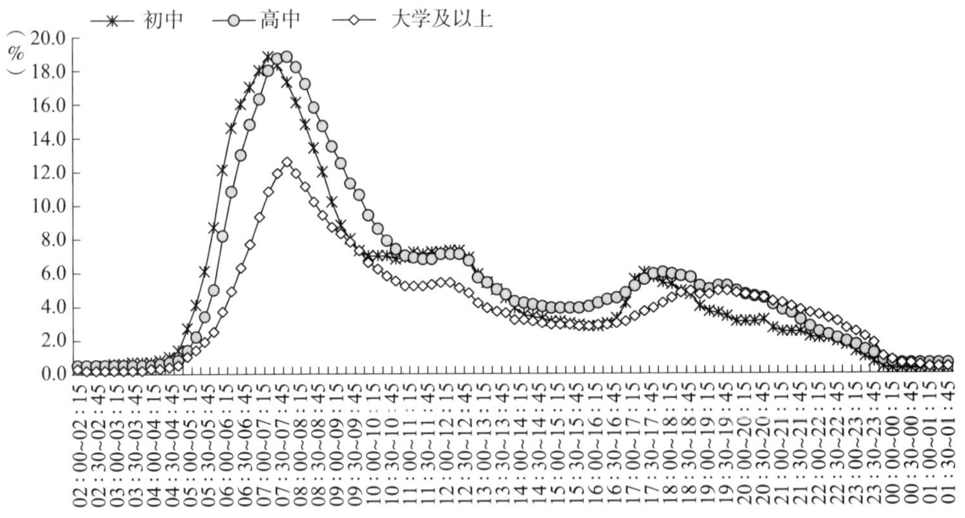

图 4.1.4　2021 年北京不同文化程度听众全天收听率走势

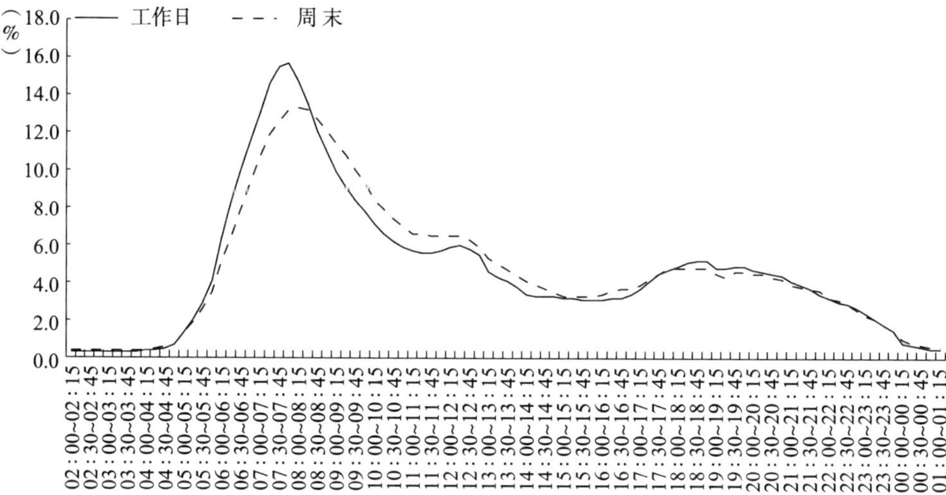

图 4.1.5　2021 年北京听众工作日与周末全天收听率走势

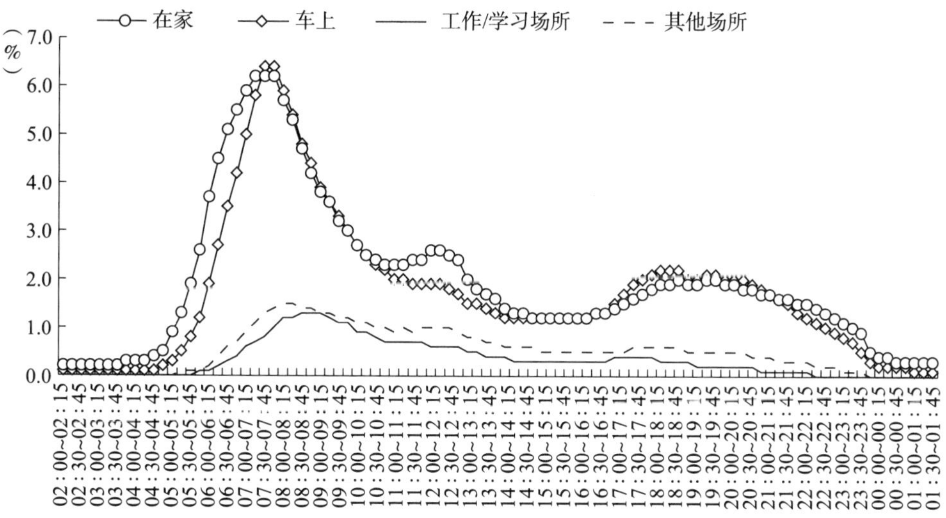

图 4.1.6　2021 年北京听众在不同收听地点全天收听率走势

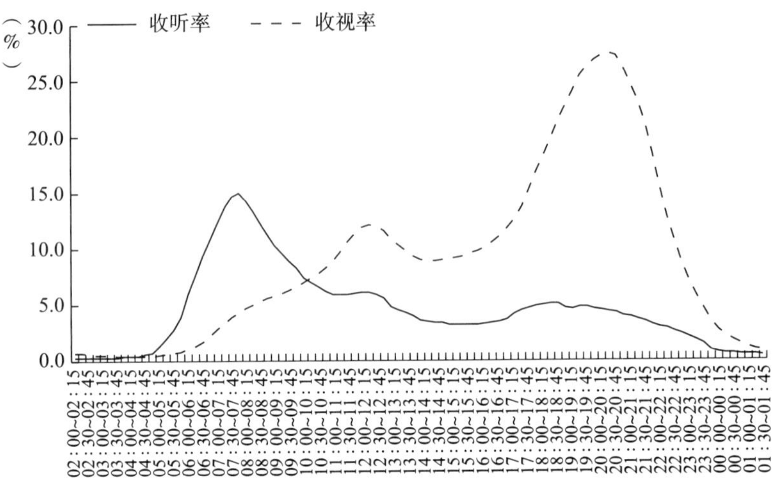

图 4.1.7　2021 年北京受众全天收听率、收视率走势比较（目标受众为 15 岁及以上所有人）

表 4.1.3　2021 年北京市场听众构成

单位：%

目标听众		听众构成
15 岁及以上所有人		100.0
性别	男	59.1
	女	40.9
年龄	15～24 岁	14.2
	25～34 岁	17.4
	35～44 岁	22.3
	45～54 岁	17.5
	55～64 岁	16.4
	65 岁及以上	12.2
受教育程度	未受过正规教育	*
	小学	0.3
	初中	12.3
	高中	36.2
	大学及以上	51.2
职业	干部/管理人员	7.7
	初级公务员/雇员	47.6
	个体/私营企业人员	5.0
	工人	8.4
	学生	9.8
	无业（包括退休人员）	21.5
	其他	*

续表

目标听众		听众构成
个人月收入	没有收入	12.1
	1～2000 元	2.0
	2001～3000 元	8.7
	3001～4000 元	24.0
	4001～5000 元	17.8
	5001～6000 元	16.6
	6001 元及以上	18.8

注："*"表示目标听众样本量不足，无法进行统计推断。

表 4.1.4　2019～2021 年北京市场各广播电台的市场份额

单位：%

广播电台	2019 年	2020 年	2021 年
中央广播电视总台	27.6	27.1	25.5
北京广播电视台	72.4	72.9	74.5

表 4.1.5　2021 年北京市场各广播电台在不同目标听众中的市场份额

单位：%

目标听众		中央广播电视总台	北京广播电视台
15 岁及以上所有人		25.5	74.5
性别	男	27.3	72.7
	女	22.9	77.1
年龄	15～24 岁	21.4	78.6
	25～34 岁	26.4	73.6
	35～44 岁	27.8	72.2
	45～54 岁	22.2	77.8
	55～64 岁	23.2	76.8
	65 岁及以上	32.7	67.3
受教育程度	未受过正规教育	*	*
	小学	0.6	99.4
	初中	18.8	81.2
	高中	24.4	75.6
	大学及以上	28.0	72.0

续表

目标听众		中央广播电视总台	北京广播电视台
职业	干部/管理人员	23.8	76.2
	初级公务员/雇员	26.1	73.9
	个体/私营企业人员	23.6	76.4
	工人	26.5	73.5
	学生	18.5	81.5
	无业（包括退休人员）	28.6	71.4
	其他	*	*
个人月收入	没有收入	20.9	79.1
	1～2000 元	17.1	82.9
	2001～3000 元	26.8	73.2
	3001～4000 元	21.0	79.0
	4001～5000 元	25.5	74.5
	5001～6000 元	26.9	73.1
	6001 元及以上	33.5	66.5

注："*"表示目标听众样本量不足，无法进行统计推断。

表 4.1.6 2021 年北京市场份额排名前 5 的频率

单位：%

排名	频率名称	市场份额
1	北京交通广播（FM103.9/CFM95.6）	40.6
2	北京新闻广播（FM94.5/AM828/CFM90.4）	14.7
3	北京文艺广播（FM87.6/CFM93.8）	10.0
4	中央人民广播电台第一套节目中国之声	8.7
5	北京音乐广播（FM97.4/CFM94.6）	6.0

表 4.1.7 2021 年北京市场收听率排名前 30 的节目

单位：%

排名	节目名称	播出频率	收听率	市场份额
1	《今日交通》	北京交通广播（FM103.9/CFM95.6）	5.9	41.4
2	《交通新闻热线》	北京交通广播（FM103.9/CFM95.6）	5.3	40.4
3	《1039 新闻早报》	北京交通广播（FM103.9/CFM95.6）	4.2	40.2
4	《一路畅通》	北京交通广播（FM103.9/CFM95.6）	3.8	42.5
5	《欢乐正前方》	北京交通广播（FM103.9/CFM95.6）	3.7	40.7
6	《北京新闻》	北京新闻广播（FM94.5/AM828/CFM90.4）	3.3	24.7
7	《汽车天下》	北京交通广播（FM103.9/CFM95.6）	2.9	40.1

续表

排名	节目名称	播出频率	收听率	市场份额
8	《主播在线》	北京新闻广播（FM94.5/AM828/CFM90.4）	2.9	21.4
9	《徐徐道来话北京》	北京交通广播（FM103.9/CFM95.6）	2.7	38.9
10	《1039 慧旅行》	北京交通广播（FM103.9/CFM95.6）	2.4	38.1
11	《新闻晨报/新闻和报纸摘要》	北京新闻广播（FM94.5/AM828/CFM90.4）	2.4	27.9
12	《一起午餐吧》	北京交通广播（FM103.9/CFM95.6）	2.2	33.8
13	《新闻晚知道》	北京交通广播（FM103.9/CFM95.6）	2.1	44.2
14	《航空在线》	北京交通广播（FM103.9/CFM95.6）	2.0	33.4
15	《1039 都市调查组》	北京交通广播（FM103.9/CFM95.6）	1.9	39.9
16	《1039 生活 +》	北京交通广播（FM103.9/CFM95.6）	1.9	31.9
17	《1039 听天下》	北京交通广播（FM103.9/CFM95.6）	1.7	34.3
18	《行走天下》	北京交通广播（FM103.9/CFM95.6）	1.5	42.2
19	《蓝调北京》	北京交通广播（FM103.9/CFM95.6）	1.5	37.0
20	《1039 交通服务热线》	北京交通广播（FM103.9/CFM95.6）	1.4	38.0
21	《交通新闻》	北京交通广播（FM103.9/CFM95.6）	1.3	39.2
22	《联 E 会》	北京交通广播（FM103.9/CFM95.6）	1.3	38.9
23	《评书连播》（午间版）	北京文艺广播（FM87.6/CFM93.8）	1.3	21.7
24	《财富新动力》	北京新闻广播（FM94.5/AM828/CFM90.4）	1.3	13.2
25	《音乐来了》	北京交通广播（FM103.9/CFM95.6）	1.2	38.2
26	《1039 听天下》（重播）	北京交通广播（FM103.9/CFM95.6）	1.2	35.0
27	《假日节拍》	北京新闻广播（FM94.5/AM828/CFM90.4）	1.2	13.0
28	《空中笑林》	北京文艺广播（FM87.6/CFM93.8）	1.2	10.1
29	《八九不离食》	北京交通广播（FM103.9/CFM95.6）	1.1	34.4
30	《我们出发吧》	北京文艺广播（FM87.6/CFM93.8）	1.1	8.2

二　长沙收听数据

表 4.2.1　2019～2021 年长沙各目标听众人均收听时间

单位：分钟

目标听众		2019 年	2020 年	2021 年
10 岁及以上所有人		44	35	32
性别	男	52	41	39
	女	35	29	26
年龄	10～14 岁	16	13	10
	15～24 岁	25	17	17
	25～34 岁	43	33	35
	35～44 岁	54	44	41
	45～54 岁	61	45	40
	55～64 岁	40	43	29
	65 岁及以上	60	60	40
受教育程度	未受过正规教育	*	*	*
	小学	18	19	17
	初中	42	30	30
	高中	47	39	35
	大学及以上	46	38	33
职业	干部/管理人员	50	47	42
	初级公务员/雇员	45	42	34
	个体/私营企业人员	49	34	39
	工人	55	44	40
	学生	17	11	12
	无业（包括退休人员）	44	39	30
	其他	*	*	*
个人月收入	没有收入	20	14	16
	1～2000 元	30	33	30
	2001～3000 元	43	40	29
	3001～4000 元	53	43	35
	4001～5000 元	55	42	36
	5001～6000 元	48	37	34
	6001 元及以上	56	50	49

注：长沙为全年连续调查城市；“*”表示目标听众样本量不足，无法进行统计推断，下同。

表 4.2.2 2019～2021 年长沙听众在不同地点的人均收听时间

单位：分钟

地点	2019 年	2020 年	2021 年
在家	13	13	10
车上	27	20	20
工作/学习场所	2	1	1
其他场所	1	1	1

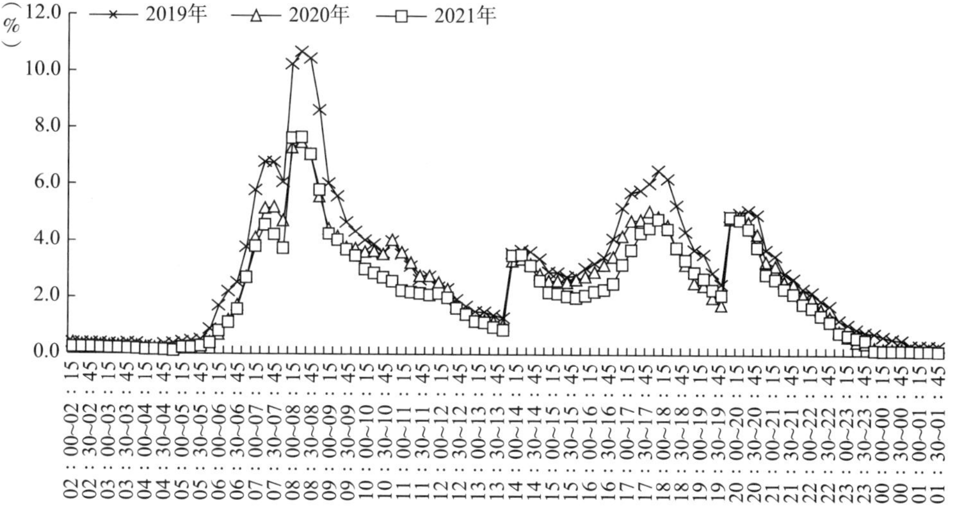

图 4.2.1 2019～2021 年长沙听众全天收听率走势

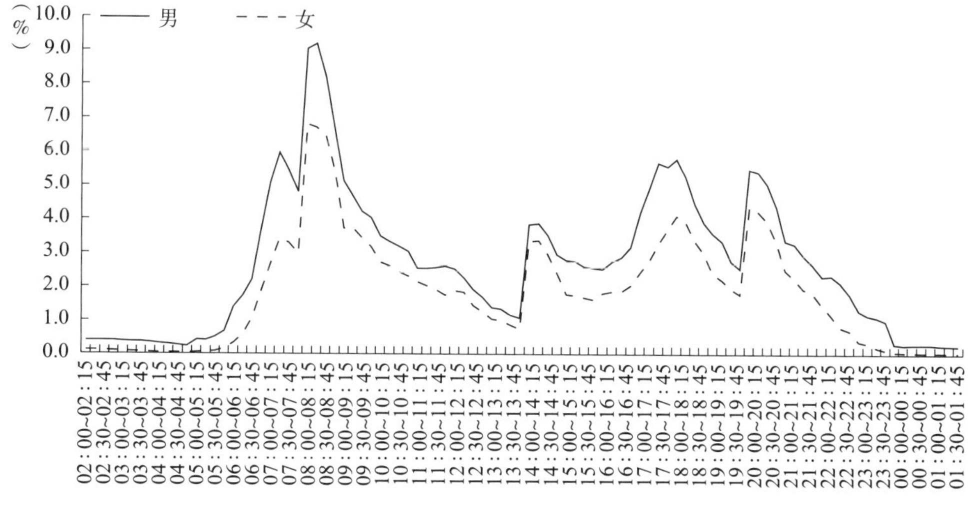

图 4.2.2 2021 年长沙不同性别听众全天收听率走势

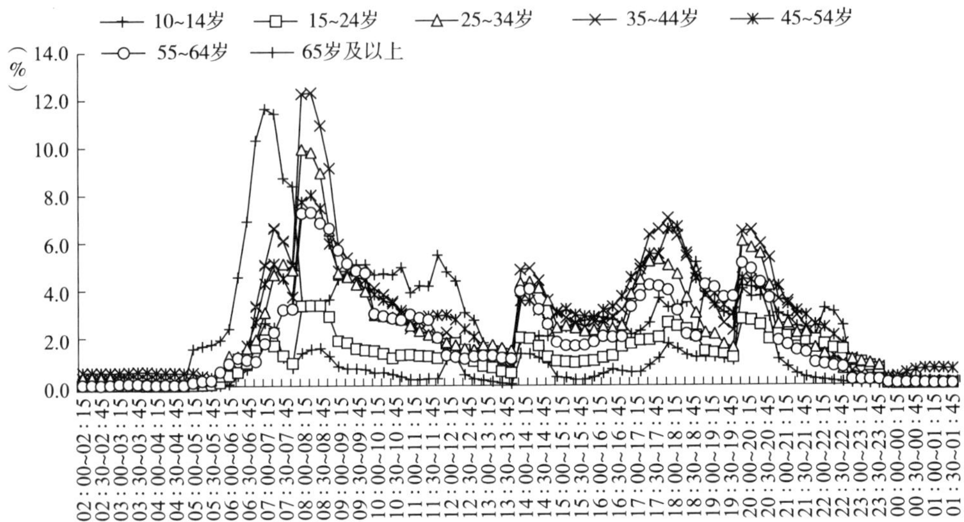

图 4.2.3　2021 年长沙不同年龄听众全天收听率走势

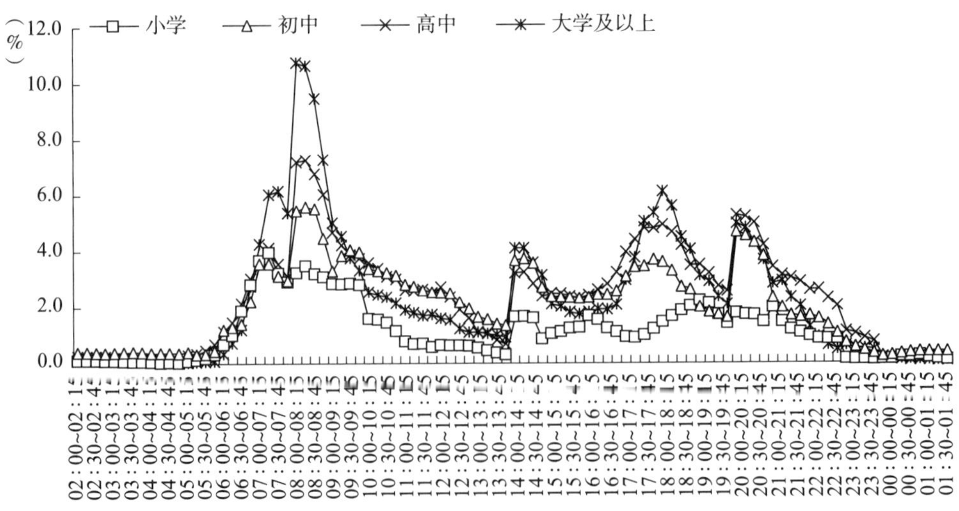

图 4.2.4　2021 年长沙不同文化程度听众全天收听率走势

说明：＊表示目标听众样本量不足，无法进行统计推断。

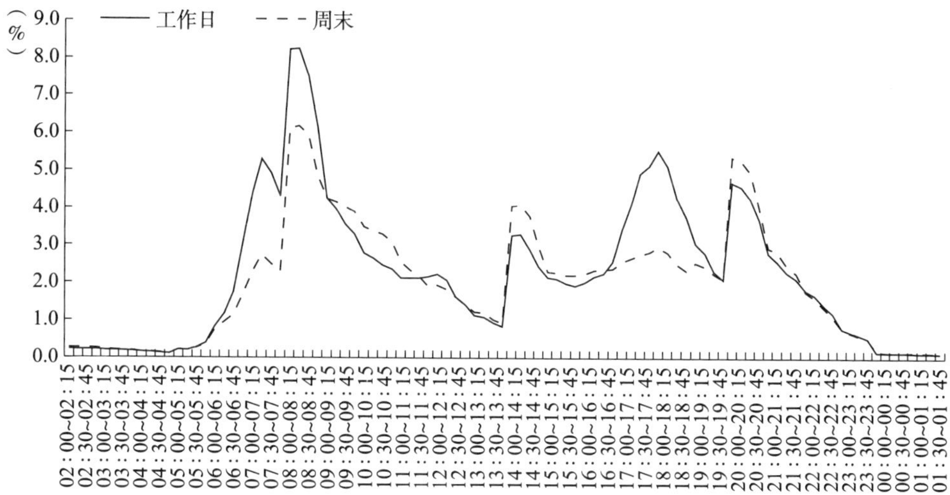

图 4.2.5　2021 年长沙听众工作日与周末全天收听率走势

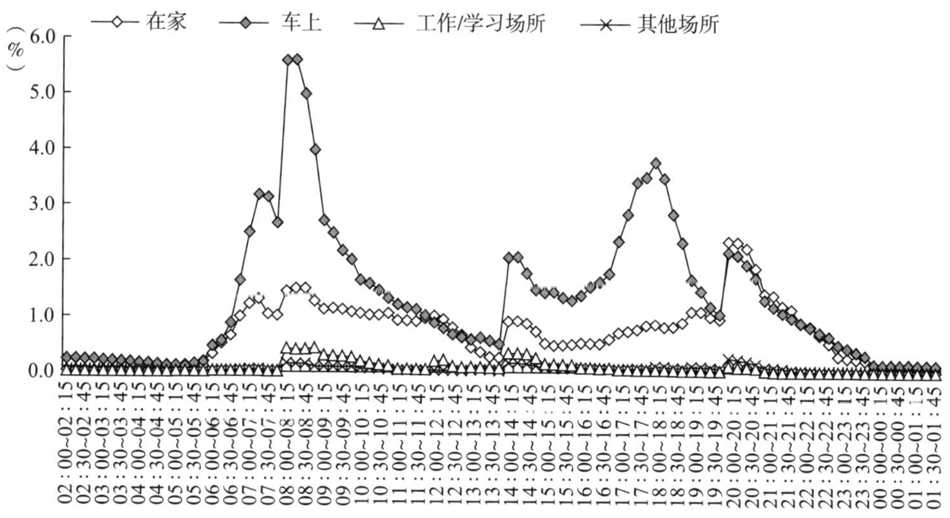

图 4.2.6　2021 年长沙听众在不同收听地点全天收听率走势

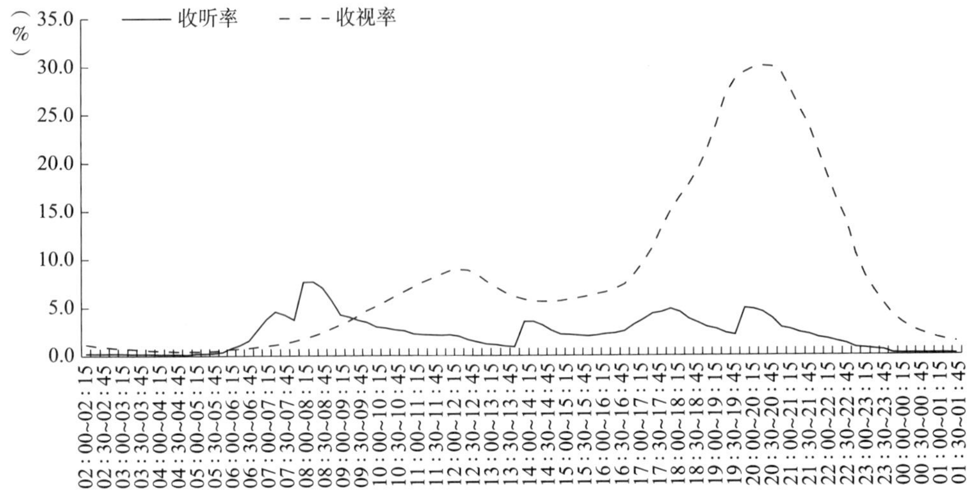

图 4.2.7　2021 年长沙受众全天收听率、收视率走势比较（目标受众为 10 岁及以上所有人）

表 4.2.3　2021 年长沙市场听众构成

单位：%

目标听众		听众构成
10 岁及以上所有人		100.0
性别	男	59.0
	女	41.0
年龄	10～14 岁	1.3
	15～24 岁	12.6
	25～34 岁	23.8
	35～44 岁	28.8
	45～54 岁	17.7
	55～64 岁	8.2
	65 岁及以上	7.6
受教育程度	未受过正规教育	*
	小学	2.3
	初中	21.4
	高中	40.2
	大学及以上	36.1
职业	干部/管理人员	5.9
	初级公务员/雇员	19.9
	个体/私营企业人员	27.9
	工人	22.6
	学生	6.9
	无业（包括退休人员）	16.8
	其他	*

续表

目标听众		听众构成
个人月收入	没有收入	12.5
	1～2000 元	3.0
	2001～3000 元	10.8
	3001～4000 元	21.9
	4001～5000 元	17.6
	5001～6000 元	9.4
	6001 元及以上	24.8

注：“*”表示目标听众样本量不足，无法进行统计推断。

表 4.2.4　2019～2021 年长沙市场各广播电台的市场份额

单位：%

广播电台	2019 年	2020 年	2021 年
中央广播电视总台	8.2	6.5	7.2
湖南广播电视台	57.8	58.5	50.4
长沙市广播电视台	31.1	31.3	37.7
其他广播电台	2.9	3.7	4.7

表 4.2.5　2021 年长沙市场各广播电台在不同目标听众中的市场份额

单位：%

目标听众		中央广播电视总台	湖南广播电视台	长沙市广播电视台	其他广播电台
10 岁及以上所有人		7.2	50.4	37.7	4.7
性别	男	6.7	50.7	38.5	4.1
	女	7.8	50.1	36.5	5.6
年龄	10～14 岁	5.9	44.3	39.5	10.3
	15～24 岁	8.5	44.2	41.2	6.1
	25～34 岁	6.8	48.7	40.7	3.8
	35～44 岁	5.7	52.0	38.0	4.3
	45～54 岁	5.8	51.3	37.3	5.6
	55～64 岁	7.3	54.1	32.8	5.8
	65 岁及以上	15.1	55.2	27.0	2.7
受教育程度	未受过正规教育	*	*	*	*
	小学	9.6	59.7	25.1	5.6
	初中	4.3	52.0	39.3	4.4
	高中	6.7	48.9	38.6	5.8
	大学及以上	9.2	50.6	36.6	3.6

续表

目标听众		中央广播电视总台	湖南广播电视台	长沙市广播电视台	其他广播电台
职业	干部/管理人员	7.9	60.2	30.5	1.4
	初级公务员/雇员	6.7	44.2	42.0	7.1
	个体/私营企业人员	6.1	55.6	33.8	4.5
	工人	5.1	49.0	41.9	4.0
	学生	7.9	51.1	31.7	9.3
	无业（包括退休人员）	11.9	48.4	37.0	2.7
	其他	*	*	*	*
个人月收入	没有收入	8.5	48.9	36.4	6.2
	1～2000元	7.3	47.5	41.1	4.1
	2001～3000元	7.0	51.0	35.2	6.8
	3001～4000元	6.1	47.5	40.2	6.2
	4001～5000元	6.7	60.6	27.8	4.9
	5001～6000元	9.3	52.1	35.3	3.3
	6001元及以上	7.1	46.2	44.3	2.4

注："*"表示目标听众样本量不足，无法进行统计推断。

表 4.2.6 2021 年长沙市场份额排名前 5 的频率

单位：%

排名	频率名称	市场份额
1	湖南人民广播电台交通广播（FM91.8/FM100.3）	22.1
2	长沙人民广播电台交通广播（FM106.1）	15.9
3	长沙人民广播电台城市之声（音乐）广播（FM101.7）	10.6
4	湖南人民广播电台音乐之声（FM89.3）	7.7
5	长沙人民广播电台新闻广播（FM105）	6.1

表 4.2.7 2021 年长沙市场收听率排名前 30 的节目

单位：%

排名	节目名称	播出频率	收听率	市场份额
1	《国生开讲》	湖南人民广播电台交通广播（FM91.8/FM100.3）	2.1	27.3
2	《自驾周末》	湖南人民广播电台交通广播（FM91.8/FM100.3）	1.4	23.2
3	《开窗听世界》	湖南人民广播电台交通广播（FM91.8/FM100.3）	1.3	30.6
4	《了不起的晚高峰》	湖南人民广播电台交通广播（FM91.8/FM100.3）	1.3	29.3
5	《六分六秒》	湖南人民广播电台交通广播（FM91.8/FM100.3）	1.3	23.4
6	《城市优音乐》	长沙人民广播电台城市之声（音乐）广播（FM101.7）	1.0	19.5
7	《我的新闻会唱歌》（首播）	湖南人民广播电台交通广播（FM91.8/FM100.3）	0.9	22.4

续表

排名	节目名称	播出频率	收听率	市场份额
8	《辣椒家族欢乐派》（首播）	湖南人民广播电台交通广播（FM91.8/FM100.3）	0.8	24.0
9	《三个大嘴巴》	长沙人民广播电台交通广播（FM106.1）	0.8	20.5
10	《城市1920》	长沙人民广播电台城市之声（音乐）广播（FM101.7）	0.8	18.2
11	《早起约个局》	长沙人民广播电台交通广播（FM106.1）	0.8	15.3
12	《元气百分百》	湖南人民广播电台交通广播（FM91.8/FM100.3）	0.7	25.0
13	《OK假日》	长沙人民广播电台交通广播（FM106.1）	0.7	13.4
14	《新闻和报纸摘要》	湖南人民广播电台交通广播（FM91.8/FM100.3）	0.6	26.3
15	《亲爱的房子》	湖南人民广播电台交通广播（FM91.8/FM100.3）	0.6	25.1
16	《加油吧！汽车人》	湖南人民广播电台交通广播（FM91.8/FM100.3）	0.6	20.4
17	《绝代双椒》	湖南人民广播电台交通广播（FM91.8/FM100.3）	0.6	14.9
18	《疯狂波哥》	长沙人民广播电台交通广播（FM106.1）	0.6	13.8
19	《马上一路领先》	湖南人民广播电台音乐之声（FM89.3）	0.6	11.8
20	《音乐》	湖南人民广播电台交通广播（FM91.8/FM100.3）	0.5	24.2
21	《胡椒舆论场》	湖南人民广播电台交通广播（FM91.8/FM100.3）	0.5	23.0
22	《1061交警直播室》	长沙人民广播电台交通广播（FM106.1）	0.5	22.6
23	《动听潇湘》	湖南人民广播电台交通广播（FM91.8/FM100.3）	0.5	20.5
24	《大嘴说四方》（重播）	湖南人民广播电台交通广播（FM91.8/FM100.3）	0.5	17.7
25	《娱乐晚点名》	长沙人民广播电台城市之声（音乐）广播（FM101.7）	0.5	11.0
26	《阳光麦乐地》	长沙人民广播电台城市之声（音乐）广播（FM101.7）	0.5	8.8
27	《交警直播室》	湖南人民广播电台交通广播（FM91.8/FM100.3）	0.4	20.8
28	《城市驱动》	长沙人民广播电台交通广播（FM106.1）	0.4	14.0
29	《一路领先》	湖南人民广播电台音乐之声（FM89.3）	0.4	8.1
29	《氧气音乐时间》	湖南人民广播电台金鹰之声（FM95.5）	0.4	8.1

三　重庆收听数据

表 4.3.1　2019～2021 年重庆各目标听众人均收听时间

单位：分钟

目标听众		2019 年	2020 年	2021 年
10 岁及以上所有人		37	35	32
性别	男	38	35	32
	女	36	35	32
年龄	10～14 岁	4	5	5
	15～24 岁	21	20	19
	25～34 岁	37	37	33
	35～44 岁	45	40	35
	45～54 岁	43	41	35
	55～64 岁	37	39	41
	65 岁及以上	52	50	42
受教育程度	未受过正规教育	*	38	61
	小学	28	29	27
	初中	37	35	31
	高中	40	38	33
	大学及以上	35	34	31
职业	干部/管理人员	54	49	39
	初级公务员/雇员	42	35	34
	个体/私营企业人员	39	42	36
	工人	38	35	32
	学生	14	15	10
	无业（包括退休人员）	45	45	42
	其他	*	*	*
个人月收入	没有收入	16	19	14
	1～2000 元	30	40	42
	2001～3000 元	41	37	34
	3001～4000 元	40	38	33
	4001～5000 元	39	36	32
	5001～6000 元	41	42	44
	6001 元及以上	*	*	36

注：重庆为全年连续调查城市；“＊”表示该目标听众样本量不足，无法进行统计推断。

表 4.3.2　2019～2021 年重庆听众在不同地点的人均收听时间

单位：分钟

地点	2019 年	2020 年	2021 年
在家	18	19	17
车上	16	14	14
工作/学习场所	2	1	1
其他场所	1	1	1

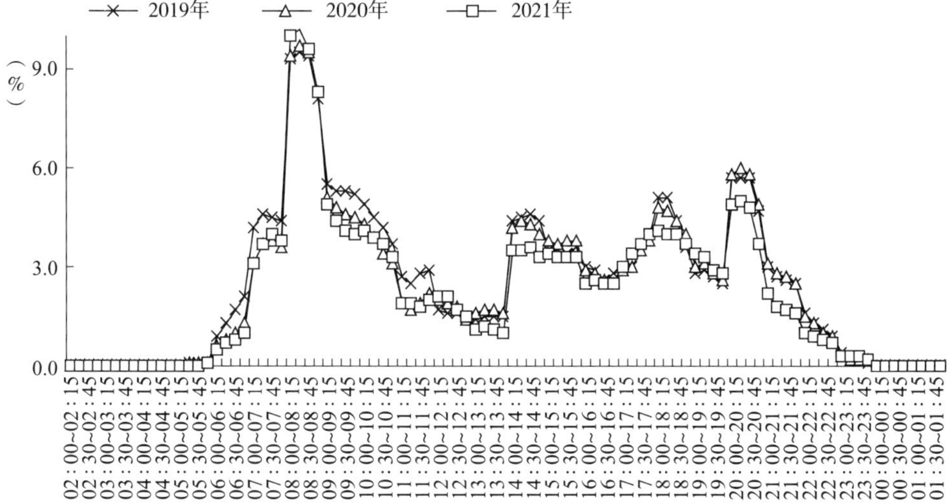

图 4.3.1　2019～2021 年重庆听众全天收听率走势

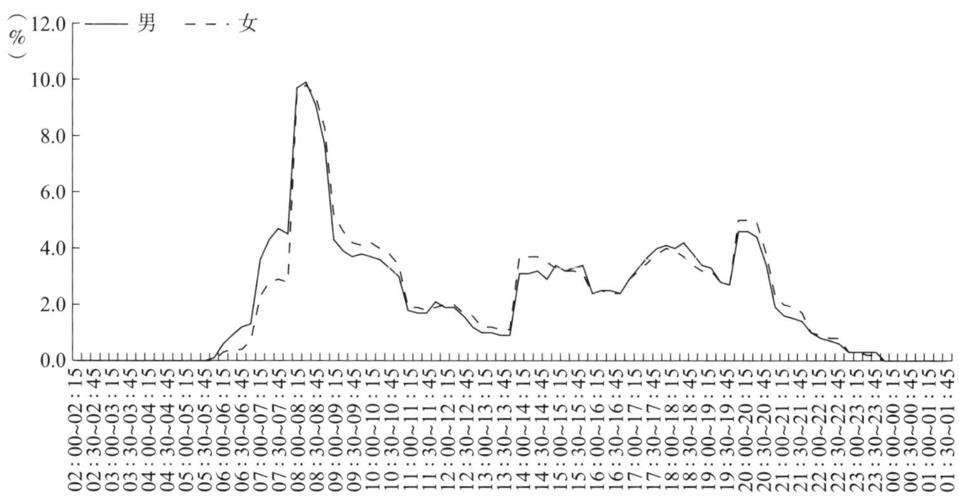

图 4.3.2　2021 年重庆不同性别听众全天收听率走势

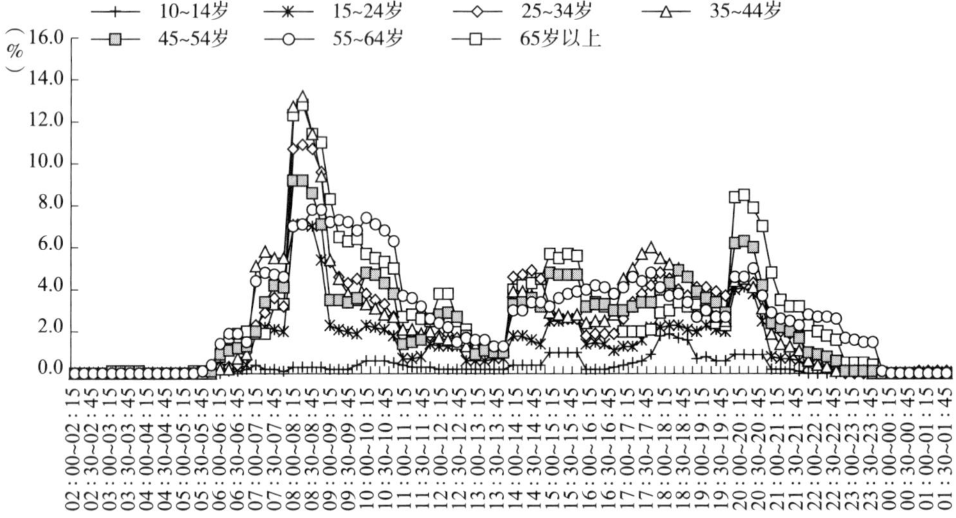

图 4.3.3　2021 年重庆不同年龄听众全天收听率走势

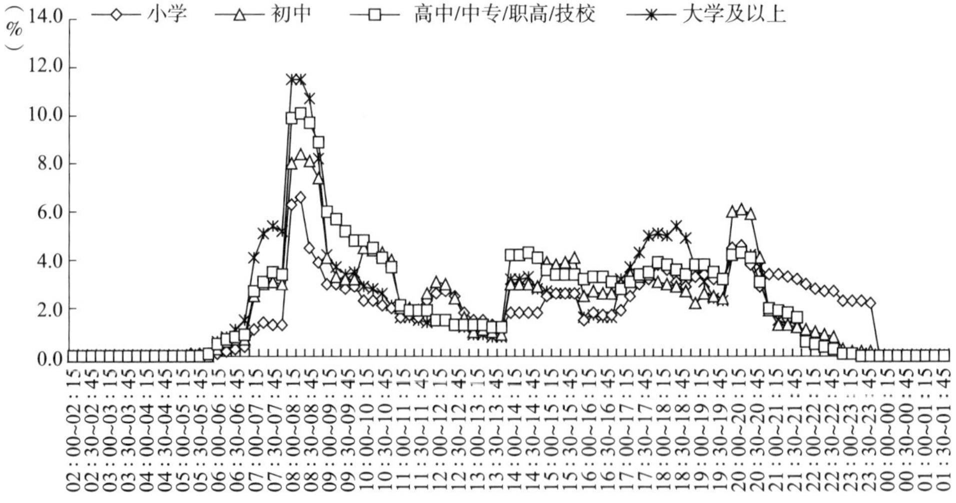

图 4.3.4　2021 年重庆不同文化程度听众全天收听率走势

说明：＊表示目标听众样本量不足，无法进行统计推断。

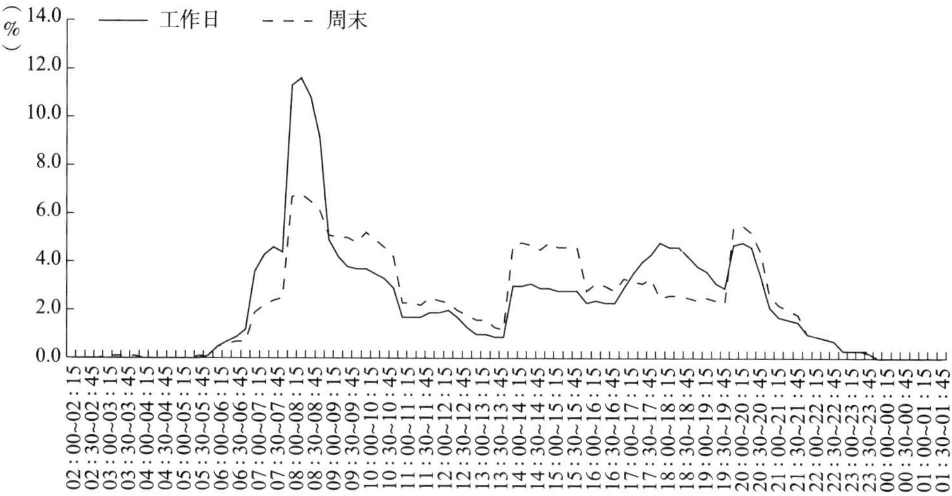

图 4.3.5　2021 年重庆听众工作日与周末全天收听率走势

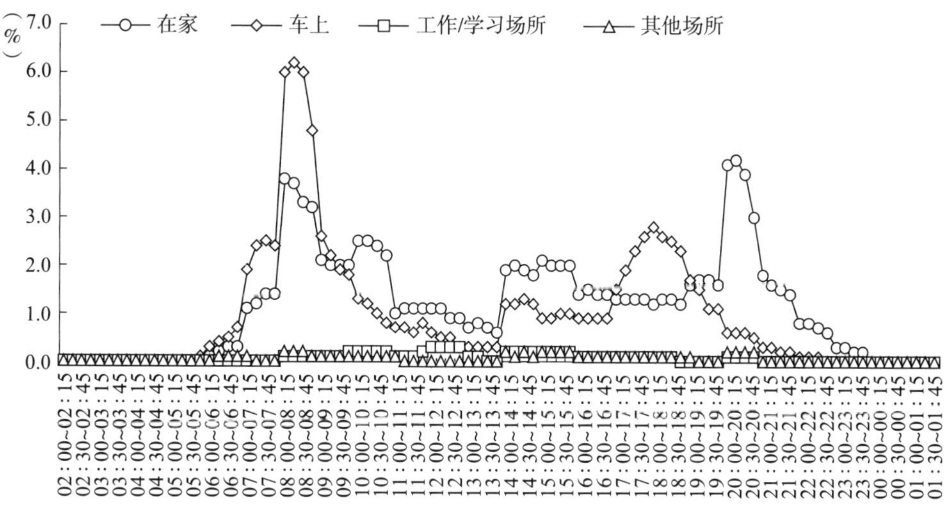

图 4.3.6　2021 年重庆听众在不同收听地点全天收听率走势

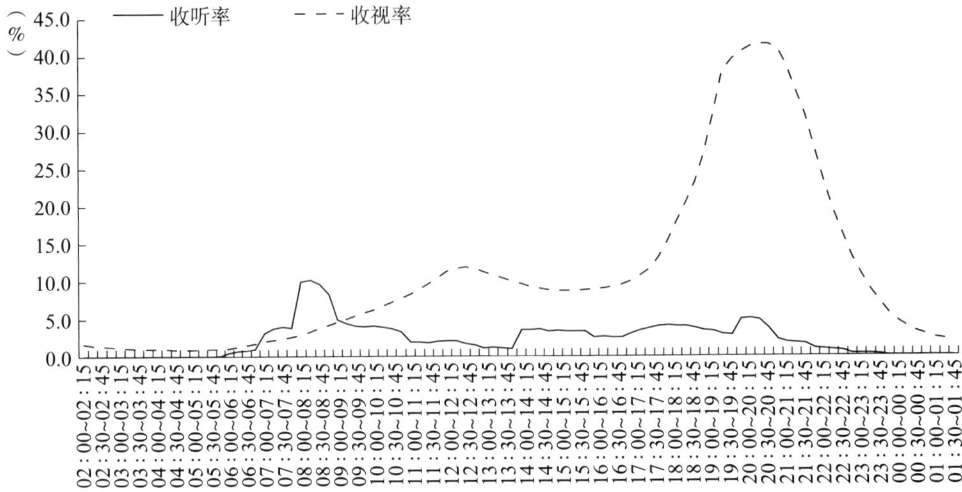

图 4.3.7　2021 年重庆受众全天收听率、收视率走势比较（目标受众为 10 岁及以上所有人）

表 4.3.3　2021 年重庆市场听众构成

单位：%

目标听众		听众构成
10 岁及以上所有人		100.0
性别	男	51.6
	女	48.4
年龄	10 ~ 14 岁	0.6
	15 ~ 24 岁	10.9
	25 ~ 34 岁	22.1
	35 ~ 44 岁	26.1
	45 ~ 54 岁	16.0
	55 ~ 64 岁	14.1
	65 岁及以上	10.2
受教育程度	未受过正规教育	0.7
	小学	6.2
	初中	26.1
	高中	36.0
	大学及以上	31.0
职业	干部/管理人员	3.4
	初级公务员/雇员	16.8
	个体/私营企业人员	19.8
	工人	32.4
	学生	4.8
	无业（包括退休人员）	22.8
	其他	*

续表

目标听众		听众构成
个人月收入	没有收入	7.8
	1～2000 元	3.3
	2001～3000 元	11.4
	3001～4000 元	24.2
	4001～5000 元	16.9
	5001～6000 元	16.2
	6001 元及以上	20.2

注："*"表示该目标听众样本量不足，无法进行统计推断。

表 4.3.4 2019～2021 年重庆市场各广播电台的市场份额

单位：%

广播电台	2019 年	2020 年	2021 年
中央广播电视总台	5.3	4.2	2.7
重庆广播电视集团（总台）	94.2	95.4	96.1
其他广播电台	0.5	0.4	1.2

表 4.3.5 2021 年重庆市场各广播电台在不同目标听众中的市场份额

单位：%

目标听众		中央广播电视总台	重庆广播电视集团（总台）	其他广播电台
10 岁及以上所有人		2.7	96.1	1.2
性别	男	3.3	95.4	1.3
	女	2.0	96.9	1.1
年龄	10～14 岁	1.4	98.6	0.0
	15～24 岁	2.5	96.8	0.7
	25～34 岁	1.2	96.7	2.1
	35～44 岁	2.3	96.6	1.1
	45～54 岁	0.9	98.5	0.6
	55～64 岁	5.7	93.9	0.4
	65 岁及以上	5.4	92.3	2.3
受教育程度	未受过正规教育	0.2	99.8	*
	小学	0.8	96.5	2.7
	初中	4.4	94.8	0.8
	高中	2.6	96.9	0.5
	大学及以上	1.8	96.3	1.9

续表

目标听众		中央广播电视总台	重庆广播电视集团（总台）	其他广播电台
职业	干部/管理人员	0.0	100.0	0.0
	初级公务员/雇员	1.4	96.2	2.4
	个体/私营企业人员	2.0	97.3	0.7
	工人	2.1	97.1	0.8
	学生	0.3	99.6	0.1
	无业（包括退休人员）	6.0	92.5	1.5
	其他	*	*	*
个人月收入	没有收入	1.5	98.0	0.5
	1～2000元	0.1	99.0	0.9
	2001～3000元	3.9	94.8	1.3
	3001～4000元	3.6	95.6	0.8
	4001～5000元	2.5	97.0	0.5
	5001～6000元	4.4	94.4	1.2
	6001元及以上	0.6	97.1	*

注："*"表示该目标听众样本量不足，无法进行统计推断。

表4.3.6　2021年重庆市场份额排名前5的频率

单位：%

排名	频率	市场份额
1	重庆人民广播电台交通频率（FM95.5）	43.4
2	重庆人民广播电台音乐频率（FM88.1）	30.6
3	重庆人民广播电台都市频率（FM93.8）	7.9
3	重庆人民广播电台重庆之声（FM96.8/AM1314）	7.9
5	重庆人民广播电台经济频率（FM101.5）	6.0

表4.3.7　2021年重庆市场收听率排名前30的节目

单位：%

排名	节目名称	播出频率	收听率	市场份额
1	《资讯早班车》（07:00～08:30）	重庆人民广播电台交通频率（FM95.5）	3.3	59.7
2	《955与你相随》（08:30～10:00）	重庆人民广播电台交通频率（FM95.5）	3.1	54.8
3	《最流行周末版》（20:00～21:00）（周六日）	重庆人民广播电台音乐频率（FM88.1）	2.4	48.3
5	《交广关注》（18:00～19:00）	重庆人民广播电台交通频率（FM95.5）	2.2	56.2
4	《最流行（海风）》（20:00～21:00）（周一至周五）	重庆人民广播电台音乐频率（FM88.1）	2.2	52.4

续表

排名	节目名称	播出频率	收听率	市场份额
6	《周末故事会》(10:00~11:00)(周六日)	重庆人民广播电台交通频率(FM95.5)	1.9	40.9
7	《交广乐逍遥》(17:00~18:00)	重庆人民广播电台交通频率(FM95.5)	1.8	53.0
8	《音乐爱周末》(07:00~10:00)(周六日)	重庆人民广播电台音乐频率(FM88.1)	1.6	36.2
9	《DJ私房歌》(晨曦首播版)(14:00~16:00)(周日)	重庆人民广播电台音乐频率(FM88.1)	1.5	29.7
11	《汽车CD早安秀》(黄睿)(08:30~10:00)(周一至周五)	重庆人民广播电台音乐频率(FM88.1)	1.4	23.7
10	《汽车CD早安秀》(沐歌)(07:00~08:30)(周一至周五)	重庆人民广播电台音乐频率(FM88.1)	1.4	22.4
12	《汽车俱乐部》(13:00~16:00)(周六日)	重庆人民广播电台交通频率(FM95.5)	1.3	37.6
13	《955车友生活》(19:00~20:00)	重庆人民广播电台交通频率(FM95.5)	1.2	41.2
14	《DJ私房歌》(鹿子首播版)(14:00~17:00)(周六)	重庆人民广播电台音乐频率(FM88.1)	1.2	32.9
20	《音乐博客周末版》(李悦)(19:00~20:00)(周六日)	重庆人民广播电台音乐频率(FM88.1)	1.1	45.7
16	《人车在线》(14:00~15:00)(周一至周五)	重庆人民广播电台交通频率(FM95.5)	1.1	38.1
19	《娱乐大人物》(16:00~17:00)(周日)	重庆人民广播电台音乐频率(FM88.1)	1.1	37.7
17	《音乐博客》(19:00~20:00)(周一至周五)	重庆人民广播电台音乐频率(FM88.1)	1.1	33.8
18	《驾驶员俱乐部》(10:00~11:00)(周一至周五)	重庆人民广播电台交通频率(FM95.5)	1.1	33.7
15	《音乐风情之旅精编版》(10:00~12:00)(周六日)	重庆人民广播电台音乐频率(FM88.1)	1.1	32.9
21	《咖啡时光》(泥耳)(14:00~15:30)(周一至周五)	重庆人民广播电台音乐频率(FM88.1)	1.0	34.9
22	《一路放轻松》(16:00~17:00)	重庆人民广播电台交通频率(FM95.5)	0.9	37.6
23	《福彩嗨翻下班路》(18:30~19:00)	重庆人民广播电台音乐频率(FM88.1)	0.9	23.7
24	《汽车音乐时间》(17:00~18:30)(周一至周五)	重庆人民广播电台音乐频率(FM88.1)	0.9	22.0
26	《爵士星空》(21:00~22:00)(周六日)	重庆人民广播电台音乐频率(FM88.1)	0.8	38.8
25	《音乐风情之旅》(10:00~12:00)(周一至周五)	重庆人民广播电台音乐频率(FM88.1)	0.8	33.5
27	《姐姐的音乐书吧》(15:30~16:00)(周一至周五)	重庆人民广播电台音乐频率(FM88.1)	0.8	29.4
28	《汽车世界》(15:00~16:00)(周一至周五)	重庆人民广播电台交通频率(FM95.5)	0.8	28.8
29	《边听边看》(重播)(15:00~16:00)(周六日)	重庆人民广播电台重庆之声(FM96.8/AM1314)	0.8	16.6
30	《路长情更长》(11:00~12:00)	重庆人民广播电台交通频率(FM95.5)	0.7	39.4

四 广州收听数据

表 4.4.1 2019～2021 年广州各目标听众人均收听时间

单位：分钟

目标听众		2019 年	2020 年	2021 年
15 岁及以上所有人		68	73	73
性别	男	72	78	75
	女	62	66	71
	15～24 岁	49	50	52
	25～34 岁	40	38	46
	35～44 岁	54	58	57
	45～54 岁	87	87	82
	55～64 岁	135	151	138
	65 岁及以上	148	141	135
受教育程度	未受过正规教育	*	*	*
	小学	130	123	120
	初中	118	115	119
	高中	87	103	98
	大学及以上	49	48	51
职业	干部/管理人员	41	53	56
	初级公务员/雇员	49	49	49
	个体/私营企业人员	68	75	70
	工人	78	80	79
	学生	43	47	59
	无业（包括退休人员）	130	130	126
	其他	*	*	*
个人月收入	没有收入	48	46	68
	1～2000 元	104	*	107
	2001～3000 元	76	102	83
	3001～4000 元	95	90	85
	4001～5000 元	71	87	87
	5001～6000 元	67	69	78
	6001 元及以上	50	56	56

注：广州为全年连续调查城市；“*”表示该目标听众样本量不足，无法进行统计推断。

表 4.4.2　2019～2021 年广州听众在不同地点的人均收听时间

单位：分钟

地点	2019 年	2020 年	2021 年
在家	22	33	32
车上	23	20	24
工作/学习场所	12	9	7
其他场所	10	11	10

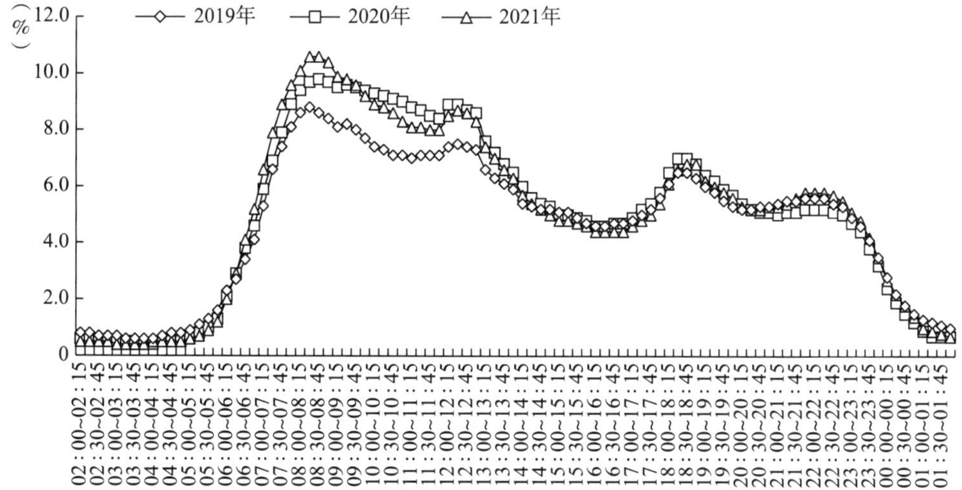

图 4.4.1　2019～2021 年广州听众全天收听率走势

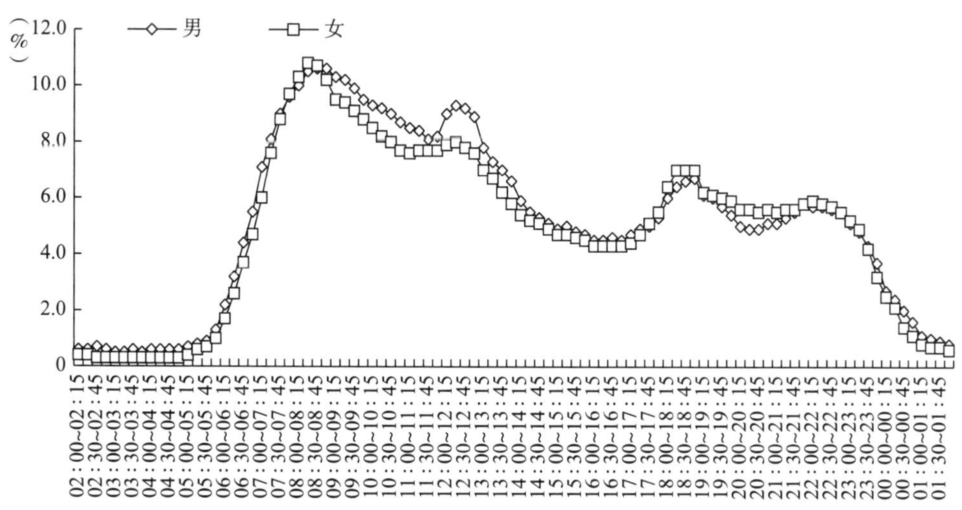

图 4.4.2　2021 年广州不同性别听众全天收听率走势

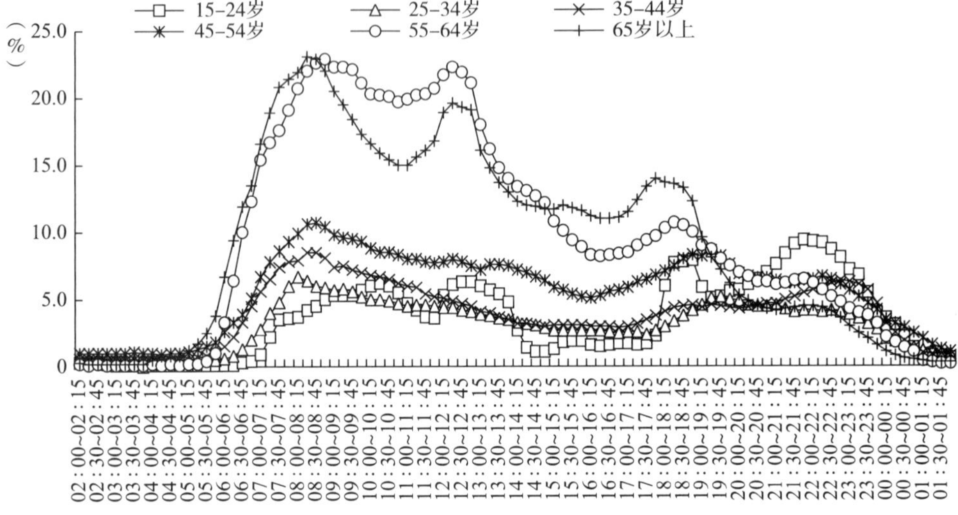

图 4.4.3　2021 年广州不同年龄听众全天收听率走势

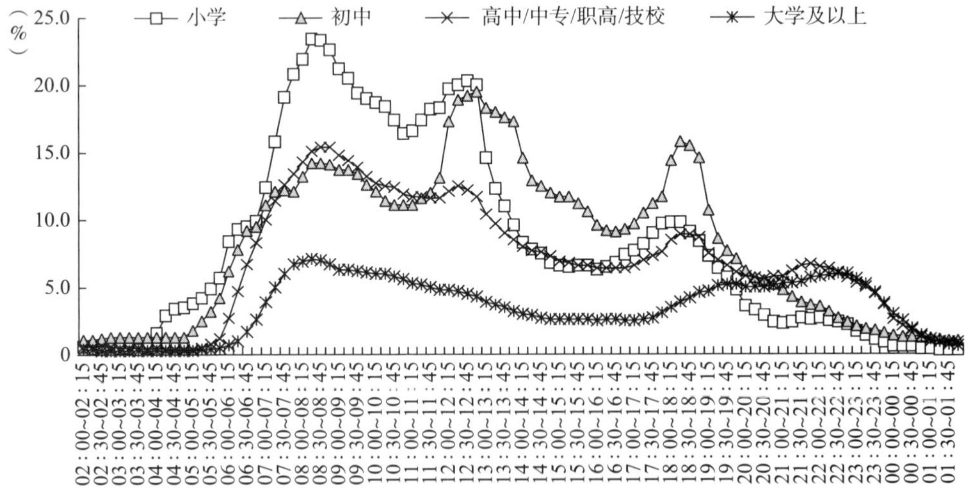

图 4.4.4　2021 年广州不同文化程度听众全天收听率走势

说明：＊表示目标听众样本量不足，无法进行统计推断。

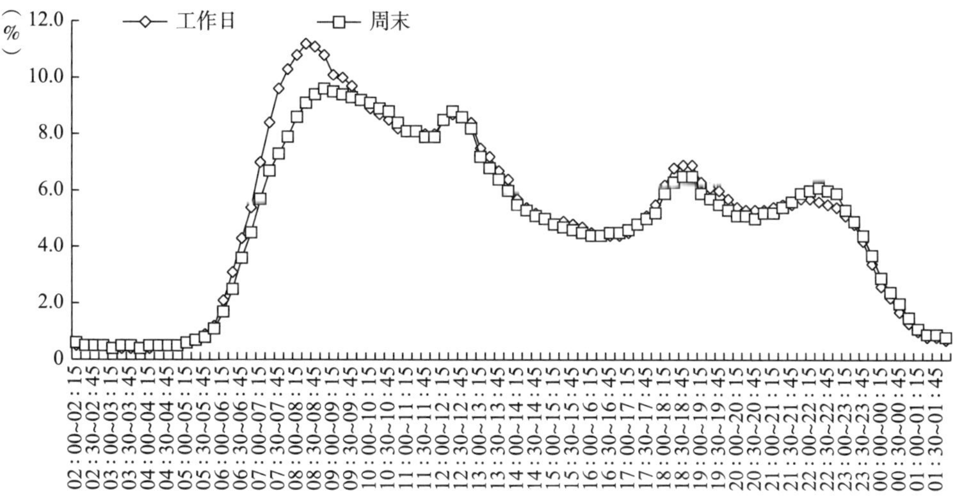

图 4.4.5　2021 年广州听众工作日与周末全天收听率走势

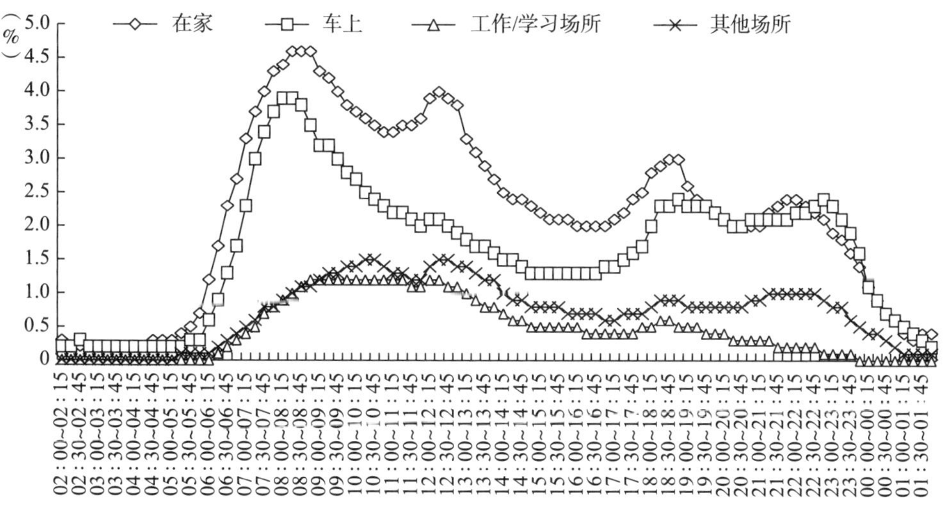

图 4.4.6　2021 年广州听众在不同收听地点全天收听率走势

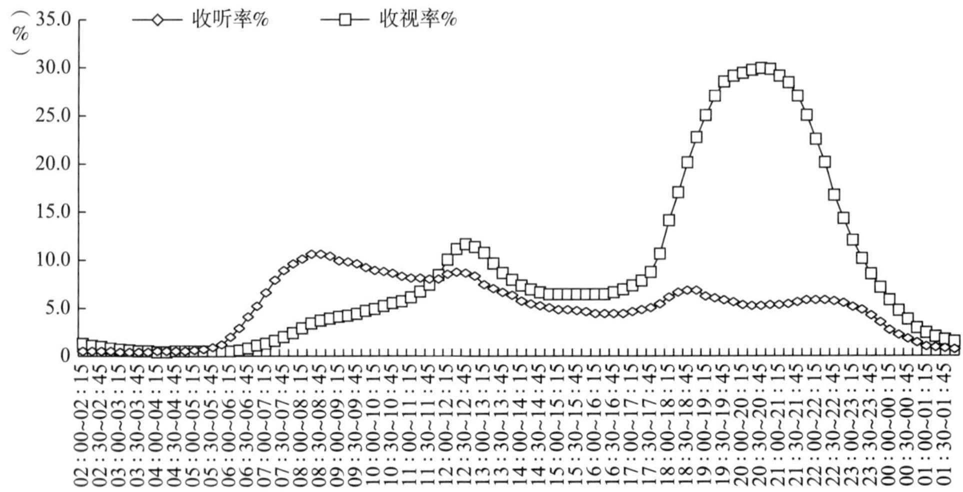

图 4.4.7　2021 年广州受众全天收听率、收视率走势比较（目标受众为 15 岁及以上所有人）

表 4.4.3　2021 年广州市场听众构成

单位：%

目标听众		听众构成
15 岁及以上所有人		100.0
性别	男	58.8
	女	41.2
	15～24 岁	9.9
	25～34 岁	16.9
	35～44 岁	20.6
	45～54 岁	11.8
	55～64 岁	18.8
	65 岁及以上	22.0
受教育程度	未受过正规教育	*
	小学	3.9
	初中	14.0
	高中	42.0
	大学及以上	40.1
职业	干部/管理人员	4.8
	初级公务员/雇员	27.0
	个体/私营企业人员	5.9
	工人	21.4
	学生	6.1
	无业（包括退休人员）	34.8
	其他	*

续表

目标听众		听众构成
个人月收入	没有收入	7.6
	1～2000 元	1.8
	2001～3000 元	9.3
	3001～4000 元	20.2
	4001～5000 元	18.1
	5001～6000 元	17.3
	6001 元及以上	25.7

注："*"表示该目标听众样本量不足，无法进行统计推断。

表 4.4.4　2019～2021 年广州市场各广播电台的市场份额

单位：%

广播电台	2019 年	2020 年	2021 年
中央广播电视总台	6.7	5.8	7.1
广东广播电视台	58.5	60.6	58.1
广州广播电视台	33.7	32.6	33.9
佛山人民广播电台	1.1	1.0	0.9

表 4.4.5　2021 年广州市场各广播电台在不同目标听众中的市场份额

单位：%

目标听众		中央广播电视总台	广东广播电视台	广州广播电视台	佛山人民广播电台
15 岁及以上所有人		7.1	58.1	33.9	0.9
性别	男	8.1	56.1	35.0	0.8
	女	5.6	61.1	32.3	1.0
	15～24 岁	7.7	46.1	45.9	0.3
	25～34 岁	6.6	62.2	30.2	1.0
	35～44 岁	5.6	58.2	35.0	1.2
	45～54 岁	9.6	58.5	31.3	0.6
	55～64 岁	2.4	59.7	37.5	0.4
	65 岁及以上	11.2	58.8	28.6	1.4
受教育程度	未受过正规教育	*	*	*	*
	小学	7.2	83.2	8.4	1.2
	初中	2.0	56.5	39.9	1.6
	高中	9.2	54.9	35.4	0.5
	大学及以上	6.7	59.6	32.8	0.9

续表

目标听众		中央广播电视总台	广东广播电视台	广州广播电视台	佛山人民广播电台
职业	干部/管理人员	3.2	68.9	27.2	0.7
	初级公务员/雇员	7.1	59.4	33.2	0.3
	个体/私营企业人员	4.9	64.1	30.6	0.4
	工人	6.1	54.8	38.1	1.0
	学生	10.0	34	55.5	0.5
	无业（包括退休人员）	8.0	60.9	29.6	1.5
	其他	*	*	*	*
个人月收入	没有收入	8.2	38.1	51.6	2.1
	1～2000 元	4.2	68.1	27.6	0.1
	2001～3000 元	1.9	67.9	28.4	1.8
	3001～4000 元	5.9	60.5	32.2	1.4
	4001～5000 元	9.3	55.9	34.0	0.8
	5001～6000 元	6.9	61.1	31.8	0.2
	6001 元及以上	8.3	57.3	34.0	0.4

注："*"表示该目标听众样本量不足，无法进行统计推断。

表 4.4.6　2021 年广州市场份额排名前 5 的频率

单位：%

排名	频率	市场份额
1	广东广播电视台羊城交通广播台（FM105.2）	21.4
2	广东广播电视台珠江经济广播电台（E FM 财富 974）	16.1
3	广州市广播电视台经济交通广播（FM106.1/AM1098）	11.8
4	广州市广播电视台新闻资讯广播（FM96.2）	10.5
5	广州市广播电视台青少年广播（FM88.0/AM1170）	7.6

表 4.4.7　2021 年广州市场收听率排名前 30 的节目

单位：%

排名	节目名称	播出频率	收听率	市场份额
1	《小说连播》（12 点）	广东广播电视台珠江经济广播电台（E FM 财富 974）	2.5	29.2
2	《朝朝早　精神好》	广东广播电视台羊城交通广播台（FM105.2）	2.5	23.5
3	《大吉利车队》（9 点）	广东广播电视台羊城交通广播台（FM105.2）	2.4	24.1
4	《宝宝私家车》	广东广播电视台羊城交通广播台（FM105.2）	2.3	24.8
5	《全国汽车音乐榜》	广东广播电视台羊城交通广播台（FM105.2）	2.2	24.3
6	《欢笑出行》（大吉利车队重播）	广东广播电视台羊城交通广播台（FM105.2）	2.1	28.4

续表

排名	节目名称	播出频率	收听率	市场份额
7	《早安，亲爱的》	广东广播电视台羊城交通广播台（FM105.2）	2.1	27.4
8	《珠江第一线》	广东广播电视台珠江经济广播电台（E　FM 财富 974）	2.1	19.7
9	《财富风云录》	广东广播电视台珠江经济广播电台（E　FM 财富 974）	2.0	19.0
10	《随心出发/1052 航班》	广东广播电视台羊城交通广播台（FM105.2）	1.9	22.6
11	《律师说法》	广东广播电视台羊城交通广播台（FM105.2）	1.8	22.0
12	《奇迹唱片店》	广东广播电视台珠江经济广播电台（E　FM 财富 974）	1.6	22.2
13	《黄缨热线》	广东广播电视台珠江经济广播电台（E　FM 财富 974）	1.6	21.5
14	《有车有得挥》	广东广播电视台羊城交通广播台（FM105.2）	1.6	19.9
15	《财经第一线》	广东广播电视台珠江经济广播电台（E　FM 财富 974）	1.5	18.2
16	《旗开得胜》	广东广播电视台珠江经济广播电台（E　FM 财富 974）	1.5	18.1
17	《财富风云录》（粤语版）	广东广播电视台珠江经济广播电台（E　FM 财富 974）	1.5	17.8
18	《超级无敌汽车人》	广东广播电视台珠江经济广播电台（E　FM 财富 974）	1.5	15.9
19	《974　双子星》	广东广播电视台珠江经济广播电台（E　FM 财富 974）	1.5	15.2
20	《我要去旅行》	广东广播电视台珠江经济广播电台（E　FM 财富 974）	1.4	20.6
21	《刘颖讲财》	广东广播电视台珠江经济广播电台（E　FM 财富 974）	1.4	20.5
22	《生活大广场》	广东广播电视台珠江经济广播电台（E　FM 财富 974）	1.4	17.3
23	《你好，铲屎官》	广东广播电视台珠江经济广播电台（E　FM 财富 974）	1.4	16.9
24	《厨王驾到》	广东广播电视台珠江经济广播电台（E　FM 财富 974）	1.4	15.6
24	《一听即发》	广东广播电视台珠江经济广播电台（E　FM 财富 974）	1.4	15.0
26	《打开车窗说亮话》	广东广播电视台羊城交通广播台（FM105.2）	1.3	26.6
27	《一些事一些情》	广东广播电视台珠江经济广播电台（E　FM 财富 974）	1.3	21.6
28	《我们的主题曲》（13 点）	广东广播电视台珠江经济广播电台（E　FM 财富 974）	1.3	18.8

续表

排名	节目名称	播出频率	收听率	市场份额
29	《我们的主题曲》（9点半）	广东广播电视台珠江经济广播电台（E FM 财富974）	1.3	17.0
30	《1052卧谈会》	广东广播电视台羊城交通广播台（FM105.2）	1.2	22.4

五　杭州收听数据

表 4.5.1　2019～2021 年杭州各目标听众人均收听时间

单位：分钟

目标听众		2019 年	2020 年	2021 年
10 岁及以上所有人		36	32	34
性别	男	41	35	36
	女	31	28	32
年龄	10～14 岁	10	6	5
	15～24 岁	29	21	22
	25～34 岁	42	37	39
	35～44 岁	40	33	37
	45～54 岁	32	31	35
	55～64 岁	45	45	45
	65 岁及以上	43	37	45
受教育程度	未受过正规教育	6	4	6
	小学	23	18	19
	初中	37	33	32
	高中	40	34	36
	大学及以上	40	34	39
职业	干部/管理人员	38	34	38
	初级公务员/雇员	39	33	36
	个体/私营企业人员	37	35	37
	工人	41	37	41
	学生	21	15	13
	无业（包括退休人员）	41	38	43
	其他	28	23	21
个人月收入	没有收入	22	17	17
	1～2000 元	25	16	11
	2001～3000 元	24	27	26
	3001～4000 元	43	41	46
	4001～5000 元	45	35	35
	5001～6000 元	46	41	47
	6001 元及以上	40	37	40

注：杭州为全年连续调查城市。

表 4.5.2　2019～2021 年杭州听众在不同地点的人均收听时间

单位：分钟

地点	2019 年	2020 年	2021 年
在家	13	12	11
车上	21	18	21
工作/学习场所	1	1	1
其他场所	1	1	1

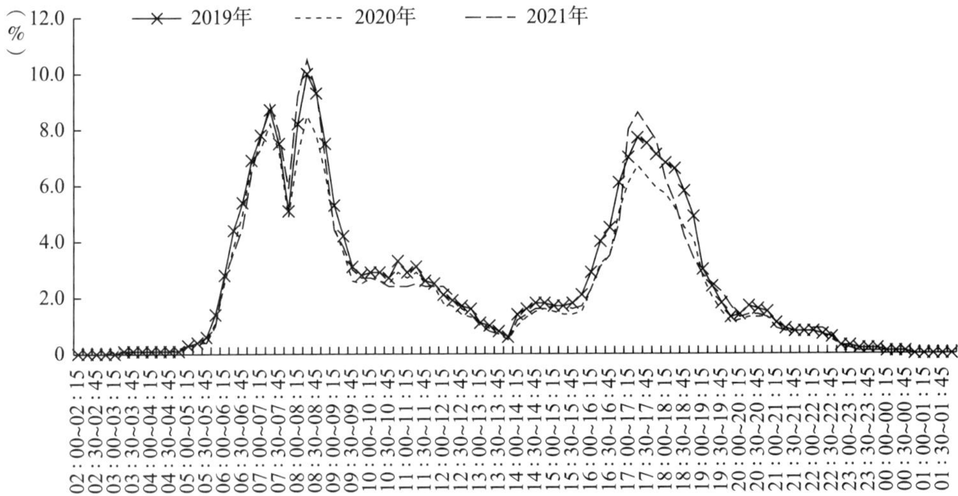

图 4.5.1　2019～2021 年杭州听众全天收听率走势

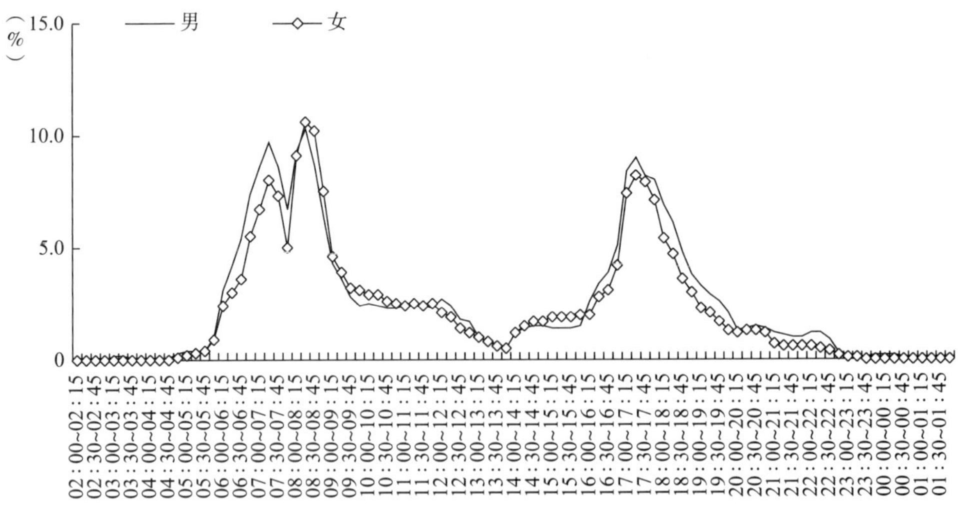

图 4.5.2　2021 年杭州不同性别听众全天收听率走势

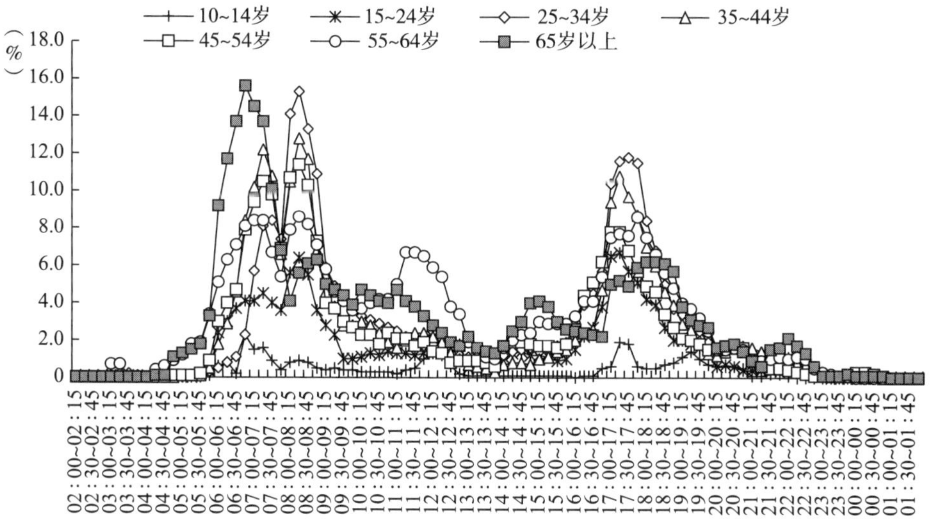

图 4.5.3　2021 年杭州不同年龄听众全天收听率走势

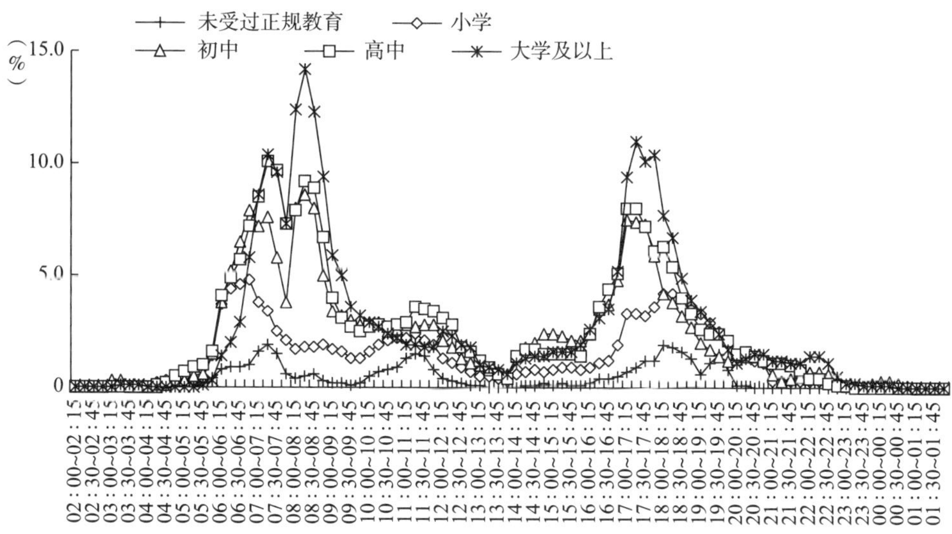

图 4.5.4　2021 年杭州不同文化程度听众全天收听率走势

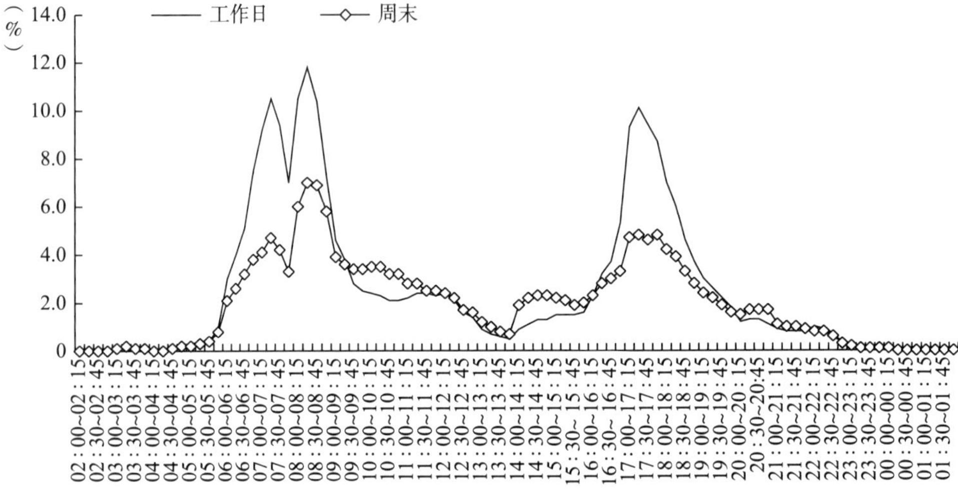

图 4.5.5　2021 年杭州听众工作日与周末全天收听率走势

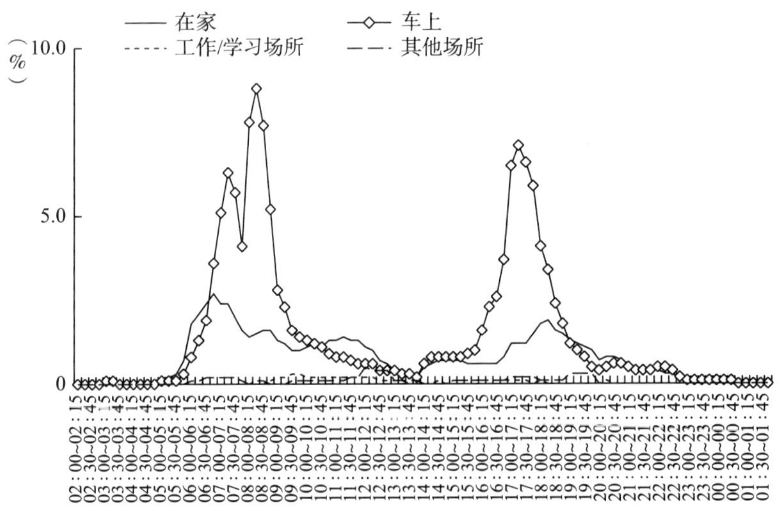

图 4.5.6　2021 年杭州听众在不同收听地点全天收听率走势

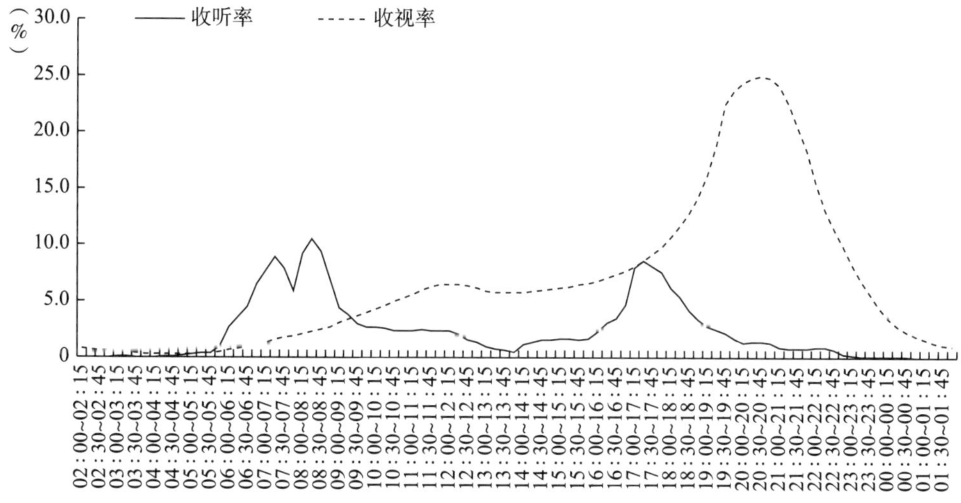

图 4.5.7　2021 年杭州受众全天收听率、收视率走势比较（目标受众为 10 岁及以上所有人）

表 4.5.3　2021 年杭州市场听众构成

单位：%

目标听众		听众构成
10 岁及以上所有人		100.0
性别	男	54.5
	女	45.5
年龄	10～14 岁	0.5
	15～24 岁	13.4
	25～34 岁	24.7
	35～44 岁	21.6
	45～54 岁	16.0
	55～64 岁	13.4
	65 岁及以上	10.4
受教育程度	未受过正规教育	0.2
	小学	5.0
	初中	23.2
	高中	22.2
	大学及以上	49.4
职业	干部/管理人员	7.8
	初级公务员/雇员	33.9
	个体/私营企业人员	13.2
	工人	16.2
	学生	5.4
	无业（包括退休人员）	22.4
	其他	1.1

续表

目标听众		听众构成
个人月收入	没有收入	9.6
	1～2000元	0.6
	2001～3000元	4.7
	3001～4000元	12.7
	4001～5000元	16.4
	5001～6000元	19.2
	6001元及以上	36.8

表4.5.4　2019～2021年杭州市场各广播电台的市场份额

单位：%

广播电台	2019年	2020年	2021年
中央广播电视总台	7.5	8.4	7.7
浙江广播电视集团	38.4	35.6	40.1
杭州文化广播电视集团	44.4	48.2	47.6
其他广播电台	9.7	7.8	4.6

表4.5.5　2021年杭州市场各广播电台在不同目标听众中的市场份额

单位：%

目标听众		中央广播电视总台	浙江广播电视集团	杭州文化广播电视集团	其他广播电台
10岁及以上所有人		7.7	40.1	47.6	4.6
性别	男	7.1	38.0	50.8	4.1
	女	8.3	42.6	43.8	5.3
年龄	10～14岁	4.0	47.9	45.6	2.5
	15～24岁	5.7	51.3	38.9	4.1
	25～34岁	5.6	41.2	48.6	4.6
	35～44岁	6.4	47.3	44.0	2.3
	45～54岁	9.2	35.2	48.1	7.5
	55～64岁	9.2	29.3	55.1	6.4
	65岁及以上	13.5	29.2	53.7	3.6
受教育程度	未受过正规教育	4.2	19.3	10.8	65.7
	小学	21.1	29.4	33.5	16.0
	初中	9.4	29.6	56.0	5.0
	高中	7.6	39.3	47.6	5.5
	大学及以上	5.4	46.5	45.3	2.8

续表

目标听众		中央广播电视总台	浙江广播电视集团	杭州文化广播电视集团	其他广播电台
职业	干部/管理人员	1.2	75.2	22.9	0.7
	初级公务员/雇员	5.9	35.6	54.5	4.0
	个体/私营企业人员	11.6	37.6	44.9	5.9
	工人	8.3	45.7	37.5	8.5
	学生	3.6	47.3	44.0	5.1
	无业（包括退休人员）	10.9	29.9	55.7	3.5
	其他	3.5	46.2	47.7	2.6
个人月收入	没有收入	7.3	43.2	44.3	5.2
	1～2000 元	15.4	40.8	15.9	27.9
	2001～3000 元	11.7	22.7	49.2	16.4
	3001～4000 元	11.7	31.7	50.9	5.7
	4001～5000 元	7.4	27.3	58.7	6.6
	5001～6000 元	5.1	52.1	39.9	2.9
	6001 元及以上	7.0	43.9	46.7	2.4

表 4.5.6　2021 年杭州市场份额排名前 5 的频率

单位：%

排名	频率	市场份额
1	杭州交通经济广播（FM91.8）	26.9
2	浙江之声（FM88/FM101.6/AM810）	12.2
3	浙江私家车 107 城市之声（FM107）	10.9
4	杭州西湖之声（FM105.4）	10.1
5	动听 968 音乐调频（FM96.8）	8.1

表 4.5.7　2021 年杭州市场收听率排名前 30 的节目

单位：%

排名	节目名称	播出频率	收听率	市场份额
1	《我和 E 哥有话说 + 争锋相对》	杭州交通经济广播（FM91.8）	3.2	32.5
2	《我们就爱吃》	杭州交通经济广播（FM91.8）	2.6	34.2
3	《领先早高峰前峰》	杭州交通经济广播（FM91.8）	2.0	25.1
4	《领先早高峰后峰》	杭州交通经济广播（FM91.8）	1.6	29.7
5	《惊喜躲不开》	杭州交通经济广播（FM91.8）	1.3	25.1
6	《方雨大搜索》	浙江之声（FM88/FM101.6/AM810）	1.2	11.5
7	《浙广早新闻》	浙江之声（FM88/FM101.6/AM810）	1.1	14.0

续表

排名	节目名称	播出频率	收听率	市场份额
8	《1054 早班车》（07:00）	杭州西湖之声（FM105.4）	1.0	11.4
9	《快活晚高峰》（周末版）（16:30）	杭州交通经济广播（FM91.8）	0.9	23.0
10	《一路领先》（08:30）	杭州交通经济广播（FM91.8）	0.9	21.9
11	《天天听世界》（06:30）	杭州交通经济广播（FM91.8）	0.9	21.0
12	《领先一路晚高峰》	浙江之声（FM88/FM101.6/AM810）	0.9	9.8
13	《深度点击》	杭州交通经济广播（FM91.8）	0.8	31.3
14	《私家车上班路上》	浙江私家车 107 城市之声（FM107）	0.8	10.9
15	《我的汽车有话说》（11:00）	杭州交通经济广播（FM91.8）	0.7	28.4
16	《重播节目剪辑》	杭州西湖之声（FM105.4）	0.7	13.4
17	转播中国之声《新闻和报纸摘要》	浙江之声（FM88/FM101.6/AM810）	0.7	12.2
18	《乘着歌声的翅膀》	杭州西湖之声（FM105.4）	0.7	10.2
19	《乐听乐动听》	动听 968 音乐调频（FM96.8）	0.7	7.7
20	《我的汽车有话说重播》	杭州交通经济广播（FM91.8）	0.6	25.4
21	《我们就爱玩》	杭州交通经济广播（FM91.8）	0.6	22.5
22	《方雨朋友圈》	浙江之声（FM88/FM101.6/AM810）	0.6	17.4
23	《城市报话机》（06:00）	杭州西湖之声（FM105.4）	0.6	16.2
24	《杭州有意见》（18:00）	杭州西湖之声（FM105.4）	0.6	10.9
25	《浙江新闻联播》	浙江之声（FM88/FM101.6/AM810）	0.6	10.2
26	《娱乐大爆炸》（精华版）	浙江私家车 107 城市之声（FM107）	0.6	9.6
27	《陶乐　慕容加速度》（08:00）	杭州西湖之声（FM105.4）	0.6	9.2
28	《主编时间》	杭州交通经济广播（FM91.8）	0.5	19.4
29	《人物周刊》	浙江私家车 107 城市之声（FM107）	0.5	11.6
30	《音乐晨报》	浙江私家车 107 城市之声（FM107）	0.5	10.7

六　哈尔滨收听数据

表 4.6.1　2019 ~ 2021 年哈尔滨各目标听众人均收听时间

单位：分钟

目标听众		2019 年	2020 年	2021 年
10 岁及以上所有人		79	80	70
性别	男	75	77	72
	女	83	83	68
年龄	10 ~ 14 岁	46	48	25
	15 ~ 24 岁	36	42	46
	25 ~ 34 岁	65	69	64
	35 ~ 44 岁	89	82	74
	45 ~ 54 岁	87	84	81
	55 ~ 64 岁	102	98	77
	65 岁及以上	125	122	109
受教育程度	未受过正规教育	*	*	*
	小学	92	85	76
	初中	84	87	68
	高中	80	82	76
	大学及以上	70	68	64
职业	干部/管理人员	60	48	94
	初级公务员/雇员	87	84	66
	个体/私营企业人员	75	78	68
	工人	77	70	75
	学生	32	36	37
	无业（包括退休人员）	106	109	89
	其他	59	112	81
个人月收入	没有收入	41	46	47
	1 ~ 2000 元	70	67	67
	2001 ~ 3000 元	95	99	74
	3001 ~ 4000 元	84	87	75
	4001 ~ 5000 元	79	69	86
	5001 ~ 6000 元	104	96	105
	6001 元及以上	81	50	73

注：哈尔滨为全年连续调查城市；“ * ”表示该目标听众样本量不足，无法进行统计推断。

表 4.6.2　2019～2021 年哈尔滨听众在不同地点的人均收听时间

单位：分钟

地点	2019 年	2020 年	2021 年
在家	52	58	47
车上	20	17	19
工作/学习场所	5	5	3
其他场所	1	1	1

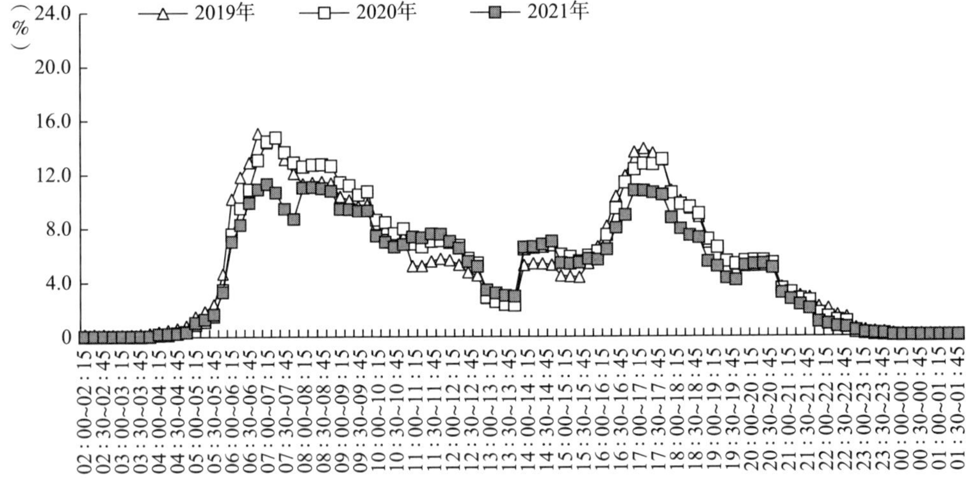

图 4.6.1　2019～2021 年哈尔滨听众全天收听率走势

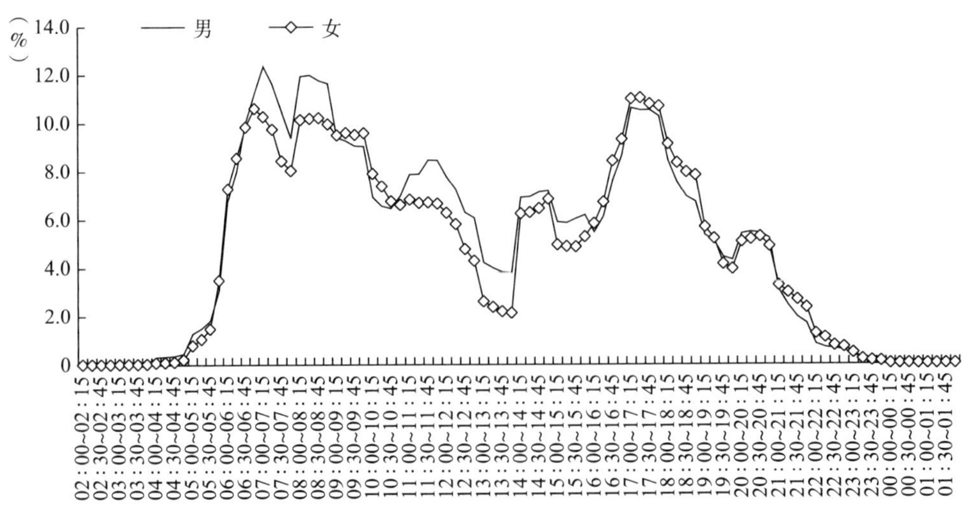

图 4.6.2　2021 年哈尔滨不同性别听众全天收听率走势

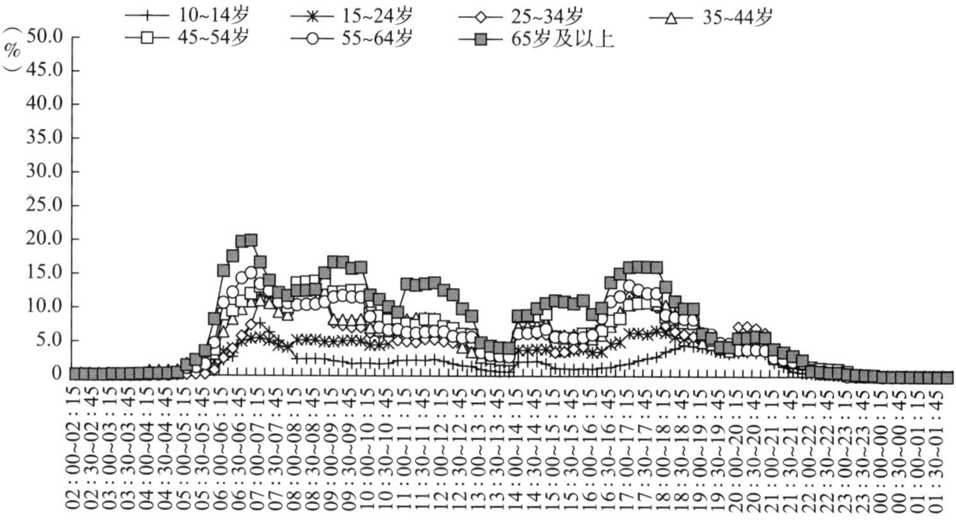

图 4.6.3 2021 年哈尔滨不同年龄听众全天收听率走势

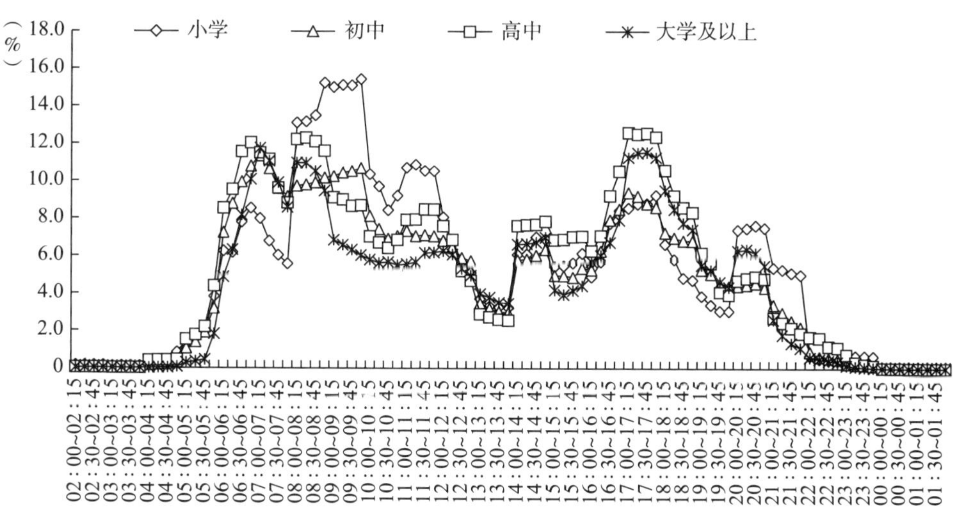

图 4.6.4 2021 年哈尔滨不同文化程度听众全天收听率走势

说明：＊表示目标听众样本量不足，无法进行统计推断。

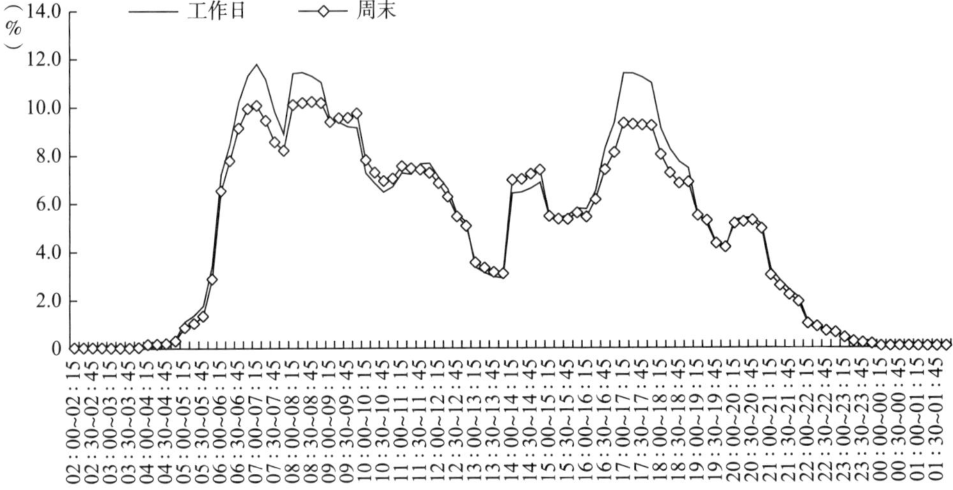

图 4.6.5　2021 年哈尔滨听众工作日与周末全天收听率走势

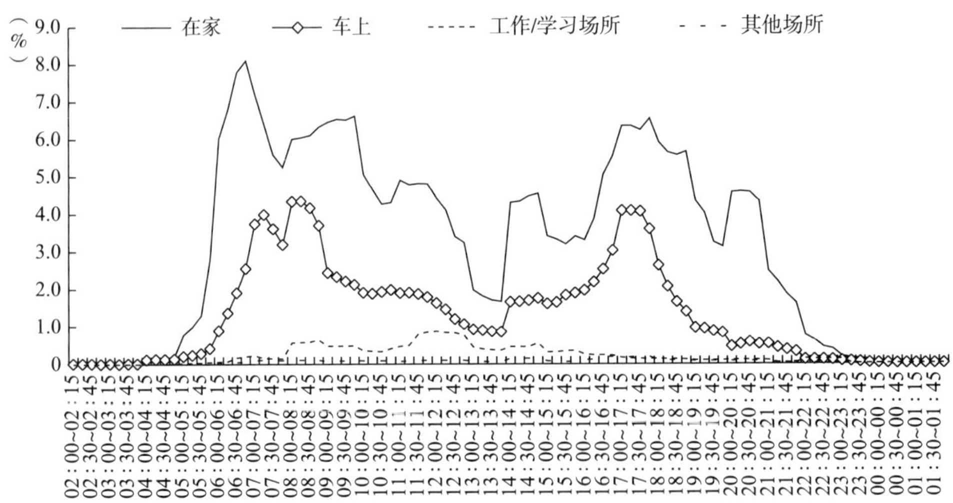

图 4.6.6　2021 年哈尔滨听众在不同收听地点全天收听率走势

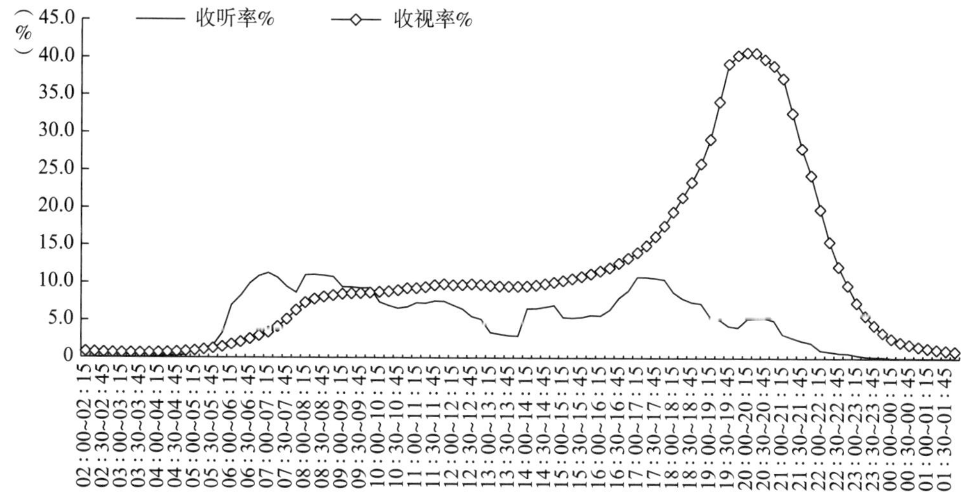

4.6.7　2021 年哈尔滨受众全天收听率、收视率走势比较（目标受众为 10 岁及以上所有人）

表 4.6.3　2021 年哈尔滨市场听众构成

单位：%

目标听众		听众构成
10 岁及以上所有人		100.0
性别	男	51.0
	女	49.0
年龄	10～14 岁	1.3
	15～24 岁	12.1
	25～34 岁	16.2
	35～44 岁	18.8
	45～54 岁	20.6
	55～64 岁	16.1
	65 岁及以上	14.9
受教育程度	未受过正规教育	*
	小学	7.3
	初中	36.2
	高中	34.2
	大学及以上	21.9
职业	干部/管理人员	1.7
	初级公务员/雇员	12.4
	个体/私营企业人员	16.8
	工人	24.8
	学生	8.8
	无业（包括退休人员）	29.2
	其他	6.3

续表

目标听众		听众构成
个人月收入	没有收入	15.1
	1～2000 元	11.0
	2001～3000 元	28.3
	3001～4000 元	22.1
	4001～5000 元	14.8
	5001～6000 元	6.5
	6001 元及以上	2.2

表 4.6.4　2019～2021 年哈尔滨市场各广播电台的市场份额

单位：%

广播电台	2019 年	2020 年	2021 年
中央广播电视总台	2.1	2.9	2.1
黑龙江广播电视台	63.1	62.0	66.4
哈尔滨广播电视台	33.9	34.7	31.1
其他广播电台	0.9	0.4	0.4

表 4.6.5　2021 年哈尔滨市场各广播电台在不同目标听众中的市场份额

单位：%

目标听众		中央广播电视总台	黑龙江广播电视台	哈尔滨广播电视台	其他广播电台
10 岁及以上所有人		2.1	66.4	31.1	0.4
性别	男	1.9	67.4	30.3	0.4
	女	2.2	65.4	32.0	0.4
年龄	10～14 岁	2.9	66.9	29.4	0.8
	15～24 岁	1.7	57.0	40.6	0.7
	25～34 岁	1.1	70.3	28.5	0.1
	35～44 岁	2.2	64.9	32.1	0.8
	45～54 岁	0.9	69.6	29.4	0.1
	55～64 岁	2.9	65.3	31.3	0.5
	65 岁及以上	3.9	68.4	27.4	0.3
受教育程度	未受过正规教育	*	*	*	*
	小学	3.2	72.4	23.4	1.0
	初中	2.5	66.4	30.6	0.5
	高中	1.9	65.8	32.0	0.3
	大学及以上	1.1	65.2	33.4	0.3

续表

目标听众		中央广播电视总台	黑龙江广播电视台	哈尔滨广播电视台	其他广播电台
职业	干部/管理人员	0.7	71.4	27.9	0.0
	初级公务员/雇员	1.3	65.8	32.5	0.4
	个体/私营企业人员	0.3	75.1	24.4	0.2
	工人	2.5	61.2	35.9	0.4
	学生	1.3	63.0	35.1	0.6
	无业（包括退休人员）	2.3	67.6	29.8	0.3
	其他	6.9	63.7	28.1	1.3
个人	没有收入	1.3	70.0	27.9	0.8
	1～2000元	3.1	68.4	27.7	0.8
	2001～3000元	2.9	61.1	35.5	0.5
	3001～4000元	1.7	69.3	28.9	0.1
	4001～5000元	1.5	60.0	38.2	0.3
	5001～6000元	1.0	81.8	17.2	0.0
	6001元及以上	1.1	72.4	26.5	0.0

表4.6.6　2021年哈尔滨市场份额排名前5的频率

单位：%

排名	频率	市场份额
1	黑龙江交通广播（FM99.8）	28.3
2	哈尔滨广播电视台文艺频率（FM98.4）	13.8
3	黑龙江妇女儿童广播（龙广都市女性台）（FM102.1）	11.5
4	黑龙江新闻广播（龙广新闻台）（AM621/FM94.6）	7.7
5	哈尔滨广播电视台交通频率（FM92.5）	7.6

表4.6.7　2021年哈尔滨市场收听率排名前30的节目

单位：%

排名	节目名称	播出频率	收听率	市场份额
1	《直通998》（周二、周五）	黑龙江交通广播（FM99.8）	4.7	43.7
2	《资讯早车》（新闻版）	黑龙江交通广播（FM99.8）	4.3	41.1
3	《叶文有话要说》	黑龙江妇女儿童广播（龙广都市女性台）（FM102.1）	3.8	38.2
4	《资讯早车》（资讯版）	黑龙江交通广播（FM99.8）	3.3	36.2
5	《直通998》（重播）（周二、周五）	黑龙江交通广播（FM99.8）	2.6	26.6
6	《998欢乐派》（周日）	黑龙江交通广播（FM99.8）	2.5	26.8

续表

排名	节目名称	播出频率	收听率	市场份额
7	《一路有你》	黑龙江交通广播（FM99.8）	2.3	25.5
8	《998 汽车时代》	黑龙江交通广播（FM99.8）	2.0	24.9
9	《娱乐二人转》	黑龙江交通广播（FM99.8）	1.7	27.5
10	《婧听十八点》	哈尔滨广播电视台文艺频率（FM98.4）	1.6	22.8
11	《国良说车》	黑龙江交通广播（FM99.8）	1.5	31.1
12	《新闻联播》	黑龙江交通广播（FM99.8）	1.5	27.8
13	《998 大家帮》	黑龙江交通广播（FM99.8）	1.5	22.2
14	《请和我说》	哈尔滨广播电视台文艺频率（FM98.4）	1.5	20.4
15	《一帮到底》（周日、周一）	黑龙江老年少儿广播（龙广爱家频道FM97）	1.5	18.0
16	《天下故事会》	哈尔滨广播电视台文艺频率（FM98.4）	1.5	13.4
17	《哈广购物》	哈尔滨广播电视台文艺频率（FM98.4）	1.5	13.2
18	《998 大讲堂》	黑龙江交通广播（FM99.8）	1.4	18.2
19	《新闻和报纸摘要》（央广）	黑龙江新闻广播（龙广新闻台 AM621/FM94.6）	1.4	13.8
20	《音乐正当午》	黑龙江交通广播（FM99.8）	1.3	25.7
21	《人保车险热线》	黑龙江交通广播（FM99.8）	1.3	18.4
22	《法在身边》	黑龙江老年少儿广播（龙广爱家频道FM97）	1.3	16.8
22	《生活管家》（15:00）	黑龙江妇女儿童广播（龙广都市女性台FM102.1）	1.2	21.3
24	《三味书屋》（11:00）	黑龙江高校广播（FM99.3）	1.2	17.2
25	《新闻早知道》	哈尔滨广播电视台新闻综合频率（AM837/FM90.4）	1.2	15.8
26	《老年学堂》	哈尔滨广播电视台文艺频率（FM98.4）	1.2	12.6
27	《中央人民广播电台》（新闻和报纸摘要）	哈尔滨广播电视台新闻综合频率（AM837/FM90.4）	1.2	11.8
28	《工作队长面对面》（周日）	黑龙江新闻广播（龙广新闻台 AM621/FM94.6）	1.2	11.0
29	《党风政风热线》	黑龙江新闻广播（龙广新闻台 AM621/FM94.6）	1.2	10.8
30	《流行经典》	哈尔滨广播电视台文艺频率（FM98.4）	1.1	17.1

七　合肥收听数据

表 4.7.1　2019～2021 年合肥各目标听众人均收听时间

单位：分钟

目标听众		2019 年	2020 年	2021 年
15 岁及以上所有人		48	51	46
性别	男	51	57	52
	女	44	43	38
年龄	15～24 岁	36	41	38
	25～34 岁	40	41	40
	35～44 岁	46	47	38
	45～54 岁	59	63	56
	55～64 岁	70	74	72
	65 岁及以上	102	107	94
受教育程度	未受过正规教育	*	*	*
	小学	82	79	59
	初中	59	61	52
	高中	51	55	52
	大学及以上	40	43	39
职业	干部/管理人员	*	*	*
	初级公务员/雇员	45	46	44
	个体/私营企业人员	44	51	46
	工人	40	47	42
	学生	40	47	40
	无业（包括退休人员）	71	75	65
	其他	*	*	*
个人月收入	没有收入	47	54	40
	1～2000 元	58	62	55
	2001～3000 元	54	61	62
	3001～4000 元	46	48	49
	4001～5000 元	48	48	46
	5001～6000 元	50	50	39
	6001 元及以上	39	39	39

注：合肥为全年连续调查城市，从 2019 年 1 月 1 日起采用测量仪调查数据；“*”表示目标听众样本量不足，无法进行统计推断。

表 4.7.2　2019～2021 年合肥听众在不同地点的人均收听时间

单位：分钟

地点	2019 年	2020 年	2021 年
家中	17	25	21
车上	21	18	16
工作或学习场所	5	3	3
其他场所	5	5	5

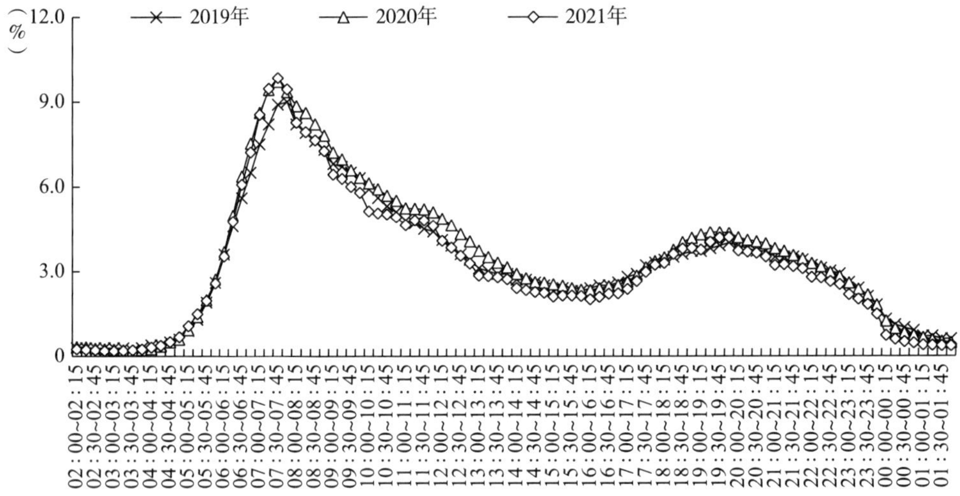

图 4.7.1　2019～2021 年合肥听众全天收听率走势

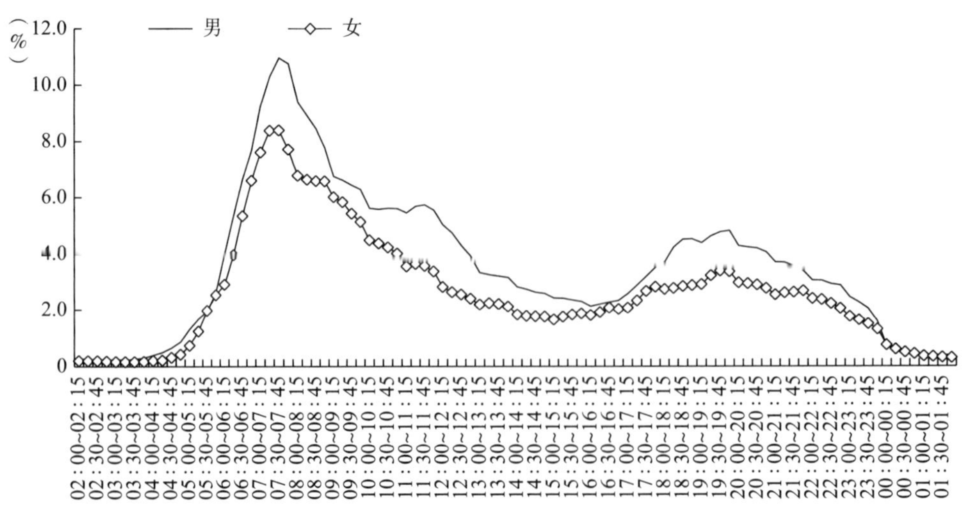

图 4.7.2　2021 年合肥不同性别听众全天收听率走势

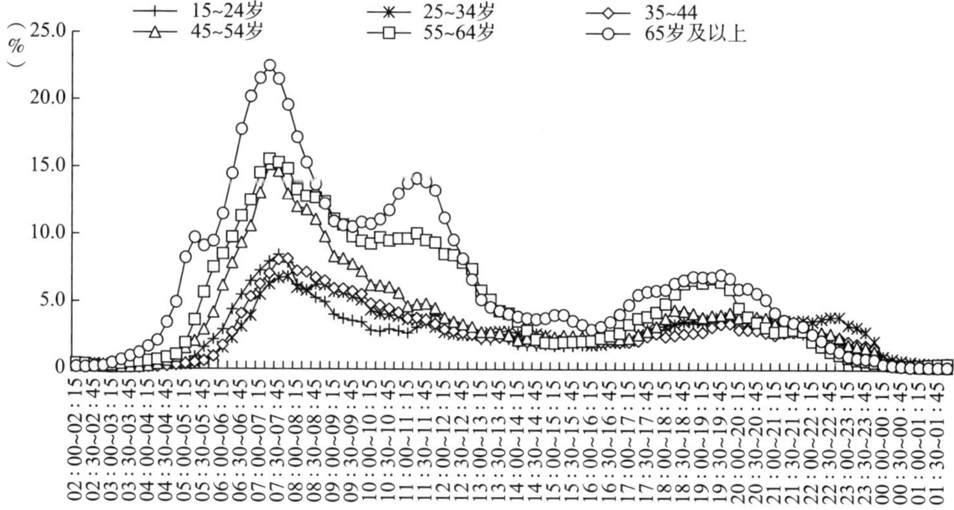

图 4.7.3 2021 年合肥不同年龄听众全天收听率走势

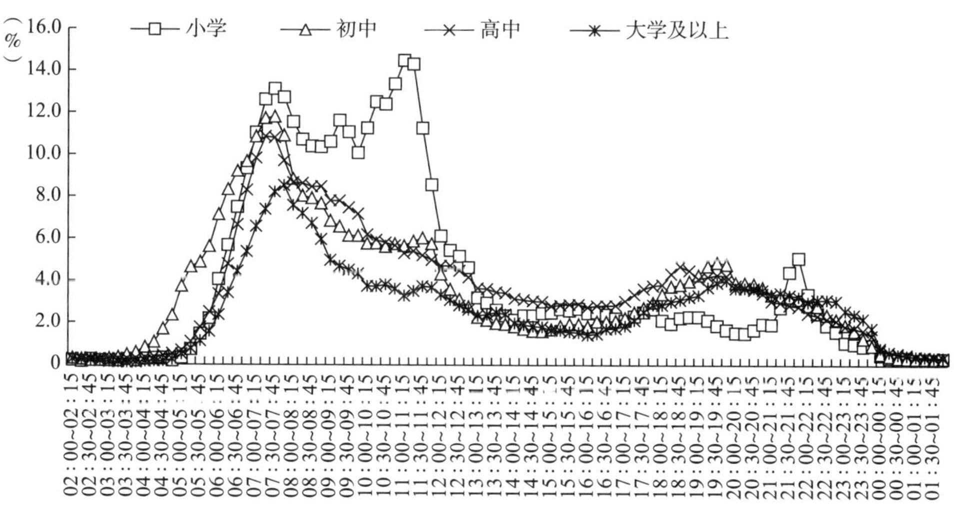

图 4.7.4 2021 年合肥不同文化程度听众全天收听率走势

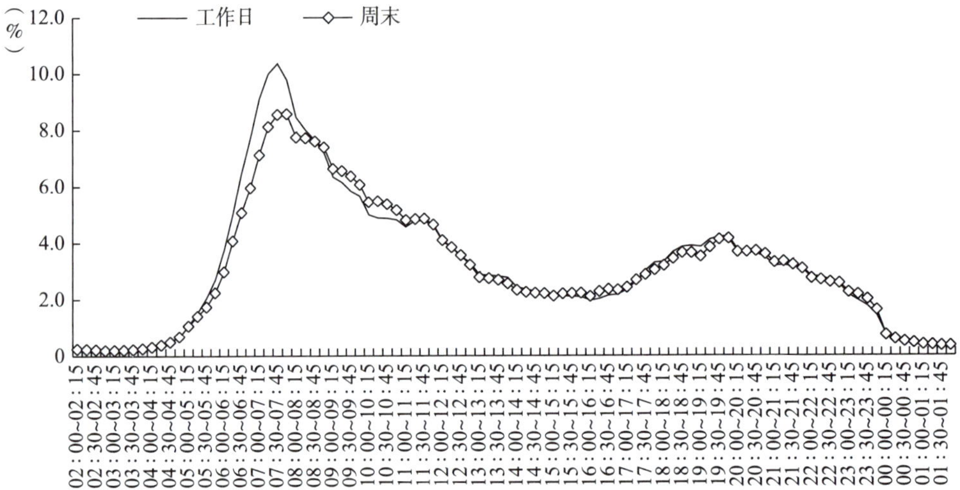

图 4.7.5　2021 年合肥听众工作日与周末全天收听率走势

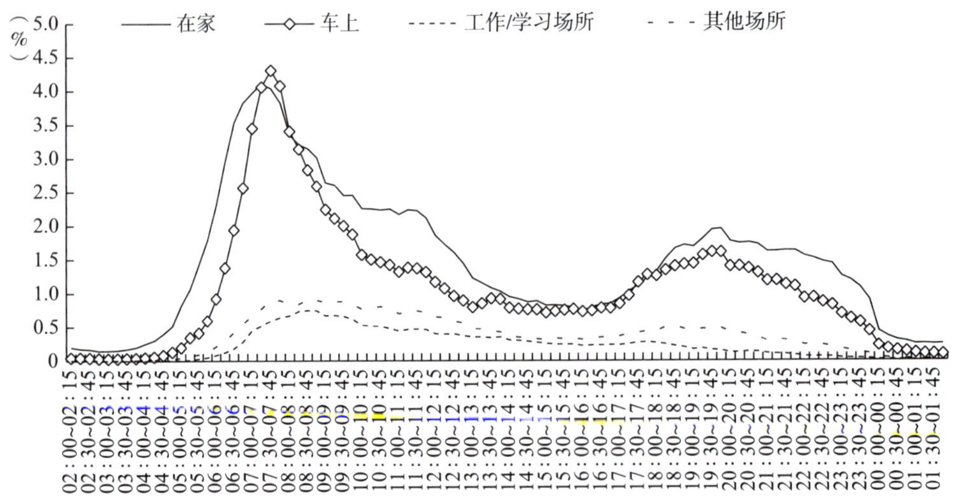

图 4.7.6　2021 年合肥听众在不同收听地点全天收听率走势

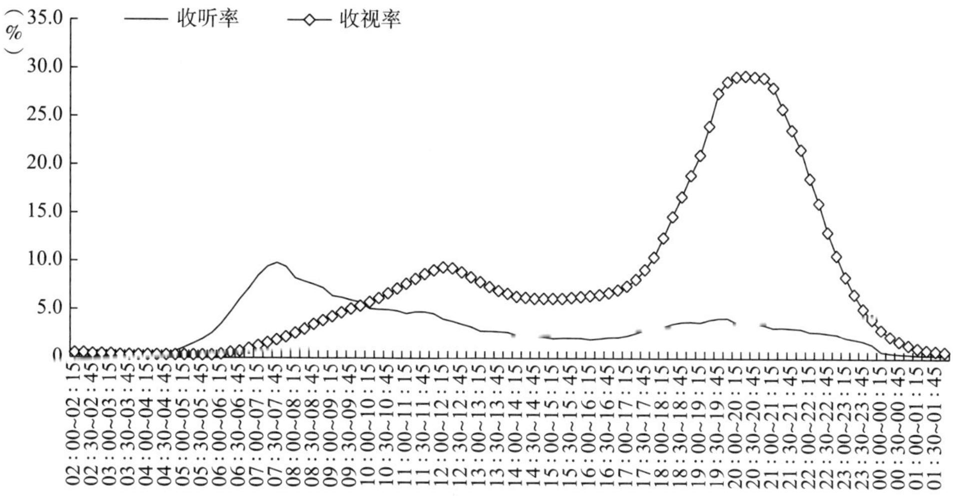

图 4.7.7　2021 年合肥受众全天收听率、收视率走势比较（目标受众为 15 岁及以上所有人）

表 4.7.3　2021 年合肥市场听众构成

单位：%

目标听众		听众构成
15 岁及以上所有人		100.0
性别	男	63.9
	女	36.1
年龄	15～24 岁	18.4
	25～34 岁	23.2
	35～44 岁	22.1
	45～54 岁	12.7
	55～64 岁	12.2
	65 岁及以上	11.4
受教育程度	未受过正规教育	*
	小学	2.4
	初中	18.0
	高中	41.3
	大学及以上	38.3
职业	干部/管理人员	*
	初级公务员/雇员	45.5
	个体/私营企业人员	16.5
	工人	5.7
	学生	15.2
	无业（包括退休人员）	17.1
	其他	*

续表

目标听众		听众构成
个人月收入	没有收入	19. 1
	1～2000 元	1. 6
	2001～3000 元	15. 1
	3001～4000 元	24. 7
	4001～5000 元	20. 3
	5001～6000 元	11. 2
	6001 元及以上	8. 0

注：“＊”表示目标听众样本量不足，无法进行统计推断。

表 4. 7. 4　2019～2021 年合肥市场各广播电台的市场份额

单位：%

广播电台	2019 年	2020 年	2021 年
中央广播电视总台	20. 6	19. 9	22. 7
安徽广播电视台	68. 6	68. 9	52. 5
合肥广播电视台	10. 8	11. 2	24. 8

注：合肥为全年连续调查城市，从 2019 年 1 月 1 日起采用测量仪调查数据；“其他频率”不再纳入监测范围。

表 4. 7. 5　2021 年合肥市场各广播电台在不同目标听众中的市场份额

单位：%

目标听众		中央人民广播电台	安徽广播电视台	合肥广播电视台
15 岁及以上所有人		22. 7	52. 5	24. 8
性别	男	24. 9	52. 4	22. 7
	女	18. 6	52. 7	28. 6
年龄	15～24 岁	28. 5	52. 6	18. 9
	25～34 岁	18. 5	54. 7	26. 8
	35～44 岁	19. 7	59. 8	20. 6
	45～54 岁	22. 5	50. 7	26. 8
	55～64 岁	25. 3	46. 1	28. 6
	65 岁及以上	24. 9	42. 9	32. 2
受教育程度	未受过正规教育	*	*	*
	小学	9. 0	61. 4	29. 6
	初中	20. 3	49. 3	30. 4
	高中	21. 1	53. 3	25. 6
	大学及以上	26. 4	52. 6	21. 0

续表

目标听众		中央人民广播电台	安徽广播电视台	合肥广播电视台
职业类别	干部/管理人员	*	*	*
	初级公务员/雇员	25.6	49.7	24.7
	个体/私营企业人员	14.1	59.0	26.9
	工人	18.1	66.2	15.7
	学生	29.7	52.1	18.2
	无业（包括退休人员）	18.6	49.4	32.0
	其他	*	*	*
个人月收入	没有收入	25.6	55.3	19.2
	1～2000 元	8.3	34.4	57.3
	2001～3000 元	18.3	57.7	23.9
	3001～4000 元	25.2	48.6	26.1
	4001～5000 元	26.9	47.6	25.5
	5001～6000 元	12.8	60.0	27.1
	6001 元及以上	23.5	50.1	26.4

注：“＊”表示目标听众样本量不足，无法进行统计推断。

表 4.7.6　2021 年合肥市场份额排名前 5 的频率

单位：%

排名	频率名称	市场份额
1	安徽交通广播	15.5
2	中央人民广播电台第一套节目中国之声	14.1
3	安徽音乐广播（FM89.5）	13.1
4	安徽生活广播	8.2
5	合肥故事广播（FM98.8/AM1170）	7.8

表 4.7.7　2021 年合肥市场收听率排名前 30 的节目

单位：%

排名	节目名称	播出频率	收听率	市场份额
1	《新闻和报纸摘要》	中央人民广播电台第一套节目中国之声	1.5	23.0
2	《新闻周末特刊》	安徽交通广播	1.5	20.0
3	《新闻纵横》	中央人民广播电台第一套节目中国之声	1.4	15.9
4	《新闻直通车》	安徽交通广播	1.4	15.3
5	《环球任我行》	安徽交通广播	1.3	20.2
6	《快乐出发》	安徽交通广播	1.2	20.4
7	《车友开心点》	安徽交通广播	1.2	20.3

续表

排名	节目名称	播出频率	收听率	市场份额
8	《国防时空》	中央人民广播电台第一套节目中国之声	1.1	24.5
9	《音乐晨飞扬》	安徽音乐广播（FM89.5）	1.1	12.3
10	《听说很好》	安徽交通广播	0.8	17.5
11	《全省新闻联播》	安徽新闻综合广播（安徽之声 AM936/FM103.6）	0.8	8.4
12	《全国新闻联播》	中央人民广播电台第一套节目中国之声	0.7	19.4
13	《全国新闻联播》	中央人民广播电台第一套节目中国之声	0.7	18.5
14	《成长公开课》	安徽交通广播	0.7	18.2
15	《创意空间》	安徽交通广播	0.7	14.4
16	《生活百事通》	安徽交通广播	0.7	13.6
17	《一路微微笑》	安徽音乐广播（FM89.5）	0.7	13.4
18	《随车听音乐》	安徽交通广播	0.7	11.6
19	《城市 morningcall》	安徽生活广播	0.7	7.6
20	《专题时间》	安徽交通广播	0.6	15.9
21	《新闻有观点》	中央人民广播电台第一套节目中国之声	0.6	15.8
22	《耳朵跳起来》	安徽交通广播	0.6	15.2
23	《维权进行时》	安徽交通广播	0.6	13.2
24	《汽车 315》	安徽生活广播	0.6	13.0
25	《焦糖音乐》	安徽音乐广播（FM89.5）	0.6	12.0
26	《坤哥聊体育》	安徽生活广播	0.6	7.9
27	《走进挂牌企业》（重播）	安徽生活广播	0.6	7.5
28	《畅通好心情》	安徽交通广播	0.5	15.0
29	《音乐爱假日》	安徽音乐广播（FM89.5）	0.5	13.3
30	《新闻早高峰》	安徽新闻综合广播（安徽之声 AM936/FM103.6）	0.5	6.3

八　济南收听数据

表 4.8.1　2019～2021 年济南各目标听众人均收听时间

单位：分钟

目标听众		2019 年	2020 年	2021 年
15 岁及以上所有人		51	59	59
性别	男	54	61	61
	女	48	56	57
年龄	15～24 岁	25	31	38
	25～34 岁	31	33	38
	35～44 岁	42	50	51
	45～54 岁	65	74	71
	55～64 岁	91	108	102
	65 岁及以上	94	102	97
受教育程度	未受过正规教育	*	*	*
	小学	71	86	81
	初中	54	60	58
	高中	59	67	70
	大学及以上	38	45	48
职业类别	干部/管理人员	37	42	52
	初级公务员/雇员	46	52	47
	个体/私营企业人员	41	49	58
	工人	45	52	55
	学生	25	29	26
	无业（包括退休人员）	82	95	94
	其他	38	55	46
个人月收入	没有收入	33	40	47
	1～2000 元	50	74	62
	2001～3000 元	56	68	77
	3001～4000 元	59	67	58
	4001～5000 元	54	55	59
	5001～6000 元	43	50	57
	6001 元及以上	44	50	51

注：济南为全年连续调查城市；自 2019 年 1 月 1 日起，济南采用虚拟测量仪调查方式，其他广播电台频率不再纳入监测范围；“＊”表示目标听众样本量不足，无法进行统计推断。

表 4.8.2　2019～2021 年济南听众在不同地点的人均收听时间

单位：分钟

地点	2019 年	2020 年	2021 年
家中	26	36	34
车上	16	16	17
工作或学习场所	6	3	3
其他场所	3	4	6

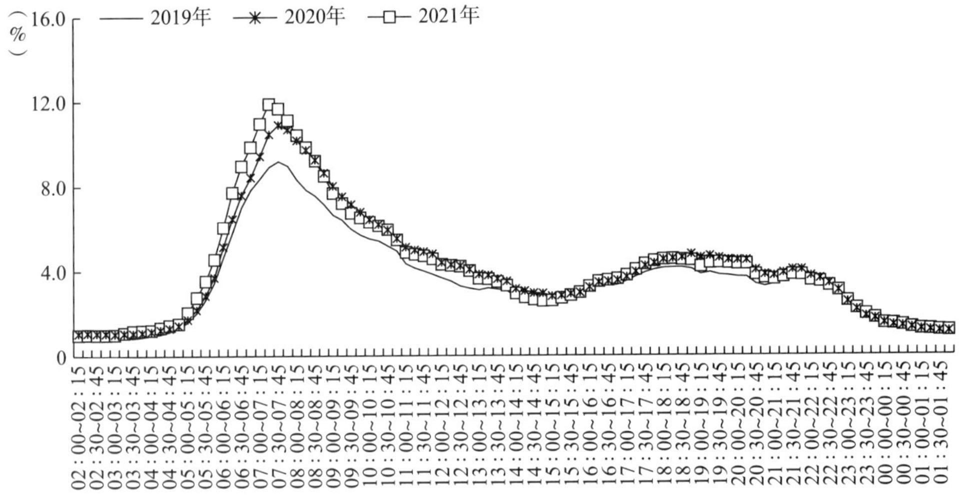

图 4.8.1　2019～2021 年济南听众全天收听率走势

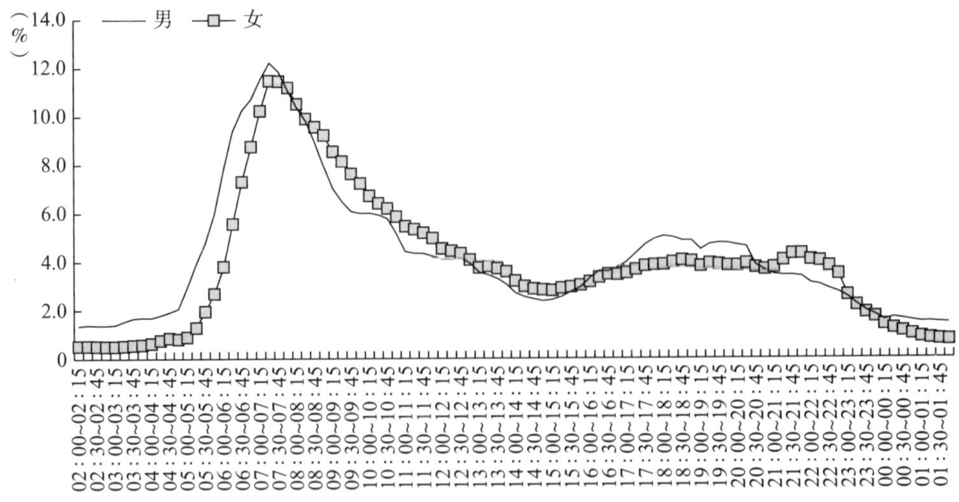

图 4.8.2　2021 年济南不同性别听众全天收听率走势

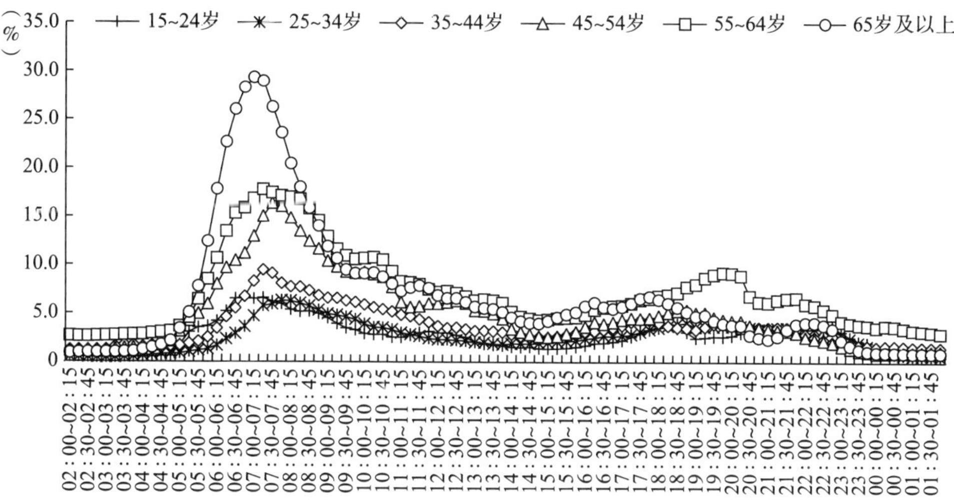

图 4.8.3　2021 年济南不同年龄听众全天收听率走势

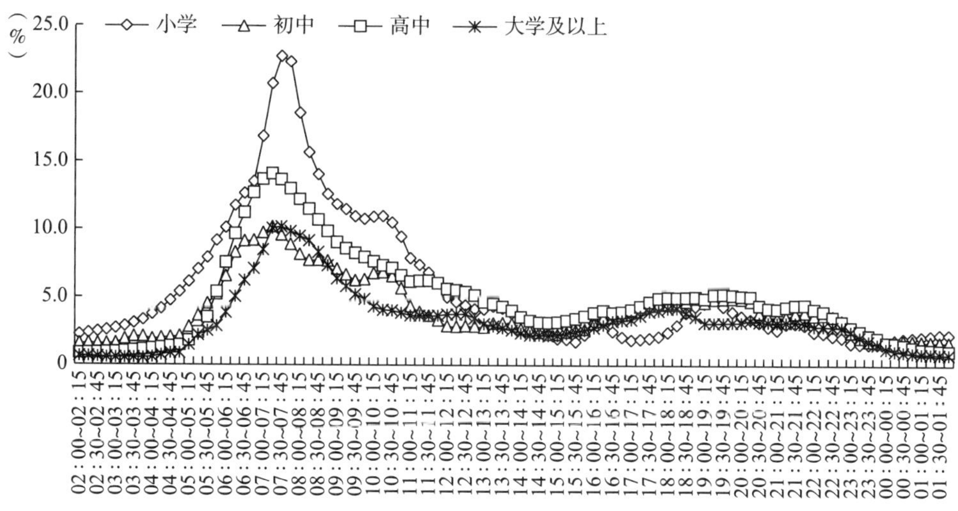

图 4.8.4　2021 年济南不同文化程度听众全天收听率走势

说明：＊表示目标听众样本量不足，无法进行统计推断。

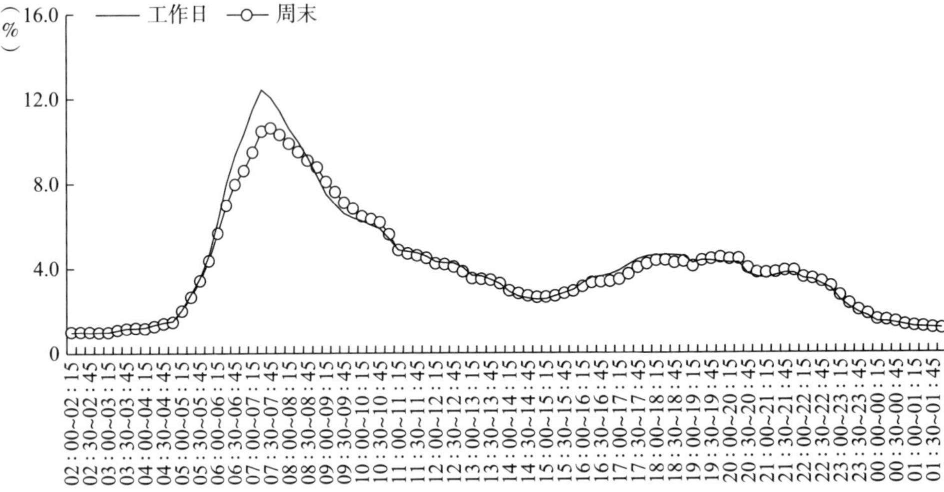

图 4.8.5　2021 年济南听众工作日与周末全天收听率走势

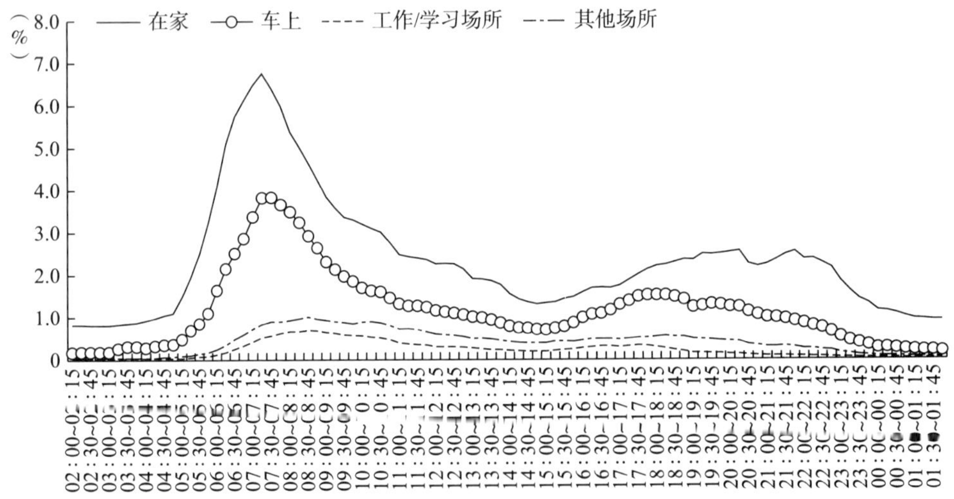

图 4.8.6　2021 年济南听众在不同收听地点全天收听率走势

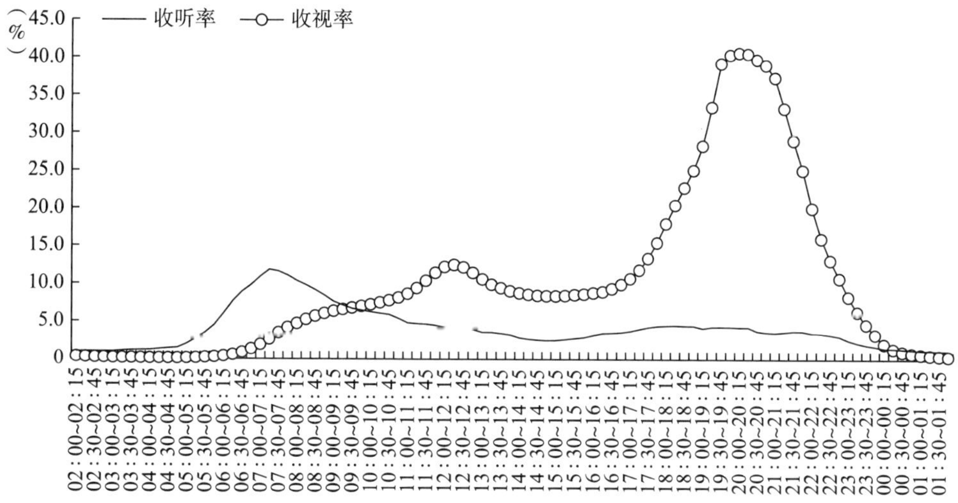

图 4.8.7 2021 年济南受众全天收听率、收视率走势比较（目标受众为 15 岁及以上所有人）

表 4.8.3 2021 年济南市场听众构成

单位：%

目标听众		听众构成
15 岁及以上所有人		100.0
性别	男	58.3
	女	41.7
年龄	15～24 岁	9.3
	25～34 岁	15.8
	35～44 岁	20.8
	45～54 岁	17.1
	55～64 岁	20.0
	65 岁及以上	16.9
受教育程度	未受过正规教育	*
	小学	3.5
	初中	23.1
	高中	44.1
	大学及以上	29.3
职业	干部/管理人员	1.4
	初级公务员/雇员	29.3
	个体/私营企业人员	12.5
	工人	19.8
	学生	2.3
	无业（包括退休人员）	34.0
	其他	0.7

续表

目标听众		听众构成
个人月收入	没有收入	8.2
	1～2000 元	5.4
	2001～3000 元	20.8
	3001～4000 元	22.4
	4001～5000 元	23.7
	5001～6000 元	10.8
	6001 元及以上	8.6

注："*"表示目标听众样本量不足，无法进行统计推断。

表 4.8.4　2019～2021 年济南市场各广播电台的市场份额

单位：%

广播电台	2019 年	2020 年	2021 年
中央广播电视总台	4.4	4.4	3.2
山东广播电视台	20.4	17.8	17.2
济南广播电视台	75.2	77.8	79.6

注：从 2019 年 1 月 1 日起，济南采用虚拟测量仪调查方式，其他广播电台频率不再纳入监测范围。

表 4.8.5　2021 年济南市场各广播电台在不同目标听众中的市场份额

单位：%

目标听众		中央人民广播电台	山东广播电视台	济南广播电视台
15 岁及以上所有人		3.2	17.2	79.6
性别	男	3.5	15.8	80.7
	女	2.9	19.2	77.9
年龄	15～24 岁	0.8	19.6	79.7
	25～34 岁	2.0	30.2	67.8
	35～44 岁	2.3	19.6	78.1
	45～54 岁	4.1	12.5	83.4
	55～64 岁	4.0	10.7	85.3
	65 岁及以上	4.9	13.5	81.6
受教育程度	未受过正规教育	*	*	*
	小学	13.2	9.0	77.8
	初中	4.3	17.7	78.0
	高中	2.8	16.1	81.1
	大学及以上	1.8	19.5	78.8

续表

目标听众		中央人民广播电台	山东广播电视台	济南广播电视台
职业类别	干部/管理人员	0.9	7.7	91.4
	初级公务员/雇员	2.6	18.4	79.0
	个体/私营企业人员	3.4	24.5	72.1
	工人	2.9	20.6	76.5
	学生	1.0	18.2	80.9
	无业（包括退休人员）	4.0	12.3	83.7
	其他	1.3	1.9	96.7
个人月收入	没有收入	5.4	18.9	75.7
	1～2000 元	0.9	8.6	90.5
	2001～3000 元	4.7	20.3	75.0
	3001～4000 元	1.8	14.0	84.2
	4001～5000 元	2.8	15.2	82.0
	5001～6000 元	2.2	22.1	75.8
	6001 元及以上	4.9	21.7	73.5

注：“*”表示目标听众样本量不足，无法进行统计推断。

表 4.8.6　2021 年济南市场份额排名前 5 的频率

单位：%

排名	频率名称	市场份额
1	济南新闻综合广播（FM105.8/AM1053）	30.7
2	济南经济广播（FM90.9/AM846）	15.2
3	济南交通广播（FM103.1）	13.0
4	济南音乐广播（FM88.7）	9.5
5	济南故事广播（FM104.3/AM1512）	8.5

表 4.8.7　2021 年济南市场收听率排名前 30 的节目

单位：%

排名	节目名称	播出频率	收听率	市场份额
1	《新闻六十分》	济南新闻综合广播（FM105.8/AM1053）	4.5	39.5
2	《转播中央人民广播电台〈新闻和报纸摘要〉》	济南新闻综合广播（FM105.8/AM1053）	4.2	44.9
3	《作风监督热线》	济南新闻综合广播（FM105.8/AM1053）	3.7	37.3
4	《新闻周刊》	济南新闻综合广播（FM105.8/AM1053）	3.6	38.1
5	《早安泉城》	济南新闻综合广播（FM105.8/AM1053）	3.1	45.5
6	《小说连播》	济南新闻综合广播（FM105.8/AM1053）	2.7	32.4

续表

排名	节目名称	播出频率	收听率	市场份额
7	《城市爱生活·警界之声》	济南新闻综合广播（FM105.8/AM1053）	1.8	26.7
8	《听说很好看》	济南经济广播（FM90.9/AM846）	1.6	16.7
9	《经广新闻网·846 传真》	济南经济广播（FM90.9/AM846）	1.6	14.0
10	《家住济南》	济南新闻综合广播（FM105.8/AM1053）	1.5	32.3
11	《路过 32 号　叶文有话说》	济南新闻综合广播（FM105.8/AM1053）	1.4	41.4
12	《以案说法》	济南经济广播（FM90.9/AM846）	1.4	32.9
12	《博闻天下》	济南新闻综合广播（FM105.8/AM1053）	1.4	32.9
14	《女人花》	济南新闻综合广播（FM105.8/AM1053）	1.4	23.5
15	《交通雷达网》	济南交通广播（FM103.1）	1.4	11.7
16	《汪鑫非常说》	济南交通广播（FM103.1）	1.3	13.4
17	《爱情 1+1》	济南新闻综合广播（FM105.8/AM1053）	1.2	34.7
18	《天天说事儿》	济南新闻综合广播（FM105.8/AM1053）	1.2	28.0
19	《全国新闻联播》	济南新闻综合广播（FM105.8/AM1053）	1.2	25.7
20	《转中央台〈新闻和报纸摘要〉》	济南经济广播（FM90.9/AM846）	1.2	13.2
21	《交广听吧》（录播）	济南交通广播（FM103.1）	1.1	16.4
22	《非想非非想》	济南经济广播（FM90.9/AM846）	1.1	15.6
23	《整点新闻》	济南新闻综合广播（FM105.8/AM1053）	1.0	26.3
24	《新闻报纸摘要》（转播）	济南交通广播（FM103.1）	1.0	10.6
25	《美食乐翻天》	济南新闻综合广播（FM105.8/AM1053）	0.9	23.9
26	《成长手册》	济南经济广播（FM90.9/AM846）	0.9	23.6
27	《法理人生》	济南新闻综合广播（FM105.8/AM1053）	0.9	22.0
28	《一路乐飞扬》	济南交通广播（FM103.1）	0.9	12.1
29	《车行天下一路领先》（录播）	济南交通广播（FM103.1）	0.8	26.1
30	《八点聊天室》	济南新闻综合广播（FM105.8/AM1053）	0.8	20.4

九　南京收听数据

表 4.9.1　2019～2021 年南京各目标听众人均收听时间

单位：分钟

目标听众		2019 年	2020 年	2021 年
15 岁及以上所有人		53	53	53
性别	男	55	55	56
	女	52	51	51
年龄	15～24 岁	53	49	56
	25～34 岁	43	45	39
	35～44 岁	44	45	46
	45～54 岁	58	56	58
	55～64 岁	75	75	65
	65 岁及以上	75	81	80
受教育程度	未受过正规教育	*	*	*
	小学	57	*	*
	初中	57	57	55
	高中	60	56	57
	大学及以上	47	50	49
职业	干部/管理人员	48	42	39
	初级公务员/雇员	49	52	50
	个体/私营企业人员	40	51	49
	工人	49	46	45
	学生	55	49	59
	无业（包括退休人员）	74	73	70
	其他	*	*	*
个人月收入	没有收入	55	49	58
	1～2000 元	56	65	59
	2001～3000 元	61	61	59
	3001～4000 元	55	57	55
	4001～5000 元	50	50	48
	5001～6000 元	44	43	47
	6001 元及以上	47	50	48

注：南京为全年连续调查城市；“*”表示该目标听众样本量不足，无法进行统计推断。

表 4.9.2　2019～2021 年南京听众在不同地点的人均收听时间

单位：分钟

地点	2019 年	2020 年	2021 年
在家	22	27	28
车上	18	15	15
工作/学习场所	6	3	3
其他场所	7	8	8

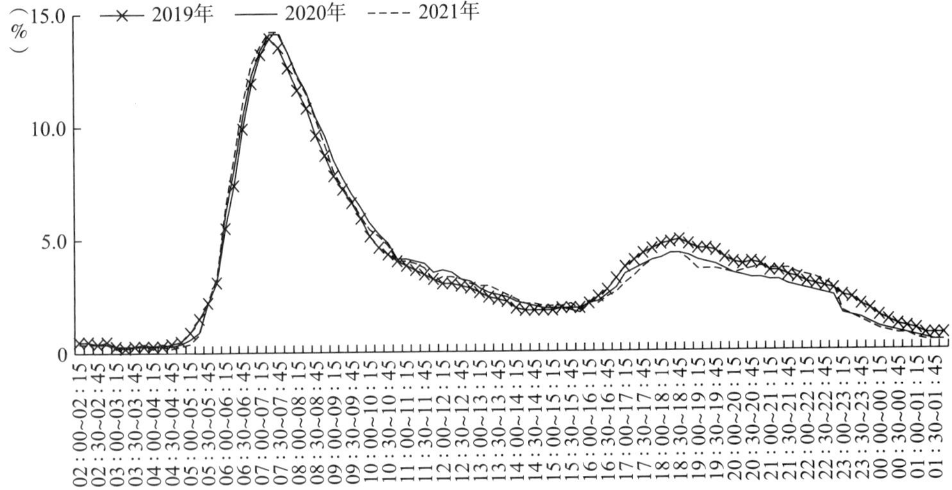

图 4.9.1　2019～2021 年南京听众全天收听率走势

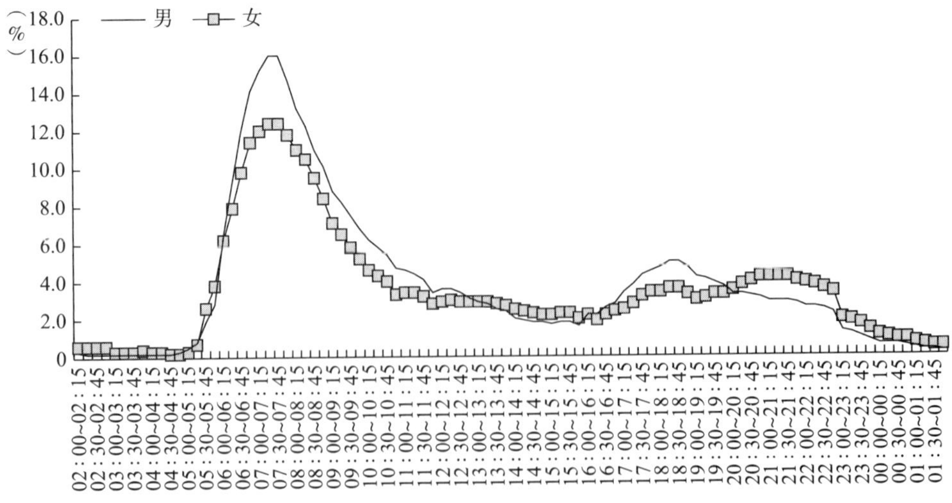

图 4.9.2　2021 年南京不同性别听众全天收听率走势

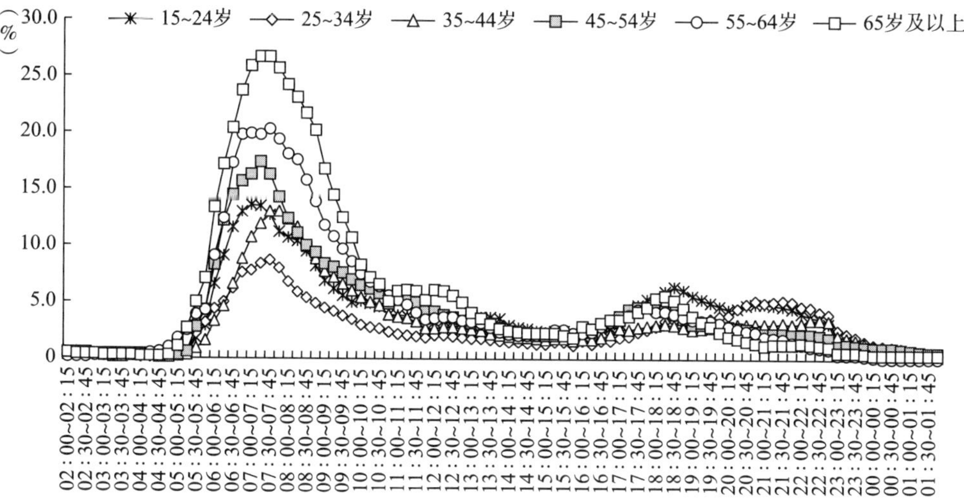

图 4.9.3　2021 年南京不同年龄听众全天收听率走势

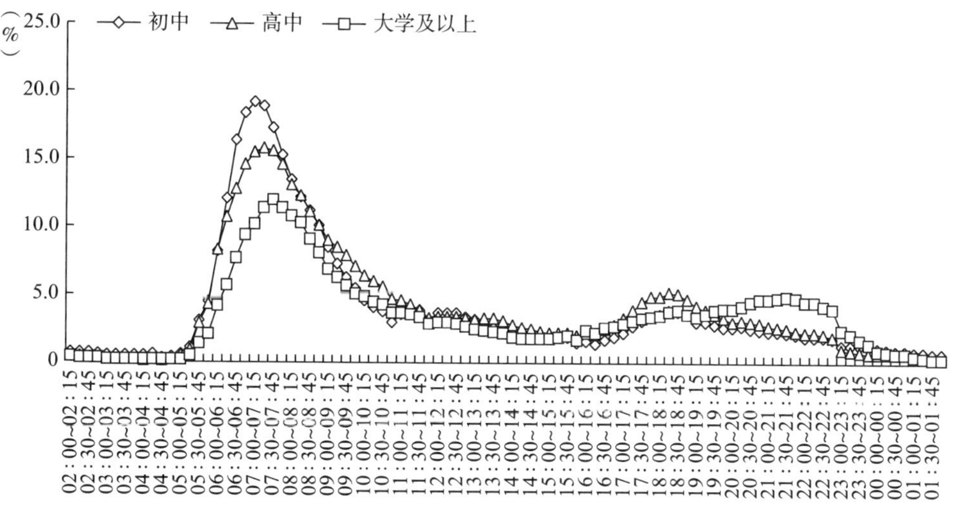

图 4.9.4　2021 年南京不同文化程度听众全天收听率走势

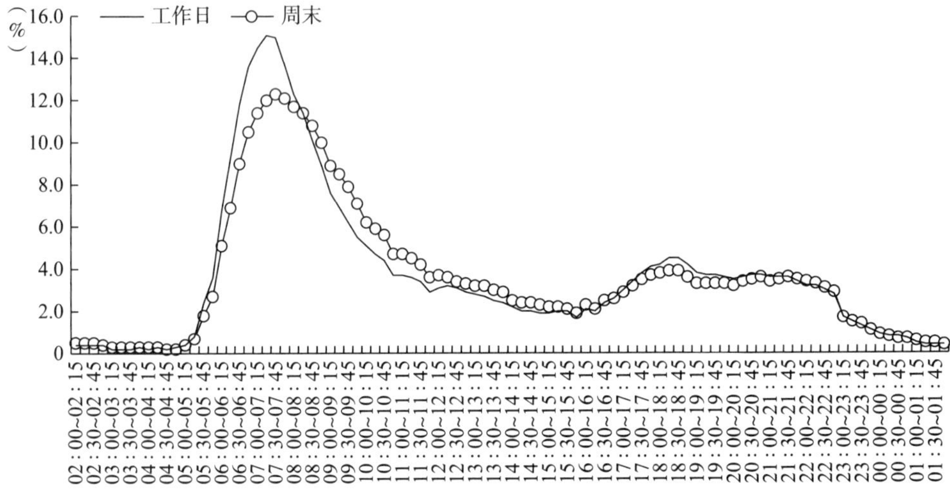

图 4.9.5　2021 年南京听众工作日与周末全天收听率走势

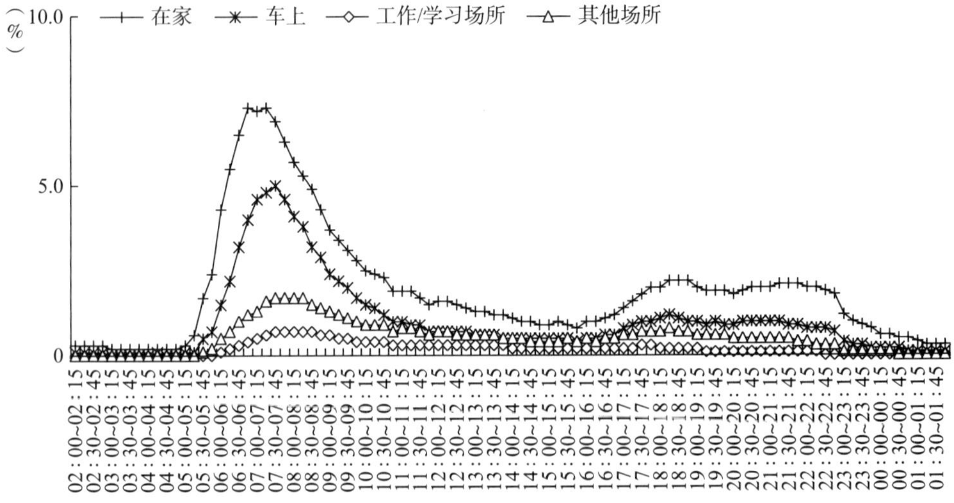

图 4.9.6　2021 年南京听众在不同收听地点全天收听率走势

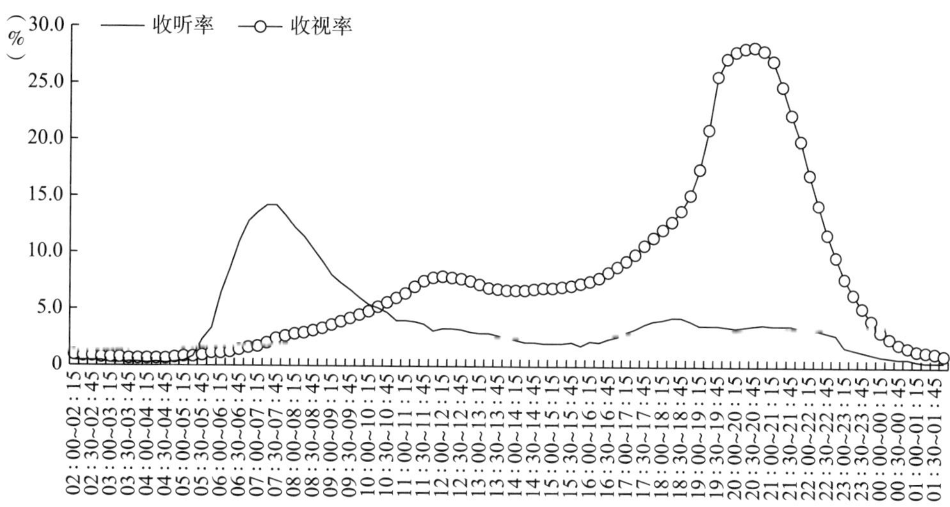

图 4.9.7　2021 年南京受众全天收听率、收视率走势比较（目标受众为 15 岁及以上所有人）

表 4.9.3　2021 年南京市场听众构成

单位：%

目标听众		听众构成
15 岁及以上所有人		100.0
性别	男	53.1
	女	46.9
	15～24 岁	24.6
	25～34 岁	15.3
	35～44 岁	20.3
	45～54 岁	17.9
	55～64 岁	11.5
	65 岁及以上	10.4
受教育程度	未受过正规教育	*
	小学	*
	初中	16.0
	高中	40.9
	大学及以上	43.1
职业	干部/管理人员	4.1
	初级公务员/雇员	41.8
	个体/私营企业人员	3.7
	工人	9.4
	学生	23.3
	无业（包括退休人员）	17.7
	其他	*

续表

目标听众		听众构成
个人月收入	没有收入	25.4
	1～2000元	1.7
	2001～3000元	13.7
	3001～4000元	22.1
	4001～5000元	15.0
	5001～6000元	7.5
	6001元及以上	14.6

注：“*”表示该目标听众样本量不足，无法进行统计推断。

表4.9.4　2019～2021年南京市场各广播电台的市场份额

单位：%

广播电台	2019年	2020年	2021年
中央广播电视总台	4.2	5.1	5.3
江苏广播电视总台	79.1	76.7	78.1
南京广播电视集团	16.7	18.2	16.6

表4.9.5　2021年南京市场各广播电台在不同目标听众中的市场份额

单位：%

目标听众		中央广播电视总台	江苏广播电视总台	南京广播电视集团
15岁及以上所有人		5.3	78.1	16.6
性别	男	7.1	77.9	14.9
	女	3.3	78.2	18.5
	15～24岁	6.4	74.9	18.8
	25～34岁	3.6	79.4	17.0
	35～44岁	3.8	82.7	13.5
	45～54岁	3.8	84.2	12.0
	55～64岁	8.6	68.1	23.3
	65岁及以上	7.3	75.1	17.6
受教育程度	未受过正规教育	*	*	*
	小学	*	*	*
	初中	5.7	76.9	17.4
	高中	5.6	78.9	15.5
	大学及以上	5.0	77.9	17.1

续表

目标听众		中央广播电视总台	江苏广播电视总台	南京广播电视集团
职业	干部/管理人员	5.4	69.6	25.0
	初级公务员/雇员	4.3	80.9	14.7
	个体/私营企业人员	7.7	69.4	22.9
	工人	5.5	82.1	12.5
	学生	6.7	75.7	17.6
	无业（包括退休人员）	5.2	76.3	18.5
	其他	*	*	*
个人月收入	没有收入	6.5	75.5	18.0
	1～2000 元	0.8	63.1	36.0
	2001～3000 元	4.2	82.0	13.8
	3001～4000 元	5.4	80.6	14.0
	4001～5000 元	3.9	81.2	14.9
	5001～6000 元	2.9	80.1	17.0
	6001 元及以上	7.4	72.9	19.7

注："*"表示该目标听众样本量不足，无法进行统计推断。

表 4.9.6　2021 年南京市场份额排名前 5 的频率

单位：%

排名	频率名称	市场份额
1	江苏经典流行音乐广播（FM97.5）	31.3
2	江苏新闻广播（FM93.7）	28.1
3	江苏交通广播网（FM101.1）	6.7
4	江苏音乐广播（FM89.7）	6.4
5	南京音乐广播（FM105.8）	5.4

表 4.9.7　2021 年南京市场收听率排名前 30 的节目

单位：%

排名	节目名称	播出频率	收听率	市场份额
1	《阳光倾城》（07:00）	江苏经典流行音乐广播（FM97.5）	4.8	33.5
2	《阳光倾城》（06:00）	江苏经典流行音乐广播（FM97.5）	4.4	42.9
3	《阳光倾城》（06:00）	江苏经典流行音乐广播（FM97.5）	4.4	33.7
4	《新闻早高峰》（07:30）	江苏新闻广播（FM93.7）	4.4	31.9
5	《江苏新闻联播》（07:00）	江苏新闻广播（FM93.7）	4.3	31.1
6	《转〈新闻和报摘〉》（06:30）	江苏新闻广播（FM93.7）	3.8	32.1
7	《新闻早高峰》（08:00）	江苏新闻广播（FM93.7）	3.5	32.7

续表

排名	节目名称	播出频率	收听率	市场份额
8	《精选》（周六版）（07:00）	江苏经典流行音乐广播（FM97.5）	3.5	29.4
9	《精选》（06:00）	江苏经典流行音乐广播（FM97.5）	3.4	30.9
10	《SUNDAY 音乐天》（07:00）	江苏经典流行音乐广播（FM97.5）	3.3	28.3
11	《精选》（周六版）（06:00）	江苏经典流行音乐广播（FM97.5）	3.1	37.4
12	《阳光倾城》（08:00）	江苏经典流行音乐广播（FM97.5）	3.0	28.2
13	《SUNDAY 音乐天》（08:00）	江苏经典流行音乐广播（FM97.5）	3.0	27.2
14	《微风早晨》（08:00）	江苏经典流行音乐广播（FM97.5）	2.9	26.6
15	《精选》（周六版）（08:00）	江苏经典流行音乐广播（FM97.5）	2.8	26.6
16	《SUNDAY 音乐天》（06:00）	江苏经典流行音乐广播（FM97.5）	2.6	35.0
17	《天天早知道》（06:00）	江苏新闻广播（FM93.7）	2.5	33.5
18	《SUNDAY 音乐天》（09:00）	江苏经典流行音乐广播（FM97.5）	2.5	30.5
19	《政风热线》（09:00）	江苏新闻广播（FM93.7）	2.2	31.4
20	《微风早晨》（09:00）	江苏经典流行音乐广播（FM97.5）	2.2	30.9
21	《微风早晨》（09:00）	江苏经典流行音乐广播（FM97.5）	2.2	29.5
22	《微风早晨》（09:00）	江苏经典流行音乐广播（FM97.5）	2.1	27.8
23	《SUNDAY 音乐天》（10:00）	江苏经典流行音乐广播（FM97.5）	1.8	31.2
24	《唱游新世界》（09:00）	江苏经典流行音乐广播（FM97.5）	1.7	26.6
24	《唱游新世界》（09:00）	江苏经典流行音乐广播（FM97.5）	1.7	26.6
26	《怀旧金曲榜》（12:00）	江苏经典流行音乐广播（FM97.5）	1.6	34.7
27	《微风早晨》（10:00）	江苏经典流行音乐广播（FM97.5）	1.6	29.8
28	《即时资讯》（10:00）	江苏新闻广播（FM93.7）	1.6	29.2
29	《海燕越洋调频》（10:00）	江苏经典流行音乐广播（FM97.5）	1.6	28.5
30	《城市音乐厅》（21:00）	江苏经典流行音乐广播（FM97.5）	1.5	35.7

十　青岛收听数据

表 4.10.1　2019～2021 年青岛各目标听众人均收听时间

单位：分钟

目标听众		2019 年	2020 年	2021 年			
				第一波	第二波	第三波	第四波
10 岁及以上所有人		59	62	66	62	71	68
性别	男	66	72	77	71	82	77
	女	52	53	56	54	60	59
年龄	10～14 岁	20	22	15	13	17	19
	15～24 岁	29	27	27	22	29	23
	25～34 岁	51	46	48	50	54	51
	35～44 岁	48	62	60	58	58	65
	45～54 岁	74	67	67	63	72	65
	55～64 岁	89	102	116	114	124	119
	65 岁及以上	80	100	121	103	133	127
受教育程度	未受过正规教育	*	*	*	61	138	101
	小学	40	42	40	36	52	35
	初中	71	71	78	74	78	83
	高中	63	69	68	67	79	76
	大学及以上	51	54	59	54	61	57
职业类别	干部/管理人员	69	78	85	64	76	86
	初级公务员/雇员	54	56	58	57	65	60
	个体/私营企业人员	71	79	66	70	69	70
	工人	83	80	74	74	87	83
	学生	21	20	20	19	19	18
	无业（包括退休人员）	69	79	99	88	102	99
	其他	*	*	*	*	*	*
个人月收入	没有收入	30	34	33	35	32	31
	1～2000 元	79	89	127	110	165	130
	2001～3000 元	72	71	77	71	76	71
	3001～4000 元	73	72	74	67	83	82
	4001～5000 元	56	70	67	68	71	64

续表

目标听众		2019 年	2020 年	2021 年			
				第一波	第二波	第三波	第四波
个人月收入	5001 ~ 6000 元	62	64	66	63	76	73
	6001 元及以上	62	66	78	74	84	89

注：青岛为波次调查城市；2020 年前两波次调查因为新冠肺炎疫情原因停做，后两波调查时间分别为：第三波 8 月 30 日至 9 月 19 日，第四波 11 月 1 日至 11 月 21 日（2021 年四波调查时间分别为 3 月 7 日至 27 日，5 月 30 日至 6 月 19 日，8 月 29 日至 9 月 18 日，11 月 7 日至 11 月 27 日）；* 表示目标听众样本量不足，无法进行统计推断。

表 4. 10. 2　2019 ~ 2021 年青岛听众在不同地点的人均收听时间

单位：分钟

地点	2019 年	2020 年	2021 年
家中	26	27	33
车上	29	32	30
工作或学习场所	3	2	3
其他场所	1	1	1

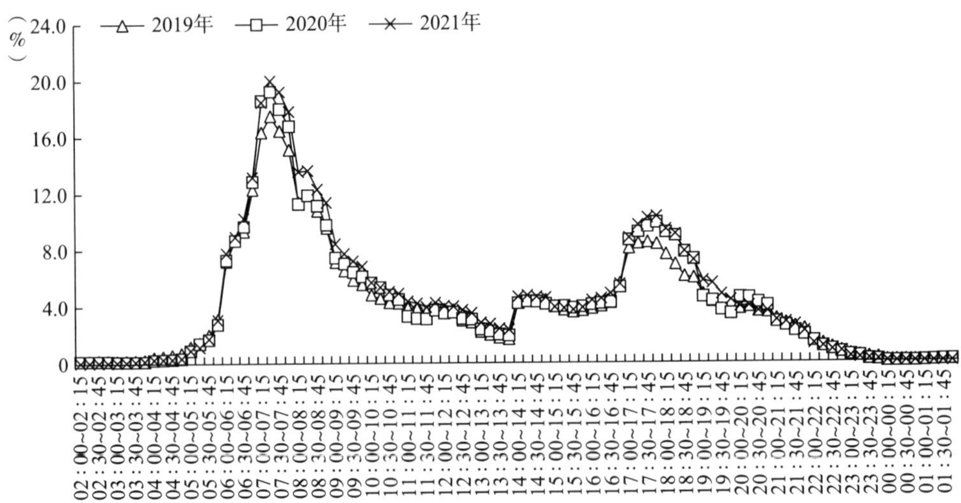

图 4. 10. 1　2019 ~ 2021 年青岛听众全天收听率走势

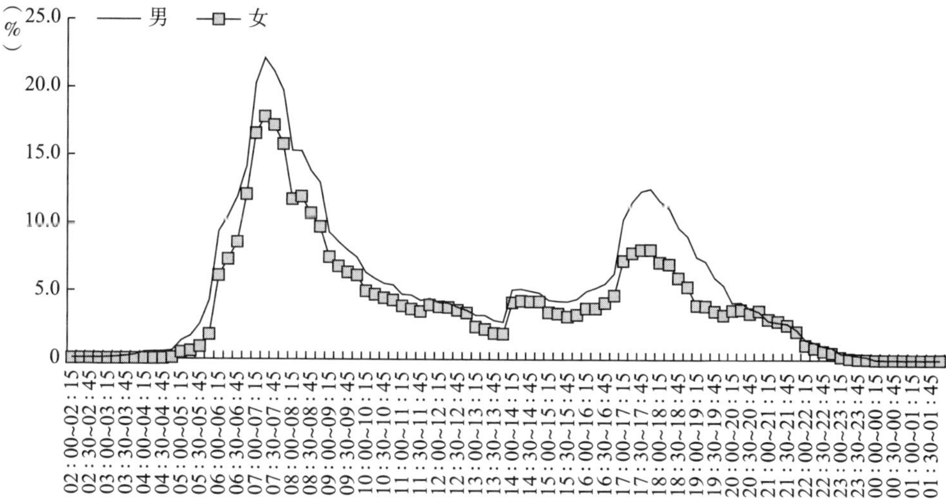

图 4.10.2　2021 年青岛不同性别听众全天收听率走势

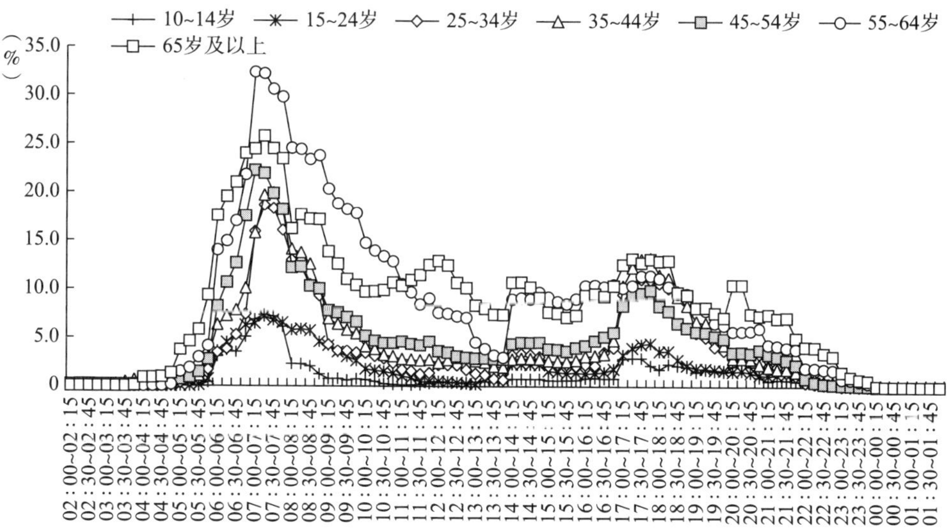

图 4.10.3　2021 年青岛不同年龄听众全天收听率走势

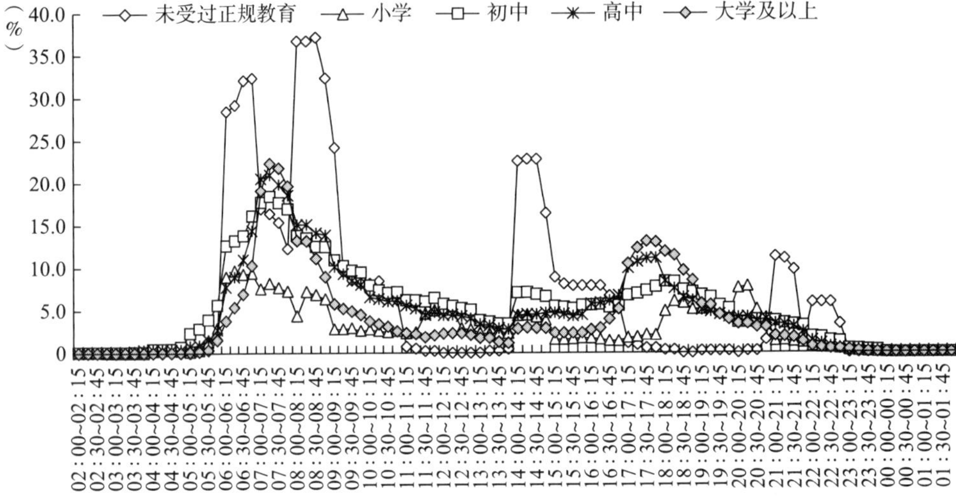

图 4.10.4　2021 年青岛不同文化程度听众全天收听率走势

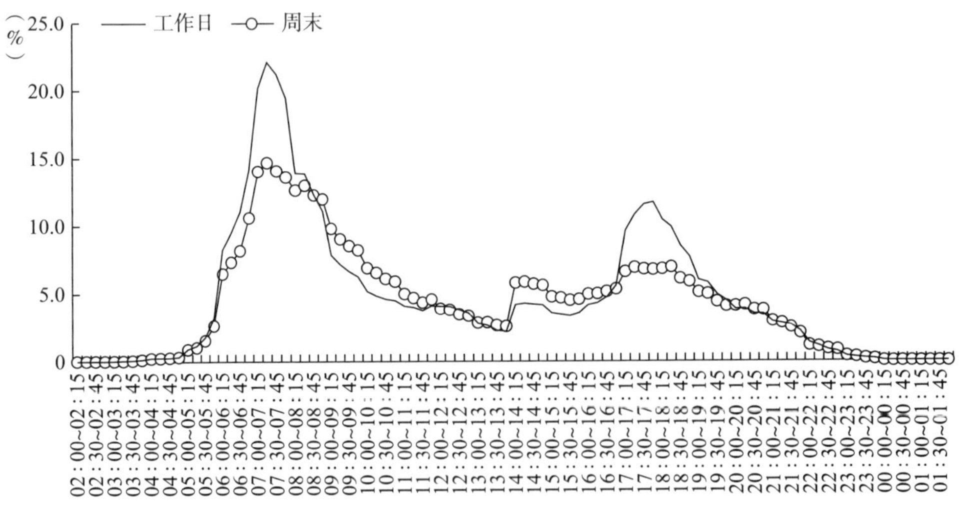

图 4.10.5　2021 年青岛听众工作日与周末全天收听率走势

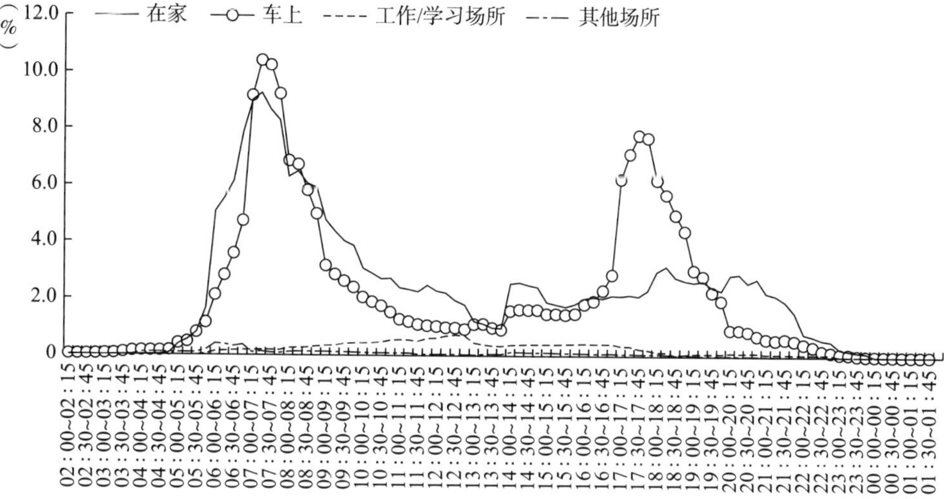

图 4.10.6　2021 年青岛听众在不同收听地点全天收听率走势

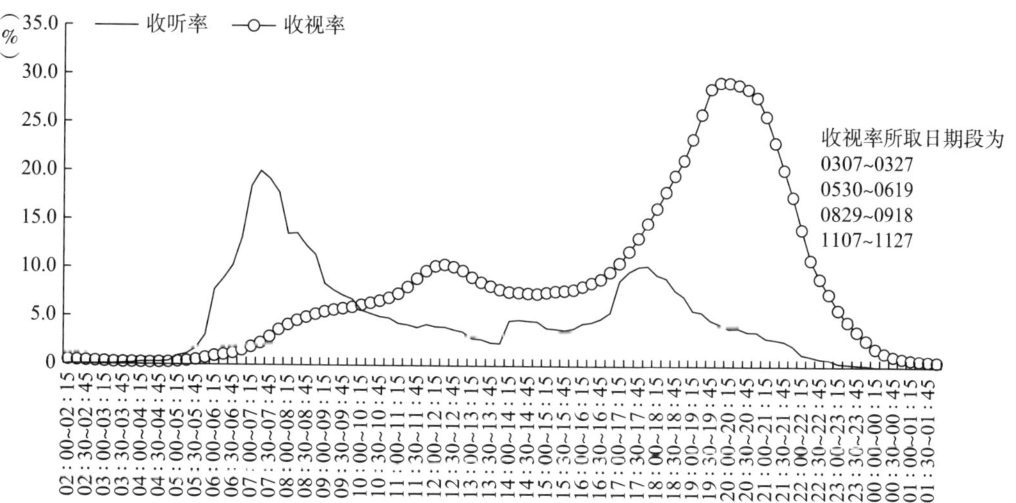

图 4.10.7　2021 年青岛受众全天收听率、收视率走势比较（目标受众为 10 岁及以上所有人）

表 4.10.3　2021 年青岛市场听众构成

单位：%

目标听众		听众构成
10 岁及以上所有人		100.0
性别	男	57.1
	女	42.9
年龄	10～14 岁	0.9
	15～24 岁	5.1
	25～34 岁	15.9
	35～44 岁	18.4
	45～54 岁	18.2
	55～64 岁	23.0
	65 岁及以上	18.5
受教育程度	未受过正规教育	0.8
	小学	3.5
	初中	31.1
	高中	33.0
	大学及以上	31.7
职业	干部/管理人员	4.0
	初级公务员/雇员	36.2
	个体/私营企业人员	14.8
	工人	6.1
	学生	3.5
	无业（包括退休人员）	35.3
	其他	*
个人月收入	没有收入	10.1
	1～2000 元	4.2
	2001～3000 元	15.1
	3001～4000 元	22.9
	4001～5000 元	13.9
	5001～6000 元	14.2
	6001 元及以上	19.6

注：* 表示目标听众样本量不足，无法进行统计推断。

表 4.10.4　2019～2021 年青岛市场各广播电台的市场份额

单位：%

广播电台	2019 年	2020 年	2021 年			
			第一波	第二波	第三波	第四波
中央广播电视总台	7.0	7.0	8.5	10.4	8.8	9.9
山东广播电视台	8.1	6.6	8.3	7.4	7.9	5.9
青岛广播电视台	76.9	83.1	80.0	80.5	81.9	82.1
其他广播电台	8.0	3.3	3.2	1.7	1.4	2.2

表 4.10.5　2021 年青岛市场各广播电台在不同目标听众中的市场份额

单位：%

目标听众		中央广播电视总台	山东广播电视台	青岛广播电视台	其他广播电台
10 岁及以上所有人		9.4	7.4	81.2	2.1
性别	男	10.0	6.5	81.3	2.3
	女	8.6	8.5	81.0	1.9
年龄	10～14 岁	12.6	6.7	79.9	0.9
	15～24 岁	0.6	3.9	90.1	5.4
	25～34 岁	6.9	10.6	77.3	5.2
	35～44 岁	4.8	7.6	84.7	3.0
	45～54 岁	6.3	6.2	86.0	1.6
	55～64 岁	9.6	6.7	83.2	0.5
	65 岁及以上	21.0	7.2	71.4	0.3
受教育程度	未受过正规教育	0.6	14.9	84.5	0.0
	小学	18.4	5.4	74.8	1.4
	初中	6.7	7.9	84.9	0.5
	高中	12.8	7.1	79.0	1.2
	大学及以上	7.6	7.3	80.3	4.8
职业类别	干部/管理人员	5.0	4.2	90.4	0.4
	初级公务员/雇员	8.5	7.2	80.4	3.9
	个体/私营企业人员	1.7	7.3	89.3	1.8
	工人	9.6	13.0	76.1	1.3
	学生	3.9	6.1	87.9	2.1
	无业（包括退休人员）	14.6	7.1	77.7	0.7
	其他	*	*	*	*

续表

目标听众		中央广播电视总台	山东广播电视台	青岛广播电视台	其他广播电台
个人月收入	没有收入	13.9	7.0	76.4	2.7
	1～2000 元	7.9	15.1	76.6	0.5
	2001～3000 元	7.7	9.2	82.9	0.2
	3001～4000 元	13.3	10.2	73.9	2.7
	4001～5000 元	12.7	7.6	78.5	1.2
	5001～6000 元	4.5	2.9	90.9	1.8
	6001 元及以上	5.3	4.2	86.7	3.8

注：*表示目标听众样本量不足，无法进行统计推断。

表 4.10.6　2021 年青岛市场份额排名前 5 的频率

单位：%

排名	频率名称	市场份额
1	青岛广播电视台交通广播（FM89.7/FM91.0/AM900）	49.4
2	青岛广播电视台新闻综合广播（FM107.6/AM819/1377）	10.1
3	中央人民广播电台第一套节目（中国之声）	8.3
4	青岛广播电视台文艺广播（FM96.4）	5.6
5	青岛故事广播（FM95.2）	5.3

表 4.10.7　2021 年青岛市场收听率排名前 30 的节目

单位：%

排名	节目名称	播出频率	收听率	市场份额
1	《动感青岛》	青岛广播电视台交通广播（FM89.7/FM91.0/AM900）	10.1	59.1
2	《Hello 晚高峰》	青岛广播电视台交通广播（FM89.7/FM91.0/AM900）	5.7	59.8
3	《交通热线》（周末版）	青岛广播电视台交通广播（FM89.7/FM91.0/AM900）	4.8	47.7
4	《交通热线》	青岛广播电视台交通广播（FM89.7/FM91.0/AM900）	4.6	53.4
5	《新闻直通车》	青岛广播电视台交通广播（FM89.7/FM91.0/AM900）	4.3	43.3
6	《住在 897》	青岛广播电视台交通广播（FM89.7/FM91.0/AM900）	3.4	52.1
7	《财富青岛》	青岛广播电视台交通广播（FM89.7/FM91.0/AM900）	3.0	51.4
8	《应急时刻》	青岛广播电视台交通广播（FM89.7/FM91.0/AM900）	2.8	41.2
9	《小七乐悠游》	青岛广播电视台交通广播（FM89.7/FM91.0/AM900）	2.7	47.1
10	《乐乐专卖店》	青岛广播电视台交通广播（FM89.7/FM91.0/AM900）	2.2	44.6
11	《新闻快车》	青岛广播电视台交通广播（FM89.7/FM91.0/AM900）	2.1	45.4
12	《美食双侠》	青岛广播电视台交通广播（FM89.7/FM91.0/AM900）	2.1	44.6
13	《1377 早新闻》	青岛广播电视台新闻综合广播（FM107.6/AM819/1377）	2.1	11.3
14	《需要你》	青岛广播电视台交通广播（FM89.7/FM91.0/AM900）	2.0	47.0

续表

排名	节目名称	播出频率	收听率	市场份额
15	《新闻和报纸摘要》	中央人民广播电台第一套节目中国之声	2.0	16.8
16	《成长学院》	青岛广播电视台交通广播（FM89.7/FM91.0/AM900）	1.8	46.5
17	《房产俱乐部》	青岛广播电视台交通广播（FM89.7/FM91.0/AM900）	1.8	37.5
18	《同步转播央广》《新闻和报纸摘要》	青岛广播电视台新闻综合广播（FM107.6/AM819/1377）	1.8	15.1
19	《1377早新闻》	青岛广播电视台新闻综合广播（FM107.6/AM819/1377）	1.5	18.0
20	《银保服务直通车》	青岛广播电视台新闻综合广播（FM107.6/AM819/1377）	1.5	11.8
21	《行风在线》	青岛广播电视台新闻综合广播（FM107.6/AM819/1377）	1.5	11.7
22	《汽车总动员》（上午版）	青岛广播电视台交通广播（FM89.7/FM91.0/AM900）	1.4	35.1
23	《劳动者》	青岛广播电视台新闻综合广播（FM107.6/AM819/1377）	1.4	11.3
24	《新闻纵横》	中央人民广播电台第一套节目中国之声	1.4	8.7
25	《人物故事汇》	青岛广播电视台新闻综合广播（FM107.6/AM819/1377）	1.3	11.3
26	《897遇见音乐》	青岛广播电视台交通广播（FM89.7/FM91.0/AM900）	1.2	32.0
27	《897原味音乐》	青岛广播电视台交通广播（FM89.7/FM91.0/AM900）	1.2	31.0
28	《消防在你身边》	青岛广播电视台新闻综合广播（FM107.6/AM819/1377）	1.2	10.6
29	《流行经典》	青岛广播电视台交通广播（FM89.7/FM91.0/AM900）	1.1	29.5
30	《夜行不寂寞》	青岛广播电视台交通广播（FM89.7/FM91.0/AM900）	0.9	34.7

十一　上海收听数据

表 4.11.1　2019～2021 年上海各目标听众人均收听时间

单位：分钟

目标听众		2019 年	2020 年	2021 年
15 岁及以上所有人		55	63	65
性别	男	59	67	69
	女	51	58	60
年龄	15～24 岁	44	59	65
	25～34 岁	44	55	57
	35～44 岁	45	50	53
	45～54 岁	61	65	66
	55～64 岁	72	85	87
	65 岁及以上	91	95	88
受教育程度	未受过正规教育	*	*	*
	小学	*	*	*
	初中	64	74	77
	高中	71	80	82
	大学及以上	46	55	57
职业	干部/管理人员	54	62	72
	初级公务员/雇员	46	55	56
	个体/私营企业人员	51	60	63
	工人	66	71	76
	学生	45	58	65
	无业（包括退休人员）	83	87	84
	其他	54	73	*
个人月收入	没有收入	46	58	64
	1～2000 元	*	*	*
	2001～3000 元	69	79	78
	3001～4000 元	76	85	80
	4001～5000 元	65	68	73
	5001～6000 元	51	61	59
	6001 元及以上	47	56	59

注：上海为全年连续调查城市；“*”表示该目标听众样本量不足，无法进行统计推断。

表 4.11.2　2019～2021 年上海听众在不同地点的人均收听时间

单位：分钟

地点	2019 年	2020 年	2021 年
在家	23	32	29
车上	17	16	21
工作/学习场所	7	4	4
其他场所	8	11	11

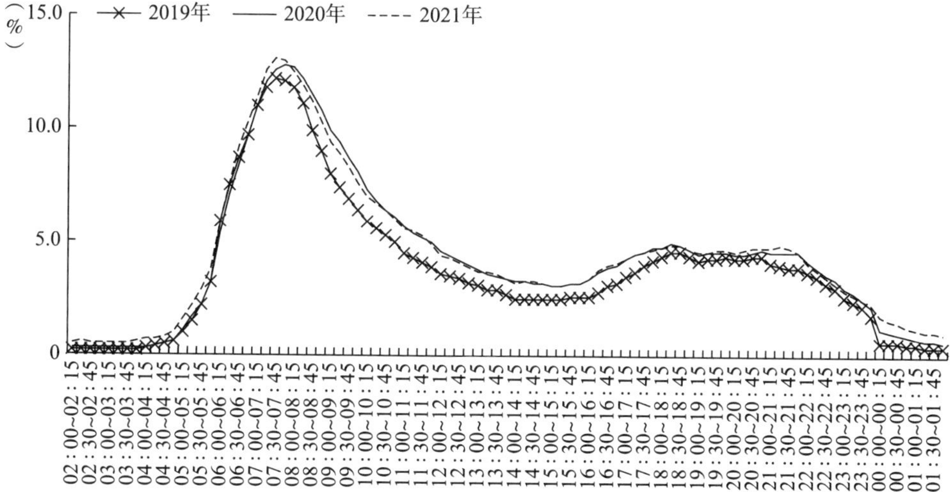

图 4.11.1　2019～2021 年上海听众全天收听率走势

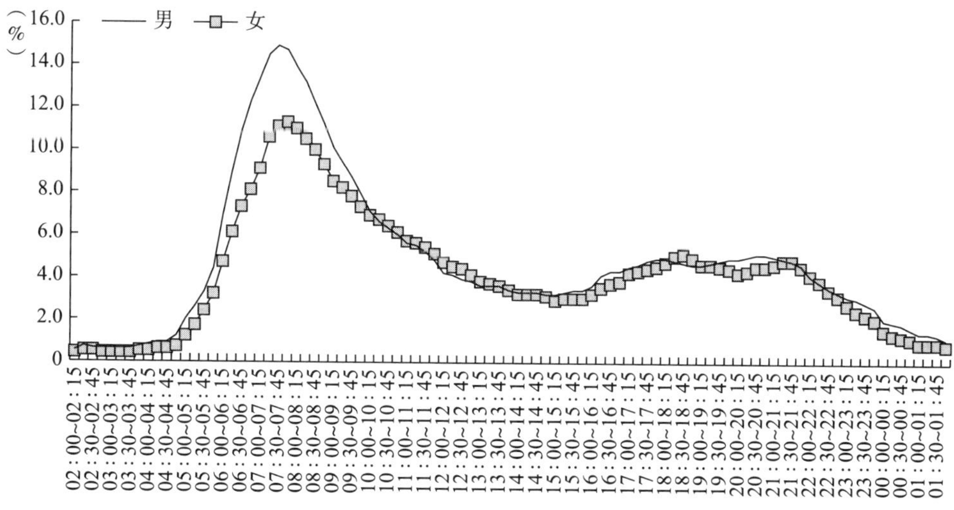

图 4.11.2　2021 年上海不同性别听众全天收听率走势

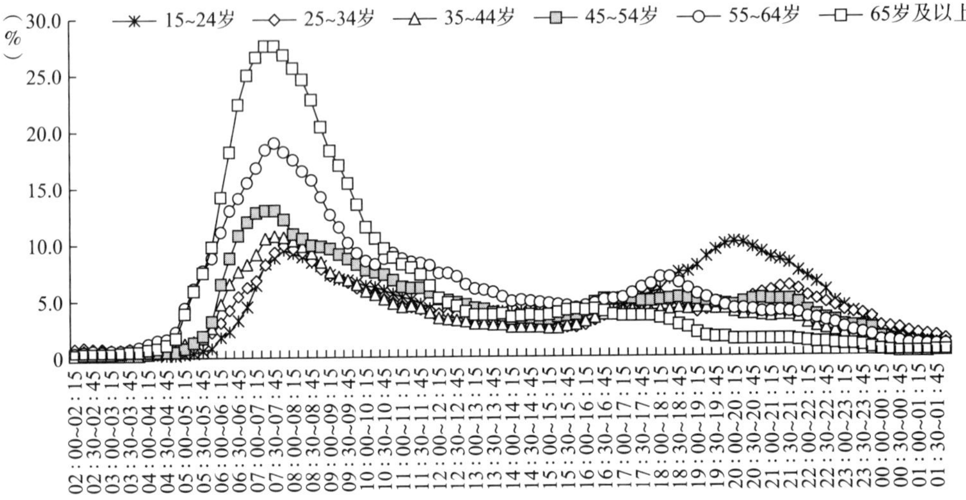

图 4.11.3　2021 年上海不同年龄听众全天收听率走势

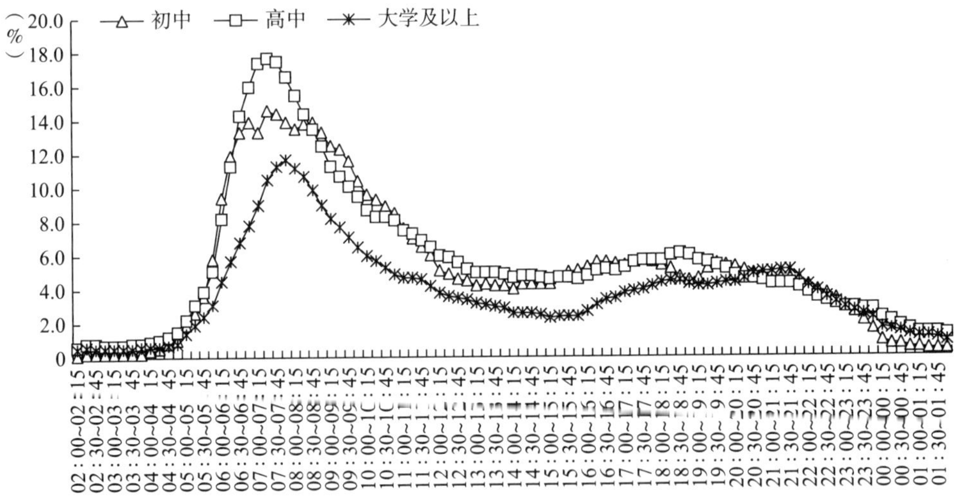

图 4.11.4　2021 年上海不同文化程度听众全天收听率走势

说明：＊表示目标听众样本量不足，无法进行统计推断。

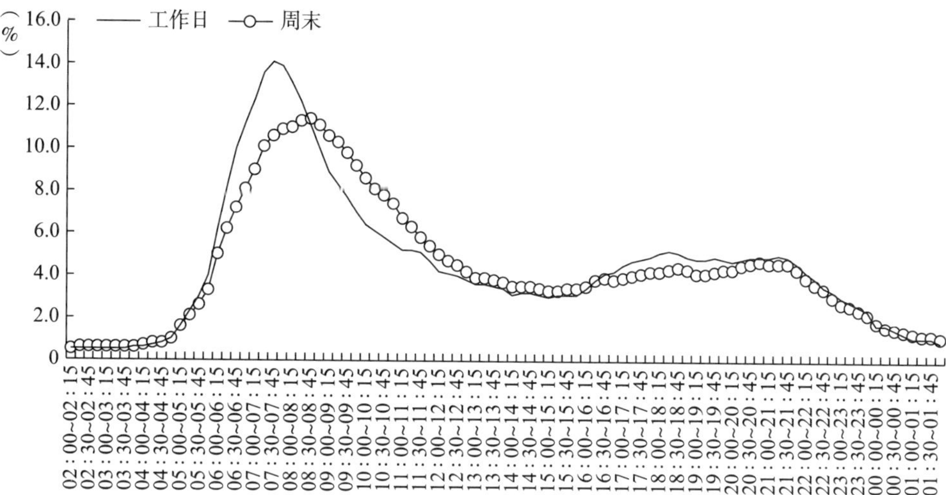

图 4.11.5　2021 年上海听众工作日与周末全天收听率走势

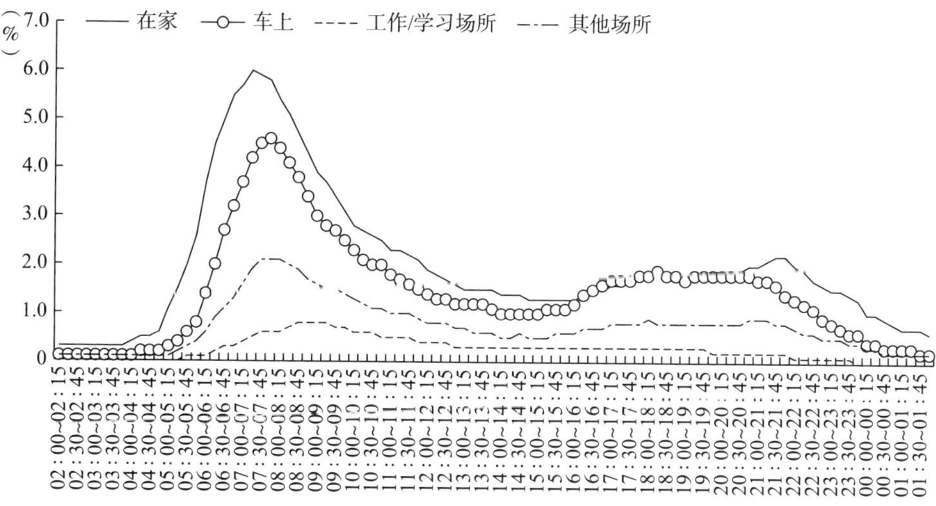

图 4.11.6　2021 年上海听众在不同收听地点全天收听率走势

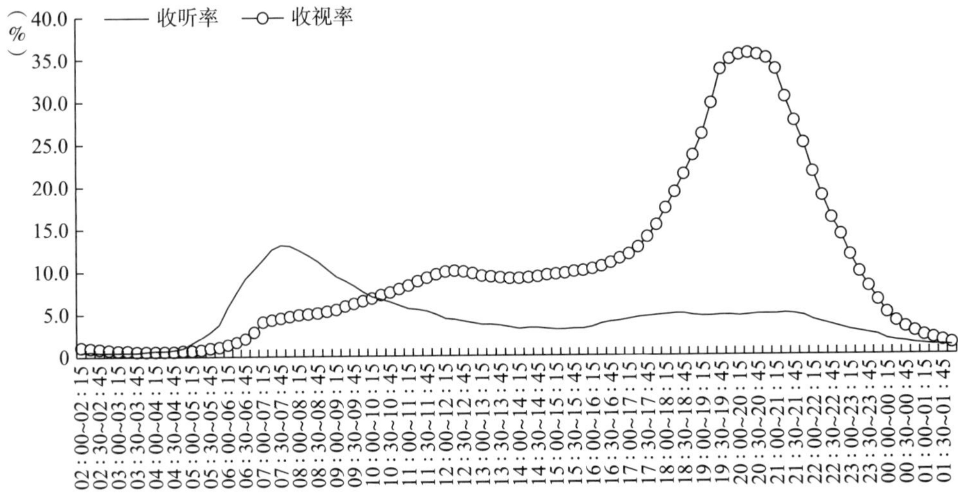

图 4.11.7　2021 年上海受众全天收听率、收视率走势比较（目标受众为 15 岁及以上所有人）

表 4.11.3　2021 年上海市场听众构成

单位：%

目标听众		听众构成
15 岁及以上所有人		100.0
性别	男	56.0
	女	44.0
年龄	15～24 岁	11.0
	25～34 岁	26.0
	35～44 岁	20.4
	45～54 岁	13.4
	55～64 岁	14.3
	65 岁及以上	14.9
受教育程度	未受过正规教育	*
	小学	*
	初中	11.3
	高中	30.2
	大学及以上	58.5
职业	干部/管理人员	12.0
	初级公务员/雇员	45.1
	个体/私营企业人员	3.9
	工人	9.0
	学生	10.4
	无业（包括退休人员）	19.6
	其他	*

续表

目标听众		听众构成
个人月收入	没有收入	9.9
	1～2000 元	*
	2001～3000 元	3.6
	3001～4000 元	12.7
	4001～5000 元	18.9
	5001～6000 元	11.2
	6001 元及以上	43.7

注："*"表示该目标听众样本量不足，无法进行统计推断。

表 4.11.4　2019～2021 年上海市场各广播电台的市场份额

单位：%

广播电台	2019 年	2020 年	2021 年
中央广播电视总台	8.8	7.5	6.6
上海广播电视台	91.2	92.5	93.4

表 4.11.5　2021 年上海市场各广播电台在不同目标听众中的市场份额

单位：%

目标听众		中央广播电视总台	上海广播电视台
15 岁及以上所有人		6.6	93.4
性别	男	7.1	92.9
	女	5.9	94.1
年龄	15～24 岁	5.1	94.9
	25～34 岁	4.6	95.4
	35～44 岁	6.9	93.1
	45～54 岁	5.1	94.9
	55～64 岁	4.6	95.4
	65 岁及以上	14.0	86.0
受教育程度	未受过正规教育	*	*
	小学	*	*
	初中	5.4	94.6
	高中	8.6	91.4
	大学及以上	5.5	94.5

续表

目标听众		中央广播电视总台	上海广播电视台
职业	干部/管理人员	6.7	93.3
	初级公务员/雇员	4.6	95.4
	个体/私营企业人员	5.3	94.7
	工人	6.5	93.5
	学生	5.5	94.5
	无业（包括退休人员）	11.9	88.1
	其他	*	*
个人月收入	没有收入	4.9	95.1
	1～2000元	*	*
	2001～3000元	3.6	96.4
	3001～4000元	8.1	91.9
	4001～5000元	8.9	91.1
	5001～6000元	5.0	95.0
	6001元及以上	6.1	93.9

注："*"表示该目标听众样本量不足，无法进行统计推断。

表4.11.6　2021年上海市场份额排名前5的频率

单位：%

排名	频率名称	市场份额
1	上海流行音乐广播动感101（FM101.7）	27.0
2	上海人民广播电台上海新闻广播（FM93.4/AM990）	26.7
3	上海经典金曲广播LoveRadio最爱调频（FM103.7）	12.8
4	第一财经广播（FM90.9）	10.2
5	上海人民广播电台长三角之声（FM89.9/AM792）	7.0

表4.11.7　2021年上海市场收听率排名前30的节目

单位：%

排名	节目名称	播出频率	收听率	市场份额
1	《转播中央人民广播电台新闻和报纸摘要节目》	上海人民广播电台上海新闻广播（FM93.4/AM990）	4.3	43.4
2	《990早新闻》	上海人民广播电台上海新闻广播（FM93.4/AM990）	4.1	34.4
3	《上海第十五届人大五次会议开幕会议实况》	上海人民广播电台上海新闻广播（FM93.4/AM990）	3.6	30.6
4	《市政协十三届四次会议开幕会议实况》	上海人民广播电台上海新闻广播（FM93.4/AM990）	3.4	33.3

续表

排名	节目名称	播出频率	收听率	市场份额
5	《清晨新闻》	上海人民广播电台上海新闻广播（FM93.4/AM990）	3.0	46.0
6	《新闻发布会》	上海人民广播电台上海新闻广播（FM93.4/AM990）	3.0	44.6
7	《中秋乐享日特别节目》	上海人民广播电台上海新闻广播（FM93.4/AM990）	2.9	33.8
8	《晓君有话头》	上海流行音乐广播　动感101（FM101.7）	2.7	24.7
9	《直通990》	上海人民广播电台上海新闻广播（FM93.4/AM990）	2.5	29.4
10	《音乐零时差》	上海流行音乐广播　动感101（FM101.7）	2.5	25.2
11	《小畅翻牌》	上海流行音乐广播　动感101（FM101.7）	2.4	24.2
12	《重走一大路特别直播》	上海人民广播电台上海新闻广播（FM93.4/AM990）	2.3	36.1
13	《2021夏令热线区长访谈》	上海人民广播电台上海新闻广播（FM93.4/AM990）	2.3	33.1
14	《那些照亮未来的灯塔》	上海人民广播电台上海新闻广播（FM93.4/AM990）	2.3	29.5
15	《端午小长假特别直播》	上海流行音乐广播　动感101（FM101.7）	2.2	34.1
16	《绕着地球跑》	上海流行音乐广播　动感101（FM101.7）	2.2	30.6
17	《兴业讲堂》	上海人民广播电台上海新闻广播（FM93.4/AM990）	2.2	27.2
18	《十四五开局看奉贤特别节目》	上海人民广播电台上海新闻广播（FM93.4/AM990）	2.2	26.5
19	《遇见未见十四五开局看奉贤》	上海人民广播电台上海新闻广播（FM93.4/AM990）	2.2	25.6
20	《动感101新春佳节特别大直播》	上海流行音乐广播 动感101（FM101.7）	2.2	24.2
21	《清明特别节目百年英烈树党魂》	上海人民广播电台上海新闻广播（FM93.4/AM990）	2.2	23.6
22	《遇见未见我们一起走进奉贤》	上海人民广播电台上海新闻广播（FM93.4/AM990）	2.2	22.6
23	《周末来打卡》	上海人民广播电台上海新闻广播（FM93.4/AM990）	2.1	26.7
24	《政风行风热线》	上海人民广播电台上海新闻广播（FM93.4/AM990）	2.1	24.7
25	《端午特别节目》	上海人民广播电台上海新闻广播（FM93.4/AM990）	2.1	23.5
26	《音乐早餐》	上海流行音乐广播 动感101（FM101.7）	2.1	19.5
27	《清明小长假特别直播》	上海流行音乐广播 动感101（FM101.7）	2.0	36.4

续表

排名	节目名称	播出频率	收听率	市场份额
28	《东方风云榜》	上海流行音乐广播 动感101（FM101.7）	1.9	38.5
29	《2021从奥运到全民88全民健身日特别直播》	上海人民广播电台上海新闻广播（FM93.4/AM990）	1.9	25.1
30	《上海政协十三届四次会议专题会议》	上海人民广播电台上海新闻广播（FM93.4/AM990）	1.9	24.6

十二 深圳收听数据

表 4.12.1 2019～2021 年深圳各目标听众人均收听时间

单位：分钟

目标听众		2019 年	2020 年	2021 年
15 岁及以上所有人		43	38	37
性别	男	42	41	40
	女	43	35	32
年龄	15～24 岁	43	41	37
	25～34 岁	38	32	30
	35～44 岁	45	38	39
	45～54 岁	50	47	46
	55～64 岁	54	54	52
	65 岁及以上	48	61	58
受教育程度	未受过正规教育	*	*	*
	小学	37	23	22
	初中	47	38	35
	高中	46	41	41
	大学及以上	36	35	33
职业	干部/管理人员	48	42	46
	初级公务员/雇员	44	37	34
	个体/私营企业人员	40	32	30
	工人	37	36	37
	学生	50	50	55
	无业（包括退休人员）	42	46	41
	其他	*	*	*
个人月收入	没有收入	43	45	44
	1～2000 元	50	43	30
	2001～3000 元	45	52	47
	3001～4000 元	47	42	44
	4001～5000 元	50	40	35
	5001～6000 元	41	37	37
	6001 元及以上	38	34	34

注：深圳为全年连续调查城市；“*”表示该目标听众样本量不足，无法进行统计推断。

表 4.12.2　2019～2021 年深圳听众在不同收听地点的人均收听时间

单位：分钟

地点	2019 年	2020 年	2021 年
在家	8	13	12
车上	22	16	18
工作/学习场所	6	3	2
其他场所	6	6	5

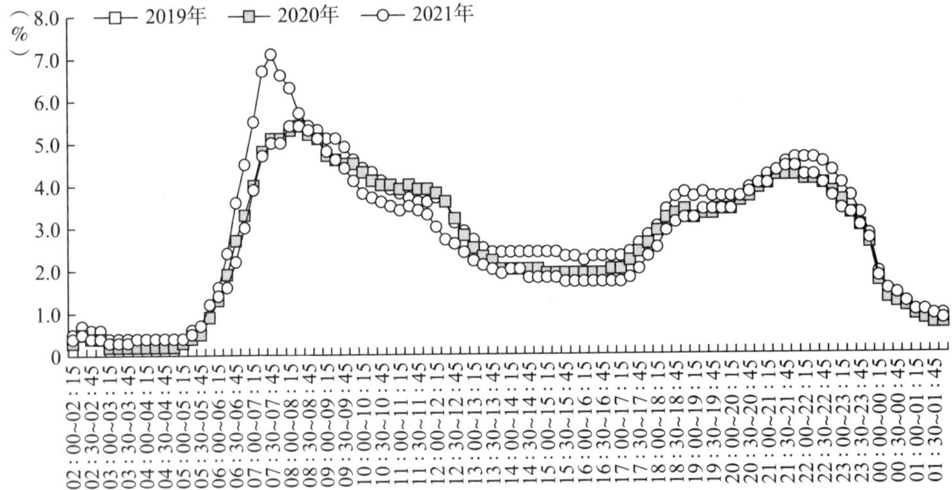

图 4.12.1　2019～2021 年深圳听众全天收听率走势

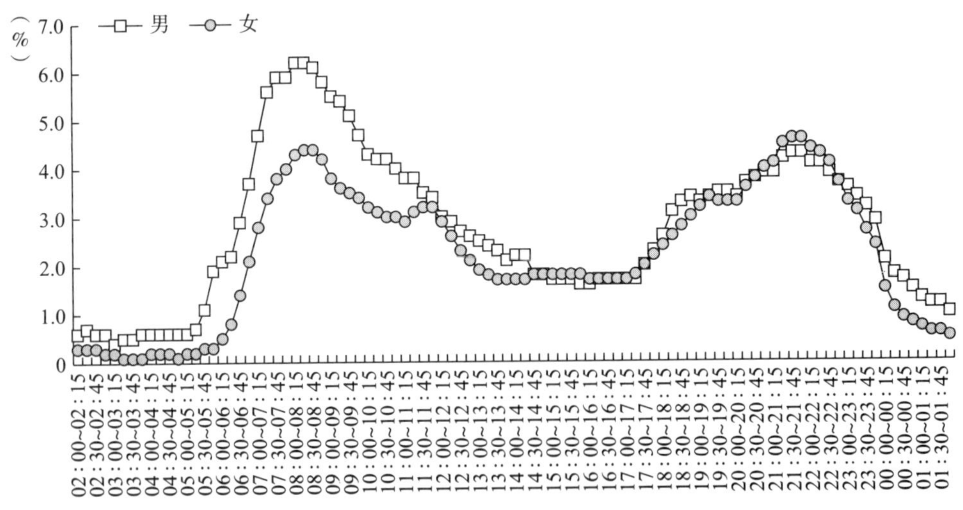

图 4.12.2　2021 年深圳不同性别听众全天收听率走势

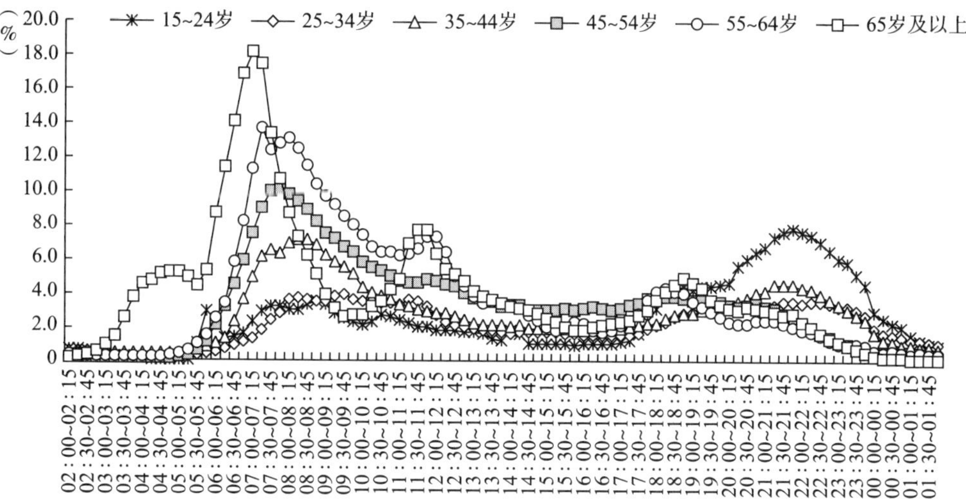

图 4.12.3　2021 年深圳不同年龄听众全天收听率走势

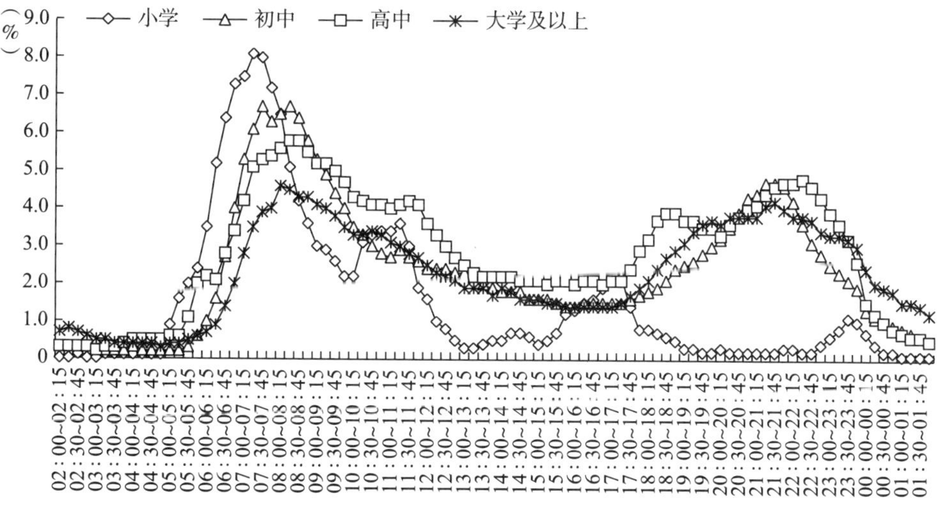

图 4.12.4　2021 年深圳不同文化程度听众全天收听率走势

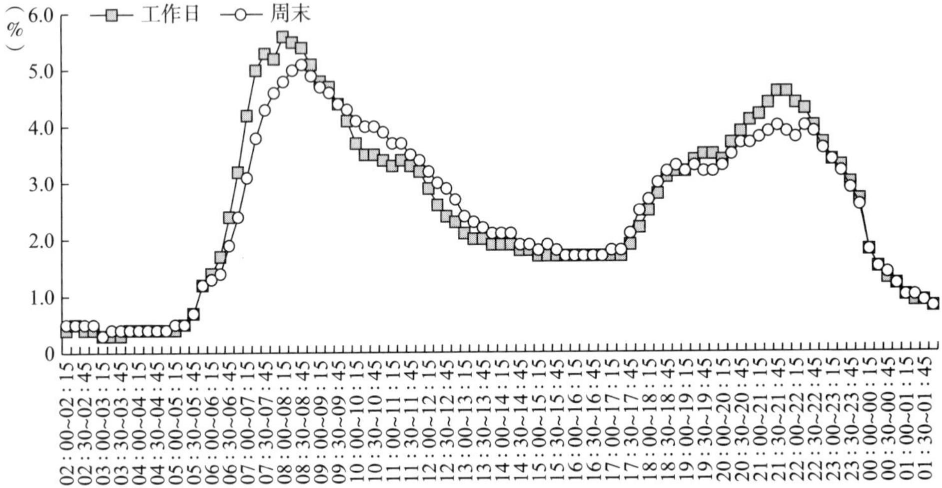

图 4.12.5　2021 年深圳听众工作日与周末全天收听率走势

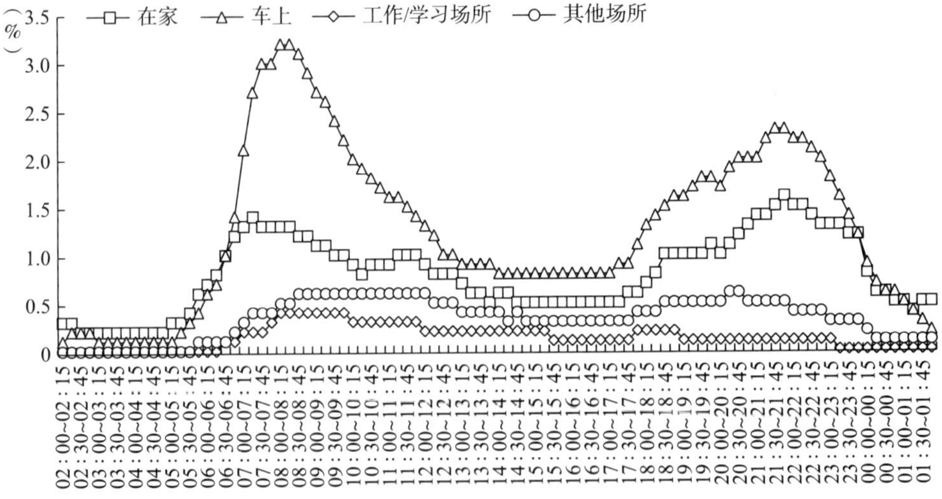

图 4.12.6　2021 年深圳听众在不同收听地点全天收听率走势

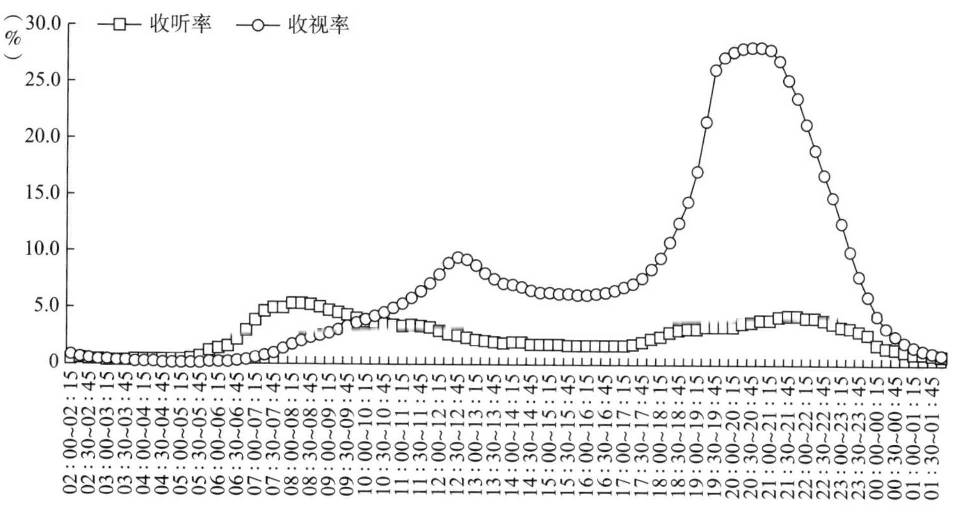

图 4.12.7　2021 年深圳受众全天收听率、收视率走势比较（目标受众为 15 岁及以上所有人）

表 4.12.3　2021 年深圳市场听众构成

单位：%

目标听众		听众构成
15 岁及以上所有人		100.0
性别	男	60.9
	女	39.1
年龄	15～24 岁	17.7
	25～34 岁	31.9
	35～44 岁	31.8
	45～54 岁	10.0
	55～64 岁	3.6
	65 岁及以上	5.0
受教育程度	未受过正规教育	*
	小学	0.3
	初中	15.3
	高中	48.2
	大学及以上	36.2
职业	干部/管理人员	8.6
	初级公务员/雇员	45.7
	个体/私营企业人员	10.9
	工人	14.3
	学生	10.9
	无业（包括退休人员）	9.6
	其他	*

续表

目标听众		听众构成
个人月收入	没有收入	14.0
	1～2000元	0.9
	2001～3000元	2.5
	3001～4000元	12.2
	4001～5000元	16.6
	5001～6000元	16.9
	6001元及以上	36.9

注："*"表示该目标听众样本量不足，无法进行统计推断。

表4.12.4　2019～2021年深圳市场各广播电台的市场份额

单位：%

广播电台	2019年	2020年	2021年
中央广播电视总台	10.3	10.9	9.8
广东广播电视台	6.0	5.7	3.6
深圳广播电影电视集团	79.2	78.6	81.4
其他广播电台	4.5	4.8	5.2

表4.12.5　2021年深圳市场各广播电台在不同目标听众中的市场份额

单位：%

目标听众		中央广播电视总台	广东广播电视台	深圳广播电影电视集团	其他广播电台
15岁及以上所有人		9.8	3.6	81.4	5.2
性别	男	9.3	3.9	80.9	5.9
	女	10.5	3.2	82.3	4.0
年龄	15～24岁	1.8	0.4	95.2	2.6
	25～34岁	7.0	7.1	80.8	5.1
	35～44岁	11.9	2.5	79.6	6.0
	45～54岁	10.2	2.9	79.6	7.3
	55～64岁	24.4	5.0	67.9	2.7
	65岁及以上	31.1	1.3	62.1	5.5
受教育程度	未受过正规教育	*	*	*	*
	小学	8.9	19.5	70.7	0.9
	初中	13.0	2.9	81.4	2.7
	高中	9.7	2.2	83.3	4.8
	大学及以上	8.5	5.7	79.1	6.7

续表

目标听众		中央广播电视总台	广东广播电视台	深圳广播电影电视集团	其他广播电台
职业	干部/管理人员	8.0	1.8	82.5	7.7
	初级公务员/雇员	8.3	4.6	81.0	6.1
	个体/私营企业人员	14.7	5.2	73.3	6.8
	工人	11.3	4.6	80.7	3.4
	学生	2.4	0.4	94.9	2.3
	无业（包括退休人员）	18.8	1.3	77.7	2.2
	其他	*	*	*	*
个人月收入	没有收入	2.1	0.9	95.1	1.9
	1～2000 元	4.9	2.1	89.5	3.5
	2001～3000 元	25.0	10.8	56.4	7.8
	3001～4000 元	13.3	1.3	82.5	2.9
	4001～5000 元	8.8	4.8	83.5	2.9
	5001～6000 元	9.8	3.6	72.9	13.7
	6001 元及以上	11.2	4.6	80.3	3.9

注：“*”表示该目标听众样本量不足，无法进行统计推断。

表 4.12.6　2021 年深圳市场份额排名前 5 的频率

单位：%

排名	频率名称	市场份额
1	深圳广播电台新闻频率（FM89.8）	25.3
2	深圳广播电台交通频率（FM106.2）	23.3
3	深圳人民广播电台音乐广播（FM97.1）	23.1
4	深圳电台生活频率（FM94.2）	9.7
5	中央人民广播电台第一套节目中国之声	5.1

表 4.12.7　2021 年深圳市场收听率排名前 30 的节目

单位：%

名次	节目名称	播出频率	收听率	市场份额
1	《898 早新闻》	深圳广播电台新闻频率（FM89.8）	1.6	31.8
2	《深圳早班车》	深圳广播电台交通频率（FM106.2）	1.6	30.3
3	《898 早新闻》（重播）	深圳广播电台新闻频率（FM89.8）	1.5	30.7
4	《转播中央人民广播电台〈新闻和报纸摘要〉》	深圳广播电台新闻频率（FM89.8）	1.2	47.0
5	《馨竹的格调生活》	深圳广播电台交通频率（FM106.2）	1.2	27.1
5	《民心桥》	深圳广播电台新闻频率（FM89.8）	1.1	31.7

续表

名次	节目名称	播出频率	收听率	市场份额
7	《缤纷车世界》	深圳广播电台交通频率（FM106.2）	1.1	27.9
8	《林凡书伴旅途》	深圳广播电台交通频率（FM106.2）	1.1	27.6
9	《振凯的高品质生活》	深圳广播电台交通频率（FM106.2）	1.1	27.1
10	《晋一说科技》	深圳广播电台交通频率（FM106.2）	1.1	25.4
11	《因为爱》	深圳人民广播电台音乐广播（FM97.1）	1.1	24.0
12	《成长进行时》	深圳广播电台交通频率（FM106.2）	1.1	23.6
13	《民歌味道》	深圳人民广播电台音乐广播（FM97.1）	1.1	23.5
14	《一路飞扬》	深圳人民广播电台音乐广播（FM97.1）	1.1	19.9
15	《深圳事大家议》	深圳广播电台新闻频率（FM89.8）	1.0	31.5
16	《凌凌演出导航》	深圳广播电台交通频率（FM106.2）	1.0	28.2
17	《从深圳出发》	深圳广播电台交通频率（FM106.2）	1.0	27.1
18	《悦瞳时尚加速度》	深圳广播电台交通频率（FM106.2）	1.0	26.9
19	《行游天下》	深圳广播电台新闻频率（FM89.8）	1.0	26.8
20	《乔飞出国留学》	深圳广播电台交通频率（FM106.2）	1.0	26.6
21	《政协热线》	深圳广播电台新闻频率（FM89.8）	1.0	25.7
22	《音乐私享家》	深圳人民广播电台音乐广播（FM97.1）	1.0	24.4
23	《人才驾到》	深圳广播电台交通频率（FM106.2）	1.0	23.6
24	《AI科技秀》	深圳广播电台新闻频率（FM89.8）	1.0	22.1
25	《灵莉的微世界》	深圳广播电台交通频率（FM106.2）	0.9	29.0
26	《转播中央人民广播电台〈全国新闻联播〉》	深圳广播电台新闻频率（FM89.8）	0.9	28.9
27	《希望对话》	深圳广播电台新闻频率（FM89.8）	0.9	27.0
28	《佳倩旅行心发现》	深圳广播电台交通频率（FM106.2）	0.9	26.9
29	《TA们的歌》	深圳人民广播电台音乐广播（FM97.1）	0.9	25.8
30	《最懂女人心》	深圳人民广播电台音乐广播（FM97.1）	0.9	24.4

十三　石家庄收听数据

表 4.13.1　2019～2021 年石家庄各目标听众人均收听时间

单位：分钟

目标听众		2019 年	2020 年	2021 年
10 岁及以上所有人		78	75	65
性别	男	85	82	71
	女	70	68	59
年龄	10～14 岁	19	22	19
	15～24 岁	30	33	31
	25～34 岁	78	63	52
	35～44 岁	76	68	56
	45～54 岁	100	101	86
	55～64 岁	128	138	121
	65 岁及以上	142	146	144
受教育程度	未受过正规教育	*	*	*
	小学	68	66	49
	初中	96	97	80
	高中	81	81	64
	大学及以上	64	55	58
职业	干部/管理人员	72	49	55
	初级公务员/雇员	72	71	64
	个体/私营企业人员	81	69	60
	工人	90	85	66
	学生	20	25	21
	无业（包括退休人员）	133	135	124
	其他	127	*	*
个人月收入	没有收入	35	40	33
	1～2000 元	96	106	106
	2001～3000 元	97	100	84
	3001～4000 元	83	78	76
	4001～5000 元	85	80	67
	5001～6000 元	77	60	58
	6001 元及以上	130	86	71

注：石家庄为全年连续调查城市；“*”表示该目标听众样本量不足，无法进行统计推断。

表 4.13.2　2019～2021 年石家庄听众在不同地点的人均收听时间

单位：分钟

地点	2019 年	2020 年	2021 年
在家	47	52	44
车上	25	20	18
工作/学习场所	3	2	1
其他场所	2	1	1

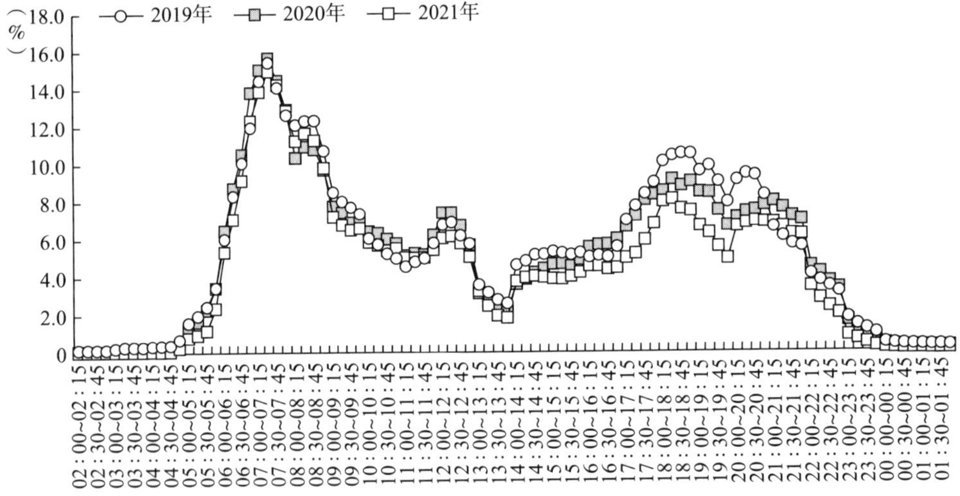

图 4.13.1　2019～2021 年石家庄听众全天收听率走势

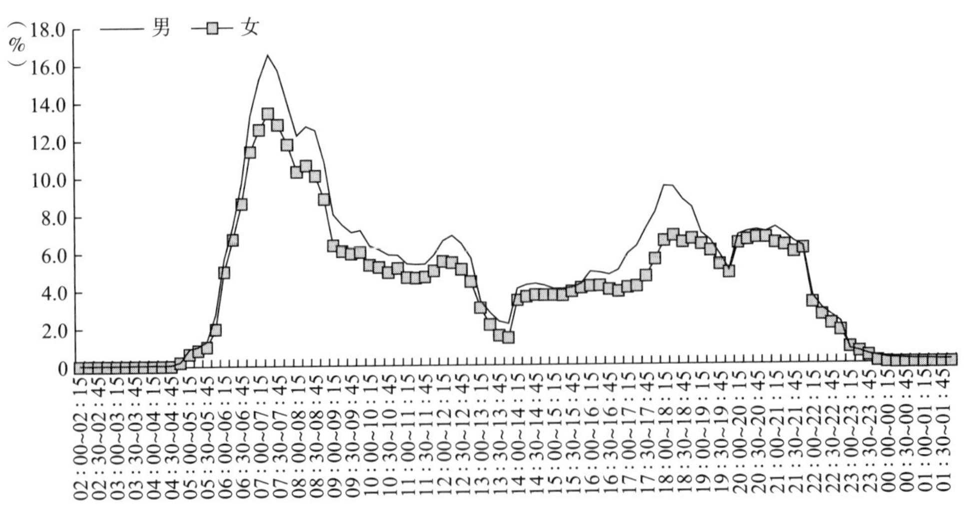

图 4.13.2　2021 年石家庄不同性别听众全天收听率走势

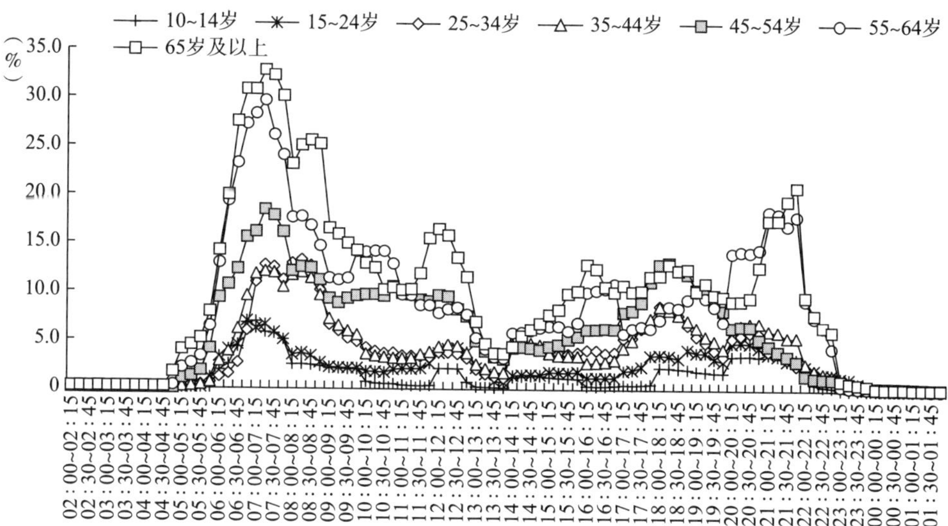

图 4.13.3　2021 年石家庄不同年龄听众全天收听率走势

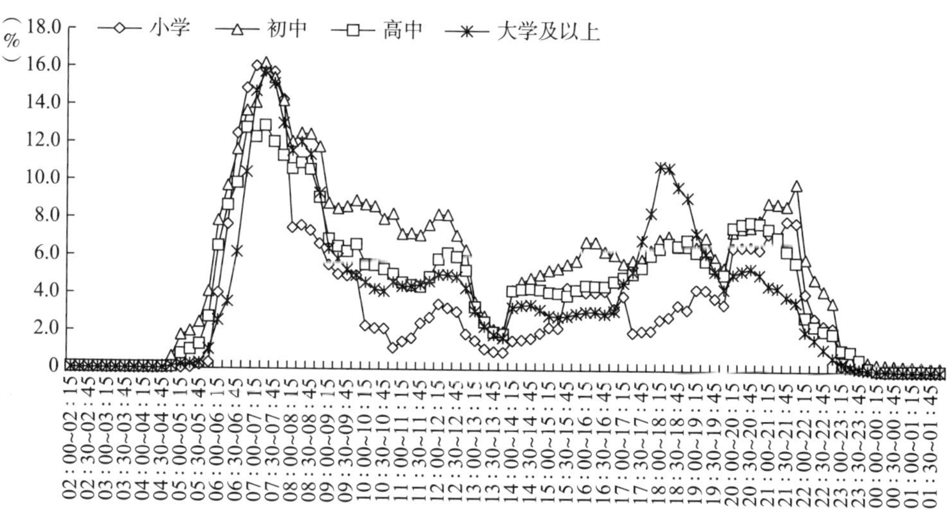

图 4.13.4　2021 年石家庄不同文化程度听众全天收听率走势

说明：* 表示目标听众样本量不足，无法进行统计推断。

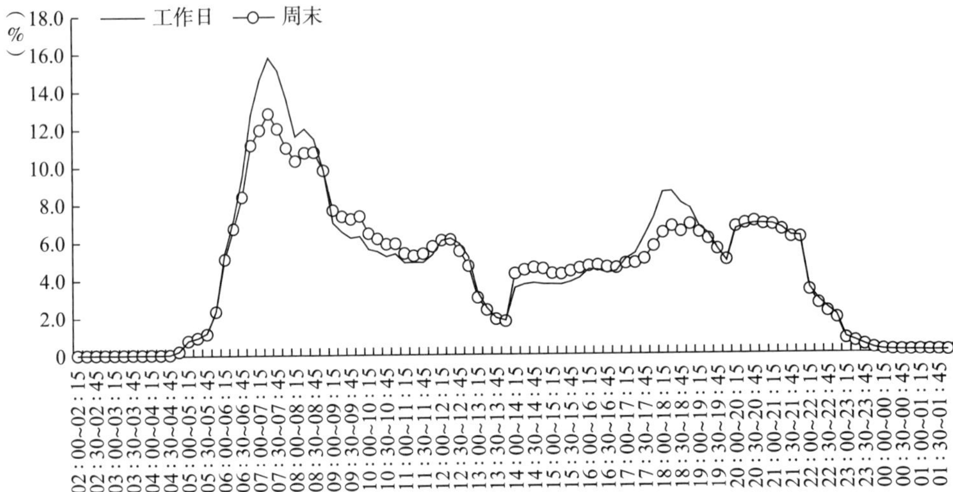

图 4.13.5　2021 年石家庄听众工作日与周末全天收听率走势

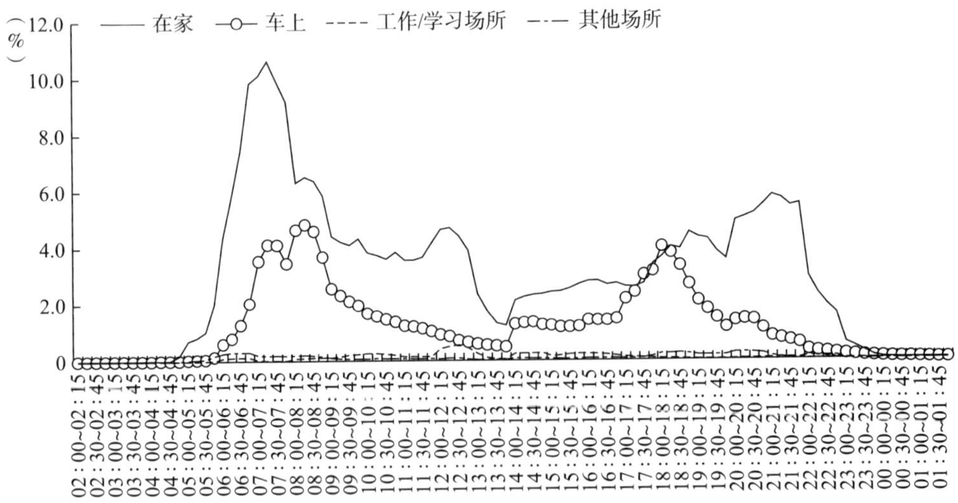

图 4.13.6　2021 年石家庄听众在不同收听地点全天收听率走势

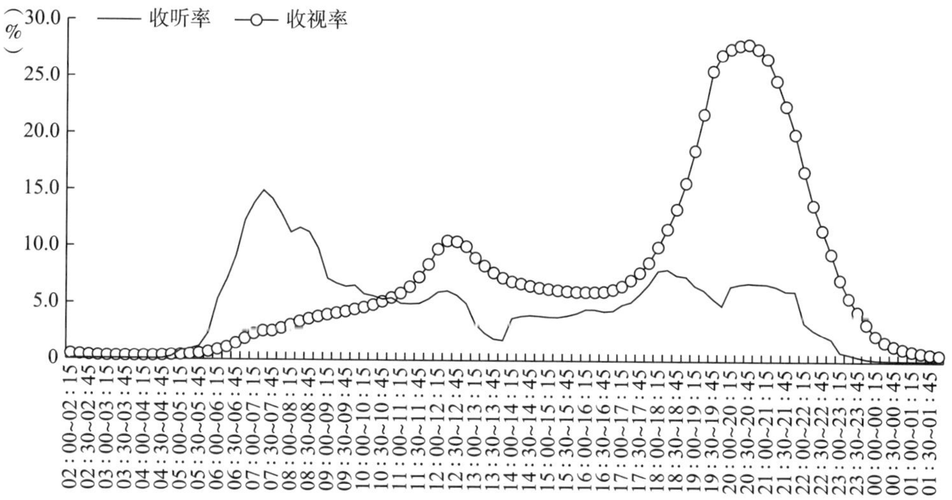

图 4.13.7　2021 年石家庄受众全天收听率、收视率走势比较（目标受众为 10 岁及以上所有人）

表 4.13.3　2021 年石家庄市场听众构成

单位：%

目标听众		听众构成
10 岁及以上所有人		100.0
性别	男	53.2
	女	46.8
年龄	10～14 岁	1.3
	15～24 岁	10.4
	25～34 岁	17.1
	35～44 岁	17.3
	45～54 岁	19.4
	55～64 岁	17.6
	65 岁及以上	16.9
受教育程度	未受过正规教育	*
	小学	4.1
	初中	30.4
	高中	34.0
	大学及以上	31.4
职业	干部/管理人员	4.8
	初级公务员/雇员	27.5
	个体/私营企业人员	19.0
	工人	7.8
	学生	6.3
	无业（包括退休人员）	34.6
	其他	*

续表

目标听众		听众构成
个人月收入	没有收入	12.0
	1~2000 元	8.0
	2001~3000 元	22.6
	3001~4000 元	28.2
	4001~5000 元	13.4
	5001~6000 元	7.9
	6001 元及以上	7.8

注：石家庄为全年连续调查城市；“＊”表示该目标听众样本量不足，无法进行统计推断。

表 4.13.4　2019~2021 年石家庄市场各广播电台的市场份额

单位：%

广播电台	2019 年	2020 年	2021 年
中央广播电视总台	6.7	6.8	8.4
河北广播电视台	52.6	47.0	48.2
石家庄广播电视台	39.4	45.5	43.2
其他广播电台	1.3	0.7	0.2

表 4.13.5　2021 年石家庄市场各广播电台在不同目标听众中的市场份额

单位：%

目标听众		中央广播电视总台	河北广播电视台	石家庄广播电视台	其他广播电台
10 岁及以上所有人		8.4	48.2	43.2	0.2
性别	男	8.3	46.9	44.6	0.2
	女	8.5	49.7	41.5	0.3
年龄	10~14 岁	10.7	41.9	46.4	1.1
	15~24 岁	6.1	58.9	34.8	0.2
	25~34 岁	4.9	56.6	38.2	0.3
	35~44 岁	3.8	53.9	41.8	0.5
	45~54 岁	5.1	48.4	45.9	0.3
	55~64 岁	16.7	40.8	42.5	0.0
	65 岁及以上	12.8	35.1	52.0	0.0
受教育程度	未受过正规教育	*	*	*	*
	小学	4.7	38.8	56.3	0.2
	初中	8.3	42.3	49.5	0.0
	高中	9.0	50.2	40.8	0.0
	大学及以上	8.3	52.9	38.2	0.6

续表

目标听众		中央广播电视总台	河北广播电视台	石家庄广播电视台	其他广播电台
职业	干部/管理人员	11.1	58.3	29.4	1.2
	初级公务员/雇员	6.2	52.0	41.4	0.5
	个体/私营企业人员	4.2	45.1	50.7	0.0
	工人	12.0	61.0	27.1	0.0
	学生	6.1	58.0	35.4	0.5
	无业（包括退休人员）	11.8	40.6	47.6	0.0
	其他	*	*	*	*
个人月收入	没有收入	6.6	58.6	34.6	0.3
	1～2000元	18.3	44.6	37.1	0.0
	2001～3000元	7.9	45.2	46.8	0.1
	3001～4000元	10.9	40.7	48.3	0.1
	4001～5000元	8.0	49.6	41.8	0.7
	5001～6000元	1.6	59.0	38.8	0.6
	6001元及以上	2.0	58.1	39.9	0.0

注：石家庄为全年连续调查城市；“*”表示该目标听众样本量不足，无法进行统计推断。

表4.13.6　2021年石家庄市场份额排名前5的频率

单位：%

排名	频率名称	市场份额
1	石家庄广播电视台综合广播（AM882/FM88.2）	18.4
2	河北广播电视台交通广播（FM99.2）	14.5
3	河北广播电视台音乐广播（FM102.4）	12.7
4	石家庄广播电视台交通广播（FM94.6）	12.2
5	石家庄广播电视台音乐广播（FM106.7）	8.6

表4.13.7　2021年石家庄市场收听率排名前30的节目

单位：%

排名	节目名称	播出频率	收听率	市场份额
1	《转播〈新闻和报纸摘要〉》	石家庄广播电视台综合广播（AM882/FM88.2）	3.2	30.7
2	《新闻882》	石家庄广播电视台综合广播（AM882/FM88.2）	3.0	24.0
3	《992晚高峰》	河北广播电视台交通广播（FM99.2）	2.4	36.3
4	《946领先早高峰》	石家庄广播电视台交通广播（FM94.6）	2.2	17.7
5	《992早高峰》	河北广播电视台交通广播（FM99.2）	1.6	13.1
6	《小雨来了》	河北广播电视台交通广播（FM99.2）	1.4	27.0

续表

排名	节目名称	播出频率	收听率	市场份额
7	《新闻和报纸摘要》	中央人民广播电台第一套节目中国之声	1.3	12.8
8	《快乐出发》	河北广播电视台音乐广播（FM102.4）	1.3	10.8
9	《汽车有话说》	河北广播电视台交通广播（FM99.2）	1.1	22.4
10	《992 早班车》	河北广播电视台交通广播（FM99.2）	1.1	19.5
11	《946 动感晚高峰》	石家庄广播电视台交通广播（FM94.6）	1.1	17.0
12	《新闻和报纸摘要》（转播央广）	石家庄广播电视台交通广播（FM94.6）	1.1	11.0
13	《依然动听》	河北广播电视台音乐广播（FM102.4）	1.0	20.5
14	《潮流音乐风》	石家庄广播电视台音乐广播（FM106.7）	0.9	20.8
15	《新石门客栈》	河北广播电视台交通广播（FM99.2）	0.9	20.0
16	《乐享大讲堂》	河北广播电视台音乐广播（FM102.4）	0.9	17.4
17	《992 乐行天下》	河北广播电视台交通广播（FM99.2）	0.8	19.1
18	《992 车世界》	河北广播电视台交通广播（FM99.2）	0.8	18.8
19	《老郑说车》	河北广播电视台交通广播（FM99.2）	0.8	18.5
20	《开心方向盘》	石家庄广播电视台交通广播（FM94.6）	0.8	13.4
21	《好时光，在路上》	石家庄广播电视台音乐广播（FM106.7）	0.8	6.7
22	《第一房产》	石家庄广播电视台综合广播（AM882/FM88.2）	0.7	18.9
23	《882 城市热线》	石家庄广播电视台综合广播（AM882/FM88.2）	0.7	16.4
24	《946 经典书场》	石家庄广播电视台交通广播（FM94.6）	0.7	15.4
25	《晚星话传奇》	石家庄广播电视台交通广播（FM94.6）	0.7	15.2
26	《946 车友俱乐部》	石家庄广播电视台交通广播（FM94.6）	0.7	15.0
27	《行风热线》	石家庄广播电视台综合广播（AM882/FM88.2）	0.7	14.1
28	《交通热线》	石家庄广播电视台交通广播（FM94.6）	0.7	12.6
29	《转播〈全省新闻联播〉》	石家庄广播电视台综合广播（AM882/FM88.2）	0.7	12.3
30	《音乐控 incar》	石家庄广播电视台音乐广播（FM106.7）	0.7	10.6

十四　苏州收听数据

表 4.14.1　2019～2021 年苏州各目标听众人均收听时间

单位：分钟

目标听众		2019 年	2020 年	2021 年
15 岁及以上所有人		67	68	43
性别	男	67	69	46
	女	65	64	40
年龄	15～24 岁	39	38	52
	25～34 岁	67	61	31
	35～44 岁	68	70	39
	45～54 岁	61	75	49
	55～64 岁	96	89	54
	65 岁及以上	123	145	57
受教育程度	未受过正规教育	*	*	*
	小学	75	75	*
	初中	65	66	46
	高中	74	79	48
	大学及以上	60	58	41
职业	干部/管理人员	58	72	44
	初级公务员/雇员	63	62	40
	个体/私营企业人员	63	73	41
	工人	74	71	36
	学生	30	30	58
	无业（包括退休人员）	109	117	59
	其他	45	34	*
个人月收入	没有收入	35	33	56
	1～2000 元	52	48	*
	2001～3000 元	81	84	36
	3001～4000 元	72	75	56
	4001～5000 元	66	66	43
	5001～6000 元	79	89	30
	6001 元及以上	82	84	41

注：苏州为全年连续调查城市，从 2021 年 4 月 1 日起采用测量仪调查数据，其他广播电台频率不再纳入监测范围；“*”表示目标听众样本量不足，无法进行统计推断。

表 4.14.2　2019～2021 年苏州听众在不同地点的人均收听时间

单位：分钟

地点	2019 年	2020 年	2021 年
在家	42	41	21
车上	22	23	17
工作/学习场所	3	4	2
其他场所	1	0	4

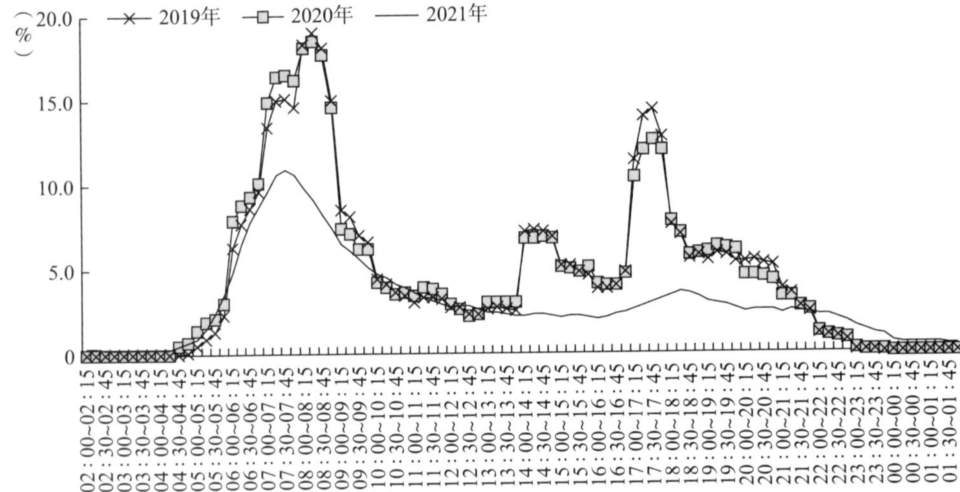

图 4.14.1　2019～2021 年苏州听众全天收听率走势

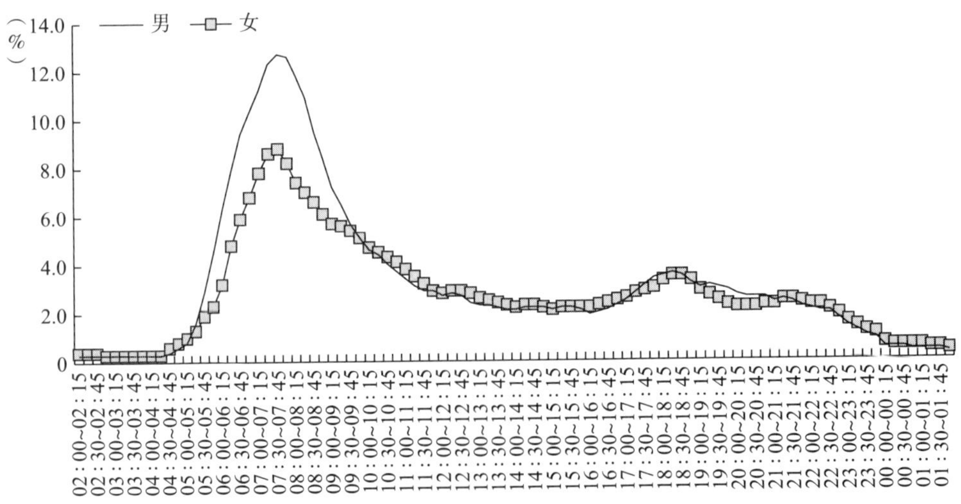

图 4.14.2　2021 年苏州不同性别听众全天收听率走势

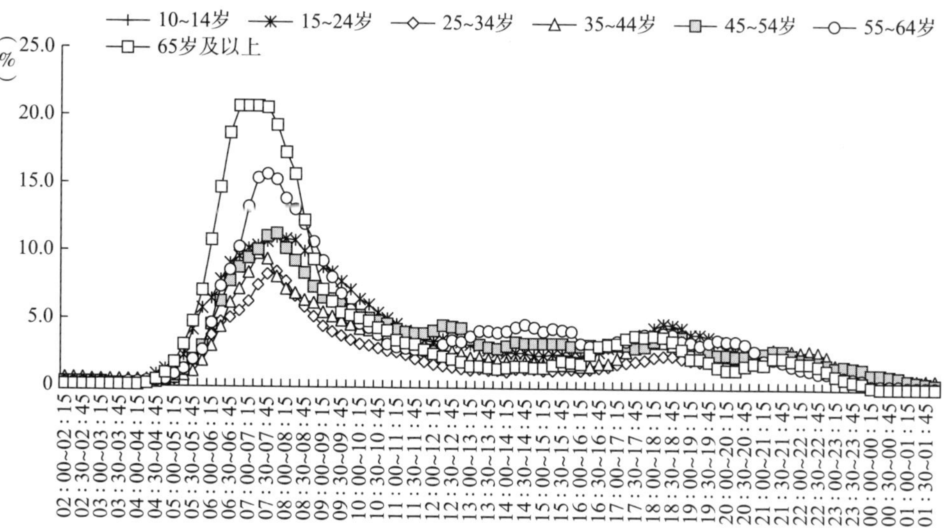

图 4.14.3 2021 年苏州不同年龄听众全天收听率走势

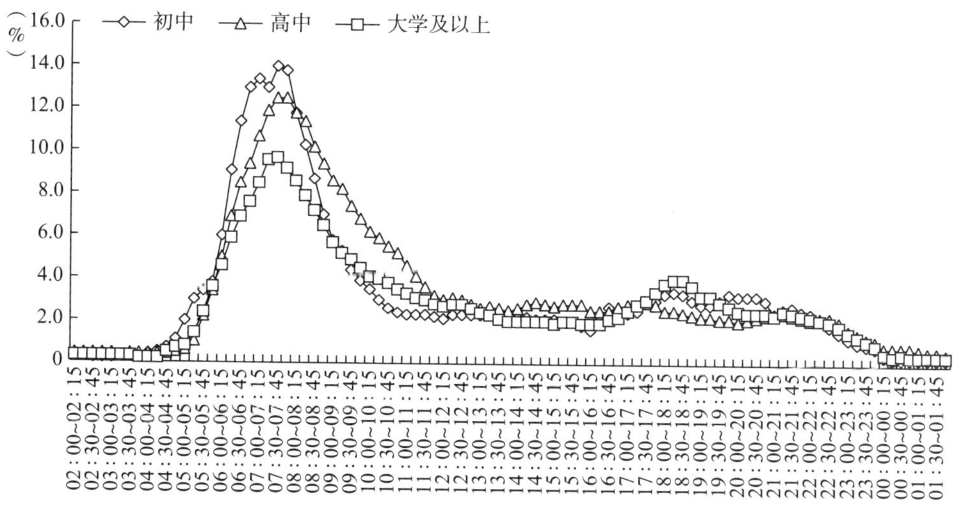

图 4.14.4 2021 年苏州不同文化程度听众全天收听率走势

说明：＊表示目标听众样本量不足，无法进行统计推断。

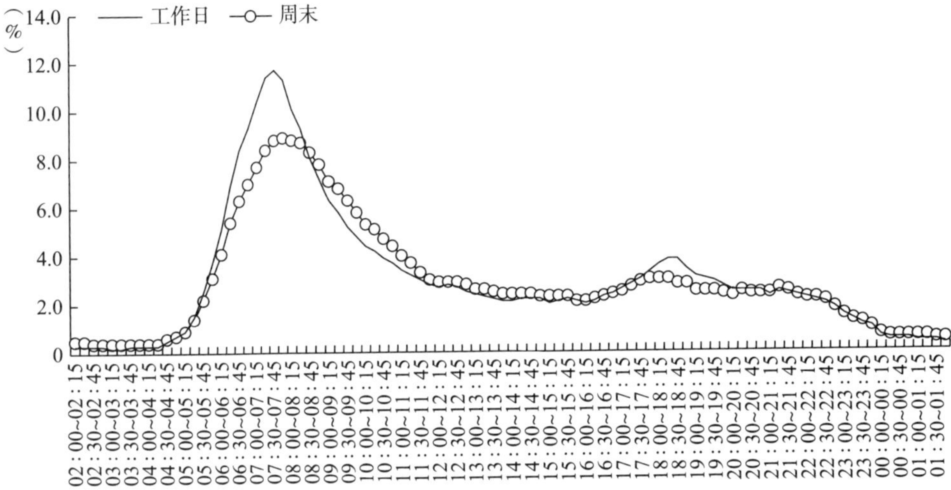

图 4.14.5　2021 年苏州听众工作日与周末全天收听率走势

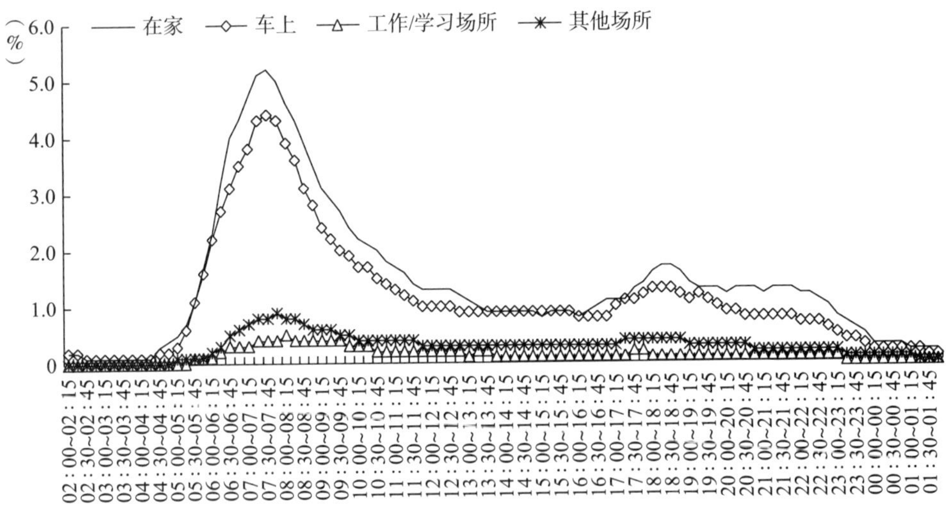

图 4.14.6　2021 年苏州听众在不同收听地点全天收听率走势

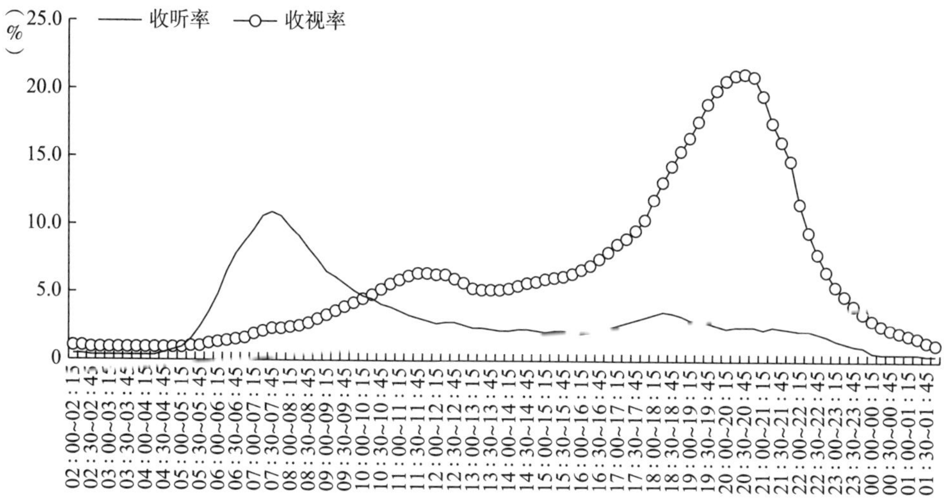

图 4.14.7　2021 年苏州受众全天收听率、收视率走势比较（目标受众为 15 岁及以上所有人）

表 4.14.3　2021 年苏州市场听众构成

单位：%

目标听众		听众构成
15 岁及以上所有人		100.0
性别	男	57.2
	女	42.8
年龄	15 ~ 24 岁	26.4
	25 ~ 34 岁	20.1
	35 ~ 44 岁	21.8
	45 ~ 54 岁	11.8
	55 ~ 64 岁	10.7
	65 岁及以上	9.2
受教育程度	未受过正规教育	*
	小学	*
	初中	11.1
	高中	30.2
	大学及以上	58.7
职业	干部/管理人员	5.2
	初级公务员/雇员	39.4
	个体/私营企业人员	11.3
	工人	16.6
	学生	13.3
	无业（包括退休人员）	14.2
	其他	*

续表

目标听众		听众构成
个人月收入	没有收入	14.5
	1～2000元	*
	2001～3000元	1.6
	3001～4000元	17.1
	4001～5000元	23.3
	5001～6000元	11.7
	6001元及以上	31.8

注：苏州为全年连续调查城市，从2021年4月1日起采用测量仪调查数据，其他广播电台频率不再纳入监测范围；“*”表示目标听众样本量不足，无法进行统计推断。

表4.14.4　2019～2021年苏州市场各广播电台的市场份额

单位：%

广播电台	2019年	2020年	2021年
中央广播电视总台	5.8	4.9	1.6
江苏广播电视总台	12.7	15.0	2.2
苏州广播电视总台	80.6	79.5	96.2
上海广播电视台	0.7	0.6	-
无锡广播电视台	0.0	0.0	-
其他广播电台	0.2	0.0	0.0

注：苏州为全年连续调查城市，从2021年4月1日起采用测量仪调查数据，上海、无锡及其他广播电台频率不再纳入监测范围。

表4.14.5　2021年苏州市场各广播电台在不同目标听众中的市场份额

单位：%

目标听众		中央广播电视总台	江苏广播电视总台	苏州广播电视总台
15岁及以上所有人		1.6	2.2	96.2
性别	男	2.0	2.6	95.4
	女	1.0	1.7	97.3
年龄	15～24岁	1.8	2.4	95.8
	25～34岁	1.9	1.9	96.2
	35～44岁	1.5	2.6	95.9
	45～54岁	2.0	2.5	95.5
	55～64岁	1.0	1.5	97.5
	65岁及以上	0.4	1.9	97.7

续表

目标听众		中央广播电视总台	江苏广播电视总台	苏州广播电视总台
受教育程度	未受过正规教育	*	*	*
	小学	*	*	*
	初中	0.4	0.9	98.7
	高中	1.0	2.1	96.9
	大学及以上	2.1	2.5	95.4
职业类别	干部/管理人员	0.9	0.6	98.5
	初级公务员/雇员	2.0	2.3	95.7
	个体/私营企业人员	0.5	2.8	96.7
	工人	1.6	1.0	97.4
	学生	2.2	2.6	95.2
	无业（包括退休人员）	0.9	3.1	96.0
	其他	*	*	*
个人月收入	没有收入	2.1	2.5	95.4
	1～2000 元	*	*	*
	2001～3000 元	0.7	2.9	96.4
	3001～4000 元	0.9	3.2	95.9
	4001～5000 元	1.6	1.9	96.5
	5001～6000 元	2.7	1.7	95.6
	6001 元及以上	1.3	1.9	96.8

注：苏州为全年连续调查城市，从 2021 年 4 月 1 日起采用测量仪调查数据，其他广播电台频率不再纳入监测范围；“*”表示目标听众样本量不足，无法进行统计推断。

表 4.14.6　2021 年苏州市场份额排名前 5 的频率

单位：%

排名	频率名称	市场份额
1	苏州广播电视总台交通经济广播（FM104.8）	35.3
2	苏州广播电视总台都市音乐广播（FM102.8）	34.6
3	苏州广播电视总台综合广播（FM91.1）	16.8
4	苏州广播电视总台儿童广播（FM95.7）	3.6
5	苏州广播电视总台生活广播（FM96.5）	3.3

表 4.14.7　2021 年苏州市场收听率排名前 30 的节目

单位：%

名次	节目名称	频率名称	收听率	市场份额
1	《直播苏州》	苏州广播电视总台交通经济广播（FM104.8）	4.5	40.3

续表

名次	节目名称	频率名称	收听率	市场份额
2	《中国之声〈新闻和报纸摘要〉》	苏州广播电视总台交通经济广播（FM104.8）	3.6	44.4
3	《雷哥来啦》	苏州广播电视总台交通经济广播（FM104.8）	3.6	41.9
4	《直播苏州·与你同行》	苏州广播电视总台交通经济广播（FM104.8）	3.1	40.0
5	《六点辰光》	苏州广播电视总台交通经济广播（FM104.8）	2.6	45.8
6	《苏州新闻》	苏州广播电视总台综合广播（FM91.1）	2.4	24.0
7	《音乐快车道》	苏州广播电视总台都市音乐广播（FM102.8）	2.3	22.8
8	《与你同行》	苏州广播电视总台交通经济广播（FM104.8）	2.2	39.1
9	《转播中国之声〈新闻和报纸摘要〉》	苏州广播电视总台综合广播（FM91.1）	2.1	25.8
10	《康康 Melody》	苏州广播电视总台都市音乐广播（FM102.8）	1.8	37.9
11	《毕口秀》	苏州广播电视总台综合广播（FM91.1）	1.8	20.4
12	《纯享假日－自在K歌》（上午版）	苏州广播电视总台都市音乐广播（FM102.8）	1.7	30.3
13	《摆渡人的歌》	苏州广播电视总台都市音乐广播（FM102.8）	1.4	41.9
14	《音乐233》	苏州广播电视总台都市音乐广播（FM102.8）	1.3	56.5
15	《超有话聊》	苏州广播电视总台都市音乐广播（FM102.8）	1.3	43.6
16	《老歌回忆录》	苏州广播电视总台交通经济广播（FM104.8）	1.3	41.9
17	《下一站，爱乐城》	苏州广播电视总台交通经济广播（FM104.8）	1.3	31.7
18	《午休不休》	苏州广播电视总台都市音乐广播（FM102.8）	1.2	40.0
19	《边走边唱》	苏州广播电视总台交通经济广播（FM104.8）	1.2	31.3
20	《音乐 Morning Call》	苏州广播电视总台都市音乐广播（FM102.8）	1.2	17.2
21	《敬然在听》	苏州广播电视总台都市音乐广播（FM102.8）	1.1	44.0
22	《纯享假日－自在K歌》	苏州广播电视总台都市音乐广播（FM102.8）	1.1	43.3
23	《苏阿姨谈家常》	苏州广播电视总台综合广播（FM91.1）	1.1	26.3
24	《阿万茶楼》	苏州广播电视总台交通经济广播（FM104.8）	1.0	45.9
25	《高峰五六点》	苏州广播电视总台交通经济广播（FM104.8）	1.0	31.1
26	《那些你来不及亲临现场的夜晚》	苏州广播电视总台都市音乐广播（FM102.8）	0.9	69.7
27	《1048 帮帮团》	苏州广播电视总台交通经济广播（FM104.8）	0.9	40.1
28	《1048 一起笑吧》	苏州广播电视总台交通经济广播（FM104.8）	0.9	35.6
29	《越古典越动听》	苏州广播电视总台都市音乐广播（FM102.8）	0.9	35.4
30	《城市夜未央》	苏州广播电视总台交通经济广播（FM104.8）	0.9	32.5

十五　太原收听数据

表 4. 15. 1　2019～2021 年太原各目标听众人均收听时间

单位：分钟

目标听众		2019 年	2020 年	2021 年
10 岁及以上所有人		76	65	64
性别	男	82	69	68
	女	70	60	60
年龄	10～14 岁	24	25	24
	15～24 岁	58	46	50
	25～34 岁	74	70	68
	35～44 岁	95	73	66
	45～54 岁	68	59	62
	55～64 岁	106	92	84
	65 岁及以上	99	96	99
受教育程度	未受过正规教育	*	*	*
	小学	55	54	47
	初中	86	67	72
	高中	74	63	59
	大学及以上	72	67	63
职业	干部/管理人员	71	63	54
	初级公务员/雇员	76	65	61
	个体/私营企业人员	89	68	68
	工人	79	93	94
	学生	41	34	39
	无业（包括退休人员）	85	78	80
	其他	142	88	70
个人月收入	没有收入	49	43	48
	1～2000 元	105	92	70
	2001～3000 元	81	72	72
	3001～4000 元	85	69	69
	4001～5000 元	75	70	69
	5001～6000 元	76	59	59
	6001 元及以上	135	82	81

注：太原为全年连续调查城市；“*”表示该目标听众样本量不足，无法进行统计推断。

表 4.15.2　2019～2021 年太原听众在不同地点的人均收听时间

单位：分钟

地点	2019 年	2020 年	2021 年
在家	41	37	35
车上	31	25	25
工作/学习场所	3	2	2
其他场所	2	1	1

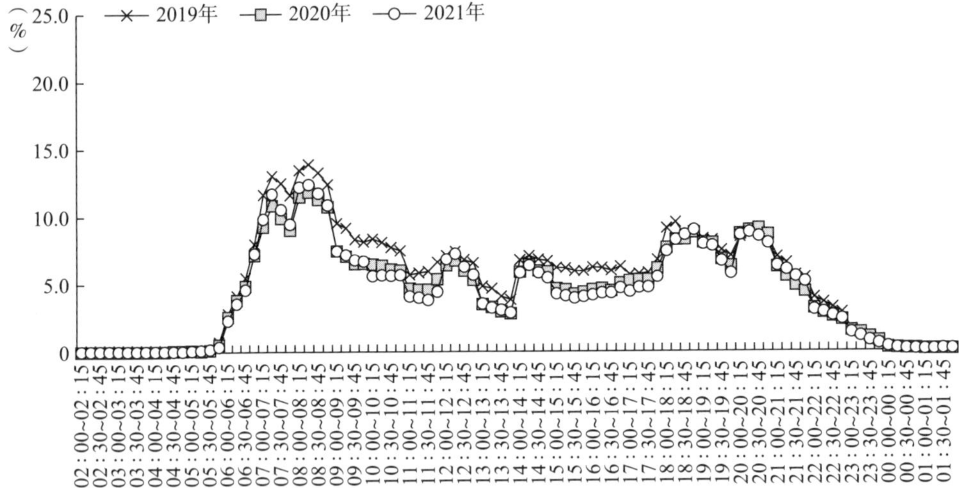

图 4.15.1　2019～2021 年太原听众全天收听率走势

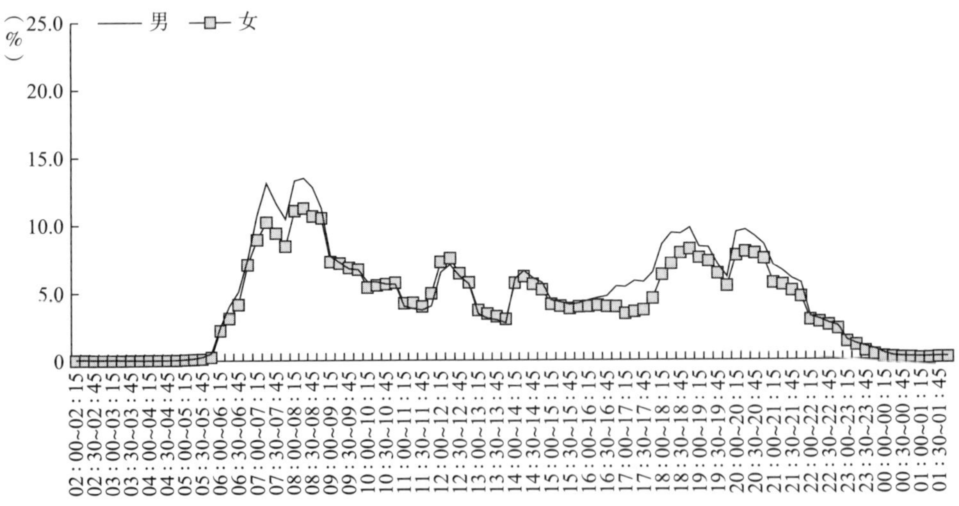

图 4.15.2　2021 年太原不同性别听众全天收听率走势

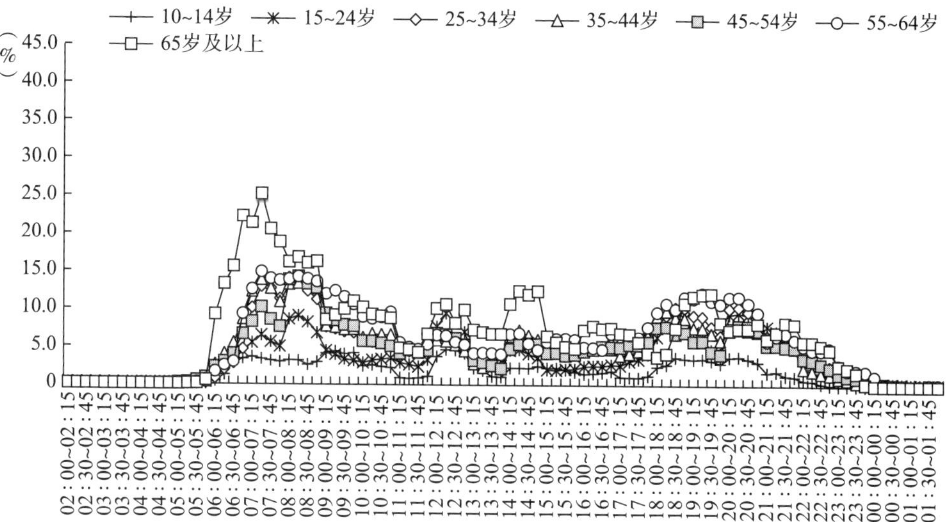

图 4.15.3　2021 年太原不同年龄听众全天收听率走势

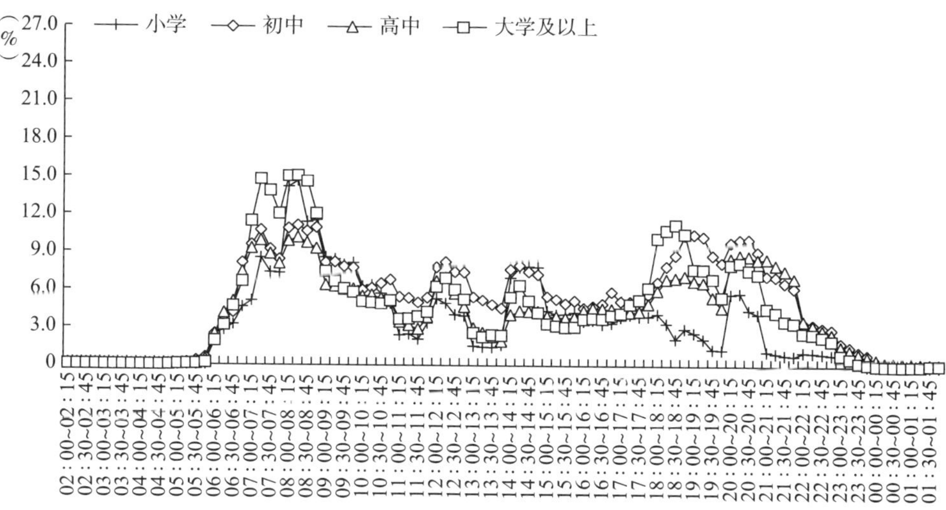

图 4.15.4　2021 年太原不同文化程度听众全天收听率走势

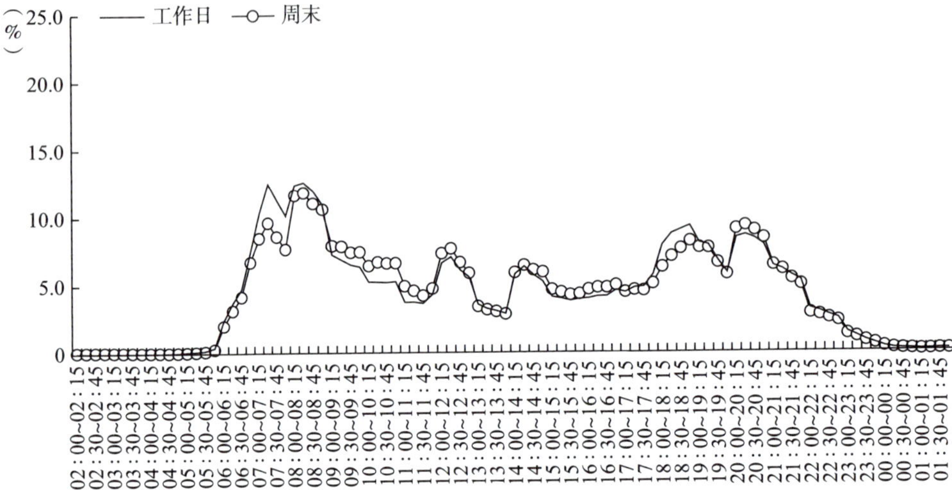

图 4.15.5　2021 年太原听众工作日与周末全天收听率走势

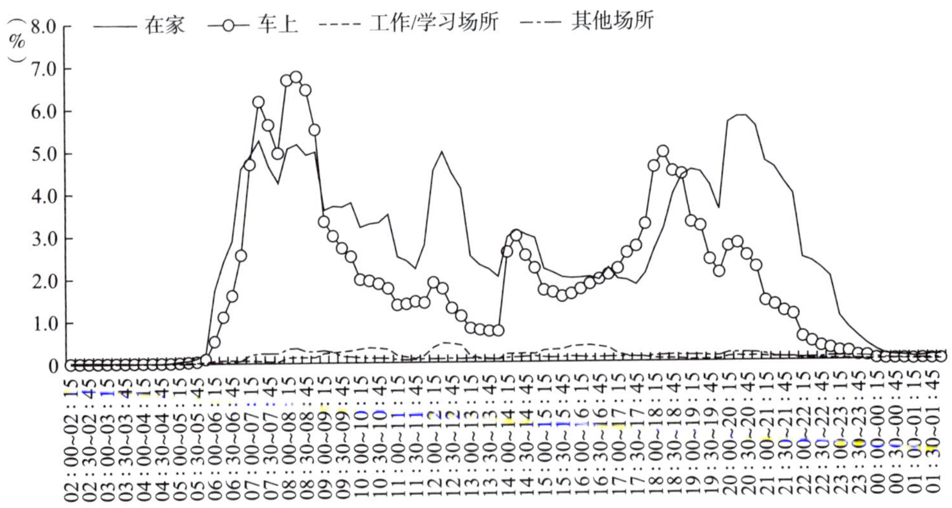

图 4.15.6　2021 年太原听众在不同收听地点全天收听率走势

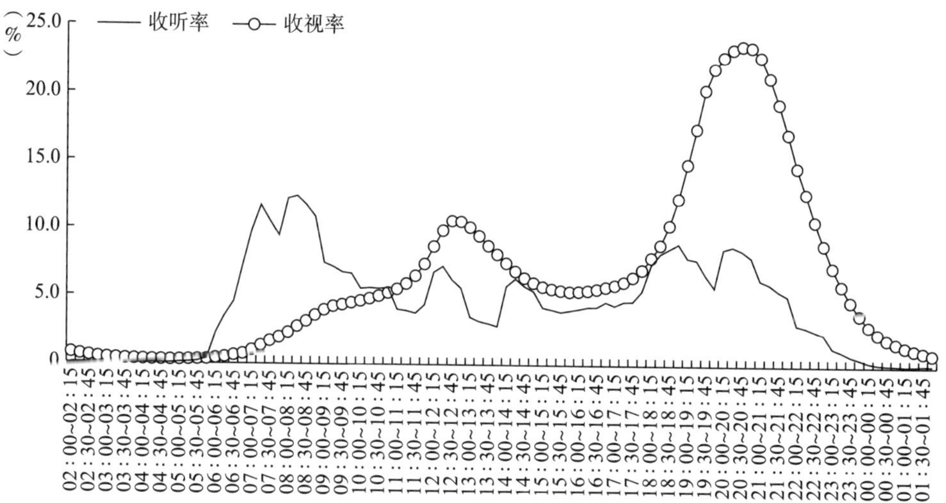

图 4.15.7 2021 年太原受众全天收听率、收视率走势比较（目标受众为 10 岁及以上所有人）

表 4.15.3 2021 年太原市场听众构成

单位：%

目标听众		听众构成
10 岁及以上所有人		100.0
性别	男	54.9
	女	45.1
年龄	10～14 岁	1.8
	15～24 岁	18.7
	25～34 岁	21.0
	35～44 岁	21.4
	45～54 岁	15.8
	55～64 岁	10.7
	65 岁及以上	10.5
受教育程度	未受过正规教育	*
	小学	5.1
	初中	35.0
	高中	27.8
	大学及以上	32.1
职业	干部/管理人员	2.3
	初级公务员/雇员	22.6
	个体/私营企业人员	35.1
	工人	5.2
	学生	11.3
	无业（包括退休人员）	22.5
	其他	1.0

续表

目标听众		听众构成
个人月收入	没有收入	20.7
	1～2000元	6.8
	2001～3000元	20.4
	3001～4000元	21.1
	4001～5000元	13.9
	5001～6000元	7.8
	6001元及以上	9.2

注："＊"表示该目标听众样本量不足，无法进行统计推断。

表4.15.4　2019～2021年太原市场各广播电台的市场份额

单位：%

广播电台	2019年	2020年	2021年
中央广播电视总台	6.9	9.0	10.2
山西广播电视台	43.2	44.4	45.0
太原广播电视台	48.1	46.3	44.4
其他广播电台	1.8	0.3	0.4

表4.15.5　2021年太原市场各广播电台在不同目标听众中的市场份额

单位：%

目标听众		中央广播电视总台	山西广播电视台	太原广播电视台	其他广播电台
10岁及以上所有人		10.2	45.0	44.4	0.4
性别	男	9.8	40.8	49.1	0.3
	女	10.7	50.2	38.6	0.5
年龄	10～14岁	10.2	62.7	26.3	0.8
	15～24岁	7.2	45.9	46.3	0.6
	25～34岁	6.3	41.8	51.5	0.4
	35～44岁	15.2	47.1	37.3	0.4
	45～54岁	6.9	41.4	51.2	0.5
	55～64岁	7.8	45.5	46.6	0.0
	65岁及以上	20.8	47.5	31.7	0.0
受教育程度	未受过正规教育	*	*	*	*
	小学	5.5	49.8	44.7	0.0
	初中	9.3	54.9	35.0	0.8
	高中	11.6	41.8	46.4	0.2
	大学及以上	10.7	36.4	52.8	0.1

续表

目标听众		中央广播电视总台	山西广播电视台	太原广播电视台	其他广播电台
职业	干部/管理人员	10.0	31.6	58.4	0.0
	初级公务员/雇员	10.0	36.3	53.6	0.1
	个体/私营企业人员	7.5	46.0	46.1	0.4
	工人	11.0	46.2	42.1	0.7
	学生	9.2	55.7	34.1	1.0
	无业（包括退休人员）	13.8	49.6	36.3	0.3
	其他	33.1	10.5	56.3	0.1
个人月收入	没有收入	8.2	57.3	33.6	0.9
	1～2000 元	12.7	42.9	44.1	0.3
	2001～3000 元	9.3	40.2	50.4	0.1
	3001～4000 元	10.5	38.9	50.2	0.4
	4001～5000 元	12.7	47.6	39.3	0.4
	5001～6000 元	10.7	37.7	51.4	0.2
	6001 元及以上	10.2	46.1	43.7	0.0

注："*"表示该目标听众样本量不足，无法进行统计推断。

表 4.15.6　2021 年太原市场份额排名前 5 的频率

单位：%

排名	频率名称	市场份额
1	太原人民广播电台交通频率（FM107）	27.3
2	山西广播电视台音乐广播（FM94.0）	13.0
3	山西广播电视台交通广播（FM88）	10.1
4	山西广播电视台健康之声广播（FM105.9）	7.7
5	太原人民广播电台音乐频率（FM102.6）	7.5

表 4.15.7　2021 年太原市场收听率排名前 30 的节目

单位：%

排名	节目名称	播出频率	收听率	市场份额
1	《107 帮助热线》	太原人民广播电台交通频率（FM107）	4.4	38.3
2	《107 早班车》	太原人民广播电台交通频率（FM107）	2.8	34.1
3	《107 高峰进行时》	太原人民广播电台交通频率（FM107）	2.3	33.0
4	《107 伴我行》	太原人民广播电台交通频率（FM107）	2.0	30.1
5	《汽车音乐馆》	太原人民广播电台交通频率（FM107）	2.0	26.1
6	《107 阔阔论》	太原人民广播电台交通频率（FM107）	1.9	30.4
7	《时尚 107》	太原人民广播电台交通频率（FM107）	1.9	30.1

续表

排名	节目名称	播出频率	收听率	市场份额
8	《107 车友会》	太原人民广播电台交通频率（FM107）	1.7	25.4
9	《107 榜中榜》	太原人民广播电台交通频率（FM107）	1.6	21.6
10	《新闻和报纸摘要》	中央人民广播电台第一套节目中国之声	1.5	25.6
11	《出门早知道》	山西广播电视台交通广播（FM88）	1.5	13.0
12	《快乐 107》	太原人民广播电台交通频率（FM107）	1.4	28.3
13	《107 楼市解码》	太原人民广播电台交通频率（FM107）	1.4	26.3
14	《看车有道》	太原人民广播电台交通频率（FM107）	1.2	27.7
15	《107 在路上》	太原人民广播电台交通频率（FM107）	1.1	23.0
16	《电波兄妹》	山西广播电视台音乐广播（FM94.0）	1.1	17.7
17	《只爱老情歌》	山西广播电视台音乐广播（FM94.0）	1.1	15.4
18	《假日早班车》	山西广播电视台交通广播（FM88）	1.1	11.3
19	《柠檬咖啡 Tea》	山西广播电视台音乐广播（FM94.0）	1.1	9.8
20	《107 交通热线》	太原人民广播电台交通频率（FM107）	1.0	25.3
21	《880 帮帮您》	山西广播电视台交通广播（FM88）	1.0	15.1
22	《一路畅行 880》	山西广播电视台交通广播（FM88）	1.0	11.3
23	《王宁听你说》	山西广播电视台经济广播（FM95.8）	0.9	15.3
24	《健康早晨》	山西广播电视台健康之声广播（FM105.9）	0.9	8.6
25	《寻医问药》	山西广播电视台健康之声广播（FM105.9）	0.9	7.5
26	《音乐纵贯线 & 美文便利贴》	山西广播电视台音乐广播（FM94.0）	0.8	13.6
27	《文曦播讲》	山西广播电视台交通广播（FM88）	0.8	12.7
28	《爱上一座城》	山西广播电视台音乐广播（FM94.0）	0.8	10.5
29	《律师热线》	山西广播电视台交通广播（FM88）	0.8	10.2
30	《转播中央电视台新闻联播》	太原广播电视台综合广播（AM1422/FM91.2）	0.8	9.7

十六　乌鲁木齐收听数据

表 4.16.1　2019～2021 年乌鲁木齐各目标听众人均收听时间

单位：分钟

目标听众		2019 年	2020 年	2021 年
10 岁及以上所有人		85	68	73
性别	男	94	75	79
	女	74	60	66
年龄	10～14 岁	22	19	23
	15～24 岁	40	33	43
	25～34 岁	80	65	63
	35～44 岁	93	76	86
	45～54 岁	112	92	97
	55～64 岁	114	91	73
	65 岁及以上	132	98	106
受教育程度	未受过正规教育	52	24	20
	小学	81	59	71
	初中	86	67	69
	高中	92	77	77
	大学及以上	77	64	73
职业	干部/管理人员	63	51	68
	初级公务员/雇员	84	77	85
	个体/私营企业人员	102	77	88
	工人	82	73	63
	学生	31	27	34
	无业（包括退休人员）	109	82	80
	其他	107	*	*
个人月收入	没有收入	43	35	42
	1～2000 元	132	97	109
	2001～3000 元	105	100	84
	3001～4000 元	78	66	75
	4001～5000 元	106	87	85
	5001～6000 元	109	73	74
	6001 元及以上	95	70	96

注：乌鲁木齐为全年连续调查城市；“*”表示目标听众样本量不足，无法进行统计推断，下同。

表 4.16.2　2019～2021 年乌鲁木齐听众在不同地点的人均收听时间

单位：分钟

地点	2019 年	2020 年	2021 年
在家	42	36	35
车上	37	26	33
工作/学习场所	5	5	4
其他场所	1	1	1

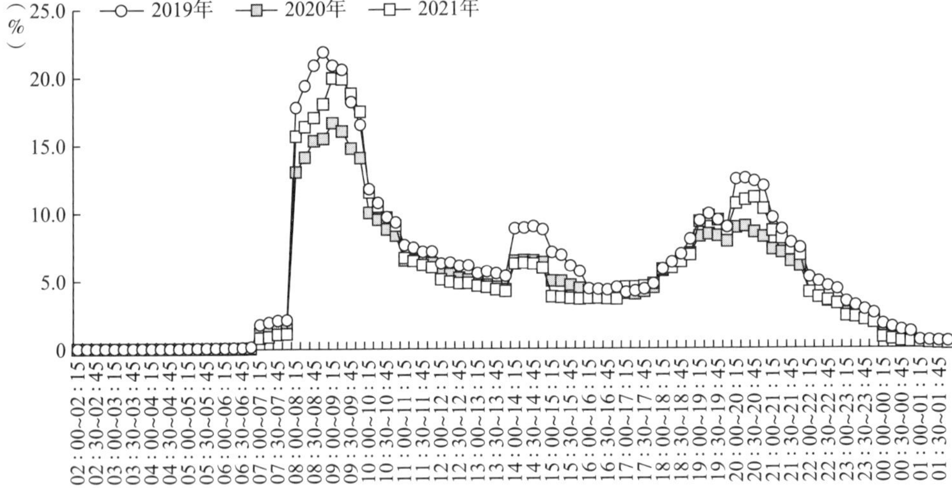

图 4.16.1　2019～2021 年乌鲁木齐听众全天收听率走势

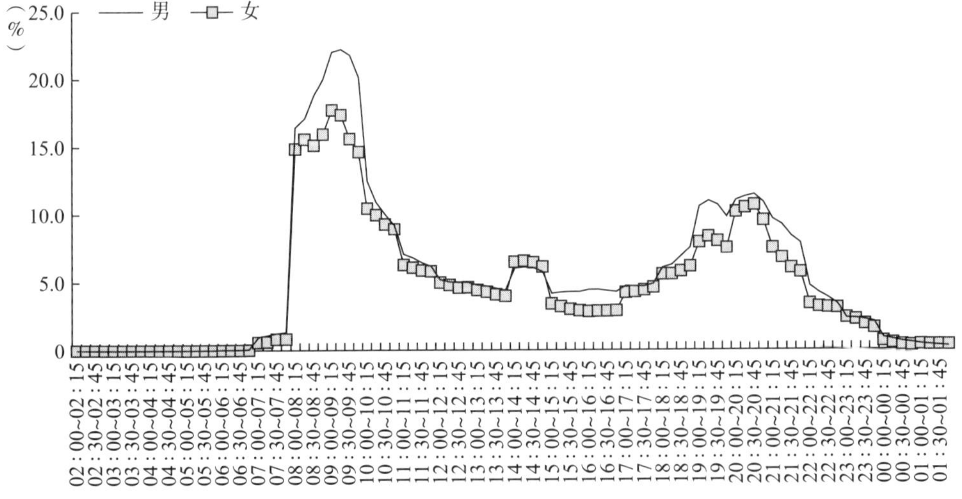

图 4.16.2　2021 年乌鲁木齐不同性别听众全天收听率走势

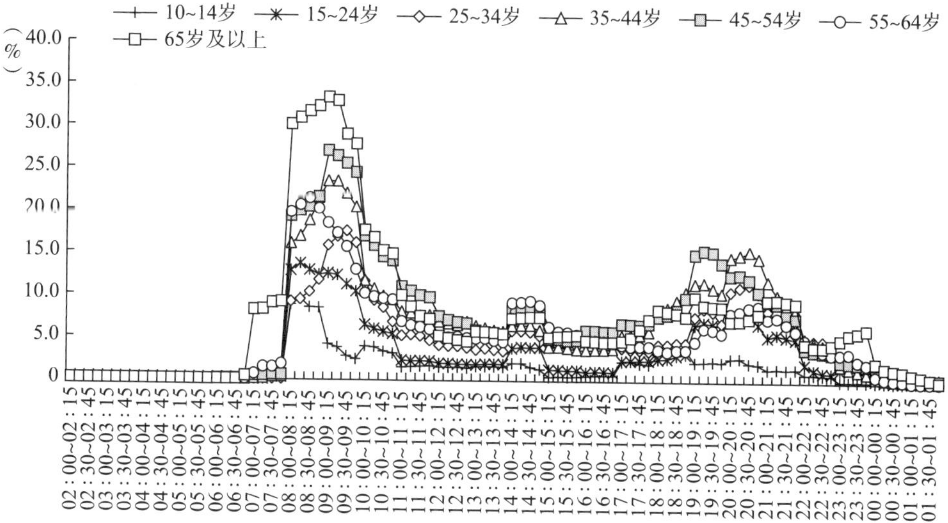

图 4.16.3　2021 年乌鲁木齐不同年龄听众全天收听率走势

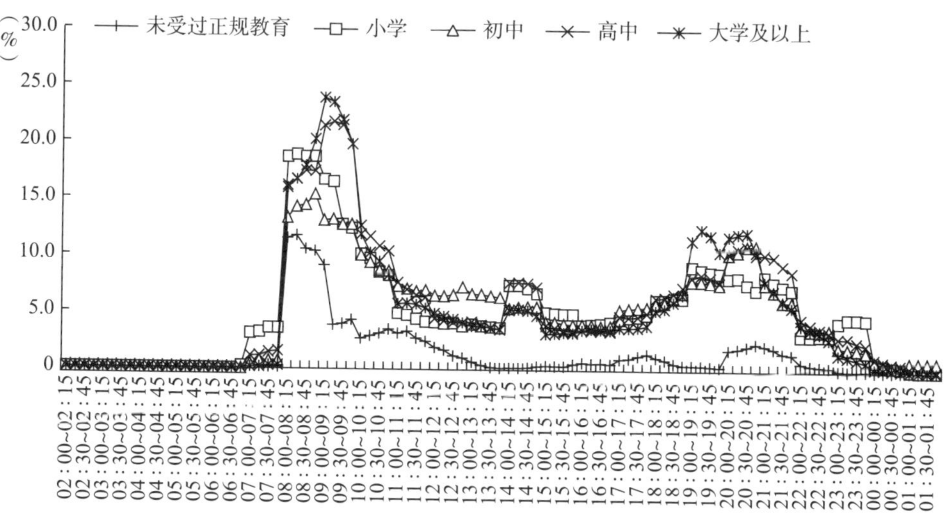

图 4.16.4　2021 年乌鲁木齐不同文化程度听众全天收听率走势

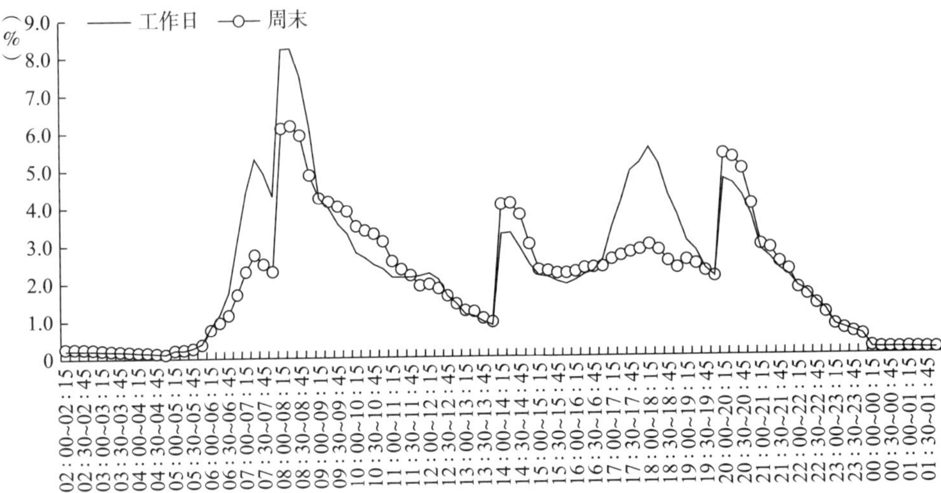

图 4.16.5　2021 年乌鲁木齐听众工作日与周末全天收听率走势

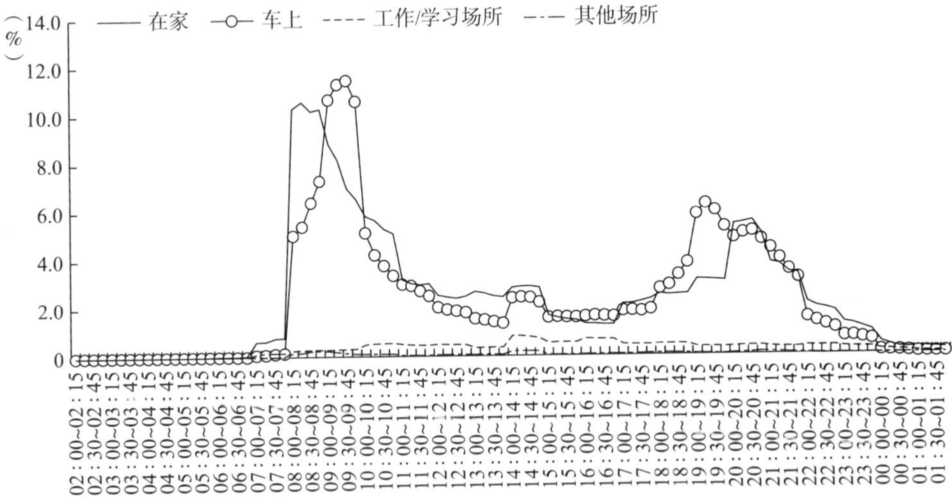

图 4.16.6　2021 年乌鲁木齐听众在不同收听地点全天收听率走势

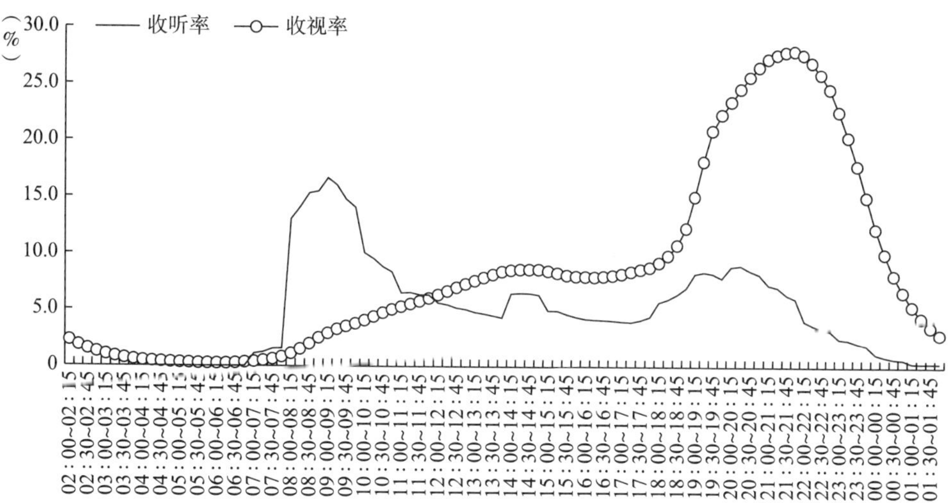

图 4.16.7　2021 年乌鲁木齐受众全天收听率、收视率走势比较（目标受众为 10 岁及以上所有人）

表 4.16.3　2021 年乌鲁木齐市场听众构成

单位：%

目标听众		听众构成
10 岁及以上所有人		100.0
性别	男	56.6
	女	43.4
年龄	10～14 岁	1.5
	15～24 岁	11.2
	25～34 岁	16.8
	35～44 岁	32.0
	45～54 岁	20.0
	55～64 岁	7.4
	65 岁及以上	11.1
受教育程度	未受过正规教育	0.3
	小学	8.2
	初中	21.6
	高中	34.7
	大学及以上	35.2
职业	干部/管理人员	2.8
	初级公务员/雇员	29.5
	个体/私营企业人员	28.0
	工人	8.7
	学生	8.9
	无业（包括退休人员）	22.1
	其他	*

续表

目标听众		听众构成
个人月收入	没有收入	14.8
	1～2000元	4.6
	2001～3000元	14.5
	3001～4000元	21.5
	4001～5000元	19.9
	5001～6000元	9.7
	6001元及以上	15.0

注："*"表示目标听众样本量不足，无法进行统计推断，下同。

表4.16.4　2019～2021年乌鲁木齐市场各广播电台的市场份额

单位：%

广播电台	2019年	2020年	2021年
中央广播电视总台	11.1	12.9	11.1
新疆广播电视台	74.2	71.2	73.0
乌鲁木齐广播电视台	11.0	11.9	13.3
其他广播电台	3.7	4.0	2.6

表4.16.5　2021年乌鲁木齐市场各广播电台在不同目标听众中的市场份额

单位：%

目标听众		中央广播电视总台	新疆广播电视台	乌鲁木齐广播电视台	其他广播电台
10岁及以上所有人		11.1	73.0	13.3	2.6
性别	男	10.9	74.5	11.7	2.9
	女	11.4	71.1	15.3	2.2
年龄	10～14岁	2.1	79.2	16.0	2.7
	15～24岁	18.9	69.7	10.4	1.0
	25～34岁	8.8	75.2	13.3	2.7
	35～44岁	6.8	73.6	16.1	3.5
	45～54岁	8.2	79.7	10.6	1.5
	55～64岁	9.3	67.7	23.0	0.0
	65岁及以上	27.5	62.4	6.2	3.9
受教育程度	未受过正规教育	20.2	75.2	4.5	0.1
	小学	19.5	67.9	11.2	1.4
	初中	14.9	67.3	16.5	1.3
	高中	9.5	75.8	13.3	1.4
	大学及以上	8.5	75.0	11.9	4.6

续表

目标听众		中央广播电视总台	新疆广播电视台	乌鲁木齐广播电视台	其他广播电台
职业	干部/管理人员	7.3	74.7	8.4	9.6
	初级公务员/雇员	5.9	73.6	19.4	1.1
	个体/私营企业人员	6.7	80.2	9.4	3.7
	工人	8.5	72.9	15.3	3.3
	学生	22.7	65.9	9.4	2.0
	无业（包括退休人员）	21.0	65.6	11.3	2.1
	其他	*	*	*	*
个人月收入	没有收入	20.8	66.7	11.0	1.5
	1～2000 元	19.0	54.2	26.4	0.4
	2001～3000 元	12.7	64.5	21.6	1.2
	3001～4000 元	13.6	70.9	13.7	1.8
	4001～5000 元	5.2	85.1	8.3	1.4
	5001～6000 元	5.3	82.3	7.8	4.6
	6001 元及以上	5.8	74.5	12.9	6.8

注：“＊”表示目标听众样本量不足，无法进行统计推断，下同。

表 4.16.6　2021 年乌鲁木齐市场份额排名前 5 的频率

单位：%

排名	频率名称	市场份额
1	新疆人民广播电台 949 交通广播（FM94.9）	48.9
2	中央人民广播电台第一套节目中国之声	8.3
3	新疆人民广播电台维吾尔语交通文艺广播（FM107.4）	6.5
4	新疆人民广播电台城市广播私家车调频（FM92.9）	5.4
5	乌鲁木齐广播电视台交通文艺广播（维语 FM104.6）	4.9

表 4.16.7　2021 年乌鲁木齐市场收听率排名前 30 的节目

单位：%

排名	节目名称	播出频率	收听率	市场份额
1	《开心路路通》	新疆人民广播电台 949 交通广播（FM94.9）	10.9	57.3
2	《新闻快车道》	新疆人民广播电台 949 交通广播（FM94.9）	9.3	53.1
3	《中央台新闻和报纸摘要》	新疆人民广播电台 949 交通广播（FM94.9）	8.6	54.0
4	《精彩车生活》	新疆人民广播电台 949 交通广播（FM94.9）	5.6	55.3
5	《安涛在线》	新疆人民广播电台 949 交通广播（FM94.9）	4.7	47.2
6	《今晚十点》	新疆人民广播电台 949 交通广播（FM94.9）	4.3	56.4

续表

排名	节目名称	播出频率	收听率	市场份额
7	《生活微观察》	新疆人民广播电台949交通广播（FM94.9）	3.0	48.7
8	《说法周末版》	新疆人民广播电台949交通广播（FM94.9）	2.9	39.4
9	《说法》	新疆人民广播电台949交通广播（FM94.9）	2.5	42.9
10	《重播〈新闻和报纸摘要〉》	中央人民广播电台第一套节目中国之声	2.2	11.1
11	《车市淘宝》	新疆人民广播电台949交通广播（FM94.9）	1.8	40.4
12	《@私家车》	新疆人民广播电台949交通广播（FM94.9）	1.7	33.9
13	《一五一十》	新疆人民广播电台949交通广播（FM94.9）	1.6	43.7
14	《生活全接触》	新疆人民广播电台城市广播私家车调频（FM92.9）	1.6	8.2
15	《劲爆体育》	新疆人民广播电台949交通广播（FM94.9）	1.5	39.6
16	《美食美客》	新疆人民广播电台949交通广播（FM94.9）	1.5	33.8
17	《新闻纵横》	中央人民广播电台第一套节目中国之声	1.2	13.6
18	《我的朋友圈》	新疆人民广播电台949交通广播（FM94.9）	1.1	37.8
19	《新闻进行时》	中央人民广播电台第一套节目中国之声	1.0	9.7
20	《旅行的耳朵》	新疆人民广播电台城市广播私家车调频（FM92.9）	0.9	5.3
21	《花儿朵朵》	新疆人民广播电台维吾尔语交通文艺广播（FM107.4）	0.8	11.2
22	《都市之声》	新疆人民广播电台维吾尔语交通文艺广播（FM107.4）	0.8	10.2
23	《下班路上》	新疆人民广播电台城市广播私家车调频（FM92.9）	0.8	8.1
24	《新疆新闻联播（直转）+歌曲》	新疆人民广播电台维吾尔语交通文艺广播（FM107.4）	0.7	7.5
25	《爱车有话说》	新疆人民广播电台城市广播私家车调频（FM92.9）	0.7	6.9
26	《1074交通早班车》	新疆人民广播电台维吾尔语交通文艺广播（FM107.4）	0.7	4.6
27	《乌鲁木齐新闻》	乌鲁木齐广播电视台新闻广播（FM100.7/AM792）	0.7	3.9
28	《交通热线节目及天气预报》	乌鲁木齐广播电视台交通文艺广播（维语FM104.6）	0.6	10.0
29	《开心路路通》（晚间版）	新疆人民广播电台维吾尔语交通文艺广播（FM107.4）	0.6	6.9
30	《转播〈新闻联播〉》	乌鲁木齐广播电视台交通文艺广播（维语FM104.6）	0.6	6.6

十七　武汉收听数据

表 4.17.1　2019～2021 年武汉各目标听众人均收听时间

单位：分钟

目标听众		2019 年	2020 年	2021 年
10 岁及以上所有人		38	35	46
性别	男	42	36	52
	女	34	33	40
年龄	10～14 岁	5	4	7
	15～24 岁	17	15	19
	25～34 岁	28	26	38
	35～44 岁	42	36	53
	45～54 岁	42	38	59
	55～64 岁	56	53	66
	65 岁及以上	106	95	99
受教育程度	未受过正规教育	135	116	96
	小学	45	45	37
	初中	39	37	54
	高中	40	36	43
	大学及以上	33	29	46
职业	干部/管理人员	36	31	48
	初级公务员/雇员	29	30	44
	个体/私营企业人员	38	36	52
	工人	40	40	52
	学生	15	9	16
	无业（包括退休人员）	65	53	61
	其他	*	*	*
个人月收入	没有收入	17	11	18
	1～2000 元	66	43	59
	2001～3000 元	46	43	59
	3001～4000 元	43	45	46
	4001～5000 元	39	37	59
	5001～6000 元	44	39	47
	6001 元及以上	52	41	70

注：武汉为全年连续调查城市；“*”表示该目标听众样本量不足，无法进行统计推断。

表 4.17.2　2019～2021 年武汉听众在不同地点的人均收听时间

单位：分钟

地点	2019 年	2020 年	2021 年
在家	24	24	26
车上	12	10	19
工作/学习场所	1	1	1
其他场所	2	1	1

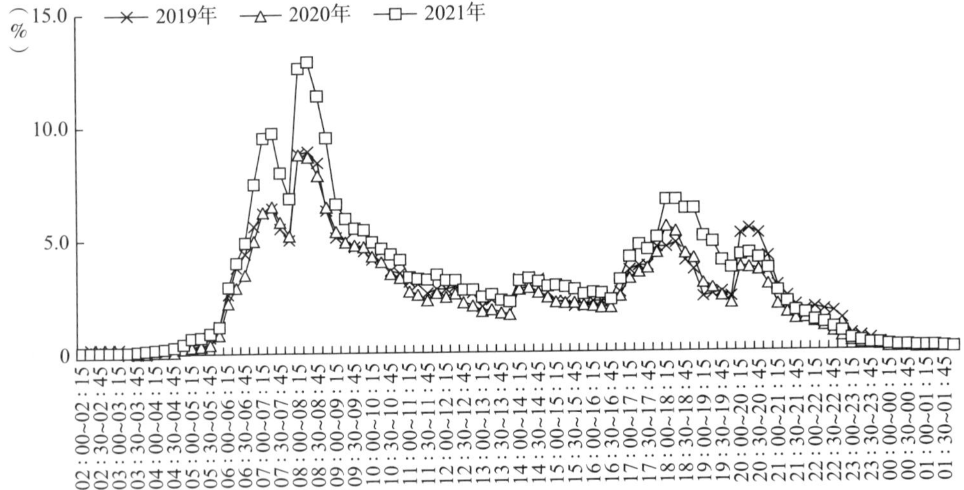

图 4.17.1　2019～2021 年武汉听众全天收听率走势

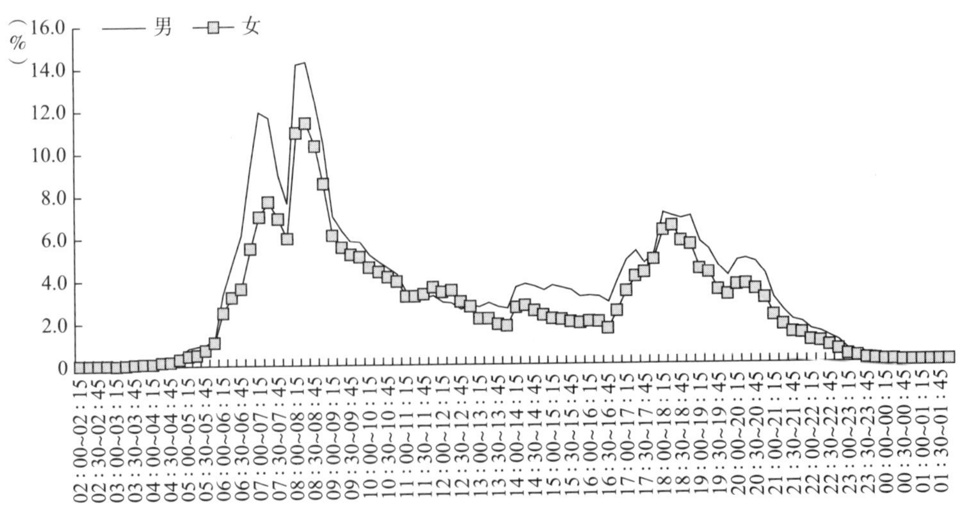

图 4.17.2　2021 年武汉不同性别听众全天收听率走势

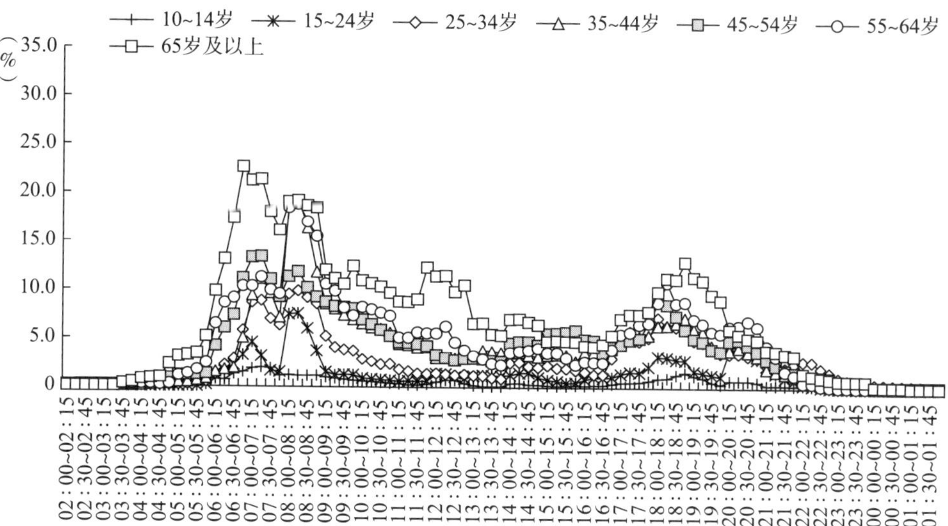

图 4.17.3 2021 年武汉不同年龄听众全天收听率走势

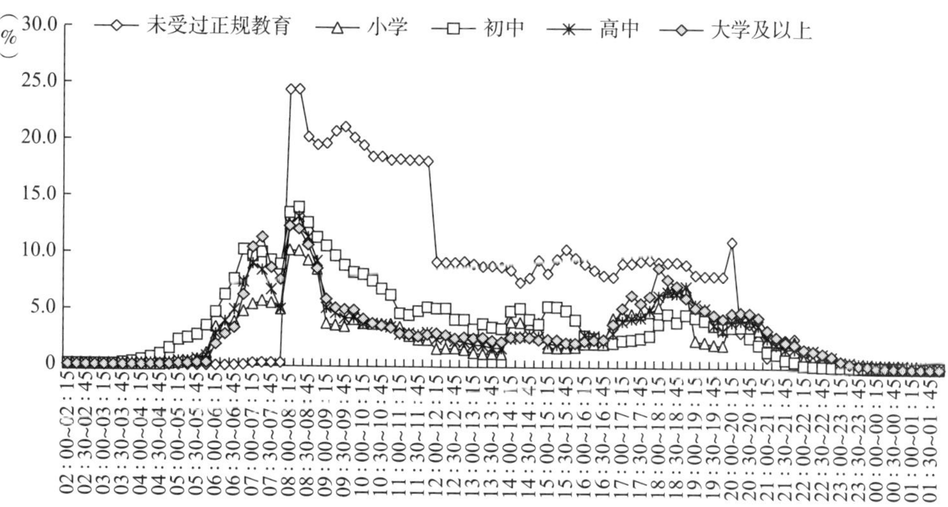

图 4.17.4 2021 年武汉不同文化程度听众全天收听率走势

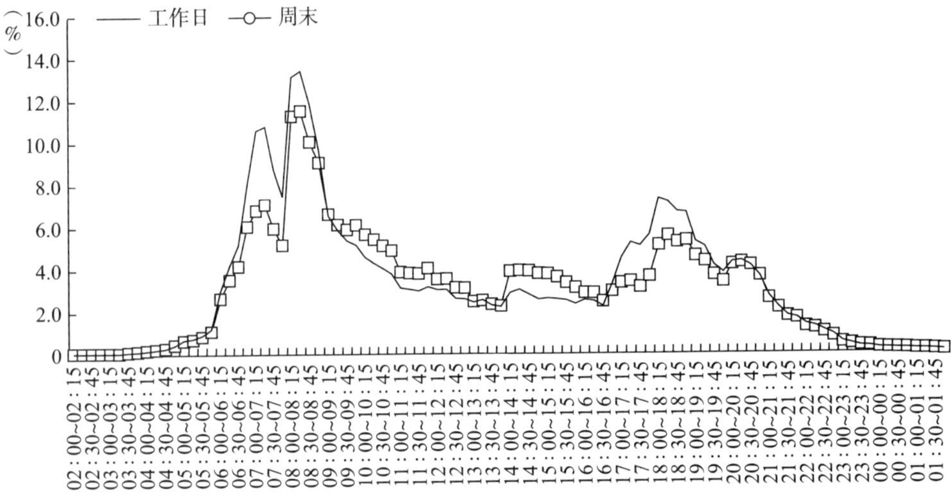

图 4.17.5　2021 年武汉听众工作日与周末全天收听率走势

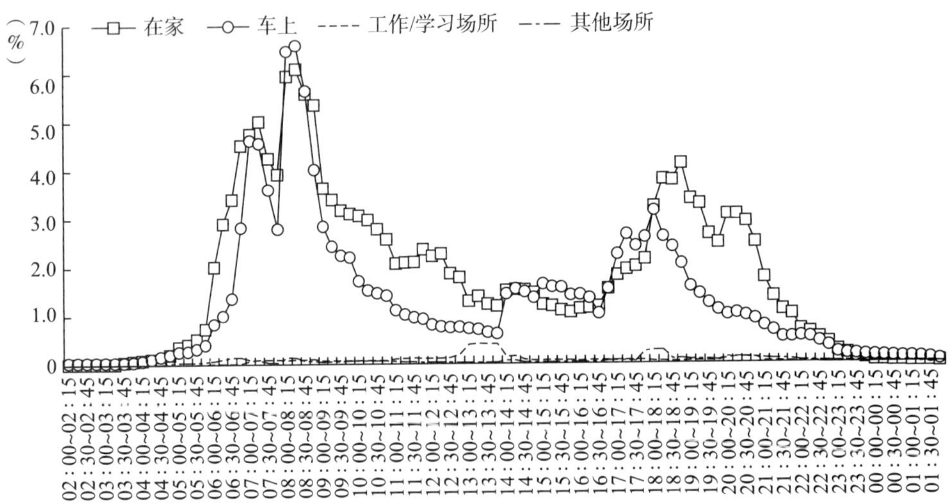

图 4.17.6　2021 年武汉听众在不同收听地点全天收听率走势

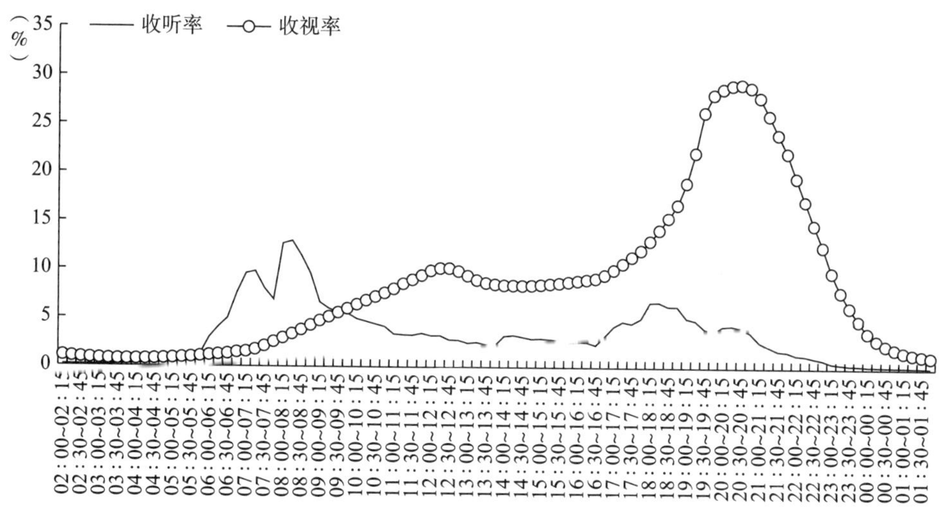

图 4.17.7 2021 年武汉受众全天收听率、收视率走势比较（目标受众为 10 岁及以上所有人）

表 4.17.3 2021 年武汉市场听众构成

单位：%

目标听众		听众构成
10 岁及以上所有人		100.0
性别	男	57.7
	女	42.3
年龄	10～14 岁	0.5
	15～24 岁	8.5
	25～34 岁	19.1
	35～44 岁	22.8
	45～54 岁	18.7
	55～64 岁	15.2
	65 岁及以上	15.2
受教育程度	未受过正规教育	0.5
	小学	3.9
	初中	24.7
	高中	34.8
	大学及以上	36.0
职业	干部/管理人员	3.0
	初级公务员/雇员	20.5
	个体/私营企业人员	21.9
	工人	17.9
	学生	5.5
	无业（包括退休人员）	31.1
	其他	*

续表

目标听众		听众构成
个人月收入	没有收入	9.6
	1～2000元	2.8
	2001～3000元	14.6
	3001～4000元	20.3
	4001～5000元	20.3
	5001～6000元	10.4
	6001元及以上	22.0

注："＊"表示该目标听众样本量不足，无法进行统计推断。

表4.17.4　2019～2021年武汉市场各广播电台的市场份额

单位：%

广播电台	2019年	2020年	2021年
中央广播电视总台	15.7	17.1	19.8
湖北广播电视台	53.6	48.4	48.3
武汉广播电视台	30.6	34.2	31.8
其他广播电台	0.1	0.3	0.1

表4.17.5　2021年武汉市场各广播电台在不同目标听众中的市场份额

单位：%

目标听众		中央广播电视总台	湖北广播电视台	武汉广播电视台	其他广播电台
10岁及以上所有人		19.8	48.3	31.8	0.1
性别	男	17.8	50.0	32.2	0.1
	女	22.4	46.1	31.2	0.3
年龄	10～14岁	7.1	45.5	47.4	0.0
	15～24岁	17.4	34.0	48.5	0.1
	25～34岁	23.4	49.2	27.2	0.2
	35～44岁	11.1	50.5	38.4	0.0
	45～54岁	12.7	65.4	21.9	0.0
	55～64岁	27.7	42.6	29.4	0.3
	65岁及以上	30.6	37.0	32.0	0.4
受教育程度	未受过正规教育	31.2	65.1	3.7	0.0
	小学	32.1	38.2	29.7	0.0
	初中	19.8	51.9	28.3	0.0
	高中	15.9	48.5	35.3	0.3
	大学及以上	22.1	46.5	31.3	0.1

续表

目标听众		中央广播电视总台	湖北广播电视台	武汉广播电视台	其他广播电台
职业	干部/管理人员	22.8	29.9	47.2	0.1
	初级公务员/雇员	14.0	48.8	37.1	0.1
	个体/私营企业人员	16.5	54.5	29.0	0.0
	工人	17.7	63.2	19.1	0.0
	学生	16.6	33.4	49.9	0.0
	无业（包括退休人员）	27.2	39.6	32.8	0.3
	其他	*	*	*	*
个人月收入	没有收入	13.2	38.9	47.8	0.1
	1～2000 元	42.9	40.6	16.5	0.0
	2001～3000 元	29.2	45.3	25.4	0.0
	3001～4000 元	20.2	38.4	41.0	0.4
	4001～5000 元	13.6	49.3	36.9	0.2
	5001～6000 元	22.5	58.9	18.5	0.1
	6001 元及以上	17.2	59.0	23.7	0.1

注：“*”表示该目标听众样本量不足，无法进行统计推断。

表 4.17.6　2021 年武汉市场份额排名前 5 的频率

单位：%

排名	频率名称	市场份额
1	楚天交通广播（FM92.7）	22.9
2	中央人民广播电台第一套节目中国之声	12.8
3	武汉广播电视台音乐广播（FM101.8）	11.5
4	武汉广播电视台交通广播（FM89.6/AM603）	9.7
5	武汉广播电视台新闻综合广播（AM873/FM88.4）	8.4

表 4.17.7　2021 年武汉市场收听率排名前 30 的节目

单位：%

排名	节目名称	播出频率	收听率	市场份额
1	《城市新干线》	楚天交通广播（FM92.7）	2.6	22.0
2	《应急之声》	楚天交通广播（FM92.7）	2.4	23.1
3	《百年辉煌百年歌》	楚天交通广播（FM92.7）	2.4	22.6
4	《轻松在路上》	楚天交通广播（FM92.7）	2.1	35.7
5	《事事关心〈直播〉》	楚天交通广播（FM92.7）	1.9	23.9
6	《行风连线》	武汉广播电视台新闻综合广播（AM873/FM88.4）	1.8	14.6
7	《事事关心》	楚天交通广播（FM92.7）	1.7	21.7

续表

排名	节目名称	播出频率	收听率	市场份额
8	《精彩故事会》	武汉广播电视台新闻综合广播（AM873/FM88.4）	1.7	16.0
9	《的哥乐园》	楚天交通广播（FM92.7）	1.6	30.6
10	《新闻和报纸摘要》	中央人民广播电台第一套节目中国之声	1.6	25.9
11	《好吃佬》	楚天交通广播（FM92.7）	1.5	29.0
12	《市民直通车》	楚天交通广播（FM92.7）	1.5	25.1
13	《国庆特别节目：百年荣光风华正茂》	楚天交通广播（FM92.7）	1.5	22.7
14	《国庆特别节目：红色印记荆楚行》	楚天交通广播（FM92.7）	1.4	25.7
15	《全国新闻联播》	中央人民广播电台第一套节目中国之声	1.4	22.6
16	《新闻纵横》	中央人民广播电台第一套节目中国之声	1.4	14.3
17	《世纪回音》	武汉广播电视台音乐广播（FM101.8）	1.4	13.0
18	《美食在路上》	楚天交通广播（FM92.7）	1.3	31.5
19	《行车在路上》	楚天交通广播（FM92.7）	1.3	22.4
20	《音乐加块糖》	楚天交通广播（FM92.7）	1.2	33.3
21	《早安武汉》	武汉广播电视台交通广播（FM89.6/AM603）	1.2	11.2
22	《国庆特别节目：爱上这座城》	楚天交通广播（FM92.7）	1.1	32.4
23	《新闻有观点》	中央人民广播电台第一套节目中国之声	1.0	22.6
24	《董涛说车》	楚天交通广播（FM92.7）	1.0	17.1
25	《鱼乐在路上》	武汉广播电视台音乐广播（FM101.8）	1.0	15.5
26	《音乐早点到》	武汉广播电视台音乐广播（FM101.8）	1.0	10.4
27	《103.8 音乐自由行》	湖北省广播电视总台经典音乐广播频道（FM103.8）	1.0	8.7
28	《畅行江城路》	武汉广播电视台交通广播（FM89.6/AM603）	1.0	8.3
29	《转新闻和报纸摘要》	武汉广播电视台交通广播（FM89.6/AM603）	0.9	13.7
30	《风景在路上》	楚天交通广播（FM92.7）	0.8	24.4

十八　郑州收听数据

表 4.18.1　2019～2021 年郑州各目标听众人均收听时间

单位：分钟

目标听众		2019 年	2020 年	2021 年
10 岁及以上所有人		50	45	44
性别	男	52	47	49
	女	48	43	40
年龄	10～14 岁	4	11	14
	15～24 岁	17	10	14
	25～34 岁	50	39	35
	35～44 岁	53	55	52
	45～54 岁	68	63	62
	55～64 岁	87	79	74
	65 岁及以上	123	130	132
受教育程度	未受过正规教育	*	*	*
	小学	44	38	36
	初中	55	48	43
	高中	53	51	49
	大学及以上	45	40	43
职业	干部/管理人员	50	51	50
	初级公务员/雇员	52	42	42
	个体/私营企业人员	53	49	48
	工人	58	54	50
	学生	7	9	10
	无业（包括退休人员）	83	83	82
	其他	*	*	54
个人月收入	没有收入	19	20	22
	1～2000 元	78	61	54
	2001～3000 元	73	76	78
	3001～4000 元	56	51	49
	4001～5000 元	58	50	49
	5001～6000 元	41	34	42
	6001 元及以上	93	72	62

注：郑州为全年连续调查城市；“＊”表示目标听众样本量不足，无法进行统计推断

表 4.18.2　2019～2021 年郑州听众在不同地点的人均收听时间

单位：分钟

地点	2019 年	2020 年	2021 年
在家	30	28	26
车上	14	13	15
工作/学习场所	3	2	2
其他场所	3	2	1

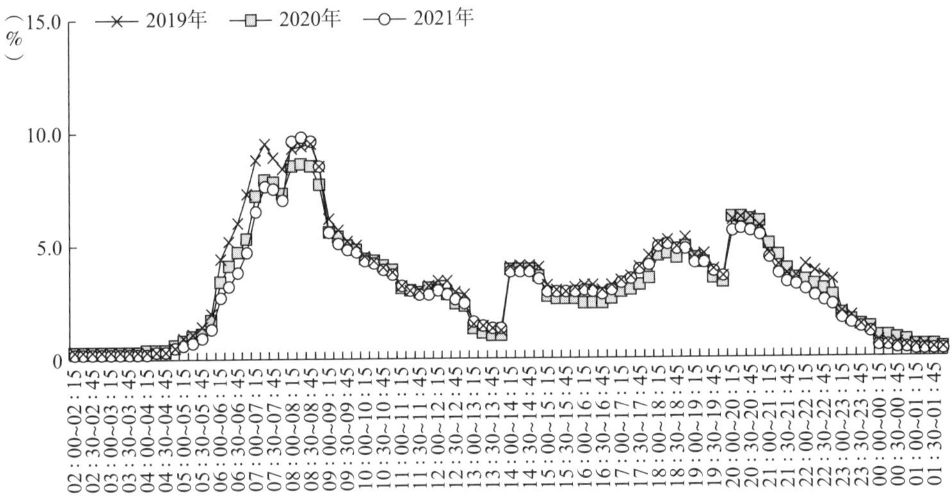

图 4.18.1　2019～2021 年郑州听众全天收听率走势

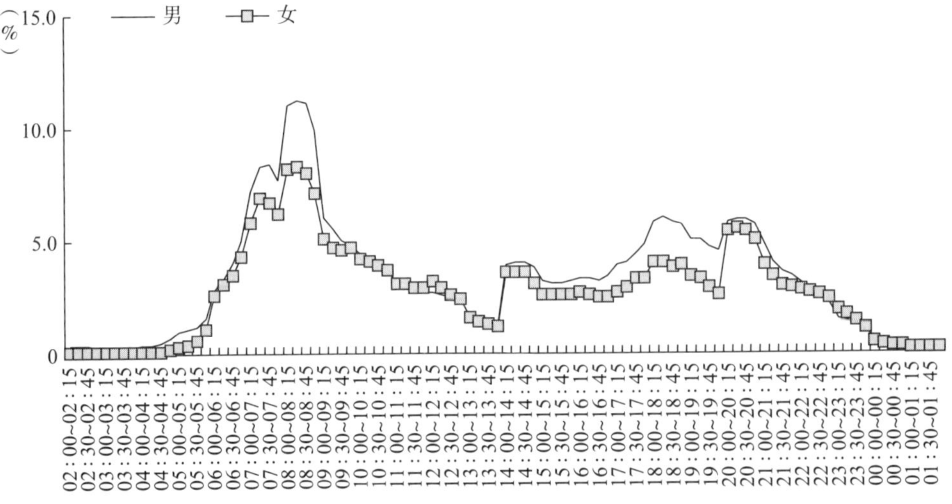

图 4.18.2　2021 年郑州不同性别听众全天收听率走势

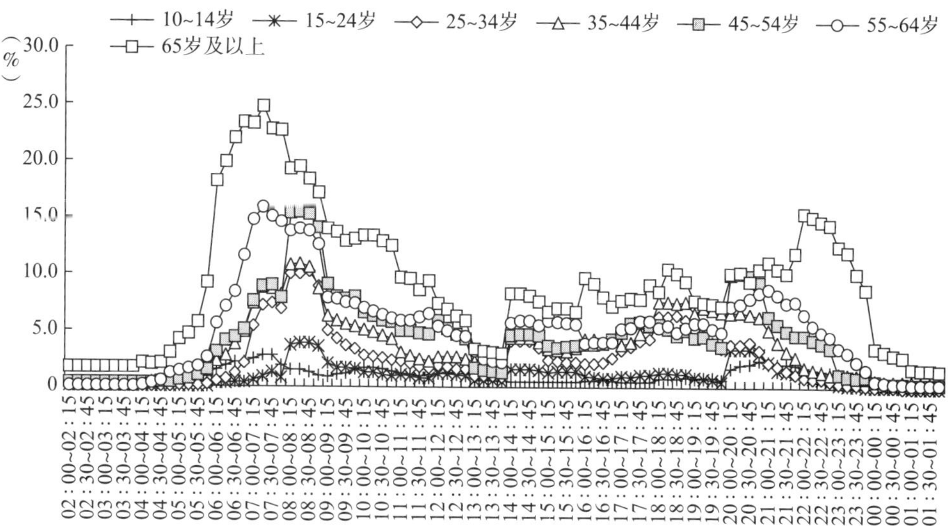

图 4.18.3　2021 年郑州不同年龄听众全天收听率走势

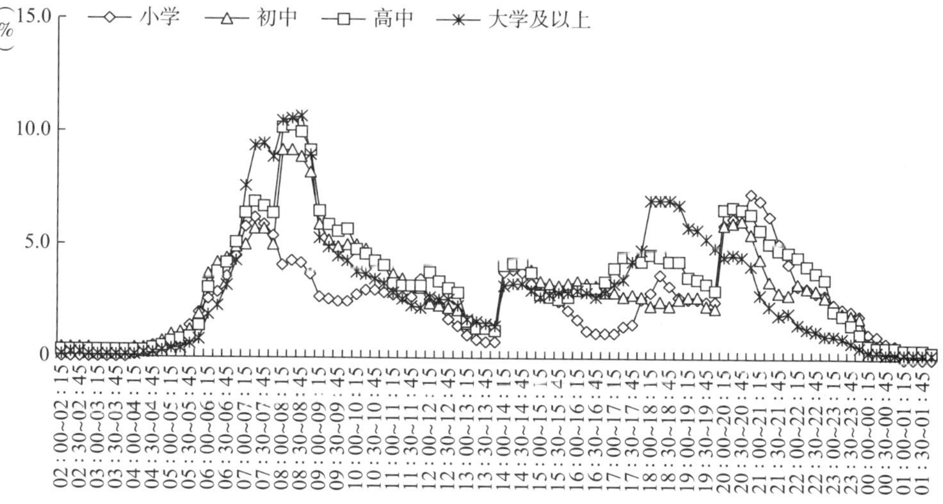

图 4.18.4　2021 年郑州不同文化程度听众全天收听率走势

说明：＊表示目标听众样本量不足，无法进行统计推断。

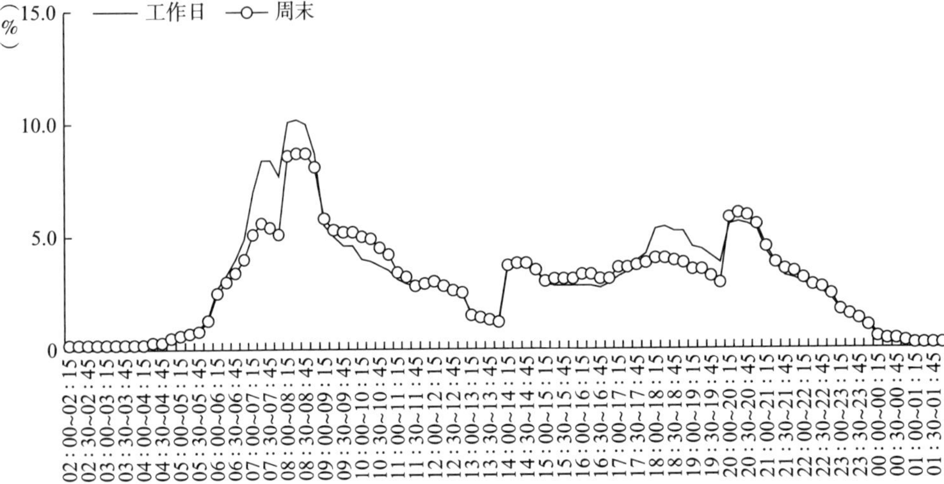

图 4.18.5　2021 年郑州听众工作日与周末全天收听率走势

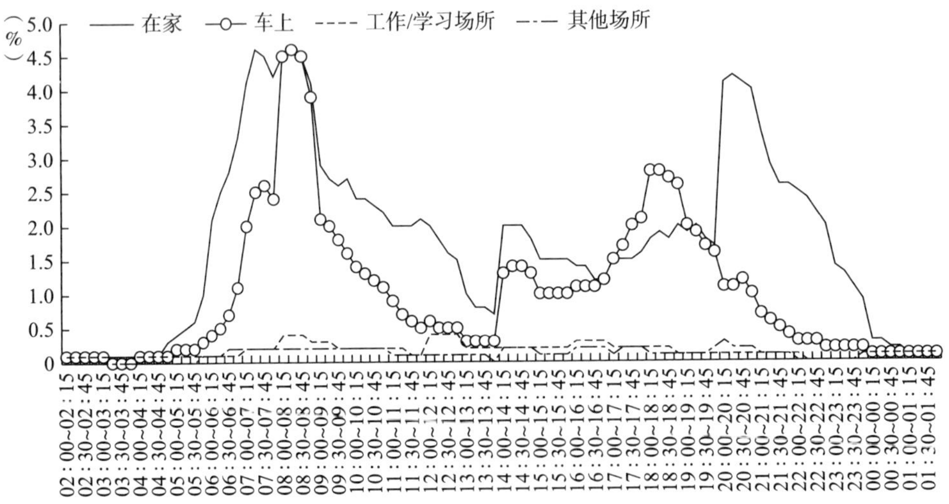

图 4.18.6　2021 年郑州听众在不同收听地点全天收听率走势

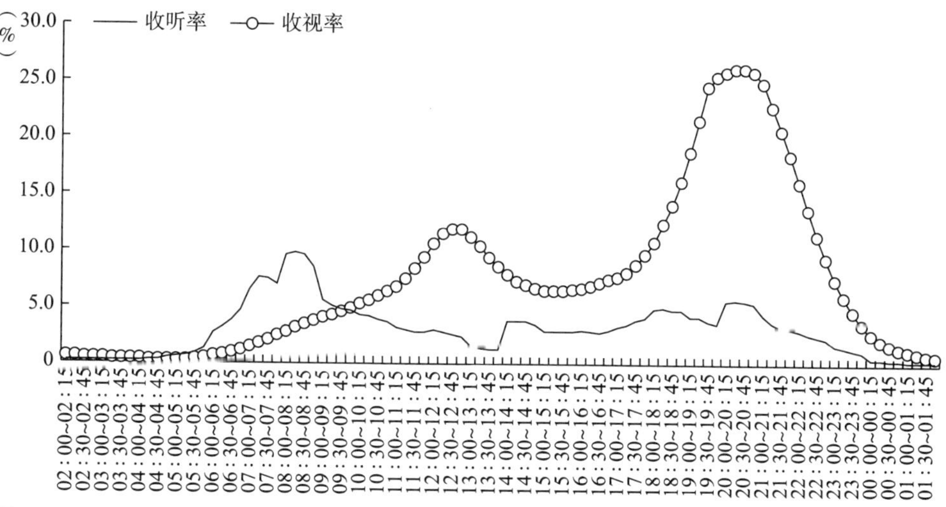

图 4.18.7　2021 年郑州受众全天收听率、收视率走势比较（目标受众为 10 岁及以上所有人）

表 4.18.3　2021 年郑州市场听众构成

单位：%

目标听众		听众构成
10 岁及以上所有人		100.0
性别	男	55.7
	女	44.3
年龄	10～14 岁	1.3
	15～24 岁	8.7
	25～34 岁	17.3
	35～44 岁	23.4
	45～54 岁	17.6
	55～64 岁	12.9
	65 岁及以上	18.8
受教育程度	未受过正规教育	*
	小学	5.7
	初中	20.6
	高中	34.3
	大学及以上	39.4
职业	干部/管理人员	7.4
	初级公务员/雇员	26.0
	个体/私营企业人员	14.6
	工人	11.7
	学生	5.3
	无业（包括退休人员）	34.4
	其他	0.6

续表

目标听众		听众构成
个人月收入	没有收入	15.4
	1～2000 元	2.7
	2001～3000 元	18.4
	3001～4000 元	23.8
	4001～5000 元	15.5
	5001～6000 元	9.2
	6001 元及以上	15.0

注："*" 表示目标听众样本量不足，无法统计推断

表 4.18.4　2019～2021 年郑州市场各广播电台在市场份额

单位：%

广播电台	2019 年	2020 年	2021 年
中央广播电视总台	4.3	4.9	5.4
河南广播电视台	49.6	46.5	49.2
郑州广播电视台	43.8	47.5	43.6
其他广播电台	2.3	1.1	1.8

表 4.18.5　2021 年郑州市场各广播电台在不同目标听众中的市场份额

单位：%

目标听众		中央广播电视总台	河南广播电视台	郑州广播电视台	其他广播电台
10 岁及以上所有人		5.4	49.2	43.6	1.8
性别	男	6.0	51.4	40.9	1.7
	女	4.6	46.5	46.9	2.0
年龄	10～14 岁	0.4	63.1	35.1	1.4
	15～24 岁	15.1	36.3	46.1	2.5
	25～34 岁	5.8	60.0	31.6	2.6
	35～44 岁	3.8	51.1	42.9	2.2
	45～54 岁	4.8	43.9	49.6	1.7
	55～64 岁	4.5	49.1	45.1	1.3
	65 岁及以上	4.1	47.1	48.0	0.8
受教育程度	未受过正规教育	*	*	*	*
	小学	3.7	50.4	45.6	0.3
	初中	5.4	52.0	40.9	1.7
	高中	2.8	48.6	46.9	1.7
	大学及以上	7.9	48.4	41.6	2.1

续表

目标听众		中央广播电视总台	河南广播电视台	郑州广播电视台	其他广播电台
职业	干部/管理人员	2.6	50.0	45.5	1.9
	初级公务员/雇员	8.5	46.8	42.9	1.8
	个体/私营企业人员	6.4	53.2	37.9	2.5
	工人	4.5	48.6	45.1	1.8
	学生	3.6	44.3	50.1	2.0
	无业（包括退休人员）	3.7	50.7	44.3	1.3
	其他	10.3	18.3	70.0	1.4
个人月收入	没有收入	3.9	57.4	36.7	2.0
	1～2000元	2.7	45.0	52.2	0.1
	2001～3000元	3.1	37.9	57.5	1.5
	3001～4000元	5.5	49.4	43.7	1.4
	4001～5000元	13.7	48.9	36.3	1.1
	5001～6000元	2.9	66.0	28.2	2.9
	6001元及以上	3.1	46.3	47.7	2.9

注：＊表示目标听众样本量不足，无法进行统计推断

表4.18.6　2021年郑州市场份额排名前5的频率

单位：%

排名	频率名称	市场份额
1	郑州广播电视台新闻综合广播（AM549/FM98.8）	14.7
2	郑州广播电视台交通广播（FM91.2）	11.8
3	河南广播电视台交通广播（FM104.1）	11.2
4	河南音乐广播（FM88.1）	11.1
5	河南新闻广播（FM95.5/AM657）	9.0

表4.18.7　2021年郑州市场收听率排名前30的节目

单位：%

排名	节目名称	播出频率	收听率	市场份额
1	《郑州早新闻》	郑州广播电视台新闻综合广播（AM549/FM98.8）	1.5	20.7
2	《百姓热线》	郑州广播电视台新闻综合广播（AM549/FM98.8）	1.4	15.8
3	《新闻和报纸摘要》（转播）	郑州广播电视台新闻综合广播（AM549/FM98.8）	1.2	27.9
4	《交通互联网》	郑州广播电视台交通广播（FM91.2）	1.2	14.1
5	《一路听天下·现在早高峰》	河南广播电视台交通广播（FM104.1）	1.1	13.8

续表

排名	节目名称	播出频率	收听率	市场份额
6	《今夜不寂寞》	郑州广播电视台新闻综合广播（AM549/FM98.8）	1.0	48.0
7	《早安郑州》	郑州广播电视台新闻综合广播（AM549/FM98.8）	0.9	31.5
8	《音乐新生》	河南音乐广播（FM88.1）	0.9	10.5
9	《欢乐晚高峰》	郑州广播电视台交通广播（FM91.2）	0.8	17.9
10	《河南新闻》	河南新闻广播（FM95.5/AM657）	0.8	10.9
11	《新闻早班车》	河南新闻广播（FM95.5/AM657）	0.8	9.4
12	《中原茶馆》（含中原风物纪）	郑州广播电视台新闻综合广播（AM549/FM98.8）	0.7	16.7
13	《马路老友记》	河南广播电视台交通广播（FM104.1）	0.7	15.6
14	《郑州早新闻》（重播）	郑州广播电视台新闻综合广播（AM549/FM98.8）	0.7	12.3
15	《早餐可乐》	郑州广播电视台经济生活广播（AM711/FM93.1）	0.7	8.2
16	《百岁帮帮帮》	郑州广播电视台新闻综合广播（AM549/FM98.8）	0.6	16.3
17	《央广新闻和报纸摘要》（转播）	河南新闻广播（FM95.5/AM657）	0.6	14.9
18	《梨园百花开 月阳工作室》	河南广播电视台戏曲广播（FM97.6/AM1143）	0.6	13.6
19	《南方谈交通》	河南广播电视台交通广播（FM104.1）	0.6	11.2
20	《都市早班车》	郑州广播电视台交通广播（FM91.2）	0.6	10.6
20	《报摘+郑州早新闻》	郑州广播电视台经济生活广播（AM711/FM93.1）	0.6	10.6
22	《今晚哪里有问题》	河南广播电视台交通广播（FM104.1）	0.6	10.1
23	《百姓阳光热线》	郑州广播电视台新闻综合广播（AM549/FM98.8）	0.5	17.5
24	《一路听天下·新闻深处》	河南广播电视台交通广播（FM104.1）	0.5	13.6
25	《老司机》（车主服务）	郑州广播电视台交通广播（FM91.2）	0.5	13.2
26	《Sugar Music》	河南音乐广播（FM88.1）	0.5	13.1
27	《节奏当道》	河南音乐广播（FM88.1）	0.5	11.8
28	《金色方向盘》	郑州广播电视台交通广播（FM91.2）	0.5	10.6
29	《大龙吐槽》	郑州广播电视台新闻综合广播（AM549/FM98.8）	0.5	9.4
30	《城市热线》	郑州广播电视台新闻综合广播（AM549/FM98.8）	0.5	8.9

附录　CSM 各收听率调查网概况

表 4.19.1　2021 年各城市收听率调查网样本规模及推及人口

城市	固定样组规模（户，人）	推及户数（千户）	推及人口（千人）
北京（M）	1200	–	4538
广州（M）	500	–	3066
合肥（M）	500	–	2109
济南（M）	500	–	2591
南京（M）	500	–	4769
上海（M）	600	–	9453
深圳（M）	600	–	7490
苏州（M）	500	–	1551
无锡（M）	500	–	1440
长沙	300	1218	3319
重庆	300	1050	2846
杭州	300	2739	7722
哈尔滨	300	1720	4435
石家庄	300	848	2337
太原	300	1014	2791
乌鲁木齐	300	1527	3391
武汉	300	1262	3377
郑州	300	1888	4788

注：标注（M）的城市为采用虚拟测量仪调查城市，固定样组规模单位为人，调查样本及推及总体为 15 岁及以上人口。

表 4.19.2　2021 年各城市收听率调查网家庭规模结构

单位：%

城市	1 人户	2 人户	3 人户	4 人及以上户
北京（M）	–	–	–	–
广州（M）	–	–	–	–
合肥（M）	–	–	–	–
济南（M）	–	–	–	–
南京（M）	–	–	–	–
上海（M）	–	–	–	–
深圳（M）	–	–	–	–

续表

城市	1 人户	2 人户	3 人户	4 人及以上户
苏州（M）	–	–	–	–
无锡（M）	–	–	–	–
长沙	9.4	26.9	41.9	21.8
重庆	10.0	34.5	32.8	22.7
杭州	5.5	40.6	30.5	23.4
哈尔滨	8.1	33.7	38.7	19.5
石家庄	7.1	27.4	39.0	26.5
太原	6.0	31.6	40.1	22.3
乌鲁木齐	13.6	42.3	29.5	14.6
武汉	8.6	31.9	37.9	21.6
郑州	13.4	31.7	32.2	22.7

注：标注（M）的城市为采用虚拟测量仪调查城市，调查样本及推及总体为 15 岁及以上人口。

表 4.19.3　2021 年各城市收听率调查网性别与年龄结构

单位：%

城市	性别		年龄						
	男性	女性	10～14 岁	15～24 岁	25～34 岁	35～44 岁	45～54 岁	55～64 岁	65 岁及以上
北京（M）	60.9	39.1	–	19.4	25.1	24.4	17.5	7.1	6.5
广州（M）	55.8	44.2	–	12.4	31.0	22.1	15.9	8.9	9.7
合肥（M）	53.6	46.4	–	23.4	26.8	26.2	10.9	5.2	7.5
济南（M）	58.4	41.6	–	12.5	24.3	25.4	18.9	9.3	9.6
南京（M）	52.1	47.9	–	22.8	21.8	23.3	15.5	10.4	6.2
上海（M）	48.5	51.5	–	10.6	27.5	25.6	18.7	9.8	7.8
深圳（M）	56.6	43.4	–	19.5	35.8	30.8	7.5	3.0	3.4
苏州（M）	55.1	44.9	–	24.0	31.0	22.3	10.3	7.3	5.1
无锡（M）	51.0	49.0	–	17.3	28.3	28.2	14.1	6.7	5.4
长沙	50.4	49.6	4.3	20.4	22.1	22.6	15.1	9.7	5.8
重庆	52.2	47.8	3.9	15.0	21.4	26.3	15.2	11.3	6.9
杭州	51.2	48.8	3.3	21.9	21.1	20.4	15.3	9.9	8.1
哈尔滨	50.1	49.9	2.8	18.7	19.1	17.6	18.1	13.2	10.5
石家庄	49.2	50.8	3.8	24.9	20.4	19.3	15.1	9.4	7.1
太原	51.7	48.3	5.1	23.8	20.6	20.8	15.6	7.5	6.6
乌鲁木齐	51.5	48.5	4.4	19.6	19.3	26.8	14.9	7.3	7.7
武汉	50.9	49.1	3.7	21.9	21.7	19.6	16.3	10.0	6.8
郑州	50.7	49.3	4.4	25.9	22.6	21.0	12.4	7.8	5.9

注：标注（M）的城市为采用虚拟测量仪调查城市，调查样本及推及总体为 15 岁及以上所有人。

表 4.19.4 2021 年各城市收听率调查网人均月收入结构

单位：%

城市	没有收入	1～2000 元	2001～3000 元	3001～4000 元	4001～5000 元	5001～6000 元	6001 元及以上
北京（M）	6.2	0.4	1.2	2.4	7.6	11.9	70.3
广州（M）	14.1	4.5	3.3	14.3	15.3	14.8	33.7
合肥（M）	18.5	1.7	6.0	10.4	21.6	23.2	18.6
济南（M）	13.3	7.9	5.8	17.9	15.0	21.5	18.6
南京（M）	18.0	3.6	2.7	8.8	12.1	14.9	39.9
上海（M）	5.6	0.2	3.1	5.6	10.4	14.1	61.0
深圳（M）	22.8	0.3	0.8	3.1	3.5	5.6	63.9
苏州（M）	14.4	2.1	4.5	11.4	19.8	16.0	31.8
无锡（M）	13.6	3.5	1.9	12.4	18.1	24.0	26.5
长沙	25.3	3.0	7.4	10.8	15.0	15.5	23.0
重庆	16.4	8.4	5.6	18.2	14.1	20.2	17.1
杭州	19.0	2.6	7.2	6.7	10.3	17.7	36.5
哈尔滨	16.2	10.1	23.9	23.3	14.3	6.5	5.7
石家庄	22.5	3.5	11.8	24.4	15.2	16.2	6.4
太原	26.3	3.4	12.5	24.5	15.8	8.2	9.3
乌鲁木齐	21.6	2.1	5.7	6.5	18.0	19.4	26.7
武汉	24.2	1.9	6.5	16.3	16.1	14.6	20.4
郑州	28.0	1.8	6.9	15.8	14.1	18.0	15.4

图书在版编目（CIP）数据

中国广播电视视听年鉴. 2022 / 丁迈主编. -- 北京：社会科学文献出版社，2022. 11
ISBN 978 - 7 - 5228 - 0817 - 8

Ⅰ. ①中… Ⅱ. ①丁… Ⅲ. ①广播工作 - 收视率 - 中国 - 2022 - 年鉴②电视工作 - 收视率 - 中国 - 2022 - 年鉴 Ⅳ. ①G229. 2 - 54

中国版本图书馆 CIP 数据核字（2022）第 179127 号

中国广播电视视听年鉴（2022）

主　　编 / 丁　迈

出 版 人 / 王利民
责任编辑 / 胡庆英　孙海龙
责任印制 / 王京美

出　　版 / 社会科学文献出版社 · 群学出版分社（010）59366453
地址：北京市北三环中路甲 29 号院华龙大厦　邮编：100029
网址：www. ssap. com. cn
发　　行 / 社会科学文献出版社（010）59367028
印　　装 / 三河市东方印刷有限公司

规　　格 / 开　本：787mm × 1092mm　1/16
印　张：66. 25　字　数：1323 千字
版　　次 / 2022 年 11 月第 1 版　2022 年 11 月第 1 次印刷
书　　号 / ISBN 978 - 7 - 5228 - 0817 - 8
定　　价 / 998. 00 元

读者服务电话：4008918866